NJW Praxis

Im Einvernehmen mit den Herausgebern der NJW
herausgegeben von
Rechtsanwalt Felix Busse

Band 11

AGB-Recht

von

Dr. Markus Stoffels

o. Professor an der Ruprecht-Karls-Universität Heidelberg

4., neubearbeitete Auflage 2021

C.H.BECK

Zitierweise: *Stoffels* AGB-Recht Rn. …

www.beck.de

ISBN 978 3 406 73845 6

© 2021 Verlag C. H. Beck oHG
Wilhelmstraße 9, 80801 München
Satz, Druck und Umschlaggestaltung: Druckerei C. H. Beck Nördlingen
(Adresse wie Verlag)

chbeck.de/nachhaltig

Gedruckt auf säurefreiem, alterungsbeständigem Papier
(hergestellt aus chlorfrei gebleichtem Zellstoff)

Für Dana

Vorwort zur 4. Auflage

Das gesamte Werk ist unter Auswertung von Gesetzgebung, Rechtsprechung und Schrifttum gründlich überarbeitet und aktualisiert worden. Ich danke den Mitarbeiterinnen und Mitarbeitern meines Lehrstuhls für tatkräftige Unterstützung.

Das Manuskript wurde im Januar 2021 geschlossen. Danach erschienene Beiträge und veröffentlichte Entscheidungen konnten noch vereinzelt berücksichtigt werden.

Kritik und Anregungen aus dem Kreise der Leserschaft sind stets willkommen.

Heidelberg, im April 2021   Markus Stoffels, Universität Heidelberg
Friedrich-Ebert-Anlage 6–10, 69117 Heidelberg
E-Mail: stoffels@jurs.uni-heidelberg.de

Aus dem Vorwort zur 1. Auflage (2003)

Das Recht der Allgemeinen Geschäftsbedingungen gehört zu den praktisch bedeutsamsten und privatrechtsdogmatisch interessantesten Materien des Vertragsrechts. Das Buch soll eine Einführung in dieses Rechtsgebiet bieten. Hierfür bedarf es zunächst in einem ersten Teil der Verdeutlichung der Grundstrukturen des AGB-Rechts. Die Darstellung orientiert sich insoweit am Prüfungsgang der AGB-Kontrolle. Der zweite Teil versucht – praxisgerecht – Problemfelder der Inhaltskontrolle aufzuarbeiten. Die Anordnung folgt hier der Chronologie des Vertrages von den Vertragsschlusserklärungen bis zur Vertragsabwicklung. Das Buch wird beschlossen durch einen gedrängten Überblick über das Verbandsklageverfahren nach dem Unterlassungsklagengesetz (dritter Teil).

Wichtig erschienen mir vor allem die Einbindung des AGB-Rechts in das allgemeine Vertragsrecht und die Berücksichtigung des europäischen Gemeinschaftsrechts in Gestalt der Richtlinie über missbräuchliche Klauseln in Verbraucherverträgen. Zu berücksichtigen waren ferner die im Zuge der Schuldrechtsmodernisierung vorgenommenen Änderungen, die sich nicht auf eine bloße Standortverlagerung beschränken. Hier ist vor allem die (teilweise) Streichung der Bereichsausnahme für das Arbeitsrecht zu nennen.

Inhaltsübersicht

Inhaltsverzeichnis

Abkürzungsverzeichnis

aA	anderer Ansicht
aE	am Ende
ABB	Allgemeine Beförderungsbedingungen für Fluggäste und Gepäck
abgedr.	abgedruckt
abl.	ablehnend
ABl.	Amtsblatt
Abs.	Absatz
abw.	abweichend
AcP	Archiv für die civilistische Praxis (Zeitschrift)
ADSp	Allgemeine Deutsche Spediteurbedingungen
AEUV	Vertrag über die Arbeitsweise der Europäischen Union (konsolidierte Fassung des Vertrags zur Gründung der Europäischen Wirtschaftsgemeinschaft) vom 25.3.1957, BGBl. 57 II 766, in der Fassung durch den Vertrag von Lissabon vom 13.12.2007, BGBl. 2008 II 1039
aF	alte Fassung
AfP	Archiv für Presserecht (Zeitschrift)
AG	Aktiengesellschaft; Amtsgericht; Die Aktiengesellschaft (Zeitschrift)
AGBE	Bunte, Entscheidungssammlung zum AGB-Gesetz, Band I–V, 1982 ff.
AGBG	Gesetz zur Regelung des Rechts der Allgemeinen Geschäftsbedingungen
AGNB	Allgemeine Beförderungsbedingungen für den gewerblichen Güternahverkehr mit Kraftfahrzeugen
AktG	Aktiengesetz
allg.	allgemeine
Alt.	Alternative
amtl.	amtlich
Anh.	Anhang
Anm.	Anmerkung
AnwBl	Anwaltsblatt (Zeitschrift)
AP	Arbeitsrechtliche Praxis, Nachschlagewerk des Bundesarbeitsgerichts
ArbRB	Arbeits-Rechts-Berater (Zeitschrift)
AR-Blattei	Arbeitrecht-Blattei, Loseblatt
arg.	argumentum
Art.	Artikel
Aufl.	Auflage
AuR	Arbeit und Recht (Zeitschrift)
AVB	Allgemeine Versicherungsbedingungen
AVBEltV	Verordnung über allgemeine Bedingungen für die Elektrizitätsversorgung von Tarifkunden
AVBFernwärmeV	Verordnung über allgemeine Bedingungen für die Versorgung mit Fernwärme
AVBGasV	Verordnung über allgemeine Bedingungen für die Gasversorgung von Tarifkunden
AVBWasserV	Verordnung über allgemeine Bedingungen für die Versorgung mit Wasser
BaFin	Bundesanstalt für Finanzdienstleistungsaufsicht
BAG	Bundesarbeitsgericht
BAnz	Bundesanzeiger
BauR	Baurecht, Zeitschrift für des gesamte öffentliche und zivile Baurecht
BayObLG	Bayerisches Oberstes Landesgericht
BayObLGZ	Entscheidungen des Bayerischen Obersten Landesgerichts in Zivilsachen
BB	Betriebs-Berater (Zeitschrift)
BBiG	Berufsbildungsgesetz
Bd.	Band

BeckOK .... Beck´scher Online-Kommentar
BeckOGK .... beck-online Großkommentar
BeckRS .... Rechtsprechung, Online-Datenbank
Beil. .... Beilage
betr. .... betreffend
BetrVG .... Betriebsverfassungsgesetz
BeurkG .... Beurkundungsgesetz
BGB .... Bürgerliches Gesetzbuch
BGBl. .... Bundesgesetzblatt
BGH .... Bundesgerichtshof
BGHZ .... Entscheidungen des Bundesgerichtshofes in Zivilsachen
BKR .... Bank- und Kapitalmarktrecht (Zeitschrift)
BMJ .... Bundesministerium der Justiz
BNotO .... Bundesnotarordnung
BPflVO .... Bundespflegesatzverordnung
BRAO .... Bundesrechtsanwaltsordnung
BR-Drs. .... Drucksache des Deutschen Bundesrates
Bspl. .... Beispiel
BT-Drs. .... Drucksache des Deutschen Bundestages
Buchst. .... Buchstabe
BVerfG .... Bundesverfassungsgericht
BVerfGE .... Entscheidungen des Bundesverfassungsgerichts
BVerwG .... Bundesverwaltungsgericht
bzw. .... beziehungsweise
CCZ .... Corporate Compliance (Zeitschrift)
CISG .... Convention on International Sales of Goods = UN-Kaufrecht
CMR .... Übereinkommen über den Beförderungsvertrag im internationalen Straßengü-
                    terverkehr vom 19.5.1956/16.8.1961 (BGBl. 1961 II 1119, 1962 II 12) mit späte-
                    ren Änderungen
DAR .... Deutsches Autorecht (Zeitschrift)
dh .... das heißt
DB .... Der Betrieb (Zeitschrift)
ders. .... derselbe
dies. .... dieselbe(n)
Diss. .... Dissertation
DJT .... Deutscher Juristentag
DNotZ .... Deutsche Notar-Zeitschrift
Dok. .... Dokument
DRiZ .... Deutsche Richterzeitung (Zeitschrift)
DRW .... Deutsche Rechtswissenschaft (Zeitschrift)
DStR .... Deutsches Steuerrecht (Zeitschrift)
DWW .... Deutsche Wohnungswirtschaft (Zeitschrift)
DZWiR .... Deutsche Zeitschrift für Wirtschaftsrecht
e. V. .... eingetragener Verein
EG .... Europäische Gemeinschaft
EGBGB .... Einführungsgesetz zum Bürgerlichen Gesetzbuch
EGV .... Vertrag zur Gründung der Europäischen Gemeinschaft, siehe nunmehr AEUV
EGZPO .... Einführungsgesetz zur ZPO
Einf. .... Einführung
Einl. .... Einleitung
EnWG .... Energiewirtschaftsgesetz
EnWZ .... Zeitschrift für das gesamte Recht der Energiewirtschaft
ErbR .... Erbrecht (Zeitschrift)
etc .... et cetera
EU .... Europäische Union
EuGH .... Gerichtshof der Europäischen Union
EuGVÜ .... Übereinkommen der Europäischen Gemeinschaft über die gerichtliche Zustän-
                    digkeit und die Vollstreckung gerichtlicher Entscheidungen in Zivil- und Han-
                    delssachen

EuGVVO	Verordnung (EG) Nr. 44/2001 des Rates vom 22. Dezember 2000 über die gerichtliche Zuständigkeit und die Anerkennung und Vollstreckung von Entscheidungen in Zivil- und Handelssachen; in Kraft getreten am 1. März 2002; löst das EuGVÜ ab.
EuZW	Europäische Zeitschrift für Wirtschaftsrecht
EWG	Europäische Wirtschaftsgemeinschaft
EWGV	Vertrag zur Gründung der Europäischen Wirtschaftsgemeinschaft vom 25.3.1957, BGBl. II 766
EWS	Europäisches Wirtschafts- und Steuerrecht (Zeitschrift)
EzA	Entscheidungssammlung zum Arbeitsrecht
f., ff.	folgend(e)
FernUSG	Fernunterrichtsschutzgesetz
Fn.	Fußnote
FS	Festschrift
GasGVV	Gasgrundversorgungsordnung vom 26.10.2006, BGBl. I 2391 (2396)
GBl.-DDR	Gesetzblatt der Deutschen Demokratischen Republik
gem.	gemäß
GEMA	Gesellschaft für musikalische Aufführungs- und mechanische Vervielfältigungsrechte
GenG	Gesetz betreffend die Erwerbs- und Wirtschaftsgenossenschaften
GewO	Gewerbeordnung
GG	Grundgesetz
ggf.	gegebenenfalls
GmbH	Gesellschaft mit beschränkter Haftung
GPR	Zeitschrift für Gemeinschaftsprivatrecht
grundl.	grundlegend
GS	Großer Senat, Gedächtnisschrift
GVBl.	Gesetz- und Verordnungsblatt
GVG	Gerichtsverfassungsgesetz
GWB	Gesetz gegen Wettbewerbsbeschränkungen
GWR	Gesellschafts- und Wirtschaftsrecht (Zeitschrift)
hM	herrschende Meinung
Habil.	Habilitation
HGB	Handelsgesetzbuch
Hrsg.; hrsg.	Herausgeber; herausgegeben
idF	in der Fassung
IRZ	Internationale Zeitschrift für Wirtschaftsrecht
IWRZ	Zeitschrift für Internationales Wirtschaftsrecht
iS	im Sinne
iVm	in Verbindung mit
insbes.	insbesondere
InvG	Investmentgesetz
IPR	Internationales Privatrecht
IPrax	Praxis des internationalen Privat- und Verfahrensrechts (Zeitschrift)
JA	Juristische Arbeitsblätter (Zeitschrift)
JherJb	Jherings Jahrbücher der Dogmatik des bürgerlichen Rechts
JR	Juristische Rundschau (Zeitschrift)
Jura	Juristische Ausbildung (Zeitschrift)
JuS	Juristische Schulung (Zeitschrift)
JW	Juristische Wochenschrift (Zeitschrift)
JZ	Juristenzeitung (Zeitschrift)
KAGB	Kapitalanlagegesetzbuch
Kfz	Kraftfahrzeug
KG	Kammergericht; Kommanditgesellschaft
KGaA	Kommanditgesellschaft auf Aktien
KSchG	Kündigungsschutzgesetz
LAG	Landesarbeitsgericht
LAGE	Entscheidungen der Landesarbeitsgerichte (Entscheidungssammlung)

LG	Landgericht
lit.	litera
LM	Lindenmaier-Möhring, Nachschlagewerk des Bundesgerichtshofs
LMK	Lindenmaier-Möhring, Kommentierte BGH-Rechtsprechung (online)
LS	Leitsatz, Leitsätze
mE	meines Erachtens
MDR	Monatsschrift für Deutsches Recht (Zeitschrift)
MiLoG	Mindestlohngesetz
MMR	Multi Media & Recht (Zeitschrift)
mwN	mit weiteren Nachweisen
NachwG	Nachweisgesetz
NAV	Niederspannungsanschlussverordnung vom 1.11.2006, BGBl. I 2477 (2485)
NDAV	Niederdruckanschlussverordnung vom 1.11.2006, BGBl. I 2477 (2485)
nF	neue Fassung
NJ	Neue Justiz (Zeitschrift)
NJW	Neue Juristische Wochenschrift (Zeitschrift)
NJW-RR	NJW-Rechtsprechungs-Report Zivilrecht (Zeitschrift)
Nr.; Nrn.	Nummer; Nummern
nv	nicht veröffentlicht
NVersZ	Neue Zeitschrift für Versicherung und Recht
NZA	Neue Zeitschrift für Arbeitsrecht
NZA-RR	NZA-Rechtsprechungs-Report Arbeitsrecht (Zeitschrift)
NZBau	Neue Zeitschrift für Baurecht und Vergaberecht
NZFam	Neue Zeitschrift für Familienrecht
NZG	Neue Zeitschrift für Gesellschaftsrecht
NZKart	Neue Zeitschrift für Kartellrecht
NZM	Neue Zeitschrift für Miet- und Wohnungsrecht
NZV	Neue Zeitschrift für Verkehrsrecht
og	oben genannt
OHG	Offene Handelsgesellschaft
OLG	Oberlandesgericht
OLGR	OLG-Report
PAngG	Preisangabengesetz
PatAnwO	Patentanwaltsordnung
PBefG	Personenbeförderungsgesetz
PflVG	Pflichtversicherungsgesetz
RabelsZ	Zeitschrift für ausländisches und internationales Privatrecht
RdA	Recht der Arbeit (Zeitschrift)
RdTW	Recht der Transportwirtschaft (Zeitschrift)
Rn.	Randnummer
RegE	Regierungsentwurf
RG	Reichsgericht
RGZ	Entscheidungen des Reichsgerichts in Zivilsachen
RiLi	Richtlinie
RIW	Recht der internationalen Wirtschaft (Zeitschrift)
Rom I-VO	Verordnung (EG) Nr. 593/2007 vom 17.6.2008 über das auf vertragliche Schuldverhältnisse anzuwendende Recht (ABl. EU 2008 L 177, 6)
Rpfleger	Der Deutsche Rechtspfleger (Zeitschrift)
R+S	Recht und Schaden (Zeitschrift)
S.	Seite oder Satz
SAE	Sammlung arbeitsrechtlicher Entscheidungen (Zeitschrift)
SchiedsVZ	Zeitschrift für Schiedsverfahren
SGB	Sozialgesetzbuch
s. o.	siehe oben
sog.	sogenannt
SR	Soziales Recht (Zeitschrift)
StBerG	Steuerberatungsgesetz
TKG	Telekommunikationsgesetz

TranspR	Transportrecht (Zeitschrift)
TVG	Tarifvertragsgesetz
ua	unter anderem
UKlaG	Unterlassungsklagengesetz
usw	und so weiter
uU	unter Umständen
umstr.	umstritten
UWG	Gesetz gegen den unlauteren Wettbewerb
v.	vom; von
vH	vom Hundert
VAG	Versicherungsaufsichtsgesetz
Var.	Variante
VDMA	Verband Deutscher Maschinen- und Anlagenbau e. V., früher: Verein Deutscher Maschinenbau-Anstalten e. V.
VerbrKrG	Verbraucherkreditgesetz
VersR	Versicherungsrecht (Zeitschrift)
vgl.	vergleiche
VO	Verordnung
VOB	Vergabe und Vertragsordnung für Bauleistungen
Voraufl.	Vorauflage
Vorb.	Vorbemerkung
Vorbem.	Vorbemerkung
VSBG	Verbraucherstreitbeilegungsgesetz
VuR	Verbraucher und Recht (Zeitschrift)
VVaG	Versicherungsverein auf Gegenseitigkeit
VVG	Gesetz über den Versicherungsvertrag
VW	Versicherungswirtschaft (Zeitschrift)
Warn.	Warneyer, Die Rechtsprechung des Reichsgerichts
WBVG	Wohn- und Betreuungsvertragsgesetz
WEG	Wohnungseigentumsgesetz
WiB	Wirtschaftsrechtliche Beratung (Zeitschrift)
WiPrO	Wirtschaftsprüferordnung
WM	Wertpapier-Mitteilungen (Zeitschrift)
WRP	Wettbewerb in Recht und Praxis (Zeitschrift)
WRV	Weimarer Reichsverfassung
WuM	Wohnungswirtschaft und Mietrecht (Zeitschrift)
zB	zum Beispiel
ZAkDR	Zeitschrift der Akademie für Deutsches Recht
ZAP	Zeitschrift für Anwaltspraxis
ZBB	Zeitschrift für Bankrecht und Bankwirtschaft
ZEuP	Zeitschrift für Europäisches Privatrecht
ZfBR	Zeitschrift für deutsches und internationales Baurecht
ZfPW	Zeitschrift für die gesamte Privatrechtswissenschaft
ZfRV	Zeitschrift für Rechtsvergleichung
ZGB	Schweizerisches Zivilgesetzbuch
ZGR	Zeitschrift für Unternehmens- und Gesellschaftsrecht
ZGS	Zeitschrift für das gesamte Schuldrecht
ZHR	Zeitschrift für das gesamte Handelsrecht und Wirtschaftsrecht
Ziff.	Ziffer
ZinsO	Zeitschrift für das gesamte Insolvenzrecht
ZJS	Zeitschrift für das juristische Studium
ZIP	Zeitschrift für Wirtschaftsrecht
ZKG	Zahlungskontengesetz
ZMR	Zeitschrift für Miet- und Raumrecht
ZPO	Zivilprozessordnung
zust.	zustimmend
ZTR	Zeitschrift für Tarifrecht
ZVertriebsR	Zeitschrift für Vertriebsrecht

Paragraphen ohne Gesetzesangabe sind solche des BGB.

Literaturverzeichnis

(vgl. auch die Schrifttumsnachweise zu Spezialthemen vor den einzelnen Textabschnitten, insbesondere vor → Rn. 460)

AGB-Klauselwerke/*Bearbeiter* Graf von Westphalen/Thüsing (Hrsg.), Vertragsrecht und AGB-Klauselwerke, Broschüren im Ordner, Stand 2020

AnwKomm Schuldrecht/*Bearbeiter* Dauner-Lieb/Heidel/Lepa/Ring (Hrsg.), Anwalt-kommentar Schuldrecht, 2002

Arbeitsvertrag/*Bearbeiter* Preis (Hrsg.), Der Arbeitsvertrag, 6. Aufl. 2020

Bamberger/Roth/Hau/*Bearbeiter* Bamberger/Roth/Hau, Kommentar zum Bürgerlichen Gesetzbuch, 4. Aufl. 2019, zugleich Beck´scher Online-Kommentar

Baumbach/Hopt/*Bearbeiter* Handelsgesetzbuch, 39. Aufl. 2020

BeckOK/*Bearbeiter* Beck´scher Online Kommentar

BeckOGK/*Bearbeiter* beckonline Großkommentar

Bunte Handbuch der Allgemeinen Geschäftsbedingungen, 1982

CKK/*Bearbeiter* Clemenz/Kreft/Krause, AGB-Arbeitsrecht, Kommentar, 2. Aufl. 2019

DDW/*Bearbeiter* Däubler/Deinert/Walser, AGB im Arbeitsrecht, 5. Aufl. 2021

Dietlein/Rebmann AGB-aktuell Erläuterungen zum Gesetz zur Regelung des Rechts der Allgemeinen Geschäftsbedingungen, 1976

Dittmann/Stahl Allgemeine Geschäftsbedingungen: AGB, 1977

ErfK/*Bearbeiter* Müller-Glöge/Preis/Schmidt (Hrsg.), Erfurter Kommentar zum Arbeitsrecht, 20. Aufl. 2020

Erman/*Bearbeiter* Erman, Bürgerliches Gesetzbuch: Handkommentar, 16. Aufl. 2020

Fastrich, Inhaltskontrolle Richterliche Inhaltskontrolle im Privatrecht, 1992

Flume, Rechtsgeschäft Allgemeiner Teil des Bürgerlichen Rechts, Zweiter Band, Das Rechtsgeschäft, 4. Aufl. 1992

Hellwege, AGB Hellwege, Allgemeine Geschäftsbedingungen, einseitige gestellte Vertragsbedingungen und die allgemeine Rechtsgeschäftslehre, 2010

Köhler/Bornkamm/Feddersen/*Bearbeiter* Köhler/Bornkamm/Feddersen, Gesetz gegen den unlauteren Wettbewerb, Kommentar, 38. Aufl. 2020

HK/*Bearbeiter* Bürgerliches Gesetzbuch, Handkommentar, 10. Aufl. 2019

HKK/*Bearbeiter* Historisch-kritischer Kommentar zum BGB, Bd. II, Teilband 2, §§ 305 –310 BGB, 2007

von Hoyningen-Huene Die Inhaltskontrolle nach § 9 AGB-Gesetz, 1991

HWK/*Bearbeiter* Henssler/Willemsen/Kalb (Hrsg.), Arbeitsrecht Kommentar, 9. Aufl. 2020

Jauernig/*Bearbeiter* Jauernig, Bürgerliches Gesetzbuch, 18. Aufl. 2020

Koch/Stübing Allgemeine Geschäftsbedingungen, Kommentar, 1977

Lakies Inhaltskontrolle von Arbeitsverträgen 2014

Locher, Recht der AGB Locher, Das Recht der Allgemeinen Geschäftsbedingungen, 3. Aufl. 1997

Löwe/Graf von Westphalen/Trinkner Kommentar zum Gesetz zur Regelung der Allgemeinen Geschäftsbedingungen, 1977; Band II: §§ 10–30, 2. Aufl. 1983; Band III: Einzelklauseln und Klauselwerke, 2. Aufl. 1985

McColgan, Abschied vom Informationsmodell McColgan, Abschied vom Informations-modell im Recht allgemeiner Geschäftsbedingungen, 2020

MünchArbR/*Bearbeiter* Richardi/Wlotzke (Hrsg.), Münchener Handbuch zum Arbeitsrecht, 4. Aufl. 2018

MüKoBGB/*Bearbeiter* Münchener Kommentar zum Bürgerlichen Gesetzbuch, 8. Auflage 2018 ff.

MüKoZPO/*Bearbeiter* Münchener Kommentar zur Zivilprozessordnung, 6. Aufl. 2020 f.

Neuner, Allgemeiner Teil des Bürgerlichen Rechts, 12. Aufl. 2020

Niebling Allgemeine Geschäftsbedingungen – Allgemeiner Teil – Grundlagen, 10., Aufl. 2015

Niebling AnwaltKommentar AGB-Recht, 3. Aufl. 2017

NK/*Bearbeiter* Dauner-Lieb/Heidel/Ring (Hrsg.), Nomoskommentar BGB Schuldrecht, Band 2, Teilband 1, 3. Aufl. 2016

Palandt/*Bearbeiter* Palandt, Bürgerliches Gesetzbuch, 79. Aufl. 2020

Prütting/Wegen/Weinreich/*Bearbeiter* Prütting/Wegen/Weinreich (Hrsg.), BGB Kommentar, 15. Aufl. 2020

Raiser, AGB Raiser, Das Recht der Allgemeinen Geschäftsbedingungen, 1935

Ring/Klingelhöfer AGB-Recht in der anwaltlichen Praxis, 4. Aufl. 2017

Schlosser/Coester-Waltjen/Graba Kommentar zum Gesetz zur Regelung des Rechts der Allgemeinen Geschäftsbedingungen, 1977

Schlünder AGB Prüfung und Gestaltung, 1994

Schmidt-Futterer/*Bearbeiter* Schmidt-Futterer, hrsg. von Blank, Mietrecht, 14. Aufl. 2019

Schmidt-Salzer, AGB Schmidt-Salzer, Allgemeine Geschäftsbedingungen, 2. Aufl. 1977

Schmidt-Salzer, AGB, 1971 Schmidt-Salzer, Allgemeine Geschäftsbedingungen, 1971

Schulze/Grziwotz/Lauda Schulze/Grziwotz/Lauda (Hrsg.) Bürgerliches Gesetzbuch: BGB, Kommentiertes Vertrags- und Prozessformularbuch, 4. Aufl. 2019

Schwab AGB-Recht, 3. Aufl. 2019

Soergel/*Bearbeiter* Soergel, Bürgerliches Gesetzbuch mit Einführungsgesetz und Nebengesetzen, Kommentar, 13. Aufl. 2018

Staudinger/*Bearbeiter* Staudinger, Kommentar zum BGB,
§§ 305–310; UKlaG – AGB-Recht 1 und Unterlassungsklagengesetz, Neubearbeitung 2019

Anhang zu §§ 305–310 BGB – AGB-Recht 2: Ausgewählte Verträge, AGB-Kontrolle im Arbeitsrecht, Internationaler Geschäftsverkehr, Neubearbeitung 2019

Stein Gesetz zur Regelung des Rechts der Allgemeinen Geschäftsbedingungen, Kommentar, 1977

Stoffels, Gesetzlich nicht geregelte Schuldverträge Stoffels, Gesetzlich nicht geregelte Schuldverträge – Rechtsfindung und Inhaltskontrolle, 2001

Thamm/Pilger Taschenkommentar zum AGB-Gesetz, 1998

Henssler/Moll AGB-Kontrolle vorformulierter Arbeitsbedingungen, 2020

Ulmer/*Bearbeiter* Ulmer/Brandner/Hensen, AGB-Recht: Kommentar zu den §§ 305–310 BGB und zum UKlaG, 12. Aufl. 2016

Wendland, Vertragsfreiheit und Vertragsgerechtigkeit Wendland, Vertragsfreiheit und Vertragsgerechtigkeit, Subjektive und objektive Gestaltungskräfte im Privatrecht am Beispiel der Inhaltskontrolle Allgemeiner Geschäftsbedingungen im unternehmerischen Geschäftsverkehr, 2019

Wolf/*Bearbeiter* Wolf/Lindacher/Pfeiffer, AGB-Recht, Kommentar, 7. Aufl. 2020

Erster Teil. Allgemeiner Teil des Rechts der Allgemeinen Geschäftsbedingungen

Erster Abschnitt. Grundlagen

§ 1. Einführung

I. Bedeutung des Rechts der Allgemeinen Geschäftsbedingungen

Literatur: *Kötz*, in: Verhandlungen des 50. Deutschen Juristentages, Hamburg 1974, Band I (Gutachten), A 12–A 23; Studinger/*Mäsch*, Vorbem. zu §§ 305 ff. BGB Rn. 47 ff.

Das **wirtschaftliche Gewicht** und der **Verbreitungsgrad Allgemeiner Geschäfts-** **1** **bedingungen** im heutigen Wirtschaftsleben können kaum überschätzt werden. Der **private Kunde** wird mit ihnen in fast jeder Lebenssituation konfrontiert. Abgesehen von den Bargeschäften über den Kauf von Waren des täglichen Gebrauchs (Brötchen beim Bäcker) werden nahezu alle Verträge von einigem wirtschaftlichem Gewicht unter Zugrundelegung Allgemeiner Geschäftsbedingungen abgeschlossen; man denke zB an Kaufverträge über Elektrogeräte, Autos oder Möbel, den Abschluss eines Reise- oder Versicherungsvertrages, die Eingehung eines Miet- oder Arbeitsverhältnisses, Verträge über die Belieferung mit Strom und Gas, den Aufnahmevertrag eines Krankenhauses endend mit vorformulierten Heimverträgen und den Bedingungen der Bestattungsunternehmen. Aber auch das private Glück bleibt von Allgemeinen Geschäftsbedingungen nicht unbeeinflusst; erwähnt seien hier die Lotto- und Toto-Teilnahmebedingungen und die Bedingungswerke der Ehevermittlungsinstitute. Durch Allgemeine Geschäftsbedingungen geregelt werden weiterhin die Beziehungen des Kunden zu seiner Bank. Ferner sind nahezu alle modernen Vertragstypen, die sich häufig in Anlehnung an US-amerikanische Vorbilder entwickelt haben, durch Allgemeine Geschäftsbedingungen geprägt. Leasingrecht ist beispielsweise schon früh als „Formularrecht par excellence" bezeichnet worden.[1]

Aber nicht nur der private Kunde ist von Allgemeinen Geschäftsbedingungen umge- **2** ben. Auch Verträge unter **Kaufleuten** werden weithin unter Zugrundelegung Allgemeiner Geschäftsbedingungen geschlossen. Man denke hier an Allgemeine Einkaufs- und Verkaufsbedingungen, an Franchiseverträge, Subunternehmerverträge und Vertragshändlerverträge.

Hinsichtlich der Einzelheiten der rechtstatsächlichen Verbreitung Allgemeiner Ge- **3** schäftsbedingungen fehlt es an konkreten statistischen Daten. Gesichert dürfte die Aussage sein, dass die Vertragspraxis in der Zeit nach Inkrafttreten des AGB-Gesetzes deutlich erkennbar **zu einheitlichen standardisierten Vertragsbedingungen für gesamte Branchen tendierte.**[2] Infolge dieser Vereinheitlichungsbestrebungen dürfte die in der Begründung des Regierungsentwurfs noch enthaltene Größe, man ging dort von „Hunderttausenden" im Umlauf befindlichen Allgemeinen Geschäftsbedingungen aus, heute überholt sein.[3]

---

[1] *Reich*, in: Vertragsschuldverhältnisse, 1974, S. 51. Den regelmäßigen AGB-Charakter von Leasingverträgen betont auch BGH NJW 1985, 1539 (1541).
[2] MüKoBGB/*Micklitz*, 4. Aufl. 2001, AGBG Vor § 13 Rn. 25.
[3] BT-Drs. 7/3919, S. 10.

4   Dementsprechend hoch wird man auch die **Bedeutung des AGB-Rechts** veranschlagen müssen. Der Reformgesetzgeber des Jahres 2001/2002 „adelte" das AGB-Recht immerhin insofern, als er ihm bewusst einen „prominenten" Standort an der Spitze des Allgemeinen Teils des Schuldrechts zuwies und die Ansicht äußerte, erst durch die Integration des AGB-Rechts erlange das BGB „wieder den Rang einer zivilrechtlichen Gesamtkodifikation."[4] Zuvor hatte schon das 1977 in Kraft getretene AGB-Gesetz erhebliche Ausstrahlungswirkung im Ausland entfaltet. Dies gipfelte in der stark am deutschen AGB-Gesetz orientierten Klausel-Richtlinie 93/13/EWG.

5   Auch heute ist die **gerichtliche Entscheidungsproduktion zu AGB-rechtlichen Fragestellungen** ungebrochen groß. Musterverfahren haben mittelbar Auswirkungen auf ganze Branchen und ihre **Vertragsgestaltung.** Für kautelarjuristisch tätige Rechtsanwälte und Unternehmensjuristen ist eine genaue Kenntnis des AGB-Rechts daher unabdingbar.

II. Schrifttum zum Recht der Allgemeinen Geschäftsbedingungen

1. Kommentare und Handbücher

6   Die beiden führenden Kommentare zum AGB-Recht sind:
- *Wolf/Lindacher/Pfeiffer,* AGB-Recht, 7. Aufl. 2020
- *Ulmer/Brandner/Hensen,* AGB-Recht, 12. Aufl. 2016

Nicht mehr auf dem neuesten Stand befinden sich:
- *Bunte,* Handbuch der Allgemeinen Geschäftsbedingungen, 1982
  dazu ergänzend *Bunte,* Entscheidungssammlung zum AGB-Gesetz, 1982 ff.
- *Dietlein/Rebmann,* AGB-aktuell Erläuterungen zum Gesetz zur Regelung des Rechts der Allgemeinen Geschäftsbedingungen, 1976
- *Dittmann/Stahl,* AGB, Kommentar, 1977
- *von Hoyningen-Huene,* Die Inhaltskontrolle nach § 9 AGB-Gesetz, 1991
- *Löwe/Graf von Westphalen/Trinkner,* Kommentar zum Gesetz zur Regelung des Rechts der Allgemeinen Geschäftsbedingungen, 1977;
  Band II: §§ 10–30, 2. Aufl. 1983;
  Band III: Einzelklauseln und Klauselwerke, 2. Aufl. 1985
- *Koch/Stübing,* Allgemeine Geschäftsbedingungen, 1977
- *Schlosser/Coester-Waltjen/Graba,* Kommentar zum Gesetz zur Regelung des Rechts der Allgemeinen Geschäftsbedingungen, 1977
- *Stein,* Gesetz zur Regelung des Rechts der Allgemeinen Geschäftsbedingungen, Kommentar, 1977
- *Thamm/Pilger,* AGB-Gesetz, 1998

Ferner enthalten auch alle Kommentare zum Bürgerlichen Gesetzbuch Erläuterungen zum AGB-Recht. Allen voran sind zu nennen: *Staudinger,* Neubearbeitung 2019 in zwei Bänden (diverse Autoren); BeckOGK (diverse Autoren), MüKoBGB/*Basedow/Wurmnest,* 8. Aufl. 2019 und Soergel/*Fritzsche/Knops,* 13. Aufl. 2018. Auf dem neuesten Stand befindet sich die vorzügliche Kommentierung der §§ 305 ff. BGB bei Palandt/*Grüneberg,* 80. Aufl. 2021.

7   Die AGB-rechtliche Vertragspraxis wird umfassend aufgearbeitet in *Graf von Westphalen/Thüsing* (Hrsg.), Vertragsrecht und AGB-Klauselwerke, 3 Bände, Loseblattwerk.
Für die anwaltliche Praxis: *Ring/Klingelhöfer,* AGB-Recht in der anwaltlichen Praxis, 4. Aufl. 2017.

---

[4] Begründung des RegE BT-Drs. 14/6040, S. 97.

2. Lehrbücher

Das Recht der Allgemeinen Geschäftsbedingungen wird in allen gängigen Lehrbüchern 8
zum Allgemeinen Teil des Bürgerlichen Gesetzbuches und/oder zum Allgemeinen
Schuldrecht dargestellt, besonders gelungen: *Neuner*, Allgemeiner Teil des Bürgerlichen
Rechts, 12. Aufl. 2020, § 47.

Ferner empfehlenswert die ausführliche und praxisgerechte Darstellung bei *Schwab*,
AGB-Recht, 3. Aufl. 2019. Ferner *Niebling*, Allgemeine Geschäftsbedingungen, Allgemeiner Teil und Grundlagen, 10. Aufl. 2015 und Besonderer Teil – Praxiswissen, 2015.

Zur Vorbereitung auf das Examen eignet sich vorzüglich Staudinger, Eckpfeiler des
Zivilrechts, Neubearbeitung 2018, Abschnitt E. Allgemeine Geschäftsbedingungen, be-
arbeitet von *Wendland*.

Eine kurze, aber veraltete Einführung bietet: *Locher*, Das Recht der Allgemeinen 9
Geschäftsbedingungen, 3. Aufl. 1997. Ebenfalls veraltet, aber originell und immer noch
lesenswert: *Schmidt/Salzer*, Allgemeine Geschäftsbedingungen, 2. Aufl. 1977.

3. Grundlegende Monographien

– *Raiser*, Das Recht der allgemeinen Geschäftsbedingungen, 1935   10
– *Fastrich*, Richterliche Inhaltskontrolle im Privatrecht, 1992
– *Hellwege*, Allgemeine Geschäftsbedingungen, einseitige gestellte Vertragsbedingungen
   und die allgemeine Rechtsgeschäftslehre, 2010
– *Wendland*, Vertragsfreiheit und Vertragsgerechtigkeit, 2019

4. Vertragsgestaltung und Allgemeine Geschäftsbedingungen

– *Aderhold/Koch/Lenkaitis*, Vertragsgestaltung, 4. Aufl. 2020   11
– *Benning/Oberrath*, Gestaltungsleitfaden AGB, 3. Aufl. 2015
– *Eckert/Everts/Wicke*, Fälle zur Vertragsgestaltung, 3. Aufl. 2016
– *Hoeren*, Vertragsgestaltung nach der Schuldrechtsreform, 2002
– *Kamanabrou*, Vertragsgestaltung, 5. Aufl. 2019
– *Langenfeld*, Vertragsgestaltung, 3. Aufl. 2004
– *Langenfeld*, Grundlagen der Vertragsgestaltung, 3. Aufl. 2019
– *Moes*, Vertragsgestaltung, 2020
– Münchener Vertragshandbuch, Band 5: Bürgerliches Recht I, 7. Aufl., 2013
– *Rehbinder*, Vertragsgestaltung, 2. Aufl. 1993
– *Rittershaus/Teichmann*, Anwaltliche Vertragsgestaltung, 2. Aufl. 2003
– *Schlünder*, AGB Prüfung und Gestaltung, 1994
– *Schmittat*, Einführung in die Vertragsgestaltung, 4. Aufl. 2015

5. Rechtsprechungsübersichten

Informative Übersichten über die Rechtsprechungsentwicklung regelmäßig in der 12
NJW, zuletzt: *Graf von Westphalen*, NJW 2019, 275; NJW 2019, 2214; *ders.*, NJW 2020,
280; *ders.*, NJW 2020, 2225; *ders.*, NJW 2021, 277 sowie in der MDR, zuletzt: *Niebling*,
MDR 2018, 633; *ders.*, MDR 2018, 712; *ders.*, MDR 2019, 844; *ders.*, MDR 2019, 907.

6. Einführende Aufsätze und Klausuren für Studenten

Börstinghaus/Pielsticker, Fortgeschrittenenklausur: Und am Ende nichts als Ärger 13
(AGB und Miete), ZJS 2016, 725; *Franz/ Marx:* Anfängerklausur – Zivilrecht: Allgemeines Schuldrecht und Gestaltung von AGB, JuS 2015, 424; *Fritzsche*, Fälle zum BGB

Allgemeiner Teil, 7. Aufl. 2019, Fall 16; *Grünberger,* Der Anwendungsbereich der AGB-Kontrolle, Jura 2009, 249; *Löhnig/Gietl,* Grundfälle zum Recht der Allgemeinen Geschäftsbedingungen, JuS 2012, 393, 494; *Lorenz/Gärtner,* Grundwissen – Zivilrecht: Allgemeine Geschäftsbedingungen, JuS 2013, 199; *Möhrke,* Die AGB-Kontrolle nach §§ 305 ff. BGB in der Zivilrechtsklausur ZJS 2015, 31; *Neideck,* Die Einbeziehung von AGB in der Fallbearbeitung, JA 2011, 492; *Schlosser/Thewalt/Zirngibl,* Die AGB des Aufführungsveranstalters, Jura 2003, 118; *Wendland,* Das Recht der Allgemeinen Geschäftsbedingungen in der Fallbearbeitung, Jura 2018, 866 und Jura 2019, 41.

7. Recht ausländischer Staaten, internationales Privatrecht und Rechtsvergleichung

14   *Riesenhuber/Karakostas* (Hrsg.), Inhaltskontrolle im nationalen und Europäischen Privatrecht, 2009; DACH Europäische Anwaltvereinigung (Hrsg.), Allgemeine Geschäftsbedingungen in der europäischen Rechtspraxis, 1997; *W. Müller/Schilling,* AGB-Kontrolle im unternehmerischen Geschäftsverkehr – eine rechtsvergleichende Betrachtung, BB 2012, 2319; *Zaccaria,* Anmerkungen zur Umsetzung der Richtlinie 93/13/EWG über missbräuchliche Klauseln in Verbraucherverträgen in Europa, ZEuP 2016, 159; *Leuschner,* Grenzen der Vertragsfreiheit im Rechtsvergleich, ZEuP 2017, 335. Weiterführende Hinweise insbesondere zum Recht zahlreicher ausländischer Rechtsordnungen finden sich bei *Wolf/Pfeiffer,* 6. Aufl. 2013 (nicht mehr in der aktuellen Auflage), Einl. Rn. 48–97 und bei *Ulmer/Habersack,* Einl. Rn. 105–110. Vgl. ferner die Literaturhinweise vor § 8.

8. Besondere Vertragstypen

14a   Eingehende Darstellungen ausgewählter Vertragstypen, die in besonderem Maße durch Allgemeine Geschäftsbedingungen geprägt sind, finden sich in: *Staudinger,* Anhang zu §§ 305–310 BGB Neubearbeitung 2019; *Ulmer/Brandner/Hensen,* AGB-Recht, 12. Aufl. 2016, Teil 2 (Besondere Klauseln, Vertragstypen und AGB-Werke); *Graf von Westphalen/Thüsing* (Hrsg.), Vertragsrecht und AGB-Klauselwerke (Stand 2020); *Wolf/Lindacher/Pfeiffer,* AGB-Recht, 7. Aufl. 2020, 5. Teil (ABC der Klauseln und Vertragstypen). Vgl. im Übrigen die umfangreichen Hinweise zu Beginn von → § 16 Rn. 1 ff.

§ 2. Entwicklung bis zum AGB-Gesetz

I. Allgemeine Geschäftsbedingungen als Folgeerscheinung der technischen und wirtschaftlichen Expansion im 19. Jahrhundert

Literatur: *Hofer,* in: Historisch-kritischer Kommentar zum BGB, Band II, 2. Teilband, hrsg. von Schmoeckel, Rückert, Zimmermann, 2007, §§ 305–310 BGB; *Friedrichs,* Verbraucherschutz und AGB, Rechtshistorische Arbeit zum Verbraucherschutz in Deutschland vom Ende des 19. Jahrhunderts bis zur Integration des AGB-Gesetzes in das BGB am 1.1.2002, 2003; *Hellwege,* Allgemeine Geschäftsbedingungen, einseitig gestellte Vertragsbedingungen und die allgemeine Rechtsgeschäftslehre, 2010; S. 21 ff.; *Pohlhausen,* Zum Recht der allgemeinen Geschäftsbedingungen im 19. Jahrhundert, 1978.

15   Das Phänomen der Allgemeinen Geschäftsbedingungen ist im Wesentlichen eine **Folgeerscheinung der technischen und wirtschaftlichen Expansion im 19. Jahrhundert,** wenngleich sich Vorläufer bereits in der Formularpraxis der oberitalienischen Stadtstaaten und der Seeversicherer im 15. Jahrhundert nachweisen lassen.[1] Der Übergang von

---

[1] Zu den frühen geschichtlichen Wurzeln *Raiser,* Recht der allgemeinen Geschäftsbedingungen, S. 26; *Lammel,* in: Modernisierung des Handelsrechts im 19. Jahrhundert, 1993, S. 89 ff.

einer noch weithin agrarisch geprägten Gesellschaft zur industriellen Massengesellschaft und die Entfaltung des Dienstleistungssektors vor allem in der zweiten Hälfte des 19. Jahrhunderts verlangten nach Standardisierung und Typisierung früher einzeln ausgehandelter Verträge.[2] Vorreiter war die Versicherungswirtschaft, der es in besonderem Maße daran gelegen war, eine Vielzahl inhaltlich gleichartiger Verträge zu schließen. Es folgten die zunehmend auf den Massenverkehr ausgerichteten Verkehrsunternehmen (Eisenbahn, Dampfschiffe) sowie seit etwa 1880 die „Regulative" der Großbanken. Innerhalb weniger Jahrzehnte, gefördert durch die Kartellierungstendenzen dieser Zeit, setzte sich sodann die Verwendung vorformulierter Geschäftsbedingungen auf breiter Front auf den Gebieten der Produktion, des Handels und des Dienstleistungsgewerbes durch.[3]

II. Erste Ansätze im Schrifttum

Literatur: *Großmann-Doerth*, Selbstgeschaffenes Recht der Wirtschaft und staatliches Recht, 1933; *Hamelbek*, Begriff, Arten und Verbindlichkeit der AGB, 1930; *Michel*, Die AGB als Vertragsbestandteil in der Rechtsprechung, 1932; *Raiser*, Das Recht der allgemeinen Geschäftsbedingungen, 1935; umfangreiche Nachweise des Schrifttums vor Inkrafttreten des AGB-Gesetzes in der 11. Aufl. des *Staudinger*, vor § 241 BGB.

Schon sehr bald zeigte sich, dass Allgemeine Geschäftsbedingungen immer öfter und   16
planmäßig von ihren Aufstellern eingesetzt wurden, um die Vertragsrisiken auf ihre Vertragspartner abzuwälzen und die vertragsrechtliche Situation damit entscheidend zu ihren Gunsten zu verändern.[4] Im Schrifttum sind die Gefährdungen der Vertragsgerechtigkeit durch inhaltlich unausgewogene, einseitig den anderen Vertragsteil belastende Allgemeine Geschäftsbedingungen vor allem in der Zeit zwischen den beiden Weltkriegen erkannt und diskutiert worden. Insbesondere in den 30er Jahren sind mehrere Abhandlungen zu dieser Problematik erschienen.[5] *Großmann-Doerth* etwa beklagte schon 1933, dass die Rechtswirklichkeit im Vertragsrecht nicht mehr durch das dispositive Gesetzesrecht, sondern weitgehend durch „selbstgeschaffenes Recht der Wirtschaft" in Form Allgemeiner Geschäftsbedingungen gekennzeichnet werde.[6]

Herausragende Bedeutung kommt allerdings der **Monographie** *Ludwig Raisers* „**Das**   17
Recht der allgemeinen Geschäftsbedingungen" zu.[7] *Raisers* noch heute überaus lesenswerte Darlegungen haben die weitere Diskussion bis hin zur Schaffung des AGB-Gesetzes im Jahre 1976 maßgeblich beeinflusst. Nutzen und Gefahren der Verwendung von Allgemeinen Geschäftsbedingungen werden in dieser Schrift eindringlich und wohlabgewogen beschrieben:

„*Die Erscheinung der AGB. als solche zu bekämpfen, besteht kein Grund; sie etwa durch staatlich gesetzte Ordnungen ersetzen zu wollen, wäre verfehlt. Sie hat vielmehr einen wirtschaftlich vernünftigen Sinn, der sich nach Bedürfnis entfalten soll, solange man die bestehende Wirtschaftsverfassung nicht von Grund auf ändert. Auch ihre Verbreitung*

---

[2] Hierzu im Einzelnen *Pohlhausen*, Zum Recht der allgemeinen Geschäftsbedingungen im 19. Jahrhundert; vgl. auch den historischen Rückblick in der Amtl. Begründung (BT-Drs. 7/3919, S. 9 f.).

[3] Einzelheiten bei *Raiser*, Recht der allgemeinen Geschäftsbedingungen, S. 27 ff.

[4] *Kurt Tucholsky* (Schnipsel, rororo Band 1669, S. 95) brachte die Problematik in den zwanziger Jahren auf die Kurzformel: „Was auch immer geschieht, geht zu Lasten des Bestellers, und die ausführende Firma haftet für gar nichts."

[5] Siehe die og Arbeiten.

[6] *Großmann-Doerth*, Selbstgeschaffenes Recht der Wirtschaft und staatliches Recht, passim; zu Person und Werk vgl. *Blaurock/Goldschmidt/Hollerbach* (Hrsg.), Das selbstgeschaffene Recht der Wirtschaft, Zum Gedenken an Hans Großmann-Doerth (1894–1944), 2005.

[7] *Raiser*, Das Recht der allgemeinen Geschäftsbedingungen, 1935 (Nachdruck 1961).

braucht daher nicht erschwert zu werden. Nur muss dafür Sorge getragen werden, dass bei ihrer Ausgestaltung und Handhabung das öffentliche Interesse und das Rechtsbewußtsein der Gemeinschaft nachdrücklich zur Geltung kommt. Es muss verhindert werden, dass sich ein Unternehmer in seinen AGB. durch List oder wirtschaftlichen Druck eigennützige Vorteile sichert, die den Kunden ungebührlich belasten, der Gesamtwirtschaft schaden und das Recht verletzen. Die Mittel dazu sind eine wirksame Kontrolle durch Verwaltungsbehörden und durch die staatliche Gerichtsbarkeit, die auf diesem Gebiet nicht beliebig zurückgedrängt werden darf."[8]

18   Die Hervorhebung des Gemeinschaftsgedankens als immanente Begrenzung der Vertragsfreiheit ist zeitbedingt zu verstehen und heute nicht mehr tragender Gesichtspunkt.[9]

19   Richtungweisend war vor allem die „Entdeckung" des dispositiven Gesetzesrechts als Maßstab für die Zulässigkeit Allgemeiner Geschäftsbedingungen:

„Dieses dispositive Gesetzesrecht spricht sich zwar selbst nur subsidiäre Geltung hinter den Vertragsordnungen zu, aber es ist doch keine beliebige Ordnung, sondern ‚Recht' in dem besonderen Sinn einer Objektivierung der Rechtsidee durch die Gesamtrechtsgemeinschaft, d h: es darf im allgemeinen … als der angemessene, natürliche Ausgleich der widerstrebenden Partei- und der übergeordneten Gemeinschaftsinteressen angesehen werden, als die ‚normale' Ordnung des betreffenden Lebensverhältnisses. Dieser Rechtscharakter verleiht den Dispositivnormen die Tendenz, sich auch gegenüber den Vertragsordnungen immer wieder durchzusetzen; …".[10]

III. Die Rechtsprechung vor Inkrafttreten des AGB-Gesetzes

Literatur: *Raiser,* Recht der allgemeinen Geschäftsbedingungen, S. 302 ff.; HKK-*Hofer,* §§ 305–310 BGB Rn. 7 ff.; Wolf/*Pfeiffer,* Einl. Rn. 5 f.; *v. Hoyningen-Huene,* Inhaltskontrolle, § 9 AGBG Rn. 1 –6.

20   Dem Bedürfnis nach Kontrolle und Begrenzung der Verwendung Allgemeiner Geschäftsbedingungen haben die Gerichte nur sehr zögerlich entsprochen. Das Vertrauen in das Regulativ des Marktes war anfangs noch sehr ausgeprägt und das Institut der Vertragsfreiheit, verstanden vornehmlich als Freiheit vor staatlicher Intervention in den privaten Rechtsverkehr, genoss höchste Priorität.

21   Sehr zurückhaltend judizierte in der Anfangszeit das **Reichsgericht.** In einer Entscheidung aus dem Jahre 1883 betreffend Allgemeine Geschäftsbedingungen des Seefrachtrechts verdeutlichte es seinen Standpunkt wie folgt:

„So wenig billig und gerecht nun auch diese Abwälzung einer … Haftung … sein und so sehr sie das natürliche Verhältnis verschieben mag, so fehlt es doch, mangels einer gesetzlichen Einschränkung der Vertragsfreiheit, in dieser Beziehung an der Möglichkeit, der betreffenden Vereinbarung die Gültigkeit zu versagen."[11]

22   Gleichwohl ist es in der Folgezeit in der reichsgerichtlichen Praxis unter verschiedenen Vorzeichen zu einer Überprüfung Allgemeiner Geschäftsbedingungen auf ihren materiellen Inhalt hin gekommen. Drei verschiedene Ansätze, unangemessene Allgemeine Geschäftsbedingungen abzuwehren, lassen sich ausmachen.[12]

---

[8] *Raiser,* Recht der allgemeinen Geschäftsbedingungen, S. 98 f.
[9] Scharf ablehnend *Flume,* Rechtsgeschäft, § 37, 2, S. 671: „Gemeinschafts-Mystizismen".
[10] *Raiser,* Recht der allgemeinen Geschäftsbedingungen, S. 293 f.; vgl. heute § 307 Abs. 2 Nr. 1.
[11] RGZ 11, 100 (110).
[12] *von Hoyningen-Huene,* Inhaltskontrolle, § 9 AGBG Rn. 1 ff.

Das Reichsgericht half in vielen Fällen ohne direkten Eingriff in den Vertrag durch eine **23**
restriktive Auslegung der belastenden Klauseln. Dabei berief es sich insbesondere auf
die Auslegungsregel, dass Unklarheiten in den Allgemeinen Geschäftsbedingungen des
Unternehmers zu Gunsten des Kunden auszulegen seien (vgl. heute § 305c Abs. 2
BGB).[13] Diese Rechtsprechung betraf vor allem Freizeichnungsklauseln, Gewährleistungsausschlüsse und ähnliche Arten der Risikoverlagerung. Dabei sprengte das Reichsgericht allerdings nicht selten die Grenzen der Auslegung, griff ändernd in den Vertrag
ein und betrieb auf diese Weise – methodisch unbefriedigend – eine Inhaltskontrolle im
Gewand der Auslegung.[14]

Eine verdeckte Inhaltskontrolle war es der Sache nach auch, wenn das Reichsgericht **24**
bei der damals als Geltungsgrund angesehenen **„Unterwerfungserklärung"** des Kunden
ansetzte und den Satz aufstellte, diese könne solche Geschäftsbedingungen nicht decken,
deren Unüblichkeit oder Unbilligkeit eine ausdrückliche freiwillige Unterwerfung von
vornherein als ausgeschlossen erscheinen lasse.[15] Über das „Ob" der Einbeziehung Allgemeiner Geschäftsbedingungen hat das Reichsgericht – wie *von Hoyningen-Huene* dies
treffend ausdrückt –[16] mit Blick auf das „Wie" ihrer inhaltlichen Ausgestaltung entschieden. Auch dies war eine zweifelhafte methodische Praxis,[17] der heute durch die in § 305
Abs. 2 BGB und § 307 BGB angelegte strikte Trennung der Einbeziehung von der
Inhaltskontrolle der Boden entzogen ist.

Der wohl wichtigste und der heutigen offenen Inhaltskontrolle auf der Grundlage des **25**
§ 307 BGB am nächsten kommende Kontrollansatz ermöglichte gerichtliches Einschreiten gegen unverhältnismäßig belastende Allgemeine Geschäftsbedingungen unter dem
Gesichtspunkt eines **Verstoßes gegen die guten Sitten,** wenn der Unternehmer seine
Vertragsbedingungen dem Kunden in **Ausnutzung einer Monopolstellung** aufgedrängt
hatte.[18]

Eine Zusammenfassung seiner auf § 138 BGB gegründeten Monopolrechtsprechung **26**
findet sich in einem Urteil aus dem Jahre 1933:

*„Als Sittenverstoß ist es auch angesehen worden, wenn der Monopolinhaber miss-
bräuchlich bei den Bedingungen, zu denen er Verträge abschließt, einseitig seine Belange zugrundelegt ohne Rücksicht darauf, ob dies mit den allgemeinen Verkehrs-
bedürfnissen vereinbar ist, oder unter Umkehrung der vom Gesetzgeber gewollten und
vom Verkehr als billig empfundenen Rechtslage sich unverhältnismäßige Vorteile ausbedingt, zumal wenn hierdurch dem Verkehr besondere Fesseln aufgezwungen werden."[19]*

Die Mängel dieses Kontrollansatzes waren unübersehbar.[20] Die Ausnutzung der Ver- **27**
tragsfreiheit durch einseitig den Vertragspartner belastende Allgemeine Geschäftsbedingungen lässt sich weder auf die Fälle einer Monopolstellung beschränken, noch erlaubt es

---

[13] RGZ 142, 353; RG JW 1934, 2395.
[14] Kritisch schon damals *Raiser,* Recht der allgemeinen Geschäftsbedingungen, S. 264 ff.
[15] RGZ 103, 84; 112, 253; weitere Nachweise bei *Mroch,* Unlautere Geschäftsbedingungen, S. 13.
[16] *von Hoyningen-Huene,* Inhaltskontrolle, § 9 AGBG Rn. 2.
[17] Kritisch *Mroch,* Unlautere Geschäftsbedingungen, S. 13.
[18] Erstmals wohl RGZ 20, 115 (117). In einigen späten Entscheidungen hat das RG auch § 242 ins
Feld geführt, allerdings ohne seinen grundsätzlichen Ausgangspunkt zu revidieren (vgl. etwa RGZ
168, 321 [329]).
[19] RGZ 143, 24 (28) mwN.
[20] Bereits *Raiser* hatte der Monopolrechtsprechung des Reichsgerichts einen allein an die einseitige
Gestaltung des Vertragsinhalts anknüpfenden Kontrollansatz gegenübergestellt, vgl. insbesondere
Raiser, Recht der allgemeinen Geschäftsbedingungen, S. 284.

der Maßstab der Sittenwidrigkeit den Gerichten, ein ausgewogenes Verhältnis der Rechte und Pflichten der Vertragsparteien sicherzustellen.[21]

28   Der **Bundesgerichtshof** hat sich von der Monopolrechtsprechung des Reichsgerichts schon früh abgewendet und einer **auf § 242 BGB gestützten offenen richterlichen Inhaltskontrolle** unabhängig von einer Monopolstellung den Vorzug gegeben.[22] Einen wichtigen Meilenstein stellt die Entscheidung des BGH vom 29.10.1956 dar, in der es um einen Gewährleistungsausschluss für den Kauf fabrikneuer Möbel ging:

> *„Zusammenfassend ergibt sich daraus, dass bei einem Kauf fabrikneuer Möbel der Ausschluss der Gewährleistungsansprüche durch die allgemeinen Lieferungsbedingungen des Käufers zwar generell vorgesehen werden kann, wenn dem Käufer stattdessen ein Nachbesserungsrecht eingeräumt ist, dass aber die Gewährleistungsansprüche des Käufers aufleben, wenn sich das Nachbesserungsrecht aus irgendeinem Grunde nicht realisieren lässt. Eine andere Gestaltung von Lieferungsbedingungen lässt sich mit den Grundsätzen von Treu und Glauben nicht vereinbaren, weil dies zu einer rechtlich unhaltbaren, weil rechtlich unbilligen Belastung des Käufers führen würde, die nicht hingenommen werden kann. In dieser Hinsicht bestehen deshalb für den Inhalt der Lieferungsbedingungen gem. § 242 BGB zwingende Schranken.*"[23]

29   Den die Anwendung des § 242 BGB als Kontrollmaßstab rechtfertigenden Gedanken sah der Bundesgerichtshof in einem möglichen **Missbrauch der Vertragsfreiheit.** Denn, wer Allgemeine Geschäftsbedingungen aufstelle, nehme die Vertragsfreiheit, soweit sie die Gestaltung des Vertragsinhalts betreffe, für sich allein in Anspruch. Er sei daher nach Treu und Glauben verpflichtet, schon bei ihrer Abfassung die Interessen seiner künftigen Vertragspartner zu berücksichtigen. Bringe er nur seine eigenen Interessen zur Geltung, so missbrauche er seine Vertragsfreiheit.[24]

30   Den Maßstab von Treu und Glauben präzisierte der Bundesgerichtshof dann in einer grundlegenden, 1964 ergangenen, Entscheidung mit Hilfe der schon von *Raiser* formulierten Vorstellung von der Ordnungs- und **Leitbildfunktion des dispositiven Rechts:**

> *„Soweit Vorschriften des dispositiven Rechtes ihre Entstehung nicht nur Zweckmäßigkeitserwägungen, sondern einem aus der Natur der Sache sich ergebenden Gerechtigkeitsgebot verdanken, müssen bei einer abweichenden Regelung durch Allgemeine Geschäftsbedingungen Gründe vorliegen, die für die von ihnen zu regelnden Fälle das dem dispositiven Recht zugrundeliegende Gerechtigkeitsgebot in Frage stellen und eine abweichende Regelung als mit Recht und Billigkeit vereinbar erscheinen lassen. Der Gerechtigkeitsgehalt der vom Gesetzgeber aufgestellten Dispositivnormen kann verschieden groß sein. Je stärker er ist, ein desto strengerer Maßstab muss an die Vereinbarkeit von Abweichungen in Allgemeinen Geschäftsbedingungen mit dem Grundsatz von Treu und Glauben angelegt werden.*"[25]

31   Eine wichtige Rolle spielte in der Rechtsprechung des *Bundesgerichtshofs* auch die Frage, ob **Kardinalpflichten** aus dem Vertrag abbedungen werden können, was regelmäßig als unwirksam betrachtet wurde. An dieser Hürde scheiterten nicht wenige Haftungs- und Gewährleistungsausschlüsse der Kautelarpraxis.[26]

---

[21] Wolf/*Pfeiffer* Einl. Rn. 6.
[22] Vereinzelt hat der BGH auch § 315 als Maßstab der Inhaltskontrolle herangezogen (vgl. zB BGHZ 38, 183 [186]), ist hierauf jedoch später nicht mehr zurückgekommen.
[23] BGHZ 22, 90 (100).
[24] BGH NJW 1965, 246; 1969, 230.
[25] BGHZ 41, 151 (154).
[26] Bspl. BGHZ 50, 200 (206 f.); 72, 206 (208); BGH NJW 1973, 1878.

Insgesamt war die Rechtsprechung zum zulässigen Inhalt Allgemeiner Geschäftsbedingungen äußerst vielschichtig und variantenreich. Im Ergebnis lief sie aber doch erkennbar darauf hinaus, unangemessenen, unbilligen oder missbräuchlichen Klauseln in Allgemeinen Geschäftsbedingungen die rechtliche Anerkennung zu versagen.[27] Es handelte sich um „Richterrecht reinsten Wassers" und um eine „hoch anzuerkennende Leistung der deutschen Rechtsprechung" dazu.[28] **32**

IV. Das AGB-Gesetz vom 9.12.1976

Literatur: *Hensen,* Zur Entstehung des AGB-Gesetzes, in: FS für Heinrichs, 1998, S. 335 ff.; *Stein,* Einleitung AGBG, Rn. 24 ff.; *Ulmer/Habersack,* Einl. Rn. 16 ff.; *Wolf/Pfeiffer,* Einl. Rn. 10 f.

1. Die vorparlamentarische rechtspolitische Diskussion

Das **Bürgerliche Gesetzbuch** hatte sich in vielerlei Hinsicht der sozialen Wirklichkeit seiner Zeit verschlossen. Demgemäß überrascht es nicht, dass es sich auch der Problematik der Allgemeinen Geschäftsbedingungen nicht angenommen hatte. Schon *Otto von Gierke* kritisierte das zugrunde liegende Verständnis mit den Worten, dass mit dem Grundsatz der Vertragsfreiheit „nicht willkürliche, sondern nur vernünftige Freiheit gemeint" sein könne, weil „schrankenlose Vertragsfreiheit" sich selbst zerstöre und „zum Mittel der Unterdrückung des einen durch den anderen" werde.[29] Nachdem sich in der Zeit zwischen den beiden Weltkriegen die Ausbreitung von Allgemeinen Geschäftsbedingungen in allen Wirtschaftsbereichen rapide fortgesetzt hatte, wurde der AGB-Problematik in den **Beratungen zur Schaffung eines Volksgesetzbuches** unter dem Dach der Akademie für Deutsches Recht breiter Raum eingeräumt.[30] Im Übrigen beschränkte sich der NS-Staat auf vereinzelte dirigistische Eingriffe; einzelne Vertragsordnungen (Deutscher Einheitsmietvertrag, Allgemeine Deutsche Spediteurbedingungen) ergingen unter staatlicher Beteiligung.[31] **33**

Nach dem 2. Weltkrieg lebte die Diskussion um den Schutz der AGB-Unterworfenen zwar wieder auf. Sie entbehrte jedoch lange Zeit einer rechtspolitischen Komponente im Hinblick auf mögliche Maßnahmen des Gesetzgebers.[32] Die Notwendigkeit einer gesetzlichen Regelung ist erst **Anfang der 70er Jahre** zunehmend erkannt worden. Der jetzt stark beachtete **Gedanke des Verbraucherschutzes** gab dem Anliegen zusätzliches Gewicht, wenngleich am Ende kein spezifisches Verbraucherschutzgesetz stand. Den An- **34**

---

[27] So das zutreffende Fazit der Amtl. Begründung (BT-Drs. 7/3919).

[28] So *Zweigert/Kötz,* Einführung in die Rechtsvergleichung, § 24 IV, S. 329.

[29] *von Gierke,* Die soziale Aufgabe des Privatrechts, 1889, S. 23.

[30] Aufschlussreich auch die Protokolle der Ausschüsse der Akademie für Deutsches Recht (1933–1944), hrsg. von *Werner Schubert,* Band III/4, 1992, S. 404 ff. und 719 ff. In das Volksgesetzbuch sollte folgende Inhaltskontrollvorschrift aufgenommen werden:
„§ 1 Allg. Geschäftsbedingungen, Unwirksamkeit
Allgemeine Geschäftsbedingungen, die nicht behördlich genehmigt sind, sind insoweit unwirksam, als sie zu einer unangemessenen Bevorzugung der Interessen eines Teils führen."
Zu den Ordnungsvorstellungen der nationalsozialistisch beeinflussten Rechtserneuerer auf dem Gebiete des AGB-Rechts vgl. im Übrigen *Haupt,* Vertragsfreiheit und Gesetz, ZAkDR 1943, 84 ff.; *Brandt,* Die Allgemeinen Geschäftsbedingungen und das sogenannte dispositive Recht, DRW 1940, 76 ff.; hierzu näher *Stoffels,* Gesetzlich nicht geregelte Schuldverträge, S. 94.

[31] Hierzu auch *Löwe* FS Larenz, 1973, 373 (384 f.).

[32] *Löwe/Graf von Westphalen/Trinkner* AGBG Einleitung Rn. 1; die Veröffentlichungen dieser Zeit sind dokumentiert im Ersten Teilbericht der Arbeitsgruppe des Bundesministers der Justiz, 1974, S. 123 ff.; vgl. auch die umfangreiche Bibliographie bei *Stein* AGBG Einleitung Rn. 37; als hervorhebenswerte Ausnahme ist zu erwähnen die Schrift von *Mroch,* Zum Kampf gegen die unlauteren Geschäftsbedingungen, 1960.

stoß zu den Vorarbeiten an einer gesetzlichen Regelung gab der **Bericht der Bundes-regierung zur Verbraucherpolitik** vom 18.10.1971, in dem die Notwendigkeit eines wirksamen Schutzes der Verbraucher gegen unangemessene Vertragsbedingungen betont und eine amtliche Untersuchung dieses Fragenkreises angekündigt wurde.[33] Daraufhin setzte der Bundesminister der Justiz im Dezember 1972 eine Arbeitsgruppe ein, die den Auftrag hatte, „Wege und Lösungsmöglichkeiten zu erarbeiten, die auf eine Verbesserung des Schutzes des Letztverbrauchers vor unangemessenen und missbräuchlichen Geschäftsbedingungen gerichtet sind". Die Arbeiten der Arbeitsgruppe, die von einer breiten Reformdiskussion verschiedener Regelungsmodelle im wissenschaftlichen Schrifttum begleitet war, mündeten im März 1974 in einen **Ersten Teilbericht,** der allerdings verfahrensrechtliche Fragen noch aussparte.[34]

35   Zwischenzeitlich war auch in den **politischen Parteien** die Diskussion in Gang gekommen. Aus ihren Reihen kamen verschiedene Stellungnahmen, Denkanstöße und Entwürfe, deren Inhalt hier nicht im Einzelnen nachgezeichnet werden kann.

36   Erheblichen Einfluss auf den weiteren Gesetzgebungsgang hatten ferner die Verhandlungen und die Beschlussfassung des **50. Deutschen Juristentages** zur Frage „Welche gesetzgeberischen Maßnahmen empfehlen sich zum Schutze des Endverbrauchers gegenüber Allgemeinen Geschäftsbedingungen und Formularverträgen?"[35] Eine große Mehrheit sah eine Notwendigkeit gesetzgeberischer Maßnahmen zur Regelung des Rechts der Allgemeinen Geschäftsbedingungen. Vor allem empfahl der Deutsche Juristentag eine aus einer Kombination von (abgestuften) Klauselverboten und einer Generalklausel bestehenden Inhaltskontrolle, wie sie sich heute in den §§ 307 bis 309 BGB findet.

37   Die im Ersten Teilbericht zusammengefassten Vorschläge der vom Bundesminister der Justiz eingesetzten Arbeitsgruppe bildeten die Grundlage eines ersten **Referentenentwurfs** von 1974, der sich ebenfalls noch auf materiellrechtliche Regelungen beschränkte.[36] Die Stellungnahmen und Anhörungen zu diesem Entwurf mündeten im März 1975 in einen zweiten Referentenentwurf.

2. Das Gesetzgebungsverfahren

38   Dieser zweite Referentenentwurf wurde – geringfügig modifiziert – als „**Entwurf eines Gesetzes zur Regelung des Rechts der Allgemeinen Geschäftsbedingungen (AGB-Gesetz)**" von der Bundesregierung im Juni 1975 mit noch heute aufschlussreicher Begründung und eingehenden Erläuterungen der Einzelvorschriften in den Bundestag eingebracht.[37] Zum rechtspolitischen Ziel und zu der dem AGB-Gesetz zugedachten Aufgabe heißt es in der dem Regierungsentwurf beigegebenen **Begründung:**

„Das vorrangige rechtspolitische Ziel dieses Gesetzentwurfs liegt darin, bei der Verwendung von AGB im rechtsgeschäftlichen Wirtschaftsverkehr dem Prinzip des angemessenen Ausgleichs der beiderseitigen Interessen Geltung zu verschaffen, das nach den Grundvorstellungen des Bürgerlichen Gesetzbuches die Vertragsfreiheit legitimiert; denn deren Funktion besteht darin, durch freies Aushandeln von Verträgen zwischen freien und zur rechtsgeschäftlichen Selbstbestimmung fähigen Partnern Vertragsgerech-

---

[33] BT-Drs. 6/2724, S. 8; in dieselbe Richtung zielte auch eine Stellungnahme des Bundesrates vom 9.2.1972 (BR-Drs. 568/71).

[34] Vorschläge verfahrensrechtlicher Art enthielt dann der im März 1975 vorgelegte Zweite Teilbericht; beide sind herausgegeben vom Bundesminister der Justiz unter dem Titel „Vorschläge zur Verbesserung des Schutzes der Verbraucher gegen Allgemeine Geschäftsbedingungen".

[35] Hervorzuheben ist vor allem das Gutachten von *Kötz,* in: Verhandlungen des 50. DJT, Band I, A 1 ff.

[36] DB 1974 Beil. 18.

[37] BT-Drs. 7/3919.

tigkeit zu schaffen. Der Gesetzentwurf beabsichtigt demzufolge nichts anderes als die durch eine ungehemmte Entwicklung im Bereich der AGB gestörte Funktion des privaten Vertragsrechts wiederherzustellen. (...) Aufgabe eines Gesetzes zur Regelung des Rechts der AGB muss es daher sein, die der Vertragsgestaltung vorgegebene Überlegenheit des AGB-Verwenders zugunsten des AGB-Unterworfenen sachgerecht und vernünftig auszugleichen, ohne die Privatautonomie mehr als zur Erreichung dieses Zieles erforderlich einzuengen.“[38]

Der Regierungsentwurf wurde sodann dem Bundesrat zugeleitet. Dieser sprach sich **39** für eine Einbeziehung des Verfahrensrechts aus, zu der es in inhaltlicher Anlehnung an die Vorschläge des Zweiten Teilberichts im Laufe der Ausschussberatungen nach kontroverser Diskussion dann auch gekommen ist.[39] Nachdem zuvor noch ein Vermittlungsverfahren zur Klärung einiger verfahrensrechtlicher Streitfragen durchlaufen worden war, ist das Gesetz am 10.11.1976 vom Bundestag verabschiedet worden. Der Bundesrat stimmte zwei Tage später zu, sodass das AGB-Gesetz am 9.12.1976 im Bundesgesetzblatt verkündet werden konnte.[40] Es ist in seinen wesentlichen Teilen **am 1.4.1977 in Kraft getreten** (vgl. § 30 AGBG)[41] und 1990 auch auf das Beitrittsgebiet erstreckt worden.[42]

3. Die Grundkonzeption des AGB-Gesetzes

Das Regelungskonzept des AGB-Gesetzes knüpfte in vielerlei Hinsicht an die vor- **40** bekannte Rechtsprechung zu den Grenzen Allgemeiner Geschäftsbedingungen an. Von „kodifiziertem Richterrecht“ zu sprechen, ginge indes zu weit, fanden sich doch im AGB-Gesetz neben einigen Neuerungen ohne bisheriges Vorbild auch bewusste Korrekturen der damaligen Entscheidungspraxis der Gerichte.[43] Die Kontrolltätigkeit der Zivilgerichte als solche ist durch den Erlass des AGB-Gesetzes bestätigt und legitimiert worden. Die Maßstäbe sind präzisiert und die methodischen Schritte schärfer akzentuiert worden. Auch im Regelungsplan des AGB-Gesetzes kam der Rechtsprechung weiterhin eine herausragende Stellung zu. Sie entschied letztverbindlich über die Gültigkeit Allgemeiner Geschäftsbedingungen im Wirtschaftsverkehr. Dies beinhaltete eine Absage an die Einrichtung von Verbraucherschutzbehörden, von deren vorgängiger Genehmigung die Verwendung Allgemeiner Geschäftsbedingungen abhängig gemacht werden könnte, sowie an ein Verfahren zur Aufstellung von Musterbedingungen – beides rechtspolitische Alternativmodelle, die in der Entstehungszeit des AGB-Gesetzes diskutiert wurden.[44]

Die inhaltlichen Schwerpunkte des AGB-Gesetzes lassen sich wie folgt umreißen: Der **41** **Anwendungsbereich des AGB-Gesetzes** war weit abgesteckt. Auch der kaufmännische Geschäftsverkehr war der Inhaltskontrolle nicht entzogen,[45] wenngleich hier durch Dispensierung von einigen gesetzlichen Vorschriften ein flexiblerer Maßstab angestrebt wurde (§ 24 AGBG). Dabei handelte es sich übrigens um ein Beispiel für eine bewusste

---

[38] BT-Drs. 7/3919, S. 13.

[39] Vgl. vor allem den Bericht des Rechtsausschusses (BT-Drs. 7/5422).

[40] BGBl. I 3317.

[41] Zum Übergangsrecht vgl. § 28 AGBG; Übergangsprobleme behandeln BGH NJW 1984, 2404; 1986, 711, 1991, 2414 und zuletzt noch BGH NJW 2001, 3480.

[42] Gesetz über die Inkraftsetzung von Rechtsvorschriften der Bundesrepublik Deutschland in der Deutschen Demokratischen Republik vom 21.6.1990, GBl.-DDR I, S. 357. Vgl. zum Recht der ehemaligen DDR vgl. Ulmer/*Habersack* AGBG Einl. Rn. 12 und *Berger/Marko* NJ 1990, 475.

[43] *Löwe*/Graf von Westphalen/Trinkner AGBG Einleitung Rn. 2.

[44] Wolf/*Pfeiffer*, Einl. Rn. 9 und Ulmer/*Habersack* AGBG Einl. Rn. 25 jeweils mwN.

[45] Hierfür maßgeblich *Ulmer*, Referat auf dem 50. DJT, Verhandlungen Bd. II, Teil H, S. 21 ff.

gesetzgeberische Abgrenzung zur vormaligen Rechtsprechung, die eine solche Differenzierung nicht praktiziert hatte. Im Gegensatz zur überkommenen Rechtsprechung arbeitete das AGB-Gesetz auch mit einer exakten, Formularverträge mit umfassenden, Begriffsbestimmung Allgemeiner Geschäftsbedingungen (§ 1 AGBG). Es grenzte den sachlichen Anwendungsbereich damit nicht nur negativ ein (§ 23 AGBG). An die Spitze des Prüfungsganges stellte das AGB-Gesetz dann die Frage, ob die zu beurteilenden Allgemeinen Geschäftsbedingungen überhaupt Bestandteil des Vertrages geworden sind. Dafür mussten die besonderen **Einbeziehungsvoraussetzungen** der §§ 2 bis 4 AGBG erfüllt sein. Erst daran schloss sich das Herzstück des AGB-Gesetzes, die materielle **Inhaltskontrolle,** an, die sich in vielerlei Hinsicht auf die langjährige Rechtsprechung des Bundesgerichtshofes stützte (§§ 8 bis 11 AGBG). Durchgesetzt werden konnten die Anforderungen des AGB-Gesetzes an vorformulierte Vertragswerke durch den jeweils betroffenen Vertragspartner selbst, indem er in einem Individualprozess die Geltung der Allgemeinen Geschäftsbedingungen in Abrede stellte. Es kam dann zu einer Inzidentkontrolle der Allgemeinen Geschäftsbedingungen im Rahmen dieses konkreten Rechtsstreits. Um die Vorgaben des AGB-Gesetzes auf breiter Front durchzusetzen und damit den Schutz durch dieses Gesetz zu verstärken, hatte sich der Gesetzgeber entschlossen, flankierend eine abstrakte Kontrolle in Form eines **Verbandsverfahrens** einzuführen (§§ 13 ff. AGBG).

§ 3. Klauselrichtlinie, Schuldrechtsmodernisierung und neuere Entwicklungen

I. Die AGB-Novelle von 1996 und ihre Vorgeschichte

Literatur: *Appenzeller,* Die europäische AGB-Kontrolle, 2017; *Baier,* Europäische Verbraucherverträge und missbräuchliche Klauseln – Die Umsetzung der Richtlinie 93/13/EWG über missbräuchliche Klauseln in Verbraucherverträgen in Deutschland, Italien, England und Frankreich, 2004; *Basedow,* Die Klauselrichtlinie und der Europäische Gerichtshof – eine Geschichte der verpassten Gelegenheiten, in: Schulte-Nölke/Schulze, Europäische Rechtsangleichung, 1999, S. 277; *ders.,* Der Europäische Gerichtshof und die Klauselrichtlinie 93/13: der verweigerte Dialog, in: FS für Hirsch, 2008, S. 51; *Bieder,* Abgrenzung zwischen der Auslegung und der Anwendung des Europarechts, dargestellt am Beispiel der Richtlinie über missbräuchliche Klauseln in Verbraucherverträgen, in: Zivilgerichtsbarkeit und Europäisches Justizsystem, hrsg. von Gsell und Hau, 2012, S. 155; *Brandner,* Neufassung des EG-Richtlinienvorschlages über mißbräuchliche Klauseln in Verbraucherverträgen, ZIP 1992, 1590; *Bunte,* Die EG-Richtlinie über mißbräuchliche Klauseln in Verbraucherverträgen und ihre Umsetzung durch das Gesetz zur Änderung des AGB-Gesetzes, DB 1996, 1389; *Coester,* AGB-rechtliche Inhaltskontrolle im Lichte des europäischen Gemeinschaftsrechts, in: FS für Heinrichs, 1998, S. 99; *Coester-Waltjen,* Änderungen im Recht der Allgemeinen Geschäftsbedingungen, Jura 1997, 272; *Coester-Waltjen/Coester,* Deutsches AGB-Recht unter dem Einfluss europäischen Gemeinschaftsrechts, in: FS für Köhler, 2014, S. 63; *Damm,* Europäisches Verbrauchervertragsrecht und AGB-Recht, JZ 1994, 161; *Denkinger,* Allgemeine Geschäftsbedingungen und ihre rechtliche Bewältigung – Quo vadis, Europa?, 2004; *Eckert,* Die EG-Richtlinie über mißbräuchliche Klauseln in Verbraucherverträgen und ihre Auswirkungen auf das deutsche Recht, WM 1993, 1070; *ders.,* Das neue Recht der Allgemeinen Geschäftsbedingungen, ZIP 1996, 1238; *Freitag/Riemenschneider,* Vollstreckbare Schuldanerkenntnisse in deutschen und europäischen Klauselkontrolle, WM 2004, 2470; *Frey,* Wie ändert sich das AGB-Gesetz?, ZIP 1993, 572; *Graf,* Richtlinienentwurf und Allgemeine Geschäftsbedingungen, in: Neuordnung des Verbraucherprivatrechts in Europa (hrsg. von Jud und Wendehorst), 2009, S. 141; *Groh,* Die Auslegungsbefugnis des EuGH im Vorabentscheidungsverfahren, 2004; *Heinrichs,* Die EG-Richtlinie über mißbräuchliche Klauseln in Verbraucherverträgen, NJW 1993, 1817 ff.; *ders.,* Das Gesetz zur Änderung des AGB-Gesetzes, NJW 1996, 2190; *Habersack/Kleindiek/Wiedenmann,* Die EG-Richtlinie über mißbräuchliche Klauseln in Verbraucherverträgen und das künftige AGB-Gesetz, ZIP 1993, 1670 ff.; *Heiderhoff,* Die Berücksichtigung des Art. 3 Klauselrichtlinie bei der AGB-Kontrolle, WM 2003, 509; *Heinig,* Die AGB-Kontrolle von Gerichtsstandsklauseln – zum Urteil Pannon des EuGH, EuZW 2009, 885; *Herkenrath,* Die Umsetzung der Richtlinie 93/13/EWG über missbräuchliche Klauseln in Verbraucherverträgen in Deutschland, dem Vereinigten Königreich, Frankreich und Italien, 2003; *Hommelhoff/Wiedenmann*, Allgemeine Geschäftsbedingungen gegenüber Kaufleuten und unausgehandelte Klauseln in Verbraucherverträgen, ZIP 1993, 562; *Imping*, Die Neugestaltung des AGB-Gesetzes, WiB 1997, 337; *Janal*, Unlautere Geschäftspraktiken und unwirksame Geschäftsbedingungen – zu den Wechselwirkungen zwischen UGP-Richtlinie und Klauselrichtlinie, ZEuP 2014, 740; *Jansen*, Klauselkontrolle im europäischen Privatrecht Ein Beitrag zur Revision des Verbraucheracquis, ZEuP 2010, 69; *Joerges*, Die Europäisierung des Privatrechts als Rationalisierungsprozeß und als Streit der Disziplinen, ZEuP 1995, 181 ff.; *Kieninger*, Die Vollharmonisierung des Rechts der Allgemeinen Geschäftsbedingungen – eine Utopie?, RabelsZ 2009, 793; *Klaas*, Zur EG-Richtlinie über mißbräuchliche Klauseln in Verbraucherverträgen, in: FS für Brandner, 1996, S. 247; *Knapnopoulou*, Das Recht der mißbräuchlichen Klauseln in der Europäischen Union, 1997; *Kretschmar*, Die Richtlinie 93/13/EWG des Rates vom 5.4.1993 über mißbräuchliche Klauseln in Verbraucherverträgen und das deutsche AGB-Gesetz, 1998; *Markwardt*, Die Rolle des EuGH bei der Inhaltskontrolle vorformulierter Verbraucherverträge, 1999; *ders.*, Inhaltskontrolle von AGB-Klauseln durch den EuGH, ZIP 2005, 152; *Micklitz*, AGB-Gesetz und die EG-Richtlinie über mißbräuchliche Vertragsklauseln in Verbraucherverträgen, ZEuP 1993, 522 ff.; *Micklitz/Radeideh*, CLAB Europa – Die europäische Datenbank missbräuchlicher Klauseln in Verbraucherverträgen, ZEuP 2003, 85; *Micklitz/Reich*, „Und es bewegt sich doch"? – Neues zum Unionsrecht der missbräuchlichen Klauseln in Verbraucherverträgen, EuZW 2012, 126; *dies.*, Von der Klausel- zur Marktkontrolle, EuZW 2013, 457; *Mühlhans*, Die Umsetzung der Klausel-Richtlinie und ihre Auswirkung auf den Binnenmarkt, 2005; *Nassall*, Die Auswirkung der EU-Richtlinie über missbräuchliche Klauseln in Verbraucherverträgen auf nationale Individualprozesse, WM 1994, 1645; *ders.*, Die Anwendung der EU-Richtlinie über mißbräuchliche Klauseln in Verbraucherverträgen, JZ 1995, 689; *Niebling*, Keine unmittelbare Geltung der AGB-Richtlinie, EWS 1995, 689; *Nobis*, Missbräuchliche Vertragsklauseln in Deutschland und Frankreich – Zur Umsetzung der Klauselrichtlinie 93/13/EWG des Rates, 2005; *Pfeiffer*, Das Verhältnis zwischen dem Europäischen Gerichtshof und den nationalen Gerichten bei der Kontrolle mißbräuchlicher Vertragsklauseln, in: FS für Thode, 2005, S. 615; *ders.*, Europäisch-autonome Auslegung der Klauselrichtlinie am Beispiel der Hauptleistungsklauseln, NJW 2014, 3069; *ders.*, Unfaire Vertragsbestimmungen, European Review of Private Law, 19 (2011); *Remien*, AGB-Gesetz und Richtlinie über mißbräuchliche Verbrauchervertragsklauseln in ihrem europäischen Umfeld, ZEuP 1994, 34; *W.-H. Roth*, Generalklauseln im Europäischen Privatrecht. Zur Rollenverteilung zwischen Gerichtshof und Mitgliedstaaten bei ihrer Konkretisierung, in: FS für Drobnig, 1998, S. 135; *Röthel*, Missbräuchliche Klauseln in Verbraucherverträgen – Zur Auslegung des EWGRL 13/93 Art 3 Abs 1 durch den EuGH und durch nationale Gerichte, ZEuP 2005, 421; *Rott*, Effektiver Rechsschutz vor missbräuchlichen AGB – Zum Cofidis-Urteil des EuGH, EuZW 2003, 5; *Schmidt-Morsbach*, Die Missbräuchlichkeitskontrolle Allgemeiner Geschäfts- und Versicherungsbedingungen in Verbraucherverträgen: eine Untersuchung über die Auswirkungen der Richtlinie 93/13 EWG über missbräuchliche Klauseln in Verbraucherverträgen auf die Wirksamkeitsprüfung von allgemeinen Geschäftsbedingungen unter besonderer Berücksichtigung von Versicherungsverträgen, 2011; *Schmidt-Salzer*, Transformation der EG-Richtlinie über mißbräuchliche Klauseln in Verbraucherverträgen vom 5.4.1993 in deutsches Recht und AGB-Gesetz BB 1995, 733, 1493; *ders.*, Das textliche Zusatz-Instrumentarium des AGB-Gesetzes gegenüber der EG-Richtlinie über mißbräuchliche Klauseln in Verbraucherverträgen, NJW 1995, 1641 ff.; *Schwerdtfeger*, Änderung des AGB-Gesetzes durch Umsetzung der Verbrauchervertragsrichtlinie, DStR 1997, 499; *Stempel*, Der lange Weg zur Teilvereinheitlichung der AGB-Kontrolle in Europa – Die Rechtsprechung des EuGH zur Richtlinie 93/13, ZEuP 2017, 102; *Tilmann*, Die Auslegung der Richtlinie 93/13/EWG durch den Europäischen Gerichtshof, GPR 2004, 182; *Ulmer*, Zur Anpassung an die EG-Richtlinie über mißbräuchliche Klauseln in Verbraucherverträgen, EuZW 1993, 337; *ders.*, Das AGB-Gesetz nach der Umsetzung der EG-Richtlinie über mißbräuchliche Klauseln in Verbraucherverträgen, in: Karlsruher Forum 1997, S. 9; *Graf von Westphalen*, AGB-Richtlinie und AGB-Gesetz, EWS 1993, 161; *ders.*, Die Novelle zum AGB-Gesetz, BB 1996, 2101; *ders.*, Verbraucherschutz nach zwei Jahrzehnten Klauselrichtlinie, NJW 2013, 961; *ders.*, Neue Urteile des EuGH zur Klausel-Richtlinie 93/13/EWG und ihre Auswirkungen auf das AGB-Recht, EuZW 2019, 121; *Zaccaria*, Anmerkungen zur Umsetzung der Richtlinie 93/13/EWG über missbräuchliche Klauseln in Verbraucherverträgen in Europa, ZEuP 2016, 159. Aktuelle Kommentierung der Richtlinie bei Wolf/*Pfeiffer*, RiLi, S. 1815 ff.

Der Schutz gegen missbräuchliche Klauseln und die Vereinheitlichung der nationalen **42** Rechte werden bereits seit geraumer Zeit auch auf europäischer Ebene diskutiert. Erste

Überlegungen und Vorstöße reichen bis in die 70er Jahre zurück.[1] Doch erst Anfang der 90er Jahre nahmen die Harmonisierungsbestrebungen konkrete Gestalt an. Sie mündeten in einer EG-Richtlinie, deren Umsetzung auch das deutsche AGB-Recht nicht unwesentlich verändert hat.

1. Die Richtlinie 93/13/EWG des Rates über missbräuchliche Klauseln in Verbraucherverträgen vom 5.4.1993

43   **a) Entstehungsgeschichte der Klauselrichtlinie.** Im Juli 1990 legte die Kommission den **Vorschlag einer Richtlinie des Rates über missbräuchliche Klauseln in Verbraucherverträgen** vor.[2] Dieser sah vor, Klauseln in Verbraucherverträgen einer Missbrauchskontrolle – unter Einschluss des Preis-/Leistungsverhältnisses – zu unterziehen, ohne dabei allerdings zwischen vorformulierten und individuell ausgehandelten Vertragsabreden zu unterscheiden. Dieser Vorschlag sah sich im Hinblick auf seine Weite und erkennbare Mängel seiner Regelungstechnik erheblichen Bedenken ausgesetzt.[3] Unter dem Eindruck der Kritik und nach einer Stellungnahme des Europäischen Parlaments sowie des Wirtschafts- und Sozialausschusses[4] unterbreitete die Kommission im März 1992 einen geänderten Vorschlag einer Richtlinie des Rates über missbräuchliche Klauseln in Verbraucherverträgen.[5] Dieser brachte zahlreiche Verbesserungen und tendenziell eine Annäherung an das deutsche AGB-Gesetz. An der Einbeziehung von Individualabreden wurde dagegen noch festgehalten. Nicht mehr enthalten war diese zumindest mit dem deutschen Verständnis der Privatautonomie schwer zu vereinbarende Weiterung dann in dem vom Rat am 22.9.1992 beschlossenen **„Gemeinsamen Standpunkt im Hinblick auf die Annahme der Richtlinie des Rates über missbräuchliche Klauseln in Verbraucherverträgen".**[6] Aus dem „Gemeinsamen Standpunkt" ist dann durch Beschluss des EG-Ministerrates vom 5.4.1993 die Richtlinie 93/13/EWG über missbräuchliche Klauseln in Verbraucherverträgen geworden.[7]

44   **b) Inhalt der Klauselrichtlinie.** Die Richtlinie ist insbesondere auf Art. 100a EGV aF (Rechtsangleichung für den Binnenmarkt, jetzt Art. 114 AEUV) gestützt worden und verfolgt ausweislich ihrer Erwägungsgründe und Art. 1 Abs. 1 das Ziel, innerhalb des Binnenmarktes für einen angemessenen Verbraucherschutz gegenüber missbräuchlichen Klauseln zu sorgen und auf eine Angleichung des Rechts der Mitgliedstaaten auf diesem Gebiete hinzuwirken.[8] In den sachlichen Anwendungsbereich der Richtlinie fallen „nicht im Einzelnen ausgehandelte" Klauseln. Damit ging die Richtlinie über die

---

[1] Einzelne Stationen sind: Erstes Programm der EG zum Schutz und zur Unterrichtung der Verbraucher von 1975 (Entschließung des Rates vom 14.4.1975, ABl. EG 1975 C 92, 1); Resolution des Ministerrats des Europarats von November 1976 (hierzu *Knapnopoulou*, Mißbräuchliche Klauseln, S. 53 ff.); Gutachten *von Hippels* im Auftrag der EG-Kommission (RabelsZ 41 [1977] 237 ff.); Vorentwurf einer Richtlinie über Standardklauseln in Verträgen mit Verbrauchern von August 1976 (Dok. ENV/384/76, hierzu auch *von Hippel* RabelsZ 45 [1981], 367 f.); Vorschläge der EG-Kommission von 1984 (EG-Bulletin 1984 Beil. 1, S. 16); Vorentwurf einer Richtlinie vom Juni 1987 (Dok. Nr. XI 124/87). Nachgezeichnet ist die Historie bei Ulmer/*Habersack* AGBG Einl. Rn. 87 ff.

[2] ABl. EG 1990 C 243, 2.

[3] Vgl. etwa aus deutscher Sicht *Brandner/Ulmer* BB 1991, 701 ff. und *Hommelhoff* AcP 192 (1992), 90 ff.

[4] ABl. EG 1991 C 159, 34.

[5] ABl. EG 1992 C 73, 7.

[6] Abgedr. in ZIP 1992, 1591.

[7] ABl. EG 1993 L 95, 29.

[8] Ein grenzüberschreitender Bezug ist nicht erforderlich, vgl. EuGH NJW 2018, 2181 – Sziber.

engere Definition der Allgemeinen Geschäftsbedingungen in § 1 AGBG hinaus. Ferner unterschied sich die Richtlinie vom AGB-Gesetz durch ihren engeren personellen Zuschnitt. In das Schutzkonzept der Richtlinie sind nur „Verbraucher" einbezogen, während dem AGB-Gesetz eine solche Beschränkung fremd war, es sogar Kaufleute in seinen Schutzbereich einbezog. Im Übrigen ähnelte das Regelungskonzept der Richtlinie in vielfacher Hinsicht demjenigen des AGB-Gesetzes. So werden in Übereinstimmung mit § 8 AGBG (jetzt § 307 Abs. 3 BGB) Klauseln, die den Hauptgegenstand eines Vertrages oder das Preis-/Leistungsverhältnis beschreiben, von der Missbrauchskontrolle ausgenommen (Art. 4 Abs. 2 iVm Erwägungsgrund 19).[9] Ferner findet sich in Art. 3 der Richtlinie eine Generalklausel, die sich ebenso wie § 9 AGBG (jetzt § 307 Abs. 1 BGB) an dem Gebot von Treu und Glauben orientiert. Dass Art. 3 der Richtlinie anstelle von „unangemessener Benachteiligung" von einem „erheblichen und ungerechtfertigten Missverhältnis der vertraglichen Rechte und Pflichten zum Nachteil des Verbrauchers" spricht, stellt sich lediglich als eine in andere Worte gekleidete Umschreibung desselben Maßstabes dar. Es ist nicht erkennbar, dass hierdurch ein höheres Verbraucherschutzniveau vorgegeben werden sollte. Eine Abweichung vom generell-abstrakten AGB-rechtlichen Prüfungsmaßstab enthält allerdings Art. 4 Abs. 1 der Richtlinie, wenn dort die Berücksichtigung „aller den Vertragsschluss begleitenden Umstände" verlangt wird. Die im Anhang zur Richtlinie zusammengestellte Liste tendenziell missbräuchlicher Klauseln erinnert an die Klauselverbote der §§ 10 und 11 AGBG (jetzt §§ 308, 309 BGB). Allerdings soll die Liste der Richtlinie lediglich die Mitgliedstaaten – unverbindlich – auf einige problematische Klauseln hinweisen (Art. 3 Abs. 3).[10] Hervorhebenswert ist noch das in Art. 5 der Richtlinie formulierte Gebot klarer und verständlicher Abfassung der Klauseln. Hierdurch wurde die bisherige Rechtsprechung zum Transparenzgebot auf der Basis der §§ 2 und 9 AGBG bestätigt und legitimiert. Die Richtlinie zielt auf ein einheitliches Mindestschutzniveau. Verbesserungen dieses Standards durch den nationalen Gesetzgeber sind daher ohne weiteres erlaubt (Art. 8). Strengere Schutzvorschriften des deutschen AGB-Rechts stehen somit nicht im Widerspruch zur Richtlinie.[11]

c) Weitere Entwicklung. Die Kommission hat die Richtlinie auch in den Jahren danach 45 nicht aus den Augen verloren. Sieben Jahre nach Inkrafttreten der Richtlinie legte sie den **„Bericht über die Anwendung der Richtlinie 93/13/EWG des Rates vom 5.4.1993 über missbräuchliche Klauseln in Verbraucherverträgen"** vor.[12] Ferner hat die Kommission eine Datenbank zu Entscheidungen der Mitgliedstaaten mit Bezug auf missbräuchliche Klauseln in Verbraucherverträgen eingerichtet (**CLAB Europa**).[13] In der Folgezeit ist die Klauselrichtlinie im Zusammenhang mit den Reformbestrebungen auf dem Gebiete des Verbraucherrechts in den Blickpunkt geraten. Der im Oktober 2008 von der Kommission vorgelegte **Vorschlag für eine Richtlinie über Verbraucherrechte**[14] zielte darauf, die Klauselrichtlinie zusammen mit anderen Verbraucherschutzrichtlinien in einem einheitlichen Rechtsakt zusammenzufassen. Damit sollte ein Paradigmenwechsel einhergehen, nämlich die Aufgabe des Konzepts der Mindestharmonisierung zugunsten eines vollharmonisierenden Ansatzes. Die Folgen für die Klauselkontrolle wären erheblich und

---

[9] Hierzu EuGH NJW 2014, 2335 – Kásler; GRUR Int. 2015, 471 – Matei; NJW 2015, 1811 – Van Hove.
[10] Zur Bedeutung des Anhangs vgl. Rn. 581.
[11] BGH NJW 2001, 1132 (1133); EuGH NJW 2010, 2265 – Caja de Ahorros.
[12] KOM (2000) 248 endg.
[13] Hierzu *Micklitz/Radeideh* ZEuP 2003, 85 ff.
[14] Vorschlag für eine Richtlinie des Europäischen Parlaments und des Rates über Rechte der Verbraucher, KOM (2008) 614 endg.

sehr bedenklich gewesen.[15] Unter dem Eindruck der ablehnenden Haltung zahlreicher Mitgliedstaaten[16] und der vielfach geäußerten Kritik, ist der Kommissionsvorschlag erheblich eingeschränkt worden. Insbesondere ist die Klauselrichtlinie herausgenommen worden. Sie ist aus diesem Reformprozess weitgehend unberührt hervorgegangen. Lediglich in **Art. 8a** wurde eine Pflicht der Mitgliedstaaten verankert, die Kommission von einer eventuellen Überschreitung des Mindeststandards der Richtlinie zu unterrichten.[17] Die Vorschrift ist ein Überbleibsel des ursprünglich verfolgten Vollharmonisierungsansatzes.[18] Sie soll der Kommission die Prüfung ermöglichen, ob die strengeren nationalen Regelungen negative Auswirkungen auf den Binnenmarkt zeitigen. Eine ausführliche und für die Rechtsanwendung hilfreiche Auswertung der zur Klauselrichtlinie ergangenen Rechtsprechung des EuGH bietet die **„Bekanntmachung der Kommission — Leitlinien zur Auslegung und Anwendung der Richtlinie 93/13/EWG des Rates über missbräuchliche Klauseln in Verbraucherverträgen"** aus dem Jahre 2019.[19] Der Hauptzweck der Leitlinien soll darin bestehen, „auf strukturierte Weise die Auslegung der Schlüsselbegriffe und -bestimmungen der Richtlinie 93/13 durch den Gerichthof in Bezug auf Einzelfälle, über die die Gerichte der Mitgliedstaaten zu entscheiden hatten, zu erläutern."[20] Sie versteht sich als „Leitfaden"[21] ohne Anspruch auf normative Verbindlichkeit. Zu punktuellen Änderungen der Klauselrichtlinie ist es zuletzt durch die **Richtlinie 2019/2161/EU** des Europäischen Parlaments und des Rates vom 27. November 2019 zur Änderung der Richtlinie 93/13/EWG und der Richtlinien 98/6/EG, 2005/29/EG und 2011/83/EU gekommen.[22]

46   **d) Rolle des Europäischen Gerichtshofs.** Die Existenz der Richtlinie hat zur Folge, dass es unter den Voraussetzungen des Art. 267 AEUV auch zu **Vorabentscheidungsverfahren des EuGH** auf diesem Gebiet kommen kann.[23] Die Vorlagefrage muss sich dabei stets auf die Klärung des Inhalts des Unionsrechts beziehen, kann also unstreitig nicht die unionsrechtliche Wirksamkeit einer Klausel zum Gegenstand haben.[24] Über eine Vorlage durch das mit dem Rechtsstreit befasste nationale Gericht – für die letzte Instanz besteht hier eine Vorlagepflicht (Art. 267 Abs. 3 AEUV) – lässt sich in zwei Fällen nachdenken:

47   Zum einen kann die Beurteilung des Ausgangsfalls vom **Anwendungsbereich der Klausel-Richtlinie** und damit von einer ggf. notwendigen richtlinienkonformen Auslegung des nationalen AGB-Rechts abhängen. Dies betrifft beispielsweise die Sonderregelungen für Verbraucherverträge in § 310 Abs. 3 BGB, die Bereichsausnahmen des § 310 Abs. 4 BGB und die Schranken der Inhaltskontrolle nach § 307 Abs. 3 BGB.[25]

---

[15] Hierzu *Graf*, in: Neuordnung des Verbraucherprivatrechts in Europa, 2009, S. 141 ff.; *Jansen* ZEuP 2010, 69 ff.; *Kieninger* RabelsZ 2009, 793 ff.; überblicksartig auch MüKoBGB/*Basedow* Vor § 305 Rn. 23.

[16] Die ablehnende Haltung Deutschlands begründete die damalige Justizministerin *Zypries* in ZEuP 2009, 225.

[17] Richtlinie 2011/83/EU des Europäischen Parlaments und des Rates vom 25. Oktober 2011 über die Rechte der Verbraucher, zur Abänderung der Richtlinie 93/13/EWG des Rates und der Richtlinie 1999/44/EG des Europäischen Parlaments und des Rates sowie zur Aufhebung der Richtlinie 85/577/ EWG des Rates und der Richtlinie 97/7/EG des Europäischen Parlaments und des Rates, ABl. EU 2011 L 304, 64.

[18] Wolf/*Pfeiffer*, Art. 8a RiLi Rn. 1.

[19] ABl. EU 2019 C 323, 4–92.

[20] Einleitung S. 4.

[21] Einleitung S. 5.

[22] ABl. EU 2019 L 328, 7–28.

[23] Vgl. EuGH NJW 2000, 2571 als Beispiel.

[24] Staudinger/*Wendland* BGB § 307 Rn. 68.

[25] Ulmer/*Schäfer* BGB § 310 Rn. 120; MüKoBGB/*Basedow* Vor § 305 Rn. 34.

Beispiel: Umstritten ist, ob die Bereichsausnahme für Verträge auf dem Gebiete des Gesellschaftsrechts (§ 310 Abs. 4 BGB) im Wege richtlinienkonformer Auslegung dahingehend zu reduzieren ist,
dass sie den Erwerb einer gesellschaftsrechtlichen Beteiligung von Verbrauchern zur Vermögensanlage ohne unternehmerische Befugnisse nicht von der AGB-Kontrolle freistellt.[26] Hierfür kommt
es auf die Direktiven der Richtlinie an, die unterschiedlich interpretiert werden. Will das nationale
Gericht in einer solchen Konstellation die Bereichsausnahme nicht einschränken und zulasten des
Verbrauchers von einer AGB-Kontrolle absehen, so müsste es sich mit einer Vorlage an den EuGH
auseinandersetzen.

Zum anderen lässt sich eine Vorlage an den EuGH in Betracht ziehen, um die **Anwen-** **48**
dung der Generalklausel des § 307 BGB und der Klauselverbote der §§ 308 und 309
BGB im Lichte der Art. 3 Abs. 1, 4 Abs. 1 der Richtlinie sowie des Anhangs vornehmen zu können, wenn Zweifel bestehen, welchen Maßstab die Richtlinie insoweit
vorgibt. Besonders brisant ist die Frage, ob die Angemessenheitsbeurteilung der nationalen Gerichte im Hinblick auf Art. 3 Abs. 1 RiLi auch in den Kompetenzbereich des
EuGH fällt (vgl. hierzu → Rn. 475 f.). Das Unbehagen an einer möglichen Gewichtsver-
schiebung hin zum EuGH ist angesichts der Konsequenzen – Effektivitätsverlust des
nationalen Rechtsschutzes – weit verbreitet.[27] Zu den Grenzen der Vorlagepflicht hat sich
bereits eine intensive literarische Diskussion entsponnen.[28] Einigkeit besteht immerhin
darüber, dass die Entscheidung einer Streitfrage zugunsten des Verbrauchers stets ohne
Vorlage an den EuGH ergehen kann, da die Richtlinie strengere Verbraucherschutzstan-
dards in Art. 8 ausdrücklich zulässt, ihr Mindestschutzniveau mithin insoweit nicht
angetastet wird.[29] Der BGH hat sich bislang wenig vorlagefreundlich gezeigt.[30]

Die **neuere Rechtsprechung des EuGH** scheint ihm in dieser Frage recht zu geben.[31] **49**
Hatte sich der EuGH in seiner ersten Entscheidung zu diesem Problemkreis vom
27.6.2000[32] noch eher kontrollfreudig gezeigt und eine Gerichtsstandsklausel ohne weiteres als missbräuchlich eingestuft, so ist die zweite einschlägige Entscheidung vom
1.4.2004[33] **von einer deutlichen Selbstbeschränkung geprägt.** Der EuGH nimmt zwar

---

[26] Vgl. hierzu → Rn. 170.

[27] *Borges* NJW 2001, 2062; vgl. allgemein auch *Canaris* EuZW 1994, 417 und *Steindorff*, EG-
Vertrag und Privatrecht, 1996, S. 398 ff.

[28] Für eine (eher) weitreichende Vorlagepflicht etwa *Coester* FS Heinrichs, 1998, 99 (102 ff.);
Ulmer, in: Karlsruher Forum 1997, S. 38 ff.; *Heiderhoff* WM 2003, 511; zurückhaltend hingegen
Heinrichs NJW 1996, 2196 f.; *ders.* NJW 1998, 1454 f.; Staudinger/*Mäsch* BGB Vorbem. zu §§ 305 ff.
Rn. 19; *H. Roth* JZ 1999, 535 ff.; *Franzen*, Privatrechtsangleichung durch die Europäische Gemeinschaft, 1999, S. 536 ff. und 552 ff.; gestützt auf das Subsidiaritätsprinzip auch *Nassal* JZ 1995, 691 und
ders. WM 1994, 1652. Zum Ganzen auch *Markwardt*, Die Rolle des EuGH bei der Inhaltskontrolle
vorformulierter Verbraucherverträge, passim; *Heiderhoff*, Grundstrukturen des nationalen und europäischen Verbrauchervertragsrechts, 2004, S. 121 ff.; *Groh*, Die Auslegungsbefugnis des EuGH im
Vorabentscheidungsverfahren, 2004.

[29] *Heinrichs* NJW 1998, 1454; Palandt/*Grüneberg* BGB§ 310 Rn. 23; Ulmer/*Habersack* AGBG
Einl. Rn. 100; MüKoBGB/*Basedow* Vor § 305 Rn. 43; Staudinger/*Mäsch* BGB Vorbem. zu §§ 305
Rn. 18.

[30] Vgl. insbesondere BGH BB 1998, 1864 (1865) mit kritischer Anm. von *Ulmer*. Seltene Ausnahmefälle eines Vorabentscheidungsersuchens sind BGH ZIP 2002, 1197 in Sachen Freiburger
Kommunalbauten und BGH NJW 2011, 1392 betreffend Preisänderungsklauseln in Gaslieferungs-
verträgen.

[31] Überblick zur EuGH-Rechtsprechung betreffend die Klauselrichtlinie bei MüKoBGB/*Basedow*
Vor § 305 Rn. 46 ff.

[32] EuGH NJW 2000, 2571 – Océano.

[33] EuGH NJW 2004, 1647 – Freiburger Kommunalbauten mit Besprechungen von *Markwardt*
ZIP 2005, 152; *Röthel* ZEuP 2005, 421; *Freitag/Riemenschneider* WM 2004, 2470. Vorangegangen
waren zwei weitere Entscheidungen, die sich jedoch nicht unmittelbar zur Missbräuchlichkeit einer
Klausel verhielten, nämlich EuGH EuZW 2002, 465 – Kommission/Schweden mit Anm. *Pfeiffer* und
EuGH NJW 2003, 275 – Cofidis, hierzu *Rott* EuZW 2003, 5.

die Befugnis für sich in Anspruch, die vom Unionsgesetzgeber zur Definition des Begriffs der missbräuchlichen Klausel verwendeten allgemeinen Kriterien auszulegen, hält sich aber nicht für berechtigt, sich zur Anwendung dieser allgemeinen Kriterien auf eine bestimmte Klausel zu äußern. Dies sei Sache des nationalen Gerichts.[34] Von der ersten Entscheidung in Sachen Océano grenzt sich der EuGH jetzt ab, indem er darauf hinweist, dass die Missbräuchlichkeit der damals in Rede stehenden Gerichtsstandsklausel ohne Rückgriff auf das nationale Recht habe beurteilt werden können. Diese Konstellation hat erkennbar Ausnahmecharakter, sodass die Beurteilung einzelner Klauseln sehr weitgehend (wieder) in die Hand der nationalen Gerichte gelegt ist. Auf dieser maßvollen Linie bewegen sich auch die **nachfolgend ergangenen Entscheidungen des EuGH.**[35] Besonders deutlich wird der Standpunkt des EuGH in der Entscheidung vom 9.11.2010 formuliert.[36] Darin führt der Gerichtshof aus, dass sich seine Zuständigkeit auf die Auslegung des Begriffs „missbräuchliche Vertragsklausel" in Art. 3 Abs. 1 und im Anhang der Richtlinie sowie auf die Kriterien erstrecke, die das nationale Gericht bei der Prüfung einer Vertragsklausel im Hinblick auf die Bestimmungen der Richtlinien anwenden darf oder muss, wobei es Sache des nationalen Gerichts sei, unter Berücksichtigung dieser Kriterien über die konkrete Bewertung einer bestimmten Vertragsklausel anhand der Umstände des Einzelfalles zu entscheiden. Dabei geht der Gerichtshof von einer amtswegigen Verpflichtung der nationalen Gerichte zur Klauselkontrolle aus.[37] Es ist mithin zwischen der Kompetenz des EuGH zur abstrakten Auslegung auf der einen sowie der Befugnis der nationalen Gerichte zur konkreten Anwendung der Klauselrichtlinie zu differenzieren.[38] Folgerichtig überantworten die Luxemburger Richter auch die Frage, ob eine Klausel hinreichend transparent ist, dem zuständigen nationalen Gericht, das die erforderliche Einzelfallbeurteilung vorzunehmen habe.[39] Eine mehrfach bestätigte Ausnahme macht der EuGH lediglich für Klauseln, die, wie Gerichtsstands- oder Schiedsklauseln, unabhängig vom Vertragstyp ausschließlich und ohne Gegenleistung für den Verbraucher den Unternehmer begünstigen. Hier hält sich der EuGH ausnahmsweise für befugt, die Klausel selbst für missbräuchlich zu erklären.[40] Abgesehen von diesen Ausnahmekonstellationen schreitet der EuGH auf seinem eingeschlagenen Weg unter strikter Wahrung der Aufgabentrennung gegenüber den nationalen Gerichten der Mitgliedstaaten weiter voran. Die **Frequenz der Entscheidungen steigt** dabei **deutlich an.**[41]

---

[34] Dies hervorhebend im Anschluß an die EuGH-Entscheidung BGH NZM 2004, 734.

[35] EuGH NJW 2007, 135 – Mostaza Claro; 2009, 2367 – Pannon; EuZW 2009, 852 – Asturcom Telecomunicaciones; EuZW 2011, 27 (29) – Pénzügyi Lízing; NJW 2012, 1781 – Pereničová; 2012, 2257 – Banco Español de Crédito; BeckRS 2012, 81370 – Pohotovosť; EuZW 2012, 786 – Nemzeti; 2013, 464 – Aziz; NJW 2013, 987 – Banif Plus Bank; 2013, 2579 – Asbeek Brusse; EuGH ZEuP 2014, 410 (mit Anm. *Fornasier*) – RWE; EuGH EuZW 2014, 506 (mit Anm. *Fervers*) – Kásler. Grundsätzliche Kritik gegenüber dem „judicial self-restraint" des EuGH bei *Basedow* FS Hirsch, 2008, 51 ff.; MüKoBGB/*Basedow* Vor § 305 Rn. 56.

[36] EuGH EuZW 2011, 27 (29) – Pénzügyi Lízing.

[37] EuGH NJW 2007, 135 – Mostaza Claro; 2009, 2367 – Pannon.

[38] So deutlich *Bieder*, in: Zivilgerichtsbarkeit und Europäisches Justizsystem, 2012, S. 177.

[39] EuGH BeckRS 2012, 81370 – Pohotovosť.

[40] EuGH NJW 2000, 2571 – Océano; 2007, 135 – Mostaza Claro; 2009, 2367 – Pannon. Zu Recht kritisch gegenüber dieser exzeptionellen Rechtsanwendungskompetenz des EuGH bei (angeblich) per se missbräuchlichen Klauseln *Bieder*, in: Zivilgerichtsbarkeit und Europäisches Justizsystem, 2012, S. 165 ff.

[41] Hervorhebenswert insbesondere EuGH NJW 2019, 207 – OTP Bank; EuGH IWRZ 2017, 270 (mit Anm. *Pfeiffer*) – Andriciuc; EuGH NZM 2018, 130 – Banco Primus; EuGH EuZW 2017, 148 – Naranjo; EuGH IWRZ 2019, 177 (mit Anm. *Graf von Westphalen*) – Demba; EuGH BeckRS 2018, 2221 – ERSTE Bank Hungary; EuGH NJW 2019, 1663 – Dunai; EuGH BeckRS 2019, 4807 = NJW 2019, 1277 (Ls.) – Acqua Med); EuGH NJW 2019, 2223 – Pouvin mit Anm. *Pfeiffer* LMK 2019, 41718; EuGH NJW 2019, 3133 – Abanca; EuGH BeckRS 2019, 23099 – Dziubak. Zu den neuen

Die Kriterien der Missbrauchskontrolle hat der EuGH vor allem in seiner Entscheidung vom 26.1.2017 konkretisiert.[42] Für die Frage, unter welchen Umständen ein relevantes Missverhältnis „entgegen dem Gebot von Treu und Glauben" verursacht wird, müsse geprüft werden, ob der Gewerbetreibende bei loyalem und billigem Verhalten gegenüber dem Verbraucher vernünftigerweise erwarten durfte, dass sich dieser nach individuellen Verhandlungen auf eine solche Klausel einlässt.[43] Ferner hebt der Gerichtshof in dieser Entscheidung die Leitbildfunktion des dispositiven nationalen Rechts hervor. Außerdem wird ein besonderer Akzent bei dem in Art. 4 Abs. 1 der Klauselrichtlinie verankerten konkret-individuellen Maßstab gesetzt. Schließlich hat der EuGH auch dem Transparenzgebot (Art. 4 Abs. 2 der Klausel-Richtlinie) deutlichere Konturen verliehen.[44] Stärker wird das deutsche AGB-Recht durch Aussagen des EuGH zur Rechtsfolgenseite herausgefordert. Das Unionsrecht erstreckt sich nämlich auch auf die Folgen der Klauselunwirksamkeit (Art. 6 Abs. 1 der Klauselrichtlinie). Der EuGH[45] zeigt sich in neueren Entscheidungen ausgesprochen zurückhaltend gegenüber jedweden Bestrebungen, die Klausel in beschränktem Umfang aufrechtzuerhalten (vgl. hierzu auch → Rn. 614a f.).

2. Umsetzung der Richtlinie in deutsches Recht

Die gebotene Umsetzung der Klauselrichtlinie in das deutsche Recht erfolgte durch das Gesetz zur Änderung des AGB-Gesetzes, in Kraft getreten am 25.7.1996.[46] Inhaltlich zeichnete sich die Novellierung des AGB-Gesetzes durch eine Beschränkung aus. Das Änderungsgesetz ging von der Zielsetzung aus, das AGB-Gesetz, das sich in der Praxis bewährt habe, nur dort zu ändern, wo dies im Hinblick auf die Richtlinie unbedingt notwendig war.[47] Eine grundlegende Überarbeitung des AGB-Gesetzes oder die Schaffung eines Spezialgesetzes zum Schutz der Verbraucher vor missbräuchlichen Vertragsklauseln hielt der Gesetzgeber nicht für erforderlich. Vielmehr hielt er dafür, dass sich der von der EG-Richtlinie geforderte Verbraucherschutz auch auf der Grundlage des AGB-Gesetzes erreichen lasse. Änderungsbedarf sah er zum einen hinsichtlich des persönlichen und sachlichen Anwendungsbereichs. Dies schlug sich in der Aufnahme der wichtigen Bestimmung des § 24a AGBG (jetzt § 310 Abs. 3 BGB) betreffend Verbraucherverträge nieder. Von vergleichsweise geringer Bedeutung war demgegenüber die zweite Gesetzesänderung, die in einer Erweiterung des internationalen Geltungsbereichs des AGB-Gesetzes bestand (Änderung des § 12 AGBG).

II. Integration des AGB-Rechts in das BGB durch das Schuldrechtsmodernisierungsgesetz

Literatur: *Koch,* Auswirkungen der Schuldrechtsreform auf die Gestaltung Allgemeiner Geschäftsbedingungen, WM 2002, 2173 und 2217; *Pfeiffer,* Die Integration von „Nebengesetzen" in das BGB, in: Zivilrechtswissenschaft und Schuldrechtsreform (hrsg. von Ernst und Zimmermann), 2001, S. 481; *Pfeiffer/Schinkels,* Schuldrechtsmodernisierung und AGB-Gesetz, in: Schuldrechtsreform und Ver-

---

EuGH-Urteilen und ihren Auswirkungen auf das AGB-Recht vgl. auch *Graf von Westphalen* EuZW 2019, 121.

[42] EuGH NZM 2018, 130 – Banco Primus.

[43] EuGH NZM 2018, 130 Rn. 60 – Banco Primus.

[44] EuGH ZEuP 2014, 410 (mit Anm. *Fornasier*) – RWE und EuGH EuZW 2014, 506 (mit Anm. *Fervers*) – Kásler.

[45] Zuletzt EuGH NJW 2021, 611 – Banca B.; zuvor bereits EuGH NJW 2012, 2257 – Banco Español de Crédito und EuGH EuZW 2017, 148 – Naranjo.

[46] BGBl. I 1013. Nähere Angaben zur Gesetzgebungsgeschichte in der 1. Aufl. dieses Buches unter Rn. 46.

[47] Ulmer/*Habersack* AGBG Einl. Rn. 92 sprechen daher zutreffend von einer „Minimallösung".

braucherschutz (hrsg. von Micklitz/Pfeiffer/Tonner/Willingmann), 2001, S. 133 ff.; *Ring/Klingelhöfer,* Das neue AGB-Recht, 2002; *Ulmer,* Das AGB-Gesetz: ein eigenständiges Kodifikationswerk, JZ 2001, 491; *ders.,* Integration des AGB-Gesetzes in das BGB?, in: Die Schuldrechtsreform vor dem Hintergrund des Gemeinschaftsrechts (hrsg. von Schulze und Schulte-Nölke) 2001, S. 215; *Graf von Westphalen,* AGB-Recht ins BGB – Eine erste Bestandsaufnahme, NJW 2002, 12; *Wolf/Pfeiffer,* Der richtige Standort des AGB-Rechts innerhalb des BGB, ZRP 2001, 303.

51   In der Folgezeit waren mehrere **punktuelle Eingriffe in das AGB-Gesetz** zu verzeichnen. Zu nennen sind hier insbesondere das Handelsrechtsreformgesetz von 1998,[48] das Überweisungsgesetz von 1999,[49] das Gesetz zur Beschleunigung fälliger Zahlungen von 2000[50] und das Gesetz über Fernabsatzverträge, ebenfalls aus dem Jahre 2000.[51] Letzteres hat insbesondere den erst kurz zuvor geänderten § 12 AGBG aufgehoben und die dort enthaltene Normierung zur Anwendbarkeit der AGB-rechtlichen Vorschriften bei grenzüberschreitenden Verträgen in das Einführungsgesetz zum Bürgerlichen Gesetzbuch (Art. 29a) transloziert. Einen **bedeutenden Einschnitt** für das AGB-Recht markiert das am **1.1.2002** in Kraft getretene **Schuldrechtsmodernisierungsgesetz.**[52]

1. Die gesetzgeberische Grundentscheidung

52   Dieses hatte sich ua die Integration der Verbraucherschutzgesetze und des AGB-Gesetzes in das Bürgerliche Gesetzbuch auf die Fahnen geschrieben. Entsprechend dieser Zielsetzung ist das **AGB-Gesetz** nach nahezu 25-jähriger Geltung **aufgehoben** worden.

53   **a) Das materielle AGB-Recht.** Das materielle AGB-Recht – also die bisherigen §§ 1 bis 11 und §§ 23 bis 24a AGBG – wurde **in das Bürgerliche Gesetzbuch integriert.** Dort findet es sich jetzt im Allgemeinen Schuldrecht und zwar in einem neu eingerichteten 2. Abschnitt, der mit „Gestaltung rechtsgeschäftlicher Schuldverhältnisse durch Allgemeine Geschäftsbedingungen" überschrieben ist. Konkret handelt es sich um die **§§ 305 bis 310 BGB.** Vorangestellt ist diesem Abschnitt ein amtlicher Hinweis, dem zufolge der 2. Abschnitt auch der Umsetzung der Richtlinie 93/13/EWG des Rates vom 5.4.1993 über missbräuchliche Klauseln in Verbraucherverträgen dient.

54   Die **inhaltlichen Neuerungen** halten sich **in einem überschaubaren Rahmen.**[53] Teils handelt es sich um notwendige Anpassungen an das geänderte Leistungsstörungsrecht, teils geht es um die Behebung bisheriger Umsetzungsdefizite im Hinblick auf die Klausel-Richtlinie. Schließlich hat der Gesetzgeber die Gelegenheit genutzt, punktuell den Regelungsgehalt einiger Vorschriften zu verdeutlichen, zu denen sich in Rechtsprechung und Lehre Klarstellungsbedarf ergeben hatte. Zu weitreichenden Neugestaltungen hat sich der Gesetzgeber – sieht man einmal von der Streichung der Bereichsausnahme für das Arbeitsrecht (vgl. § 310 Abs. 4 BGB) ab – nicht entschließen können.

---

[48] BGBl. 1998 I 1484 ff.; siehe hierzu auch → Rn. 186.

[49] BGBl. 1999 I 1642.

[50] BGBl. 2000 I 330 ff.

[51] BGBl. 2000 I 897 ff.

[52] BGBl. 2001 I 3138 ff. Die AGB-rechtlichen Vorschriften haben im Laufe des Gesetzgebungsverfahrens vom Diskussionsentwurf bis zur Gesetz gewordenen Fassung noch mehrfach Änderungen erfahren. Neben dem Gesetzentwurf der Bundesregierung samt Begründung (BT-Drs. 14/6040) sind die Stellungnahme des Bundesrates und die Gegenäußerung der Bundesregierung (BT-Drs. 14/6857, Anlage 2 und 3 = BR-Drs. 338/01) sowie die Beschlussempfehlung des Rechtsausschusses (BT-Drs. 14/7052) von besonderer Bedeutung. Übersichtliche Zusammenstellung bei *Canaris* (Hrsg.), Schuldrechtsmodernisierung 2002.

[53] So auch die Einschätzung von *Huber,* in: Huber/Faust, Schuldrechtsmodernisierung, 2002, S. 464.

Von besonderem Interesse ist die **Begründung des Gesetzgebers** für die Integration 55
des materiellen AGB-Rechts in das Bürgerliche Gesetzbuch. In den Materialien finden
sich folgende Haupterwägungen:[54]

(1) erheblicher Fortschritt an Transparenz und Verständlichkeit; (2) enge Verschrän- 56
kung des AGB-Rechts und des Schuldrechts sowie Gefahr, dass sich unterschiedliche
Auslegungsgrundsätze, Begrifflichkeiten und Wertungsmaßstäbe entwickeln; (3) Stärkung des Kodifikationsgedankens. Das Bürgerliche Gesetzbuch, so die Regierungsbegründung, erlange erst durch die Integration des AGB-Gesetzes wieder den „Rang
einer zivilrechtlichen Gesamtkodifikation".

b) Das formelle AGB-Recht. Das formelle AGB-Recht, also das bislang in den 57
§§ 13 ff. AGBG geregelte Verbandsverfahren, wurde nicht in das Bürgerliche Gesetzbuch
integriert, sondern zusammen mit verwandten Verbraucherschutzverfahren in ein neu
geschaffenes **Unterlassungsklagengesetz**[55] eingestellt. Nach der Entscheidung für eine
Integration der materiellrechtlichen Vorschriften des AGB-Gesetzes in das Bürgerliche
Gesetzbuch musste für die Verfahrensregelungen ein neuer Standort gefunden werden.
Das Bürgerliche Gesetzbuch kam nicht in Betracht, durfte der materiell-rechtliche Charakter seiner Regelungen doch nicht verwässert werden. Die Zivilprozessordnung hätte
sich schon eher als neuer Standort der nunmehr verwaisten Vorschriften angeboten.
Offenbar mochte man jedoch das besondere Verbandsverfahren in einem Sondergesetz
geregelt wissen, schon um mögliche – sich bereits andeutende – Fortentwicklungen (zB
Gewinnabschöpfung, Schadensersatz) künftig leichter bewältigen zu können.[56]

2. Rechtspolitische Kritik

Der Plan, die materiell-rechtlichen AGB-Vorschriften in das Bürgerliche Gesetzbuch 58
und dort in das Allgemeine Schuldrecht einzustellen, ist im Gesetzgebungsverfahren auf
dezidierte **Kritik** gestoßen. Insbesondere *Ulmer* hatte sich vehement für die Beibehaltung
des AGB-Gesetzes ausgesprochen.[57]

Ein **zwingender Handlungsbedarf**, wie ihn die etwas dick aufgetragenen Erwägungen 59
des Gesetzgebers suggerieren, **war in der Tat nicht gegeben.**[58] Das bisherige Nebeneinander von BGB und AGB-Gesetz war keineswegs von Intransparenz und von Wer-
tungswidersprüchen gekennzeichnet. Jedenfalls ist von einer bloßen Standortverlagerung
keine Milderung dieser Spannungen zu erwarten. Und vielleicht wäre ja – wie *Ulmer*
bemerkte –[59] die Signalwirkung der AGB-rechtlichen Vorschriften doch höher gewesen,
wenn sie sich auch weiterhin im AGB-Gesetz befunden hätten.

Kritikwürdig sind ferner die **Verortung der AGB-Vorschriften im Allgemeinen** 60
Schuldrecht anstatt im Allgemeinen Teil[60] sowie die – offenbar der Paragraphenöko-
nomie geschuldete – **Zusammenziehung** verschiedener, bisher aus gutem Grunde auf
mehrere Vorschriften verteilter **Regelungen.**[61]

---

[54] Begründung des RegE BT-Drs. 14/6040, S. 92 und 97.

[55] BGBl. 2001 I 3138 ff.

[56] NK/*Walker* UKlaG Vorbem. Rn. 2.

[57] *Ulmer* JZ 2001, 491 ff.; *ders.,* in: Schulze/Schulte-Nölke, Schuldrechtsreform vor dem Hintergrund des Gemeinschaftsrechts, 2001, S. 215 ff.

[58] AnwKomm Schuldrecht/*Hennrichs* BGB Vor §§ 305 ff. Rn. 6.

[59] *Ulmer* JZ 2001, 497.

[60] Vgl. vor allem *Wolf/Pfeiffer* ZRP 2001, 303 ff.; kritisch ferner AnwKomm Schuldrecht/*Hennrichs* BGB Vor §§ 305 ff. Rn. 9.

[61] *Pfeiffer,* in: Ernst/Zimmermann (Hrsg.) Zivilrechtswissenschaft und Schuldrechtsreform, 2001,
S. 503; hierzu näher 1. Aufl. Rn. 61.

3. Übergangsvorschriften

61   Das **in den §§ 305 ff. BGB neugeordnete AGB-Recht** gilt für Schuldverhältnisse, die nach dem 31. Dezember 2001 entstanden sind. Für die vor dem 1. Januar 2002 entstandenen Schuldverhältnisse verblieb es zunächst bei der Anwendbarkeit des alten AGB-Gesetzes. Bei Dauerschuldverhältnissen galt eine Übergangsfrist bis zum 31. Dezember 2002. Seit dem 1. Januar 2003 gilt nun auch für Dauerschuldverhältnisse das neu geordnete Recht (Art. 229 § 5 EGBGB).

62   Das **Unterlassungsklagengesetz** gilt ab 1. Januar 2002 und zwar auch für die zu diesem Zeitpunkt schon anhängigen, aber noch nicht abgeschlossenen Verfahren (Einzelheiten in der Überleitungsvorschrift § 16 UKlaG).

III. Perspektivenwechsel für die AGB-Kontrolle von Kaufverträgen im unternehmerischen Verkehr?

Literatur: *Canaris,* Die AGB-rechtliche Leitbildfunktion des neuen Leistungsstörungsrechts, in: FS für Ulmer, 2003, S. 1073; *Dauner-Lieb,* Die geplante Schuldrechtsmodernisierung – Durchbruch oder Schnellschuss?, JZ 2001, 8; *Pfeiffer,* Neues Schuldrecht – neues Leitbild im AGB-Recht, in: Das neue Schuldrecht in der Praxis, hrsg. von Dauner-Lieb/Konzen/K. Schmidt, 2003, S. 225; *Schubel,* Schuldrechtsreform – Perspektivenwechsel im Bürgerlichen Recht und AGB-Kontrolle für den Handelskauf, JZ 2001, 1113; *H. P. Westermann,* Das neue Kaufrecht einschließlich des Verbrauchsgüterkaufs, JZ 2001, 530.

63   Das AGB-Recht und die Kontrollpraxis der Gerichte werden nicht nur durch die Vorschriften der §§ 305 ff. BGB determiniert. Von großer Bedeutung sind daneben die als Maßstabsnormen in Betracht kommenden Vorschriften des Verjährungsrechts, des allgemeinen Leistungsstörungsrechts und des Vertragsrechts, insbesondere der Typenkataloge (§§ 433 ff. BGB). Vielen der dort versammelten Vorschriften wird eine Leitbildfunktion für die Inhaltskontrolle zugeschrieben. Als Einfallstor dient insbesondere § 307 Abs. 2 Nr. 1 BGB, wonach eine unangemessene Benachteiligung im Zweifel anzunehmen ist, wenn die AGB-Klausel mit wesentlichen Grundgedanken der gesetzlichen Regelung nicht zu vereinbaren ist. Aus diesem Grund zeitigen Änderungen im Bereich der Referenznormen erhebliche Folgewirkungen auf die Inhaltskontrolle nach § 307 BGB.

64   Im Zuge der Schuldrechtsreform ist die Frage aufgeworfen worden, ob nicht die Stärkung der Rechte des Käufers und des Werkbestellers mittelbar, nämlich über die Leitbildkontrolle nach § 307 Abs. 2 Nr. 1 BGB, auch den **Gestaltungsspielraum im unternehmerischen Geschäftsverkehr einzuengen droht.** Speziell denkt man hier an § 476 BGB, der die grundsätzlich dispositiven Vorschriften des Kaufrechts für den Verbrauchsgüterkauf in den Rang zwingenden Rechts erhebt. Befürchtet wird, dass eine gleichartige Verschiebung der Gewichte vermittels der gerichtlichen AGB-Kontrolle auch in den Vertragsbeziehungen zwischen Unternehmern eintreten wird.[62] Diese Gefahr ist nicht unbegründet, geht doch der Reformgesetzgeber ausweislich der Materialien selbst davon aus, dass das neue Kaufrecht am Verbrauchsgüterkauf als der typischen Erscheinungsform des Kaufvertrages ausgerichtet sei.[63]

65   Den sich hier abzeichnenden Tendenzen muss für den unternehmerischen Verkehr mit Nachdruck entgegengetreten werden. *Harm Peter Westermann* hat mit Recht bemerkt, dass es nicht das Ergebnis der Reform des Verbrauchsgüterkaufs sein darf, die Gestaltungsfreiheit für den Kauf zwischen Unternehmen oder unter Privaten stärker als nach bisherigem Recht einzuschränken.[64] Der im Gesetz angelegten Differenzierung zwischen

---

[62] So die besorgte Stellungnahme des Bundesrates, BT-Drs. 338/01, S. 29.

[63] RegE BT-Drs. 16/6040, S. 91.

[64] *H. P. Westermann* JZ 2001, 535 f.; zustimmend AnwKomm Schuldrecht/*Hennrichs* BGB § 307 Rn. 13; ferner *Dauner-Lieb* JZ 2001, 13; ausführlich und weiter ausgreifend *Schubel* JZ 2001, 1113 ff.;

dem „normalen" Kauf, dem Verbrauchsgüterkauf und dem Handelskauf muss auch im Rahmen der Inhaltskontrolle Rechnung getragen werden. Die zwingenden Sondervorschriften über den Verbrauchsgüterkauf verstehen sich vor dem Hintergrund europäischer Richtlinien zum Schutze des Verbrauchers gegenüber dem Unternehmer in seiner „rollenspezifischen Unterlegenheit". Bei einem Kaufvertrag zwischen Unternehmern (insbesondere Kaufleuten) ist die **Interessenlage grundlegend anders.** Hier stehen sich zwei geschäftsgewandte Vertragspartner gegenüber, die eines besonderen gesetzlichen Schutzes grundsätzlich nicht bedürfen, sondern im Gegenteil darauf angewiesen sind, den jeweiligen geschäftlichen Vorgängen angepasste Regelungen vereinbaren zu dürfen. Im Übrigen zeigt auch § 310 Abs. 1 S. 2 BGB, dass den Besonderheiten des Handelsverkehrs auch bei der AGB-Kontrolle Rechnung zu tragen ist, heißt es doch dort wörtlich: „auf die im Handelsverkehr geltenden Gewohnheiten und Gebräuche ist angemessen Rücksicht zu nehmen".[65]

Werden umgekehrt die Regelungsinhalte **verbraucherschützender Vorschriften klauselmäßig auf den unternehmerischen Verkehr** erstreckt, so kann hierin sehr wohl eine unangemessene Benachteiligung des unternehmerischen Kunden gesehen werden.[66]   **66**

Beispiel: In den **Einkaufsbedingungen eines Baumarktbetreibers** heißt es: „Es wird vermutet, dass ein Mangel bereits zum Zeitpunkt des Gefahrübergangs vorhanden war, wenn seit Gefahrübergang nicht mehr als zwölf Monate vergangen sind." Hierzu führt der BGH zu Recht aus: „Der Umstand, dass der Gesetzgeber in **§ 476 BGB** (heute: § 477 BGB) für die Fälle des Verbrauchsgüterkaufs eine Beweislastumkehr zulasten des Verkäufers geregelt hat, rechtfertigt … nicht den Schluss, eine entsprechende Beweislastumkehr in AGB könne nicht unangemessen sein. Die Vorschrift des § 476 BGB (heute: § 477 BGB) … bezweckt den Schutz des Verbrauchers und räumt diesem Gesichtspunkt im Hinblick darauf Vorrang ein, dass Unternehmen in der Regel bessere Erkenntnismöglichkeiten haben als Verbraucher. Diese besondere Interessenlage ist im Verhältnis der Bekl. zu ihren Lieferanten nicht gegeben."[67]

IV. Neuere Entwicklungen nach der Schuldrechtsmodernisierung

Das AGB-Recht steht auch weiterhin unter dem Einfluss unionsrechtlicher Entwicklungen. An dieser Stelle seien lediglich zwei Rechtsakte herausgegriffen, die vor allem auf den unternehmerischen Geschäftsverkehr mit Allgemeinen Geschäftsbedingungen Auswirkungen haben könnten.   **66a**

1. Die Geoblocking-Verordnung

Literatur: *Bernhard*, Die Geoblocking-Verordnung in der Praxis, NJW 2019, 472; *Herresthal*, Folgen der Geoblocking-Verordnung für die Verwendung von AGB, NJW 2020, 361.

Da wäre zunächst die so genannte **Geoblocking-Verordnung,**[68] die am 22.3.2018 in Kraft getreten ist. Diese Verordnung will einen Beitrag zum Funktionieren des Binnenmarkts leisten, indem „ungerechtfertigtes Geoblocking und andere Formen der Diskriminierung" aufgrund der Staatsangehörigkeit, des Wohnsitzes oder des Orts der Niederlassung verhindert werden. Durch Geoblocking werden Kunden, die grenzüberschreitend   **66b**

---

gegen eine generelle Ablehnung der Leitbildfunktion des Kaufrechts für den unternehmerischen Verkehr und für eine differenzierende Sichtweise jedoch *Pfeiffer*, in: Das neue Schuldrecht in der Praxis, S. 225 ff. und Staudinger/*Wendland* BGB § 307 Rn. 251.

[65] AnwKomm Schuldrecht/*Hennrichs* BGB § 307 Rn. 13.

[66] Staudinger/*Wendland* BGB § 307 Rn. 251.

[67] BGH NJW 2006, 47 (49).

[68] VO (EU) Nr. 302/2018 des Europäischen Parlaments und des Rates vom 28.2.2018 über Maßnahmen gegen ungerechtfertigtes Geoblocking und andere Formen der Diskriminierung, ABl. EU 2018 L 60.

online Waren oder Dienstleistungen beziehen wollen, aufgrund ihres Wohnsitzes etc unterschiedlich behandelt oder völlig von bestimmten Angeboten ausgeschlossen. Die Lokalisierung des Internetnutzers geschieht hierbei meistens über seine IP-Adresse.

Beispiel: Ein Kunde aus Spanien möchte bei einem deutschen Online-Händler eine Uhr erwerben. Als er versucht, auf die Bestellseite zu gelangen, wird er jedoch automatisch auf eine spanische Version der Webseite weitergeleitet, auf der die gewünschte Uhr nicht oder nur zu einem erheblich höheren Preis und/oder nur auf der Grundlage von Allgemeinen Geschäftsbedingungen verfügbar ist, die von den bei Geschäften mit deutschen Kunden üblicherweise verwendeten abweichen.

66c   Nach Art. 4 der Geoblocking-Verordnung darf ein Anbieter für den Zugang zu Waren oder Dienstleistungen grundsätzlich keine unterschiedlichen Allgemeinen Geschäftsbedingungen[69] aus Gründen der Staatsangehörigkeit, des Wohnsitzes oder des Ortes der Niederlassung des Kunden anwenden. Ein deutsches Unternehmen darf daher bei Geschäften mit Kunden aus dem EU-Ausland keine eigenständigen, vom innerdeutschen Geschäftsverkehr abweichende Allgemeine Geschäftsbedingungen verwenden. Der persönliche Anwendungsbereich ist nicht etwa auf Verbraucher beschränkt. Auch für Geschäfte mit unternehmerischen Endnutzern gilt die Geoblocking-Verordnung. In der Literatur wird ein Zusammenhang mit der vielfach geforderten Reform der AGB-Kontrolle im B2B-Bereich hergestellt.[70] Letztlich würden nämlich die gravierenden Nachteile, die sich aus der Strenge der richterlichen AGB-Kontrolle im B2B-Bereich für deutsche Unternehmen ergäben, durch die Vorgaben der Geoblocking-Verordnung erheblich ausgeweitet.

2. Die Verordnung zur Förderung von Fairness und Transparenz für gewerbliche Nutzer von Online-Vermittlungsdiensten (P2B-VO)

Literatur: Busch, Mehr Fairness und Transparenz in der Plattformökonomie?, GRUR 2019, 788; *Tribess*, P2B-Verordnung zur Förderung von Fairness und Transparenz von Online-Diensten, GWR 2020, 233; *Wais*, B2B-Klauselkontrolle in der Plattform-Ökonomie: Der Kommissionsvorschlag für eine Verordnung über Online-Vermittlungsdienste, EuZW 2019, 221; *Graf von Westphalen*, b2b-Plattform-Verordnung: Das AGB-Recht vor weitreichenden Veränderungen, BB 2020, 579.

66d   Am 17.4.2019 hat das Europäische Parlament die **Verordnung (EU) Nr. 1150/2019 zur Förderung von Fairness und Transparenz für gewerbliche Nutzer von Online-Vermittlungsdiensten (P2B-VO)**[71] beschlossen. Mit dieser neuen Verordnung wird erstmals ein umfassender Regelungsrahmen für die Plattformwirtschaft in der Europäischen Union geschaffen. Durch Vorgaben für die Allgemeinen Geschäftsbedingungen der **Plattformen** und eine Reihe von Transparenzgeboten sollen Unternehmer vor unfairen Handelspraktiken seitens der Plattformbetreiber geschützt werden. Die Verordnung erfasst sowohl Online-Vermittlungsdienste als auch Online-Suchmaschinen (Art. 1 II P2B-VO), wobei die meisten Regelungen auf **Online-Vermittlungsdienste** entfallen. Hierunter fallen vor allem Online-Marktplätze (z. B. Amazon und eBay), Hotelbuchungsportale (z. B. HRS und Expedia), Preisvergleichsportale (z. B. Check24)

---

[69] Definiert in Art. 2 Nr. 14 Geoblocking-Verordnung: Allgemeine Geschäftsbedingungen für den Zugang sind demnach „alle Vertragsbedingungen und sonstige Informationen, einschließlich der Nettoverkaufspreise, die für den Zugang von Kunden zu Waren oder Dienstleistungen gelten, die von einem Anbieter zum Kauf angeboten werden, die von oder im Namen des Anbieters für die breite Öffentlichkeit festgelegt, angewendet und zugänglich gemacht werden und die Anwendung finden, sofern im Einzelnen keine Vereinbarung zwischen dem Anbieter und dem Kunden ausgehandelt wurde."

[70] *Herresthal* NJW 2020, 361.

[71] VO (EU) Nr. 1150/2019. Die Verordnung gilt seit dem 20.7.2020. P2B steht für „Platform-to-Business".

und AppStores (z. B. Google Play und Apple App Store). Die P2B-Verordnung gilt für das **Verhältnis zwischen dem Plattformbetreiber und gewerblichen Nutzern.**[72] Interessant ist insoweit, dass der europäische Gesetzgeber – wenn auch sektoral begrenzt – zu erkennen gibt, dass auch im unternehmerischen Geschäftsverkehr eine Klauselkontrolle durchaus geboten sein kann. Ein Kernbestandteil der Verordnung sind die **Anforderungen,** die den Anbietern von Online-Vermittlungsdiensten **bei der Gestaltung** ihrer **Allgemeinen Geschäftsbedingungen** auferlegt werden. Allgemeine Geschäftsbedingungen sind gem. **Art. 2 Nr. 10** der Verordnung alle Bedingungen oder Bestimmungen, die unabhängig von ihrer Bezeichnung oder Form das Vertragsverhältnis zwischen dem Anbieter von Online-Vermittlungsdiensten und ihren gewerblichen Nutzern regeln und einseitig vom Anbieter der Online-Vermittlungsdienste festgelegt werden, wobei diese einseitige Festlegung auf der Grundlage einer Gesamtbewertung festgestellt wird, im Rahmen derer die relative Größe der betroffenen Parteien, die Tatsache, dass Verhandlungen stattgefunden haben, oder die Tatsache, dass einzelne Bestimmungen in diesen Bedingungen möglicherweise Gegenstand von Verhandlungen waren und gemeinsam von dem jeweiligen Anbieter und dem jeweiligen gewerblichen Nutzer festgelegt wurden, für sich genommen nicht entscheidend ist. Das ist nicht deckungsgleich mit § 305 Abs. 1 BGB. In **Art. 3 Abs. 1 P2B-VO** werden sodann den Anbietern von Online-Vermittlungsdiensten **weitreichende Transparenzpflichten** auferlegt. Sie haben ua sicherzustellen, dass ihre Allgemeinen Geschäftsbedingungen klar und verständlich formuliert und für gewerbliche Nutzer zu jedem Zeitpunkt ihrer Geschäftsbeziehung mit dem Anbieter von Online-Vermittlungsdiensten, auch während der Phase vor Vertragsabschluss, leicht verfügbar sind. **Verstöße gegen dieses Transparenzgebot** führen zur **Nichtigkeit** der Allgemeinen Geschäftsbedingungen (Art. 3 Abs. 3 P2B-VO). Bemerkenswert ist ferner Art. 3 Abs. 2 P2B-VO, der verpflichtende Vorgaben für das Verfahren zur Änderung Allgemeiner Geschäftsbedingungen im Rahmen laufender Geschäftsbeziehungen enthält. Der deutsche Gesetzgeber wird prüfen müssen, welche Anpassungen die neue Verordnung erforderlich macht. Denkbar sind sowohl eine sektorale Lösung als auch ein Eingriff in die §§ 305 ff. BGB.[73]

3. Digitale Vertragsrechtsreform

Literatur: *Auer,* Digitale Leistungen, ZfPW 2019, 130; *Spindler/Sein,* Die endgültige Richtlinie über Verträge über digitale Inhalte und Dienstleistungen, MMR 2019, 415; *dies.,* Die Richtlinie über Verträge über digitale Inhalte, MMR 2019, 488; *Staudenmayer,* Die Richtlinien zu den digitalen Verträgen, ZEuP 2019, 663.

Das deutsche AGB-Recht dürfte zudem durch die bevorstehende digitale Vertragsrechtsreform tangiert werden. Diese wurde durch zwei neuere Rechtsakte der Europäischen Union angestoßen. Am 20.5.2019 hat der europäische Gesetzgeber die **Richtlinie über Verträge betreffend digitalen Inhalt und digitale Dienstleistungen (RL 2019/770)** [74] und die **Warenkaufrichtlinie (RL 2019/771)**[75] verabschiedet. Diese Richtlinien vollenden die Harmonisierung des Verbrauchsgüterkaufrechts und damit ein zentrales und besonders AGB-affines Rechtsgebiet des Vertragsrechts. Außerdem deutet sich eine gesetzgeberische Anpassung des europäischen Privatrechts an den Übergang zur digitalen Wirtschaft an.[76]

66e

---

[72] Kritisch zum Ausschluss reiner B2B-Plattformen *Busch* GRUR 2019, 788 (790).
[73] Erheblichen Anpassungsbedarf diagnostiziert *Graf von Westphalen* BB 2020, 579.
[74] ABl. EU 2019 L 136, 1.
[75] ABl. EU 2019 L 136, 28; hierzu *Staudenmayer* NJW 2019, 2889.
[76] *Staudenmayer* ZEuP 2019, 663 (664).

66f   Besonders relevant ist im AGB-rechtlichen Kontext die (vollharmonisierende) **Digital-Inhalte-RL 2019/770**. Die dort vorgesehenen Regelungen über die Bereitstellung digitaler Produkte und das anzuwendende Gewährleistungsrecht knüpfen nicht an die überkommenen Vertragstypen (Kauf-, Werk-, Mietvertrag) an. Vielmehr erstreckt sich die Richtlinie auf Verbraucherverträge über digitale Inhalte gleich welcher Art und auf digitale Dienstleistungen. Mittlerweile liegt ein **Entwurf der Bundesregierung** eines Gesetzes zur Umsetzung der Richtlinie über bestimmte vertragsrechtliche Aspekte der Bereitstellung digitaler Inhalte und digitaler Dienstleistungen vor.[77] Die Umsetzungsvorschriften sollen im Wesentlichen in einen neuen Titel 2a („Verträge über digitale Produkte") eingestellt werden.[78] Der Regierungsentwurf (RegE) sieht im Einklang mit der Digital-Inhalte-Richtlinie an das Kaufrecht angelehnte Gewährleistungsrechte vor. Zwar sind keine Eingriffe in die Vorschriften des AGB-Rechts (§§ 305–310 BGB) vorgesehen. Dafür setzt der Gesetzgeber auch hier auf die **zwingende Ausgestaltung** seiner Regelungen. Der neue § 327s (RegE) unterbindet ausdrücklich Vereinbarungen, die zum Nachteil des Verbrauchers von den Vorschriften des neuen Untertitels abweichen.

66g   Bemerkenswert ist ferner, dass sich die Richtlinie und die geplante Umsetzung auch auf Verträge erstrecken, die **als Gegenleistung die Preisgabe personenbezogener Daten** vorsehen. Hierzu ist in der Literatur zu Recht darauf hingewiesen worden, dass dieser Ansatz Konsequenzen für die AGB-Kontrolle haben dürfte, „da als gesetzliches Leitbild (§ 307 Abs. 1 Nr. 1 BGB) … nicht mehr Verträge über unentgeltliche Leistungen (Leihe, Schenkung etc) dienen, sondern die Bereitstellung von Daten als Entgelt begriffen werden muss, mit allen Folgen z. B. im Bereich des Schadensersatzes (keine Begrenzung mehr auf grobe Fahrlässigkeit etc)."[79] Die §§ 327e-g RegE befassen sich mit dem Vorliegen eines **Produktmangels einschließlich einer Aktualisierungspflicht.** Hier werden zahlreiche Anforderungen formuliert, denen das Produkt entsprechen muss. Von den objektiven Anforderungen nach § 327e Absatz 3 S. 1 Nummer 1 bis 5 und S. 2 RegE, § 327f Abs. 1 RegE und § 327g RegE kann nach § 327h RegE nur abgewichen werden, wenn der Verbraucher vor Abgabe seiner Vertragserklärung eigens davon in Kenntnis gesetzt wurde, dass ein bestimmtes Merkmal des digitalen Produkts von diesen objektiven Anforderungen abweicht, und diese Abweichung im Vertrag ausdrücklich und gesondert vereinbart wurde. Insbesondere im Hinblick auf die Regelung über Rechtsmängel ist in der Literatur jüngst die Frage gestellt worden, ob es weiterhin als zulässig betrachtet werden kann, in den Allgemeinen Geschäftsbedingungen über digitale Inhalte die Übertragbarkeit des Inhalts auf Dritte ohne Zustimmung des Vertragspartners bzw. Rechteinhabers auszuschließen.[80]

66h   In Umsetzung von Art. 19 Abs. 1 der Digitale-Inhalte-RL erlaubt § 327r RegE dem Unternehmer bei einer dauerhaften Bereitstellung des digitalen Produkts Änderungen vorzunehmen, die über das zur Aufrechterhaltung der Vertragsmäßigkeit erforderliche Maß hinausgehen. Voraussetzung hierfür ist, dass der Vertrag diese Möglichkeit bei Vorliegen eines triftigen Grundes vorsieht, dem Verbraucher durch die Änderung keine zusätzlichen Kosten entstehen und er klar und verständlich über die Änderung informiert wird. Beispiele für triftige Gründe sind nach Erwägungsgrund 75 der Digitale-Inhalte-RL solche Änderungen, welche nötig sind, um das digitale Produkt an eine neue technische Umgebung oder an erhöhte Nutzerzahlen anzupassen. Daneben können andere betriebs-

---

[77] BR-Drs. 60/21.

[78] Ein weiterer Referentenentwurf sieht ergänzend hierzu in Umsetzung der Richtlinie 2019/2116/EU insbesondere zusätzliche Informationspflichten für Anbieter digitaler Produkte und für Betreiber von sog. Online-Marktplätzen vor.

[79] *Spindler/Sein* MMR 2019, 415 (418).

[80] *Spindler/Sein* MMR 2019, 488 (490).

technische Gründe zulässig sein. Damit wird unter klar definierten Voraussetzungen ein **vertraglicher Änderungsvorbehalt** erlaubt, der regelmäßig in Allgemeinen Geschäftsbedingungen erfolgen und dann auch keiner weiteren materiellen Inhaltskontrolle, etwa anhand § 308 Nr. 4 BGB, unterfallen dürfte.[81] Wenn es in der Begründung zu § 327r RegE heißt, die Bestimmungen betreffend Allgemeine Geschäftsbedingungen blieben grundsätzlich unberührt,[82] sind offenbar in erster Linie die Vorschriften zur Einbeziehung, Auslegung und Transparenzkontrolle gemeint.

§ 4. Positive Funktionen und negative Begleiterscheinungen Allgemeiner Geschäftsbedingungen

Literatur: *McColgan*, Abschied vom Informationsmodell im Recht der allgemeinen Geschäftsbedingungen, 2020, S. 5 ff.; *Kötz*, 50. DJT Hamburg 1974, Band I Gutachten, S. A 23 ff.; *Raiser*, Das Recht der Allgemeinen Geschäftsbedingungen, 1935, S. 18 ff.; *Wendland*, Vertragsfreiheit und Vertragsgerechtigkeit, S. 291 ff.; *Wurmnest*, Kautelarpraxis und Allgemeine Geschäftsbedingungen, RabelsZ 82 (2018), 346 ff.

I. Rationalisierungs- und Typisierungsfunktion

Das Interesse der Unternehmer an der Aufstellung und Anwendung Allgemeiner Geschäftsbedingungen liegt auf der Hand: es resultiert aus der zu erwartenden **Rationalisierung der Geschäftsabwicklung.** Gleichförmige Geschäftsbedingungen, die im Verhältnis zu allen Kunden Anwendung finden, vereinfachen die Organisation des Unternehmers, erleichtern seine Kalkulation und ersparen ihm die Kosten und Mühe des Aushandelns der Vertragsbedingungen.[1] Prägnant und allgemeingültig hat die Zusammenhänge *Philipp Heck* in seiner Tübinger Antrittsvorlesung wie folgt beschrieben: 67

„Es ist nun eine allbekannte Thatsache, dass die häufige Wiederholung einer menschlichen Handlung, der Massenbetrieb, (…), wichtige Wirkungen hervorruft, innere und äußere Anpassungserscheinungen. Die innere Anpassung zeigt sich in doppelter Weise, einmal in der Steigerung der Leistungsfähigkeit (…) und zweitens in dem Zurücktreten des Bewusstseins, der Ersparnis an Aufmerksamkeit. Die Handlungen nehmen einen gleichmäßigen, gewohnheitsmäßigen, typischen Zuschnitt an, sie werden vollzogen, ohne dass man die Einzelheiten vorher überlegt. Die äußere Anpassung wird vermittelt durch neue Bedürfnisse, die sich einstellen. Der Handelnde strebt nach der Beseitigung von Hindernissen, Störungen, die bei bloß vereinzelten Handlungen ruhig hingenommen werden, beim Massenbetrieb lästig oder unerträglich erscheinen."[2]

Ferner wird durch die Verwendung Allgemeiner Geschäftsbedingungen der Vertragsinhalt klargestellt und auf diese Weise möglichen Meinungsverschiedenheiten über den Vertragsinhalt entgegengewirkt.[3] Außerdem erlauben es Allgemeine Geschäftsbedingungen, die für Massengeschäfte maßgebenden Vertragsbestimmungen rasch an veränderte wirtschaftliche und technische Entwicklungen anzupassen. 68

---

[81] AA offenbar OGK/*Weiler* BGB § 308 Nr. 4 Rn. 18, der § 308 Nr. 4 BGB zusätzlich anwenden möchte.

[82] BR-Drs. 60/21, S. 86.

[1] Zum Rationalisierungseffekt *Raiser*, Recht der allgemeinen Geschäftsbedingungen, S. 19 ff.; *Kötz*, 50. DJT Hamburg 1974, Band I Gutachten, S. A 23 ff.; Wolf/*Pfeiffer*, Einl. Rn. 1; Ulmer/*Habersack* AGBG Einl. Rn. 4; *Wendland*, Vertragsfreiheit und Vertragsgerechtigkeit, S. 292 ff.

[2] *Heck* AcP 92 (1902), 455.

[3] Funktion des AGB-Vertrages als „Inbegriff ersparter Prozesse", vgl. *Raiser*, Recht der allgemeinen Geschäftsbedingungen, S. 20.

69 Die Rechtsprechung hat dieses Rationalisierungsinteresse im Rahmen der Inhaltskontrolle als grundsätzlich anerkennenswert eingestuft. Es sei im Grundsatz zulässig, bei der Gestaltung von Allgemeinen Geschäftsbedingungen Rationalisierungsgesichtspunkte zu berücksichtigen und die Vertragsabwicklung – auch abweichend von der gesetzlichen Regelung – zu vereinfachen und zu vereinheitlichen.[4]

> **Beispiel:** Die formularmäßige Anordnung des **Einzugsermächtigungsverfahrens** – etwa in den Allgemeinen Geschäftsbedingungen des Betreibers von Breitbandkabel-Verteileranlagen – bietet für den Verwender erhebliche Rationalisierungsvorteile und ist zudem spürbar kostengünstiger. So vereinfacht sich das bei Massengeschäften ansonsten sehr aufwändige Organisations- und Buchungsverfahren deutlich. Das ihm zustehende Geld fließt dem Zahlungsempfänger auf den Tag genau rechtzeitig zu, was mit erheblichen Liquiditäts- und Zinsvorteilen verbunden ist. Ferner kann aus diesem Grunde auch das Mahnwesen weitgehend entfallen. Dieser Rationalisierungseffekt streitet im Rahmen der Inhaltskontrolle für die Zulässigkeit einer solchen Regelung.[5] Gleiches gilt für den **Ausschluss der Barzahlung** in den Beförderungsbedingungen einer Fluggesellschaft.[6]

70 In Grenzen kommen diese Vorteile auch den Kunden zu Gute, da auch sie des lästigen und zeitaufwändigen Aushandelns der Vertragsbedingungen enthoben sind und die kalkulatorischen Vorteile der Unternehmer im Rahmen des Wettbewerbs über den Preis jedenfalls zum Teil an die Kunden weitergegeben werden.

71 Allgemeine Geschäftsbedingungen werden ferner eingesetzt, um nicht passendes dispositives Gesetzesrecht abzuändern oder fehlendes Recht zu substituieren. Im Hinblick auf die letztgenannte Verwendung wird im Schrifttum auch von **Lückenausfüllungsfunktion** gesprochen.[7] Zu beobachten ist, dass ganze, dem BGB unbekannte Vertragsformen, durch Allgemeine Geschäftsbedingungen ausgestaltet und typisiert werden (**Typisierungsfunktion**).[8] Man denke nur an Leasing-, Automatenaufstellungs-, Factoring- oder Franchiseverträge, die ihre Grundlage einzig und allein in ausgefeilten, standardisierten Vertragswerken haben.[9] Nicht zu Unrecht hat man bereits 1933 in Bezug auf Allgemeine Geschäftsbedingungen von *„selbstgeschaffenem Recht der Wirtschaft"* gesprochen.[10]

II. Gefahr unangemessener Risikoabwälzung zulasten der Kunden

72 Diesen durchaus als positiv einzustufenden Funktionen der Allgemeinen Geschäftsbedingungen stehen nun allerdings erhebliche negative Begleiterscheinungen gegenüber.[11] Erfahrungsgemäß ist nämlich derjenige, der einheitliche Regelungen für die von ihm künftig abzuschließenden Verträge aufstellt, zugleich bestrebt, die ihm günstige – durch einen Akt der Unterwerfung charakterisierte – Vertragsabschlusssituation zu nutzen, um seine Interessen in möglichst weitem Umfang rechtlich abzusichern. Die Stärkung der eigenen Rechtsposition geht dabei oftmals zulasten der anderen Vertragspartei.

> **Beispiel:** Ein Textilreinigungsunternehmen schließt jede Haftung für Beschädigungen der eingelieferten Kleidungsstücke aus. Das Interesse des Verwenders, von Haftungsansprüchen der Kunden ver-

---

[4] BGH NJW 1996, 988 (989).
[5] BGH NJW 1996, 988; 2003, 1237; 2008, 2495.
[6] BGH NJW 2010, 2719 (2720 f.)
[7] *Wendland,* Vertragsfreiheit und Vertragsgerechtigkeit, S. 295.
[8] *Wolf/Pfeiffer,* Einl. Rn. 2.
[9] Vgl. hierzu *Joost* ZIP 1996, 1685.
[10] Vgl. hierzu das gleichnamige Werk von *Großmann-Doerth,* Selbstgeschaffenes Recht der Wirtschaft und staatliches Recht, 1933.
[11] *Raiser,* Recht der allgemeinen Geschäftsbedingungen, S. 21 ff. sprach von Allgemeinen Geschäftsbedingungen „als Werkzeuge wirtschaftlicher Machterhaltung und -verstärkung"; *Kötz,* 50. DJT Hamburg 1974, Band I Gutachten, S. A 26 f.; *Wolf/Pfeiffer,* Einl. Rn. 3; *Ulmer/Habersack* AGBG Einl. Rn. 5; *Wendland,* Vertragsfreiheit und Vertragsgerechtigkeit, S. 297 ff.

schont zu bleiben, wird hier zulasten der Kunden, denen das Beschädigungsrisiko in vollem Umfang überbürdet wird, verfolgt.

Mit der Verwendung Allgemeiner Geschäftsbedingungen geht also typischerweise – **73** wenngleich nicht notwendig – die **Tendenz einer Risikoverlagerung zulasten des Kunden** einher.[12] Dieser durch umfangreiches praktisches Anschauungsmaterial dokumentierte Befund ist heute unstreitig. In der Begründung des Regierungsentwurfs zum AGB-Gesetz ist er wie folgt festgehalten worden:

„Mindestens ebenso stark sind AGB jedoch von dem Bestreben ihrer Verwender geprägt, auf Kosten eines gegenseitigen Interessenausgleichs die eigene Rechtsposition zu stärken und die Rechte der anderen Seite durch Überbürdung der Geschäftsrisiken zu verkürzen. Die einseitige Sicherung und Verfolgung der Interessen des Verwenders durch AGB äußert sich in einer oft schwer erträglichen Verdrängung, bisweilen sogar elementaren Mißachtung der Grundsätze der Vertragsfreiheit und Vertragsgerechtigkeit zu Lasten derjenigen Vertragsteile, die solchen vorformulierten Bedingungswerken unterworfen werden."[13]

Rationalisierungs- und Risikoverlagerungstendenzen werden sich oftmals überlagern; **74** die Übergänge sind fließend.[14]

Beispiele:

(1) Dies zeigt sich beispielsweise deutlich bei vorformulierten **Schadensersatzpauschalen.** Von ihnen verspricht sich der Verwender der Idee nach zunächst eine vereinfachte Abwicklung künftiger Störungsfälle. Die Kosten und Mühen, die mit der Ermittlung der konkreten Schadenshöhe verbunden wären, möchte er sich durch vorherige Festlegung der Ersatzsumme ersparen. Auf der anderen Seite ist die Gefahr groß, dass der Verwender die Chance nutzt, ein Geschäft zu machen, indem er als Schadenspauschale einen Betrag vorgibt, der die typischerweise zu erwartende Schadenssumme deutlich übersteigt.

(2) Eine andere Form des Lastschriftverfahrens (neben dem unproblematischeren Einzugsermächtigungsverfahren, hierzu Rn. 69) war das (heute nicht mehr anwendbare) **Abbuchungsauftragsverfahren.** Von ihm gingen ebenfalls die erstrebten Rationalisierungseffekte aus. Jedoch konnte der Vertragspartner des Verwenders hier – anders als beim Einzugsermächtigungsverfahren – nach Einlösung der Lastschrift die Kontobelastung nicht mehr rückgängig machen, sodass das Abbuchungsverfahren für den Zahlungspflichtigen ganz erhebliche Gefahren mit sich bringt.[15]

Die Aufgabe des Richters besteht darin, unter Berücksichtigung der normativen Vor- **75** gaben des AGB-Rechts und des dispositiven Rechts, im Wege einer Interessenabwägung herauszufinden, ob eine vorformulierte Vertragsbestimmung noch vom Gedanken legitimer Rationalisierung des Geschäftsverkehrs getragen ist oder aber ob die einseitige Selbstbevorzugung des Verwenders auf Kosten der Interessen des Vertragspartners die Oberhand gewonnen hat.

---

[12] MüKoBGB/*Basedow* Vor § 305 Rn. 3.
[13] BT-Drs. 7/3919, S. 9.
[14] Ulmer/*Habersack* AGBG Einl. Rn. 5.
[15] Für grundsätzliche Unzulässigkeit der formularmäßigen Verpflichtung zur Teilnahme am Abbuchungsauftragsverfahren daher BGH NJW 2008, 2495 (2496); 2010, 1275; zum SEPA-Firmenlastschriftverfahren BeckOGK/*Zschieschack* BGB § 307 Rn. 22 und BGH NJW-RR 2013, 950.

§ 5. Wertungsgrundlagen des AGB-Rechts

I. Legitimation der Kontrolle Allgemeiner Geschäftsbedingungen

1. Verfassungsrechtliche Ausgangslage

Literatur: *Leuschner,* Gebotenheit und Grenzen der AGB-Kontrolle, AcP 207 (2007), 491; *Wendland,* Vertragsfreiheit und Vertragsgerechtigkeit, § 7; *Zöllner,* Regelungsspielräume im Schuldvertragsrecht, AcP 196 (1996), 1.

76   Das BVerfG hat in drei richtungweisenden Urteilen aufgezeigt, dass die Privatautonomie der Parteien im zivilen Vertragsrecht um ihrer selbst willen auch von Verfassungs wegen der Begrenzung in Form der gerichtlichen Inhaltskontrolle bedarf.

77   Solche Schranken, so das **BVerfG** in seinem **Beschluss vom 7.2.1990 (Handelsvertreterentscheidung),**[1] seien unentbehrlich, weil Privatautonomie auf dem Prinzip der Selbstbestimmung beruhe, also voraussetze, dass auch die Bedingungen freier Selbstbestimmung tatsächlich gegeben seien. Habe einer der Vertragsteile ein so starkes Übergewicht, dass er vertragliche Regelungen faktisch einseitig setzen könne, bewirke dies für den anderen Vertragsteil Fremdbestimmung. Wo es an einem annähernden Kräftegleichgewicht der Beteiligten fehle, sei mit den Mitteln des Vertragsrechts allein kein sachgerechter Ausgleich der Interessen zu gewährleisten. Wenn bei einer solchen Sachlage über grundrechtlich verbürgte Positionen verfügt werde, müssten staatliche Regelungen ausgleichend eingreifen, um den Grundrechtsschutz zu sichern. Der entsprechende Schutzauftrag der Verfassung richte sich auch an den Richter, der den objektiven Grundentscheidungen der Grundrechte in Fällen gestörter Vertragsparität mit den Mitteln des Zivilrechts, insbesondere über die Generalklauseln, Geltung zu verschaffen habe.

78   Fortgeführt und noch stärker auf die Inhaltskontrolle durch die Zivilgerichte fokussiert wurde dieser Ansatz sodann in der **Bürgschaftsentscheidung des BVerfG vom 19.10.1993.**[2] Die verfassungsrechtliche Interventionsschwelle wird in diesem Beschluss dahingehend präzisiert, dass es entscheidend darauf ankomme, ob eine typisierbare Fallgestaltung vorliege, die eine strukturelle Unterlegenheit des einen Vertragsteils erkennen lasse, und sich zudem die Folgen des Vertrages für den unterlegenen Vertragsteil ungewöhnlich belastend darstellten. Das geltende (gesetzliche) Vertragsrecht genügt nach Ansicht des BVerfG diesen Anforderungen. Es halte Instrumente bereit, die es möglich machten, auf strukturelle Störungen der Vertragsparität angemessen zu reagieren. Für die Zivilgerichte folge daraus die Pflicht, bei der Auslegung und Anwendung der Generalklauseln darauf zu achten, dass Verträge nicht als Mittel der Fremdbestimmung dienten. Sei der Inhalt des Vertrages für eine Seite ungewöhnlich belastend und als Interessenausgleich offensichtlich unangemessen, so dürften sich die Gerichte nicht mit der Feststellung begnügen: „Vertrag ist Vertrag". Sie müssten vielmehr klären, ob die Regelung eine Folge strukturell ungleicher Verhandlungsstärke sei, und gegebenenfalls im Rahmen der Generalklauseln des geltenden Zivilrechts korrigierend eingreifen. Wie sie dabei zu verfahren hätten und zu welchem Ergebnis sie gelangen müssten, sei in erster Linie eine Frage des einfachen Rechts, dem die Verfassung einen weiten Spielraum lasse.

79   Komplettiert wird die Entscheidungstrias durch das Urteil des **BVerfG v. 6.2.2001** betreffend die richterliche Kontrolle von Eheverträgen über Unterhalt.[3] Das BVerfG

---

[1] BVerfG NJW 1990, 1469. *Wiedemann* JZ 1990, 697 spricht von einer „für die richterliche Inhaltskontrolle richtungweisenden Entscheidung".

[2] BVerfG NJW 1994, 36.

[3] BVerfG NJW 2001, 957; im Anschluss hieran BVerfG (3. Kammer des Ersten Senats) NJW 2001, 2248; hierzu auch Rn. 155.

beschreibt in dieser Entscheidung wiederum Situationen gestörter Vertragsparität aufgrund typischerweise gegebener Unterlegenheit eines Vertragsteils, die eine verfassungsrechtlich begründete Interventionspflicht der Fachgerichte auslösen. Nach Meinung der Verfassungsrichter kann es von Rechts wegen nicht hingenommen werden, dass vor der Eheschließung vertragliche Abreden für den Fall einer späteren Scheidung getroffen werden, die auf eine erkennbar einseitige Lastenverteilung zu Ungunsten der Frau zielen, wenn diese im Zeitpunkt des Abschlusses der Ehevereinbarung ein Kind von ihrem künftigen Ehepartner erwartet.

In weiteren Urteilen hat das BVerfG diese bereits angelegte Rechtsprechungslinie zum **80** verfassungsrechtlichen Schutz der materiellen Vertragsfreiheit fortgeführt und tendenziell sogar noch ausgeweitet.[4] Als Fazit lässt sich festhalten: Obwohl das Problem Allgemeiner Geschäftsbedingungen und seine gesetzliche Regelung in den verfassungsgerichtlichen Entscheidungen nicht explizit zur Sprache gekommen sind, lassen sich doch folgende Zusammenhänge herstellen. Die Verwendung vorformulierter Vertragsbedingungen und die damit einhergehende einseitige Inanspruchnahme der Vertragsfreiheit verschafft dem Verwender typischerweise (typisierbare Fallgestaltung!) ein so starkes Übergewicht, dass er den Vertragsinhalt faktisch einseitig bestimmen kann. Die formularmäßige Vertragsgestaltung ist somit ein Sachverhalt, der eine strukturelle Unterlegenheit des anderen Vertragsteils erkennen lässt und aufgrund der Gefahr der Ausnutzung der damit verbundenen Vertragsgestaltungsmöglichkeit rechtliche Sicherungen auch von Verfassungs wegen erfordert. Das gesetzliche **AGB-Recht** lässt sich mithin als **Umsetzung des vom BVerfG akzentuierten grundrechtlichen Schutzauftrags** für ein wichtiges Teilgebiet verstehen.[5] Die durch die §§ 305 ff. BGB kanalisierte Inhaltskontrolltätigkeit der Gerichte sorgt dafür, dass sich die staatliche Schutzpflicht auch im konkreten Praxisfall bewährt. Freilich sei an dieser Stelle mit Nachdruck darauf hingewiesen, dass gerichtliche Entscheidungen, welche die Vorgaben der §§ 305 ff. BGB im Einzelfall unrichtig umsetzen, damit nicht zwangsläufig auch Grundrechtspositionen der Partei verletzen, zu deren Lasten sich dieser Gesetzesverstoß auswirkt. Die verfassungsrechtliche Demarkationslinie ist erst überschritten, wenn – so wörtlich das BVerfG –,[6] das Problem gestörter Vertragsparität gar nicht gesehen oder seine Lösung mit untauglichen Mitteln versucht wird. Erst dann ist eine Verfassungsbeschwerde zulässig.

2. Vertragstheoretische Begründungen der AGB-Kontrolle

Literatur: *Becker*, Vertragsfreiheit, Vertragsgerechtigkeit und Inhaltskontrolle, WM 1999, 709; *Fastrich*, Richterliche Inhaltskontrolle im Privatrecht, 1992, S. 29 ff.; *Hellwege*, Die §§ 307–309 BGB enthalten zwei Formen der Inhaltskontrolle, JZ 2015, 1130; *Hönn*, Kompensation gestörter Vertragsparität, 1982; *ders.*, Wirksamkeitskontrolle als Instrument des allgemeinen Privatrechts zur Bewältigung von Ungleichgewichtslagen, JZ 1983, 677; *Lieb*, Sonderprivatrecht für Ungleichgewichtslagen?, Überlegungen zum Anwendungsbereich der sogenannten Inhaltskontrolle privatrechtlicher Verträge, AcP 178 (1978), 196; *Schmidt-Rimpler*, Grundlagen einer Erneuerung des Vertragsrechts, AcP 147 (1941), 130; *ders.*, Zum Vertragsproblem, in: FS für Raiser, 1974, S. 3; *Wackerbarth*, Unternehmer, Verbraucher und die Rechtfertigung der Inhaltskontrolle vorformulierter Verträge, AcP 200 (2000), 45 ff.; *Wendland*, Vertragsfreiheit und Vertragsgerechtigkeit, S. 180 ff.; *M. Wolf*, Rechtgeschäftliche Entscheidungsfreiheit und vertraglicher Interessenausgleich, 1970.

---

[4] Besonders bedeutsam: BVerfG NJW 2005, 2376 zur Überschussbeteiligung und BVerfG NJW 2006, 1783; zur Einordnung dieser Entscheidungen *Leuschner* AcP 207 (2007), 509 ff. Weitere nachfolgende Entscheidungen behandelt *Wendland*, Vertragsfreiheit und Vertragsgerechtigkeit, S. 398 ff.

[5] Das BVerfG (2. Kammer des Ersten Senats) NJW 2005, 1036 (1037) hält die Statuierung einer Inhaltskontrolle für Formularverträge nicht für „verfassungsrechtlich unbedenklich", sondern für „nötig". Vgl. auch BGH NJW 2014, 1725 (1728), wonach der Gesetzgeber mit den Regelungen der §§ 305 ff. BGB eine verfassungsrechtliche Vorgabe umgesetzt habe.

[6] BVerfG NJW 1994, 36 (39).

81   Die Entscheidung, den Inhalt eines Vertrages zweier Rechtssubjekte einer Angemessenheitsprüfung durch staatliche Gerichte zu unterwerfen, bedarf vor dem Hintergrund des Prinzips der Selbstgestaltung der Rechtsverhältnisse durch den einzelnen nach seinem Willen (Privatautonomie)[7] besonderer Rechtfertigung.[8] Wie der augenscheinliche Konflikt zwischen Privatautonomie und Inhaltskontrolle gelöst, beide Institute miteinander versöhnt werden können, ist seit langem Gegenstand grundsätzlicher vertragstheoretischer Überlegungen.[9]

82   Einen im Grundsatz heute weithin anerkannten und der Sache nach auch vom BVerfG rezipierten Gedanken könnte man als gleichsam übergeordnetes Dach verschiedener Begründungsansätze, als „Richtpunkt der vertraglichen Inhaltskontrolle" bezeichnen.[10] Es ist dies der auf *Schmidt-Rimpler* zurückgehende, später von ihm modifizierte **Gedanke der Richtigkeitsgewähr.**[11] Er besagt, dass dem Vertragsschluss, *Schmidt-Rimpler* spricht vom „Vertragsmechanismus", in der Regel eine Richtigkeitsgewähr in dem Sinne innewohne, dass sich durch ihn nicht nur eine subjektiv gewollte, sondern zugleich im Großen und Ganzen auch eine objektiv gerechte Ordnung entfalte. Nun sind jedoch Fallgestaltungen feststellbar, in denen sich die Ordnungsfunktion des Vertragsmechanismus deshalb nicht bewährt, weil seine Funktionsvoraussetzungen nicht gegeben sind. Dabei ist insbesondere an die – auch vom BVerfG herausgestellten – Fälle gestörter Vertragsparität zu denken. Versagt in diesen Konstellationen der auf interne Kontrolle durch die Vertragspartner angelegte Vertragsmechanismus, so muss die Vertragsgerechtigkeit durch externe Einflussnahme im Wege einer Rechtskontrolle gewährleistet werden. Würde die Rechtsordnung sich hier einer Stellungnahme enthalten, so liefe auch das Institut des Vertrages als solches Gefahr, Schaden zu nehmen.[12] Schon aus Gründen der Rechtssicherheit wird man solche Eingriffe jedoch auf solche typisierbaren Fallgestaltungen beschränken müssen, in denen die Richtigkeitsgewähr in einem abgrenzbaren Bereich generell und nachhaltig versagt.[13]

83   Auf den Vertragsschluss unter Verwendung Allgemeiner Geschäftsbedingungen trifft diese Kennzeichnung unzweifelhaft zu. Die Überlegenheit des Verwenders Allgemeiner Geschäftsbedingungen ist – wie *Lieb* überzeugend dargelegt hat – **situativ bedingt.**[14] Die maßgeblichen Aspekte finden sich in der Begriffsbestimmung der Allgemeinen Geschäftsbedingungen wieder. Der situativ bedingte Vorsprung des Verwenders beruht zunächst darauf, dass er die Vertragsbedingungen für die von ihm künftig abzuschließenden Geschäfte ohne Hast und unter Zuhilfenahme fachkundigen Rats in seinem Sinne konzipieren kann, während sein Gegenüber in der Abschlusssituation regelmäßig darauf verzichten muss, die ihm vorgelegten Bedingungen zum Gesprächsgegenstand zu machen. In dieser Situation ist er in aller Regel überfordert, den Inhalt der Allgemeinen Geschäftsbedingungen zu erfassen und auf dieser Basis konkrete Änderungsvorschläge zu unterbreiten. Dass

---

[7] So die klassische Umschreibung des Prinzips der Privatautonomie durch *Flume*, Allgemeiner Teil des Bürgerlichen Rechts II, Das Rechtsgeschäft, § 1, 1, S. 1.

[8] Staudinger/*Wendland* BGB § 307 Rn. 2 ff.

[9] Überblick über den Diskussionstand bei *Fastrich*, Inhaltskontrolle, S. 29 ff.

[10] *Fastrich*, Inhaltskontrolle, S. 91 f.; Staudinger/*Wendland* BGB § 307 Rn. 5.

[11] *Schmidt-Rimpler* AcP 147 (1941), 149; *ders.* in FS Raiser, 3 ff.

[12] Zur Querverbindung zum Gedanken des institutionellen Rechtsmissbrauchs sogleich unten.

[13] *Lieb* AcP 178 (1978), 203; *Fastrich*, Inhaltskontrolle, S. 56.

[14] *Lieb* AcP 178 (1978), 202; ihm folgend *Fastrich*, Inhaltskontrolle, S. 91 und Staudinger/*Wendland* BGB § 307 Rn. 3 BGB. Bemerkenswerterweise hat der Gesetzgeber die AGB-Kontrolle gerade nicht an solche Einflussfaktoren geknüpft, die mit der Person und der Stellung der Vertragspartner verbunden sind wie etwa Geschäftserfahrenheit, wirtschaftliche Macht und finanzielle Stärke. Vielmehr sind sogar Kaufleute in den Schutzbereich einbezogen. Auch die Richtlinie 93/13/EWG über missbräuchliche Klauseln in Verbraucherverträgen zielt in erster Linie auf die Situation und nicht auf die Personen des Vertragsabschlusses ab (so zutreffend Staudinger/*Wendland* BGB § 307 Rn. 6).

der Verwender sich hierauf einlassen wird, steht im Übrigen nicht zu erwarten. Der Aufwand, der damit verbunden wäre, stünde jedenfalls in den meisten Fällen in keinem Verhältnis zu dem zu erwartenden Ertrag. Der Gesetzgeber hat dieses Rechtfertigungselement der Inhaltskontrolle zum einen mit dem Merkmal der „Vorformulierung" aufgegriffen. Ferner nimmt die gesetzliche Begriffsbestimmung das einseitige Einführen („Stellen") und die fehlende Mitgestaltungsmöglichkeit (§ 305 Abs. 1 S. 3 BGB) in Bezug, beides Umstände, die – wie gezeigt – die Überlegenheit des Verwenders und damit korrespondierend die Schutzbedürftigkeit des Vertragspartner mitkonstituieren.

Sind es somit in erster Linie die prägende Wirkung der Vorformulierung („Sogwirkung **84** des vorformulierten Textes")[15] und das Fehlen der vom Aushandeln zu erwartenden Richtigkeitsgewähr, welche eine Kompensation mittels gerichtlicher AGB-Kontrolle rechtfertigen,[16] so tritt daneben noch ein weiterer, bereits von *Ludwig Raiser* formulierter Erklärungsansatz.[17] Es ist dies der **Gedanke des institutionellen Rechtsmissbrauchs.**[18] Bedeutung hat er insbesondere in der Rechtsprechung vor Inkrafttreten des AGB-Gesetzes und in den vom Anwendungsbereich seiner Kontrollvorschriften ausgenommenen Bereichen erlangt. Eine stets wiederkehrende Formulierung des BGH lautet: „Derjenige, der Allgemeine Geschäftsbedingungen aufstellt und auf diese Weise die Vertragsfreiheit für sich allein beansprucht, ist nach Treu und Glauben verpflichtet, schon bei der Festlegung der Allgemeinen Geschäftsbedingungen die Interessen seiner künftigen Partner angemessen zu berücksichtigen; bringt er nur seine eigenen Interessen zur Geltung, so missbraucht er die Vertragsfreiheit."[19] Dieser auf den Erhalt des Instituts der Vertragsfreiheit und damit auch auf das Funktionieren einer marktwirtschaftlichen Wettbewerbsordnung ausgerichtete Ansatz akzentuiert einen zweiten, auf die objektive Ordnungsfunktion des Vertragsmodells abzielenden Legitimationsstrang. Er hat aufgrund seiner andersartigen Zielrichtung zwar durchaus selbstständige Bedeutung, vermag jedoch das spezielle Kontrollverfahren, dem das Gesetz Allgemeine Geschäftsbedingungen unterwirft, nicht in der gebotenen Schärfe zu erklären und zu rechtfertigen.[20] Es handelt sich eher um ein Zusatzargument, das den Interventionsbedarf als solchen mitzubegründen geeignet ist.

3. Rechtsökonomische Begründung der AGB-Kontrolle

Literatur: *Adams*, Ökonomische Analyse des Gesetzes zur Regelung des Rechts der Allgemeinen Geschäftsbedingungen, in: M. Neumann (Hrsg.), Ansprüche, Eigentums- und Verfügungsrechte, 1984, S. 655; *ders.*, Ökonomische Begründung des AGB-Gesetzes, BB 1989, 781; *Arnold*, Die ökonomische Analyse – ein Ansatz zur Begrenzung der AGB-Kontrolle, in: Trierer FS für Lindacher (2017), S. 1 ff.; *Baudenbacher*, Wirtschafts-, schuld- und verfahrensrechtliche Probleme der Allgemeinen Geschäftsbedingungen, 1983, S. 214; *Drexl*, Die wirtschaftliche Selbstbestimmung des Verbrauchers, 1998, S. 330 ff.; *Fornasier*, Freier Markt und zwingendes Vertragsrecht, Zugleich ein Beitrag zum Recht der Allgemeinen Geschäftsbedingungen, 2013; *Grunsky*, Allgemeine Geschäftsbedingungen und Wettbewerbswirtschaft, BB 1971, 1113; *Kötz*, Der Schutzzweck der AGB-Kontrolle – eine rechtsökonomische Skizze, JuS 2003, 209; *Leyens/Schäfer*, Inhaltskontrolle allgemeiner Geschäftsbedingungen, rechtsökonomische Überlegungen zu einer einheitlichen Konzeption von BGB und DCFR, AcP 210 (2010), 771; *Wendland*, Vertragsfreiheit und Vertragsgerechtigkeit, S. 517 ff.

Die Problematik der Allgemeinen Geschäftsbedingungen, ihr Nutzen und ihre Schat- **85** tenseiten, sowie die durch das AGB-Recht statuierten inhaltlichen Grenzen sind in letzter

---

[15] So plastisch *Canaris* AcP 200 (2000), 323.
[16] In diesem Sinne auch *von Hoyningen-Huene*, Inhaltskontrolle, AGBG § 9 Rn. 22.
[17] *Raiser*, Recht der allgemeinen Geschäftsbedingungen, S. 282.
[18] Soergel/*Teichmann* BGB § 242 Rn. 15 ff. mwN.
[19] ZB BGHZ 70, 304 (310).
[20] *Lieb* AcP 178 (1978), 201.

Zeit zunehmend in das Blickfeld der ökonomischen Analyse des Rechts geraten.[21] Da diese ihrerseits nur begrenzt auf einen einheitlichen konzeptionellen Ansatz zurückgeführt werden kann, können hier nur einige Grunddaten hervorgehoben werden. Die gemeinsame Idee ist, mit Hilfe des Instrumentariums der Wirtschaftswissenschaften Aussagen zu rechtlichen Fragestellungen zu treffen. Rechtliche Gestaltungen werden darauf hin untersucht, ob sie zu einer effizienten Ressourcenallokation beitragen. Schon früh sind die mit standardisierten Vertragsbedingungen zu erzielenden Kostenersparnisse hervorgehoben worden. Die gleichförmige, durch Allgemeine Geschäftsbedingungen vorgegebene Vertragspraxis ermöglicht es dem Verwender, die tatsächliche Abwicklung der Verträge einschließlich der Störungsrisiken abzuschätzen und entsprechende organisatorische Vorkehrungen zu treffen, also Rationalisierungsvorteile zu realisieren. Hinzu kommt, dass es dem Verwender durch die Präsentation eines vorformulierten Vertragswerks zumeist gelingt, die Vertragsverhandlungen entscheidend zu entlasten. Auch dem Kunden ist daran gelegen, würden ihm doch die genaue Lektüre der Bedingungstexte, die Formulierung von Gegenvorschlägen, das Aufsuchen eines Beraters etc unverhältnismäßig viel Mühe und Kosten bereiten. Allgemeine Geschäftsbedingungen führen daher erst einmal zur **Senkung der Transaktionskosten** und leisten damit einen Beitrag zur Herstellung optimaler Allokationseffizienz.[22]

86   *Posner*, einer der wichtigsten Protagonisten der Chicago School, meinte, die take-it-or-leave-it-Situation, vor die sich der Kunde gestellt sehe, rechtfertige keinen staatlichen Eingriff in Form einer Klauselkontrolle.[23] Denn, wenn ein Verkäufer einem Kunden unattraktive Bedingungen anbiete, so werde gewöhnlich ein konkurrierender Verkäufer zur Erlangung des Geschäfts attraktivere Bedingungen anbieten. Diese Annahme beruht jedoch auf einer Fehleinschätzung des realen Marktgeschehens.[24] Die in diesem Punkt bislang zu beobachtende mangelnde Funktionsfähigkeit des Marktes gründet auch nicht allein in dem noch fehlenden Wettbewerbsbewusstsein der Verbraucher.[25] Vielmehr hat sich gezeigt, dass die Abschlussentscheidung des Kunden in aller Regel nur aufgrund eines Vergleichs von Preis und Qualität und allenfalls einiger weniger, leicht zu überschauender Vertragsmodalitäten (zB Gewährleistungsdauer) erfolgt. Dieses Verhaltensmuster ist wirtschaftlich nachvollziehbar, denn der Aufwand einer vergleichenden Analyse zahlreicher Bedingungswerke würde in keinem vernünftigen Verhältnis mehr zu den zu erwartenden Vorteilen stehen. Es sind also die prohibitiv hohen Transaktionskosten, die den Kunden davon abhalten, die Vertragsbedingungen zu studieren und in Frage zu stellen bzw. nach einem Marktvergleich auf in diesen Punkten günstigere Anbieter auszuweichen.[26] Entsprechend verhält sich die Unternehmerseite: die Wettbewerbsvorteile, die der Unternehmer durch

---

[21] Allgemein zu den Lehren der ökonomischen Analyse des Rechts statt vieler die Beiträge bei *Assmann/Kirchner/Schanze*, Ökonomische Analyse des Rechts, 2. Aufl. 1993; *Schäfer/Ott*, Lehrbuch der ökonomischen Analyse des Zivilrechts, 5. Aufl. 2013; *Eidenmüller*, Effizienz als Rechtsprinzip, 2. Aufl. 1998; mit besonderem Blick auf die AGB-Kontrolle von Arbeitsvertragsbedingungen Staudinger/*Krause* BGB Anh. zu §§ 305–310 Rn. K 66 ff.

[22] *Schäfer/Ott*, Lehrbuch der ökonomischen Analyse des Zivilrechts, 5. Aufl. 2013, S. 456; *Kötz* JuS 2003, 211 f.; *Leuschner* AcP 207 (2007), 504.

[23] *Posner*, Economic Analysis of Law, 3. Aufl. 1986, S. 102 f.; in deutscher Übersetzung bei *Assmann/Kirchner/Schanze*, Ökonomische Analyse des Rechts, S. 206 ff.

[24] Ablehnend auch *Horn* AcP 176 (1976), 320 f.; *Köhler* ZHR 144 (1980), 602 ff.; *Drexl*, Die wirtschaftliche Selbstbestimmung des Verbrauchers, S. 330 f.; *Baudenbacher*, Wirtschafts-, schuld- und verfahrensrechtliche Grundprobleme der Allgemeinen Geschäftsbedingungen, 1983, S. 207 ff.; *Grundmann* RabelsZ 61 (1997), S. 437 ff.

[25] So aber *Grunsky* BB 1971, 1113 ff.

[26] *Kötz* hat dies bereits in seinem Gutachten zum 50. Deutschen Juristentag dargelegt (Verhandlungen des 50. DJT, Bd. 1 Gutachten, S. A 32 ff.); vgl. ferner MüKoBGB/*Basedow* Vor § 305 Rn. 6; Ulmer/*Fuchs* BGB Vorb. v. § 307 Rn. 34; *Leuschner* AcP 207 (2007), 496.

verbraucherfreundliche Ausgestaltung seiner Bedingungen erzielen kann, sind – so *Kötz* – gering, jedenfalls geringer als die Kosten, die für ihn – vor allem durch die Übernahme der bisher den Verbrauchern zugewiesenen Risiken – damit verbunden wären. Auch die fehlende Werbewirksamkeit „guter" Konditionen liegt auf der Hand. Es lässt sich damit auf dem Gebiete der vorformulierten Bedingungen ein weitgehendes **Versagen des Marktes** diagnostizieren.[27] Vor diesem Hintergrund versteht und rechtfertigt sich der AGB-rechtliche 2. Abschnitt (§§ 305–310 BGB) als ein „wirtschaftsrechtliches **Gesetz zur Kompensation von Marktversagen**".[28]

Adams, der das AGB-Recht einer umfassenden, die Fehler der Chicago-School vermeidenden, Analyse unterzogen hat, zieht folgendes Resümee: Die möglichen Nachteile eines AGB-Gesetzes ließen sich als gering veranschlagen, während auf der anderen Seite deutliche Vorteile durch die Senkung der Such- und Informationsverarbeitungskosten der Kunden, geringere Gleichgewichtspreise und verminderte Kosten der Unternehmen erzielt würden. Der soziale **Gewinn aus einem AGB-Gesetz** beruhe dabei auf der Vermeidung von Verschwendung in einem weniger vorteilhaften sozialen „Arrangement".[29] *Leyens* und *Schäfer* konstatieren darüber hinaus, dass alternativen Sicherungsmechanismen kein der richterlichen Klauselkontrolle vergleichbarer Wirkungsgrad zukommt.[30] **87**

II. Schutzzweck des Gesetzes

Literatur: *McColgan,* Abschied vom Informationsmodell im Recht der allgemeinen Geschäftsbedingungen, 2020, S. 17 ff.; *Kötz,* Der Schutzzweck der AGB-Kontrolle – eine rechtsökonomische Skizze, JuS 2003, 209; *Leuschner,* Gebotenheit und Grenzen der AGB-Kontrolle, AcP 207 (2007), 491; *Locher,* Begriffsbestimmung und Schutzzweck nach dem AGB-Gesetz, JuS 1997, 389; *Wackerbarth,* Unternehmer, Verbraucher und die Rechtfertigung der Inhaltskontrolle vorformulierter Verträge, AcP 200 (2000), 45 ff.; *Wendland,* Vertragsfreiheit und Vertragsgerechtigkeit, § 9.

Den geschilderten negativen Begleiterscheinungen (→ Rn. 72 ff.) der Verwendung Allgemeiner Geschäftsbedingungen wollte der Gesetzgeber mit dem Erlass des AGB-Gesetzes beikommen und damit einen Beitrag zur Sicherung der Vertragsgerechtigkeit leisten. Allerdings ist das nunmehr ins Bürgerliche Gesetzbuch transferierte AGB-Recht nicht in erster Linie von dem Gedanken getragen, allgemein den schwächeren Vertragspartner zu schützen und das wirtschaftliche Machtgefälle und die Unterlegenheiten des AGB-Kunden auszugleichen.[31] Dann hätte es nämlich nahe gelegen, den Anwendungsbereich dieses Abschnitts auf eine typischerweise besonders schutzbedürftige Personengruppe, insbesondere Verbraucher, zu beschränken. Ferner wäre von diesem Ansatz aus zu überlegen gewesen, in Fällen einer typischerweise gestörten Vertragsparität auch Individualabreden einer verschärften Inhaltskontrolle zu unterwerfen. Diese Position hat sich der Gesetzgeber nicht zu eigen gemacht. Die AGB-rechtlichen Vorschriften der §§ 305 ff. BGB lassen sich – einmal abgesehen von § 310 Abs. 3 BGB – nicht als reines Verbraucherschutzrecht qualifizieren.[32] Dies zeigt schon die Einbeziehung der Vertrags- **88**

---

[27] MüKoBGB/*Basedow* Vor § 305 Rn. 6; ähnlich auch *Kötz* JuS 2003, 212 „Marktversagen als Folge einer Informationsasymmetrie". Grundlegend in diesem Zusammenhang die Studie von *Akerlof,* The Market for „Lemons", Quarterly Journal of Economics, Vol. 84 (1970), S. 488 ff.

[28] So die Formulierung von *Köndgen* NJW 1989, 946; zust. Ulmer/*Fuchs* BGB Vorb. v. § 307 Rn. 36; vgl. auch *Wackerbarth* AcP 200 (2000), 69 ff.

[29] *Adams* BB 1989, 788.

[30] *Leyens/Schäfer* AcP 210 (2010), 802.

[31] So aber die rechtspolitischen Forderungen etwa von *M. Wolf* JZ 1974, 468 ff. und *Nicklisch* BB 1974, 944 ff. sowie der Anhänger eines aktiven Verbraucherschutzes, vgl. die Nachweise bei Ulmer/ *Habersack* AGBG Einl. Rn. 47 und 49.

[32] *Locher* JuS 1997, 390. Das schloss es nicht aus, den Verbraucherschutz als wesentlichen und integrierenden Bestandteil des AGB-Gesetzes zu verstehen (so etwa *Heinrichs* NJW 1993, 1818 und

beziehungen mit Kaufleuten als Kunden. Auch kommt es für die AGB-Definition in § 305 Abs. 1 BGB auf die relative Stärke der beteiligten Vertragspartner grundsätzlich nicht an. Schließlich kann sogar der Verbraucher selbst Verwender von Allgemeinen Geschäftsbedingungen sein und damit den Restriktionen der §§ 305 ff. BGB unterfallen.

89   Die AGB-rechtlichen Vorschriften verfolgen vielmehr – und das ist die heute ganz hM[33] – einen umfassenderen Schutzzweck. Sie sind darauf gerichtet, den mit der Verwendung von Allgemeinen Geschäftsbedingungen typischerweise verbundenen Gefahren für den Kunden entgegenzutreten. Die **einseitige Ausnutzung der Vertragsgestaltungsfreiheit durch Verwendung vorformulierter, den Vertragsinhalt prägender und die Richtigkeitsgewähr beeinträchtigender, Bedingungen soll verhindert werden.** Die AGB-Kontrolle zielt also nicht auf eine Kompensation wirtschaftlicher oder intellektueller Unterlegenheit des Vertragspartners, sondern **will der situativ bedingten Unterlegenheit des Klauselgegners** begegnen. Diese ist das Resultat des prägenden Einflusses des Vorformulierten und der Überforderung der Gegenseite beim Vertragsabschluss. Vielfach liegt dieser eine die Intervention auslösende Situation der Informationsasymetrie zugrunde.[34] Diese Schutzzweckbestimmung hat nicht nur akademische Bedeutung. In der zivilgerichtlichen Judikatur wurde bereits des Öfteren auf den Schutzzweck des AGB-Rechts abgehoben, vor allem wenn es die – im zu entscheidenden Falle zweifelhafte – Anwendbarkeit des AGB-Gesetzes bzw. des 2. Abschnitts im zweiten Buch des BGB oder einer seiner Einzelbestimmungen zu begründen galt.[35] Eine praktische Konsequenz der Schutzzweckbestimmung liegt zB darin, dass die **Inhaltskontrolle nur zugunsten der AGB-Betroffenen** stattfindet, der Verwender sich hingegen nicht auf die Unwirksamkeit einer von ihm selbst in den Vertrag eingeführten AGB-Klausel berufen kann.[36] Denn auch die Rechtsfolgen der Inhaltskontrolle sind (nur) dazu bestimmt, den Kunden vor einseitiger Inanspruchnahme der Vertragsgestaltungsfreiheit durch den Verwender zu schützen.

90   Die soeben vorgenommene Schutzzweckbestimmung galt uneingeschränkt für die bis zur Novellierung des AGB-Gesetzes im Jahre 1996 geltende Fassung. Im Zuge der Umsetzung der Richtlinie 93/13/EWG über missbräuchliche Klauseln in Verbraucherverträgen hatte mit § 24a AGBG der **Verbraucherschutzgedanke** doch noch Einzug in das AGB-Gesetz gehalten. § 24a AGBG ist sodann unverändert in **§ 310 Abs. 3 BGB** überführt worden. Die „Erreichung eines hohen Verbraucherschutzniveaus" ist Bestandteil des Aufgabenkatalogs der Europäischen Union (vgl. Art. 153 EGV) und strahlt über das Gebot der Richtlinienumsetzung auch auf das deutsche Zivilrecht aus (vgl. etwa die Vorschriften zu den besonderen Vertriebsformen, §§ 312 ff. BGB, zum Widerrufs- und Rückgaberecht bei Verbraucherverträgen, §§ 355 ff. BGB etc). § 310 Abs. 3 BGB versteht sich vor diesem Hintergrund als weiterer Baustein auf dem Wege zu einem eigenständi-

---

bereits zuvor *Damm* JZ 1978, 178 sowie *Reich/Micklitz*, Verbraucherschutz, 1980, Rn. 264), nur handelte es sich dabei zunächst nicht um ein Leitprinzip des Gesetzes.

[33] Mit teils unterschiedlichen Nuancierungen BGH NJW 1994, 2825 (2826); 1999, 3558 (3559); 2004, 1454 (1455); 2010, 1277 (1278); 2014, 1725 (1728); 2017, 1540 Rn. 17; *Ulmer/Habersack* AGBG Einl. Rn. 48; *Palandt/Grüneberg* BGB Überbl. v. § 305 Rn. 8; *Prütting/Wegen/Weinreich/Berger* BGB Vor §§ 305 ff. Rn. 1; teilweise abweichend *Wackerbarth* AcP 200 (2000), 63 ff.

[34] *Leuschner* AcP 207 (2007), 494 ff.; *Leyens/Schäfer* AcP 210 (2010), 782 ff.; ausführlich und kritisch zu dem auf diesem Befund aufbauenden Informationsmodell *McColgan*, Abschied vom Informationsmodell im Recht der allgemeinen Geschäftsbedingungen, passim.

[35] Vgl. etwa BGH NJW 1994, 2825; 1996, 1208 (1209); 1997, 2043 (2044); 2010, 1277 (1278).

[36] Bericht des Rechtsausschusses, BT-Drs. 7/5422, S. 6; BGH NJW 1987, 837 (838); 1991, 353 (354); NJW 2016, 1572 Rn. 42; BAG NZA 2005, 1111 (1114); 2006, 257 (258); *Erman/Roloff/Looschelders* BGB Vor § 307 Rn. 15; *von Hoyningen-Huene* AGBG § 9 Rn. 23; *Wolf/Pfeiffer* BGB § 307 Rn. 95; kritisch *von Bernuth* BB 1999, 1284 ff.; vgl. im übrigen Rn. 601.

gen, europarechtlich koordinierten, zivilen Verbraucherschutzrecht. Freilich wurde mit der Richtlinie und ihrer Umsetzung in § 310 Abs. 3 BGB erstmals ein zentraler Teil des Privatrechts in Angriff genommen. Geschützt ist hier entsprechend der Leitidee des Unionsrechts der Verbraucher als der typischerweise schwächere Vertragspartner. Intendiert ist ein „rollenspezifischer Unterlegenheitsschutz".[37] Eine weitere Modifikation des unionsrechtlich veranlassten Schutzansatzes besteht in der Hinwendung zu einem konkret-individuellen, auch die Umstände des jeweiligen Vertragsabschlusses einbeziehenden Beurteilungsmaßstab (vgl. § 310 Abs. 3 Nr. 3 BGB).[38] Bewertet man diese Entwicklung im Hinblick auf den Schutzzweck des AGB-Rechts, so wird man von einer Modifikation, nicht aber von einer grundlegenden Neubestimmung sprechen können. Die Grundkonzeption des gesetzlichen AGB-Rechts und damit auch seine Schutzrichtung sind nicht aufgegeben worden. Allenfalls lässt sich sagen, dass der AGB-rechtliche Abschnitt noch um einen zusätzlichen Schutzaspekt bereichert worden ist. Vieles spricht dafür, in der Verankerung des Verbraucherschutzgedankens in § 310 Abs. 3 BGB lediglich einen auf den besonderen Kundenkreis der Verbraucher zugespitzten Unterfall des allgemeinen, auf die Verhinderung des Missbrauchs einseitiger Vertragsgestaltungsfreiheit gerichteten Schutzzwecks der §§ 305 ff. BGB zu sehen.[39] Von daher ist zu erwarten, dass sich das Nebeneinander dieser beiden parallelen Schutzrichtungen in einem Gesetz in der konkreten Rechtsanwendung bewähren wird.[40]

III. Schutz vor Umgehungen

1. Allgemeines

Den Gefahren der einseitigen Inanspruchnahme der Vertragsgestaltungsfreiheit durch Allgemeine Geschäftsbedingungen ist der Gesetzgeber insbesondere mit verschärften Einbeziehungsanforderungen und detaillierten Klauselverboten, gepaart mit einer Generalklausel, entgegengetreten. Um keine Lücken in seinem Schutzkonzept zuzulassen, meinte der Gesetzgeber mögliche Umgehungen der Vorschriften des 2. Abschnitts mit einem **gesetzlichen Umgehungsverbot (§ 306a BGB)** von vornherein einen Riegel vorschieben zu müssen. Abgesehen davon, dass die Vorschrift nicht unbedingt ein ausgeprägtes Vertrauen des Gesetzgebers in seine Normsetzungsqualitäten bezeugt, lässt sich die Gefahr nicht von der Hand weisen, dass sie den Rechtsanwender zu einem vorschnellen Rückgriff auf das Umgehungsverbot auf Kosten methodischer Sorgfalt bei der Auslegung und ggf. analogen Anwendung der gesetzlichen Bestimmungen verleitet.[41] Dass die Rechtsprechung[42] dieser im Gesetz angelegten Versuchung bislang weitgehend[43] widerstanden hat, ist daher als Positivum zu vermerken. Überhaupt zeigt die Analyse der Rechtsprechung, dass das Umgehungsverbot des § 306a BGB kaum je in einer Entscheidung eine wesentliche Rolle gespielt hat. Das nährt den auch in der Literatur gehegten Verdacht, dass die Verankerung des Umgehungsverbots im Bürgerlichen Gesetzbuch letztlich ein überflüssiger Normsetzungsakt war.[44] Für diese Sichtweise sprechen vor allem auch rechtsmethodische

91

---

[37] *Hommelhoff/Wiedenmann* ZIP 1993, 565; bedenkenswerte rechtspolitische Kritik bei *H. Roth* JZ 1999, 531; für eine Abkehr vom rollenspezifischen Unterlegenheitsschutz auch *Hommelhoff*, Verbraucherschutz im System des deutschen und europäischen Privatrechts (1996), S. 5.

[38] *Hommelhoff/Wiedenmann* ZIP 1993, 565 ff.

[39] Ulmer/*Habersack* AGBG Einl. Rn. 54; Staudinger/*Wendland* BGB § 307 Rn. 7; aA *Hommelhoff/Wiedenmann* ZIP 1993, 571 f.

[40] Ähnlich die Einschätzung *Heinrichs* NJW 1996, 2194.

[41] *Koch/Stübing* AGBG § 7 Rn. 1; Staudinger/*Mäsch* BGB § 306a Rn. 1.

[42] Zur Gesetzesumgehung im Spiegel der Rechtsprechung zuletzt *Teichmann* JZ 2003, 761.

[43] Ausnahme insofern BGH NJW 2005, 1645.

[44] BeckOGK/*Bonin* BGB § 306a Rn. 3; *Thamm/Pilger* AGBG § 7 Rn. 1.

Überlegungen. Denn das Verbot des *agere in fraudem legis*, also der Wahl einer den Verbots-tatbestand nicht erfüllenden Gestaltungsform zur Erreichung des gleichen Erfolges, gilt auch ohne ausdrückliche gesetzliche Anordnung, sei es, weil es sich um ein eigenständiges Rechtsinstitut handelt,[45] sei es – was näher liegt – kraft teleologischer Auslegung unter Einsatz der Möglichkeiten der Analogie und der teleologischen Reduktion.[46] Der Vorschrift kommt somit lediglich deklaratorischer Charakter zu.[47] Sie betont den zwingenden Charakter der AGB-rechtlichen Vorschriften und sollte im Übrigen als Ermutigung verstanden werden, schwierige Zuordnungsfragen durch eine teleologische, am Schutzzweck des gesetzlichen AGB-Rechts und der jeweils betroffenen Bestimmung ausgerichtete Rechts-anwendung zu lösen.[48] Gleichwohl seien nachfolgend kurz mögliche Einsatzfelder der Umgehungskontrolle angesprochen.

2. Einsatzfelder der Umgehungskontrolle

92   Die systematische Stellung des Umgehungsverbots im Gesetzesgefüge könnte den Schluss nahelegen, § 306a BGB bezöge sich nur auf die §§ 305 bis 306 BGB. Dass dies nicht so ist, erweist nicht nur der Wortlaut des § 306a BGB („Die Vorschriften *dieses Abschnitts* findet auch Anwendung"), sondern die schon in den Materialien zum Aus-druck gelangte Einschätzung, dass sich der Rückgriff auf das Umgehungsverbot gerade im Bereich der §§ 1 bis 6 AGBG (jetzt §§ 305 bis 306 BGB) erübrigen werde.[49] In der Stellungnahme des Bundesrates, auf dessen Initiative das Umgehungsverbot Eingang in das AGB-Gesetz gefunden hatte, wird sogar ausdrücklich angemerkt, dass das Umge-hungsverbot nicht dazu dienen soll, den Anwendungsbereich des Gesetzes über die in § 1 AGBG (jetzt § 305 Abs. 1 BGB) definierten Allgemeinen Geschäftsbedingungen hinaus etwa auf Individualabreden oder auf zwischen den Vertragsparteien im Einzelnen aus-gehandelte Allgemeine Geschäftsbedingungen zu erstrecken.[50]

Beispiel: Hinsichtlich **bankinterner Anweisungen** an nachgeordnete Geschäftsstellen, die der BGH mangels Erfüllung des Merkmals der „Vertragsbedingung" (§ 305 Abs. 1 S. 1 BGB) nicht als All-gemeine Geschäftsbedingungen einstuft, sollen die Vorschriften über Allgemeine Geschäftsbedingun-gen nach § 306a BGB jedenfalls dann Anwendung finden, wenn damit die Absicht verfolgt wird, Allgemeine Geschäftsbedingungen zu vermeiden, der Inhaltskontrolle nach § 307 BGB zu entgehen und ebenso effizient wie bei der Stellung Allgemeiner Geschäftsbedingungen eine AGB-rechtlich unzulässige Gebühr zu erheben.[51]

93   Umgehungsmöglichkeiten werden dagegen zuweilen im Hinblick auf **§ 307 Abs. 3 BGB** gesehen.[52] Überzeugende Fälle des „Erschleichens des Ausnahmetatbestandes" des § 307 Abs. 3 BGB sind indes nicht dargetan worden.

---

[45] So vor allem *Teichmann*, Die Gesetzesumgehung, 1962, S. 78 ff.

[46] Soergel/*Hefermehl* BGB § 134 Rn. 37 ff.; MüKoBGB/*Armbrüster* § 134 Rn. 15; *Kramer*, Juris-tische Methodenlehre, 6. Aufl. 2019, S. 245 f.

[47] Ebenso Ulmer/*Harry Schmidt* BGB § 306a Rn. 3; Wolf/*Lindacher/Hau* BGB § 306a Rn. 1; die Notwendigkeit einer ausdrücklichen Normierung betonend und den eigenständigen Bedeutungs-gehalt des § 7 AGBG (jetzt § 306a BGB) hervorhebend hingegen *Löwe*/Graf von Westphalen/Trin-kner AGBG § 7 Rn. 2 ff.

[48] Ulmer/*Harry Schmidt* BGB § 306a Rn. 3.

[49] Vgl. Erster Teilbericht der Arbeitsgruppe beim BMJ, 1974, 92; so auch die heutige Einschätzung vgl. BGH NJW 1991, 36 (39); Ulmer/*Harry Schmidt* BGB § 306a Rn. 5; Staudinger/*Mäsch* BGB § 306a Rn. 1; teilw. abl. noch Soergel/*Stein*, 12. Aufl. 1991, AGBG § 7 Rn. 4.

[50] BT-Drs. 7/3919, S. 49.

[51] BGH NJW 2005, 1645; hieran anknüpfend OLG Düsseldorf NJW-Rr 2014, 729; zu Recht ablehnend *Freitag* ZIP 2005, 2052 und Ulmer/*Harry Schmidt* BGB § 306a Rn. 6; ablehnend gegen-über dem Umgehungsargument bereits zuvor *Borges* ZIP 2005, 187 f. Dem BGH zustimmend hin-gegen BeckOGK/*Bonin* BGB § 306a Rn. 12.1.

[52] ZB *Locher*, Recht der AGB, S. 88; *Burck* DB 1978, 1391; Ulmer/*Harry Schmidt* BGB § 306a Rn. 7.

Das Haupteinsatzfeld des Umgehungsverbots hat der Gesetzgeber ausweislich der   **94** Materialien bei den Inhaltskontrollvorschriften und dort insbesondere bei den **Katalogen der unzulässigen Klauseln** gesehen.[53] Auch der BGH hat hier bisweilen § 7 AGBG (jetzt § 306a BGB) unterstützend herangezogen.

Beispiel: Die formularmäßige Statuierung einer **Vorleistungspflicht** in einem Bauvertrag hat der BGH als Umgehung des § 11 Nr. 2a AGBG (jetzt § 309 Nr. 2a BGB) gewertet mit der Folge, dass die Klausel gem. § 7 AGBG (jetzt § 306a BGB) unter die umgangene Verbotsnorm falle.[54]

Richtiger Ansicht nach spielt das Umgehungsverbot jedoch auch auf dem Gebiete der   **95** Vorschriften über die Inhaltskontrolle keine Rolle.[55] Eine Umgehung des **§ 307 Abs. 1 und 2 BGB** ist angesichts seiner tatbestandlichen Weite von vornherein nicht denkbar. Für die **§§ 308 und 309 BGB** fungiert § 307 BGB als Auffangvorschrift. Ergibt mithin eine sorgfältige, mögliche Analogieschlüsse einbeziehende Gesetzesanwendung, dass ein Sachverhalt von einem Klauselverbot nicht erfasst wird, bleibt immer noch die gegenüber § 306a BGB vorrangige Möglichkeit, eine unangemessene Benachteiligung über § 307 BGB zu korrigieren.

Keine Anwendung findet das Umgehungsverbot des § 306a BGB auf die Verfahrens-   **96** vorschriften des **Unterlassungsklagengesetzes.**[56] Es bleibt im Wesentlichen das Unterlaufen des gesamten AGB-rechtlichen Abschnitts, in dem eine Konstruktion gewählt wird, die den Vertrag dem **sachlichen Anwendungsbereich** der §§ 305 ff. BGB (§ 310 Abs. 4 BGB) entzieht.[57] Auch hier wäre es indes korrekter, die Anwendbarkeit des 2. Abschnitts über eine teleologische Reduktion der Ausnahmevorschrift des § 310 Abs. 4 BGB zu begründen.[58]

Beispiele:

(1) Eine bereits im 1. Teilbericht[59] erwähnte Fallgestaltung ist die Begründung langfristiger Abnahmepflichten (zB für Bücher und Tonträger), indem die Abnehmer in Vereinen oder Gesellschaften organisiert werden (Buchclubs). Um zu verhindern, dass durch die **Einkleidung der Abnahmeverpflichtung in eine vereins- oder gesellschaftsrechtliche Beitragsschuld** die Rechtsbeziehung den für schuldrechtliche Dauerlieferverträge geltenden restriktiven Bestimmungen (zB § 309 Nr. 9 BGB) entzogen werden kann, soll via § 306a BGB die Anwendbarkeit der §§ 305 ff. BGB begründet werden.

(2) Der BGH hat dies aufgegriffen und formuliert, dass ein Umgehungsgeschäft insbesondere dann vorliegen kann, wenn der Verwender missbräuchlich eine Rechtsbeziehung in der Form des Gesellschafts- oder Vereinsrechts gestaltet, um durch die in § 310 Abs. 4 BGB geregelten Bereichsausnahmen einer AGB-rechtlichen Inhaltskontrolle zu entgehen. Erwogen – im Ergebnis dann aber abgelehnt – hat der BGH eine unzulässige Umgehung der Inhaltskontrollvorschriften für den Fall, dass dem Mieter in einem Einkaufszentrum **formularmäßig die Verpflichtung auferlegt wird, einer bestehenden Werbegemeinschaft in Form eines eingetragenen Vereins** beizutreten.[60]

---

[53] Erster Teilbericht der Arbeitsgruppe beim BMJ, 1974, S. 92 f.; Stellungnahme des Bundesrates, BT-Drs. 7/3919, S. 48; Bericht des Rechtsausschusses, BT-Drs. 7/5422, S. 5 f.

[54] BGH NJW 1985, 852; zurückhaltender hingegen BGH NJW 1987, 1931 (1932) und BGH WM 1992, 401 (402).

[55] Wie hier Ulmer/*Harry Schmidt* BGB § 306a Rn. 7; *Koch/Stübing* AGBG § 7 Rn. 4; *Thamm/ Pilger* AGBG § 7 Rn. 2; aA Palandt/*Grüneberg* BGB § 306a Rn. 2 und insbes. *Löwe*/Graf von Westphalen/Trinkner AGBG § 7 Rn. 2 ff.

[56] Deutlich BGH NJW 1991, 36 (39) zu den vormaligen §§ 13 ff. AGBG; BeckOGK/*Bonin* BGB § 306a Rn. 8.

[57] Ulmer/*Harry Schmidt* BGB § 306a Rn. 11; Palandt/*Grüneberg* BGB § 306a Rn. 2; MüKoBGB/ *Basedow* § 306a Rn. 5.

[58] Zurückhaltend gegenüber einer Anwendung des § 306a BGB auch Wolf/*Lindacher/Hau* BGB § 306a Rn. 7.

[59] Erster Teilbericht der Arbeitsgruppe beim BMJ, 1974, S. 92 f.

[60] BGH NJW 2016, 2489; zu AGB-Problemen beim Beitritt zur Mieter-Werbegemeinschaft auch *Drasdo* NJW-Spezial 2017, 97.

(3) Die instanzgerichtliche Rechtsprechung unterstellt in Anwendung der Umgehungsregel auch das **vereinsrechtlich organisierte Time-Sharing** dem Anwendungsbereich der AGB-Vorschriften, wenn sich die fragliche Konstruktion trotz ihrer vereins- oder gesellschaftsrechtlichen Ausgestaltung bei wirtschaftlicher Betrachtungsweise als bloßes Austauschverhältnis über die betreffenden Waren oder Leistungen darstellt.[61]

3. Umgehungsvoraussetzungen

97   Ein Verstoß gegen das Umgehungsverbot des § 306a BGB liegt vor, wenn eine als AGB unwirksame Regelung bei gleicher Interessenlage durch eine andere rechtliche Gestaltung erreicht werden soll, die nur den Sinn haben kann, dem gesetzlichen Verbot zu entgehen.[62] Eine Umgehungsabsicht ist nicht erforderlich.[63]

4. Rechtsfolge einer festgestellten Umgehung

98   Die Rechtsfolge einer festgestellten Umgehung, also eines Verstoßes gegen das Umgehungsverbot, besteht in der Anwendung der umgangenen Norm.[64] Als weitere Folge kann sich die Nichtigkeit der vorformulierten Abrede ergeben. Nach hier vertretener Ansicht wird man die auftretenden Problemfälle bereits mit den herkömmlichen Methoden der Gesetzesauslegung und -analogie bewältigen können. Die **Rechtsfolge** ist dann im Ergebnis dieselbe, nämlich **die Anwendung der aufgrund ihres Schutzzwecks einschlägigen Norm des 2. Abschnitts.**

IV. Geltungsgrund der Allgemeinen Geschäftsbedingungen

Literatur: _Fastrich,_ Richterliche Inhaltskontrolle im Privatrecht, 1992, S. 29 ff.; _Hellwege,_ Allgemeine Geschäftsbedingungen, einseitig gestellte Vertragsbedingungen und die allgemeine Rechtsgeschäftslehre, 2010, S. 21 ff., 203 ff. und 339 ff.; _Pflug,_ Kontrakt und Status im Recht der Allgemeinen Geschäftsbedingungen, 1986; _Eike Schmidt,_ Grundlagen und Grundzüge der Inzidentkontrolle allgemeiner Geschäftsbedingungen nach dem AGB-Gesetz, JuS 1987, 929; _Wendland,_ Vertragsfreiheit und Vertragsgerechtigkeit, S. 301 ff.

99   Gegenstand einer weit zurückreichenden[65] rechtstheoretischen Kontroverse ist die Rechtsqualität Allgemeiner Geschäftsbedingungen und damit zugleich ihr Geltungsgrund im Verhältnis zwischen dem Verwender und seinen Kunden. Die Auseinandersetzung ist insbesondere in der Zeit vor Inkrafttreten des AGB-Gesetzes geführt worden. In neuerer Zeit ist sie namentlich durch Beiträge von _Pflug_ und _Eike Schmidt_ wieder entfacht worden. Auch wenn die praktischen Konsequenzen dieses Meinungsstreits eher gering zu veranschlagen sind – unterschiedliche Akzentsetzungen im Bereich der Auslegung werden genannt –[66] so handelt es sich doch um eine wichtige rechtstheoretische Grundsatzfrage, die nicht übergangen werden darf. Aus diesem Grund erscheint eine kurze Würdigung der unterschiedlichen Standpunkte hier doch angezeigt.

---

[61] AG Hamburg VuR 1994, 346; LG Bonn VuR 1996, 317 ff.

[62] BGH NJW 2005, 1645 (1646); 2016, 2489 Rn. 21.

[63] BeckOGK/_Bonin_ BGB § 306a Rn. 10; BeckOK/_Hubert Schmidt_ BGB § 306a Rn. 3; offen gelassen von BGH NJW 2005, 1645 (1646).

[64] BeckOGK/_Bonin_ BGB § 306a Rn. 11.

[65] Zu Rechtsnatur und Geltungsgrund Allgemeiner Geschäftsbedingungen aus rechtshistorischer Sicht ausführlich _Hellwege,_ Allgemeine Geschäftsbedingungen, S. 21 ff., S. 203 ff. und S. 339 ff.

[66] _Ulmer/Habersack,_ 11. Aufl. 2011, Einl. Rn. 45.

1. Normentheorie versus Vertragstheorie

Im zivilrechtlichen Schrifttum dominiert seit jeher ein **vertragsrechtliches Verständ-**   100
nis. Schon bei *von Tuhr* finden wir die Aussage, bei den Allgemeinen Geschäftsbedingungen handele es sich um „rechtsgeschäftliche Produkte, weil sie aus dem Willen von
Privatpersonen hervorgehen und nur die konkreten Beziehungen der Parteien regeln,
welche eine Vereinbarung dieses Inhalts treffen oder sich ihr unterwerfen.“[67] *Raiser* hat
sich dieser Deutung im Ergebnis angeschlossen. Allgemeine Geschäftsbedingungen, so
steht bei ihm zu lesen, seien, dogmatisch gesehen, Inhalt von Rechtsgeschäften, dessen
Gestaltung den Parteien nach dem Prinzip der Vertragsfreiheit grundsätzlich freistehe.
Seien die Voraussetzungen des Vertragsschlusses erfüllt und enthalte das Vereinbarte
nicht grobe Verstöße gegen die öffentliche Ordnung, so erkläre der Staat es für gültig
und erteile ihm seinen Schutz.[68] Immerhin hatte schon *von Tuhr* eine – wenn auch nur
äußerliche – durch die abstrakte Formulierung der Allgemeinen Geschäftsbedingungen
hervorgerufene Ähnlichkeit mit den Sätzen des objektiven Rechts festgestellt.[69]

Im Schrifttum sind in der Folgezeit unter Berufung auf diese Entsprechung im Tatsäch-   101
lichen der herrschenden vertragsrechtlichen Betrachtungsweise entgegengesetzte **nor-**
mentheoretische Konzeptionen erarbeitet worden. Vor Inkrafttreten des AGB-Gesetzes
hatte sich insbesondere *Meyer-Cording* – allerdings auf der Grundlage eines vom allgemeinen Verständnis abweichenden Begriffs der Rechtsnorm – für die Qualifikation
Allgemeiner Geschäftsbedingungen als Normen ausgesprochen.[70] Ohne sich das eigen-
willige Rechtsnormverständnis *Meyer-Cordings* zu eigen zu machen, haben in neuerer
Zeit insbesondere *Pflug*[71] und *Eike Schmidt*[72] die Normqualität Allgemeiner Geschäftsbedingungen zu begründen versucht. Ihrer Ansicht nach kann die vorformulierte Standardisierung von Geschäftskonditionen in der Rechtsgeschäftskategorie keine Heimstatt
finden. Allgemeine Geschäftsbedingungen seien keine von der Vertragsfreiheit getragenen
rechtsgeschäftlichen Erklärungen und würden auch nicht etwa durch Einbezug gem.
§ 305 Abs. 2 BGB zu solchen. Vielmehr komme ihnen entsprechend ihrer Absicht, ökonomische Bezüge überindividuell zu regulieren, und gemäß ihrer daraus fließenden
generell-abstrakten Natur sachlich Normcharakter zu.[73]

Die **Rechtsprechung** hat bislang eine explizite Festlegung in dieser Grundsatzfrage   102
vermieden. Auf ein eher der Normentheorie nahe stehendes Grundverständnis deutet
immerhin die bereits vom RG[74] geprägte und später vom BGH in Bezug auf die Allgemeinen Deutschen Spediteurbedingungen (ADSp) und Allgemeinen Beförderungsbedingungen für den gewerblichen Güternahverkehr mit Kraftfahrzeugen (AGNB) übernommene Formel von der „Unterwerfung unter eine fertig bereit liegende Rechtsordnung“.[75] Der dogmatische Gehalt dieser im Schrifttum heftig kritisierten[76] Formel ist
jedoch im Dunkeln geblieben.[77] Als belastbaren Beleg für ein normentheoretisches Aus-

---

[67] Vgl. *v. Tuhr,* Allgemeiner Teil II/1, 1914, S. 146.
[68] *Raiser,* Recht der allgemeinen Geschäftsbedingungen, 1935, 81 f.
[69] *v. Tuhr,* Allgemeiner Teil II/1, 1914, S. 146.
[70] *Meyer-Cording,* Rechtsnorm, 1971, S. 92 ff.; aus dieser Zeit auch *Helm* FS Schnorr v. Carols-
feld, 1972, 125 ff.; weitere Schrifttumsnachweise bei *Fastrich,* Inhaltskontrolle, S. 30.
[71] *Pflug,* Kontrakt und Status im Recht der Allgemeinen Geschäftsbedingungen, passim.
[72] *E. Schmidt* JuS 1987, 929 ff.
[73] So *E. Schmidt* JuS 1987, 931.
[74] RGZ 81, 117 (119); 171, 43 (48); RG DR 1941, 1211.
[75] BGHZ 1, 83 (86); zuletzt BGH NJW 1995, 2224 (2225 f.); 1995, 3117 (3118).
[76] *Heinrichs* NJW 1996, 1381; *Koller,* EWiR 1995, 835 f.; *Löwe* ZIP 1995, 1273 ff.
[77] *Fastrich,* Inhaltskontrolle, S. 30. *Heinrichs* NJW 1996, 1381 sieht insbesondere in den Urteilen
aus dem Jahre 1995 eine Wiederbelebung der Normentheorie (deutlich zurückhaltender hingegen
Ulmer/Habersack AGBG Einl. Rn. 39 Fn. 87; *Schott* FS Piper, 1996, 1027 (1028).

gangsverständnis wird man sie nicht verwerten können, zumal die höchstrichterliche Rechtsprechung aufs Ganze gesehen doch eher den Grundvorstellungen der Vertragstheorie zugeneigt erscheint.[78]

2. Plädoyer für ein vertragsrechtliches Verständnis

103   Der normentheoretische Ansatz verweist vor allem auf die einseitige Aufstellung Allgemeiner Geschäftsbedingungen durch die Verwenderseite und auf das regelmäßige Fehlen von Einflussmöglichkeiten des Kunden. Dies sind im Wesentlichen (Bedingungen Kleingewerbetreibender und Freiberufler werden allerdings ausgeblendet) zutreffende rechtstatsächliche Beobachtungen, die allein jedoch keinen Schluss auf die Rechtsqualität Allgemeiner Geschäftsbedingungen erlauben. Denn dies wäre ein problematischer Schluss vom faktischen Sein auf das rechtliche Sollen.[79] Dieser ist jedenfalls dann unzulässig, wenn die Rechtsordnung selbst, hier in Gestalt der §§ 305 ff. BGB, zu erkennen gibt, wie es den Regelungsgegenstand rechtlich zu erfassen gedenkt. Hiernach verbietet sich aber die Qualifikation Allgemeiner Geschäftsbedingungen als einseitig gesetztes (normengleiches) Recht.[80]

104   Das Grundanliegen des gesetzlichen AGB-Rechts ist nämlich gerade die Bewahrung der vertragsrechtlichen Ordnung, die Stärkung der Vertragsgerechtigkeit und damit auch der Vertragsfreiheit, als deren Ausfluss auch die Verwendung Allgemeiner Geschäftsbedingungen anerkannt wird.[81] Der Ausübung der Vertragsgestaltungsfreiheit werden lediglich äußerste Grenzen gesetzt. Das Gesetz bedient sich im Übrigen nicht nur durchgängig eines vertragsrechtlichen Vokabulars,[82] es löst die Rechtsprobleme Allgemeiner Geschäftsbedingungen auch konsequent mit vertragsrechtlichen Instrumenten unter Berücksichtigung ihrer in mancher Hinsicht an Normen erinnernden Erscheinungsform. Hierzu gehören etwa eine stärker objektiv ausgerichtete Auslegung und vor allem eine intensivierte Inhaltskontrolle, die es dem Verwender untersagt, im AGB-Vertrag einseitig seine eigenen Interessen zu verfolgen. Zu Recht ist hier geltend gemacht worden, dass die Normentheorie von ihrer Grundkonzeption her nur eine neutrale Gerechtigkeitskontrolle erlauben, einer strengen Kontrolle gegen den Verwender aber im Wege stehen würde.[83] Gegen ein normentheoretisches Verständnis spricht nunmehr auch § 310 Abs. 3 Nr. 3 BGB. Nach dieser Bestimmung sind – soweit es um Verbraucherverträge geht – bei der Beurteilung der unangemessenen Benachteiligung nach § 307 Abs. 1 und 3 BGB auch die den Vertragsschluss begleitenden Umstände zu berücksichtigen. Ein solcher, auf konkrete und individuelle Umstände abstellender Prüfungsmaßstab wäre mit einer Konzeption der Inhaltskontrolle als Normenkontrollverfahren schwerlich in Einklang zu bringen.

---

[78] So heißt es beispielsweise in der Entscheidung BGH NJW 1982, 1388 (1389) mit Blick auf die Voraussetzungen der Einbeziehung nach § 2 AGBG (jetzt § 305 Abs. 2 BGB), der Gesetzgeber habe mit dem Erfordernis des Einverständnisses klarstellen wollen, dass „gemäß der *Vertragsnatur der Bedingungen* die Willensübereinstimmung des anderen Teils hinzukommen muss."

[79] *Fastrich*, Inhaltskontrolle, S. 33 mwN.

[80] Wie hier für ein vertragsrechtliches Verständnis Allgemeiner Geschäftsbedingungen BAG NJW 2019, 2883 Rn. 5; Ulmer/*Habersack* AGBG Einl. Rn. 39; Wolf/*Pfeiffer*, Einl. Rn. 16; *Fastrich*, Inhaltskontrolle, S. 33 ff.; Palandt/*Grüneberg* BGB § 305 Rn. 2; *Wendland*, Vertragsfreiheit und Vertragsgerechtigkeit, S. 320 ff.

[81] Wolf/*Pfeiffer*, Einl. Rn. 17 f.

[82] Vgl. § 305 Abs. 1 BGB: „für eine Vielzahl von Verträgen vorformulierte Vertragsbedingungen"; § 305 Abs. 2 BGB: „werden nur dann Bestandteil eines Vertrages"; § 305c Abs. 1 BGB: „Vertragsbestandteil" usw. Instruktiv übrigens die Begründung des RegE zu § 2 AGBG (jetzt § 305 Abs. 2 BGB): „Demgegenüber will § 2 des Entwurfs sicherstellen, dass die Einbeziehung von AGB in den Einzelvertrag wieder fest auf dem Boden des nach dem Bürgerlichen Gesetzbuch maßgeblichen rechtsgeschäftlichen Vertragswillen verankert wird, ..." (BT-Drs. 7/3919, S. 13).

[83] Wolf/*Pfeiffer*, Einl. Rn. 16.

Festzuhalten ist damit: das Gesetz qualifiziert Allgemeine Geschäftsbedingungen als 105
„Vertragsbedingungen" und enthält damit eine klare **Absage an die Normentheorie.**
Dem generell-abstrakten Charakter dieser Vertragsbedingungen trägt es durch verschiedene Modifikationen der allgemeinen Rechtsgeschäftslehre Rechnung (zB im Bereich der
Einbeziehung, der Auslegung und Folgen der Unwirksamkeit). Auch das europäische
Recht in Gestalt der Klauselrichtlinie geht offenbar von einem vertragsrechtlichen Verständnis aus. Dieser Befund befriedigt im Übrigen auch in rechtsdogmatischer Hinsicht,
muss doch das Bestreben dahin gehen, der Abkoppelung wichtiger Materien des Bürgerlichen Rechts vom allgemeinen Vertragsrecht nach Möglichkeit entgegenzuwirken bzw.
auf das sachlich gebotene Maß zu begrenzen.[84] Für den Reformgesetzgeber des Jahres
2001 war die systematische Zuordnung des Rechts der Allgemeinen Geschäftsbedingungen zum allgemeinen Vertragsrecht sogar ein tragender Beweggrund, das AGB-Gesetz
aufzulösen und seine Regelungen in das 2. Buch des Bürgerlichen Gesetzbuches („Recht
der Schuldverhältnisse") einzustellen.[85]

Zweiter Abschnitt. Anwendungsbereich der §§ 305 ff. BGB

§ 6. Sachlicher Anwendungsbereich

I. Begriff der Allgemeinen Geschäftsbedingungen

Literatur: *Bartsch,* Der Begriff des „Stellens" Allgemeiner Geschäftsbedingungen, NJW 1986, 28;
Bender, Kann die handschriftliche Ergänzung eines Vertragsformulars eine Allgemeine Geschäftsbedingung (AGB) sein?, WRP 1998, 580; *Berger,* Aushandeln von Vertragsbedingungen im kaufmännischen Geschäftsverkehr, NJW 2001, 2152; *Borges,* Zur AGB-Kontrolle interner Richtlinien,
ZIP 2005, 185; *Brambring/Schippel,* Vertragsmuster des Notars und Allgemeine Geschäftsbedingungen, NJW 1979, 1802; *Fuchs,* Der Anwendungsbereich der AGB-Kontrolle im unternehmerischen
Geschäftsverkehr, in: FS Blaurock, 2013, S. 91; *Buz,* Immer noch „allgemeine" Geschäftsbedingungen? Kritische Gedanken zum Vielzahlkriterium nach § 305 Abs. 1 BGB, AcP 219 (2019), 1; *Gottschalk,* Neues zur Abgrenzung zwischen AGB und Individualabrede bei vorformulierten Vertragsbedingungen, NJW 2005, 2493; *Grunewald,* Was sind Vertragsbedingungen im Sinne von § 305
BGB?, in: FS für Graf von Westphalen, 2010, S. 229; *Habersack,* Der Vorrang der Individualabrede
(§ 305 Abs. 1 S. 3 BGB) – Zu den Anforderungen an das Aushandeln von Vertragsbedingungen,
insbesondere im unternehmerischen Geschäftsverkehr, in: FS Köhler (2014), S. 209; *Heinrichs,* Der
Rechtsbegriff der Allgemeinen Geschäftsbedingungen, NJW 1977, 1505; *Hirte,* Öffentlichrechtliche
Satzungen und Benutzungsordnungen als AGB, in: FS für Ulmer, 2003, S. 1153; *Jaeger,* „Stellen" und
„Aushandeln" vorformulierter Vertragsbedingungen, NJW 1979, 1569; *Kähler,* Aushandlung von
AGB-Klauseln aufgrund begründeten Verhandlungsverzichts, BB 2015, 450; *Kappus,* Der „steinige
Weg" des AGB-Verwenders zur Individualvereinbarung, NJW 2016, 33; *Kaufhold,* „Echte" und
„unechte" AGB in der Klauselkontrolle, BB 2012, 1235; *Kessel,* AGB oder Individualvereinbarung –
Relevanz und Reformbedarf, AnwBl 2012, 293; *Kessel/Jüttner,* Der Vorbehalt der Individualabrede
im unternehmerischen Geschäftsverkehr – Zur Abgrenzung von Individualvereinbarung und AGB,
BB 2008, 1350; *Klaas,* Zur EG-Richtlinie über mißbräuchliche Klauseln in Verbraucherverträgen,
„Stellen" von AGB, insbesondere Inhaltskontrolle notarieller Verbraucherverträge?, in: FS für Brand-
ner, 1996, S. 247 ff.; *Löhnig/Jerger,* Von Sozietäten entworfene Verträge – maßgeschneidert oder doch
AGB?, GWR 2013, 239; *Löwe,* Voraussetzungen für ein Aushandeln von AGB, NJW 1977, 1328;
Michel/Hilpert, Allgemeine Geschäftsbedingungen oder „aus"-gehandelter Individualvertrag? – eine
Risikoanalyse, DB 2000, 2513; *Miethaner,* AGB-Kontrolle versus Individualvereinbarung, 2010; *ders.,*
AGB oder Individualvereinbarung – die gesetzliche Schlüsselstelle „im Einzelnen ausgehandelt",
NJW 2010, 3121; *Pfeiffer,* Aushandlung und Verhandlung von Vertragsklauseln im Unternehmens-
verkehr: Die Korrekturbedürftigkeit des deutschen AGB-Begriffs, ZGS 2014, 401; *Roth,* Allgemeine

---

[84] *Ulmer/Habersack,* 11. Aufl. 2011, Einl. Rn. 46.
[85] Begründung des RegE BT-Drs. 14/6040, S. 92 und 97.

Geschäftsbedingungen und Individualvereinbarungen, BB 1992, Beil. 4, 1; *Hubert Schmidt*, Einbeziehung von AGB im unternehmerischen Geschäftsverkehr, NJW 2011, 3329; *Joachim Schmidt*, Vom „Stellen" zum „Aushandeln" von AGB, NZM 2016, 377; *Schuhmann*, Waisenkind des AGB-Gesetzes: der Mustervertrag im kaufmännischen Individualgeschäft, JZ 1998, 127 ff.; *ders.*, Die „vorformulierte" Vertragsbedingungen im Lichte der AGBG-Novelle 1996, JR 2000, 441; *Stoffels*, Vermieter und Mieter als Verwender Allgemeiner Geschäftsbedingungen, in: WuM 2011, 268; *Trinkner*, Abgrenzung von AGB und individuellen Vereinbarungen, BB 1977, 717; *Graf von Westphalen*, Grenzziehung zwischen AGB und Individualvereinbarungen, DB 1977, 943; *M. Wolf*, Die Vorformulierung als Voraussetzung der Inhaltskontrolle, in: FS für Brandner, 1996, S. 299.

106   Der **sachliche Anwendungsbereich** des zweiten Abschnitts im Recht der Schuldverhältnisse (§§ 305 ff. BGB) wird positiv durch den in **§ 305 Abs. 1 BGB** definierten Begriff der „Allgemeinen Geschäftsbedingungen" festgelegt.[1] Seit der AGB-Novelle von 1996 gelten die AGB-rechtlichen Regelungen allerdings auch für Vertragsbedingungen, die keine Allgemeinen Geschäftsbedingungen im Sinne des § 305 Abs. 1 BGB sind (vgl. § 310 Abs. 3 BGB). Trotz dieser Erweiterung des sachlichen Anwendungsbereichs um vorformulierte Klauseln in Verbraucherverträgen lautet der Titel des zweiten Abschnitts „Gestaltung rechtsgeschäftlicher Schuldverhältnisse durch Allgemeine Geschäftsbedingungen". Ebenso sollen in diesem Buch mit dem Begriff „Allgemeine Geschäftsbedingungen" alle vorformulierten Vertragsbedingungen bezeichnet werden, auf die nach § 305 Abs. 1 BGB oder § 310 Abs. 3 BGB die Vorschriften des zweiten Abschnitts Anwendung finden. Nur wenn es auf die Unterscheidung in rechtlicher Hinsicht ankommt (zB modifizierter Kontrollmaßstab), soll dem im weiteren auch in terminologischer Hinsicht Ausdruck verliehen werden.

1. Voraussetzungen des AGB-Begriffs

107   Den Gegenstand seiner Regelungen definiert der Gesetzgeber in **§ 305 Abs. 1 BGB** in der Weise, dass Abs. 1 S. 1 der Vorschrift Merkmale nennt, die positiv erfüllt sein müssen, S. 2 zur Verdeutlichung einige unerhebliche Umstände aufführt und S. 3 eine Negativabgrenzung zur Individualvereinbarung enthält. Die Definition ist bewusst weit gefasst worden, um alle typisierten Vertragsbestimmungen zu erfassen, bei denen mit Rücksicht auf den Schutz des Kunden das Eingreifen des Gesetzes gerechtfertigt ist.[2] Eingeschlossen sind zB auch Formularverträge, notariell beurkundete Massenverträge und behördlich genehmigte Allgemeine Geschäftsbedingungen. Entscheidend für die Auslegung der gesetzlichen Merkmale des AGB-Begriffs ist stets der **Schutzzweck** der AGB-rechtlichen Vorschriften, der einseitigen Inanspruchnahme der Vertragsgestaltungsfreiheit durch den Verwender entgegenzuwirken.[3] Nebenbei definiert das Gesetz in § 305 Abs. 1 S. 1 BGB den **Begriff des „Verwenders"** als Vertragspartei, die der anderen die Allgemeinen Geschäftsbedingungen bei Abschluss des Vertrags stellt.

108   Nach § 305 Abs. 1 BGB zeichnen sich Allgemeine Geschäftsbedingungen dadurch aus, dass es sich bei ihnen um für eine Vielzahl von Verträgen vorformulierte Vertragsbedingungen handelt, die die eine Vertragspartei der anderen Vertragspartei bei Vertragsabschluss stellt. Im Einzelnen müssen somit alle nachfolgend näher aufgeschlüsselten Merkmale dieser Definition (kumulativ) vorliegen, um im konkreten Fall den AGB-Charakter und damit die Anwendbarkeit der §§ 305 ff. BGB bejahen zu können. **Prüfungsgegenstand** sollte dabei immer eine **konkrete Vertragsbedingung** sein. Denn es ist

---

[1] Schon die Begründung des RegE sah in § 1 AGBG (jetzt § 305 Abs. 1 BGB) den Anwendungsbereich des AGB-Gesetzes umschrieben (vgl. BT-Drs. 7/3919, S. 15); ebenso die Funktionsbeschreibung bei MüKoBGB/*Basedow* § 305 Rn. 1; Soergel/*Fritzsche* BGB § 305 Rn. 5; Ulmer/*Habersack* BGB § 305 Rn. 2a; Wolf/*Pfeiffer* BGB § 305 Rn. 2.

[2] Amtl. Begründung BT-Drs. 7/3919, S. 15; MüKoBGB/*Basedow* § 305 Rn. 1.

[3] BGH NJW 2010, 1277; Ulmer/*Habersack* BGB § 305 Rn. 5 f.

ohne weiteres denkbar, dass nur eine oder wenige Klauseln eines Gesamtvertrages die Voraussetzungen des AGB-Begriffs erfüllen, während weite Teile des Vertrages nicht erfasst werden.[4]

a) Vertragsbedingungen. Der Begriff der Allgemeinen Geschäftsbedingung setzt gem.   **109**
§ 305 Abs. 1 S. 1 BGB eine Vertragsbedingung, dh eine **Erklärung des Verwenders voraus, die den Vertragsinhalt regeln soll.**[5] Nicht erforderlich ist, dass die Bestimmung wirklich Vertragsinhalt wird. § 305 Abs. 1 S. 1 BGB erfasst auch Regelungen, die unwirksam sind oder deren Einbeziehung typischerweise an § 305 Abs. 2 BGB scheitert. Ferner kommt es nicht auf den Inhalt des in Aussicht genommenen Vertrages an.[6] Insbesondere enthalten **auch dingliche Verfügungsgeschäfte** Vertragsbedingungen.[7]

Unbestritten ist der AGB-Charakter sog. **Vertragsabschlussklauseln.** Damit sind   **110**
Klauseln gemeint, die sich mit den Voraussetzungen des Vertragsschlusses befassen. Weichen solche Klauseln vom gesetzlichen Regelungsmodell der §§ 145, 147, 148, 151 und 156 BGB zum Nachteil des Kunden ab, so liegt hierin in der Regel eine unangemessene Benachteiligung im Sinne des § 307 BGB.[8] Allerdings ist genau zu prüfen, ob der Bedeutungsgehalt der von den Parteien gewöhnlich abgegebenen Erklärungen, wie er sich im Wege der Auslegung nach §§ 133, 157 BGB ergibt, durch die Klausel wirklich verändert wird.

Beispiel: Bei einer **Internetauktion** ersetzt die Klausel des Veranstalters, der anbietende Teilnehmer erkläre bereits mit der Freischaltung seiner Angebotsseite die Annahme des abgegebenen Kaufangebots, nicht die auf den Vertragsschluss gerichtete Willenserklärung des Anbieters und verleiht ihr auch keine von den §§ 145 ff. BGB abweichende rechtliche Wirkung.[9]

Von Vertragsbedingungen lässt sich streng genommen noch nicht sprechen, wenn die   **111**
Bedingungen auf die **Regelung eines vorvertraglichen Rechtsverhältnisses** zielen. Die AGB-rechtlichen Regelungen erfassen jedoch – zumindest punktuell – auch den vorvertraglichen Bereich. Das lässt vor allem § 308 Nr. 1 BGB erkennen, der das Verhalten des Verwenders schon im Stadium vor der Annahme des Angebots reglementiert. Aber auch § 309 Nr. 7b BGB handelt allgemein von Pflichtverletzungen im Rahmen eines Schuldverhältnisses im Sinne von § 311 Abs. 1 und 2 BGB.[10] Vor diesem Hintergrund sollte auch der AGB-Begriff im Sinne des § 305 Abs. 1 S. 1 BGB in diesem Sinne interpretiert werden.[11]

Beispiele:

(1) Im Eingangsbereich eines **Einzelhandelsmarktes** ist eine Hinweistafel mit folgendem Text angebracht: „Information und **Taschenannahme:** Sehr geehrte Kunden! Wir bitten Sie höflich, Ihre Taschen hier an der Information vor dem Betreten des Marktes abzugeben, anderenfalls weisen wir Sie höflichst darauf hin, dass wir an den Kassen gegebenenfalls Taschenkontrollen durchführen müssen." Der BGH hat den Umstand, dass ein Vertrag zum Zeitpunkt der Wahrnehmung des Hinweises im Regelfall noch nicht geschlossen ist, nicht weiter problematisiert. Er hat damit

---

[4] BGH NJW 1998, 2600 f.; Soergel/*Fritzsche* BGB § 305 Rn. 9.

[5] BGH NJW 1987, 1634 und 1996, 2575 mit Anm. von *Hensen* JR 1997, 239; BGH NJW 2005, 1645 (1646); 2009, 1337 (1338); 2014, 2269 (2270).

[6] Zur Inhaltskontrolle von sachenrechtlichen und prozessualen Vereinbarungen auf der Grundlage der §§ 305 ff. BGB vgl. im Einzelnen → Rn. 1008 ff. und 1033 ff.

[7] BGH NJW-RR 2017, 501 Rn. 9.

[8] Ulmer/*Habersack* BGB § 305 Rn. 163; BeckOGK/*Lehmann-Richter* BGB § 305 Rn. 98.

[9] BGH NJW 2002, 363 (365); vgl. ferner KG NJW 2002, 1583 und *Wenzel* DB 2001, 2233.

[10] So auch NK/*Kollmann* BGB § 309 Rn. 101; HK/*Schulte-Nölke* BGB § 309 Rn. 25; Palandt/*Grüneberg* BGB § 309 Rn. 40.

[11] Explizit für Anwendung der §§ 305 ff. BGB jetzt BGH NJW 2011, 139 (141); OLG Nürnberg ZIP 1997, 1781 (Antragsformular für Kreditkarte); ferner Anm. *Hensen* JR 1997, 239; *Grunewald* FS Graf von Westphalen, 2010, 229 (230).

inzident zu erkennen gegeben, dass die Anwendbarkeit des AGB-Rechts hierdurch nicht in Frage gestellt wird.[12]

(2) Die **Beschränkung der Empfangsvollmacht des Versicherungsagenten** auf schriftliche Erklärungen zielt darauf, die rechtlichen Rahmenbedingungen zu bestimmen, unter denen ein Vertrag zwischen dem Versicherer und dem Versicherungsnehmer zustande kommt. Entsprechende Klauseln werden daher als Vertragsbedingungen im Sinne des § 305 Abs. 1 S. 1 BGB angesehen.[13]

112   Die §§ 305 ff. BGB finden keine Anwendung, wenn der Inhalt eines Leistungsverhältnisses unmittelbar durch **Gesetz, Rechtsverordnung oder Satzung** festgelegt wird.[14] Diese Sichtweise verstößt nicht gegen die Klauselrichtlinie 93/13 EWG.[15] Praktisch relevant ist dieser Ausschluss vor allem für Teile der Daseinsvorsorge, so für die Tarifabnehmer von elektrischer Energie und Gas. Andererseits führt eine notwendig vorgängige **behördliche Genehmigung** nicht zum Verlust der AGB-Qualität der genehmigten Bestimmungen.[16] Schließlich müssen sich auch die Bedingungen **öffentlich-rechtlicher Verträge** einer AGB-Kontrolle anhand der §§ 305 ff. BGB stellen.[17]

113   Vertragsbedingungen setzen einen (evtl. erst noch abzuschließenden) Vertrag, also ein mehrseitiges Rechtsgeschäft, voraus. Vom Wortlaut nicht erfasst sind damit einseitige Rechtsgeschäfte. Freilich nehmen sich Allgemeine Geschäftsbedingungen nicht selten auch der, insbesondere im Rahmen längerer geschäftlicher Verbindungen vorkommenden, **einseitigen Rechtsgeschäfte des Vertragspartners** des Verwenders an. Ein Schutzbedürfnis des anderen Teils lässt sich hier nicht ohne weiteres von der Hand weisen. Der BGH wendet die AGB-rechtlichen Bestimmungen unter Hinweis auf ihren Schutzzweck auch in solchen Fällen an, in denen einseitige rechtsgeschäftliche Erklärungen des Vertragspartners, die der inhaltlichen Ausgestaltung des Vertragsverhältnisses dienen, vom Verwender vorformuliert werden.[18] Eine analoge Anwendung dürfte in der Tat geboten sein, da die Frage der Anwendbarkeit der § 305 BGB nicht von eher zufälligen Äußerlichkeiten der rechtlichen Konstruktion abhängen soll. Entscheidend ist, ob der Verwender eine einseitige inhaltliche Gestaltungsmacht in Anspruch nimmt und so auf den Inhalt des Vertragsverhältnisses Einfluss nimmt.[19] Dies lässt sich in mehreren Fällen einseitiger rechtsgeschäftlicher Betätigung bejahen.

Beispiele:

(1) Der **Verzicht auf die Wirkungen der Restschuldbefreiung** stellt zwar ein einseitiges Rechtsgeschäft des anderen Teils dar. Wenn die Erklärung aber von demjenigen vorformuliert wird, demgegenüber die Erklärung abzugeben ist oder der sonst an ihrer Abgabe interessiert ist, finden die §§ 305 ff. BGB Anwendung.[20]

(2) Ebenfalls als Allgemeine Geschäftsbedingung wird die **formularmäßige Vollmachtserteilung** durch den Kunden – etwa zugunsten einer Bank – eingestuft.[21]

---

[12] BGH NJW 1996, 2575.
[13] Vgl. zuletzt BVerwG NJW 1998, 3216 (3218).
[14] Staudinger/*Mäsch* BGB § 305 Rn. 8; zur VBL-Satzung vgl. BGH NJW 2006, 3774.
[15] Näher hierzu Staudinger/*Mäsch* BGB § 305 Rn. 8; anders MüKoBGB/*Basedow* § 305 Rn. 6 ff.
[16] BGH NJW 1983, 1322 (1324); 2007, 997 (998); BeckOGK/*Lehmann-Richter* BGB § 305 Rn. 88.
[17] Staudinger/*Mäsch* BGB § 305 Rn. 12.
[18] BGH NJW 1986, 2428; 1987, 2011; 1999, 1864; 2000, 2677; 2014, 2857 Rn. 30; NJW-RR 2018, 486 Rn. 10.
[19] Ebenfalls zustimmend die allgemeine Meinung im Schrifttum; vgl. etwa Ulmer/*Habersack* BGB § 305 Rn. 16; Wolf/*Pfeiffer* BGB § 305 Rn. 11; Staudinger/*Mäsch* BGB § 305 Rn. 15; *Grunewald* FS Graf von Westphalen, 2010, 229 (231).
[20] BGH NJW 2015, 3029 mit Anm. *Piekenbrock*, LMK 2015, 372471.
[21] BGH NJW 1987, 2011; zu Vollmachten in Grundschuldformularen vgl. *Voran* DNotZ 2005, 887.

(3) Auch die **formularmäßige Unterwerfung unter die sofortige Zwangsvollstreckung** wird an den §§ 305 ff. BGB gemessen.[22] Nach Ansicht des BGH[23] stellt die formularmäßige Unterwerfung unter die sofortige Zwangsvollstreckung in einem Vordruck für die notarielle Beurkundung einer Sicherungsgrundschuld auch dann keine unangemessene Benachteiligung iS des § 307 BGB dar, wenn die Bank die Darlehensforderung nebst Grundschuld frei an beliebige Dritte abtreten kann. Dies war zuletzt im Hinblick auf geänderte Geschäftspraktiken der Kreditwirtschaft (vermehrter Verkauf der Darlehensforderungen an Finanzinvestoren) in Zweifel gezogen worden.[24]

(4) Eine **formularmäßige Vollmacht**, die auch eine persönliche Haftungsübernahme und die Unterwerfung unter die sofortige Zwangsvollstreckung im Rahmen einer Grundschuldbestellung umfasst, unterliegt ebenfalls den AGB-rechtlichen Kontrollvorschriften.[25]

Folgerichtig spielt es in diesem Zusammenhang auch keine Rolle, dass es sich bei der **114** **vorgeformten Erklärung des Kunden** nicht um eine Willenserklärung, sondern um eine **rechtsgeschäftsähnliche Erklärung** handelt.[26]

Beispiele:

(1) **Einwilligungserklärung in ärztlichen Heileingriff**[27]
(2) **Entbindung von der ärztlichen Schweigepflicht**[28]
(3) **Sektionseinwilligung**[29]
(3) **Einverständnis mit Telefonwerbung**[30]
(4) **Verbrauchereinwilligung in Kontaktaufnahme zu Werbezwecken** („Opt-in" durch Anklicken einen Kästchens)[31]
(5) **Einwilligung in Datennutzung**[32]
(6) Einwilligung, die es einem Diensteanbieter gestattet, **Cookies** zur Erstellung von Nutzungsprofilen für Zwecke der Werbung oder Marktforschung einzusetzen[33]

werden den §§ 305 ff. BGB unterworfen.

Es ist freilich darauf zu achten, dass nur einseitige Erklärungen des Kunden den **115** Vorschriften des AGB-Rechts unterstellt werden können. **Einseitige Rechtsgeschäfte des Verwenders** fallen nicht unter § 305 Abs. 1 S. 1 BGB. Der Verwender nimmt in diesem Fall keine fremde, sondern lediglich die ihm originär zustehende eigene Gestaltungsmacht in Anspruch.[34] Dies gilt etwa bei der Veranstaltung eines Reit- und Spring-

---

[22] Wolf/*Pfeiffer* BGB § 305 Rn. 11; BGH NJW 2002, 138 (139).

[23] BGH NJW 2010, 2041; hierzu *Jaeger/Hinrichs* NJW 2010, 2017; vgl. ferner BGH NJW 2009, 1887.

[24] Für Unwirksamkeit etwa LG Hamburg NJW 2008, 2784 und *Schimansky* WM 2008, 1049 ff. Auf der Linie des BGH dagegen *Freitag* WM 2008, 1813 ff.; *Binder/Piekenbrock* WM 2008, 1816 ff.; *Habersack* NJW 2008, 3173. Vgl. ferner BGH NJW 2009, 1887: keine AGB-Kontrolle im Klauselerinnerungsverfahren.

[25] BGH NJW 2003, 885 (886): allerdings kein Verstoß gegen das Überraschungsverbot.

[26] Ulmer/*Habersack* BGB § 305 Rn. 17; Staudinger/*Mäsch* BGB § 305 Rn. 14.

[27] Ulmer/*Habersack* BGB § 305 Rn. 17; *Gounalakis* NJW 1990, 752.

[28] Wolf/*Pfeiffer* BGB § 305 Rn. 11; Palandt/*Grüneberg* BGB § 305 Rn. 5; *Hollmann* NJW 1978, 2332; *dies.* NJW 1979, 1923; aA *Schütte* NJW 1979, 592 f.

[29] BGH NJW 1990, 2313 (2314).

[30] BGH NJW 2000, 2677.

[31] BGH NJW-RR 2018, 486.

[32] BGH NJW 2008, 3055 und 2010, 864 dort auch Näheres zu den datenschutzrechtlichen Anforderungen. Einwilligungsklauseln betreffend die Verarbeitung personenbezogener Daten müssen hinreichend transparent formuliert sein und sich insbesondere an den Vorschriften des Datenschutzrechts messen lassen. Zu Datenschutzklauseln AGB-Klauselwerke/*Munz*, Datenschutzklauseln, Stand April 2018; zum Verhältnis zwischen Datenschutz-Grundverordnung und AGB-Recht *Wendehorst/Graf von Westphalen* NJW 2016, 3745.

[33] Näher hierzu zuletzt BGH GRUR 2020, 891.

[34] BGH NJW 2011, 139 (141); BAG NZA 2016, 485 Rn. 14; Palandt/*Grüneberg* BGB § 305 Rn. 6; Ulmer/*Habersack* BGB § 305 Rn. 18; BeckOGK/*Lehmann-Richter* BGB § 305 Rn. 100; abweichend *Beckmann* NJW 1996, 1379 und *Grunewald*, in: FS von Westphalen, S. 231 f. Anders wird im

turniers für die in der Ausschreibung aufgestellten Regeln über den äußeren Ablauf des Turniers (insbesondere das sportliche Regelwerk).[35] Anders verhält es sich jedoch, soweit es um vorformulierte und vom Veranstalter vorgegebene Ausschlüsse oder sonstige Beschränkungen der Haftung für Verletzungen von Rechtsgütern der Teilnehmer (oder in den Schutzbereich einbezogener sonstiger Dritter) geht. Die verwendeten allgemeinen Bestimmungen betreffen hierbei nämlich nicht lediglich die Regelung der „eigenen Verhältnisse" des Verwenders (Veranstalters), sondern greifen auf die geschützten Rechtspositionen Dritter über und sind deshalb auch der Kontrolle nach §§ 305 ff. BGB unterworfen.[36] Auf dieser Linie liegt es, auch vom Verwender vorformulierte Empfangsvollmacht der AGB-Kontrolle zu unterwerfen, wie sie – wie die des Versicherungsvertreters – eine zumindest auch dem Schutz des Kunden dienende gesetzliche Ausgestaltung erfahren hat (§ 69 Abs. 1 Nr. 2 VVG) und der Verwender davon in seinen Allgemeinen Geschäftsbedingungen abweicht.[37]

116   Bloße Empfehlungen oder Bitten haben grundsätzlich keine rechtsgeschäftliche Bedeutung und sind daher keine Vertragsbedingungen. Die Abgrenzung ist im Wege der Auslegung durchzuführen und bereitet mitunter erhebliche Schwierigkeit.[38] Für die Unterscheidung von allgemeinen (verbindlichen) Vertragsbedingungen und (unverbindlichen) **Bitten, Empfehlungen** oder tatsächlichen **Hinweisen** ist nach Ansicht des BGH ebenso wie für die Abgrenzung zwischen einer auf die Herbeiführung individueller Rechtsfolgen gerichteten Willenserklärung von einem rein gesellschaftlichen Verhalten auf den Empfängerhorizont abzustellen. Eine Vertragsbedingung iS von § 305 Abs. 1 BGB liege vor, wenn ein allgemeiner Hinweis nach seinem objektiven Wortlaut bei den Empfängern den Eindruck hervorruft, es solle der Inhalt eines (vor-)vertraglichen Rechtsverhältnisses bestimmt werden.[39]

Beispiele:

(1) **Beispiel: Hinweisschild auf Taschenkontrolle im Supermarkt** (wie oben → Rn. 111). Den zweiten Teil der Klausel („anderenfalls weisen wir Sie höflichst darauf hin, dass wir an den Kassen ggf. Taschenkontrollen durchführen müssen") qualifiziert der BGH als Vertragsbedingung und damit auch als eine der Inhaltskontrolle unterliegende Allgemeine Geschäftsbedingung.[40] „Schon seinem Wortlaut nach beinhaltet dieser Klauselteil nicht nur eine unverbindliche Bitte um Öffnung der Taschen an den Kassen, sondern stellt die Durchführung einer Taschenkontrolle als zwingende Folge der Mitnahme von Taschen in den Einkaufsmarkt dar. Auch wenn auf diese Folge in ‚höflichster' Form hingewiesen wird und der Hinweis mit ‚Information' überschrieben ist, entsteht für den Durchschnittskunden dadurch der Eindruck, diese wolle sich für den Fall, dass er seine Tasche in den Markt mitnimmt, grundsätzlich das Recht einer Taschenkontrolle vorbehalten. Der Kunde sieht sich vor die Wahl gestellt, entweder seine Tasche freiwillig abzugeben oder (‚anderenfalls') deren Kontrolle an der Kasse zu dulden. Der Hinweis geht damit über die bloße Ankündigung eines möglicherweise zu erwartenden tatsächlichen Verhaltens der Supermarktleitung hinaus."

Anwendungsbereich des § 310 Abs. 3 BGB zu entscheiden sein, da die Schutzkonzeption der Richtlinie über missbräuchliche Klauseln in Verbraucherverträgen auf alle rechtsgeschäftlichen Regelungen abzielt, die auf das Vertragsverhältnis einwirken, vgl. *Heinrichs* NJW 1999, 1597.

[35] Hier kommt allenfalls eine Kontrolle auf der Grundlage von Treu und Glauben in Betracht, bei der die Wertungsmaßstäbe der §§ 305 ff. BGB mittelbar zum Tragen kommen, BGH NJW 2011, 139 (141).

[36] BGH NJW 2011, 139 (141).

[37] BGH NJW 1999, 1633 (1635); 2279 (2283); ebenso schon zuvor – freilich ohne eingehende Begründung – BVerwG NJW 1998, 3216 (3218).

[38] Die Unklarheit der Rechtsqualität begründet hingegen keine Intransparenz iS des § 307 Abs. 1 S. 2 BGB. Die Klärung erfolgt im Wege der Auslegung. Vgl. BGH NJW 2014, 2269 (2271 f.).

[39] BGH NJW 1996, 2574; 2009, 1337 (1338); 2014, 2269 (2270 f.).

[40] BGH NJW 1996, 2574 in teilweiser Abweichung von BGH NJW 1994, 188.

(2) Anders verhält es bei **Angaben in einem Produktkatalog**, wonach „**Änderungen und Irrtümer vorbehalten**" und „**Abbildungen ähnlich**" sein sollen. Hierbei handelt es sich um Hinweise ohne eigenständigen Regelungsgehalt, die lediglich zum Ausdruck bringen, dass die im Katalog enthaltenen Angaben insoweit vorläufig und unverbindlich sind, als sie vor oder bei Abschluss des Vertrages noch korrigiert werden können. Ein vertraglicher Regelungsgehalt, insbesondere eine etwaige Beschränkung der Rechte des Vertragspartners in haftungs- und gewährleistungsrechtlicher Hinsicht, kann diesen Hinweisen nicht entnommen werden. Unzutreffenden Katalogangaben ist ggf. wettbewerbsrechtlich zu begegnen.[41]

Interne Anweisungen oder **Richtlinien** eines Unternehmens (zB einer Bank) sind   **116a** regelmäßig nicht für den Kunden bestimmt und werden diesem auch nicht bekannt gegeben. Sie zielen nicht auf eine vertragliche Regelung ab, sondern wollen tatsächliches Verhalten koordinieren. Nach Ansicht des BGH können solche internen Richtlinien jedoch unter dem Aspekt der Umgehung des AGB-Rechts (§ 306a BGB) den Kontrollvorschriften der §§ 305 ff. BGB unterworfen werden.[42]

Kontrovers diskutiert wird die **AGB-Qualität von Wertpapierbedingungen** bei den   **117** in der Praxis vorherrschenden Fremdemissionen.[43] Dabei geht es um Schuldverschreibungen und Genuss- und Optionsscheine, die von einem Unternehmen begeben, von einzelnen Emissionsbanken oder einem Emissionskonsortium dann fest übernommen und im Anschluss hieran am Anlagemarkt platziert werden. Aktien bleiben von vornherein außen vor, denn diese vermitteln dem Erwerber gesellschaftsrechtlich geprägte Mitgliedschaftsrechte (§ 310 Abs. 4 BGB). Der BGH hat in der sog. Klöckner-Entscheidung die Anwendung des AGB-Gesetzes hinsichtlich einer Genussscheinfremdemission ohne weiteres bejaht.[44] Gegen die Überprüfung von Wertpapierbedingungen am Maßstab des AGB-Rechts sind im Schrifttum von Anfang an Vorbehalte geltend gemacht worden. Vor allem *Ekkenga* hatte sich entschieden gegen die Aktivierung des AGB-Rechts ausgesprochen.[45] Das AGB-Recht werde den tatsächlichen Gegebenheiten bei Anleiheemissionen nicht in geringster Weise gerecht und passe daher schlechthin nicht. Anleihebedingungen seien mangels normativer Kontrollmaßstäbe nicht oder nur eingeschränkt überprüfbar; ferner berücksichtige die AGB-Kontrolle die kollektiven Bezüge des Marktgeschehens nicht und stehe dem notwendigen Konditionenwett-

---

[41] BGH NJW 2009, 1337; kritisch *Pfeiffer*, LMK 2009, 279564 und *Grunewald*, in: FS für Graf von Westphalen, S. 234 f.

[42] BGH NJW 2005, 1645 (1646 f.); abl. *Stoffels*, in: Bankrechtstag 2010, Anlegerschutz im Wertpapiergeschäft, 2011, S. 91 f.; zur Problematik auch *Borges* ZIP 2005, 185 ff.

[43] Mit im Einzelnen unterschiedlichen Lösungsvorschlägen: *Assmann* WM 2005, 1053; *Gottschalk* ZIP 2006, 1121; *Joussen* WM 1995, 1861 ff.; *Kallrath*, Die Inhaltskontrolle der Wertpapierbedingungen von Wandel- und Optionsanleihen, Gewinnschuldverschreibungen und Genussscheinen, 1993, passim; *Ekkenga* ZHR 160 (1996), 59 ff.; *Kinzl/Schmidberger*, Genussscheinbedingungen unter dem Verdikt der AGB-Kontrolle WM 2016, 2160; *Siebel*, Rechtsfragen der internationalen Anleihen, 1997, S. 306 ff.; *M. Wolf* FS Zöllner, 1999, 651 ff.; *Masuch*, Anleihebedingungen und AGB-Gesetz, 2001, hierzu *Stoffels* ZHR 166 (2002), 359 ff.

[44] BGH NJW 1993, 57; bestätigt durch BGH NJW 2018, 2193 Rn. 28. Für die AGB-Eigenschaft der Anleihebedingungen im Falle der Fremdemission die wohl hM, vgl. *Wolf/Pfeiffer* BGB § 307 Rn. 296; *Ulmer/Habersack* BGB § 305 Rn. 71; *Hopt* FS Steindorff, 1990, 341 (364); *Lutter* DB 1993, 2442; *Masuch*, Anleihebedingungen und AGB-Gesetz, 2001, S. 115 ff.; *Sethe* WM 2012, 579; aA zuletzt *Assmann* WM 2005, 1057 f. BGH NJW-RR 2009, 1641 und NJW 2020, 986 Rn. 23 betonen nunmehr, Anleihebedingungen stellten generell Allgemeine Geschäftsbedingungen dar. Ferner hat der BGH (NJW 2010, 1277) klargestellt, dass auch ein im Emissionsprospekt abgedruckter Mittelverwendungskontrollvertrag, der als ein dem Schutz der Anleger dienender Vertrag zu Gunsten Dritter ausgestaltet ist, der Inhaltskontrolle unterliegt, und zwar auch dann, wenn er zwischen der Fondsgesellschaft (Versprechensempfänger) und dem Mittelverwendungskontrolleur eingesetzten Wirtschaftsprüfer (Versprechender) individuell ausgehandelt wurde.

[45] *Ekkenga* ZHR 160 (1996) 59 ff.

bewerb auf Kapitalnachfragerseite entgegen. Demgegenüber wird man mit *Masuch* das Verhältnis des Emittenten zu den Anlegern in den Vordergrund rücken und es für unerheblich halten müssen, dass die Anleger den Begebungsvertrag, in welchen die Anleihebedingungen einbezogen werden, nicht selbst abschließen.[46] Denn auch auf den derivativen Eintritt der ersten, am Ende des Platzierungsvorgangs stehenden Anleger in die verbriefte Rechtsbeziehung zum Emittenten treffen die AGB-typischen Wertungsgrundlagen zu. Im Hinblick auf die Wertungsgrundlagen der Inhaltskontrolle muss es nämlich als entscheidend betrachtet werden, dass es den Anlegern zwar freisteht, sich für oder gegen einen Anleiheerwerb und die damit verbundene Maßgeblichkeit der Anleihebedingungen zu entscheiden, dass alleine diese Entscheidungsfreiheit jedoch keine Gewähr dafür bietet, dass die Anleihebedingungen den Interessen des jeweiligen Erwerbers ausreichend gerecht werden. Denn einerseits ist der Anleger damit überfordert, die Anleihebedingungen zu überprüfen, inwieweit sie mit seinen Interessen vereinbar sind und sich auf dieser Grundlage ggf. gegen einen Anleiheerwerb zu entscheiden, andererseits würden die Anleihebedingungen ohne wesentliches Gegengewicht den Emittenteninteressen entsprechend gestaltet. Diese Sichtweise wahrt zudem den Wertungsgleichklang gegenüber der unmittelbaren Platzierung, bei der es sich ja letztlich nur um eine andere Technik der Emission handelt. Allerdings kommt nur eine **eingeschränkte, modifizierte Anwendung des AGB-Rechts** in Betracht.[47] Das kapitalmarktrechtliche Ziel, die Funktionsfähigkeit des Handels mit Wertpapieren zu sichern, darf nicht unterlaufen werden. Voraussetzung für einen funktionsfähigen Handel sind insbesondere standardisierte Rechtsinhalte der Wertpapiere. Denn wäre der Inhalt des verbrieften Rechts von den Umständen des Erwerbsvorgangs in der Person der Rechtsvorgänger abhängig, so wäre auch die Fungibilität der Wertpapiere nicht mehr gewährleistet. Aus diesem Grunde hat der BGH zu Recht eine **funktionale Reduktion des Anwendungsbereichs des § 305 Abs. 2 BGB** für Anleihebedingungen von Inhaberschuldverschreibungen vorgenommen.[48] Für die Einbeziehung der Anleihebedingungen in den Vertrag genügt damit auch eine konkludente Einbeziehungsvereinbarung. Soweit es sich bei den konkreten Bedingungen nicht um eine kontrollfreie Leistungsbestimmungen[49] handelt, unterliegen sie der Inhaltskontrolle nach den §§ 307 ff. BGB. Die Bereichsausnahme für Verträge auf dem Gebiet des Gesellschaftsrechts (§ 310 Abs. 4 BGB) ist nicht einschlägig, weil es bei Genussrechten und Schuldverschreibungen um keine gesellschaftsrechtlich geprägten Mitgliedschaftsrechte, sondern um ein schuldrechtliches Gläubigerrecht geht.[50]

Beispiel: Unwirksam ist eine Klausel in Allgemeinen Emissionsbedingungen, nach denen der Emittent von Optionsscheinen die Bedingungen ändern kann, um offensichtliche Irrtümer zu berichtigen (§§ 308 Nr. 4, 307 BGB).[51]

118   **b) Vorformulierung für eine Vielzahl von Verträgen.** Die Vertragsbedingung muss des Weiteren „vorformuliert" sein und dies „für eine Vielzahl von Verträgen".

119   **(1) Vorformulierung.** Bei der „Vorformulierung" handelt es sich um ein formales Element der Definition. „Vorformuliert" sind Vertragsbedingungen dann, wenn sie **zeitlich vor dem Vertragsabschluss fertig formuliert vorliegen**, um in künftige Verträge

---

[46] *Masuch,* Anleihebedingungen und AGB-Gesetz, 2001, insbes. S. 149 ff.
[47] Zum folgenden eingehend *Masuch,* Anleihebedingungen und AGB-Gesetz, 2001, S. 149 ff.
[48] BGH NJW 2005, 2917.
[49] Zur Abgrenzung Wolf/*Pfeiffer* BGB § 307 Rn. 296.
[50] BGH NJW 1993, 305 (312); 2020, 986 Rn. 23.
[51] BGH NJW-RR 2009, 1641.

einbezogen zu werden.[52] In welcher Weise die Bedingungen fixiert werden – schriftlich, auf CD oder im Kopf des Verwenders – spielt keine Rolle.[53] Denn im Hinblick auf den Schutzzweck des gesetzlichen AGB-Rechts macht es keinen Unterschied, ob der Verwender die Vertragsbedingungen in schriftlicher Form vorbereitet und für die Einbeziehung in abzuschließende Verträge bereitstellt, oder ob er seine Vertreter eine bestimmte Formulierung auswendig lernen lässt und sie dazu anhält, diese Formulierung bei allen zukünftigen Vertragsabschlüssen in den schriftlichen Text aufzunehmen oder von den Kunden mündlich akzeptieren zu lassen.[54]

Beispiel: Ein Möbelhändler hält seine Angestellten an, in die Rubrik „Zahlung am" handschriftlich die Eintragung „Restzahlung vor Lieferung" vorzunehmen.[55]

Exakte sprachliche Übereinstimmung in allen Verwendungsfällen ist nicht zu verlangen. Nicht die grammatikalische und orthographische Monotonie massenhaft verwendeter Regelungen begründet deren Kontrollfähigkeit, sondern die massenhafte Verwendung eines **inhaltlich gleich bleibenden** Regelungsmodells.[56]   **120**

Auch kommt es nicht darauf an, dass die Vorformulierung durch den Verwender selbst oder in seinem Auftrag vorgenommen wird; sie kann auch von einem beliebigen **Dritten** ausgehen.   **121**

Beispiel: Der Vermieter bedient sich bei Abschluss des Mietvertrages eines vom Haus- und Grundbesitzerverein konzipierten Formulars.

Zur Frage des Vorliegens Allgemeiner Geschäftsbedingungen, wenn das Formular des Verwenders **Ergänzungs- oder Wahlmöglichkeiten** vorsieht, hat sich in der neueren Rechtsprechung zu Laufzeitregelungen – insbesondere in Versicherungsverträgen – folgende Linie herausgeschält:[57] Wenn bereits der Formulartext die zu beanstandende Regelung enthält, wird durch unselbstständige Ergänzungen, die nur den Vertragsgegenstand im Einzelfall konkretisieren und den sachlichen Gehalt der Regelung nicht beeinflussen, der Charakter einer Klausel als Allgemeine Geschäftsbedingung nicht in Frage gestellt.[58]   **122**

Beispiele:
(1) Einfügung von **Namen** oder der **Bezeichnung des Vertragsobjekts.**
(2) Um eine unselbstständige Ergänzung handelt es sich ferner, wenn die handschriftliche Eintragung lediglich die **rechnerische Folgerung** darstellt, die sich aus einer formularmäßig vorgegebenen Dauer des Vertragsverhältnisses im Falle der Ausübung einer Verlängerungsoption ergibt.[59]

Anders kann aber für solche Ergänzungen zu entscheiden sein, die selbst den wesentlichen Inhalt der Klausel festlegen, zB die Länge der Vertragsdauer. Eine AGB-Klausel liegt immer dann vor, wenn der Kunde nur die **Wahl zwischen bestimmten, vom Ver-**   **123**

---

[52] BGH NJW 1998, 2600; OLG Dresden BB 1999, 228; MüKoBGB/*Basedow* § 305 Rn. 13; Wolf/*Pfeiffer* BGB § 305 Rn. 14.
[53] BGH NJW 2001, 2635 (2636): „Der Begriff der AGB erfordert nicht die Schriftform."; BGH NJW 2002, 2388 (2389); NJW-RR 2014, 1133 (1134).
[54] BGH NJW 1988, 410; 1998, 1066 (1068); BAG NZA 2012, 908 (909).
[55] Beispiel nach OLG Dresden BB 1999, 228 mit der zutreffenden Klarstellung, dass es einer Anweisung des Verwenders dabei ebenso wenig bedarf wie der Absicht, die Ergänzung *allen* Verträgen anzufügen.
[56] So treffend OLG Düsseldorf NZG 1998, 353; ferner OLG Dresden BB 1999, 228.
[57] BGH NJW 1996, 1676, kritisch hierzu *Leverenz* NJW 1997, 421; BGH NJW-RR 1997, 1000; NJW 1998, 1066; 2000, 1110 (1111). Der behandelte Fragenkreis wird vielfach als Problem des Vorliegens einer Individualabrede begriffen. In Wahrheit handelt es sich jedoch um eine Frage der Vorformulierung (so zutreffend auch BGH NJW 2000, 1110, 1111).
[58] BGH NJW 1996, 1676 (1677); 1998, 1066 (1067); 1998, 2815 (2816); 1999, 1105 (1106); 3260.
[59] BGH NJW 2000, 1110 (1111).

wender vorgegebenen Alternativen hat.[60] Denn sonst hätte es der Verwender in der Hand, den Schutz des AGB-Rechts außer Kraft zu setzen, indem er dem Kunden in seinem Vertragsformular mehrere, für sich genommen jeweils unzulässige, Klauseln zur Wahl stellt.

Beispiel: Vorformulierte Vertragsbedingungen, die dem **Darlehensnehmer die Wahl zwischen einer Darlehensvariante ohne „Bearbeitungsprovision" zu marktüblichem Zins und einer Darlehensvariante mit „Bearbeitungsprovision" zu einem günstigeren Zinssatz eröffnen,** stellen grundsätzlich noch keine Individualabrede dar. Dabei ist es ohne Bedeutung, ob der Klauselverwender für jede der Alternativen ein gesondertes Formular benutzt, alle Alternativen in einem Formular abdruckt und den Kunden die gewünschte Klausel kennzeichnen lässt oder die Wahl zwischen mehreren vorgegebenen Alternativen durch Eintragung in dafür vorgesehene Leerräume des Formulars erfolgt. Vielmehr muss auch hier der Vertragspartner des Klauselverwenders Gelegenheit erhalten, alternativ eigene Textvorschläge mit der effektiven Möglichkeit ihrer Durchsetzung einzubringen.[61]

124   Allein die in einem Antragsformular neben der vorgedruckten Vertragsdauer offengelassene Möglichkeit, eine andere als die vorgedruckte Vertragsdauer einzutragen, nimmt einer Klausel ebenfalls noch nicht den Charakter einer vorformulierten Vertragsbedingung i S des § 305 Abs. 1 S. 1 BGB.

Beispiel: Die dem Antragsteller mit der Klausel formal eingeräumte Möglichkeit, den Vertragsinhalt hinsichtlich der Vertragsdauer durch eigene Erklärung zu bestimmen, wird durch den ihr vorausgehenden vorformulierten Vorschlag des Versicherers über eine Vertragsdauer von zehn Jahren überlagert.

125   Enthält das Formular lediglich eine offene Stelle, die vom Vertragspartner nach seiner freien Entscheidung als **selbstständige Ergänzung** auszufüllen ist, ohne dass vom Verwender vorformulierte Entscheidungsvorschläge hinzugefügt wurden, so stellt dieser Formularteil in der Regel keine Allgemeine Geschäftsbedingung dar. Der Verwender macht gerade nicht einseitig von seiner Gestaltungsmacht Gebrauch.[62] Allerdings kann in solchen Fällen nach Art und Inhalt der Ergänzung trotzdem der Schluss auf ihren vorformulierten Charakter nahe liegen. Das gilt namentlich dann, wenn der Verwender das Antragsformular üblicherweise oder gegenüber einer Mehrzahl von Kunden in gleicher Weise ergänzt oder ergänzen lässt und wenn der zu ergänzende Text nicht zum Gegenstand der Verhandlungen bei Vertragsabschluss gemacht wird.[63] Denn Allgemeine Geschäftsbedingungen können – wie bereits erwähnt – nicht nur aus schriftlich vorformulierten Texten bestehen, sondern auch aus sonstigen vom Verwender ausgearbeiteten Klauseln, die nur aus dessen oder seiner Mitarbeiter Gedächtnis in den jeweiligen Vertragstext übernommen werden.[64]

126   **(2) Für eine Vielzahl von Verträgen.** Das Merkmal der Vielzahl betont ebenso wie dasjenige der Vorformulierung den nicht an der individuellen Vertragsbeziehung, sondern am Massengeschäft ausgerichteten Charakter der Allgemeinen Geschäftsbedingungen.

127   Entscheidend ist die **Absicht,** die vorformulierten Bedingungen für eine Vielzahl von Verträgen verwenden zu wollen.[65] Dass die Bedingungen dann auch tatsächlich in mehrere Verträge einbezogen worden sind, ist nicht notwendig. Theoretisch kann somit eine

---

[60] MüKoBGB/*Basedow* § 305 Rn. 16; BGH NJW-RR 2018, 814; vgl. aber auch BGH NJW 2003, 1313.

[61] BGH NJW-RR 2018, 814, dort unter dem Aspekt der Individualabrede erörtert, für die dasselbe gilt.

[62] BGH NJW 1998, 1066 (1067); OLG Frankfurt NJW-RR 1997, 1485.

[63] BGH NJW 1992, 746; 1998, 1066 (1068); NJW-RR 2017, 137.

[64] BGH NJW 1998, 1066 (1068).

[65] BGH NJW 1997, 135; 2004, 1454; Wolf/*Pfeiffer* BGB § 305 Rn. 15; BeckOK/*Becker* BGB § 305 Rn. 25; aA Löwe/Graf von Westphalen/*Trinkner* AGBG § 1 Rn. 8 („rein faktische Feststellung" sei maßgeblich).

AGB-Kontrolle auch im Falle erstmaliger Verwendung erfolgen. Auf der anderen Seite ist es denkbar, dass trotz objektiver Mehrfachverwendung keine Allgemeinen Geschäftsbedingungen vorliegen. Allerdings wird in diesem Falle der entsprechende Wille des Verwenders und damit die AGB-Qualität der Klausel vermutet.[66] Wird eine Klausel dagegen allein für einen konkreten Einzelvertrag vorformuliert, sodass von Allgemeinen Geschäftsbedingungen zunächst nicht die Rede sein kann, dann bleibt es bei dieser Beurteilung, selbst wenn später die Vertragsbedingungen in weitere Verträge Eingang finden und dort als Allgemeine Geschäftsbedingungen einzustufen ist.[67] Verwendet hingegen eine Vertragspartei Bedingungen, die von einem Dritten für eine Vielzahl von Verträgen entworfen worden sind (zB ADAC-Kaufvertragsformular für Gebrauchtwagen), so ist nicht erforderlich, dass die Partei selbst eine mehrfache Verwendung der Bedingungen beabsichtigt.[68]

Ab welcher Zahl eine Vielzahl vorliegt, ist umstritten. Die wohl überwiegende Meinung verlangt **mindestens drei Fälle,**[69] wobei die mehrfache Verwendung gegenüber demselben Kunden genügt.[70] Dass von vornherein nur die Verwendung für eine begrenzte Zahl von Rechtsgeschäften beabsichtigt war, hindert das Eingreifen der §§ 305 ff. BGB nicht.   **128**

Beispiel: Der Verkauf von fünf Eigentumswohnungen in einem Mehrfamilienhaus durch im Wesentlichen gleich lautende Formularverträge begründet die Anwendbarkeit der Vorschriften des 2. Abschnitts auch dann, wenn ein weitergehender Einsatz nicht geplant und mangels weiterer zu verkaufender Objekte auch nicht zu erwarten war.[71]

(3) Einzelvertragsklauseln in Verbraucherverträgen. Nach **§ 310 Abs. 3 Nr. 2 BGB**   **129** gelten wesentliche Schutzvorschriften, nämlich die §§ 305c Abs. 2 und 306 BGB sowie die §§ 307 bis 309 BGB sowie Art. 46b EGBGB, für vorformulierte Vertragsbedingungen in Verbraucherverträgen auch dann, wenn diese nur zur einmaligen Verwendung bestimmt sind, vorausgesetzt der Verbraucher konnte aufgrund der Vorformulierung auf ihren Inhalt keinen Einfluss nehmen.

Beispiel: Ein Beratungsunternehmen schließt mit einem Existenzgründer[72] einen speziell auf diesen Kunden zugeschnittenen Beratungsvertrag, dessen Bedingungen es – zumindest teilweise – für diesen Fall eigens ausgearbeitet hat. Auch die nur für diesen einmaligen Fall vorformulierten Vertragsbedingungen unterliegen gem. § 310 Abs. 3 Nr. 2 BGB der Inhaltskontrolle nach § 307 BGB.

Mit dem **Verzicht auf das Vielzahl-Merkmal** wird der Richtlinie über missbräuchliche   **130** Klauseln in Verbraucherverträgen Rechnung getragen, die in Art. 3 lediglich von „nicht im Einzelnen ausgehandelten" Vertragsklauseln sowie von „vorformulierten Standardverträgen" spricht, eine Mehrfachverwendung als konstitutives Merkmal aber offenbar nicht voraussetzt. Die einschränkende Voraussetzung, dass der **Verbraucher aufgrund der Vorformulierung keinen Einfluss auf den Inhalt der Vertragsbedingungen nehmen konnte,** begründet der Sache nach keinen Unterschied zu § 305 Abs. 1 S. 3

---

[66] BGH NJW 1997, 135.

[67] BGH NJW 1997, 135.

[68] BGH NJW 2010, 1131; BAG NJW 2010, 550 (552); Palandt/*Grüneberg* BGB § 305 Rn. 9.

[69] BGH NJW 1998, 2286 (2287); 2002, 138 (139); 2019, 2997 Rn. 31; BAG NZA 2005, 1111 (1116); 2010, 342 (344); 2011, 89; *Ulmer/Habersack* BGB § 305 Rn. 25; Wolf/*Pfeiffer* BGB § 305 Rn. 16; kritisch *Canaris*, in: Karlsruher Forum 1997, S. 77 f. und *Buz* AcP 219 (2019), 1 ff.

[70] BGH NJW 2004, 1454 (1455).

[71] BGH NJW 1981, 2344 (2345).

[72] Dieser ist in Anlehnung an § 513 BGB und aufgrund seiner Schutzwürdigkeit als Verbraucher zu qualifizieren.

BGB.[73] Eine Individualabrede in einem Verbrauchervertrag wird somit auch von § 310 Abs. 3 Nr. 2 BGB nicht erfasst. Für die Anwendung des § 310 Abs. 3 Nr. 2 AGBG spielt es keine Rolle, ob die jeweilige Klausel auf Vorschlag des Unternehmers oder eines Dritten Inhalt des Vertrages geworden ist.[74] Das Merkmal des „Stellens" kommt im Text der Bestimmung nicht vor und wäre zudem mit der Richtlinie schwerlich in Einklang zu bringen. Wohl aber entfällt der Schutz des Verbrauchers über § 310 Abs. 3 Nr. 2 BGB, wenn die Einzelvertragsklausel auf seinen Vorschlag hin in den Vertrag einbezogen wurde.[75] § 310 Abs. 3 Nr. 2 BGB erklärt anders als die Nr. 1 dieser Vorschrift nicht den 2. Abschnitt (§§ 305 ff. BGB) in toto für anwendbar, sondern beschränkt sich auf einige wichtige Regelungen. Problematisch ist der Ausschluss der §§ 305 Abs. 2 und 305c Abs. 1 BGB, insofern in ihnen auch das Transparenzgebot verankert ist. In richtlinienkonformer Auslegung ist § 310 Abs. 3 Nr. 2 BGB so zu verstehen, dass die von der Richtlinie (Art. 4 Abs. 2 und 5 S. 1) geforderte Kontrolle auf Verständlichkeit und Klarheit nicht behindert sein soll.[76] Einzelvertragsklauseln sind ferner vom **Verbandsklageverfahren** nach dem Unterlassungsklagegesetz **ausgeschlossen,** denn § 1 UKlaG spricht von Allgemeinen Geschäftsbedingungen und nimmt damit auf die – nicht durch § 310 Abs. 3 Nr. 2 BGB erweiterte – Begriffsbestimmung des § 305 Abs. 1 BGB Bezug.[77] Der Grund ist darin zu sehen, dass das Verbandsklageverfahren nur bei massenhafter Verwendung von Vertragsbedingungen sinnvoll erscheint. Diese Interpretation steht im Übrigen in Übereinstimmung mit Art. 7 Abs. 2 der Richtlinie, der die Einrichtung eines Kontrollverfahrens nur für Vertragsklauseln verlangt, „die im Hinblick auf eine allgemeine Verwendung abgefasst wurden".

131   **c) „Stellen".** Ferner setzt die AGB-Qualität einer Vertragsbestimmung nach § 305 Abs. 1 S. 1 BGB voraus, dass sie **dazu bestimmt** ist, von einer Vertragspartei bei Abschluss des Vertrages der anderen **gestellt zu werden.** Durch das Merkmal des Stellens wird zugleich die Person des **Verwenders** festgelegt.[78] Die Bestimmung des Verwenders ist deswegen von einiger Bedeutung, weil die AGB-rechtlichen Vorschriften allein die Benachteiligung des *Vertragspartners* des Verwenders zur Unwirksamkeit von Vertragsbestimmungen führen lassen, eine Inhaltskontrolle zugunsten des Klauselverwenders mithin nicht stattfindet.[79] Unzulässig ist es allerdings, aus dem Inhalt Allgemeiner Geschäftsbedingungen auf die Verwendereigenschaft zu schließen und jeweils denjenigen Vertragspartner als Verwender anzusehen, den die einzelne Klausel begünstigt.[80]

132   **(1) Konkreter einseitiger Einbeziehungsvorschlag.** Mit dem Tatbestandselement des „Stellens" bringt das Gesetz das Allgemeine Geschäftsbedingungen prägende Moment der einseitigen Auferlegung zum Ausdruck. In dieser Einseitigkeit der Auferlegung sieht der Gesetzgeber den inneren Grund und Ansatzpunkt für die rechtliche Sonderbehandlung Allgemeiner Geschäftsbedingungen gegenüber individuellen Abreden.[81] Das Merk-

[73] BAG NZA-RR 2009, 519 (521); Palandt/*Grüneberg* BGB § 310 Rn. 17; Erman/*Roloff/Looschelders* BGB § 310 Rn. 20; *Imping* WiB 1997, 340; im Ergebnis auch *Graf von Westphalen* BB 1996, 2103; aA *Klaas* FS Brandner, 1996, 247 (257) und Ulmer/*Schäfer* BGB § 310 Rn. 85.
[74] Palandt/*Grüneberg* BGB § 310 Rn. 16; MüKoBGB/*Basedow* § 310 Rn. 102; Staudinger/*Piekenbrock* BGB § 310 Rn. 130; aA Ulmer/*Schäfer* BGB § 310 Rn. 81.
[75] Palandt/*Grüneberg* BGB § 310 Rn. 16; Staudinger/*Piekenbrock* BGB § 310 Rn. 130.
[76] Ulmer/*Schäfer* BGB § 310 Rn. 91; Palandt/*Grüneberg* BGB § 310 Rn. 18.
[77] Staudinger/*Piekenbrock* UKlaG § 1 Rn. 14.
[78] *Miethaner*, AGB-Kontrolle versus Individualvereinbarung, S. 181; *Schwab*, AGB-Recht 1. Teil Rn. 97; Soergel/*Fritzsche* BGB § 305 Rn. 20.
[79] BGH NJW 1987, 837 (838); 1998, 2280 (2281); BAG NZA 2006, 257 (258); 2007, 687 (690).
[80] BGH NJW 1995, 2034 (2035).
[81] RegE BT-Drs. 7/3919, S. 15.

mal des „Stellens" ist erfüllt, wenn eine Vertragspartei die Einbeziehung ihrer vorformulierten Bedingungen in den abzuschließenden Vertrag verlangt, also insoweit einen konkreten (einseitigen) Einbeziehungsvorschlag unterbreitet.[82] Ausreichend ist der **Versuch einseitiger Auferlegung.**[83]

In Zweifelsfällen beruft sich die Rechtsprechung auf den Schutzzweck des gesetzlichen AGB-Rechts. Er wirkt einer allzu formalen Bestimmung der Verwendereigenschaft entgegen. Augenfällig wird dies, wenn danach gefragt wird, welcher Vertragspartei die Einbeziehung zuzurechnen ist.   **133**

Beispiele:

(1) Eine Wohnungsbauträgergesellschaft, die sich von einem Wirtschaftsprüfer ein **Vertragswerk für ein Bauherrenmodell** ausarbeiten lässt, ist Verwenderin der darin enthaltenen Allgemeinen Geschäftsbedingungen, auch wenn der Wirtschaftsprüfer später als Treuhänder der Bauherren die Verträge in deren Namen mit der Gesellschaft abschließt. Die von ihm vor seiner Bestellung zum Treuhänder erarbeiteten Vertragsklauseln muss sich die Gesellschaft als alleinige Verwenderin zurechnen lassen, da der Wirtschaftsprüfer zur Zeit der Erarbeitung des Vertragstextes im Auftrag der Gesellschaft tätig war und allein ihre Interessen wahrnahm.[84]

(2) **Schließt ein marktmächtiger Teilnehmer des Geschäftsverkehrs** – etwa die öffentliche Hand – **in aller Regel nur unter Einbeziehung der von ihm verfassten Allgemeinen Geschäftsbedingungen ab,** so kommt es nicht darauf an, wer die Einbeziehung dieser Bedingungen letztlich angeregt hat. Nimmt der Vertragspartner in Kenntnis dieser Praxis und der daran anschließenden Erwartung, dass anders ein Vertragsabschluss nicht zu erreichen sein wird, die gegnerischen Allgemeinen Geschäftsbedingungen von vornherein in das Angebot auf, so ist die Aufnahme der Bedingungen nicht das Ergebnis einer freien Entscheidung, sondern Folge der Übung des Aufstellers, Verträge nur unter Einbeziehung dieser Regeln abzuschließen. Ihre Aufnahme in den Vertrag ist daher auch in diesem Falle Ausdruck der von dem Verfasser der Bedingungen ausgehenden Marktmacht, so dass sie allein ihm zuzurechnen ist. Auch ohne ausdrückliches Verlangen hat er durch diese Übung auf die inhaltliche Gestaltung der Vereinbarung Einfluss genommen und so die Einbeziehung der von ihm aufgestellten Vertragsbedingungen veranlasst. Das genügt, um ihn auch insoweit als Verwender der Bedingungen erscheinen zu lassen; auf eine eigenhändige Einbeziehung kommt es in diesem Zusammenhang nicht an.[85]

(3) Ein Pharmahersteller macht eine **Vertragsstrafe** in Höhe von 250.000 EUR gegen einen von ihm belieferten Großhändler geltend, der allein für humanitäre Hilfslieferungen bestimmte Medikamente kommerziell weiterveräußert hatte. Dem Großhändler waren die AGB, in der sich die umstrittene Vertragsstrafenregelung fand, mit dem Hinweis übersandt worden: „Anbei erhalten Sie den Vertrag (…). **Falls Sie Anmerkungen oder Änderungswünsche haben, lassen Sie uns dies bitte wissen.**" Nach Ansicht des BGH[86] ändert dieser Hinweis nichts an der Verwendereigenschaft des Pharmaherstellers. An dem durch einseitige Ausnutzung der Vertragsgestaltungsfreiheit einer Vertragspartei zum Ausdruck kommenden Stellen vorformulierter Vertragsbedingungen fehle es nur dann, wenn deren Einbeziehung sich als Ergebnis einer freien Entscheidung desjenigen darstelle, der mit dem Verwendungsvorschlag konfrontiert werde. Erforderlich hierfür sei, dass diese Vertragspartei in der Auswahl der in Betracht kommenden Vertragstexte frei ist und insbesondere Gelegenheit erhält, alternativ eigene Textvorschläge mit der effektiven Möglichkeit ihrer Durchsetzung in die Verhandlungen einzubringen. Diesen Einfluss erlange der Kundes indes nicht, wenn pauschal die Bereitschaft bekundet wird, auf Änderungswünsche einzugehen. Hier überschneiden sich erkennbar die Überlegungen zum Merkmal des „Stellens" und des Vorliegens einer Individualabrede.

(4) **Bringt der Mieter auf Wunsch des Vermieters ein Mietvertragsmuster** (hier: Haus & Grund-GmbH) **zu den Vertragsverhandlungen mit,** wird er allein dadurch noch nicht zum „Ver-

---

[82] BGH NJW-RR 2018, 844 Rn. 10; *Ulmer/Habersack* BGB § 305 Rn. 27.

[83] *Locher,* Recht der AGB, S. 27.

[84] BGH NJW 1985, 2477. Zu den Schwierigkeiten der Verwenderbestimmung bei Bauherrenmodellen vgl. im Übrigen BGH NJW 1992, 2160 (2162); *Ulmer/Habersack* BGB § 305 Rn. 27a und Staudinger/*Mäsch* BGB § 305 Rn. 45.

[85] BGH NJW 1997, 2043; NJW-RR 2006, 740.

[86] BGH NJW 2016, 1230.

wender". Entscheidend ist insoweit, dass das Vertragsformular auf Initiative der Vermieterseite in den Vertrag Eingang gefunden hat.[87]

134   **(2) Drittbedingungen.** Die Bedingungen müssen von einer **Vertragspartei** gestellt, nicht notwendig aber auch von ihr entworfen werden. Sind die Bedingungen von einem Dritten formuliert, ist entscheidend, ob eine der Vertragsparteien sie sich als von ihr gestellt zurechnen lassen muss.[88] Dies gilt auch für kollektivrechtlich ausgehandelte Bedingungen, wenn sie sich der Arbeitgeber später zu eigen macht.[89]

Beispiel:
(1) Der Verkäufer bedient sich gegenüber seinen Käufern der **vom Einzelhandelsverband ausgearbeiteten und empfohlenen Bedingungen.** Dieses Vertragswerk ist zwar von einem Dritten, dem Einzelhandelsverband, formuliert worden. Der Verkäufer macht es sich jedoch zu eigen. Auf seine Veranlassung hin werden die Bedingungen zur Grundlage der Kaufgeschäfte gemacht.
(2) Der Arbeitgeber bedient sich eines von seinem Arbeitgeberverband empfohlenen **Musterarbeitsvertrages.**

135   Als problematisch haben sich in der Vergangenheit Fälle erwiesen, in denen die Vertragsbedingungen auf Veranlassung oder Vorschlag eines **Notars,** eines Rechtsanwalts oder eines sonstigen Beraters in den Vertrag Eingang gefunden haben. Diese bedienen sich hierbei ihrerseits gewöhnlich interner Vertragsmuster. Keiner Partei zurechenbar und damit auch von keiner Seite „gestellt" sind die Bedingungen jedenfalls dann, wenn der Berater eine neutrale Stellung einnimmt.[90]

Beispiel: Die Parteien beabsichtigen einen Grundstückskaufvertrag zu schließen. Sie verständigen sich auf den am Ort ansässigen Notar und suchen diesen auf. Der keiner Partei näher verbundene Notar setzt den Kaufvertrag auf. Dabei bedient er sich eines internen Musters. Die Vertragsbedingungen sind von dritter Seite in den Vertrag eingeführt und keiner Partei zurechenbar.

136   Anders verhält es sich, wenn das Vertragsmuster auf Veranlassung oder im Auftrag einer Partei zum Zwecke mehrfacher Verwendung von einem Dritten erstellt worden ist, oder eine Partei sich die Formularpraxis des Dritten zu eigen macht.[91] Insbesondere lässt sich nicht die Regel aufstellen, notariell beurkundete Verträge unterfielen nicht den §§ 305 ff. BGB.

Beispiel: Eine Wohnungsbaugesellschaft plant den Verkauf einer Serie von Reihenhäusern. Zu diesem Zwecke beauftragt sie ihren Hausnotar mit Ausarbeitung eines entsprechenden Vertragstextes. Finden die von dem Notar formulierten Vertragsbedingungen Eingang in den Vertrag mit den Abkäufern, so handelt es sich um von der Baugesellschaft „gestellte" Allgemeine Geschäftsbedingungen.[92]

137   Die Zurechnung von Drittbedingungen mit der Folge, dass die betreffende Partei die Rolle des Verwenders einnimmt, setzt nach neuerer und zutreffender Rechtsprechung nicht voraus, dass ein Ungleichgewicht zwischen den Vertragsbeteiligten hinsichtlich der Durchsetzungsmacht besteht.[93] Auch verbietet es sich, aus dem Inhalt der Bedingungen Rückschlüsse auf die Verwenderrolle zu ziehen und jeweils denjenigen Vertragspartner im Zweifel als Verwender anzusehen, zu den Gunsten sich die Klauseln

---

[87] BGH NJW-RR 2018, 843 Rn. 11.
[88] BGH NJW 1994, 2825 (2826); 2010, 1131; 2017, 1540 Rn. 11.
[89] BAG NZA 2009, 896 (898); NZA-RR 2012, 232 (235).
[90] BGH NJW 1991, 843; 1992, 2817; Wolf/*Pfeiffer* BGB § 305 Rn. 31; *Ulmer/Habersack* BGB § 305 Rn. 31; vgl. hierzu aber auch die umstr. Rechtsprechung des BGH zur Inhaltskontrolle formelhafter Gewährleistungsausschlüsse in notariell beurkundeten Verträgen, BGH NJW 1979, 1406 und zuletzt WM 1987, 1019.
[91] BGH NJW 1992, 2160 (2162); Wolf/*Pfeiffer* BGB § 305 Rn. 27.
[92] BGH NJW 2002, 138 (139).
[93] BGH NJW 2010, 1131 (1132).

auswirken.[94] Diesen Umständen eine solche Aussagekraft zuzuerkennen, wäre weder mit Regelungszweck noch mit der Systematik der §§ 305 ff. BGB zu vereinbaren.

Eine **Erweiterung des Anwendungsbereichs des zweiten Abschnitts** sieht **§ 310 Abs. 3 Nr. 1 BGB für Verbraucherverträge** vor. Hiernach gelten Allgemeine Geschäftsbedingungen als vom Unternehmer gestellt, es sei denn, dass sie durch den Verbraucher in den Vertrag eingeführt wurden. § 310 Abs. 3 Nr. 1 BGB fingiert mit anderen Worten das Merkmal des „Stellens", um die Inhaltskontrolle auch für solche Vertragsbedingungen zu eröffnen, die von einer neutralen dritten Person in den Vertrag eingeführt werden.   **138**

Beispiel: Durch die Einbeziehung von Drittbedingungen unterliegen nunmehr in Verbraucherverträgen auch vom Notar nach einem internen Muster (oder auf der Grundlage eines speziell für diesen Fall von ihm ausgearbeiteten Entwurfs)[95] in den Vertrag eingeführte Bedingungen der Inhaltskontrolle. Verwender ist in diesen Konstellationen stets der Unternehmer.[96]

Der Hintergrund dieser partiellen Ausdehnung des AGB-Begriffs ist wiederum in der Richtlinie über missbräuchliche Klauseln in Verbraucherverträgen zu sehen, die das Merkmal des „Stellens" nicht kennt. Das Schweigen der Richtlinie in diesem Punkte kann durchaus dahin verstanden werden, dass auch solche Vertragsbedingungen der Missbrauchskontrolle unterliegen sollen, die von einer neutralen Person vorformuliert wurden.[97] Um den Anforderungen der EG-Richtlinie sicher zu genügen, hat sich der Gesetzgeber für die Modifizierung des Kriteriums des „Stellens" für Verbraucherverträge in § 310 Abs. 3 Nr. 1 BGB entschieden.[98]   **139**

Die oben wiedergegebenen, vor der Novellierung des AGB-Gesetzes aufgestellten Rechtsprechungsgrundsätze zur AGB-rechtlichen Beurteilung der von einem Dritten vorformulierten Vertragswerke müssen demnach zurückgeschnitten werden. Sie behalten ihre Gültigkeit nur noch außerhalb des Anwendungsbereichs des § 310 Abs. 3 Nr. 1 BGB, soweit es also nicht um Verbraucherverträge geht. Zu Recht ist ferner darauf hingewiesen worden, dass die umstrittene **Rechtsprechung zur Inhaltskontrolle von formelhaften Gewährleistungsausschlüssen in notariell beurkundeten Verträgen über neu hergestellte Häuser** und Eigentumswohnungen auf der Grundlage des § 242 BGB[99] mit der Einführung des § 24a Nr. 1 AGBG (jetzt § 310 Abs. 3 Nr. 1 BGB) **obsolet** geworden sein dürfte.[100]   **140**

Ausgenommen von der Fiktion ist der Fall, dass es gerade der **Verbraucher** ist, der **die Allgemeinen Geschäftsbedingungen in den Vertrag einführt.** Der Ausnahmecharakter der Vorschrift („es sei denn") hat zur Folge, dass insoweit der Unternehmer beweisbelastet ist.[101]   **141**

---

[94] BGH NJW 2010, 1131 (1132); *Ulmer/Habersack* BGB § 305 Rn. 29; anders noch OLG Düsseldorf BB 1994, 1521 und NJW-RR 1997, 659 (660) sowie MüKoBGB/*Wurmnest* § 305 Rn. 28.

[95] Streitig. Zur Kombination von § 310 Abs. 3 Nr. 1 und Nr. 2 BGB vgl. oben Rn. 130.

[96] Aus der Sicht der Klauselrichtlinie Wolf/*Pfeiffer* RiLi Art. 3 Rn. 9 und 21. Vgl. ferner *Ulmer,* in: Karlsruher Forum 1997, S. 20 f., der allerdings § 310 Abs. 3 Nr. 1 BGB nicht eingreifen lassen will, wenn der Notar einen Einzelvertrag unter Verwendung von Textbausteinen aus seiner Praxis erstellt.

[97] Ob sich für den bundesdeutschen Gesetzgeber hieraus ein zwingendes Anpassungsgebot ergab, war allerdings im Vorfeld der Richtlinienumsetzung nicht unumstritten (dafür *Heinrichs* NJW 1995, 157 f.; *Wolf,* 4. Aufl. 1999, Art. 3 RiLi Rn. 23; *Damm* JZ 1994, 166; dagegen vor allem: *Ulmer* EuZW 1993, 342). Der Frage kommt nach der Einfügung des § 24a Nr. 1 AGBG (jetzt § 310 Abs. 3 Nr. 1 BGB) keine Bedeutung mehr zu.

[98] Vgl. Amtl. Begründung BT-Drs. 13/2713, S. 5.

[99] BGH NJW 1984, 2094.

[100] *Heinrichs* NJW 1996, 2192.

[101] BGH NJW-RR 2017, 114 Rn. 10.

Beispiele:

(1) Der Verbraucher besteht darauf, dass ein bestimmtes Klauselwerk, wie zB ein bestimmtes Mietvertragsformular oder das ADAC-Formular für den Autokauf, Inhalt des Vertrages wird.[102]

(2) Dem gleichzustellen ist der Fall, dass der Verbraucher einen Rechtsanwalt oder Notar mit der Vorformulierung betraut hat und die Bedingungen auf diese Weise in den Vertrag Eingang finden.[103]

142　　Durch die Sonderregelung des § 310 Abs. 3 Nr. 1 BGB wird dem Unternehmer nicht der Einwand abgeschnitten, die Vertragsklausel sei im Einzelnen ausgehandelt worden (§ 305 Abs. 1 S. 3 BGB) und unterfalle aus diesem Grunde nicht der Kontrolle nach den §§ 305 ff. BGB.[104] Es gelten freilich auch hier die bekannt strengen Voraussetzungen der Rechtsprechung (→ Rn. 148). Der Unternehmer muss also den gesetzesfremden Kerngehalt seiner Regelung ernsthaft zur Disposition gestellt und dem Verbraucher die reale Möglichkeit eingeräumt haben, auf den Inhalt der Klausel Einfluss zu nehmen.[105]

143　　**(3) Beiderseitiger Einbeziehungsvorschlag.** Umstritten ist der Fall, dass beide Vertragsparteien unabhängig voneinander die Einbeziehung derselben branchenüblichen und keiner Seite zuzurechnenden Bedingungen verlangen.

Beispiel: Sowohl der Bauunternehmer als auch der Bauherr geben im Laufe der Vertragsverhandlungen zu erkennen, dass sie auf der Grundlage der **VOB (Teil B)** abzuschließen wünschen. Im Vertrag wird demgemäß die Geltung der VOB (Teil B) vereinbart.

144　　Richtiger Ansicht nach **kommen die Schutzvorschriften des AGB-Rechts in einer solchen Konstellation nicht zur Anwendung.**[106] Da die AGB-rechtlichen Vorschriften ihrem Wortlaut nach eine Vertragsbeziehung zwischen Verwender und Vertragspartner voraussetzen, müsste eine eindeutige Rollenzuweisung vorgenommen werden. Diese kann jedoch nicht überzeugend geleistet werden. Die Zurechnung des Einbeziehungsvorschlags gegenüber einem der Vertragspartner – etwa nach der zeitlichen Reihenfolge der Erklärungen – trüge willkürliche Züge. Abgesehen davon, trifft auch der erklärte Schutzzweck des gesetzlichen AGB-Rechts nicht zu, denn keine der Parteien greift in die Vertragsgestaltungsfreiheit der anderen in einer die Inhaltskontrollvorschriften auf den Plan rufenden Weise ein. Verbleibenden Schutzlücken kann ggf. im Wege der analogen Anwendung einzelner Bestimmungen des AGB-Rechts Rechnung getragen werden.

144a　　Der BGH[107] hat in einer neueren Entscheidung zu einem von dritter Seite entworfenen Vertragsformular für den Gebrauchtwagenverkauf (ADAC-Formular) zwischen Privatpersonen der Fallkonstellation des beiderseitigen Einbeziehungsvorschlags tendenziell breiteren Raum zuerkannt. Ein **Stellen von Vertragsbedingungen liege nicht vor, wenn die Einbeziehung vorformulierter Vertragsbedingungen in einen Vertrag auf einer freien Entscheidung desjenigen beruhe, der vom anderen Vertragsteil mit dem Verwendungsvorschlag konfrontiert werde.** Dazu sei es erforderlich, dass er in der Auswahl der in Betracht kommenden Vertragstexte frei sei und insbesondere Gelegenheit erhalte, alternativ eigene Textvorschläge mit der effektiven Möglichkeit ihrer Durchsetzung in die Verhandlungen einzubringen. Gedacht ist dabei an Situationen, in denen es

---

[102] Amtl. Begründung BT-Drs. 13/2713, S. 7.
[103] *Bunte* DB 1996, 1391; Palandt/*Grüneberg* BGB § 310 Rn. 16.
[104] *Imping* WiB 1997, 340.
[105] So zutreffend *Borges* DZWiR 1997, 405 und Palandt/*Grüneberg* BGB § 310 Rn. 13 gegen *Braunfels* DNotZ 1997, 380 f. und *Klaas* FS Brandner, 1996, 247 (253 f.) verunglückt in diesem Punkte der Bericht des Rechtsausschusses (BT-Drs. 13/4699, S. 5).
[106] OLG Köln NJW 1994, 59; *Ulmer/Habersack* BGB § 305 Rn. 29; Wolf/*Pfeiffer* BGB § 305 Rn. 32; Palandt/*Grüneberg* BGB § 305 Rn. 13; BeckOGK/*Lehmann-Richter* BGB § 305 Rn. 133; Staudinger/*Mäsch* BGB § 305 Rn. 44; aA *Sonnenschein* NJW 1980, 1491 f.
[107] BGH NJW 2010, 1131 (1133).

eher vom Zufall abhängt, wer gerade das Formular besorgt, auf dessen Grundlage der Vertrag dann abgeschlossen wird.[108]

d) Unerhebliche Umstände. § 305 Abs. 1 S. 2 BGB nennt ausdrücklich einige Merkmale, die für die Bestimmung des AGB-Begriffs keine Bedeutung haben sollen. Die Vorschrift **dient nur der Klarstellung**, da sich das gleiche Ergebnis schon aus der Definition des Abs. 1 S. 1 ergibt.[109] In S. 2 dokumentiert sich die Tendenz, den Anwendungsbereich des Gesetzes nicht an formalen Kriterien, sondern an materiellen, durch den Schutzzweck geprägten Merkmalen auszurichten.[110]   145

Beispiele:

(1) Die Übermittlung von Lieferbedingungen (zB eines Versandhauses) **via Internet** direkt auf den Bildschirm des Kunden bei Internetgeschäften steht der Qualifizierung als Allgemeine Geschäftsbedingungen im Sinne des § 305 Abs. 1 BGB nicht entgegen.[111]

(2) Auch Regelungen, die im Wege einer **betrieblichen Übung** im Verhältnis von Arbeitgeber und Arbeitnehmer verbindlich werden, werden von der Rechtsprechung als Allgemeine Geschäftsbedingungen qualifiziert.[112]

(3) Auch **Piktogramme** – im konkreten Fall ein Fotographierverbot – können Teil von Allgemeinen Geschäftsbedingungen sein. Der Begriff der Allgemeinen Geschäftsbedingungen erfordert keine Schriftform; auch Zahlen oder Zeichen, denen ein vertraglicher Regelungsgehalt zukommt, werden erfasst.[113]

2. Individualvereinbarungen

Gem. **§ 305 Abs. 1 S. 3 BGB** liegen Allgemeine Geschäftsbedingungen nicht vor, soweit die Vertragsbedingungen **„im Einzelnen ausgehandelt"** sind. Man spricht dann von Individualabreden oder Individualvereinbarungen. Der Vertragstext hat insoweit die prägende Wirkung der Vorformulierung eingebüßt. Die Vertragsparteien befinden sich nunmehr in einer gleichberechtigten Verhandlungsposition, die es ihnen gestattet, eigene Interessen einzubringen und frei zu verhandeln.[114] Individualabreden aus dem Anwendungsbereich der §§ 305 ff. BGB herauszunehmen, ist somit folgerichtig.   146

a) Funktion der Vorschrift. Fraglich ist allerdings, welche gesetzestechnische Funktion diese Vorschrift eigentlich hat. Immerhin unterliegen Vertragsbedingungen, die nicht für eine Vielzahl von Fällen vorformuliert sind oder die dem anderen Vertragsteil nicht gestellt werden, den §§ 305 ff. BGB schon nach S. 1 nicht. Lässt sich kein eigenständiger Regelungsfall des Satzes 3 beschreiben, so hätte er ähnlich wie S. 2 (unerhebliche Umstände), nur klarstellende Bedeutung. Die hM[115] sieht dies jedoch zu Recht anders, wenngleich Übereinstimmung besteht, dass das eigenständige Anwendungsfeld des § 305 Abs. 1 S. 3 BGB relativ klein ist. Einen eigenständigen Sinn hat diese Bestimmung nämlich immerhin für solche Bedingungen, die ursprünglich für eine Vielzahl von Ver-   147

---

[108] Näher zur Problematik *Stoffels* WuM 2011, 268 und *Ra. Koch* ZGS 2011, 62 mit dem Hinweis, dass die Entscheidung einen Sonderfall betraf, in dem offenen Verhandlungen über das zu verwendende Formular stattgefunden hatten. Ferner *Abels* BB 2010, 915.

[109] MüKoBGB/*Basedow* § 305 Rn. 29.

[110] *Ulmer/Habersack* BGB § 305 Rn. 33.

[111] Vgl. *Löhnig* NJW 1997, 1688.

[112] BAG NZA 2011, 42 (46); 2012, 908 (909); zust. CKK/*Clemenz* BGB § 305 Rn. 17. Ferner entspricht es neuerer Rechtsprechung des BAG, dass es mit dem Klauselverbot für fingierte Erklärungen in § 308 Nr. 5 BGB nicht zu vereinbaren ist, anzunehmen, dass eine dreimalige Nichtgeltendmachung einer aufgrund betrieblicher Übung entstandenen Forderung die Verpflichtung des Arbeitgebers beenden könne; BAG NZA 2009, 601; 2010, 283 (285).

[113] BGH NJW 2019, 757 Rn. 38.

[114] BGH NJW 2014, 1725 (1728).

[115] Insbesondere BGH NJW 1977, 624 (625).

trägen vorformuliert waren, der Gegenpartei gestellt wurden, im Laufe der Verhandlungen aber den Charakter von Individualvereinbarungen angenommen haben. Hier sind alle Begriffsmerkmale nach S. 1 erfüllt, sodass die AGB-Qualität hier nach S. 3 entfallen kann. Insoweit ist S. 3 also sehr wohl Bestandteil der Legaldefinition; er hat eine einschränkende Funktion.

148   **b) Anforderungen an das „Aushandeln".** Die Rechtsprechung formuliert hohe Anforderungen an das Vorliegen einer Individualvereinbarung.[116] „Aushandeln" setze mehr als bloßes „Verhandeln" voraus.[117] Der Verwender müsse den in seinen Allgemeinen Geschäftsbedingungen enthaltenen **gesetzesfremden Kerngehalt inhaltlich ernsthaft zur Disposition stellen** und dem Verhandlungspartner Gestaltungsfreiheit zur Wahrung eigener Interessen einräumen.[118] Hierfür müsse der andere Teil die reale Möglichkeit erhalten, den ihm bekannten Inhalt der Vertragsbedingungen zu beeinflussen. Dies setze die **ernsthafte Abänderungsbereitschaft** auf Seiten des Verwenders voraus. Eine allgemein geäußerte Bereitschaft, Vertragsklauseln auf Anforderung des Vertragspartners zu ändern,[119] genüge hierfür ebenso wenig, wie die Erklärung des Verwenders, dass er die Unterzeichnung der Regelung „freistelle".[120] Im Hinblick darauf, dass der Kunde die reale Möglichkeit erhalten müsse, den Inhalt der Vertragsbedingungen zu beeinflussen, sei – jedenfalls bei umfangreichen bzw. nicht leicht verständlichen Klauseln – zusätzliche Voraussetzung für die Qualifizierung als „ausgehandelt", dass der Verwender die andere Vertragspartei über den Inhalt und die Tragweite der Klausel(n) im Einzelnen belehrt hat oder sonstwie erkennbar geworden ist, dass der andere Vertragspartner deren Sinn wirklich erfasst hat.[121] Die Abänderungsbereitschaft des Verwenders schlägt sich in aller Regel auch in erkennbaren Änderungen des vorformulierten Textes nieder.[122] Zwingend ist das indes, wie bereits angeklungen, nicht. Bleibt es – so der BGH – nach gründlicher Erörterung bei dem vorformulierten Text, weil der Betroffene von der sachlichen Notwendigkeit überzeugt ist, so kann der Vertrag als das Ergebnis eines Aushandelns gewertet werden. Voraussetzung dafür ist aber, dass der Verwender grundsätzlich zu einer Abänderung der Klausel bereit war und dass dies dem Geschäftspartner bei Abschluss des Vertrages bewusst war.[123] Schwächt der Verwender von Allgemeinen Geschäftsbedingungen im Zuge von Verhandlungen die Klausel zwar ab, bleibt dabei aber der gesetzesfremde Kerngehalt bestehen, handelt es sich hierbei weiterhin nicht um eine Individualvereinbarung.[124] Eine vorformulierte Klausel kann auch dann ausgehandelt sein, wenn sie der Verwender als eine von mehreren Alternativen anbietet, zwischen denen der Vertragspartner die Wahl hat. Erforderlich ist, dass er durch die Auswahlmöglichkeit den Gehalt der Regelung mitgestalten kann und die **Wahlfreiheit** nicht durch Einflussnahme des Verwenders, sei es durch die Gestaltung des Formulars, sei es in anderer Weise, überlagert wird.[125]

---

[116] Als zu streng kritisiert *Miethaner* (AGB-Kontrolle versus Individualvereinbarung, S. 156 ff.; *ders.* NJW 2010, 3121 ff.) den Ansatz der Rechtsprechung, insbesondere das in den Vordergrund gestellte Kriterium der Dispositionsbereitschaft.
[117] BGH NJW 2014, 1725 (1727); 2015, 1952 Rn. 33.
[118] Vgl. etwa BGH NJW-RR 1996, 783 (787); NJW 2013, 856; 2014, 1725 (1727); NZBau 2016, 213 Rn. 25; BAG NZA 2006, 40 (44); 2008, 229. Die Erklärung des Klauselinhalts genügt hierfür selbstverständlich nicht, OLG München NJW-RR 2001, 130 (131).
[119] BGH NJW-RR 2005, 1040 (1041); 2018, 2950 R. 33.
[120] BGH NJW 2005, 2543.
[121] BGH NJW 2005, 2543 (2544); kritisch *Gottschalk* NW 2005, 2493 ff.
[122] BGH NJW 2015, 1952 Rn. 33.
[123] BGH NJW 1998, 2600 (2601); 2000, 1110 (1111 f.); 2013, 856; 2015, 1952 Rn. 33.
[124] BGH NZBau 2016, 213 Rn. 26.
[125] BGH NJW 2003, 1313 (1314); 2008, 987 (989); NJW-RR 2018, 814 Rn. 16.

Eine Klausel verliert ihren AGB-Charakter nicht allein dadurch, dass sie von den **148a** Parteien **nachträglich geändert** wird. Vielmehr muss die nachträgliche Änderung in einer Weise erfolgen, die es rechtfertigt, sie wie eine von vornherein getroffene Individualvereinbarung zu behandeln. Das ist nicht der Fall, wenn der Verwender auch nach Vertragsschluss dem Vertragspartner keine Gestaltungsfreiheit eingeräumt und die Parteien auf der Grundlage der bisherigen Fassung eine Einigung finden, mit der die nachteilige Wirkung der Klausel lediglich abgeschwächt wird. Denn in diesem Fall wirkt die zum Nachteil des Vertragspartners unangemessen ausgeübte Gestaltungsmacht des Verwenders fort.[126]

Beispiel: Hat der Verwender in seinen AGB in ungemessener Weise eine Vorleistungspflicht des Kunden vorgesehen, besteht er auf die Bitte des Kunden, diese zu ändern, darauf, dass dieser vorzuleisten hat, und ist er lediglich bereit, den Umfang der Vorleistungspflicht zu reduzieren, so wirkt die unwirksame Vereinbarung der Vorleistungspflicht jedenfalls dann fort, wenn weiterhin eine unangemessene Vorleistung gefordert wird.[127]

§ 305 Abs. 1 S. 3 BGB gilt auch im **unternehmerischen Verkehr.**[128] Allerdings **148b** mehren sich die Stimmen, die hier *de lege ferenda*, teils aber auch auf der Grundlage des geltenden Rechts, für eine Absenkung der Anforderungen an Individualabreden plädieren[129] (Die Diskussion erstreckt sich auch auf die Maßstäbe der Inhaltskontrolle – hierzu → Rn. 553a f. und die Literaturübersicht vor → Rn. 551). Das geböten die Privatautonomie und die erhöhte Selbstverantwortung der Unternehmer. Die strengen Anforderungen der Rechtsprechung würden – so die Kritik – dem im unternehmerischen Verkehr üblichen Verhandlungsabläufen nicht gerecht, sie seien realitätsfern. Die Vorschläge differieren zum Teil erheblich. Mitunter sollen sehr weitgehend Vertragswerke, denen der andere Vertragsteil aufgrund einer selbstbestimmten unternehmerischen Entscheidung zustimmt, aus der AGB-Kontrolle ausgeklammert werden.[130] *Klaus Peter Berger* schlägt eine Fiktion vor, wonach eine Vertragsbedingungen bei Verwendung gegenüber Unternehmern als ausgehandelt gelten, wenn die Vertragsparteien über sie im Einzelnen oder im Zusammenhang mit anderen Bestimmungen desselben Vertrags in einer dem Gegenstand des Vertrags und den Umständen des Vertragsschlusses angemessenen Weise verhandelt haben.[131] Andere Autoren plädieren für die Einführung eines Kriterienkatalogs zur sachgerechten Abgrenzung zwischen Allgemeinen Geschäftsbedingungen und Individualabreden.[132] Diesen Reformbestrebungen ist entgegenzuhalten, dass eine generelle Absenkung der Anforderungen an das „Aushandeln im Einzelnen" im unternehmerischen Verkehr und damit einhergehend eine Spaltung der Norm erst dann erwogen

---

[126] BGH NJW 2013, 1431 (1432); NZBau 2016, 213 Rn. 26.

[127] BGH NJW 2013, 1431 (1432).

[128] Nach der Rechtsprechung ohne Abstriche, vgl. BGH NJW 1992, 2283 (2285); 2000, 1110; NZBau 2016, 213 Rn. 25.

[129] Mit unterschiedlicher Nuancierung *K. P. Berger* ZIP 2006, 2149 ff.; *ders.* NJW 2010, 467 f.; *Habersack* FS Köhler, 2014, 209 ff.; *Kaufhold* BB 2012, 1235 ff.; *Kieninger* AnwBl 2012, 304 ff.; *Lischek/Mahnken* ZIP 2007, 160 f.; *Müller/Griebler/Pfeil* BB 2009, 2658; *Kessel/Jüttner* BB 2008, 1350 ff.; *Meier-Reimer/Niemeyer* NJW 2015, 1713 (2016 f.); *Staudinger/Mäsch* BGB § 305 Rn. 56; *Staudinger/Piekenbrock* BGB § 310 Rn. 35 f.; *Palandt/Grüneberg* BGB § 305 Rn. 22; dagegen *Graf von Westphalen* ZIP 2007, 150 ff.; *Huth*, Kontrolle Allgemeiner Geschäftsbedingungen im unternehmerischen Geschäftsverkehr unter Berücksichtigung geltender Gewohnheiten und Gebräuche, 2017, S. 134 ff.; *Oetker* AcP 212 (2012), 202 (230 f.).

[130] So der Vorschlag der Frankfurter Intiative zur Fortentwicklung des AGB-Rechts, abrufbar unter https://www.zvei.org/fileadmin/user_upload/Themen/Maerkte_Recht/Allgemeine_Geschaefts-bedingungen_im_unternehmerischen_Geschaeftsverkehr/pdf/AGB-Initiative-Positionspapier-Stand-04-2015.pdf. (letzter Abruf 12.9.2020).

[131] *K. P. Berger* NJW 2010, 467.

[132] *Müller/Griebler/Pfeil* BB 2009, 2660 ff.

werden sollte, wenn feststeht, dass das geltende Recht sachgerechte Lösungen nicht erlaubt. Auch erscheint sehr fraglich, ob allein die Qualifizierung der Verwendergegenseite als Unternehmer derart einschneidende Beschränkungen rechtfertigt. Wie *Andreas Fuchs* dargelegt hat, sollte die Lösung in einer normzweckgeleiteten Interpretation des § 305 Abs. 1 S. 3 BGB gesucht werden.[133] Während für Normalfälle auch im unternehmerischen Verkehr die Anforderungen der Rechtsprechung durchaus ihre Berechtigung haben, erlaubt der Normzweck in typischen Ausnahmekonstellationen – unabhängig von der Unternehmereigenschaft – durchaus gewisse Auflockerungen. Es ist vor allem die „spezifische Vertragsabschlusssituation, die den Schluss auf eine freie, selbstverantwortliche Zustimmung zu der konkreten vorformulierten Vertragsklausel rechtfertigt und damit das AGB-typische Schutzbedürfnis entfallen lässt."[134] Gedacht ist hier in erster Linie an komplexere Geschäfte mit einem erheblichen Transaktionsvolumen.[135] Dass manche Vertragswerke sich – jedenfalls in Bezug auf einzelne Abreden – als „Paket" darstellen, ist sicherlich ein Umstand, der mitberücksichtigt werden kann, wenngleich gegenüber einer pauschalen Freistellung von Paketlösungen Bedenken bestehen.[136]

149   Denn festzuhalten bleibt, dass grundsätzlich **jede Klausel gesondert zu untersuchen** ist. Es ist ohne weiteres denkbar, dass sich in einem ansonsten den §§ 305 ff. BGB unterstehenden Formularvertrag einzelne Klauseln befinden, die durch Aushandeln zu Individualvereinbarungen geworden sind.[137] Selbst die Änderung zentraler Klauseln strahlt nicht auf den Charakter der nicht in die Verhandlungen einbezogenen Klauseln aus.[138] Ein durch und durch individuell ausgehandelter Vertrag hat demgegenüber Seltenheitswert.

3. Beweislast

150   Das **Vorliegen von Allgemeinen Geschäftsbedingungen muss** grundsätzlich derjenige **darlegen und beweisen,** der sich im Prozess auf den Schutz des AGB-Rechts beruft, also der Kunde bzw. – im Verbandsprozess – der klagende Verband.[139] Handelt es sich um einen Vertrag, der nach seiner inhaltlichen Gestaltung oder äußeren Form aller Lebenserfahrung nach für eine mehrfache Verwendung entworfen wurde und von einem professionellen Marktteilnehmer (etwa einem Bauträger) gestellt worden ist, so spricht der **erste Anschein** für einen Formularvertrag, der der Kontrolle nach den §§ 305 ff. BGB unterliegt.[140] Das kann zB der Fall sein, wenn der Vertrag zahlreiche formelhafte Klauseln enthält und nicht auf die individuelle Vertragssituation abgestimmt ist.[141]

---

[133] *Fuchs* FS Blaurock, 2013, 91 ff. Auch MüKoBGB/*Basedow* § 310 Rn. 29 steht auf dem Standpunkt, dass sich der unternehmerischen Freiheit auf der Grundlage der bestehenden Vorschriften angemessen Rechnung getragen werden könne.

[134] *Fuchs* FS Blaurock, 2013, 91 (103).

[135] Für die Ausklammerung sog. M&A-Verträge *Kästle* NZG 2014, 288; ebenso für Vertragsabschlüsse im Bieterverfahren bei Unternehmenskäufen *Fuchs* FS Blaurock, 2013, 91 (95).

[136] Berechtigt die Mahnung von *Kieninger* AnwBl 2012, 305; recht weitgehend MüKoBGB/*Basedow* § 310 Rn. 30.

[137] BGH NJW-RR 1996, 783 (786).

[138] BGH NJW 2019, 2080; OLG Saarbrücken NJW-RR 2016, 53 Rn. 24.

[139] BGH NJW 1992, 2160 (2162); 1999, 1261 (1262); *Ulmer/Habersack* BGB § 305 Rn. 60; MüKoBGB/*Basedow* § 305 Rn. 49.

[140] BGH NJW 1992, 2160 (2162); 2004, 502 (503); 2014, 1725 (1727); BAG NZA 2006, 746 (747); 2008, 170 (171); kein Anscheinsbeweis bei einem nicht gewerblich tätigen Bauherrn, BGH NJW 1999, 2161 (1262).

[141] BAG NZA 2008, 1004 (1006).

Ist das Vorliegen von Allgemeinen Geschäftsbedingungen und deren Stellen festgestellt,   **151**
so ist der **Nachweis des Individualcharakters** Sache des Verwenders, der die Inhaltskontrolle vermeiden will.[142] Eine **Aushandlungsklausel,** wonach die Bedingungen im Einzelnen ausgehandelt seien, ist unwirksam und für sich allein kein ausreichendes Indiz für ein
tatsächlich erfolgtes Aushandeln. Dies ergibt sich bereits aus § 309 Nr. 12 Buchst. b
BGB).[143] Selbst eine Individualabrede des Inhalts, dass es sich um einen in allen Punkten
ausgehandelten Individualvertrag handele, entfaltet keine Wirkung, da der Schutzzweck
solchen Dispositionen durch die Vertragsparteien entgegensteht.[144] Zulässig ist lediglich
eine Vereinbarung, wonach Allgemeine Geschäftsbedingungen, an deren Wirksamkeit
Zweifel angemeldet worden sind, nachträglich anerkannt oder auf die Geltendmachung
ihrer Unwirksamkeit verzichtet wird.[145]

Bei **Verbraucherverträgen** kommen dem Verbraucher – wie oben dargestellt – die   **152**
besonderen Schutzwirkungen des § 310 Abs. 3 Nr. 1 und 2 BGB zugute. Im Falle des
§ 310 Abs. 3 Nr. 1 BGB trägt er demgemäß die Beweislast dafür, dass die fraglichen
Klauseln für eine Vielzahl von Fällen vorformuliert worden sind, während der Unternehmer die Beweislast dafür trägt, dass die vorformulierten Vertragsklauseln im Einzelnen
ausgehandelt sind, obwohl sie vorformuliert worden sind.[146] Anders verhält es sich im
Hinblick auf **§ 310 Abs. 3 Nr. 2 BGB.** Der Wortlaut der Vorschrift erhebt die mangelnde
Möglichkeit der Einflussnahme zu einer der tatbestandlichen Voraussetzung für die
Inhaltskontrolle von Vertragsklauseln, die zur Verwendung in einem einzelnen Verbrau-
chervertrag bestimmt sind. Hier trägt der Verbraucher mithin die Darlegungs- und
Beweislast dafür, dass die Vertragsklauseln vorformuliert worden sind und er infolge der
Vorformulierung keinen Einfluss auf ihren Inhalt nehmen konnte.[147]

II. Ausnahmen vom sachlichen Anwendungsbereich

Literatur: *Coester-Waltjen,* Die Inhaltskontrolle von Verträgen außerhalb des AGBG, AcP 190
(1990), 1 ff.; *Lieb,* Sonderprivatrecht für Ungleichgewichtslagen? Überlegungen zum Anwendungsbereich der sogenannten Inhaltskontrolle privatrechtlicher Verträge, AcP 178 (1978), 196; *Walchshöfer,* Grenzen des Anwendungsbereichs des AGB-Gesetzes – Individualverträge, Ausnahmeberei-
che, in: Zehn Jahre AGB-Gesetz, S. 155; vgl. im Übrigen die Literaturhinweise zu den einzelnen
Bereichsausnahmen.

Gem. § 310 Abs. 4 BGB findet der zweite Abschnitt, also die §§ 305 ff. BGB, keine   **153**
Anwendung bei Verträgen auf dem Gebiet des Erb-, Familien- und Gesellschaftsrechts
sowie auf Tarifverträge, Betriebs- und Dienstvereinbarungen. Laut der Begründung des
Regierungsentwurfs hielt man den Schutz des Gesetzes in den genannten Fällen für nicht
erforderlich, nicht angemessen oder nicht systemgerecht.[148]

---

[142] BGH NJW 1982, 1035; 1998, 2600 (2601); 2019, 2080 Rn. 13 f.; Staudinger/*Mäsch* BGB § 305
Rn. 79.
[143] BGH NJW 1977, 1624 (1625); Wolf/*Pfeiffer* BGB § 305 Rn. 60; MüKoBGB/*Basedow* § 305
Rn. 50.
[144] BGH NJW 2014, 1725 (1728); zu dieser Entscheidung auch *Kues/Winter* NZBau 2014, 750;
Soergel/*Fritzsche* BGB § 305 Rn. 40; für Berücksichtigung im Rahmen der Beweiswürdigung hingegen *Ulmer/Habersack* BGB § 305 Rn. 65.
[145] BGH NJW 2014, 2269 (2275).
[146] BGH NJW 2008, 2250 (2251).
[147] BGH NJW 2008, 2250 (2252 ff.) mzustAnm *Kreße* ZGS 2009, 14; Ulmer/*Schäfer* BGB § 310
Rn. 89; MüKoBGB/*Basedow* § 310 Rn. 103; Prütting/Wegen/Weinreich/*Berger* BGB § 310 Rn. 10;
kritisch Staudinger/*Piekenbrock* BGB § 310 Rn. 132 ff.
[148] Amtl. Begründung BT-Drs. 7/3919, S. 41.

1. Erbrecht

Literatur: *Hachenberg*, Inhaltskontrolle eines Pflichtteilsverzichtsvertrages, NZFam 2018, 668; *Lange*, Der Pflichtteilsverzicht zwischen privatautonomer Gestaltung und gerichtlicher Inhaltskontrolle, ErbR 2017, 397.

154   Von einer Anwendung der AGB-rechtlichen Vorschriften auf Verträge auf dem Gebiet des Erbrechts wurde ausweislich der Regierungsbegründung[149] deshalb abgesehen, weil in diesem Bereich AGB-Klauseln ohnehin selten Verwendung fänden und sich die in erster Linie auf schuldrechtliche Austauschverträge zugeschnittenen Bestimmungen des AGB-Gesetzes für die Kontrolle erbrechtlicher Vertragsgestaltungen nicht eigneten. Vom Anwendungsbereich ausgenommene erbrechtliche Verträge, die nicht selten notarieller Formularpraxis entspringen und damit immerhin unter § 305 Abs. 1 BGB fallen können,[150] sind beispielsweise Erbverträge (§ 2274 BGB), Erb- und Pflichtteilsverzichtsverträge (§ 2346 BGB)[151] und Erbauseinandersetzungsvereinbarungen. Bei ihnen verbleibt es bei der freilich bislang noch nicht aktuell gewordenen Möglichkeit einer auf § 242 BGB gestützten Inhaltskontrolle. Der Erbschaftskauf (§ 2371 BGB) und die zu Lebzeiten vollzogene Schenkung auf den Todesfall (§ 2301 Abs. 2 BGB) sind hingegen primär schuldrechtliche Verträge, auf die der Ausnahmegrund des § 310 Abs. 4 BGB nicht passt. Zu Recht werden sie von der hM dem AGB-Recht unterstellt.[152]

2. Familienrecht

Literatur: *Bergschneider*, Zur Inhaltskontrolle bei Eheverträgen, FamRZ 2001, 1337; *Dauner-Lieb*, Reichweite und Grenzen der Privatautonomie im Ehevertragsrecht, AcP 201 (2001), 295; *Gerber*, Vertragsfreiheit und richterliche Inhaltskontrolle bei Eheverträgen, FS 50 Jahre BGH II 2000, 49; *Röthel*, Richterliche Inhaltskontrolle von Eheverträgen, NJW 2001, 1334; *Wellenhofer*, Die Inhaltskontrolle von Eheverträgen und die gestörte Vertragsparität, NZFam 2020, 229; *dies.*, Richterliche Inhaltskontrolle von Eheverträgen und Leitlinien der Vertragsgestaltung, NZFam 2020, 645.

155   Ähnliche Gründe haben den Gesetzgeber bewogen, auch Verträge auf dem Gebiet des Familienrechts von der Anwendung des AGB-Rechts zu dispensieren.[153] Das Familienrecht ist durch vorgegebene Vertragstypen mit gesetzlich von vornherein eingeschränkter Gestaltungsfreiheit geprägt. Wie im Erbrecht dürften auch familienrechtlichen Vertragsgestaltungen zumeist individuellen Charakter aufweisen, sodass schon aus diesem Grunde ein Bedürfnis nach intensivierter Inhaltskontrolle nicht erkennbar ist. Vom Anwendungsbereich der AGB-rechtlichen Vorschriften ausgenommen sind damit ua Eheverträge (§§ 1408 ff. BGB),[154] Verträge über Zugewinnausgleich (§§ 1372 ff. BGB), Unter-

---

[149] Amtl. Begründung BT-Drs. 7/3919, S. 41.

[150] Von vornherein nicht unter § 305 Abs. 1 BGB fallen Verfügungen des Erblassers von Todes wegen in Form von Testamenten und Vermächtnissen.

[151] Staudinger/*Piekenbrock* BGB § 310 Rn. 148; ausführlich zur gerichtlichen Kontrolle solcher Vereinbarungen *Hachenberg* NZFam 2018, 668 und *Lange* ErbR 2017, 397.

[152] Ulmer/*Schäfer* BGB § 310 Rn. 113 f.; Wolf/*Hubert Schmidt* BGB § 310 Abs. 4 Rn. 6; Prütting/Wegen/Weinreich/*Berger* BGB § 310 Rn. 15; Staudinger/*Piekenbrock* BGB § 310 Rn. 148; aA für Erbschaftskauf Palandt/*Grüneberg* BGB § 310 Rn. 48.

[153] Vgl. Amtl. Begründung BT-Drs. 7/3919, S. 41.

[154] Zur Inhaltskontrolle von Eheverträgen über Unterhalt vgl. grundlegend BVerfG NJW 2001, 957; ferner BGH NJW 2004, 930; hierzu *Rakete-Dombek* NJW 2004, 1273 ff. und *Dauner-Lieb* JZ 2004, 1027; sodann BGH NJW 2009, 842; zum (nach § 138 BGB nichtigen) Ausschluss des Versorgungsausgleichs in einem Ehevertrag BGH NJW 2008, 3426 und 2013, 380; zum Ausschluss des Zugewinnausgleichs BGH NJW 2013, 457; zur Sittenwidrigkeit eines Ehevertrags bei Unternehmerehe im Hinblick auf die Scheidungsfolgenregelungen BGH NJW 2017, 1883; zur Sittenwidrigkeit eines Ehevertrags mit von Ausweisung bedrohtem Ausländer BGH NJW 2018, 1015. Guter Überblick zum gegenwärtigen Stand bei *Dethloff*, Familienrecht, 32. Aufl. 2018, § 5 Rn. 17 ff.

haltsverträge (§ 1585c BGB) und Vereinbarungen betreffend den Versorgungsausgleich (§ 1587o BGB). Äußerste Grenzen ergeben sich hier aus den §§ 134, 138 und 242 BGB. Schuldrechtliche Austauschgeschäfte unter Familienangehörigen (zB Kaufverträge) fallen hingegen nicht unter die Bereichsausnahme.[155]

3. Gesellschaftsrecht

Literatur: *Bieder*, Gesellschaftsvertragliche Inhaltskontrolle und AGB-Recht, ZHR 174 (2010), 705; *Bunte*, Richterliche Inhaltskontrolle von Verbandsnormen, ZGR 1991, 316; *Drygala*, Anwendbarkeit des AGB-Gesetzes auch auf Gesellschaftsverträge – eine Nebenwirkung der Richtlinie über mißbräuchliche Klauseln in Verbraucherverträgen?, ZIP 1997, 968; *Eißer*, Reichweite der Bereichsausnahme Gesellschaftsrecht im Recht der Allgemeinen Geschäftsbedingungen, 2008; *Fenn*, Verbandsrechtliche Wettkampf- und Disziplinarregeln und das AGBG, in: Festgabe Zivilrechtslehrer 1934/35, 1999, S. 103; *Fink/Vossen*, Stichtagsbezogene Haftungsabgrenzungs- und Freistellungsklauseln in Anteilskaufverträgen – das latente Risiko der „AGB-Kontrolle", NZG 2019, 975; *Grunewald*, Die in § 23 AGBG vorgesehene Bereichsausnahme für Gesellschaftsrecht, in: FS für Semler, 1993, S. 175; *dies.*, Der Ausschluß aus Gesellschaft und Verein, 1987; *Heid*, Die Inhaltskontrolle des Vertrags der Publikumspersonengesellschaft nach AGB-Grundsätzen, DB 1985, Beil. 4; *Hille*, Die Inhaltskontrolle der Gesellschaftsverträge von Publikums-Personengesellschaften, 1986; *Hey*, Freie Gestaltung in Gesellschaftsverträgen und ihre Schranken, 2004; *Leipold*, Richterliche Inhaltskontrolle vereinsrechtlicher Disziplinarmaßnahmen, ZGR 1985, S. 307; *van Look*, Individualschutz im Vereinsrecht, WM Sonderheft 1994, 46; *Möschel*, Monopolverband und Satzungskontrolle, 1978; *Raffel*, Richterliche Inhaltskontrolle der Gesellschaftsverträge von Publikumsgesellschaften, in: FS Rheinisches Notariat, 1998; *Reuter*, Richterliche Kontrolle der Satzungen von Publikums-Personengesellschaften?, AG 1979, 321; *Säcker/Ranke*, Verbandsgewalt, Vereinsautonomie und richterliche Inhaltskontrolle, AuR 1981, 1; *H. Schmidt*, Stille Gesellschaft und AGB-Gesetz, ZHR 159 (1995), 734; *U. H. Schneider*, Die Inhaltskontrolle von Gesellschaftsverträgen, ZGR 1978, 1; *Vieweg*, Die gerichtliche Nachprüfung von Vereinsstrafen und -entscheidungen, JZ 1984, 167; *ders.*, Zur Inhaltskontrolle von Verbandsnormen, in: FS für Lukes, 1989, S. 809; *Graf von Westphalen*, Richterliche Inhaltskontrolle von Standardklauseln bei einer Publikums-KG und der Prospekthaftung, DB 1983, 2745; *Wittuhn/Quecke*, Unternehmenskaufverträge und das Recht der Allgemeinen Geschäftsbedingungen, NZG 2014, 131; *Zöllner*, Inhaltsfreiheit bei Gesellschaftsverträgen, in: FS 100 Jahre GmbH-Gesetz, 1992, S. 85.

a) Ausnahmegrund. Vom Gesetzgeber wurde die Ausnahme des Gesellschaftsrechts **156** von der Anwendung des AGB-Gesetzes mit den vielen Eigenarten dieses Rechtsgebietes begründet. Zudem wurde darauf hingewiesen, dass die mehr auf schuldrechtliche Austauschverträge zugeschnittenen Bestimmungen des AGB-Rechts sich zur Anwendung hier nicht eigneten.[156] Zuzugeben ist, dass insbesondere die Klauselverbote der §§ 308 und 309 BGB durchweg nicht auf Gesellschaftsverträge passen, da im Gesellschaftsvertrag die Organisation eines Verbandes und nicht eine Austauschbeziehung Regelungsgegenstand ist.[157] Daraus ist jedoch nicht zu schließen, dass es im Bereich des Gesellschaftsrechts generell an einem Schutzbedürfnis im Sinne des AGB-Rechts fehlt. Zwar entfällt dieses vielfach bei Verträgen von Personengesellschaften oder einer GmbH, weil die Verträge persönlich und unter rechtskundiger Beratung ausgehandelt werden und es so an einer ungleichen Machtlage fehlt.[158] Zu verneinen ist ein Schutzbedürfnis ebenso, wenn die einschlägigen gesetzlichen Bestimmungen zwingenden Charakter haben (§§ 23 Abs. 5, 38 AktG; §§ 18 S. 2, 11a GenG). Aber insbesondere am Beispiel der Publikumspersonengesellschaften hat sich gezeigt, dass atypische Situationen auch im Gesellschafts-

---

[155] Näheres zur Abgrenzung in dieser Hinsicht bei Wolf/*Hubert Schmidt* BGB § 310 Abs. 4 Rn. 8.
[156] Amtl. Begründung BT-Drs. 7/3919, S. 41.
[157] BeckOK/*Becker* BGB § 310 Rn. 29; Löwe/*Graf von Westphalen*/Trinkner AGBG § 23 Rn. 1.
[158] Vgl. *Fischer* FS Barz, 1974, 33 (37); MüKoBGB/*Basedow* § 310 Rn. 120.

recht auftreten.[159] Das Schutzbedürfnis ist in diesem Bereich ebenso wie bei Vereinen nicht mit gleicher Eindeutigkeit zu verneinen.[160]

157   Im Gesetzgebungsverfahren wurde dies zumindest teilweise erkannt und ausdrücklich darauf hingewiesen, dass insbesondere die schon vor Erlass des AGB-Gesetzes entwickelte richterliche Inhaltskontrolle der Gesellschaftsverträge von Publikums-Kommanditgesellschaften am Maßstab des § 242 BGB weiterhin möglich sein soll.[161]

158   **b) Reichweite der Ausnahme.** Der Ausnahmebereich ist mit den dürren Worten „auf dem Gebiet des Gesellschaftsrechts" nur unzureichend abgegrenzt.[162] Einigkeit besteht heute dahingehend, dass neben dem Recht der Personen- und Kapitalgesellschaften[163] auch das Genossenschafts- und Vereinsrecht erfasst ist.[164] Ausgeschlossen sind aber **nur spezifisch organisationsrechtliche Inhalte aufweisende Regelungswerke**, also Gesellschaftsverträge, Satzungen und sonstige unmittelbar mitgliedschaftlich geprägte Vertragsgestaltungen.

Beispiel: Regelungen im Gesellschaftsvertrag einer Personengesellschaft oder einer GmbH, die einem Gesellschafter, einer Gruppe von Gesellschaftern oder der Gesellschaftermehrheit das Recht einräumen, einen Mitgesellschafter ohne sachlichen Grund aus der Gesellschaft auszuschließen („**Hinauskündigungsklauseln**"), unterliegen nicht der AGB-Kontrolle, können aber nach § 138 BGB unwirksam sein.[165]

Der AGB-Kontrolle unterliegen daher sehr wohl Austausch- oder sonstige Benutzungsverhältnisse zwischen Verband und Mitglied.

Beispiel:
(1) Die **Allgemeinen Versicherungsbedingungen von Versicherungsvereinen auf Gegenseitigkeit** unterliegen, soweit sie das Versicherungsverhältnis betreffen, den §§ 305 ff. BGB. Die vereinsrechtliche Form des Vertragspartners eines Versicherungsverhältnisses ist kein ausreichender Grund, die Versicherungsbedingungen der AGB-Kontrolle zu entziehen. In diesem Fall unterliegt Vertragsrecht und nicht Gesellschafts- bzw. Vereinsrecht der Inhaltskontrolle. § 310 Abs. 4 BGB trifft schon seinem Wortlaut nach nicht zu.[166] Ebenso ist zu entscheiden, wenn in die Satzung vorformulierte Regelungen versicherungsrechtlicher Vertragsbeziehungen aufgenommen werden. Nur Satzungsbestimmungen organisationsrechtlichen Inhalts sind kontrollfrei.[167]
(2) **Anstellungsverträge von Vorstandsmitgliedern** stellen typische Austauschverträge dar und unterliegen daher der AGB-Kontrolle. Aktien- und kapitalmarktrechtliche Besonderheiten von Vorstandsverhältnissen müssen allerdings berücksichtigt werden.[168]
(3) Die **Veräußerung von Gesellschaftsanteilen** untersteht dem AGB-Recht, da solche Verträge im Kern eine Austauschbeziehung zum Inhalt haben, nicht aber das Rechtsverhältnis des Anteils-

---

[159] *Grunewald* FS Semler, 1993, 179 f.

[160] Ulmer/*Schäfer* BGB § 310 Rn. 120.

[161] Bericht des Rechtsausschusses BT-Drs. 7/5422, S. 13.

[162] Für eine Abgrenzung auf der Grundlage einer typologischen Gesamtbetrachtung zuletzt *Bieder* ZHR 174 (2010), 724 ff.

[163] Auch stille Gesellschaften, BGH NJW 1995, 192; Wolf/*Hubert Schmidt* BGB § 310 Abs. 4 Rn. 11; aA *Bieder* ZHR 174 (2010), 726.

[164] BGH NJW 1998, 454; NJW-RR 2017, 496 Rn. 26; BAG NZI 2019, 231 zum Verein; BGH NJW 1988, 1729 zur Genossenschaft.

[165] BGH NJW 2005, 3641; 3644; hierzu *Verse* DStR 2007, 1822; *Benecke* ZIP 2005, 1437 und *Bieder* MDR 2007, 1049.

[166] BGH NJW 1998, 454.

[167] Einer Inhaltskontrolle hat der BGH (NJW 1998, 454) jedoch auch solche Satzungsbestimmungen eines VVaG unterzogen, die insoweit einen Doppelcharakter aufwiesen.

[168] *Bauer/Arnold* ZIP 2006, 2338; *Thüsing*, in: Handbuch des Vorstandsrechts, 2006, § 4 Rn. 101; *Schmitt-Rolfes* FS Hromadka, 2008, 393 (395); *Löw* AG 2018, 837; erörtert wird die Anwendung des AGB-Rechts auf einen Anstellungsvertrag eines Vorstandsmitglieds in BGH NJW 1989, 2683 (2684 f.); ferner BGH NZA 2020, 244 mit Anm. *Stoffels*, LMK 2020, 426472; hierzu auch *Kort* NZG 2020, 121.

erwerbers zu den übrigen Gesellschaftern regeln.[169] Die **Unternehmenskaufsverträge** werden vielfach in weiten Teilen individuell ausgehandelt und unterfallen dann insoweit auch nicht der AGB-Kontrolle.[170] Kommen allerdings standardisierte Bedingungen zum Einsatz – so etwa bei den Unternehmenskaufverträgen der früheren Treuhandanstalt –[171] steht die Bereichsausnahme für das Gesellschaftsrecht einer Inhaltskontrolle solcher Austauschverträge nicht entgegen.[172]

Bei dieser Bereichsausnahme ist auf mögliche **Umgehungen** zu achten (§ 306a BGB): 159 zB Flucht aus dem Anwendungsbereich des gesetzlichen AGB-Rechts durch vereins- rechtliche Organisation in Form von Buch- und Schallplattenclubs (zB im Hinblick auf die Laufzeit von Dauerschuldverhältnissen).

c) Inhaltskontrolle von vorformulierten Gesellschaftsverträgen und Vereinssat- 160 **zungen am Maßstab von Treu und Glauben (§ 242 BGB).** Die Bereichsausnahme führt ua dazu, dass auch einige typische Vertragsgestaltungen der AGB-Kontrolle entzogen werden, bei denen ein besonderes Kontrollbedürfnis unverkennbar besteht. Hier prakti- ziert die Rechtsprechung schon seit langem unabhängig vom gesetzlichen AGB-Recht eine intensivierte richterliche Inhaltskontrolle.[173]

(1) Publikumspersonengesellschaften. Die wesentlichen Merkmale einer sog. **Publi-** 161 **kumspersonengesellschaft** sind, dass die Gesellschaft nach dem Gesellschaftsvertrag auf die Mitgliedschaft einer Vielzahl erst noch zu werbender (Anlage-)Gesellschafter angelegt ist. Sie beteiligen sich nur kapitalistisch an der Gesellschaft und werden im Übrigen mehr oder weniger zufällig zusammengeführt. Die Ausgestaltung des Gesellschaftsvertrages erfolgt regelmäßig durch einen kleinen Kreis von Gründern bzw. Initiatoren, den sog. Gründergesellschaftern. Zwischen den Kapitalanlegern untereinander sowie zwischen ihnen und den Gründergesellschaftern bestehen typischerweise keine persönlichen oder sonstigen Beziehungen.[174] Die Entscheidung zur Gründung einer Publikumspersonenge- sellschaft ist vielfach stark von den steuerrechtlichen Gestaltungsmöglichkeiten geprägt. Die größte Verbreitung hat die Publikumspersonengesellschaft in der Ausgestaltung als GmbH & Co. KG gefunden.

Nach ständiger Rechtsprechung des BGH unterliegen die Gesellschaftsverträge von 162 Publikumspersonengesellschaften auch nach dem Inkrafttreten des AGB-Gesetzes (jetzt §§ 305 ff. BGB) der **Inhaltskontrolle gem. § 242 BGB.**[175] Der BGH begründet diese Beurteilung im Wesentlichen damit, dass die in der Öffentlichkeit geworbenen (Anlage-) Gesellschafter den fertig formulierten Gesellschaftsvertrag hinnehmen müssen, ohne auf dessen Inhalt einen irgendwie gearteten mitgestaltenden, ihre Interessen wahrenden Ein- fluss ausüben zu können. Die Situation ähnelt somit aufgrund des fehlenden Vertrags- kompromisses derjenigen bei Allgemeinen Geschäftsbedingungen und Formularverträ- gen. Um einen Missbrauch der Vertragsfreiheit zu verhindern, ist der Gesellschaftsvertrag demnach einer gerichtlichen Inhaltskontrolle zu unterziehen.[176] In Analogie zu dieser

---

[169] Ulmer/*Schäfer* BGB § 310 Rn. 123; BeckOGK/*Richters/Friesen* BGB § 310 Rn. 191.

[170] MüKoBGB/*Wurmnest* § 307 Rn. 102; zum Unternehmenskauf im Wege des Auktionsverfah- rens aus AGB-rechtlicher Sicht *Habersack/Schürnbrand* FS Canaris, 2007, 359 ff.

[171] BGH NJW 2002, 2399 (2400).

[172] Überlegungen zur Vermeidung der Anwendbarkeit der §§ 305 ff. BGB in diesem Zusammen- hang bei *Wittuhn/Quecke* NZG 2014, 131.

[173] Gemeinsamkeiten und Unterschiede der gesellschaftsrechtlichen und der AGB-rechtlichen Vertragsinhaltskontrolle beschreibt *Bieder* ZHR 174 (2010), 708 ff.

[174] Vgl. BGHZ 64, 238 (241); 102, 172 (177 f.); 104, 50 (53); NJW-RR 2016, 550 Rn. 14.

[175] So ausdrücklich BGHZ 104, 50, 53.

[176] BGHZ 64, 238 (241); 102, 172 (177) und 104, 50 (53) jeweils mwN der Rechtsprechung. Vorbereitend hierzu waren die Abhandlungen von *Martens* BB 1973, 419 f.; *Fischer* FS Barz, 1974, 33 (38 f.); *ders.* DRiZ 1974, 213 und *Wiedemann* FS Westermann, 591. Vgl. hierzu auch jeweils mwN AGB-Klauselwerke/*Lehmann-Richter*, Stichwort: Publikumsgesellschaft (Stand Dezember 2018);

Rechtsprechung hat der BGH auch für eine Vielzahl von Gesellschaftsverträgen mit stillen Gesellschaftern vorformulierte Vertragsbedingungen einer intensivierten Inhaltskontrolle nach § 242 BGB unterzogen.[177]

Beispiele:

(1) In dem grundlegenden Urteil vom 14.4.1975[178] zur Inhaltskontrolle von Gesellschaftsverträgen hatte der BGH über Vertragsklauseln einer GmbH & Co. KG zu befinden, wonach die **Ansprüche gegen die GmbH** oder gegen die Mitglieder des Aufsichtsrats wegen Verletzung ihrer gesellschaftlichen Obliegenheiten in drei Monaten verjähren sollten und zudem die Haftung der GmbH und der Mitglieder des Aufsichtsrats gegenüber Gesellschaftern und ehemaligen Gesellschaftern auf das in der Gesellschaft angelegte Vermögen der zum Schadensersatz verpflichteten Personen **beschränkt** war. Aufgrund einer derart unausgewogenen Begünstigung der in dem Aufsichtsrat tätigen Gesellschafter sei, so der BGH, der erforderliche Schutz der Anlagegesellschafter auch nicht annähernd angemessen gewährleistet und die Klausel daher nach Treu und Glauben unwirksam.

(2) Bei einer Publikums-KG ist die gesellschaftsvertragliche Bestimmung, die der Komplementär-GmbH einseitig das **Recht** einräumt, die **Kommanditbeteiligungen nach freiem Ermessen zu übernehmen**, unwirksam.[179]

(3) Ebenso ist das im Gesellschaftsvertrag einer Publikumspersonengesellschaft vorgesehene Erfordernis, dass der (Gesellschafter-)**Geschäftsführer nur mit Zustimmung aller Gesellschafter abberufen** werden kann, nichtig; es genügt die einfache Mehrheit.[180]

(4) In einem weiteren Fall hatte es der BGH mit einer Publikums-KG zu tun, die so organisiert war, dass sich die Anleger nur mittelbar über einen **Treuhänder** an ihr beteiligen konnten. Der BGH entschied, dass dann das zusammengehörende Bündel von Gesellschaftsvertrag und Treuhandabrede genauso der Inhaltskontrolle unterliege, wie wenn eine unmittelbare Beteiligung der Anleger an der Publikumsgesellschaft ohne Zwischenschaltung des Treuhänders vorläge.[181]

163   Als Ausgangspunkt für eine Inhaltskontrolle dient die Überprüfung der Vertragsbedingungen am Maßstab von Treu und Glauben. Der BGH betont, dass es für die Feststellung der Unwirksamkeit der vertraglichen Bedingung eines besonderen gesetzlichen Vergleichsmaßstabes nicht bedürfe.[182] Um generalisierende Formeln zu finden, ist der Rückgriff auf dispositive Regelungen im Handelsgesetzbuch und im Bürgerlichen Gesetzbuch, aufgrund des Abweichens der Publikumspersonengesellschaft vom gesetzlichen Leitbild, in der Tat weitgehend ungeeignet.[183] Hilfreich erscheint eher die Orientierung an allgemeinen Prinzipien des Gesellschaftsrechts.[184] Die Rechtsprechung hat sich zwar teilweise an Regelungen aus dem Körperschaftsrecht angelehnt, es aber abgelehnt diese einfach zu übernehmen. Teilweise stellt der BGH ergänzend auf das Leitbild der Publikumspersonengesellschaft ab.[185]

164   Der Nutzen der Inhaltskontrolle ist im Bereich des Gesellschaftsrechts begrenzt. Zwar wird die unangemessene Vertragsklausel beseitigt, aber die Inhaltskontrolle schafft kein neues positives Recht.[186] Hier zeigt sich die Notwendigkeit, den Anlagegesellschaftern die Chance zu geben, den Vertrag selber durch Mehrheitsbeschlüsse zu entschärfen.[187]

K. Schmidt, Gesellschaftsrecht, 4. Aufl. 2002, § 5 III 4 (S. 121 ff.) und § 57 (S. 1668 ff.); Ulmer/ *Schäfer* BGB § 310 Rn. 134 ff.; Wolf/*Hubert Schmidt* BGB § 310 Abs. 4 Rn. 25.
[177] BGH NJW 2001, 1270.
[178] BGHZ 64, 238.
[179] BGH NJW 1982, 2303.
[180] BGH NJW 1988, 969.
[181] BGH NJW 1988, 1903.
[182] BGHZ 64, 238 (244).
[183] *Stimpel* FS Fischer, 1979, 771 (773); *Wiedemann*, Gesellschaftsrecht I, § 3 II 3b (S. 174).
[184] Heymann/*Horn*, 2. Aufl., HGB § 161 Rn. 163.
[185] Vgl. BGHZ 84, 11 (14 f.).
[186] *Martens* JZ 1976, 514 f.
[187] BGHZ 66, 82 (85 f.); 69, 160 (166); 71, 53 (58); *Stimpel* FS Fischer, 1979, 771 (778); Ulmer/ *Schäfer* BGB § 310 Rn. 135; Heymann/*Horn*, 2. Aufl., HGB § 161 Rn. 164.

Die Inhaltskontrolle und die Anerkennung des Mehrheitsprinzips sind nur ein Teil des   **165**
Gesamtinstrumentariums des Anlegerschutzes. Zudem ist der Gesellschaftsvertrag einer
Publikumspersonengesellschaft nach objektiven und somit revisiblen Grundsätzen auszulegen.[188] Die objektivierte Auslegung ist von der Inhaltskontrolle zu unterscheiden;[189]
sie genießt zudem Anwendungsvorrang.[190] Des Weiteren sind grundsätzlich alle gesellschaftsrechtlichen Verpflichtungen, die der Gesellschaft gegenüber Gründungsgesell-
schaftern auferlegt werden und diesen Vorteile verschaffen sollen, in den schriftlich festgelegten Gesellschaftsvertrag oder in einen ordnungsgemäß zustande gekommenen und
protokollierten Gesellschafterbeschluss aufzunehmen.[191] Es besteht insoweit also ein
Formzwang. Wird der Gesellschafter bei seinem Beitritt zu einer Publikumspersonengesellschaft arglistig getäuscht, so gesteht ihm die Rechtsprechung entgegen § 133 HGB ein
Austrittsrecht mit Wirkung *ex nunc* zu.[192] Daneben sind noch die ergänzenden Schadensersatzansprüche aus Verschulden bei Vertragsschluss (§§ 311 Abs. 2 und 3, 280 BGB)
und aufgrund der allgemeinen zivilrechtlichen Prospekthaftung zu nennen.

(2) **Vereine.** Eine Parallele zur richterlichen Inhaltskontrolle bei Publikumsgesellschaf-   **166**
ten findet sich im **Vereinsrecht.** Satzungsgewalt und die Selbstverwaltungsbefugnis der
Vereine gründen zwar in der Vereinsautonomie. Dies immunisiert sie jedoch nicht gegen
eine gerichtliche Überprüfung von Vereinssatzungen und Beschlüssen. Denn die Vereinsautonomie ist Teil der Privatautonomie und unterliegt damit auch deren Grenzen. Im
Einzelnen gilt es zwischen der Kontrolle von Vereinssatzungen und sonstigen internen
Vereinsordnungen auf der einen und von Vereinsmaßnahmen und -beschlüssen auf der
anderen Seite zu unterscheiden.

Soweit Bestimmungen in **Vereinssatzungen** oder sonstigen Ordnungen in Rede ste-   **167**
hen, ist eine Inhaltskontrolle am Maßstab des § 242 BGB jedenfalls dann geboten, wenn
der **Verein im wirtschaftlichen oder sozialen Bereich eine überragende Machtstellung
einnimmt** und das Mitglied auf die Mitgliedschaft angewiesen ist.[193] Sowenig wie es
solchen Vereinigungen freigestellt sein kann, Bewerber, die auf die Mitgliedschaft bei
ihnen angewiesen sind, willkürlich abzuweisen, sowenig kann es ihnen freistehen, ihre
Mitglieder willkürlichen oder unbilligen, Treu und Glauben (§ 242 BGB) widerstreitenden Satzungsgestaltungen zu unterwerfen. Verbände, bei denen die Mitgliedschaft in jeder
Hinsicht freiwillig ist, aus denen das einzelne Mitglied also jederzeit ohne schwerwiegende wirtschaftliche oder soziale Nachteile austreten kann, werden in der Praxis um der
Erhaltung ihres Mitgliederbestandes willen häufig dazu gezwungen sein, auf die Setzung
von Normen zu verzichten, die ihre Mitglieder unbillig belasten können. Dieses Korrektiv entfällt, wenn die Vereinszugehörigkeit sich für die Mitglieder als ein „Muss" darstellt,
zu der es keine Alternative gibt. In solchen Fällen spürbarer Fremdbestimmung ist eine
Ungleichgewichtslage gegeben, die derjenigen entspricht, wie sie typischerweise bei nicht
ausgehandelten Vertragsbedingungen besteht.[194]

---

[188] BGH WM 1978, 87 (88); 1399 (1400); 1979, 672; NJW-RR 1996, 1436 (1437); *Brandes* WM
1987, Sonderbeilage 1, S. 8.
[189] *K. Schmidt*, Gesellschaftsrecht, 4. Aufl. 2002, § 57 IV 1b (S. 1682 f.).
[190] BGH NJW 1979, 2102.
[191] BGH WM 1976, 446 (447); *Heinze* ZGR 1979, 111.
[192] BGH NJW 1973, 1604; BGHZ 63, 338; einschränkend BGHZ 69, 160 (163 ff.) und BGH NJW
1979, 765.
[193] BGH NJW 1989, 1724 (1726); 1999, 3552; 2000, 1028; vgl. hierzu auch *van Look* WM Sonderheft 1994, 48 ff.; für die Kontrolle von Vereinssatzungen auch *K. Schmidt*, Gesellschaftsrecht, 4. Aufl.
2002, § 5 III 4b (S. 123 f.); Palandt/*Ellenberger* BGB § 25 Rn. 9; Ulmer/*Schäfer* BGB § 310 Rn. 136;
Wolf/*Hubert Schmidt* BGB § 310 Abs. 4 Rn. 22 f.; zurückhaltend *Fastrich*, Inhaltskontrolle, S. 141 f.;
aA *Säcker/Rancke* AuR 1981, 11 ff.
[194] BGH NJW 1989, 1724 (1726).

Beispiel:

(1) Ein **Spitzenverband der Kreditgenossenschaften** hatte nach ergebnisloser Zahlungsaufforderung gegenüber einem genossenschaftlich organisierten Kreditinstitut ein Ausschließungsverfahren eingeleitet. Der BGH entschied, dass im Hinblick auf die Monopolstellung des Verbandes eine Freiwilligkeit der Mitgliedschaft im eigentlichen Sinne nicht gegeben sei. Deshalb sei eine Situation gegeben, die auch eine Überprüfung des verbandsrechtlichen Regelwerkes auf seine inhaltliche Angemessenheit hin sachlich gerechtfertigt erscheinen lasse.[195]

(2) Die **Landesverbände des Deutschen Fußballbundes** nehmen ebenfalls eine Monopolstellung ein. Eine in den Verbandsnormen vorgesehene Verpflichtung zur Zahlung einer **Ausbildungs- und Förderungsentschädigung** für den Fall des Vereinswechsels von sog. Vertragsamateuren unterliegt daher der Inhaltskontrolle gem. §§ 138, 242 BGB.[196]

168   Die Inhaltskontrolle von Vereinssatzungen kann sich auch auf **Nichtmitglieder** auswirken.

Beispiel: Ein Turnierreiter hatte sich, wie bei Turnierteilnehmern üblich, der Disziplinargewalt des turnierausrichtenden Dachverbandes unterworfen. Aufgrund eines Regelverstoßes wurden ihm Bußgelder und Verfahrenskosten auferlegt. Der BGH stellte fest, dass es sich bei dem Dachverband um einen sozialmächtigen Verband handele, weil ohne die Anerkennung seiner Regeln eine Teilnahme am organisierten Reitsport praktisch ausgeschlossen sei. Sodann urteilte er, dass **sportliche Regelwerke** auch im Verhältnis zu Nichtmitgliedern keine Allgemeinen Geschäftsbedingungen im Sinne des Gesetzes seien, aber der Inhaltskontrolle nach § 242 BGB unterlägen.[197]

169   Häufiger als Vereinssatzungen werden die Rechtsstellung der Mitglieder beeinträchtigende **Vereinsmaßnahmen** gerichtlich nachgeprüft.[198] Dabei geht es vor allem um Vereinsstrafen und den Ausschluss aus dem Verein. Die Interventionsschwelle liegt hoch; sie setzt erst bei offenbarer Unbilligkeit der betreffenden Maßnahme ein. Nach neuerer Rechtsprechung sind hierbei allerdings die zugrundeliegenden Tatsachenfeststellungen voll nachprüfbar.[199]

170   **d) Änderungen infolge der EG-Klauselrichtlinie?** Im Schrifttum sind mehrere Autoren dafür eingetreten, aufgrund des Gebots der richtlinienkonformen Auslegung die AGB-rechtlichen Vorschriften nunmehr auch auf Gesellschaftsverträge anzuwenden, soweit es sich um Verbraucherverträge handelt (etwa Erwerb von Aktien, Beitritt zu einer Kommanditgesellschaft).[200] Der 10. Erwägungsgrund der **Klauselrichtlinie 93/13/EWG** stellt jedoch klar, dass an den bekannten Bereichsausnahmen nicht gerüttelt werden soll. Die zusätzliche Begründung, dass in den Ausnahmenbereichen keine Verbraucherverträge vorliegen (vgl. „daher"), geht zwar fehl. Dies berechtigt jedoch nicht zu einer eigenmächtigen Korrektur und zu einer grundlegenden Aushöhlung der Bereichsausnahmen, insbesondere der des Gesellschaftsrechts. Für eine Harmonisierung des Gesellschaftsrechts hätte die Richtlinie im Übrigen auch nicht allein auf Art. 100a EGV a. F. (jetzt Art. 114 AEUV) gestützt werden dürfen, sodass eine Änderung des status quo auch deshalb nicht angenommen werden kann.[201]

---

[195] BGH NJW 1989, 1724 (1726).

[196] BGH NJW 1999, 3552; ebenso BGH NJW 2000, 1028 für den Deutschen Eishockey-Bund.

[197] BGH NJW 1995, 583.

[198] Vgl. Palandt/*Ellenberger* BGB § 25 Rn. 19 ff.; Ulmer/*Schäfer* BGB § 310 Rn. 137; *van Look* WM Sonderheft 1994, 51 ff.

[199] BGH NJW 1984, 918.

[200] KG WM 1999, 731 (733); OLG Frankfurt NJW-RR 2004, 991 (992); *Heinrichs* NJW 1997, 1407; MüKoBGB/*Basedow* § 310 Rn. 128; *Armbrüster* ZIP 2006, 413; offen gelassen in BGH NJW-RR 2012, 937 Rn. 45.

[201] Wie hier *Drygala* ZIP 1997, 968 ff.; Ulmer/*Schäfer* BGB § 310 Rn. 120; *Bieder* ZHR 174 (2010), 727 ff. Zur Möglichkeit der Klärung durch Vorlage an den EuGH vgl. noch Rn. 46.

4. Eingeschränkte AGB-Kontrolle im Arbeitsrecht

Literatur: Vgl. die Angaben vor → Rn. 1110.

Im Arbeitsrecht sind vorformulierte Vertragsbedingungen ein weit verbreitetes Phäno-   **171**
men. Kaum ein Arbeitsvertrag wird heutzutage noch individuell ausgehandelt.[202] Vorherrschend sind vorformulierte Arbeitsbedingungen, meist als Bestandteil von Formulararbeitsverträgen, daneben aber auch in Form von Gesamtzusagen und arbeitsvertraglichen Einheitsbedingungen.

a) Änderung der Bereichsausnahme durch das Schuldrechtsmodernisierungsgesetz.   **172**
Im Zuge der Schuldrechtsmodernisierung ist die bis dahin geltende Bereichsausnahme für
Verträge auf dem Gebiete des Arbeitsrechts (§ 23 AGBG)[203] aufgehoben und nur noch
für Tarifverträge, Betriebs- und Dienstvereinbarungen aufrechterhalten worden, vgl.
§ 310 Abs. 4 S. 1 BGB. Diese Korrektur hat die wohl nachhaltigste Rechtsänderung im
Individualarbeitsrecht der letzten Jahrzehnte bewirkt.[204] In der **Gegenäußerung der
Bundesregierung**[205] wird dieser Schritt wie folgt begründet: „Trotz des Schutzes durch
zwingende gesetzliche Vorschriften und kollektive Vereinbarungen besteht auch im Arbeitsrecht ein Bedürfnis nach richterlicher Kontrolle der einseitig vom Arbeitgeber festgesetzten Arbeitsbedingungen; dies ist gerade vor dem Hintergrund des existenziellen
Angewiesenseins auf einen Arbeitsplatz von besonderer Bedeutung." Nach einem Hinweis auf divergierende Entscheidungen des BAG heißt es sodann, „die aus dieser uneinheitlichen Rechtsprechung entstehende Rechtsunsicherheit sollte durch die Streichung
der Bereichsausnahme beseitigt werden. Dadurch wird auch dafür gesorgt, dass das
Schutzniveau der Vertragsinhaltskontrolle im Arbeitsrecht nicht hinter demjenigen des
Zivilrechts zurückbleibt."[206]

Eine notwendige Korrektur zeichnet sich alsbald ab: Hatte das Bundesarbeitsgericht   **173**
bislang der **Frage nach dem Zustandekommen der vertraglichen Vereinbarung** kaum
eine gesteigerte Bedeutung beigemessen und auch Individualvereinbarungen einer Inhaltskontrolle unterzogen, so dürfte hier künftig konsequenter zu unterscheiden sein.[207]
Besteht für die Vertragspartner die Möglichkeit, die Vertragsbedingungen im Einzelnen
auszuhandeln, ist im Grundsatz davon auszugehen, dass sie ihre Interessen selbst angemessen vertreten können. Das sich hieraus ergebende Mehr an Vertragsfreiheit darf
nicht durch Ausweichen auf Ersatzinstrumente wie den Maßstab der Billigkeit (§ 315
BGB) oder der guten Sitten (§ 138 BGB) wieder zunichte gemacht werden.[208] Davon geht
jetzt auch das BAG aus.[209] Zu Recht führt das Urteil vom 25.5.2005 aus, eine Billigkeitskontrolle im Sinne einer allgemeinen, nicht auf die Besonderheiten des Falles bezogenen
Angemessenheitsprüfung finde nach § 242 BGB bei ausgehandelten Vertragsbedingungen

---

[202] *Preis*, Grundfragen der Vertragsgestaltung im Arbeitsrecht, S. 54 ff; Staudinger/*Krause* BGB
Anh. zu § 310 Rn. K 1.

[203] Zur Entwicklung bis zum Inkrafttreten des Schuldrechtsmodernisierungsgesetzes Wolf/*Stoffels*, ArbR Rn. 1 ff. und Staudinger/*Krause* BGB Anh. zu § 310 Rn. K 10 ff.

[204] So zutreffend *Preis/Roloff*, ZfA 2007, 44.

[205] BT-Drs. 14/6857, S. 54.

[206] Kritisch hierzu *Richardi* NZA 2002, 1060.

[207] *Gotthardt*, Arbeitsrecht nach der Schuldrechtsreform, Rn. 234; *Hanau* NJW 2002, 1242; für
eine Fortführung der Inhaltskontrolle individuell ausgehandelter Arbeitsbedingungen bei strukturel-
lem Ungleichgewicht hingegen *Hromadka* NJW 2002, 2524 f.; ähnlich auch *Maschmann* RdA 2005,
217.

[208] So zutreffend *Thüsing*, AGB-Kontrolle im Arbeitsrecht, Rn. 43 f.; *Thüsing/Leder* BB 2005,
940; ErfK/*Preis* BGB §§ 305–310 Rn. 24; zu den verbleibenden Schranken der Vertragsgestaltung
Rolfs RdA 2006, 352 f.; näher zur Kontrolle von Individualvereinbarungen im Arbeitsrecht auch
Staudinger/*Krause* BGB Anh. zu § 310 Rn. K 135 ff.

[209] BAG NZA 2005, 1111, 1116.

nicht (mehr) statt. Die §§ 305 ff. BGB stellten eine abschließende Konkretisierung des Gebots von Treu und Glauben hinsichtlich des allgemeinen, allein den Inhalt der Regelung überprüfenden Angemessenheitskontrolle dar. Ausgehandelte Vertragsbedingungen mit Führungskräften unterliegen nach den Wertungen der §§ 305 ff. BGB beispielsweise ebenso wenig einer intensivierten Inhaltskontrolle wie nachträglich ausgehandelte Änderungen des laufenden Arbeitsvertrages. Ausnahmsweise bleibt eine richterliche Kontrolle bei strukturellen Störungen der Vertragsparität erforderlich. Dieser Tatbestand hat allerdings auch im Arbeitsrecht Ausnahmecharakter.[210] Es handelt sich um Fälle, in denen der Inhalt des Vertrages eine Seite ungewöhnlich belastet und als Interessenausgleich offensichtlich ungeeignet ist.[211]

174   **b) Keine AGB-Kontrolle von Tarifverträgen, Betriebs- und Dienstvereinbarungen.** **Tarifverträge** werden zwischen Arbeitgeberverbänden bzw. einzelnen Arbeitgebern auf der einen und Gewerkschaften auf der anderen Seite abgeschlossen. Liegen die Voraussetzungen nach dem Tarifvertragsgesetz (TVG) vor, so gelten die tariflichen Regelungen zwischen den tarifgebundenen Arbeitsvertragsparteien unmittelbar und zwingend. Das Kontrollbedürfnis ist hier schwächer ausgeprägt, da es in aller Regel an der für Allgemeine Geschäftsbedingungen typischen Überlegenheit des Verwenders fehlen wird. Weder der Arbeitgeberverband bzw. der einzelne Arbeitgeber noch die Gewerkschaft nimmt die Rolle eines „Verwenders" ein. Wegen der Gleichgewichtigkeit der Tarifvertragsparteien ist davon auszugehen, dass bei einer Gesamtbetrachtung der tariflichen Regelungen die Arbeitnehmerinteressen angemessen berücksichtigt werden. Es besteht insoweit eine materielle Richtigkeitsgewähr für die tariflichen Regelungen.[212] Hinzu kommt – und hierauf hebt die Gesetzesbegründung in erster Linie ab –,[213] dass es sich um einen verfassungsrechtlich (Art. 9 Abs. 3 GG) den Koalitionsparteien eingeräumten Gestaltungsspielraum handelt, der über eine intensive Angemessenheitskontrolle nicht über Gebühr eingeengt werden darf. Wie die Gegenäußerung der Bundesregierung auf die Stellungnahme des Bundesrates erkennen lässt, befürchtete man mit einer Öffnung dieses „normsetzenden" Bereichs für die AGB-Kontrolle, „das System der **Tarifautonomie**" zu konterkarieren.[214] Dies erhellt zugleich, dass Tarifverträge nur insoweit der AGB-Kontrolle entzogen sein sollen, als sie die Arbeitsbedingungen mit normativer Wirkung gestalten.[215] Das setzt insbesondere beiderseitige Tarifgebundenheit voraus, ist aber auch im Falle einer Allgemeinverbindlicherklärung des Tarifvertrages (§ 5 Abs. 4 TVG) gegeben. Gilt eine kollektive Regelung (nur) kraft **einzelvertraglicher Inbezugnahme,** so folgt die Freistellung nicht schon aus § 310 Abs. 4 S. 1 BGB.[216] Wohl aber ist Satz 3 der Vorschrift zu beachten (näher hierzu unter → Rn. 178).

175   Für normativ geltende Tarifverträge muss es also bei einer **Kontrolle anhand der Verfassung, anderer zwingender Normen des höherrangigen Rechts und** – so jedenfalls das BAG – am **Maßstab der guten Sitten** verbleiben. In dem danach verbleibenden Gestaltungsspielraum kann einer Tarifnorm erst dann die Anerkennung versagt werden, wenn sie zu einer grundlegenden Schlechterstellung von Arbeitnehmern im Vergleich zu

---

[210] *Thüsing,* AGB-Kontrolle im Arbeitsrecht, Rn. 44.
[211] BAG NZA 2005, 1111, 1116 unter Hinweis auf BVerfG NJW 1994, 36.
[212] BAG AP Nr. 22 zu § 611 Ausbildungsbeihilfe; *Gamillscheg,* Kollektives Arbeitsrecht I, 1997, S. 695 ff. mwN.
[213] BT-Drs. 14/6857, S. 54.
[214] BT-Drs. 14/6857, S. 54.
[215] Das BAG dispensiert allerdings auch Tarifverträge im Nachwirkungsstadium von der Geltung der §§ 305 ff. BGB, so zuletzt BAG NZA 2013, 216.
[216] BAG NZA 2009, 154 (157); Ulmer/*Fuchs/Bieder* BGB Anh. § 310 Rn. 17; CKK/*Kreft* BGB § 310 Rn. 44b.

einer sachlich vertretbaren Lösung führt. Wegen der generellen Tarifwirkung ist dabei eine generelle und nicht eine individuelle Betrachtungsweise geboten.[217]

§ 310 Abs. 4 S. 1 BGB nimmt weiterhin **Betriebsvereinbarungen** (vgl. § 77 BetrVG) **176** und ihr Pendant im öffentlichen Dienst, die **Dienstvereinbarungen**, von der Anwendung der §§ 305 ff. BGB aus,[218] stellt sie also insoweit auf eine Stufe mit den Tarifverträgen. Zwar ist die Gestaltungskompetenz der Betriebspartner nicht Ausfluss der Tarifautonomie,[219] wohl aber spricht der normative Charakter der Betriebs- und Dienstvereinbarungen für eine Gleichstellung. Ebenfalls vom Ausschlusstatbestand des § 310 Abs. 4 S. 1 BGB erfasst werden Gesamt- und Konzernbetriebsvereinbarungen, Vereinbarungen zwischen Sprecherausschuss und Arbeitgeber in analoger Anwendung nur, wenn sie normative Wirkung entfalten (§ 28 Abs. 2 S. 1 BetrVG),[220] nicht hingegen bloße Regelungsabreden zwischen Arbeitgeber und Betriebsrat.[221] Betriebs- und Dienstvereinbarungen hat die Rechtsprechung in der Vergangenheit allerdings einer **allgemeinen Billigkeitskontrolle** unterzogen.[222] Dies ist vielfach kritisiert worden.[223] Eine wertungskonsistente Interpretation des § 310 Abs. 4 BGB gebietet nunmehr, Betriebs- und Dienstvereinbarungen ebenso wie Tarifverträge nur noch einer Rechtskontrolle anhand höherrangiger Normen zu unterziehen. Eine auf einen angemessenen Interessenausgleich zielende Angemessenheitskontrolle und erst recht eine an Zweckmäßigkeitsgesichtspunkten orientierte Billigkeitskontrolle dürfte nunmehr ausgeschlossen sein.[224] Freilich dürfte sich die praktische Bedeutung dieser Korrektur in Grenzen halten, ist doch die arbeitsgerichtliche Rechtsprechung nur in vergleichsweise wenigen Fällen über eine Rechtskontrolle hinausgegangen.[225]

Eine andere Frage geht dahin, **ob unter welchen Voraussetzungen eine Betriebsver-** **176a** **einbarung arbeitsvertraglich begründete Rechtspositionen der Arbeitnehmer ablösen kann.** Damit ist eine Grundfrage zum Verhältnis zwischen kollektivvertraglichen und arbeitsvertraglichen Regelungen aufgeworfen, die hier nur angerissen werden kann. Das BAG ist der Ansicht, dass die Arbeitsvertragsparteien ihre vertraglichen Absprachen dahingehend gestalten können, dass sie einer Abänderung durch betriebliche Normen unterliegen (sog. **betriebsvereinbarungsoffene Vertragsgestaltung**). Dies könne auch konkludent vereinbart sein. Besonders weit ist das BAG zuletzt gegangen, indem es den Rechtssatz aufgestellt hat, eine solche konkludente Vereinbarung sei regelmäßig anzunehmen, wenn der Vertragsgegenstand in Allgemeinen Geschäftsbedingungen enthal-

---

[217] So ausdrücklich BAG AP Nr. 22 zu § 611 Ausbildungsbeihilfe; ferner BAG AP Nr. 1 zu § 10a AVR Caritasverband.

[218] Daher keine Anwendung des § 308 Nr. 4 BGB auf in Betriebsvereinbarungen geregelte Widerrufsvorbehalte, so folgerichtig BAG NZA 2006, 563, 565.

[219] Fehlgehend insoweit die Gesetzesbegründung, zu Recht kritisch insoweit *Annuß* BB 2002, 459.

[220] Wie hier CKK/*Kreft* BGB § 310 Rn. 46; *Löwisch* FS Canaris, 2007, 1403 (1404). Generell gegen die Einbeziehung von Sprecherausschussvereinbarungen DDW/*Däubler* § 310 Rn. 36. Für Einbeziehung auch lediglich schuldrechtlich wirkender Richtlinien hingegen Staudinger/*Krause* BGB Anh. zu § 310 Rn. K 105.

[221] CKK/*Kreft* BGB § 310 Rn. 46; DDW/*Däubler* BGB § 310 Rn. 34; aA *Lobinger* FS Reuter, 2010, 664 ff.; dem folgend Staudinger/*Krause* BGB Anh. zu § 310 Rn. K 102.

[222] Grundlegend BAG AP Nr. 142 zu § 242 Ruhegehalt, sodann zB BAG AP Nr. 3 zu § 77 BetrVG 1972 Tarifvorbehalt.

[223] Eine ausführliche und kritische Würdigung der Rechtsprechung zur Kontrolle von Betriebsvereinbarungen findet sich bei *Preis/Ulber* RdA 2013, 211. Verf. konstatieren zu Recht, dass ein substanzieller Kontrollbonus für Betriebsvereinbarungen nicht nachweisbar ist.

[224] Deutlich *Lieb* FS Ulmer, 2003, 1231 (1241 f.); *Stoffels/Lembke*, Betriebsverfassungsrecht, 7. Aufl. 2020, § 13 Rn. 93; *Konzen* FS Hadding, 2004, 145 (159); ferner ErfK/*Preis* BGB §§ 305–310 Rn. 9; *Rolfs* RdA 2006, 354 ff.; für Beibehaltung der Billigkeitskontrolle *Däubler* NZA 2001, 1334.

[225] *Fitting*, 29 Aufl. 2018, BetrVG § 77 Rn. 233; ErfK/*Preis* BGB §§ 305–310 Rn. 9.

ten ist.[226] Das löst erhebliche Bedenken im Hinblick auf das Günstigkeitsprinzip, das Transparenzgebot und die Bestandskraft arbeitsvertraglicher Vereinbarungen aus, erleichtert der Praxis hingegen die Abänderung der allgemeinen Arbeitsbedingungen.[227]

177   **Kirchliche Arbeitsvertragsrichtlinien,** die durch arbeitsvertragliche Inbezugnahme[228] Verbindlichkeit erlangen, werden in § 310 Abs. 4 S. 1 BGB nicht erwähnt. Mangels einer planwidrigen Regelungslücke kommt auch eine analoge Anwendung nicht in Betracht. Dem kirchlichen Selbstbestimmungsrecht kann jedoch durch eine maßvolle Handhabung der AGB-Kontrolle unter Berücksichtigung der Besonderheiten kirchlicher Arbeitsverhältnisse (§ 310 Abs. 4 S. 2 BGB) Rechnung getragen werden.[229] Insoweit stellt es eine berücksichtigungsfähige, arbeitsrechtliche Besonderheit dar, dass kirchliche Arbeitsvertragsregelungen im Verfahren des sog. Dritten Weges mit paritätischer Besetzung der arbeitsrechtlichen Kommissionen und Weisungsungebundenheit ihrer Mitglieder zustande kommen. Das hat nach neuerer Rechtsprechung zur Folge, dass die kirchlichen Arbeitsvertragsregelungen grundsätzlich nur wie Tarifverträge daraufhin zu überprüfen sind, ob sie gegen die Verfassung, gegen anderes höherrangiges zwingendes Recht oder die guten Sitten verstoßen.[230]

178   **c) Tarifverträge als Rechtsvorschriften im Sinne von § 307 Abs. 3 BGB.** Arbeitsverträge nehmen in der Praxis sehr häufig auf die einschlägigen Tarifverträge Bezug.[231] Damit wird bezweckt, auch denjenigen Arbeitnehmern die tarifvertraglichen Ansprüche einzuräumen, deren Arbeitsverhältnisse mangels Tarifbindung von dem Tarifvertrag nicht normativ erfasst werden. Durch die arbeitsvertragliche Inbezugnahme des Tarifvertrages wird dieser zum Inhalt des individuellen Arbeitsvertrages gemacht.[232] Diese Praxis wollte der Gesetzgeber unangetastet lassen. **§ 310 Abs. 4 S. 3 BGB** bringt dies etwas umständlich zum Ausdruck. Tarifverträge, Betriebs- und Dienstvereinbarungen stehen hiernach Rechtsvorschriften im Sinne von § 307 Abs. 3 BGB gleich. Arbeitsvertragliche Klauseln, die einen einschlägigen[233] Tarifvertrag insgesamt[234] oder einen geschlossenen Regelungskomplex[235] in Bezug nehmen, weisen daher nur **deklaratorischen Charakter** auf und unterliegen gem. § 307 Abs. 3 BGB nicht einer materiellen Inhaltskontrolle nach den §§ 307 bis 309 BGB.[236] Auf diese Weise verhindert der Gesetzgeber, dass es über die Kontrolle arbeitsvertraglicher Bezugnahmeklauseln oder in den Arbeitsvertrag inkorporierter Regelungskomplexe aus dem Tarifvertrag mittelbar doch zu einer nicht erwünschten Tarifzensur kommt.

---

[226] BAG (1. Senat) NZA 2013, 916; zustimmend BAG (5. Senat) NZA 2016, 1327 Rn. 52; die Gegenposition
einnehmend BAG (4. Senat) NZA 2018, 1273; hiergegen wiederum BAG NZA 2019, 1065.

[227] Berechtigte Kritik bei *Preis/Ulber* NZA 2014, 6; *Creutzfeldt* NZA 2018, 1111 und *Waltermann* RdA 2016, 296; kritisch hinsichtlich der Begründung auch *Säcker* BB 2013, 2677; zust. hingegen *Meinel/Kiehn* NZA 2014, 509 und *Linsenmaier* RdA 2014, 336.

[228] Zur Auslegung solcher Bezugnahmeklauseln BAG NZA 2012, 1054 (1057).

[229] BAG NZA 2006, 872 (873); 2011, 634; abw. *Richardi* NZA 2002, 1062 f.; *Thüsing,* ZTR 2005, 507 ff.

[230] BAG NZA 2011, 634 (638 f.)

[231] Zur AGB-Kontrolle von arbeitsvertraglichen Bezugnahmeklauseln *Diehn* NZA 2004, 129.

[232] Zur Bestimmung der Reichweite des Verweisungsumfangs unter Rückgriff auf die Unklarheitenregel vgl. Rn. 370. Wichtig insoweit zuletzt vor allem BAG NZA 2007, 965.

[233] *Ulmer/Fuchs/Bieder* BGB Anh. § 310 Rn. 30.

[234] Einzelverweisung genügt nicht, allg. Ansicht, BAG NZA-RR 2009, 593; ErfK/*Preis* BGB §§ 305–310 Rn. 16 mwN.

[235] Das BAG verlangt bei Teilverweisungen „zumindest eine vollständige Übernahme abgrenzbarer Sachbereiche", vgl. BAG NZA 2009, 1366 (1368). Zum Meinungsstand Wolf/*Stoffels,* ArbR Rn. 129 mwN.

[236] Diese Sichtweise bestätigend BAG BeckRS 2007, 46522.

Fraglich ist, ob sich das tarifliche Regelwerk – auch bei Inbezugnahme des einschlägi-   **179**
gen und noch in Geltung befindlichen Tarifvertrages – einer **Transparenzkontrolle**
stellen muss. Die Systematik der Gesetzesvorschriften (§ 310 Abs. 4 S. 3 BGB verweist
vollständig auf § 307 Abs. 3 BGB und damit auch auf dessen S. 2) und die Gegenäußerung der Bundesregierung im Gesetzgebungsverfahren sprechen eindeutig dafür.[237]
Gleichwohl hat das BAG[238] jüngst eine Transparenzkontrolle eines arbeitsvertraglich in
Bezug genommen Tarifvertrages abgelehnt, der für den Arbeitgeber kraft seiner Tarifbindung galt. Denn anderenfalls – so das BAG – wäre die Folge, dass einzelne Vorschriften
desselben Tarifvertrages bei demselben tarifgebundenen Arbeitgeber, je nachdem, ob der
Arbeitnehmer Mitglied der tarifschließenden Gewerkschaft sei oder nicht, zur Anwendung gelangten oder wegen fehlender Transparenz unwirksam seien.

Aus der Tatsache, dass tarifvertragliche Regelungen der Inhaltskontrolle entzogen sind,   **180**
darf nun aber **nicht** der Umkehrschluss gezogen werden, dass ihnen für die Inhaltskontrolle eine **normative Richtlinienfunktion** zukäme.[239] Abgesehen davon, dass eine solche
Aufwertung der Tarifverträge mit der negativen Koalitionsfreiheit der Außenseiter
schwerlich zu vereinbaren wäre,[240] wollte der Gesetzgeber mit § 310 Abs. 4 S. 3 BGB
ausweislich der Materialien lediglich sicherstellen, dass Tarifverträge bei einzelvertraglicher Bezugnahme keiner indirekten Inhaltskontrolle unterliegen. Dies hat er durch die
Verweisungsvorschrift des § 310 Abs. 4 S. 3 BGB auch exakt zum Ausdruck gebracht.
Diese bezieht sich nämlich nur auf § 307 Abs. 3 BGB und gerade nicht auf § 307 Abs. 1
und 2 BGB, der den Maßstab für die Inhaltskontrolle formuliert.

d) AGB-Kontrolle von Arbeitsvertragsbedingungen unter angemessener Berück-   **181**
sichtigung der im Arbeitsrecht geltenden Besonderheiten. Nach § 310 Abs. 4 S. 2
BGB sind bei Anwendung auf Arbeitsverträge[241] „die im Arbeitsrecht geltenden Besonderheiten angemessen zu berücksichtigen". Der normative Aussagegehalt dieses
relativierenden Vorbehalts ist zweifelhaft. Die Materialien zur Gesetzgebungsgeschichte
sind wenig ergiebig. In der Gegenäußerung der Bundesregierung[242] auf die Vorschläge
des Bundesrates heißt es lapidar, vor allem die besonderen Klauselverbote ohne
Wertungsmöglichkeit sollten im Arbeitsrecht nicht zwingend uneingeschränkt zur
Anwendung kommen. Im nächsten Satz wird der Gesetzeswortlaut noch dahingehend
paraphrasiert, es sollten hier die besonderen Bedürfnisse eines Arbeitsverhältnisses
berücksichtigt werden können. Vor diesem Hintergrund verwundert es kaum, dass im
Schrifttum schon bald ein breites Meinungsspektrum zur Bedeutung der „im Arbeitsrecht geltenden Besonderheiten" erkennbar geworden ist.[243] Dieses reicht von der

---

[237] BT-Drucks 14/6857, S. 54. Für Transparenzkontrolle daher *Lakies*, Inhaltskontrolle von Arbeitsverträgen, Rn. 240 ff.; ErfK/*Preis* BGB §§ 305–310 Rn. 15; *Witt* NZA 2004, 138; einschränkend
jedoch *Ernst* NZA 2007, 1405; gegen Transparenzkontrolle insoweit Staudinger/*Krause* BGB Anh.
zu § 310 Rn. K 97.
[238] BAG NZA 2007, 1049, 1051; vgl. auch BAG BeckRS 2007, 46 522.
[239] So aber *Däubler* NZA 2001, 1334 f, DDW/*Däubler* § 307 Rn. 279 ff.; *Lakies*, Inhaltskontrolle
von Arbeitsverträgen, Rn. 163 ff.; wie hier dagegen die hM ErfK/*Preis* BGB §§ 305–310 Rn. 39;
Henssler RdA 2002, 136; *Hromadka* NJW 2002, 2526 f.; *Richardi* NZA 2002, 1061; *Lieb* FS Ulmer,
2003, 1231 (1242 f.); *Bayreuther* RdA 2003, 87 ff.; Ulmer/*Fuchs/Bieder* BGB Anh. § 310 Rn. 45;
Staudinger/*Krause* BGB Anh. zu § 310 Rn. K 182; CKK/*Klumpp* BGB § 307 Rn. 34 f.
[240] *Lingemann* NZA 2002, 189; *Henssler* RdA 2002, 136.
[241] Darunter fallen alle arbeitsrechtlich geprägten Verträge, also auch Aufhebungs- und Abwick-
lungsverträge, so richtig Ulmer/*Fuchs/Bieder* BGB Anh. § 310 Rn. 6.
[242] BT-Drs. 14/6857, S. 54.
[243] Es lässt sich allerdings konstatieren, dass sich die Diskussion in der Folgezeit wieder beruhigt
hat und die Vorbehaltsklausel die AGB-Kontrolle von Arbeitsverträgen weit weniger stark beeinflusst hat, als anfangs gedacht (so zu Recht Staudinger/*Krause* BGB Anh. zu § 310 Rn. K 144; *Junker*
FS Buchner, 2009, 369 (378 ff.)).

Ansicht, dass man jegliche arbeitsrechtlichen Besonderheiten, die sich gegen das zwingende Recht der §§ 307 ff. BGB durchsetzen können, als Missbräuche bezeichnen müsste, sodass dieser Vorbehalt im Ergebnis leer laufe,[244] bis hin zu der entgegengesetzten Position, dass durch diesen Vorbehalt die Anwendbarkeit der §§ 308 und 309 BGB insgesamt ausgeschlossen werde.[245]

182   Durchgesetzt hat sich eine vermittelnde Position, die von einer grundsätzlichen Anwendbarkeit der Inhaltskontrollvorschriften des AGB-Rechts ausgeht und nur dort, wo die erkennbare Ausgangssituation des Klauselverbots nicht auf Arbeitsverträge zugeschnitten ist, Korrekturen anbringt.[246] Anlass für solche Korrekturen können beispielsweise spezielle gesetzgeberische Wertungen des Arbeits- und Sozialrechts sein, abweichende tatsächliche Gegebenheiten im Arbeitsleben,[247] ferner Besonderheiten des kirchlichen Arbeitsrechts[248] und im Übrigen die Orientierung einiger Klauselverbote am kurzfristigen Austauschvertrag bzw. am Erscheinungsbild des zahlungspflichtigen Kunden (zB das Vertragsstrafenverbot des § 309 Nr. 6 BGB). Das Kontinuitätsargument wird man freilich nicht gelten lassen können. Die bisherigen Gepflogenheiten der arbeitsvertraglichen Praxis stellen für sich allein keine berücksichtigungsfähigen Besonderheiten dar.[249]

Beispiele:
(1) Keine Geltung des **§ 309 Nr. 6 BGB** für **Vertragsstrafenvereinbarungen** gegen Vertragsbruch des Arbeitnehmers im Hinblick auf § 888 Abs. 3 ZPO[250] (näher hierzu → Rn. 1196).
(2) **Zweistufige Ausschlussfristen** für die Geltendmachung von Ansprüchen aus dem Arbeitsverhältnis sind nach Ansicht des BAG nicht an **§ 309 Nr. 13 BGB** zu messen, da es hier (tatsächliche) Besonderheiten des Arbeitsrechts zu berücksichtigen gälte. Denn Ausschlussfristen dienten seit langem der im Arbeitsleben anerkanntermaßen besonders gebotenen raschen Klärung von Ansprüchen und der Bereinigung offener Streitpunkte.[251]

183   Auf **Einzelfragen** der Inhaltskontrolle Allgemeiner Arbeitsvertragsbedingungen soll hier im jeweils thematisch einschlägigen Kontext eingegangen werden. Ein ABC der wichtigsten Arbeitsvertragsklauseln findet sich in → § 46.

5. Bereichsausnahme bei vollständiger Übernahme der VOB/B

Literatur: *Dammann/Ruzik,* Vereinbarung der VOB/B ohne inhaltliche Abweichung iS des § 310 I 3 BGB, NZBau 2013, 265; *Deckers,* Unwirksame VOB/B-Klauseln im Verbrauchervertrag, NZBau 2008, 627; *Diehr/Knipper/Klingbeil,* Wirksame und unwirksame Klauseln im VOB-Vertrag, 2003; *Franke/Kemper/Zanner/Grünhagen,* VOB-Kommentar, 6. Aufl. 2017; *Ganten/Jansen/Voit,* VOB Teil B, Kommentar, 3. Aufl. 2013; *Heiermann/Riedl/Rusam,* Handkommentar zur VOB, 14. Aufl. 2017; *Ingenstau/Korbion/Kratzenberg/Leupertz,* VOB – Teile A und B, Kommentar, 21. Aufl. 2019; *Joussen,* Vereinbarung der VOB/B bei Werklieferungsverträgen, BauR 2014, 1195; *Kapellmann,* Die AGB-Festigkeit von § 1 III, IV und § 2 V, VI VOB/B angesichts des neuen BGB-Bauvertragsrechts, NZBau 2017, 635; *Kapellmann/Langen/Berger,* Einführung in die VOB/B, 29. Aufl. 2020; *Kapellmann/Messerschmid,* VOB Teile A und B, Kommentar, 7. Aufl. 2020; *Langen,* „Guter Preis bleibt

---

[244] *Graf von Westphalen,* in: Henssler/Graf von Westphalen, Praxis der Schuldrechtsreform, 1. Aufl. 2002, § 310 Rn. 7.
[245] *Lingemann* NZA 2002, 183; sehr weitgehend auch die Beschreibung der „Besonderheiten des Arbeitsrechts" bei *Hromadka* NJW 2002, 2528.
[246] *Thüsing* NZA 2002, 591 ff.; ErfK/*Preis* BGB §§ 305–310 Rn. 11.
[247] BAG NZA 2005, 1111 (1113); 2006, 1149 (1151); 2008, 129 (133); 2011, 206 (209).
[248] So die Erwartung des Rechtsausschusses, BT-Drs. 14/7052, S. 189. Bestätigt durch BAG NZA 2011, 634 (637 ff.). Vgl. auch → Rn. 177.
[249] DDW/*Deinert* § 310 Rn. 77; Staudinger/*Krause* BGB Anh. zu § 310 Rn. 150; bedenklich daher BAG NZA 2006, 746 (749).
[250] BAG NZA 2004, 727 (731 f.).
[251] BAG NZA 2005, 1111 (1113).

gut, schlechter Preis wird gut": Folgen der AGBUnwirksamkeit der VOB/B nach neuem Recht, NZBau 2019, 10; *Leinemann*, VOB/B Kommentar, 6. Aufl. 2016; *Motzke*, Der Geltungsverlust der VOB/B – Überlegungen zur Einschränkung einer isolierten Klauselkontrolle bei Abweichungen von der VOB/B, NZBau 2009, 579; *Oberhauser/Manteufel*, VOB Teil B, 2013; *Pioch*, Privilegierung der VOB/B – Abweichung ist nicht gleich Abweichung, NZBau 2019, 273; *Ryll*, Renaissance der AGB-rechtlichen Privilegierung der VOB/B?, NZBau 2018, 187.

Eine gegenständlich wie personell eingeschränkte Bereichsausnahme enthält schließlich **183a** § 310 Abs. 1 S. 3 BGB. Nach dieser durch das Forderungssicherungsgesetz vom 23.10.2008[252] eingefügten Vorschrift finden § 307 Abs. 1 und 2 BGB und § 308 Nr. 1a und 1b BGB auf einzelnen Bestimmungen der **Vergabe- und Vertragsordnung für Bauleistungen Teil B (VOB/B)** keine Anwendung, soweit die VOB/B im unternehmerischen Verkehr in der jeweils geltenden Fassung ohne inhaltliche Abweichungen insgesamt in den jeweiligen Vertrag einbezogen ist. Hierzu ist zunächst festzuhalten, dass die VOB in ihrem **Teil B**[253] allgemeine Vertragsbedingungen für die Abwicklung von Bauaufträgen enthält, die stets zur Grundlage der Bauverträge der öffentlichen Hand gemacht und in sehr vielen Fällen auch im privaten Bereich vereinbart werden. Bei diesem Klauselwerk handelt es sich nicht etwa um eine „gesetzliche Regelung" im Sinne des § 307 Abs. 2 Nr. 1 BGB, an der dann abweichende Klauseln in Bauverträgen zu messen wären.[254] Vielmehr handelt sich um **Allgemeine Geschäftsbedingungen**.[255] Die Regelungen der VOB/B unterfallen daher grundsätzlich den §§ 305 ff. BGB.[256] Allerdings hatte die Rechtsprechung der VOB/B schon immer eine Sonderrolle im Rahmen der Angemessenheitskontrolle zuerkannt. Dem lag der Gedanke zu Grunde, dass die VOB/B – anders als die üblichen Klauselwerke – gerade kein Vertragswerk sei, das den Vorteil nur einer Vertragsseite verfolge. Vielmehr seien bei ihrer Ausarbeitung Interessengruppen der Besteller wie der Unternehmer beteiligt, und zwar auch die öffentliche Hand. Sie enthalte einen auf die Besonderheiten des Bauvertragsrechts abgestimmten, im Ganzen einigermaßen ausgewogenen Ausgleich der beteiligten Interessen. Das Bedingungswerk sei nicht isoliert zu kontrollieren, sondern halte, wenn es als Ganzes vereinbart werde, der Inhaltskontrolle stand.[257] Allerdings hatte der BGH zuletzt seine **Rechtsprechung** verschärft und praktisch jede Abweichung für schädlich erklärt.[258] Außerdem gab er die Privilegierung der VOB/B im Rahmen der Angemessenheitskontrolle auf, wenn die VOB/B in einen Verbrauchervertrag einbezogen war.[259]

Diese neuere Rechtsprechung hat die **Neuregelung des § 310 Abs. 1 S. 3 BGB** auf- **183b** gegriffen und kodifiziert.[260] Die gesetzliche Privilegierung erfasst nunmehr nur noch die Konstellation, dass die VOB/B **gegenüber Unternehmern oder der öffentlichen Hand verwendet** werden. Voraussetzung ist, dass die VOB/B **ohne inhaltliche Abweichung insgesamt** übernommen worden ist. Insoweit gilt ein strenger Maßstab: Jede vertragliche Abweichung von der VOB/B führt dazu, dass diese nicht als Ganzes vereinbart ist. Es kommt aus Gründen der Rechtssicherheit nicht darauf an, welches Gewicht der Eingriff

---

[252] BGBl. I 2022 (Nr. 48, 2582), in Kraft getreten am 1.1.2009. Gleichzeitig wurden die bis dahin geltenden punktuellen Ausnahmen von den Klauselverboten der § 308 Nr. 5 BGB und § 309 Nr. 8 Buchst. b Doppelbuchst. ff BGB aufgehoben.

[253] Fassung 2012. Bekanntmachung vom 31.7.2009, BAnz. Nr. 155 vom 15.10.2009; zuletzt geändert durch Bekanntmachung vom 26.6.2012 (BAnz AT 13.7.2012 B3).

[254] BGH DB 2000, 2521 (2522).

[255] BGH NZBau 2008, 640; ganz hM vgl. die Nachweise bei Wolf/*Dammann* Klauseln Rn. V 403.

[256] Ulmer/*Christensen*, Teil 2 (58), Rn. 1 ff.

[257] BGH NJW 1983, 816 (818).

[258] BGHNJW 2004, 1597.

[259] BGH NZBau 2008, 640 (642 ff.).

[260] Ausführlich zu den durch die Neuregelung aufgeworfenen Auslegungs- und Anwendungsfragen *Dammann/Ruzik* NZBau 2013, 265 ff.

hat und wem die Abweichung zum Vorteil gereicht.[261] Im Falle einer Abweichung kommt es zu einer isolierten Inhaltskontrolle der jeweiligen VOB-Bestimmungen.[262] Im Umkehrschluss aus der gesetzlichen Regelung und der Gesetzesbegründung[263] folgt sodann, dass bei Verwendung der VOB/B gegenüber Verbrauchern keine Privilegierung eingreifen soll, auch dann nicht, wenn die VOB/B als Ganzes vereinbart wird. Hier sind mithin die einzelnen Bestimmungen der VOB/B der uneingeschränkten Inhaltskontrolle zu unterziehen.[264] Ist die VOB/B im unternehmerischen Verkehr nicht als Ganzes vereinbart oder wird sie gegenüber Verbrauchern zur Anwendung gebracht, ist beispielsweise § 16 Nr. 5 III VOB/B (Regelung über den Zahlungsverzug des Auftraggebers) nach § 307 BGB unwirksam.[265]

§ 7. Persönlicher Anwendungsbereich

Literatur: *Borges,* Inhaltskontrolle von Verbraucherverträgen, 2000; *Hart,* Verbraucherrechtliche Grundlagen des AGBG, Jura 2001, 649; *Koch,* Der Anwendungsbereich der AGB-Kontrolle bei Geschäften zwischen Verbrauchern, ZGS 2011, 62; *Pfeiffer,* Vom kaufmännischen Verkehr zum Unternehmensverkehr, NJW 1999, 169 ff.; *ders.,* Der Verbraucherbegriff als zentrales Merkmal im Europäischen Privatrecht, in: Schulte-Nölke/Schulze (Hrsg.), Europäische Rechtsangleichung und nationale Privatrechte, 1999, S. 21; *Wackerbarth,* Unternehmer, Verbraucher und die Rechtfertigung der Inhaltskontrolle vorformulierter Verträge, AcP 200 (2000), 45; *Graf von Westphalen,* Trennlinie zwischen AGB-Klauseln im Verbraucherrecht und im unternehmerischen Bereich, BB 2017, 2051. Zur Kontrolle von Allgemeinen Geschäftsbedingungen im unternehmerischen Verkehr vgl. im Übrigen die umfangreichen Hinweise vor → Rn. 551.

I. Einschränkungen in Bezug auf unternehmerische und öffentlich-rechtliche Kunden

1. Einordnung der Vorschrift des § 310 Abs. 1 BGB

184   § 310 Abs. 1 BGB befasst sich mit dem durch die §§ 305 ff. BGB geschützten **Personenkreis, dem „gegenüber" Allgemeine Geschäftsbedingungen verwendet** werden. Aus dieser Vorschrift folgt zunächst einmal, dass der **Schutz des AGB-Rechts allen Kunden zuteil wird,** denen gegenüber Allgemeine Geschäftsbedingungen verwendet werden. Auf ihren persönlichen Status, ihre intellektuellen Fähigkeiten, ihre wirtschaftlichen Verhältnisse etc kommt es hierbei nicht an.[1] Dies ist auch sachgerecht, denn der den Eingriff des Gesetzgebers legitimierende Grundgedanke ist es, unabhängig von der individuellen Schutzbedürftigkeit des Kunden, die Inanspruchnahme der einseitigen Vertragsgestaltung durch den Verwender auszugleichen. Die Vorschriften der §§ 305 ff. BGB sind darüber hinaus Ausprägungen des die gesamte Rechtsordnung beherrschenden Grundsatzes von Treu und Glauben, sodass es dem Gesetzgeber schon aus diesem Grunde nicht möglich erschien, bestimmte Personengruppen vom Anwendungsbereich schlechthin auszunehmen.[2]

185   Wohl aber meinte der Gesetzgeber, dass insbesondere im Handelsverkehr das Schutzbedürfnis des AGB-unterworfenen Vertragsteils nicht so ausgeprägt sei wie in den

---

[261] So schon zum alten Recht BGH NJW 2004, 1597; wie hier auch *Schwab,* AGB-Recht 4. Teil Rn. 727; aA *Motzke* NZBau 2009, 579 f.

[262] Beispiel einer isolierten Inhaltskontrolle: BGH NJW 2016, 2944; ferner BGH NJW 2016, 1945.

[263] BT-Drs. 16/9787, S. 17.

[264] Palandt/*Grüneberg* BGB § 307 Rn. 145.

[265] BGH NJW 2009, 3717.

[1] Ulmer/*Schäfer* BGB § 310 Rn. 9.

[2] Vgl. Begründung des RegE BT-Drs. 7/3919, S. 43.

Rechtsbeziehungen zu den Verbrauchern.[3] Das **AGB-Gesetz von 1976** sah im seinem damaligem § 24 daher eine **mittlere Lösung** vor, bei der es bis auf wenige geringfügige Modifikationen bis heute geblieben ist: Kaufmännische und öffentlich-rechtliche Kunden wurden in den Schutz des AGB-Gesetzes einbezogen,[4] sollten aber, wenn ihnen gegenüber Allgemeine Geschäftsbedingungen verwandt würden, nur einen **reduzierten Schutz** genießen. Vor allem sollten die starren Einbeziehungsvoraussetzungen nach § 2 AGBG (jetzt § 305 Abs. 2 und 3 BGB), die unbedingte Geltung der Klauselverbote der §§ 10 und 11 AGBG (jetzt §§ 308, 309 BGB) sowie die Erweiterung des internationalen Geltungsbereichs des AGB-Gesetzes durch § 12 AGBG (jetzt Art. 29a EGBGB) im kaufmännischen Verkehr keine Anwendung finden.

Mit dem **Handelsrechtsreformgesetz von 1998**[5] wurde ua auch der persönliche Anwendungsbereich der AGB-rechtlichen Bestimmungen **modifiziert**. Als Anknüpfungspunkt der Differenzierung dient seitdem nicht mehr die Kaufmannseigenschaft, sondern die gewerbliche oder berufliche Tätigkeit des mit Allgemeinen Geschäftsbedingungen konfrontierten Vertragsteils. Auf diese Weise sollten zugleich die Freiberufler einbezogen werden, da diese Personengruppe den Gewerbetreibenden laut Gesetzesbegründung[6] hinsichtlich der AGB-Problematik gleichzusetzen seien. **186**

2. Der von der Ausnahme erfasste Kundenkreis

a) Unternehmer. Unternehmer ist nach der Legaldefinition des **§ 14 BGB** eine natürliche oder juristische Person oder eine rechtsfähige Personengesellschaft, die bei Abschluss eines Rechtsgeschäfts in Ausübung ihrer gewerblichen oder selbstständigen beruflichen Tätigkeit handelt. Eine gewerbliche oder berufliche Tätigkeit ist bei jeder selbstständigen, auf eine gewisse Dauer angelegten Beteiligung am allgemeinen Wirtschaftsverkehr gegeben. Die Leistungen müssen gegen Entgelt angeboten werden. Gewinnerzielungsabsicht wird jedoch nach zutreffender neuerer Auffassung nicht vorausgesetzt.[7] Als Unternehmer im Sinne des § 310 Abs. 1 BGB handelt auch, wer als Existenzgründer den betreffenden Vertrag zur erstmaligen Aufnahme einer unternehmerischen Tätigkeit schließt.[8] **187**

Im Zweifel ist in Anlehnung an den Rechtsgedanken des § 344 HGB davon auszugehen, dass ein von einem Unternehmer abgeschlossener Vertrag dem unternehmerischen Bereich zuzuordnen ist.[9] **188**

Beispiele: Unter den Unternehmerbegriff fallen zB Kapitalgesellschaften (AG, KGaA, GmbH), Personenhandelsgesellschaften (OHG, KG),[10] -gesellschaften,[11] Einzelhandelskaufleute, aber **auch Freiberufler**, Handwerker und Landwirte. Mangels Selbstständigkeit nicht erfasst wird die berufliche Tätigkeit eines abhängig Beschäftigten oder Beamten (Bsp.: Ein angestellter Rechtsanwalt oder ein Professor kauft auf eigene Rechnung von einem Bekannten einen gebrauchten Computer, um seine dienstlichen Aufgaben rationeller erledigen zu können. Diese Personen sind nicht Unternehmer,

---

[3] Begründung des RegE BT-Drs. 7/3919, S. 43.

[4] Dies war damals rechtspolitisch hochumstritten; für Herausnahme der Kaufleute noch der erste Teilbericht (vgl. dort S. 99 ff.) und der erste Referentenentwurf (DB Beil. 18/74, S. 23).

[5] BGBl. 1998 I 1474; näher zu den Hintergründen dieser Gesetzesänderung 2. Aufl. Rn. 186.

[6] BT-Drs. 13/8444, S. 46 f.

[7] BGH NJW 2006, 2250 (2251); Ulmer/*Schäfer* BGB § 310 Rn. 18; MüKoBGB/*Basedow* § 310 Rn. 69; *Borges* DZWiR 1997, 404; aA LG Bonn NJW-RR 1999, 1361 (1362); Wolf/*Pfeiffer* BGB § 310 Rn. 10.

[8] BGH NJW 2016, 2173 Rn. 29.

[9] Ulmer/*Schäfer* BGB § 310 Rn. 22; Palandt/*Ellenberger* BGB § 14 Rn. 2; *Wackerbarth* AcP 200 (2000), 61; aA KG ZGS 2007, 78; *Pfeiffer* NJW 1999, 173 f. unter Hinweis auf die Richtlinie über missbräuchliche Klauseln in Verbraucherverträgen.

[10] Bei diesen Gebilden ist für Privatgeschäfte von vornherein kein Raum; so auch *Ulmer*, in: Karlsruher Forum 1997, S. 16.

[11] Zur Gesellschaft zuletzt BGHZ 146, 341 ff.

sondern ihrerseits Verbraucher.).[12] Dagegen muss die unternehmerische Tätigkeit nicht hauptberuflich betrieben werden. Der Vermieter einer größeren Wohnanlage kann daher, wenn der erforderliche zeitliche und organisatorische Aufwand nach außen erkennbar dem einer – partiellen – Berufstätigkeit entspricht, als Unternehmer einzustufen sein; und auch der „eBay-power-seller" ist regelmäßig Unternehmer.[13] Zur sog. Dual-use-Problematik → Rn. 198 f.

189   **b) Öffentliche-rechtliche Kunden.** Ebenso wie Unternehmer werden auch juristische Personen des öffentlichen Rechts und Sondervermögen des öffentlichen Rechts als vermindert schutzbedürftig eingestuft. **Juristische Personen des öffentlichen Rechts** sind insbesondere der Staat, die Körperschaften (zB Gemeinden), Anstalten (zB Hochschulen, Sozialversicherungsträger, Bundesanstalt für vereinigungsbedingte Sonderaufgaben), Stiftungen des öffentlichen Rechts sowie die Kirchen.[14] **Sondervermögen des öffentlichen Rechts** spielen nach der Privatisierung der Deutschen Bundespost keine große Rolle mehr. Als Beispiele lassen sich noch das „Bundeseisenbahnvermögen" und das ERP-Sondervermögen anführen. Meist wird es allerdings gerade die öffentliche Hand sein, die als Verwender auftritt (zB bei der Vergabe von Aufträgen). Insoweit genießt die öffentliche Hand selbstverständlich keine Privilegierung.

3. Die ausgenommenen Vorschriften

190   **§ 310 Abs. 1 BGB** erklärt im Einzelnen folgende Vorschriften im Falle der Verwendung Allgemeiner Geschäftsbedingungen gegenüber dem oben gekennzeichneten Personenkreis für nicht anwendbar:

191   Zunächst findet **§ 305 Abs. 2 und 3 BGB** über die **Einbeziehungsvoraussetzungen** keine Anwendung. Das bedeutet im Ergebnis eine erleichterte Einbeziehung Allgemeiner Geschäftsbedingungen. Vor allem genügt auch eine stillschweigend erklärte Willensübereinstimmung.[15]

192   Sodann finden die **besonderen Klauselverbote der §§ 308 und 309 BGB** keine Anwendung. Möglich bleibt jedoch die Überprüfung der Allgemeinen Geschäftsbedingungen anhand der Generalklausel des § 307 BGB. § 310 Abs. 1 S. 2 BGB stellt in diesem Zusammenhang klar, dass die in den besonderen Klauselverboten zum Ausdruck kommenden Wertungen über § 307 Abs. 1 und 2 BGB in die Inhaltskontrolle einfließen können, also keine absolute Anwendungssperre statuiert werden soll. Dies ermöglicht eine flexible Rechtsanwendung unter Beachtung der im Handelsverkehr geltenden Gewohnheiten und Gebräuche.[16]

II. Der persönliche Anwendungsbereich des § 310 Abs. 3 BGB

1. Hintergrund der Vorschrift

193   Die Vorschrift des **§ 310 Abs. 3 BGB** erweitert in Nr. 1 und 2 den Gegenstand der Inhaltskontrolle und modifiziert in Nr. 3 den Maßstab zur Beurteilung einer unangemessenen Benachteiligung. Sie dient der **Umsetzung der Klauselrichtlinie 93/13/EWG** und zielt daher auf einen richtlinienkonformen **Verbraucherschutz** vor missbräuchlichen Vertragsbedingungen. Diesen gemeinschaftsrechtlichen Hintergrund gilt es bei der Auslegung und Anwendung des § 310 Abs. 3 BGB im Auge zu behalten.

---

[12] *Borges* DZWiR 1997, 404.
[13] OLG Frankfurt NJW 2005, 1438.
[14] BGHZ 124, 174 für die katholische Kirche.
[15] Im Einzelnen hierzu unter → Rn. 304 ff.
[16] Im Einzelnen hierzu unter → Rn. 551 ff.

2. Verbrauchervertrag

§ 310 Abs. 3 BGB gilt für Verträge zwischen einem Unternehmer und einem Ver-   **194**
braucher. In einem solchen Fall spricht das Gesetz von einem „**Verbrauchervertrag**".
§ 310 Abs. 3 BGB ist – abgesehen von den auch hier geltenden Bereichsausnahmen des
§ 310 Abs. 4 BGB – nicht auf bestimmte Vertragstypen beschränkt.[17] Insoweit geht die
Vorschrift über die nur für Verträge über Güter und Dienstleistungen Geltung beanspru-
chende Richtlinie hinaus.

Für den Begriff des **Unternehmers** gilt auch hier die Legaldefinition des § 14 BGB.[18]   **195**
Verbraucher im Sinne des § 13 BGB sind im Gegensatz zu Unternehmern ausschließ-   **196**
lich **natürliche Personen.** Auch Art. 2 Buchst. b der Klausel-Richtlinie 93/13/EWG liegt
dieses Verständnis des Verbraucherbegriffs zugrunde.[19] Unter einer natürlichen Person
kann auch eine **Gesellschaft bürgerlichen Rechts** zu verstehen sein, zu der sich mehrere
natürliche Personen zusammengeschlossen haben.[20] Erforderlich ist, dass die betreffende
natürliche Person den **Vertrag zu Zwecken schließt, die überwiegend weder ihrer
gewerblichen noch ihrer selbstständigen beruflichen Tätigkeit zugerechnet** werden
können, der Vertrag mithin privaten Zwecken dient. Für den soeben angesprochenen Fall
der Gesellschaft bedeutet dies, dass es sich bei dem mit einem Unternehmer abgeschlossenen Vertrag nur dann um einen Verbrauchervertrag im Sinne des § 310 Abs. 3 BGB
handelt, wenn er zum Zwecke des privaten Konsums bzw. der privaten Vermögensanlage
oder -verwaltung abgeschlossen wird.

Anders als die meisten europäischen Richtlinien zum Verbraucherschutz verzichtet   **197**
§ 13 BGB darauf, den Begriff des Verbrauchers zu bestimmten Rechtsgeschäften in
Beziehung zu setzen. Verträge, die ein Verbraucher schließt, zeichnen sich daher von
Gesetzes wegen auch nicht dadurch aus, dass die Vertragsschließenden hiermit einen für
Kauf- und Werkverträge typischen konsumtiven Zweck verfolgen. Dies mag in den
meisten Fällen so sein; um eine Anwendungsvoraussetzung des § 13 BGB handelt es sich
jedoch nicht. Das Gesetz begnügt sich mit einer **Negativabgrenzung.** Das betreffende
Rechtsgeschäft darf weder der gewerblichen noch der selbstständigen beruflichen Tätig-
keit zuzurechnen sein. Insoweit steckt der deutsche Gesetzgeber den Kreis der erfassten
Rechtsgeschäfte in zulässiger Weise (vgl. insbesondere Art. 8 der Klauselrichtlinie 93/13/
EWG) weiter ab als das Gemeinschaftsrecht, das als Ausschlusskriterium schon den
Bezug zur beruflichen Tätigkeit unter Verzicht auf weitergehende Differenzierungen
ausreichen lässt. Verträge, die ein **unselbstständig Beschäftigter für seine berufliche
Tätigkeit** abschließt, geht er somit als Verbraucher ein.[21]

Beispiele:
(1) Ein angestellter (unselbstständiger) Handelsvertreter **kauft für** seine **Geschäftsreisen** einen **Pkw.**
    Für diesen Vertrag ist er Verbraucher im Sinne der §§ 13, 310 Abs. 3 BGB.
(2) Auch der **Arbeitnehmer** ist im Hinblick auf seine vertraglichen Beziehungen zum Arbeitgeber
    Verbraucher.[22] Denn bei der Einfügung des § 13 BGB in das BGB durch das Fernabsatzgesetz

---

[17] Palandt/*Grüneberg* BGB § 310 Rn. 11; *Borges* DZWiR 1997, 404.
[18] → Rn. 187.
[19] Gegen die Einbeziehung juristischer Personen EuGH NJW 2002, 205.
[20] Die Wohnungseigentümergemeinschaft ist dann einem Verbraucher gem. § 13 BGB gleichzustellen, wenn ihr wenigstens ein Verbraucher angehört und sie ein Rechtsgeschäft zu einem Zweck
abschließt, der weder einer gewerblichen noch einer selbstständigen beruflichen Tätigkeit dient, so
BGH NJW 2015, 3228. Dagegen wird die Verbrauchereigenschaft bei einer GbR abgelehnt, wenn ein
Gesellschafter eine juristische Person ist: BGH NJW 2017, 2752.
[21] Ulmer/*Schäfer* BGB § 310 Rn. 58; *Borges* DZWiR 1997, 404.
[22] BAG NZA 2005, 1111 (1115); bestätigt durch BVerfG (2. Kammer des Ersten Senats) NZA
2007, 85, 86; BAG NZA 2011, 89 (90); 2013, 1265 (1266); ebenso *Canaris*, in: Lorenz (Hrsg.)
Karlsruher Forum 2002, S. 179; DDW/*Däubler*, Einl. Rn. 60 ff.; CKK/*Kreft* BGB § 310 Rn. 14 ff.;

hat der Gesetzgeber bewusst davon abgesehen, den engeren Verbraucherbegriff des europäischen Richtlinienrechts für das deutsche Recht zu übernehmen. Dass er dabei die Konsequenzen für das Arbeitsrecht nicht bedacht hat, mag richtig sein, dürfte aber kein durchschlagendes Gegenargument darstellen, zumal verschiedene Äußerungen im Gesetzgebungsverfahren der Schuldrechtsmodernisierung in die gegenteilige Richtung deuten.[23] Der jetzt in § 13 BGB verankerte Verbraucherbegriff ist ein hochabstrakter Rechtsbegriff, der allein durch die dort genannten Merkmale bestimmt wird. Weder lässt sich dieser Definition eine konsumtive noch eine generell nicht-berufliche Zwecksetzung des rechtsgeschäftlichen Agierens als Voraussetzung entnehmen. Allein die selbstständige berufliche Tätigkeit ist ausgeklammert. Man kann diese Vermischung zweier Schutzsysteme mit guten Gründen kritisieren.[24] Dies ändert jedoch nichts daran, dass eine sachgerechte, teleologisch fundierte **Eingrenzung** nach der Systematik des deutschen Verbraucherschutzrechts **nicht auf der Statusebene** vorzunehmen ist, **sondern bei den Normenkomplexen, die an die Verbrauchereigenschaft anknüpfen;**[25] das ist häufig besonderes Vertragstypenrecht oder vertriebsformabhängiges Recht.[26] Das AGB-Recht hingegen stellt sich als ein vertragstypübergreifendes Schutzrecht dar, sodass hier auch die Modifikationen des § 310 Abs. 3 BGB zum Zuge kommen.[27] Das ist auch in der Sache gerechtfertigt, da das Schutzbedürfnis des auf den Arbeitsplatz angewiesenen Arbeitnehmers vor unangemessenen Vertragsbedingungen sicherlich nicht geringer einzustufen ist als dasjenige eines klassischen Verbrauchers, der eine vertragliche Bindung zur Befriedigung konsumtiver Bedürfnisse eingeht.[28] Auf dieser Linie liegt es dann, auch in dem Dienstvertrag mit einem GmbH-Geschäftsführer einen Vertrag mit einem Verbraucher zu sehen.[29]

(3) Unternehmer- und nicht mehr Verbraucherhandeln liegt vor, wenn das betreffende Geschäft (zB ein Franchisevertrag) im Zuge der Aufnahme einer gewerblichen oder selbstständigen beruflichen Tätigkeit geschlossen wird (sog. **Existenzgründung**).[30]

198   Für die Zuordnung, ob ein Vertrag der gewerblichen bzw. beruflichen oder aber der privaten Sphäre zuzurechnen ist, kommt es nicht auf die innere Willensrichtung an. Vielmehr ist die **Abgrenzung objektiv**, bezogen auf den Zeitpunkt des Vertragsschlusses, **nach dem Vertragsinhalt und den sonstigen, dem Vertragspartner erkennbaren Begleitumständen** vorzunehmen.[31] Die **Beweislast** obliegt demjenigen, der das Eingreifen des § 310 Abs. 3 BGB für sich reklamiert, also im Regelfall dem Kunden.[32] Abgrenzungsschwierigkeiten können vor allem bei Verträgen auftreten, die sowohl in die berufliche als auch in die private Sphäre fallen.

Beispiel: Der selbstständige Rechtsanwalt kauft einen Pkw, den er sowohl beruflich wie privat zu nutzen gedenkt.

Hanau, Anm. AP Nr. 4 zu § 288; ErfK/*Preis* BGB § 611a Rn. 182; *Thüsing*, AGB-Kontrolle im Arbeitsrecht, Rn. 46 ff.; dagegen *Annuß* NJW 2002, 2844 ff.; *Henssler* RdA 2002, 133 f.; *Hromadka* NJW 2002, 2524; *Lieb* FS Ulmer, 2003, 1231 (1233 ff.); Soergel/*Pfeiffer* BGB § 13 Rn. 44; *Rieble/Klumpp* ZIP 2002, 2153.

[23] Vgl. zB Bericht des Rechtsausschusses BT-Drs. 14/7052, S. 190.
[24] Vgl. *Lieb* FS Ulmer, 2003, 1231 (1233); *K. Schmidt* FS Konzen, 2006, 863 (879).
[25] BAG 25.5.2005 NZA 2005, 1111, 1115.
[26] Zur Nichtanwendbarkeit der §§ 312, 355 BGB auf arbeitsrechtliche Aufhebungsverträge vgl. BAG NZA 2019, 688; zuvor bereits BAG NZA 2004, 597; kritisch insoweit *Singer*, Inhaltskontrolle von Arbeitsverträgen, S. 7 ff.
[27] So im Übrigen bemerkenswerterweise auch *Lieb* FS Ulmer, 2003, 1231 (1237) trotz seiner Grundsatzkritik an der Gleichstellung von Arbeitnehmer und Verbraucher.
[28] *Thüsing*, AGB-Kontrolle im Arbeitsrecht, Rn. 47; *Preis* NZA 2003, Sonderbeil. zu Heft 16, S. 24.
[29] BAG NJW 2010, 2827 (2829); zu den Konsequenzen näher *Gaul/Ludwig*, GmbHR 2010, 321.
[30] BGH NJW 2005, 1273; 2008, 435 (436); 2016, 2173 Rn. 29.
[31] Palandt/*Ellenberger* BGB § 13 Rn. 4; OLG Karlsruhe NJW-RR 2012, 289.
[32] BGH NJW 2009, 3780 (3781) allerdings mit der zweifelhaften Maßgabe, bei einem Vertragsschluss mit einer natürlichen Person sei grundsätzlich von Verbraucherhandeln auszugehen; Ulmer/*Schäfer* BGB § 310 Rn. 64; *Borges* DZWiR 1997, 404; differnzierend Staudinger/*Piekenbrock* BGB § 310 Rn. 101.

Bei solchen **Mischformen** (dual-use) ist der Anwendungsbereich des § 310 Abs. 3   **199**
BGB eröffnet, wenn im Zeitpunkt des Vertragsschlusses der **Schwerpunkt der in Aussicht genommenen Nutzung** nicht im gewerblich-beruflichen Bereich liegt. Mit der Einfügung des Wortes „überwiegend" in § 13 BGB durch das Gesetz zur Umsetzung der Verbraucherrechterichtlinie[33] hat der Gesetzgeber die schon bislang hM bestätigt. Entscheidend ist eine ex-ante-Betrachtung, die darauf abstellt, wie der Kunde gegenüber seinem Vertragspartner, dem Unternehmer, auftritt und wie dieses Auftreten vom Unternehmer unter Berücksichtigung der Lebens-, Berufs- und Bedarfssituation des Kunden objektiv verstanden werden kann.[34] Eine Zurechnung entgegen dem mit dem rechtsgeschäftlichen Handeln objektiv verfolgten Zweck kommt nur in Betracht, wenn die dem Vertragspartner erkennbaren Umstände eindeutig und zweifelsfrei darauf hinweisen, dass die natürliche Person in Verfolgung ihrer gewerblichen oder selbstständigen beruflichen Tätigkeit handelt.[35]

III. Zusammenfassender Überblick

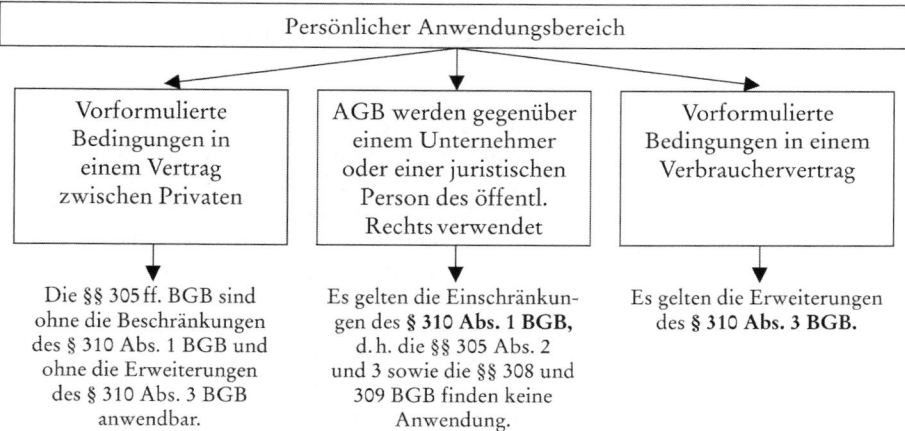

Persönlicher Anwendungsbereich		
Vorformulierte Bedingungen in einem Vertrag zwischen Privaten	AGB werden gegenüber einem Unternehmer oder einer juristischen Person des öffentl. Rechts verwendet	Vorformulierte Bedingungen in einem Verbrauchervertrag
Die §§ 305 ff. BGB sind ohne die Beschränkungen des § 310 Abs. 1 BGB und ohne die Erweiterungen des § 310 Abs. 3 BGB anwendbar.	Es gelten die Einschränkungen des **§ 310 Abs. 1 BGB,** d. h. die §§ 305 Abs. 2 und 3 sowie die §§ 308 und 309 BGB finden keine Anwendung.	Es gelten die Erweiterungen des **§ 310 Abs. 3 BGB.**

§ 8. Allgemeine Geschäftsbedingungen im internationalen Rechtsverkehr

Literatur: *Berger,* Einbeziehung von AGB in internationale Kaufverträge, in: FS für Horn, 2006, S. 3;   **200**
Bitterich, Die kollisionsrechtliche Absicherung der AGB-Richtlinie (Art. 6 Abs. 2): Rechtszersplitterung statt Kollisionsrechtseinheit in Europa, ZfRV 2002, 123; *ders.,* Die Neuregelung des Internationalen Verbrauchervertragsrechts in Art. 29a EGBGB, 2003; *Brödermann,* UNIDROIT Grundregeln in der internationalen Vertragsgestaltung, IWRZ 2019, 7; *Eichel,* Inhaltskontrolle von AGB-Schiedsklauseln im internationalen Handelsverkehr, IPRax 2010, 219; *Ferrari/Kieninger/Mankowski/ Otte/Saenger/Schulze/Staudinger,* Internationales Vertragsrecht, Kommentar, 3. Aufl. 2018; *Fetsch,* Eingriffsnormen und EG-Vertrag, 2002, S. 255 ff., 277–286; *Freitag/Leible,* Ergänzung des kollisionsrechtlichen Verbraucherschutzes durch Art. 29a EGBGB, EWS 2000, 342; *Gade,* Allgemeine Geschäftsbedingungen im internationalen und europäischen Privatrecht, 2014; *Hilbig,* Absoluter Verbraucherschutz bei unzulässigen AGB-Schiedsvereinbarungen?, SchiedsVZ 2010, 74; *Kaufhold,* Inter-

---

[33] BGBl. 2013 I 3642, hierzu *Wendehorst* NJW 2014, 577.
[34] So NK/*Ring* § 14 Rn. 31 unter Hinweis auf OLG Celle BeckRS 2007, 09426; ebenso KG NJW-RR 2011, 1418.
[35] BGH NJW 2009, 3780 (3781).

nationale Webshops – anwendbares Vertrags- und AGB-Recht im Verbraucherverkehr, EuZW 2016, 247; *Kieninger,* AGB-Kontrolle von grenzüberschreitenden Geschäften im unternehmerischen Verkehr, FS Blaurock, 2013, S. 177; *Kronke,* Zur Verwendung von Allgemeinen Geschäftsbedingungen im Verkehr mit Auslandsberührung, NJW 1977, 992; *Looschelders,* Der Schutz von Verbrauchern und Versicherungsnehmern im Internationalen Privatrecht, in: FS E. Lorenz, 2004, S. 441; *Mörsdorf-Schulte,* Kollisionsrechtliche Grundsatzfragen von der Anwendung fremden Rechts bis zum ordre public am Beispiel eines alltäglichen Anlegerschutzfalles, JR 2006, 309; *Paefgen,* Kollisionsrechtlicher Verbraucherschutz im Internationalen Vertragsrecht und europäisches Gemeinschaftsrecht, ZEuP 2003, 266; *Pfeiffer,* Hintergrund und Entstehung der Regeln über nicht ausgehandelte Klauseln in den Acquis Principles und im Entwurf eines gemeinsamen Referenzrahmens, GS Wolf (2011), 111; *ders.,* Flucht ins schweizerische Recht?, in: FS für Graf von Westphalen (2010), S. 555; *ders.,* Die Abwahl des deutschen AGB-Rechts in Inlandsfällen bei Vereinbarung eines Schiedsverfahrens, NJW 2012, 1169; *W.-H. Roth,* Grundfragen im künftigen internationalen Verbrauchervertragsrecht der Gemeinschaft, in: FS Sonnenberger, 2004, S. 591; *Rusche,* Der „enge Zusammenhang" im Sinne des Art. 29a EGBGB, IPRax 2001, 420; *Staudenmayer,* Aktuelle Probleme im Schnittbereich von Verbraucherschutz und Internationalem Privatrecht, in: Lando/Magnus/Novak-Stief (Hrsg.), Angleichung des materiellen und des internationalen Privatrechts in der EU, 2003, S. 57; *H. J. Stadler,* Allgemeine Geschäftsbedingungen im internationalen Handel, 2003;. Vgl. auch die Nachw. vor → Rn. 236 und 249.

I. Der internationalprivatrechtliche Schutz des AGB-Kunden

1. Allgemeines

201   Die zunehmende Internationalisierung der wirtschaftlichen Beziehungen betrifft nicht nur Handel und Gewerbe. Auch der einzelne Privatkunde tritt immer häufiger in wirtschaftliche und rechtliche Beziehungen zu Verkäufern, Unternehmern und Lieferanten, die ihren Sitz im Ausland haben. Zu denken ist beispielsweise an ausländische Versandhäuser oder Dienstleistungsunternehmen, die mit ihren Produkten oder Leistungen auch auf dem deutschen Markt auftreten. Nicht anders als entsprechende deutsche Unternehmen legen in aller Regel auch die ausländischen Anbieter ihren Geschäften ausgefeilte Klauselwerke zugrunde. Aus der Sicht des inländischen Kunden erhebt sich die Frage, ob er auch in Fällen mit Auslandsberührung Schutz vor ihn unangemessen benachteiligenden Bedingungen genießt.

202   Hierfür kommt es einerseits darauf an, ob das **Vertragsverhältnis** deutschem oder ausländischem Recht unterfällt, und andererseits, ob besondere Schutzvorschriften punktuell als sog. **Sonderanknüpfungen** zusätzlich Anwendung finden. All dies richtet sich nach dem Internationalen Privatrecht (IPR) desjenigen Staates, dessen Gerichte mit dem fraglichen Vertrag befasst sind. Während also für Klagen in Frankreich das französische IPR maßgeblich ist, wenden deutsche Gerichte das deutsche IPR an.[1] Die nachfolgenden Ausführungen beschränken sich naturgemäß auf die Sicht des deutschen IPR; bei Klagen vor ausländischen Gerichten kann ein anderes Recht zur Anwendung gelangen. Um diese Unwägbarkeiten zu vermeiden, wurde innerhalb der EU das Kollisionsrecht vereinheitlicht, sodass – theoretisch – durch alle Gerichte der EU-Staaten das gleiche Recht angewandt wird.[2] Um die kollisionsrechtlichen Risiken zu minimieren, empfiehlt sich

---

[1] Eine Klage setzt freilich die internationale Zuständigkeit des betreffenden Staates voraus. Für Klagen vor Gerichten der EU-Staaten wird diese von der Verordnung (EU) Nr. 1215/2012 des Europäischen Parlaments und des Rates vom 12. Dezember 2012 über die gerichtliche Zuständigkeit und die Anerkennung und Vollstreckung von Entscheidungen in Zivil- und Handelssachen (EuGVVO), ABl. EU 2012 L 351, 1 geregelt. Allgemein zur EuGVVO MüKoBGB/*Gottwald* EuGVO Vorbem. zu Art. 1 ff Rn. 1 ff.

[2] Wegen Art. 6 der Verordnung (EG) Nr. 593/2008 des Europäischen Parlaments und des Rates vom 17. Juni 2008 über das auf vertragliche Schuldverhältnisse anzuwendende Recht (Rom I), ABl.

daher eine – möglichst ausschließliche – **Gerichtsstandsvereinbarung** zugunsten deutscher Gerichte oder derjenigen eines anderen EU-Staates.[3]

2. Das auf den Schuldvertrag anwendbare Recht

a) Rechtswahl. Vor deutschen Gerichten gilt für das Schuldvertragsrecht der Grundsatz der Parteiautonomie und damit der **freien Rechtswahl (Art. 3 Abs. 1 Rom I-VO).**   203
Den Parteien des Schuldvertrages steht es mithin grundsätzlich[4] frei, ihr Rechtsverhältnis einem von ihnen gewählten Recht zu unterstellen, ohne dass eine irgendwie geartete Beziehung zu diesem Recht bestehen müsste. Eine Rechtswahl ist unter bestimmten Voraussetzungen auch in Allgemeinen Geschäftsbedingungen möglich[5].

b) Objektive Anknüpfung. Haben die Parteien eine solche Rechtswahl nicht getroffen   204
bzw. erweist sie sich als unwirksam, bestimmt sich das auf den Vertrag anzuwendende Recht nach **objektiven Anknüpfungsmerkmalen,** wobei die Rom I-VO für eine Reihe von Verträgen besondere Regelungen bereithält: Für **Güterbeförderungsverträge** gilt gem. Art. 5 Abs. 1 Rom I-VO das Recht des Staates, in dem der Beförderer seinen gewöhnlichen Aufenthalt hat, sofern sich in diesem Staat auch der Übernahme- oder Ablieferungsort oder der gewöhnliche Aufenthalt des Absenders befindet und andernfalls das Recht des Staates des von den Parteien vereinbarten Ablieferungsorts. Auf **Personenbeförderungsverträge** ist gem. Art. 5 Abs. 2 Rom I-VO das Recht des gewöhnlichen Aufenthaltsorts der zu befördernden Person anzuwenden, sofern in diesem Staat auch der Abgangsort oder der Bestimmungsort liegen. Andernfalls gilt das Recht des Staates, in dem der Beförderer seinen gewöhnlichen Aufenthalt hat. Für **Verbraucherverträge** iS von Art. 6 Abs. 1 Rom I-VO, die unter den dort genannten Voraussetzungen geschlossen wurden, enthält diese Vorschrift eine vorrangig zu prüfende Anknüpfung an das Recht des gewöhnlichen Verbraucheraufenthaltes. Liegen dagegen die besonderen Voraussetzungen des Art. 6 Abs. 1 Buchst. a und Buchst. b Rom I-VO nicht vor, bestimmt sich gem. Art. 6 Abs. 3 Rom I-VO das anwendbare Recht nach den allgemeinen Regeln (Art. 3 und Art. 4 Rom I-VO). Für **Versicherungsverträge** über Großrisiken iS von Art. 7 Abs. 2 Rom I-VO ist das Recht des Staats maßgeblich, in dem der Versicherer seinen gewöhnlichen Aufenthalt hat. Besteht allerdings eine offensichtlich engere Verbindung zu einem anderen Staat, so ist das Recht dieses anderen Staates anzuwenden. Andere Versicherungsverträge unterliegen mangels Rechtswahl dem Recht des Mitgliedstaats, in dem zum Zeitpunkt des Vertragsschlusses das Risiko belegen ist (Art. 7 Abs. 3 Rom I-VO). Individuelle **Arbeitsverträge** unterliegen gem. Art. 8 Abs. 2 S. 1 Rom I-VO dem Recht des Staates, in dem der Arbeitnehmer gewöhnlich seine Arbeit verrichtet, nach Art. 8 Abs. 3 Rom I-VO hilfsweise dem Recht des Staates, in dem sich die Niederlassung befindet, die den Arbeitnehmer eingestellt hat.
Soweit die Art. 5 bis 8 Rom I-VO nicht einschlägig sind, bestimmt sich das auf den   205
Vertrag anwendbare Recht nach den Vorschriften des **Art. 4 Rom I-VO.** Danach unterliegt der Vertrag dem Recht des Staates, zu dem er die engsten Verbindungen aufweist. Dies ist in der Regel der Staat, in dem der Vertragspartner, der die charakteristische Leistung erbringt, seinen gewöhnlichen Aufenthalt hat. Diese Leistung wird im Sinne einer typisierten Regelanknüpfung in Art. 4 Abs. 1 Rom I-VO für eine Reihe von Ver-

---

EG 2008 L 177, 6, ber. 2009 L 309, 87 müssten die Gerichte der EU-Staaten im konkreten Fall das gleiche Recht anwenden.
[3] Die hier interessierende Frage der Zulässigkeit von internationalen Gerichtsstandsvereinbarungen in Allgemeinen Geschäftsbedingungen wird in § 44 (→ Rn. 1050 ff.) behandelt.
[4] Zu den Ausnahmen durch sog. Sonderanknüpfungen sogleich unter → Rn. 209 ff.
[5] Zur Wirksamkeit vorformulierter Rechtswahlklauseln sogleich unter → Rn. 236 ff.

trägen konkret benannt.[6] Für andere als die in Art. 4 Abs. 1 Rom I-VO aufgelisteten Verträge muss dagegen die charakteristische Leistung eigens bestimmt werden (Art. 4 Abs. 2 Rom I-VO). Ist hingegen offensichtlich, dass der Vertrag zu einem anderen Staat eine engere Verbindung aufweist, oder lässt sich das anwendbare Recht nicht nach Art. 4 Abs. 1 und 2 Rom I-VO bestimmen, so unterliegt er dem Recht des Staates, zu dem er die engste Verbindung aufweist (Art. 4 Abs. 3 und Abs. 4 Rom I-VO).

206   **c) Umfang des Vertragsstatuts und AGB-Recht.** Die Zuweisung des Vertragsverhältnisses an eine kraft Rechtswahl oder aufgrund objektiver Anknüpfung bestimmte Rechtsordnung hat zur Folge, dass grundsätzlich allein die Vorschriften dieser Rechtsordnung Anwendung finden. Sie beherrscht den Vertrag **„von der Wiege bis zur Bahre",** denn nach ihr beurteilen sich Zustandekommen und Wirksamkeit des Vertrages (Art. 10 Abs. 1 Rom I-VO), bisweilen die Form (Art. 11 Abs. 1 Rom I-VO), sowie Umfang und Erfüllung der Vertragspflichten, Schadensersatz bei Nichterfüllung, wie auch die Rückabwicklung im Falle der Unwirksamkeit und Verjährungsfragen (Art. 12 Abs. 1 Rom I-VO). Unterfällt somit das Vertragsverhältnis **deutschem Recht,** so genießt der inländische Kunde auch den vollen Schutz der nunmehr in das Bürgerliche Gesetzbuch integrierten Bestimmungen über Allgemeine Geschäftsbedingungen.

207   Grenzüberschreitende Vertragsbeziehungen inländischer Abnehmer mit ausländischen Unternehmern werden hingegen häufig **ausländischem Recht** unterfallen, sei es kraft Rechtswahl, sei es aufgrund objektiver Anknüpfung (gewöhnlicher Aufenthalt der Vertragspartei, die die charakteristische Vertragsleistung zu erbringen hat, Art. 4 Abs. 1 und 2 Rom I-VO). Schutz gegenüber benachteiligenden Klauseln genießt der inländische Kunde dann nach den Bestimmungen der entsprechenden ausländischen Rechtsordnung. Sofern als Vertragsstatut das **Recht eines EU- oder EWR-Staates** berufen ist, kommt ihm dabei zu Gute, dass aufgrund der Richtlinie 93/13/EWG über missbräuchliche Klauseln in Verbraucherverträgen für einen wichtigen Sektor ein gleiches Mindestschutzniveau herrscht. Schutzdefizite verbleiben dort, wo die deutschen Bestimmungen über Allgemeine Geschäftsbedingungen im Gegensatz zur ausländischen Regelung über den Mindestschutz nach der Richtlinie hinausgehen sowie ganz allgemein in Fällen, in denen das Vertragsverhältnis dem weniger schutzintensiven Recht eines außereuropäischen Staates unterliegt.

208   Häufig wird bei **grenzüberschreitenden Kaufverträgen über Waren zwischen Unternehmern** übersehen, dass die zur Anwendung berufene Rechtsordnung auch das **UN-Kaufrecht (CISG)** umfasst, wenn der fragliche Staat Mitglied dieses Übereinkommens ist.[7] Neben Deutschland sind fast alle EU-Staaten, die USA und eine Vielzahl osteuropäischer und afrikanischer Staaten Vertragsstaaten. Sofern die Anwendbarkeit des CISG nicht ausgeschlossen ist, was nach Art. 6 CISG möglich ist, verdrängt dieses grundsätzlich die nationalen kaufrechtlichen Bestimmungen.[8]

3. Sonderanknüpfung von AGB-Schutzvorschriften

209   Nun hält allerdings die Rom I-VO einige **Sonderanknüpfungen** bereit, die zusätzlich AGB-Schutzvorschriften zur Anwendung berufen können und damit die Lage des inländischen Vertragspartners verbessern. Das gilt insbesondere für Verbraucherverträge (Art. 6 Abs. 2 S. 2 Rom I-VO), individuelle Arbeitsverträge (Art. 8 Abs. 1 S. 2 Rom I-

---

[6] *Pfeiffer* EuZW 2008, 622 (625).
[7] Vgl. Art. 1 Abs. 1 Buchst. b) und Art. 95 des Wiener UN-Übereinkommens über Verträge über den internationalen Warenkauf vom 11.4.1980, BGBl. 1989 II 588.
[8] Hierzu näher → Rn. 249 ff.

VO) sowie für reine Inlandsverträge und solche grenzüberschreitenden Verträge, die keine Verbindung zu Drittstaaten aufweisen (Art. 3 Abs. 3 und Abs. 4 Rom I-VO).

a) Art. 6 Abs. 2 Rom I-VO. Vorrangig zu prüfen ist in Verbrauchersachen **Art. 6** **210** **Abs. 2 S. 2 Rom I-VO,** der eine Sonderanknüpfung zwingender Vorschriften für Verbraucherverträge enthält, die unter den in Art. 6 Abs. 1 Rom I-VO genannten Voraussetzungen geschlossen wurden. Art. 6 Abs. 2 S. 1 Rom I-VO eröffnet zunächst den Parteien die Möglichkeit einer Rechtswahl nach Art. 3 Abs. 1 Rom I-VO. Zusätzlich bringt aber Abs. 2 S. 2 im Interesse der schwächeren Partei die zwingenden Schutzvorschriften des Rechts, das mangels Rechtswahl gelten würde, zur Anwendung, sofern diese günstiger als das gewählte Recht sind.

(1) Voraussetzungen. Art. 6 Abs. 1 Rom I-VO setzt einen Verbrauchervertrag voraus, **211** wobei Beförderungsverträge iS von Art. 5 Rom I-VO (mit Ausnahme von bestimmten Pauschalreiseverträgen, Art. 6 Abs. 4 Buchst. b Rom I-VO) und Versicherungsverträge iS von Art. 7 Rom I-V nicht erfasst werden. Ausgeschlossen sind nach Art. 6 Abs. 4 Rom I-VO zahlreiche weitere Verträge, darunter beispielsweise Dienstleistungsverträge, wenn die geschuldeten Dienstleistungen ausschließlich in einem anderen als dem Staat des gewöhnlichen Aufenthalts des Verbrauchers erbracht werden müssen, Verträge über dingliche Rechte an unbeweglichen Sachen oder deren Miete oder Pacht (mit Ausnahme bestimmter Teilzeitnutzungsrechte) und bestimmte Verträge im Zusammenhang mit Finanzinstrumenten.

Weiterhin müssen bestimmte **berufliche oder gewerbliche Tätigkeiten** des Unterneh- **212** mers vorliegen, die einen Zusammenhang mit dem Staat des Verbrauchers aufweisen, um die Anwendung des Inlandsrechts zu legitimieren.[9] Dazu gehört zum einen die Ausübung einer solchen Tätigkeit in dem Staat, in dem der Verbraucher seinen gewöhnlichen Aufenthalt hat (Art. 6 Abs. 1 Buchst. a Rom I-VO). Zum anderen genügt es, wenn der Unternehmer eine solche Tätigkeit auf irgendeine Weise auf diesen Staat oder auf mehrere Staaten, einschließlich dieses Staates, ausrichtet (Art. 6 Abs. 1 Buchst. b Rom I-VO). Das ist der Fall bei absatzfördernden Handlungen, wie etwa dem Austeilen von Prospekten, Zeitungsanzeigen, Telefonanrufen, Rundfunksendungen und Fernsehspots.[10] Problematisch ist, wann im **E-Commerce** ein solches Ausrichten anzunehmen ist. Hilfestellung kann hier die Rechtsprechung des EuGH zu der grds. im Einklang mit Art. 6 Abs. 1 Rom I-VO auszulegenden Schwestervorschrift des Art. 17 Abs. 1 Buchst. c EuGVVO leisten.[11] In diesem Zusammenhang hat der EuGH einige Gesichtspunkte aufgezählt, die bei Verwendung einer Website im Internet für ein Ausrichten iS des Art. 17 Abs. 1 Buchst. c EuGVVO sprechen sollen. Dazu zählen etwa der internationale Charakter der Tätigkeit, die Angabe von Anfahrtsbeschreibungen von anderen Mitgliedstaaten aus zum Gewerbetreibenden, die Verwendung einer anderen Sprache oder Währung als der in dem Mitgliedstaat des Gewerbetreibenden üblichen, die Möglichkeit der Buchung und Buchungsbestätigung in dieser anderen Sprache, die Angabe von Telefonnummern mit internationaler Vorwahl, die Tätigung von Ausgaben für einen Internetreferenzierungsdienst, die Verwendung eines anderen Domänennamens oberster Stufe als desjenigen des Mitgliedstaats des Gewerbetreibenden und die Erwähnung einer internationalen Kundschaft aus verschiedenen Mitgliedstaaten.[12] Die bloße Zugänglichkeit der Website des Gewerbetreibenden oder seines Vermittlers in dem Mitgliedstaat, in dessen Hoheitsgebiet der Verbraucher seinen Wohnsitz hat, reicht dagegen nicht aus.[13] Darüber hinaus ist eine Kausali-

---

[9] MüKoBGB/*Martiny* Rom I-VO Art. 6 Rn. 36.
[10] MüKoBGB/*Martiny* Rom I-VO Art. 6 Rn. 39.
[11] Begründungserwägung 24 der Rom I-VO; Staudinger/*Magnus* Rom I-VO Art. 6 Rn. 115.
[12] EuGH NJW 2011, 505 – Pammer, und Hotel Alpenhof, Rn. 83.
[13] EuGH NJW 2011, 505 – Pammer und Hotel Alpenhof, Rn. 94.

tät zwischen Ausrichten und Vertragsschluss bei Art. 17 Abs. 1 Buchst. c EuGVVO nicht erforderlich.[14] Angesichts der gegenteilig lautenden Begründungserwägung 25 der Rom I-VO ist hier allerdings fraglich, ob diese letztgenannte Rechtsprechung ebenso für Art. 6 Abs. 1 Rom I-VO gilt.[15] Jedenfalls dürfte aber nicht erforderlich sein, dass der Vertrag selbst im Fernabsatz geschlossen worden ist.[16] Gem. Art. 6 Abs. 1 Rom I-VO muss schließlich der Vertrag in den Bereich der ausgerichteten Tätigkeit fallen.

213   Art. 6 Rom I-VO schützt den Verbraucher nur bei Geschäften, in deren Vorfeld der Unternehmer eine Absatztätigkeit im Staat des Verbrauchers ausgeübt oder auf diesen Staat ausgerichtet hat. Fehlt es an den Voraussetzungen des Art. 6 Abs. 1 Rom I-VO, so unterliegt der Verbrauchervertrag gem. Art. 6 Abs. 3 Rom I-VO den allgemeinen Vorschriften der Art. 3 und 4 Rom I-VO. Der inländische Verbraucher, der sich aus eigenen Stücken auf den Markt des Unternehmers im Ausland begeben hat, muss sich also regelmäßig mit dem jeweiligen Standard dieses ausländischen Marktes zufriedengeben.[17]

214   **(2) Rechtsfolgen.** Art. 6 Abs. 2 S. 2 Rom I-VO lässt die Rechtswahl wirksam sein und führt lediglich zu einer **ergänzenden Sonderanknüpfung** der Verbraucherschutzvorschriften des Staates, in dem der Verbraucher seinen gewöhnlichen Aufenthalt hat.[18] Zu den Vorschriften im Sinne des Art. 6 Abs. 2 S. 2 Rom I-VO, von denen nicht durch Vereinbarung abgewichen werden kann, gehören auch die zwingenden Bestimmungen des Bürgerlichen Gesetzbuches über Allgemeine Geschäftsbedingungen.[19] Da der Verbraucher nicht dem im Aufenthaltsstaat „gewährten Schutz entzogen" werden darf, gilt hier ein **Günstigkeitsprinzip:** Die Verbraucherschutzvorschriften sind nur gesondert anzuknüpfen, wenn sie – im konkreten Fall – für den Verbraucher günstiger sind als die Schutzvorschriften des Vertragsstatuts.[20]

215   **(3) Schutzlücken.** Der Schutzumfang von Art. 6 Rom I-VO ist im Vergleich zur Vorgängernorm des Art. 29 EGBGB deutlich erweitert. Wo Art. 29 Abs. 1 EGBGB **sachlich** noch das Vorliegen eines Verbrauchervertrages über die Lieferung beweglicher Sachen, die Erbringung von Dienstleistungen oder zur Finanzierung solcher Geschäfte voraussetzte, erfasst nunmehr Art. 6 Abs. 1 Rom I-VO Verbraucherverträge jeglicher Art, soweit nicht die Art. 5 und 7 Rom I-VO vorrangig zur Anwendung kommen. Doch werden bestimmte Verträge durch Art. 6 Abs. 4 Rom I-VO vom Anwendungsbereich wieder ausgeklammert, sodass im Ergebnis eine nicht unbeachtliche Zahl an Verbraucherverträgen diesem besonderen kollisionsrechtlichen Schutz entzogen ist. So unterliegen etwa Güterbeförderungsverträge mit Verbrauchern oftmals dem Recht des Staates des Beförderers oder des Bestimmungsortes (Art. 5 Abs. 1 Rom I-VO) und Verträge über die dauerhafte Miete unbeweglicher Sachen, auch wenn der Mieter Verbraucher ist, regelmäßig der *lex rei sitae* (Art. 4 Abs. 2 Buchst. c Rom I-VO).

Der **situative** Anwendungsbereich des Art. 6 Abs. 1 Rom I-VO ist gegenüber Art. 29 Abs. 1 EGBGB ebenfalls erweitert worden. Gerade im Hinblick auf das Kriterium des „Ausrichtens" in Abs. 1 Buchst. b wird man nicht mehr allein vom Leitbild eines schutzbedürftigen **international passiven Verbrauchers** ausgehen können.[21] Schutzlos bleibt allerdings der international aktive Verbraucher, der sich aus eigenem Antrieb auf den Markt

---

[14] EuGH NJW 2013, 3504 – Emrek, Rn. 32.

[15] *Staudinger/Steinrötter* NJW 2013, 3505 (3506).

[16] *EuGH* NJW 2012, 3225 – *Mühlleitner*, Rn. 45.

[17] MüKoBGB/*Martiny* Rom I-VO Art. 6 Rn. 36.

[18] Palandt/*Thorn* Rom I-VO Art. 6 Rn. 8.

[19] Staudinger/*Magnus* Rom I-VO Art. 6 Rn. 140; MüKoBGB/*Martiny* Rom I-VO Art. 6 Rn. 56.

[20] Staudinger/*Magnus* Rom I-VO Art. 6 Rn. 137; MüKoBGB/*Martiny* Rom I-VO Art. 6 Rn. 58.

[21] MüKoBGB/*Martiny* Rom I-VO Art. 6 Rn. 4; vgl. insbesondere auch *EuGH* NJW 2013, 3504 – *Emrek*, Rn. 32, und EuGH EuZW 2012, 917 – *Mühlleitner* Rn. 45 (keine Kausalität und kein Fernabsatzgeschäft erforderlich).

eines anderen Landes begibt, wenn sein dortiger Vertragspartner seine Geschäftstätigkeit nicht auf den Aufenthaltsstaat des Verbrauchers ausgerichtet hat. Dagegen sind die sog. Gran Canaria-Fälle, in denen Verträge planmäßig im Ausland zur Umgehung des deutschen Haustürwiderrufsrechts geschlossen wurden,[22] heute kaum mehr problematisch, weil in aller Regel ein Ausrichten im Sinne des Art. 6 Abs. 1 Buchst. b Rom I-VO vorliegt.

b) Art. 46b EGBGB. Für Bereiche, in denen der europäische Gesetzgeber in Verbrau-   216
cherschutzrichtlinien spezielle Kollisionsregeln erlassen hat, wird der kollisionsrechtliche Verbraucherschutz durch Art. 46b EGBGB. ergänzt. Die Bestimmung ersetzt den inzwischen aufgehobenen Art. 29a EGBGB.

(1) Bedeutung des Art. 46b EGBGB. Um dem Verbraucher die Nachfrage von Wa-   217
ren- und Dienstleistungen in anderen EU-Staaten zu erleichtern, bedarf es neben der Harmonisierung der nationalen Verbraucherschutzvorschriften auch eines Schutzes vor der Abwahl eben dieser Regelungen. Daher enthalten Art. 6 Abs. 2 der Klausel-Richtlinie 93/13/EWG, Art. 7 Abs. 2 der Verbrauchsgüterkauf-Richtlinie 1999/44/EG, Art. 25 der Verbraucherrechte-Richtlinie 2011/83/EU, Art. 22 Abs. 4 der Verbraucherkredit-Richtlinie 2008/48/EG sowie Art. 12 Abs. 2 der Timesharing-Richtlinie 2008/122/EG besondere kollisionsrechtliche Vorgaben. Gem. Art. 23 Rom I-VO genießt dieses Richtlinienrecht Vorrang vor den Kollisionsregeln der Rom I-VO.[23] Art. 46b EGBGB dient nun dazu, diese kollisionsrechtlichen Vorgaben der Richtlinien im nationalen Recht umzusetzen. Bis auf die leicht abweichenden kollisionsrechtlichen Vorgaben der Timesharing-Richtlinie werden alle übrigen Richtlinienvorgaben durch eine einheitliche Regelung umgesetzt (Abs. 1). Die Umsetzung der Timesharing-Richtlinie erfolgt durch eine gesonderte Regelung (Abs. 4).

Im Unterschied zu Art. 6 Abs. 2 S. 2 Rom I-VO erfasst Art. 46b Abs. 1 EGBGB   218
sämtliche Vertragstypen. Dieser weite Anwendungsbereich wird allerdings faktisch dadurch eingegrenzt, dass die Regelung nur insoweit eine Rolle spielen kann, als der jeweilige Vertrag in den Schutzbereich der Verbraucherschutzrichtlinien fällt. Weiterhin genügt ein enger **Bezug zum EU/EWR-Binnenmarkt,** der mitunter auch dann gegeben sein kann, wenn die Voraussetzungen des Art. 6 Abs. 1 Buchst. a und Buchst. b Rom I-VO nicht erfüllt sind.[24] Enger als Art. 6 Abs. 2 S. 2 Rom I-VO ist Art. 46b Abs. 1 EGBGB jedoch insoweit, als er lediglich im Fall der **Rechtswahl** eingreift, nicht aber bei objektiver Anknüpfung.[25] Eine Rückausnahme stellt wiederum Art. 46b Abs. 4 EGBGB dar, der auch bei objektiver Anknüpfung Anwendung findet.

(2) Anwendungsvoraussetzungen. Voraussetzung für das Eingreifen von **Art. 46b**   219
Abs. 1 EGBGB ist, dass der **Vertrag kraft Rechtswahl dem Recht eines Staates unterliegt,** der nicht der EU oder dem EWR angehört. Diese Rechtswahlvereinbarung muss wirksam sein.[26]

Art. 46b Abs. 1 EGBGB macht nicht – anders als Art. 6 Abs. 1 Rom I-VO – die   220
Verbrauchereigenschaft zur **persönlichen Anwendungsvoraussetzung.** Allerdings setzen die in Abs. 3 genannten Richtlinien ihrerseits voraus, dass der Vertrag von einer Partei nicht für gewerbliche oder berufliche Zwecke geschlossen wurde. Daher bleibt Art. 46b EGBGB im Ergebnis folgenlos, wenn nicht ein Verbrauchergeschäft vorliegt.[27]

---

[22] Instruktiv *Bernhard* GRUR Int 1992, 366.
[23] Staudinger/*Magnus* EGBGB Art. 46b Rn. 1.
[24] Hierzu sogleich → Rn. 222.
[25] Palandt/*Thorn* EGBGB Art. 46b Rn. 4.
[26] Hierzu → Rn. 236 ff.
[27] Staudinger/*Magnus* EGBGB Art. 46b Rn. 35 mwN; aA im Sinne eines Verbrauchervertrags als persönliche Anwendungsvoraussetzung *Horn* MMR 2002, 209 (214); *Freitag/Leible* EWS 2000, 342 (344); *Rusche* IPRax 2001, 420 (422).

221   Art. 46b Abs. 1 EGBGB setzt des Weiteren voraus, dass der Vertrag einen **engen Zu-sammenhang mit dem Gebiet eines Staates der EU oder des EWR** aufweist. Diese Ge-neralklausel wird in **Art. 46b Abs. 2 EGBGB beispielhaft** konkretisiert. Danach liegt ein enger Zusammenhang iS des Art. 46b Abs. 1 EGBGB insbesondere vor, wenn der Unter-nehmer eine berufliche oder gewerbliche Tätigkeit in einem EU- oder EWR-Mitgliedsstaat ausgeübt hat, in dem der Verbraucher seinen gewöhnlichen Aufenthalt hat, oder wenn er eine solche Tätigkeit auf diesen Staat ausgerichtet hat und der Vertrag jeweils in den Bereich dieser Tätigkeit fällt. Da sich der Gesetzgeber hier an den Anwendungsvoraussetzungen des Art. 6 Abs. 1 Rom I-VO orientiert hat,[28] wird man insoweit ebenso auf die zu Art. 17 Abs. 1 Buchst. c EuGVVO ergangene Rechtsprechung zurückgreifen können. Das ist insbesondere hilfreich bei der Konkretisierung des Merkmals des Ausrichtens.[29] Zugleich ist aber zu beachten, dass es sich bei den in Art. 46b Abs. 2 EGBGB genannten Voraus-setzungen um keine erschöpfende Aufzählung handelt („insbesondere"). Es kann daher auch ein enger Zusammenhang vorliegen, ohne dass diese Voraussetzungen erfüllt sind.

222   Umstritten ist indes die **Konkretisierung** des europäisch-einheitlich auszulegenden[30] Begriffs des engen Zusammenhangs jenseits von Art. 46b Abs. 2 EGBGB. Mitunter wird argumentiert, der enge Zusammenhang habe keine eigenständige Bedeutung, weil es allein um die Gewährleistung des durch die Richtlinien gewährten Schutzes gehe, sodass Art. 46b Abs. 1 EGBGB bereits anzuwenden sei, wenn nur der Vertrag ohne Rechtswahl dem Recht eines Mitgliedstaates unterliegen würde.[31] Dagegen spricht aber bereits Abs. 2: Es ist nicht einzusehen, weshalb der Gesetzgeber als Regelbeispiel den Fall eines faktisch erheblichen engen Zusammenhangs gewählt haben sollte, wenn der enge Zusammenhang als solcher bedeutungslos wäre. Im Ergebnis sollte vielmehr der enge Zusammenhang auf der Grundlage einer Gesamtwürdigung aller Umstände des Einzelfalls ermittelt werden.[32] Dabei sind grundsätzlich alle dem IPR als Anknüpfungsmomente bekannten Kriterien zu berücksichtigen, wobei es auch damit nicht sein Bewenden haben muss. Maßgeblich können etwa sein der gewöhnliche Aufenthalt des Verbrauchers, der Firmensitz oder die Zweigniederlassung des Unternehmers, der Abschlussort, die Vertragssprache, der Erfül-lungsort und der Belegenheitsort des Vertragsgegenstandes[33] sowie wohl auch faktische Auswirkungen der Vertragsdurchführung.

223   Auch wenn Art. 46b Abs. 1 EGBGB allein einen engen Zusammenhang zu einem EU- oder EWR-Mitgliedsstaat voraussetzt, findet die Vorschrift gleichwohl auch dann An-wendung, wenn ein **enger Zusammenhang zu mehreren Mitgliedstaaten** gegeben ist. Das folgt daraus, dass auch die Richtlinien, zu deren Umsetzung Art. 46b EGBGB dient, einen Zusammenhang mit dem Gebiet „der Mitgliedstaaten" (etwa Art. 6 Abs. 2 der Klauselrichtlinie) oder „eines oder mehrerer Mitgliedstaaten" (etwa Art. 22 Abs. 4 Ver-braucherkredit-Richtlinie) voraussetzen.[34] Besteht ein Zusammenhang zu mehreren EU- oder EWR-Mitgliedsstaaten, ist zu klären, wessen Bestimmungen zur Umsetzung der Verbraucherschutzrichtlinien nach Art. 46b Abs. 1 EGBGB anzuwenden sind. Hier ist aufgrund einer wertenden Betrachtung aller Umstände des Einzelfalls zu entscheiden, zu welchem Mitgliedstaat die engste Verbindung besteht. Besteht ein Zusammenhang auch zu Drittstaaten, so sind diese außer Betracht zu lassen.[35]

---

[28] MüKoBGB/*Martiny* EGBGB Art. 46b Rn. 53.
[29] Siehe dazu → Rn. 212.
[30] Staudinger/*Magnus* EGBGB Art 46b Rn. 40.
[31] Mit gewissen Sympathien für diesen Ansatz (im Ergebnis gleichwohl ablehnend) MüKoBGB/ *Martiny* EGBGB Art. 46b Rn. 38.
[32] Wolf/*Hau*, AGB-Recht, IntGV Rn. 31; Palandt/*Thorn* EGBGB Art. 46b Rn. 3.
[33] Palandt/*Thorn* EGBGB Art. 46b Rn. 3.
[34] MüKoBGB/*Martiny* EGBGB Art. 46b Rn. 49.
[35] MüKoBGB/*Martiny* EGBGB Art. 46b Rn. 52.

Hat der Verbraucher seinen **gewöhnlichen Aufenthalt nicht in einem EU- oder**   **224**
EWR-Staat, kann Art. 46b Abs. 1 EGBGB gleichwohl zur Anwendung kommen. Ein
entsprechender gewöhnliche Aufenthalt wird zwar von den Regelbeispielen in Abs. 2
vorausgesetzt, er ist aber im Übrigen nur eines von zahlreichen möglichen Kriterien, die
für einen engen Zusammenhang sprechen können. Für diese weite Auslegung des
Art. 46b Abs. 1 EGBGB spricht, dass auch die in Abs. 3 genannten Verbraucherschutzrichtlinien einen gewöhnlichen Aufenthalt des Verbrauchers in einem EU- oder EWR-
Staat nicht voraussetzen und außerdem auf diese Weise ein Gleichlauf zu Art. 46b Abs. 4
EGBGB hergestellt wird, der einen solchen gewöhnlichen Aufenthalt ebenfalls nicht
verlangt.[36] Es ist kein vernünftiger Grund erkennbar, außerhalb der EU bzw. dem EWR
ansässigen Verbrauchern, die auf dem Binnenmarkt Geschäfte tätigen, den kollisionsrechtlichen Verbraucherschutz zu verweigern.

Art. 46b Abs. 4 EGBGB setzt das Vorliegen eines Teilzeitnutzungsvertrags, eines Ver-   **225**
trags über ein langfristiges Urlaubsprodukt, eines Wiederverkaufsvertrag oder eines
Tauschvertrags im Sinne der **Timesharing-Richtlinie** voraus. Außerdem muss der Vertrag dem Recht eines Drittstaats unterliegen; sei es auf der Grundlage einer objektiven
Anknüpfung, sei es infolge einer Rechtswahl. Erforderlich ist schließlich, dass die betroffenen Immobilien im Hoheitsgebiet eines EU- oder EWR-Staates liegen (Abs. 4 Nr. 1)
oder, wenn sich der Vertrag nicht unmittelbar auf eine Immobilie bezieht, dass der
Unternehmer eine gewerbliche oder berufliche Tätigkeit in einem EU- oder EWR-Staat
ausübt oder auf einen solchen Staat ausrichtet und der Vertrag in den Bereich dieser
Tätigkeit fällt (Abs. 4 Nr. 2). Zu beachten ist, dass Art. 46b Abs. 4 Nr. 1 und Nr. 2 – im
Gegensatz zum Regelbeispiel in Abs. 2 – nicht verlangt, dass der Verbraucher seinen
gewöhnlichen Aufenthalt in dem jeweiligen EU- oder EWR-Staat hat. Erforderlich ist
auch nicht, dass der Verbraucher sich überhaupt gewöhnlich in einem EU- oder EWR-
Staat aufhält. Im Übrigen wird man zur Konkretisierung von Abs. 4 Nr. 1 und Nr. 2
wiederum auf die zu Art. 6 Abs. 1 Rom I-VO und Art. 17 Abs. 1 Buchst. c EuGVVO
ergangene Rechtsprechung zurückgreifen können.

Es stellt sich darüber hinaus die Frage nach dem **Konkurrenzverhältnis zwischen**   **226**
Art. 46b Abs. 1, Abs. 2 und Abs. 4 EGBGB. Wollte man in Abs. 4 eine abschließende
Sonderregelung sehen, könnte es zu Richtlinienverstößen kommen; etwa wenn der jeweilige Vertrag auch von der Klauselrichtlinie erfasst würde, aber aufgrund von Spezialität
die Rechtsfolgen des Art. 46b Abs. 1 EGBGB nicht eintreten könnten. Es spricht daher
vieles dafür, Abs. 4 nur als abschließend im Hinblick auf die dort erfasste Materie zu
verstehen.[37]

(3) Rechtsfolgen. Unter den Voraussetzungen des Art. 46b Abs. 1 EGBGB sind auf   **227**
den Vertrag die Bestimmungen zur Umsetzung der in Art. 46b Abs. 3 EGBGB genannten Verbraucherschutzrichtlinien gleichwohl anzuwenden. Maßgeblich ist insofern das
Umsetzungsrecht des Staates, zu dem der enge Zusammenhang besteht. Es handelt sich
um eine **Sachnormverweisung,** dh das Umsetzungsrecht kommt unmittelbar zur Anwendung, ohne dass es weiterer Untersuchungen nach Maßgabe des Kollisionsrechts
dieses EU- oder EWR-Staates bedürfte.[38]

Die Verweisung erfolgt auf die **„Bestimmungen zur Umsetzung der Verbraucher-**   **228**
schutzrichtlinien". Das können sowohl den Richtlinieninhalt transformierende Sonder-
gesetze als auch der Verwirklichung von Richtlinienzielen dienende Normen des allgemeinen Zivilrechts sein. Besteht der von Art. 46b Abs. 1 EGBGB vorausgesetzte enge

---

[36] Staudinger/*Magnus* EGBGB Art. 46b Rn. 50; aA MüKoBGB/*Martiny* EGBGB Art. 46b
Rn. 67.
[37] Ferrari/Kieninger/Mankowski/*Staudinger* EGBGB Art. 46b Rn. 42.
[38] Ferrari/Kieninger/Mankowski/*Staudinger* EGBGB Art. 46b Rn. 26.

Zusammenhang mit dem Gebiet der Bundesrepublik Deutschland, so kommen für die Klausel-Richtlinie die §§ 305 ff. BGB wie auch die §§ 13, 14 BGB zur Anwendung. Für alle übrigen, den schuldrechtlichen Inhalt des Vertrags betreffenden Fragen bleibt das durch die Rechtswahl berufene Statut maßgeblich. Da sämtliche der in Art. 46b Abs. 3 EGBGB aufgezählten Richtlinien nur Mindeststandards vorgeben,[39] stellt sich die Frage, ob auch **über den Mindeststandard hinausgehende Regelungen** von der Verweisung erfasst werden. Dies ist zu bejahen,[40] sofern sich die weitergehende Regelung im sachlichen Anwendungsbereich der Richtlinie hält. Wenn die Richtlinie einen intensiveren Schutz zulässt, sollte dieser auch kollisionsrechtlich durchgesetzt werden; Art. 6 Abs. 2 der Klausel-Richtlinie steht dem nicht entgegen. Nimmt die Umsetzung aber eine Erweiterung des sachlichen Anwendungsbereichs der Richtlinie vor – beispielsweise wird die AGB-Kontrolle auf das Gesellschaftsrecht oder Verträge zwischen Unternehmern erstreckt – werden diese Umsetzungsvorschriften nicht von der Verweisung nach Art. 46b Abs. 1 EGBGB erfasst. Dem Wortlaut zufolge sieht Art. 46b Abs. 1 EGBGB, anders als Art. 6 Abs. 2 S. 2 Rom I-VO, keinen Günstigkeitsvergleich vor. Dessen ungeachtet ist aber richtigerweise ein **Günstigkeitsvergleich** durchzuführen[41]: Die Verbraucherschutzrichtlinien verlangen lediglich, dass der Verbraucher den Schutz nicht verlieren darf, gebieten aber keine Verschlechterung der Verbrauchersituation. Das nach Art. 46b Abs. 1 EGBGB berufene Recht gelangt daher nicht zur Anwendung, wenn dieses dem Verbraucher geringeren Schutz bietet als das gewählte Recht eines Drittstaates

Beispiele:
(1) Die **Einbeziehungskontrolle der §§ 305 Abs. 2, 305c Abs. 1 BGB** ist von der Klausel-Richtlinie nicht vorgesehen. Da sie aber lediglich einen intensiveren Schutz gewährleisten, handelt es sich um „Bestimmungen zur Umsetzung der Verbraucherschutzrichtlinien", die über Art. 46b Abs. 1 EGBGB gesondert angeknüpft werden können.
(2) Besteht ein enger Zusammenhang zur Bundesrepublik Deutschland und sieht das gewählte Recht eines Drittstaates vor, dass in AGB auch ein Haftungsausschluss für mittlere Fahrlässigkeit unzulässig ist, kommt insoweit § 309 Nr. 7 Buchst. b BGB aufgrund des anzustellenden Günstigkeitsvergleichs nicht zur Anwendung.

229   Art. 46b Abs. 4 EGBGB bestimmt, dass Verbrauchern der in Umsetzung der Teilzeitnutzungrechte-Richtlinie gewährte Schutz nicht vorenthalten werden darf. Abs. 4 verweist im Gegensatz zu Abs. 1 nicht explizit auf das Umsetzungsrecht eines bestimmten Staates. Nach richtlinienkonformer Auslegung muss es sich indes ebenso um eine Sachnormverweisung auf das Recht des Mitgliedstaats des angerufenen Gerichts handeln, denn Art. 12 Abs. 2 Timesharing-Richtlinie – zu dessen Umsetzung Abs. 4 dient – bezieht sich ausdrücklich auf dieses Umsetzungsrecht des Forumstaates.[42] Ebenso hat ein Günstigkeitsvergleich zwischen dem Recht des Forumstaates und dem Vertragsstatut zu erfolgen; das Umsetzungsrecht des Forumstaates setzt sich nur insoweit durch, als es günstiger als das Vertragsstatut ist.[43]

230   Unklar ist das Verhältnis von Art. 46b EGBGB und Art. 6 Abs. 2 Rom I-VO. Festzuhalten ist, dass gem. Art. 23 Rom I-VO diese Verordnung nicht die Anwendung des Unionsrechts berührt, das in besonderen Bereichen Kollisionsnormen für vertragliche

---

[39] *Freitag/Leible* EWS 2000, 342 (346).

[40] Wie hier auch MüKoBGB/*Martiny* EGBGB Art. 46b Rn. 70 und Staudinger/*Magnus* EGBGB Art. 46b Rn. 53; krit. dagegen Ferrari/Kieninger/Mankowski/*Staudinger* EGBGB Art. 46b Rn. 27.

[41] MüKoBGB/*Martiny* EGBGB Art. 46b Rn. 74; *Fetsch,* Eingriffsnormen und EG-Vertrag, S. 284 mwN; Staudinger/*Magnus* EGBGB Art. 46b Rn. 54; aA *Staudinger* RIW 2000, 416 (418); *Wagner,* IPRax 2000, 249 (254 f.); Palandt/*Thorn* EGBGB Art. 46b Rn. 5.

[42] Palandt/*Thorn* EGBGB Art. 46b Rn. 7; Ferrari/Kieninger/Mankowski/*Staudinger* EGBGB Art. 46b Rn. 43.

[43] Palandt/*Thorn* EGBGB Art. 46b Rn. 7.

Schuldverhältnisse enthält. Daraus folgt, dass Art. 46b EGBGB, soweit die Regelung Richtlinienrecht umsetzt, grundsätzlich Geltung beansprucht. Klar ist auch, dass Art. 46b EGBGB Art. 6 Abs. 2 Rom I-VO nicht verdrängen kann, wenn es um die Sonderanknüpfung von Vorschriften zur Einbeziehungskontrolle geht, die nicht der Umsetzung der Klausel-Richtlinie dienen.[44] Bedeutung kommt Art. 46b EGBGB vor allem dann zu, wenn es sich um Vertragstypen handelt, die von Art. 6 Rom I-VO gar nicht erfasst werden.[45]

c) Art. 9 Abs. 2 Rom I-VO. Schließlich können über Art. 9 Abs. 2 Rom I-VO grund- **231** sätzlich die **Eingriffsnormen** des deutschen Rechts im Wege der Sonderanknüpfung gegenüber dem ausländischen Vertragsstatut zur Anwendung gebracht werden. Eingriffsnormen sind nach Art. 9 Abs. 1 Rom I-VO zwingende Vorschriften, deren Einhaltung ein Staat als so entscheidend für die Wahrung seines öffentlichen Interesses ansieht, dass sie ungeachtet der Kollisionsregeln der Rom I-VO anzuwenden sind. Kennzeichnend sind der internationale Geltungsanspruch der fraglichen Norm und ihre überindividuelle Zielrichtung.[46] Ob auch verbraucherschützende Vorschriften zu den „international zwingenden Vorschriften" zählen, war insbesondere im Geltungsbereich des Art. 34 EGBGB höchst umstritten.[47] Die vorliegend relevanten §§ 305 – 310 BGB sollen aber nach wohl herrschender Meinung nicht zu den Eingriffsnormen im Sinne des Art. 9 Abs. 1 Rom I-VO zählen, was insbesondere mit dem in erster Linie individualschützenden Charakter der Verbraucherschutzregelungen begründet wird.[48] Außerdem soll Art. 6 Rom I-VO innerhalb seines sachlichen Anwendungsbereichs abschließend sein und daher Art. 9 Rom I-VO nicht über fehlende räumliche Anwendungsvoraussetzungen des Art. 6 Abs. 1 Rom I-VO hinweg helfen können.[49]

Im **Unternehmensverkehr** kommt eine Sonderanknüpfung AGB-rechtlicher Vor- **232** schriften über Art. 6 Abs. 2 Rom I-VO und Art. 46b EGBGB nicht in Betracht, weil es an der erforderlichen Verbrauchereigenschaft fehlt. Auch Art. 9 Abs. 2 Rom I-VO kann den §§ 305 ff. BGB nicht zur Wirkung verhelfen. Das scheitert für den Unternehmensverkehr bereits daran, dass der deutsche Gesetzgeber hier schon keinen international zwingenden Geltungswillen hat erkennen lassen.[50]

d) Art. 8 Rom I-VO. Nach § 310 Abs. 4 BGB sind die deutschen AGB-Vorschriften **233** auch auf **Arbeitsverträge** anwendbar. Gem. Art. 8 Abs. 1 S. 2 Rom I-VO unterliegt auch die für Arbeitsverträge grundsätzlich zulässige Rechtswahl einem Günstigkeitsvergleich. Die Vorschriften der §§ 305 ff. BGB kommen daher zur Anwendung, wenn und soweit das Schutzniveau des Vertragsstatuts hinter dem deutschen Recht zurückbleibt – vorausgesetzt, dass ohne Rechtswahl deutsches Recht Anwendung finden würde. Erweist sich hingegen das gewählte Recht als vorteilhafter, so bleibt es allein maßgeblich. Nach hM ist ein sog. Gruppenvergleich anzustellen, dh es kommt nicht auf die punktuelle Regelung sondern den gesamten Normenkomplex an, der zur Klärung der Streitfrage insgesamt relevant erscheint.[51] Darüber hinaus finden die §§ 305 ff. BGB nach Art. 8 Abs. 2 S. 1

---

[44] Wolf/*Hau,* IntGV Rn. 32.

[45] Wolf/*Hau,* IntGV Rn. 32.

[46] Palandt/*Thorn* Rom I-VO Art. 9 Rn. 5.

[47] Befürwortend, soweit Art. 29 EGBGB lückenhaft, BGH, IPRax 1998, 285, 288 f.; *Roth* RIW 1994, 275, 277; *Fetsch,* Eingriffsnormen und EG-Vertrag, S. 41. Ablehnend *Mankowski,* DZWir 1996, 273 ff.; *ders.* RIW 1998, 287 ff.; *Junker,* IPRax 1998, 65 (69 ff.); *ders.,* IPRax 2000, 65 ff.

[48] BGH NJW 2009, 3371; Staudinger/*Magnus* Rom I-VO Art. 9 Rn. 147–151; MüKoBGB/*Martiny* Rom I-VO Art. 9 Rn. 89; Beck OGK-*Mautzsch,* Art. 9 Rom I-VO Rn. 279.

[49] Palandt/*Thorn* Rom I-VO Art. 9 Rn. 8.

[50] Wolf/ *Hau,* IntGV Rn. 33.

[51] Staudinger/*Magnus* Rom I-VO Art. 8 Rn. 84; MüKoBGB/*Martiny* Rom I-VO Art. 8 Rn. 40 jeweils mwN.

Rom I-VO Anwendung, wenn eine Rechtswahl nicht vorliegt und der Arbeitnehmer seine Arbeit in oder von Deutschland aus verrichtet. Eine nur vorübergehende Verlagerung des Arbeitsplatzes ins Ausland schadet nicht (Abs. 2 S. 2). Liegt der gewöhnliche Arbeitsort nicht in einem einzigen Staat (denkbar etwa bei Stewardessen, LKW-Fahrern, etc), gilt das Recht der den Arbeitnehmer einstellenden Niederlassung (Art. 8 Abs. 3 Rom I-VO). Art. 8 Abs. 4 Rom I-VO beinhaltet wiederum eine Ausnahmeklausel für den Fall, dass eine engere Verbindung zu einem anderen Staat als dem des Arbeitsortes oder der einstellenden Niederlassung besteht.

234   **e) Art. 3 Abs. 3 und Abs. 4 Rom I-VO.** Weist der Vertrag – abgesehen von der Wahl eines fremden Rechts – **keinerlei relevanten Auslandskontakt** auf, bleibt gem. Art 3 Abs. 3 Rom I-VO das gesamte *ius cogens* – damit auch das AGB-Recht – des Staates anwendbar, mit dem der Vertrag allein verbunden ist. Als hinreichender Auslandskontakt genügt bereits, wenn der Vertrag im Ausland geschlossen wurde, dort zu erfüllen ist oder wenn eine Partei dort ihre Niederlassung bzw. ihren gewöhnlichen Aufenthalt hat.[52] Besteht dagegen ein **Auslandskontakt zu Mitgliedstaaten,** kann gem. Art. 3 Abs. 4 Rom I-VO die Wahl **drittstaatlichen** Rechts nicht die zwingenden Bestimmungen des Unionsrechts außer Kraft setzen. Zu diesen zwingende Bestimmungen gehören auch solche in Richtlinien, obwohl Richtlinien selbst keine unmittelbare und zwingende Wirkung zwischen Privaten entfalten.[53] Maßgeblich zur Bestimmung des zwingenden Charakters der Regelung ist insofern das Unionsrecht selbst und nicht etwa das dieses umsetzende nationale Recht, da das zwingende nationale Recht ersichtlich nur in Abs. 3 eine Rolle spielt.

235   Für AGB-rechtliche Schutzmechanismen hat Art. 3 Abs. 3 Rom I-VO praktisch keine Bedeutung im Falle von **Verbraucherverträgen,** da die Art. 6 Rom I-VO und 46b EGBGB den Schutz bereits sicherstellen und dabei den Verbraucher durch das Günstigkeitsprinzip sogar besserstellen als Art. 3 Abs. 3 Rom I-VO.[54] Hingegen kann Art. 3 Abs. 3 Rom I-VO bei **Verträgen zwischen Unternehmern** eingreifen und die zwingenden AGB-rechtlichen Vorschriften zur Anwendung berufen. Eine Abwahl des deutschen AGB-Rechts in Inlandsfällen soll Unternehmen allerdings bei Vereinbarung eines Schiedsverfahrens möglich sein.[55]

Beispiel: V, der eine Maschinenfabrik in Heidelberg betreibt, verkauft dem K für seinen Betrieb in Mainz eine Druckmaschine. Der Vertrag ist in Heidelberg geschlossen worden; bei beiden Vertragsteilen handelt es sich um deutsche Unternehmen. Der Kaufpreis beträgt 100.000 EUR und soll auf ein Konto des V bei einer deutschen Großbank überwiesen werden. In den dem Vertrag zugrunde liegenden Allgemeinen Verkaufsbedingungen des V findet sich eine Bestimmung, der zufolge englisches Recht maßgeblich sein soll. Hier handelt es sich um einen **reinen Inlandsvertrag,** der abgesehen von der Rechtswahlklausel keinen Bezug zur englischen Rechtsordnung aufweist. Das deutsche AGB-Recht bleibt nach Art. 3 Abs. 3 Rom I-VO anwendbar.

II. Wirksamkeit von Rechtswahlklauseln in Allgemeinen Geschäftsbedingungen

Literatur: Baumert, Abschlusskontrolle bei Rechtswahlvereinbarungen, RIW 1997, 805; *Heiss,* Inhaltskontrolle von Rechtswahlklauseln in AGB nach europäischem Internationalen Privatrecht?,

---

[52] Ferrari/Kieninger/Mankowski/*Ferrari*, Art. 3 Rom I-VO Rn. 51–53; Staudinger/*Magnus* Rom I-VO Art. 3 Rn. 138; MüKoBGB/*Martiny* Rom I-VO Art. 3 Rn. 90.

[53] Staudinger/*Magnus* Rom I-VO Art. 3 Rn. 161.

[54] Nach richtiger Ansicht wird Art. 6 nicht durch Art. 3 Rom I-VO verdrängt, vgl. Staudinger/ *Magnus* Rom I-VO Art. 6 Rn. 25 mwN; aA MüKoBGB/*Martiny* Rom I-VO Art. 6 Rn. 63.

[55] *Pfeiffer* NJW 2012, 1169.

RabelsZ 65 (2001), 634; *Jayme,* Inhaltskontrolle von Rechtswahlklauseln in Allgemeinen Geschäftsbedingungen, in: FS für Lorenz, 1991, S. 435; *Maidl,* Ausländische AGB im deutschen Recht, 1999;
Mallmann, Rechtswahlklauseln unter Ausschluss des JPR, NJW 2008, 2953; *Mankowski,* Verbandsklagen, AGB-Recht und Rechtswahlverträge, NJW 2016, 2705; *Rieländer,*
Die Inhalts- und Transparenzkontrolle im EU-Kollisionsrecht, RIW 2017, 28; *Rühl,* Rechtswahlfreiheit und Rechtswahlklauseln in Allgemeinen Geschäftsbedingungen, 1999; *Pfeiffer,* AGB-Kontrolle von Rechtswahlvereinbarungen und Fehlverständnisse beim Günstigkeitsvergleich, IPRax 2015,
320; *Schlechtriem,* Rechtswahl im europäischen Binnenmarkt und Klauselkontrolle, in: FS Lorenz,
2001, S. 565; *Schlosser,* Unklare formularmäßige Rechtswahlklauseln, IPRax 2017, 267; *Sieg,* Allgemeine Geschäftsbedingungen im grenzüberschreitenden Geschäftsverkehr, RIW 1997, 811; *Teich-
mann/Oltmanns,* Gilt deutsches AGB-Recht für lokale Verträge, die unter einem globalen Rahmenvertrag mit ausländischem Recht abgeschlossen werden?, ZVertriebsR 2020, 184; *Tiedemann,* Kollidierende AGB-Rechtswahlklauseln im österreichischen und deutschen IPR, IPrax 1991, 424; AGB-
Klauselwerke/*Graf von Westphalen,* Rechtswahlklauseln.

Insbesondere in den Verträgen des internationalen Handelsverkehrs finden sich viel-   **236**
fach Klauseln, durch die der Vertrag dem Recht eines bestimmten Staates unterstellt
werden soll. Solche Rechtswahlklauseln lauten etwa: „Für dieses Vertragsverhältnis gilt
deutsches Recht" oder „Es ist französisches Recht anzuwenden". Häufig werden solche
Rechtswahlklauseln nicht individuell ausgehandelt, sondern von einem Vertragspartner
entsprechend seiner ständigen Praxis einseitig in den Vertrag eingeführt. Nach deutschem
Recht – so es denn zur Anwendung gelangt – würde es sich um Allgemeine Geschäftsbedingungen im Sinne des § 305 Abs. 1 BGB handeln. Dass derartige Rechtswahlklauseln
grundsätzlich zulässig sind, ist heute unstreitig. Das AGB-Gesetz sah anfangs in **§ 10
Nr. 8 AGBG** vor, dass die Vereinbarung der Geltung ausländischen Rechts in Allgemeinen Geschäftsbedingungen unwirksam sein sollte, wenn hierfür kein anerkennenswertes
Interesse bestand.[56] Dieses Klauselverbot ist im Zuge der IPR-Reform von 1986 ersatzlos
aufgehoben worden, da diese Einschränkung mit dem Prinzip der Rechtswahlfreiheit
nicht zu vereinbaren war. Heute interessiert folglich allein die Frage, unter welchen
Voraussetzungen Rechtswahlklauseln in Allgemeine Geschäftsbedingungen eine **wirksame Rechtswahl** nach Art. 3 Abs. 1 Rom I-VO darstellen.

1. Kollisionsrechtlicher Verweisungsvertrag

Die Rechtswahlvereinbarung ist ein eigenständiger Vertrag, ein sog. **kollisionsrecht-**   **237**
licher Verweisungsvertrag, der vom Hauptvertrag (zB dem Kaufvertrag) gedanklich
streng zu unterscheiden ist. Beide Verträge sind jeweils getrennt auf ihr Zustandekommen
und ihre Wirksamkeit hin zu untersuchen, wobei dem Rechtswahlvertrag ein logischer
Vorrang zukommt.

Das Zustandekommen und die Wirksamkeit des Verweisungsvertrages beurteilen sich   **238**
gem. Art. 3 Abs. 5, 10 Abs. 1 Rom I-VO grundsätzlich nach der Rechtsordnung, die in
dem Vertrag als maßgeblich vereinbart worden ist.[57] Bei der Wahl französischen Rechts
beurteilen sich folglich Zustandekommen und Wirksamkeit der Rechtswahlvereinbarung
nach dieser Rechtsordnung. Für die weitere Erörterung wird im Folgenden danach
differenziert, ob die Rechtswahlklausel auf deutsches oder ausländisches Recht verweist.
Zweckmäßigerweise unterscheidet man hier das **Zustandekommen** einer Rechtswahlvereinbarung von der Frage ihrer materiellrechtlichen **Wirksamkeit.**

Vorab soll noch die im Geschäftsverkehr nicht ungewöhnliche Sonderkonstellation   **239**
beleuchtet werden, dass beide Vertragsparteien in ihren Allgemeinen Geschäftsbedingun-

---

[56] Vgl. zuletzt die Kommentierung bei Löwe/*Graf von Westphalen*/Trinkner AGBG § 10 Nr. 8.
[57] Zu den insofern gleichlautenden Art. 27 Abs. 4 und 31 Abs. 1 EGBGB BGH NJW 1994, 262;
NJW-RR 2005, 1071 (1072).

gen eine **unterschiedliche Rechtswahl** treffen.[58] Die wohl überwiegende Ansicht leitet bereits aus der Tatsache widersprechender Rechtswahlklauseln das Fehlen eines Konsenses ab, ohne eine materielle Prüfung nach der jeweiligen Rechtsordnung vorzunehmen.[59] Nach anderer Auffassung sind die beiden Klauseln getrennt auf ihre Wirksamkeit hin zu prüfen mit den folgenden Konsequenzen:[60] Scheitert die Rechtswahl in den Allgemeinen Geschäftsbedingungen nach beiden Rechtsordnungen, so ist insgesamt keine Rechtswahl erfolgt. Ist die Rechtswahl nur nach einem der in Aussicht genommenen Rechte wirksam, nach dem anderen jedoch unwirksam, so gilt das wirksam gewählte Recht. Sind beide Rechtswahlvereinbarungen nach dem jeweils in Aussicht genommenen Recht wirksam, fehlt es gleichwohl an dem von Art. 3 Abs. 1 Rom I-VO geforderten Konsens über das anzuwendende Recht, sodass keine Rechtswahl stattgefunden hat.

2. Wahl deutschen Rechts

240   Ist nach dem Inhalt der Rechtswahlklausel deutsches Recht Vertragsstatut, so ist damit auch das **deutsche AGB-Recht** (§§ 305 ff. BGB) zur Anwendung berufen. Bei internationalen Kaufverträgen über Waren zum gewerblichen Gebrauch ist jedoch das **UN-Kaufrecht** zu beachten, das vorrangige Regelungen über die Einbeziehung von Allgemeinen Geschäftsbedingungen und damit auch für AGB-Rechtwahlklauseln enthält.[61]

241   **a) Einbeziehung.** Die Einbeziehung der Rechtswahlklausel beurteilt sich demzufolge nach den **§§ 305 Abs. 2, 305b und 305c Abs. 1 BGB**.[62] Ist eine der Vertragsparteien in Deutschland domiziliert, so ist die Wahl deutschen Rechts grundsätzlich nicht überraschend iS von § 305c Abs. 1 BGB.[63]

Beispiel: Wirksam ist daher eine Klausel, in der ein in Deutschland ansässiges Unternehmen gegenüber einem ausländischen Kunden in seinen Verkaufsbedingungen die Geltung deutschen Rechts vorgibt.[64]

242   Problematisch ist die Einbeziehung der Rechtswahl in Fallgestaltungen, in denen eine Rechtswahl durch AGB-Klauseln getroffen wird, welche erstmals durch ein **kaufmännisches Bestätigungsschreiben** in den Vertrag eingeführt werden, auf das der ausländische Kunde schweigt. **Art. 10 Abs. 2 Rom I-VO** erlaubt für Fragen der „Zustimmung" zur Rechtswahl zusätzlich das Recht am gewöhnlichen Aufenthalt des Vertragspartners anzuwenden. Das Schweigen des ausländischen Kunden auf das ihm übersandte kaufmännische Bestätigungsschreiben entfaltet daher unter zwei Voraussetzungen keine konstitutive Wirkung:[65] (1) Das Recht im gewöhnlichen Aufenthaltsstaat des ausländischen

---

[58] Hierzu ausführlich *Rühl*, Rechtswahlfreiheit und Rechtswahlklauseln in Allgemeinen Geschäftsbedingungen, S. 68–77; *Dutta* ZVglRWiss 104 (2005), 461 ff. und MüKoBGB/*Spellenberg* Rom I-VO Art. 10 Rn. 189 ff.

[59] MüKoBGB/*Spellenberg* Rom I-VO Art. 10 Rn. 192; Soergel/*v. Hoffmann* EGBGB Art. 31 Rn. 10; *Rühl*, Rechtswahlfreiheit und Rechtswahlklauseln in Allgemeinen Geschäftsbedingungen, S. 75–77 mwN.

[60] *Meyer-Sparenberg* RIW 1989, 347, 348; *Schwenzer*, IPRax 1988, 86, 87; *Sieg* RIW 1997, 811, 817.

[61] Vgl. Staudinger/*Magnus* CISG Art. 14 Rn. 40; aA LG München I NJW 1996, 401; LG Duisburg RIW 1996, 774. Zum CISG ausführlich unter → Rn. 249 ff.

[62] Ausführlich *Rühl*, Rechtswahlfreiheit und Rechtswahlklauseln in Allgemeinen Geschäftsbedingungen, S. 116–133.

[63] Wolf/*Hau*, IntGV Rn. 23; Staudinger/*Magnus* Rom I-VO Art. 3 Rn. 176.

[64] LG Rottweil IPRax 1989, 45 (46).

[65] OLG Karlsruhe NJW-RR 1993, 567 (568); OLG München IPRax 1991, 46 (49); Ferrari/Kieninger/Mankowski/*Ferrari*, Internationales Vertragsrecht, Art. 10 Rom I-VO Rn. 37; MüKoBGB/*Spellenberg* Rom I-VO Art. 10 Rn. 188 und 273.

Kunden kennt keine ähnlichen „Grundsätze des kaufmännischen Bestätigungsschreibens". (2) Der ausländische Kunde ist nach den Umständen des Falles schutzwürdig, dh er durfte mit der Geltung seines Heimatrechts rechnen. Hieran dürfte es etwa fehlen, wenn die Verhandlungen in einem anderen Land stattfanden oder wenn in längeren Geschäftsbeziehungen deutsches Recht gewählt wurde oder er sich selbst aktiv auf den deutschen Markt begeben hat.[66] Ist die Rechtswahlklausel demnach nicht wirksam einbezogen worden, entfaltet sie keine Wirkung. Das anwendbare Recht bestimmt sich somit nach den objektiven Kriterien des Art. 4 Rom I-VO.

Beispiel: Ein deutscher Exporteur schließt einen Kaufvertrag mit einem österreichischen Handelsunternehmen. In einem kaufmännischen Bestätigungsschreiben fixiert der deutsche Exporteur den Vertrag und weist auf die Geltung seiner Verkaufsbedingungen hin, in denen sich eine Bestimmung befindet, der zufolge deutsches Recht Anwendung findet. Der österreichische Käufer äußert sich nicht weiter. Ist deutsches Recht vereinbart?[67]

Da das österreichische Recht keine „Grundsätze über das kaufmännische Bestätigungsschreiben" kennt, ist deutsches Recht nur dann vereinbart, wenn der österreichische Vertragspartner im konkreten Fall nicht schutzwürdig ist, weil er damit rechnen musste, dass sein Verhalten sich nach deutschem Recht bestimmt.

b) Wirksamkeit. Ist eine vorformulierte Rechtswahlklausel zugunsten deutschen   **243**
Rechts wirksam in den Vertrag einbezogen, so findet nach zutreffender Ansicht **keine weitere Inhaltskontrolle nach § 307 BGB** statt.[68] Dass eine Rechtswahl auch in Allgemeinen Geschäftsbedingungen zulässig ist, wird nämlich bereits durch Art. 3 Abs. 1 Rom I-VO abschließend geregelt. Eine zusätzliche Missbrauchskontrolle würde in den Regelungsbereich des Art. 3 Abs. 1 Rom I-VO eingreifen und eine staatsvertragliche Regelung unterlaufen. Der Schutzmechanismus, den das IPR in Art. 6 Abs. 2 Rom I-VO wie auch in Art. 6 Abs. 2 der Klausel-Richtlinie vorsieht, ist eben nicht ein Rechtswahlverbot, sondern die oben geschilderte rechtswahlergänzende Sonderanknüpfung.

Sofern die Rechtsprechung und die AGB-rechtliche Literatur eine Inhaltskontrolle   **244**
nach § 307 BGB für möglich halten,[69] missachten sie die kollisionsrechtliche Problematik. Unklar ist zudem der Prüfungsmaßstab der Missbrauchskontrolle: Zum Teil wird die Wahl einer bestimmten Rechtsordnung für unbedenklich gehalten, wenn jedenfalls eine Vertragspartei in ihrem Geltungsbereich ansässig ist. Konsequent wäre eigentlich eine Orientierung am gesetzlichen Leitbild und damit an der objektiven Anknüpfung nach Art. 4 und 6 Abs. 3 EGBGB: Weist der Vertrag keine vergleichbare Verknüpfung zum gewählten Recht auf, ist die Rechtswahl missbräuchlich.

3. Verweis auf ausländisches Recht

Erfolgt eine Rechtswahl zugunsten ausländischen Rechts, so ist damit auch das **auslän-**   **245**
dische AGB-Recht zur Anwendung berufen. Bei internationalen Kaufverträgen über Waren zwischen Unternehmern ist jedoch das UN-Kaufrecht zu beachten, das vorrangige Regelungen über die Einbeziehung von Allgemeinen Geschäftsbedingungen damit auch für AGB-Rechtswahlklauseln enthält.[70]

---

[66] Einzelheiten siehe bei Staudinger/*Hausmann* Rom I-VO Art. 10 Rn. 107 ff.

[67] Vgl. zB OLG Karlsruhe NJW-RR 1993, 567 (568); OLG München IPRax 1991, 46 (49).

[68] *Rühl*, Rechtswahlfreiheit und Rechtswahlklauseln in Allgemeinen Geschäftsbedingungen, S. 198–208; *Grundmann*, IPRax 1992, 1 f.; *Jayme* FS Lorenz, 1991, 435 (438); *Mankowski* RIW 1993, 455 f.; *ders.* RIW 1994, 422 f.

[69] OLG Düsseldorf WM 1995, 1349 (1351); LG Limburg NJW-RR 1989, 119; LG Düsseldorf RIW 1995, 415 (416); *Ulmer/Harry Schmidt*, Teil 2, Rechtswahlklauseln Rn. 32.

[70] Vgl. Staudinger/*Magnus* CISG Art. 14 Rn. 41; aA LG München I NJW 1996, 401; LG Duisburg RIW 1996, 774. Zum CISG ausführlich unter Rn. 249.

246 **a) Einbeziehung.** Soweit Vertragsstatut ausländisches Recht ist, beurteilt sich die Einbeziehung der Rechtswahlklausel gem. Art. 3 Abs. 5, 10 Abs. 1 Rom I-VO grundsätzlich nach der in Bezug genommenen **ausländischen Rechtsordnung.**[71] Dementsprechend sind die Vorschriften über die Einbeziehungskontrolle dieser Rechtsordnung anzuwenden.

247 Wie bereits oben geschildert, kann im Einzelfall jedoch über die **Einrede des Art. 10 Abs. 2 Rom I-VO** zusätzlich das Recht am gewöhnlichen Aufenthalt des Kunden zur Anwendung kommen. Es werden jedoch nur solche Vorschriften zur Anwendung berufen, welche „die Zustimmung" zur Rechtswahl, somit also den Konsens betreffen. Hierunter fallen bei einem in Deutschland ansässigen Kunden auch die Vorschriften über die **Einbeziehungskontrolle nach §§ 305 Abs. 2, 305c Abs. 1 BGB.** Tatbestandlich setzt Art. 10 Abs. 2 Rom I-VO jedoch voraus, dass es nach den Umständen nicht gerechtfertigt wäre, das gewählte Recht für die Frage der Zustimmung anzuwenden. Dies ist regelmäßig nur bei internationalen Distanzgeschäften der Fall, für die ein Recht gewählt wurde, das der Vertragspartner weder kennt noch kennen muss.[72]

248 **b) Wirksamkeit.** Eine Inhaltskontrolle der Rechtswahlklausel findet nach ausländischem Recht **nicht** statt. Hier gelten die gleichen Grundsätze wie bei einer deutschem Recht unterliegenden Rechtswahlvereinbarung, auf die verwiesen wird.

III. AGB-Recht und UN-Kaufrecht (CISG)

Literatur: *Frense,* Grenzen der formularmäßigen Freizeichnung im Einheitlichen Kaufrecht, 1992; *Hennemann,* AGB-Kontrolle im UN-Kaufrecht aus deutscher und französischer Sicht, Diss. 2001; *Kindler,* Ob Wälzfräsmaschine oder Schreibtischsessel: Keine Obliegenheit zur AGB-Übersendung beim Vertragsschluss nach CISG!, in: FS für Heldrich, 2005, S. 225; *Koch,* Wider den formularmäßigen Ausschluß des UN-Kaufrechts, NJW 2000, 910; *Reithmann/Martiny,* Internationales Vertragsrecht, 5. Aufl. 1996, Teil 5; *Schmidt-Kessel,* Einbeziehung von Allgemeinen Geschäftsbedingungen unter UN-Kaufrecht, NJW 2002, 3444; *Sieg,* Allgemeine Geschäftsbedingungen im grenzüberschreitenden Geschäftsverkehr, RIW 1997, 811; *Stürner,* Die Qual der (Ab-)Wahl: Der Ausschluss des UN-Kaufrechts aus der Sicht des deutschen Importeurs, BB 2006, 2029.

1. Anwendbarkeit und Reichweite des CISG

249 Bei **internationalen Kaufverträgen über Waren,** die nicht dem persönlichen Gebrauch dienen, ist das UN-Kaufrecht (CISG) zu beachten.[73] Hingegen bleibt es bei Verbraucherkaufverträgen sowie in rein nationalen Fällen bei den §§ 433 ff. BGB. Grundvoraussetzung für ein mögliches Eingreifen des CISG ist somit, dass beide Vertragsparteien ihre **Niederlassung in verschiedenen Staaten** haben (Art. 1 Abs. 1). Ist diese Bedingung erfüllt, ist das CISG bereits anwendbar, wenn der Staat des Vertragsstatuts Mitglied des Übereinkommens ist (Art. 1 Abs. 1 Buchst. b), was ua für Deutschland, die meisten EU-Staaten sowie die USA zutrifft. Es gelangt ferner zur Anwendung, wenn die Vertragspartner ihre Niederlassung in verschiedenen Staaten haben, die beide Mitgliedstaaten des CISG sind (Art. 1 Abs. 1 Buchst. a).

Beispiel: Ein in Deutschland ansässiges Schuhgeschäft bestellt Schuhe bei einem italienischen Schuhhersteller. Enthält der Vertrag eine Rechtswahlklausel zugunsten deutschen Rechts, ist das UN-

---

[71] Vgl. zB BGH NJW 1994, 262 Beurteilung einer Rechtswahlklausel nach österreichischem Recht; zur Einbeziehung nach französischem, italienischem, spanischem, englischem, schweizerischem und US-amerikanischem Recht siehe *Rühl,* Rechtswahlfreiheit und Rechtswahlklauseln in Allgemeinen Geschäftsbedingungen, S. 134–157.

[72] Staudinger/*Hausmann* Rom I-VO Art. 10 Rn. 121.

[73] Hierzu statt vieler *Schlechtriem/Schwenzer/Schroeter* (Hrsg.), Kommentar zum Einheitlichen UN-Kaufrecht – CISG, 7. Aufl. 2019; Staudinger/*Magnus* CISG (Neubearbeitung 2018).

Kaufrecht nach Art. 1 Abs. 1 Buchst. b) anwendbar, sofern die Rechtswahl nach Art. 14 CISG (hierzu sogleich) wirksam ist. Ist sie das nicht, unterliegt der Vertrag nach Art. 28 Abs. 1, 2 EGBGB italienischem Recht und damit nach Art. 1 Abs. 1 Buchst. b) CISG ebenfalls dem UN-Kaufrecht, weil auch Italien Vertragsstaat ist. Zu demselben Ergebnis führt ferner Art. 1 Abs. 1 Buchst. a) CISG, weil beide Vertragspartner ihre Niederlassung in Mitgliedstaaten des CISG haben. In diesem Fall können die Vertragsparteien das CISG nur durch eine nach Art. 6 CISG zulässige Abwahl vermeiden (hierzu unter → Rn. 257 f.).

Das CISG hat **Vorrang vor dem nationalen Recht.**[74] Allerdings reicht dieser Vorrang   250
nur soweit, wie das CISG selbst eine abschließende Regelung enthält. Für nicht geregelte
Fragen ist gem. Art. 7 Abs. 2 CISG dasjenige nationale Recht anzuwenden, das nach den
allgemeinen Regeln des IPR – also insbesondere den Art. 3, 4 Rom I-VO – berufen ist.
Wesentlicher Regelungsgegenstand des CISG ist der **Vertragsschluss** (inklusive AGB-
Einbeziehungskontrolle) sowie der **Umfang der Rechte und Pflichten** der Parteien
(Art. 4 S. 1); umfasst sind damit auch die Haftung aus jedweder Vertragsverletzung sowie
nach hM auch Beweislastfragen.[75]

Nach nationalem Recht bestimmen sich hingegen Fragen der **Wirksamkeit des Ver-**   251
trages (inklusive AGB-Inhaltskontrolle), Geschäftsfähigkeit, Stellvertretung, Verjährung
und Eigentumsfragen.

2. Einbeziehung Allgemeiner Geschäftsbedingungen nach dem CISG

Das CISG enthält mit den Art. 14 bis 24 abschließende Regelungen zum Vertrags-   252
abschluss, sodass ein Rückgriff auf nationale Vorschriften der Einbeziehungskontrolle
(also insbesondere § 305 Abs. 2 BGB) unzulässig ist.[76] Die Voraussetzungen der **Ein-**
beziehung von Allgemeinen Geschäftsbedingungen richten sich vielmehr **ausschließ-**
lich nach dem CISG.[77] Zu beachten ist aber, dass die Nichteinbeziehung **überraschender**
Klauseln als Frage der „Gültigkeit einzelner Vertragsbestimmungen" dem nationalen
Recht überantwortet ist.[78]

Das CISG enthält keine besonderen Regeln für die Einbeziehung standardisierter   253
Geschäftsbedingungen. Sie beurteilt sich daher nach dem allgemeinen Vertragsschluss-
mechanismus der Art. 14 ff. CISG. Die Allgemeinen Geschäftsbedingungen müssen folglich zunächst **Bestandteil des Angebots** iS von Art. 14 CISG sein, was durch Auslegung
gem. Art. 8 CISG zu ermitteln ist.[79] Maßgebend ist, dass der Empfänger die Möglichkeit
haben muss, von den Allgemeinen Geschäftsbedingungen in zumutbarer Weise Kenntnis
zu nehmen.[80] Hierfür ist grundsätzlich erforderlich, dass das Angebot einen deutlichen
Hinweis auf die Allgemeinen Geschäftsbedingungen enthält und das Klauselwerk in
einer dem Empfänger verständlichen Sprache **dem Angebot beigefügt ist.**[81]

Weiterhin muss der Empfänger mit der Geltung der AGB **einverstanden sein** (Art. 18   254
CISG). Zu beachten ist, dass im Rahmen des CISG die Zustimmung nicht durch das
Schweigen auf ein **kaufmännisches Bestätigungsschreiben** ersetzt werden kann. Schwei-

---

[74] *Koch* NJW 2000, 910; Staudinger/*Magnus* CISG Vorbem. zu Art. 1 ff. Rn. 1.
[75] Staudinger/*Magnus* CISG Art. 4 Rn. 41, 63.
[76] *Koch* NJW 2000, 910; Wolf/*Hau*, IntGV Rn. 72.
[77] Staudinger/*Magnus* CISG Art. 14 Rn. 40 mwN.
[78] Staudinger/*Magnus* CISG Art. 14 Rn. 42; Schlechtriem/Schwenzer/*Schroeter* CISG Art. 14
Rn. 119.
[79] Näher zu den Kriterien der Auslegung BGH NJW 2002, 370 (371).
[80] BGH NJW 2002, 370 (371).
[81] BGH NJW 2002, 370 (371); Staudinger/*Magnus* CISG Art. 14 Rn. 41 mwN; aA *Kindler* FS
Heldrich, 2005, 225; kritisch gegenüber der BGH-Entscheidung auch *Schmidt-Kessel* NJW 2002,
3444 ff.

gen hat gem. Art. 18 Abs. 1 S. 2 CISG keine Wirkung, sofern nicht andere Gepflogenheiten oder Handelsbräuche nach Art. 9 CISG zwischen den Parteien bestehen.[82]

255   Die Einbeziehung **kollidierender Allgemeiner Geschäftsbedingungen** ist über Art. 19 CISG zu lösen: Bei unwesentlichen Abweichungen kommt der Vertrag gem. Art. 19 Abs. 2 CISG gleichwohl zustande, wobei sich die Allgemeinen Geschäftsbedingungen des Annehmenden durchsetzen. Bei den – häufiger vorkommenden – **wesentlichen Abweichungen** werden zwei Theorien vertreten:[83] Die vermeintliche Annahme ist ein neues Angebot, das dann mit der Vertragsdurchführung angenommen wird; es setzten sich somit die Bedingungen des Annehmenden durch (sog. last shot rule).[84] Nach der Gegenauffassung neutralisieren sich die widersprechenden Allgemeinen Geschäftsbedingungen, an deren Stelle die gesetzliche Regelung tritt (sog. Restgültigkeitslösung).[85]

3. Inhaltskontrolle Allgemeiner Geschäftsbedingungen

256   Die Inhaltskontrolle von Allgemeinen Geschäftsbedingungen stellt hingegen eine Frage der „Gültigkeit des Vertrages oder einzelner Vertragsbestimmungen" dar, die das CISG ausdrücklich nicht regelt (Art. 4 S. 2 Nr. 1), sondern demjenigen **nationalen Recht** überlässt, welches nach dem IPR anwendbar ist. Ist deutsches Recht nach den Art. 3, 4 Rom I-VO anzuwenden, richtet sich die **Inhaltskontrolle nach § 307 BGB**. Zu beachten ist aber, dass bei der Beurteilung der Missbräuchlichkeit das gesetzliche Leitbild dem CISG zu entnehmen ist.[86] Da auch die Nichteinbeziehung **überraschender Klauseln** dem nationalen Recht überantwortet ist, bleibt bei deutschem Vertragsstatut **§ 305c Abs. 1 BGB** anwendbar.

4. Abwahl des UN-Kaufrechts in Allgemeinen Geschäftsbedingungen

257   International tätige deutsche Unternehmen neigen immer noch dazu, das UN-Kaufrecht in ihren Formularverträgen auszuschließen. Zwar erlaubt Art. 6 CISG grundsätzlich die **Abwahl des CISG**,[87] doch kann dies aus kautelarjuristischer Sicht nicht immer und einschränkungslos empfohlen werden.[88] Die Abwahl kann ausdrücklich oder konkludent erfolgen. Enthält der Vertrag eine **Rechtswahlklausel** zugunsten des Rechts eines CISG-Staates, so ist damit das CISG nach ganz herrschender Meinung noch **nicht** stillschweigend abbedungen.[89] Eine Klausel „für den Vertrag gilt deutsches Recht" führt daher als solche nicht zum Ausschluss, sondern zur Geltung des CISG. Soll das CISG abbedungen werden, so ist ein **ausdrücklicher Ausschluss** empfehlenswert. Freilich setzt die Abwahl des CISG eine **wirksame Vereinbarung** voraus, die nach hM selbst dem CISG unterliegt.[90]

---

[82] Staudinger/*Magnus* CISG Art. 19 Rn. 26.

[83] Unentschieden BGH NJW 2002, 1651; ausführlich *Hammerschmidt*, Kollision Allgemeiner Geschäftsbedingungen im Geltungsbereich des UN-Kaufrechts, 2004.

[84] MüKoHGB/*Ferrari* CISG Art. 19 Rn. 15; *Karollus*, UN-Kaufrecht, 1991, S. 70 f.; *Herber/Czerwenka*, Internationales Kaufrecht, 1991, Art. 19 Rn. 18.

[85] Staudinger/*Magnus* CISG Art. 19 Rn. 20 ff. mwN.

[86] *Koch* NJW 2000, 910; Wolf/*Hau*, IntGV Rn. 76.

[87] Staudinger/*Magnus* CISG Art. 6 Rn. 1; Schlechtriem/Schwenzer/*Ferrari*, Art. 6 CISG Rn. 15.

[88] Ausführlich zu den Vor- und Nachteilen des Ausschlusses des UN-Kaufrechts *Koch* NJW 2000, 910 ff.

[89] BGH NJW 1997, 3309 (3310); 1999, 1259 (1260); Staudinger/*Magnus* CISG Art. 6 Rn. 24 mwN.

[90] Staudinger/*Magnus* CISG Art. 6 Rn. 11 f.

IV. AGB-Regeln in den Einheitsrechtsprojekten

Literatur: *Drygala,* Die Reformdebatte zum AGB-Recht im Lichte des Vorschlags für ein einheitli-   **258**
ches europäisches Kaufrecht, JZ 2012, 983; *Gade,* Allgemeine Geschäftsbedingungen im internationalen und europäischen Privatrecht: Ein Vergleich anlässlich des Vorschlags für eine Gemeinsames
Europäisches Kaufrecht, 2014; *Jansen,* Klauselkontrolle im europäischen Privatrecht – Ein Beitrag
zur Revision des Verbraucheracquis, ZEuP 2010, 69; *Leible,* Europäisches Privatrecht am Scheideweg,
NJW 2008, 2558; *Leyens/Schäfer,* Inhaltskontrolle allgemeiner Geschäftsbedingungen, AcP 210
(2010), 771; *Möslein,* Kontrolle vorformulierter Vertragsklauseln, in: Ein einheitliches europäisches
Kaufrecht?, Schmidt-Kessel (Hrsg.), 2012, S. 255; *Schulze* (Hrsg.), Common European Sales Law
(CESL) – Commentary, 2012; *Graf v. Westphalen;* AGB-rechtliche Reformbestrebungen und das
Europäische Kaufrecht, NJOZ 2012, 441; *ders.,* AGB-rechtliche Reformbestrebungen und das Euro-
päische Kaufrecht, NJW 2012, 893.

Der den internationalen Aspekten des AGB-Rechts gewidmete Abschnitt soll mit
einem kurzen Hinweis auf die Arbeitsergebnisse der Forschergruppen enden, die sich als
Vorarbeiten zu einem Gemeinsamen Referenzrahmen für das Europäische Privatrecht
verstehen. Ferner soll der Kommissionsvorschlag[91] zu einer Verordnung über ein Gemeinsames Europäisches Kaufrecht vorgestellt werden.[92] In diesen Werken spiegelt sich
auch die Inhaltskontrolle von Vertragsbedingungen wider. *Ulmer* hatte bereits vor geraumer Zeit die von der ***Lando*-Kommission** vorgelegten **„Principles of European Contract
Law"**[93] auf ihren AGB-rechtlichen Aussagegehalt hin untersucht.[94] Seit geraumer Zeit
liegt auch ein erster Entwurf der **Study Group** unter Leitung von *Christian von Bar*
vor.[95] Die einschlägige Grundregel des **DCFR** (Art. II.-1:102 (1) lautet: „Parties are free
to make a contract … and to determine its contents, subject to the rules on good faith and
fair dealing and any other applicable mandatory rules." Die Fairnesskontrolle der Vertragsinhalte wird aufgespalten je nach personeller Konstellation: Unternehmer gegenüber
Verbraucher (B2C), Verbraucher untereinander (C2C), Unternehmer untereinander
(B2B) (vgl. II.-9.404 bis 406 DCFR). Für B2C-Verträge findet sich in II.-9.411 zudem
eine Liste mit vermutet (widerleglich) unfairen Klauseln. Kritiker des Entwurfs sehen in
diesem Ansatz eine sehr niedrig angesetzte Eingriffsschwelle und damit eine problematisch weit reichende Einschränkung der Privatautonomie.[96] Die **Acquis Group**[97] steckt
den kontrollfreien Bereich tendenziell weiter ab, indem dort vor allem individuell ausgehandelte Klauseln von der Inhaltskontrolle ausgenommen werden.

Seit 2011 liegt nunmehr auch ein **Vorschlag der Europäischen Kommission zu einem**   **258a**
Gemeinsamen Europäischen Kaufrecht (GEK) vor, dessen Anwendungsbereich freilich
deutlich schmaler als der des DCFR ist: Erfasst werden lediglich Kaufverträge, Verträge
über die Bereitstellung digitaler Inhalte sowie Verträge über verbundene Dienstleistungen.[98] Der Verordnungsvorschlag enthält ebenfalls Vorschriften über „unfaire Vertrags-

---

[91] „Vorschlag für eine Verordnung des Europäischen Parlaments und des Rates über ein Gemeinsames Europäisches Kaufrecht" (KOM (2011) 635 endg.).

[92] Ausführlich zum Entwicklungsprozess *Leible* NJW 2008, 2558; außerdem *Hirsch* ZIP 2007,
937.

[93] *Lando/Beale* (Hrsg.), Principles of European Contract Law (PECL), Parts I and II, 2000; abgedruckt in deutscher Übersetzung in *von Bar/Zimmermann,* Grundregeln des Europäischen Vertragsrechts, Teile I und II, 2002. Lando/Clive/Prüm/Zimmermann, Principles of European Contract Law,
Part III, 2003; abgedruckt in deutscher Übersetzung in *von Bar/Zimmermann,* Grundregeln des
Europäischen Vertragsrechts, Teil III, 2005.

[94] *Ulmer* FS Tilmann, 2003, 1001 ff.

[95] *von Bar/Clive/Schulte-Nölke,* Draft Common Frame of Reference (DCFR), 2008.

[96] *Eidenmüller/Faust/Grigoleit/Jansen/Wagner/Zimmermann* JZ 2008, 537 f.

[97] *The Research Group on the Existing EC Private Law (Acquis Group),* Principles of the Existing
EC Contract Law (Acquis Principles) – Contract I, 2007.

[98] *Leible* EuZW 2011, 809.

bestimmungen".[99] Unter welchen Voraussetzungen nicht individuell ausgehandelte Bestimmungen Vertragsbestandteil werden, regelt Art. 70 GEK. Art. 79 Abs. 1 GEK statuiert, dass unfaire Vertragsbestimmungen für den anderen Teil nicht bindend sind. Art. 82 enthält ein Transparenzgebot für nicht individuell ausgehandelte, vom Unternehmer gestellte Bedingungen in Verträgen zwischen Unternehmern und Verbrauchern. Den Begriff des individuellen Aushandelns konkretisiert Art. 7 GEK. Art. 83 GEK bestimmt, wann eine solche Bestimmung in einem Vertrag zwischen einem Unternehmer und einem Verbraucher als unfair anzusehen ist. Entscheidend ist, ob ein erhebliches Ungleichgewicht zulasten des Verbrauchers hergestellt wird, das gegen das Gebot von Treu und Glauben und des redlichen Geschäftsverkehrs verstößt (Abs. 1). Ein Verstoß gegen das Transparenzgebot führt nicht per se zur Unwirksamkeit, sondern ist bei der Beurteilung der Unfairness zu berücksichtigen, ebenso wie der Vertragsgegenstand, der Vertragsschluss und die übrigen Bestimmungen des Vertrages (Abs. 2). Art. 84 GEK enthält darüber hinaus eine Auflistung von per se unfairen Vertragsbestimmungen. Unter den in Art. 85 GEK aufgeführten Umständen wird dagegen die Unfairness der Bestimmung lediglich vermutet. Diese Regelung baut auf der Klausel-Richtlinie auf, ist aber nicht deckungsgleich.[100] Besondere Regelungen zur Bestimmung der Unfairness in Verträgen zwischen Unternehmern enthält schließlich Art. 86 GEK. Nicht frei ausgehandelte Klauseln sind danach unfair, wenn sie gegen das Gebot von Treu und Glauben und des redlichen Geschäftsverkehrs verstoßen und zusätzlich gröblich von der guten Handelspraxis abweichen (Abs. 1). Neben diesem Unterschied zu Verträgen zwischen Unternehmern und Verbrauchern ist außerdem zu beachten, dass bei der Beurteilung der Unfairness die Transparenz keine Rolle spielt (Abs. 2). Der Verordnungsvorschlag ist überwiegend kritisch bewertet worden.[101] Die Kommission hat ihn schließlich zurückgezogen.[102] Der Entwurf und die Vorschläge der Einheitsrechtsprojekte werden hingegen nicht ohne Einfluss auf die weitere Entwicklung des europäischen Privatrechts und des nationalen Bürgerlichen Rechts im Bereich des Rechts der Allgemeinen Geschäftsbedingungen bleiben.

Dritter Abschnitt. Einbeziehung in den Vertrag

§ 9. Einbeziehungsvereinbarung oder Rahmenvereinbarung

Literatur: *Beckmann*, Vertragsschluß und AGB-Einbeziehung beim Computerkauf in einem Ladenlokal, NJW-CoR 2000, 42; *Berger*, Einbeziehung von AGB in B2C-Verträge, ZGS 2004, 329; *Derleder/Pallas*, Vertragsschluß und AGB-Einbeziehung im kreditwirtschaftlichen Distanzgeschäfts, ZIP 1999, 1285; *F. Fischer*, Praktische Probleme der Einbeziehung von AGB unter Kaufleuten, insbesondere bei laufenden Geschäftsverbindungen, BB 1995, 2491; *Freise*, Die Einbeziehung allgemeiner Beförderungsbedingungen in den Beförderungsvertrag, VersR 2004, 974; *Freitag/Leible*, Grundfragen der Einbeziehung Allgemeiner Geschäftsbedingungen in Verträge, JA 2000, 887; *Hansen*, AGB-Inhaltskontrolle von Geschäftsbedingungen im B2C-eCommerce, ZGS 2006, 14; *Hensen*, Zur Einbeziehung von AGB in den Vertrag, ZIP 1984, 145; *Janal*, Die AGB-Einbeziehung im „M-Commer-

---

[99] Hierzu *Graf v. Westphalen* NJW 2012, 893; *Drygala* JZ 2012, 983; *Möslein*, in: Der Entwurf für ein Gemeinsames Europäisches Kaufrecht, hrsg. von Schmidt-Kessel, 2014, 435 ff.

[100] *Schulze/Mazeaud/Sauphanor-Brouillaud*, CESL (2012), Art. 85 Rn. 2.

[101] Vgl. etwa die Beiträge in: *Schmidt-Kessel* (Hrsg.), Der Entwurf für ein Gemeinsames Europäisches Kaufrecht, 2014.

[102] Vgl. Mitteilung der Europäischen Kommission an das Europäische Parlament, den Rat, den Europäischen Wirtschafts- und Sozialausschuss und den Ausschuss der Regionen, Annex 2, KOM (2014) 910.

ce", NJW 2016, 3201; *Kamanabrou,* Vorgaben der E-Commerce-RL für die Einbeziehung von AGB bei Online-Rechtsgeschäften, CR 2001, 421; *Lindacher,* Kenntnisnahmemöglichkeit und Kenntnisnahmeobliegenheit bei Allgemeinen Geschäftsbedingungen, JZ 1981, 131; *Löhnig,* Die Einbeziehung von AGB bei Internetgeschäften, NJW 1997, 1688; *Mehrings,* Verbraucherschutz im Cyberlaw: Zur Einbeziehung von AGB im Internet, BB 1998, 2373; *Müller,* Ist das Kenntnisnahmegebot des § 2 Abs. 1 Nr. 2 AGBG abdingbar?, MDR 1997, 608; *von Münch,* Die Einbeziehung von AGB und AVB im elektronischen Rechtsverkehr, 2004; *Präve,* Zur Einbeziehung von Allgemeinen Geschäftsbedingungen in den Versicherungsvertrag, in: FS für Graf von Westphalen, 2010, S. 569; *Schäfer,* Vertragsschluss unter Einbeziehung Allgemeiner Geschäftsbedingungen gegenüber Fremdmuttersprachlern, JZ 2003, 879; *H. Schmidt,* Einbeziehung von AGB im Verbraucherverkehr, NJW 2011, 1633; *ders.,* Einbeziehung von AGB im unternehmerischen Geschäftsverkehr, NJW 2011, 3329; *Schroeder,* Die Einbeziehung Allgemeiner Geschäftsbedingungen nach dem AGB-Gesetz und die Rechtsgeschäftslehre, 1983; *Spindler,* Vertragsabschluss und Inhaltskontrolle bei Internet-Auktionen, ZIP 2001, 809; *Spruß,* Die Einbeziehung Allgemeiner Geschäftsbedingungen im deutschen Recht unter besonderer Berücksichtigung des europäischen Rechts und des UN-Kaufrechts, 2010.

I. Allgemeines

1. Inhalt und Zweck des § 305 Abs. 2 BGB

§ 305 Abs. 2 und 3 BGB formuliert Mindestvoraussetzungen, unter denen Allgemeine **259** Geschäftsbedingungen im Geschäftsverkehr mit Nichtunternehmern Bestandteil eines Vertrages werden können. Abgesehen von dem in Absatz 3 geregelten Sonderfall der Rahmenvereinbarung setzt die Einbeziehung grundsätzlich einen ausdrücklichen Hinweis des Verwenders auf seine Allgemeinen Geschäftsbedingungen (Abs. 2 Nr. 1) sowie die Möglichkeit zumutbarer Kenntnisnahme von ihrem Inhalt voraus (Abs. 2 Nr. 2). Beide Voraussetzungen müssen nach dem Wortlaut des Gesetzes im Zeitpunkt des Vertragsschlusses vorliegen. Hinzu kommen muss das Einverständnis der anderen Vertragspartei mit der ihr angetragenen Geltung der Allgemeinen Geschäftsbedingungen (Abs. 2 aE).

Den Zweck dieser Regelung hat der Gesetzgeber ausweislich der Begründung des **260** Regierungsentwurfs in erster Linie in einer **Verbesserung des Kundenschutzes** gesehen.[1] Solle sich – so die amtliche Begründung – die Verwendung Allgemeiner Geschäftsbedingungen auf dem Boden des Vertragsrechts vollziehen und demgemäß wenigstens dem Grundsatz nach an dem Erfordernis einer Willensübereinstimmung beider Vertragsparteien festgehalten werden, so sei es notwendig, dass der Verwender seine Bedingungen offenlegt und seinen Vertragspartner auf die beabsichtigte Einbeziehung hinweist. Nur so könne dieser die Tragweite seiner eigenen Erklärung ermessen und sich gegebenenfalls gegen unerwünschte oder sogar unbillige Bedingungen zu verwehren versuchen. Auf der anderen Seite war sich der Gesetzgeber durchaus der Gefahr bewusst, dass übersteigerte Anforderungen an die Einbeziehung den Rechtsverkehr insbesondere bei Massengeschäften des täglichen Lebens unnötig behindern würden.[2] Diesen Aspekt gilt es auch in der praktischen Umsetzung des § 305 Abs. 2 und 3 BGB zu berücksichtigen. Lebensfremde Anforderungen, die die praktische Verwendbarkeit Allgemeiner Geschäftsbedingungen vernachlässigen und damit auch ihre legitime Rationalisierungsfunktion in Frage stellen, sind zu vermeiden. Bei der Auslegung des § 305 Abs. 2 und 3 BGB ist vielmehr stets danach zu fragen, ob das in Betracht gezogene Sinnverständnis tatsächlich durch einsichtige Gründe des Kundenschutzes gerechtfertigt ist.[3] Für bestimmte Konstellationen sind funktionale Reduktionen des § 305 Abs. 2 BGB geboten.[4]

---

[1] BT-Drs. 7/3919, S. 17.

[2] BT-Drs. 7/3919, S. 13 und 17.

[3] Für eine zurückhaltende Auslegung in enger Verbindung mit dem allgemeinen Vertragsrecht des BGB plädieren auch *Ulmer/Habersack* BGB § 305 Rn. 102.

[4] So BGH NJW 2005, 40 für Anleihebedingungen von Wertpapieren; vgl. hierzu näher Rn. 117.

2. Das Verhältnis von § 305 Abs. 2 BGB zum allgemeinen Vertragsrecht

261 Die Einbeziehung Allgemeiner Geschäftsbedingungen vollzieht sich **auf allgemeiner rechtsgeschäftlicher Basis,** dh die Vorschriften des Bürgerlichen Gesetzbuches über das Zustandekommen von Verträgen finden grundsätzlich Anwendung. Dem Gesetzgeber war es ein wichtiges Anliegen, diese Einbettung in das allgemeine Vertragsrecht zu verdeutlichen. § 305 Abs. 2 BGB setzt demgemäß die Geltung der §§ 104 bis 185 BGB voraus und beschränkt sich auf einige wenige für den Verkehr mit Allgemeinen Geschäftsbedingungen gebotene Modifikationen. Diese resultieren vor allem aus den vor Inkrafttreten des AGB-Gesetzes gesammelten Erfahrungen. Änderungen gegenüber dem allgemeinen Vertragsrecht ergeben sich insbesondere in den beiden nachfolgenden Punkten.

262 Das in § 305 Abs. 2 Nr. 1 BGB verankerte **Erfordernis eines ausdrücklichen Hinweises** schließt es aus, die Einbeziehungserklärung des Verwenders aus den begleitenden Umständen zu folgern.[5] Die durch §§ 133, 157 BGB an sich eröffnete Möglichkeit, die Einbeziehungserklärung – etwa im Hinblick auf eine entsprechende Verkehrssitte – als in der Vertragsschlusserklärung des Verwenders mitenthalten anzusehen, ist hiermit ausgeschlossen. Die Einbeziehung soll von einem deutlich artikulierten rechtsgeschäftlichen Willen beider Parteien getragen sein. Die Rechtsprechung vor Inkrafttreten des AGB-Gesetzes war demgegenüber deutlich großzügiger: In den Fällen, in denen die Geltung der Allgemeinen Geschäftsbedingungen verkehrs- oder branchenüblich geworden war (zB ADSp), sollte es ausreichen, dass der Kunde „wissen musste", dass seine Vertragsschlusserklärung als (konkludentes) Einverständnis mit der ihm (ebenfalls konkludent) angetragenen Geltung des Bedingungswerkes zu werten sei.[6]

263 Das Gesetz geht noch in einem weiteren Punkt über die sich aus §§ 145 ff. BGB ergebenden Mindestanforderungen an eine vertragliche Einbeziehung hinaus. Nach allgemeinem Vertragsrecht wäre es einer Vertragspartei unbenommen, sich mit der Geltung bestimmter Regelungen einverstanden zu erklären, ohne sich vor Vertragsschluss über ihren Inhalt unterrichten zu lassen, sei es, weil sie ihrem Gegenüber vertraut, die Befassung mit dem Regelwerk zu mühsam erscheint oder ihr von vornherein die Möglichkeit der Kenntnisnahme nicht eingeräumt wird.[7] Den letztgenannten, vom Verwender zu verantwortenden Umstand, wollte der Gesetzgeber im Rechtsverkehr mit Allgemeinen Geschäftsbedingungen nicht hinnehmen. In § 305 Abs. 2 Nr. 2 BGB hat er es daher dem Verwender aufgegeben, der anderen Vertragspartei die **Möglichkeit zu verschaffen, in zumutbarer Weise Kenntnis** vom Inhalt der Bedingungen **zu nehmen.**

3. Die Einbeziehung in der Stufenfolge der AGB-Kontrolle

264 Ist der Anwendungsbereich der §§ 305 ff. BGB in sachlicher, persönlicher und internationaler Hinsicht eröffnet, so folgt in der Stufenfolge einer gerichtlichen **Inzidentkontrolle** nunmehr die Prüfung, ob die Voraussetzungen der Einbeziehung vorliegen. Hierzu sind zunächst die positiven Mindestvoraussetzungen des § 305 Abs. 2 und 3 BGB zu untersuchen. Im Anschluss hieran muss überprüft werden, ob die AGB-Klausel wegen eines ihr etwa innewohnenden Überraschungsmoments (§ 305c Abs. 1 BGB) oder im Hinblick auf eine sie verdrängende Individualabrede (§ 305b BGB) nicht Vertrags-

---

[5] *Ulmer/Habersack* BGB § 305 Rn. 119.
[6] BGH NJW 1953, 541; BGHZ 18, 98 (99).
[7] Durchaus im Einklang mit den Regeln des allgemeinen Vertragsrechts nahm die frühere Rechtsprechung an, dass der Einbeziehung der gegnerischen Bedingungen nicht der Umstand entgegenstehe, dass diese dem Schreiben nicht beigefügt und dem Vertragsgegner auch sonst nicht bekannt waren (so zB BGHZ 7, 187, 190).

bestandteil geworden ist. Bei beiden Vorschriften handelt es sich richtiger Ansicht nach um negative Einbeziehungsvoraussetzungen.[8] Die inhaltliche Angemessenheit der Klausel rückt erst im nächsten Abschnitt des Kontrollverfahrens, der Inhaltskontrolle, ins Blickfeld. Die Inhaltskontrolle nach den §§ 307 bis 309 BGB setzt voraus, dass die Einbeziehung der betreffenden Klausel zuvor festgestellt werden konnte.[9] Trotz des **logischen Vorrangs der Einbeziehungskontrolle** sollte es dem Richter aber nicht verwehrt sein, aus Gesichtspunkten der Verfahrensökonomie von dieser Reihenfolge abzuweichen.[10]

Im Rahmen eines **Verbandsverfahrens** stellen sich derartige Konkurrenzprobleme 265 ohnehin nicht, da es hier lediglich auf die inhaltliche Angemessenheit – losgelöst von den Umständen eines konkreten Vertragsschlusses – ankommt.

II. Einbeziehungsvereinbarung

Die besonderen Einbeziehungsvoraussetzungen des § 305 Abs. 2 BGB gelten für alle 266 Formen Allgemeiner Geschäftsbedingungen. Der BGH meint hingegen, § 305 Abs. 2 BGB sei auf **Formularverträge** nicht anzuwenden.[11] Für diese Durchbrechung besteht jedoch kein Anlass. Spätestens seit Inkrafttreten des AGB-Gesetzes ist anerkannt, dass auch Formularverträge Allgemeine Geschäftsbedingungen enthalten und damit den AGB-rechtlichen Vorschriften unterfallen.[12] Richtig ist allein, dass die Voraussetzungen des § 305 Abs. 2 BGB bei Allgemeinen Geschäftsbedingungen, die in die gesamte Vertragsurkunde integriert sind, in aller Regel erfüllt sein werden. Der ausdrückliche Hinweis folgt bereits aus der Formulargestaltung; die Möglichkeit zumutbarer Kenntnisnahme ist gegeben, weil der Vertragstext dem Kunden schriftlich vorliegt, und das Einverständnis wird durch die Unterschrift des Kunden am Schluss des Formulartextes dokumentiert. Die hier befürwortete Geltung des § 305 Abs. 2 BGB für Formularverträge bewährt sich aber auch und gerade im Ausnahmefall. Nur vom hier vertretenen Standpunkt aus lässt sich nämlich zwanglos eine Transparenzkontrolle auf der Ebene der Einbeziehung (§ 305 Abs. 2 Nr. 2 BGB) bei Formularverträgen begründen. Die Gegenmeinung muss hierfür die angeblich unanwendbare Vorschrift des § 305 Abs. 2 BGB partiell und inkonsistent wieder öffnen.[13]

1. Hinweis des Verwenders

a) Ausdrücklicher Hinweis. Grundsätzlich ist ein ausdrücklicher Hinweis des Ver- 267 wenders auf seine Allgemeinen Geschäftsbedingungen notwendig (§ 305 Abs. 2 Nr. 1 BGB). Durch dieses Erfordernis wird der Einbeziehungsvorgang **formalisiert,**[14] indem

---

[8] Umstritten im Hinblick auf § 305b BGB, vgl. hierzu die Ausführungen → Rn. 346.

[9] BGH NJW 1985, 1838 (1840); *Ulmer/Habersack* BGB § 305 Rn. 105.

[10] *Ulmer/Habersack* BGB § 305 Rn. 105; *von Hoyningen-Huene*, Inhaltskontrolle, AGBG § 9 Rn. 73; ebenso die Verfahrensweise des BGH in der Entscheidung BGH NJW 1989, 222 (223).

[11] BGH NJW 1988, 2465 (2466 f.); 1995, 190; ebenso *Ulmer/Habersack* BGB § 305 Rn. 102 und MüKoBGB/*Basedow* § 305 Rn. 65.

[12] *Ulmer/Habersack* BGB § 305 Rn. 66; Wolf/*Pfeiffer* BGB § 305 Rn. 19; anders noch die ältere Judikatur (vgl. zB BGH BB 1970, 1504; gegen Gleichbehandlung auch *Raiser*, Recht der AGB, S. 23 ff.), von der sich die heute herrschende Sichtweise noch nicht völlig emanzipiert zu haben scheint.

[13] So namentlich *Heinrichs* NJW 1995, 1396.

[14] Von einer „Formalisierung" des Einbeziehungsvorgangs spricht auch BGH NJW-RR 1987, 112. Ob man weitergehend das Ausdrücklichkeitsgebot in den Rang eines Formerfordernisses im Sinne des § 125 BGB erheben sollte (so Staudinger/*Schlosser*, Bearbeitung 2013, BGB § 305 Rn. 102), ist zweifelhaft. Genau genommen wird nämlich keine bestimmte Form vorgeschrieben – selbst mündliche Einbeziehungserklärungen reichen aus –, sondern nur die Anforderungen an die Deutlichkeit der Erklärung verschärft (wie hier Wolf/*Pfeiffer* BGB § 305 Rn. 62; Staudinger/*Mäsch* BGB § 305

ausgeschlossen wird, eine Einbeziehungserklärung des Verwenders im Wege der Auslegung seiner sonstigen auf den Vertragsschluss abzielenden Erklärungen zu gewinnen. Nicht ausdrückliche Hinweise auf Allgemeine Geschäftsbedingungen bleiben also rechtlich bedeutungslos. **Sinn und Zweck** dieses Hinweises ist es, dem Kunden Klarheit darüber zu verschaffen, dass der abzuschließende Vertrag seinem Inhalt nach maßgeblich durch die Allgemeinen Geschäftsbedingungen des Verwenders bestimmt werden soll, und ihn zu veranlassen, die Möglichkeit wahrzunehmen, sich vom Inhalt der Allgemeinen Geschäftsbedingungen Kenntnis zu verschaffen.[15]

268   Die **Ausdrücklichkeit** des Hinweises ist nur dann zu bejahen, wenn der Hinweis vom Verwender unmissverständlich und für den Kunden klar erkennbar geäußert worden ist. Dies gilt gleichermaßen für schriftliche und mündliche Vertragsabschlüsse.[16] Der Hinweis muss sich auf **bestimmte Vertragsbedingungen** beziehen. Sind unter der angegebenen Bezeichnung (zB Bedingungen für …) mehrere Bedingungswerke im Verkehr gebräuchlich oder existieren mehrere Fassungen, so bedarf es einer zusätzlich klaren Individualisierung, etwa durch Mitverschicken oder Aushändigung eines Exemplars der Bedingungen.[17] Komplizierte Auslegungsüberlegungen sind dem Kunden nicht zuzumuten. Fehlt es in diesem Punkte an der gebotenen Eindeutigkeit, kommt der Vertrag ohne Allgemeine Geschäftsbedingungen zustande.

269   Bei einem **(fern)mündlichen** Angebot muss der Verwender den Kunden grundsätzlich auch mündlich auf die Einbeziehung der Allgemeinen Geschäftsbedingungen hinweisen. Allerdings sollten hier keine wirklichkeitsfremden formalen Hürden errichtet werden. Entsprechende Gesten des Verwenders reichen aus, wenn sich aus ihnen in einer für den Kunden klar erkennbaren Weise der Einbeziehungswunsch ergibt.[18] Naheliegend ist dies etwa bei persönlicher Aushändigung der Vertragsbedingungen. Dass im Ladenlokal die Allgemeinen Geschäftsbedingungen aushängen, genügt allein allerdings nicht.[19]

270   Bei einem **schriftlichen** Angebot des Verwenders muss der ausdrückliche Hinweis im Angebotstext enthalten sein.

Beispiele:

(1) Auf der Vorderseite des Angebotsschreibens findet sich unmittelbar über der Orts-, Datums- und Unterschriftsspalte durch Fettdruck hervorgehoben der **Hinweis: „Es gelten umseitige Bedingungen"**. Die umseitig abgedruckten Bedingungen sind damit Vertragsinhalt geworden.[20]

(2) **Nicht ausreichend** wäre hingegen die **bloße Wiedergabe der Allgemeinen Geschäftsbedingungen auf der Rückseite** des Angebots ohne Verweisung im Angebotstext.[21]

271   Bei Vertragsschluss via **Internet** muss ein deutlicher Hinweis auf die Geltung der Allgemeinen Geschäftsbedingungen auf der Bestelltafel oder auf einer vorgeschalteten Bildschirmseite erfolgen. Er ist graphisch so zu platzieren, dass er vom Kunden auch bei flüchtiger Betrachtung nicht übersehen werden kann.[22] Dies kann etwa durch die Ver-

---

Rn. 96). Im Übrigen richten sich die Rechtsfolgen einer Missachtung der Einbeziehungsanforderung nach § 306 BGB.

[15] BGH WM 1986, 1194 (1196).
[16] BGH WM 1986, 1194 (1196).
[17] Wolf/*Pfeiffer* BGB § 305 Rn. 69.
[18] So auch *Ulmer/Habersack* BGB § 305 Rn. 133; Wolf/*Pfeiffer* BGB § 305 Rn. 76; aA *Koch/Stübing* AGBG § 2 Rn. 25.
[19] Wolf/*Pfeiffer* BGB § 305 Rn. 77.
[20] BGH NJW 1986, 1608.
[21] BGH NJW-RR 1987, 112; *Ulmer/Habersack* BGB § 305 Rn. 129.
[22] LG Essen NJW-RR 2003, 1207; *Mehrings* BB 1998, 2375.

knüpfung des AGB-Textes mit den Angeboten oder durch eindeutigen Hinweis hierauf an einer Stelle, die jeder Nutzer passieren muss, erfolgen.[23]

b) Hinweisersatz durch Aushang. Von dem Erfordernis eines ausdrücklichen Hin-   **272** weises macht **§ 305 Abs. 2 Nr. 1 Var. 2 BGB** eine Ausnahme für den Fall, dass ein ausdrücklicher Hinweis wegen der Art des Vertragsabschlusses nur unter unverhältnismäßigen Schwierigkeiten möglich ist. Dem Gesetz ist in diesem Fall Genüge getan, wenn der Verwender durch einen deutlich sichtbaren Aushang am Ort des Vertragsschlusses auf die Allgemeinen Geschäftsbedingungen hinweist. Gedacht ist hierbei ausweislich der Regierungsbegründung[24] an gewisse gleichmäßige und häufige Verträge des täglichen Lebens, bei denen Allgemeine Geschäftsbedingungen üblicherweise erwartet werden, ein ausdrücklicher Hinweis aber in der Praxis kaum möglich ist. Hauptanwendungsfall ist der **konkludent geschlossene, häufig automatisierte Massenvertrag,** bei dem es zu keinem persönlichen Kontakt der Vertragsparteien kommt.[25]

Beispiel: Benutzung von Schließfächern durch Münzeinwurf.[26]

Aber auch sonstige **Massengeschäfte des täglichen Lebens ohne besonderen wirt-**   **273** **schaftlichen Wert,** bei denen ein Hinweis des Verwenders oder seiner Angestellten zwar möglich wäre, jedoch eine nicht unerhebliche Erschwerung des Geschäftsablaufs zur Folge hätte, sind als Anwendungsfälle der Ausnahmeregelung anerkannt.[27]

Beispiele: Eintritt in ein Schwimmbad oder Benutzung einer Kfz-Waschanlage,[28] auch wenn Angestellte des Verwenders bei Vertragsschluss zugegen sind.

Im Übrigen kommt es ganz auf die Gegebenheiten des konkreten Vertragsschlusses an.   **274**

Beispiel: Obwohl nicht von einem Massengeschäft des täglichen Lebens die Rede sein konnte, hat der BGH beispielsweise einen Hinweis auf die Versteigerungsbedingungen durch einen Aushang am Versteigerungsort im Hinblick auf den Ablauf der Versteigerung gutgeheißen.[29]

Ein **deutlich sichtbarer Aushang** ist nur gegeben, wenn er dem Kunden am Ort des   **275** Vertragsschlusses in einer Weise präsentiert wird, dass dieser ihn ohne weiteres erkennen kann. Dies stellt gewisse Anforderung an die optische Gestaltung und die Platzierung des Aushangs. Keinesfalls ist dem Kunden zuzumuten, die Wände des Geschäftslokals nach ausgehängten Allgemeinen Bedingungen abzusuchen.[30] Der Aushang soll lediglich den Hinweis ersetzen. Er muss daher nicht in der Wiedergabe der Bedingungen bestehen, sondern kann sich in einem Hinweis auf die Bedingungen erschöpfen.[31]

Beispiel: Vor der Einfahrt in eine Kfz-Waschanlage **ist** gut sichtbar ein Schild aufgestellt, auf dem in großer Schrift zu lesen steht: „Für alle Verträge gelten unsere Allgemeinen Waschbedingungen. Diese liegen für Sie im Kassenhäuschen zur Einsichtnahme bereit."

---

[23] OLG Hamburg WM 2003, 581 (583).

[24] BT-Drs. 7/3919, S. 18.

[25] Ulmer/*Habersack* BGB § 305 Rn. 138; Palandt/*Grüneberg* BGB § 305 Rn. 29.

[26] LG Essen VersR 1995, 955.

[27] BGH NJW 1985, 850; Ulmer/*Habersack* BGB § 305 Rn. 139; Palandt/*Grüneberg* BGB § 305 Rn. 29.

[28] Hierzu OLG Hamburg DAR 1984, 260 (261).

[29] BGH NJW 1985, 850.

[30] So treffend *Locher,* Recht der AGB, S. 46.

[31] Ulmer/*Habersack* BGB § 305 Rn. 142; Wolf/*Pfeiffer* BGB § 305 Rn. 82; Palandt/*Grüneberg* BGB § 305 Rn. 29.

2. Möglichkeit zumutbarer Kenntnisnahme

276   Der Verwender muss bei Vertragsschluss der anderen Vertragspartei die Möglichkeit verschaffen, in zumutbarer Weise vom Inhalt der Allgemeinen Geschäftsbedingungen Kenntnis zu nehmen (§ 305 Abs. 2 Nr. 2 BGB). Wie bereits festgestellt, wird dadurch dem Verwender eine Obliegenheit auferlegt, die über die allgemeinen Vertragsgrundsätze des Bürgerlichen Gesetzbuches hinausgeht. Welche Anforderungen an die Möglichkeit zumutbarer Kenntnisnahme zu stellen sind, richtet sich nach der Art des Zustandekommens des Vertragsschlusses und den Bedürfnissen der beteiligten Kundenkreise. Allgemein lässt sich sagen, dass der **vollständige Text der Allgemeinen Geschäftsbedingungen dem Kunden bei Vertragsschluss verfügbar** gemacht werden muss. Unerheblich ist, ob der Kunde von der Möglichkeit der Kenntnisnahme auch tatsächlich Gebrauch macht.

277   Bei einem **Vertragsschluss unter Anwesenden** wird es überwiegend für erforderlich gehalten, dass der Verwender dem Kunden seine Allgemeinen Geschäftsbedingungen **vorlegt** oder ihm die **Vorlage anbietet.**[32] Durch diese nicht zwingende Interpretation des § 305 Abs. 2 BGB wird freilich der Geschäftsverkehr in erheblichem Maße erschwert.[33] Immerhin wird der Kunde vom Verwender bereits durch ausdrücklichen Hinweis oder durch deutlich sichtbaren Aushang auf die Allgemeinen Geschäftsbedingungen hingewiesen. Darin drückt sich im Allgemeinen auch die Bereitschaft des Verwenders aus, die Allgemeinen Geschäftsbedingungen dem Kunden zugänglich zu machen. Dem interessierten Kunden hier eine Nachfrage beim Verwender anzusinnen, stellt keine unzumutbare Verhaltensanforderung dar. Die Rechtsprechung ist hier jedoch strenger:

Beispiele:
(1) Gegenüber einer im Baubereich nicht bewanderten Vertragspartei kann die **Einbeziehung der VOB/B** nach der Rechtsprechung nur durch Aushändigung des Bedingungswerks erreicht werden.[34]
(2) Einem Reisenden, der in einem **Reisebüro** eine Reise bucht, müssen die Reisebedingungen vor Vertragsschluss vollständig übermittelt, also ausgehändigt werden. Dass der Katalog mit den Bedingungen im Reisebüro nur vorgehalten wird und dort einsehbar ist, soll nicht genügen.[35]

278   Für **schriftlich unter Abwesenden geschlossene Verträge** bedarf es zur wirksamen Einbeziehung regelmäßig der Übersendung der vollständigen Bedingungen. Dies kann selbstverständlich mit der Übermittlung des Angebots verbunden werden. Um den Geschäftsverkehr nicht unnötig zu erschweren, sollte man es auch genügen lassen, dass sich der Kunde in Besitz eines Kataloges oder Prospektes befindet, in denen das Bedingungswerk enthalten ist.[36] Die Verfügbarkeit der Geschäftsbedingungen für den Kunden ist andererseits sicher nicht gegeben, wenn er davon nur im Geschäftslokal Kenntnis nehmen kann, obwohl der Vertragsschluss anderenorts stattfindet.[37]

279   Erhebliche Probleme kann die Einbeziehung Allgemeiner Geschäftsbedingungen beim **fernmündlichen Vertragsschluss** bereiten.

Beispiel: Beim sog. **Teleshopping**[38] wird im Rahmen einer Fernsehsendung den Zuschauern ein bestimmtes Produkt zum Kauf angeboten. Kunden, die das Produkt erwerben möchten, nehmen unter der eingeblendeten Rufnummer telefonischen Kontakt mit dem Anbieter auf. Die Abrechnung

---

[32] Aus der Rechtsprechung BGH NJW 1990, 715 f.
[33] Wie hier *Ulmer/Habersack* BGB § 305 Rn. 148.
[34] BGH NJW 1990, 715 f.; NJW-RR 1999, 1246 (1247); Staudinger/*Mäsch* BGB § 305 Rn. 162.
[35] BGH NJW 2009, 1486 f.
[36] *Ulmer/Habersack* BGB § 305 Rn. 147.
[37] OLG Saarbrücken NJW-RR 2001, 993 (994).
[38] Hierzu *Köhler* NJW 1998, 185 ff.

erfolgt meist über eine Kreditkarte. Fraglich ist, ob und wie der Anbieter hier die Einbeziehung seiner Allgemeinen Geschäftsbedingungen erreichen kann. Das kurzfristige Einblenden der Bedingungen während der Sendung genügt den gesetzlichen Anforderungen nicht und die Verlesung am Telefon ist offensichtlich nicht praktikabel.

Soll sich das AGB-Recht nicht zum Störfaktor im Geschäftsleben entwickeln, so wird man die Obliegenheit des Verwenders, dem Kunden die Möglichkeit zumutbarer Kenntnisnahme zu eröffnen, auch in diesem Punkt nicht zu streng fassen dürfen. Dem Kundenschutz ist in ausreichendem Maße Rechnung getragen, wenn er bei Vertragsschluss – also am Telefon – ausdrücklich auf die Einbeziehung der Allgemeinen Geschäftsbedingungen hingewiesen und ihm darüber hinaus ihre Übermittlung angeboten wird. Stellt der Kunde seinen Kaufentschluss gleichwohl nicht zurück, so ist in der Aufgabe der Bestellung zugleich ein wirksamer konkludent erklärter **Verzicht** auf die Einräumung der Möglichkeit zumutbarer Kenntnisnahme zu sehen.[39] **280**

Bei **Internetgeschäften** genügt es für die Möglichkeit der Kenntnisverschaffung, wenn bei einer Bestellung die Allgemeinen Geschäftsbedingungen des Anbieters über einen auf der Bestellseite gut sichtbaren Link aufgerufen und ausgedruckt werden können.[40] Nicht ausreichend ist es, wenn der Hinweis auf die Allgemeinen Geschäftsbedingungen nur auf der Eingangsseite, im Impressum oder sonst an Stellen, die für den weiteren Bestellvorgang nicht von Belang sind, platziert wird.[41] **281**

Für einen **Ausländer** kann das Verständnis deutschsprachiger Geschäftsbedingungen mit erheblichen Schwierigkeiten verbunden sein. Daraus kann aber nicht gefolgert werden, dass der Verwender in solchen Fällen eine Übersetzung zur Verfügung stellen müsste. Ausschlaggebend ist vielmehr, welcher Sprache sich die Parteien im Rahmen ihrer rechtsgeschäftlichen Beziehungen bedient haben. Ist eine andere Sprache als Deutsch die Vertragssprache, müssen die Allgemeinen Geschäftsbedingungen in dieser Sprache vorliegen und ein Hinweis auf sie auch in dieser Sprache erfolgen.[42] Haben sie dagegen die deutsche Sprache als Verhandlungs- und Vertragssprache gewählt, so akzeptiert der ausländische Vertragspartner damit den gesamten deutschsprachigen Vertragsinhalt einschließlich der zugrunde liegenden Allgemeinen Geschäftsbedingungen. Alsdann ist es ihm zuzumuten, sich vor Abschluss des Vertrages selbst die erforderliche Übersetzung zu beschaffen. Anderenfalls muss er den nicht zur Kenntnis genommenen Text der Geschäftsbedingungen gegen sich gelten lassen.[43] Eine Pflicht des Verwenders, den Vertragstext in der Sprache des Kunden abzufassen, wird man im Hinblick auf die Anforderungen des gemeinschaftsrechtlich fundierten Transparenzgebots hier allerdings dann anzunehmen haben, wenn es um einen wichtigen Vertrag von erheblicher Tragweite geht.[44] **282**

Aus dem Kriterium der Zumutbarkeit leitet sich in **formaler** Hinsicht als Voraussetzung ihrer wirksamen Einbeziehung her, dass die Allgemeinen Geschäftsbedingungen für **283**

---

[39] *Ulmer/Habersack* BGB § 305 Rn. 149; *Graf von Westphalen* NJW 2002, 16; so grundsätzlich auch *H. Schmidt* (NJW 2011, 1637), der darüber hinaus verlangt, dass das Bedingungswerk dann unverzüglich nachgereicht wird.

[40] BGH NJW 2006, 2976 (2977).

[41] *H. Schmidt* NJW 2011, 1637.

[42] OLG Frankfurt a. M. NJW-RR 2003, 704; PWW/*Berger* BGB § 305 Rn. 25.

[43] BGH NJW 1983, 1489; zu diesem Problemkreis auch *Schäfer* JZ 2003, 879 ff.; zum Sprachenproblem bei grenzüberschreitenden Internetgeschäften *Heinrichs* NJW 1999, 1599.

[44] Palandt/*Grüneberg* BGB § 305 Rn. 40; anders hingegen BAG NZA 2014, 1076: Hiernach sollen das Zustandekommen des Arbeitsvertrags und die Geltung seiner Regelungen auch dann zu bejahen sein, wenn der in deutscher Sprache abgefasste schriftliche Arbeitsvertrag von einem Arbeitnehmer unterschrieben worden ist, der – für den Arbeitgeber erkennbar – der deutschen Sprache nicht oder nicht ausreichend mächtig ist. Kritisch: *Stoffels* FS Kronke, 2020, 1847 ff.

einen Durchschnittskunden **mühelos lesbar** sind. Klauselwerke, deren Lektüre aufgrund der drucktechnischen Gestaltung (übermäßiger Kleindruck, schwer lesbare Schriftart, mangelnder Kontrast, schlechte Kopien) die Zuhilfenahme einer Lupe erfordert (sog. Lupentheorie), erfüllen diese Mindestvoraussetzung regelmäßig nicht.[45]

283a   Das Kriterium der Möglichkeit zumutbarer Kenntnisnahme verlangt darüber hinaus, dass die betreffenden Regelungen für einen Durchschnittskunden inhaltlich verständlich sind (Teilaspekt des Transparenzgebots).[46] Dem **Verständlichkeitsgebot** kann die Verwendung technischer Fachausdrücke oder gänzlich unbestimmter Formulierung widersprechen. Zu verlangen ist des Weiteren, dass die Bedingungen ein Mindestmaß an Übersichtlichkeit und einen im Verhältnis zur Bedeutung des Geschäfts vertretbaren Umfang aufweisen müssen.[47] Die Zumutbarkeit kann auch durch eine **Weiterverweisung auf ein anderes Regelwerk** in Frage gestellt sein. Zwar ist in Allgemeinen Geschäftsbedingungen auch ein Verweis auf andere allgemeine Regelungen zulässig. Der Verwender von Allgemeinen Geschäftsbedingungen ist jedoch grundsätzlich gehalten, seinem Vertragspartner die Kenntnisnahme von allen Bedingungen zu ermöglichen, die er dem Vertrag zu Grunde legen will. Ein bloßer Verweis auf weitere, in dem verfügbaren Text nicht mitabgedruckte Bestimmungen reicht regelmäßig nicht aus, um auch sie in das Vertragswerk miteinzubeziehen.[48] Ferner muss klar bleiben, welche Regelung für den konkreten Fall Geltung haben soll.[49]

284   Eine nach Ansicht des Gesetzgebers lediglich „klarstellende Ergänzung"[50] des Zumutbarkeitsmaßstabs bei der Einbeziehung Allgemeiner Geschäftsbedingungen gegenüber **körperlich behinderten Menschen** ist im Zuge der Schuldrechtsmodernisierung in § 305 Abs. 2 Nr. 2 BGB eingefügt worden. Hiernach ist der Verwender gehalten, eine ihm erkennbare körperliche Behinderung der anderen Vertragspartei angemessen zu berücksichtigen. Gedacht ist hierbei in erster Linie an Menschen mit einer Sehbehinderung.

Beispiel: Stellt der Verwender bei Abschluss eines Vertrages fest, dass sein Vertragspartner nur über eine eingeschränkte Sehfähigkeit verfügt oder blind ist (gelbe Armbinde), dann ist er gehalten, dem Vertragspartner eine Sehhilfe zu offerieren bzw. anzubieten, ihm den Text vorzulesen oder ihm die Bedingungen in Blindenschrift zugänglich zu machen.

285   Die Vorschrift versteht sich als Beitrag zur Integration körperlich behinderter Menschen in den rechtsgeschäftlichen Verkehr. Ob mit ihr ein nennenswerter Fortschritt verbunden ist, erscheint allerdings eher fraglich, wird man doch nicht ausschließen können, dass diese Hürde manchen AGB-Verwender künftig davon abhalten könnte, Verträge mit Behinderten abzuschließen.[51] Um solche kontraproduktiven Effekte zu vermeiden, sollte die Vorschrift **eng ausgelegt** werden. Zu beachten ist insbesondere, dass die Kriterien der **„Erkennbarkeit"** für den Verwender und der **„Angemessenheit"** im Laufe des Gesetzgebungsverfahrens bewusst eingefügt wurden, um überzogenen Anforderungen entgegenzuwirken.[52] Auf dieser Grundlage sollte es möglich sein, die Kenntnisverschaffungsobliegenheit situationsadäquat zu bestimmen. Bedauerlich ist, dass der Gesetzgeber die wesentlich drängenderen Fragen, welche **Anforderungen bei der Ein-**

---

[45] BGH NJW 1983, 2772; NJW-RR 1986, 1311; OLG Saarbrücken NJW-RR 2009, 989.
[46] Zum Transparenzgebot vgl. die zusammenhängende Darstellung → § 17 Rn. 1 ff.
[47] BGH NJW 1995, 2858 (2859).
[48] BGH NJW 2005, 1183 (1184 f.); grundl. zuvor BGH NJW 1990, 3197; vgl. auch BGH NJW 2020, 3306 Rn. 49 ff.
[49] Zur Klauselwirrnis durch Einbeziehung mehrerer Klauselwerke BGH NJW-RR 2006, 1350.
[50] Begründung des RegE BT-Drs. 14/6040, S. 150.
[51] Kritisch HK/*Schulte-Nölke* BGB § 305 Rn. 17.
[52] Vgl. Gegenäußerung der Bundesregierung auf eine entsprechende Prüfbitte des Bundesrates, BT-Drs. 14/6857, S. 52.

beziehung gegenüber **Analphabeten und der deutschen Sprache nicht mächtigen Kunden** gelten, nicht aufgegriffen hat. Hierbei handelt es sich um breit diskutierte Fragen, sodass das Schweigen des Gesetzgebers in diesen Punkten als beredt eingestuft werden muss. Aus diesem Grund, aber auch wegen der nicht gegebenen Analogiebasis – körperliche und geistige bzw. intellektuelle Defizite können nicht ohne weiteres gleichgesetzt werden – kommt eine entsprechende Anwendung nicht in Betracht.[53]

3. Maßgeblicher Zeitpunkt

Die Voraussetzungen der Nr. 1 und 2 des § 305 Abs. 2 BGB müssen **im Zeitpunkt des Vertragsschlusses** erfüllt sein. Dies lässt sich noch dahingehend präzisieren, dass es für den Hinweis nach Nr. 1 auf denjenigen Zeitpunkt ankommt, indem der Verwender ein bindendes Angebot abgibt, während die Möglichkeit der Kenntnisverschaffung nach Nr. 2 bestehen muss, bevor der Kunde seinerseits eine bindende Erklärung abgibt.[54] Kommt der Verwender seinen Obliegenheiten erst **nach Vertragsschluss** nach, so werden seine Allgemeinen Geschäftsbedingungen nicht Bestandteil des konkreten Vertrages. 286

Beispiele: Ein Hinweis auf die Allgemeinen Geschäftsbedingungen findet sich erstmals in der später übersandten Rechnung oder in einem bei der Auslieferung übergebenen Lieferschein.[55] Auf der anderen Seite sollte ein einheitlicher Vorgang nicht künstlich zerstückelt werden, sodass es ausreichen muss, dass die Lieferbedingungen des Verkäufers erst an der Kasse zusammen mit einer Rechnung/ Quittung übergeben werden.[56] Entscheidend ist in solchen Fällen, ob der Kunde die Möglichkeit hat, die Bedingungen noch vor dem endgültigen Abschluss des Vertrages zur Kenntnis zu nehmen und sein Verhalten hiernach auszurichten. Dass er im Regelfall in diesem Moment auf die Lektüre verzichtet, sollte eine Einbeziehung nicht hindern. Daher sind die Voraussetzungen des § 305 Abs. 2 Nr. 1 und 2 BGB auch bei dem Erwerb einer Eintrittskarte oder eines Tickets mit darauf abgedruckten Allgemeinen Geschäftsbedingungen erfüllt, wenn sich auf der Vorderseite ein entsprechender Hinweis befindet.[57]

Sind die Allgemeinen Geschäftsbedingungen dem Kunden **zu spät präsentiert** und damit nicht in den Vertrag einbezogen worden, so können sie nur noch durch einen nachträglichen Abänderungsvertrag, der wiederum den Voraussetzungen des § 305 Abs. 2 BGB entsprechen muss, Vertragsinhalt werden.[58] 287

Beispiel: Die Übersendung einer Rechnung, der die Allgemeinen Verkaufs- und Lieferbedingungen beigefügt sind, kann als ein Angebot auf Abänderung des ohne Allgemeine Geschäftsbedingungen abgeschlossenen Vertrages aufgefasst werden. Bloßes Bezahlen einer solchen Rechnung ist hingegen keine konkludente Annahme, da der Kunde lediglich die geschuldete Leistung erbringt und nicht unter Erklärungszwang gesetzt werden darf. In einem solchen Falle muss der Kunde seinen Änderungswillen qualifiziert kundbar machen.

---

[53] Wie hier Palandt/*Grüneberg* BGB § 305 Rn. 38; eine Analogie zugunsten von sprachunkundigen Ausländern erwägend *Graf von Westphalen* NJW 2002, 13.

[54] BGH NJW 2010, 864 (867); *Ulmer/Habersack* BGB § 305 Rn. 156; *H. Schmidt* NJW 2011, 1638.

[55] Vgl. zB BGH NJW 1978, 2243.

[56] OLG Hamm NJW-RR 1998, 199 (200).

[57] Wie hier MüKoBGB/*Basedow* § 305 Rn. 85; *Löwe*/Graf von Westphalen/*Trinkner* AGBG § 2 Rn. 20; aA Palandt/*Grüneberg* BGB § 305 Rn. 28; Wolf/*Pfeiffer* BGB § 305 Rn. 77; *Ulmer/Habersack* BGB § 305 Rn. 134 und wohl auch LG Berlin NJW 1982, 343; differenzierend Staudinger/*Mäsch* BGB § 305 Rn. 131 f.

[58] BGH NJW 2010, 864 (867); zur Vertragsänderung durch nachträgliche Einbeziehung KG NJW-RR 1994, 1265. Wird das Einverständnis des Kunden mit einer nachträglichen Vertragsänderung fingiert, so kann darin ein Verstoß gegen § 308 Nr. 5 BGB liegen; vgl. hierzu BGH NJW 2010, 864 (667).

288   **Nachträgliche Änderungen oder Neufassungen** der einer laufenden Geschäftsbeziehung zugrunde liegenden Allgemeinen Geschäftsbedingungen müssen ebenfalls den Einbeziehungsvoraussetzungen des § 305 Abs. 2 BGB entsprechen.[59] Werden dem Kunden die neugefassten Bedingungen verbunden mit einem ausdrücklichen Hinweis auf diese Änderung zugeschickt und setzt dieser daraufhin die Geschäftsbeziehung unverändert fort, so kann hieraus allerdings wiederum auf ein konkludentes Einverständnis mit dem Änderungsangebot geschlossen werden.[60] Um möglichen Komplikationen aus dem Weg zu gehen, sehen nicht wenige Bedingungswerke unterschiedlich geartete **Änderungsvorbehalte** vor.

Beispiele:
(1) Der Verwender räumt sich ein nicht weiter eingegrenztes Recht ein, seine Allgemeinen Geschäftsbedingungen auch mit Wirkung für bestehende Verträge zu ändern. Eine solche **einschränkungslose Änderungsklausel** benachteiligt den Kunden, der in keinster Weise die auf ihn zukommenden Änderungen überblicken kann, unangemessen und ist daher unwirksam.[61] Dies gilt selbst dann, wenn es um Allgemeine Geschäftsbedingungen geht, die von dritter Seite konzipiert und gegebenenfalls geändert werden (zB VOB).[62]
(2) Die Klausel: „Es gelten die Allgemeinen Geschäftsbedingungen **in der jeweils gültigen Fassung.**" statuiert ebenfalls ein uneingeschränktes Änderungsrecht des Verwenders und ist daher gleichfalls unwirksam.[63]
(3) Für zulässig wird hingegen die in **Nr. 1 Abs. 2 AGB-Banken** (Fassung 2018) vorgesehene Änderungsklausel gehalten, wonach dem Kunden bekanntgegebene Änderungen als genehmigt gelten, wenn dieser nicht – worauf er hingewiesen wird – innerhalb von sechs Wochen Widerspruch erhebt.[64]
(4) Zu sog. **Bedingungsanpassungsklauseln,** namentlich in Versicherungsverträgen, siehe Rn. 628 ff.

289   Nicht ausreichend ist ein Hinweis **bei früherer Gelegenheit.**[65] Allein der Hinweis bei einem oder mehreren Vertragsabschlüssen in der Vergangenheit genügt nicht. Auch in einer laufenden Geschäftsbeziehung muss der Hinweis grundsätzlich bei jedem Vertragsschluss wiederholt werden.[66] Ausnahmen gelten hier nur, wenn eine Rahmenvereinbarung nach § 305 Abs. 3 BGB vorliegt oder es sich lediglich um unselbstständige Folgelieferungen im Rahmen eines Sukzessivlieferungsvertrages handelt.[67]

4. Einverständnis des Kunden

290   Notwendige Voraussetzung der Einbeziehung ist schließlich das Einverständnis des Verwendungsgegners mit der Geltung der Allgemeinen Geschäftsbedingungen. Für die Einbeziehung Allgemeiner Geschäftsbedingungen muss also gemäß der Vertragsnatur der Bedingungen die Willensübereinstimmung des anderen Teils hinzukommen.[68] Insoweit

---

[59] *Ulmer/Habersack* BGB § 305 Rn. 164; Palandt/*Grüneberg* BGB § 305 Rn. 46; *Seybold* VersR 1989, 1231; allgemein hierzu auch *Freund,* Die Änderung allgemeiner Geschäftsbedingungen in bestehenden Verträgen, 1998.
[60] *Ulmer/Habersack* BGB § 305 Rn. 164; Wolf/*Pfeiffer* BGB § 305 Rn. 105.
[61] ZB OLG Schleswig NJW-RR 2013, 496 für einen entsprechenden Vorbehalt in Prepaid-Mobilfunkverträgen.
[62] Staudinger/*Mäsch* BGB § 305 Rn. 197.
[63] *Locher,* Recht der AGB, S. 50; Staudinger/*Mäsch* BGB § 305 Rn. 196 hingegen meint, diese Klausel beziehe sich auf die Fassung zur Zeit des Vertragsabschlusses und werfe daher keine Probleme auf.
[64] *Ulmer/Habersack* BGB § 305 Rn. 165; Palandt/*Grüneberg* BGB § 305 Rn. 47; vgl. hierzu im Übrigen noch Rn. 653.
[65] Staudinger/*Mäsch* BGB § 305 Rn. 126.
[66] BGH NJW-RR 1987, 112 (113).
[67] *Locher,* Recht der AGB, S. 43 f.
[68] BGH NJW 1982, 1388 (1389).

handelt es sich freilich nur um eine unterstreichende **Klarstellung** des sich schon auf der Grundlage der §§ 145 ff. BGB ergebenden Konsenserfordernisses.[69]

Das Einverständnis des Vertragspartners muss nicht für jede einzelne Klausel nach- 291 gewiesen werden. Vielmehr genügt es, wenn sie **global** das gesamte Bedingungswerk des Verwenders abdeckt.[70] Das Einverständnis kann, wenn kein Formerfordernis besteht, auch **konkludent** erklärt werden. Liegen die Voraussetzungen des § 305 Abs. 2 Nr. 1 und 2 BGB vor und nimmt der Kunde die ihm angebotene Leistung an, so ist kaum noch eine Situation denkbar, in welcher der objektive Erklärungswert der nicht weiter einge-schränkten Zustimmung des Kunden zum Vertragsschluss nicht konkludent auch das Einverständnis mit der Geltung der Bedingungen bedeuten sollte.[71]

Beispiel: A fährt mit seinem Kraftfahrzeug in die automatische Waschanlage des B ein. Vor der Waschanlage war deutlich sichtbar ein Schild angebracht, das die Haftung des Betreibers für Schäden am Fahrzeug ausschloss. Auch wenn sich A hier nicht ausdrücklich zu dem ihm bekanntgemachten Haftungsausschluss äußerte, so hat er doch durch die Inanspruchnahme der Waschanlage konkludent sein Einverständnis signalisiert.[72]

Das Schweigen des (nichtkaufmännischen) Kunden auf eine **Auftragsbestätigung,** in 292 der erstmals auf Allgemeine Geschäftsbedingungen Bezug genommen wird, bedeutet allein keine Zustimmung zu diesem Einbeziehungswunsch.[73] Nimmt hingegen der Kunde im weiteren Verlauf die geschuldete Leistung vorbehaltlos entgegen, so muss ein solches Verhalten jedenfalls dann als stillschweigendes Einverständnis gewertet werden, wenn die Auftragsbestätigung den Anforderungen des § 305 Abs. 2 Nr. 1 und 2 BGB entspricht, die Bedingungen der Auftragsbestätigung beigefügt sind und dem Kunden in der betref-fenden Situation ein Widerspruch auch zuzumuten ist.[74]

5. Beweisfragen

Die Darlegungs- und Beweislast für die Erfüllung der in § 305 Abs. 2 BGB statuierten 293 Obliegenheit trifft diejenige Vertragspartei, die sich auf die Einbeziehung der Allgemei-nen Geschäftsbedingungen beruft. Im Allgemeinen ist dies der **Verwender.**[75] In Schwie-rigkeiten kann der Verwender geraten, wenn der Vertragsschluss (fern)mündlich erfolgte. Allein die Anweisung an sein Verkaufspersonal, die Kunden auf die Allgemeinen Ge-schäftsbedingungen hinzuweisen und den Text zur Einsicht bereit zu halten, ersetzt nämlich nicht den Nachweis im Einzelfall.[76]

Bestätigungs- und Einbeziehungsklauseln, durch die sich der Verwender formular- 294 mäßig die Kenntnisnahme von den Allgemeinen Geschäftsbedingungen bestätigten und das Einverständnis des Kunden mit ihrer Geltung erklären lässt, entfalten wegen Ver-stoßes gegen § 309 Nr. 12 BGB keine Wirkung.[77]

---

[69] Staudinger/*Mäsch* BGB § 305 Rn. 178 („Bestätigung traditioneller rechtsgeschäftlicher Grund-sätze"); Ulmer/*Habersack* BGB § 305 Rn. 161; anders die Einschätzung von *Pflug,* Kontrakt und Status im Recht der Allgemeinen Geschäftsbedingungen, S. 320 auf der Grundlage eines normtheore-tischen Verständnisses.
[70] Wolf/*Pfeiffer* BGB § 305 Rn. 104.
[71] BGH NJW 1982, 1388 (1389); Staudinger/*Mäsch* BGB § 305 Rn. 179.
[72] Vgl. hierzu *Belke* JA 1988, 479.
[73] BGHZ 18, 212 (215); MüKoBGB/*Busche* BGB § 150 Rn. 12.
[74] BGH NJW 1963, 1248; BGHZ 18, 212 (215); Staudinger/*Mäsch* BGB § 305 Rn. 183; MüKoBGB/*Basedow* § 305 Rn. 96; deutlich zurückhaltender Palandt/*Ellenberger* BGB § 150 Rn. 3.
[75] BGH NJW 1991, 1750 (1753).
[76] Ulmer/*Habersack* BGB § 305 Rn. 167; Wolf/*Pfeiffer* BGB § 305 Rn. 111.
[77] Vgl. hierzu noch → Rn. 686.

III. Einbeziehung unter erleichterten Voraussetzungen

1. Ausnahmen nach § 305a BGB

295   § 305a BGB benennt Fälle, in denen Allgemeine Geschäftsbedingungen auch dann Vertragsinhalt werden können, wenn der Kunde auf sie nicht ausdrücklich hingewiesen worden und ihm nicht die Möglichkeit, in zumutbarer Weise von ihrem Inhalt Kenntnis zu nehmen, verschafft worden ist. Der Verwender ist allerdings nur von der Einhaltung der Erfordernisse des § 305 Abs. 2 Nr. 1 und 2 BGB befreit. Das **Einverständnis** der anderen Vertragspartei mit der Geltung der Allgemeinen Geschäftsbedingungen ist hingegen unverzichtbar. § 305a BGB stärkt mit dieser Klarstellung das **Konsensualprinzip** der §§ 145 ff. BGB. Dies ist zu begrüßen. Denn unter der Geltung des § 23 AGBG war umstritten, ob sich die Freistellung auch auf das Erfordernis des Einverständnisses erstreckte.[78]

296   Ein **konkludentes Einverständnis** des Kunden mit der Geltung der Allgemeinen Geschäftsbedingungen ist freilich auch weiterhin – nach allgemeinen rechtsgeschäftlichen Regeln – möglich. Nimmt der Kunde in Kenntnis der Allgemeinen Geschäftsbedingungen die ihm angebotene Leistung entgegen, so wird man im Regelfall von einer konkludenten Einverständniserklärung ausgehen können.[79]

a) Genehmigte Tarife und Beförderungsbedingungen im Linienverkehr

Literatur: *Freise,* Die Einbeziehung allgemeiner Beförderungsbedingungen in den Beförderungsvertrag, VersR 2004, 974.

297   Für die entgeltliche oder geschäftsmäßige Personenbeförderung mit Straßenbahnen, Obussen und Kraftfahrzeugen gelten das Personenbeförderungsgesetz und die aufgrund der Ermächtigung in § 57 Abs. 1 Nr. 5 PBefG erlassene Verordnung über die Allgemeinen Beförderungsbedingungen für den Straßenbahn- und Obusverkehr sowie den Linienverkehr mit Kraftfahrzeugen vom 27.2.1970.[80] Bei dieser Verordnung handelt es sich ebenso wie bei der Eisenbahnverkehrsordnung um Rechtsnormen, die das jeweilige Beförderungsverhältnis unmittelbar regeln.

298   Sie fallen schon aufgrund ihres **Normcharakters** nicht unter die §§ 305 ff. BGB.[81] AGB-Charakter weisen hingegen die von den Verordnungen abweichenden besonderen Bedingungen auf, die die Beförderungsunternehmen gem. § 39 Abs. 6 PBefG mit behördlicher Genehmigung einführen können.

299   Der Ausnahmetatbestand des **§ 305a Nr. 1 BGB** sieht für solche besonderen Bedingungen, nämlich die genehmigten Tarife und Beförderungsbedingungen der Eisenbahnen und die genehmigten Personenbeförderungsbedingungen der Straßenbahnen, Obusse und Kraftfahrzeuge im Linienverkehr, eine erleichterte Einbeziehung vor. § 305 Abs. 2 Nr. 1 und 2 BGB findet keine Anwendung. Das bedeutet allerdings nicht, dass es keiner Einigung über die Einbeziehung der Bedingungen bedarf. § 305a BGB verlangt für alle dort aufgeführten Fälle, dass die andere Vertragspartei mit der Geltung einverstanden ist. Nur reicht nach allgemeinen Regeln eine konkludente Einbeziehung aus, die regelmäßig in der Inanspruchnahme der Beförderungsleistung zu sehen ist. Der Grund dieser Ausnahme liegt darin, dass die genannten Tarife und Beförderungsbedingungen in amtli-

---

[78] Dafür BGH NJW 1998, 3188 (3189); aA Wolf/*Horn*, 4. Aufl. 1999, AGBG § 23 Rn. 123.

[79] *Graf von Westphalen* NJW 2002, 14 f.

[80] BGBl. I 230.

[81] Ulmer/*Schäfer* BGB § 305a Rn. 11; Palandt/*Grüneberg* BGB § 305a Rn. 2; AG Frankfurt a. M. NJW-RR 2001, 132 zu § 17 Eisenbahnverkehrsordnung (kein Schadensersatz für Zugverspätungen), hierzu auch *Staudinger* NJW 1999, 3664.

chen Veröffentlichungsorganen kundbar zu machen sind, es mithin der strengen Einbeziehungsvoraussetzungen zum Schutze des Vertragspartners nicht bedarf (vgl. zB § 39 Abs. 7 PBefG).[82]

b) Allgemeine Geschäftsbedingungen für Postbeförderungsverträge

Literatur: *Späth*, Zustellung durch die Post, NJW 1998, 1620; *Dübbers/Kim*, Nochmals: Post Express – Der neue Kurierservice der Deutschen Post AG nach erneuter Änderungen der AGB, NJW 1999, 547.

§ 305a Nr. 2 Buchst. a) BGB privilegiert **Beförderungsverträge** der Deutschen Post 300 AG und ihrer Mitbewerber mit ihren Kunden, **wenn diese durch den Einwurf einer Postsendung in einen Briefkasten zustande kommen.** Voraussetzung ist, dass die Bedingungen im Amtsblatt der Regulierungsbehörde für Telekommunikation und Post veröffentlicht sind und in den Geschäftsstellen des Verwenders zur Einsichtnahme bereitgehalten werden. Dass in einzelnen Geschäftsstellen die Bedingungen nicht bereitliegen, schadet allerdings nicht. Den tragenden Grund für die Erleichterung der Einbeziehung sieht die Regierungsbegründung darin, dass dem Kunden bei dieser besonderen Form des Vertragsschlusses die maßgeblichen Geschäftsbedingungen aus praktischen Gründen nicht zur Kenntnis gebracht werden können.[83] Bei der Aufgabe von Briefen und Päckchen am Schalter muss hingegen weiter den Anforderungen des § 305 Abs. 2 BGB entsprochen werden.

Zu beachten bleibt, dass die Rechte und Pflichten der Anbieter von Postdienstleistungen und derjenigen, die diese Leistungen als Endkunden vertraglich in Anspruch nehmen, rahmenmäßig durch die **Postdienstleistungsverordnung** normativ geregelt werden.[84] Vereinbarungen, die zu Ungunsten des Kunden von dieser Verordnung abweichen, sind nach § 1 Abs. 2 dieser Verordnung unwirksam.

c) Allgemeine Geschäftsbedingungen für bestimmte Telekommunikationsdienstleistungen

Literatur: *Fischer/Galster*, Auswirkungen der Schuldrechtsmodernisierung auf Telekommunikationsverträge, MMR 2002, 71; *Gehrhoff/Grote/Siering/Statz*, Allgemeine Geschäftsbedingungen der Telekom, Loseblatt; *Stoffels*, Rechtsgutachten zu den Standardverträgen zwischen der DTAG und den alternativen Diensteanbietern, 2005.

Ebenfalls an die Art des Vertragsschlusses knüpft die Vorschrift des **§ 305a Nr. 2** 302 **Buchst. b) BGB** an. Die Freistellung von den Einbeziehungsvoraussetzungen des § 305 Abs. 2 Nr. 1 und 2 BGB bezieht sich auf Verträge über Telekommunikations-, Informations- und andere Dienstleistungen, die unmittelbar durch Einsatz von Fernkommunikationsmitteln (Definition in § 312b Abs. 2 BGB) und während der Erbringung einer Telekommunikationsdienstleistung in einem Mal erbracht werden. Die Regierungsbegründung nennt hier vor allem das sog. offene **Call-by-call-Verfahren** und Verträge über **Mehrwert- und Informationsdienste.**[85] Unter die Mehrwertdienste fallen zB die „0900-Verbindungen",[86] während als klassischer Informationsdienst die Telefonauskunft zu nennen ist. Den Telekommunikationsunternehmen ist es hier in aller Regel nur unter unverhältnismäßigen Schwierigkeiten und dann auch nur unter erheblichen – zumal nicht

---

[82] BT-Drs. 7/3919, S. 42; vgl. ferner BGH NJW 1981, 569.
[83] BT-Drs. 14/1640, S. 152.
[84] Vom 21.8.2001, BGBl. I 2178.
[85] BT-Drs. 14/1640, S. 153.
[86] Zur Entgeltpflicht für Mehrwertdienstnutzung im Telefondienstvertrag vgl. BGH NJW 2007, 438.

im Kundeninteresse stehenden – Zeitverlusten möglich, ihre Allgemeinen Geschäftsbedingungen dem Kunden vor Vertragsschluss zugänglich zu machen.

303   Nicht erfasst werden hingegen telefonische Verträge über Dienstleistungen, die erst **nach Beendigung der Telefonverbindung** erfüllt werden.[87]

Beispiel: Aufgabe eines Telegramms.

2. Einbeziehung Allgemeiner Geschäftsbedingungen im unternehmerischen Geschäftsverkehr

Literatur: *Berger,* Einbeziehung von AGB in B2B-Verträge, ZGS 2004, 415; *Fischer,* Praktische Probleme der Einbeziehung von AGB unter Kaufleuten, insbesondere bei laufenden Geschäftsverbindungen, BB 1995, 2491; *Lindacher,* Zur Einbeziehung von Allgemeinen Geschäftsbedingungen durch kaufmännisches Bestätigungsschreiben, WM 1981, 702; *Müller-Graff,* AGB-Einbeziehung bei kaufmännischer Geschäftsübung und AGB-Gesetz, in: FS für Pleyer, 1986, S. 401; *Reh,* Einbeziehung und Inhaltskontrolle Allgemeiner Geschäftsbedingungen im kaufmännischen Verkehr, 1990; *Rüffer,* Einbeziehung von AGB im kaufmännischen Geschäftsverkehr, MDR 1992, 922; *Hubert Schmidt,* Einbeziehung von AGB im unternehmerischen Geschäftsverkehr, NJW 2011, 3329; *Vorderobermeier,* Die Einbeziehung Allgemeiner Geschäftsbedingungen im kaufmännischen Geschäftsverkehr, 1992.

304   § 305 Abs. 2 und 3 BGB findet gem. § 310 Abs. 1 S. 1 BGB im unternehmerischen Geschäftsverkehr keine Anwendung. Das bedeutet aber lediglich, dass die durch § 305 Abs. 2 BGB gegenüber dem allgemeinen Vertragsrecht formalisierten Einbeziehungsvoraussetzungen gegenüber einem Unternehmer nicht erfüllt sein müssen. Es bleibt indessen dabei, dass auch im unternehmerischen Geschäftsverkehr grundsätzlich Allgemeine Geschäftsbedingungen **nur kraft rechtsgeschäftlicher Vereinbarung** Vertragsbestandteil werden können. Notwendig ist demgemäß eine ausdrückliche oder stillschweigende Willensübereinstimmung der Vertragspartner zur Geltung der Allgemeinen Geschäftsbedingungen. Dazu ist erforderlich, dass der eine Teil zum Ausdruck bringt, neben dem individualvertraglich Vereinbarten sollten auch bestimmte Allgemeine Geschäftsbedingungen Vertragsinhalt werden, und der Vertragspartner nicht widerspricht.[88] Eine stillschweigende Einbeziehung Allgemeiner Geschäftsbedingungen kann im Allgemeinen angenommen werden, wenn Kaufleute im Rahmen einer **laufenden Geschäftsverbindung** stets Verträge zu den Geschäftsbedingungen der einen Seite abgeschlossen haben und der Verwender unmissverständlich zu erkennen gegeben hat, dass er regelmäßig Geschäfte nur auf der Grundlage seiner eigenen Geschäftsbedingungen tätigen will.[89]

305   Es ist anerkannt, dass die **Branchenüblichkeit** der Verwendung von Allgemeinen Geschäftsbedingungen dazu führen kann, dass das Angebot des Verwenders auch ohne ausdrücklichen Hinweis die Einbeziehung der Geschäftsbedingungen umfasst. Der Einbeziehung muss der branchenkundige Kunde dann grundsätzlich von sich aus widersprechen, will er sich nicht den Bedingungen **stillschweigend** unterwerfen.[90] Branchenüblichkeit wurde zB bejaht für die ADSp.[91] und Geschäftsbedingungen im Bankenverkehr.[92] Eine Einbeziehung aufgrund Branchenüblichkeit lehnt der BGH hingegen ab im

---

[87] Hierzu *Graf von Westphalen* NJW 2002, 16.

[88] BGH NJW 1992, 1232; NJW-RR 2003, 754 (755).

[89] BGH NJW-RR 2003, 754 (755).

[90] *Ulmer/Habersack* BGB § 305 Rn. 173 f.; einschränkend zuletzt BGH NJW 2014, 1296.

[91] BGH NJW-RR 1996, 1313; beachte allerdings auch BGH NJW 2003, 1397, wonach im Hinblick auf das in § 449 Abs. 2 S. 2 Nr. 2 HGB statuierte Erfordernis qualifizierter Information eine stillschweigende Einbeziehung einer Haftungsbegrenzung des Frachtführers (auch in den ADSp) ausscheidet.

[92] BGH WM 2004, 1177.

Hinblick auf die Bedingungen von Versorgungsunternehmen.[93] Keiner gesonderten Einbeziehung bedarf es, wenn sich Allgemeine Geschäftsbedingungen über die Branchenüblichkeit ihrer Einbeziehung hinaus selbst vollinhaltlich zu einem **Handelsbrauch** ausgebildet haben. Handelsbräuche (§ 346 HGB) gelten normativ, so dass es auf Kenntnis oder Einverständnis der beteiligten Kaufleute nicht ankommt.[94] Allerdings ist die Rechtsprechung sehr zurückhaltend mit der Anerkennung einer bestimmten Übung als Handelsbrauch.[95]

Als Einbeziehungstatbestand kommt schließlich auch das **Schweigen auf ein kaufmännisches Bestätigungsschreiben** in Betracht. Nimmt eine Vertragspartei nach Abschluss der Vertragsverhandlungen erstmals in einem solchen Bestätigungsschreiben auf ihre Allgemeinen Geschäftsbedingungen Bezug, so werden diese Vertragsinhalt, wenn sich der kaufmännische Kunde hiergegen nicht unverzüglich verwahrt bzw. in seinem Bestellschreiben zum Ausdruck gebracht hat, dass er nur zu seinen Allgemeinen Geschäftsbedingungen abschließe.[96] Die konstitutiven Wirkungen des kaufmännischen Bestätigungsschreibens treten auch dann ein, wenn die in Bezug genommenen Bedingungen dem Bestätigungsschreiben nicht beigefügt waren und dem Kunden auch sonst nicht bekannt waren.[97] Vom Bestätigungsschreiben ist die **Auftragsbestätigung** zu unterscheiden, mit der ein Unternehmer ein ihm vom Kunden unterbreitetes Angebot annimmt. Werden in dieser Auftragsbestätigung erstmals die Allgemeinen Geschäftsbedingungen eingeführt, so handelt es sich rechtlich um eine Ablehnung des Angebots verbunden mit einem neuen Angebot (§ 150 Abs. 2 BGB). Geht der kaufmännische Kunde auf eine modifizierende Auftragsbestätigung ein, indem er die Leistung entgegennimmt, so wird man dies als Betätigung des Annahmewillens werten müssen.[98] Von einem Kaufmann kann nämlich ein erhöhtes Maß an Aufmerksamkeit im geschäftlichen Verkehr erwartet werden.

306

3. Einbeziehung vorformulierter Arbeitsvertragsbedingungen

Mit der Aufhebung der Bereichsausnahme für das Arbeitsvertragsrecht hat sich der Gesetzgeber zwar für eine Inhaltskontrolle vorformulierter Arbeitsvertragsbedingungen nach AGB-rechtlichen Maßstäben entschieden, das Schutzinstrument der Einbeziehungskontrolle jedoch ausdrücklich ausgenommen. § 305 Abs. 2 und 3 BGB findet gem. **§ 310 Abs. 4 S. 2 Halbsatz 2 BGB** keine Anwendung. Der Gesetzgeber hat sich für die Ausklammerung des § 305 Abs. 2 und 3 BGB auf das **Nachweisgesetz**[99] berufen.[100] Hiernach sei der Arbeitgeber ohnehin verpflichtet, dem Arbeitnehmer die wesentlichen Vertragsbestimmungen auszuhändigen oder dies durch einen Hinweis auf eine einschlägige Kollektivvereinbarung zu ersetzen. Hierbei hat der Gesetzgeber jedoch offenkundig den

307

---

[93] BGH NJW 2014, 1296.

[94] BGH NJW-RR 2004, 555; *Ulmer/Habersack* BGB § 305 Rn. 180; *Drettmann* FS Graf von Westphalen, 2010, 73.

[95] Zu nennen sind insbesondere die Tegernseer Gebräuche im Holzhandel (BGH BB 1986, 1395) und die Bedingungen der Reederei in der Rheinschifffahrt (RheinSchifffahrtsOG Köln VersR 1978, 370); nicht aber die ADSp (*Ulmer/Habersack* BGB § 305 Rn. 181). Ein hiervon strikt zu unterscheidendes Problem stellen die sog. Verweisungsbräuche dar; zu ihnen *Basedow* ZHR 150 (1986), 487 f.

[96] BGHZ 7, 187 (190); Wolf/*Pfeiffer* BGB § 305 Rn. 135; Palandt/*Grüneberg* BGB § 305 Rn. 52; *Ulmer/Habersack* BGB § 305 Rn. 177 ff.

[97] BGHZ 7, 187 (190); MüKoBGB/*Basedow* § 305 Rn. 113; Palandt/*Grüneberg* BGB § 305 Rn. 52.

[98] BGH NJW 1995, 1671 (1672); NJW-RR 2000, 1154 (1155); Palandt/*Grüneberg* BGB § 305 Rn. 52.

[99] Gesetz vom 20.7.1995, BGBl. I 946.

[100] BT-Drs. 14/6857, S. 54.

Regelungsgehalt des Nachweisgesetzes verkannt.[101] Das Nachweisgesetz begründet eine Verpflichtung des Arbeitgebers, dem Arbeitnehmer die für sein Arbeitsverhältnis wesentlichen Arbeitsbedingungen schriftlich nachzuweisen. Damit sollen mehr Rechtssicherheit und Rechtsklarheit im Arbeitsverhältnis geschaffen werden. Eine Verpflichtung, dem Arbeitnehmer die schriftlich niedergelegten Arbeitsbedingungen bereits im Zeitpunkt des Vertragsschlusses auszuhändigen, besteht hingegen nicht (vgl. § 2 Abs. 1 S. 1 NachwG). Es geht mithin nicht wie bei § 305 Abs. 2 BGB um die Etablierung rechtsgeschäftlicher Schutzstandards in Form erhöhter Transparenzanforderungen im Zeitpunkt des Vertragsschlusses. Im Übrigen ahndet das Nachweisgesetz die Nichteinhaltung der Nachweispflicht auch nicht mit der Sanktion der Nichtgeltung. Es kann daher schon aus diesem Grunde nicht an die Stelle des § 305 Abs. 2 BGB treten. Trotz dieser Fehlbewertung des Nachweisgesetzes wird man die eindeutige gesetzgeberische Entscheidung nicht im Wege der analogen Anwendung des § 305 Abs. 2 BGB korrigieren dürfen.[102] Daran ändert auch die Klauselrichtlinie 93/13/EWG nichts.[103] Es verbleibt insoweit bei den allgemeinen rechtsgeschäftlichen Regeln. Möglich ist daher auch eine **konkludente Willensübereinkunft,** zB über die Geltung eines Tarifvertrages.[104]

IV. Rahmenvereinbarung

1. Sinn und Wirkungsweise einer Rahmenvereinbarung

308   Nach **§ 305 Abs. 3 BGB** kommt der einzelne Vertrag ohne weiteres unter Einbeziehung der Allgemeinen Geschäftsbedingungen des Verwenders zustande, wenn die Vertragspartner im Voraus generell ihre Geltung für künftige Verträge vereinbart haben, also eine sogenannte Rahmenvereinbarung getroffen haben. Dabei handelt es sich um einen Vertrag, durch den die Geltung der Allgemeinen Geschäftsbedingungen eines Partners für künftige Geschäfte vorgesehen wird. Die Allgemeinen Geschäftsbedingungen brauchen dann nicht in jedem Einzelfall neu vereinbart zu werden. Vielmehr werden sie durch die Rahmenvereinbarung für alle von ihr erfassten Verträge verbindlich, ohne dass die Einbeziehungsvoraussetzungen bei den Einzelverträgen erfüllt zu sein brauchen oder in den Einzelverträgen auf die Rahmenvereinbarung verwiesen werden müsste.[105] Mit der Regelung ist eine Erleichterung des Geschäftsverkehrs zwischen Parteien bezweckt, die eine ständige Geschäftsbeziehung auf der Basis einer Vielzahl gleichartiger Verträge unterhalten.[106] Wichtig ist diese durch § 305 Abs. 3 BGB eröffnete Möglichkeit vor allem für solche Geschäfte, die nicht schon als typische Massengeschäfte unter die Ausnahme des § 305 Abs. 2 Nr. 1 aE BGB fallen.[107]

Beispiel: Rahmenvereinbarungen sind beispielsweise die AGB-Banken, die aber zugleich in den Bankenvertrag als allgemeinem Grund- oder Geschäftsbeziehungsvertrag eingebettet sind.[108] Nr. 1 der AGB-Banken lautet: „Die Allgemeinen Geschäftsbedingungen gelten für die gesamte Geschäftsverbindung zwischen dem Kunden und den inländischen Geschäftsstellen der Bank."

[101] Kritisch zu Recht *Annuß* BB 2002, 460; *Richardi* NZA 2002, 1058 f.; AGB-Klauselwerke/ *Thüsing*, Arbeitsvertrag, Rn. 84.
[102] In diesem Sinne auch BAG NZA 2008, 45 (47); 2013, 148 (150); NZA-RR 2009, 593 (594); ErfK/*Preis* BGB §§ 305–310 Rn. 26; *Thüsing*, AGB-Kontrolle im Arbeitsrecht, Rn. 84.
[103] BAG NZA 2014, 1076 Rn. 57.
[104] BAG NZA 2013, 148 (150); *Thüsing*, AGB-Kontrolle im Arbeitsrecht, Rn. 200; ErfK/*Preis* BGB §§ 305–310 Rn. 26; *Lakies*, Inhaltskontrolle von Arbeitsverträgen, Rn. 131.
[105] BGH WM 1986, 1194 (1195).
[106] Wolf/*Pfeiffer* BGB § 305 Rn. 114.
[107] *Ulmer/Habersack* BGB § 305 Rn. 201.
[108] Wolf/*Pfeiffer* BGB § 305 Rn. 114. Zur rechtlichen Qualifikation des Bankvertrages vgl. im übrigen BGH NJW 2002, 3695.

Die **Rechtsnatur der Rahmenvereinbarung** war insbesondere vor Inkrafttreten des   309
AGB-Gesetzes umstritten.[109] Auch heute geht die Charakterisierung noch auseinander.
Während etwa *M. Wolf*[110] in Anlehnung an *A. Hueck*[111] von einem Normenvertrag
spricht, dessen Rechtswirkung in der unmittelbaren Geltung der zwischen den Parteien
vorgefertigten Vertragsordnung im Einzelvertrag beruhe, kennzeichnet *Ulmer*[112] die Rahmenvereinbarung als Dauerschuldverhältnis eigener Art, gerichtet auf Festlegung eines
durch die Allgemeinen Geschäftsbedingungen konkretisierten Vertragsrahmens für die
zwischen den Parteien abzuschließenden Einzelgeschäfte. Der Unterschied dürfte heute
jedoch eher terminologischer Art sein. Ein sachlicher – und erst recht ein praxisrelevanter
– Dissens lässt sich heute dank der gesetzlichen Klarstellung in § 305 Abs. 3 BGB nicht
mehr ausmachen.

2. Voraussetzungen einer wirksamen Rahmenvereinbarung

Die Rahmenvereinbarung ist ein Vertrag, auf den zunächst die allgemeinen Vorschrif-   310
ten über den Vertragsschluss durch übereinstimmende Willenserklärungen Anwendung
finden. Jedenfalls im nichtunternehmerischen Verkehr lässt sich weder der – sei es auch
im Rahmen laufender Geschäftsbeziehungen erfolgten – wiederholten Einbeziehung
der Allgemeinen Geschäftsbedingungen in eine Vielzahl von Einzelverträgen noch den häufigen Hinweisen in Rechnungen und Lieferscheinen auf die Allgemeinen Geschäftsbedingungen des Verwenders erkennbar dessen Angebot entnehmen, mit dem Vertragspartner
im Voraus allgemein die Geltung seiner Allgemeinen Geschäftsbedingungen für künftige
Geschäfte zu vereinbaren.[113] Ferner müssen bei Abschluss der Rahmenvereinbarung **die
Voraussetzungen des § 305 Abs. 2 Nr. 1 und 2 BGB vorliegen,** dh der Verwender muss
dafür Sorge tragen, dass der andere Teil auf die Allgemeinen Geschäftsbedingungen
hingewiesen und ihm die Möglichkeit der Kenntnisverschaffung eingeräumt wird. In der
Praxis wird die Rahmenvereinbarung nahezu ausnahmslos schriftlich niedergelegt werden. Gleichwohl hat das Gesetz ein besonderes Schriftformerfordernis nicht aufgestellt.

In der Rahmenvereinbarung muss eine **bestimmte Art von Rechtsgeschäften** – aus-   311
reichend sind aber auch mehrere Arten verwandter Geschäfte –[114] bezeichnet werden, für
die ihre Allgemeinen Geschäftsbedingungen Geltung beanspruchen soll. Bestimmt sein
müssen jedoch nicht nur die in Aussicht genommenen Rechtgeschäfte. Auch die **Allgemeinen Geschäftsbedingungen** des Verwenders müssen in der Rahmenvereinbarung
in einer Weise **fixiert sein,** dass bereits bei Abschluss der Rahmenvereinbarung feststeht,
mit welchem Inhalt sie in mögliche künftige Einzelgeschäfte Eingang finden werden.

Beispiel: Unzulässig wäre die Vereinbarung Allgemeiner Geschäftsbedingungen des Verwenders in
ihrer jeweils geltenden Fassung für die künftig zu erwartenden Einzelgeschäfte zwischen den Vertragsparteien.[115] Auch eine dynamische Verweisung auf die VOB ist in einer Rahmenvereinbarung
nicht zulässig.

Selbstverständlich muss auch eine Rahmenvereinbarung den inhaltlichen Anforderun-   312
gen der §§ 307 bis 309 BGB genügen.

---

[109] Nachweise bei *Ulmer/Habersack* BGB § 305 Rn. 203 f.
[110] Fortgeführt von Wolf/*Pfeiffer* BGB § 305 Rn. 114.
[111] *A. Hueck,* JherJb 73 (1923), 33 ff.
[112] *Ulmer/Habersack* BGB § 305 Rn. 205.
[113] BGH WM 1986, 1194 (1195).
[114] *Ulmer/Habersack* BGB § 305 Rn. 207; Erman/*Roloff/Looschelders* BGB § 305 Rn. 45. *Koch/
Stübing* AGBG § 2 Rn. 38 verlangen hingegen, dass die Rechtsgeschäfte allesamt demselben Vertragstyp zuzuordnen sind.
[115] *Ulmer/Habersack* BGB § 305 Rn. 208; Palandt/*Grüneberg* BGB § 305 Rn. 44; Staudinger/
Mäsch BGB § 305 Rn. 205; Amtl. Begründung BT-Drs. 7/3919, S. 18.

V. Das Problem kollidierender Allgemeiner Geschäftsbedingungen

Literatur: *Ebel*, Die Kollision Allgemeiner Geschäftsbedingungen, NJW 1978, 1033; *Eckest/Nebel*, Abwehrklauseln in Einkaufsbedingungen, verlängerter Eigentumsvorbehalt und Globalzession, WM 1988, 1545; *Lieb*, Eigentumsvorbehalt und Abwehrklausel, in: FS für Baumgärtel, 1990, S. 311; *de Lousanoff*, Neues zur Wirksamkeit des Eigentumsvorbehalts bei kollidierenden AGB, NJW 1985, 2921; *Köster*, Stillschweigende Vereinbarung eines verlängerten Eigentumsvorbehalts – OLG Düsseldorf, NJW-RR 1997, 946 ff., JuS 2000, 22; *Mayer*, Der Eigentumsvorbehalt bei sich widersprechenden AGB, NJW 1978, 1037; *Schlechtriem*, Die Kollision von Standardbedingungen bei Vertragsschluß, in: FS für Wahl, 1973, S. 67; *ders.*, Kollidierende Standardbedingungen und Eigentumsvorbehalt, in: Schlechtriem/Leser, Zum Deutschen und Internationalen Schuldrecht, 1983, S. 1; *Striewe*, Kollidierende AGB. Vertragsschluß und Vertragsinhalt, JuS 1982, 728; *Graf von Westphalen*, Kollision von Einkaufs- und Verkaufs-AGB, in: FS für Kreft, 2004, S. 97.

1. Problemstellung

313   Die verbreitete Verwendung Allgemeiner Geschäftsbedingungen im kaufmännischen Geschäftsverkehr führt nicht selten dazu, dass beide Teile eines in Aussicht genommenen Geschäfts über vorformulierte Vertragsbedingungen verfügen, die sie nach Möglichkeit in den Vertrag einbeziehen wollen. Denkbar ist, dass die Parteien im Verhandlungsstadium diesen Punkt zur Sprache bringen und in der einen oder anderen Weise für sich regeln. Mitunter wird es so sein, dass der mächtigere Vertragsteil den Vertragsschluss vom Verzicht der Gegenseite auf die Einbeziehung ihrer Vertragsbedingungen abhängig macht, das Kollisionsproblem auf diese Weise mithin noch vor Vertragsschluss aus dem Wege geräumt wird. Oftmals lassen die Parteien das Kollisionsproblem jedoch offen, um den Abschluss des Vertrages und damit den erhofften Geschäftsgewinn nicht zu gefährden. Den näheren Modalitäten und insbesondere der Regelung etwaiger Störungstatbestände messen die Parteien demgegenüber nur zweitrangige Bedeutung zu, steht doch im Allgemeinen eine reibungslose Abwicklung des Geschäfts zu erwarten. Bedeutung erlangt die offen gelassene Frage der Geltung der Allgemeinen Geschäftsbedingungen jedoch dann, wenn die Vertragsabwicklung nicht so verläuft, wie sich die Parteien dies vorgestellt haben und der betreffende Tatbestand in den jeweiligen Geschäftsbedingungen unterschiedlich geregelt ist.

Beispiele:

(1) E, Inhaber eines Elektrofachhandels, bestellt unter Beifügung seiner Allgemeinen Einkaufsbedingungen bei dem Großhändler G mehrere Kaffeemaschinen für den Weiterverkauf an seine Kunden. G schreibt, er nehme das Angebot an und verweist seinerseits auf seine Allgemeinen Verkaufs- und Lieferungsbedingungen. Der Vertrag gelangt zur Ausführung. Allerdings erweisen sich die Kaffeemaschinen als mangelhaft. E muss nun mit Regressansprüchen seiner Kunden rechnen. In seinen Einkaufsbedingungen hatte sich E jedoch ausbedungen, dass der Lieferant ihn von möglichen Ersatzansprüchen seiner Endabnehmer freizustellen habe, soweit der Lieferant für den die Haftung auslösenden Fehler einzustehen habe. G beruft sich hingegen auf seine Allgemeinen Verkaufs- und Lieferungsbedingungen, in denen eine Haftung für diesen Fall gerade ausgeschlossen wird.

(2) Im Beispielsfall (1) hatten die Parteien sich telefonisch geeinigt. Über Allgemeine Geschäftsbedingungen ist nicht gesprochen worden. Nunmehr bestätigen sich beide Parteien durch sich kreuzende Bestätigungsschreiben den Vertragsschluss und weisen dabei jeweils auf ihre dem Bestätigungsschreiben beigelegten Allgemeinen Geschäftsbedingungen hin.

314   Entsprechend der unterschiedlichen Interessenlage der als Anbieter oder Nachfrager auftretenden Vertragspartner fällt der Inhalt der jeweils in Bezug genommenen Allgemeinen Geschäftsbedingungen nicht selten auseinander (vgl. die Beispielsfälle). In diesen Fällen stellt sich die Frage, ob trotz der sich teilweise widersprechenden Willenserklärungen der Parteien ein Vertrag zustande gekommen ist und welchen Inhalt der Vertrag

gegebenenfalls hat. Obwohl das Problem schon geraume Zeit vor Inkrafttreten des AGB-Gesetzes erkannt worden war,[116] hat sich der Gesetzgeber einer normativen Konfliktlösung bewusst enthalten.[117] Dies ist insofern auch konsequent, als das AGB-Gesetz (jetzt §§ 305 ff. BGB) nur die Einbeziehung Allgemeiner Geschäftsbedingungen im nichtkaufmännischen Geschäftsverkehr aufgegriffen hat, die Regelung eines Detailproblems aus dem kaufmännischen Geschäftsverkehr mithin als Bruch im Regelungskonzept erscheinen müsste.[118] Die Lösung muss daher durch Rückgriff auf die allgemeinen Regeln des Vertragsrechts gewonnen werden.[119]

2. Lösungsansatz der Rechtsprechung

Die enge Anbindung an die Vorschriften des Bürgerlichen Gesetzbuches (insbesondere § 150 Abs. 2 BGB) kennzeichnet seit jeher auch die zivilgerichtliche Judikatur zu dieser Problematik. Die Rechtsprechung hat – nicht unbeeinflusst von kritischen Äußerungen im Schrifttum – im Laufe der Zeit Wandlungen erfahren. Die noch verbleibenden Differenzen in den praktischen Ergebnissen sind überschaubar. Immer ging das Bestreben der Rechtsprechung im Einklang mit der ganz herrschenden Lehre dahin, den Vertragsschluss nicht an der Kollision sich widersprechender Allgemeiner Geschäftsbedingungen scheitern zu lassen. **315**

a) Ausgangspunkt: Theorie des letzten Wortes. Die ältere Rechtsprechung[120] löste das Kollisionsproblem nach einem einheitlichen, streng an § 150 Abs. 2 BGB orientierten Muster. Der Vertrag kommt nach dieser Lösung nicht bereits durch die erklärte Zustimmung des Angebotsempfängers zustande. Denn dieses Einverständnis sei wegen der Bezugnahme auf die eigenen Allgemeinen Geschäftsbedingungen als Ablehnung verbunden mit einem neuen Antrag zu bewerten. Gelange der Vertrag dann jedoch gleichwohl zur Ausführung und nehme die sonach am Zug befindliche Vertragspartei die Leistung widerspruchslos entgegen, so könne dies im Zweifel als stillschweigendes Einverständnis mit den Allgemeinen Geschäftsbedingungen der Gegenseite angesehen werden. In unserem Beispielsfall wäre die Antwort des Großhändlers als Ablehnung des Antrags verbunden mit einem neuen Angebot zum Abschluss eines Kaufvertrages unter Geltung seiner Allgemeinen Verkaufs- und Lieferungsbedingungen gewertet worden. In der vorbehaltlosen Entgegennahme der Leistung (der Lieferung) wäre dann letztlich die stillschweigende Zustimmung zu dem modifizierten Angebot erblickt worden. In unserem Beispiel hätte sich der Lieferant im Ergebnis mit seinen Allgemeinen Geschäftsbedingungen durchgesetzt. Diesen Lösungsansatz hat man treffend als „Theorie des letzten Wortes"[121] charakterisiert. Denn **316**

---

[116] *Raiser*, Recht der allgemeinen Geschäftsbedingungen, S. 224 f.; *Schlechtriem* FS Wahl, 1973, 67 ff.

[117] Siehe hierzu die Amtl. Begründung, BT-Drs. 7/3919, S. 17 f. Der Bundesrat (BT-Drs. 7/3919, S. 47 f.) hatte sich für eine Regelung ausgesprochen und die Ergänzung des Entwurfs um einen § 5a vorgeschlagen, der wie folgt lautete: „Nehmen beide Vertragsparteien auf Allgemeine Geschäftsbedingungen Bezug, die sich insgesamt oder in einzelnen Bestimmungen widersprechen und haben sie insoweit eine ausdrückliche Einigung nicht erzielt, so werden Bestimmungen, soweit sie sich widersprechen, für den Vertrag nicht wirksam. § 5 Abs. 2 und 3 (der heutige § 306 Abs. 2 und 3 BGB) gilt entsprechend."

[118] In diesem Sinne auch die Gegenäußerung der Bundesregierung zur Stellungnahme des Bundesrates (BT-Drs. 7/3919, S. 60).

[119] Zur Frage, in welchem Umfang kollidierende Allgemeine Geschäftsbedingungen im Anwendungsbereich des CISG Vertragsbestandteil werden vgl. BGH NJW 2002, 1651.

[120] RG, Warn. 1919, Nr. 5 (weitere Nachweise der reichsgerichtlichen Judikatur bei *Raiser*, Recht der allgemeine Geschäftsbedingungen, S. 224 Fn. 1); BGH NJW 1951, 271; 1955, 1794; 1963, 1248.

[121] *Löwe*/Graf von Westphalen/*Trinkner* AGBG § 2 Rn. 42; *Ulmer*/*Habersack* BGB § 305 Rn. 185; *Ebel* NJW 1978, 1033.

Vertragsinhalt werden die Allgemeinen Geschäftsbedingungen derjenigen Partei, die zuletzt auf sie verwiesen hat.

317   **b) Einschränkungen dieses Lösungsansatzes.** Die neuere Rechtsprechung des BGH hat an dem skizzierten Konzept zwar im Grundsatz festgehalten, die wenig einleuchtende Konsequenz der Geltung des letzten Wortes, in einer Reihe von Urteilen jedoch deutlich zurückgedrängt.[122] Der Lösungsweg über § 150 Abs. 2 BGB soll nunmehr dort nicht mehr gangbar sein, wo der Besteller durch eine in seinen Allgemeinen Geschäftsbedingungen enthaltene **Abwehrklausel** deutlich gemacht habe, dass er nur zu seinen Allgemeinen Geschäftsbedingungen habe abschließen wollen.

Beispiel: Die in den Allgemeinen Geschäftsbedingungen des Bestellers enthaltene Abwehrklausel *„anderslautende Bedingungen – soweit sie nicht in dieser gesamten Bestellung festgelegt sind – gelten nicht"* schließt nach der Rechtsprechung des BGH alle Vertragsbedingungen des Lieferanten aus, auch solche, die das Klauselwerk des Bestellers ergänzen.[123]

318   Bestätigt der Lieferant in einem solchen Falle den Vertragsschluss gleichwohl unter Hinweis auf die Geltung seiner Verkaufsbedingungen, so soll die widerspruchslose Annahme der Leistung oder die Erbringung der Gegenleistung nicht als Einverständnis des Bestellers mit dem modifizierten Angebot des anderen Teils gewertet werden können. Die Wirksamkeit des Vertrages als solcher soll von diesem Einigungsmangel jedoch nicht berührt werden, sofern die Parteien einverständlich mit der Durchführung des Vertrages beginnen. Die Lücke im Vertrag wird nach der neueren Rechtsprechung in diesem Falle nicht ohne weiteres und ausnahmslos dadurch geschlossen, dass anstelle der in den Allgemeinen Geschäftsbedingungen vorgesehenen Regelungen das entsprechende dispositive Recht tritt. Dem Parteiwillen könne vielmehr entnommen werden, dass solche vom dispositiven Recht abweichende oder dieses ergänzende Regelungen gelten sollten, die in den beiderseitigen Allgemeinen Geschäftsbedingungen mit übereinstimmendem Inhalt getroffen und demgemäß von beiden Parteien gewollt seien.[124] Damit beschränkt die heutige Rechtsprechung die Anwendung des § 150 Abs. 2 BGB im Ergebnis auf diejenigen Fälle, in denen es an einer Abwehrklausel auf Seiten des Bestellers fehlt oder eine solche zwar vorhanden ist, sich ein Pendant hierzu jedoch auch in der Auftragsbestätigung des Lieferanten findet.

3. Stellungnahme

319   Die frühere Rechtsprechung nach Maßgabe der „Theorie des letzten Wortes" stand schon deshalb auf schwachen Füßen, weil es überaus zweifelhaft ist, ob die Entgegennahme der Vertragsleistung einen Schluss auf den rechtsgeschäftlichen Willen erlaubt, den Vertrag mit den Allgemeinen Geschäftsbedingungen des Vertragspartners gelten zu lassen und die eigenen – dem anderen Teil als Vertragsgrundlage immerhin angetragenen – Bedingungen zurückzustellen.[125] Außerdem provoziert dieser Ansatz ein „Ping-Pong-Spiel",[126] in dem Widerspruch auf Widerspruch folgt. Er produziert wenig einsichtige Zufallsergebnisse und begünstigt tendenziell den Lieferanten, der sich mit seiner durch Hinweis auf die eigenen Allgemeinen Geschäftsbedingungen modifizierten Auftrags-

---

[122] BGH NJW 1973, 2106; 1980, 449; 1985, 1838 (1839 f.); 1991, 1604 (1606); NJW-RR 2001, 484; OLG Düsseldorf NJW-RR 1997, 946 (947).

[123] BGH NJW-RR 2001, 484.

[124] BGH NJW 1985, 1838 (1839 f.).

[125] Kritisch schon *Raiser,* Recht der allgemeinen Geschäftsbedingungen, S. 224; ablehnend auch *Flume,* Rechtsgeschäft, § 37, 3, S. 676; Palandt/*Grüneberg* BGB § 305 Rn. 54 sowie OLG Köln DB 1980, 924; aA hingegen *Ebel* NJW 1978, 1034 f.

[126] *Löwe*/Graf von Westphalen/Trinkner AGBG § 2 Rn. 41.

bestätigung oftmals durchsetzen wird. Gestaltet sich die Vertragsanbahnung indes komplizierter, es kommt beispielsweise zu einem Hin und Her der Korrespondenz, so kann es sich im Nachhinein sogar als äußerst schwierig erweisen, festzustellen, wer hinsichtlich der Frage der Geltung der Allgemeinen Geschäftsbedingungen das letzte Wort hatte.[127] Der Lösungsansatz über § 150 Abs. 2 BGB mutet kurzum willkürlich an, ohne dass dieses Gerechtigkeitsdefizit durch ein Mehr an Rechtssicherheit aufgewogen würde. Das „letzte Wort" verdient schlichtweg die ihm zugemessene Präponderanz nicht.[128] Der neueren Rechtsprechung ist zu attestieren, dass sie die kritisierten Konsequenzen ihres Grundansatzes praxisgerecht weitgehend zurückgedrängt hat. Klärungsbedürftig ist jedoch weiterhin der dogmatische Ausgangspunkt der Lösung. Hier wäre eine Grundsatzentscheidung, die den Lösungsweg über § 150 Abs. 2 BGB endgültig der Vergangenheit überantwortet, sehr zu begrüßen.[129] Ein alternatives Konzept, das die beiden zentralen Punkte, nämlich das Zustandekommen des Vertrages und seinen Inhalt, überzeugender zu lösen vermag, könnte wie folgt aussehen:

a) Zustandekommen des Vertrages. Im Ergebnis in Übereinstimmung mit der Rechtsprechung ist zunächst davon auszugehen, dass das Aufeinandertreffen unterschiedlicher Allgemeiner Geschäftsbedingungen in aller Regel das Zustandekommen eines wirksamen Vertrages nicht hindert. Die Begründung ist jedoch nicht in der Vorschrift des § 150 Abs. 2 BGB zu finden, sondern in der Umkehrung der Auslegungsregel des § 154 Abs. 1 BGB.[130] Die Praxis hat gezeigt, dass die Parteien den AGB-Konflikt der Einigung über den rechtsgeschäftlichen Leistungsaustausch unterordnen und das Geschäft an dieser Frage nicht scheitern lassen wollen.[131] Einer interessengerechten Bewertung des Parteiwillens dürfte es daher in aller Regel entsprechen, den Vertrag trotz der nicht erzielten Einigung über die Geltung der Allgemeinen Geschäftsbedingungen für geschlossen zu erachten. Einen offenen Dissens mit der Folge des Scheiterns des Vertrages wird man nur annehmen können, wenn eine Partei die Geltung ihrer Allgemeinen Geschäftsbedingungen ausdrücklich in den Rang einer Wirksamkeitsvoraussetzung des Vertrages erhoben hat, wofür eine heute allgemein übliche, bloße Abwehrklausel nicht genügt. Für diese Sichtweise lässt sich schließlich auch der Rechtsgedanke des § 306 Abs. 1 BGB heranziehen. Nach dieser Vorschrift wäre der Vertrag ja immerhin auch dann wirksam zustande gekommen, wenn der Versuch einer einseitigen Einführung Allgemeiner Geschäftsbedingungen in den Vertrag mit einem nichtkaufmännischen Kunden mangels Beachtung der Einbeziehungsvoraussetzungen des § 305 Abs. 2 BGB insgesamt gescheitert wäre.

b) Inhalt des Vertrages (Prinzip der Kongruenzgeltung). Für den Inhalt des zustande gekommenen Vertrages ist **in erster Linie der zwischen den Parteien erzielte Konsens maßgeblich.** Dieser wird sich zumeist nicht in der bloßen Festlegung der Haupt-

320

321

---

[127] *Flume*, Rechtsgeschäft, § 37, 3, S. 675 f.; *Striewe* JuS 1982, 729 beklagt ebenfalls ein erhöhtes Maß an Rechtsunsicherheit.

[128] *Flume*, Rechtsgeschäft, § 37, 3, S. 675.

[129] In diesem Sinne mittlerweile auch die herrschende Lehre; vgl. Palandt/*Grüneberg* BGB § 305 Rn. 54; *Ulmer/Habersack* BGB § 305 Rn. 188 ff.; partiell an § 150 Abs. 2 BGB festhaltend hingegen Wolf/*Pfeiffer* BGB § 305 Rn. 138.

[130] *Ulmer/Habersack* BGB § 305 Rn. 188; Palandt/*Grüneberg* BGB § 305 Rn. 54; aA *Ebel* NJW 1978, 1036.

[131] Instruktiv hierzu eine von *Kegel* JZ 1952, 501 mitgeteilte Szene aus einem Londoner Gerichtssaal: „Warum haben Sie nicht klargestellt, wessen Allgemeine Geschäftsbedingungen gelten sollen, Ihre oder die des Gegners?" „Wir würden keinen Vertrag hinkriegen, wenn wir sowas machten, haben auch keine Zeit". „Na, wozu haben Sie dann überhaupt Bedingungen?" „Wozu? Die hat doch jeder!".

leistungspflichten erschöpfen. Vielmehr wird der Vergleich der jeweils in Bezug genommenen Allgemeinen Geschäftsbedingungen auch Übereinstimmung in verschiedenen anderen Punkten zutage fördern. Diesem übereinstimmenden Willen ist entsprechend dem Prinzip der Privatautonomie nach Möglichkeit zum Erfolg, sprich zur vertraglichen Verbindlichkeit, zu verhelfen. Man hat diese Lösung auch als „Prinzip der Kongruenzgeltung" bezeichnet.[132] Nur wenn sich die Allgemeinen Geschäftsbedingungen beider Vertragspartner (punktuell) als unvereinbar erweisen, ist die Lösung entsprechend dem Rechtsgedanken des § 306 Abs. 2 BGB in der **Anwendung von Vorschriften des dispositiven Gesetzesrechts** zu suchen.[133]

322   Die Feststellung des Umfangs der Übereinstimmung bereitet mitunter Schwierigkeiten. Ob die Vertragswerke in den interessierenden Punkten übereinstimmen, ist ggf. im Wege der Auslegung unter Berücksichtigung von Sinn und Zweck der jeweiligen Regelung und des gemeinschaftlichen Interesses beider Parteien zu bestimmen.

Beispiele:
(1) Im eingangs geschilderten Beispielsfall stehen die Allgemeinen Geschäftsbedingungen in der Frage der Freistellung von Ersatzansprüchen der Endabnehmer in einem klaren und unüberbrückbaren Widerspruch. Die einander widersprechenden Klauseln sind nicht Vertragsbestandteil geworden. Die Rechtslage beurteilt sich in diesem Punkt nach dem dispositiven Gesetzesrecht.
(2) In den Allgemeinen Einkaufsbedingungen der einen Vertragspartei heißt es: „Mangelhafte Waren sind vom Lieferer kostenlos instandzusetzen, gegen einwandfreie auszutauschen oder zur Gutschrift zurückzunehmen". Die Allgemeinen Lieferbedingungen der Gegenseite sahen für diesen Fall folgende Regelung vor: „Alle diejenigen Teile oder Leistungen sind nach Wahl des Lieferers unentgeltlich nachzubessern, neu zu liefern oder neu zu erbringen, die ..." Die Klauseln stimmen hinsichtlich der Kostentragung inhaltlich überein und verpflichten, wie der BGH im Einzelnen dargelegt hat, den Lieferanten auch zur Übernahme der Kosten, die für die Erfüllung der Nachbesserungs- oder Nachlieferungspflicht am ursprünglichen Lieferungsort erforderlich sind.[134] Eine solche Klausel unterliegt nicht der Inhaltskontrolle nach den §§ 307 bis 309 BGB, da sie von keiner Seite gestellt ist (§ 305 Abs. 1 BGB).[135]
(3) In den „Allgemeinen Lieferungs- und Zahlungsbedingungen" eines Wurstlieferanten findet sich die Klausel: „Schlecht-, Falsch- oder Minderlieferungen sind spätestens binnen 12 Stunden nach Warenankunft, verdeckte Mängel spätestens 24 Stunden nach Entdeckung dem Verkäufer schriftlich oder fernschriftlich anzuzeigen. Nach den „Allgemeinen Einkaufs-, Bestell- und Zahlungsbedingungen" des Geschäftspartners, einer Pizza-Kette, sind demgegenüber „die §§ 377 und 378 HGB ... ausgeschlossen". Ferner findet sich in ihnen eine Abwehrklausel.[136] Im Falle sich inhaltlich widersprechender Klauseln ist vor dem Rückgriff auf das dispositive Gesetzesrecht zu prüfen, ob die jeweils vorgesehene Regelung – unterstellt, sie wäre Vertragsbestandteil geworden – überhaupt Rechtswirkungen entfalten könnte. Dies ist nicht der Fall, wenn die Klausel wegen inhaltlicher Unangemessenheit einer Inhaltskontrolle nach den §§ 307 bis 309 BGB nicht stand zu halten vermag. Im vorliegenden Fall verstößt der uneingeschränkte Ausschluss der §§ 377, 378 HGB gegen § 307 Abs. 2 Nr. 1 BGB und ist demgemäß unwirksam.[137] Rechtlich besteht nun kein Unterschied zu der Konstellation, dass die Geschäftsbedingungen der Käuferseite zu diesem Gegenstand von vornherein keine Aussagen treffen. Man spricht bei solchen zusätzlichen Regelungen, die in den Bedingungen der Gegenseite (hier der Käuferseite) keine Entsprechung finden, auch von Ergänzungsregelungen.[138] Ob in einem solchen Falle auch ohne eine in den beiderseitigen Allgemeinen Geschäftsbedingungen zum Ausdruck kommende übereinstimmende Willens-

---

[132] Wolf/*Pfeiffer* BGB § 305 Rn. 142; Palandt/*Grüneberg* BGB § 305 Rn. 54; BeckOGK/*Lehmann-Richter* BGB § 305 Rn. 285; *Schwab* AGB-Recht Teil 2 Rn. 146.
[133] Wolf/*Pfeiffer* BGB § 305 Rn. 143; *Ulmer/Habersack* BGB § 305 Rn. 193; *Schwab*, AGB-Recht Teil 2 Rn. 142. Im älteren Schrifttum hatte man sich verschiedentlich noch für Vorrang des dispositiven Rechts ausgesprochen vgl. etwa *Emmerich* JuS 1972, 365.
[134] BGH NJW 1991, 1604 (1606).
[135] Wolf/*Pfeiffer* BGB § 305 Rn. 142.
[136] BGH NJW 1991, 2633.
[137] BGH NJW 1991, 2633 (2634).
[138] Wolf/*Pfeiffer* BGB § 305 Rn. 144.

richtung ein stillschweigendes Einvernehmen des anderen Teils mit den einseitig geregelten zusätzlichen Bedingungen des Vertragspartners angenommen werden kann, hängt von dem anhand der sonstigen Umstände zu ermittelnden Willen des Klauselgegners ab.[139] Die Geltung der Ergänzungsregelung liegt zumindest dann nahe, wenn sie die Gegenseite begünstigt. Auch die Üblichkeit solcher Regelungen in Geschäftsbeziehungen dieser Art spricht für ihre Geltung. Aber schon durch eine (einfache) Abwehrklausel soll nach Ansicht des BGH die Geltung der einseitig ergänzenden Regelungen ausgeschlossen werden können.[140] Dem ist in dieser Allgemeinheit zu widersprechen.[141] Ergeben sich im Rahmen der Auslegung deutliche Anhaltspunkte für ein stillschweigendes Einverständnis des Klauselgegners mit der betreffenden Regelung, so gebührt dem konkret zum Ausdruck gelangten Willen der Vorrang vor einer vergleichsweise pauschal formulierten Abwehrklausel.

4. Eigentumsvorbehalt bei sich widersprechenden Allgemeinen Geschäftsbedingungen

Besonderheiten gelten für den Eigentumsvorbehalt. Im kaufmännischen Geschäftsverkehr ist hier jedenfalls für den einfachen Eigentumsvorbehalt zunächst die mögliche Existenz einer die Grundlage stillschweigender Einbeziehung bildenden Handelsübung zu beachten.[142] Scheitert die Einbeziehung in den Kaufvertrag gleichwohl, etwa im Hinblick auf eine Abwehrklausel des Käufers, oder ist die Eigentumsvorbehaltsregelung unwirksam (§ 307 BGB), so muss von der schuldrechtlichen Ebene die sachenrechtliche Ebene unterschieden werden. Da nämlich der Eigentumsübergang durch einseitige Erklärung ausgeschlossen werden kann und bei der Auslegung der Erklärung des Verkäufers der Gesamtinhalt seiner Allgemeinen Geschäftsbedingungen berücksichtigt werden muss, **setzt sich der Eigentumsvorbehalt grundsätzlich unabhängig vom Inhalt des Verpflichtungsgeschäfts durch.**[143] Ggf. muss der Käufer die Übereinstimmung zwischen geschuldeter Leistung (unbedingte Übereignung) und erfolgter Leistung (Übereignung unter Eigentumsvorbehalt) klageweise durchsetzen. Verlängerte und erweiterte Eigentumsvorbehaltsklauseln werden jedenfalls im Falle einer in den Einkaufsbedingungen enthaltenen Abwehrklausel nicht Vertragsinhalt,[144] es sei denn das Regelwerk der Verkäuferseite wird in diesem Punkte von den Einkaufsbedingungen erkennbar vorausgesetzt und akzeptiert.[145]

323

§ 10. Ausschluss überraschender Klauseln

Literatur: *Schmidt-Salzer*, Die Kontrolle ungewöhnlicher/überraschender AGB-Klauseln: deutsche Vergangenheit und europäische Zukunft, in: FS für Trinkner, 1995, S. 361 ff.; *Stoffels*, Der Schutz vor überraschenden Vertragsbestimmungen, in: GS für Manfred Wolf, 2011, S. 157 ff.

---

[139] BGH NJW 1985, 1838 (1839); *Ulmer/Habersack* BGB § 305 Rn. 194; *Schwab* AGB-Recht Teil 2 Rn. 146; aA: *Striewe* JuS 1982, 732 (generell keine Geltung der Ergänzungsregelung).

[140] BGH NJW 1985, 1838 (1840); 1991, 2633 (2635).

[141] Abl. auch *Ulmer/Habersack* BGB § 305 Rn. 194; differenzierend Wolf/*Pfeiffer* BGB § 305 Rn. 144.

[142] BGH NJW-RR 2004, 555.

[143] BGH NJW 1982, 1749 (1750); BGH NJW 1982, 1751; BGH NJW 1988, 1774 (1776); Palandt/ *Grüneberg* BGB § 305 Rn. 55; *Ulmer/Habersack* BGB § 305 Rn. 197; hierzu auch *de Lousanoff* NJW 1982, 1727.

[144] BGH NJW 1985, 1838 (1839); NJW-RR 1991, 357.

[145] OLG Düsseldorf NJW-RR 1997, 947 mit dem zutreffenden Hinweis, dass im Falle der Nichteinbeziehung eines verlängerten Eigentumsvorbehalts der Wille des Verkäufers doch dahin gehen kann, die Ware jedenfalls nicht unbedingt zu übereignen.

I. Allgemeines

324   Der durchschnittliche Kunde nutzt die ihm eingeräumte Möglichkeit, sich vom Inhalt der Allgemeinen Geschäftsbedingungen Kenntnis zu verschaffen, erfahrungsgemäß nicht oder nur unzureichend. Er richtet seine Aufmerksamkeit bestenfalls auf die Hauptpunkte und einige ihn besonders interessierende Teilregelungen. Die Last, das komplexe Klauselwerk insgesamt in all seinen Regelungspunkten zu erfassen, nimmt er hingegen regelmäßig nicht auf sich. Hierfür fehlt ihm zumeist auch die notwendige Rechts- und Geschäftskunde. Häufig wird es sogar so sein, dass der Kunde im Vertrauen auf die Redlichkeit seines Gegenübers oder aus Zeitgründen das Klauselwerk ungelesen akzeptiert. Vor diesem Hintergrund wäre es eine Überspannung der Anforderungen an die rechtsgeschäftliche Verantwortungsfähigkeit, wollte man der auf Geltung der Allgemeinen Geschäftsbedingungen gerichteten Erklärung des Kunden eine gleichermaßen strikte Bindung beimessen wie einer Erklärung, die auf den Abschluss einer Individualvereinbarung gerichtet ist.[1] Daher bestimmt § 305c Abs. 1 BGB, dass Klauseln, die so ungewöhnlich sind, dass der Vertragspartner nicht mit ihnen zu rechnen braucht, auch dann nicht Bestandteil des Vertrages werden, wenn in Bezug auf das Klauselwerk als Ganzes die nach § 305 Abs. 2 BGB vorgeschriebenen Voraussetzungen für die Einbeziehung vorliegen. § 305c Abs. 1 BGB verstärkt damit den Schutz des Kunden. Ihm wird es ermöglicht, sich von einer überraschenden Klausel zu distanzieren, ohne ihre inhaltliche Unangemessenheit dartun zu müssen.[2] Die Vorschrift will das Vertrauen des den Allgemeinen Geschäftsbedingungen unterworfenen Kunden schützen, dass sich die global konsentierten einzelnen Regelungen im Rahmen dessen halten, was nach den Umständen bei Abschluss des Vertrages erwartet werden kann.[3] Der Verwender, der die oben skizzierte Praxis der Einbeziehung Allgemeiner Geschäftsbedingungen nur allzu gut kennt, ist nicht schutzwürdig, wenn er versucht, seinem Vertragspartner Klauseln unterzuschieben, mit denen dieser nicht zu rechnen brauchte.[4] In seiner Zielrichtung, den Kunden vor einer Überrumpelung durch ungewöhnliche, für ihn typischerweise nicht überschaubare Klauseln zu schützen, erweist sich das Überraschungsverbot zugleich als Ausprägung des Transparenzgebots.[5]

325   Dass unübliche Vertragsabreden verdächtig sind, entspricht im Übrigen einer **langen Rechtstradition**. Schon bei *Nicolaus Everardi* heißt es, *„clausulae insolitae inducunt suspicionem“*.[6] Dem **Reichsgericht** diente diese Erkenntnis als Anknüpfungspunkt für eine gerichtliche Kontrolle Allgemeiner Geschäftsbedingungen.[7] *Ludwig Raiser* konstatierte in seiner bahnbrechenden Habilitationsschrift aus dem Jahre 1935, in einer langen

---

[1] Begründung des RegE BT-Drs. 7/3919, S. 19; Palandt/*Grüneberg* BGB § 305c Rn. 2.
[2] Begründung des RegE BT-Drs. 7/3919, S. 19.
[3] Begründung des RegE BT-Drs. 7/3919, S. 19; OLG Köln NJW 2006, 3358; Wolf/*Lindacher/ Hau* BGB § 305c Rn. 2; MüKoBGB/*Basedow* § 305c Rn. 1.
[4] Hier zeigt sich übrigens eine bemerkenswerte Parallele zur Bindungswirkung des Schweigens auf ein kaufmännisches Bestätigungsschreiben. Diese Bindungswirkung greift nämlich nach ständiger Rechtsprechung (zuletzt BGH NJW 1994, 1288) dann nicht ein, wenn sich das Bestätigungsschreiben inhaltlich so weit von dem vorher Abgesprochenen entfernt, dass der Bestätigende selbst nicht mehr mit einem Einverständnis rechnen kann. Hier wird also für eine vergleichbare Fallkonstellation ebenfalls ein Schutz berechtigter Vertragsinhaltserwartungen gewährleistet – vergleichbar insofern, als auch beim kaufmännischen Bestätigungsschreiben eine Vertragspartei ohne inhaltliche Abstimmung den Vertragsinhalt einheitlich festgelegt hat. Vgl. zu dieser Parallele auch *Schmidt-Salzer* FS Trinkner, 1995, 361 (365 ff.).
[5] Ulmer/*Schäfer* BGB § 305c Rn. 2; Wolf/*Lindacher/Hau* BGB § 305c Rn. 11 ff.
[6] *Nicolaus Everardi*, Loci argumentorum legales, 1613, 104, 6. S.
[7] ZB RGZ 103, 86.

Reihe von Entscheidungen kehre der Satz wieder, Allgemeine Geschäftsbedingungen dürften nichts Ungewöhnliches enthalten, sofern der Unternehmer nicht ausdrücklich darauf aufmerksam gemacht habe. *Raiser* folgerte daraus, der Kunde sei gegen allzu unangemessene Überraschungen gesichert. Ungewöhnliche und unbillige Klauseln, mit denen er nicht rechnen müsse, brauche er nicht gegen sich gelten zu lassen. Schon bei *Raiser* und der reichsgerichtlichen Rechtsprechung deutete sich die Unterscheidung zwischen Einbeziehung und Inhaltskontrolle an, wenngleich eine strikte Trennung noch nicht erfolgte. **Bis zum Inkrafttreten des AGB-Gesetzes** entsprach es immerhin noch **verbreiteter Gerichtspraxis,** die Qualifizierung einer Klausel als „überraschend" auch mit inhaltlichen Erwägungen zu untermauern bzw. den Vorbehalt gegenüber ungewöhnlichen Bedingungen als Teilaspekt der Inhaltskontrolle zu behandeln.[8] Erst mit § 3 AGBG (jetzt § 305c Abs. 1 BGB) avancierte das Verbot überraschender Vertragsabreden zu einem eigenständigen, dh dem Verbot inhaltlicher Unangemessenheit vorgelagerten, Kontrollansatz.

Man wird vor diesem Hintergrund sogar von einem **allgemeinen Rechtsgedanken des**   326
Vertragsrechts sprechen können, der im Gebot von Treu und Glauben verankert ist.[9] Folgerichtig griff das BAG schon vor Aufhebung der Bereichsausnahme für das Arbeitsrecht im Rahmen der Kontrolle vorformulierter Arbeitsverträge auf diesen Gedanken zurück. In einer Entscheidung aus dem Jahre 1996 urteilte es, eine vertragliche Ausschlussfrist in einem Arbeitsvertrag werde nicht Vertragsinhalt, wenn sie der Verwender ohne besonderen Hinweis und ohne drucktechnische Hervorhebung unter falscher oder missverständlicher Überschrift einordne.[10]

II. § 305c Abs. 1 BGB im System der AGB-Kontrolle

Die Vorschrift des § 305c Abs. 1 BGB bedarf der Einordnung in das Gesamtsystem   327
der AGB-Kontrolle.

Beleuchten wir zuvor noch kurz einen übergeordneten Systemzusammenhang, das   328
Europarecht. Die **EG-Richtlinie über missbräuchliche Klauseln in Verbraucherverträgen** kennt als Schutzinstrument im Grunde genommen nur die Missbrauchskontrolle, die im deutschen Recht in der Angemessenheitskontrolle nach § 307 BGB aufgeht. Die uns geläufige Rechtsfolgenunterscheidung nach den Kategorien „Einbeziehung" und „Wirksamkeit" ist der Richtlinie fremd.[11] Folglich findet auch die negative Einbeziehungsvoraussetzung des § 305c Abs. 1 BGB keine Entsprechung in der Richtlinie. Gleichwohl war die Überraschungskontrolle in der Vergangenheit ins Blickfeld der Richtlinie geraten, wurde doch – unter anderem – über § 3 AGBG dem in Art. 5 der Richtlinie vorgegebenen Transparenzgebot zur Geltung verholfen. Für den Bereich der Verbraucherverträge war daher § 3 AGBG im Lichte des Art. 5 der Richtlinie zu interpretieren.[12] An dieser Notwendigkeit dürfte auch die Kodifizierung des Transparenzgebots in § 307 Abs. 1 S. 2 BGB nichts geändert haben, legt die Regierungsbegründung doch Wert auf die Feststellung, dass eine sachliche Änderung hiermit nicht bezweckt war. Im Übrigen wird man die praktische Bedeutung dieser im Schrifttum

---

[8] BGHZ 17, 1 (3); 33, 216 (219); 38, 183 (185); 54, 106 (109); BB 1976, 157.

[9] BGH NJW 1993, 779 (780); Staudinger/*Mäsch* BGB § 305c Rn. 17 („Teilpositivierung allgemeiner Grundsätze der Rechtsgeschäftslehre"); M. *Wolf* RdA 1988, 276.

[10] BAG NJW 1996, 2117, wobei offengelassen wird, ob sich dies aus einer analogen Anwendung des § 3 AGBG oder aus § 242 BGB in Verbindung mit einem allgemeinen Rechtsgedanken ergibt, der in § 3 AGBG seinen Ausdruck gefunden hat. Die Frage hat sich nach der Aufhebung der Bereichsausnahme für das Arbeitsrecht erledigt.

[11] MüKoBGB/*Basedow* § 305c Rn. 2.

[12] *Ulmer*, 9. Aufl. 2001, AGBG § 3 Rn. 57.

ventilierten Überlegungen[13] eher gering veranschlagen müssen, ist doch bislang kein Anwendungsfall einer richtlinienkonformen Auslegung des Überraschungsverbots bekannt geworden. Festzuhalten bleibt, dass der deutsche Verbraucher in Form einer zusätzlichen, über die Missbrauchskontrolle hinausgehenden Überraschungskontrolle besser steht als es die Richtlinie verlangt.

329   § 305c Abs. 1 BGB statuiert, wie bereits der Wortlaut klarstellt („werden nicht Vertragsbestandteil"), eine **negative gesetzliche Einbeziehungsvoraussetzung.**[14] Als solche ist sie von der im Rahmen der Inhaltskontrolle zu stellenden Frage nach der inhaltlichen Unangemessenheit zu trennen.

330   Zwar zielen ungewöhnliche Klauseln häufig zugleich auf eine unangemessene Benachteiligung des Kunden. Zwingend ist dies jedoch nicht. Es sind durchaus Klauseln denkbar, die einen nicht zu tolerierenden Überraschungseffekt aufweisen, inhaltlich jedoch einer Überprüfung anhand von § 307 BGB standhalten. Und umgekehrt wird der Vertragspartner des Verwenders keineswegs durch jede inhaltlich unangemessene Klausel auch in seiner nach § 305c Abs. 1 BGB geschützten Erwartungshaltung enttäuscht. Dass es hier allerdings einen Überschneidungsbereich gibt, liegt auf der Hand.[15] Im Hinblick auf die größere Rechtsbefriedungswirkung sollte man darauf achten, der Auseinandersetzung mit dem Inhalt einer AGB-Regelung nicht unter Hinweis auf den ihr zugleich innewohnenden Überraschungseffekt auszuweichen. Die offene Inhaltskontrolle ist immer der sachnähere und ehrlichere Weg als die doch an eher formalen Gesichtspunkten ausgerichtete Überraschungskontrolle. Zu weit ginge es auf der anderen Seite, das Anwendungsfeld des § 305c Abs. 1 auf Klauseln zu reduzieren, die den Kunden nicht zugleich auch unangemessen benachteiligen. Wohl aber sollte man § 305c Abs. 1 BGB als Vorfilter eher restriktiv anwenden, an seine tatbestandlichen Voraussetzungen mithin strenge Anforderungen stellen.[16] Der BGH lässt mitunter einen Verstoß gegen § 305c Abs. 1 BGB dahingestellt, wenn die Klausel einer Angemessenheitskontrolle nach § 307 BGB nicht stand zu halten vermag,[17] oder stützt seine Entscheidung sowohl auf § 305c Abs. 1 BGB als auch auf die Generalklausel.[18] Von der Prüfungslogik gebührt § 305c Abs. 1 BGB im Rahmen einer Inzidentkontrolle der Vorrang, da keine Veranlassung besteht, nicht einbezogene Klauseln auf ihre Wirksamkeit hin zu überprüfen.[19] Im Verbandsklageverfahren stellt sich das Konkurrenzverhältnis erst gar nicht, da den Maßstab hier von vornherein nur die §§ 307 bis 309 BGB bilden.[20]

331   Klärungsbedürftig ist ferner das **Verhältnis zur Unklarheitenregel** (§ 305c Abs. 2 BGB). Aussagen zum Überraschungsgehalt einer AGB-Abrede setzen voraus, dass ihr Inhalt vom Rechtsanwender zuvor im Wege der Auslegung geklärt worden ist. Verbleibende objektive Mehrdeutigkeiten müssen ggf. unter Rückgriff auf die Unklarheitenregel aufgelöst werden. Das kann im Einzelfall auch zur Folge haben, dass sich eine auf

---

[13] MüKoBGB/*Basedow* § 305c Rn. 2; *Heinrichs* FS Trinkner, 1995, 157 (174).

[14] Wolf/*Lindacher/Hau* BGB § 305c Rn. 4; Ulmer/*Schäfer* BGB § 305c Rn. 4; Palandt/*Grüneberg* BGB § 305c Rn. 1; für Auslegungsregel bezüglich des Umfangs der Einbeziehungsvereinbarung im Sinne einer unwiderlegbaren Vermutung *Larenz*, Allgemeiner Teil (7. Aufl.), § 29a I, S. 557 und *Koch/Stübing* AGBG § 3 Rn. 2. Oberflächlich BGH NJW 1997, 3372 (3374): „eine Klausel, die nach § 3 AGBG unwirksam ist".

[15] Wolf/*Lindacher/Hau* BGB § 305c Rn. 6; *Locher*, Recht der AGB, S. 57.

[16] Wie hier *Stein* AGBG § 3 Rn. 3; ähnlich MüKoBGB/*Kötz*, 3. Aufl., AGBG § 3 Rn. 2 und *Locher*, Recht der AGB, S. 58.

[17] ZB BGH NJW 1989, 222 (223); für ein solches Vorgehen können Gründe der Verfahrensökonomie sprechen (für Zulässigkeit im Ergebnis auch Palandt/*Grüneberg* BGB § 307 Rn. 2).

[18] ZB BGH NJW 1995, 2553.

[19] Staudinger/*Mäsch* BGB § 305c Rn. 10; Ulmer/*Schäfer* BGB § 305c Rn. 5; anders *Koch/Stübing* AGBG § 3 Rn. 5.

[20] BGH LM § 9 (Cb) AGBG Nr. 5.

den ersten Blick verdächtige Klausel nach erfolgter Auslegung und anschließender Anwendung der Unklarheitenregel als nicht mehr überraschend erweist.

Beispiel: So ist der BGH in einem Fall verfahren, in dem mehrere Bruchteilseigentümer eines Grundstücks an diesem zur Sicherung eines gemeinsam aufgenommenen Darlehens eine Sicherungsgrundschuld bestellt und sich formularmäßig gegenseitig bevollmächtigt hatten, Willenserklärungen mit Wirkung für die anderen abzugeben und entgegenzunehmen: „Die Klausel verlangt ... eine einschränkende Auslegung in dem Sinne, dass jedenfalls keine Erklärungen gedeckt sind, welche die Sicherungsabrede erweitern; sonst wäre sie überraschend und daher gemäß § 3 AGBG nicht Vertragsbestandteil geworden.“[21]

Probleme bereitet die Abgrenzung des Überraschungsverbots zu dem in § 307 Abs. 1 S. 2 BGB explizit verankerten **Transparenzgebot**. *Manfred Wolf* meint, beide Kontrollansätze hätten selbstständige Bedeutung. Während die Transparenz bei der Einbeziehung der Ermöglichung selbstbestimmter Entscheidungen beim Vertragsschluss diene, wolle die Transparenz bei der Inhaltskontrolle vor allem den angemessenen Interessenausgleich und insbesondere die Vertragsabwicklungstransparenz sicherstellen.[22] Folgt man dem, so führt die unterschiedliche Schutzrichtung beider Kontrollansätze auch zu unterschiedlichen Anwendungsbereichen. So kann zB eine deutlich erkennbare, aber unrichtige vertragliche Einordnung die Voraussetzungen der Einbeziehungstransparenz erfüllen, dennoch aber wegen unrichtiger Darstellung der Rechtslage dem materiell fundierten Transparenzgebot widersprechen.[23]   **332**

Die Vorschrift des § 305c Abs. 1 BGB gilt auch im **unternehmerischen Geschäftsverkehr**. Von Unternehmern ist jedoch ein höheres Maß an Geschäftserfahrung zu erwarten, sodass ihnen gegenüber der überraschende Charakter einer AGB-Klausel weniger leicht zu bejahen ist.[24]   **333**

III. Die tatbestandlichen Voraussetzungen

§ 305c Abs. 1 BGB setzt nach herrschender Meinung[25] in tatbestandlicher Hinsicht voraus, dass die zu beurteilende Klausel zum einen **objektiv ungewöhnlich** und zum anderen **in subjektiver Hinsicht für den Vertragspartner des Verwenders überraschend** ist. Das Ungewöhnliche einer Klausel bestimme sich nach dem Gesamtbild des konkreten Vertrages und nach den Erwartungen, die der redliche Verkehr typischerweise oder aufgrund des Verhaltens des Verwenders bei Vertragsschluss an den typischen Vertragsinhalt knüpfe, während es in subjektiver Hinsicht auf einen Überrumpelungs- oder Übertölpelungseffekt ankomme.[26] Der BGH hat sich die vorgeschlagene Aufspaltung des Tatbestandes in eine objektive und eine subjektive Komponente zwar nicht ausdrücklich zu Eigen gemacht, steht ihr aber zumindest nahe. Nach der Rechtsprechung des BGH kommt es darauf an, ob die Regelung von den Erwartungen des Vertragspartners deutlich abweicht und dieser mit ihr vernünftigerweise nicht zu rechnen braucht.[27] Die Erwartungen würden von allgemeinen und individuellen Begleitumständen bestimmt. Zu ersteren   **334**

---

[21] BGHZ 103, 72 (80).
[22] Fortgeführt von Wolf/*Pfeiffer* BGB § 307 Rn. 238.
[23] Wolf/*Pfeiffer* BGB § 307 Rn. 239.
[24] BGH NJW 1988, 558 (560); Ulmer/*Schäfer* BGB § 305c Rn. 54 mwN zur Instanzrechtsprechung.
[25] Ulmer/*Schäfer* BGB § 305c Rn. 11 ff.; Palandt/*Grüneberg* BGB § 305c Rn. 3 f.; *Löwe*/Graf von Westphalen/*Trinkner* AGBG § 3 Rn. 10 ff.; BeckOK/*Hubert Schmidt* BGB § 305c Rn. 13; OLG Düsseldorf BB 1986, 1464; OLG Köln ZIP 1980, 981 (982); eigene Wege beschreiten indes MüKoBGB/*Basedow* § 305c Rn. 6 ff. und Wolf/*Lindacher/Hau* BGB § 305c Rn. 18 ff.
[26] BGH NJW 1990, 576 (577); NJW-RR 2004, 1397 (1398); BAG NZA 2006, 37 (38); 2008, 170 (171).
[27] BGH NJW-RR 2012, 1261.

zählten etwa der Grad der Abweichung vom dispositiven Gesetzesrecht[28] sowie die für den Geschäftsverkehr übliche Gestaltung, zu letzteren der Gang und der Inhalt der Vertragsverhandlungen und der äußere Zuschnitt des Vertrages.[29] Mit Blick auf die individuellen Begleitumstände führt der BGH aus, die Abweichung von dem Erwartungshorizont des Vertragspartners beurteile sich nach einem durch die konkreten Umstände überlagerten generellen Maßstab. Entscheidend sei das bei dem Vertragspartner individuell vorhandene oder ihm individuell mögliche Umstandswissen; welche Schlüsse aus diesen Erkenntnismöglichkeiten zu ziehen gewesen wären, bestimme sich demgegenüber nach einem objektiv-typisierenden Maßstab.[30]

335   Die von der herrschenden Meinung im Schrifttum befürwortete Abgrenzung ist nicht nur schwierig, sondern – jedenfalls in ihren Konkretisierungen – logisch **nicht nachvollziehbar**. So soll es etwa für die Feststellung der objektiven Ungewöhnlichkeit einer Klausel auch auf den Verlauf der Vertragsverhandlungen und die Umstände des konkreten Vertragsschlusses ankommen.[31] Dadurch wird jedoch der objektive, von der aktuellen Erwartungshaltung des konkreten Vertragspartners losgelöste Beurteilungsmaßstab der subjektiven Warte so weit angenähert, dass eine sinnvolle Trennung beider Ebenen kaum mehr möglich ist. Hinzu kommt, dass es für die Beurteilung des subjektiven Überraschungseffekts grundsätzlich auf die Erkenntnismöglichkeiten des typischerweise zu erwartenden Durchschnittskunden ankommen soll,[32] womit als Ausgangspunkt wiederum der objektive Maßstab beschrieben wäre. Aber auch der Rechtsprechung ist es bislang noch nicht gelungen, den Gang der Überraschungskontrolle einleuchtend zu strukturieren, wenngleich die erzielten Ergebnisse durchweg zu überzeugen vermögen.

Ein **Alternativmodell** könnte skizzenhaft wie folgt aussehen:

336   1. In einem ersten Schritt gilt es die **objektive Ungewöhnlichkeit** einer Klausel zu ermitteln. Abzustellen ist dabei nicht auf die Erkenntnismöglichkeiten des konkreten Vertragspartners, auch nicht auf das Verständnis eines Fachmanns, insb. eines Juristen, der sich eingehend mit den betreffenden Allgemeinen Geschäftsbedingungen beschäftigt hat. Maßgebend sind vielmehr die Verständnismöglichkeiten des typischerweise bei Verträgen der geregelten Art zu erwartenden Durchschnittskunden.[33] In die Beurteilung fließt vor allem das äußere Erscheinungsbild des Vertrages ein, worunter die für den Vertragstypus charakteristischen Grundzüge und die besonderen in die Augen fallenden Vertragsbestimmungen zu verstehen sind. Der Blick ist dabei sowohl auf den Inhalt der Klausel als auch auf ihre Stellung im Vertrag (versteckt oder drucktechnisch hervorgehoben) zu richten. Die konkreten Umstände des Vertragsschlusses bleiben hier zunächst unberücksichtigt. Schon auf dieser Stufe sind strenge Anforderungen zu stellen. Unüblichkeit einer Klausel allein genügt nicht und auch die bloße Unbilligkeit reicht nicht aus.

2. Sodann sind zwei Fälle zu unterscheiden:

337   a) Die Klausel hat sich als objektiv ungewöhnlich erwiesen. In diesem Falle ist weiterhin zu prüfen, ob der Kunde auch in seiner **konkreten Erwartungshaltung** enttäuscht worden ist, ob der vertraglichen Bindung mithin insoweit ein Überrumpelungs- oder Übertölpelungseffekt innewohnt. So ist es denkbar, dass der individuelle Vertragspartner

---

[28] BGH NJW-RR 2001, 195 (196).

[29] So zuletzt BGH NJW 2001, 1416 f.

[30] So zuletzt BGH NJW-RR 2002, 485 (486).

[31] *Löwe*/Graf von Westphalen/*Trinkner* AGBG § 3 Rn. 12; *Neuner*, Allgemeiner Teil, § 47 Rn. 39. Ulmer/*Schäfer* BGB § 305c Rn. 12 und Palandt/*Grüneberg* BGB § 305c Rn. 3 wollen das Verhalten des Verwenders bei Vertragsschluss berücksichtigen.

[32] Ulmer/*Schäfer* BGB § 305c Rn. 13; Palandt/*Grüneberg* BGB § 305c Rn. 4; aA *Löwe*/Graf von Westphalen/*Trinkner* AGBG § 3 Rn. 13.

[33] BGH NJW 1994, 2637 (2638); NJW-RR 2012, 1261; NJW 2015, 49 Rn. 14.

diese ungewöhnliche Vertragsgestaltung von früheren Geschäftsabschlüssen her kennt oder über Sonderwissen verfügt. An dieser Stelle sind nunmehr auch die konkreten Umstände des Vertragsschlusses einzubeziehen. So kann es etwa sein, dass der Kunde bei Vertragsabschluss mündlich auf die ungewöhnliche Klausel hingewiesen worden ist und sie dadurch für ihn ihre überraschende Wirkung verloren hat.[34] Der Überraschungscharakter einer allgemein ungewöhnlichen – etwa nicht vertragstypkonformen – Klausel entfällt, wenn sie inhaltlich ohne weiteres verständlich und drucktechnisch so hervorgehoben ist, dass erwartet werden kann, der Gegner des Verwenders werde von ihr Kenntnis nehmen.[35]

b) Im zweiten Fall ist die Prüfung auf der ersten Stufe negativ verlaufen. Die Klausel **338** weicht nicht von der Erwartungshaltung eines typischen Durchschnittskunden ab. Hier bleibt noch zu untersuchen, ob das Ergebnis der objektiven Beurteilung nicht noch durch **subjektiv-einzelfallbezogene Umstände** modifiziert werden muss. Eine generell nicht überraschende Klausel kann unter § 305c Abs. 1 BGB fallen, wenn sie nach dem Verlauf der Vertragsverhandlungen keinesfalls zu erwarten war. In diesem Fall genügt auch ein drucktechnisch hervorgehobener Hinweis im Klauseltext nicht, um das durch die konkreten Umstände des Vertragsschlusses begründete Überraschungsverdikt auszuräumen.[36]

IV. Fallgruppen

Aus der umfangreichen Kasuistik der Rechtsprechung sollen nachfolgend zur Veranschaulichung des Einsatzfeldes der Überraschungskontrolle einige nach Fallgruppen geordnete Entscheidungen vorgestellt werden. Dazu sei nochmals darauf hingewiesen, dass es – nach allen Meinungen – auch auf die Umstände des Vertragsschlusses ankommt, sodass sich allgemeingültige Regeln nicht aufstellen lassen. **339**

1. Begründung oder wesentliche Modifizierung von Hauptverpflichtungen

Überraschenden Charakter können vor allem solche Klauseln aufweisen, die auf die **340** Begründung weiterer Hauptpflichten des Kunden zielen, solche modifizieren oder aber die Vertragspflichten des Verwenders in wesentlichen Punkten einschränken, womit angesichts des Gegenstandes und des Erscheinungsbildes des Vertrages nicht gerechnet werden kann.

Beispiele:

(1) Zwei klassische Beispielsfälle führt bereits die Begründung des Regierungsentwurfs an:[37] Kaufvertrag über eine Blitzschutzanlage, der darüber hinaus eine Klausel enthält, wonach zugleich ein langfristiger Wartungsvertrag über die gekaufte Sache abgeschlossen wird. Ferner: Kaufvertrag über eine Kaffeemaschine enthält Verpflichtung zum Bezug von Kaffee. Durch solche Klauseln wird der Käufer ganz offensichtlich überrumpelt. Ihm wird eine **zusätzliche, ganz anders geartete Leistung aufgedrängt**, die das Vertragsverhältnis, das aus der Sicht des Kunden ein sofort vollzogenes Austauschgeschäft sein sollte, auch in zeitlicher Hinsicht grundlegend verändert.

(2) Die Vereinbarung einer **mit einem Erbbaurechtsvertrag verbundenen schuldrechtlichen Ankaufspflicht** kann eine Überraschungsklausel darstellen.[38]

---

[34] BGH LM § 9 (Cb) AGBG Nr. 5; NJW 1997, 2677, BAG NZA 2008, 1208; NK/*Kollmann* BGB § 305c Rn. 12. Auch die Belehrung durch einen Notar wird in aller Regel ungewöhnlichen AGB-Klauseln die überraschende Wirkung nehmen (vgl. BGH NJW 1984, 171, 173).

[35] So BGH NJW-RR 2002, 485 (487).

[36] BGH NJW-RR 2002, 485 (487).

[37] BT-Drs. 7/3919, S. 19.

[38] BGH NJW 1979, 2387.

(3) In der Rechtsprechung des BGH zur Zweckerklärung bei **Sicherungsgrundschulden** ist anerkannt, dass die formularmäßige Erweiterung der dinglichen Haftung des Sicherungsgebers für alle bestehenden und künftigen Verbindlichkeiten eines *Dritten* grundsätzlich gegen § 305c Abs. 1 BGB verstößt.[39] Dies gilt jedenfalls dann, wenn diese Ausweitung bei der Bestellung der Grundschuld erfolgt und Anlass der Bestellung die Gewährung eines bestimmten Darlehens ist. Wird hingegen zu einem späteren Zeitpunkt ohne Bezug zu einer bestimmten Darlehensgewährung ein neuer Sicherungszweck vereinbart, muss der Sicherungsgeber vernünftigerweise damit rechnen, dass der ursprüngliche, auf die Absicherung des Darlehens gerichtete Sicherungszweck durch einen anderen ersetzt oder erweitert werden soll. Er muss mithin auch damit rechnen, dass nicht nur die zu diesem Zeitpunkt bestehenden, sondern auch künftige Verbindlichkeiten gesichert werden sollen.[40] Ferner verstößt eine Erstreckung der dinglichen Haftung auf alle bestehenden und künftigen Verbindlichkeiten des *Sicherungsgebers* nicht gegen § 305c BGB, weil das damit verbundene Risiko für ihn hinsichtlich der Gegenwart überschaubar und im Hinblick auf die Zukunft vermeidbar ist. Dasselbe gilt dann für Verbindlichkeiten, die den Sicherungsgeber als einen von mehreren Gesamtschuldnern treffen.[41]

(4) Diese Rechtsprechung hat der BGH auch auf Klauseln in formularmäßigen **Bürgschaftsverträgen** übertragen, durch die die Haftung des Bürgen in übermäßiger Weise ausgedehnt wird. In dem grundlegenden Urteil vom 1.6.1994 heißt es hierzu:[42] „Die Erwartung eines Sicherungsgebers vom Umfang seiner Haftung wird wesentlich durch den Anlass der Sicherheitsbestellung geprägt. Ist Anlass die Gewährung eines bestimmten Darlehens an einen Dritten, so erwartet der Sicherungsgeber nicht und braucht damit vernünftigerweise auch nicht zu rechnen, auch für alle anderen schon begründeten oder zukünftig erst entstehenden Schulden des Kreditnehmers einstehen zu müssen. (...) Ein über das schutzwürdige Sicherungsbedürfnis der Bank weit hinausgehendes Ansinnen zur Übernahme einer unkalkulierbaren unbeschränkten Haftung mit dem gesamten Vermögen ist so ungewöhnlich, dass ein Bürge damit grundsätzlich nicht zu rechnen braucht."

(5) Klauseln, durch die **in das vertragliche Gegenseitigkeitsverhältnis eingegriffen** wird (zB Erstreckung der Zahlungspflicht des Mieters auf Fälle der Gebrauchsstörung).[43]

2. Änderung des Vertragscharakters

341   Eine weitere Fallgruppe überraschender Klauseln bilden solche Bestimmungen in Allgemeinen Geschäftsbedingungen, durch die der Vertragscharakter entgegen dem äußeren Erscheinungsbild eine grundlegende Änderung erfährt. Im äußersten Fall unterstellen solche Klauseln einen bestimmten, im Schuldrecht des Bürgerlichen Gesetzbuches geregelten Vertrag dem Rechtsregime eines anderen Vertragstyps.[44]

---

[39] BGH NJW 1987, 1885; 1988, 558; 1988, 1375; 1989, 831; 1990, 576; 1991, 3141; 1992, 1822; NJW-RR 1992, 1521; NJW 1997, 2677; 2002, 2710; OLG Düsseldorf WM 1998, 1875 (1881 ff.). Zum Sonderfall mehrerer zeitlich aufeinander folgender Sicherungszweckerklärungen BGH NJW 2001, 1416; 2001, 1417 (1419). Zu beachten ist, dass die Überraschungskontrolle hier ein wichtiges Korrektiv bildet, da die Unwirksamkeit regelmäßig nicht aus § 307 BGB gefolgert werden kann, fehlt es doch – anders als im Bürgschaftsrecht (§ 767 Abs. 1 S. 3 BGB) – an einem gesetzlichen Leitbild, an dem davon abweichende Regelungen zu messen wären (vgl. zuletzt BGH NJW 2002, 2710). Zum Ganzen auch *Wilhelm*, in: 50 Jahre Bundesgerichtshof, 2000, Band I, S. 897 ff.; *Knops* ZIP 2006, 1695; *Kuntz* AcP 209 (2009), 271 ff.

[40] BGH NJW-RR 2017, 334 Rn. 12.

[41] BGH NJW 1997, 2320 (2331); 2000, 2675 (2676).

[42] BGH NJW 1994, 2145. Fortgeführt durch BGH NJW 1995, 2553; 1996, 924; 1996, 1470; 1997, 3230 (3232); OLG Köln ZIP 1998, 465; hierzu *Tiedtke* ZIP 1998, 449. Die Rechtsprechung erkennt nunmehr in solchen Klauseln auch einen Verstoß gegen § 307 BGB (vgl. hierzu Rn. 521). Wichtig ist diese Zweispurigkeit der Begründung ua dann, wenn der Bürge bei Übernahme der Bürgschaft auf die weite Sicherungsabrede hingewiesen und über ihren Inhalt und das damit verbundene Risiko sachgerecht belehrt worden ist, das Überraschungsmoment mithin nicht mehr gegeben ist. Zu einer besonders gestalteten Ausfallbürgschaft BGH NJW 1998, 2138 (2141).

[43] BGH WM 1975, 1203 (1205); *Ulmer/Schäfer* BGB § 305c Rn. 28.

[44] *Locher*, Recht der AGB, S. 59.

Beispiele:

(1) Eine Formularklausel in einem **Time-Sharing-Vertrag,** durch welche die Eintragung des Erwerbers eines anteiligen Dauerwohnrechts nach § 31 WEG in das Grundbuch ausgeschlossen wird und im Grundbuch ein Dritter als Treuhänder eingetragen bleiben soll, dient dazu, dem Vertrag abweichend von seinem äußeren Erscheinungsbild einen qualitativ anderen Charakter zu geben.[45]

(2) Ein Auftragnehmer, der einen Bau-**Einheitspreisvertrag** geschlossen hat, muss nicht damit rechnen, dass durch das Klauselwerk des Auftraggebers der Charakter des Einheitspreisvertrages dahin verändert wird, dass die dem Einheitspreisvertrag innewohnende Möglichkeit, eine von der Menge abhängige Vergütung zu verlangen, ab einem bestimmten Höchstpreis ausgeschlossen ist.[46]

3. Atypische Nebenabreden

Überraschende Wirkung kann weiterhin auch Klauseln zukommen, die als Nebenabreden zur Konkretisierung der Rahmenordnung des Vertrages in Allgemeinen Geschäftsbedingungen des Verwenders enthalten sind. Wegen der tendenziell niedrigeren Eingriffsintensität wird man hier freilich das Überraschungsmoment nur unter erschwerten Voraussetzungen annehmen können.[47] Die Beispielsfälle sind außerordentlich vielgestaltig:[48] **342**

Beispiele:

(1) Eine Klausel in einem Formularvertrag über den Erwerb eines noch zu errichtenden Hauses bezieht vertragliche Bauleistungen in einen Katalog von **Aufschließungskosten** ein, die mit der eigentlichen Errichtung des Hauses nichts zu tun haben.[49]

(2) Die in Einkaufsbedingungen verwendete Klausel „**Die vereinbarten Liefertermine und Lieferfristen gelten fix**" wurde als überraschend qualifiziert. Der Vertragspartner des Verwenders, der sich mit diesem nicht darüber geeinigt hat, dass mit der Fristeinhaltung das Geschäft steht oder fällt, braucht den Umständen nach vernünftigerweise nicht damit zu rechnen, dass in den Allgemeinen Geschäftsbedingungen die Abhängigkeit des Geschäfts von der strikten Fristwahrung festgelegt wird.[50]

(3) Klauseln in formularmäßigen Mietverträgen, die eine **Lohn- und Gehaltsabtretung zugunsten des Vermieters** vorsehen, sind absolut unüblich und weichen von dem ab, was von einem Mieter bei Abschluss eines Mietvertrages erwartet wird (nämlich allenfalls eine Kautionsgestellung).[51]

(4) Eine in Allgemeinen Geschäftsbedingungen enthaltene Bestimmung, mit der der Vertragspartner **versichert, Vollkaufmann zu sein,** wurde als überraschende Klausel im Sinne des § 305c Abs. 1 BGB angesehen.[52]

(5) Die Vereinbarung in Allgemeinen Geschäftsbedingungen, wonach der **Erwerber eines Grundstücks nach Besitzübergang** bis zur Fälligkeit des Kaufpreises **Nutzungszinsen** zahlen muss, ist mit Recht als nicht überraschend angesehen worden, entspricht es doch allgemein bekannter Praxis im Geschäftsleben, dem Nichteigentümer die Nutzung von Wirtschaftsgütern nur gegen Entgelt zu gestatten.[53]

4. Versteckte Klauseln

Nicht nur der ungewöhnliche Inhalt kann eine Klausel zu einer überraschenden im Sinne von § 305c Abs. 1 BGB machen. Auch der **ungewöhnliche äußere Zuschnitt der** **343**

---

[45] BGH NJW 1995, 2637 (2638).

[46] BGH NJW-RR 2005, 246.

[47] Ulmer/*Schäfer* BGB § 305c Rn. 16.

[48] Eingehende Übersicht bei Ulmer/*Schäfer* BGB § 305c Rn. 33 ff.

[49] BGH NJW 1984, 171.

[50] BGH NJW 1990, 2065 (2067).

[51] LG Lübeck NJW 1985, 2958; beachte für Wohnraummietverhältnisse im Übrigen auch § 551 BGB.

[52] BGH NJW 1982, 2309 f.

[53] BGH NJW-RR 2001, 195.

Vertragsurkunde und die **Unterbringung der Klausel an unerwarteter Stelle** können den Überraschungseinwand begründen.[54]

Beispiel:

(1) Eine Klausel auf der Rückseite eines vorformulierten **Anzeigen-Wiederholungsauftrags,** der zufolge eine **automatische Vertragsverlängerung** bei nicht rechtzeitiger Kündigung gelten soll, ist als überraschend zu werten, wenn auf der unterschriebenen Vorderseite in drucktechnisch hervorgehobener Form lediglich bestimmt ist, die Vertragsdauer betrage jeweils ein Jahr.[55]
(2) Wird in vorformulierten Vertragsbedingungen ein sog. **gespaltener Krankenhausvertrag** vereinbart, so muss dem Patienten hinreichend – etwa durch Hinweis in dem von ihm unterzeichneten Vertragstext – verdeutlicht werden, dass der Krankenhausträger nicht Schuldner der ärztlichen Leistungen ist und ihm auch für etwaige ärztliche Fehlleistungen nicht haftet. Die Unterbringung einer solchen wichtigen Klausel in unauffälliger Weise in elf Seiten umfassenden Formularbedingungen innerhalb eines Abschnitts, der seinerseits zehn teilweise noch unterteilte Nummern umfasst, überrascht den Kunden mit der Folge, dass die Klausel nicht Vertragsinhalt wird.[56]
(3) Die Einziehung Allgemeiner Geschäftsbedingungen bei **Internetgeschäften** kann wegen irreführender Programmgestaltung am Überraschungsverbot scheitern.[57]
(4) Wird der Grundeintrag in ein **Branchenverzeichnis** im Internet in einer Vielzahl von Fällen unentgeltlich angeboten, so wird eine **Entgeltklausel** nicht Vertragsbestandteil, die nach der drucktechnischen Gestaltung des Antragsformulars so unauffällig in das Gesamtbild eingefügt ist, dass sie von dem Vertragspartner des Klauselverwenders dort nicht vermutet wird.[58]
(5) Um eine Überraschungsklausel handelt es sich bei einer arbeitsvertraglichen Regelung, die neben einer durch Fettdruck und vergrößerte Schrift optisch hervorgehobenen Befristung für die Dauer eines Jahres im folgenden Text ohne besondere Hervorhebung eine weitere **Befristung** zum Ablauf der sechsmonatigen Probezeit vorsieht.[59]
(6) Auch **Ausgleichsquittungen** können für den Arbeitnehmer überraschende Wirkung entfalten, wenn der Arbeitgeber sie in eine Erklärung mit falscher oder missverständlicher Überschrift ohne besonderen Hinweis oder drucktechnische Hervorhebung einfügt.[60]

§ 11. Vorrang der Individualabrede

Literatur: *Coester,* Bestätigungsschreiben und AGB: Zum Vorrang der Individualabrede nach § 4 AGBG, DB 1982, 1551; *Trinkner,* Vorrang der Individualabrede bei Verwendung Allgemeiner Geschäftsbedingungen, in: FS für Cohn (1975), S. 191; *Graf von Westphalen,* AGB-rechtliche Auslegung, überraschende Klauseln, Vorrang des Individualvertrags und Transparenzgebot im Licht des UN-Kaufrechts, ZIP 2019, 2281; *Zoller,* Dogmatik, Anwendungsprobleme und ungewisse Zukunft des Vorrangs individueller Vertragsvereinbarungen vor Allgemeinen Geschäftsbedingungen, JZ 1991, 850. Zu Schriftformklauseln vgl. die Angaben vor Rn. 349.

I. Regelungsanliegen und Dogmatik des Vorrangprinzips

344   Die heutige Vertragspraxis bedient sich zwar in den weitaus meisten Fällen vorformulierter Bedingungswerke, insbesondere in Form von Formularverträgen. Diese sind je-

---

[54] BGH NJW 1982, 2309 (2310); 1989, 2255; NJW-RR 2012, 1261; BAG NZA 2006, 37 (39); Staudinger/*Mäsch* BGB § 305c Rn. 30; Ulmer/*Schäfer* BGB § 305c Rn. 17; *Löwe*/Graf von Westphalen/*Trinkner* AGBG § 3 Rn. 12.
[55] BGH NJW 1989, 2255 (2256).
[56] BGH NJW 1993, 779 (780); OLG Koblenz NJW 1998, 3425.
[57] LG Dortmund NJW-RR 1991, 1529 (Btx-Programm); Ulmer/*Schäfer* BGB § 305c Rn. 17 mwN.
[58] BGH NJW-RR 2012, 1261; hierzu *Kaufhold* BB 2012, 2719 f.
[59] BAG NZA 2008, 876.
[60] BAG NZA 2005, 1193 (1198 f.). *Preis/Bleser/Rauf* DB 2006, 2812 f. sehen in allgemein gehaltenen Ausgleichsklauseln, die die Empfangsbestätigung mit dem Rechtsverzicht verknüpfen, sogar im Regelfall eine Überraschungsklausel iS von § 305c Abs. 1 BGB.

doch nicht selten von vornherein auf Ergänzung durch individuelle Absprachen angelegt. Sie lassen insbesondere Lücken für die nähere Bestimmung des Leistungsgegenstandes und des hierfür zu entrichtenden Preises. Daneben treten jedoch mitunter besondere Absprachen der vertragsschließenden Parteien, durch die bestimmte Einzelpunkte abweichend vom vorformulierten Klauseltext geregelt werden. Solche einzelfallbezogenen Vereinbarungen können mündlich oder schriftlich getroffen werden. Die Parteien verzichten dann meist darauf – oder denken schlicht nicht daran –, die Allgemeinen Geschäftsbedingungen an die individuell getroffene Vertragsabrede anzupassen. Dies wäre im Übrigen auch ein sehr aufwändiges Unterfangen, das die Parteien, so sie nicht über besondere Rechts- und Geschäftskunde verfügen, leicht überfordern könnte.[1] In dieser Situation kommt den Vertragsschließenden das Gesetz zu Hilfe. Denn die Vorschrift des **§ 305b BGB** entlastet die Vertragsparteien von solchen Anstrengungen, indem sie Regelungskonflikte zwischen dem Inhalt der Allgemeinen Geschäftsbedingungen und dem gesondert Vereinbarten **zugunsten der individuell getroffenen Vertragsabrede** auflöst. Für das in § 305b BGB angeordnete **funktionelle Rangverhältnis**[2] spricht in der Tat, dass Allgemeine Geschäftsbedingungen als typische Regelungen für eine Vielzahl von Fällen den Besonderheiten des Einzelfalls naturgemäß nicht Rechnung tragen können, es aber einen unkomplizierten Weg geben muss, den individuellen Gestaltungswünschen Geltung zu verschaffen. Abgesehen davon trägt die Vorrangregel der Erkenntnis Rechnung, dass individuelle Vereinbarungen den Parteiwillen im konkreten Fall stärker zur Geltung bringen als abstrakt-generelle Geschäftsbedingungen,[3] ihnen mithin eine **höhere Dignität** zuzusprechen ist.

Damit bringt § 305b BGB einen **allgemeinen Gedanken des Vertragsrechts** zum Ausdruck, der auch im **unternehmerischen Geschäftsverkehr** uneingeschränkt Geltung beansprucht.[4] Der Vorrang der Individualabrede wurde schon bislang vom BAG als allgemeiner Rechtsgrundsatz qualifiziert und im **Arbeitsvertragsrecht** angewendet.[5] „Im Arbeitsrecht geltende Besonderheiten" im Sinne des § 310 Abs. 4 BGB sind dabei bislang nicht zu Tage getreten.[6] Darüber hinaus ist der Vorrang individueller Absprachen vor Allgemeinen Geschäftsbedingungen auch in Art. 2.1.21 der Grundregeln der internationalen Handelsverträge (**UNIDROIT Prinzipien**) verankert. Dort heißt es: „Im Falle eines Widerspruchs zwischen einer allgemeinen Geschäftsbedingung und einer Bedingung, welche keine allgemeine Geschäftsbedingung ist, geht die letztere vor." **345**

Über die genaue **dogmatische Erfassung der Vorrangregel** und ihre **systematische Einordnung in den Prüfungsgang der AGB-Kontrolle** wird im deutschen Schrifttum kontrovers diskutiert.[7] Bisweilen sieht man in § 305b BGB eine **Auslegungsregel** für den Geltungsanspruch der in den Vertrag einbezogenen Allgemeinen Geschäftsbedingungen.[8] Dieser trete zurück gegenüber einer spezielleren, weil für den konkreten Fall getroffenen, Vereinbarung. § 305b BGB beschreibt hiernach einen Teilaspekt der für Allgemeine **346**

---

[1] MüKoBGB/*Basedow* § 305b Rn. 1.
[2] So die im Grundsatz nahezu unbestrittene Charakterisierung der Vorrangregel; vgl. *Schmidt-Salzer*, AGB, Rn. E. 7; Wolf/*Hau* BGB § 305b Rn. 1; Ulmer/*Schäfer* BGB § 305b Rn. 7; Palandt/*Grüneberg* BGB § 305b Rn. 1; HK/*Schulte-Nölke* BGB § 305b Rn. 2; *Trinkner* FS Cohn, 1975, 191.
[3] BGH NJW 2013, 2745 (2747); PWW/*Berger* BGB § 305b Rn. 1.
[4] BGH NJW-RR 1990, 613; NJW 2013, 2745; Wolf/*Hau* BGB § 305b Rn. 51.
[5] BAG AP Nr. 16 zu § 4 TVG.
[6] Für uneingeschränkte Anwendung des Vorrangprinzips daher zu Recht *Gotthardt*, Arbeitsrecht nach der Schuldrechtsreform, Rn. 253; ferner BAG NZA 2007, 940.
[7] Überblick über den Diskussionsstand bei *Zoller* JZ 1991, 850. Nicht durchgesetzt hat sich die Auffassung *Trinkners* (Löwe/Graf von Westphalen/*Trinkner* AGBG § 4 Rn. 11), die Vorrangregel wurzele im Verbot des venire contra factum proprium; zu Recht ablehnend *Zoller* JZ 1991, 853.
[8] Ulmer/*Schäfer* BGB § 305b Rn. 7ff.; HK/*Schulte-Nölke* BGB § 305b Rn. 1; *Schmidt-Salzer*, AGB, Rn. E. 8; dagegen MüKoBGB/*Basedow* § 305b Rn. 2.

Geschäftsbedingungen entwickelten und partiell in der Unklarheitenregel (§ 305c Abs. 2 BGB) kodifizierten Auslegungsgrundsätze.[9] Richtig ist sicherlich, dass die Vorrangregel den oben beschriebenen Widerstreit im Allgemeinen im Sinne des realen oder hypothetischen Willens der Beteiligten auflösen wird. Der Einordnung als kodifizierte Auslegungsregel steht jedoch entgegen, dass es sich bei § 305b BGB um eine Norm handelt, die zwingend – losgelöst vom Parteiwillen – den Vorrang des individuell Vereinbarten festschreibt.[10] Näher liegt daher ein anderes dogmatisches Verständnis, welches das Regelungsanliegen des § 305b BGB in der Beantwortung einer **Geltungsfrage** sieht.[11] Die Vorschrift des § 305b BGB geht nämlich davon aus, dass eine Auslegung der betreffenden Allgemeinen Geschäftsbedingung und der konträren individuell getroffenen Vereinbarung bereits stattgefunden hat und es auf diesem Weg nicht zu einer Bereinigung des Regelungskonflikts gekommen ist.[12] Von daher kann die Kollision nur auf der **Ebene der Einbeziehung** entschieden werden. Für diese Betrachtungsweise spricht nicht nur die gesetzliche Systematik – die benachbarten Vorschriften (§§ 305 Abs. 2, 305a und 305c Abs. 1 BGB) befassen sich allesamt mit Einbeziehungsfragen. Vielmehr dürfte auch der rechtsgeschäftliche Konsens der Parteien eher dahin zu beschreiben sein, dass die Allgemeinen Geschäftsbedingungen insoweit nicht Bestandteil des Vertrages werden sollen, als sie mit individuellen Abreden kollidieren. Anders formuliert: Die Einbeziehungsvereinbarung hinsichtlich der privatautonom schwächer legitimierten Allgemeinen Geschäftsbedingungen und speziell das Einverständnis des Kunden mit ihrer Geltung erstrecken sich von vornherein nur auf individualabredeverträgliche Bedingungen.[13]

II. Voraussetzungen des Vorrangs

1. Vorliegen einer Individualabrede

347   Individualabreden sind solche Vertragsbedingungen bzw. einseitige Rechtsgeschäfte,[14] die nicht unter den AGB-Begriff im Sinne des § 305 Abs. 1 BGB fallen, weil sie **zwischen den Vertragsparteien im Einzelnen ausgehandelt** worden sind (vgl. § 305 Abs. 1 S. 3 BGB).[15] Die Individualabrede kann **schriftlich, mündlich oder stillschweigend**[16] getroffen werden. Die Vorrangregel des § 305b BGB setzt auch nicht voraus, dass die Individualabrede schon zum **Zeitpunkt** des Vertragsschlusses vorliegt. Auch nach Abschluss des Vertrages getroffene Individualabreden nehmen am Vorrang teil, ohne dass es hierfür eine Rolle spielt, ob die Parteien sich des Widerspruchs zu den Allgemeinen Geschäftsbedingungen bewusst sind oder nicht.[17] Wohl aber setzt die Vorrangwirkung einer Individualvereinbarung deren **Wirksamkeit** voraus.[18] Als Wirksamkeitsmangel kommen zB Formverstöße oder das Fehlen der Vertretungsmacht der in die Vertragsverhandlungen eingeschalteten Hilfspersonen in Betracht.

---

[9] Ulmer/*Schäfer* BGB § 305b Rn. 8.

[10] *Zoller* JZ 1991, 852.

[11] Wolf/*Hau* BGB § 305b Rn. 3; wohl auch *Koch/Stübing* AGBG § 4 Rn. 2 f.

[12] So zutreffend MüKoBGB/*Basedow* § 305b Rn. 2.

[13] Wie hier im Ergebnis Wolf//*Hau* BGB § 305b Rn. 2; *Zoller* JZ 1991, 853; ähnlich BGH NJW 1984, 2468.

[14] BGH NJW 1987, 2011.

[15] Wolf//*Hau* BGB § 305b Rn. 6; geringfügig weiter fassen den Begriff der Individualabrede im Sinne des § 305b BGB Staudinger/*Mäsch* BGB § 305b Rn. 22 und Palandt/*Grüneberg* BGB § 305b Rn. 2.

[16] BGH NJW 1986, 1807.

[17] BGH NJW 2006, 138; BAG NZA 2007, 801 (803).

[18] Ulmer/*Schäfer* BGB § 305b Rn. 11; MüKoBGB/*Basedow* § 305b Rn. 5; Erman/*Roloff/Looschelders* BGB § 305b Rn. 5; aA *Koch/Stübing* AGBG § 4 Rn. 3.

2. Inhaltliche Abweichung der Allgemeinen Geschäftsbedingungen von der Individualabrede

Der Tatbestand der Vorrangregel setzt voraus, dass zwischen den Allgemeinen Ge- **348** schäftsbedingungen und der Individualabrede nach gewissenhafter Auslegung beider Teile ein **Regelungswiderspruch** verbleibt. In den meisten Fällen verhält es sich so, dass die Individualabrede vom Regelungsgehalt des vorformulierten Teils zugunsten des Kunden abweicht. Die Rechtsposition des Kunden wird verbessert, indem ihm weitergehende Ansprüche und Rechte zugebilligt werden oder der Verwender seinerseits auf ihm nach dem Text seines Bedingungswerks zustehende Rechte verzichtet. Der Vorrang der Individualabrede ist jedoch nicht in erster Linie eine Kundenschutzbestimmung, sondern ein Kollisionsprinzip zur Auflösung von Widersprüchen. Die Vorrangregel gelangt daher auch dann zur Anwendung, wenn die mit dem Kunden getroffene Individualabrede zugunsten des Verwenders von seinen Allgemeinen Geschäftsbedingungen abweicht.[19] Die Abweichung der Allgemeinen Geschäftsbedingungen zur individuell getroffenen Vereinbarung kann sich in einem offen zutage liegenden, **direkten Widerspruch** oder in einem **indirekten,** der Individualabrede den Sinn nehmenden **Widerspruch** äußern.[20] Der Unterscheidung kommt für die Anwendung des § 305b BGB keine Bedeutung zu. Sie verdeutlicht allerdings, dass nicht nur offenkundige Textabweichungen zählen, sondern auch Sinnwidersprüche, die sich erst aus einem näheren Vergleich der Regelungsinhalte beider Vertragsteile ergeben. Einige Beispiele aus der Rechtsprechung sollen nachfolgend das Anwendungsfeld der Vorrangregel verdeutlichen:

Beispiele:

(1) Die Klausel „Lieferfristen und Termine sind unverbindlich" wird nicht Vertragsbestandteil, wenn die Parteien eine **konkrete Lieferfrist** oder einen bestimmten Termin vereinbaren.[21]

(2) Die Regierungsbegründung zum AGB-Gesetz[22] nennt in Anlehnung an eine Entscheidung des BGH[23] den Fall eines Grundstückseigentümers, der einen Makler mit dem Verkauf des Anwesens beauftragt. Das vom **Makler** verwendete Vertragsformular war auf einen **Alleinauftrag** zugeschnitten. Jedoch wurde in das Vertragsformular handschriftlich ein Passus eingefügt, aus dem hervorging, dass der Auftraggeber freibleiben sollte, das Anwesen auch direkt oder über einen anderen Makler zu veräußern. Auch hier setzt sich die Individualabrede durch.

(3) Die individualvertragliche Festlegung der Parteien des Vertragsverhältnisses verdrängt regelmäßig eine entgegenstehende Klausel, die dem Verwender die Möglichkeit eröffnen soll, eine dritte Person an seiner statt als Vertragspartner einzusetzen. Eröffnen beispielsweise zwei Eheleute ein sog. „und-Konto" und wird individuell eine nur gemeinschaftliche Verfügungsbefugnis vereinbart, so wird eine **„oder-Klausel",** die eine Auszahlung an einen der beiden Gesamtberechtigten erlauben würde, nicht Vertragsbestandteil.[24]

(4) Weist ein Konnossement den Charterer auf der Vorderseite deutlich hervorgehoben als Verfrachter aus, so geht dies als Individualvereinbarung der Benennung des Reeders als Verfrachter in den Konnossementsbedingungen **(Identity-of-Carrier-Klausel)** vor.[25]

(5) Eine individuell ausgehandelte **Festpreisvereinbarung** in einem **Gasliefervertrag** verdrängt in ihrem – ggf. durch Auslegung zu bestimmenden – Anwendungsbereich eine in Allgemeinen Geschäftsbedingungen niedergelegte **Wirtschaftsklausel.**[26]

---

[19] BGH NJW 1995, 1494 (1496); *Zoller* JZ 1991, 853; Ulmer/*Schäfer* BGB § 305b Rn. 25.

[20] Palandt/*Grüneberg* BGB § 305b Rn. 3 f.

[21] Vgl. BGH NJW 1983, 1320; 1984, 48 f.; hierzu auch BGH NJW 2007, 1198 (1199); ferner Erman/*Roloff/Looschelders* BGB § 305b Rn. 7.

[22] BT-Drs. 7/3919, S. 20.

[23] BGHZ 49, 84 (87).

[24] OLG Köln NJW-RR 1990, 1007.

[25] BGH NJW 2007, 2036.

[26] BGH NJW 2013, 2745.

III. Rechtsfolgen des Vorrangs

348a   Der in § 305b BGB normierte Vorrang der Individualabrede führt nach hier vertretener Ansicht (vgl. oben Rn. 346) dazu, dass die widersprechende AGB-Regelung im Kollisionsbereich nicht in den Vertrag einbezogen wird, insoweit also keine Geltung erlangt. Das Verbot der geltungserhaltenden Reduktion steht dieser Vorgehensweise nicht entgegen, da § 305b BGB keine Wirksamkeitsschranke statuiert.[27] Die AGB-Regelung bleibt wirksam und kann, wenn die Individualabrede später wegfällt, grundsätzlich auch wieder aufleben.[28]

IV. Problematik der Schriftformklauseln

Literatur: *Baumann,* Schriftformklauseln und Individualabrede, BB 1980, 551; *Hromadka,* Schriftformklauseln in Arbeitsverträgen, DB 2004, 1261; *Kötz,* Schriftformklausel, JZ 2018, 988; *Lindacher,* Zur Vertretungsmachtbegrenzung durch formularmäßige Schriftform- und Bestätigungsvorbehaltsklausein, JR 1982, 1; *Michalski,* Schriftformklauseln in Individual- und Formularverträgen, DStR 1998, 771; *Reiling,* Vorkehrungen gegen Vertragsänderungen durch den Vertragspartner: Schriftformklauseln, JA 2000, 866; *Roloff,* Vertragsänderungen und Schriftformklauseln, NZA 2004, 1191; *Schulz,* Schriftformklauseln in Allgemeinen Geschäftsbedingungen, Jura 1995, 1; *Teske,* Schriftformklauseln in Allgemeinen Geschäftsbedingungen, 1990.

1. Vorkommen und Gestaltungsformen

349   Der Vorrang individuell getroffener Vertragsabreden gegenüber Allgemeinen Geschäftsbedingungen gilt – wie bereits erwähnt – ohne Rücksicht auf die Form der Individualabrede. Der Verwender muss daher damit rechnen, dass der Kunde unter Berufung auf eine mündlich getroffene Sonderabrede eine vom Klauseltext abweichende Rechtsfolge für sich reklamiert. Das kann für den Verwender vor allem dann misslich sein, wenn er an den Vertragsschlüssen nicht persönlich beteiligt ist, sondern sich hierbei bevollmächtigter Abschlussgehilfen bedient. In der Praxis trifft man daher **häufig** auf Klauseln, die darauf zielen, mündlichen Abreden die Anerkennung zu versagen oder sie doch jedenfalls nur unter erschwerten Bedingungen wirksam werden zu lassen. Ob und unter welchen Voraussetzungen solche Schriftformklauseln die intendierte Wirkung entfalten können, ist umstritten. Man wird zwei Problemkreise auseinanderhalten müssen. Zum einen ist das **Vorrangprinzip des § 305b BGB** berührt, und zum anderen darf sich eine Schriftformklausel nicht als **unangemessene Benachteiligung im Sinne des § 307 Abs. 1 und 2 BGB** darstellen. Ferner kommt es für die rechtliche Beurteilung auf den Regelungsgehalt der Klausel an. Dieser ist jeweils durch Auslegung zu ermitteln, denn Schriftformklauseln treten in unterschiedlicher Gestalt auf.[29]

Beispiele für Schriftformklauseln

(1) „Mündliche Abreden bedürfen zu ihrer Wirksamkeit der Schriftform."[30] (sog. **einfache Schriftformklausel**)

(2) „Änderungen und Ergänzungen dieses Vertrages sind, auch wenn sie bereits mündlich getroffen wurden, nur wirksam, wenn sie schriftlich festgelegt und von beiden Parteien unterzeichnet worden sind. Dies gilt auch für den Verzicht auf das Schriftformerfordernis."[31] (sog. **qualifizierte oder doppelte Schriftformklausel**)

---

[27] BeckOGK/*Lehmann-Richter* BGB § 305b Rn. 40.
[28] CKK/*Clemenz* BGB § 305b Rn. 16; Ulmer/*Schäfer* BGB § 305b Rn. 11a.
[29] Überblick bei *Michalski* DStR 1998, 771 f.
[30] AGB-Klauselwerke/*Thüsing,* Schriftformklauseln, Rn. 1.
[31] BAG NZA 2008, 1233.

(3) „Nebenabreden bedürfen unserer ausdrücklichen schriftlichen Bestätigung."[32] (**qualifizierte Schriftformklausel in Form einer Bestätigungsklausel**).

Nicht zu den Schriftformklauseln im engeren Sinne zählen Klauseln, in denen der **350** Kunde erklärt, dass keine über den Vertragstext hinausgehenden mündlichen Vereinbarungen getroffen und ihm insbesondere keine weiteren Zusagen gemacht worden sind. Solche sog. **Vollständigkeitsklauseln** sind an § 309 Nr. 12 BGB zu messen (→ Rn. 682).

2. Vorrang mündlicher Abreden

Hinsichtlich des Vorrangs der Individualabrede hat sich im Schrifttum die Ansicht **351** durchgesetzt, dass die auf Geltung des mündlich Vereinbarten angelegte Individualabrede der auf Geltungsverneinung zielenden AGB-Regelung vorgeht.[33] Der BGH hatte sich mit Schriftformklauseln bislang meist im Verbandsverfahren auseinanderzusetzen, in dem allein die §§ 307 bis 309 BGB den Prüfungsmaßstab abgeben. Gleichwohl hat der BGH in mehreren Entscheidungen deutlich gemacht, dass eine Schriftformklausel der Verbindlichkeit einer mündlichen Sonderabrede schon aufgrund des Vorrangprinzips nicht entgegensteht. Eine Schriftformklausel kann – so der BGH – dadurch außer Kraft gesetzt werden, dass die Vertragsschließenden deutlich den Willen zum Ausdruck bringen, die mündlich getroffene Abrede solle ungeachtet dieser Klausel gelten.[34] Der **Vorrang der Individualabrede behauptet sich** im Übrigen auch gegenüber einer nach § 307 BGB nicht zu beanstandenden Schriftformklausel.[35] Ferner macht es insoweit keinen Unterschied, ob es sich um eine einfache oder qualifizierte (doppelte) Schriftformklausel handelt.[36]

Allerdings ist eine wichtige Einschränkung zu beachten. Der Vorrang der Individual- **352** abrede setzt – wie bereits erwähnt – deren Wirksamkeit voraus. Daran kann es fehlen, wenn die Schriftformklausel zugleich die **Vertretungsmacht des Personals** einschränkt, dessen sich der Verwender zur Herbeiführung des Vertragsschlusses bedient. Die Beschränkung der Vertretungsmacht muss für den anderen Vertragsteil bei Abschluss des Vertrages deutlich sichtbar werden.[37] Dies muss nicht unbedingt in Form einer zusätzlichen Vertreterklausel geschehen.

Beispiel: „Unsere Abschlussvertreter sind nur zu schriftlichen Zusagen befugt. Mündliche Abreden bedürfen zur Gültigkeit daher der schriftlichen Bestätigung."[38] (sog. **Vertreterklausel** in S. 1).

Einen vertretungsmachtbezogenen Regelungsgehalt weisen im Allgemeinen auch die **353** qualifizierten Schriftformabreden in Form des Abweichungsverbots und der Bestätigungsklausel auf.[39] Durch solche Klauseln kann jedenfalls die Vertretungsmacht des kaufmännischen Personals im Sinne der §§ 54, 55 HGB wirksam limitiert werden (vgl. hierzu unter dem Aspekt des § 307 BGB sogleich unter → Rn. 355). Mündliche Zusagen eines hierzu nicht bevollmächtigten kaufmännischen Angestellten können daher gegenüber dem Verwender grundsätzlich[40] keine Wirksamkeit entfalten. Abweichende Individualabreden, die der Verwender selbst mit seinen Kunden trifft, verdrängen hingegen ohne

---

[32] Begründung des RegE BT-Drs. 7/3919, S. 20.
[33] Vgl. statt vieler Wolf/*Hau* BGB § 305b Rn. 33.
[34] BGH NJW 1985, 320 (322).
[35] BGH NJW 2006, 138 f.; NJW-RR 1995, 179 (180); Ulmer/*Schäfer* BGB § 305b Rn. 33.
[36] BGH NJW 2017, 1017 Rn. 19.
[37] Ulmer/*Schäfer* BGB § 305b Rn. 35; Erman/*Roloff/Looschelders* BGB § 305b Rn. 12.
[38] *Michalski* DStR 1998, 772.
[39] Ulmer/*Schäfer* BGB § 305b Rn. 38.
[40] Im Einzelfall kann sich die Vertretungsmacht allerdings aus einer Anscheins- oder Duldungsvollmacht ergeben; vgl. Wolf/*Hau* BGB § 305b Rn. 43 mwN.

weiteres die Schriftformklausel. Gleiches gilt, wenn die mündliche Absprache nicht mit dem Verwender selbst, wohl aber mit einem voll vertretungsberechtigten Repräsentanten des Verwenders, also zB mit einem Prokuristen oder Generalbevollmächtigten, getroffen wird.[41]

3. Wirksamkeit von Schriftformklauseln

354   Schriftformklauseln sind nicht schlechthin gem. § 307 BGB unzulässig. Ihre Wirksamkeit hängt vielmehr von der Ausgestaltung und dem Anwendungsbereich der konkreten Klausel ab. Unwirksam ist eine Schriftformklausel, wenn sie dazu dient, insbesondere **nach Vertragsschluss** getroffene Individualvereinbarungen zu unterlaufen, indem sie beim anderen Vertragsteil den Eindruck erweckt, eine mündliche Abrede sei entgegen allgemeinen Grundsätzen unwirksam.[42] Eine Schriftformklausel kann nämlich dadurch außer Kraft gesetzt werden, dass die Parteien deutlich den Willen zum Ausdruck bringen, die mündlich getroffene Abrede solle ungeachtet dieser Klausel gelten. Eine Klauselgestaltung, die dem Verwender die Gelegenheit eröffnet, begründete Ansprüche unter Hinweis auf eine in der Sache nicht – stets – zutreffende Darstellung der Rechtslage in seinen Allgemeinen Geschäftsbedingungen abzuwehren, benachteiligt den Vertragspartner entgegen den Geboten von Treu und Glauben unangemessen.[43] Das gilt gleichermaßen für einfache wie für doppelte Schriftformklauseln.[44]

Beispiele:

(1) In den „Einkaufs- und Lieferungsbedingungen" eines Möbelhandelsunternehmens heißt es: „Änderungen oder Ergänzungen bedürfen der Schriftform". Diese Schriftformklausel ist so gefasst, dass der Kunde im Falle des Vorhalts der Klausel durch den Verwender von der Durchsetzung der ihm aufgrund wirksamer mündlicher Vereinbarung zustehenden Rechte abgehalten werden könnte.[45]

(2) Zu **Schriftformklauseln in Arbeitsverträgen** vgl. → Rn. 1186 f.

355   Schriftformklauseln können nach der Rechtsprechung allenfalls dann einer Angemessenheitskontrolle anhand des § 307 BGB standhalten, wenn sie auf **mündliche Vereinbarungen im Vorfeld und im Zeitpunkt des Vertragsschlusses** zielen. Bei der Klauselüberprüfung kann insbesondere ein berechtigtes Interesse des Verwenders, sich vor vollmachtüberschreitenden Abmachungen seiner Außendienstmitarbeiter und auch vor unkontrollierten mündlichen Zusagen vertretungsberechtigter Personen vor oder bei Vertragsschluss zu schützen, durchaus anerkannt werden.[46] In jedem Fall bedarf es einer Abwägung dieses Verwenderinteresses gegenüber den Belangen des Kunden.

355a   In formularmäßigen Gewerberaummietverträgen finden sich mitunter sog. **Schriftformheilungsklauseln.**

Beispiel: „Die Parteien verpflichten sich gegenseitig, ... jederzeit alle Handlungen vorzunehmen und Erklärungen abzugeben, die erforderlich sind, um dem gesetzlichen Schriftformerfordernis gem. § 550 BGB, insbesondere im Zusammenhang mit dem Abschluss dieses Nachtrags sowie weiterer Nachträgen, Genüge zu tun und bis dahin den Mietvertrag nicht unter Berufung auf die Nichteinhaltung der Schriftform vorzeitig zu kündigen."[47]

---

[41] Ulmer/*Schäfer* BGB § 305b Rn. 34; Erman/*Roloff/Looschelders* BGB § 305b Rn. 12.

[42] BGH NJW 1995, 1488 (1489); 2001, 292; KG NJW 2009, 3376.

[43] BGH NJW 1995, 1488 (1489).

[44] Zur doppelten Schriftformklausel zuletzt OLG Karlsruhe NJW-RR 2018, 1292.

[45] BGH NJW 1995, 1488. In diesem Sinne auch BGH NJW 2001, 292 f. zu einer Schriftformklausel in Neuwagen-Verkaufsbedingungen.

[46] BGH NJW 1991, 2559.

[47] BGH NJW 2017, 3772.

Derartige Schriftformheilungsklauseln sind **mit** der nicht abdingbaren Vorschrift des **355b**
§ 550 BGB unvereinbar und daher unwirksam. Sie können deshalb für sich genommen
eine Vertragspartei nicht daran hindern, einen Mietvertrag unter Berufung auf einen
Schriftformmangel ordentlich zu kündigen. Ausnahmsweise kann es aber dem anderen
Vertragsteil nach § 242 BGB verwehrt sein, sich auf die Formnichtigkeit des Rechtsgeschäfts zu berufen.[48] Vor diesem Hintergrund empfiehlt es sich, Schriftformmängel
unverzüglich zu beseitigen, sobald sie erkannt werden und das Mietverhältnis noch intakt
ist.

4. Auswirkungen der Klauselrichtlinie

Der Anhang zu Art. 3 Abs. 3 der Klauselrichtlinie 93/13/EWG enthält in **Nr. 1** **356**
Buchst. n einen Tatbestand, der Schriftformklauseln insoweit berührt, als es um die
Verbindlichkeit des Vertreterhandelns geht. Verpönt sind hiernach Klauseln, die darauf
abzielen oder zur Folge haben, dass die Verpflichtung des Gewerbetreibenden zur Einhaltung der von seinen Vertretern eingegangenen Verpflichtungen eingeschränkt wird
oder diese Verpflichtung von der Einhaltung einer Formvorschrift abhängig gemacht
wird. Damit wird die eher restriktive Tendenz der deutschen Rechtsprechung bestätigt.
Ob sich im Hinblick auf den Anhang der Klauselrichtlinie eine weitere Einengung des
Spielraums für Schriftformklauseln im deutschen Recht empfiehlt, ist derzeit noch offen.[49] Gerichte, die im Streitfall die Wirksamkeit einer Schriftformklausel in einem Verbrauchervertrag erwägen, müssten die Sache wohl dem EuGH zur Vorabentscheidung
vorlegen.[50]

Vierter Abschnitt. Auslegung Allgemeiner Geschäftsbedingungen

§ 12. Grundsatz der objektiven Auslegung

Literatur: *Bernreuther,* Zum Maßstab der Auslegung von AGB und dem Transparenzgebot, BB
1993, 1823; *Brandner,* Die Umstände des einzelnen Falles bei der Auslegung und Beurteilung von
AGB, AcP 162 (1963), 237; *Dammann,* Die Berücksichtigung der konkreten Umstände des Vertragsschlusses bei der Auslegung Allgemeiner Geschäftsbedingungen, in: GS für M. Wolf, 2011, S. 11;
Dreher, die Auslegung von Rechtsbegriffen in Allgemeinen Geschäftsbedingungen, AcP 189 (1989),
342; *Rüßmann,* Die „ergänzende Auslegung" Allgemeiner Geschäftsbedingungen, BB 1987, 843;
Schmidt-Salzer, Recht der AGB und mißbräuchliche Klauseln: Grundfragen, JZ 1995, 223.

I. Vorbemerkungen

1. Ziel der Auslegung

Bei Allgemeinen Geschäftsbedingungen handelt es sich häufig um ausgefeilte Bedin- **357**
gungswerke, in denen die Rechte und Pflichten der Parteien eingehend geregelt sind.
Gleichwohl zeigt sich auch hier, dass die gewählten Formulierungen nicht immer klar
und eindeutig sind, es vielmehr zu divergierenden Ansichten über ihren verbindlichen
Inhalt kommen kann. Denkbar ist des Weiteren, dass sich der unter Zugrundelegung
Allgemeiner Geschäftsbedingungen geschlossene Vertrag nachträglich als unvollständig

---

[48] BGH NJW 2017, 3772; hierzu *Lindner-Figura/Reuter* NJW 2018, 897.
[49] Dafür, dass die deutsche Rechtslage in diesem Punkt dem Klauselanhang bereits entspricht,
Ulmer/*Schäfer* BGB § 305b Rn. 3a; von einer Verschärfung ausgehend jedoch AGB-Klauselwerke/
Thüsing, Schriftformklauseln, Rn. 45 f.
[50] So auch MüKoBGB/*Basedow* § 305b Rn. 19.

erweist, etwa weil der Verwender einen bestimmten regelungsbedürftigen Punkt nicht bedacht hatte. In diesen Fällen ist im Wege der erläuternden bzw. ergänzenden Auslegung der Allgemeinen Geschäftsbedingungen ihr **rechtlich maßgeblicher Inhalt zu bestimmen.**

2. Trennung von Auslegung und Inhaltskontrolle

358   Die **Auslegung** ist von der **Inhaltskontrolle strikt zu trennen.** Schon rechtslogisch kann nur etwas rechtlich bewertet werden, was zuvor tatbestandlich genau fixiert worden ist. Die Auslegung bereitet mithin die Inhaltskontrolle vor und hat demnach an erster Stelle zu stehen.[1] Erst in einem zweiten Schritt geht es dann um die Frage, ob die privatautonom getroffene Regelung vor den Inhaltsschranken der Rechtsordnung bestehen kann.[2] Der Gesetzgeber hat sich in den §§ 307 bis 309 BGB für eine offene Inhaltskontrolle entschieden. Für den Rechtsanwender bedeutet dies, dass die Gründe, die das Urteil der Unangemessenheit tragen, offenzulegen sind. Mit diesem Postulat nicht vereinbar sind Strategien, die auf eine **verdeckte (kaschierte) Inhaltskontrolle** hinauslaufen, also eine der Inhaltskontrolle vorgelagerte Korrekturinstanz eröffnen. Diese Gefahr trägt vor allem die Auslegung Allgemeiner Geschäftsbedingungen in sich. Gestände man der Auslegung hier eine korrektivische Funktion zu, so ließe man letztlich eine Zweckentfremdung dieses Instituts zu. Als übereinstimmend Gemeintes wird nicht mehr das „Gewollte", sondern das nach der Rechtsordnung „Gesollte" ausgegeben.[3] Vor Inkrafttreten des AGB-Gesetzes war die Rechtsprechung unbilligen Klauseln nicht selten auch im Wege der Auslegung entgegengetreten. Unangemessene Deutungsvarianten wurden als von der Klausel nicht mitumfasst angesehen. Heute ist dieses Notventil nicht mehr erforderlich. Die inhaltliche Unangemessenheit ist im Rahmen der Inhaltskontrolle zur Sprache zu bringen. Die Auslegung kann sich wieder auf ihre eigentliche Aufgabe besinnen, den Inhalt der Allgemeinen Geschäftsbedingungen zu ermitteln.

II. Der objektive Auslegungsmaßstab

1. Ausgangslage im Bürgerlichen Recht

359   Allgemeine Geschäftsbedingungen sind vertragsrechtlicher Natur und unterliegen daher im Grundsatz den allgemeinen Regeln des Bürgerlichen Rechts über die Auslegung von Willenserklärungen und Verträgen.[4] Gleichermaßen verankert in **§ 133 BGB und § 157 BGB** hat sich im Laufe der Zeit ein einheitlicher Kanon von Auslegungsgrundsätzen herausgeschält.[5] Ist nicht ausnahmsweise ein übereinstimmender Wille der Parteien erkennbar, dem im Wege der natürlichen Auslegung zur Geltung zu verhelfen ist, so richtet sich die Auslegung bei empfangsbedürftigen Willenserklärungen nach dem Empfängerhorizont (sog. normative Auslegung). Ausgehend vom Wortlaut sind sämtliche Begleitumstände in die Auslegung einzubeziehen. Erweist sich der Vertrag als

---

[1] BGH NJW 1999, 1108; 1633 (1634).

[2] Sehr deutlich BGH NJW 1993, 2369; aus dem Schrifttum: *Neuner*, Allgemeiner Teil, § 47 Rn. 45; *Fastrich*, Inhaltskontrolle, S. 21 ff.; Wolf/*Pfeiffer* BGB § 307 Rn. 7; Staudinger/*Schlosser* BGB § 305c Rn. 105; *Leenen* AcP 188 (1988), 386 ff.; *ders.* AcP 190 (1990), 268 f.; zur entsprechenden Problematik („Auslegung als kaschierte Vertragskontrolle") in der arbeitsgerichtlichen Rechtsprechung *Preis*, Grundfragen der Vertragsgestaltung, S. 153 ff.

[3] *Fastrich*, Inhaltskontrolle, S. 21; vgl. auch *Tiedke* ZIP 1987, 1092.

[4] Wolf/*Lindacher/Hau* BGB § 305c Rn. 101; MüKoBGB/*Basedow* § 305c Rn. 28; aA Palandt/*Grüneberg* BGB § 305c Rn. 16. Die Auslegung Allgemeiner Geschäftsbedingungen folgt somit nicht der Auslegung von Gesetzen. Auf dem Gebiet der Allgemeinen Versicherungsbedingungen spricht der BGH bisweilen noch von „gesetzesförmiger Auslegung"; vgl. BGH NJW 1981, 870 (873).

[5] Instruktive Darstellung bei *Neuner*, Allgemeiner Teil, § 35.

lückenhaft, so ist unter Zugrundelegung eines objektiv-generalisierenden Maßstabs eine am hypothetischen Parteiwillen ausgerichtete ergänzende Vertragsauslegung in Betracht zu ziehen.[6]

2. Modifikation des Auslegungsmaßstabs bei Allgemeinen Geschäftsbedingungen

Diese allgemeinen Regeln dürfen für die Auslegung Allgemeiner Geschäftsbedingungen 360
nicht unbesehen und schablonenhaft übernommen werden. Die wichtigste in Rechtsprechung und überwiegender Literatur anerkannte Abweichung betrifft den Auslegungsmaßstab. Allgemeine Geschäftsbedingungen sind hiernach ausgehend von den Verständnismöglichkeiten eines rechtlich nicht vorgebildeten Durchschnittskunden einheitlich so auszulegen, wie sie von verständigen und redlichen Vertragsparteien unter Abwägung der Interessen der normalerweise beteiligten Verkehrskreise verstanden werden.[7] Die Auslegung erfolgt **losgelöst von der zufälligen Gestaltung des Einzelfalles und den individuellen Vorstellungen der Vertragsparteien.**[8] Das Auslegungsergebnis muss sich als allgemeine Lösung eines stets wiederkehrenden Interessengegensatzes darstellen. Die **objektive Auslegung** schränkt den Kreis der Auslegungsmittel auf solche ein, die dem typischen Kunden des jeweiligen Geschäftskreises zugänglich sind.[9] Dazu gehört regelmäßig nicht die Entstehungsgeschichte eines Bedingungswerkes.[10] Ferner führt die mangelnde Berücksichtigungsfähigkeit der individuellen Begleitumstände des Vertragsschlusses zu einer gewissen Aufwertung des Wortlautarguments im Auslegungsgeschehen.[11] Bedient sich der Verwender in Allgemeinen Geschäftsbedingungen eines Rechtsbegriffs, der im juristischen Sprachgebrauch eine bestimmte Bedeutung hat, ist dieser Begriff in seiner allgemeinen juristischen Bedeutung auszulegen, sofern sich nicht aus dem Sinnzusammenhang der Klausel etwas anderes ergibt.[12]

---

[6] Zur Schließung „anfänglicher" Lücken in Allgemeinen Geschäftsbedingungen ist die ergänzende Vertragsauslegung nach allgemeiner Ansicht grundsätzlich zulässig, so zuletzt BGH NJW 2001, 292 (293) mwN; NJW-RR 2004, 262 (262); 2007, 1697 (1701).

[7] BGH NJW 2002, 285 (286); 2007, 504 (505); NJW-RR 2010, 63 (64); 2016, 526 Rn. 17; BAG NZA 2013, 1024 (1025).

[8] BGHZ 33, 216 (218); und aus neuerer Zeit BGHZ 84, 268 (272); BGH NJW 1992, 2629; 2001, 2165 (2166); BAG NZA 2006, 324 (327); NJW 2019, 2114 Rn. 34; Ulmer/*Schäfer* BGB § 305c Rn. 73 ff.; Schwab, AGB-Recht, 3. Teil Rn. 3; MüKoBGB/*Basedow* § 305c Rn. 33; *H. Roth* WM 1991, 2126; aA Wolf/*Lindacher*/*Hau* BGB § 305c Rn. 105 f.; kritsch gegenüber einem speziellen Auslegungsmaßstab für AGB auch Staudinger/*Mäsch* BGB § 305c Rn. 119a; einschränkend auch *Schmidt-Salzer* JZ 1995, 223 ff. BGH NJW 2001, 1270 sah sich durch § 23 Abs. 1 AGBG nicht gehindert, die objektive Auslegung auf vorformulierte Vertragsbedingungen für Gesellschaftsverträge mit stillen Gesellschaftern zu erstrecken. Bei der Verwendung kollektivrechtlich ausgehandelter Drittbedingungen kommt es auf den Verständnishorizont der mit den Bedingungen konfrontierten Arbeitnehmer an, so zutreffend BAG NZA 2009, 896.

[9] BGH WM 1978, 10 (11); NJW-RR 2009, 1641 (1642); Ulmer/*Schäfer* BGB § 305c Rn. 82; Palandt/*Grüneberg* BGB § 305c Rn. 16.

[10] BGH NJW-RR 2003, 1247; Ulmer/*Schäfer* BGB § 305c Rn. 82; Erman/*Roloff*/*Looschelders* BGB § 305c Rn. 21; *Dreher* AcP 189 (1989), 361; *Schmidt-Salzer*, AGB, Rn. E. 50.

[11] BGH NJW-RR 2016, 526 Rn. 18; NJW 2018, 455 Rn. 22; BAG NJW 2019, 2114 Rn. 34; Ulmer/*Schäfer* BGB § 305c Rn. 73; *H. Roth* AcP 190 (1990), 306. Die Rechtsprechung ist uneinheitlich. Von einer am Wortlaut ausgerichteten objektiven Auslegung einer AGB-Klausel sprechen zB BGH NJW 1988, 3149 (3150) und 2002, 441, während Allgemeine Versicherungsbedingungen so auszulegen sein sollen, wie ein durchschnittlicher Versicherungsnehmer sie bei verständiger Würdigung, aufmerksamer Durchsicht und Berücksichtigung des erkennbaren Sinnzusammenhangs verstehen muss; vgl. BGH NJW 2017, 388 Rn. 17.

[12] BAG NZA 2017, 323 Rn. 23.

Beispiele:

(1) Bei der im Wege der Auslegung zu klärenden Frage, ob die Klausel „Der Gastwirt ist verpflichtet, bei Nichtbereitstellung des Zimmers dem Gast Schadensersatz zu leisten." auch den Ersatz immaterieller Schäden unter dem Gesichtspunkt vertaner Urlaubszeit erfasst, kann die durch die Notwendigkeit ständiger Betreuung eines schwerbehinderten Familienangehörigen bedingte besondere Lage des Gastes nicht berücksichtigt werden. Entgegen der Vorinstanz war der BGH der Ansicht, dass die Klausel allgemein dahingehend zu verstehen sei, dass der immaterielle Schaden nicht ersatzfähig sein solle.[13]

(2) Die unbedarfte Beamtenwitwe, die an der Börse spekuliert, hat keinen Anspruch darauf, dass die dort üblichen Allgemeinen Geschäftsbedingungen für sie anders ausgelegt werden als für die häufiger mit solchen Anlagen Befassten.[14] Anders als bei solchen rein individuellen Verständnisunterschieden sollen hingegen unterschiedliche Verständnismöglichkeiten verschiedener am Geschäftsverkehr beteiligter Kundenkreise Berücksichtigung finden.[15]

361   Legen die Parteien einer vorformulierten Klausel **übereinstimmend** eine von ihrem objektiven Sinn **abweichende Bedeutung** bei, so ist diese maßgebend.[16] Hierfür beruft man sich zumeist auf den Rechtsgedanken des § 305b BGB (Vorrang der Individualabrede).[17] Die Begründung überzeugt nicht vollständig, da ein bloßes übereinstimmendes Verständnis des Inhalts von Allgemeinen Geschäftsbedingungen keineswegs mit einem Aushandeln im Sinne der §§ 305b und 305 Abs. 1 S. 3 BGB einhergehen muss.[18] Richtiger Ansicht nach handelt es sich um einen schlichten Anwendungsfall der natürlichen Auslegung, die auch auf dem Gebiete der Allgemeinen Geschäftsbedingungen der normativ-objektiven Auslegung vorgeht.[19] Hier zeigt sich einmal mehr die grundsätzliche Verankerung der Auslegung von Allgemeinen Geschäftsbedingungen in den §§ 133, 157 BGB.

3. Gründe für die objektive Auslegung

362   Im Schrifttum ist die Geltung einer genuinen Auslegungsmaxime in Form des Grundsatzes der objektiven Auslegung verschiedentlich bestritten worden.[20] Demgegenüber sprechen gute Gründe für die soeben im Einzelnen beschriebene Modifikation des Auslegungsmaßstabes. Sie trägt zunächst der **tatsächlichen Situation in Streitverfahren** um die Wirksamkeit Allgemeiner Geschäftsbedingungen Rechnung, die im Allgemeinen durch einen Mangel an individuellen Besonderheiten gekennzeichnet ist.[21] Im Verbandsklageverfahren, das ohne Bezug auf einen konkreten Vertragsschluss geführt wird, versteht sich dies von selbst. Aber auch im Individualprozess dürfte es in aller Regel an besonderen auslegungsrelevanten Umständen fehlen. Freilich erlaubt dieser empirische Befund allein noch nicht die Aufstellung einer spezifischen Auslegungsregel. Normativ absichern lässt sich die objektive Auslegung jedoch mit dem durch die §§ 305 ff. BGB mittelbar anerkannten legitimen Zweck Allgemeiner Geschäftsbedingungen, der **Ratio-**

---

[13] BGH NJW 1980, 1947.

[14] Beispiel nach *Raiser*, Recht der allgemeinen Geschäftsbedingungen, S. 259.

[15] Ulmer/*Schäfer* BGB § 305c Rn. 83;
BeckOGK/*Bonin* BGB § 305c Rn. 93; *Löwe*/Graf von Westphalen/Trinkner AGBG § 5 Rn. 5.

[16] BGH WM 2000, 783 (785); NJW 2002, 2102 (2103); NJW-RR 2010, 63 (64); 2016, 526 Rn. 18; NJW 2018, 455 Rn. 27.

[17] BGH NJW 1991, 1604 (1606); 1995, 1494 (1496); 2002, 2102 (2103); Ulmer/*Schäfer* BGB § 305c Rn. 84; MüKoBGB/*Basedow* § 305c Rn. 39.

[18] Richtig erkannt von BAG NZA 2010, 342 (344).

[19] Wie hier Wolf/*Lindacher*/Hau BGB § 305c Rn. 104; in diesem Sinne offenbar auch OLG Rostock NZG 1999, 844 (845).

[20] Wolf/*Lindacher*/Hau BGB § 305c Rn. 105 f.; Staudinger/*Mäsch* BGB § 305c Rn. 119a; *Brandner* AcP 162 (1963), 253 ff.; eigene Wege beschreitet *Basedow* AcP 182 (1982), 357.

[21] *H. Roth* WM 1991, 2126.

nalisierung des Geschäftsverkehrs.[22] Dieser ließe sich nicht erreichen, wenn der Verwender befürchten müsste, dass sein Vertragswerk gegenüber seinen Kunden nicht einheitlich zur Anwendung gelangen wird, weil ihm immer wieder neue Auslegungen abgewonnen würden. Besonders deutlich wird dies übrigens für die Auslegung Allgemeiner Versicherungsbedingungen. Über Gebühr eingeengt werden die Parteien durch die objektive Auslegung nicht. Denn sie haben es durchaus in der Hand, einem von der objektiven Auslegung abweichenden Verständnis zur Geltung zu verhelfen, sei es indem sie eine Individualabrede im Sinne des § 305b BGB treffen, sei es dass sie übereinstimmend von einem anderen Verständnis ausgehen und sich hierüber bei Vertragsschluss austauschen (Fall der natürlichen Auslegung, s. o.).

III. Die Auslegung von Klauseln in Verbraucherverträgen

Fraglich ist, ob auch für vorformulierte Klauseln in Verbraucherverträgen am Grundsatz der objektiven Auslegung festgehalten werden kann. Immerhin sind nach § 310 Abs. 3 Nr. 3 BGB bei der Beurteilung der unangemessenen Benachteiligung nach § 307 Abs. 1 und 2 BGB auch die den Vertragsschluss begleitenden Umstände zu berücksichtigen. Im Schrifttum ist daraus geschlossen worden, dass dann auch in die Auslegung konkret-individuelle Umstände einfließen müssten.[23] Wortlaut und Systematik der Vorschrift stützen diese Auffassung freilich nicht. § 310 Abs. 3 Nr. 3 BGB beschäftigt sich ebenso wie Art. 4 Abs. 1 RiLi 93/13/EWG erkennbar nur mit der Inhalts(Missbrauchs-)kontrolle. Nicht stichhaltig wäre ferner der Schluss, dass die Beachtlichkeit individueller Umstände im Rahmen der Inhaltskontrolle zwingend deren vorgängige Berücksichtigung bei der Auslegung der Klausel erfordere. Beide Prüfungsstationen können in diesem Punkt getrennt voneinander durchlaufen werden. Die Auslegung erfolgt objektiv nach dem Verständnis der typischerweise an Geschäften dieser Art beteiligten Verkehrskreise (Verbraucher), während im Rahmen der Inhaltskontrolle zusätzlich – soweit vorhanden – individuelle vertragsschlussbegleitende Umstände verwertet werden. Die Feststellung dieser zusätzlichen Momente erfolgt erst auf dieser (letzten) Stufe der AGB-Prüfung. Die Gegenansicht hätte zudem die missliche Konsequenz zu vertreten, dass die Auslegungsmaßstäbe differierten, je nachdem, ob die in einem Verbrauchervertrag enthaltene Klausel Gegenstand eines Verbandsklageverfahrens ist – hierauf findet § 310 Abs. 3 Nr. 3 BGB unstreitig keine Anwendung – oder im Rahmen eines Individualverfahrens überprüft wird.

363

IV. Revisibilität der Auslegung

In **prozessualer Hinsicht** muss unterschieden werden zwischen der Feststellung des Erklärungstatbestandes und der hierauf aufbauenden Auslegung.[24] Die Feststellung des Erklärungstatbestandes einschließlich des Bestehens einer Verkehrssitte liegt auf tatsächlichem Gebiet und ist der Nachprüfung durch das Revisionsgericht schon aus diesem Grunde entzogen. Die Auslegung, also die Ermittlung, mit welchem Inhalt eine Erklärung von Rechts wegen gilt, stellt sich hingegen als ein Akt rechtlicher Würdigung dar. Gleichwohl ist auch die (normative) Auslegung grundsätzlich der Tatsacheninstanz vorbehalten. Das Revisionsgericht schaltet sich in die Auslegung von Willenserklärungen

364

---

[22] Ulmer/*Schäfer* BGB § 305c Rn. 75; *H. Roth* WM 1991, 2126.
[23] So beispielsweise *Graf von Westphalen* EuZW 2019, 121 (124); BeckOK/*Hubert Schmidt* BGB § 305c Rn. 49; Staudinger/*Mäsch* BGB § 305c Rn. 125; dagegen jedoch zu Recht BAG NZA 2006, 423 (425); 2010, 935 (938); BeckOGK/*Bonin* BGB § 305c Rn. 91; ferner *Michalski* DB 1999, 679, der allerdings Einzelverträge im Sinne des § 310 Abs. 3 Nr. 2 BGB nur konkret-individuell auslegen will.
[24] Palandt/*Ellenberger* BGB § 133 Rn. 29 f.

und Individualverträgen nur ein, wenn die unrichtige Anwendung einer Gesetzesnorm, eines allgemeinen Denkgesetzes oder Erfahrungssatzes, die Außerachtlassung wesentlichen Auslegungsstoffs oder aber die Verletzung von Verfahrensvorschriften behauptet wird.[25] Dafür spricht, dass sich in der Praxis Rechts- und Tatfragen im Auslegungsgeschehen nur schwer trennen lassen und die abschließende Beurteilungskompetenz insoweit beim sachnäheren Richter der Tatsacheninstanz verbleiben sollte. Eine wichtige Ausnahme macht die höchstrichterliche Rechtsprechung hingegen für die Auslegung von Allgemeinen Geschäftsbedingungen. Sie unterliegen in der Revisionsinstanz analog § 545 ZPO der **vollen Nachprüfbarkeit durch den BGH**, wenn sie bestimmten Anforderungen in Bezug auf ihren räumlichen Geltungsbereich genügen. Ist dieser so beschaffen, dass eine unterschiedliche Auslegung durch **verschiedene Berufungsgerichte** – verschiedene Landgerichte, verschiedene Oberlandesgerichte oder ein Landgericht und ein Oberlandesgericht – denkbar ist, so ist die Revisibilität zu bejahen.[26] Selbst diese Einschränkung scheint der BGH in seiner jüngsten Rechtsprechung aufgeben zu haben. In neueren Entscheidungen heißt es schlicht, Allgemeine Geschäftsbedingungen seien bei der Auslegung wie revisible Rechtsnormen zu behandeln und infolgedessen vom Revisionsgericht frei auszulegen.[27] Der BGH beruft sich hierfür auf das Bedürfnis nach einheitlicher Auslegung der gängigen Bedingungswerke. Auch das BAG hält „typische Klauseln" generell für uneingeschränkt überprüfbar.[28] Als nicht revisibel hat der BGH hingegen **ausländische Allgemeine Geschäftsbedingungen** eingestuft.[29] Mit der Neufassung des § 545 Abs. 1 ZPO im Jahre 2009 ist dieser Rechtsprechung allerdings der Boden entzogen worden. Da das Gesetz jetzt nur noch von der „Verletzung des Rechts" (und nicht wie bisher von „Bundesrecht") spricht, wird man davon ausgehen können, dass nunmehr auch ausländisches Recht der Überprüfung durch das Revisionsgericht unterliegt.[30]

§ 13. Besondere Auslegungsregeln

Literatur: *Honsell*, Zweifel bei Auslegung Allgemeiner Geschäftsbedingungen gehen zu Lasten des Verwenders, JA 1985, 260; *Knütel*, Zur duplex interpretatio von Allgemeinen Geschäftsbedingungen, JR 1981, 221; *Legner*, Die Unklarheitsregel bei AGB mit Drittwirkung, MDR 2021, 208; *O. Meyer*, Contra Proferentem?, ZHR 174 (2010), 108; *Krampe*, Die Unklarheitenregel, 1983; *Pilz*, Missverständliche AGB – Ein Beitrag zum Verhältnis von Auslegung und Transparenzkontrolle untersucht am Beispiel Allgemeiner Versicherungsbedingungen, 2010; *H. Roth*, Funktion und Anwendungsbereich der Unklarheitenregel des § 5 AGBG, WM 1991, 2085 und 2125; *Sambuc*, Unklarheitenregel und enge Auslegung von AGB, NJW 1981, 313; *Schlechtriem*, Die sogenannte Unklarheitenregel, in: FS für Heinrichs, 1998, S. 503 ff.; *Schmidt-Salzer*, Recht der AGB und der mißbräuchlichen Klauseln: Grundfragen, JZ 1995, 223; *Schorn*, Die Unklarheitenregel des § 305c Abs. 2 BGB – insbesondere im Arbeitsrecht, 2011; *Wacke*, Ambiguitas contra stipulatorem, JA 1981, 666.

---

[25] Vgl. etwa BGH NJW 1995, 45 (46); 1995, 1212 (1213); 2002, 3232 (3233); BAG NZA 2007, 940 (941).

[26] Vgl. etwa BGH NJW 2005, 2919; 2012, 2337 (2338); MüKoBGB/*Basedow* § 305c Rn. 67.

[27] BGH NJW 2010, 2877; 2014, 2269 (2271).

[28] BAG NZA 2006, 324 (326) unter Hinweis auf die Nichtanwendbarkeit des § 545 ZPO im arbeitsgerichtlichen Verfahren; NJW 2019, 2114 Rn. 35; zust. Germelmann/*Müller-Glöge* ArbGG § 73 Rn. 19.

[29] Vgl. zuletzt BGH NJW 1994, 1408.

[30] MüKoBGB/*Basedow* § 305c Rn. 68; Ulmer/*Schäfer* BGB § 305c Rn. 72; Wolf/*Lindacher/Hau* BGB § 305c Rn. 156.

I. Unklarheitenregel

1. Einordnung der Regel

Nach **§ 305c Abs. 2 BGB** gehen Zweifel bei der Auslegung Allgemeiner Geschäfts- **365** bedingungen zulasten des Verwenders. Die Vorschrift statuiert damit eine Risikovertei- lung zulasten des AGB-Verwenders, wenn der Inhalt einer Klausel nicht eindeutig fest- stellbar ist.[1] Diese von **Art. 5 S. 2 der Klauselrichtlinie 93/13/EWG** rezipierte Risiko- zuweisung ist gerechtfertigt, ist es doch der Verwender, der einseitig vorformulierte Vertragsbedingungen ohne Einflussmöglichkeit des Vertragspartners in den Vertrag ein- führt. Der einseitigen Inanspruchnahme der Vertragsgestaltungsfreiheit korrespondiert mithin eine besondere **Verantwortung für den Inhalt** der Allgemeinen Geschäftsbedin- gungen.[2] Die Unklarheitenregel trägt weiterhin dazu bei, dass die Regel des § 155 BGB, die bei einem versteckten Dissens das Risiko des Nichtzustandekommens des Vertrages begründet, nicht eingreift;[3] dabei handelt es sich übrigens um eine durchgängige Tendenz des AGB-Rechts, die sich beispielsweise auch bei der Behandlung kollidierender All- gemeiner Geschäftsbedingungen zeigt.[4]

Die Unklarheitenregel steht in der Tradition römischrechtlicher Vorbilder[5] und gehör- **366** te schon lange vor Inkrafttreten des AGB-Gesetzes zum Standardrepertoire der zivilge- richtlichen Rechtsprechung.[6] In das AGB-Gesetz ist sie allerdings erst aufgrund der Stellungnahme des Bundesrates zum Regierungsentwurf eingefügt worden.

Die Unklarheitenregel gibt eine Anweisung, auf welche Weise der rechtlich maßgeb- **367** liche Inhalt mehrdeutiger und in ihrem Sinn zweifelhafter Vertragsabreden zu ermitteln ist. Zutreffend qualifizieren die Gesetzesmaterialien die Norm als **„Auslegungsregel".**[7] Zu beachten ist, dass die Auslegung – und damit auch § 305c Abs. 2 BGB – lediglich die inhaltliche Kontrolle der streitbefangenen AGB-Bestimmung durch Präzisierung des Prüfungsgegenstandes vorbereitet, mit ihr aber nicht zusammenfällt. Keinesfalls kann § 305c Abs. 2 BGB der Maßstab der Inhaltskontrolle entnommen werden oder gar die Unwirksamkeit einer Klausel hierauf gestützt werden. Von einem verfehlten Verständnis zeugt etwa die Formulierung, eine bestimmte Klausel „verstoße" gegen § 305c Abs. 2 BGB.[8] Ebenso verfehlt ist der vom BGH aufgestellte Leitsatz, die Anwendung der Unklarheitenregel des § 305c Abs. 2 BGB könne im Einzelfall dazu führen, dass eine Klausel zulasten des Verwenders ersatzlos entfalle.[9]

Die praktische Bedeutung der Unklarheitenregel ist nicht gering zu veranschlagen.[10] **368** Auf der anderen Seite zeichnet sich in letzter Zeit ab, dass die Unklarheitenregel zuneh-

---

[1] Bericht des Rechtsausschusses BT-Drs. 7/5422, S. 5.
[2] BGH WM 1978, 10 (11); NJW 1999, 1865 (1866 f.); BAG NZA 2008, 179 (180); *Raiser,* Recht der AGB, S. 263; *Schmidt-Salzer,* AGB, Rn. E. 51; Ulmer/*Schäfer* BGB § 305c Rn. 61; Wolf/*Linda- cher/Hau* BGB § 305c Rn. 124; MüKoBGB/*Basedow* § 305c Rn. 43; *Rüßmann* BB 1987, 845.
[3] *Raiser,* Recht der AGB, S. 260 ff.; Ulmer/*Schäfer* BGB § 305c Rn. 61; *Roth* WM 1991, 2085.
[4] → Rn. 313 ff.
[5] Bekannt ist die Digestenstelle Celsus D 34, 5, 26: „Cum quaeritur in stipulatione, quid acti sit, **ambiguitas contra stipulatorem** est." Zur Geschichte der Unklarheitenregel insbesondere *Krampe,* Die Unklarheitenregel, S. 11 ff., 49 ff. und *Wacke* JA 1981, 666. Zur Entwicklung im 19. Jahrhundert *Hellwege,* Allgemeine Geschäftsbedingungen, S. 126 ff.
[6] *Raiser,* Recht der AGB, S. 264 schrieb bereits 1935, die Regel sei „alt und weitverbreitet"; aus der Rechtsprechung sei beispielhaft auf RGZ 120, 18 (20) und RGZ 142, 353 (356) sowie auf BGHZ 5, 111 (115); 47, 207 (216); 60, 174 (177); BGH NJW 1974, 55 verwiesen.
[7] Bericht des Rechtsausschusses BT-Drs. 7/5422, S. 5; ebenso *Roth* WM 1991, 2086.
[8] So zB *Locher,* Recht der AGB, S. 69 oder BAG NZA 2009, 1337 (1340).
[9] BGH NJW 1985, 53.
[10] Große praktische Bedeutung attestiert ihr auch *Roth* WM 1991, 2086; vgl. ferner *Ulmer,* in: Zehn Jahre AGB-Gesetz, S. 5 und *Schlechtriem* FS Heinrichs, 1998, 503.

mend von dem **Transparenzgebot** an den Rand gedrängt wird.[11] Wenn sich eine unangemessene Benachteiligung nämlich schon aus der Unklarheit oder Undurchschaubarkeit der Regelung ergeben kann, so bedarf es der inhaltlichen Klarstellung des Klauseltextes mittels der Unklarheitenregel nicht mehr.[12] Nur dort, wo die objektive Mehrdeutigkeit nicht zugleich einen Verstoß gegen das Transparenzgebot darstellt, dürfte § 305c Abs. 2 BGB künftig ein originäres Anwendungsfeld zuwachsen.[13] Eine neue Seite schlägt allerdings die Entscheidung des BGH vom 5.11.1998 auf.[14] Die Unklarheitenregel wird hier dazu verwandt, eine weitere Auslegungsmöglichkeit zu eröffnen, um sodann die nunmehr mehrdeutig gewordene Klausel für intransparent zu erklären. Dies ist methodisch unzulässig, da die Unklarheitenregel einzig der Auflösung von Auslegungszweifeln dient.

369   Die Vorschrift des § 305c Abs. 2 BGB kann durch Allgemeine Geschäftsbedingungen **nicht abbedungen** oder umgekehrt werden (§ 307 Abs. 2 Nr. 1 BGB).[15] Die Unklarheitenregel gilt ohne Einschränkung auch im **unternehmerischen Geschäftsverkehr.**[16] Ihr Grundgedanke ist von der arbeitsgerichtlichen Rechtsprechung schon vor der Aufhebung der Bereichsausnahme für das Arbeitsrecht im Rahmen der Kontrolle **formularmäßiger Arbeitsvertragsbedingungen** aufgegriffen worden.[17] Das BAG wendet § 305c BGB jetzt konsequent an.[18]

2. Vorrangige Ausschöpfung der Auslegungsmethoden

370   Eine extensive Anwendung der Unklarheitenregel wäre dazu angetan, nicht wenige problematische AGB-Klauseln zu Gunsten des Kunden zu entschärfen. Wünschenswert und im Sinne des Gesetzgebers ist es jedoch, solche Klauseln einer Inhaltskontrolle zu unterziehen und ihre unangemessen benachteiligende Wirkung offen auszusprechen. Die starke Betonung der Unklarheitenregel wäre, worauf von Regierungsseite zutreffend hingewiesen worden war,[19] einer Anwendung und Fortentwicklung einer offenen Inhaltskontrolle eher hinderlich. Um dieser Gefahr einer verdeckten Inhaltskontrolle im Gewande der Auslegung zu begegnen, empfiehlt sich eine zurückhaltende Anwendung der Unklarheitenregel.[20] Zu Recht will die Rechtsprechung daher die Unklarheitenregel nicht schon dann anwenden, wenn Streit über die Auslegung besteht. Voraussetzung ist hiernach vielmehr, dass nach **Ausschöpfung der in Betracht kommenden Auslegungsmethoden** ein **nicht behebbarer Zweifel** bleibt und mindestens zwei Auslegungsmöglichkeiten rechtlich vertretbar sind.[21] Die entfernte Möglichkeit, zu einem anderen

---

[11] *Thamm/Pilger* AGBG § 5 Rn. 4.

[12] Als Beispiel sei der inhaltliche Widerspruch mehrerer Klauseln genannt, der zur Intransparenz führt, vgl. BAG NZA 2010, 445 (446).

[13] Vgl. als Beispiel die Entscheidung BGH NJW 1994, 1060 (1062), in der die Unklarheitenregel zur Anwendung gelangte, ein Verstoß gegen das Transparenzgebot explizit verneint wurde.

[14] BGH NJW 1999, 276.

[15] BGH NJW 1999, 1865 (1866 f.).

[16] BGH NJW-RR 1988, 113 (114).

[17] ZB BAG AP Nr. 12 zu § 1 BetrAVG; BAG DB 1992, 384; hierzu *Preis*, Grundfragen der Vertragsgestaltung im Arbeitsrecht, S. 263 f. mwN.

[18] Vgl. zB BAG NZA 2006, 202 und 923 (926).

[19] Amtl. Begründung BT-Drs. 7/3919, S. 15 und Gegenäußerung der Bundesregierung zur Stellungnahme des Bundesrates BT-Drs. 7/3919, S. 60. Die Bundesregierung konnte sich insoweit auf *Ludwig Raiser* (Recht der AGB, S. 264 ff.) berufen, der das Problem bereits früh erkannt hatte.

[20] In diesem Sinne dezidiert *Stein* AGBG § 5 Rn. 14.

[21] BGH NJW-RR 1995, 1303 (1304); NJW 1997, 3434 (3435); 2002, 3232 (3233); 2007, 504 (506); NJW-RR 2010, 63 (64); 2017, 992 Rn. 12; BAG NZA 2006, 923 (926); 2008, 1173 (1179); NZA-RR 2012, 232 (236); NJW 2017, 1628 Rn. 26; *Schmidt-Salzer*, AGB, Rn. E. 51; Palandt/*Grüneberg* BGB § 305c Rn. 15; pronunciert anderer Ansicht *Schlechtriem* FS Heinrichs, 1998, 503 ff.; seiner Ansicht

Ergebnis zu kommen, genügt für die Anwendung der Unklarheitenregel nicht.[22] Ist die betreffende Klausel von den Parteien übereinstimmend in einem bestimmten Sinn verstanden worden, so gelangt die Unklarheitenregel schon wegen des Vorrangs des übereinstimmenden Willens nicht zur Anwendung.[23] Abgesehen von diesem Anwendungsfall der falsa demonstratio ist für die vorgelagerte Auslegung auf die Verständnismöglichkeiten der typischerweise an Geschäften der fraglichen Art beteiligten Kunden abzustellen, während es auf die Kenntnisse oder Vorstellungen der an dem konkreten Vertrag Beteiligten nicht ankommt.[24] Vor diesem Hintergrund lässt sich die Unklarheitenregel des § 305c Abs. 2 BGB als subsidiäre richterliche Auslegungshilfe oder -regel kennzeichnen, die in der Hierarchie der Auslegungsmaximen an nachgeordneter Stelle rangiert.[25]

Beispiele:

(1) Der verbreiteten Klausel **„gekauft wie besichtigt unter Ausschluss jeder Gewährleistung"** lässt sich im Wege der objektiven Auslegung ein eindeutiger Inhalt zuschreiben. Zwar erfasst der Hinweis „wie besichtigt" grundsätzlich nur diejenigen (so genannten offenen) Mängel, die bei einer den Umständen nach zumutbaren Prüfung und Untersuchung unschwer erkennbar sind. Die Klausel insgesamt („unter Ausschluss jeder Gewährleistung") bringt jedoch hinreichend deutlich zum Ausdruck, dass die Haftung für sämtliche, auch verborgene Mängel ausgeschlossen werden soll.[26]

(2) Der Bedeutungsgehalt einer in einem Formularvertrag über den **Verkauf von Gebrauchtwagen** enthaltenen Klausel: „Der Verkäufer sichert zu: ... dass das Kfz, **soweit ihm bekannt,** eine Gesamtfahrleistung von ... km aufweist." lässt sich nach Ansicht des BGH nicht eindeutig bestimmen. Den auf eine Zusicherung der Laufleistung im Rechtssinne hindeutenden Merkmalen widerspreche die Formulierung „soweit ihm bekannt". Dies führe nach § 5 AGBG (jetzt § 305c Abs. 2 BGB) zu dem Ergebnis, dass der Verkäufer dem Käufer die angegebene Laufleistung des verkauften Kraftfahrzeugs zugesichert habe.[27]

3. Anwendung der Unklarheitenregel im Verbandsprozess

Die Unklarheitenregel darf nicht ohne weiteres mit einem Gebot kundenfreundlicher   **371** Auslegung gleichgesetzt werden. „Zu Lasten des Verwenders" kann auch bedeuten, dass der Verwender die **kundenfeindlichste** mehrerer objektiv möglicher Deutungen gegen sich gelten lassen muss und dann als Nachteil die Unwirksamkeit der Klausel zu tragen hat. Dieses Verständnis der Unklarheitenregel hat sich für den Verbandsprozess mittlerweile sogar allgemein durchgesetzt.[28] Eine kundenfreundliche, tendenziell die Aufrechterhaltung der problematischen Klausel fördernde Auslegung würde die präventiv auf Beseitigung unangemessener Klauseln gerichtete Zielsetzung des abstrakten Kontrollverfahrens konterkarieren. Auf das bei Annahme der kundenfeindlichsten

---

nach ist die kundenfreundlichste Auslegung (schon) dann zu wählen, wenn der Wortlaut bei objektiver am Verständnishorizont eines durchschnittlichen Adressaten ausgerichteten Lesart unklar und mehreren Auslegungen zugänglich ist.

[22] BAG NZA 2008, 1173 (1179); 2013, 787 (788).

[23] BGH NJW 2002, 2102 (2103).

[24] BGH WM 1984, 1228 (1229).

[25] *Raiser,* AGB, S. 262; *Roth* WM 1991, 2086 f.; Wolf/*Lindacher/Hau* BGB § 305c Rn. 129.

[26] BGH NJW 1979, 1886 (1887); Ulmer/*Schäfer* BGB § 305c Rn. 170; aA noch LG München I NJW 1977, 766.

[27] BGH NJW 1998, 2207; anders für den privaten Direktverkauf aus mindestens zweiter Hand OLG Köln NJW 1999, 2601; anders für ein Privatgeschäft im Hinblick auf die Unfallfreiheit LG Zweibrücken NJW 1999, 585. KG NJW-RR 1998, 131 hält die Klausel „soweit ihm bekannt" für überraschend iS des § 305c Abs. 1 BGB.

[28] Vgl. zB BGH NJW 1991, 1887; 1998, 3119 (3121); 2003, 1237 (1238); 2005, 3567 (3568); Ulmer/*Schäfer* BGB § 305c Rn. 66; Wolf/*Lindacher/Hau* BGB § 305c Rn. 141.

Deutung erreichbare Nichtigkeitsverdikt könnten sich hingegen über § 11 UKlaG in weiteren Individualprozessen auch andere von der beanstandeten AGB-Bestimmung betroffene Kunden berufen. Insgesamt erlaubt somit die (scheinbar) kundenfeindlichste Auslegung eine effiziente Anwendung der §§ 307 bis 309 BGB zum Schutze des Kunden.

Beispiel: Die Formulierung, dass **offensichtliche Mängel binnen Wochenfrist „vorzubringen"
sind,** ist nicht eindeutig. Sie lässt einerseits die Möglichkeit zu, dass die Abgabe der Erklärung durch den Kunden genügt. Ebenso möglich ist jedoch die Deutung, dass die Mängelanzeige des Kunden innerhalb der Wochenfrist zugehen muss. Diese Mehrdeutigkeit ist durch eine objektive, am Wortlaut und Regelungszusammenhang der Klausel sowie den Verständnismöglichkeiten der typischerweise angesprochenen Kunden orientierte Auslegung nicht zu beseitigen. Die somit verbleibenden Zweifel bei der Auslegung der Klausel gehen gem. § 305c Abs. 2 BGB zulasten des Verwenders. Dies führt im Verbandsprozess dazu, dass von der kundenfeindlichsten Auslegung auszugehen ist. Im Beispielsfall ist somit davon auszugehen, dass die Mängelanzeige des Kunden binnen Wochenfrist zugegangen sein muss. Dies hat dann ihre Unwirksamkeit gem. § 307 Abs. 1 BGB zur Folge.[29]

372   Insbesondere im Verbandsprozess ist die Rechtsprechung mit der Feststellung von „Zweifeln", die die Anwendung der Unklarheitenregel im Sinne der kundenfeindlichsten Auslegung eröffnet, erfahrungsgemäß schnell bei der Hand.

Beispiel: Eine Laufzeitverlängerungsklausel in einem Partnerschaftsvermittlungsvertrag, die das außerordentliche Kündigungsrecht nach § 627 BGB nicht erwähnt, soll so verstanden werden können, dass der Kunde eine feste Bindung ohne Kündigungsmöglichkeit eingehe.[30]

373   Demgegenüber ist nochmals hervorzuheben, dass dem eine sorgfältige Auslegung anhand der bekannten Auslegungsmethoden voranzugehen hat. Nur wenn danach noch mehrere Sinndeutungen ernsthaft miteinander konkurrieren, bestehen nicht behebbare Zweifel, die den Rückgriff auf die Unklarheitenregel rechtfertigen.[31]

4. Anwendung der Unklarheitenregel im Individualprozess

374   Der bis zum Inkrafttreten des AGB-Gesetzes einzige Anwendungsfall der – bis dahin richterrechtlich fundierten – Unklarheitenregel war die Klärung von Interpretationszweifeln im Rahmen der Inzidentkontrolle in einem Individualprozess. Für diese Verfahrensart herrschte seit langem die Meinung vor, objektiv mehrdeutigen AGB-Bestimmungen sei derjenige Bedeutungsgehalt zuzumessen, der sich typischerweise am stärksten zugunsten der Kundenseite auswirke.[32] Diese Vorgehensweise war von Anfang an anfechtbar, da sie die betreffenden Klauseln einer offenen Inhaltskontrolle anhand der §§ 307 bis 309 BGB tendenziell entzog. Dies beeindruckte die ganz herrschende Meinung über lange Zeit jedoch kaum. Erst in neuerer Zeit, nachdem sich im Verbandsprozess das „umgekehrte" Verständnis der Unklarheitenregel durchgesetzt hatte, ist der bisherige Ausgangspunkt überdacht und in Frage gestellt worden.[33] Die Kritik gründet sich nun

---

[29] BGH NJW 1998, 3119 (3121).

[30] BGH NJW 1999, 276.

[31] Vor einer Übertreibung bei der Suche nach „Zweifeln" als Voraussetzung der kundenunfreundlichsten Auslegung warnen auch Ulmer/*Schäfer* BGB § 305c Rn. 66 und Wolf/*Lindacher/Hau* BGB § 305c Rn. 141. Der BGH (NJW 1993, 657 (658)) hat sich diesem Appell zwar ausdrücklich angeschlossen, ihn freilich in seiner Rechtsprechung nicht immer hinreichend Beachtung geschenkt (vgl. die bei Wolf/*Lindacher/Hau* BGB § 305c Rn. 142 aufgelisteten Fälle).

[32] *Löwe*/Graf von Westphalen/Trinkner AGBG § 5 Rn. 9; *Sambuc* NJW 1981, 314; *Medicus,* in: Zehn Jahre AGB-Gesetz, S. 85 f.; aus neuerer Zeit: *Roth* WM 1991, 2088; *Thamm/Pilger* AGBG § 5 Rn. 3; Staudinger/*Schlosser,* Bearbeitung 2013, BGB § 305c Rn. 108.

[33] *v. Olshausen* ZHR 151 (1987), 639 f.; *Horn* WM 1984, 451.

vor allem auf die wenig überzeugenden praktischen Ergebnisse, zu denen das unterschiedliche Verständnis der Unklarheitenregel im Individual- und Verbandsprozess führen kann. Die überkommene Meinung könnte den Richter nämlich dazu zwingen, den Streit über die Wirksamkeit einer AGB-Klausel in einem Individualprozess aufgrund der dort angeblich gebotenen kundenfreundlichen Auslegung zugunsten des Verwenders zu entscheiden. Ihm wird dann nur eine Deutungsvariante genommen; im Übrigen bliebe die Klausel wirksam und könnte weiterhin Rechte des Verwenders begründen. Der Kunde hätte nur einen Teilerfolg errungen und müsste die weniger belastende Deutungsmöglichkeit hinnehmen. In einem Verbandsverfahren hätte der Richter hingegen die kundenfeindlichste Deutung zu wählen und die Klausel auf dieser Grundlage ggf. insgesamt für nichtig zu erklären. Die bei Unwirksamkeit der Klausel nach § 306 Abs. 2 BGB einspringende gesetzliche Dispositivordnung oder das Ergebnis einer ergänzenden Vertragsauslegung kann dann sehr wohl kundenfreundlicher ausfallen als die kundenfreundlich ausgelegte Klausel. Will man derart willkürliche Ergebnisse nicht hinnehmen, so muss man sich um eine Harmonisierung der Auslegungsmethoden in den beiden Verfahrensarten bemühen.

Die Lösung kann nur in einer **Modifikation der Anwendung der Unklarheitenregel**   **375**
im Individualprozess bestehen. Die undifferenzierte kundenfreundliche Auslegung hat einer **gespaltenen Lösung** zu weichen.[34] Zunächst ist zu prüfen, ob die streitbefangene Klausel nach Ausschöpfung der Auslegungsmethoden tatsächlich mehrere Deutungsmöglichkeiten zulässt. Ist dies der Fall, so ist weiter zu untersuchen, ob die Klausel bei Zugrundelegung der kundenfeindlichsten Auslegung einer Inhaltskontrolle nach den §§ 307 bis 309 BGB stand zu halten vermag. Erweist sich die Klausel hiernach als unwirksam, so hat es damit auch sein Bewenden. Der Gleichklang mit dem Verfahren nach dem Unterlassungsklagengesetz ist hergestellt. Ist die Klausel dagegen auch in ihrem kundenfeindlichsten Sinnverständnis mit den Inhaltskontrollvorschriften zu vereinbaren, so steht ihre Gültigkeit nicht mehr in Frage. Zweifelhaft kann allenfalls noch sein, welche der möglichen Sinndeutungen der Klausel nun für die Vertragsparteien Verbindlichkeit erlangt hat. Da die Wirksamkeitsebene nicht mehr betroffen ist, kann nunmehr die verbleibende Inhaltsdeutung im Sinne des herkömmlichen Verständnisses der Unklarheitenregel, also kundenfreundlich, vorgenommen werden. Widersprüche zum abstrakten Kontrollverfahren werden auf diese Weise vermieden. Zugleich wird die offene Inhaltskontrolle gefördert und der Schutz des Kunden optimiert. Da es eine schärfere Beurteilung des Klauselinhalts zur Folge hat und damit das Schutzniveau zugunsten des Kunden erhöht, ist ein Konflikt mit Art. 5 S. 3 der Klauselrichtlinie ausgeschlossen (arg. e Art. 8 RiLi).[35]

II. Restriktionsprinzip?

Als weitere AGB-spezifische Auslegungsregel wird bisweilen der Grundsatz angeführt,   **376**
den Kunden belastende Bestimmungen in Allgemeinen Geschäftsbedingungen seien restriktiv auszulegen.[36] Vor Inkrafttreten des AGB-Gesetzes war dies ein probates Mittel,

---

[34] BGH NJW 2008, 2172 (2173); 2254 (2255); 2009, 3422 (3423); 2011, 139 (141); Ulmer/*Schäfer* BGB § 305c Rn. 90 ff.; Wolf/*Lindacher/Hau* BGB § 305c Rn. 133; Erman/*Roloff/Looschelders* BGB § 305c Rn. 28; Staudinger/*Mäsch* BGB § 305c Rn. 92 ff.

[35] *Ulmer*, in: Karlsruher Forum 1997, S. 35 f.

[36] Freilich mit im Einzelnen differierenden Begründungen und Modifikationen: *Knütel* JR 1981, 223; *Stein* AGBG § 5 Rn. 11; *Brox/Walker*, Allgemeiner Teil, 43. Aufl. 2019, § 10 Rn. 17; Wolf/ *Lindacher/Hau* BGB § 305c Rn. 137 ff. (eigenständige und subsidiäre Auslegungsregel). Nach *Schmidt-Salzer* (AGB, Rn. E. 51) kommt das Restriktionsprinzip für die Auslegung Allgemeiner

den Kunden vor benachteiligenden Wirkungen vorformulierter Klauseln zu schützen. Freizeichnungsklauseln, Haftungsausschlüsse und -begrenzungen hat die Rechtsprechung bis an die Grenze des Wortlauts – gelegentlich sogar darüber hinaus – zugunsten des Kunden eng ausgelegt.[37] Das Restriktionsprinzip war weithin anerkannt, sein Verhältnis zur Unklarheitenregel freilich schon damals nicht klar.

377   Spätestens mit Inkrafttreten des AGB-Gesetzes dürfte dem Restriktionsprinzip in seiner Bedeutung als eigenständiges Auslegungsmittel der Boden entzogen sein.[38] Hierfür lassen sich verschiedene Gründe anführen. Zunächst hatte das AGB-Gesetz sich für eine offene Inhaltskontrolle und für eine klare Abgrenzung der Auslegung von der Inhaltskontrolle entschieden. Das Restriktionsprinzip hingegen eliminiert die problematische Aussage bereits auf der Stufe der Auslegung und leistet damit der nicht erwünschten verdeckten Inhaltskontrolle Vorschub. Ferner unterläuft das Restriktionsprinzip das allgemein befürwortete Verbot der geltungserhaltenden Reduktion, indem es die Klausel in der unbedenklichen Lesart sanktioniert, den problematischen Teil hingegen ausscheidet.

378   Hält man das Verbot der geltungserhaltenden Reduktion für sachlich gerechtfertigt, so muss es auch gegenüber unterschiedlichen methodischen Unterminierungsversuchen verteidigt werden. Abgesehen davon kann das Restriktionsprinzip schwerlich mit der gesetzlich verankerten Unklarheitenregel in Einklang gebracht werden. Es kann insbesondere auch nicht als Unterfall der Unklarheitenregel angesehen werden.[39] Denn dann müsste es – wie diese – durch die herkömmlichen Auslegungsmethoden nicht behebbare Auslegungszweifel voraussetzen, was aber offenbar nicht der Fall sein soll. Und zum anderen führt die Unklarheitenregel im Verbandsprozess und in einem ersten Anwendungsschritt auch im Individualprozess zur Annahme der kundenfeindlichsten Deutung, die in aller Regel gerade nicht in einer restriktiven Auslegung der den Kunden belastenden Klausel zu finden sein wird. Schließlich hat das Restriktionsprinzip nur die dem Kunden lästigen Klauseln im Blick. Es trägt nichts zur Interpretation von Klauseln bei, die dem Kunden über das dispositive Recht hinaus eine weitergehende Rechtsposition einräumen. Soll hier zusätzlich ein Gebot der extensiven Auslegung gelten?

379   Aus alledem wird deutlich, dass das Restriktionsprinzip, verstanden als eigenständiges Auslegungsmittel aber auch als die Auslegung beeinflussender, im Unklarheitenprinzip wurzelnder Faktor, **im geltenden Recht ein Fremdkörper ohne Existenzberechtigung** wäre. Der Verzicht auf ein solches Prinzip kann ohne Ausnahme durchgehalten werden. Die gelegentlich angezogenen Sonderfälle lassen sich durchweg im Wege einer richtig verstandenen objektiven Auslegung unter Zuhilfenahme der Unklarheitenregel in befriedigender Weise lösen.[40]

Geschäftsbedingungen zwar grundsätzlich in Betracht. Da es aber nur einen Teilbereich der Unklarheitenregel umfasse, gehe es darin auf und könne keine selbstständige Geltung beanspruchen.

[37] BGHZ 5, 111; 22, 90 (96); 24, 39 (45); 40, 65 (69); sehr weitgehend insbesondere BGHZ 62, 251 ff. Auch heute begegnet man mitunter noch der These, Freizeichnungsklauseln seien grundsätzlich eng auszulegen (vgl. beispielsweise BGH NJW 1986, 2757 (2758)); und dieser Grundsatz wird bisweilen auch ausdrücklich von der Unklarheitenregel geschieden (vgl. BGH NJW 1979, 2148). Zur geschichtlichen Entwicklung des Restriktionsprinzips im AGB-Recht vgl. *Sambuc* NJW 1981, 315 f. mwN.

[38] Wie hier Ulmer/*Schäfer* BGB § 305c Rn. 230; Erman/*Roloff/Looschelders* BGB § 305c Rn. 24; BeckOGK/*Bonin* BGB § 305c Rn. 101; *Sambuc* NJW 1981, 315; *Bunte* NJW 1985, 600.

[39] Ulmer/*Schäfer* BGB § 305c Rn. 230.

[40] Vgl. Ulmer/*Schäfer* BGB § 305c Rn. 231.

III. Individualvertragskonforme Auslegung?

Umstritten ist, ob es auf dem Gebiet der Allgemeinen Geschäftsbedingungen Raum für   **380** einen eigenständigen Grundsatz der individualvertragskonformen Auslegung gibt.[41] Dabei geht es darum, den Inhalt Allgemeiner Geschäftsbedingungen im Hinblick auf eine vorrangige Individualvereinbarung abzustimmen. Angeführt wird etwa folgendes Beispiel:[42]

Beispiel: Käufer und Verkäufer einigen sich auf einen Festpreis, der 500,– EUR unter dem empfohlenen Richtpreis und dem üblicherweise verlangten Preis liegt. Die Lieferung soll in einigen Monaten erfolgen. In den Bedingungen des Verkäufers findet sich die Klausel, dass im Falle einer im Betrieb des Verwenders allgemein vorgenommenen Preiserhöhung die im Lieferzeitpunkt empfohlenen Richtpreise oder allgemein verlangten Preise gelten sollen. Hier ist die Frage aufgeworfen worden, ob die Preisanpassungsklausel nicht in der Weise interpretiert werden muss, dass dem Kunden der Preisvorsprung auch nach einer Preiserhöhung erhalten bleibt. Kriterium der Auslegung ist hier die Herstellung der Konformität zu der Individualabrede in Form der Festpreisabrede.

Eines **eigenständigen Auslegungsprinzips bedarf** es richtiger Ansicht nach in diesen   **381** Fällen **nicht.** Die objektive Auslegung steht der Berücksichtigung gemeinsamer Vorstellungen der Parteien von Inhalt und Bedeutung der Vertragsgrundlage gewordenen Allgemeinen Geschäftsbedingungen nicht im Wege. Im obigen Beispiel haben die Parteien durch die für den Käufer günstige Festpreisabrede zugleich ihr gemeinsames Verständnis der formularmäßigen Preiserhöhungsklausel kundgetan. Diese kann nur so verstanden worden sein, dass der Preisvorteil dem Kunden nicht durch eine nachträgliche Preiserhöhung verloren gehen soll. Dem übereinstimmenden Verständnis kann somit schon im Wege der natürlichen Auslegung zur Geltung verholfen werden. Im Übrigen ist in den als Anwendungsfällen der individualvertragskonformen Auslegung bezeichneten Fällen häufig die Inhaltskontrolle nach den §§ 307 bis 309 BGB der richtige Ansatzpunkt.[43] Bezeichnend ist, dass die Befürworter einer individualvertragskonformen Auslegung Mühe haben, die Grenzen ihrer Maxime abzustecken, um nicht mit den Inhaltskontrollvorschriften und dem Verbot der geltungserhaltenden Reduktion in Konflikt zu geraten.

Fünfter Abschnitt. Inhaltskontrolle Allgemeiner Geschäftsbedingungen

§ 14. Grundlagen der Inhaltskontrolle

I. Die Stellung der §§ 307 bis 309 BGB im Vertragsrecht

1. Allgemeines

Die §§ 307 bis 309 BGB statuieren für **Allgemeine Geschäftsbedingungen und vor-**   **382** **formulierte Klauseln in Verbraucherverträgen** inhaltliche Schranken, die eine gegenüber dem allgemeinen Vertragsrecht (insbesondere §§ 134, 138 BGB) deutlich **gesteigerte Kontrollintensität** zur Folge haben. Den allgemeinen Vorschriften kommt, soweit der Anwendungsbereich der §§ 305 ff. BGB eröffnet ist, lediglich eine untergeordnete, ergänzende Funktion zu.

---

[41] Dafür etwa Wolf/*Lindacher/Hau* BGB § 305c Rn. 117; *Schmidt-Salzer*, AGB, Rn. E. 26; Staudinger/*Mäsch* BGB § 305c Rn. 126 ff.; dagegen Ulmer/*Schäfer* BGB § 305b Rn. 9 und § 305c Rn. 69; Erman/*Roloff/Looschelders* BGB § 305c Rn. 20.

[42] Staudinger/*Schlosser*, Bearbeitung 2013, BGB § 305c Rn. 133.

[43] Ulmer/*Schäfer* BGB § 305b Rn. 9.

383   Eine Angemessenheitskontrolle nach dem Vorbild des § 307 BGB findet bei **Individualverträgen** grundsätzlich nicht statt. Bei Individualverträgen ist typischerweise von der Selbstbestimmung und Selbstverantwortung der jeweiligen Vertragspartner auszugehen mit der Folge, dass diese an ihre Vereinbarungen ohne richterliche Kontrollmöglichkeit gebunden sind. Gleichwohl sind auch im Bereich der Individualvereinbarungen Fälle gestörter Vertragsparität denkbar, die ausnahmsweise eine intensivierte richterliche Inhaltskontrolle auf der Grundlage der allgemeinen Vorschriften (insbes. §§ 242 und 138 BGB) rechtfertigen können.[1]

2. Verhältnis zu anderen Vorschriften

384   **a) § 138 Abs. 1 BGB (Maßstab der Sittenwidrigkeit).** Im Anwendungsbereich der §§ 307 bis 309 BGB ist der Rückgriff auf die Generalklausel des § 138 Abs. 1 BGB, die einen Verstoß gegen die guten Sitten sanktioniert, nicht ausgeschlossen. Es handelt sich um unterschiedliche Bewertungsmaßstäbe, die ggf. nebeneinander zur Anwendung gelangen.[2] Die Voraussetzungen für das Eingreifen des § 307 BGB liegen dabei wesentlich niedriger als die Schranke des § 138 Abs. 1 BGB, der eine **grobe Interessenbeeinträchtigung von erheblicher Stärke und zusätzlich eine subjektiv verwerfliche Haltung** voraussetzt.[3] Auch führt ein Verstoß gegen § 138 BGB über § 139 BGB regelmäßig zur Nichtigkeit des gesamten Rechtsgeschäfts, während die Inhaltskontrolle grundsätzlich nur die inkriminierten Vertragsbestimmungen unter Aufrechterhaltung des Vertrages im Übrigen beseitigt (vgl. § 306 Abs. 1 BGB).[4]

385   Die Frage, ob ein Rechtsgeschäft die Grenzen der durch die Privatautonomie gewährten Freiheit der Vertragsgestaltung überschreitet und deshalb gegen § 138 BGB verstößt, hat aufgrund einer **Gesamtwürdigung** der getroffenen Vereinbarungen, unter Berücksichtigung von Inhalt, Beweggrund und Zweck der Regelung sowie **aller Umstände des Einzelfalles,** zu erfolgen.

Beispiel: Bei einer **Bürgschaft naher Angehöriger** sind die enge persönliche Verbindung zwischen dem Bürgen und dem Hauptschuldner sowie die Tatsache, dass der Bürge durch den hohen Haftungsumfang überfordert wird, für die Beurteilung, ob der Vertrag gegen die guten Sitten verstößt, nicht dagegen im Rahmen der Klauselkontrolle nach § 307 BGB, von Bedeutung.[5]

386   Wegen der nach § 138 Abs. 1 BGB erforderlichen Gesamtbetrachtung sind **alle Abreden zu berücksichtigen, unabhängig davon, ob sie aufgrund anderer gesetzlicher Bestimmungen keine Wirksamkeit erlangen können.** Durch die Rechtsnorm des § 138 Abs. 1 BGB soll erreicht werden, dass ein Vertrag, der, als Ganzes gesehen, sich als ein mit den guten Sitten nicht zu vereinbarendes Geschäft erweist, insgesamt keine Rechtswirkungen äußert. Diese Rechtsfolge könnte die Vorschrift nur sehr eingeschränkt entfalten, wenn alle Abreden, die schon aus anderen Gründen nicht wirksam geworden sind, zuvor auszuscheiden wären. Daher hat die höchstrichterliche Rechtsprechung nach den §§ 307 bis 309 BGB unwirksame Klauseln in die Prüfung, ob der Vertrag mit den guten Sitten unvereinbar ist, einbezogen.[6] Anderenfalls hätten die Vorschriften der §§ 305 ff.

---

[1] Zum verfassungsrechtlichen Hintergrund → Rn. 76 ff.; vgl. ferner BAG NZA 2005, 1111 (1116).

[2] Ulmer/*Fuchs* BGB Vorb. v. § 307 Rn. 60; für generellen Vorrang der §§ 307 ff. BGB Palandt/*Ellenberger* BGB § 138 Rn. 16; zum rechtlichen Schicksal eines gegen § 138 BGB verstoßenden AGB-Vertrages siehe noch → Rn. 588 ff.

[3] BGH NJW 1997, 3372 (3374); 2001, 2331 (2333); Ulmer/*Fuchs* BGB Vorb. v. § 307 Rn. 58.

[4] Ulmer/*Fuchs* BGB Vorb. v. § 307 Rn. 58.

[5] BGH NJW 1997, 3372 (3374); 2005, 971.

[6] BGH NJW 1981, 1206 (1207); 1986, 2564 (2565). Ebenso für § 305c Abs. 1 BGB jetzt BGH NJW 1997, 3372 (3374). Ebenso Ulmer/*Fuchs* BGB Vorb. v. § 307 Rn. 60; aA *Löwe* NJW 1980, 2079; *Bruse* BB 1986, 478 f.

BGB im Ergebnis im Rahmen des § 138 BGB eine schutzmindernde Wirkung. Der BGH stellt hierzu zu Recht fest, dass dies dem Schutzzweck des AGB-Rechts widerspräche.

Die Sittenwidrigkeit und Nichtigkeit des Gesamtvertrages kommt zum einen dann in **387** Betracht, wenn **Leistung und Gegenleistung** schon in **einem beträchtlichen Missverhältnis stehen und weitere Benachteiligungen in Form unzulässiger Allgemeiner Geschäftsbedingungen hinzukommen.**

Beispiel: Bei einem **Darlehensvertrag** muss sich die sittenwidrige Gesamtbelastung nicht allein aus der Zinshöhe ergeben. Treten weitere übermäßige Belastungen in Form unzulässiger Allgemeiner Geschäftsbedingungen hinzu (zB für den Fall des Zahlungsverzuges des Darlehensnehmers), so kann dies das Sittenwidrigkeitsurteil begründen.[7]

Ist in einem Formularvertrag oder einem Vertrag, dessen wesentlicher Inhalt von All- **388** gemeinen Geschäftsbedingungen bestimmt ist, eine **Vielzahl von Bedingungen unwirksam,** so kann auch dies nach der Rechtsprechung zur Gesamtnichtigkeit des Vertrages nach § 138 BGB führen.[8]

Beispiel: In einem **Automatenaufstellvertrag** finden sich zahlreiche, den Gastwirt unangemessen benachteiligende Klauseln. Eine Lückenfüllung – etwa im Wege ergänzender Vertragsauslegung – hätte zur Folge, dass der Vertrag durch Änderung seines wesentlichen Inhalts einen anderen Charakter erhielte.[9]

b) § 242 BGB (Treu und Glauben). Die §§ 307 bis 309 BGB stellen eine abschließende **389** Konkretisierung des Gebots von Treu und Glauben dar. Soweit es um die Inhaltskontrolle vorformulierter Bedingungen geht, sind sie daher gegenüber § 242 BGB die spezielleren Vorschriften.[10] § 242 BGB erfüllt jedoch – neben der Inhaltskontrolle in den durch § 310 Abs. 4 BGB ausgeschlossenen Bereichen[11] – die Funktion eines zusätzlichen Kundenschutzes zur Verhinderung **individuellen Rechtsmissbrauchs.** Dieser ist dadurch gekennzeichnet, dass dem Verwender aus Gründen, die im konkreten Individualverhältnis wurzeln (etwa konkretes Parteiverhalten), die Ableitung von Rechten aus einer grundsätzlich unangreifbar wirksamen Vertragsregelung im Einzelfall versagt wird.[12] In der Rechtsprechung ist dieser Kontrollansatz anerkannt, wenngleich er zutreffend auf exzeptionell gelagerte Sachverhaltskonstellationen beschränkt wird.[13] Um den Gegensatz zur Inhaltskontrolle zu betonen, wird dieser Prüfungsschritt auch **Ausübungskontrolle** genannt.[14]

Beispiel: Der Berufung auf eine **Ausschlussfrist** in den Allgemeinen Versorgungsbedingungen eines Gasversorgungsunternehmens gegenüber einem Rückzahlungsanspruch des Kunden kann trotz Wirksamkeit der Ausschlussklausel der Erfolg versagt bleiben, wenn die Überzahlungen auf einem schuldhaften Fehlverhalten des Verwenders beruhten.[15]

---

[7] BGH NJW 1981, 1206 (1209).
[8] BGH NJW 1969, 230; 1983, 159; 2001, 2466 (2468); kritisch hinsichtlich der Rechtsfolge der Gesamtnichtigkeit Ulmer/*Harry Schmidt* BGB § 306 Rn. 22. Die Aufrechterhaltung des Vertrages dürfte hier freilich schon am Fehlen eines ergänzungsfähigen Vertragsrests scheitern, den § 306 BGB zwingend voraussetzt (so zutreffend Wolf/*Lindacher/Hau* BGB § 306 Rn. 54 f. mwN). Ausführlich zum Problem noch → Rn. 588 ff.
[9] BGH NJW 1969, 230; 1983, 159; 1985, 53.
[10] Staudinger/*Wendland* BGB § 307 Rn. 35.
[11] → Rn. 153 ff.
[12] Ulmer/*Fuchs* BGB Vorb. v. § 307 Rn. 63; Staudinger/*Wendland* BGB § 307 Rn. 36; *von Hoyningen-Huene* AGBG § 9 Rn. 108; *Roussos* JZ 1988, 998 f.
[13] BGH NJW 1985, 1537 (1539); NJW-RR 1986, 272; 1988, 2790 (2794); NJW 2001, 3406 (3407 f.).
[14] *Fastrich*, Inhaltskontrolle, S. 24 ff.; Ulmer/*Fuchs* BGB Vorb. v. § 307 Rn. 63; Wolf/*Pfeiffer* BGB § 307 Rn. 30; Staudinger/*Wendland* BGB § 307 Rn. 36.
[15] BGH BB 1991, 932.

c) Billigkeitskontrolle nach § 315 BGB

Literatur: *von Hoyningen-Huene*, Die Billigkeit im Arbeitsrecht, 1978, S. 1–126; *Kronke*, Zu Funktion und Dogmatik der Leistungsbestimmung nach § 315 BGB, AcP 183 (1983), 113.

390   Einen Ansatz für die Legitimation einer inhaltlichen Überprüfung Allgemeiner Geschäftsbedingungen hat man vor Inkrafttreten des AGB-Gesetzes mitunter in der Vorschrift des § 315 BGB gesehen.[16] Denn immerhin zielt diese Norm auf die Begrenzung einseitiger Gestaltungsmacht. Dies geschieht, indem die Ausübung des Bestimmungsrechts an billiges Ermessen gebunden und eine gerichtliche Kontrollmöglichkeit eröffnet wird. Gedanklich setzt dieser Ansatz jedoch voraus, dass man die Legitimation des AGB-Verwenders zur Aufstellung seiner Bedingungen in der vertraglichen Einräumung entsprechender Gestaltungsmacht durch seinen Vertragspartner erblickt – eine gewundene Konstruktion, die das reale Vertragsgeschehen nicht widerspiegelt.[17] Die Inhaltskontrolle Allgemeiner Geschäftsbedingungen, wie sie der BGH bereits vor Erlass des AGB-Gesetzes praktiziert hatte, verläuft zudem in anderen Bahnen. Bei ihr handelt es sich um eine Rechtskontrolle anhand eines überindividuell-generalisierenden Maßstabs. Billigkeit soll hingegen Gerechtigkeit im Einzelfall verwirklichen,[18] ein angesichts des Massencharakters Allgemeiner Geschäftsbedingungen ungeeigneter Maßstab.

391   Auch die Rechtsfolgen beider Kontrollansätze divergieren. Während die Inhaltskontrolle rechtssichere Feststellungen über die Wirksamkeit eines feststehenden Leistungsinhalts ermöglichen soll,[19] tritt nach § 315 Abs. 3 BGB an die Stelle der unbilligen Leistungsbestimmung ein Akt richterlicher Vertragsgestaltung (Vertragshilfe).[20] Vor diesem Hintergrund war die Anlehnung der AGB-Kontrolle an § 315 BGB schon vor Erlass des AGB-Gesetzes nicht überzeugend.[21] Nach der spezialgesetzlichen Regelung der Inhaltskontrolle im AGB-Gesetz und sodann in den §§ 307–309 BGB ist für eine Billigkeitskontrolle auf der Grundlage des § 315 BGB nach heute einhelliger Meinung erst recht kein Raum mehr.[22]

392   § 315 BGB bleibt jedoch anwendbar, wenn einer Vertragspartei in Allgemeinen Geschäftsbedingungen wirksam ein **einseitiges Bestimmungsrecht** eingeräumt wird. In der Rechtsprechung ist insbesondere anerkannt, dass Tarife und sonstige Entgeltregelungen von Unternehmen, die mittels eines privatrechtlich ausgestalteten Benutzungsverhältnisses Leistungen der **Daseinsvorsorge** anbieten, auf deren Inanspruchnahme der andere Vertragsteil im Bedarfsfall angewiesen ist, nach billigem Ermessen festgesetzt werden müssen und auf ihre Billigkeit hin entsprechend § 315 Abs. 3 BGB zu überprüfen sind.[23]

Beispiele:
(1) Ein Automobilhersteller behält sich in dem von ihm vorformulierten Vertrag das Recht vor, das einem selbstständigen Vertragshändler zugewiesene „Marktverantwortungsgebiet" aus „Gründen der Marktabdeckung" einseitig zu verkleinern.[24]

---

[16] *Lukes* NJW 1963, 1900; *Flume*, Allgemeiner Teil, § 37, 2, S. 671; vereinzelt auch die Rechtsprechung zB BGHZ 38, 183 (186).

[17] Ablehnend auch Staudinger/*Wendland* BGB § 307 Rn. 41.

[18] Staudinger/*Rieble* BGB § 315 Rn. 324; *von Hoyningen-Huene*, Billigkeit im Arbeitsrecht, S. 156.

[19] *Fastrich*, Inhaltskontrolle, S. 17.

[20] Staudinger/*Wendland* BGB § 307 Rn. 41; *von Hoyningen-Huene* AGBG § 9 Rn. 115; *Larenz*, Schuldrecht I, § 6 II, S. 81: „Ergänzung des Vertragsinhalts durch richterliche Gestaltung".

[21] Kritisch schon damals *von Hoyningen-Huene*, Billigkeit im Arbeitsrecht, S. 153 ff.

[22] *Wolf/Pfeiffer* BGB § 307 Rn. 42; Staudinger/*Wendland* BGB § 307 Rn. 40 ff.; *von Hoyningen-Huene* AGBG § 9 Rn. 111 ff.; *Fastrich*, Inhaltskontrolle, S. 14 ff.

[23] Zuletzt BGH NJW-RR 2006, 133 (134).

[24] Hierzu BGH NJW 1984, 1182.

(2) In den Lieferbedingungen der Energieversorgungsunternehmen (Strom, Gas etc) finden sich regelmäßig Preisanpassungsklauseln, die der AGB-Kontrolle unterliegen. In einem zweiten Schritt wird dann noch geprüft, ob die Preisfestsetzung billigem Ermessen im Sinne des § 315 BGB entspricht.[25]

Behält sich der Verwender in seinen Allgemeinen Geschäftsbedingungen ein **einseitiges** **393** **Leistungsbestimmungsrecht** vor, so unterliegt dieser Vorbehalt der **Inhaltskontrolle** nach den §§ 307 bis 309 BGB (beachte insoweit insbesondere die §§ 308 Nr. 4 und 309 Nr. 1 BGB sowie die Anforderungen des Transparenzgebots). Die Rechtsprechung verlangt hierfür ein berechtigtes Interesse des Verwenders. Das setze voraus, dass gewichtige (Sach-)Gründe dies rechtfertigen, dass die Voraussetzungen und der Umfang des Leistungsbestimmungsrechts tatbestandlich hinreichend konkretisiert sind und dass die berechtigten Belange des anderen Teils ausreichend gewahrt werden.[26] Ist das Bestimmungsrecht wirksam eingeräumt,[27] so muss seine **Ausübung billigem Ermessen entsprechen** (§ 315 BGB). Es handelt sich um zwei getrennte Prüfungsschritte.[28]

d) §§ 119, 123 BGB (Irrtumsanfechtung)

Literatur: *Lass,* Zum Lösungsrecht bei arglistiger Verwendung unwirksamer AGB, JZ 1997, 67; *Locher,* Zur Anfechtung wegen Irrtums über die Einbeziehungsvoraussetzungen und über den Inhalt einzelner Klauseln in AGB, BB 1981, 818; *Loewenheim,* Irrtumsanfechtung bei Allgemeinen Geschäftsbedingungen, AcP 180 (1980), 433.

Zur Eliminierung Allgemeiner Geschäftsbedingungen kann es nicht nur im Wege der **394** Inhaltskontrolle nach den §§ 305 ff. BGB und sonstiger zivilrechtlicher Kontrollvorschriften kommen. Denkbar ist des Weiteren, dass sich der **Kunde bei Abschluss des AGB-Vertrages falsche Vorstellung über die Einbeziehung Allgemeiner Geschäftsbedingungen bzw. über ihren Inhalt macht** und sich aus diesem Grunde von den Allgemeinen Geschäftsbedingungen lösen möchte. Dem Kunden ist es in einem solchen Fall grundsätzlich nicht versagt, sich auf die §§ 119 und 123 BGB zu berufen. Das AGB-Recht soll nach seinem erklärten Ziel AGB-Verträge wieder auf den Boden gesicherter dogmatischer Grundlagen der Rechtsgeschäftslehre zurückführen, was dafür spricht, die Anfechtung, so sie denn nach allgemeinen Regeln begründbar ist, nicht für ausgeschlossen zu halten.[29] Auch unterscheidet sich die Zielrichtung der Anfechtung deutlich von derjenigen der Inhaltskontrollvorschriften (§§ 307 bis 309 BGB). Durch das Institut der Anfechtung wird dem Vertragspartner die Möglichkeit eingeräumt, seinen rechtsgeschäftlichen Willen – befreit von etwaigen Willensmängeln – zur Geltung zu verhelfen. Auf die inhaltliche Angemessenheit des Vertrages kommt es hierbei nicht an. Es gibt insbesondere keinen Rechtsgrundsatz, dass angemessene vertragliche Bedingungen stets der Anfechtbarkeit entzogen sind. Vor allem aber verstehen sich die §§ 305 ff. BGB als ein Schutzgesetz zugunsten der AGB-Unterworfenen, das ihre Rechtsposition nur verbessern, nicht aber anderweitig begründete Gestaltungsrechte einschränken will.

Der Irrtum des Kunden und damit der Gegenstand der Anfechtung kann sich zum **395** einen auf seine **Einbeziehungserklärung** beziehen. Der Kunde kann sich hierbei über den Inhalt seiner Erklärung im Irrtum befinden oder aber ein falsches Erklärungszeichen

---

[25] Hierzu näher → Rn. 823.
[26] BGH NJW 2017, 1301; großzügiger hingegen BAG NZA 2013, 148, hierzu auch → Rn. 1157.
[27] Im Beispielsfall war das schon nicht der Fall.
[28] Wolf/*Pfeiffer* BGB § 307 Rn. 43; zu Leistungsbestimmungsrechten vgl. im Übrigen die ausführlichen Darstellungen bei Wolf/*Stoffels,* Klauseln L 211 ff.
[29] *Locher,* Recht der AGB, S. 20.

benutzen (§ 119 Abs. 1 Alt. 1 bzw. 2 BGB).[30] Der Kunde ist zur Anfechtung berechtigt, wenn er sich positiv falsche Vorstellungen vom Inhalt seiner Erklärung macht[31] und dieser Irrtum auch kausal für seine Erklärung ist.[32]

Beispiel:[33] Ein Kunde fährt mit seinem Wagen durch das Gewerbegebiet seiner Heimatstadt. Als er an einer automatischen **Waschanlage** vorbeikommt, fällt ihm auf, dass das normalerweise in der Einfahrt postierte Schild „Keine Haftung für Lackschäden" diesmal fehlt. Das Schild hatte ihn bislang davon abgehalten, sein Auto dort waschen zu lassen. Erfreut fährt der Kunde daraufhin in die Waschanlage ein. Sein Fahrzeug wird bei dem Waschvorgang beschädigt. Später stellt sich heraus, dass das Schild nicht wie gewohnt links, sondern – gut sichtbar – rechts neben der Einfahrt aufgestellt war. Der Kunde hatte es schlicht übersehen. In diesem Falle ging der Kunde von der Vorstellung aus, den Vertrag ohne Allgemeine Geschäftsbedingungen abzuschließen, während sein äußeres Verhalten – das Einfahren in die Waschanlage – aus der maßgeblichen Warte des Empfängerhorizonts ein konkludentes Einverständnis begründete. Seine diesbezügliche positive Fehlvorstellung begründet für den Kunden das Recht zur Anfechtung wegen Inhaltsirrtums (§ 119 Abs. 1 Alt. 1 BGB).

396   Denkbar ist weiterhin, dass der Kunde **über den Inhalt einzelner Klauseln im Irrtum** ist. Auch hier setzt die Anfechtung nach § 119 BGB wiederum voraus, dass sich der Kunde konkrete Fehlvorstellungen gemacht hat.

Beispiel: Dem Kunden ist infolge Unaufmerksamkeit eine zwischenzeitlich erfolgte Änderung der ihm an sich bekannten Allgemeinen Geschäftsbedingungen seines langjährigen Vertragspartners in einem wichtigen Punkte entgangenen.[34]

397   Auch eine **Anfechtung wegen arglistiger Täuschung** über den Inhalt Allgemeiner Geschäftsbedingungen nach § 123 BGB ist möglich. Über Gebühr ausgedehnt wird die Anfechtungsmöglichkeit nach dieser Vorschrift allerdings, wenn vorschnell eine Verletzung einer Aufklärungspflicht über den überraschenden Inhalt einer Klausel angenommen wird.[35] **Ausgeschlossen** ist hingegen die **Anfechtung wegen eines Irrtums über die rechtlichen Folgen einzelner Bestimmungen.**[36] Die Anfechtungserklärung des Kunden kann entsprechend dem Rechtsgedanken des § 306 BGB auf die Einbeziehungserklärung hinsichtlich aller Allgemeinen Geschäftsbedingungen bzw. auf das Einverständnis mit dem Inhalt einer einzelnen Klausel beschränkt werden, wenn der Anfechtungsgrund im Verantwortungsbereich des Verwenders liegt. Der Vertragspartner kann sich aber auch gegen die Aufrechterhaltung des Restvertrages entscheiden. Es gilt dann – ebenso wie in den Fällen, in denen der Anfechtungsgrund nicht im Verantwortungsbereich des Verwenders anzusiedeln ist – § 139 BGB.[37] Außer im Falle der Anfechtung wegen arglistiger Täuschung schuldet der anfechtende Kunde Ersatz des dem Verwender durch die Anfechtung entstandenen Vertrauensschadens (§ 122 BGB).[38]

---

[30] Ein Anfechtungsrecht lehnt entgegen der ganz herrschenden Meinung generell ab *Tilmann* ZHR 142 (1978), 61.

[31] *Locher* BB 1981, 820; *Loewenheim* AcP 180 (1980), 433 ff. Nicht ausreichend ist demnach, dass sich der Kunde über die Einbeziehung keine Gedanken gemacht hat (vgl. Ulmer/*Harry Schmidt* BGB § 306 Rn. 18).

[32] Letztere Voraussetzung fehlt regelmäßig bei branchenüblicher AGB-Verwendung; vgl. *Ulmer/Habersack* BGB § 305 Rn. 162.

[33] Ähnlicher Fall bei *Hommelhoff/Stüsser* Jura 1984, 34 (43 ff.).

[34] Vgl. Ulmer/*Harry Schmidt* BGB § 306 Rn. 18.

[35] So aber *Lass* JZ 1997, 72.

[36] Ulmer/*Harry Schmidt* BGB § 306 Rn. 18.

[37] Wie hier für Wahlrecht Wolf/*Pfeiffer* BGB § 307 Rn. 10.

[38] Wolf/*Pfeiffer* BGB § 307 Rn. 10.

Der **Verwender** kann sich hingegen auf einen ihm unterlaufenen Irrtum nicht mit 398
Erfolg berufen, es sei denn, es liegt ein Fall des § 123 BGB vor. Ein Anfechtungsrecht ist
in diesen Fällen nach dem Zweck der §§ 305 Abs. 2 und 306 BGB ausgeschlossen.[39]

Beispiel: Variante zu obigem Beispielsfall (→ Rn. 395): Der Kunde hat das Schild nicht übersehen,
sondern er konnte es nicht sehen, weil es von spielenden Kindern entfernt worden war. Im Gegensatz
zum Ausgangsfall ist es dem Verwender hier verwehrt, seine Vertragsschlusserklärung mit der
Begründung anzufechten, er habe nur unter Einbeziehung seiner Allgemeinen Geschäftsbedingungen
kontrahieren wollen.

Größere praktische Bedeutung hat die Anfechtung Allgemeiner Geschäftsbedingun- 399
gen bislang nicht erlangt. Gerichtliche Urteile zu dieser Problematik sind nicht bekannt.
Offenbar wird der Kunde durch die Regelungen des AGB-Rechts ausreichend geschützt.

e) Verbraucherschutzrecht. Beschränkungen des Vertragsinhalts entspringen nicht 399a
selten dem gesetzlichen Verbraucherschutzrecht. Dabei handelt es sich meist um punktuelle Interventionen, die regelmäßig auch nicht nach der Art des Zustandekommens der
Vereinbarung unterscheiden. Hingewiesen sei hier beispielhaft auf **§ 475 BGB**, der für
den Fall eines **Verbrauchsgüterkaufs** die gesetzlichen Rechte des Käufers gegenüber
dem Verkäufer in weitem Umfang für unabdingbar erklärt. Aufmerksamkeit verdient
auch die im Zuge der Umsetzung der Verbraucherrechterichtlinie neu in das Bürgerliche
Gesetzbuch aufgenommene Vorschrift des **§ 312a BGB**.[40] Sie **setzt** bestimmten **Entgeltvereinbarungen,** die typischerweise in AGB getroffen werden und auch schon Gegenstand höchstrichterlicher Entscheidungen waren,[41] in mehrfacher Hinsicht **Grenzen.**
Absatz 3 dieser Vorschrift will sicherstellen, dass der Verbraucher vor überraschenden
Extrazahlungen gewarnt und insoweit nur verpflichtet wird, wenn er ihnen ausdrücklich
zustimmt. Auf diese Weise soll – im Gleichklang mit dem AGB-Recht – der Verbraucher vor einer Überrumpelung geschützt und auf eine transparente Preisgestaltung
hingewirkt werden.[42] Darunter fallen auch als Service-Entgelte bezeichnete Trinkgelder
auf Kreuzfahrten, die automatisch von den Bordkonten der Reisenden abgebucht werden.[43] Nach **Absatz 4** dieser Bestimmung sind Vereinbarungen unwirksam, durch die
ein Verbraucher verpflichtet wird, für die Nutzung eines bestimmten Zahlungsmittels
(zB Kreditkarte) ein Entgelt zu entrichten, sofern nicht erstens für den Verbraucher eine
gängige und zumutbare unentgeltliche Zahlungsmöglichkeit besteht und zweitens das
Entgelt nicht über die Kosten hinausgeht, die dem Unternehmer durch die Nutzung des
Zahlungsmittels tatsächlich entstehen.[44] Der Verbrauchervertrag im Übrigen bleibt von
der Unwirksamkeit einzelner Bestimmungen unberührt (§ 312a **Abs. 6** BGB). Das entspricht § 306 Abs. 1 BGB.

---

[39] Palandt/*Grüneberg* BGB Überbl. v. § 305 Rn. 18; *Ulmer/Habersack* BGB § 305 Rn. 162; Wolf/
Pfeiffer BGB § 307 Rn. 10; aA *Loewenheim* AcP 180 (1980), 441.
[40] Hierzu *Omlor* NJW 2014, 1703.
[41] ZB BGH NJW 2010, 2719.
[42] BeckOK/*Martens* BGB § 312a Rn. 18.
[43] OLG Koblenz NJW-RR 2019, 1140.
[44] Einen nicht unerheblichen Bedeutungsverlust hat § 312a Abs. 4 BGB zuletzt allerdings durch
die mit Wirkung vom 13.1.2018 erfolgte Einfügung des § 270a BGB erlitten; MüKoBGB/*Krüger*
§ 270a Rn. 1. Zu § 270a BGB → Rn. 521j.

II. Gesetzliche Sonderformen der Kontrolle von Allgemeinen Geschäftsbedingungen

400   Die größte Bedeutung für den Geschäftsverkehr mit Allgemeinen Geschäftsbedingungen kommt zweifellos der Rechtsprechung der Zivilgerichte – und hier namentlich des BGH – zu. Freilich ist die Kontrolle Allgemeiner Geschäftsbedingungen keine ausschließliche Domäne der Zivilgerichte. Allgemeine Geschäftsbedingungen werden verschiedentlich auch einer Kontrolle durch staatliche Behörden unterworfen. Dabei handelt es sich durchgängig um Sondergebiete, auf denen der Gesetzgeber bereits vor Erlass des AGB-Gesetzes tätig geworden war.[45]

1. Verwaltungsrechtliche Genehmigungsverfahren

401   Die strengste Form einer behördlichen Kontrolle besteht darin, Allgemeine Geschäftsbedingungen einer vorgängigen Genehmigungspflicht zu unterwerfen. Einer solchen Genehmigung bedürfen vor allem die **Geschäftsbedingungen der Bausparkassen** (§ 9 BausparkG), **der Kapitalanlagegesellschaften** (§ 163 KAGB) **sowie die besonderen Beförderungsbedingungen** (§ 39 Abs. 6 PBefG). Die Erteilung der Genehmigung setzt durchgängig die Übereinstimmung der Geschäftsbedingungen mit den gesetzlichen Bestimmungen voraus (vgl. beispielsweise den Wortlaut des § 163 KAGB: „Die Anlagebedingungen sowie deren Änderung bedürfen der Genehmigung der Bundesanstalt. (…). Die Genehmigung ist innerhalb einer Frist von vier Wochen nach Eingang des Genehmigungsantrags zu erteilen, wenn die Anlagebedingungen den gesetzlichen Anforderungen entsprechen…"). Damit muss die Genehmigungsbehörde auch die Vereinbarkeit mit dem AGB-Recht prüfen. In diesen Bereichen kommt es mithin zu einer **Zweispurigkeit.** Besondere Probleme erwachsen hieraus nicht. Die behördliche Genehmigung steht nach allgemeiner Ansicht einer gerichtlichen Inhaltskontrolle nach dem AGB-Recht nicht im Wege.[46] Nach § 8 Abs. 2 UKlaG besteht lediglich die Pflicht des Gerichts, die dort genannten Aufsichtsbehörden im Verbandsverfahren nach dem Unterlassungsklagegesetz zu hören. Die Genehmigung präjudiziert den Ausgang des zivilgerichtlichen Inhaltskontrollverfahrens in keinster Weise. Genehmigte Allgemeine Geschäftsbedingungen müssen sich im Rahmen der Inhaltskontrolle nach den §§ 307 bis 309 BGB behaupten; für sie gilt insoweit kein anderer Maßstab.[47] In der Vergangenheit hat sich denn auch des Öfteren gezeigt, dass die behördliche Genehmigung die Geschäftsbedingungen nicht vor der Kassation durch den BGH zu bewahren vermochte. Eine Ausnahme macht der BGH zu Recht in den Fällen, in denen die behördliche Aufsicht und Genehmigung die abschließende und verbindliche Gestaltung der Rechtsbeziehungen der Vertragsbeteiligten bezwecken und somit der privatautonome Spielraum des Verwenders beseitigt ist. Solche Klauseln sind als deklaratorisch einzustufen und unterliegen daher nach § 307 Abs. 3 BGB nicht der Inhaltskontrolle.[48]

---

[45] Überblick bei BeckOGK/*Eckelt* BGB § 307 Rn. 27 ff.

[46] BGH NJW 1982, 1391; 2005, 1774; 2007, 997 (998).

[47] Gegen eine Privilegierung auch Ulmer/*Fuchs* BGB Vorb. v. § 307 Rn. 96.

[48] BGH NJW 2007, 3344 zur Entgeltregulierung nach dem TKG; anders BGH NJW 2009, 1334 für Kurzfristkündigungsklausel im Festnetzanschlussvertrag und BGH NJW 2011, 1801 für Abschlussgebühr in Allgemeinen Bausparbedingungen einer Bausparkasse (für Dispensierung von der Inhaltskontrolle im Hinblick auf die Genehmigungsanforderungen der BaFin hingegen *Stoffels* BKR 2010, 363 f.).

2. Versicherungsaufsichtliche Missstandskontrolle

Literatur: *Beckmann,* Die neue Rolle des Bundesaufsichtsamts für das Versicherungswesen bei der Inhaltskontrolle von AVB am Beispiel unzulässiger Vollmachtsbeschränkungen, NVersZ 1998, 19 ff.; *Römer,* Der Prüfungsmaßstab bei der Missstandsaufsicht nach § 81 VAG und der AVB-Kontrolle nach § 9 AGBG, 1996.

Einer vorgängigen behördlichen Genehmigung bedurften bis 1994 die allgemeinen Ver-   402
sicherungsbedingungen der Versicherungsunternehmen. Diese **präventive aufsichtsbehördliche Kontrolle** durch das Bundesaufsichtsamt für das Versicherungswesen ist in
Umsetzung europarechtlicher Vorgaben **entfallen.** Ein Mehr an Verbraucherschutz gewährleistet jetzt dafür § 7 VVG[49] durch erhöhte Informationspflichten bei Vertragsschluss.[50]

Geblieben ist die Befugnis der Bundesanstalt für Finanzdienstleistungsaufsicht, im   403
Wege **anlassbezogener nachträglicher Missstandsaufsicht** gegen Allgemeine Versicherungsbedingungen einzuschreiten, deren Verwendung die Versicherten unangemessen
benachteiligt. Die Rechtsgrundlage für das aufsichtsbehördliche Einschreiten findet sich
in § 294 Abs. 2 S. 1 und 2, Abs. 3 und 4, § 298 VAG. Danach kann die Aufsichtsbehörde
gegenüber den Versicherungsunternehmen alle Anordnungen treffen, die geeignet und
erforderlich sind, um Missstände zu vermeiden oder zu beseitigen. Missstand ist jedes
Verhalten eines Versicherungsunternehmens, das den Aufsichtszielen des § 294 Abs. 2
VAG widerspricht. Zu diesen Aufsichtszielen gehören die ausreichende Wahrung der
Belange der Versicherten und die Einhaltung der Gesetze, die für den Betrieb des Versicherungsgeschäfts gelten. Zu den gesetzlichen Vorschriften, die für den Betrieb des
Versicherungsgeschäfts gelten und über deren Einhaltung die Bundesanstalt zu wachen
hat, gehören auch die §§ 305 ff. BGB. Im Falle einer unangemessenen Benachteiligung im
Sinne der §§ 307 bis 309 BGB sind nach der Rechtsprechung stets zugleich die Belange
der Versicherten nicht ausreichend gewahrt.[51] Die Bundesanstalt kann in diesem Falle
dem Versicherungsunternehmen die weitere Verwendung der Klausel und die Berufung
auf sie untersagen. Nicht erforderlich ist, dass die Klausel bereits aufgrund einer zivilgerichtlichen Inhaltskontrolle für unwirksam erklärt worden ist. Dieses Verständnis der
Kompetenzen der Bundesanstalt widerspricht – wie das BVerwG im Einzelnen überzeugend dargelegt hat[52] – auch nicht Sinn und Zweck der europäischen Versicherungs-
richtlinien.

3. Kartellrechtliche Kontrollverfahren

Literatur: *von Criegern/Engelhoven,* Absicherung von Kartellschäden in AGB-Einkaufsverträgen, WRP 2013, 1441; *Franck,* Zwischen Marktordnung und Interessenausgleich: Pauschalierung von Kartellschäden und AGB-Recht, ZHR 2017, 955; *Mohr,* Kartellrechtlicher Konditionenmissbrauch durch datenschutzwidrige Allgemeine Geschäftsbedingungen, EuZW 2019, 265; *Schirmers,* Konditio-nenempfehlungen, kartellrechtliche Kontrolle und AGB-Gesetz, 1983; *Thomas,* Wettbewerb in der digital economy: Verbraucherschutz durch AGB-Kontrolle im Kartellrecht?, NZKart 2017, 92.

Die AGB-rechtliche Inhaltskontrolle vor den ordentlichen Gerichten dient dem Schutz   404
der Marktteilnehmer vor unangemessenen Bedingungen. Diesem individualbezogenen
Grundansatz, der namentlich durch die Beachtlichkeit des Transparenzgedankens und die
Regelung des Verbandsverfahrens nach dem Unterlassungsklagengesetz auch auf die
Wahrung übergeordneter marktwirtschaftlicher Verhältnisse Bedacht nimmt, stehen die

---

[49] Ein Verzicht des Versicherungsnehmers auf vorvertragliche Informationen ist unwirksam, BGH NJW 2017, 3387; hierzu auch *Pohlmann* NJW 2017, 3341.
[50] Vertiefend *Dörner/Hoffmann* NJW 1996, 153 ff.
[51] BVerwG NJW 1998, 3216 (3217).
[52] BVerwG NJW 1998, 3216 ff.

wettbewerbsrechtlichen Gesetze, nämlich das Gesetz gegen Wettbewerbsbeschränkungen (GWB) und das Gesetz gegen unlauteren Wettbewerb (UWG), gegenüber. Diesen geht es um den Schutz des Wettbewerbs als Ordnungsprinzip. Gleichwohl ergeben sich **Verschränkungen** der Kontrollbereiche und zwar insbesondere **zwischen der AGB-Inhaltskontrolle und den kartellrechtlichen Kontrollverfahren.** Rechtstatsächlicher Hintergrund ist, dass in den letzten Jahrzehnten ein deutlicher Trend zur Vereinheitlichung Allgemeiner Geschäftsbedingungen erkennbar wurde. Die Bedingungswerke werden immer häufiger von den jeweiligen Spitzenverbänden der verschiedenen Branchen ausgearbeitet und ihren Mitgliedsunternehmen zur Verfügung gestellt. Solche Kartellierungstendenzen können sich als Wettbewerbsbeschränkung erweisen und rufen daher das Kartellrecht auf den Plan.

405   **a) Das System der kartellrechtlichen Legalfreistellung.** Durch die EG-Verordnung 1/2003 ist die Präponderanz des europäischen Wettbewerbsrechts hinsichtlich der Zulässigkeit wettbewerbsbeschränkender Vereinbarungen gegenüber dem nationalen Recht erheblich gestärkt worden. Der deutsche Gesetzgeber hat die notwendigen Anpassungen des nationalen Rechts im Zuge der 7. GWB-Novelle vollzogen.[53] Die Vereinbarung der Verwendung einheitlicher Geschäftsbedingungen durch mehrere Unternehmen **(Konditionenkartell)** ist auch weiterhin gem. § 1 GWB verboten, wenn dadurch eine Verhinderung, Einschränkung oder Verfälschung des Wettbewerbs bezweckt oder bewirkt werden soll. Aufgehoben wurde dagegen der bisherige Freistellungstatbestand des § 2 Abs. 2 GWB aF Anders als die bisherige kasuistische Ausgestaltung der Freistellungstatbestände sieht die Novelle nunmehr eine Generalklausel in enger inhaltlicher Anlehnung an Art. 101 Abs. 1 AEUV vor.[54] Diese findet allerdings – anders als Art. 101 Abs. 1 AEUV – auch in Fällen Anwendung, in denen kein zwischenstaatlicher Bezug besteht. Für die Freistellung eines Konditionenkartells bedarf es nicht mehr der vorherigen Anmeldung mit der Möglichkeit des Widerspruchs durch die Kartellbehörden. Die Kartellrechtsnovelle ist in Parallele zum europäischen Recht von der Administrativfreistellung abgegangen und hat ein **System der Legalausnahme** etabliert.[55] Liegen die Voraussetzungen des § 2 GWB (Art. 101 Abs. 3 AEUV)[56] vor, so ist die Vereinbarung ex lege freigestellt. Einer Entscheidung der Kartellbehörden bedarf es nicht mehr. Es bleibt bei einer **repressiven kartellrechtlichen Aufsicht über die vereinheitlichten Konditionen.** Sind die tatbestandlichen Voraussetzungen des § 2 GWB nicht oder nicht mehr gegeben, so verleihen die §§ 32 ff. GWB der Kartellbehörde die Befugnis, die weitere Verwendung der Geschäftsbedingungen zu untersagen.[57] Für die Unternehmen hat diese Umstellung zur Folge, dass sie nunmehr eigenverantwortlich beurteilen müssen, ob ihre Allgemeinen Geschäftsbedingungen unter den Freistellungstatbestand des § 2 GWB fallen. Zu Recht ist darauf hingewiesen worden, dass den Unternehmen zwar der bürokratische Aufwand einer Anmeldung erlassen wird, sie aber zugleich die mit einer konstitutiven Freistellungsentscheidung verbundene Rechtssicherheit verlieren.[58]

---

[53] In Kraft getreten am 1.7.2005; näher zu dieser Reform *Fuchs* WRP 2005, 1384 ff. Zum Folgenden insbes. *Schindler,* Kontrolle Allgemeiner Geschäftsbedingungen im Wettbewerbsrecht, S. 40 ff.

[54] So *Schindler,* Kontrolle Allgemeiner Geschäftsbedingungen im Wettbewerbsrecht, S. 40.

[55] Ulmer/*Fuchs* BGB Vorb. v. § 307 Rn. 83.

[56] Beachte in diesem Zusammenhang auch Gruppenfreistellungsverordnungen, welche die Legalausnahmen des Art. 101 Abs. 3 AEUV konstitutiv konkretisieren.

[57] *Schindler,* Kontrolle Allgemeiner Geschäftsbedingungen im Wettbewerbsrecht, S. 41; Ulmer/*Fuchs* BGB Vorb. v. § 307 Rn. 84.

[58] *Schindler,* Kontrolle Allgemeiner Geschäftsbedingungen im Wettbewerbsrecht, S. 41; Ulmer/*Fuchs* BGB Vorb. v. § 307 Rn. 85.

Anders als Konditionenkartelle, die in der Praxis nur eine untergeordnete Rolle spie- **406**
len,[59] kommt den **Konditionenempfehlungen** größere Bedeutung zu.[60]

Beispiele: Allgemeine **Lieferbedingungen des Elektrogroßhandels;**[61] die vom Verband der Automobilindustrie e. V. (VDA) empfohlenen **Einkaufsbedingungen;**[62] die „Allgemeinen Geschäftsbedingungen für den Verkauf von fabrikneuen Kraftfahrzeugen und Anhängern – **Neuwagenverkaufsbedingungen".**[63]

Das frühere Empfehlungsverbot des § 22 Abs. 1 GWB aF und damit auch die Aus- **407**
nahme für Konditionenempfehlungen in Abs. 3 Nr. 2 ist im Zuge der 7. GWB-Novelle
aufgehoben worden. Das europäische Wettbewerbsrecht kennt kein eigenständiges Empfehlungsverbot und damit auch keine entsprechenden Ausnahmetatbestände. Konditionenempfehlungen sind daher allein am Maßstab des Art. 101 Abs. 1 AEUV zu beurteilen,
der unverändert in § 1 GWB Eingang gefunden hat. Unter das Kartellverbot fallen
Konditionenempfehlungen demnach dann, wenn sie als für ihre Mitglieder verbindlicher
Beschluss einer Unternehmensvereinigung ergehen oder die Merkmale einer Vereinbarung oder abgestimmten Verhaltensweise der Adressaten erfüllen.[64] Das dürfte recht
häufig der Fall sein.[65]

b) Maßstab der kartellbehördlichen Kontrolle. Die Kartellbehörde berücksichtigt im **408**
Rahmen der anlassbezogenen, repressiven Kontrolle von Konditionen nach § 32 GWB
besonders die Nachteile, die sich für die Marktgegenseite aus der Vereinheitlichung der
Allgemeinen Geschäftsbedingungen der Anbieterseite und aus der damit verbundenen
Beschränkung der Auswahlmöglichkeiten ergeben.[66]

Die Missbrauchsaufsicht beschränkt sich allerdings nach allgemeiner Ansicht nicht nur **409**
auf Wettbewerbsverstöße iS des Gesetzes gegen Wettbewerbsbeschränkungen, sondern
umfasst auch die Angemessenheitskontrolle der Allgemeinen Geschäftsbedingungen.[67] Durch die wechselseitige Beeinflussung der grundsätzlich selbstständig nebeneinanderstehenden Kontrollmaßstäbe kann es damit zu einer Verschärfung der Prüfung
durch die Kartellbehörde kommen.[68]

Aus der Vereinbarkeit mit dem AGB-Recht kann nicht auf die kartellrechtliche Unbe- **410**
denklichkeit geschlossen werden und umgekehrt erfolgt aus der Vereinbarkeit der Kon-

---

[59] Die Zahl der beim Bundeskartellamt registrierten Konditionenkartelle lag zuletzt bei etwa 50;
vgl. *Wolf*, 4. Aufl. 1999, Einl. AGBG Rn. 34; Tätigkeitsbericht des Bundeskartellamtes 2003/2004,
S. 234 ff.
[60] So auch die Einschätzung von *Schindler*, Kontrolle Allgemeiner Geschäftsbedingungen im
Wettbewerbsrecht, S. 45. Der Tätigkeitsbericht des Bundeskartellamtes 2003/2004, S. 266 ff. nennt
die Zahl von 350 angemeldeten Konditionenempfehlungen; vgl. auch die Zusammenstellung bei
Ulmer/Harry Schmidt, 9. Aufl. 2001, AGBG Anh. §§ 9–11 Rn. 1000; kritische Würdigung einzelner
Konditionen bei AGB-Klauselwerke/*Graf von Westphalen*, Konditionsempfehlungen.
[61] Bekanntmachung Nr. 33/90 vom 17.4.1990, BAnz. Nr. 78 vom 25.4.1990, S. 2229.
[62] Zu den Vor- und Nachteilen dieser Konditionenempfehlung ausführlich *Kannowski* BB 2007,
2301 ff.
[63] Veröffentlicht im Bundesanzeiger Nr. 133/01 vom 21.12.2002; aktueller Stand 12/2016; hierzu
Scheibach, in: Dauner-Lieb/Konzen/K. Schmidt (Hrsg.), Das neue Schuldrecht in der Praxis, 2002,
S. 739.
[64] So zutreffend Ulmer/*Fuchs* BGB Vorb. v. § 307 Rn. 85 mwN.
[65] So auch die Einschätzung von Immenga/Mestmäcker/*Ellger/Fuchs* GWB § 2 Rn. 133.
[66] So zur früheren präventiven Kontrolle schon Langen/*Kiecker*, Kartellrecht, 10. Aufl., GWB
§ 12 Rn. 10.
[67] *Schindler*, Kontrolle Allgemeiner Geschäftsbedingungen im Wettbewerb, S. 101 ff.; *von Hoyningen-Huene* AGBG § 9 Rn. 117; Staudinger/*Coester* BGB § 307 Rn. 49.
[68] Vgl. *Schirmers*, Konditionenempfehlungen, kartellrechtliche Kontrolle und AGB-Gesetz,
S. 61 ff.; Staudinger/*Wendland* BGB § 307 Rn. 49; aA Wolf/*Pfeiffer* BGB § 307 Rn. 54.

ditionen mit dem Kartellrecht nicht diejenige mit dem AGB-Recht.[69] Insbesondere präjudiziert das Ausbleiben einer Missbrauchsverfügung durch die Kartellbehörde nicht die Vereinbarkeit der Konditionen mit dem AGB-Recht. Einer Kontrolle durch die Zivilgerichte ist die kartellrechtliche Nichtbeanstandung schon deswegen **nicht vorgreiflich**,[70] weil es sich bei der praktischen Handhabung der Angemessenheitskontrolle nach §§ 307 bis 309 BGB durch die Kartellbehörden letztlich um eine „prima-facie-Kontrolle" handelt.[71] Zudem ist es der Kartellbehörde bei nur geringem Zweifel an der Rechtmäßigkeit der Klausel aufgrund des Opportunitätsprinzips gestattet, von einem Einschreiten abzusehen.[72] In der Vergangenheit sind demgemäß auch zahlreiche Klauselwerke von den Zivilgerichten verworfen worden, die zuvor die kartellrechtliche Vorkontrolle unbeanstandet passiert hatten.[73]

411   **c) Diskriminierungsverbot nach § 20 Abs. 1 GWB.** Besondere Schranken statuiert das Kartellrecht schließlich noch für marktbeherrschende und marktstarke Unternehmen in § 19 Abs. 4 Nr. 2 und § 20 Abs. 1 GWB. Das kartellrechtliche **Diskriminierungs- und Behinderungsverbot** und die AGB-rechtliche Inhaltskontrolle sind zwar grundsätzlich unabhängig voneinander. Ist jedoch der AGB-Verwender Normadressat der kartellrechtlichen Verbote, so kann es zu Überschneidungen kommen. Aus der Verwendung unangemessen benachteiligender Allgemeiner Geschäftsbedingungen folgt allerdings nicht zwangsläufig ein Verstoß gegen § 20 Abs. 1 GWB, da die Bedingungen nicht gegen den Normzweck des Gesetzes gegen Wettbewerbsbeschränkungen, den Schutz der Wettbewerbsfreiheit, verstoßen müssen.[74] Umgekehrt dürfte die Erfüllung des Diskriminierungs- oder Behinderungstatbestands häufig die Unangemessenheit iS von § 307 BGB nach sich ziehen.[75]

4. Schutz vor unlauterem Wettbewerb (UWG)

Literatur: *Artz*, Verwendung unwirksamer AGB und Lauterkeitsrecht, in: Trierer FS für Lindacher, 2017, S. 15; *Dembowski*, Sollten Mitbewerber bei der AGB-Kontrolle im Abseits stehen?, in: FS für Bornkamm, 2014, 325; *Ebert-Weidenfeller*, AGB-Inhaltskontrolle im Wettbewerbsprozess, GRUR-Prax 2010, 521; *Ernst/Seichter*, Zur Wettbewerbswidrigkeit von Verstößen gegen das AGB-Recht, DB 2007, 1573; *Hennings*, Unlauterer Wettbewerb durch die Verwendung unwirksamer Vertragsklauseln, 2017; *Köhler*, Konkurrentenklage gegen die Verwendung unwirksamer Allgemeiner Geschäftsbedingungen?, NJW 2008, 177; *ders.*, Die Verwendung unwirksamer Klauseln: ein Fall für das UWG, GRUR 2010, 1047; *Mann*, Die wettbewerbsrechtliche Beurteilung von unwirksamen Allgemeinen Geschäftsbedingungen, WRP 2007, 1035; *Micklitz/Reich*, AGB-Recht und UWG – (endlich) ein Ende des Kästchendenkens nach EuGH Pereničová und Invitel?, EWS 2012, 257; *Schindler*, Die Kontrolle Allgemeiner Geschäftsbedingungen im Wettbewerbsrecht, 2007.

412   Klärungsbedürftig ist auch das Verhältnis des AGB-Rechts zum Recht des unlauteren Wettbewerbs. Die unterschiedliche Schutzrichtung beider Regelungsbereiche liegt auf der Hand: hier Schutz vor einseitiger Inanspruchnahme der Vertragsgestaltungsfreiheit, dort das Allgemeininteresse an einem unverfälschten Wettbewerb (neben dem Schutz der

---

[69] Staudinger/*Wendland* BGB § 307 Rn. 49; *von Hoyningen-Huene* AGBG § 9 Rn. 117.

[70] OLG Hamm ZIP 1980, 1102 (1103).

[71] So Staudinger/*Wendland* BGB § 307 Rn. 50.

[72] *Schirmers*, Konditionenempfehlungen, kartellrechtliche Kontrolle und AGB-Gesetz, S. 87; Wolf/*Pfeiffer* BGB § 307 Rn. 54.

[73] Zur Kontrollpraxis des Bundeskartellamts näher *Bunte* AcP 181 (1981), 62 f.

[74] *Graf von Westphalen* NJW 1982, 2467; *von Hoyningen-Huene* AGBG § 9 Rn. 119.

[75] *Graf von Westphalen* NJW 1982, 2467; *von Hoyningen-Huene* AGBG § 9 Rn. 119; kritisch und relativierend Ulmer/*Fuchs* BGB Vorb. v. § 307 Rn. 86.

Marktteilnehmer). Gleichwohl kann es zu Überschneidungen kommen. Die **Verwendung unwirksamer Allgemeiner Geschäftsbedingungen kann** eine **Unlauterkeit im Sinne des § 3 UWG darstellen** bzw. den **Rechtsbruchtatbestand des § 3a UWG** erfüllen und demgemäß verschuldensunabhängige Unterlassungsansprüche (§ 8 Abs. 1 UWG) sowie verschuldensabhängige Schadensersatz- und Gewinnherausgabeansprüche (§§ 9, 10 UWG) auslösen.[76] Die UGP-Richtlinie 2005/29/EG regelt die Verwendung unwirksamer AGB nicht und steht schon daher einer Anwendung des § 3a UWG nicht entgegen.[77] Schließlich kann in der Verwendung unwirksamer Allgemeiner Geschäftsbedingungen auch ein Verstoß gegen das Irreführungsverbot des § 5 UWG liegen, da sie geeignet sind, beim Kunden unzutreffende Vorstellungen über das Bestehen oder Nichtbestehen etwaiger Rechte hervorzurufen.[78]

Allerdings löst nicht jeder Verstoß gegen das AGB-Recht ohne weiteres Ansprüche   **413** der Mitbewerber aus. Das ist jedenfalls dann der Fall, wenn der Verwender planmäßig von unangemessenen Klauseln im Vertrauen darauf Gebrauch macht, dass die meisten Kunden hierdurch von der Geltendmachung ihrer an sich bestehenden Rechte abgehalten oder zur Erfüllung nicht existierender Pflichten angehalten werden.[79] Ob die §§ 307 bis 309 BGB als **Marktverhaltensregelungen** eingestuft werden können, ist umstritten.[80] Der BGH[81] zählt immerhin § 476 Abs. 1 S. 1 BGB zu den Vorschriften, die dazu bestimmt sind, im Interesse der Marktteilnehmer das Marktverhalten zu regeln. Der BGH geht in einer neueren Entscheidung[82] sogar noch einen Schritt weiter und betont, die Verwendung unwirksamer Allgemeiner Geschäftsbedingungen widerspreche regelmäßig den Erfordernissen fachlicher Sorgfalt. Jedenfalls in Verstößen gegen die Verbote des § 308 Nr. 1 BGB (unangemessene Annahme- und Lieferfristen), des § 307 BGB (soweit es um die pauschale Abbedingung der verschuldensunabhängigen Haftung geht) und § 309 Nr. 7 Buchst. a BGB (Haftungsausschluss für fahrlässig verursachte Körperschäden) sieht er die Gefahr begründet, dass Verbraucher davon abgehalten werden, ihre berechtigten Ansprüche gegen den Verwender geltend zu machen. Es ist zu vermuten, dass der BGH auch weitere – vielleicht sogar sämtliche – Verbotsnormen als Marktverhaltensregeln einordnet.[83] Tendenziell ist vor diesem Hintergrund davon auszugehen, dass die Inhaltskontrolle Allgemeiner Geschäftsbedingungen künftig zunehmend in Wettbewerbsprozessen ausgetragen wird, und zwar vornehmlich durch Wettbewerber.[84] Im Hinblick auf den Mindestharmonisierungsansatz der UGP-Richtlinie 2005/29/EG kann allerdings ein Verstoß gegen nationale Bestimmungen eine Unlauterkeit grundsätzlich nur noch begründen, wenn die betreffende Regelung – hier die AGB-rechtlichen Bestimmungen der §§ 305 ff. BGB – eine Grundlage im Unionsrecht haben. In welchem Umfang insoweit auf die Klauselrichtlinie 93/13/EWG rekurriert werden kann, wird noch zu klären sein. Die streitgegenständlichen Verbotsvorschriften des AGB-Rechts hat der BGH jedenfalls allesamt in der Richtlinie verankert gesehen. Es

---

[76] Für Subsidiarität der Wettbewerbsklage gegenüber dem Verbandsklageverfahren nach dem Unterlassungsklagengesetz jedoch *Ullmann*, GRUR 2003, 823. Wie hier Köhler/Bornkamm/Feddersen/*Köhler* UWG § 3a Rn. 1.286; MüKo Lauterkeitsrecht/*Schaffert*, 3. Auflage 2020, UWG § 3a Rn. 35.

[77] Köhler/Bornkamm/Feddersen/*Köhler* UWG § 3a Rn. 1.286.

[78] MüKo Lauterkeitsrecht/*Busche*, 3. Auflage 2020, UWG § 5 Rn. 517.

[79] Ulmer/*Fuchs* BGB Vorb. v. § 307 Rn. 90; Staudinger/*Wendland* BGB § 307 Rn. 53a.

[80] Übersicht über den Meinungsstand bei *Köhler* WRP 2012, 1475 ff.

[81] BGH NJW 2011, 76 (78).

[82] BGH NJW 2012, 3577 (3580); zustimmend *Köhler* WRP 2012, 1475.

[83] Ebenso die Einschätzung von *Graf von Westphalen* NJW 2013, 2242. Das ist allerdings im Hinblick auf die damit verbundenen Missbrauchsgefahren nicht unbedenklich.

[84] So auch die Einschätzung von *Ebert-Weidenfeller*, GRUR-Prax 2010, 521.

bleibt also festzuhalten, dass die Regeln des Lauterkeitsrechts nur dann in Ansatz gebracht werden können, wenn bei Verwendung einer AGB-rechtswidrigen und missbräuchlichen Klausel zugleich die Vorgaben der Richtlinie 93/13/EWG verletzt werden. Das ist jedenfalls dann der Fall, wenn die betreffende Gesetzesvorschrift zugleich eine Ausprägung des in der Richtlinie verankerten Transparenzgebots ist.[85] Insofern kann die Unangemessenheit Allgemeiner Geschäftsbedingungen auch das Unlauterkeitsurteil beeinflussen.

414   Umgekehrt gilt das nur sehr eingeschränkt. Denn die **AGB-rechtliche Beurteilung folgt** einem **eigenständigen Maßstab.**[86] Im Rahmen der nach § 307 BGB gebotenen Interessenabwägung kann es allerdings ein relevanter Gesichtspunkt sein, dass die Handlungsweise zugleich auch gegen Normen des Lauterkeitsrechts verstößt oder umgekehrt den lauterkeitsrechtlichen Anforderungen genügt.

Beispiel: Im Einklang mit der lauterkeitsrechtlichen Beurteilung ist die Rechtsprechung bislang von der Unwirksamkeit der von Verbrauchern auf der Grundlage von Allgemeinen Geschäftsbedingungen erteilter **Einwilligungen in Telefonwerbung** ausgegangen.[87] Allerdings musste der BGH diese sehr strenge Sichtweise revidieren.[88] Denn in Umsetzung von Art. 13 Abs. 3 der Datenschutzrichtlinie für elektronische Kommunikation (2002/58/EG) hat der Gesetzgeber in § 7 Abs. 2 Nr. 2 Fall 1 UWG die sog. **Opt-In-Lösung** eingeführt. Ihr wird man nur gerecht, wenn man grundsätzlich auch die Erteilung einer Einwilligung in Allgemeinen Geschäftsbedingungen anerkennt. Immerhin verlangt der BGH eine auf den konkreten Fall bezogene Einwilligung, die klar erkennen lässt, welche Produkte oder Dienstleistungen welcher Unternehmen sie konkret erfasst. Es bleibt festzuhalten, dass jedenfalls bei dieser Fragestellung die Wertungen des UWG auf die Angemessenheitsbeurteilung ausstrahlen.[89]

414a   Abschließend sei noch auf zwei neuere Entscheidungen des EuGH[90] hingewiesen, die eine **Verbindung zwischen dem Missbrauchstatbestand der Klauselrichtlinie 93/13/ EWG und dem Lauterkeitsrecht** herstellen und insofern die aufgezeigten Tendenzen im deutschen Recht bestätigen. Damit geht eine beachtliche Stärkung des Verbraucherschutzes einher, die freilich erkauft wird durch eine problematische Vermischung unterschiedlicher Schutzkonzepte.

III. Notarielle Inhaltskontrolle

415   Auch der Notar ist nach § 14 Abs. 2 BNotO und § 4 BeurkG verpflichtet, ihm zur Beurkundung vorgelegte Formularverträge auf ihre inhaltliche Vereinbarkeit mit dem AGB-Recht zu überprüfen. Gelangt er zur der Überzeugung, dass der Vertrag unwirksame Klauseln beinhaltet, so hat er – jedenfalls bei evidenter Unwirksamkeit – seine Amtstätigkeit zu versagen.[91] Lässt sich die rechtliche Wirksamkeit einer Vertragsklausel nicht zweifelsfrei klären, darf der Notar das Rechtsgeschäft erst dann beurkunden, wenn die Vertragsparteien auf der Beurkundung bestehen, obwohl er sie über die offene Rechtsfrage

---

[85] Wie hier einschränkend KG NJW 2007, 2266 und Ulmer/*Fuchs* BGB § 307 Rn. 90c (nur bei Verletzung des Transparenzgebots); ähnlich OLG Hamburg NJW 2007, 2264; zurückhaltend auch *Ernst/Seichter* DB 2007, 1575; abw. OLG Köln NJW 2007, 3647 („in der Regel nicht").

[86] Ulmer/*Fuchs* BGB Vorb. v. § 307 Rn. 94; Staudinger/*Wendland* BGB § 307 Rn. 53.

[87] BGH NJW 1999, 1864 f.; 1999, 2279 (2282); 2000, 2677 (2678).

[88] BGH NJW 2013, 2683 (2684 f.).

[89] Vgl. ferner BGH NJW 2008, 3055, wonach eine Klausel, der zufolge sich der Kunde mit der **Werbung durch E-Mail oder SMS einverstanden** erklärt, unwirksam ist, wenn sie nicht im Sinne einer „Opt-In-Erklärung" ausgestaltet ist. Die Entscheidung rekurriert auf das Hervorhebungserfordernis des § 4a BDSG und § 7 Abs. 2 Nr. 3 UWG.

[90] EuGH NJW 2012, 1781 – Pereničová; EuZW 2012, 786 mit Anm. *Mathiak;* hierzu *Micklitz/ Reich* EWS 2012, 257; *Graf von Westphalen* NJW 2013, 964 f.

[91] BGH NJW-RR 2016, 695 Rn. 21; Palandt/*Grüneberg* BGB § 305 Rn. 17; Ulmer/*Fuchs* BGB Vorb. v. § 307 Rn. 107 („nur bei eindeutigen Verstößen").

und das mit ihr verbundene Risiko belehrt hat.[92] Schmaler ist die Prüfungskompetenz des Notars im Klauselerteilungsverfahren (§ 797 Abs. 2 ZPO). Hier hat er lediglich nach allgemeinen Regeln zu prüfen, ob ein formell wirksamer Titel mit vollstreckungsfähigem Inhalt vorliegt, und im Falle der Rechtsnachfolge, ob diese nachgewiesen ist. Die Prüfung eines Verstoßes einer Unterwerfungserklärung gegen § 307 BGB hingegen würde eine umfassende materiellrechtliche Würdigung voraussetzen, zu der der Notar – ebenso wie der Urkundsbeamte der Geschäftsstelle (§ 724 ZPO) – nicht befugt ist.[93]

IV. Inhaltskontrolle durch das Grundbuchamt

Literatur: *Schlenker,* Die Bedeutung des AGBG im Grundbuchantragsverfahren, Diss. 1982; *H. Schmid,* Inhaltskontrolle von AGB durch das Grundbuchgericht, Rpfleger 1987, 133.

Umstritten ist, wie weit die Prüfungskompetenz des Grundbuchamts in Bezug auf **416** Allgemeine Geschäftsbedingungen reicht.[94]

Beispiele:
(1) Eine Eintragungsbewilligung (Fall des § 19 GBO) für eine Hypothek nimmt auf vorformulierte Darlehensbedingungen Bezug, die einen Verstoß gegen § 308 Nr. 6 BGB enthalten.[95]
(2) Ein vorformulierter dinglicher Einigungsvertrag (Fall des § 20 GBO) weist einen über die dingliche Einigung hinausgehenden und insoweit mit den §§ 307 bis 309 BGB nicht im Einklang stehenden Inhalt auf.

Auszugehen ist davon, dass das Grundbuchamt als ein Organ der staatlichen Rechtspflege **417** die §§ 305 ff. BGB als geltendes Recht nicht unberücksichtigt lassen darf. Die Arbeitsweise des Grundbuchamtes und damit auch der Umfang der Prüfungstätigkeit des zuständigen Rechtspflegers richtet sich hingegen nach den Grundsätzen des Grundbuchverfahrensrechts. Hiernach gilt, dass das Grundbuchamt nicht sehenden Auges daran mitwirken darf, dass inhaltlich unrichtige, weil nicht der materiellen Rechtslage entsprechende Eintragungen im Grundbuch vollzogen werden. Zu einer systematischen und ausgedehnten Prüfung der Eintragungsunterlagen auf ihre Vereinbarkeit mit dem AGB-Recht ist das Grundbuchamt hingegen nicht verpflichtet. Zu beanstanden sind sowohl im Rahmen des § 19 GBO als auch im Falle des § 20 GBO lediglich **grundbuchrelevante Verstöße gegen §§ 307 bis 309 BGB, die zweifelsfrei feststehen.**[96] Dies wird am ehesten bei Verstößen gegen die Klauselverbote des § 308 BGB und – vor allem – des § 309 BGB vorkommen, ist aber auch im Bereich des § 307 BGB nicht ausgeschlossen, wenngleich für eine umfassende Interessenabwägung oftmals die notwendige Erkenntnisgrundlage fehlen wird.[97]

---

[92] BGH NJW 2016, 1324; 2017, 3161 Rn. 13.

[93] So BGH NJW 2009, 1887 mzustAnm *Piekenbrock,* LMK 2009, 286671.

[94] Eine höchstrichterliche Entscheidung steht noch aus; offen lassend zuletzt BGH NJW 1980, 1625 (1626).

[95] BayObLG NJW 1980, 2818.

[96] BayObLG NJW 1980, 2818 (2819): „ohne jeden vernünftigen Zweifel"; OLG Celle WM 1979, 1317 (1318); für eine eng umgrenzte Prüfungspflicht auch OLG Köln NJW-RR 1989, 780 (781 ff.); Ulmer/*Fuchs* BGB Vorb. v. § 307 Rn. 108; Wolf/*Pfeiffer* BGB § 307 Rn. 354; *von Hoyningen-Huene,* Inhaltskontrolle, AGBG § 9 Rn. 46; Staudinger/*Wendland* BGB Vorbem. zu §§ 307–309 Rn. 26; Palandt/*Grüneberg* BGB Überbl. v. § 305 Rn. 21.

[97] MüKoBGB/*Wurmnest* vor § 307 Rn. 17; Erman/*Roloff/Looschelders* BGB Vor §§ 307–309 Rn. 17; Ulmer/*Fuchs* BGB Vorb. v. § 307 Rn. 108; *von Hoyningen-Huene,* Inhaltskontrolle, AGBG § 9 Rn. 46; für Beschränkung auf Verstöße gegen § 309 BGB: *Schoener* DNotZ 1979, 624 bzw. §§ 307 Abs. 2, 308 und 309 BGB: *H. Schmid* Rpfleger 1987, 143; ablehnend OLG Hamm WM 1980, 564.

§ 15. Schranken der Inhaltskontrolle

Literatur: *Armbrüster*, AGB-Kontrolle der Leistungsbeschreibung in Versicherungsverträgen – Neues vom EuGH?, NJW 2015, 1788; *Billing*, Die Bedeutung von § 307 III 1 im System der AGB-rechtlichen Inhaltskontrolle, 2006; *Brandner*, Schranken der Inhaltskontrolle, in: FS für Hauß, 1978, S. 1; *Dylla-Krebs*, Schranken der Inhaltskontrolle Allgemeiner Geschäftsbedingungen, 1990; *Jerger*, Kontrolle und Unwirksamkeit von Preisnebenabreden, NJW 2019, 3752; *Joost*, Der Ausschluß der Inhaltskontrolle bei Entgeltregelungen in Allgemeinen Geschäftsbedingungen, ZIP 1996, 1686; *Kappus*, Inhaltskontrolle gesetzesrezitierender Klauseln, NJW 2003, 322; *Kötz*, Schranken der Inhaltskontrolle bei den Allgemeinen Geschäftsbedingungen der Banken, ZEuP 2012, 332; *Krüger*, Richterliche Überprüfbarkeit von Preisklauseln in der Kreditwirtschaft, WM 1999, 1402; *Langheid*, § 8 AGB-Gesetz im Lichte der EG-AGB-Richtlinie: Kontrollfähigkeit von Leistungsbeschreibungen durch Intransparenz, NVersZ 2000, 63; *Niebling*, Die Schranken der Inhaltskontrolle nach § 8 AGB-Gesetz, 1988; *ders.*, Die Inhaltskontrolle von Preisen und Leistungen nach dem AGBG, WM 1992, 845; *Pfeiffer*, Die Reichweite der Inhaltskontrolle nach Art. 4 Abs. 2 RL 93/13/EWG und § 8 AGBG im Kontext der „Schuldrechtsmodernisierung", VuR 2001, 95 ff.; *ders.*, Europäisch-autonome Auslegung der Klauselrichtlinie am Beispiel der Hauptleistungspflichten, NJW 2014, 3069; *Schmidt-Salzer*, Leistungsbeschreibungen insbesondere in Versicherungsverträgen und Schranken der Inhaltskontrolle, in: FS für Brandner, 1996, S. 259; *Schünemann*, Allgemeine Versicherungsbedingungen – „Leistungsbeschreibungen" oder inhaltskontrollierte Vertragskonditionen?, VersR 2000, 144; *Schwab*, Zur Bedeutung des § 8 AGBG für die Inhaltskontrolle von Vollmachtsklauseln – BGH, NJW 1997, 3437, JuS 2001, 951; *Stoffels*, Schranken der Inhaltskontrolle, JZ 2001, 843; *H. P. Westermann*, Abgrenzung von Neben- und Hauptleistungspflichten im Hinblick auf die Inhaltskontrolle, in: Zehn Jahre AGB-Gesetz, 1987, S. 135; *Zoller*, Voraussetzungen und Rechtsnatur deklaratorischer AGB im Sinne des § 8 AGBG, BB 1987, 421.

I. Allgemeines

418   **§ 307 Abs. 3 BGB** knüpft an den Inhalt der Allgemeinen Geschäftsbedingungen an und **legt fest, welche Allgemeinen Geschäftsbedingungen der AGB-rechtlichen Inhaltskontrolle** unterliegen. Die Inhaltskontrollvorschriften der §§ 307–309 BGB gelten hiernach nur für solche Bestimmungen in Allgemeinen Geschäftsbedingungen, durch die von Rechtsvorschriften abweichende oder diese ergänzende Regelungen vereinbart werden. Abgesehen von der klarstellenden Ergänzung durch § 307 Abs. 3 S. 2 BGB ist der Wortlaut des vormaligen § 8 AGBG unangetastet geblieben. Eine Konkretisierung seines Regelungsgehalts ist zwar im Laufe des Gesetzgebungsverfahrens erwogen, später jedoch wieder fallen gelassen worden.[1]

419   Die Frage, ob § 307 Abs. 3 BGB einen Ausnahmetatbestand darstellt, der Allgemeine Geschäftsbedingungen im Einzelfall der Inhaltskontrolle entzieht,[2] oder ob, worauf der Wortlaut deutet, Kontrollfreiheit der Grundsatz und Inhaltskontrolle die Ausnahme ist,[3] dürfte eher von akademischem Interesse sein.[4] Gleichwohl meint der Regierungsentwurf eines Schuldrechtsmodernisierungsgesetzes, hier Partei ergreifen zu müssen. Ausweislich seiner beigefügten Begründung soll durch die veränderte Reihenfolge der Inhaltskontrollvorschriften der **Ausnahmecharakter der Kontrollfreiheit** herausgestellt werden.[5] Dies

---

[1] Vgl. § 307 Abs. 3 BGB der Konsolidierten Fassung des Diskussionsentwurfs eines Schuldrechtsmodernisierungsgesetzes (abgedruckt bei Canaris, Schuldrechtsmodernisierung 2002, S. 349 ff.). Zu den Hintergründen *Stoffels* JZ 2001, 849.

[2] Ulmer/*Brandner*, 9. Aufl., AGBG § 8 Rn. 5.

[3] Wolf/*Pfeiffer* BGB § 307 Rn. 4; *Joost* ZIP 1996, 1686.

[4] Nach Ansicht von Staudinger/*Wendland* BGB § 307 Rn. 281 berührt diese Streitfrage dagegen das Grundverständnis von Abs. 3 (anders noch in der Bearbeitung von 1998 durch *Coester*: „müßiger Streit", AGBG § 8 Rn. 6).

[5] BT-Drs. 14/6040, S. 154.

entspricht jedenfalls der gerichtlichen Praxis, die de facto die Inhaltskontrolle zur Regel und die Kontrollfreiheit zur Ausnahme hat werden lassen.

II. Zum Normverständnis des § 307 Abs. 3 BGB

Inhalt und Tragweite der Vorschrift des § 307 Abs. 3 BGB lassen sich aus ihrem wenig   420
aussagekräftigen Wortlaut kaum erschließen. Entsprechend umstritten ist die rechtliche Interpretation dieser Norm. Die herrschende Meinung geht davon aus, dass § 307 Abs. 3 BGB zum einen Leistungsbeschreibungen und Preisvereinbarungen und zum anderen rechtsdeklaratorische Klauseln für nicht kontrollfähig erklärt.[6] Nach anderer Ansicht kommt § 307 Abs. 3 BGB keine eigenständige Bedeutung zu. Er habe lediglich deklaratorischen Charakter. Jede AGB-Bestimmung, die einer Prüfung anhand des Maßstabes der §§ 307 bis 309 BGB nicht standhalte, sei auch kontrollfähig.[7] Ein neuerer, von *Joost* unterbreiteter und ausführlich begründeter Vorschlag zielt dahin, § 307 Abs. 3 BGB beim Wort zu nehmen und eine Inhaltskontrolle dort nicht stattfinden zu lassen, wo es an rechtsnormativen Vorgaben fehle. Die Inhaltskontrolle soll daher nur erfolgen, wenn von rechtsnormativ vorgegebenen Interessenbewertungen einseitig abgewichen werde. Dafür sei es unerheblich, ob eine Klausel in Allgemeinen Geschäftsbedingungen eine Haupt- oder Nebenleistung regele oder eine Haupt- oder Nebenabrede enthalte.[8] Hinzu kommt, dass es auch der Rechtsprechung bislang nicht gelungen ist, ein transparentes und konsistentes Ordnungsschema zu entwickeln, auf dessen Basis die Kontrollunterworfenheit bzw. -freiheit einer AGB-Klausel zuverlässig beurteilt werden könnte.[9]

1. Die amtliche Begründung des Regierungsentwurfs

Erste Aufschlüsse über das zutreffende Normverständnis vermittelt ein Blick auf die   421
amtliche Begründung des Regierungsentwurfs, in der es wörtlich heißt: „Die Leistungsbeschreibung einschließlich etwaiger in AGB enthaltener Festlegungen des Entgelts unterliegen der Inhaltskontrolle demnach ebenso wenig wie AGB, die lediglich den Inhalt gesetzlicher Regelungen wiedergeben."[10]

2. Der doppelte Normzweck

Aber auch die *ratio legis* der Vorschrift wird man in diesem Sinne zu formulieren   422
haben:

a) Wahrung marktwirtschaftlicher Prinzipien. Das AGB-Recht ist zunächst als Teil   423
einer liberalen, marktwirtschaftlich geprägten und auf dem Grundsatz der Privatautonomie beruhenden Wirtschaftsordnung zu verstehen. Das bedeutet, dass es die einzelnen Privatrechtssubjekte sind, die am Markt als Anbieter und Nachfrager auftreten und sich auf den Austausch von Leistung und Gegenleistung einigen. Gefährdet wäre dieses

---

[6] Zusammenfassend BGH NJW 1998, 383; ferner Ulmer/*Fuchs* BGB § 307 Rn. 14; BeckOGK/*Eckelt* BGB § 307 Rn. 174; Palandt/*Grüneberg* BGB § 307 Rn. 41; *Löwe*/Graf von Westphalen/Trinkner AGBG § 8 Rn. 1 ff.

[7] *Koch/Stübing* AGBG § 8 Rn. 3; *Niebling*, Schranken der Inhaltskontrolle, S. 202 ff.; *ders.* WM 1992, 852. Diese den Gesetzgeber desavouierende Ansicht wird zu Recht abgelehnt von *Dylla-Krebs*, Schranken der Inhaltskontrolle, S. 189. Sie ist zuletzt erneuert worden von *Billing*, Bedeutung von § 307 III 1, passim.

[8] *Joost* ZIP 1996, 1685 ff.

[9] Zu diesem Befund und seinen Ursachen *Joost* ZIP 1996, 1687; kritisch auch Staudinger/*Wendland* BGB § 307 Rn. 313 und *Horn* WM 1997 Beil. 1, 7. Drastisch die Kritik von *H. Roth* AcP 190 (1990), 314: „Die Rechtsprechung kontrolliert nicht, wo sie darf, sondern wo sie will."

[10] BT-Drs. 7/3919, S. 22.

Modell, wenn dem Staat oder den von ihm eingerichteten Gerichten die Kompetenz zufiele, das Leistungsangebot, die Preisfestsetzung und damit das Äquivalenzverhältnis einer Angemessenheitskontrolle zu unterziehen.[11] Ferner ist es gerade Ausfluss der den Parteien zugestandenen Vertragsfreiheit, zu entscheiden, welcher Gegenstand gekauft, welche Leistung angeboten werden soll und welche Gegenleistungen hierfür zu erbringen sind.[12] Die *essentialia negotii* bilden den innersten Kern privatautonom gesetzter Regelungen, für den eine besonders hohe Eingriffsschwelle besteht. Ein situativ bedingtes Funktionsversagen der Privatautonomie als Interventionsgrund wird man in diesem Bereich jedoch nicht ohne weiteres konstatieren können. Denn tendenziell, wenn auch nicht ausnahmslos, sind die Hauptleistungen für die Abschlussentscheidung des Kunden wichtig, finden seine Aufmerksamkeit und nehmen auf diese Weise am marktmäßigen Wettbewerb durchaus teil. Marktregulierung und selbstverantwortliche Interessenwahrnehmung gehen staatlicher Regulierung und Kontrolle hier grundsätzlich vor.[13] Hinzu kommt, dass es in aller Regel an einem rechtlichen Maßstab fehlen würde, die vertraglichen Hauptleistungspflichten zu bewerten.[14] Freilich handelt es sich bei dieser Erkenntnis lediglich um eine Konsequenz der marktwirtschaftlichen Gestaltung unserer Privatrechtsordnung und nicht um einen eigenständigen, die Interpretation leitenden Grundgedanken der Norm des § 307 Abs. 3 BGB.

424   **b) Bindung des Richters an Gesetz und Recht.** Neben dem auf die „Wahrung marktwirtschaftlicher Prinzipien" gerichteten Normzweck tritt ein ebenfalls als folgerichtige Ableitung aus der Gesamtrechtsordnung zu verstehender, die Zweckbestimmung des § 307 Abs. 3 BGB mitkonstituierender Rechtsgrundsatz. Dieser ist in der **Bindung des Richters an Gesetz und Recht zu sehen (Art. 20 Abs. 3 GG).**[15] Würde es dem Richter durch die §§ 305 ff. BGB gestattet sein, auch solche Klauseln einer Angemessenheitsprüfung zu unterwerfen, die lediglich den Gesetzeswortlaut wiederholen oder doch inhaltlich mit dem objektiven Recht übereinstimmen, so wäre damit mittelbar auch das Gesetz dem Angemessenheitsurteil des Richters ausgeliefert. Dieses soll aber gerade umgekehrt den dem Richter vorgegebenen Maßstab konstituieren. Aus diesem Grunde müssen rechtsdeklaratorische Klauseln von vornherein von einer Inhaltskontrolle nach den §§ 307 bis 309 BGB befreit sein. Hieraus folgt, dass spezialgesetzliche Vorschriften in anderen Gesetzen Vorrang genießen und von den AGB-rechtlichen Vorschriften nicht modifiziert werden sollen. Diese Auslegung lässt sich zusätzlich durch ein auf die Unwirksamkeitsfolge zielendes argumentum ad absurdum untermauern. An die Stelle einer unwirksamen deklaratorischen Klausel müsste nämlich gem. § 306 BGB doch wieder die inhaltsgleiche gesetzliche Bestimmung treten, sodass die Inhaltskontrolle im Ergebnis

---

[11] Dass § 307 Abs. 3 BGB die Wahrung marktwirtschaftlicher Prinzipien im Auge habe, wird allenthalben betont; vgl. etwa Wolf/*Pfeiffer* BGB § 307 Rn. 276; Staudinger/*Wendland* BGB § 307 Rn. 285; *Niebling* BB 1984, 1716 Fn. 31; Ulmer/*Fuchs* BGB § 307 Rn. 14; zum Grundsatz der freien Preisbildung als Ausdruck der marktwirtschaftlichen Ordnung unseres Wirtschaftssystems, dem auch § 8 AGBG (jetzt § 307 Abs. 3 BGB) verhaftet sei, *Dylla-Krebs*, Schranken der Inhaltskontrolle, S. 154 ff.

[12] Auf diesen Aspekt hebt vor allem die höchstrichterliche Rechtsprechung ab; vgl. BGH NJW 1999, 3260; 2000, 577 (579); 2015, 152 Rn. 12; BAG NZA-RR 2011, 255 (257). BVerfG (2. Kammer des Ersten Senats) NJW 2000, 2635 (2636) hat darauf hingewiesen, dass das Grundrecht der Berufsfreiheit auch die Freiheit umschließt, das Entgelt für berufliche Leistungen selbst festzusetzen oder mit denen, die an diesen Leistungen interessiert sind, auszuhandeln.

[13] Staudinger/*Wendland* BGB § 307 Rn. 285.

[14] BGH NJW 2015, 152 Rn. 12; Staudinger/*Wendland* BGB § 307 Rn. 284; MüKoBGB/*Wurmnest* § 307 Rn. 1; *H. P. Westermann*, in: Zehn Jahre AGB-Gesetz, S. 152.

[15] BGH NJW 1984, 2161; 2001, 2012 (2013); 2012, 2337 (2338); Staudinger/*Wendland* BGB § 307 Rn. 290; *Bruchner* WM 1987, 456; *Canaris* NJW 1987, 611; *Dylla-Krebs*, Schranken der Inhaltskontrolle, S. 65 f.; *Niebling* BB 1984, 1713.

leerlaufen würde.[16] Auch diese Überlegung konstituiert freilich keinen eigenständigen Normzweck, aus dem der Ausschluss rechtsdeklaratorischer Klauseln in erster Linie hergeleitet werden könnte, sondern liefert ein Zusatzargument im Rahmen der teleologischen Auslegung.[17]

3. Rückschlüsse aus der EG-Richtlinie über missbräuchliche Klauseln in Verbraucherverträgen

Dieses Abgrenzungsmuster liegt auch der EG-Richtlinie über missbräuchliche Klauseln in Verbraucherverträgen (93/13/EWG) zu Grunde. Art. 4 Abs. 2 der Richtlinie lautet: „Die Beurteilung der Missbräuchlichkeit der Klauseln betrifft weder den Hauptgegenstand des Vertrages noch die Angemessenheit zwischen dem Preis bzw. dem Entgelt und den Dienstleistungen bzw. den Gütern, die die Gegenleistung darstellen, sofern diese Klauseln klar und verständlich abgefasst sind."[18] Auch der 19. Erwägungsgrund der Richtlinie ist in diesem Sinne formuliert. Ferner ist auf Art. 1 Abs. 2 der Richtlinie hinzuweisen, in dem es auszugsweise wie folgt heißt: „Vertragsklauseln, die auf bindenden Rechtsvorschriften ... beruhen, unterliegen nicht den Bestimmungen dieser Richtlinie." Der Begriff „bindende Rechtsvorschriften" in Art. 1 Abs. 2 soll – so die Erklärungshilfe des 13. Erwägungsgrundes – auch Regeln umfassen, die nach dem Gesetz zwischen den Vertragsparteien gelten, wenn nichts anderes vereinbart wurde. Damit wird deutlich, dass nicht nur zwingendes, sondern auch dispositives Recht erfasst sein soll.[19] Die Richtlinie geht – so der 13. Erwägungsgrund – davon aus, dass „bindende Rechtsvorschriften" keine missbräuchlichen Klauseln enthalten. 425

Der deutsche Gesetzgeber hat die Vorgaben der Richtlinie im Gesetz zur Änderung des AGB-Gesetzes vom 19.7.1996 umgesetzt.[20] Dies hat sich in einer Änderung des damaligen § 12 AGBG und der Einfügung des § 24a AGBG niedergeschlagen. Eine Änderung des § 8 AGBG (jetzt § 307 Abs. 3 BGB) hatte der Gesetzgeber hingegen nicht für nötig befunden. Offenbar war man davon ausgegangen, dass der der Inhaltskontrolle nach § 8 AGBG (jetzt § 307 Abs. 3 BGB) verschlossene Bereich mit den europarechtlichen Vorgaben übereinstimmt oder zumindest in einer der Richtlinie entsprechenden Weise abgesteckt werden kann.[21] Selbst wenn man, wofür nach den bisherigen Feststellungen nichts spricht, bei isolierter Betrachtung die Zielrichtung des § 307 Abs. 3 BGB in der Beschränkung der Inhaltskontrolle auf rechtsnormativ determinierte Vertragsgestaltungen sehen wollte, so wäre eine Korrektur dieser Sichtweise nunmehr im Hinblick auf die Richtlinie 93/13/EWG – jedenfalls für Verbraucherverträge – geboten. Art. 4 Abs. 2 426

---

[16] BGH NJW 1984, 2161; 1997, 193 (194); 2002, 1950 (1951); 2012, 2337 (2338); Wolf/*Pfeiffer* BGB § 307 Rn. 331; Ulmer/*Fuchs* BGB § 307 Rn. 17; Palandt/*Grüneberg* BGB § 307 Rn. 50.

[17] Wie hier Staudinger/*Wendland* BGB § 307 Rn. 290; *Dylla-Krebs,* Schranken der Inhaltskontrolle, S. 63 f.

[18] Nicht verschwiegen werden soll, dass die Europäische Kommission später zu erkennen gegeben hat, dass über die Berechtigung dieser Beschränkung und damit ihre weitere Beibehaltung nachgedacht werden müsse. Vgl. hierzu den „Bericht der Kommission über die Anwendung der Richtlinie 93/13/EWG des Rates vom 5.4.1993 über missbräuchliche Klauseln in Verbraucherverträgen" KOM (2000) 248 endg., S. 16 f. Gegen die sich hierin andeutenden Änderungsbestrebungen zu Recht *Pfeiffer* VuR 2001, 95 ff.

[19] Ulmer/*Fuchs* BGB § 307 Rn. 15; Wolf/*Pfeiffer* RiLi Art. 1 Rn. 22; *Eckert* WM 1993, 1072.

[20] BGBl. I 1013.

[21] Die Begründung des RegE (BT-Drs. 13/2713, S. 5) weist jedenfalls ausdrücklich darauf hin, dass die in der Richtlinie aufgeführten kontrollfreien Vertragsbestimmungen nach § 8 AGBG ebenfalls nicht der Angemessenheitsbeurteilung unterliegen. Ebenfalls in diesem Sinne BGH BB 1998, 1864 (1865).

und 1 Abs. 2 der Richtlinie[22] lassen sich insofern gleichsam als autoritative Leseanleitung des § 307 Abs. 3 BGB begreifen.

427 bleibt einstweilen frei

III. Transparenz als Vorbedingung der Kontrollfreiheit

428   Die in § 307 Abs. 3 BGB zum Ausdruck gelangte Einschätzung des Gesetzgebers, der Kunde werde insbesondere dem Leistungsgegenstand und dem Preis besondere Aufmerksamkeit widmen und auf diese Weise sein Interesse an einem angemessenen, marktgerechten Leistungsaustausch selbst wahren, erfüllt sich regelmäßig nur, wenn der Vertragsinhalt dem Kunden in diesen wesentlichen Punkten ein vollständiges und wahres Bild vermittelt. Grundvoraussetzung für die Funktionsfähigkeit der Marktmechanismen ist vor allem ein Mindestmaß an Informiertheit über die Grunddaten von Preis und Leistung. Nur dann ist der Kunde zum Marktvergleich befähigt, ist er in der Lage, Änderungsvorschläge einzubringen bzw. – was oftmals näher liegen dürfte – auf andere Angebote auszuweichen.[23] Interventionsbedarf besteht nun aber dort, wo die Störung der Funktionsbedingungen des Marktes von der Verwenderseite ausgehen, sei es durch mangelnde Information, sei es durch gezielte Desinformation. Im Bereich der Grunddaten des Vertrages (Preis und Leistung), denen der Kunde im Allgemeinen durchaus seine Aufmerksamkeit schenkt, ist somit eine Transparenzkontrolle nach § 307 Abs. 3 BGB nicht nur nicht ausgeschlossen, sondern geradezu gefordert.

429   Bestätigt worden ist diese vom Normzweck des § 307 Abs. 3 BGB getragene Positionsbestimmung für Verbraucherverträge durch das Inkrafttreten der Klausel-Richtlinie 93/13/EWG. Die Richtlinie stellt in Art. 4 Abs. 2 (vgl. auch Erwägungsgründe 19 und 20) den Hauptgegenstand des Vertrages und das Äquivalenzverhältnis zwischen Leistung und Gegenleistung von der inhaltlichen Missbrauchskontrolle frei, knüpft diese Privilegierung jedoch daran, dass die betreffenden Klauseln klar und verständlich abgefasst sind. Das Transparenzgebot gilt nach Art. 5 der Richtlinie ohne Einschränkung für alle dem Verbraucher in Verträgen schriftlich unterbreiteten Klauseln. Es ist in der Richtlinie nicht etwa als Unterfall der Inhaltskontrolle, sondern als selbstständige Kategorie der Missbrauchskontrolle konzipiert, sodass auch die Systematik für die Einbeziehung preisbestimmender und leistungsbeschreibender Klauseln spricht.

---

[22] Zur Auslegung EuGH NJW 2014, 2335 – Kásler mit Anm. *Riesenhuber*, LMK 2014, 358903; hierzu auch *Pfeiffer* NJW 2014, 3069, der insoweit auf das Erfordernis einer europäisch-autonomen Auslegung hinweist.

[23] Diese Zusammenhänge stellen auch BGH NJW 1990, 2383 (zur Preisvereinbarung) und hierauf bezugnehmend BAG NJW 1994, 213 (214), OLG Celle NJW-RR 1995, 1133 sowie im Schrifttum besonders deutlich Staudinger/*Coester*, Bearbeitung 1998, AGBG § 8 Rn. 15, *M. Wolf*, in: Verbraucherkreditrecht, AGB-Gesetz und Kreditwirtschaft (hrsg. von Hadding/Hopt), S. 76, Wolf/*Pfeiffer* BGB § 307 Rn. 236 und *Köndgen* NJW 1989, 948 heraus. Zum informationspolitischen Ansatz des AGB-Gesetzes eingehend *Drexl*, Wirtschaftliche Selbstbestimmung des Verbrauchers, 1998, S. 452 ff.; *Niedenführ*, Informationsgebote des AGB-Gesetzes, 1986, passim; *Koller* FS Steindorff, 1990, 667 (669), der den Transparenzbedarf vor allem auf der von ihm so genannten „Vertragsabwicklungsstufe" sieht. Ablehnend hingegen *Dauner-Lieb*, Verbraucherschutz, 1983, S. 72 f. Die Effektivität des Informationsmodells kann man in der Tat mit guten Gründen bezweifeln (kritisch insbesondere *McColgan*, Abschied vom Informationsmodell im Recht der allgemeinen Geschäftsbedingungen, 2020, passim). Dies ändert freilich nichts daran, dass es mittlerweile dem Gemeinschaftsrecht als Leitgedanke zugrunde liegt (vgl. neben der Klauselrichtlinie 93/13/EWG Art. 4 bis 8 Verbraucherkredit-Richtlinie 2008/48/EG, Art. 5 Pauschalreise-Richtlinie 2015/2302/EU; Art. 4 Time-Sharing-Richtlinie 2008/122/EG; Art. 5 und 6 Verbraucherrechte-Richtlinie 2011/83/EU; vgl. hierzu auch *Heinrichs* NJW 1996, 2197, *Dreher* JZ 1997, 170 f. und *Grundmann* JZ 2000, 1133 ff.) und damit auch in seinen Auswirkungen auf das nationale Recht zur Kenntnis genommen werden muss.

Im Schuldrechtsmodernisierungsgesetz hat der Gesetzgeber jetzt die Konsequenzen   **430** aus dieser Diskussion gezogen und in **§ 307 Abs. 3 S. 2 BGB** klargestellt, dass die in S. 1 formulierten Schranken der Inhaltskontrolle einer Transparenzkontrolle nach § 307 Abs. 1 S. 2 BGB nicht im Wege stehen. Somit lässt sich festhalten, dass die Durchführung der Transparenzkontrolle nicht an die Voraussetzungen des § 307 Abs. 3 BGB gebunden ist, der Rechtsanwender mithin insoweit von den diffizilen Abgrenzungsüberlegungen zur Reichweite des kontrollfreien Leistungsbereichs befreit ist. Die Anforderungen des Transparenzgebots lassen sich gleichsam als Vorbedingung der Kontrollfreiheit verstehen.[24]

IV. Deklaratorische Klauseln

Wenn § 307 Abs. 3 BGB für die Kontrollfähigkeit positiv eine Abweichung oder   **431** Ergänzung von Rechtsvorschriften verlangt, so folgt daraus im Gegenschluss, dass mit Rechtsvorschriften übereinstimmende Allgemeine Geschäftsbedingungen nicht der Inhaltskontrolle unterliegen. Solche Klauseln nennt man rechtsdeklaratorische Klauseln. Im Einzelfall kann es allerdings durchaus schwierig sein, den rechtsdeklaratorischen Charakter einer AGB-Bestimmung festzustellen.

1. Übereinstimmung mit Rechtsvorschriften

Klarheit besteht immerhin über den methodischen Weg, auf dem der rechtsdeklarato-   **432** rische Charakter einer AGB-Bestimmung und damit ihre Kontrollfreiheit festgestellt werden kann. Es bedarf hierzu des **Vergleichs zweier Rechtslagen.**[25] In einem ersten Schritt muss der rechtliche Regelungsgehalt der betreffenden Klausel ermittelt werden. Dies erfolgt im Wege der (ergänzenden) Auslegung unter Berücksichtigung AGB-spezifischer Modifikationen, vor allem des Grundsatzes der objektiven Auslegung und der Unklarheitenregel.[26] Sodann ist die objektive Rechtsordnung darauf hin zu befragen, ob sie eine rechtliche Regelung der in der AGB-Klausel in bestimmter Weise geordneten Materie bereithält. Ist dies der Fall, so muss der Klauselinhalt mit der vom objektiven Recht vorgehaltenen Ersatzlösung verglichen werden. Im Falle der Übereinstimmung bleibt die Klausel kontrollfrei, anderenfalls unterliegt sie der Inhaltskontrolle nach den §§ 307 bis 309 BGB. Hieraus folgt, dass die auf Regelungsidentität gestützte Kontrollfreiheit voraussetzt, dass das objektive Recht einen Vergleichsmaßstab in Form einer Ersatzordnung auch tatsächlich – positiv – kennt. Dort, wo Rechtsvorschriften gänzlich oder doch zumindest für die betreffende Regelungsfrage fehlen, kann Regelungsidentität von vornherein nicht festgestellt werden. Für Allgemeine Geschäftsbedingungen, die ein normatives Vakuum ausfüllen, bleibt damit nur die Qualifikation als ergänzende Regelungen. Als solche sind sie grundsätzlich kontrollunterworfen, es sei denn, sie würden vom zweiten Schrankentatbestand des § 307 Abs. 3 BGB (Kontrollfreiheit preisbestimmender und leistungsbeschreibender Klauseln) erfasst. Keine Regelungsidentität besteht übrigens auch dann, wenn durch Allgemeine Geschäftsbedingungen gesetzliche Vorschriften global oder teilweise für anwendbar erklärt werden, die für die fragliche Vertragsart nicht vorgesehen sind, sei es, weil andere Rechtsvorschriften eingreifen würden (Fall der Divergenz), sei es, dass es einer rechtlichen Regelung ermangelt (Fall der Ergän-

---

[24] So auch die Formulierung in der Begründung des RegE, BT-Drs. 14/6040, S. 154.

[25] BGH NJW-RR 2015, 114; *Niebling*, Schranken der Inhaltskontrolle, S. 126 spricht anschaulich von einem „Rechtslagenvergleich"; ebenso Staudinger/*Wendland* BGB § 307 Rn. 292 und Ulmer/*Fuchs* BGB § 307 Rn. 25.

[26] BGH NJW 1986, 43 f.; 1986, 46 (47); Staudinger/*Wendland* BGB § 307 Rn. 292; Ulmer/*Fuchs* BGB § 307 Rn. 25.

zung).[27] Vertragliche **Qualifizierungsabreden** unterliegen daher der Inhaltskontrolle nach den §§ 307 bis 309 BGB, es sei denn, sie würden lediglich das kraft objektiven Rechts ohnehin geltende Regelungsregime bestätigen.

433   Für den Ausgang des skizzierten Rechtslagenvergleichs kommt der Formulierung des rechtlichen Vergleichsmaßstabs, zu dem der Klauselinhalt in Beziehung gesetzt werden soll, erhebliche Bedeutung zu. § 307 Abs. 3 BGB umschreibt diesen mit dem Ausdruck „**Rechtsvorschriften**"; Art. 1 Abs. 2 der Klausel-Richtlinie spricht – nach allgemeiner Meinung gleichbedeutend – von „bindenden Rechtsvorschriften". Dieses Merkmal umfasst unzweifelhaft jedenfalls die Gesetzesvorschriften im materiellen Sinne, also die auf formellem Gesetz, auf Rechtsverordnung, Satzung, Gewohnheitsrecht, Tarifvertrag, Betriebs- oder Dienstvereinbarung (vgl. zu den arbeitsrechtlichen Kollektivverträgen jetzt § 310 Abs. 4 S. 3 BGB) beruhenden Rechtssätze.[28] Auch eine behördliche Genehmigung, die ein materielles Gesetz umsetzt, kann einer Rechtsvorschrift iSd § 307 Abs. 3 S. 1 BGB gleichstehen.[29] Die ganz überwiegende Meinung macht allerdings an dieser Stelle nicht halt und bezieht auch ungeschriebene Rechtssätze, die Regeln des Richterrechts sowie die aufgrund ergänzender Vertragsauslegung nach §§ 157, 242 BGB und aus der Natur des jeweiligen Schuldverhältnisses zu entnehmenden Rechte und Pflichten ein.[30] Auch die „vertragstypprägenden Parteivereinbarungen bei gesetzlich nicht geregelten Verträgen" sollen hierher gehören.[31]

434   Diese Konzeption vermag nicht zu überzeugen. Ein Rechtslagenvergleich verlangt als Vorbedingung, dass der Vergleichsmaßstab sich aus anderen Quellen speist als der hieran zu messende Gegenstand. Denknotwendig ausgeschlossen ist es, den Vertragsinhalt zum Vergleichsmaßstab seiner selbst zu machen. Der Regelungsgehalt des jeweiligen Vertrags kann daher niemals zu den Rechtsvorschriften im Sinne des § 307 Abs. 3 BGB gezählt werden.[32] Aber auch mit der Einbeziehung der aufgrund ergänzender Vertragsauslegung nach §§ 157, 242 BGB gewonnenen Rechte und Pflichten wird diese, auf einen widersinnigen Vergleich zulaufende Richtung eingeschlagen. Die ergänzende Auslegung markiert zwar den Übergang von der autonomen zur heteronomen Wertung.[33] Sie nimmt ihren Ausgang jedoch von den im Vertrag willkürlich gesetzten Regelungen, den in ihnen zum Ausdruck gelangten Grundgedanken und Zielvorstellungen. Dies drückt sich in der

[27] Wolf/*Pfeiffer* BGB § 307 Rn. 335; Ulmer/*Fuchs* BGB § 307 Rn. 29; Staudinger/*Wendland* BGB § 307 Rn. 297; implizit auch OLG Frankfurt a. M. NJW 1993, 1477 (1478); OLG Zweibrücken NJW 1998, 1409 (1410).
[28] BGH NJW 1985, 3013 (3014); BAG NZA 2003, 668 (669); Wolf/*Pfeiffer* BGB § 307 Rn. 281; Palandt/*Grüneberg* BGB § 307 Rn. 51; *H. P. Westermann*, in: Zehn Jahre AGB-Gesetz, S. 141; *Niebling*, Schranken der Inhaltskontrolle, S. 67; deutlich enger *Schaefer* VersR 1978, 7.
[29] Daher keine Inhaltskontrolle von durch die Bundesnetzagentur genehmigten Tarifwerken, BGH NJW 2007, 3344; anders BGH NJW 2009, 1334 für Kurzfristkündigungsklausel im Festnetzanschlussvertrag und BGH NJW 2011, 1801 für Abschlussgebühr in Allgemeinen Bausparbedingungen einer Bausparkasse (für Dispensierung von der Inhaltskontrolle im Hinblick auf die Genehmigungsanforderungen der BaFin hingegen *Stoffels* BKR 2010, 363 f.).
[30] Aus der Rechtsprechung: BGH NJW 1985, 3013 (3014); 1998, 383; 2002, 1950 (1951); 2013, 3716; 2015, 152 Rn. 12; BAG NZA 2003, 668 (669); 2012, 561 (562); Wolf/*Pfeiffer* BGB § 307 Rn. 282; Erman/*Roloff/Looschelders* BGB § 307 Rn. 39; Fastrich, Inhaltskontrolle, S. 253, allerdings mit der Einschränkung, dass die ergänzende Vertragsauslegung nur berücksichtigt werden dürfe, wenn sie einer Fortbildung des dispositiven Rechts entspreche; ablehnend hinsichtlich der Einbeziehung der ergänzenden Vertragsauslegung *Dylla-Krebs*, Schranken der Inhaltskontrolle, S. 73 ff.
[31] Soergel/*Stein*, 12. Aufl. 1991, AGBG § 8 Rn. 3.
[32] Dies gegen Ulmer/*Brandner*, 9. Aufl., AGBG § 8 Rn. 30; der Kritik Rechnung tragend jetzt Ulmer/*Fuchs* BGB § 307 Rn. 28; wie hier jetzt auch Staudinger/*Wendland* BGB § 307 Rn. 295 und *Kötz* ZEuP 2012, 349.
[33] *Lüderitz*, Auslegung von Rechtsgeschäften, S. 452 f.; ähnlich *Henssler*, Risiko als Vertragsgegenstand, S. 104.

Formel vom „Zuendedenken des Vertrags" aus. Bemerkenswerterweise zielt die weithin geforderte Aufnahme der Ergebnisse der ergänzenden Vertragsauslegung in den Kreis der Rechtsvorschriften in den Augen ihrer Anhänger gerade nicht auf eine Verkürzung der Inhaltskontrolle, sondern im Gegenteil auf ihre Ausweitung. Bezeichnend sind hier vor allem die Ausführungen des BGH in der Entscheidung vom 6.2.1985.[34] Dort wendet sich das Gericht gegen eine Begrenzung des Begriffs der „Rechtsvorschriften" im Sinne von § 8 AGBG (jetzt § 307 Abs. 3 BGB) auf Gesetzesvorschriften im materiellen Sinn. Bei einem so eingeschränkten Inhalt der Vorschrift – so der BGH – fielen nämlich alle diejenigen Verträge von vornherein aus dem Schutzbereich der §§ 9 bis 11 AGBG (jetzt §§ 307 bis 309 BGB) heraus, die gesetzlich nicht besonders geregelt seien. Die im Wege der ergänzenden Vertragsauslegung gewonnenen Rechtssätze werden vom BGH und weiten Teilen des Schrifttums also gerade dazu eingesetzt, eine Divergenz zur vertraglichen Regelung aufzuzeigen, um so – getreu dem Wortlaut des Gesetzes – die Kontrollunterworfenheit darzutun. Insoweit liegt dem jedoch ein **verfehltes Verständnis des Regelungsgehalts des § 307 Abs. 3 BGB** zugrunde. Soweit es um deklaratorische Regelungen geht, sollte mit § 307 Abs. 3 BGB lediglich vermieden werden, dass der Richter die Setzungen der Legislative in Frage stellt, die Inhaltskontrolle unter Missachtung des Grundsatzes der Gesetzesbindung zur Korrektur gesetzlicher Rechtsfolgeanordnungen benutzt. Dieser Normzweck verlangt die Kontrollfreiheit solcher Allgemeiner Geschäftsbedingungen, die lediglich wiederholen, was das Gesetz für diesen Fall ohnehin vorsieht. Vom Normzweck des § 307 Abs. 3 BGB nicht geboten ist, die Inhaltskontrolle auf abweichende oder im engeren Sinne ergänzende Regelungen zu beschränken. Um dem gesetzgeberischen Anliegen gerecht zu werden, sollte man daher die Vereinbarung eines dem Gesetz nicht bekannten Regelungsmodells oder einer atypischen Regelungsvariante generell als „Ergänzung" der notwendig fragmentarischen Vertragstypenordnung betrachten.[35]

Festzuhalten ist damit, dass die Entscheidung über die Kontrollfähigkeit allein anhand des **Kriteriums der Regelungsidentität** zu treffen ist. Die Kontrollunterworfenheit ist festgestellt, wenn nachgewiesen ist, dass keine Regelungsidentität besteht. Es ist dann eine zweitrangige Frage, ob man in der betreffenden Klausel eine Abweichung oder Ergänzung sehen will.[36] Die besseren Gründe sprechen dafür, im Falle des Fehlens eines normativen Vergleichsmaßstabs stets von einer ergänzenden Regelung auszugehen. Daraus folgt, dass es der überaus bemüht wirkenden Anstrengungen, eine Divergenz positiv darzutun, nicht bedarf, wenn feststeht, dass die Klausel nicht lediglich das von Rechts wegen Geltende deklariert. Die hypertrophe Interpretation des Merkmals der „Rechtsvorschriften" ist daher aufzugeben und auf das auch vom Wortlaut her nahe gelegte Verständnis im Sinne von Gesetzen im materiellen Sinne zurückzuführen.

435

Beispiel: Klauseln, die Scheckeinreicher mit dem Entgelt belasten, das Inkassobanken bezogenen Banken zu zahlen haben, wenn diese die Einlösung von Schecks ablehnen (sog. **Scheckrückgabe-Klauseln**), beinhalten lediglich einen Aufwendungsersatzanspruch, der der Bank gem. §§ 670, 675 Abs. 1 BGB ohnehin zusteht. Der BGH hat diese Klausel daher als der Inhaltskontrolle entzogene deklaratorische Regelung qualifiziert.[37] Anders hat er allerdings für eine **Auslagenersatzklausel** ent-

---

[34] BGH NJW 1985, 3013 (3014).

[35] Abzulehnen ist die Vorstellung, der Begriff der „Ergänzung" setze schon vorhandene Regelungsansätze im objektiven Recht voraus, die lediglich weiterentwickelt würden (so etwa *Sonnenberger* FS Ferid I, 1988, 377 ff. und *Schaefer* VersR 1978, 9; wie hier im Ergebnis Staudinger/*Wendland* BGB § 307 Rn. 293; ferner auch *Becker*, Auslegung des § 9 Abs. 2 AGB-Gesetz, S. 170).

[36] Nicht ganz unberechtigt ist es daher, wenn *Niebling* (Schranken der Inhaltskontrolle, S. 128) meint, die Unterscheidung sei lediglich terminologischer Art.

[37] BGH NJW 2002, 1950 (1951).

schieden, die sich bei näherer Betrachtung keineswegs als bloße Konkretisierung des Aufwendungs-ersatzanspruchs darstellte.[38]

2. Gesetzlich eröffnete Gestaltungsmöglichkeiten

436   Schwierig gestaltet sich bisweilen die rechtliche Beurteilung, wenn durch Allgemeine Geschäftsbedingungen von gesetzlich eröffneten Gestaltungsmöglichkeiten Gebrauch gemacht wird. Grundsätzlich ist davon auszugehen, dass es sich um rechtsergänzende und damit der Inhaltskontrolle unterfallende Bedingungen handelt. Nur ausnahmsweise kann eine Gesetzesnorm als qualifizierte Erlaubnis gewertet werden, deren Ausfüllung einer Inhaltskontrolle entzogen ist.[39] Voraussetzung hierfür ist zum einen, dass die betreffende Gesetzesvorschrift bestimmte Vereinbarungen unter tatbestandlich begrenzten Voraussetzungen für zulässig erklärt. Dies allein genügt freilich noch nicht. Denn mit einer solchen **Erlaubnisnorm** erfasst der Gesetzgeber regelmäßig sowohl Individualvereinbarungen als auch Allgemeine Geschäftsbedingungen und kann deshalb dem besonderen Schutzbedürfnis des AGB-Unterworfenen nicht Rechnung tragen. Daher muss aus der Normanalyse deutlich werden, dass die Erlaubnisnorm gerade auch für formularmäßige Vereinbarungen gelten soll. Neben dem Gesetzeswortlaut sind daher gegebenenfalls die Gesetzesmaterialien heranzuziehen. Der Wille des Gesetzgebers muss eindeutig erkennbar sein.[40]

Beispiele:

(1) Der Inhaltskontrolle entzogen sind AGB-Klauseln, die die **Haftungsregelungen bei Freiberuflern** (§ 52 BRAO, § 45b PatAnwO, § 67a StBerG und § 54a WiPrO) umsetzen.[41]

(2) Kontrollfrei ist nach Ansicht des BAG auch die **Vereinbarung einer bis zu sechsmonatigen Probezeit in einem Arbeitsvertrag.** Die Parteien nutzten lediglich die gesetzlich (§ 622 Abs. 3 BGB) zur Verfügung gestellten Möglichkeiten aus und wichen hiervon nicht ab.[42]

(3) Die Vereinbarung einer Vertragsstrafe ist zwar in §§ 339 ff. BGB als grundsätzlich zulässige vertragliche Gestaltungsform vorgesehen. Daraus zu schließen, formularmäßige **Vertragsstrafeversprechen** wären als rechtsdeklaratorische Klauseln nach § 307 Abs. 3 BGB kontrollfrei, wäre hingegen verfehlt. Dies zeigt schon § 309 Nr. 6 BGB, der ein Klauselverbot für Vertragsstrafen in Allgemeinen Geschäftsbedingungen statuiert.[43]

3. Ergänzungsbedürftige Regelungen

437   Mitunter kommt es vor, dass der Gesetzgeber lediglich einen Rahmen vorgibt, der noch der näheren Ausfüllung durch die Vertragspartner bedarf. Der Verwender darf sich jedenfalls dann, wenn ein Bedürfnis des anderen Vertragsteils an der vorherigen Konkretisierung besteht, nicht auf die bloße Wiedergabe des gesetzlichen Rahmens beschränken. Es handelt sich dann zwar um eine der materiellen Inhaltskontrolle entzogene deklaratorische Klausel; die unterbliebene oder unzureichende Konkretisierung kann jedoch zur Intransparenz führen (vgl. § 307 Abs. 3 S. 2 BGB).[44]

---

[38] BGH NJW 2012, 2337.

[39] Für dieses Regel-Ausnahme-Schema auch Ulmer/*Fuchs* BGB § 307 Rn. 32 f.; Staudinger/*Wendland* BGB § 307 Rn. 301 ff.

[40] Hier werden strenge Anforderungen gestellt, vgl. Wolf/*Pfeiffer* BGB § 307 Rn. 340; Staudinger/*Wendland* BGB § 307 Rn. 303 f.

[41] Palandt/*Grüneberg* BGB § 307 Rn. 54; zu den Sonderregelungen für die freien Berufe vgl. im Übrigen noch unter Rn. 987 f.

[42] BAG NZA 2008, 521 (522).

[43] *Fastrich,* Inhaltskontrolle, S. 296.

[44] Ulmer/*Fuchs* BGB § 307 Rn. 36.

Beispiel: Die **Versicherungsbedingungen eines Lebensversicherers** geben im Hinblick auf den **Rückkaufswert** lediglich den durch §§ 176 Abs. 3 S. 1 und 174 Abs. 2 VVG aF vorgegebenen Rahmen wieder. Hierin kann eine unzureichende und damit intransparente Ergänzung liegen.[45]

V. Festlegung der Hauptleistungspflichten

§ 307 Abs. 3 BGB nimmt des weiteren Abreden über den unmittelbaren Gegenstand   **438** der Hauptleistung (sog. Leistungsbeschreibungen) und Vereinbarungen über das von dem anderen Teil zu erbringende Entgelt von der gesetzlichen Inhaltskontrolle aus.[46] Die bestimmenden Kriterien der Abgrenzung sind umstritten. Im Folgenden wird zunächst (unter 1. und 2.) die für die Praxis maßgebliche Rechtsprechung des BGH, der auch ein Großteil des Schrifttums folgt, dargestellt. Eine kritische Stellungnahme und die Skizze eines eigenen Abgrenzungskonzepts schließen sich an (unter 3.).

1. Leistungsbeschreibungen

a) Kernbereich vertraglicher Leistungsspezifikation. Klauseln in Allgemeinen Ge-   **439** schäftsbedingungen, durch die ohne gesetzliche Festlegung allein aufgrund vertraglicher Vereinbarungen einerseits das Ob der Leistung und andererseits Gegenstand, Art, Umfang, Quantität und Qualität der vertraglichen Waren-, Dienst- oder sonstigen Leistungen unmittelbar festgelegt werden, sind grundsätzlich nicht Gegenstand der Inhaltskontrolle.[47] Dies gilt auch für sog. negative Leistungsbeschreibungen, durch die eine bestimmte Leistung abgelehnt wird.

Die Rechtsprechung fasst den kontrollfreien Bereich der Leistungsbeschreibung im   **440** Ergebnis sehr eng. Er soll auf den **engen Kernbereich der Leistungsbezeichnungen** beschränkt bleiben, ohne deren Vorliegen mangels Bestimmtheit oder Bestimmbarkeit des wesentlichen Vertragsinhalts ein wirksamer Vertrag nicht mehr angenommen werden kann.[48]

Beispiele:

(1) Kontrollfrei sind **Baubeschreibungen** sowie in einem **Architektenvertrag** sämtliche Vereinbarungen zur Beschaffenheit der von dem Architekten zu erreichenden Planungs- und Überwachungsziele.[49]

(2) Keiner Angemessenheitskontrolle unterliegen ferner regelmäßig die **Angaben in Prospekten und Katalogen.**[50]

(3) Als Leistungsbeschreibung ist ferner eine Klausel einzustufen, die bestimmt, dass das in einem **Mobilfunktarif** enthaltene Datenvolumen zur Internetnutzung einige Male innerhalb eines Abrechnungszeitraums gegen einen Pauschalpreis aufgestockt wird (sog. **Datenautomatik**) und es erst nach Verbrauch dieser Datenmengen zu einer Drosselung der Geschwindigkeit der Internetnutzung kommt.[51]

(4) Nach den **Garantiebedingungen eines Automobilherstellers** ist Voraussetzung für eine dreijährige Garantie, dass die im Kundendienstscheckheft vorgeschriebenen Inspektionen und Wartungsmaßnahmen durch einen autorisierten Vertragshändler durchgeführt werden. Es handelt sich um eine typische (negative) Anspruchsvoraussetzung, nicht aber um einen rechtsvernichtenden Einwand des Garantiegebers und damit eine Einschränkung des Hauptleistungsversprechens.[52] Ein

---

[45] BGH NJW 2001, 2012 (2013); 2014 (2015 f.); NJW 2019, 1446 Rn. 30.

[46] Ständige Rechtsprechung, zuletzt BGH NJW 2001, 2014 (2016); NJW 2014, 2269 Rn. 43.

[47] BGH NJW 1999, 2279 (2280); 3558 (3559); 2000, 3348.

[48] BGH NJW 1987, 1931 (1935); 1999, 2279 (2280); 2001, 2014 (2016); 2014, 2269 (2273); BAG NZA 2008, 45 (47); NZA-RR 2011, 255 (257); Ulmer/*Fuchs* BGB § 307 Rn. 41.

[49] BGH NJW 2019, 2997.

[50] Wolf/*Pfeiffer* BGB 307 Rn. 294.

[51] BGH NJW 2018, 534.

[52] Offen gelassen zuletzt von BGH NJW 2008, 214 (215); vgl. ferner BGH NJW 2008, 843.

verkehrstypischer und vom Kunden nach Treu und Glauben zu erwartender Deckungsumfang der Garantiezusage, die durch diese Verknüpfung eingeschränkt würde, besteht nicht. Schon die weite Verbreitung solcher Klauseln spricht dagegen. Ferner spricht für eine kontrollfreie Leistungsbeschreibung die wirtschaftliche Zielbestimmung des Garantievertrages, die dem Vertragshändler erkennbar eine einkunftsträchtige Verdienstquelle im Rahmen seines Kundendienst- und Reparaturgeschäfts verschaffen soll – eine Art wirtschaftliche Gegenleistung des Käufers, die nach dem Schutzzweck der AGB-rechtlichen Vorschriften ebenfalls nicht einer Inhaltskontrolle unterliegen soll.[53] Die neuere Rechtsprechung tendiert hingegen dahin, die Wartungsobliegenheit dann der Inhaltskontrolle zu unterwerfen, wenn die Garantie entgeltlich gewährt wird.[54]

(5) Um eine kontrollfreie Leistungsbeschreibung handelt es sich insbesondere bei der **Tätigkeitsbeschreibung des Arbeitnehmers;**[55] ebenso aber auch bei der Festlegung des geschuldeten Volumens in Form der **Arbeitszeit.**[56]

(6) Zur Frage der Kontrollfähigkeit einer zwischen Arbeitgeber und Arbeitnehmer getroffenen **Aufhebungsvereinbarung** und einer sog. **Ausgleichsquittung** → Rn. 1115 ff.

441   b) Modifikationen des Leistungsversprechens. Kontrollfähig sind hingegen solche **AGB-Klauseln, die das eigentliche Hauptleistungsversprechen einschränken, verändern oder aushöhlen, ja sogar nur ausgestalten oder modifizieren.**[57] Der BGH räumt ein, dass die Abgrenzung nicht kontrollierbarer Leistungsbeschreibungen von kontrollierbaren Modifikationen oder Einschränkungen der Leistungspflicht nicht immer einfach sei.[58] Entscheidend sei der Schutzzweck des gesetzlichen AGB-Rechts: Wie sich vor allem aus § 307 Abs. 2 Nr. 2 BGB deutlich ergebe, solle durch die Inhaltskontrolle der Vertragspartner des Verwenders vor einseitig ausbedungener, inhaltlich unangemessener Verkürzung der vollwertigen Leistung, wie er sie nach Gegenstand und Zweck des Vertrages erwarten dürfe, geschützt werden.

Beispiele:

(1) Der Inhaltskontrolle unterliegen insbesondere formularmäßig ausbedungene **einseitige Leistungsbestimmungsrechte.**[59] Bei ihnen handelt es sich, auch wenn ihre grundsätzliche Anerkennung im bürgerlichen Recht in § 315 BGB zum Ausdruck kommt, nicht etwa um eine deklaratorische Klausel. Ob und unter welchen Voraussetzungen diese Gestaltungsform gewählt werden kann, ergibt sich aus § 315 BGB nicht. Ferner kann in einem einseitigen Leistungsbestimmungsrecht keine kontrollfreie Leistungsbeschreibung gesehen werden. Denn durch die Einräumung und nähere Ausgestaltung eines einseitigen Leistungsbestimmungsrechts, das eine Vertragspartei zur erstmaligen Festsetzung oder späteren Veränderung der Leistung berechtigt, wird – so der BGH – von dem Grundsatz abgewichen, dass Leistung und Gegenleistung im Vertrag festzulegen sind.[60]

(2) Für kontrollfähig wurde die in Allgemeinen **Reisebedingungen** enthaltene Klausel: „Der Umfang der vertraglichen Leistungen ergibt sich aus der Leistungsbeschreibung des Reiseveranstalters unter Berücksichtigung der **Landesüblichkeit** ..." gehalten. Die Klausel sei geeignet, so verstanden zu werden, dass sie die Reisebeschreibung nicht nur erläutert und unterstreicht, sondern verändert, ihr nämlich gleichsam den Filter der Landesüblichkeit vorsetzt. Mit ihr werde teilweise zurückgenommen, was vorher versprochen worden sei. Ohne weitere Erläuterungen wären die durch die Leistungsbeschreibung angebotenen Reiseleistungen als Gattungsschulden (§ 243 BGB) in mittlerer Art und Güte nach inländischem Standard zu erbringen, während der landesübliche Standard nicht unwesentlich hinter dem geläufigen inländischen Standard zurückliegen könne.[61]

---

[53] OLG Nürnberg NJW 1997, 2186; offen gelassen in BGH NJW 2008, 843 (844).
[54] BGH NJW 2014, 209 (210).
[55] BAG NZA 2007, 974 (975); *Preis* NZA Beil. 3/2006, 120.
[56] BAG NZA 2008, 45.
[57] BGH NJW 1987, 1931 (1935); 1999, 2279 (2280); 2001, 751 (752); 2014, 2269 (2273); 2018, 1157 Rn. 9; BAG NZA-RR 2011, 255 (257); Ulmer/*Fuchs* BGB § 307 Rn. 38; Palandt/*Grüneberg* BGB § 307 Rn. 44.
[58] BGH NJW 1987, 1931 (1935).
[59] BGH NJW 2012, 2187 (2188).
[60] BGH NJW 2012, 2187 (2188).
[61] BGH NJW 1987, 1931 (1935).

(3) Die **Nutzungsbedingungen des Anbieters eines sozialen Netzwerks** sind keine bloßen Leistungsbeschreibungen, sondern kontrollfähige Allgemeine Geschäftsbedingungen. Der Verstoß gegen die Nutzungsbedingungen (insbesondere „Hassrede") kann grundsätzlich mit der Löschung von Postings und der Beschränkung der Rechte des Nutzers sanktioniert werden.[62]

c) **Allgemeine Versicherungsbedingungen.** Umstritten ist die Grenze der Kontrollfreiheit insbesondere bei Risikobeschreibungen in Allgemeinen Versicherungsbedingungen.[63] Die Versicherungsleistung wird dort durch Beschreibung von Einschlüssen, Ausschlüssen und Obliegenheiten des Versicherungsnehmers festgelegt. Die versicherungsrechtliche Literatur neigt dazu, primäre Risikobeschreibungen und einen großen Teil der sekundären Risikobeschränkungen aus der Inhaltskontrolle herauszunehmen.[64] Eine grundlegende Stellungnahme des BGH zu dieser Problematik steht noch aus. Allerdings sind mehrere Urteile ergangen, in denen der BGH seine Rechtsprechung zum Umfang der Kontrollfreiheit von Leistungsbeschreibungen auch auf Allgemeine Versicherungsbedingungen übertragen hat und so in mehreren Fällen zur Kontrollfähigkeit der streitgegenständlichen Klauseln gelangt ist.[65] Der kontrollfreie Raum beschränkt sich auf solche Risikobeschreibungen, die zum **Kernbereich der Leistungsspezifikation** gerechnet werden müssen,[66] oder – anders formuliert – auf die allgemeinste Beschreibung des versicherten Objekts und der versicherten Gefahr. Dagegen unterliegen Klauseln, die das Hauptleistungsversprechen des Versicherers, volle Deckung für den versicherten Schaden zu gewähren, in einer mit dem Schutzzweck der §§ 305 ff. BGB nicht zu vereinbarenden Weise einschränken, der Inhaltskontrolle.[67] **Obliegenheitsklauseln,** welche die Leistungspflicht des Versicherers im Falle der Verletzung der in ihnen statuierten Verhaltensobliegenheiten entfallen lassen, unterliegen stets der Inhaltskontrolle.[68]

442

Beispiele:

(1) In den Versicherungsbedingungen einer privaten Krankenversicherung wird die Leistungspflicht für wissenschaftlich nicht allgemein anerkannte Untersuchungs- oder Behandlungsmethoden und Arzneimittel ausgeschlossen (sog. **Wissenschaftlichkeitsklausel**). Die Klausel gehört nach Ansicht des BGH nicht zu dem engen Bereich der Leistungsbeschreibung. Sie schränke vielmehr den Umfang des Versicherungsschutzes ein und stelle sich damit als eine die Leistungsbeschreibung einschränkende und ausgestaltende Bestimmung dar, die der Kontrolle nach § 307 BGB unterliege.[69] Dasselbe gilt für die sog. **Schulmedizinklausel**.[70]

(2) Ebenso wurde die sog. **Verwandtenklausel in der Krankheitskostenversicherung,** der zufolge für Behandlungen durch Ehegatten, Eltern oder Kinder keine Leistungspflicht bestehe, einer Inhaltskontrolle unterzogen.[71]

(3) Eine Bestimmung in den **Allgemeinen Versicherungsbedingungen für die private Vorsorge bei Arbeitslosigkeit,** welche die unfreiwillige Arbeitslosigkeit in der Weise definiert, dass sie sie auf Fälle beschränkt, in denen der Arbeitgeber das Arbeitsverhältnis aus Gründen kündigt, die nicht in der Person des Versicherungsnehmers liegen, modifiziert nach Ansicht des BGH das auf Gewährung von Leistungen bei unfreiwilliger Arbeitslosigkeit gerichtete Hauptleistungsverspre-

---

[62] Hierzu OLG Karlsruhe NJW 2018, 3110; OLG Dresden NJW 2018, 3111; OLG München NJW 2018, 3115.

[63] Hierzu vor allem *Schmidt-Salzer* FS Brandner, 1996, 259 ff.; *Schünemann* VersR 2000, 144 ff.; Ulmer/*Fuchs* BGB § 307 Rn. 55 ff.

[64] So beispielsweise *Sieg* VersR 1977, 491.

[65] BGH VersR 1991, 175; NJW 1993, 2369; 2442 (2443 f.); 1999, 3558 (3559); NJW-RR 2004, 1397 (1398).

[66] Ulmer/*Fuchs* BGB § 307 Rn. 55; aA *Schünemann* VersR 2000, 144 ff.

[67] BGH NJW 1993, 2442 (2444); 2001, 1934 (1935).

[68] Ulmer/*Fuchs* BGB § 307 Rn. 59; *Locher*, Recht der AGB, S. 86 f.

[69] BGH NJW 1993, 2369.

[70] BGH NJW 2003, 294.

[71] BGH NJW 2001, 3406.

chen in einschränkender Weise. Die Bestimmung unterzog er daher ebenso wie das Erfordernis der Erfüllung einer **Wartezeit** einer Inhaltskontrolle anhand § 307 BGB.[72]

(4) In einem Versicherungsvertrag wird die **Laufzeit** des Vertrages auf zehn Jahre festgesetzt. Die Laufzeitbestimmung gehört nicht zu dem engen, der Überprüfung entzogenen Leistungsbereich. Auch ohne die Festlegung einer zehnjährigen Vertragsdauer könnte der wesentliche Vertragsinhalt, nämlich die vereinbarte Prämie und der dafür gewährte Versicherungsschutz, bestimmt werden. Durch den Einfluss auf die Prämienkalkulation wird die vorformulierte Regelung über die Vertragsdauer selbst nicht zur bloßen Leistungsbeschreibung.[73]

(5) Die in einem Pflegekostentarif einer Versicherung enthaltene Klausel, wonach das gesondert berechenbare Entgelt für die **Wahlleistung „Unterbringung im Einbett- oder Zweibettzimmer"** auch für den Aufnahme- und den Entlassungstag voll in Ansatz zu bringen ist, unterliegt gem. § 307 Abs. 3 BGB nicht der Inhaltskontrolle nach den §§ 307 bis 309 BGB, da sie die Art und den Umfang der vertraglichen Hauptleistungspflicht und den dafür zu zahlenden Preis unmittelbar regelt.[74]

(6) Justitiabel sind hingegen vom Leitbild des § 651k BGB abweichende Beschränkungen des Versicherungsschutzes in den Bedingungen einer **Reiseinsolvenzversicherung**.[75]

(7) Ebenfalls kontrollfähig sind die einer **Auslandsreise-Krankenversicherung** zugrunde liegenden Klauseln, wonach bestimmte, an sich von der Leistungspflicht umfasste Sachverhalte ausdrücklich von der Erstattung ausgeschlossen werden.[76]

(8) Kontrollfähige Modifikationen des Hauptleistungsversprechens sind ferner Regelungen in den Versicherungsbedingungen für kapitalbildende Lebensversicherungen zum **Rückkaufwert** bei Kündigung des Vertrages und bei Befreiung von der Beitragszahlungspflicht.[77]

2. Preisvereinbarungen

443   a) **Unmittelbare Preisabreden.** Die **unmittelbare** oder eigentliche **Preisabrede,** also die Festlegung der vom Erwerber des Wirtschaftsgutes als Gegenleistung zu entrichtenden Geldsumme sowie die Festlegung der maßgeblichen Bewertungsfaktoren und des einzuhaltenden Preisfindungsverfahrens,[78] **unterliegt** nach § 307 Abs. 3 BGB grundsätzlich **keiner Inhaltskontrolle.** Die Kontrollfreiheit gilt nicht nur für die Höhe des Preises, sondern auch für das **Äquivalenzverhältnis.** Es kann daher grundsätzlich nicht überprüft werden, ob dem Preis eine angemessene Leistung gegenübersteht.[79]

Beispiele:

(1) Die **Leistungsentgelte der Deutsche Telekom** AG unterliegen nach § 307 Abs. 3 BGB nicht der Inhaltskontrolle.[80]

(2) Die in Allgemeinen Geschäftsbedingungen über die Vergabe von **Bauaufträgen** enthaltene Festsetzung eines pauschalierten **Entgelts für die Lieferung von Bauwasser** ist eine nicht kontrollfähige Preisabrede.[81] Ebenso verhält es sich mit der Klausel „Der Auftraggeber schließt eine **Bauwesenversicherung** ab. Die anteilige Prämie wird mit 2,5 % von der Schlusssumme in Abzug gebracht."[82]

(3) Die **Honorarbedingungen eines Verlags,** die dieser bei **Verträgen mit freien Journalisten** über die Lieferung von Text- und Bildbeiträgen verwendet, hält der BGH ebenfalls für nicht kontroll-

---

[72] BGH NJW 1999, 2279 (2280).
[73] BGH NJW 1994, 2693 (2694); NJW-RR 1997, 1000 (1001).
[74] BGH NJW 1999, 864.
[75] BGH NJW 2001, 1934.
[76] BGH NJW 2001, 1132.
[77] BGH NJW 2001, 2014 (2016).
[78] Dass nicht nur konkrete Preisbezifferungen ausgenommen sind, betonte zuletzt BGH NJW 2000, 577 (579).
[79] BGH NJW-RR 2015, 181.
[80] OLG München NJW 1997, 3246 (3248); bestätigt auch in diesem Punkt durch BGH NJW 1998, 3188 (3192).
[81] BGH NJW 1999, 3260 f.
[82] BGH NJW 2000, 3348.

fähig.[83] Die Bestimmung des § 31 Abs. 5 UrhG, wonach der Urheber möglichst weitgehend an den wirtschaftlichen Früchten der Verwertung seines Werkes zu beteiligen ist, kommt nach seiner Auffassung als Maßstab einer AGB-rechtlichen Inhaltskontrolle nicht in Betracht. Es handele sich, so der BGH, lediglich um eine Auslegungsregel, aus der aufgrund der Vertragsfreiheit bei den vertraglichen Hauptleistungspflichten als dem „Kernbereich privatautonomer Vertragsgestaltung" kein Leitbild hergeleitet werden könne. Zudem verlange § 31 Abs. 5 UrhG eine konkret-individuelle Betrachtung des jeweiligen Einzelfalls, die gerade nicht dem abstrakt-generellen Prüfungsmaßstab des AGB-Rechts entspreche. Hieran habe sich auch durch die Reform des Urhebervertragsgesetzes im Jahre 2002 nichts geändert.

(4) Eine Bestimmung in Allgemeinen **Versicherungsbedingungen,** nach der der Versicherer zu Beginn des Versicherungsjahres einen prozentualen Nachlass auf den Jahresbeitrag gewährt, welcher wieder entfallen soll, wenn der Versicherer während des Versicherungsjahres einen Schaden bezahlt oder der Versicherungsnehmer den Vertrag nicht um ein weiteres Jahr bei bestimmten Versicherungsunternehmen verlängert, unterliegt als **Rabattklausel,** welche die Prämienhöhe unmittelbar bestimmt, nicht der Inhaltskontrolle.[84]

(5) Nach der Rechtsprechung des BGH stellen die **Leistungen des Leasingnehmers,** die zusammen mit der Verwertung des zurückgegebenen Fahrzeugs die volle Amortisation des vom Leasinggeber für die Anschaffung des Leasingfahrzeugs eingesetzten Kapitals einschließlich des kalkulierten Gewinns bezwecken, die leasingtypische Gegenleistung (Hauptleistung) für die Überlassung des Leasingfahrzeugs durch den Leasinggeber dar. Dementsprechend ist die Einstandspflicht des Leasingnehmers für den vollen kalkulierten Restwert von Anfang an Teil des Entgels für die Gebrauchsüberlassung. Die **Restwertgarantie** ist damit vorbehaltlich der Wahrung der Transparenzanforderungen (hierzu → Rn. 573) einer AGB-rechtlichen Inhaltskontrolle entzogen.[85]

Ausnahmsweise unterliegen aber auch unmittelbare Preisabreden der Inhaltskontrolle, **444** wenn für die Leistung eine **gesetzliche Preisregelung** besteht und die vorformulierte Abrede hiervon abweicht.[86] Der vom Gesetzgeber mit dem Erlass von Preisvorschriften verfolgte Schutzzweck erfordert die Überprüfung von formularmäßigen Entgeltklauseln daraufhin, ob sie mit den Grundgedanken der Preisvorschriften übereinstimmen und sich in den von diesen Leitlinien gezogenen Grenzen halten; das gilt auch dann, wenn in den preisrechtlichen Bestimmungen keine starre Regelung getroffen, sondern für die Höhe des Entgelts ein Spielraum gewährt wird.[87]

Beispiele:

(1) Auf dieser Basis hat der BGH folgende **Vergütungsregelungen in den Mandatsbedingungen** eines **Rechtsanwalts** einer Angemessenheitskontrolle unterzogen und im Ergebnis beanstandet.[88]
– Mindestvergütung des Rechtsanwalts in Höhe des Dreifachen der gesetzlichen Vergütung, wenn das Mandat die Kündigung des Arbeitsverhältnisses des Mandanten betrifft und die Vergütungsvereinbarung zusätzlich eine Erhöhung des Gegenstandswerts um die Abfindung vorsieht;
– Zeithonorar, welches den Rechtsanwalt berechtigt, für angefangene 15 Minuten jeweils ein Viertel des Stundensatzes zu berechnen, jedenfalls im Rechtsverkehr mit Verbrauchern.

---

[83] BGH NJW 2012, 3173 (LS) = GRUR 2012, 1031 mit Anm. *Soppe* in Fortführung von BGH GRUR 1984, 45; hierzu ferner *Nordemann* NJW 2012, 3121 und *Peifer* AfP 2012, 510. Hieran anknüpfend hat der BGH (NJW 2014, 1949) zuletzt entschieden, dass auch vertragliche Abreden, die den Umfang der Übertragung urheberrechtlicher Nutzungsrechte regeln, der Inhaltskontrolle entzogen sind. Die Bestimmungen der §§ 88 Abs. 1, 89 Abs. 1 und 92 Abs. 1 UrhG seien Auslegungsregeln und kämen als Maßstab der Inhaltskontrolle nicht in Betracht.

[84] BGH NJW-RR 2005, 1479.

[85] BGH NJW 2014, 2940 (2941 f.).

[86] BGH NJW 1981, 2351; 1992, 746; 1998, 1786 (1789); 1998, 3567; 2000, 577 (579); BAG NZA-RR 2011, 255 (257); *Ulmer/Fuchs* BGB § 307 Rn. 72; *Erman/Roloff/Looschelders* BGB § 307 Rn. 45.

[87] BGH NJW 1981, 2351 betr. Abweichung von den Gebührensätzen der Architektenhonorarordnung; grundlegend sodann BGH NJW 1992, 746 betr. ärztliche Honorarvereinbarung; BGH NJW 1998, 1786 (1789) betr. zahnärztliche Honorarvereinbarung; BGH NJW 1998, 3567 betr. Vergütungsabrede in Abweichung von der BRAGO.

[88] BGH NJW 2020, 1811; zur stets eröffneten Transparenzkontrolle bei Anwaltsverträgen → Rn. 569.

(2) Eine gesetzliche Preisregelung stellt auch § 41 Abs. 1 ZKG dar. Danach muss das Entgelt für die grundlegenden Funktionen eines **Basiskontos** angemessen sein, wobei für das die Beurteilung der Angemessenheit insbesondere die marktüblichen Entgelte und das Nutzerverhalten zu berücksichtigen sind. Die Einhaltung dieser gesetzgeberischen Vorgabe hat im Falle von Entgeltvereinbarungen durch Allgemeine Geschäftsbedingungen durch eine Inhaltskontrolle nach § 307 BGB zu erfolgen.[89]

445   **b) Preisnebenabreden.** Auch die sog. **Preisnebenabreden unterliegen der Inhaltskontrolle** nach den AGB-rechtlichen Vorschriften. Dabei handelt es sich um Bestimmungen, die zwar mittelbare Auswirkungen auf Preis und Leistung haben, anders als die unmittelbaren Preisabreden jedoch nicht das Ob und den Umfang von Entgelten bestimmen, sondern als ergänzende Regelungen, die lediglich die Art und Weise der zu erbringenden Vergütung und/oder etwaige Preismodifikationen zum Inhalt haben, neben eine bereits bestehende Preishauptabrede treten.[90] Sie weichen im Allgemeinen von Vorschriften des dispositiven Gesetzesrechts ab oder ihr Regelungsgehalt könnte – wären sie in Allgemeinen Geschäftsbedingungen nicht enthalten – aus §§ 157, 242 BGB gewonnen werden.[91] Dazu zählen etwa Klauseln über die Bemessung oder Änderung des Entgelts durch eine Vertragspartei, Zahlungsbedingungen, Fälligkeits- und Wertsicherungsklauseln.

Beispiele:
(1) Als Nebenabrede über die Verzinsungspflicht wurde beispielsweise eine **Wertstellungsklausel im Bankgeschäft** angesehen. Sie regele nicht die Höhe der Zinsen, sondern den Zeitpunkt, zu dem die Kontobewegung für die Zinsberechnung in den jeweils zu bildenden Zwischensaldo eingeht.[92]
(2) Zahlreiche Urteile befassen sich mit **Entgeltregelungen der Banken und Sparkassen** (zu Bearbeitungsentgelten und Abschlussgebühren → Rn. 452): Als kontrollfähige Nebenabreden wurden hier **Gebührenklauseln für Ein- und Auszahlungen am Bankschalter** in den Allgemeinen Geschäftsbedingungen für private Girokonten eingestuft.[93] Kunden, die sich daraufhin mit Rückerstattungsansprüchen an die betreffenden Kreditinstitute wandten, sind mit vorformulierten **Entgeltklauseln für die Nachforschung über Kontobewegungen** konfrontiert worden. Auch solche Entgeltklauseln sind als Preisnebenabreden der Inhaltskontrolle unterworfen worden.[94] In beiden Fällen wurde darauf verwiesen, dass die entsprechenden Leistungen nach dispositivem Gesetzesrecht kein Entgelt rechtfertigten. Der Inhaltskontrolle unterliegen auch **Kontoführungsgebühren für Darlehenskonten**. Der BGH hebt insoweit entscheidend darauf ab, dass sich die streitige Gebühr nicht als ein Entgelt darstelle, das zur Abgeltung einer konkreten vertraglichen Gegenleistung der Bank erhoben wird.[95] Als kontrollfähige Bestimmungen wurden solche angesehen, nach denen die Bank für die **Nichtausführung eines Dauerauftrags oder einer Überweisung sowie für die Rückgabe eines Schecks oder einer Lastschrift wegen fehlender Deckung** ein Entgelt fordert.[96] Gleiches gilt für Bestimmungen, nach denen die Bank für die **Benachrichtigung** des Kontoinhabers über die Nichteinlösung von Schecks und Lastschriften sowie über die Nichtausführung von Überweisungen und Daueraufträgen ein Entgelt fordern kann,[97] sowie für **Rücklastschriftklauseln**.[98] Auch eine Entgeltklausel für den **Wertpapier-Depotwechsel** unterliegt der Inhaltskontrolle.[99] Die Klausel eines Kreditinstituts, nach der für die **Bearbeitung von Pfändungs- und Überweisungsbeschlüssen** ein Entgelt zu entrichten ist, soll als Preisnebenabrede der Inhaltskontrolle unterliegen.[100] Der BGH begründet dies damit, dass ein Anspruch des

---

[89] BGH NJW 2020, 2726 Rn. 18. Näher → Rn. 521g.
[90] BGH NJW 2014, 3508 Rn. 18.
[91] BGH NJW 1985, 3013 (3014); 2000, 577 (579); NJW-RR 2004, 1206.
[92] BGH NJW 1989, 582.
[93] BGH NJW 1994, 318 f.
[94] OLG Schleswig ZIP 2000, 789 (790).
[95] BGH NJW 2011, 2640.
[96] BGH NJW 1998, 310 mit Anm. *Rohe* NJW 1998, 1284.
[97] BGH NJW 2001, 1419.
[98] BGH NJW 2002, 1950 (1951 f.).
[99] BGH NJW 2005, 1275.

Drittschuldners gegen den Schuldner auf eine Vergütung für die Bearbeitung von Pfändungs- und Überweisungsbeschlüssen im Gesetz nicht vorgesehen sei. Eine kontrollfähige Preisnebenabrede stellt schließlich nach Ansicht des BGH auch eine Klausel dar, die ein erhöhtes Entgelt für die Führung von **Pfändungsschutzkonten** vorsieht.[101]

(3) Klauseln in Allgemeinen Geschäftsbedingungen eines Telekommunikationsdienstleistungsunternehmens, in denen für das **Stilllegen des Telefonanschlusses** ein Entgelt gefordert wird **(Deaktivierungsgebühr)**, bewertet der BGH als kontrollbedürftigen „Versuch, Aufwendungen für die Wahrnehmung eigener Interessen des Verwenders auf den Kunden abzuwälzen".[102]

(4) **Lastschriftklauseln** – etwa in den Allgemeinen Geschäftsbedingungen eines Betreibers von Breitbandkabel-Verteileranlagen – betreffen nicht die eigentliche Preisgestaltung. Sie regeln vielmehr das Wie der Zahlung. Derartige Klauseln über die Zahlungsmodalitäten unterliegen uneingeschränkt der Inhaltskontrolle.[103]

(5) **Klauseln, die** keine eigene Preisregelung enthalten, sondern **vorsehen, dass solche Regelungen in einem Preisverzeichnis getroffen werden können**, verhalten sich nur über die Modalitäten der Preisfestsetzung und sind daher der Inhaltskontrolle nach den §§ 307 bis 309 BGB unterworfen.[104]

(6) Eine **Nachforderungsklausel** in einem **prepaid-Mobilfunkvertrag** stellt nur eine Modifizierung der vertraglich vereinbarten grundsätzlichen Vorleistungspflicht des Kunden und der Abrede dar, dass das Mobilfunkunternehmen Leistungen nur bei Kontodeckung erbringt. Es handelt sich daher um eine kontrollfähige Bestimmung.[105]

(7) Entgeltklauseln für den postalischen Versand und die Bereitstellung der Möglichkeit des Selbstausdrucks von Eintrittskarten (sog. „print@home-Option") in den Allgemeinen Geschäftsbedingungen der Betreiberin eines Internetportals, über das Tickets für Veranstaltungen erworben werden können, hat der BGH ebenfalls als Preisnebenabreden der Inhaltskontrolle unterworfen.[106]

c) Entgeltfestsetzungen für Neben- oder Sonderleistungen. Nicht zu den kontrollfähigen Preisnebenabreden gehören allerdings solche Klauseln, die das **Entgelt für eine zusätzlich angebotene Neben- oder Sonderleistung** regeln, wenn für die Frage einer solchen Sonderleistung keine rechtlichen Regelungen bestehen.[107]   **446**

Beispiele:

(1) In den Allgemeinen Geschäftsbedingungen von Kreditkartenunternehmen finden sich Bestimmungen, nach denen für die **Verwendung der Karte im Ausland** eine gesonderte Vergütung berechnet wird.[108]

(2) Auch die in Allgemeinen Geschäftsbedingungen enthaltene Klausel, dass für die **Ersatzausstellung eines verlorengegangenen Sparbuchs** ein Entgelt zu entrichten ist, unterliegt nicht der richterlichen Inhaltskontrolle.[109]

(3) Nicht kontrollfähig ist ferner die von einer Bank in Verbraucherdarlehensverträgen verwendete Klausel, wonach der Kunde eine **Bereitstellungsprovision (=Bereitstellungszins)** bis zur Auszahlung schuldet. Die bepreiste Sonderleistung besteht hier in der Verpflichtung, dem Darlehensnehmer den Darlehensbetrag nach Abschluss des Darlehensvertrags für einen vereinbarten Zeitraum (Ziehungsperiode) auf Abruf bereit zu halten. Zu einer solchen Vorhaltung des Kapitals bis zum Abruf durch den Darlehensnehmer ist die Bank auf der Grundlage der von Gesetzes wegen bestehenden darlehensvertraglichen Pflichten aus § 488 Abs. 1 S. 1 BGB nicht verpflichtet. Ohne die Entgeltabrede wäre die Bank vielmehr berechtigt, den Darlehensbetrag sofort an den Darlehensnehmer auszuzahlen.[110]

---

[100] BGH NJW 1999, 2276; 2000, 651.

[101] BGH NJW 2013, 995 ff.

[102] BGH NJW 2002, 2386 (2387).

[103] BGH NJW 1996, 988.

[104] BGH NJW 1998, 383 (384).

[105] BGH NJW 2005, 152 Rn. 13 (im Ergebnis allerdings kein Verstoß gegen § 307 BGB).

[106] BGH NJW 2019, 47.

[107] BGH NJW 1996, 2032; 1998, 383; BB 1998, 1864.

[108] BGH NJW 1998, 383; hierzu Anm. *Hasselbach* DZWiR 1998, 110.

[109] BGH BB 1998, 1864 mit Anm. *Ulmer*; ebenso OLG Celle WM 1998, 651.

447   Dagegen stellen Entgeltregelungen, die nicht eine auf rechtsgeschäftlicher Grundlage für den einzelnen Kunden erbrachte Sonderleistung zum Gegenstand haben, sondern **Aufwendungen für die Erfüllung eigener (gesetzlicher oder nebenvertraglicher) Pflichten** des Klauselverwenders auf den Kunden abwälzen, eine Abweichung von Rechtsvorschriften dar und fallen in den Anwendungsbereich der §§ 307 bis 309 BGB.[110]

Beispiele:
(1) Die Kreditinstitute erfüllen durch die Verwaltung von **Freistellungsaufträgen** und die Bearbeitung von Änderungswünschen ihrer Kunden eine ihnen vom Staat im öffentlichen Interesse auferlegte Pflicht. Preisfestsetzungen für diese Tätigkeit sind daher wegen Abweichung von einem ungeschriebenen Rechtssatz kontrollfähig.[112] Auch die **Führung eines Darlehenskontos** durch ein Kreditinstitut erfolgt im eigenen organisatorischen bzw. Buchhaltungsinteresse und kann daher nicht als entgeltpflichtige zusätzliche Sonderleistung für den Kunden angesehen werden.[113] Dasselbe gilt für **Bauspardarlehen in der Darlehensphase.**[114] Umstritten ist, ob auch die **Kontogebühren (Servicepauschalen),** die **Bausparkassen** formularmäßig **in der Sparphase eines Bausparvertrags** erheben, der Inhaltskontrolle unterliegen.[115]
(2) Die Erteilung einer **Rechnung in Papierform** ist eine Vertragspflicht des **Mobilfunkanbieters,** wenn er sein Produkt nicht allein über das Internet vertreibt. Eine Klausel, nach der für die Zusendung einer Rechnung in Papierform ein Entgelt anfällt, ist daher kontrollfähig.[116]

3. Stellungnahme

448   Die Diskussion um die zutreffende Definition der kontrollfreien preisbestimmenden bzw. leistungsbeschreibenden Klauseln leidet in weiten Teilen daran, dass sie den Normzweck des § 307 Abs. 3 BGB aus den Augen verliert und sich somit der wichtigsten Interpretationshilfe begibt. Die Gefahr ist dann groß, dass sich die Abgrenzungsdebatte in terminologischen, nicht mehr auf den Normzweck zurückweisenden Spitzfindigkeiten verliert und kein inhaltlich überzeugendes Konzept zuwege bringt.[117] Die Rechtsprechung scheint ihr mit ihrer unübersichtlichen und widersprüchlichen Kasuistik bereits erlegen zu sein. Weder die Testfrage, ob an die Stelle der Klausel dispositives Recht treten könnte,[118] noch das zirkulär wirkende Kriterium, ob die Klausel das Leistungsversprechen einschränke, modifiziere oder aushöhle,[119] lassen sich überzeugend am Normzweck des § 307 Abs. 3 BGB festmachen. Aber auch die Lösungsvorschläge aus den Reihen des Schrifttums vermögen nicht durchweg zu überzeugen.[120] Zu widersprechen ist insbesondere dem Vorschlag von *Dylla-Krebs*[121], den kontrollfreien Leistungsbereich danach

---

[110] BGH NJW-RR 2020, 1055; zu Bereitstellungsprovisionen auch *Hölldampf* BKR 2020, 240 und *Rösler* ZIP 2020, 1165.
[111] BGH NJW 1997, 2752 f.; 1997, 2753 f.; 1998, 383; NJW-RR 1999, 125 (127); NJW 2005, 1275; 2011, 1726 (1727).
[112] BGH NJW 1997, 2752 f.; 1997, 2753 f.
[113] BGH NJW 2011, 2640 (2641).
[114] BGH NJW 2017, 2538.
[115] Die Kontrollfähigkeit und die Unangemessenheit bejahend OLG Koblenz BKR 2020, 356; hiergegen zu Recht *Haertlein* BKR 2020, 321.
[116] BGH NJW 2015, 328 (kontrollfähig und unwirksam).
[117] *Börner* JZ 1997, 597 spricht zutreffend von überwiegend deskriptiven Abgrenzungskriterien, deren materielle Werthaltigkeit eher zweifelhaft sei.
[118] BGH NJW 1994, 318; 1998, 383; zustimmend offenbar *Horn* WM 1997 Beil. 1, S. 12 f.
[119] BGH NJW 1987, 1931 (1935); 1993, 2369; 1998, 1069; 1999, 2279 (2280); kritisch Staudinger/ *Wendland* BGB § 307 Rn. 322.
[120] Zu den der hier vorgenommen Normzweckbestimmung widersprechenden Vorschlägen von *Joost* ZIP 1996, 1685 ff. und *Niebling,* Schranken der Inhaltskontrolle, S. 202 ff. vgl. bereits → Rn. 420 ff.
[121] *Dylla-Krebs,* Schranken der Inhaltskontrolle, S. 185 ff.

abzugrenzen, ob die effektive Gesamtbelastung des Vertragspartners, wie sie sich bei planmäßiger, störungsfreier Durchführung des Vertrages ergeben würde, durch die Klausel beeinflusst werde. Mit dem Kriterium der Gesamtbelastung wird bereits verkannt, dass der Gesetzgeber als Gegenstand der Angemessenheitsprüfung mit Bedacht die Einzelabrede vorgesehen hat.[122]

a) **Teilnahme an den Kontrollmechanismen von Markt und Wettbewerb?** Für die   **449** zutreffende Weichenstellung, aber auch die Abgrenzung en detail, ist es unabdingbar, sich des gesetzgeberischen Grundes für die Freistellung des Leistungsbereichs zu vergewissern. Diese Rückbeziehung des praktischen Anwendungsbereichs der Inhaltskontrolle auf den Normzweck des § 307 Abs. 3 BGB liefert nicht nur die Erklärung für die Gebotenheit der Transparenzkontrolle im gesamten Leistungsbereich, sondern vermag auch das durch § 307 Abs. 3 BGB abgesteckte Einsatzfeld der materiellen Angemessenheitskontrolle zu erhellen. Wenn, wovon nach den bisherigen Ausführungen auszugehen ist, der allein zur Normkonkretisierung geeignete Grundgedanke in der Anerkennung der regulierenden Wirkung von Markt und Wettbewerb als primäres Kontrollinstrument liegt, so bedeutet dies im Gegenschluss, dass eine materielle Angemessenheitskontrolle dort geboten ist, wo nicht auf eine funktionierende Marktregulierung verwiesen werden kann. Die **Testfrage lautet** also, **ob die jeweilige Vertragsbedingung, deren Kontrolle in Frage steht, den Kräften von Markt und Wettbewerb in einer Weise ausgesetzt ist, dass damit gerechnet werden kann, der durchschnittliche Kunde werde sie zur Kenntnis nehmen und in seine Abschlussentscheidung einbeziehen.**[123] Nur dann erscheint die Annahme begründet, der Markt werde regelmäßig schon für einen gerechten Ausgleich der Verwenderinteressen mit den Interessen des Kunden sorgen, sodass sich eine staatliche Intervention erübrigt.[124]

Hilfreich könnte es sein, die typische Abschlussentscheidung des Kunden, seinen   **450** Umgang mit dem „Kleingedruckten", näher in den Blick zu nehmen. Nachdem in Umsetzung der Richtlinie 93/13/EWG mit § 310 Abs. 3 BGB der Verbraucherschutzgedanke auch in das AGB-Recht Einzug gehalten hat, sollte man sich den mit den jeweiligen Bedingungen konfrontierten Kunden in Anlehnung an die Rechtsprechung des EuGH[125] als verständigen, umsichtig und kritisch prüfenden Durchschnittsverbraucher vorstellen, der aufgrund ausreichender Information in der Lage sein muss, seine Entscheidung auf dem Markt zu treffen. Er verfügt über keine nennenswerten Rechtskenntnisse, schließt einen auf Leistungsaustausch gerichteten Vertrag aber auch nicht blindlings.[126] Durch seine Abschlussentscheidung sucht er sein Leistungsinteresse, den Erhalt eines bestimmten von ihm benötigten Wirtschaftsgutes oder die Entgegennahme einer Dienstleistung, zu einem Preis zu befriedigen, den er hierfür zu zahlen bereit ist. Diese Hauptpunkte des Vertrages sind demgemäß von der Aufmerksamkeit des Durchschnittskunden erfasst. Dies zeigt sich schon daran, dass diese Grunddaten nicht selten ausdrücklich zur Sprache gebracht und sogar zum Gegenstand einer Individualvereinbarung gemacht werden (§ 305 Abs. 1 S. 3 BGB). Aber selbst, wenn dies nicht geschieht, wird der Kunde die Entscheidung nicht unbeeinflusst von den Leistungsangebo-

---

[122] Ablehnend Staudinger/*Wendland* BGB § 307 Rn. 311; *Fastrich,* Inhaltskontrolle, S. 252.

[123] Ähnlich auch *Fastrich,* Inhaltskontrolle, S. 265 und im Grundsatz auch Ulmer/*Fuchs* BGB § 307 Rn. 43 ff. und 85 ff. Sich dem hier vertretenen Ansatz anschließend CKK/*Klumpp* BGB § 307 Rn. 32.

[124] So ansatzweise schon *Canaris* NJW 1987, 613 anlässlich der Diskussion um Zinsberechnungs- und Tilgungsverrechnungsklauseln und *Fastrich,* Inhaltskontrolle, S. 263 ff.

[125] EuGH NJW 1993, 3187 – Yves Rocher; 1995, 3243 – Mars; Slg. I 1998, 4657 Tz. 37 – Gut Springenheide; WRP 1999, 307 (310 f.) – Sektkellerei Kessler; EWS 2000, 127 (128) – Estee Lauder Cosmetics/Lancaster.

[126] *Brandner* FS Hauß, 1978, 1 (8 f.).

ten anderer Wettbewerber treffen. Regelmäßig wird er zumindest darauf achten, dass das angestrebte Geschäft nicht aus dem Rahmen fällt, sich also nicht durch einen vergleichsweise geringen Leistungsumfang oder ein überhöhtes Entgelt auszeichnet. Gesichert dürfte daher die Aussage sein, dass jedenfalls der „eigentliche Kern der Leistungszusage",[127] „glasklar als beziffert Preisfestsetzungen" ausgewiesene Preisabreden[128] und über die Preishöhe auch das Äquivalenzverhältnis zwischen Leistung und Gegenleistung[129] an den Kontrollmechanismen von Markt und Wettbewerb teilnehmen. Sie sind grundsätzlich – abgesehen von der stets zulässigen Transparenzkontrolle – nicht justitiabel. Etwas anderes gilt nur dann, wenn der Gesetzgeber bestimmte Grunddaten – wie etwa den Preis – bewusst den Wirkungskräften von Markt und Wettbewerb entzieht, etwa indem er selbst entsprechende Festsetzungen vornimmt (Beispiel: Honorarordnung für Ärzte).[130]

451   Von der Tendenz her richtig ist auch die oftmals zu vernehmende Einschätzung, dass der Kunde der Hauptleistung mehr Aufmerksamkeit widme als den Nebenpunkten.[131] Folgerichtig knüpft auch die Klausel-Richtlinie das Zugriffsverbot an den Begriff des Hauptgegenstandes des Vertrages. Der Durchschnittskunde interessiert sich, so ließe sich dieser Ansatz konkretisieren, in erster Linie für die Folgen des Vertrages, von denen voraussichtlich seine künftigen Dispositionen abhängen. Was ihn nicht unmittelbar betrifft, sondern nur unter besonderen Umständen auf ihn zukommt, dürfte regelmäßig außerhalb dessen liegen, was der Durchschnittskunde an Zeit und intellektueller Mühe zu investieren bereit ist und ihm auch von Rechts wegen nicht angesonnen werden kann. Hypothetische Vorsorgeregelungen in den Vertragsbedingungen nehmen daher an den regulierenden Mechanismen von Markt und Wettbewerb ebenso wenig teil wie etwa Entgeltfestsetzungen für Leistungen, die der Kunde im Zeitpunkt der Abschlussentscheidung nicht in Anspruch zu nehmen gedenkt.

452   Nahe liegend erscheint ferner die Vorstellung von einem engen Leistungskern, dem der Kunde seine Aufmerksamkeit entgegenbringt, und einem Randbereich, den er nur rudimentär erfasst, ohne ihn in seine Abschlussentscheidung einfließen zu lassen. Zur Abgrenzung dieser Sphären kann die Unterscheidung zwischen den *essentialia negotii* und *naturalia* wertvolle Dienste leisten.[132] Sie entbindet freilich nicht von zusätzlichen Überlegungen. So ist es beispielsweise denkbar, dass die Werbung für ein Produkt einen Punkt herausstellt, der zwar nicht zur zentralen Leistungsbestimmung gehört, gleichwohl aber als unterscheidender Vorzug den Kunden zum Abschluss des Geschäfts veranlassen soll (zB Zusatzleistungen eines Kreditkartenunternehmens). Hierdurch wird der Wettbewerb entfacht, das Kontrollbedürfnis schwindet. Externer rechtlicher Kontrolle bedürfen hingegen die Teile des Leistungsversprechens, denen der Kunde regelmäßig nur eine diffuse Erwartungshaltung, etwa des Inhalts, es werde dort sowieso nur das Übliche stehen, entgegenbringt und die aus diesem Grunde nicht dem Konditionenwettbewerb ausgesetzt sind. Auf dieser Linie liegt auch die Rechtsprechung, wenn sie Bestimmungen, die das Hauptleistungsversprechen einschränken, verändern oder aushöhlen, für kontrollfähig erklärt.[133] Auch die Querverbindung zu § 307 Abs. 2 Nr. 2 BGB sticht hervor. Wesentli-

---

[127] Ulmer/*Fuchs* BGB § 307 Rn. 41.
[128] *Köndgen* NJW 1989, 948.
[129] Wolf/*Pfeiffer* BGB § 307 Rn. 288; Staudinger/*Wendland* BGB § 307 Rn. 284; *Fastrich*, Inhaltskontrolle, S. 258.
[130] BGH NJW 1998, 1786 (1789).
[131] BGH NJW 1986, 46 (48); 1989, 222 (223); MüKoBGB/*Wurmnest* § 307 Rn. 13.
[132] Wolf/*Pfeiffer* BGB § 307 Rn. 288; Schlosser/Coester-Waltjen/*Graba* AGBG § 8 Rn. 16; der Sache nach auch BGH NJW 1987, 1931 (1935); 1992, 688 (689); 1993, 2369; abl. *Dylla-Krebs*, Schranken der Inhaltskontrolle, S. 163 ff.
[133] BGH NJW 1987, 1931 (1935); 1993, 2369; 1998, 1069; 1999, 2279 (2280); 2001, 1132 (1133).

che Rechte und Pflichten sind vor allem solche, deren Erfüllung die ordnungsgemäße Durchführung des Vertrages überhaupt erst ermöglicht und auf deren Erfüllung der Vertragspartner daher auch vertraut.[134] § 307 Abs. 2 Nr. 2 BGB zeigt, dass der Kunde auch im Bereich der vertragswesentlichen Rechte und Pflichten, vor allem auch der Hauptleistungspflichten, nicht schutzlos gestellt sein soll. Die durch die zentrale Leistungsbestimmung erweckte Erwartungshaltung des Kunden, die ihn von der genaueren Lektüre der einzelnen Modalitäten abhält, darf durch einschränkende Klauseln nicht in gravierender Weise ausgehöhlt werden. In diesem Punkt muss § 307 Abs. 3 BGB wohl mit Blick auf § 307 Abs. 2 Nr. 2 BGB ausgelegt werden.[135]

Beispiele:

(1) In den Allgemeinen Geschäftsbedingungen eines Kreditkartenherausgebers wurden für die **Verwendung der Kreditkarte im Ausland** gesonderte Entgelte berechnet, die dann zu dem jährlichen Überlassungsentgelt hinzutreten. Ob die streitgegenständliche Zusatzgebühr noch der kontrollfreien Preisvereinbarung zuzurechnen ist oder ob sie bereits eine kontrollunterworfene Preisnebenabrede darstellt, hängt nach hier vertretener Ansicht von ihrer Stellung im Markt- und Wettbewerbsgeschehen ab. Die Kernfrage muss lauten, ob die Gebührenklausel den regulierenden Kräften des Marktes und des Wettbewerbs ausgesetzt ist.[136] Davon darf jedenfalls dann grundsätzlich ausgegangen werden, wenn der durchschnittliche Kunde diesen Regelungspunkt inhaltlich zur Kenntnis nimmt und in seine Überlegungen einbezieht. Dies wiederum steht zu erwarten, wenn seine künftigen Dispositionsmöglichkeiten von der betreffenden Klausel, hier dem Gebührentatbestand, voraussichtlich nicht unerheblich berührt werden. Die Möglichkeit, die Kreditkarte auch im Ausland einzusetzen, dürfte in einer Gesellschaft, in der nationale Grenzen zunehmend an Bedeutung verlieren, als wichtiger Vorzug der Kreditkarte empfunden werden. Nicht wenige Kunden werden ihre Abschlussentscheidung bewusst auch im Hinblick auf diese Nutzungsmöglichkeit treffen und später über kurz oder lang auf dieses Angebot zurückkommen. Die besondere Vergütungspflicht für den Einsatz der Kreditkarte im Ausland stellt damit durchaus einen im Zentrum des Kundeninteresses stehenden Preisbestandteil dar. Genügt die Klauselgestaltung den Anforderungen des Transparenzgebots – in den Bedingungswerken der Kreditkartenunternehmen genügt meist ein kurzer Blick, um zu erkennen, dass diese Einsatzform der Kreditkarte besondere Gebühren verursacht –, so wird man von einem verständigen Durchschnittskunden erwarten dürfen, dass er die Preisaufspaltung[137] erkennt und die anfallenden Sondergebühren in Rechnung stellt. Hinzu kommt, dass Preisaufspaltungen und die Aufstellung von Preislisten – jedenfalls auf dem Sektor der Finanzdienstleistungen – nicht dazu führen, dass die so festgelegten Einzelpreise als abschlussentscheidende Daten nicht mehr wahrgenommen werden.[138] Denn hier tragen vor allem die Medien, die Verbraucherverbände und sonstige Institutionen (zB Stiftung Warentest) durch gezielte Information und vergleichende Gegenüberstellungen zu einem funktionierenden Konditionenwettbewerb bei. Dies rechtfertigt die Annahme des BGH, dass sich diejenigen Interessenten, die sich über die Entgeltfrage überhaupt Gedanken machen – dies tut der verständige, umsichtig und kritisch prüfende Durchschnittsverbraucher – in aller Regel damit rech-

---

[134] BGH NJW 1985, 3016 (3018); Palandt/*Grüneberg* BGB § 307 Rn. 35.

[135] Der Hinweis auf den Zusammenhang mit § 307 Abs. 2 Nr. 2 findet sich in ähnlicher Form auch bei Ulmer/*Fuchs* BGB § 307 Rn. 51 sowie in der Entscheidung BGH NJW 1987, 1931 (1935).

[136] Ein normzweckfremdes Kriterium ist demgegenüber die Überlegung, ob der Verwender Aufwendungen für die Erfüllung gesetzlich begründeter eigener Pflichten auf den Kunden abwälzt (so aber BGH NJW 1998, 383). Da die Kontrollfähigkeit nach § 307 Abs. 3 BGB nicht durch das Abweichen von rechtsnormativen Wertungen begründet wird, führt auch die Überlegung in die Irre, ob bestimmte Leistungen nach dem Leitbild des Vertrages unentgeltlich zu erbringen sind (erwogen von *Meder* NJW 1996, 1851 f.). Dieser Gedanke erlangt erst im Rahmen der Inhaltskontrolle Bedeutung.

[137] Zur grundsätzlichen Kontrollfreiheit aufgespalteter Preise BGH NJW 1998, 383; Staudinger/*Wendland* BGB § 307 Rn. 329; *Fastrich*, Inhaltskontrolle, S. 267 f.

[138] Noch weiter geht *Fastrich*, Inhaltskontrolle, S. 259. Seine These lautet, dass in allen Bereichen, in welchen die Entgeltbestimmungen häufiger oder gar üblicherweise durch Bezugnahme auf Preislisten erfolgt, der so festgelegte Preis Teil des Markt- und Wettbewerbsgeschehens ist. Für weitgehende Kontrolle des „wuchernde(n), unkalkulierbare(n) Zweitentgeltsystem(s)" der Banken jedoch *Derleder/Metz* ZIP 1996, 577.

nen, für einen Auslandseinsatz der Kreditkarte ein zusätzliches Entgelt entrichten zu müssen.[139]

(2) Kein Kontrollbedürfnis besteht richtiger Ansicht nach auch für **Zinsregelungen bei Überziehung eines Girokontos,** da davon ausgegangen werden kann, dass der Durchschnittskunde auf dieses Leistungsangebot früher oder später zurückgreifen wird.[140] Hinzu kommt, dass auf diesem Gebiet – gefördert durch Informationsintermediäre – durchaus ein Konditionenwettbewerb stattfindet.

(3) Besonders heftig wurde zuletzt um die Zulässigkeit von **Abschlussentgelten** bei Bausparverträgen und Bearbeitungsgebühren bei Verbraucherdarlehensverträgen gestritten. Der **BGH hat die Kontrollfähigkeit** in beiden Fällen ausdrücklich **bejaht.**[141] Dem ist zu **widersprechen.**[142] Beim Abschluss von **Bausparverträgen** wird der Kunde im Allgemeinen genau darauf achten, welche primären finanziellen Vorteile und Belastungen der Vertrag mit sich bringt. Das in den Bedingungswerken klar hervorgehobene Abschlussentgelt ist dabei ein wesentlicher Kostenfaktor. Die Preisangabenverordnung (§ 6 Abs. 3 und 8 PAngV) verlangt sogar, solche Einmalzahlungen in die Berechnung des effektiven Jahreszinses einzubeziehen. Der Qualifizierung des Abschlussentgelts als wettbewerbsrelevantes Produktmerkmal lässt sich auch nicht entgegenhalten, in diesem Segment gäbe es de facto ohnehin keinen Wettbewerb, da die Gebühr doch von jeder Bausparkasse auf der Grundlage der einheitlichen ABB erhoben werde. Abgesehen davon, dass die Höhe der Abschlussgebühr in der Praxis durchaus differiert, steht das Produkt „Bausparvertrag" in direktem Wettbewerb zu alternativen Formen des Vermögensaufbaus – etwa langfristige Banksparpläne oder Fondsparen –, an die sich dann die Inanspruchnahme einer Immobilienfinanzierung anschließen würde. Die von der Stiftung Warentest herausgegebene Zeitschrift „Finanztest", aber auch zahlreiche weitere Periodika (Capital, Managermagazin etc) sowie diverse Online-Dienste ermöglichen im Übrigen einen Vergleich der sich anbietenden Produkte des Finanzmarktes. Der fragliche Entgelttatbestand dürfte von daher den Kräften von Markt und Wettbewerb in einer Weise ausgesetzt sein, dass damit gerechnet werden kann, der durchschnittliche Bausparer werde ihn zur Kenntnis nehmen und in seine Abschlussentscheidung einbeziehen.[143] Hinzu kommt, dass es auch an einem normativen Kontrollmaßstab für solche Preisaufspaltungen fehlt. Das hat übrigens auch der BGH in einer Entscheidung zu den AGB eines Handwerkers festgestellt, in denen sich neben der Vergütungsregelung für die zu erbringenden Werkleistungen noch eine Pauschale für die Anfahrt zum Kunden befand. Diese Pauschale hielt der BGH für nicht kontrollfähig und führte dazu aus: „Mangels eines Kontrollmaßstabes für Vergütungsabreden macht es keinen Unterschied, ob der Unternehmer seine Werkvertragsleistung ohne Offenlegung der einzelnen Berechnungsposten zu einem Gesamtpreis anbietet oder ob er die Nachprüfung des Werklohns durch den Besteller mittels Aufschlüsselung seiner einzelnen Leistungen und Preise ermöglicht."[144]

Auf das **Bearbeitungsentgelt bei Verbraucherdarlehen** ist diese Argumentation ohne Weiteres übertragbar, weil die Teilnahme des Bearbeitungsentgelts am Wettbewerb um die Hauptleistung beim Verbraucherdarlehen gleich mehrfach gesichert ist. So erstrecken sich die Informationspflichten bei Verbraucherdarlehnsverträgen auch auf ein bei Vertragsschluss anfallendes Bearbeitungsentgelt. Noch gewichtiger als die Pflicht zum Hinweis auf das Bearbeitungsentgelt als solches erscheint die Tatsache, dass dem Darlehensnehmer nicht erst im Verbraucherdarlehensvertrag selbst, sondern gem. § 491a Abs. 1 BGB, Art. 247 § 3 Abs. 1 Nr. 3 EGBGB bereits vor Vertragsschluss der effektive Jahreszinssatz für das Darlehen zu nennen ist, der gem. § 6 Abs. 3 PAngV unter Einbeziehung sämtlicher Kosten des Vertrags, somit auch unter Berücksichtigung eines Bearbeitungsentgelts berechnet werden muss. Die Pflicht zur Angabe des effektiven Jahreszinses dient gerade dem Zweck, einer unübersichtlichen Gestaltung der Vertragskosten entgegenzuwirken und die Vergleichbarkeit der Kosten eines Darlehensvertrags auch dann zu gewährleisten, wenn sich die Zahlungspflicht des Darlehensnehmers nicht auf den Zins beschränkt. Sehr klar wird dies in der Entscheidung des LG München I vom 17.9.2013[145] gesehen: „Für die Einordnung des Bearbei-

---

[139] BGH NJW 1998, 383 (384).

[140] AA jedoch BGH NJW 1992, 1751 f.; 1994, 1532 (1533) (betr. Kreditkarten-AGB) sowie *Wolf/ Pfeiffer* BGB § 307 Rn. 322; wie hier im Ergebnis *Steiner* WM 1992, 429 f.; *Cahn* WM 2010, 1198 ff.; Ulmer/*Fuchs* BGB § 307 Rn. 90; Wolf/*Hubert Schmidt,* Klauseln Rn. D 21.

[141] BGH NJW 2011, 1801 (1802 f.) zur Abschlussgebühr bei Bausparverträgen und BGH NJW 2014, 2420 und BeckRS 2014, 13319 zu Bearbeitungsentgelten bei Verbraucherdarlehen.

[142] Ausführlich *Stoffels* BKR 2010, 359 ff.

[143] *Pieroth/Hartmann* WM 2009, 682; *Habersack* WM 2008, 1860.

[144] BGH NJW 1992, 688 (689); weitergehende Schlüsse aus dieser Entscheidung zieht *Canaris* AcP 200 (2000), 336.

[145] LG München I ZIP 2014, 20; ebenso zuletzt LG Aachen NJW-RR 2014, 495.

tungsentgelts als Preishauptabrede spricht auch der Normzweck des § 307 Abs. 3 S. 1 BGB. Danach ist für die Abgrenzung zwischen Kontrollfreiheit und Kontrollfähigkeit auch bei Preisklauseln zu fragen, ob und unter welchen Umständen sie einer hinreichenden Kontrolle durch den Wettbewerb im relevanten Markt unterliegen, ob also der durchschnittliche Kunde sie zur Kenntnis nimmt und bei seiner Entscheidung über den Vertragsschluss in die Abwägung einbezieht. Nur dann können sich Markt- und Wettbewerbsprozesse in einer Art und Weise entfalten, die regelmäßig einen gerechten Interessenausgleich erwarten lässt. Diese Voraussetzung ist jedenfalls bei direkten und bezifferten Entgeltfestsetzungen für die Hauptleistung sowie für die Bewertung des Äquivalenzverhältnisses zwischen Preis und Leistung erfüllt. Bei der vorliegenden Bearbeitungsgebühr handelt es sich um eine bezifferte Entgeltfestsetzung für die Hauptleistung, die bei der Berechnung des effektiven Jahreszinses miteinbezogen ist und damit in die Abschlussentscheidung des Vertragspartners eingeht." Der **BGH** hat sich dieser Sichtweise zuletzt nicht angeschlossen und das **Bearbeitungsentgelt der Inhaltskontrolle unterworfen.**[146] Das Bearbeitungsentgelt sei weder eine kontrollfreie Preishauptabrede für die vertragliche Hauptleistung noch stelle es ein Entgelt für eine Sonderleistung dar. Entscheidende Bedeutung misst der BGH dem Umstand bei, dass mit einem Kreditbearbeitungsentgelt lediglich Kosten für Tätigkeiten auf Kunden abgewälzt werden, die die Bank – wie die Bearbeitung des Darlehensantrags und die damit verknüpfte Prüfung der Bonität des Kunden als wesentlicher Grundlage für einen Vertragsabschluss – im eigenen Interesse erbringt oder aufgrund bestehender eigener Rechtspflichten zu erbringen hat.

(4) Als Gegenbeispiel lassen sich **Entgeltfestsetzungen für die Bearbeitung von Pfändungs- und Überweisungsbeschlüssen** anführen.[147] Der Durchschnittskunde dürfte nicht damit rechnen, dass gegen ihn Vollstreckungsmaßnahmen ausgebracht werden und sein Geldinstitut als Drittschuldner hiervon betroffen wird. Seine Abschlussentscheidung wird er demgemäß auch nicht von diesem Entgelttatbestand abhängig machen.

b) Rückschlüsse aus den Klauselverboten der §§ 308 und 309 BGB.

Fraglich ist, ob **453** sich nicht auch den Klauselverboten der §§ 308 und 309 BGB Hinweise auf die zutreffende Abgrenzung des nicht kontrollunterworfenen Leistungsbereichs entnehmen lassen. Bei diesen handelt es sich um exemplarische Konkretisierungen des in der Generalklausel allgemein umschriebenen Kontrollmaßstabs (→ Rn. 576). Der Gesetzgeber wollte mit ihnen – ausweislich der Gesetzesbegründung[148] – im Interesse der Rechtssicherheit und Rechtsklarheit bestimmte Klauseln und formularmäßige Gestaltungen aufgreifen, die nach seiner Einschätzung für den AGB-unterworfenen Vertragsteil eine besondere Gefahr darstellen. Mit dieser Zielbeschreibung ließe es sich nun aber schwerlich vereinbaren, wollte man dem Unwirksamkeitsverdikt nach den §§ 308 und 309 BGB noch die Prüfung der Kontrollfähigkeit der Klausel nach § 307 Abs. 3 BGB vorschalten. Dies hieße nämlich, bewusst die Möglichkeit in Rechnung zu stellen, dass der im Gesetzestext fixierte Verbotsumfang verschiedener Katalogtatbestände doch nicht das Maß der Dinge ist und im Hinblick auf § 307 Abs. 3 BGB jedenfalls punktuell zurückzuführen wäre. Die mit den §§ 308 und 309 BGB erstrebte plakative Anschaulichkeit ginge dann teilweise verloren und das Ziel, die dort genannten Klauseln zuverlässig aus dem Rechtsverkehr zu eliminieren, könnte nicht mehr in vollem Umfang erreicht werden. Es besteht daher im Schrifttum auch Übereinstimmung, dass alle Klauseln, die von den Verbotstatbeständen der §§ 308 und 309 BGB erfasst werden, der Inhaltskontrolle unterliegen, die Filterfunktion des § 307 Abs. 3 BGB sich insoweit nicht aktualisiert.[149]

Schwieriger gestaltet sich die Beurteilung etwaiger Interdependenzen, wenn eine AGB- **454** Klausel zwar in den thematischen Anwendungsbereich eines Klauselverbots der §§ 308 oder 309 BGB fällt, dessen tatbestandliche Voraussetzungen jedoch *in concreto* nicht

---

[146] BGH NJW 2014, 2420 (2421 ff.); BeckRS 2014, 13319 Rn. 26 ff. Zur Inhaltskontrolle siehe Rn. 521a.

[147] BGH NJW 1999, 2276; 2000, 651.

[148] Begründung des RegE BT-Drs. 7/3919, S. 23.

[149] *Niebling* WM 1992, 852 und im Ergebnis auch *Dylla-Krebs,* Schranken der Inhaltskontrolle, S. 189. Als Beispiel BGH NJW 2001, 751 (752).

erfüllt. Lassen sich hier aus der thematischen Nähe zu einem Katalogtatbestand Schlüsse auf die Kontrollfähigkeit der Klausel ziehen, sodass die Inhaltskontrolle nach § 307 Abs. 1 und 2 BGB eröffnet ist?

Beispiel: In einem vorformulierten **Fitnessstudio-Vertrag** findet sich beispielsweise ein Passus, dem zufolge sich der Vertrag stillschweigend jeweils um weitere sechs Monate **verlängert,** wenn er nicht form- und fristgerecht gekündigt wird.[150]

455   Mit § 309 Nr. 9 Buchst. b BGB hält das Gesetz hier zwar ein Einzelverbot bereit, das sich mit der Problematik vorab vereinbarter stillschweigender Vertragsverlängerungen in Dauerschuldverhältnissen befasst. Allerdings fallen unter den Verbotstatbestand nur Vertragsverhältnisse, die die regelmäßige Lieferung von Waren oder die regelmäßige Erbringung von Dienst- oder Werkleistungen durch den Verwender zum Gegenstand haben. Einen solchen Leistungsinhalt weist der Fitnessstudio-Vertrag üblicherweise nicht auf; bei ihm dominiert zutreffender Ansicht nach das Gebrauchsüberlassungsmoment.[151] Dies hat zur Folge, dass eine Überprüfung des Klauselinhalts allenfalls anhand der Generalklausel des § 307 BGB vorgenommen werden kann.[152] Dieser Wertungsstufe vorgelagert ist allerdings noch die Feststellung der Kontrollunterworfenheit der Verlängerungsklausel. Sie ist mit einem gewissen Unsicherheitsmoment belastet, da die Verlängerung der Laufzeit des Vertrages immerhin zu einer proportionalen Zunahme des Volumens der auszutauschenden Leistungen führt und damit den Leistungsbereich tangiert. Primäres Abgrenzungskriterium ist nach dem hier favorisierten Modell die Teilnahme der Verlängerungsklausel an den Kontrollmechanismen von Markt und Wettbewerb. Fraglich ist aber, ob der marktbezogene Ansatz hier nicht durch normative Wertungen angereichert werden kann, oder konkret formuliert, ob die thematische Nähe der Verlängerungsklausel zum Regelungsgegenstand des § 309 Nr. 9 Buchst. b BGB Rückschlüsse auf die Entscheidungsfindung im Rahmen des § 307 Abs. 3 BGB zulässt. Insbesondere der Auffangcharakter des § 307 BGB im Verhältnis zu den §§ 308 und 309 BGB spricht dafür, dass Klauseln, die nach ihrem Regelungsgehalt zwar in den thematischen Anwendungsbereich eines Klauselverbots fallen, mit diesem jedoch *in concreto* nicht kollidieren, grundsätzlich nach § 307 Abs. 3 BGB einer Inhaltskontrolle am Maßstab des § 307 BGB zugänglich sind.

Beispiel: Wenn beispielsweise in § 309 Nr. 1 BGB Preiserhöhungsklauseln unter bestimmten Voraussetzungen für unwirksam erklärt werden, so folgt daraus, dass der Gesetzgeber diese Art von Klauseln, nämlich **Preisanpassungsklauseln,** generell, also nicht gebunden an den engen tatbestandlichen Geltungsbereich des Verbots, den kontrollunterworfenen Preisnebenabreden zugerechnet wissen will, die gerichtlichen Befugnisse auf diesem Feld somit nicht auf eine bloße Transparenzkontrolle beschränkt sind. Zutreffend hat der BGH beispielsweise entschieden, dass eine formularmäßige Klausel in einem Leasingvertrag, die dem Leasinggeber das Recht einräumt, bei einer Veränderung der Verhältnisse am Geld- und Kapitalmarkt die ausstehenden Leasingraten kraft einseitiger Erklärung anzupassen, der Inhaltskontrolle nach § 307 BGB unterliegt.[153] Am Rande sei vermerkt, dass ein solcher Preisänderungsvorbehalt wohl auch kaum an den Kontrollmechanismen von Markt und Wettbewerb teilnehmen dürfte, seine Kontrollunterworfenheit auch unter diesem Gesichtspunkt gerechtfertigt ist.

---

[150] Beispiel nach BGH NJW 1997, 739.
[151] BGH NJW 1997, 739; 2012, 1431; Wolf/*Dammann*, Klauseln Rn. F 23. Anders nur, wenn in nennenswertem Umfang andere Dienstleistungen (Unterrichtung, Beratung etc) hinzutreten; die Einweisung als solche ist ein bloße vertragliche Nebenleistung und macht den Fitnessstudio-Vertrag hingegen noch nicht zu einem typengemischten Vertrag (so BGH NJW 2012, 1431); ausführlich zur Rechtsnatur AGB-Klauselwerke/*Graf von Westphalen*, Fitness- und Sportstudiovertrag, Rn. 1 ff.
[152] BGH NJW 2012, 1431 zum Fitnessstudio-Vertrag.
[153] BGH NJW 1986, 1355. Das Verbot kurzfristiger Preiserhöhungen kam nicht zum Zuge, da Dauerschuldverhältnisse von ihm ausgenommen sind (vgl. § 309 Nr. 1 Halbsatz 2 BGB).

Die aus den Klauselverboten der §§ 308 und 309 BGB fließenden Hinweise auf die im   **456**
Gesetzesplan liegende Reichweite der Inhaltskontrolle müssen in den hier entwickelten
marktbezogenen Ansatz integriert werden. Zu gegenläufigen Bewertungen dürfte es hier
freilich kaum kommen, bestätigen doch die normativ fundierten Wertungen die markt-
und wettbewerbsbezogene Betrachtungsweise in weiten Teilen. Dies verwundert schon
deswegen nicht, weil sich die §§ 308 und 309 BGB schwerpunktmäßig mit Klauseln
befassen, die mögliche Störungen der Vertragsdurchführung zum Gegenstand haben,[154]
und es gerade solche hypothetischen Vorsorgeregelungen sind, die erfahrungsgemäß nicht
im Zentrum der für den Kunden abschlussentscheidenden Daten stehen.

[bleiben einstweilen frei]   **457–459**

§ 16. Die Generalklausel

Literatur: Allgemeines zur Generalklausel (vgl. im Übrigen die Literaturhinweise im Text): *Baetge,*
Allgemeininteressen und Inhaltskontrolle, AcP 202 (2002), 972; *Becker,* Die Auslegung des § 9 Abs. 2
AGB-Gesetz, 1986; *Canaris,* Die AGB-rechtliche Leitbildfunktion des neuen Leistungsstörungsrechts, in: FS für Ulmer, 2003, S. 1073; *Coester-Waltjen,* Inhaltskontrolle von „einfachen Geschäftsbedingungen" in Verbraucherverträgen, in: FS für Medicus, 1999, S. 63; *Fastrich,* Richterliche Inhaltskontrolle im Privatrecht, 1992; *von Hoyningen-Huene,* Die Inhaltskontrolle nach § 9 AGB-Gesetz,
1991; *Leyens/Schäfer,* Inhaltskontrolle allgemeiner Geschäftsbedingungen, rechtsökonomische Überlegungen zu einer einheitlichen Konzeption von BGB und DCFR, AcP 210 (2010), 771; *Oechsler,*
Gerechtigkeit im modernen Austauschvertrag, 1997; *Pfeiffer,* Neues Schuldrecht – neues Leitbild im
AGB-Recht, in: Das neue Schuldrecht in der Praxis, hrsg. von Dauner-Lieb/Konzen/K. Schmidt,
2003, S. 225; *Renner,* Die „Natur des Vertrages" nach § 307 Abs. 2 Nr. 2 BGB, AcP 213 (2013), 677;
Roussos, Die Anwendungsgrenzen der Inhaltskontrolle und die Auslegung § 9 AGBG, JZ 1988,
997; *Schapp,* Die Leitbildfunktion des dispositiven Rechts für die Inhaltskontrolle von Allgemeinen
Geschäftsbedingungen nach § 9 Abs. 2 AGB-Gesetz, DB 1978, 621; *Stoffels,* Gesetzlich nicht geregelte Schuldverträge, 2001; *Weick,* Die Idee des Leitbildes und die Typisierung im gegenwärtigen Vertragsrecht, NJW 1978, 11; *Wendland,* Vertragsfreiheit und Vertragsgerechtigkeit, 2019; *Wolf,* Bedeutung und Funktion des AGB-Rechts in einem neuen Umfeld, in: Karlsruher Forum 2002: Schuldrechtsmodernisierung, hrsg. von E. Lorenz, 2003, S. 101.
Zur Bedeutung des **dispositiven Rechts** aus neuerer Zeit: *Cziupka,* Dispositives Vertragsrecht,
2010; *Kähler,* Begriff und Rechtfertigung abdingbaren Rechts, 2012; *Möslein,* Dispositives Recht,
2011; *Seiwerth,* Strukturwandel im Verständnis dispositiven Rechts und Perspektiven der AGB-
Kontrolle, in: Jahrbuch Junge Zivilrechtswissenschaft, Strukturwandel und Privatrecht, 2018, S. 57;
Wagner, Zwingendes Recht, ZEuP 2018, 821.

I. Grundlagen der Inhaltskontrolle

1. Inhaltskontrolle als Rechtsanwendung

Die Inhaltskontrolle Allgemeiner Geschäftsbedingungen anhand der §§ 307 bis 309   **460**
BGB stellt sich nach heute gesicherter Erkenntnis als ein Fall der **Rechtskontrolle** dar.[1]
Unter Rechtskontrolle versteht man eine Richtigkeitskontrolle, wobei das Recht den
Maßstab des Richtigkeitsurteils markiert.[2] Es geht um die Überprüfung eines bestimmten
Vorkommnisses auf seine Vereinbarkeit mit den zwingenden Vorgaben des materiellen
Rechts.[3] Die Richtigkeit dieser Einordnung erweisen der für die AGB-Kontrolle all-

---

[154] *Dylla-Krebs,* Schranken der Inhaltskontrolle, S. 199.
[1] *Hönn* JZ 1983, 680; *Fastrich,* Inhaltskontrolle, S. 9; *Ulmer/Fuchs* BGB Vorb. v. § 307 Rn. 2; *von
Hoyningen-Huene,* AGBG § 9 Rn. 26 und 36; *Lieb* AcP 178 (1978), 208 f.; *Preis,* Grundfragen der
Vertragsgestaltung, S. 148; *Drexl,* Wirtschaftliche Selbstbestimmung des Verbrauchers, S. 342; anders
hingegen *Boemke-Albrecht,* Rechtsfolgen unangemessener Bedingungen in Allgemeinen Geschäftsbedingungen, S. 107 ff.
[2] *Von Hoyningen-Huene,* Billigkeit im Arbeitsrecht, S. 129.

gemein zugrunde gelegte überindividuell-generalisierende,[4] am Gebot von Treu und Glauben ausgerichtete Maßstab sowie der hohe Stellenwert, den insbesondere § 307 Abs. 2 Nr. 1 BGB dem dispositiven Recht als Vergleichsmaßstab zuerkannt hat. Der Rahmen der Rechtskontrolle wäre verlassen, wenn die „Richtigkeit" einer vertraglichen Regelung nicht am vorgegebenen Recht, sondern am Maßstab der Billigkeit gemessen würde.[5] Nicht Zweckmäßigkeitserwägungen, Billigkeitsüberlegungen und die Frage nach etwaigen besseren, sachgemäßeren oder gerechteren Lösungen sollen den mit der Überprüfung Allgemeiner Geschäftsbedingungen befassten Richter leiten. Es geht nicht um die Suche nach dem Gerechtigkeitsoptimum, sondern um die Feststellung einer im Recht wurzelnden Grenzlinie, deren Überschreiten die Rechtsfolge der Unwirksamkeit und damit Nichtanerkennung der privatautonom gesetzten Regelung durch das Recht impliziert. Nicht anders fällt im Übrigen die Beurteilung für die **Missbrauchskontrolle nach der Richtlinie 93/13/EWG** über missbräuchliche Klauseln in Verbraucherverträgen aus. Auch sie zielt auf eine Inhaltskontrolle in Gestalt einer Rechtskontrolle.[6] So benennt Art. 3 der Richtlinie in Übereinstimmung mit § 307 BGB das Gebot von Treu und Glauben als entscheidenden[7] Maßstab für die Bewertung des Vertragsinhalts. Das Gebot von Treu und Glauben strahlt auch auf die Interpretation der übrigen in Art. 3 Abs. 1 enthaltenen unbestimmten Rechtsbegriffe aus. Dies hat unter anderem zur Folge, dass das „Missverhältnis" im Sinne des Art. 3 Abs. 1 der Richtlinie nicht rein wirtschaftlich, sondern in erster Linie normativ zu bestimmen ist.[8]

461   Eine elementare Einsicht, die sich aus dieser Beschreibung ergibt, ist, dass zwischen dem Prüfungsgegenstand – zB einer vertraglichen Vereinbarung – und den heteronomen Kontrollmaßstäben des Rechts unterschieden werden muss. Die Abgrenzung beider Ebenen schlägt sich in den zu absolvierenden Prüfungsschritten nieder. Zunächst ist der **Prüfungsgegenstand** zu bestimmen; so muss etwa der maßgebliche Inhalt einer vertraglichen Abrede gegebenenfalls im Wege der Auslegung ermittelt werden. Sodann ist der **normative Maßstab**, den die Rechtsordnung für die Beurteilung eines solchen Geschehnisses bereitstellt, zu entfalten. Dieser Vorgang kann sich mitunter in der Benennung der jeweiligen Vorschrift erschöpfen, wenn es sich bei ihr um eine tatbestandlich konkretisierte, kaum Wertungsspielräume lassende Verbotsnorm handelt (zB die Klauselverbote des § 309 BGB). In diesem Fall kann sich sofort das Subsumtionsverfahren anschließen. Das heißt, es gilt nun, den Sachverhalt auf seine Übereinstimmung mit den Tatbestandsmerkmalen des Rechtssatzes zu untersuchen. Die methodologische Qualifikation dieses Vorgangs als **Rechtsanwendung** wird nun nicht etwa dadurch in Frage gestellt, dass die inhaltliche Bestimmtheit der Kontrollnorm graduell abnimmt. Hier einen Punkt anzugeben, an dem das methodische Verfahren eine qualitative Änderung dergestalt erfährt, dass

---

[3] Zutreffend *Coester-Waltjen* AcP 190 (1990), 5, Inhaltskontrolle könne nur dort stattfinden, wo die Vertragsfreiheit materiellrechtlich eingeschränkt sei.

[4] Ulmer/*Fuchs* BGB § 307 Rn. 110 und ständige Rechtsprechung, zuletzt BGH NJW 2000, 2106 (2107). Für die Billigkeitskontrolle ist demgegenüber ein individueller, die besonderen Umstände des Einzelfalls berücksichtigender Maßstab charakteristisch (vgl. *von Hoyningen-Huene*, Billigkeit im Arbeitsrecht, S. 156; *Fastrich*, Inhaltskontrolle, S. 16; *Bydlinski*, Juristische Methodenlehre und Rechtsbegriff, S. 364).

[5] Ausführlich zur Abgrenzung der Rechtskontrolle von der Billigkeitskontrolle *von Hoyningen-Huene*, Billigkeit im Arbeitsrecht, S. 128 ff. und *Fastrich*, Inhaltskontrolle, S. 14 ff.; undeutlich hingegen *Hönn*, Kompensation gestörter Vertragsparität, S. 158 ff.

[6] Eine andere Frage ist, ob die Beurteilungsmaßstäbe von Art. 3 Abs. 1 der Richtlinie und § 307 BGB deckungsgleich sind und ob es einer europäisch-autonomen Auslegung des Kontrollmaßstabs bedarf (hierzu unten Rn. 475 f.).

[7] So auch *Nassall* WM 1994, 1647 und Wolf/*Pfeiffer* RiLi Art. 3 Rn. 64.

[8] Wolf/*Pfeiffer* RiLi Art. 3 Rn. 49.

es von nun an nicht mehr Rechtsanwendung genannt werden könnte, ist nicht möglich. Selbst die Kontrolle am Maßstab so vager Generalklauseln wie derjenigen des § 307 BGB bleibt – gegebenenfalls durch Elemente der Rechtsfortbildung angereicherte – Rechtsanwendung.[9] Folgerichtig wird die Applikation des § 307 BGB auf einen bestimmten Sachverhalt, einschließlich der hierbei auftretenden Abwägungs- und Beweislastfragen, ohne jede Einschränkung für **revisibel** gehalten.[10]

2. Inhaltskontrolle als Wirksamkeitskontrolle

Das Wesen der Rechtskontrolle spiegelt sich im Übrigen in der Formulierung ihres Erkenntnisziels. Rechtskontrolle zielt auf ein Urteil über die Vereinbarkeit des Prüfungsgegenstandes mit den Maßstäben des Rechts. Die beiden möglichen Prädikate lauten rechtmäßig und rechtswidrig. Die Inhaltskontrolle nach den §§ 307 ff. BGB knüpft an das Rechtswidrigkeitsurteil zusätzlich die **Rechtsfolge der Unwirksamkeit**. Man spricht daher auch von Wirksamkeitskontrolle.[11] Insbesondere ermächtigt das Rechtsfolgenkonzept der §§ 305 ff. BGB den Richter nicht zu einer umfassenden Salvierung des Vertrages. Gestalterische Entscheidungen, wie sie § 315 BGB – das Paradebeispiel der Billigkeitskontrolle – verlangt,[12] sind dem AGB-Recht fremd.

462

II. Bedeutung und Funktion des § 307 Abs. 1 und 2 BGB

§ 307 Abs. 1 und 2 BGB legt den grundlegenden Prüfungsmaßstab für die richterliche Inhaltskontrolle Allgemeiner Geschäftsbedingungen fest. Die besonderen Klauselverbote bauen hierauf auf. Sie verstehen sich als exemplarische Konkretisierungen des in der Generalklausel festgelegten Wertmaßstabs. Soweit bei der Anwendung der §§ 308 und 309 BGB Wertungsspielräume verbleiben, strahlt der in § 307 BGB formulierte Wertmaßstab auch auf die Katalogtatbestände aus.[13] Schon von daher kann die Generalklausel als **Herzstück der Inhaltskontrollvorschriften** des AGB-Rechts bezeichnet werden.[14] Darüber hinaus ist die Vorschrift **für die Kontrollpraxis der Gerichte von überragender Bedeutung** und zwar auch im nichtunternehmerischen Verkehr. Werden Allgemeine Geschäftsbedingungen gegenüber einem Unternehmer verwendet, richtet sich die Inhaltskontrolle § 310 Abs. 1 S. 2 BGB ohnehin allein nach § 307 Abs. 1 und 2 BGB. In mehr als zwei Drittel aller zum AGB-Recht veröffentlichten Entscheidungen findet eine Überprüfung Allgemeiner Geschäftsbedingungen an der Generalklausel statt.

463

§ 307 BGB kommt im Verhältnis zu den §§ 308 und 309 BGB nach dem Gesetzesplan die Funktion einer **Auffangvorschrift** zu.[15] Die speziellen Klauselverbote in den Katalogen der §§ 308 und 309 BGB greifen zwar wichtige Tatbestände heraus. Dies geschieht

464

---

[9] *Fastrich*, Inhaltskontrolle, S. 9; Staudinger/*Wendland* BGB Vorbem. zu §§ 307–309 ff. Rn. 25; *Löwe*/Graf von Westphalen/Trinkner AGBG §§ 8–11 Rn. 50; *Lieb* AcP 178 (1978), 208 f.; *Preis*, Grundfragen der Vertragsgestaltung, S. 148; *Koch/Rüßmann* (Juristische Begründungslehre, S. 67 ff.) halten auch hier eine deduktive Entscheidungsrechtfertigung für möglich, während *Larenz* (Methodenlehre, S. 275) dort, wo ein Begriffsmerkmal ein „gleitender" Maßstab ist, statt von Subsumtion von „Zuordnung des Sachverhalts zum Tatbestand einer Rechtsnorm" spricht.
[10] Zuletzt BGH NJW 1997, 3022 (3023); Ulmer/*Fuchs* BGB Vorbem. v. §§ 307 ff. Rn. 110.
[11] *Fastrich*, Inhaltskontrolle, S. 11; *Preis*, Grundfragen der Vertragsgestaltung, S. 148; *Hönn* JZ 1983, 681.
[12] Hierzu *Larenz*, Schuldrecht I, § 6 II, S. 81: „Ergänzung des Vertragsinhalts durch richterliche Gestaltung". Zur Billigkeitskontrolle ferner die Ausführungen unter Rn. 390 ff.
[13] Wolf/*Pfeiffer* BGB § 307 Rn. 6; Staudinger/*Wendland* BGB § 307 Rn. 10 und 83.
[14] *Locher*, Recht der AGB, S. 123; MüKoBGB/*Wurmnest* § 307 Rn. 23.
[15] Begründung des RegE, BT-Drs. 7/3919, S. 22; BGH NJW 1980, 2518 (2519); Ulmer/*Fuchs* BGB § 307 Rn. 2; Staudinger/*Wendland* BGB Vorbem. zu §§ 307–309 Rn. 20; BeckOK/*Hubert Schmidt* BGB § 307 Rn. 20; *Becker*, Auslegung des § 9 Abs. 2 AGB-Gesetz, S. 194.

jedoch nur exemplarisch und ohne Anspruch auf Vollständigkeit. Der Gesetzgeber, dem an einem lückenlosen Schutz vor Allgemeinen Geschäftsbedingungen gelegen war, musste daher der kasuistischen Regelung der §§ 308 und 309 BGB[16] eine Generalklausel an die Seite stellen.

465   Für die **Prüfungsreihenfolge** bedeutet dies, dass zuerst die besonderen Klauselverbote – und hier § 309 BGB vor § 308 BGB – durchzugehen sind. Sind sie nicht einschlägig, so erfolgt die Überprüfung anhand der Generalklausel.[17]

III. Unangemessene Benachteiligung

1. Maßstab und Prüfungsgang

466   § 307 Abs. 1 BGB verlangt eine mit Treu und Glauben nicht zu vereinbarende unangemessene Benachteiligung. Die Umschreibung der Interventionsschwelle durch die Merkmale der „Benachteiligung" und der „Unangemessenheit" bietet zugleich einen ersten Ansatzpunkt für eine Aufschlüsselung des Prüfungsgangs. Beiden Merkmalen kommt im Rahmen der Wirksamkeitsprüfung nämlich eine durchaus eigenständige Bedeutung zu. Dies führt zu einer grundsätzlichen **Zweistufigkeit des Kontrollgeschehens.**[18]

467   a) **Benachteiligung.** In der ersten Station geht es um die Feststellung einer Benachteiligung. Eine solche Diagnose setzt begriffsnotwendig einen Bezugsrahmen, also einen **rechtlichen Vergleichsmaßstab** voraus. Diesen gilt es im Hinblick auf die zu beurteilende Klausel unter möglichst enger Anbindung an normative Wertungen – Inhaltskontrolle ist Rechtskontrolle – zu entwickeln. An diesem normativen Muster wird sodann die den Gegenstand der Kontrolle bildende Vertragsbestimmung gemessen. Konkret bedeutet dies nun, dass bezogen auf einen bestimmten Regelungsaspekt die vertraglich vereinbarte Regelung mit der Rechtsstellung des Vertragspartners in Beziehung zu setzen ist, wie sie sich ohne die betreffende Klausel darstellen würde.[19] Erweist dieser **Rechtslagenvergleich**[20], dass die vertragliche Abrede den Vertragspartner schlechter stellt, ist eine Benachteiligung dargetan. Dieser Prüfungsschritt erschöpft sich in einer **deskriptiven Feststellung,** er ist noch wertneutral.[21]

468   b) **Unangemessenheit.** Das **wertende Element** verkörpert das Merkmal der **Angemessenheit,** das insoweit in enger und unauflöslicher Verbindung zum **Gebot von Treu und Glauben** steht.[22] Beide bilden eine Bewertungseinheit, der man die Aufforderung entnimmt, die Eignung der vertraglichen Gestaltung **als Mittel zur Herbeiführung einer ausgeglichenen Interessenverteilung** zu bewerten.[23] Dies drückt sich in der Formulierung der Rechtsprechung aus, wonach Unangemessenheit anzunehmen ist, wenn der

---

[16] Hierzu eingehend unter → Rn. 578 ff.

[17] Staudinger/*Wendland* BGB Vorbem. zu § 307–309 Rn. 23.

[18] Ulmer/*Fuchs* BGB § 307 Rn. 98; Staudinger/*Wendland* BGB § 307 Rn. 90 ff. und *von Hoyningen-Huene* AGBG § 9 Rn. 134 ff.; *Fastrich,* Inhaltskontrolle, S. 280 f.

[19] Ulmer/*Fuchs* BGB § 307 Rn. 98; Staudinger/*Wendland* BGB § 307 Rn. 90; *von Hoyningen-Huene* AGBG § 9 Rn. 134; BGH NJW 1994, 1069 (1070).

[20] Diese treffende Bezeichnung findet sich bei *von Hoyningen-Huene* AGBG § 9 Rn. 134.

[21] Staudinger/*Wendland* BGB § 307 Rn. 90.

[22] Staudinger/*Wendland* BGB § 307 Rn. 90 und 95 ff. Nach *von Hoyningen-Huene* AGBG § 9 Rn. 173 enthält der Begriff der Angemessenheit selbst hingegen keine Wertung. Erst das Gebot von Treu und Glauben liefere den Maßstab dafür, was unangemessen sei. Im Ergebnis dürfte sich freilich diese abweichende Funktionsbeschreibung kaum je auswirken.

[23] BGH NJW 1997, 193 (195); Schlosser/Coester-Waltjen/*Graba* AGBG § 9 Rn. 41; kritisch Ulmer/*Fuchs* BGB § 307 Rn. 107, der zutreffend vor dem Missverständnis warnt, es solle im Wege der Inhaltskontrolle ein Optimum inhaltlicher Ausgewogenheit sichergestellt werden. Die Kontrollfrage ist also negativ zu formulieren (Staudinger/*Wendland* BGB § 307 Rn. 95).

Verwender missbräuchlich eigene Interessen auf Kosten des Vertragspartners durchzusetzen sucht, ohne von vornherein auch dessen Belange hinreichend zu berücksichtigen und ihm einen angemessenen Ausgleich zuzugestehen.[24] In dieser zweiten Station geht es also um eine **Interessenabwägung.** Auch hier leistet eine Abschichtung der verschiedenen Arbeitsschritte einen Beitrag, die Konturen dieses Vorgangs deutlicher hervortreten zu lassen.[25]

Der erste Akt ist wiederum deskriptiv-analytischer Natur. Es geht darum, die **typi-**   469 **scherweise bei einem solchen Austauschverhältnis tangierten Interessen der Vertragsparteien zu identifizieren.** Diese sind vielfältig und entziehen sich einer erschöpfenden Aufzählung. Die zutreffende Erfassung gelingt nur, wenn man den wirtschaftlichen Zweck der jeweiligen Vertragsgestaltung offenlegt. In den Schutz des § 307 BGB sind auch die **Interessen Dritter** einbezogen, die aus dem Vertrag Rechte herleiten können oder durch diesen unmittelbar berechtigt sind.[26] Eine generelle Einbeziehung von Dritt- und Allgemeininteressen ist hingegen abzulehnen.[27]

Erst jetzt ist der Weg bereitet für die **Gewichtung und Abwägung** der typischerweise   470 betroffenen Interessen.[28] Die in das Bewertungsverfahren einfließenden Kriterien variieren naturgemäß von Fall zu Fall.[29] Allgemein lässt sich immerhin Folgendes sagen: je intensiver der Verwender in die geschützte Interessensphäre des Kunden eingreift, umso höher liegen die Rechtfertigungsanforderungen.

Beispiel: So hat der Kommentator eines juristischen Großkommentars ein schützenswertes Interesse, dass seine grundsätzlich berechtigte Erwartung, bei einer Folgeausgabe wieder berücksichtigt zu werden, vom Verlag nicht aus sachfremden Erwägungen enttäuscht wird. Eine Formularbestimmung in einem **Verlagsvertrag,** nach der der Verlag berechtigt ist, eine Erstreckung der vertraglichen Zusammenarbeit auf eine Neuausgabe abzulehnen, ohne dass dafür ein sachlicher Grund vorliegt und dem Kommentator mitgeteilt wird, stellt daher eine unangemessene Benachteiligung dar.[30]

Besondere Aufmerksamkeit ist stets den normativ vorgegebenen Interessenbewertun-   471 gen zu schenken. Insbesondere gilt: **je stärker die Abweichung vom Leitbild, desto höher die Rechtfertigungsanforderungen.**[31] Eine nur **geringfügige Benachteiligung** ist nicht per se irrelevant;[32] doch kann die Unangemessenheit durch materiell ansonsten

---

[24] St. Rspr., zuletzt BGH NJW 2010, 2046 (2047); BAG NZA 2006, 324 (326); übereinstimmend Wolf/*Pfeiffer* BGB § 307 Rn. 75.

[25] Zur methodischen Grundstruktur der Interessenabwägung vgl. wiederum auch Staudinger/ *Wendland* BGB § 307 Rn. 107.

[26] BGH NJW 1999, 3558 (3559); NJW-RR 2006, 1258 (1259); OLG München NJW-RR 2008, 1233 betr. eine Verfallklausel in Geschenkgutschein-AGB.

[27] So im Ausgangspunkt auch BGH NJW 1982, 178 (180); Ulmer/*Fuchs* BGB § 307 Rn. 133; Palandt/*Grüneberg* BGB § 307 Rn. 11; aA *Habersack*, Vertragsfreiheit und Drittinteressen, 1992, S. 172 ff.; ausführlich zuletzt *Baetge* AcP 202 (2002), 972 ff. und *Westermann* AcP 208 (2008), 141 ff.

[28] Ein sehr anschauliches Beispiel bieten die Entscheidungen BGH NJW 2009, 3229, NJW-RR 2010, 480, in denen die Wirksamkeit einer AGB-Klausel über die **Hinzuziehung der Polizei bei einem Mietwagenunfall dargetan wird.** Unwirksam ist die Klausel allerdings, wenn die Obliegenheitsverletzung zu einer uneingeschränkten Haftungsfreistellung führen soll, so BGH NJW 2012, 2501.

[29] Vgl. hierzu noch die Ausführungen unter Rn. 484 ff.

[30] BGH NJW-RR 2021, 360.

[31] Ulmer/*Fuchs* BGB § 307 Rn. 229 mwN; Erman/*Roloff/Looschelders* BGB § 307 Rn. 26.

[32] Anders die hM (Ulmer/*Fuchs* BGB § 307 Rn. 101; Wolf/*Pfeiffer* BGB § 307 Rn. 128; *von Hoyningen-Huene* AGBG § 9 Rn. 143; *Fastrich*, Inhaltskontrolle, S. 298 ff.), die unter Hinweis auf das Gebot von Treu und Glauben geringfügige Beeinträchtigungen von vornherein ausgrenzen will, jedoch Schwierigkeiten hat, die massenhafte Zufügung eines Bagatellnachteils (zB Wertstellungspraxis der Banken) zu erfassen. Eher zustimmungsfähig ist der Vorschlag von Staudinger/*Wendland* BGB § 307 Rn. 91 f., die notwendige Grenzziehung als integralen Teil der Unangemessenheitsprüfung, also als wertende Ausgrenzung nur geringfügiger Beeinträchtigungen, zu begreifen.

weniger ins Gewicht fallende Interessen des Verwenders (zB Rationalisierungsinteressen) häufig ausgeräumt werden. Wichtig ist es, bei atypischen Vertragsgestaltungen trotz des unter Umständen erheblichen Ausmaßes der Divergenz nicht vorschnell das Unangemessenheitsverdikt zu fällen. Vielmehr ist in Rechnung zu stellen, dass es in Konkurrenz zur gesetzlichen Regelung auch parteiautonom vereinbarte Alternativmodelle geben könnte, die das Ziel eines angemessenen Interessenausgleichs ebenfalls, nur auf einem anderen Wege, verwirklichen.

2. Beurteilungszeitpunkt

472   Bei der Beurteilung, ob eine AGB-Klausel gegen § 307 BGB verstößt, ist im **Individualprozess** auf die im **Zeitpunkt des Vertragsabschlusses** erkennbaren Verhältnisse und Entwicklungen des konkreten Rechtsverhältnisses abzustellen.[33] Für Verbraucherverträge wird dies durch Art. 4 Abs. 1 der Klauselrichtlinie und den seiner Umsetzung dienenden § 310 Abs. 3 Nr. 3 BGB sogar ausdrücklich bestätigt. Diese zeitliche Fixierung gilt nicht nur für tatsächliche Umstände, sondern auch für die rechtlichen Bewertungsmaßstäbe. Ein nachträglicher Bewertungswandel kann weder einer nach damaligen Grundsätzen wirksamen Klausel die Wirksamkeit nehmen, noch eine nach den zur Zeit des Vertragsschlusses geltenden Maßstäben unwirksame Klausel wieder zum Leben erwecken. Die Rechtsprechung entzieht sich diesen Fesseln mitunter. Sie verweist dann meist darauf, der Wandel der Beurteilungsmaßstäbe sei zur Zeit des Vertragsschlusses schon vollzogen gewesen.[34] Gravierenden Änderungen tatsächlicher Natur kann im Übrigen in engen Grenzen durch die Ausübungskontrolle nach § 242 BGB Rechnung getragen werden.[35] Im **Verbandsverfahren** gerät ein konkreter Vertragsschluss gar nicht erst in den Blick. Hier ist für die Beurteilung der Angemessenheit der **Zeitpunkt der letzten mündlichen Verhandlung** maßgebend.[36]

3. Überindividuell-generalisierende Betrachtungsweise

473   Ob eine vorformulierte Klausel nach § 307 BGB zu beanstanden ist, ergibt sich aufgrund einer **überindividuell-generalisierenden und typisierenden, von den konkreten Umständen des Einzelfalles absehenden Betrachtungsweise**.[37] Abzuwägen sind die Interessen des Verwenders gegen diejenigen der typischerweise beteiligten Durchschnittskunden. Bei der generalisierenden und typisierenden Betrachtungsweise sind Art und Gegenstand, Zweck und besondere Eigenart des jeweiligen Geschäfts zu berücksichtigen[38] und es ist zu prüfen, ob der Klauselinhalt bei der in Rede stehenden Art des Rechtsgeschäfts (vgl. § 9 Nr. 2 UKlaG) generell unter **Berücksichtigung der typischen Interessen der beteiligten Verkehrskreise** eine unangemessene Benachteiligung des Vertragspartners ergibt.[39]

---

[33] BGH NJW 2000, 1110 (1113); 2010, 2041 (2043); 2014, 2180; 2018, 458 Rn. 37; BAG NJW 2019, 456; Wolf/*Pfeiffer* BGB § 307 Rn. 93; *Medicus* NJW 1995, 2579 f.; Staudinger/*Wendland* BGB § 307 Rn. 100; Ulmer/*Fuchs* BGB § 307 Rn. 117; Palandt/*Grüneberg* BGB § 307 Rn. 7.

[34] BGH NJW 1995, 2553 als Beispiel; kritisch Staudinger/*Wendland* BGB § 307 Rn. 102. Zur Vertrauensschutzproblematik bei Rechtsprechungsänderung vgl. insbesondere *Medicus* NJW 1995, 2577 ff.; zu den Konsequenzen im Hinblick auf das Verbot der geltungserhaltenden Reduktion vgl. noch Rn. 605 f.

[35] Staudinger/*Wendland* BGB § 307 Rn. 103; Palandt/*Grüneberg* BGB § 307 Rn. 7.

[36] Ulmer/*Fuchs* BGB § 307 Rn. 119.

[37] BGH NJW 1997, 3022 (3024); 2002, 1713 (1715); 2013, 1454 (1455); BAG NZA 2004, 727 (733); 2008, 40 (44); 2009, 370 (373); Staudinger/*Wendland* BGB § 307 Rn. 109 f.; Ulmer/*Fuchs* BGB § 307 Rn. 110 ff.

[38] BGH NJW 1986, 2102 (2103); 1987, 2575 (2576); 1990, 1601 (1602).

[39] BGH NJW 1987, 487; 1990, 1601 (1602).

Beispiel: In einem vorformulierten, auf ein Jahr abgeschlossenen **Fitness-Studio-Vertrag** wird der Kunde verpflichtet, den monatlichen Beitrag auch dann zu zahlen, wenn er die Einrichtungen nicht nutzt. Für die Interessenabwägung ist es hier unerheblich, ob der Betreiber des Studios im Falle einer verletzungs- oder krankheitsbedingten Verhinderung des Kunden bereit wäre, diesen aus dem Vertragsverhältnis zu entlassen. Die tatsächliche Handhabung der Klausel durch den Verwender entzieht sich einer generalisierenden Betrachtungsweise.[40]

Werden Allgemeine Geschäftsbedingungen für verschiedene Arten von Geschäften **474** oder gegenüber verschiedenen Verkehrskreisen verwendet, deren Interessen, Verhältnisse und Schutzbedürfnisse generell unterschiedlich gelagert sind, so ist die Abwägung in den durch die am Sachgegenstand orientierte typische Interessenlage gebildeten **Vertrags- und Fallgruppen** vorzunehmen und kann zu gruppentypisch unterschiedlichen Ergebnissen führen.[41]

Beispiel:

(1) Eine Klausel, die im **unternehmerischen Geschäftsverkehr** unbedenklich ist, kann in einem **Verbrauchervertrag** gegen § 307 BGB verstoßen.[42]

(2) Im **Arbeitsrecht** liegt es bei der Angemessenheitskontrolle nahe, zwischen verschiedenen Arbeitnehmergruppen, etwa den AT-Angestellten und den tariflich geführten Arbeitnehmern zu unterscheiden.[43]

4. Missbrauchskontrolle bei Verbraucherverträgen

Literatur: *Borges*, Die Inhaltskontrolle von Verbraucherverträgen, 2000; *ders.*, Die Inhaltskontrolle von Verbraucherverträgen nach § 24a AGBG, DZWiR 1997, 402; *ders.*, AGB-Kontrolle durch den EuGH, NJW 2001, 2061; *Börner*, Die „Heilung" von AGB durch die Berücksichtigung vertragsabschlußbegleitender Umstände nach § 24a Nr. 3 AGBG, JZ 1997, 595; *Brandner*, Maßstab und Schranken der Inhaltskontrolle bei Verbraucherverträgen, MDR 1997, 312; *Coester-Waltjen*, Inhaltskontrolle von „einfachen Geschäftsbedingungen" in Verbraucherverträgen, in: FS für Medicus, 1999, S. 63; *Hart*, Verbraucherrechtliche Grundlagen des AGBG, Jura 2001, 649; *Heiderhoff*, Grundstrukturen des nationalen und europäischen Verbrauchervertragsrechts, 2004; *Meller-Hannich*, Verbraucherschutz im Schuldvertragsrecht, 2005; *Michalski*, Die Berücksichtigung von vertragsabschlußbegleitenden Umständen nach § 24a Nr. 3 AGB-Gesetz, DB 1999, 677; *Graf von Westphalen*, Neuere Urteile des EuGH erzwingen eine Reform von § 310 Abs. 3 Nr. 3 BGB, VuR 2019, 93. Vgl. ferner die Literaturnachweise vor Rn. 42.

a) Autonome Auslegung des Art. 3 Abs. 1 der Richtlinie? Nach Art. 3 Abs. 1 der **475** Richtlinie über missbräuchliche Klauseln in Verbraucherverträgen ist eine nicht im Einzelnen ausgehandelte Vertragsklausel als missbräuchlich anzusehen, „wenn sie entgegen dem Gebot von Treu und Glauben zum Nachteil des Verbrauchers ein erhebliches und ungerechtfertigtes Missverhältnis der vertraglichen Rechte und Pflichten der Vertragspartner verursacht". Art. 4 der Klauselrichtlinie formuliert sodann für die Beurteilung der Missbräuchlichkeit einige Direktiven. Zu berücksichtigen sind danach die Art der vertragsgegenständlichen Güter oder Dienstleistungen, alle den Vertragsschluss begleitenden Umstände sowie alle anderen Klauseln desselben Vertrages oder eines anderen Vertrages, von dem die Klausel abhängt. Fraglich ist, ob der Maßstab des Missverhältnisses der vertraglichen Rechte und Pflichten im Sinne des Art. 3 Abs. 1 der Richtlinie mit demjenigen des § 307 BGB übereinstimmt.[44] Wäre dies nicht der Fall, so müsste eine

---

[40] BGH NJW 1997, 193 (194).
[41] BGH NJW 1985, 320; 1987, 2575; 1990, 1601 (1602); 2000, 658 (660); BAG NZA 2009, 370 (373).
[42] Palandt/*Grüneberg* BGB § 307 Rn. 8; Staudinger/*Wendland* BGB § 307 Rn. 112.
[43] *Hromadka* NJW 2002, 2528.
[44] Mit guten Gründen bejahend Ulmer/*Fuchs* BGB § 307 Rn. 397. Auch *Ulmer* EuZW 1993, 345 und *Frey* ZIP 1993, 575 meinen, § 9 AGBG (jetzt § 307 BGB) bleibe nicht hinter dem Schutzniveau des Art. 3 Abs. 1 RL zurück.

AGB-Bestimmung, die einer Inhaltskontrolle am Maßstab der Generalklausel des § 307 BGB standzuhalten vermag, ergänzend einer Missbrauchskontrolle anhand des Art. 3 Abs. 1 der Richtlinie unterzogen werden.

476   Angesichts der hohen Integrationsfähigkeit der Generalklausel dürfte sich – den theoretischen Konfliktfall einmal angenommen – die dann notwendige Korrektur stets innerhalb der methodischen Grenzen der Auslegung durchführen lassen.[45] Generell stellt sich allerdings die Frage, ob dem EuGH eine Beurteilungsprärogative zuerkannt werden muss (Art. 234 EGV).[46] Im neueren Schrifttum ist verschiedentlich die **Auffassung** vertreten worden, **Art. 3 Abs. 1 der Richtlinie bedürfe einer autonomen Auslegung** bzw. Konkretisierung durch den EuGH.[47] Auf die Maßstäbe des nationalen Rechts komme es zur Ausfüllung dieser Generalklausel nicht entscheidend an. Auf der Grundlage des Art. 3 Abs. 1 der Richtlinie gelte es, einen – gegenüber nationalem Recht vorrangigen – einheitlichen europäischen Maßstab zu formulieren. Dieser Sichtweise **ist zu widersprechen.**[48] Auch die Bestimmung des Missverhältnisses des vertraglichen Rechte- und Pflichtenprogramms zum Nachteil des Verbrauchers im Sinne der Richtlinie bedarf eines handhabbaren Maßstabes, soll die Inhaltskontrolle nicht in eine konturenlose Billigkeitsprüfung abgleiten. Die Feststellung eines Missverhältnisses setzt einen Vergleichsmaßstab, einen Zustand angemessener Verteilung der Rechte und Pflichten, voraus. Diesen Maßstab können mangels hinreichender gemeinschaftsrechtlicher Vorgaben nur innerstaatliche Rechtsvorschriften einschließlich der allgemeinen Rechtsgrundsätze und der richterrechtlichen Rechtsprinzipien abgeben. Immerhin gehen auch Art. 1 Abs. 2 der Klauselrichtlinie und deren 13. Erwägungsgrund ersichtlich von der Beachtlichkeit innerstaatlicher Rechtsvorschriften aus. Der Einwand *Ulmers,* diese Begründung stehe bei gesetzlich nicht geregelten Verträgen, wie sie vielfach den Gegenstand der Inhaltskontrolle bildeten, auf schwachen Füßen, da es insoweit an nationalem dispositiven Recht als Vergleichsmaßstab fehle,[49] unterschätzt das Reservoir ungeschriebener normativer Wertungen, die eine ausgeführte Schuldrechtsordnung auch für gesetzlich nicht explizit geregelte Fragestellungen bereithält.[50] Eine europäische Schuldrechtsrechtsordnung, die hier ähnliches zu leisten im Stande wäre, zeichnet sich derzeit noch nicht ab.[51] Man wird in der Klauselrichtlinie auch kaum einen umfassenden Auftrag an den EuGH erblicken können, nunmehr via Art. 3 Abs. 1 die Ausarbeitung materieller Regeln eines europäischen Schuldrechts in die Hand zu nehmen. Der EuGH hat daher in seiner Grundsatzentscheidung vom 1.4.2004[52] zu Recht zum Ausdruck gebracht, dass der Referenzmaß-

---

[45] Staudinger/*Coester* BGB § 307 Rn. 80.

[46] Vgl. hierzu auch die Ausführungen unter → Rn. 45.

[47] *Basedow* FS Brandner, 1996, 680; *Nassall* JZ 1995, 692 ff.; Wolf/*Pfeiffer* RiLi Art. 3 Rn. 41; Staudinger/*Coester*, Bearbeitung 1998, AGBG § 9 Rn. 55 ff.; *Heiderhoff* WM 2003, 511 f.; *Ulmer*, in: Karlsruher Forum 1997, S. 39; *Markwardt*, Die Rolle des EuGH bei der Inhaltskontrolle vorformulierter Verbraucherverträge, 1999, S. 217 ff. Auch die erste Entscheidung des EuGH zur Klauselrichtlinie (NJW 2000, 2571 ff. – Océano) wies in diese Richtung.

[48] Zum folgenden *Franzen*, in: Europäisierung des Privatrechts Zwischenbilanz und Perspektiven, Jahrbuch Junger Zivilrechtswissenschaftler 1997, S. 298 ff. und *H. Roth* JZ 1999, 535 ff. In diese Richtung tendieren ebenfalls *Heinrichs* NJW 1996, 2196; Staudinger/*Mäsch* BGB Vorbem. zu §§ 305 ff. Rn. 14 ff.

[49] *Ulmer*, in: Karlsruher Forum 1997, S. 39; Ulmer/*Habersack* AGBG Einl. Rn. 101; gegen ihn zu Recht jedoch *H. Roth* JZ 1999, 535.

[50] Ähnlich *Franzen*, in: Europäisierung des Privatrechts Zwischenbilanz und Perspektiven, Jahrbuch Junger Zivilrechtswissenschaftler 1997, S. 305.

[51] Von einem „Wertfundus" des primären und sekundären Gemeinschaftsrechts zu sprechen (so Staudinger/*Coester*, Bearbeitung 1998, AGBG § 9 Rn. 58), auf den zur Konkretisierung des Art. 3 Abs. 1 der Klauselrichtlinie maßgeblich zurückgegriffen werden könnte, stellt sich als ein dem status quo des europäischen Gemeinschaftsrechts nicht gerecht werdender Euphemismus dar.

stab für die Klauselkontrolle im Einzelfall auf die jeweilige nationale Rechtsordnung begrenzt ist, in deren Rahmen die vertragliche Bestimmung ihre Wirkung entfaltet.[53] Zur **Rolle des EuGH** vgl. im Übrigen noch die **Ausführungen unter → Rn. 46 ff.**

b) **Exkurs: gespaltene Auslegung?** Der deutsche Gesetzgeber hat die Vorgaben der **476a** Klauselrichtlinie keineswegs nur in § 310 Abs. 3 BGB umgesetzt. Vielmehr wird der gebotene Mindestschutz im Bereich der Verbraucherverträge durch die Anwendbarkeit des gesamten, in den §§ 305 ff. BGB verankerten AGB-rechtlichen Kontrollinstrumentariums sichergestellt. Dem Anwendungsbereich der §§ 305 ff. BGB unterfallen jedoch auch Sachverhalte, die von der Klauselrichtlinie selbst nicht erfasst werden. Man denke insbesondere an **Verträge zwischen Unternehmern,** an die Verwendung von Allgemeinen Geschäftsbedingungen gegenüber der öffentlichen Hand oder an **Arbeitsverträge.** Eine unionsrechtlich begründete Pflicht des nationalen Richters, auch in diesem überschießenden Bereich eine richtlinienkonforme Auslegung zu praktizieren, ist jedoch ebenso abzulehnen wie ein im deutschen Recht wurzelndes Gebot dieses Inhalts. Ersteres ist weitgehend anerkannt,[54] letzteres hingegen umstritten. Zwar ist durchaus zu konzedieren, dass der nationale Gesetzgeber durch die Erstreckung von Umsetzungsvorschriften auf weitere Sachverhalte im Allgemeinen zum Ausdruck bringt, dass hier ein Gleichlauf angestrebt wird. Eine gespaltene Auslegung würde dieser Intention dann zuwiderlaufen und die systematische Einheit des jeweiligen Regelungsabschnitts in Frage stellen. In solchen Fällen mag aus Gründen der Rechtssicherheit und der Rechtsklarheit grundsätzlich eine einheitliche (richtlinienkonforme) Auslegung geboten sein.[55] Wer dies auch im Hinblick auf die Klauselrichtlinie befürwortet,[56] würde ihr damit eine Ausstrahlungswirkung auch auf die von ihr nicht erfassten, vom Anwendungsbereich der §§ 305 ff. BGB aber sehr wohl erfassten Sachverhalte zugestehen. Richtiger Ansicht nach ist jedoch für den Bereich des AGB-Rechts von einer solchen einheitlichen Auslegung Abstand zu nehmen und einer **gespaltenen Auslegung der Vorzug zu geben.**[57] Denn das Gesetz selbst lässt schon erkennen, dass es gerade keinen Einheitsmaßstab für alle Verträge aufstellt, sondern die Kontrollintensität nach der Schutzbedürftigkeit der Parteien abstuft. Es fügt sich somit in die Konzeption des AGB-Rechts ein, dass ausschließlich für Verbraucherverträge Sonderregeln in Gestalt der Modifikationen des § 310 Abs. 3 BGB und eben auch das Gebot der richtlinienkonformen Auslegung Geltung beanspruchen.

c) **Kombinationslösung nach § 310 Abs. 3 Nr. 3 BGB.** Nach dem in Umsetzung von **477** Art. 4 Abs. 1 der Richtlinie 93/13/EWG über missbräuchliche Klauseln in Verbraucherverträgen in das AGB-Recht inkorporierten **§ 310 Abs. 3 Nr. 3 BGB** sind bei Verbraucherverträgen im Rahmen der Inhaltskontrolle nach § 307 Abs. 1 und 2 BGB nunmehr auch die den Vertragsabschluss begleitenden Umstände zu berücksichtigen. Dies bedeutet eine **Modifizierung des** nach allgemeiner Meinung für die Inhaltskontrolle Allgemeiner Geschäftsbedingungen gebotenen **überindividuell-generalisierenden Maßstabs,** der auf

---

[52] EuGH NJW 2004, 1647 – Freiburger Kommunalbauten.

[53] So die zutreffende Lesart von *Ulmer/Fuchs* BGB § 307 Rn. 401; *Röthel* ZEuP 2005, 425; anders hingegen *Markwardt* ZIP 2005, 156.

[54] Mit Blick auf die Klauselrichtlinie MüKoBGB/*Basedow* Vor § 305 Rn. 39; Staudinger/*Wendland* BGB § 307 Rn. 79; allgemein EuGH EuZW 1999, 20 (23); *Bärenz* DB 2003, 375.

[55] NK/*Looschelders* BGB Anhang zu § 133 Rn. 35; gegen ein generelles Verbot der Normspaltung hingegen *Mayer/Schürnbrand* JZ 2004, 545 ff.

[56] MüKoBGB/*Basedow* Vor § 305 Rn. 30 und 35, der auch insoweit eine Vorlagepflicht letztinstanzlicher nationaler Gerichte bejaht.

[57] Wie hier Staudinger/*Wendland* BGB § 307 Rn. 79; Palandt/*Grüneberg* BGB Überbl. vor § 305 Rn. 13. Aufschlussreich in diesem Zusammenhang auch BGH NJW 2013, 220 (222).

die Abwägung der Interessen der typischerweise an solchen Vertragsschlüssen beteiligten Parteien zielt und die Umstände des konkreten Geschäfts grundsätzlich ausblendet.

478   Eine Erläuterung des Begriffs der **„den Vertragsschluss begleitenden Umstände"** findet sich in den §§ 305 ff. BGB nicht. Näheren Aufschluss gibt hier der 16. Erwägungsgrund der Richtlinie, nach dem ua zu berücksichtigen ist, „welches Kräfteverhältnis zwischen den Verhandlungspositionen der Parteien bestand, ob auf den Verbraucher in irgendeiner Weise eingewirkt wurde, seine Zustimmung zu der Klausel zu geben, und ob die Güter oder Dienstleistungen auf eine Sonderbestellung des Verbrauchers hin verkauft bzw. erbracht wurden." Diese Fälle sind lediglich als beispielhafte Aufzählung gedacht. Mit *Brandner* wird man folgende **drei Kategorien der vertragsabschlussbegleitenden Umstände** unterscheiden können:[58] erstens persönliche Eigenschaften der Vertragspartner (zB Grad der persönlichen Geschäftserfahrung), zweitens Besonderheiten der konkreten Vertragsabschlusssituation (zB Überrumpelungssituation, Bagatellisierung der Rechtsfolgen einzelner Klauseln, erfolgte Belehrung oder Erläuterung[59]), drittens untypische Sonderinteressen des Verbrauchers (zB besonderer, dem Verwender bekannter oder ihm erkennbarer Verwendungszweck des Verbrauchers).

479   Methodisch ist dem Gebot des § 310 Abs. 3 Nr. 3 BGB bei Verbraucherverträgen im Wege einer **Kombination aus Inhalts- und Umstandskontrolle** Rechnung zu tragen.[60] Dementsprechend gliedert sich der Prüfungsgang in zwei Abschnitte.[61]

480   Auf der **ersten Stufe** ist – wie gewohnt – der Inhalt des Vertrages anhand einer generalisierenden und typisierenden Betrachtungsweise auf seine Angemessenheit hin zu untersuchen. Konkret-individuelle Umstände bleiben zunächst außer Betracht. Dieses Vorgehen ist gerechtfertigt, da die Vorschrift des § 310 Abs. 3 Nr. 3 BGB („auch") nicht die Ersetzung des überindividuell-generalisierenden Maßstabs verlangt. Diese Sichtweise ist auch richtlinienkonform, verlangt doch Art. 4 Abs. 1 der Klauselrichtlinie nicht etwa eine ausschließlich individuell-konkrete Beurteilung.[62] Hinzu kommt, dass die Richtlinie im 16. Erwägungsgrund von einer „globalen Bewertung der Interessenlage der Parteien" spricht.

481   Sodann kommt es auf der **zweiten Stufe** zu der von § 310 Abs. 3 Nr. 3 BGB vorgegebenen Berücksichtigung der konkret-individuellen Umstände des Vertragsabschlusses. Zu untersuchen ist, ob sich das Abwägungsergebnis der ersten Stufe infolge der Berücksichtigung der individuellen Begleitumstände nunmehr in einem anderen Licht darstellt und deswegen korrigiert werden muss oder ob es weiterhin gehalten werden kann. Es besteht weitgehend Einigkeit, dass die Berücksichtigung der den Vertragsschluss begleitenden Umstände das **Ergebnis nach beiden Richtungen beeinflussen** kann.[63] Zum einen kann die Einbeziehung der Begleitumstände das Klauselverdikt erst begründen oder die bereits vorhandenen, allein aber womöglich nicht ausreichenden, Bedenken in ausschlaggebender Weise verstärken. Anders herum kann die Umstandsberücksichtigung sich auch zulasten des Verbrauchers auswirken und die Klausel vor der ansonsten auszusprechenden Unwirksamkeitsfolge bewahren.

---

[58] Ulmer/*Brandner*, 9. Aufl. 2001, AGBG § 9 Rn. 179; übernommen von Ulmer/*Fuchs* BGB § 307 Rn. 407 ff.; sich anschließend auch BAG NZA 2006, 324 (328); 2009, 370 (373).

[59] BAG NZA 2007, 384 (385).

[60] Palandt/*Grüneberg* BGB § 310 Rn. 19 („Kombinationslösung"); *Michalski* DB 1999, 677; Ulmer/*Fuchs* BGB § 307 Rn. 402.

[61] Für einen individuell-konkreten Lösungsansatz aufgrund unionsrechtlicher Vorgaben *Graf von Westphalen* VuR 2019, 93. Nach *Michalski* DB 1999, 677 ff. soll die Prüfung drei Stationen durchlaufen. Die von ihm in Aussicht genommene Gesamtabwägung auf der dritten Stufe wird man aber kaum von der Umstandsprüfung auf der zweiten Stufe trennen können.

[62] Ulmer/*Fuchs* BGB § 307 Rn. 402.

[63] BAG NZA 2006, 324 (328); 2008, 170 (172); Ulmer/*Fuchs* BGB § 307 Rn. 410; Palandt/*Grüneberg* BGB § 310 Rn. 21; MüKoBGB/*Basedow* § 310 Rn. 114; aA CKK/*Kreft* BGB § 310 Rn. 39.

Beispiele:

(1) Eine für den Kunden nachteilige, ihn aber noch nicht unangemessen benachteiligende Klausel wird vom Verwender im Rahmen der Vertragsverhandlungen bagatellisiert, sodass dem Verbraucher die belastende Wirkung verborgen bleibt.

(2) Eine den Verbraucher aufgrund ihres Inhaltes unangemessen benachteiligende Klausel kann infolge konkret-individueller Umstände des Vertragsschlusses gleichwohl die Inhaltskontrolle nach § 307 BGB passieren, etwa weil der Verbraucher ausnahmsweise mit solchen Verträgen gut vertraut ist und er zudem vom Unternehmer auf den bedenklichen Regelungsgehalt der Klausel ausdrücklich hingewiesen wurde. Diese „verbraucherunfreundliche" Auswirkung mag unter Verbraucherschutzgesichtspunkten zu bedauern sein. Sie ist jedoch nur konsequent und steht auch mit der Richtlinie im Einklang, die von einer Berücksichtigung aller Umstände ausgeht.[64] Sie entspricht damit dem Bild des mündigen Verbrauchers und sorgt für eine Gleichbehandlung beider Seiten. Im Übrigen war es schon bislang bei der Transparenzkontrolle (außerhalb von Verbraucherverträgen) anerkannt, dass individuelle Hinweise bei Vertragsschluss die Intransparenz beseitigen können.[65] Dass Art. 8 der Richtlinie auch eine verbraucherfreundlichere nationale Regelung zugelassen hätte, ist zwar richtig; nur hat der Gesetzgeber von dieser Möglichkeit keinen Gebrauch gemacht.

Eine gesteigerte Bedeutung kommt der Umstandskontrolle dann zu, wenn die betreffende Klausel nur zur **einmaligen Verwendung** bestimmt war, der Anwendungsbereich der Inhaltskontrollvorschriften mithin erst über § 310 Abs. 3 Nr. 2 BGB eröffnet wird.[66]   **482**

Im **Verbandsverfahren** kann § 310 Abs. 3 Nr. 3 BGB von vornherein nicht zur Anwendung gelangen. Dieses wird gerade losgelöst von einem konkreten Anlassfall durchgeführt. Es fehlt damit an konkret-individuellen Umständen des Vertragsschlusses, an die § 310 Abs. 3 Nr. 3 BGB anknüpft.[67] Auch nach einer rechtskräftigen Entscheidung im Verbandsverfahren muss es den Parteien eines Verbrauchervertrages aber möglich sein, auf konkret-individuelle Begleitumstände gerade ihres Vertrages hinzuweisen und im Individualprozess eine vom Verbandsurteil abweichende gerichtliche Entscheidung zu erstreiten. § 11 UKlaG ist insoweit einschränkend auszulegen.   **483**

5. Einzelne Wertungsgesichtspunkte

Die langjährigen Erfahrungen mit der Inhaltskontrolle Allgemeiner Geschäftsbedingungen haben einige Anwendungs- und Bewertungsrichtlinien hervortreten lassen, die dem Rechtsanwender bei der Auswahl und Gewichtung der maßgeblichen Umstände und Interessen eine gewisse Orientierung ermöglichen.   **484**

a) Gesamter Vertragsinhalt. Als **Gegenstand der Inhaltskontrolle** kommt nach den §§ 305 ff. BGB immer nur **eine bestimmte Klausel** und niemals ein Vertragswerk in toto in Betracht.[68] Dies kommt im Wortlaut des § 307 Abs. 1 BGB („Bestimmungen in Allgemeinen Geschäftsbedingungen") und in der Benennung der Richtlinie 93/13/EWG („missbräuchliche Klauseln in Verbraucherverträgen") deutlich zum Ausdruck und zieht sich wie ein roter Faden durch die gesamte AGB-Prüfung. Eine andere Perspektive wäre   **485**

---

[64] Wie hier OLG Frankfurt NJW-RR 2001, 780; Ulmer/*Fuchs* BGB § 307 Rn. 410; Palandt/*Grüneberg* BGB § 310 Rn. 21; AnwKomm/*Kollmann* BGB § 310 Rn. 46 f.; aA hingegen *Michalski* DB 1999, 679; *Borges*, Inhaltskontrolle von Verbraucherverträgen, S. 49 ff.; Bamberger/Roth/Hau/*Becker* BGB § 310 Rn. 20; vgl. hierzu im Einzelnen *Börner* JZ 1997, 595 ff.

[65] BGH NJW 1992, 179 (180) und 1097 (1098); Ulmer/*Fuchs* BGB § 307 Rn. 346; LG Bonn NJW-RR 1999, 1361 (1363) stützt sich ausdrücklich auf § 24a Nr. 3 AGBG (jetzt § 310 Abs. 3 Nr. 3 BGB).

[66] Ulmer/*Fuchs* BGB § 307 Rn. 404.

[67] BGH NJW 1999, 2180 (2182); 2001, 2971 (2973); Ulmer/*Witt* UKlaG § 1 Rn. 7; Palandt/*Grüneberg* BGB § 310 Rn. 20; Staudinger/*Piekenbrock* UKlaG § 1 Rn. 24; aA *Lindacher* NJW 1997, 2741. Vgl. auch den Vorbehalt in Art. 4 Abs. 1 und Art. 7 der Richtlinie 93/13/EWG.

[68] Ulmer/*Fuchs* BGB § 307 Rn. 94; *von Hoyningen-Huene* AGBG § 9 Rn. 171; Staudinger/*Wendland* BGB § 307 Rn. 89.

auch nicht sinnvoll, fördert doch nur die Einzelprüfung differenzierte und nachvollziehbare Aussagen über mögliche unangemessene Benachteiligungen des Vertragspartners zutage. Dies bedeutet jedoch nicht, dass bei der Prüfung, ob eine einzelne Vertragsbestimmung den Kunden unangemessen benachteiligt, der übrige Vertragsinhalt ausgeblendet werden kann. Vielmehr muss die betreffende Klausel in ihrem **Zusammenspiel mit anderen Vertragsbedingungen einschließlich individueller Absprachen und bezogen auf den Zweck des Gesamtvertrages** gewürdigt werden.[69] Hieraus ergeben sich vor allem zwei wichtige Konsequenzen.

486　**(1) Summierungseffekt.** Die nachteilige Wirkung einer für sich allein gesehen noch hinnehmbaren Klausel kann durch eine andere Vertragsbestimmung derart verstärkt werden, dass sie erst hierdurch zu einer unangemessenen Benachteiligung wird (**Summierungs- oder Verstärkereffekt**).[70] Im Regelfall führt dies dann zur Unwirksamkeit beider Klauseln.[71] Denn es kann nicht Sache des entscheidenden Gerichts sein, sich auszusuchen, welche der jeweiligen Klauseln bestehen bleiben soll. Eine unangemessene Benachteiligung einer Vertragspartei – und damit die Unwirksamkeit der Gesamtregelung – kann sich aus dem Zusammenwirken zweier Formularklauseln auch dann ergeben, wenn einer dieser Klauseln schon für sich gesehen unwirksam ist.[72] Ferner kann der Fall auch so liegen, dass nur eine der beiden Klauseln formularmäßig, die andere dagegen individuell vereinbart worden ist.[73] Von der Feststellung eines Summierungseffekts wird dann allerdings auch nur die Formularklausel betroffen, während die Individualvereinbarung grundsätzlich wirksam bestehen bleibt.[74]

Beispiele:
(1) Die in einem Mietvertragsformular enthaltene **Kombination einer Vorauszahlungsklausel mit einer Klausel, die die Aufrechnung mit Gegenforderungen des Mieters beschränkt,** führt in ihrer Gesamtwirkung zu einer gravierenden Beschränkung des Minderungsrechts aus § 536 BGB und stellt eine unangemessene Benachteiligung des Mieters dar. Die Vorauszahlungsklausel, die für sich allein keinen Grund zur Beanstandung bietet, hat der BGH daher für unwirksam erachtet (die Aufrechnungsklausel war nicht Gegenstand der Vorlage).[75]
(2) Die formularmäßige Verpflichtung des **Mieters** zur laufenden Vornahme von **Schönheitsreparaturen** stellt in Kombination mit der Verpflichtung zur Endrenovierung beim Auszug (ohne Rücksicht auf den Zeitpunkt der letzten Schönheitsreparatur) eine unangemessene Benachteiligung dar.[76]

487　**(2) Kompensationswirkung.** Umgekehrt können die von einer Klausel für den Kunden ausgehenden Nachteile durch Vorteile anderer Vertragsbestimmungen ausgeglichen werden, sodass die Klausel dem Unwirksamkeitsverdikt zu entgehen vermag.[77] Dass der Kompensationsgedanke dem AGB-Recht nicht fremd ist, zeigt bereits § 309 Nr. 8 Buchst. b Doppelbuchst. bb BGB, lässt diese Vorschrift doch die Ersetzung des gesetz-

---

[69] BGH NJW 1989, 582; 1993, 532; Palandt/*Grüneberg* BGB § 307 Rn. 13; Staudinger/*Wendland* BGB § 307 Rn. 124 spricht anschaulich von einem „Verständnis- und Bewertungshintergrund".
[70] BGH NJW 1993, 532; 1995, 254; 2003, 2234 (2235); 2006, 2116 (2117); 2007, 997 (999); Wolf/*Pfeiffer* BGB § 307 Rn. 213; Ulmer/*Fuchs* BGB § 307 Rn. 155; *von Hoyningen-Huene* AGBG § 9 Rn. 177.
[71] BGH NJW 2007, 997 (999); 2011, 2125 (2126); 2011, 2195 (2197).
[72] BGH NJW 2003, 2234; 3192.
[73] BGH NJW 2006, 2116 (2117).
[74] BGH NJW 2009, 1075 mit Anm. *Kappus.*
[75] BGH NJW 1995, 254.
[76] BGH NJW 2003, 2234; 2014, 1444.
[77] BGH NJW 1982, 644 (645); 1999, 942 (943); 2017, 325 Rn. 19; Palandt/*Grüneberg* BGB § 307 Rn. 13; Wolf/*Pfeiffer* BGB § 307 Rn. 212 ff.; ausführlich zum Kompensationsgedanken im Rahmen der Inhaltskontrolle *Bieder*, Kompensatorische Vertragsgestaltung im Arbeits- und Wirtschaftsrecht, 2015.

lichen Gewährleistungsrechts durch die Einräumung eines Nachbesserungsanspruchs im Grundsatz zu. Die Einbeziehung eines anderweitigen Vorteils ist jedoch nur zulässig, wenn die entsprechende Vertragsbestimmung in einem **sachlichen Zusammenhang** mit der den Gegenstand der Prüfung bildenden Klausel steht und darüber hinaus von ihrem **Gewicht** her geeignet ist, einen angemessenen Ausgleich zu bewerkstelligen.[78]

Beispiele:

(1) Die einem Zeitschriften-Einzelhändler formularmäßig auferlegte Pflicht, das volle Sortiment des Großhändlers zu führen (Verlagerung des Dispositionsrechts auf den Großhändler) stellt für sich genommen eine unangemessene Benachteiligung dar. Die Zubilligung des Rechts, innerhalb des Verkaufszeitraums nicht abgesetzte Zeitschriften gegen Gutschrift des Einkaufspreises zurückzugeben (**Remissionsrecht**), vermag diesen Nachteil jedoch auszugleichen.[79]

(2) Für das **Finanzierungsleasing** prägend ist der Ausschluss der Gewährleistungshaftung des Leasinggebers bei gleichzeitiger Abtretung der Gewährleistungsansprüche gegen den Lieferanten. Diese kompensatorische Vertragsgestaltung benachteiligt den Leasingnehmer dann nicht unangemessen, wenn ihm die kaufrechtlichen Mängelgewährleistungsansprüche unbedingt und endgültig übertragen werden.[80]

(3) Eine weiteres Beispiel für die Berücksichtigung kompensatorischer Effekte sind **Mankogeldzusagen** im Zusammenhang mit Vereinbarungen über die Haftung des Arbeitnehmers für Kassen- oder Warenfehlbestände.[81]

(4) Die Unangemessenheit einer **Freizeichnungsklausel** kann mangels Sachzusammenhangs nicht durch eine kurze Ausschlussfrist für den Vergütungsanspruch des Verwenders gerechtfertigt werden.[82]

Besonders großzügig ist die Rechtsprechung insoweit im Hinblick auf **kollektiv ausgehandelte Vertragswerke** wie die VOB[83], oder die ADSp.[84] Zu den ADSp heißt es in einer neueren Entscheidung, bei der Beurteilung sei auch zu berücksichtigen, dass die ADSp unter Mitwirkung aller beteiligten Wirtschaftskreise zustande gekommen seien, und seit nunmehr über 60 Jahren bei allen beteiligten Verkehrskreisen weitgehende Anerkennung gefunden hätten. Die ADSp seien zu einer „allgemein geregelten Vertragsordnung", zu einer umfassenden „fertig bereitliegenden Rechtsordnung" geworden. Das enthebe sie zwar nicht dem Anwendungsbereich der AGB-Kontrolle, führe aber dazu, auch bei Beanstandungen nur einer bestimmten einzelnen Klausel den jeweiligen Normzweck in der Gesamtheit der Regelung zu berücksichtigen. Es bedürfe daher einer umfassenden Würdigung des gesamten, dem Haftungs- und Versicherungssystem der ADSp zugrunde liegenden wirtschaftlichen Sachverhalts. Die einzelne Klausel könne nicht isoliert am Gerechtigkeitsgehalt einer Norm des dispositiven Rechts gemessen werden; vielmehr sei die beiderseitige Interessenlage im Zusammenhang mit dem Gesamtgefüge der ADSp zu werten.[85] Wichtig ist, dass diese Privilegierung nur gilt, wenn das kollektiv ausgehandelte Klauselwerk als Ganzes vereinbart wird.[86]   **488**

b) Rationalisierungseffekt. Ein hoher Rationalisierungseffekt streitet für die Angemessenheit der in Allgemeinen Geschäftsbedingungen enthaltenen Regelung. Bringt sie auf der anderen Seite Nachteile für den Vertragspartner mit sich, so ist im Rahmen der   **489**

---

[78] BGH NJW 2003, 888 (890 f.); 2017, 325 Rn. 25; Staudinger/*Wendland* BGB § 307 Rn. 125; gegen das Konnexitätserfordernis jedoch *von Hoyningen-Huene* AGBG § 9 Rn. 173.

[79] BGH NJW 1982, 644 (645).

[80] BGH NJW 2006, 1066 (1068); ausführlich zur leasingtypischen Gewährleistungs- und Abtretungskonstruktion Staudinger/*Stoffels* Leasing Rn. 214 ff. und *Harriehausen* NJW 2013, 3393 ff.

[81] Hierzu Arbeitsvertrag/*Stoffels*, II M 10.

[82] Beispiel nach Palandt/*Grüneberg* BGB § 307 Rn. 14.

[83] BGH NJW 1999, 942 (943).

[84] Zustimmend Palandt/*Grüneberg* BGB § 307 Rn. 15.

[85] BGH NJW-RR 1997, 1253 (1255).

[86] BGH NJW 2003, 1321 (1322). Zur VOB/B verhält sich nunmehr § 310 Abs. 1 S. 3 BGB (vgl. hierzu Rn. 182a f.).

Inhaltskontrolle abzuwägen, ob dem Vertragspartner angesichts der Rationalisierungs-vorteile diese Nachteile zugemutet werden können.[87]

Beispiel: Zulässig ist die Anordnung des **Einzugsermächtigungsverfahrens** in den Allgemeinen Geschäftsbedingungen des Betreibers von **Breitbandkabel-Verteileranlagen;**[88] bei **Mobilfunkverträ-gen** wegen der Unsicherheit der konkreten Höhe des abzurechnenden Betrages jedoch nur dann, wenn durch eine entsprechende Klauselgestaltung sichergestellt ist, dass dem Kunden zwischen dem Zugang der Rechnung und dem Einzug des Rechnungsbetrages ausreichend Zeit – mindestens fünf Werktage – verbleibt, die Rechnung zu prüfen und ggf. für ausreichende Deckung seines Girokontos zu sorgen.[89] Klauseln, die das **Abbuchungsauftragsverfahren** vorsehen, benachteiligen den Kunden dagegen regelmäßig unangemessen, da er nach Einlösung der Lastschrift die Kontobelastung nicht mehr rückgängig machen kann.[90]

c) Risikobeherrschung

Literatur: *Kötz*, Zur Wirksamkeit von Freizeichnungsklauseln, NJW 1984, 2447; *Stoffels/Lohmann*, Risikobeherrschung und Versicherbarkeit als Beurteilungsfaktoren im Vertragsrecht, VersR 2003, 1343.

490   Wird durch eine AGB-Klausel ein bestimmtes Risiko auf den Kunden abgewälzt, so ist es für die Angemessenheitsbeurteilung von Bedeutung, **in wessen Sphäre das Risiko fällt und ob die Verwirklichung des Risikos besser und kostengünstiger durch zumutbare Präventionsmaßnahmen des Kunden oder des Verwenders verhindert** werden kann.[91] Bestätigt wird dieses Beurteilungskriterium durch die ökonomische Analyse des Rechts. Auch sie strebt danach, dem „cheapest cost avoider" das Risiko einer Vertragsstörung zuzuweisen.[92]

Beispiele:

(1) Die **Verkaufs- und Lieferungsbedingungen eines Heizöllieferanten** enthalten eine Bestimmung, in welcher der Verwender die Verpflichtung ablehnt, die Tanks des Käufers zu überprüfen, und durch die er sich von Schadensersatzansprüchen freizeichnet, die auf das Überlaufen der Tanks zurückzuführen sind. Die Überprüfung der Tanks auf etwaige technische Mängel kann vom Durchschnittskunden nicht erwartet werden, während der Lieferant im Allgemeinen über die technische Sachkunde und das notwendige Erfahrungswissen um mögliche Mängel verfügt. Eben-so verhält es sich hinsichtlich der Überwachung des Abfüllvorgangs. Eine solche Klausel vermag daher der Inhaltskontrolle nicht standzuhalten.[93]

(2) Unwirksam sind ferner **Haftungsbestimmungen in den Bedingungen eines Kreditkartenunter-nehmens,** die dem Kunden das Risiko des bestimmungswidrigen Gebrauchs der Kreditkarte durch die Vertragsunternehmen (also zB durch Fälschung von Belastungsbelegen) auferlegen. Die Gefahr kommt hier aus der Sphäre der Vertragsunternehmen, die vom Kreditkartenunternehmen ausgesucht werden. Der Kunde hat dagegen keinerlei Einfluss auf die Auswahl der Vertrags-unternehmen. Er hat auch – systembedingt – vor Ort keine Überwachungsmöglichkeit, da er die Kreditkarte zur Anfertigung des Belastungsbelegs dem Vertragsunternehmen kurzzeitig über-lassen muss.[94]

---

[87] BGH NJW 1996, 988 (989); Ulmer/*Fuchs* BGB § 307 Rn. 121.

[88] BGH NJW 1996, 988 mit Anm. *Häuser* JZ 1997, 957 ff.; OLG Düsseldorf WiB 1997, 828 (830 f.).

[89] BGH NJW 2003, 1237.

[90] BGH NJW 2008, 2495 (2496).

[91] BGH NJW 1988, 1785 (1787); 1991, 1886 (1888); 2002, 673 (675); 2005, 422 (424); OLG Frank-furt a. M. NJW 2000, 2114 (2115); MüKoBGB/*Wurmnest* § 307 Rn. 50 f.; Staudinger/*Wendland* BGB § 307 Rn. 167; Soergel/*Fritzsche* BGB § 307 Rn. 61.

[92] *Schäfer/Ott*, Lehrbuch der ökonomischen Analyse des Zivilrechts, 5. Aufl. 2005, S. 227 ff.; *Salje*, Rechtstheorie Bd. 15 (1984), 285 f.

[93] BGH NJW 1971, 1036; ebenso aus der Sicht der ökonomischen Analyse *Kittner*, Schuldrecht, 2. Aufl. 2002, Rn. 152.

[94] BGH NJW 1984, 2460; vgl. in diesem Zusammenhang ferner BGH NJW 1991, 1886 (1888).

(3) Der Betreiber einer **Autowaschanlage** vermag durch ständige Wartung, Kontrolle und Überwachung der Anlage sowie durch sorgfältige Auswahl des Bedienungspersonals Schäden an den
Fahrzeugen besser zu vermeiden als der Kunde, der sein Fahrzeug der Obhut des Betreibers
überantwortet, ohne die weiteren Vorgänge selbst beeinflussen zu können.[95]

d) Versicherbarkeit

Literatur: *Fuchs*, Gewillkürte Haftungsersetzung durch Versicherungsschutz, BB 1992, 1217; *Sieg*,
Die Versicherbarkeit als Beurteilungsfaktor für die Zulässigkeit von Haftungsüberwälzungen, BB
1994, 299; *Stoffels/Lohmann*, Risikobeherrschung und Versicherbarkeit als Beurteilungsfaktoren im
Vertragsrecht, VersR 2003, 1343.

Bei der im Rahmen des § 307 BGB durchzuführenden Angemessenheitsprüfung von   **491**
Haftungsregelungen, insbesondere von Freizeichnungsklauseln, ist die Versicherbarkeit
des Risikos ein wesentlicher Abwägungsfaktor. Es kommt darauf an, **ob die Risiken
besser vom Verwender oder vom Kunden unter Versicherungsschutz gebracht werden können.**[96] In der Sprache der ökonomischen Analyse des Rechts wäre dies die Frage
nach dem „cheapest insurer".[97] Wichtig ist, dass dabei nicht allein auf die Möglichkeit
einer versicherungsmäßigen Schadensabdeckung abgestellt werden darf. Der Abschluss
eines entsprechenden Versicherungsvertrages muss im Hinblick auf die Prämienbelastung
und die versicherungsmäßige Schadensabwicklung auch zumutbar sein und im Übrigen
einer verbreiteten Übung entsprechen.[98] Jedenfalls dann, wenn der Geschäftsverkehr
zwischen dem Verwender und seinem Kunden zu einer Branche gehört, in der die Versicherung der Risiken durch den Kunden allgemeiner Übung entspricht und praktisch
lückenlos verbreitet ist, kann und darf sich der Verwender auf die Üblichkeit eines
solchen Versicherungsschutzes verlassen.[99] Die Freizeichnung durch den Verwender ist
in diesem Fall nicht unangemessen.

Beispiele:

(1) **Haftungsfreizeichnungsklauseln für Lackschäden und Schäden an den äußeren Einrichtungen in den Bedingungen der Betreiber automatischer Autowaschanlagen** sind grundsätzlich
problematisch. Der Betreiber kann nämlich das Schadensrisiko ohne weiteres durch Abschluss
einer Haftpflichtversicherung abdecken. Die Umlegung der hierfür aufzubringenden Prämienzahlungen auf das Entgelt für die Autowäsche würde dieses kaum merklich erhöhen. Dem Kunden
hingegen steht eine solche Möglichkeit von vornherein nicht zu Gebote. Insbesondere würde auch
eine Vollkaskoversicherung solche Schäden nicht abdecken.[100]

(2) Gegen die Angemessenheit eines **Ausschlusses der Haftung des Vermieters für leicht fahrlässig
verursachte Schäden des Mieters** an seinen eingebrachten Sachen spricht, dass es dem Vermieter
durch den Abschluss einer weithin üblichen Haus- und Grundbesitzerpflichtversicherung möglich ist, den dem Vertragspartner drohenden Schaden abzudecken; dies zumal dann, wenn die
Hausratsversicherung des Mieters Schäden, die vom mangelhaften Zustand der Wohnung oder
des Hauses ausgehen, nicht umfasst.[101]

(3) Für die Begrenzung der Haftung auf „bei Vertragsschluss vorhersehbaren und vertragstypischen
Schäden" kann sich ein **Stromlieferant** auf die Versicherbarkeit des Schadensrisikos berufen,
wenn der Kunde den Umfang des zu versichernden Interesses am besten beurteilen kann und der

---

[95] BGH NJW 2005, 422.

[96] BGH NJW 1991, 1886 (1888); 1992, 1761 (1762); 1997, 1700 (1702); 2002, 673 (675); Ulmer/
Fuchs BGB § 307 Rn. 156 ff.; Soergel/*Fritzsche* BGB § 307 Rn. 62; Palandt/*Grüneberg* BGB § 307
Rn. 19; *Sieg* BB 1993, 149.

[97] *Schäfer/Ott*, Lehrbuch der ökonomischen Analyse des Zivilrechts, 5. Aufl. 2005, S. 407 ff.

[98] BGH NJW 1992, 1761 (1762); Ulmer/*Fuchs* BGB § 307 Rn. 159.

[99] BGH NJW 1992, 1761 (1762).

[100] Für Unwirksamkeit im Ergebnis auch BGH NJW 2005, 422; ebenso ua unter Hinweis auf die
Versicherbarkeit Ulmer/*Fuchs* BGB § 307 Rn. 159.

[101] BGH NJW 2002, 673 (675).

Abschluss einer Versicherung durch den einzelnen Kunden ökonomischer ist als eine sonst erforderliche Preiserhöhung, die jeden Kunden zusätzlich belasten würde.[102]

492 Dagegen ist eine Haftungsüberwälzung auf den Kunden in der Regel nicht zu beanstanden, wenn sie Schäden betrifft, die der Kunde üblicherweise unter Versicherungsschutz stellt.[103]

Beispiel: Einen **Haftungsausschluss in den Dock- und Reparaturbedingungen einer Seeschiffswerft** für Schäden, die an dem Schiff anlässlich von Werftarbeiten entstehen, hat der BGH für wirksam erachtet. Hierfür hat er insbesondere den allgemeiner Branchenübung entsprechenden, praktisch lückenlosen Kaskoversicherungsschutz der Schiffseigner angeführt. Wäre die Werft gezwungen, trotz des auf Seiten des Schiffseigners bestehenden Versicherungsschutzes ihrerseits eine Haftpflichtversicherung für das volle Schadensrisiko abzuschließen, müsste der Schiffseigner nicht nur seine Prämie für die eigene Kaskoversicherung aufbringen, sondern im Hinblick auf die von der Werft zusätzlich abzuschließende umfassende Haftpflichtversicherung auch eine entsprechende Erhöhung des von ihm zu entrichtenden Werklohns in Kauf nehmen – eine wirtschaftlich wenig sinnvolle Lösung, zu der das AGB-Recht die Vertragsparteien nicht drängen sollte.[104]

493 **e) Unmaßgeblichkeit des Preisarguments.** Die Möglichkeit, dass ein für den Kunden wirtschaftlich **günstigerer Preis** kalkuliert werden kann, **vermag eine unangemessene Benachteiligung** nach allgemeiner Ansicht grundsätzlich **nicht zu rechtfertigen;**[105] dies schon deshalb nicht, weil der Richter nicht dazu berufen und häufig auch nicht in der Lage ist, einen „Normalpreis" zu ermitteln, zu dem dann der „ermäßigte" Preis in Beziehung gesetzt werden könnte. Hinzu kommt, dass die dem Kunden aus der Verschlechterung seiner vertragsmäßigen Rechte erwachsenden Nachteile durch den meist nur geringfügigen Preisvorteil kaum je angemessen kompensiert werden.

Beispiel: Arzt (A) kauft im Möbelhaus (M) fabrikneue Sitzmöbel für sein Wartezimmer zu einem äußerst günstigen Preis. Der vergleichsweise niedrige Preis wird von M im Verkaufsgespräch damit gerechtfertigt, dass in den Allgemeinen Geschäftsbedingungen ein umfassender Gewährleistungsausschluss vorgesehen sei. Die ersparten Kosten würden in vollem Umfang an die Kunden weitergegeben. Eine solche Vertragsgestaltung ist nach § 307 BGB (§ 309 Nr. 8 Buchst. b Doppelbuchst. aa BGB ist hier gemäß § 310 Abs. 1 Satz 1 BGB nicht anwendbar) unwirksam. Der BGH führte noch vor Inkrafttreten des AGB-Gesetzes in einem vergleichbaren Fall aus, die Verkäufer müssten ihre Preise nach solchen Bedingungen kalkulieren, die sich mit den Geboten von Treu und Glauben vereinbaren lassen, und sie dürften sich insoweit nicht über die Grenzen hinwegsetzen, die für den Rahmen des rechtlich Billigen und Vertretbaren gelten. Die Möglichkeit, dass bei rechtlich unbilligen Verkaufsbedingungen dadurch unter Umständen auch für den Käufer ein wirtschaftlich etwas günstigerer Preis kalkuliert werden könne, vermöge ein solches – nämlich rechtlich unbilliges – Verhalten nicht zu rechtfertigen.[106]

494 Eine Ausnahme vom Grundsatz der Unbeachtlichkeit des Preisarguments wird im Rahmen des § 307 BGB (nicht hingegen im Bereich der absoluten Klauselverbote) zu Recht gefordert, wenn dem Kunden in Beziehung auf einen konkreten Vertragsgegenstand die Wahl zwischen unterschiedlichen Vertragsvarianten eröffnet wird (sog. **offene Tarifwahl**).[107]

Beispiel: Im obigen Fall hält der Verkäufer zwei Formulare bereit. Das bereits bekannte und ein weiteres, indem der Verkäufer die gesetzlichen Gewährleistungspflichten übernimmt, dafür aber auch einen höheren (nicht überteuerten) Kaufpreis kalkuliert.

---

[102] BGH NJW 2013, 291 (297).
[103] BGH NJW 2002, 673 (675).
[104] BGH NJW 1988, 1785 (1787).
[105] BGH NJW 1957, 17 (19); 1961, 212 (213); 1980, 1953 (1954); 1993, 2442 (2444); 1998, 1640 (1644); NJW-RR 2008, 818 (820); Wolf/*Pfeiffer* BGB § 307 Rn. 224; Ulmer/*Fuchs* BGB § 307 Rn. 145; BeckOGK/*Eckelt* BGB § 307 Rn. 90; MüKoBGB/*Wurmnest* BGB § 307 Rn. 46.
[106] BGH NJW 1957, 17 (19).
[107] Ulmer/*Fuchs* BGB § 307 Rn. 148; Palandt/*Grüneberg* BGB § 307 Rn. 18.

Ferner misst der BGH dem Preisargument auf dem **Gebiet der Elektrizitätsversor-**   **495**
gung Einfluss auf die Angemessenheit der Haftungsfreizeichnung zu.[108] Die Rechtfertigung und Begrenzbarkeit dieser Ausnahme erscheinen zweifelhaft.[109]

f) Verfassungsrechtliche Wertungen. Die Generalklausel ist schließlich offen für die   **495a**
Integration verfassungsrechtlicher Wertungen. Über sie vermag sich insbesondere die
Ausstrahlungswirkung der Grundrechte zu entfalten **(mittelbare Drittwirkung der**
Grundrechte).[110]

Beispiele:

(1) Bei **Verträgen mit höchstpersönlichem Einschlag** (zB Partnerschaftsvermittlungsvertrag) muss
die Bestimmung der höchstzulässigen Laufzeit im Lichte der Art. 1 und 2 GG erfolgen.[111]

(2) Es widerspricht den Wertungen, die sich aus dem Grundrecht der Unverletzlichkeit der Wohnung
und dem verfassungsrechtlichen Gebot unbedingter Achtung der Privatsphäre ergeben, wenn sich
ein **Stromversorger** in seinen Bedingungen ein **von einer vorherigen Benachrichtigung des**
Kunden unabhängiges Zutrittsrechts einräumt.[112]

(3) Eine Klausel, die einem Verlag im Rahmen des Chiffre-Dienstes einer Zeitung die Befugnis
einräumt, eingehende **Sendungen zu öffnen,** missachtet das **Persönlichkeitsrecht** des Auftraggebers und desjenigen, der auf die Anzeige antwortet.[113]

(4) Das allgemeine Persönlichkeitsrecht des Vertragsgegners verpflichtet den Verwender jedoch nicht
dazu, sich einer **geschlechtergerechten Sprache** zu bedienen (Sparkasse spricht in ihren Formularen von „Kontoinhaber"). Es bleibt auch weiterhin das „generische Maskulinum" in Allgemeinen
Geschäftsbedingungen zulässig.[114]

(5) Der Verstoß gegen die **Nutzungsbedingungen eines sozialen Netzwerks** (insbesondere „Hassrede") wird vielfach mit der Löschung von Postings und der Beschränkung der Rechte des
Nutzers sanktioniert. Hier muss bei der Abfassung und Anwendung der Nutzungsbedingungen
der Ausstrahlungswirkung der **Meinungsfreiheit** (Art. 5 Abs. 1 GG) Rechnung getragen werden.
Eine unangemessene Benachteiligung der Nutzer liegt z. B. in einer Regelung, die dem Betreiber
bei einem Verstoß gegen das Verbot der „Hassrede" das Recht zugesteht, sämtliche Inhalte, die
der Nutzer eingestellt hat, zu entfernen. Wenn dies vermieden wird und sich aus den Bedingungen
ferner ergibt, dass Löschungen nicht willkürlich vorgenommen und Nutzer nicht vorschnell oder
dauerhaft gesperrt werden, liegt grundsätzlich keine unangemessene Benachteiligung der Nutzer
vor.[115]

(6) Prägnante Beispiele aus dem grundrechtssensiblen Bereich des **Arbeitsrechts** sind insoweit die
Entscheidungen zu **Rückzahlungsklauseln** in Bezug auf vom Arbeitgeber übernommene Ausbildungskosten[116] oder Gratifikationen[117] und zu Wettbewerbsverboten;[118] in diesen Konstellationen spielt die **Berufsfreiheit des Arbeitnehmers** (Art. 12 GG) eine gewichtige Rolle. In Ansehung
von Art. 12 GG stellt sich auch ein absolutes Nebentätigkeitsverbot als unangemessene Benachteiligung des Arbeitnehmers im Sinne des § 307 Abs. 1 BGB dar.[119]

---

[108] BGH NJW 1998, 1640 (1644).

[109] Bei *Ulmer/Brandner,* 9. Aufl. 2001, AGBG § 9 Rn. 113 wurde bereits einer Ausdehnung auf
„Freizeichnungsklauseln in Massengeschäften" das Wort geredet. Zurückhaltender *von Hoyningen-
Huene* AGBG § 9 Rn. 184 und jetzt auch Ulmer/*Fuchs* BGB § 307 Rn. 146.

[110] Wolf/*Pfeiffer* BGB § 307 Rn. 176; BGH NJW 2006, 3057.

[111] Staudinger/*Wendland* BGB § 307 Rn. 18.

[112] BGH NJW 2013, 291 (293 f.); 2013, 926 (928).

[113] BGH NJW 1992, 1450.

[114] BGH NJW 2018, 1671; hierzu *Bachmann* NJW 2018, 1648. Das BVerfG hat eine hiergegen
gerichtete Verfassungsbeschwerde nicht zur Entscheidung angenommen, BVerfG BeckRS 2020,
13963.

[115] Hierzu OLG Karlsruhe NJW 2018, 3110; OLG Dresden NJW 2018, 3111; OLG München
NJW 2018, 3115.

[116] Vgl. etwa BAG SAE 1995, 167 mit Anm. *Stoffels;* BAG NZA 2008, 1004.

[117] Zu Art. 12 GG in diesem Zusammenhang BAG NZA 2008, 40, 43.

[118] BVerfG AP Nr. 65 zu Art. 12 GG.

[119] OLG Naumburg NZA-RR 2007, 521; *Lakies,* Inhaltskontrolle von Arbeitsverträgen, Rn. 772;
Arbeitsvertrag/*Rolfs* II N 10 Rn. 28.

IV. Die Regelung des § 307 Abs. 2 BGB

496   § 307 Abs. 2 BGB soll die Inhaltskontrolle durch Angabe typischer rechtlicher Kriterien erleichtern, die gewöhnlich auf das Fehlen eines angemessenen Interessenausgleichs hinweisen. In den Nummern 1 und 2 werden dem Rechtsanwender zum Zwecke der Konkretisierung des Maßstabs der unangemessenen Benachteiligung **gesetzliche Orientierungskriterien** an die Hand gegeben. Für die Arbeit mit der Generalklausel bedeutet dies, dass **Absatz 2 stets vor Absatz 1 zu prüfen** ist.[120] Allerdings verzichtet die Rechtsprechung nicht selten auf eine genaue Unterscheidung der Absätze der Generalklausel und begründet die Unwirksamkeit einer Klausel einfach mit einem Verstoß gegen § 307 BGB.[121]

1. Einordnung als in sich abgeschlossene Sondertatbestände der Inhaltskontrolle

497   Absatz 2 besagt, dass eine unangemessene Benachteiligung im Zweifel anzunehmen ist, wenn einer der unter den Nummern 1 und 2 umschriebenen Tatbestände verwirklicht ist. Kontrovers beurteilt wird seit jeher die **Bedeutung des „im Zweifel"-Vorbehalts** in § 307 Abs. 2 BGB. Unklar ist vor allem, worauf sich diese Zweifelsregelung bezieht und welche methodischen Konsequenzen mit ihr verbunden sind. Der Begründung des Regierungsentwurfs eines AGB-Gesetzes[122] lässt sich immerhin entnehmen, dass nach der Vorstellung des Gesetzgebers das Vorliegen eines der Fälle des Absatzes 2 nicht *eo ipso* zur Unangemessenheit führen soll, sondern dem Klauselverwender die Möglichkeit offengehalten werden soll, besondere Gründe darzulegen, die den rechtlichen Bestand der betreffenden Bestimmung ausnahmsweise zu rechtfertigen vermögen.

498   Vor diesem Hintergrund ist Absatz 2 gelegentlich als **Beweislastregelung** bezeichnet worden.[123] Aus ihr ergebe sich, dass der Verwender die Beweislast trage, wenn er das Fehlen einer unangemessenen Benachteiligung geltend machen wolle. Diese Sichtweise widerspricht jedoch gesicherten zivilprozessualen Erkenntnissen.[124] Gegenstand des Beweises sind grundsätzlich nur Tatsachen.[125] Sowohl die Darlegungs- als auch die Beweislast beschränken sich auf die Entscheidung, zu wessen Lasten sich mangelnder Tatsachenvortrag bzw. die Nichterweislichkeit einer Tatsache auswirkt. Rechtliche Wertungen – wie zB das Unangemessenheitsurteil in § 307 Abs. 2 BGB – oder Interessenabwägungen, die einer rechtlichen Wertung zugrunde liegen, sind revisible Rechtserkenntnisakte, die einem Beweisverfahren verschlossen sind. Aus dem gleichen Grunde bestehen Bedenken, die Tatbestände des § 307 Abs. 2 BGB als (widerlegbare) **Unwirksamkeitsvermutungen** zu deuten.[126] Denn auch diese Begrifflichkeit entstammt dem auf die Feststellung entscheidungserheblicher Tatsachen ausgerichteten Beweisrecht. Selbst wenn man die Unwirksamkeitsvermutung nicht als Tatsachen-, sondern als Rechtsvermutung qualifizieren wollte, setzte man sich in Widerspruch zum Wesen der gesetzlichen Rechtsvermutung.

---

[120] Ulmer/*Fuchs* BGB § 307 Rn. 3.

[121] So zB BGH NJW 1984, 871 (872); 1989, 582; NJW-RR 1998, 629; kritisch gegenüber dieser nachlässigen Zitierpraxis mit Recht *von Hoyningen-Huene* AGBG § 9 Rn. 132.

[122] BT-Drs. 7/3919, S. 23.

[123] *Löwe*/Graf von Westphalen/Trinkner AGBG § 9 Rn. 20; Wolf/*Pfeiffer* BGB § 307 Rn. 100 (Beweislastregelung in Form einer Vermutung); aus der vorgesetzlichen rechtspolitischen Diskussion vgl. etwa den diesbezüglichen Vorschlag von *Wolf* JZ 1974, 42 f.

[124] Wie hier ablehnend auch *Becker*, Auslegung des § 9 Abs. 2 AGBG, S. 37 ff.; Staudinger/*Wendland* BGB § 307 Rn. 222.

[125] *Rosenberg*/Schwab/Gottwald, Zivilprozessrecht, § 112 Rn. 1 f., S. 620.

[126] So aber Erman/*Roloff*/Looschelders BGB § 307 Rn. 1; Soergel/*Fritzsche* BGB § 307 Rn. 1 und 71; *Thamm*/Pilger AGBG § 9 Rn. 9; *Canaris* FS Ulmer, 2003, 1073 (1079); zu Recht ablehnend *Becker*, Auslegung des § 9 Abs. 2 AGB-Gesetz, S. 39 ff.; *von Hoyningen-Huene* AGBG § 9 Rn. 238; Staudinger/*Coester* BGB § 307 Rn. 222.

Diese zielt nämlich nur auf das Bestehen oder Nichtbestehen eines Rechts oder Rechtsverhältnisses, keinesfalls aber auf die Feststellung von Rechtsfolgen oder allgemein auf die Konkretisierung wertausfüllungsbedürftiger Tatbestände.[127]

Vorherrschend ist heute die Interpretation der Tatbestände des Absatzes 2 als gesetzliche **Regelbeispiele**.[128] Die gesetzliche Formulierung „im Zweifel" sei im Sinne von „in der Regel" zu lesen, was bedeute, dass die Tatbestandserfüllung die „unangemessene Benachteiligung" indiziere. Nur wenn bestimmte Anhaltspunkte dafür vorlägen, dass die gesetzliche Regelwertung dem konkreten Einzelfall nicht gerecht werden könne, habe der Richter in eine eigenständige Prüfung der Frage einzutreten, ob die gegenüber dem Regelfall vorliegenden Besonderheiten geeignet sein könnten, das Unangemessenheitsurteil entfallen zu lassen. In diese Richtung tendiert auch die höchstrichterliche Rechtsprechung. Der **BGH** führt aus, eine klauselmäßige Abweichung von wesentlichen Grundgedanken der gesetzlichen Regelung **indiziere** eine unangemessene Benachteiligung des Vertragspartners. Diese **Vermutung** sei aber **widerlegt**, wenn die Klausel auf der Grundlage einer umfassenden Interessenabwägung den Kunden gleichwohl nicht unangemessen benachteilige. Hiervon sei insbesondere auszugehen, wenn die Abweichung vom gesetzlichen Leitbild sachlich gerechtfertigt und der gesetzliche Schutzzweck auf andere Weise sichergestellt sei.[129]

Freilich ist es gerade dieser Punkt, der Zweifel an der Richtigkeit auch dieses Erklärungsansatzes aufkommen lässt. Denn wie – so muss sich die Regelbeispiel-Lehre fragen lassen – hat man sich eine Fallgestaltung vorzustellen, damit einer Abrede trotz festgestellter Verwirklichung eines der Tatbestände des Absatzes 2 noch zur Wirksamkeit via Absatz 1 verholfen werden kann? Dies setzt gedanklich voraus, dass Absatz 1 einen größeren Wertungshorizont aufspannt und die Nummern 1 und 2 des Absatzes 2 aus diesem Grunde auch in ihrem Anwendungsbereich nur ein vorläufiges, noch nicht vollständig abgesichertes Urteil erlauben. Welches ist aber das den Nummern 1 und 2 abgehende Wertungselement oder die tatbestandlich nicht erfasste Wertungsebene? Von den Vertretern der Regelbeispiel-Lehre heißt es hierzu kurz, der Rückgriff auf Absatz 1 müsse für solche Fälle offen gehalten werden, bei denen tatsächliche Umstände dafür vorlägen, dass die gesetzgeberische Wertung dem konkreten Einzelfall nicht gerecht werde.[130] Abgesehen davon, dass für die gesamte Inhaltskontrolle nach den §§ 307 ff. BGB ein abstrakter, überindividuell-generalisierender Maßstab gilt, der die Berücksichtigung konkreter Umstände gerade des zu beurteilenden Einzelfalles auch nach § 307 Abs. 1 BGB ausschließt, es also nur um die ein solches Geschäft typischerweise charakterisierenden Züge gehen kann, wird nicht deutlich, weshalb § 307 Abs. 2 BGB trotz der zahlreichen dort versammelten offenen Wertungsbegriffe („Vereinbarkeit", „wesentliche" Rechte und Pflichten, „Vertragszweckgefährdung", „Natur des Vertrages") diese nicht integrieren können soll. Eine Korrektur des auf Absatz 2 beruhenden Unwirksamkeitsurteils durch den Grundtatbestand des Absatzes 1 dürfte bei methodisch korrekter Vorgehensweise von vornherein ausgeschlossen sein. In Anbetracht dieser Erkenntnisse kann der von *Coester* entwickelten Konzeption beigetreten werden, nach der in den Tatbestän-

499

500

---

[127] *Rosenberg*, Beweislast, S. 228; *Becker*, Auslegung des § 9 Abs. 2 AGB-Gesetz, S. 40; *von Hoyningen-Huene* AGBG § 9 Rn. 238.

[128] Grundlegend *Becker*, Auslegung des § 9 Abs. 2 AGB-Gesetz, S. 41 ff.; sich ihm anschließend *von Hoyningen-Huene* AGBG § 9 Rn. 236; PWW/*Berger* BGB § 307 Rn. 18; Ulmer/*Fuchs* BGB § 307 Rn. 193. Palandt/*Grüneberg* BGB § 307 Rn. 28 charakterisiert die Tatbestände des § 307 Abs. 2 BGB ebenfalls als Regelbeispiele, spricht auf der anderen Seite aber auch von einer widerleglichen Vermutung der Unwirksamkeit.

[129] So zuletzt BGH NJW 2016, 1875 Rn. 43.

[130] *Becker*, Auslegung des § 9 Abs. 2 AGB-Gesetz, S. 50; *von Hoyningen-Huene* AGBG § 9 Rn. 239.

den des Absatzes 2 „in sich abgeschlossene **Sondertatbestände der Inhaltskontrolle**" zu sehen sind, „die für ihren Bereich die Angemessenheitsbeurteilung endgültig determinieren".[131] Der *in-dubio*-Vorbehalt in § 307 Abs. 2 BGB erweist sich vor diesem Hintergrund als eine überflüssige Formel.[132]

2. Verhältnis von § 307 Abs. 2 Nr. 1 BGB zu Nr. 2

501   Im Verhältnis der Regelbeispiele des Absatzes 2 zueinander kommt der **Nummer 1 gegenüber der Nummer 2 grundsätzlich** eine **Vorrangstellung** zu.[133] Denn soweit ein gesetzliches Leitbild vorhanden ist, ist die normative Rückkoppelung der Inhaltskontrolle unmittelbarer. Der Charakter der Inhaltskontrolle als Rechtskontrolle tritt damit stärker hervor. Das Verbot der vertragszweckgefährdenden Einschränkung wesentlicher Rechte und Pflichten kommt demgegenüber subsidiär dort zum Einsatz, wo es an einem gesetzlichen Leitbild fehlt, der Richter also notgedrungen – und mit größerer Unsicherheit belastet – ein vertragstypisches Leitbild des zu beurteilenden Vertrages als Vergleichsmaßstab begründen muss.[134] Ein **originärer Anwendungsbereich der Nummer 2** liegt allerdings in der Sonderproblematik der **Einschränkung von Kardinalpflichten**, die der Gesetzgeber ausweislich der Gesetzesbegründung dort verankert wissen wollte.[135] *Insoweit* kann man die Nummer 2 in der Tat als *lex specialis* gegenüber der Nummer 1 ansehen.[136]

3. Unvereinbarkeit mit einem gesetzlichen Leitbild

502   Nach **§ 307 Abs. 2 Nr. 1 BGB** ist eine unangemessene Benachteiligung im Zweifel anzunehmen, wenn eine AGB-Klausel mit wesentlichen Grundgedanken der gesetzlichen Regelung, von der abgewichen wird, nicht zu vereinbaren ist. Der Gesetzgeber benutzt damit in Anknüpfung an die Vorarbeiten *Ludwig Raisers* und die vorbekannte Rechtsprechung[137] die Richtlinien- und Leitbildfunktion des dispositiven Rechts als Mittel zur Konkretisierung des Maßstabs der Inhaltskontrolle.

503   a) „**Wesentliche Grundgedanken**" der gesetzlichen Regelung. Mit dem Merkmal der „gesetzlichen Regelung" umschreibt das Gesetz unmittelbar den sachlichen Regelungsbereich der Nummer 1.[138] Die Verengung auf „wesentliche Grundgedanken" der gesetzlichen Regelung versteht die Rechtsprechung als Aufforderung, **Normen, die eine Ausprägung des Gerechtigkeitsgebots darstellen, von solchen zu unterscheiden, die auf bloßen Zweckmäßigkeitserwägungen beruhen.**[139] Freilich hat sich diese Unterscheidung als nicht durchführbar herausgestellt.[140] Der Unterschied ist meist graduell und

---

[131] Fortgeführt von Staudinger/*Wendland* BGB § 307 Rn. 226; dagegen dezidiert *Canaris* FS Ulmer, 2003, 1073 (1075 ff.)

[132] In diesem Sinne bereits *Schmidt-Salzer*, AGB, Rn. F 46 („überflüssig oder aber wirkungslos") und Staudinger/*Schlosser*, 12. Aufl 1980, AGBG § 9 Rn. 19 („so gut wie ohne jeden Aussagewert").

[133] Umstr. Wie hier Schlosser/Coester-Waltjen/*Graba* AGBG § 9 Rn. 30; *Becker*, Auslegung des § 9 Abs. 2 AGBG, S. 192 f.; Staudinger/*Schlosser*, 12. Aufl. 1980, AGBG § 9 Rn. 28; tendenziell auch *von Hoyningen-Huene* AGBG § 9 Rn. 282 und Ulmer/*Fuchs* BGB § 307 Rn. 198 („tendenzieller Anwendungsvorrang des Abs. 2 Nr. 1 vor Nr. 2 bei normativen Regeltypen"); differenzierend Staudinger/*Wendland* BGB § 307 Rn. 263 ff. Gegen jegliche Vorrangzuerkennung Wolf/*Pfeiffer* BGB § 307 Rn. 133.

[134] Für Subsidiarität der Nummer 2 gegenüber Nummer 1 unter Hinweis auf die Gesetzesbindung des Richters insbesondere auch *Becker*, Auslegung des § 9 Abs. 2 AGBG, S. 192 f.

[135] Begründung des RegE BT-Drs. 7/3919, S. 23. Für diese Auflösung des Überschneidungsbereichs auch Staudinger/*Wendland* BGB § 307 Rn. 264.

[136] Anders in diesem Punkt *Becker*, Auslegung des § 9 Abs. 2 AGBG, S. 140 ff.

[137] Vgl. im Einzelnen die historische Darstellung unter → Rn. 19 und 30.

[138] *Becker*, Auslegung des § 9 Abs. 2 AGB-Gesetz, S. 78.

selbst eher technisch anmutende Vorschriften (zB Verjährungsvorschriften) weisen oftmals einen beachtlichen Gerechtigkeitsgehalt auf. Die als Alternative vorgeschlagene Konzentration auf Regelungen, die einem wesentlichen Schutzbedürfnis des Vertragspartners dienen oder wesentliche Ordnungsvorstellungen des geltenden Rechts verkörpern,[141] oder auf solche, die einen gerechtigkeitssensiblen Kernbereich des dispositiven Rechts konstituieren,[142] führt diese Betrachtungsweise nur auf einer anderen Ebene fort.[143] Das Problem liegt vielmehr in der dem Tatbestandsmerkmal der „wesentlichen Grundgedanken" mehrheitlich zuerkannten Ausschlussfunktion. Diese zwingt den Rechtsanwender noch vor der eigentlichen Interessenabwägung zu einer Aussage über die Leitbildfähigkeit einer Norm und damit zur Aussonderung derjenigen gesetzlichen Regelungen, die einen (zu) schwachen Gerechtigkeits- oder Schutzgehalt aufweisen. Unbefriedigend ist hieran, dass trotz fließender Übergänge ein scharfer Bruch zwischen Leitbildfähigkeit und mangelnder Eignung als Leitbild angenommen wird. Diese Entscheidungsnot ließe sich mildern, wenn man als leitbildfähige gesetzliche Regelung grundsätzlich **jede Norm** des dispositiven Rechts anerkennte, **die einem berechtigten Interesse des Vertragspartners zu dienen bestimmt ist.**[144] Das herrschende Verständnis des § 307 Abs. 2 Nr. 1 BGB führt zu einer unglücklichen Verteilung der wertenden Überlegungen auf zwei Merkmale, die mit den „wesentlichen Grundgedanken"[145] und der „Unvereinbarkeit" bezeichnet sind. Sachgerechter wäre es demgegenüber, die ineinander fließenden Wertungen in einer Wertungsstation zusammenzuführen, einander gegenüberzustellen und in einer Gesamtbewertung aufzulösen.[146] Als **zentrale Wertungsstation** bietet sich **die Unvereinbarkeitsprüfung** an. Die Formel des Gesetzes von den „wesentlichen Grundgedanken" könnte hier als Hinweis verstanden werden, dem Gerechtigkeitsgehalt der verdrängten Regelung besonderes Augenmerk zu schenken. Dafür spricht auch die Stellungnahme des Rechtsausschusses, auf dessen Intervention die endgültige Gesetzesformulierung zurückgeht. Dort heißt es, durch die Worte „wesentliche Grundgedanken der gesetzlichen Regelung" – an Stelle von „Grundsätzen" – werde klarer zum Ausdruck gebracht, dass hier der Gerechtigkeitsgehalt der gesetzlichen Regelung als *Richtschnur* dienen solle.[147] Nicht ein auf eine starre Grenze zielendes Ausschlusskriterium, sondern ein die graduellen Abstufungen zur Geltung bringendes Abwägungskriterium war offenbar bezweckt. Der Vorteil läge jedenfalls darin, dass die Aussagen zum Schutz- und Gerechtigkeitsgehalt der gesetzlichen Dispositivbestimmung nicht losgelöst von der zu beurteilenden Vertragsgestaltung erfolgen müssten,[148] sondern von vornherein auf eine

---

[139] BGH NJW 1984, 1182; 1991, 1886 (1887); 1999, 635 (636); 2001, 3480 (3481 f.); NJW-RR 2004, 1206 (1207); BAG NZA 2007, 853 (854).

[140] Ablehnend stehen dieser Differenzierung gegenüber Wolf/*Pfeiffer* BGB § 307 Rn. 117; Ulmer/*Fuchs* BGB § 307 Rn. 222; Staudinger/*Wendland* BGB § 307 Rn. 249; *von Hoyningen-Huene* AGBG § 9 Rn. 242 f.; Schlosser/Coester-Waltjen/*Graba* AGBG § 9 Rn. 25.

[141] Ulmer/*Brandner*, 9. Aufl. 2001, AGBG § 9 Rn. 133; ähnlich Soergel/*Stein*, 12. Aufl. 1991, AGBG § 9 Rn. 35; unter Ausklammerung allgemeiner Ordnungsvorstellungen auch Wolf/*Pfeiffer* BGB § 307 Rn. 115.

[142] Schlosser/Coester-Waltjen/*Graba* AGBG § 9 Rn. 25; Staudinger/*Wendland* BGB § 307 Rn. 247 („Gerechtigkeitskern" und „AGB-disponibler Randbereich"); Wolf/*Pfeiffer* BGB § 307 Rn. 114.

[143] Zust. insoweit Ulmer/*Fuchs* BGB § 307 Rn. 222.

[144] So auch Wolf/*Pfeiffer* BGB § 307 Rn. 116, ohne daraus freilich die hier befürworteten Konsequenzen zu ziehen.

[145] Dass es sich hierbei um eine „Wertungsfrage" handelt, betont zutreffend Staudinger/*Wendland* BGB § 307 Rn. 249.

[146] Abl. Ulmer/*Fuchs* BGB § 307 Rn. 223.

[147] BT-Drs. 7/5422, S. 6.

[148] So in der Tat jedoch *von Hoyningen-Huene* AGBG § 9 Rn. 260 und *Becker*, Auslegung des § 9 Abs. 2 AGB-Gesetz, S. 134 ff.

bestimmte typisierbare und in ihrem Interessengegensatz bereits erfasste Konstellation bezogen wären. Nur so lässt sich der Beobachtung gerecht werden, dass manche Vorschriften des dispositiven Gesetzesrechts für gewisse Vertragstypen eine wesentliche, für andere eine zu vernachlässigende Schutzfunktion erfüllen.[149]

504   All dies spricht dafür, in den „wesentlichen Grundgedanken" **kein eigenständiges Tatbestandsmerkmal** zu sehen, **sondern** diese Wendung als einen **Hinweis auf die Beachtlichkeit der Schutzrichtung und des Gerechtigkeitsgehalts der verdrängten Regelung für die beim Merkmal der „Unvereinbarkeit" angesiedelte abschließende Interessenbewertung** zu begreifen.

505   **b) Das Merkmal der „gesetzlichen Regelung".** Der in § 307 Abs. 2 Nr. 1 BGB mit der „gesetzlichen Regelung" umschriebene normative Vergleichsmaßstab wird von der Rechtsprechung und weiten Teilen des Schrifttums im denkbar weitesten Sinne verstanden. Die „gesetzliche Regelung, von der abgewichen wird" soll neben den im Bürgerlichen Gesetzbuch und anderen Gesetzen enthaltenen Vorschriften auch alle ungeschriebenen Rechtsgrundsätze, die Regeln des Richterrechts oder die aufgrund ergänzender Auslegung nach §§ 157, 242 BGB und aus der Natur des jeweiligen Schuldverhältnisses zu entnehmenden Rechte und Pflichten umfassen.[150] Freilich gibt es auch Stimmen, die für eine restriktivere Handhabung des Merkmals der „gesetzlichen Regelung" im Rahmen des § 307 BGB plädieren.[151] Diese Differenz wirkt sich insbesondere auf die Inhaltskontrolle nicht kodifizierter Verträge aus, da hier der normative Maßstab eher selten dem geschriebenen Gesetzesrecht entnommen werden kann, die umstrittenen Randbereiche mithin an Bedeutung gewinnen.

506   **(1) Gesetze im formellen und materiellen Sinne.** Als Ausgangspunkt für die Konkretisierung des Begriffspaars „gesetzliche Regelung" bietet sich die **Legaldefinition des „Gesetzes" in Art. 2 EGBGB** an.[152] Gesetz im Sinne des Bürgerlichen Gesetzbuches ist nach Art. 2 EGBGB jede Rechtsnorm. Erfasst werden also **Gesetze im materiellen Sinne**.[153] Unter Gesetzen im materiellen Sinne versteht man alle auf dem Willen der Gemeinschaft beruhenden, allgemeinverbindlichen Rechtssätze, ohne Rücksicht darauf, in welcher Form sie im Rechtsleben Anerkennung gefunden haben.[154] Dagegen wird man auf **Grundrechte** als „gesetzliche Regelungen" nicht unmittelbar zurückgreifen können.[155] Sie gewähren in erster Linie subjektive Abwehrrecht gegenüber dem Staat. Ihre wertsetzende Bedeutung im Privatrechtsverkehr entfaltet sich im Rahmen der Inhaltskontrolle auf der Grundlage des § 307 BGB in der Abwägungsstation (vgl. Rn. 495a). Das

---

[149] Staudinger/*Schlosser*, 12. Aufl. 1980, AGBG § 9 Rn. 24; Ulmer/*Brandner*, 9. Aufl. 2001, AGBG § 9 Rn. 132 unter Hinweis auf BGH NJW 1989, 1479. Dort erwägt der BGH im Hinblick auf § 627 BGB eine differenzierte Betrachtungsweise, da unter diese Gesetzesvorschrift ganz verschiedene Dienstleistungen fielen.

[150] So zuletzt BAG NZA 2013, 148 (151) und BGH NJW 1998, 1640 (1642); zuvor schon BGH NJW 1993, 721 (722); Wolf/*Pfeiffer* BGB § 307 Rn. 108; Staudinger/*Wendland* BGB § 307 Rn. 231 ff.; Ulmer/*Brandner*, 9. Aufl. 2001, AGBG § 9 Rn. 140 rechnete noch „vertragstypenspezifische Grundgedanken" hinzu. Sehr weitgehend auch *Schapp* DB 1978, 621 ff. und *Weick* NJW 1978, 11 ff. *Canaris* (FS Ulmer, 2003, 1073 (1075)) spricht sich dafür aus, eine „gesetzliche Regelung" nicht in jedem einzelnen „kleinen" Paragraphen zu erblicken, sondern vorzugsweise in größeren Regelungskomplexen.

[151] Allen voran *Becker*, Auslegung des § 9 Abs. 2 AGB-Gesetz, S. 78 ff.; ferner *von Hoyningen-Huene* AGBG § 9 Rn. 245 ff.; *Zöllner* RdA 1989, 159 f.

[152] Auch das Adjektiv „gesetzlich" erschließt sich aus der Definition des Art. 2 EGBGB; vgl. Staudinger/*Merten* EGBGB Art. 2 Rn. 4.

[153] Vgl. hierzu Staudinger/*Merten* EGBGB Art. 2 Rn. 4.

[154] Staudinger/*Merten* EGBGB Art. 2 Rn. 2.

[155] Anders offenbar Erman/*Roloff*/*Looschelders* BGB § 307 Rn. 24.

gesetzliche Leitbild kann auch durch **Grundrechte** konstituiert werden, handelt es sich doch um subjektive Rechte, die gerade über die Generalklausel des § 307 BGB auch in die Privatrechtsverhältnisse einstrahlen. **Gewohnheitsrechtliche geltende Rechtssätze** stehen dem geschriebenen Gesetzesrecht damit gleich.[156] Zur gesetzlichen Regelung wird zu Recht auch der im Wege der **Analogie** erstreckte Geltungsbereich einer Norm gerechnet.[157] Der methodisch korrekt gezogene Analogieschluss erhebt die analogisierte Norm zum Gerechtigkeitsmodell für einen unmittelbar nicht geregelten Fall, sodass diese folgerichtig auch als gesetzliches Leitbild im Rahmen des § 307 Abs. 2 Nr. 1 BGB betrachtet werden muss.

Zur gesetzlichen Regelung gehören richtiger Ansicht nach nur die Vorschriften des **507** dispositiven Rechts.[158] Denn die in § 307 Abs. 2 Nr. 1 BGB vorgesehene Vergleichsprüfung, die auf ein Urteil über die Vereinbarkeit mit der gesetzlichen Regelung zielt, kann sinnvollerweise nur im Hinblick auf abdingbare Vorschriften durchgeführt werden. Der **Verstoß gegen zwingendes Recht** führt, wenn nicht schon die Verbotsnorm selbst das Nichtigkeitsverdikt ausspricht, nach § 134 BGB zur Unwirksamkeit der inkriminierten AGB-Bestimmung. Daneben bedarf es keiner weiteren, auf § 307 Abs. 2 Nr. 1 BGB gestützten Angemessenheitskontrolle der ohnehin nichtigen Klausel. Die anderslautende, insbesondere mit Blick auf das Verbandsverfahren entwickelte Rechtsprechung[159] vermag nicht zu überzeugen. Zwar ist es in der Tat geboten, auch AGB-Bestimmungen, die gegen zwingendes Recht verstoßen, in den das abstrakte Kontrollverfahren beschließenden Urteilsausspruch einzubeziehen. Die Lösung muss dann aber dort gesucht werden, wo sich das Problem stellt, nämlich im Verfahrensrecht. Nicht § 307 Abs. 2 Nr. 1 BGB bedarf der Ausdehnung, sondern der Tatbestand des § 1 UKlaG ist im Wege teleologischer Extension über seinen zu engen Wortlaut („nach §§ 307 bis 309 BGB") hinaus zu erweitern.[160]

Umstritten ist ferner, ob die **Vorschriften der §§ 305 ff.** selbst als Leitbilder der **508** Inhaltskontrolle nach § 307 Abs. 2 Nr. 1 BGB herangezogen werden können.[161] Richtiger Ansicht nach folgt schon aus dem allgemein anerkannten zwingenden Charakter der **§§ 305 bis 306 BGB,** dass diese Vorschriften nicht zugleich zu den gesetzlichen Regelungen im Sinne von § 307 Abs. 2 Nr. 1 BGB gehören. Klauseln, die darauf zielen, diese Vorschriften außer Kraft zu setzen – in Betracht kommt dies etwa bei Einbeziehungsklauseln, Schriftformklauseln oder salvatorischen Klauseln –, entfalten daher von vornherein keine Wirkung; sie bedürfen keiner nochmaligen Inhaltskontrolle nach § 307 BGB. Hier gilt nichts anderes als bei Verstößen gegen sonstige zwingende Normen. Das

---

[156] Heute unstreitig vgl. *Becker*, Auslegung des § 9 Abs. 2 AGB-Gesetz, S. 83 f.; Staudinger/*Wendland* BGB § 307 Rn. 88 und 231; Palandt/*Grüneberg* BGB § 307 Rn. 29. Einhellige Meinung auch zu Art. 2 EGBGB, vgl. statt vieler mwN Staudinger/*Merten* EGBGB Art. 2 Rn. 93.

[157] BGH NJW 1983, 1671 (1672); 1984, 1184 (1186); 1987, 1931 (1932 f.); Staudinger/*Wendland* BGB § 307 Rn. 231; Wolf/*Pfeiffer* BGB § 307 Rn. 108; Ulmer/*Fuchs* BGB § 307 Rn. 207.

[158] *Becker*, Auslegung des § 9 Abs. 2 AGB-Gesetz, S. 103 ff.; Palandt/*Grüneberg* BGB § 307 Rn. 29; Ulmer/*Fuchs* BGB § 307 Rn. 208; Staudinger/*Wendland* BGB § 307 Rn. 232; differenzierend *Fastrich*, Inhaltskontrolle, S. 284 f.: Zwingende Vorschriften seien insoweit von Bedeutung, als es um Vertragsbestimmungen gehe, die nicht unmittelbar gegen den zwingenden Verbotsgehalt der Norm verstießen, wohl aber gegen die von ihr verkörperten Wertungen. Auf diese Weise lasse sich der Rekurs auf die problematische Figur der Gesetzesumgehung vermeiden.

[159] BGH NJW 1983, 1320 (1322) im Hinblick auf § 38 ZPO; 1983, 1612 (1614) im Hinblick auf § 651h BGB; NJW-RR 1998, 629 im Hinblick auf § 87a HGB; Erman/*Roloff/Looschelders* BGB § 307 Rn. 24; Soergel/*Fritzsche* BGB § 307 Rn. 74.

[160] Ebenso *Becker*, Auslegung des § 9 Abs. 2 AGB-Gesetz, S. 106 f.; Staudinger/*Wendland* BGB § 307 Rn. 232; Wolf/*Lindacher* UKlaG § 1 Rn. 17; Staudinger/*Piekenbrock* UKlaG § 1 Rn. 26.

[161] Dafür: zB BGH NJW 1983, 1853 (1854); Wolf/*Pfeiffer* BGB § 307 Rn. 111; dagegen: *Becker*, Auslegung des § 9 Abs. 2 AGB-Gesetz, S. 107 ff.; Staudinger/*Wendland* BGB § 307 Rn. 241 f.; Ulmer/*Fuchs* BGB § 307 Rn. 210.

bedeutet dann aber auch, dass solche Klauseln aufgrund der gebotenen teleologischen Extension des § 1 UKlaG (vgl. Rn. 507) mit der Verbandsklage aufgegriffen werden können.[162] Nicht zu den „gesetzlichen Regelungen" rechnen ferner die besonderen Klauselverbote der **§§ 308 und 309 BGB**. Soweit sie unmittelbar anwendbar sind, gehen sie der Generalklausel des § 307 BGB vor. Sind ihre Anwendungsvoraussetzungen hingegen nicht erfüllt, wie zB bei Verwendung im unternehmerischen Verkehr, so fließt ihr Aussagegehalt regelmäßig in die Interessenabwägung nach § 307 Abs. 1 BGB ein. Mitunter sanktionieren die speziellen Klauselverbote bereits eine Abweichung von einer anderen gesetzlichen Regelung (zB § 309 Nr. 2 BGB hinsichtlich der in §§ 273 und 320 BGB verkörperten Gerechtigkeitsgebote). Diese dispositive Gesetzesregelung und nicht etwa das thematisch berührte Klauselverbot ist es dann, welche im Rahmen der Inhaltskontrolle nach § 307 Abs. 2 Nr. 1 BGB den normativen Vergleichsmaßstab abgibt. Dem Klauselverbot kann in diesem Zusammenhang lediglich eine die Argumentation unterstützende, weil die gesetzliche Regelung veranschaulichende Bedeutung zukommen.[163]

509   **(2) Ungeschriebene Rechtsgrundsätze und Richterrecht.** Die Inhaltskontrolle Allgemeiner Geschäftsbedingungen könnte ihrer Funktion, nämlich Schutz vor einseitiger Inanspruchnahme der Vertragsgestaltungsfreiheit zu gewähren, nicht nachkommen, wäre sie darauf beschränkt, die jeweilige Regelung an positiv gesetzten Vorschriften des dispositiven Rechts zu messen. Dieser Befund ist unstreitig. Ob und in welchem Umfang diese Lücke im Rahmen des § 307 Abs. 2 Nr. 1 BGB geschlossen werden kann, wird hingegen unterschiedlich beurteilt.

510   Die herrschende Meinung will – gestützt auf die Gesetzesmaterialien zum AGB-Gesetz[164] – normative Leitbilder aus der gesamten Rechtsordnung, dem geschriebenen und dem ungeschriebenen Recht unter Einbeziehung allgemeiner Rechtsgrundsätze schöpfen. Vielfach wird darüber hinaus auch pauschal dem Richterrecht leitbildfähige Normqualität im Sinne des § 307 BGB Abs. 2 Nr. 1 zuerkannt.[165] Mit Art. 2 EGBGB sind diese Weiterungen nur sehr begrenzt in Einklang zu bringen. Allgemeine Rechtsgrundsätze sind nur dann vom Gesetzesbegriff des Art. 2 EGBGB umfasst, wenn sie sich im Wege der Rechtsanalogie aus dem positiven Recht zuverlässig und als Rechtssatz formulierbar entwickeln lassen.[166] Gerichtserkenntnissen, auch in der Gestalt einer ständigen Rechtsprechung, verweigert das international-privatrechtliche Schrifttum die Anerkennung als Rechtsnorm im Sinne des Art. 2 EGBGB von vornherein, da es ihnen an der verbindlichen, generellen Wirkung für eine unbestimmte Vielzahl von Personen fehle.[167] Nun lässt sich allerdings die Frage stellen, ob der Bedeutungsgehalt der „gesetzlichen Regelung" in § 307 Abs. 2 Nr. 1 BGB zwingend im Sinne von Art. 2 EGBGB festgelegt werden muss.[168] Einsichtig wäre die Entkoppelung vom engen, immerhin mit dem Anspruch der Gültigkeit für das gesamte Bürgerliche Recht auftretenden Gesetzesbegriff des Art. 2 EGBGB, wenn nur auf diese Weise der von den AGB-rechtlichen Vorschriften erstrebte lückenlose Schutz gewährleistet werden könnte. Mit § 307 Abs. 2 Nr. 2 BGB steht jedoch ein weiterer Kontrolltatbestand bereit, der gerade für solche Vertragsgestaltungen vorgesehen ist, denen es an einem Vorbild im dispositiven Gesetzes-

---

[162] Wie hier *Becker*, Auslegung des § 9 Abs. 2 AGB-Gesetz, S. 107 ff.; Staudinger/*Wendland* BGB § 307 Rn. 241; Ulmer/*Fuchs* BGB § 307 Rn. 210.

[163] *Von Hoyningen-Huene*, § 9 AGBG Rn. 257a; Staudinger/*Wendland* BGB § 307 Rn. 242.

[164] Erster Teilbericht der Arbeitsgruppe beim Bundesminister der Justiz, S. 55; Begründung zum RegE, BT-Drs. 7/3919, S. 23.

[165] Dezidiert in diesem Sinne BGH NJW 1993, 721 (722); 1998, 1640 (1642); Staudinger/*Wendland* BGB § 307 Rn. 236 f.

[166] Staudinger/*Merten* EGBGB Art. 2 Rn. 112.

[167] Staudinger/*Merten* EGBGB Art. 2 Rn. 40.

[168] Verneinend Staudinger/*Wendland* BGB § 307 Rn. 233.

recht mangelt. Die systematisch wenig überzeugende Konsequenz der weithin zugrunde gelegten extensiven Interpretation des Kriteriums der „gesetzlichen Regelung" besteht darin, dass der Anwendungsbereich der Nummer 2 auf Kosten der Nummer 1 zusammenschrumpft und eine erhebliche Disproportionalität in das Verhältnis beider Kontrolltatbestände gebracht wird.[169]

Schon um solche Friktionen zu vermeiden, sollte man **allgemeine Rechtsgrundsätze**   **511** ebenso wie im Rahmen des Art. 2 EGBGB nur dann als „gesetzliche Regelung" gelten lassen, **wenn sie sich zuverlässig und in einem** methodisch gesicherten Verfahren aus dem positiven Recht entwickeln lassen. Die bisweilen in der Rechtsprechung zu beobachtende Tendenz, **ad hoc gebildete Argumente** zur Verdeutlichung des das Angemessenheitsurteil tragenden Abwägungsgedankens in den Rang eines gesetzlichen Leitbildes zu erheben, muss daher zurückgewiesen werden.[170] Um keine gesicherten Ableitungen aus dem positiven Recht handelt es sich zumeist auch, wenn zur „gesetzlichen Regelung" auch Grundsätze gerechnet werden, die von der Rechtsprechung auf der Grundlage von **Treu und Glauben** entwickelt worden sind.[171]

Nicht nur Art. 2 EGBGB, sondern auch der Wortlaut des § 307 Abs. 2 Nr. 1 BGB –   **512** „Regelung" – verlangt darüber hinaus, dass der in Aussicht genommene Rechtsgrundsatz eine **rechtssatzförmige Struktur** aufweist, also in einen Tatbestand und eine ihm zugeordnete Rechtsfolge zerfällt.[172] Dies ist bei allgemeinen Rechtsgrundsätze oder -prinzipien regelmäßig noch nicht der Fall. Sie vermögen zwar infolge ihres gedanklichen Gehalts die Richtung zu weisen, in der die zu findende Regel gelegen ist, sind aber selbst noch keine subsumtionsfähigen, der Anwendung auf den Einzelfall fähigen Regeln.[173]

Beispiele: Zu allgemein, um als Leitbild für die inhaltliche Kontrolle eines durch vertragliche Vereinbarung in bestimmter Weise geregelten Interessenkonflikts zu fungieren, sind Maximen wie
– das „**Verhältnismäßigkeitsprinzip**",[174]
– der „**Grundsatz der Bindung beider Vertragspartner**" *(pacta sunt servanda)*[175]
– oder das Ideal der „**Vertragsgerechtigkeit**".[176]

Als „gesetzliche Regelung" anzuerkennen sind hingegen sog. **rechtssatzförmige**   **513** **Prinzipien**[177], also solche, die sich infolge des erreichten Konkretisierungsgrades aus der Sicht des Rechtsanwenders kaum noch von kodifizierten Rechtsregeln unterscheiden. Allzu eng sollte der Kreis hier nicht gezogen werden. Überzogen wäre es, nur denjenigen Prinzipien Normcharakter zuzuerkennen, die in Form eines unmittelbar

---

[169] *Zöllner* RdA 1989, 160.
[170] Vgl. etwa die Urteile BGH NJW 1991, 1953; 1993, 721 (722); 1994, 318 (319); wie hier auch Ulmer/*Fuchs* BGB § 307 Rn. 213; ebenso im Rahmen des § 307 Abs. 3 BGB *Joost* ZIP 1996, 1691; *Schlosser* ZIP 1985, 452; *H. P. Westermann,* in: Zehn Jahre AGB-Gesetz, S. 152.
[171] BGH NJW 1983, 1671 (1672); ähnlich für § 8 AGBG (jetzt § 307 Abs. 3 BGB) BGH NJW 1984, 2160, zu Recht ablehnend *Joost* ZIP 1996, 1691.
[172] *Becker,* Auslegung des § 9 Abs. 2 AGB-Gesetz, S. 89.
[173] *Larenz,* Methodenlehre, S. 474; *ders.,* Richtiges Recht, S. 23 ff.; *Bydlinski,* Juristische Methodenlehre und Rechtsbegriff, s. 132 f.; *Kramer,* Juristische Methodenlehre, 6. Aufl. 2019, S. 295 f.; *Alexy,* Theorie der juristischen Argumentation, 7. Aufl. 2012, S. 319 („Prinzipien sind normative Aussagen so hoher Generalitätsstufe, dass sie in der Regel nicht ohne Hinzunahme weiterer normativer Prämissen angewendet werden können ...").
[174] So aber BGH NJW 1985, 3013 (3014); dagegen wie hier Ulmer/*Fuchs* BGB § 307 Rn. 213; zum Verhältnismäßigkeitsprinzip als Bewertungsgrundsatz im Rahmen der Abwägung vgl. Staudinger/*Wendland* BGB § 307 Rn. 162; allgemein zum Thema „Verhältnismäßigkeit und Privatrechtsordnung" *Medicus* AcP 192 (1992), 35 ff.; *Bieder,* Das ungeschriebene Verhältnismäßigkeitsprinzip als Schranke privater Rechtsausübung, 2007; *Preis* FS Dieterich, 1999, 429 ff.
[175] So aber BGH NJW 1984, 1182 (1183); BAG NZA 2005, 465 (467).
[176] So aber BGH NJW 1985, 3013 (3014); wie hier Ulmer/*Fuchs* BGB § 307 Rn. 213.
[177] *Larenz,* Methodenlehre, S. 479.

subsumtionsfähigen Rechtssatzes fertig bereit liegen und ohne weiteres zum Vergleich herangezogen werden können.[178] Denn ein solches Maß an tatbestandlicher Konkretheit erreichen selbst positiv gesetzte, als Leitbilder anerkannte, Vorschriften des Dispositivrechts oftmals nicht. Die sich mitunter offenbarende Notwendigkeit, den Regelungsgehalt der Gesetzesvorschrift erst im Wege der Auslegung zu präzisieren, stellt ihre Eignung als Leitbild im Rahmen des § 307 Abs. 2 Nr. 1 nicht in Frage. Weshalb für Rechtsprinzipien oder -grundsätze strengere Anforderungen gelten sollen, ist nicht einsichtig zu machen.

Beispiele leitbildfähiger allgemeiner Rechtsgrundsätze:

(1) Der **haftungsrechtliche Verschuldensgrundsatz;**[179] dieser besagt, dass eine Verpflichtung zum Schadensersatz regelmäßig nur bei schuldhaftem Verhalten besteht. Der Verschuldensgrundsatz ist Ausfluss übergeordneter Grundgedanken des Bürgerlichen Rechts.[180] Die regelhafte Anknüpfung der Einstandspflicht an schuldhaftes Verhalten erschließt sich zudem in Gesetzesform gegossen aus zahlreichen Vorschriften des Schuldrechts. Diese finden sich zum einen im Recht der Sonderverbindungen – dort insbesondere im Leistungsstörungsrecht (vgl. nur § 280 BGB) – und im Deliktsrecht (§ 823 BGB).

(2) Der **Grundsatz,** dass bei einem **Anspruch auf Schadensersatz statt der Leistung der Berechtigte** so zu stellen ist, wie er bei ordnungsgemäßer Vertragsdurchführung gestanden hätte, aber auch **nicht besser;**[181] hiergegen verstößt eine Klausel in einem vorformulierten **Leasingvertrag,** der zufolge für die Abrechnung bei vorzeitiger Vertragsbeendigung – anders als bei ordnungsgemäßer Vertragsbeendigung – nur 90 % des erzielten Gebrauchtwagenerlöses berücksichtigt werden.[182] Leitbildfähigen Charakter hat der weitere schadensersatzrechtliche Grundsatz der **Kompensationswirkung ersparter eigener Aufwendungen** des Geschädigten.[183]

(3) Das **Äquivalenzprinzip;**[184] dieses folgt aus der in den §§ 320 ff. BGB niedergelegten Grundidee des gegenseitigen Vertrages und bezieht sich auf den „Bestand der synallagmatischen Pflichten"[185]. Das typische, immer wieder beanstandete Grundmuster eines Verstoßes gegen das so verstandene Äquivalenzprinzip ist dadurch gekennzeichnet, dass die Allgemeinen Geschäftsbedingungen dem Verwender unter bestimmten Voraussetzungen das Recht zugestehen, sich von seiner Leistungspflicht zu lösen, den Vertragspartner jedoch weiterhin unverändert an seiner Gegenleistungspflicht festhalten. Wegen Verstoßes gegen das Äquivalenzprinzip ist beispielsweise aber auch die Befristung der **Gültigkeitsdauer von Telefonkarten** beanstandet worden, wenn keine Erstattung oder Anrechnung unverbrauchter Guthaben beim Kauf einer neuen Telefonkarte vorgesehen ist.[186] Gleiches gilt für **Verfallklauseln in Prepaid-Mobilfunk-AGB**[187] und für den in einem **Flugprämienprogramm** vorgesehenen **Verfall von Bonuspunkten** nach Kündigung.[188] Ferner halten (auch außerhalb der Anwendbarkeit von Maklerrecht) pauschale **Reservierungsentgelte** der Inhaltskontrolle nicht stand, wenn auf das Verhältnis von

---

[178] So aber *Becker,* Auslegung des § 9 Abs. 2 AGB-Gesetz, S. 89 und *von Hoyningen-Huene* AGBG § 9 Rn. 250. Insoweit berechtigt die Kritik von Staudinger/*Wendland* BGB § 307 Rn. 234.

[179] BGH NJW 1983, 159 (162); 1991, 1886 (1887); 1997, 1700 (1702); 2002, 1950 (1952); 2006, 47 (49); Ulmer/*Fuchs* BGB § 307 Rn. 214; Wolf/*Dammann,* Klauseln Rn. H 4.

[180] Vgl. insbesondere *Larenz/Canaris,* Schuldrecht II/2, § 75 I, S. 351 f. und Staudinger/*Hager* BGB Vorbem. zu §§ 823 ff. Rn. 24.

[181] BGH NJW 2002, 2713 (2714).

[182] BGH NJW 2002, 2713 (2714 f.).

[183] BGH NJW 2013, 856 (858).

[184] BGH NJW 1982, 331 (332); 1985, 2270; 1986, 179 (180); 1988, 204 (206); NJW-RR 1988, 1077 (1081); 1997, 304; NJW 2001, 2635 (2637); zustimmend auch die ganz herrschende Lehre vgl. etwa *von Hoyningen-Huene* AGBG § 9 Rn. 251; Ulmer/*Fuchs* BGB § 307 Rn. 214 f.; Wolf/*Pfeiffer* BGB § 307 Rn. 121; Staudinger/*Wendland* BGB § 307 Rn. 235; kritisch allerdings *Zöllner* RdA 1989, 160.

[185] So die treffende Kennzeichnung durch *von Hoyningen-Huene* AGBG § 9 Rn. 251.

[186] BGH NJW 2001, 2635 (2637 f.).

[187] OLG München NJW 2006, 2416; unzulässig ist es hier auch, für die Auszahlung des Restguthabens ein Entgelt vorzusehen, so OLG Schleswig NJW-RR 2013, 496 (aA mangels Kontrollfähigkeit OLG Hamburg MMR 2011, 170).

[188] BGH NJW 2010, 2046; 2018, 1157.

Leistung und Gegenleistung in der Rückabwicklungssituation nicht angemessen Rücksicht genommen wird, namentlich weil der Kunde infolge der vertraglichen Regeln keinerlei Gewähr dafür erhält, das fragliche Objekt auch erwerben zu können.[189]

(4) Als Rechtssatz des dispositiven Rechts bezeichnet der BGH den Grundsatz, dass **jeder Rechtsunterworfene seine gesetzlichen Verpflichtungen zu erfüllen** hat, ohne dafür ein gesondertes Entgelt verlangen zu können.[190] Ein Anspruch auf Ersatz anfallender Kosten bestehe nur dann, wenn dies im Gesetz vorgesehen sei. Sei dies nicht der Fall, könnten entstandene Kosten nicht auf Dritte abgewälzt werden. Noch weiterreichend formuliert der BGH, jede Entgeltregelung in Allgemeinen Geschäftsbedingungen, die sich nicht auf eine auf rechtsgeschäftlicher Grundlage für den einzelnen Kunden erbrachte Leistung stütze, sondern **Aufwendungen für die Erfüllung eigener Pflichten oder für Zwecke des Verwenders** abzuwälzen versuche, stelle eine Abweichung von Rechtsvorschriften dar und verstoße deshalb gegen § 307 Abs. 2 Nr. 1 BGB.[191] Aus diesem Grunde hat der BGH beispielsweise eine **Deaktivierungsgebühr in den Bedingungen eines Telekommunikationsanbieters** verworfen.[192]

(3) Vertragstypenspezifische Grundgedanken? In den Anwendungsbereich des § 307 Abs. 2 Nr. 1 BGB sollen nach verbreiteter Meinung auch die „spezifischen Grundgedanken im Verkehr anerkannter Vertragstypen" gehören, „auch wenn sie gesetzlich nicht geregelt sind".[193] Die Inhaltskontrolle müsse sich mangels eines passenden gesetzlichen Leitgedankens an einem aus den wirtschaftlichen Zusammenhängen und übergeordneten Ordnungsvorstellungen entwickelten typenspezifischen Leitbild orientieren.[194] Zur Begründung wird angeführt, die geringe gesetzliche Regelungsdichte sei kein zulässiger Grund für eine Abschwächung der Inhaltskontrolle.[195] So anerkennenswert der Zweck des Bemühens ist, so wenig vermag die hieraus abgeleitete methodische Konsequenz zu überzeugen. Dem skizzierten Ansatz ließe sich erst näher treten, wenn sich herausstellen sollte, dass sich das erstrebte Schutzniveau auf der Grundlage des § 307 Abs. 2 Nr. 2 BGB nicht erreichen lässt. Dort sollte immerhin nach dem Willen des historischen Gesetzgebers die Problematik des Fehlens dispositiver gesetzlicher Regelungen angesiedelt werden. Dass sich bei der Inhaltskontrolle gesetzlich nicht oder nur rudimentär geregelter Verträge auf der Grundlage der Nummer 2 eine Schutzlücke offenbaren könnte, ist nicht ohne weiteres zu erkennen und angesichts der dehnbaren Rechtsbegriffe dieses Tatbestandes auch nicht zu vermuten. Es spricht daher mehr dafür, den Regelungsbereich der Nummer 1 von solchen, den Wortlaut der Vorschrift („gesetzliche Regelung") gänzlich aufweichenden, Extensionen freizuhalten.[196]

c) Die Merkmale des „Abweichens" und der „Unvereinbarkeit". Die bisherigen Überlegungen konzentrierten sich auf die Frage, welche Anforderungen sich aus dem vom Gesetzgeber gewählten Merkmal der „gesetzlichen Regelung" an den normativen Vergleichsmaßstab ergeben. Nachfolgend geht es darum, die weiteren wesentlichen Schritte der vom Gesetz verlangten vergleichenden Betrachtung zu beschreiben. Bereits

514

515

---

[189] BGH NJW 2010, 3568.

[190] BGH NJW 2007, 3637 (3640).

[191] Deutlich zuletzt BGH NJW 2002, 2386 (2387).

[192] BGH NJW 2002, 2386.

[193] Wolf/*Pfeiffer* BGB § 307 Rn. 113.

[194] Ulmer/*Brandner*, 9. Aufl. 2001, AGBG § 9 Rn. 140. Ähnlich ist auch die Zielrichtung der Beiträge von *Weick* NJW 1978, 11 ff. und *Schapp* DB 1978, 621 ff. Beide setzen sich für eine Ausdifferenzierung der gesetzlichen Regeltypen in speziellere Leitbilder ein.

[195] Ulmer/*Brandner*, 9. Aufl. 2001, AGBG § 9 Rn. 140.

[196] Wie hier im Ergebnis *Becker*, Auslegung des § 9 Abs. 2 AGB-Gesetz, S. 96 ff., 175 f., 208; *Fastrich*, Inhaltskontrolle, S. 286; *von Hoyningen-Huene* AGBG § 9 Rn. 246 f. Eine Zwischenposition nehmen Staudinger/*Wendland* BGB § 307 Rn. 237 und Ulmer/*Fuchs* BGB § 307 Rn. 220 ein, die die Möglichkeit eines „Hinüberwachsens" der Inhaltskontrolle von Nr. 2 in Nr. 1 durch Konsolidierung und Verfestigung der gerichtlichen Entscheidungspraxis bejahen.

die Wortwahl des Gesetzgebers – „abgewichen" und „nicht zu vereinbaren" – deutet hier eine sinnvolle **Zweiteilung der Vergleichsprüfung** an.[197]

516   **(1) Feststellung einer für den Vertragspartner nachteiligen Rechtslagendivergenz.** Eine „Abweichung" von der als Leitbild der Inhaltskontrolle fungierenden gesetzlichen Regelung liegt vor, **wenn zum Nachteil des Kunden etwas inhaltlich anders ausbedungen wird, als das aussagt, was sonst aufgrund der gesetzlichen Regelung für den konkret zu beurteilenden Ausschnitt des Vertrages gelten würde.**[198] An dieser Stelle kommt es nun – wiederum in Parallele zu § 307 Abs. 3 BGB – zu einem Vergleich zweier Rechtslagen, nämlich der durch die fragliche AGB-Klausel gestalteten Rechtslage mit derjenigen, die sich ergäbe, wenn die vorformulierte Abrede nicht Bestandteil der vertraglichen Einigung gewesen wäre.[199] Die Abweichung kann in einer weitgehenden Ausschaltung des dispositiven Rechts, in der Ersetzung oder Modifikation einer gesetzlichen Vorschrift oder aber in ihrer sinnverwandelnden Weglassung gesehen werden.[200] Eine Abweichung von der gesetzlichen Regelung liegt ferner in den Fällen der formularmäßigen „Umtypisierung" vor, wenn also kraft vertraglicher Vereinbarung nicht die vom gesetzichen Vertragstypenrecht für einen solchen Vertrag vorgesehenen Regelungen, sondern andere gesetzliche Bestimmungen für anwendbar erklärt werden; zB: Anwendung von Kaufrecht auf ein sich dem Inhalte nach als Werkvertrag darstellendes Interessenarrangement.[201] Wichtig ist allein, dass der materielle Regelungsgehalt des gesetzlichen Leitbildes zulasten des Kunden verändert wird. Abweichungen, die den Kunden gegenüber der gesetzlichen Regelung besser stellen, werden entsprechend der Gesamtzielrichtung des AGB-Rechts und seines § 307 BGB, der sich zur Beschreibung des grundlegenden Kontrollmaßstabs in Absatz 1 des Ausdrucks der „Benachteiligung" bedient, von vornherein nicht vom Tatbestand der Nummer 1 erfasst.[202] Abgesehen von dieser den Rechtslagenvergleich beschließenden Beurteilung der zutage geförderten Divergenz in den Kategorien von nachteilig und vorteilhaft liegt der Schwerpunkt der durch das Tatbestandsmerkmal der „Abweichung" veranlassten Prüfung im Bereich der Analyse und nicht auf der Ebene der Wertung.[203]

517   Insbesondere im Hinblick auf gesetzlich nicht geregelte Verträge oder solche, die in wichtigen Punkten von der gesetzlichen Regelungsstruktur abweichen, kommt es darauf an, den Bezugspunkt der Divergenzprüfung exakt zu bezeichnen. Die herrschende Mei-

---

[197] Wie hier Staudinger/*Wendland* BGB § 307 Rn. 243 ff. und 253 ff.; Schlosser/Coester-Waltjen/*Graba* AGBG § 9 Rn. 26 ff.; Soergel/*Fritzsche* BGB § 307 Rn. 75 und 78; *Becker*, Auslegung des § 9 Abs. 2 AGB-Gesetz, S. 90 ff. und 128 ff.; zu undifferenziert freilich Wolf/*Pfeiffer* BGB § 307 Rn. 125 ff. Staudinger/*Schlosser*, 12. Aufl. 1980, AGBG § 9 Rn. 22 meinte sogar, es lasse sich sinnvollerweise nicht zwischen einer durch Allgemeine Geschäftsbedingungen vorgenommenen Abweichung von Grundgedanken der gesetzlichen Regelung einerseits und der Angemessenheit bzw. Unangemessenheit eben dieser Abweichung unterscheiden; gegen ihn jedoch *Becker*, Auslegung des § 9 Abs. 2 AGB-Gesetz, S. 129 f.

[198] So prägnant Staudinger/*Schlosser*, 12. Aufl. 1980, AGBG § 9 Rn. 20.

[199] Schlosser/Coester-Waltjen/*Graba* AGBG § 9 Rn. 26; Staudinger/*Wendland* BGB § 307 Rn. 243; *von Hoyningen-Huene* AGBG § 9 Rn. 263; *Becker*, Auslegung des § 9 Abs. 2 AGB-Gesetz, S. 90.

[200] Soergel/*Fritzsche* BGB § 307 Rn. 75; *von Hoyningen-Huene* AGBG § 9 Rn. 263; Staudinger/*Wendland* BGB § 307 Rn. 244.

[201] Staudinger/*Wendland* BGB § 307 Rn. 245; *von Hoyningen-Huene* AGBG § 9 Rn. 264; *Becker*, Auslegung des § 9 Abs. 2 AGB-Gesetz, S. 99; Schlosser/Coester-Waltjen/*Graba* AGBG § 9 Rn. 26; *Schmidt-Salzer*, AGB, Rn. E 18 f. Allerdings entscheidet erst die sich anschließende Unvereinbarkeitsprüfung über die endgültige Unwirksamkeit solcher Klauseln.

[202] Staudinger/*Schlosser*, 12. Aufl. 1980, AGBG § 9 Rn. 20; *Becker*, Auslegung des § 9 Abs. 2 AGB-Gesetz, S. 91. Vgl. im Übrigen auch den Bericht des Rechtsausschusses, BT-Drs. 7/5422, S. 6.

[203] Ebenso die Zielrichtung von Staudinger/*Wendland* BGB § 307 Rn. 243.

nung neigt hier dazu, den jeweiligen Vertrag im Wege eines globalen Ähnlichkeitsvergleichs in das System der gesetzlichen Typenordnung einzupassen und den für einschlägig erachteten normativen Regeltypus als „gesetzliche Regelung" im Sinne des § 307 Abs. 2 Nr. 1 BGB zu etablieren. Als „Notbremse" zur Verhinderung unsachgemäßer Ergebnisse bleibt ihr meist nur noch die auf die Gesetzesformulierung „im Zweifel" gestützte Widerlegungsprüfung. Stattdessen empfiehlt es sich, in den problematischen Fällen auf eine Rechtsnaturbestimmung gänzlich zu verzichten. Vielmehr sollte unmittelbar Ausschau nach einer gesetzlichen Vorschrift gehalten werden, die die durch die jeweilige Klausel angesprochene Regelungsthematik aufgreift. Die typologische Zuordnung des Vertrages ist weder eine notwendige noch eine hinreichende Bedingung für die Leitbildkontrolle nach den §§ 305 ff. BGB. Sie kann – wie *Oechsler* dies zutreffend ausdrückt[204] – lediglich einen gewissen Erfahrungswert für sich reklamieren. Für den Tatbestand des § 307 Abs. 2 Nr. 1 BGB bedarf es der Namhaftmachung einer für das konkrete Regelungsthema maßgeblichen gesetzlichen Vorgabe; die methodische Begründung der Anwendbarkeit der Gesetzesregel (direkt oder analog) spielt dabei keine Rolle. Diese Prüfung ist abschließend im Rahmen des § 307 Abs. 2 Nr. 1 BGB durchzuführen.[205] Nur auf diese Weise kann der auf konkrete Einzelregelungen bezogenen Konzeption des AGB-Rechts und der bereits dargelegten[206] Systematik des § 307 BGB überzeugend Rechnung getragen werden. Ob eine einschlägige gesetzliche Vorgabe existiert, ist im Wege der üblichen Auslegungs- und Rechtsanwendungsgrundsätze zu ermitteln.[207] Führt dieses Verfahren zu dem Ergebnis, dass für ein bestimmtes Klauselthema ein gesetzliches Pendant fehlt, kann eine Abweichung mangels einer den Vergleichsmaßstab bildenden gesetzlichen Regelung nicht konstatiert werden.[208] Die Inhaltskontrolle ist in diesem Falle an § 307 Abs. 2 Nr. 2 BGB auszurichten.

(2) **Die Unvereinbarkeitsprüfung als abschließende Wertungsstation.** Hat der von § 307 Abs. 2 Nr. 1 BGB geforderte Rechtslagenvergleich eine Abweichung von der gesetzlichen Regelung offenbar werden lassen, so muss in einem letzten Schritt geklärt werden, ob in dieser Divergenz zugleich ein mit dem Grundgedanken der gesetzlichen Regelung „nicht zu vereinbarender" Widerspruch erblickt werden kann. Mit diesem Prüfungsschritt ist die **entscheidende und abschließende Wertungsinstanz** der Leitbildkontrolle nach § 307 Abs. 2 Nr. 1 BGB erreicht. Das Unvereinbarkeitsurteil stellt dabei das Resultat eines wertenden Vergleichs der durch die vertragliche Abrede intendierten Rechte- und Pflichtenverteilung mit derjenigen dar, die das Gesetz für diesen Fall vorsieht.[209] In diesen wertenden Vergleich fließen auch die den Vertragsschluss motivierenden Interessen der Parteien ein. Die Abwägung der beiderseitigen Interessen kann jedoch nicht gleichermaßen offen und umfassend ausgestaltet werden, wie dies für die Begründung der Unangemessenheit einer Klausel nach § 307 Abs. 1 BGB zu verlangen wäre.[210] Denn durch die Abweichung vom gesetzlichen Regelungsmodell liegt von vornherein ein Gewicht auf der Waagschale des Rechts, das für die Unvereinbarkeit und damit die Unangemessenheit der vertraglichen Abrede streitet.[211] Die Gegenansicht,[212] die auch hier für eine ergebnisoffene, nicht vorbelastete Interessenabwägung eintritt, ebnet tendenziell

518

---

[204] *Oechsler,* Gerechtigkeit im modernen Austauschvertrag, S. 310; ebenso Staudinger/*Wendland* BGB § 307 Rn. 246, der von einem „allenfalls heuristischen Wert" spricht.

[205] Staudinger/*Wendland* BGB § 307 Rn. 246.

[206] Vgl. oben → Rn. 496 ff.

[207] Staudinger/*Schlosser,* 12. Aufl. 1980, AGBG § 9 Rn. 20; *Becker,* Auslegung des § 9 Abs. 2 AGB-Gesetz, S. 91.

[208] Staudinger/*Wendland* BGB § 307 Rn. 244.

[209] *Becker,* Auslegung des § 9 Abs. 2 AGB-Gesetz, S. 132 f.; Staudinger/*Wendland* BGB § 307 Rn. 254; *von Hoyningen-Huene* AGBG § 9 Rn. 268.

[210] Staudinger/*Wendland* BGB § 307 Rn. 253.

den Unterschied zwischen § 307 Abs. 1 und Abs. 2 Nr. 1 BGB ein. Die vom Gesetzgeber mit der Aufstellung der Sondertatbestände bezweckte Erleichterung der Rechtsfindung könnte nicht realisiert werden. Das Ausmaß des Wertungsüberhangs hängt *in concreto* vom **Gerechtigkeitsgehalt der verdrängten Regelung** im Hinblick auf die konkrete Klauselthematik ab. Hier ist der Ort, an dem Überlegungen zum Gerechtigkeitsgehalt des einschlägigen dispositiven Rechts sinnvollerweise und im Zusammenhang mit weiteren Wertungselementen angestellt werden können.

519   Die Vorbelastung der Interessenabwägung, die sich aus der Feststellung einer Abweichung vom dispositiven Gesetzesrecht ergibt, zwingt dazu, den Fokus auf die **Abweichungsinteressen des Verwenders** zu richten.[213] Solche, die Abweichung rechtfertigende Interessen können ihren Ursprung insbesondere in den dem Vertragsschluss zugrunde liegenden Verhältnissen haben. Diese sind einem ständigen Wandel unterworfen, erzeugen neue Bedürfnisse und verlangen ggf. nach einer anderen Risiko- und Lastenverteilung. Die Anforderungen an die rechtfertigende Begründung variieren je nach Grad der Verbindlichkeit der Dispositivnorm und im Hinblick auf die konkrete Fallgestaltung. So sind formularmäßige Abweichungen vom Gewährleistungsmodell des Kaufrechts grundsätzlich nur in sehr engen Grenzen zulässig, wie bereits § 309 Nr. 8 Buchst. b Doppelbuchst. aa BGB erweist. Handelt es sich hingegen um den Verkauf gebrauchter Sachen, so ist der Gerechtigkeitsgehalt der §§ 434 ff. BGB deutlich geringer zu veranschlagen.

520   Die Abweichung vom gesetzlichen Leitbild hat ferner dann Bestand, wenn der AGB-Verwender im Großen und Ganzen nur einen **anderen Weg zu einer gleichwertigen Lasten- und Risikoverteilung** einschlägt ohne hierbei die gesetzliche Interessenbewertung grundsätzlich zu verschieben.[214] Das AGB-Recht zielt keineswegs darauf, die gesetzlichen Regelungsmodelle und Teillösungen zu zementieren. Vertragliche Alternativlösungen müssen zulässig sein, vorausgesetzt, die vom Gesetzgeber anerkannten Interessen des Kunden bleiben, wenn auch auf anderem Wege, im Ergebnis gewahrt (hilfreich insoweit die Formel vom „wertenden Ergebnisvergleich"). So entsprach es schon lange vor der Schuldrechtsmodernisierung verbreiteter Praxis, die Wandlungs- und Minderungsansprüche durch ein vorgeschaltetes Nachbesserungsrecht zu ersetzen. Darin lag eine adäquate Kompensation – vorausgesetzt, dass das Wiederaufleben der abbedungenen Gewährleistungsansprüche im Falle des Fehlschlagens der Nachbesserung sichergestellt war (§ 11 Nr. 10 Buchst. b AGBG, jetzt § 309 Nr. 8 Buchst. b Doppelbuchst. bb BGB.[215]

521   **d) Beispiele aus der Rechtsprechung.** Abschließend seien einige – vor allem der neueren Rechtsprechung entnommene – Fallbeispiele aufgeführt, bei denen eine mit

---

[211] *Becker*, Auslegung des § 9 Abs. 2 AGB-Gesetz, S. 131 f.; *von Hoyningen-Huene* AGBG § 9 Rn. 267.

[212] Für uneingeschränkte Interessenabwägung etwa Ulmer/*Brandner*, 9. Aufl. 2001, AGBG § 9 Rn. 141 aE. Die Rechtsprechung ist uneinheitlich: für eine umfassende Interessenabwägung auch nach festgestellter Divergenz beispielsweise BGH NJW 1996, 2574 (2576) und OLG Düsseldorf NJW-RR 1988, 1051 (1053), während es in BGH NJW 1990, 2065 (2066) heißt, die von der gesetzlichen Regelung (*in concreto* der kaufrechtlichen Verjährungsfrist) abweichende AGB-Bestimmung müsse, um dennoch wirksam zu sein, durch ein besonderes Interesse des Verwenders gerechtfertigt sein, das das Interesse der Gegenseite an der Einhaltung der durch das Gesetz gezogenen Grenze übersteigt.

[213] Staudinger/*Wendland* BGB § 307 Rn. 253.

[214] Staudinger/*Wendland* BGB § 307 Rn. 257 f.; *von Hoyningen-Huene* AGBG § 9 Rn. 268; Wolf/*Pfeiffer* BGB § 307 Rn. 126; auf diesen Gesichtspunkt will *Canaris* (FS Ulmer, 2003, 1073 (1075)) die Unvereinbarkeitsprüfung beschränken.

[215] Staudinger/*Schlosser*, 12. Aufl. 1980, AGBG § 9 Rn. 24.

wesentlichen Grundgedanken der gesetzlichen Regelung unvereinbare Abweichung in Betracht kommt:[216]

Beispielhafte Auswahl:

(1) Die gesetzliche **Verjährungsregelung in § 195 BGB** stellt einen vom Gesetzgeber sorgfältig abgewogenen Interessenausgleich dar, der maßstabsetzend auch die Inhaltskontrolle prägt. Abweichungen sind zwar nicht per se ausgeschlossen, müssen aber die Grundentscheidungen des Verjährungsrechts unberührt lassen.[217] Die Abweichung muss jedenfalls durch berechtigte Interessen des Verwenders gerechtfertigt sein. Die **Verkürzung der Verjährungsfrist für den Werklohnanspruch** des Auftragnehmers auf zwei Jahre in einem vom Auftraggeber vorformulierten Bauvertrag ist nicht durch derartige berechtigte Interessen gedeckt, sodass hierin eine unangemessene Benachteiligung des Auftragnehmers gesehen werden muss.[218] Dagegen ist die Verlängerung der Verjährungsfrist für eine Bürgschaftsforderung bei gleichzeitiger Verkürzung der Höchstfrist nicht zu beanstanden.[219]

(2) Der **Gläubiger** ist grundsätzlich **berechtigt, nur einen teilbaren Teil der ihm vertraglich zustehenden Gesamtleistung vom Schuldner zu fordern,** sofern dem nicht der Grundsatz von Treu und Glauben (§ 242 BGB) entgegensteht. Diese Regel zählt zu den wesentlichen Grundgedanken des Schuldrechts, denn mit dem Recht zur Forderung von Teilleistungen soll der Gläubiger die Möglichkeit haben, von einer Gesamtleistung die Teile zu beziehen, die ihn daran (noch) interessieren. Gegen diesen Leitgedanken verstößt das in Flug-AGB enthaltene Verbot des „**cross-ticketing**".[220]

(3) **§ 286 Abs. 3 BGB,** wonach der Schuldner einer Geldforderung spätestens 30 Tage nach Fälligkeit und Zugang einer Rechnung automatisch in Verzug gerät, soll ausweislich des Berichts des Rechtsausschusses,[221] auf dessen Betreiben die Bestimmung in das Bürgerliche Gesetzbuch eingefügt worden ist, zum Leitbild des Gesetzes gehören. Teilt man diese Einschätzung, so stellen abweichende Vereinbarungen zulasten des Verbrauchers eine unangemessene Benachteiligung im Sinne des § 307 BGB dar.

(4) **§ 314 BGB** kodifiziert den Rechtsgrundsatz, dass den Vertragsparteien eines **Dauerschuldverhältnisses** stets ein Recht zur **außerordentlichen Kündigung** bei Vorliegen eines wichtigen Grundes zusteht. Dieses Recht kann durch Allgemeine Geschäftsbedingungen weder abbedungen noch eingeschränkt werden. Nichtig ist insbesondere eine Kündigungsklausel, welche zusätzliche Voraussetzungen für die Ausübung des Kündigungsrechts statuiert oder die möglichen Kündigungssachverhalte enumerativ aufzählt und andere damit ausschließt.[222]

(5) Im **Bankgeschäft** hat die **Wertstellung** eingehender Beträge auf dem Empfängerkonto nach dispositivem Gesetzesrecht (arg. e §§ 667, 271 Abs. 1 BGB) für den Tag zu erfolgen, an dem der Betrag bei der Bank eingeht, dh sie buchmäßig Deckung erlangt, und der Empfänger deshalb einen Anspruch auf die Gutschrift hat. Eine Regelung in den Allgemeinen Geschäftsbedingungen einer Bank, wonach bei Bareinzahlungen die Wertstellung erst einen Bankarbeitstag nach der Einzahlung erfolgt, ist – auch im unternehmerischen Verkehr[223] – inhaltlich unangemessen, weil dem Kunden eine Zinspflicht für einen in Wahrheit nicht bestehenden Schuldsaldo auferlegt und er so behandelt wird, als nähme er einen Kredit in Höhe der Einzahlung in Anspruch mit der Folge, dass er insoweit für sein eigenes Kapital gegenüber der Bank zinspflichtig ist.[224] Beachte jetzt §§ 675t und 675e Abs. 1 und 3 BGB.

---

[216] Vgl. ferner die unter → Rn. 513 im Zusammenhang mit allgemeinen Rechtsprinzipien aufgeführten Fälle.

[217] BGH NJW 2015, 2571 Rn. 17.

[218] BGH NJW 2013, 525.

[219] BGH NJW 2015, 2571.

[220] BGH NJW 2010, 1958; OLG Frankfurt NJW-RR 2013, 829; zur Problematik auch *Purnhagen/Hauzenberger* VuR 2009, 131 ff; zu Streckenbindungsklauseln im Flugverkehr siehe *Teichmann* JZ 2019, 71.

[221] Bericht des Rechtsausschusses zum Entwurf eines Gesetzes zur Beschleunigung fälliger Zahlungen, BT-Drs. 14/2752, S. 11.

[222] BGH NJW 2012, 1431 (1432 f.).

[223] BGH NJW 1997, 3168.

[224] BGH NJW 1989, 582 und für Banküberweisungen BGH NJW 1997, 2042 mzustAnm *Lindacher* JR 1998, 150; zur Wertstellung im Giroverhältnis auch *Borges* WM 1998, 105 ff.

(6) Eine Klausel, nach der es bei einer nicht zur Tilgung aller gesicherten Forderungen ausreichenden Zahlung auf eine Grundschuld dem Gläubiger erlaubt sein soll, nach seinem billigen Ermessen die Zahlung auf die Forderungen zu verrechnen, schließt das dem Schuldner nach § 366 Abs. 1 BGB zustehende **Tilgungsbestimmungsrecht** aus und modifiziert überdies zu seinem Nachteil die Vorschrift des § 366 Abs. 2 BGB. Hierin liegt eine unangemessene Benachteiligung des Schuldners.[225]

(7) Die **Tilgungsverrechnung** einer Bank ist nach Ansicht des BGH nicht bereits deshalb zu missbilligen, weil sie von der – ungeschriebenen – Regel des Darlehensrechts abweicht, dass der vereinbarte Zinssatz grundsätzlich jeweils von der tatsächlich noch bestehenden Kapitalschuld berechnet wird. Diese Regel gehöre nicht zu den wesentlichen Grundgedanken der gesetzlichen Regelung.[226] Diese Rechtsprechung ist problematisch und steht in einem eigentümlichen Gegensatz zu den Erkenntnissen betreffend die Wertstellungspraxis der Banken.

(8) Als gesetzliche Leitentscheidung im Sinne des § 307 Abs. 2 Nr. 1 BGB ist in der Rechtsprechung zum **Bürgschaftsrecht** § 767 Abs. 1 S. 3 BGB herausgestellt worden. Die **formularmäßige Ausdehnung der Haftung über die verbürgte „Anlassforderung" hinaus für alle bestehenden und zukünftigen Verbindlichkeiten des Hauptschuldners aus der bankmäßigen Geschäftsverbindung** legt dem Bürgen ein Risiko auf, dessen Umfang allein vom Handeln Dritter bestimmt wird, das er infolgedessen weder beeinflussen noch kalkulieren kann. Dies widerspricht den Grundsätzen der im Vertragsrecht geltenden Privatautonomie.[227] Dieser Gedanke beansprucht in gleicher Weise im unternehmerischen Verkehr Beachtung, es sei denn, entsprechende Einstandspflichten werden im Verhältnis zum Hauptschuldner – wie etwa von Banken – nur entgeltlich übernommen.[228] Später erweiterte der BGH seine Argumentation mit einer auf den Transparenzgedanken gestützten Überlegung: die Erstreckung der Haftung des Bürgen auf alle bestehenden Ansprüche gegen den Hauptschuldner sei nach § 307 Abs. 1 BGB unwirksam, wenn das Bürgschaftsformular die verbürgten Forderungen nicht näher bezeichne.[229] Zur Unwirksamkeit der Erstreckung der Bürgenhaftung über den in einer Höchstbetragsbürgschaft festgelegten Betrag vgl. unter → Rn. 549. Unwirksam ist ferner der formularmäßige Ausschluss des Rechts des Bürgen, die dem Hauptschuldner zustehenden Einreden geltend zu machen.[230]

---

[225] BGH NJW 1999, 2043 (2044).

[226] BGH NJW 1989, 222 (223 f.) unter Hinweis auf § 20 Abs. 2 HypothekenbankG; bestätigt durch BGH NJW 1992, 179; aA OLG Bremen NJW 1991, 1837; AG Münster NJW 1999, 2050; ablehnend auch Ulmer/*Brandner*, 9. Aufl. 2001, AGBG Anh. §§ 9 –11 AGBG Rn. 283a und Wolf/*Hubert Schmidt*, Klausel D 17. Zur Würdigung solcher Klauseln sub specie Transparenzgebot → Rn. 569.

[227] Ständige Rechtsprechung BGH NJW 1997, 3230 (3232); 1998, 450 (451) mit Anm. *Hager* JR 1998, 419 ff.; 1998, 2815 (2816); 1999, 3195; 2000, 658 (659); 2000, 1566; 2000, 2580 (2582); NJW-RR 2002, 343 (344); NJW 2002, 3167 (3168); OLG Köln ZIP 1998, 465; hierzu *Tiedtke* ZIP 1998, 449. Diese Rechtsprechung ist nicht anwendbar, wenn sich ein Allein- oder Mehrheitsgesellschafter oder ein Geschäftsführer für Schulden seiner GmbH verbürgt; denn der Bürge hat in diesen Fällen regelmäßig auch Einfluss auf Art und Höhe der Kreditverbindlichkeit (vgl. BGH NJW 1995, 2553 (2555); 1999, 3195; 2002, 3167 (3168); OLG Köln BB 1999, 710 (711)). Bedenklich weit geht jedoch die Entscheidung BAG NJW 2000, 3299, die einer formularmäßigen Bürgschaft zur Sicherung aller künftigen Forderungen aus einem Arbeitsverhältnis trotz der Ausgestaltung als Höchstbetragsbürgschaft die Anerkennung versagt. Zur Höchstbetragsbürgschaft einer GmbH für Forderungen des Gläubigers gegen den Alleingesellschafter zuletzt BGH NJW 2002, 3167. Zur Würdigung globaler Sicherungsklauseln unter dem Gesichtspunkt des § 305c Abs. 1 BGB vgl. bereits Rn. 340. Rechtsfolge der Unwirksamkeit bzw. im Falle des § 305c Abs. 1 BGB der Nichteinbeziehung ist, dass sich die Haftung des Bürgen dann auf die Forderungen beschränkt, die den Anlass zur Erteilung der Bürgschaft gaben; vgl. hierzu im Übrigen Rn. 605 f. Zur Parallelproblematik bei Grundschuldbestellungen → Rn. 340.

[228] BGH NJW 1998, 3708 (3709) mit kritischen Anmerkungen von *Edelmann* BB 1999, 123 f. und *Grunewald* JZ 1999, 145 f. Ferner BGH NJW-RR 2002, 343 (344).

[229] BGH NJW 2000, 658 (659 ff.) mit Ausnahme für Bürgschaften von Geschäftsführern oder Gesellschaftern für Verbindlichkeiten ihrer Gesellschaften; hierzu ferner BGH NJW 2000, 1179 (1182).

[230] BGH NJW 2001, 1857 (1858); OLG Köln NJW-RR 2008, 1340; OLG München NJW-RR 2008, 1342.

(9) § 776 BGB befreit den Bürgen insoweit von seinen Verpflichtungen, als er aus einem Sicherungsrecht, welches der Gläubiger nach Entstehung der Bürgschaftsverpflichtung aufgegeben hat, nach § 774 BGB hätte Ersatz verlangen können. Hierbei handelt es sich um eine wichtige Vorschrift zugunsten des Bürgen. Sie zielt darauf, die Durchsetzbarkeit des Rückgriffsanspruchs des Bürgen gegen den Hauptschuldner zu verstärken und so die Folgen der Bürgenhaftung zu mildern. Ein genereller **Verzicht auf die Rechtsfolgen des § 776 BGB** stellt nach neuerer Rechtsprechung grundsätzlich eine unangemessene Benachteiligung des Bürgen dar.[231]

(10) Vom gesetzlichen Regelungsmodell der §§ 765 ff. BGB weicht in beträchtlichem Umfang auch die **Bürgschaft auf erstes Anfordern** ab.[232] Hierbei handelt es sich um eine für den Bürgen äußerst riskante Form der Bürgschaftsverpflichtung, ist er doch bei Vorliegen bestimmter formaler Voraussetzungen auf erstes Anfordern des Gläubigers ohne weiteres zur Zahlung der Bürgschaftssumme verpflichtet. Die materielle Berechtigung kann er erst im Nachhinein in einem von ihm anzustrengenden Rückforderungsprozess (§ 812 BGB) klären lassen. Aus diesem Grunde wird man eine Bürgschaft auf erstes Anfordern für unwirksam halten müssen, wenn der Bürge Verbraucher ist.[233] Weitergehend meint der BGH, die Übernahme von Bürgschaften auf erstes Anfordern sei Kreditinstituten vorbehalten.[234] Im Übrigen ist die Verpflichtung, eine Bürgschaft auf erstes Anfordern zu stellen, auch für den Hauptschuldner nicht ohne Risiko. Der BGH erklärte zuletzt die in den Bedingungen eines Bestellers enthaltene Klausel für unwirksam, der zufolge der Bauunternehmer zur Sicherung von Vertragserfüllungsansprüchen eine Bürgschaft auf erstes Anfordern zu stellen habe.[235]

(11) Zur Zulässigkeit von **Bankentgelten** und insbesondere zu **Bearbeitungsentgelten** siehe ferner → Rn. 521 a ff.

(12) Für **Kaufverträge** über neu hergestellte Sachen ist – außerhalb des unternehmerischen Verkehrs – zunächst das besondere Klauselverbot des § 309 Nr. 8 Buchst. b BGB zu beachten. Ferner kann sich ein Unternehmer auf Vereinbarungen in Verbrauchsgüterkaufverträgen, die zum Nachteil des Verbrauchers von den §§ 433 bis 435, 437, 439 bis 443 BGB sowie von den Vorschriften über den Verbrauchsgüterkauf (§§ 474 ff. BGB) abweichen, nicht berufen. Daraus lässt sich allerdings nicht der Schluss ableiten, dass den im Hinblick auf die Verbrauchsgüterkaufrichtlinie eingefügten oder modifizierten Vorschriften des Kaufrechts auch für Kaufverträge, die nicht unter § 474 BGB fallen, eine Leitbildfunktion zukommt.[236] So kann beispielsweise gegenüber Käufern, die als Unternehmer einzustufen sind, das Wahlrecht zwischen Nachlieferung und Nachbesserung (§ 439 Abs. 1 BGB) auch in Allgemeinen Geschäftsbedingungen eingeschränkt werden. Eine Klausel, die es dem Verkäufer bei Zahlungsverzug gestattet, unter Eigentumsvorbehalt gelieferte Geräte bis zur Kaufpreiszahlung vorläufig wieder zurückzunehmen, widerspricht dem wesentlichen Grundgedanken des § 449 Abs. 2 BGB und ist im Rechtsverkehr mit Verbrauchern nach § 307 Abs. 2 Nr. 1, Abs. 1 S. 1 BGB unwirksam.[237]

(13) In Maklerverträgen sind unwirksam alle Gestaltungsformen, die entgegen § 652 BGB einen **erfolgsunabhängigen Provisionsanspruch des Maklers** begründen sollen.[238] Die Vertragswerke der Maklerbranche loten die Reichweite dieses Verbots stets aufs Neue aus.[239] Keine durchgreifenden Bedenken sieht sich hingegen ein **einfacher Makleralleinauftrag** ausgesetzt, mit dem sich der Makler zum Tätigwerden verpflichtet und der Kunde auf sein Recht verzichtet, einen weiteren Makler mit der Suche nach geeigneten Vertragspartnern zu beauftragen. Die darin enthaltenen Veränderungen gegenüber dem regulären Maklervertrag laufen dem gesetzlichen Leitbild nicht in einer zur Unwirksamkeit nach § 307 Abs. 2 Nr. 1 BGB führenden Art und Weise zuwider.[240] Anders fällt die Beurteilung für einen **qualifizierten Alleinauftrag** aus, bei

---

[231] BGH NJW 2000, 1566 (1568 f.) unter der Aufgabe der bisherigen Rechtsprechung (BGH NJW 1981, 748; 1986, 43 (45)); fortgeführt in BGH NJW 2000, 2580 (2581); 2002, 295.

[232] Hierzu zuletzt *Graf von Westphalen* ZIP 2004, 1433.

[233] Wie hier Ulmer/*Fuchs* Teil 2 (15) Bürgschaftsverträge Rn. 22 mwN; für eine Garantie aufs erste Anfordern gelten dieselben Bewertungsmaßstäbe vgl. BGH NJW 2002, 3627.

[234] BGH WM 1990, 1410.

[235] BGH NJW 2002, 2388 sowie 3098.

[236] Vgl. hierzu auch Rn. 63 ff.

[237] BGH NJW-RR 2008, 818.

[238] Vgl. zB BGH NJW 1984, 360; 1987, 1634 (1635); OLG Düsseldorf NJW-RR 1998, 1594; OLG Koblenz NJW-RR 2007, 1548 (1549).

[239] Dokumentation der entsprechend verzweigten Rechtsprechung bei Wolf/*Stoffels*, Klauseln M 7 ff.

dem es dem Auftraggeber verwehrt ist, selbst den Vertrag abzuschließen.[241] Denn zum einen ist die Möglichkeit von Eigengeschäften Bestandteil der gesetzlichen Regelung und zum anderen widerspricht eine erfolgsunabhängige Provision dem Grundgedanken der gesetzlichen Regelung.

(14) Zu den wesentlichen Grundgedanken des gesetzlichen **Mietrechts** vgl. die Ausführungen unter → Rn. 1077 ff.

(15) Im **Reiserecht** sind seit dem Inkrafttreten des Dritten Gesetz zur Änderung reiserechtlicher Vorschriften zum 1.7.2018 Abweichungen von den §§ 651a ff. BGB zulasten des Reisenden bereits gem. § 651y BGB unwirksam.

(16) Mit der Regelung der Mängelbeseitigung (§ 635 BGB) im **Werkvertragsrecht** ist eine Klausel unvereinbar, die den Bauunternehmer pauschal mit den Kosten der **Baureinigung** belastet.[242] Eine Regelung in einem Bauvertrag, wonach die **gesetzlichen Ansprüche für notwendige Leistungen ausgeschlossen** sind, wenn diese nicht unverzüglich angezeigt wurden, benachteiligt den Auftragnehmer unangemessen. Das Interesse des Auftraggebers an einer frühzeitigen Information rechtfertigt zwar die Anzeigepflicht, nicht jedoch den Ausschluss der Ansprüche.[243] Erst recht liegt eine unangemessene Benachteiligung vor, wenn die gesetzlichen Ansprüche für alle zusätzlichen und geänderten Leistungen insgesamt ausgeschlossen werden. Die gesetzlichen Ansprüche stellen einen regelmäßig angemessenen Interessenausgleich für den Fall dar, dass vertragliche Ansprüche nicht gegeben sind. Ihre uneingeschränkte Abbedingung ist mit wesentlichen Grundgedanken der gesetzlichen Regelung nicht zu vereinbaren. Die gesetzlichen Ansprüche aus Geschäftsführung ohne Auftrag oder Bereicherung kommen vor allem dann zur Geltung, wenn der Auftragnehmer für das Bauvorhaben notwendige oder vom Auftraggeber gewollte und später genutzte Leistungen erbracht hat, ohne dass sie wirksam beauftragt worden sind.[244]

(17) Umstritten ist, ob eine Vergütungspflicht für **Kostenvoranschläge** auf der Grundlage Allgemeiner Geschäftsbedingungen begründet werden kann. Die Vorschrift des **§ 632 Abs. 3 BGB** besagt nur, dass ein Kostenvoranschlag „im Zweifel" nicht zu vergüten ist. Sie ist Ausdruck des vermuteten Parteiwillens, bildet aber keinen materiellen Maßstab, von dem eine Vergütungsabrede abweichen könnte (§ 307 Abs. 3 BGB).[245] Entsprechende Klauseln können jedoch am Überraschungsverbot scheitern (§ 305c Abs. 1 BGB). Von daher empfiehlt sich in jedem Fall eine ausdrückliche und unmissverständliche Abrede, auf die bei Vertragsschluss nochmals separat hingewiesen werden sollte.

(18) Nach **§ 632a BGB** ist der Unternehmer bei Werkverträgen berechtigt, Abschlagszahlungen zu verlangen bzw. Abschlagszahlungen nach Baufortschritt zu vereinbaren.[246] Zur (weiteren) Abmilderung der Vorleistungspflicht des Unternehmers kann diese Verpflichtung auch in Allgemeinen Geschäftsbedingungen maßvoll ausgeweitet werden.[247] Leitbildfunktion entfaltet § 632a BGB zumindest insoweit, als **Abs. 3** bei Verbraucherbauverträgen eine enge **Verknüpfung von erster Abschlagszahlung und Erfüllungssicherheit** vorgesehen hat.[248] Die Auflösung dieser Konnexität durch entsprechend formulierte Bedingungen wäre unwirksam. Die Rechtsprechung geht noch einen Schritt weiter: Der Klauselverwender ist sogar gehalten, ausdrücklich auf das Recht des Kunden hinzuweisen, die Leistung einer Sicherheit zu fordern. Eine Klausel, die isoliert die Fälligkeit und die Höhe der ersten Abschlagszahlung regelt, ohne auf die gesetzlich geschuldete Sicherheitsleistung des Unternehmers einzugehen, ist intransparent (§ 307 Abs. 1 S. 2 BGB), da sie geeignet ist, den Verbraucher von der Geltendmachung seines Rechts auf Sicherheitsleistung abzuhalten.[249]

---

[240] BGH NJW 2020, 3306 Rn. 20; dort auch Ausführungen zu Laufzeit und Verlängerungsklauseln.

[241] Für Unwirksamkeit BGH NJW 1973, 1194; 1991, 1678; AGB-Klauselwerke/*Lehmann-Richter*, Maklervertrag, Rn. 32.

[242] BGH NJW 2000, 3348 (3349).

[243] BGH NJW 1991, 1812.

[244] BGH NJW 2004, 502 (504); ferner BGH NJW-RR 2010, 594.

[245] Wie hier NK/*Raab* BGB § 632 Rn. 19; MüKoBGB/*Busche* § 632 Rn. 9; aA OLG Karlsruhe NJW-RR 2006, 419.

[246] Beachte ferner die Verordnung über Abschlagszahlungen bei Bauträgerverträgen vom 23.5.2001 (BGBl. I 981) und § 2 der Makler- und Bauträgerverordnung vom 7.11.1990 (BGBl. I 2479).

[247] BGH NJW 1985, 852; Palandt/*Grüneberg* BGB § 309 Rn. 14.

[248] Palandt/*Sprau* BGB § 632a Rn. 3.

[249] BGH NJW 2013, 219 (220).

(19) Nach § 649 S. 1 BGB hat der Auftraggeber jederzeit das Recht, einen **Werkvertrag** zu kündigen. Dieser hat vorzugsweise Interesse an der Ausführung des Werks und soll deshalb die Möglichkeit einer Lösung vom Vertrag für den Fall erhalten, dass das Interesse wegfällt. Diese grundsätzliche Wertung des Gesetzgebers hat vor allem bei langfristig angelegten Werkverträgen, wie bei Bau- oder Architektenverträgen, ihre Berechtigung.[250] Das freie Kündigungsrecht des Auftraggebers ist jedoch nur gerechtfertigt, wenn dem Auftragnehmer hieraus keine Nachteile entstehen. Deshalb ist in § 649 S. 2 BGB bestimmt, dass der Unternehmer in diesem Fall Anspruch auf die vereinbarte Vergütung abzüglich ersparter Aufwendungen hat. Wird dieser Anspruch ausgeschlossen, entfällt der ausgewogene Ausgleich der widerstreitenden Interessen, und es wird gegen den wesentlichen Grundsatz des § 649 BGB verstoßen.[251]

(20) Wesentliche Grundgedanken enthalten auch einige Bestimmungen des **Versicherungsvertragsgesetzes**. Ein zentraler Punkt der 2008 in Kraft getretenen Reform war die Abschaffung des sog. „**Alles-oder-nichts-Prinzips**" durch § 81 Abs. 2 VVG. Die formularmäßige Rückkehr zu § 61 VVG aF ist daher in der Regel unzulässig.[252] Dies schlägt dann auch auf eine **Haftungsklausel in einem Kfz-Mietvertrag** durch. Vereinbaren die Parteien eines Kfz-Mietvertrags eine entgeltliche Haftungsreduzierung für den Mieter (und Fahrer) nach Art einer Vollkaskoversicherung, so darf der Mieter/Fahrer – wie der Versicherungsnehmer – darauf vertrauen, dass die Reichweite des mietvertraglich vereinbarten Schutzes im Wesentlichen dem Schutz entspricht, den er als Eigentümer des Kfz und als Versicherungsnehmer in der Fahrzeugvollversicherung genießen würde (Leitbild der Kaskoversicherung). Ein undifferenzierter Haftungsvorbehalt für den Fall der groben Fahrlässigkeit kann daher keinen Bestand haben.[253]

e) Problemschwerpunkt: Zulässigkeit von Bankenentgelten

Literatur (Auswahl aus neuerer Zeit): *M. Ahrens,* Entgeltklauseln für Pfändungsschutzkonten, NJW 2013, 975; *Becher/Krepold,* Gesetzgebung und Rechtsprechung – Das Bearbeitungsentgelt im Spannungsfeld von Privatautonomie und AGB-Recht, BKR 2014, 45; *Billing,* Zur AGB-rechtlichen Zulässigkeit eines Bearbeitungsentgelts bei Darlehensverträgen, WM 2013, 1777 und 1829; *Casper/ Möllers,* Kennt der Darlehensvertrag nur Zinsen? – Überlegungen anlässlich der aktuellen Debatte um die AGB-rechtliche Zulässigkeit von Bearbeitungsentgelten, BKR 2014, 59; *Fervers,* Die AGB-Kontrolle von Entgeltklauseln im Recht der Zahlungsdienste, BKR 2019, 165; *Fornasier,* Die Inhaltskontrolle von Entgeltklauseln im Lichte des europäischen Zahlungsdiensterechts, WM 2013, 205; *Grüneberg,* Die Rechtsprechung des BGH zur Klauselkontrolle von Entgelten für Zahlungsdienste, BKR 2020, 365; *Guggenberger,* Nebenentgelte im Bankgeschäft, AGB-Kontrolle und Markttransparenz, BKR 2017, 1; *Habersack,* Das Abschlussentgelt bei Bausparverträgen – ein Fall für das AGB-Recht?, WM 2008, 1857; *Haertlein,* Die AGB-rechtliche Bewertung von Darlehensentgelten in Bausparverträgen, WM 2014, 189; *ders.,* Die AGB-rechtliche Bewertung von Kontogebühren in der Sparphase eines Bausparvertrags, BKR 2020, 321; *Herresthal,* Die Wirksamkeit von Darlehensentgeltklauseln in den Allgemeinen Bausparbedingungen, ZIP 2015, 1949; *ders.,* Compliance im Bankvertragsrecht: Die Pflichten der Geschäftsleitung bei unwirksamen Bankentgelten, CCZ 2019, 101; *ders.,* Die Wirksamkeit von klauselmäßigen Entgelten in der Sparphase eines Bausparvertrags, WM 2019, 897; *Hoeren,* Die Abschlussgebühr in der AGB-rechtlichen Kontrolle, in: FS für Graf von Westphalen, 2010, S. 331; *Hölldampf,* Bereitstellungsprovision im Lichte des AGB-Rechts und § 138 BGB, BKR 2020, 240; *Knops,* Bankentgelte in der AGB-Kontrolle, ZBB 2010, 479; *Kropf/ Habl,* Aktuelle Entwicklungen zur Zulässigkeit von Bankentgelten, BKR 2014, 145; *Krüger,* Richterliche Kontrolle von Bankentgelten nach Umsetzung der Zahlungsdiensterichtlinien, VuR 2020, 123; *Maihold,* Bankentgelte – AGB-Kontrolle in der Rechtsprechung des Bundesgerichtshofs, 2019; *Müller,* Der Einfluss des Unionsrechts auf die AGB-Kontrolle von Bankentgelten im Zahlungsverkehr, 2018; *Müller/Eilers/Marchant,* Gestaltungsmöglichkeiten bei der Vereinbarung von laufzeitunabhängigen Bearbeitungsentgelten bei Unternehmensdarlehen, BB 2017, 2243; *Nobbe,* Zulässigkeit von Bankentgelten, WM 2008, 185; *Piekenbrock,* Die richterliche Preiskontrolle im Bankbereich aus europäischer Sicht, GPR 2014, 1; *Piekenbrock/Ludwig,* Laufzeitunabhängige Bearbeitungsentgelte bei Verbraucherdarlehensverträgen aus deutscher und europäischer Sicht, WM

---

[250] BGH NJW 1999, 3261 (3262); OLG Düsseldorf NJW-RR 2000, 166 (167).
[251] BGH NJW 2007, 3423 (3424); zu Pauschalierungsklauseln → Rn. 998.
[252] BGH NJW 2012, 222 (223).
[253] BGH NJW 2012, 222; 2014, 3234; vgl. auch BGH NJW 2012, 2501 (2502 f.).

2012, 2349; *Rodi,* Aktuelle Entwicklungen im AGB-Recht der Kreditwirtschaft im Jahr 2020, BKR 2021, 220; *Schmid-Burgk,* Das Bearbeitungsentgelt in Darlehensverträgen im Lichte der Rechtsprechung zum AGB-Recht, BB 2018, 1799; *Schmieder,* Formularmäßig erhobene Bearbeitungsgebühren bei Verbraucherdarlehen, WM 2012, 2358; *Servatius,* Kontrollfähigkeit und Angemessenheit AGB-mäßig vereinbarter Teil- und Zusatzentgelte im Bankwesen, ZIP 2017, 745; *Stoffels,* Gerichtliche Überprüfbarkeit von kreditwirtschaftlichen Entgeltregelungen – dargestellt am Beispiel der Abschlussentgelte bei Bausparverträgen, BKR 2010, 359; *C. A. Weber,* Inhaltskontrolle von Bearbeitungsentgelten im Kreditgeschäft – von der Dogmatik zur Interessenlage und zurück, BKR 2013, 450.

521a   **(1) Kasuistik und Leitlinien der Rechtsprechung.** Einen Schwerpunkt der gerichtlichen Inhaltskontrolle stellt die Überprüfung von Entgelttatbeständen im Bereich der Banken und Sparkassen dar. Die Kasuistik ist breit und unübersichtlich. Soweit die **Kontrollfähigkeit** bejaht wurde (hierzu → Rn. 435, 445 und 452) lassen sich folgende Erkenntnisse zur Angemessenheit festhalten: Im **Bankgeschäft** sind **allgemeine Betriebskosten** grundsätzlich nicht gesondert zu vergüten, sondern im Preis der Haupt- oder ggf. Nebenleistung enthalten. Gleiches gilt für **Arbeiten der Bank zur Erfüllung ihrer eigenen gesetzlichen Verpflichtungen.**[254] Daher kann kein Entgelt für die Ausfertigung einer **Löschungsbewilligung** bei Grundpfandrechten in Rechnung gestellt werden.[255] Mit der Verwaltung von **Freistellungsaufträgen** erfüllt die Bank eine ihr vom Staat im öffentlichen Interesse auferlegte Pflicht. Die finanzielle Belastung hieraus darf sie nicht auf den Kunden überwälzen.[256] Ebenso erfolgt die Prüfung ausreichender Deckung des Kundenkontos im Rahmen der Abwicklung von **Daueraufträgen, Überweisungen, Schecks** und **Lastschriften** im eigenen Interesse der Bank.[257] Die **Führung von Darlehenskonten** erfolgt vorwiegend im eigenen Interesse und darf daher nicht gesondert bepreist werden.[258] Weiterhin wurde auch die Berechnung eines Entgelts für die Bearbeitung und Überwachung von **Pfändungsmaßnahmen** gegenüber dem Kunden für unwirksam gehalten.[259] Folgerichtig darf ein Kreditinstitut auch nicht den mit der **Führung eines Pfändungsschutzkontos** verbundenen Aufwand in Form höherer Kontoführungsgebühren auf die betroffenen Kunden abwälzen.[260] Sodann wurden Klauseln moniert, in denen ein Entgelt für die **Übertragung von Wertpapieren** in ein anderes Depot gefordert wurde, denn auch insoweit werde das Kreditinstitut nur zur Erfüllung seiner gesetzlichen Verpflichtung tätig.[261] Dagegen hat der BGH ein maßvolles Entgelt für den Bearbeitungsaufwand für einen Kundenauftrag zur **Zeichnung von Aktien aus Neuimmisionen auch für den Fall der Nichtzuteilung** trotz Abweichung von § 396 HGB gebilligt.[262] Aus-

---

[254] BGH NJW 1991, 1953 (1954); 1994, 318 (319); 1997, 2752 (2753); 1999, 2276 (2277); 2000, 651; 2001, 1419 (1420); 2005, 1275 (1276); kritisch *Köndgen* ZBB 1997, 133 ff.

[255] BGH NJW 1991, 1953.

[256] BGH NJW 1997, 2752 (2753); 1997, 2753 (2754); verfassungsrechtlich unproblematisch, so BVerfG (2. Kammer des Ersten Senats) NJW 2000, 3635.

[257] BGH NJW 1998, 309 (310); hierzu *Rohe* NJW 1998, 1284; vgl. ferner BGH NJW 2005, 1645 zur Unwirksamkeit einer Bankgebühr für Lastschriftrückgabe auf der Grundlage bankinterner Anweisung; hierzu *Jungmann* NJW 2005, 1621. Auch für die im Einzelfall erforderliche Benachrichtigung des betroffenen Kunden, zu der die Bank rechtlich verpflichtet ist, kann nach bisheriger Rechtsprechung des BGH (NJW 2001, 1419) ein Vergütungsanspruch in Allgemeinen Geschäftsbedingungen nicht wirksam vereinbart werden. Diese Rechtsprechung ist indes mittlerweile überholt durch Einführung von § 675o Abs. 1 S. 4 BGB, so auch OLG Bamberg (NJW-RR 2012, 630), das allerdings die Höhe des Entgelts für die Benachrichtigung über die Nichtausführung einer Überweisung auf Angemessenheit kontrollieren will.

[258] BGH NJW 2011, 2640 (2641 ff.).

[259] BGH NJW 1999, 2276; 2000, 651.

[260] BGH NJW 2013, 995 (1000 f.); vgl. ferner BGH NJW-RR 2015, 885 zu einer Regelung betreffend die Umwandlung eines Pfändungsschutzkontos.

[261] BGH NJW 2005, 1275 (1276 f.).

lagenersatzklauseln, die über das hinausgehen, was die Bank oder Sparkasse ihren Kunden auf der Grundlage des § 670 BGB in Rechnung stellen dürfte, hat der BGH im Verkehr mit Verbrauchern als nicht zu rechtfertigende Leitbildabweichung beurteilt.[263] Moniert hat der BGH ferner eine Klausel, nach der eine Sparkasse von Verbrauchern, die ihre dortigen **Darlehen von Fremdinstituten ablösen lassen** und gestellte Sicherheiten unter Erteilung von Treuhandauflagen auf das Fremdinstitut übertragen lassen möchten, ein Bearbeitungsentgelt verlangen kann. Eine solche der Inhaltskontrolle unterliegende Preisnebenabrede stehe im Widerspruch zu den gesetzlichen Darlehensbestimmungen.[264] **Abschlussgebühren bei Bausparverträgen** hat der BGH gebilligt, da eine Regelung, welche die Kosten der Akquisition neuer Kunden durch eine gesonderte Gebühr beim Vertragsschluss deckt, dem kollektiven Systemzweck des Bausparens entspreche. Anders verhält es sich nach der Rechtsprechung des BGH[265] bei **Bearbeitungsentgelten,** die von Kreditinstituten formularmäßig im Zuge des Abschlusses eines **Verbraucherdarlehens-vertrages** erhoben werden. Nach dem gesetzlichen Leitbild des § 488 Abs. 1 S. 2 BGB hätten die Kreditinstitute anfallende Kosten für die Kreditbearbeitung und -auszahlung durch den laufzeitabhängig bemessenen Zins zu decken und könnten daneben kein laufzeitunabhängiges Bearbeitungsentgelt verlangen. Diese Rechtsprechung hat der BGH in den letzten Jahren sukzessive ausgebaut und auf Darlehensverträge mit Unternehmern,[266] und auf Darlehensgebühren für Bauspardarlehen[267] ausgedehnt. Daran ändert auch die Bezeichnung der Bearbeitungsgebühr als „Entgelt für individuelle Beratungsleistung" nichts.[268]

In der Rechtsprechung zur Kontrolle von Nebenentgelten spielen demnach vor allem **vier Leitgedanken** eine bedeutsame Rolle.[269] Der BGH bedient sich ihrer teilweise schon zur Begründung der Kontrollfähigkeit, im Übrigen aber – und hier liegt der Schwerpunkt – sollen sie Anforderungen an die Angemessenheit im Rahmen der materiellen Inhaltskontrolle statuieren. Vielfach kommen diese Aspekte auch nebeneinander zum Tragen.   **521b**

* Da wäre zum einen der Satz, dass allgemeine Betriebskosten dem Kunden grundsätzlich nicht gesondert (anteilig) in Rechnung gestellt werden dürfen, sondern im Preis der Hauptleistung enthalten zu sein haben.[270]
* Ferner verwehrt der BGH den Banken die Erhebung von Gebühren für Tätigkeiten, zu deren Erbringung sie bereits gesetzlich oder aufgrund einer selbstständigen vertraglichen Nebenpflicht verpflichtet sind,[271]

---

[262] BGH NJW 2003, 1447.
[263] BGH NJW 2012, 2337.
[264] BGH NJW 2019, 3778.
[265] BGH NJW 2014, 2420; NJW-RR 2018, 814.
[266] BGH NJW 2017, 2986; BeckRS 2017, 121112; NJW-RR 2019, 110. Auch wenn es sich um einen Avalkredit handelt, BGH NJW-RR 2018, 1136.
[267] BGH NJW 2017, 1461.
[268] BGH NJW-RR 2019, 625.
[269] Hierzu im Einzelnen auch *Nobbe* WM 2008, 187 ff.
[270] BGH NJW 1994, 318 (319); zuvor schon BGH NJW 1991, 1953 (1954).
[271] Aktuelles Beispiel: BGH NJW 2013, 995 zu erhöhten Gebühren für die Führung von Pfändungsschutzkonten, wozu die Kreditinstitute nach § 850k ZPO gesetzlich verpflichtet sind. Ferner BGH NJW 2014, 2420 (2427) betreffend Bearbeitungsgebühren bei Verbraucherdarlehen. BGH NJW 2017, 3649 Rn. 67.

- oder die sie vorwiegend im eigenen Interesse vornehmen.[272]
- Und schließlich sollen ganz allgemein solche Geschäftsvorfälle nicht bepreist werden dürfen, für die nach dispositivem Recht kein Entgelt verlangt werden könnte, insbesondere weil sie keine Dienstleistung für den Kunden darstellen.[273]

521c **(2) Stellungnahme.** All diese Rechtssätze weisen einen hohen Generalisierungsgrad auf. Sie gehen teilweise ineinander über und bergen allesamt die **Gefahr einer intensiven Preiskontrolle** in sich. Bei genauerem Hinsehen erweist sich die materielle Überzeugungskraft dieser Inhaltsbeschränkungen als brüchig. Insbesondere *Köndgen*,[274] *Bitter, Horn*[275] und *Canaris*[276] haben die Einwände in mehreren Beiträgen sehr pointiert formuliert.[277] *Canaris* hat nach meinem Dafürhalten im Ergebnis recht, wenn er dem BGH vorwirft, seine subjektiven Gerechtigkeitsvorstellungen von einer angemessenen unternehmerischen Preisgestaltung zu verwirklichen, ohne dafür eine überzeugungskräftige Grundlage im geltenden Recht zu haben.[278] Das heißt mitnichten, dass alle darauf abstellenden Entscheidungen im Ergebnis unrichtig sind. Auch soll nicht bestritten werden, dass damit durchaus berücksichtigungsfähige Aspekte angesprochen sind. Ihre Aussagekraft muss allerdings deutlich relativiert werden.

521d Die vorzugswürdige Alternative lehnt der BGH apodiktisch und ohne nähere Begründung ab: „das sogenannte **Verursacherprinzip** ist für die Preisgestaltung im nicht regulierten Wettbewerb rechtlich bedeutungslos."[279] Das Prinzip, demjenigen ein höheres Entgelt abzuverlangen, der den konkreten Kostenaufwand verursacht, ist hingegen nicht nur ein unmittelbar einleuchtendes Gebot der Gerechtigkeit, sondern in vielen Fällen auch der ökonomischen Effizienz. Es geht hier wohlgemerkt nicht darum, einen sonst nicht gegebenen Anspruch der Bank gegen ihren Kunden zu rechtfertigen, sondern den formularvertraglich begründeten Anspruch im Rahmen der Inhaltskontrolle nach § 307 BGB zu verteidigen und die Regelung vor dem Verdikt der Unangemessenheit zu bewahren.[280] Das verschiebt die Gewichte. Und weshalb – so die abschließende Frage – soll der AGB-Verwender gehindert sein, Kosten, die konkret einem Geschäftsvorfall, also einem Kunden zugeordnet werden können, auch entsprechend zu bepreisen? Oder umgekehrt gefragt: Bleibt der Unternehmer von Rechts wegen tatsächlich darauf angewiesen, solche Kosten, will er nicht auf ihnen sitzen bleiben, auf die Gesamtheit der Kunden umzulegen, also eine Quersubventionierung zu betreiben? Weshalb soll jemand als „Mitglied der Solidargemeinschaft sorgfältiger Kontoinhaber",[281] indirekt für Kosten aufkommen, welche ihre Ursache in der Sphäre anderer Kunden haben, etwa fehlende Kontodeckung im Hinblick auf Überweisungen oder Verschuldung im Hinblick auf Pfändungen?[282] Das ist

---

[272] So zuletzt BGH NJW 2009, 2051 (2052); 2011, 2640 (2642); 2014, 2420 (2427); 2017, 1018 (Mindestentgelt für geduldete Kontoüberziehung); 2018, 383 Rn. 28 („Kostenbeteiligung an Darlehen").

[273] BGH NJW 1994, 318; 2009, 2051 (2052); 2011, 2640.

[274] *Köndgen* ZBB 1997, 133 ff.

[275] *Horn* WM 1997, Sonderbeil. Nr. 1.

[276] *Canaris* AcP 200 (2000), 327 ff.

[277] Kritisch neben den Genannten auch Ulmer/*Fuchs* BGB § 307 Rn. 83 ff.

[278] *Canaris* AcP 200 (2000), 334.

[279] BGH NJW 1999, 2276 (2277); BGH NJW 2001, 1419 (1420); BGH NJW 2005, 1275 (1276); ebenso *Nobbe* WM 2008, 187. Zu Recht kritisch und für die Berücksichtigung des Verursacherprinzips *Canaris* AcP 200 (2000), 337 ff. Eine zu starke Vernachlässigung des „Veranlassungsprinzips" monieren auch *Bunte*, in: Bankrechts-Handbuch, § 5 Rn. 52h und *Bitter* ZBB 2007, 241 ff.

[280] *Canaris* AcP 200 (2000), 337; verkannt von *Nobbe* WM 2008, 187.

[281] *Rohe* NJW 1998, 1285.

[282] Kritisch zu Recht *Bitter* ZIP 2008, 2156 f. Auch *Meder* NJW 1996, 1854 Fn. 70 kritiert, dass „durch solche Verlagerungen letztlich Transparenz und kostengerechte Preisgestaltung verhindert werden."

nicht nur ungerecht, sondern führt – ökonomisch betrachtet – zu ineffizienten Fehlsteuerungen.

Der BGH eröffnet sich durch diese normativ nicht abgesicherten Formeln bedenklich weitreichende Interventionsmöglichkeiten im Bereich der Preiskalkulation und -festsetzung.[283] Aus europäischer Sicht handelt es sich dabei um eine deutsche Eigenart.[284] Demgegenüber bleibt festzuhalten, dass die **Preisgestaltung grundsätzlich keiner inhaltlichen Rechtfertigung bedarf, sondern sich im Wettbewerb behaupten muss.**[285] Das positive Recht enthält kaum geeignete Maßstäbe für die Beurteilung der Angemessenheit von Entgeltabreden. Äußerste Grenzen markieren hier lediglich das Verschuldensprinzip, das Äquivalenzprinzip und das Verbot der Auferlegung der Vertragsauflösungs- oder Abwicklungskosten.

521e

(3) **Vereinbarungen über die Vergütung von Leistungen im Rahmen eines Zahlungsdienstevertrags.** Entgeltklauseln für Dienstleistungen von Banken im Bereich des Zahlungsverkehrs sind an den Vorschriften des neuen Zahlungsdiensterechts zu messen.[286] Die insoweit maßgeblichen §§ 675c ff. BGB dienen der Umsetzung der Zahlungsdiensterichtlinie 2007/64/EG. Während Abreden über Honorierung der Hauptleistung des Zahlungsdienstleisters keinen näheren Vorgaben unterworfen werden (§ 675f Abs. 5 S. 1 BGB), verbietet § 675f Abs. 5 S. 2 BGB grundsätzlich die Vereinbarung einer **Vergütung für die Erfüllung gesetzlicher Nebenpflichten** aus den §§ 675c-676c BGB. Ausnahmsweise kann gleichwohl eine Entgeltpflicht des Nutzers begründet werden, wenn eine entsprechende Entgeltvereinbarung gesetzlich zugelassen ist und sie auch tatsächlich getroffen wird, was wiederum auch in Form Allgemeiner Geschäftsbedingungen erfolgen kann.[287] Aus der enumerativen Aufzählung in Art. 52 der Zahlungsdiensterichtlinie ergibt sich, dass solche Entgeltabreden nur für die Unterrichtung über eine berechtigte Ablehnung der Ausführung eines Zahlungsauftrags (§ 675o Abs. 1 S. 4 BGB), für die Bearbeitung eines widerrufenen Zahlungsauftrags (§ 675p Abs. 4 S. 3 BGB) sowie für die Wiederbeschaffung des Zahlungsbetrags nach einer vom Kunden verursachten Fehlübermittlung (§ 675y Abs. 5 S. 5 BGB) getroffen werden können.[288] In allen diesen Ausnahmefällen verlangt das Gesetz (§ 675f Abs. 5 Satz 2 Halbsatz 2 BGB), dass das vereinbarte Entgelt angemessen und an den tatsächlichen Kosten des Zahlungsdienstleisters ausgerichtet sein muss. Im Hinblick auf die Vorgaben der Zahlungsdiensterichtlinie wird man zudem auch das AGB-rechtliche Transparenzgebot zur Anwendung bringen müssen.[289]

521f

Eine **Sonderregel für Unterrichtungspflichten,** die ebenfalls „Nebenpflichten nach diesem Untertitel" sind, enthält **§ 675d Abs. 4 BGB,** der als *lex specialis* den allgemeineren § 675f Abs. 5 S. 2 BGB verdrängt.[290] Aus Absatz 4 Satz 1 dieser Vorschrift ergibt sich, dass die Unterrichtung kostenlos ist, soweit sie nach Inhalt, Art und Häufigkeit dem

---

[283] *Canaris* AcP 200 (2000), 334. Staudinger/*Wendland* BGB § 307 Rn. 284 spricht von „richterlicher Intervention in betriebswirtschaftliche Kostenkalkulation und Preisbildungsfragen, die in der geltenden Verfassungs- und Privatrechtsordnung unzulässig sind."

[284] Näher *Piekenbrock* GPR 2014, 28 f.

[285] Staudinger/*Wendland* BGB § 307 Rn. 284.

[286] Zur möglichen Ausstrahlung des Zahlungsdiensterechts auf andere Regelungsbereiche *Piekenbrock* GPR 2014, 35 f.

[287] Staudinger/*Omlor* BGB § 675f Rn. 161.

[288] *Fornasier* WM 2013, 207. Unwirksam ist auch eine unterschiedslos auf sämtliche Buchungen (also auch bei fehlerhafter Ausführung eines Zahlungsauftrags) bezogene Bestimmung in dem Preis- und Leistungsverzeichnis einer Bank „Preis pro Buchungsposten 0,35 EUR", weil sie zum Nachteil des Verbrauchers von § 675y BGB abweicht, vgl. BGH NJW 2015, 1440 und 3028.

[289] Staudinger/*Omlor* BGB § 675f Rn. 162; *Fornasier* WM 2013, 207.

[290] Staudinger/*Omlor* BGB § 675f Rn. 158.

gesetzlich Vorgeschriebenen entspricht. Ein Entgelt kann hier nur in den in Nummern 1, 2 und 3 genannten Fällen vorgesehen werden. Außerdem muss es dann nach Satz 2 angemessen, insbesondere an den Kosten orientiert sein. Eine **Pauschale** von 15 EUR **für** einen **nacherstellten Kontoauszug** verlässt diesen Rahmen und ist gegenüber Verbrauchern unwirksam.[291]

521g   Entgeltvereinbarungen, die diese hier beschriebenen Anforderungen nicht erfüllen, sind nach §§ 675e Abs. 1, 134 BGB **nichtig.**[292] Festzuhalten ist damit, dass in Umsetzung der auf Vollharmonisierung zielenden Zahlungsdiensterichtlinie eine **Kontrollnorm für die Entgelthöhe** in das Bürgerliche Gesetzbuch Eingang gefunden hat.[293] Die Zulässigkeit entsprechender Entgeltklauseln richtet sich damit ausschließlich nach den §§ 675c ff. BGB. Eine **Kontrolle anhand der §§ 307 bis 309 BGB ist obsolet.** Sie würde der vollrechtsharmonisierenden Zielsetzung der Zahlungsdiensterichtlinie widersprechen.[294] Eine AGB-rechtliche Kontrolle bleibt hingegen auch im Bankenbereich weiterhin geboten, wenn die Entgeltklausel nicht in den Regelungsbereich der Richtlinie fällt. Gleiches gilt, wenn die Entgeltvereinbarung mit **unternehmerischen Kunden** getroffen wird. Denn insoweit erlaubt **§ 675e Abs. 4 BGB** eine Abweichung ua von §§ 675d Abs. 3 und 675f Abs. 4 S. 2 BGB. Allerdings wird man im Rahmen der AGB-Kontrolle die strengen Kontrollgrundsätze der höchstrichterlichen Rechtsprechung nicht zur Anwendung bringen können. Anderenfalls würde die Entscheidung des Richtliniengebers für eine weitgehende Gestaltungsfreiheit im unternehmerischen Verkehr konterkariert und damit insoweit auch das Ziel der vollständigen Rechtsharmonisierung verfehlt. Der Kontrollmaßstab ist vielmehr auch insoweit dem Zahlungsdiensterecht zu entnehmen.[295] Unter Rückgriff auf die Vorschriften des Zahlungsdiensterechts hat die jüngere Rechtsprechung zB die Unwirksamkeit einer Entgeltklausel für die Aussetzung bzw. Löschung eines Dauerauftrags,[296] einer Klausel über die Bepreisung von smsTAN[297] und einer Entgeltklausel für die Ausstellung einer Ersatzkarte[298] begründet. Mitunter eröffnet das neue Zahlungsdiensterecht auch gewisse Spielräume, die der BGH zuvor nicht anerkannt hatte. So dürfen Banken nach einer neueren Entscheidung in ihren Preis- und Leistungsverzeichnissen **Entgelte für Bareinzahlungen und Barauszahlungen** am Schalter vorsehen. Es ist dabei in Abkehr von der bisherigen Rechtsprechung[299] nicht erforderlich, dass Kunden im Weg einer sogenannten Freipostenregelung eine bestimmte Anzahl von unentgeltlichen Barverfügungen eingeräumt wird. Die §§ 675c ff. BGB sähen vor, dass für die Erbringung eines Zahlungsdienstes das „vereinbarte Entgelt zu entrichten" sei (§ 675f Abs. 5 S. 1 BGB). Auch Bareinzahlungen auf und Barabhebungen von einem Girokonto seien Zahlungsdienste. Ungeachtet dessen sollen solche Bankentgelte hinsichtlich ihrer Höhe weiterhin einer Inhaltskontrolle unterliegen, soweit sie gegenüber Verbrauchern erhoben werden.[300]

---

[291] BGH NJW 2014, 922.

[292] Palandt/*Sprau* BGB § 675e Rn. 2.

[293] So zutreffend Staudinger/*Omlor* BGB § 675f Rn. 162.

[294] *Fornasier* WM 2013, 207.

[295] *Fornasier* WM 2013, 209. Unter Rückgriff auf die Vorschriften des Zahlungsdiensterechts jetzt BGH NJW 2017, 3649 (Unwirksamkeit einer Entgeltklausel für die Aussetzung bzw. Löschung eines Dauerauftrags); BGH NJW 2017, 3222 (Bepreisung von smsTAN unwirksam wegen Abweichung von § 675f Abs. 4 S. 1 BGB). Prägnante Darstellung der neueren Rechtsprechung bei *Grüneberg* BKR 2020, 365.

[296] BGH NJW 2017, 3649

[297] BGH NJW 2017, 3222, § 675f Abs. 5 S. 1 BGB.

[298] BGH NJW 2016, 560.

[299] BGH NJW 1994, 318; 1996, 2032.

[300] BGH NJW 2019, 3771 mit Anm. *Omlor.*

Zur **Änderung** des Zahlungsdiensterahmenvertrags auf Veranlassung des Zahlungs- **521h** dienstleisters vgl. § 675g BGB und die Ausführungen unter → Rn. 653.

f) Entgeltvereinbarungen über die Nutzung eines Basiskontos

Literatur: *Bülow*, Die Angemessenheit des Entgelts nach § 41 Abs. 2 Zahlungskontengesetz, WM 2017, 161; *Klocke/Hautkappe*, Die Angemessenheit von Entgelten nach § 41 Abs. 1 ZKG, WM 2020, 1490.

Eine Sonderregelung gilt für **Basiskonten.** Hierunter versteht § 30 Abs. 1 ZKG ein **521i** Zahlungskonto für Verbraucher mit grundlegenden Funktionen, worunter gem. § 38 Abs. 2 ZKG das Ein- und Auszahlungsgeschäft sowie das Lastschrift-, Überweisungs- und Zahlungskartengeschäft zu verstehen sind. In Umsetzung der Zahlungskontenricht-linie[301] stellt **§ 41 Abs. 2 ZKG** sicher, dass jeder von jedem Kreditinstitut, das Zahlungs-konten für Verbraucher führt, die Führung eines Basiskontos zu angemessenen Konditio-nen verlangen kann. Prüfungsmaßstab im Rahmen der Inhaltskontrolle ist § 41 Abs. 2 ZKG.[302] Danach muss das Entgelt für die grundlegenden Funktionen eines Basiskonto-vertrags angemessen sein, wobei für die Beurteilung der Angemessenheit insbesondere die marktüblichen Entgelte und das Nutzerverhalten zu berücksichtigen sind. Das Entgelt für ein Basiskonto ist jedenfalls dann nicht angemessen, wenn in dem verlangten Entgelt Kostenbestandteile enthalten sind, die entweder gar nicht oder jedenfalls nicht nur auf die Nutzer der Basiskonten umgelegt werden dürfen. Beanstandet hat der BGH eine Entgelt-regelung, die darauf hinausläuft, dass der mit der Führung von Basiskonten verbundene Mehraufwand allein auf die Inhaber von Basiskonten umgelegt wird.[303]

g) Vereinbarungen über Entgelte für die Nutzung bargeldloser Zahlungsmittel

Literatur: *Omlor*, Entgelte im Zahlungsverkehr nach Umsetzung der Zweiten Zahlungsdienstericht-linie, WM 2018, 937; *Spitzer*, Gesetz zur Umsetzung der Zweiten Zahlungsdiensterichtlinie, MDR 2018, 561; *Zahrte*, Neuerungen im Zahlungsdiensterecht, NJW 2018, 337.

Eine Sondervorschrift für Entgeltvereinbarungen über die Nutzung bargeldloser Zah- **521j** lungsmittel stellt **§ 270a BGB** dar. Diese am 13.1.2018 in Kraft getretene Vorschrift dient der Umsetzung der Zweiten Zahlungsdienste-Richtline. Unwirksam ist hiernach eine Vereinbarung, durch die der Schuldner verpflichtet wird, ein Entgelt für die Nutzung einer SEPA-Basislastschrift, einer SEPA-Firmenlastschrift, einer SEPA-Überweisung oder einer Zahlungskarte zu entrichten (sog. **Surcharging-Verbot**).[304] Eine Verein-barung, die den Schuldner bei Wahl der Zahlungsmittel „Sofortüberweisung" oder „Pay-Pal" zur Zahlung eines Entgelts verpflichtet, verstößt jedoch nicht gegen § 270a BGB, wenn das Entgelt allein für die Nutzung dieser Zahlungsmittel und nicht für eine damit im Zusammenhang stehende Nutzung einer Lastschrift, Überweisung oder Zahlungskarte im Sinne von § 270a BGB vereinbart wird. Die Norm bezweckt, bei den gängigen Methoden bargeldloser Zahlung zu verhindern, dass – auch kostendeckende – Zuschläge vereinbart werden.[305] Zwischen Individualvereinbarungen und Allgemeinen Geschäfts-bedingungen wird insoweit nicht unterschieden. § 270a BGB ergänzt § 312 Abs. 4 BGB, der allerdings die Verbrauchereigenschaft des zahlungspflichtigen Kunden voraussetzt.

---

[301] RL 2014/92/EU des Europäischen Parlaments und des Rates vom 23.7.2014 über die Vergleich-barkeit von Zahlungskontoentgelten, den Wechsel von Zahlungskonten und den Zugang zu Zah-lungskonten mit grundlegenden Funktionen (ABl. EU 2015 L 257, 214).
[302] Zur Kontrollfähigkeit einer entsprechenden Entgeltregelung → Rn. 444.
[303] BGH NJW 2020, 2726.
[304] BGH WM 2021, 872.
[305] Jauernig/*Stadler* BGB § 270a Rn. 1.

Ein Verstoß gegen den Verbotstatbestand des § 270a BGB führt zur Nichtigkeit der Vereinbarung nach § 134 BGB. Der Schuldner kann das nicht geschuldete Entgelt nach Bereicherungsrecht zurückfordern. Die Unzulässigkeit kann auch von Verbraucherverbänden im Wege einer Unterlassungsklage geltend gemacht werden.[306]

4. Vertragszweckgefährdende Einschränkung wesentlicher Rechte und Pflichten

522   Als Auffangbecken für die mangels eines gesetzlichen Vorbildes nicht unter § 307 Abs. 2 Nr. 1 BGB fallenden Abreden fungiert das Aushöhlungsverbot des § 307 Abs. 2 Nr. 2 BGB. Hiernach sind Klauseln unwirksam, wenn sie wesentliche Rechte oder Pflichten, die sich aus der Natur des Vertrages ergeben, so einschränken, dass die Erreichung des Vertragszwecks gefährdet ist. Wie man sich indes die aus § 307 Abs. 2 Nr. 2 BGB resultierenden inhaltlichen Schranken im Einzelnen vorzustellen hat, erschließt sich angesichts der Vagheit der verwendeten Gesetzesbegriffe[307] nicht ohne weiteres. Hierfür bedarf es zunächst einer überzeugenden rechtsdogmatischen Fundierung des in § 307 Abs. 2 Nr. 2 BGB verankerten Aushöhlungsverbots.

523   **a) Das Aushöhlungsverbot als Ausprägung des Verbots widersprüchlichen Verhaltens.** Lohnenswert erscheint es in diesem Zusammenhang, der verschiedentlich im Schrifttum[308] angedeuteten **Verbindungslinie zum Verbot des widersprüchlichen Verhaltens** nachzugehen. Auch die höchstrichterliche Rechtsprechung hat sich mehrfach in diesem Sinne vernehmen lassen. § 307 Abs. 2 Nr. 2 BGB beruhe, so der BGH, auf dem Gedanken, dass Allgemeine Geschäftsbedingungen dem Vertragspartner nicht solche Rechtspositionen wegnehmen oder einschränken dürften, die ihm der Vertrag nach seinem Inhalt und Zweck zu gewähren habe.[309] An anderer Stelle heißt es, die beklagte Verwenderin könne nicht einerseits eine besondere Verpflichtung – nämlich die ordnungsgemäße Abrechnung – übernehmen und gleichzeitig deren charakteristischen Inhalt – die Haftung bei nicht ordnungsgemäßer Abrechnung – nicht übernehmen wollen.[310]

524   Das Verbot des widersprüchlichen Verhaltens wird allgemein als Unterfall der unzulässigen Rechtsausübung angesehen.[311] Dem Rechtsinhaber ist es hiernach versagt, sein Recht geltend zu machen, wenn er damit von einem zuvor zugunsten des anderen Teils geschaffenen Vertrauenstatbestand abrücken würde. Die rechtsdogmatische Begründung erblickt man heute überwiegend im **Vertrauensgedanken.**[312] Hierbei handelt es sich um einen wesentlichen und charakteristischen Zug unseres Bürgerlichen Rechts, der sich in zahlreichen Einzelregelungen und insbesondere in der Grundnorm des § 242 BGB verkörpert, als dessen spezialgesetzliche Ausprägung sich § 307 BGB versteht. Nimmt man hinzu, dass auch das gemeinschaftsrechtliche Gebot von Treu und Glauben, wie es seinen Aus-

---

[306] OLG München BKR 2020, 204.

[307] Vgl. Staudinger/*Schlosser*, 12. Aufl. 1980, AGBG § 9 Rn. 27, der von einer „unglücklichen Formulierung" spricht und im Abstellen auf die „Natur" des Vertrages die „denkbar blasseste Wortwahl" sieht.

[308] *Lieb* DB 1988, 953; Staudinger/*Wendland* BGB § 307 Rn. 272.

[309] BGH NJW-RR 1986, 271 (272).

[310] BGH NJW 1985, 914 (916).

[311] Staudinger/*Looschelders*/*Olzen* BGB § 242 Rn. 284; MüKoBGB/*Schubert* § 242 Rn. 314.

[312] *Canaris*, Vertrauenshaftung, S. 266 f., 270 f., 287 ff. im Anschluss an *Wieacker*, Zur rechtstheoretischen Präzisierung des § 242 BGB, S. 28; Staudinger/*Looschelders*/*Olzen* BGB § 242 Rn. 286; *Larenz*, Schuldrecht I, § 10 II, S. 133; Palandt/*Grüneberg* BGB § 242 Rn. 56; einschränkend *Singer*, Verbot widersprüchlichen Verhaltens, S. 43 ff., 353 f. Deutlich auch BGH WM 1980, 341: „… unzulässige Rechtsausübung infolge widerspruchsvollen Verhaltens eines Vertragspartners dann gegeben …, wenn der andere Teil auf die von seinem Vertragspartner einmal eingenommene Haltung vertrauen durfte und sich darauf in einer Weise eingerichtet hat, dass ihm die Anpassung an eine veränderte Rechtslage nach Treu und Glauben nicht mehr zugemutet werden kann."

druck in Art. 3 Abs. 1 der EG-Richtlinie über missbräuchliche Klauseln in Verbraucherverträgen gefunden hat, auf dem Vertrauensprinzip beruht,[313] so schließt sich der Kreis.

Freilich wird die Einrichtung des Verbots widersprüchlichen Verhaltens herkömmlicherweise dem individuellen Rechtsmissbrauch und damit der Ausübungskontrolle zugerechnet,[314] während hier an eine dieser Stufe vorgelagerte Korrekturfunktion im Rahmen der Inhaltskontrolle von Verträgen gedacht ist. Zwingende Gründe, die einer Extension des dem Verbot des *venire contra factum proprium* zugrunde liegenden Rechtsgedankens auf Fälle widersprüchlichen Vertragsinhalts entgegenstehen, sind indes nicht erkennbar. Im Gegenteil – die Grundkonstellation ist vergleichbar: Der Verwender Allgemeiner Geschäftsbedingungen tritt mit einem bestimmten Leistungsangebot als Anbieter am Markt auf. Dem angesprochenen Kundenkreis gegenüber werden die Kernpunkte und Hauptvorzüge des Leistungsangebots hervorgehoben. Kommt es zum Vertragsschluss, so geschieht dies regelmäßig auf der Grundlage einer Erwartungshaltung des Kunden hinsichtlich des Leistungsspektrums und der ihm eingeräumten Rechtsposition, die maßgeblich durch den Werbeauftritt des Verwenders, das sich ggf. anschließende Verkaufsgespräch sowie durch das, was üblicher Praxis entspricht, geprägt ist. Der Kunde verzichtet im Allgemeinen darauf, die umfänglichen Vertragswerke in allen Einzelheiten zu studieren und seine vertragsbezogene Erwartungshaltung zu verifizieren. Er vertraut insoweit auf die Redlichkeit des Verwenders, dass dieser die Kernpunkte seiner Leistungszusage bzw. die üblichen Mindestrechte seines Vertragspartners nicht durch einschränkende Bedingungen in einer den Vertragszweck gefährdenden Weise entwertet. Vor einer solchen Enttäuschung schützt den Vertragspartner das Verbot des *venire contra factum proprium*. Denn der Verwender würde sich mit dem von ihm in den Vertrag eingebrachten Rechts- und/oder Leistungsverkürzungen in Widerspruch zu seinem früheren, im Stadium der Vertragsanbahnung liegenden, Verhalten setzen.

525

Festzuhalten ist damit, dass der Gesetzgeber mit § 307 Abs. 2 Nr. 2 BGB – ebenso wie übrigens die vorbekannte Rechtsprechung zur Kardinalpflichtverletzung[315] – kein dogmatisches Neuland betreten hat. Vielmehr wurzelt diese Inhaltsschranke in dem seit langem anerkannten Verbot widersprüchlichen Verhaltens, das seinerseits eine Ausprägung des Vertrauensgrundsatzes ist.

526

b) Konkretisierung typischer Erwartungshorizonte auf der Grundlage des Verbots widersprüchlichen Verhaltens. Das Wissen um die dogmatische Verwurzelung des Aushöhlungsverbots sollte nun auch eine schärfere Erfassung der tatbestandlichen Voraussetzungen des § 307 Abs. 2 Nr. 2 BGB erlauben.

527

(1) Wesentliche Rechte oder Pflichten aus der Natur des Vertrages. Der Vertrauensgedanke und das auf ihm beruhende Verbot widersprüchlichen Verhaltens lenken den Blick zuvörderst auf den Vorstellungs- und Erwartungshorizont der in einer Sonderverbindung – hier: in einer Vertragsbeziehung – zum Rechtsinhaber stehenden Person.[316] Ihr berechtigtes, durch ein Verhalten des anderen veranlasstes Vertrauen steht unter dem Schutz der Rechtsordnung. Wenn § 307 Abs. 2 Nr. 2 BGB daher von wesentlichen Rechten oder Pflichten spricht, die sich aus der Natur des Vertrages ergeben, so wird

528

---

[313] Eingehend *Kapnopoulou*, Recht der missbräuchlichen Klauseln in der Europäischen Union, S. 124.

[314] Soergel/*Teichmann* BGB § 242 Rn. 27. Bei Wolf/*Pfeiffer* BGB § 307 Rn. 30 wird die Fallgruppe des *venire contra factum proprium* als mögliche Begründung für einen Einwand gegen die Rechtsausübung des Verwenders aus den Allgemeinen Geschäftsbedingungen erwähnt.

[315] Vgl. zB BGH NJW 1956, 1065 (1066); 1968, 1567; 1973, 1878.

[316] „Zur zentralen Frage der Inhaltskontrolle nach § 9 Abs. 2 Nr. 2 AGBG wird daher die Konkretisierung des maßgeblichen Erwartungshorizontes …", so trotz seines abweichenden Ansatzes zu Recht *Oechsler*, Gerechtigkeit im modernen Austauschvertrag, S. 321.

damit die Perspektive des anderen Teils in den Vordergrund gerückt. Es geht um den Vertrauenstatbestand in der Person des Vertragspartners, die ihm zustehenden Rechte und als Kehrseite die dem Verwender ihm gegenüber obliegenden Pflichten.[317] Diese Einordnung des Tatbestandes des § 307 Abs. 2 Nr. 2 BGB und seines Erfordernisses „wesentlicher Rechte oder Pflichten, die sich aus der Natur des Vertrages ergeben" wird im Übrigen auch von der Rechtsprechung rezipiert. Sie fragt im Rahmen des § 307 Abs. 2 Nr. 2 BGB danach, ob es sich um Pflichten handelt, deren Erfüllung die ordnungsgemäße Durchführung des Vertrages überhaupt erst ermöglicht, auf deren Erfüllung der Vertragspartner daher *vertraut* und auch *vertrauen darf.*[318] Eine Parallele findet sich zudem in Art. 25 UN-Kaufrecht, der das Vorliegen einer wesentlichen Vertragsverletzung davon abhängig macht, dass Nachteile entstehen, aufgrund derer einer Partei im Wesentlichen das entgeht, was sie nach dem Vertrag hätte erwarten dürfen.

529   Als getrennte Tatbestandsmerkmale lassen sich die Gesetzesformulierungen „wesentliche Rechte oder Pflichten" und „aus der Natur des Vertrages" nicht abhandeln. *Coester* spricht zu Recht von einer „hermeneutisch verknüpften, praktisch kaum trennbare(n) Fragestellung".[319] Das Gesetz umschreibt in Form dieser Verknüpfung den Vertrauenstatbestand, der das maßstäbliche Vergleichsbild konstituiert, wobei mit der „Natur des Vertrages" die Quelle angedeutet wird, aus der heraus „wesentliche Rechte oder Pflichten" gewonnen werden können. Auch die Inhaltskontrolle auf der Grundlage des § 307 Abs. 2 Nr. 2 BGB kommt gewöhnlich nicht umhin, die konkrete vertragliche Vereinbarung an einem Idealstatut, einem zwar durch die Vertragsparteien berufenen, von ihnen jedoch nicht beherrschtem Gerechtigkeitsmodell zu messen.[320] Anders verhält es sich nur, wenn der Vertragsinhalt selbst an tiefgreifenden inneren Widersprüchen leidet, also schon eine vertragsimmanente Stimmigkeitskontrolle eine unangemessene Benachteiligung des Vertragspartners erweist.[321] In allen anderen Fällen gilt es, einen Kontrollmaßstab zu beschreiben, der seinen gedanklichen Ausgang zwar von der jeweiligen vertraglichen Vereinbarung nimmt, sich jedoch von ihr löst und auch außervertragliche, insbesondere normative Wertungen integriert.[322] Auf die Notwendigkeit, vom Prüfungsgegenstand, nämlich der konkreten vertraglichen Regelung, zu abstrahieren und ein außervertragliches Referenzmodell zu erarbeiten, verweist das Gesetz, wenn es von der „Natur des Vertrages" spricht.

530   Angesichts der Komplexität der Aufgabe und der begrenzten rechtsanalytischen Erfahrungsbasis sollte das Ziel entgegen einer verbreiteten Sichtweise[323] nicht in der Erarbeitung eines umfassenden Ordnungsentwurfs für diesen Vertragstyp, sondern in der **Entwicklung problembezogener Teillösungen** erblickt werden.[324]

531   In einem ersten Schritt gilt es nun, den **Erwartungshorizont des** mit einem solchen Vertrag konfrontierten **Kunden** aufzuhellen. Dabei geht es in erster Linie um die spezi-

---

[317] Zu dieser unbestrittenen – auch aus dem Merkmal der „Einschränkung" ableitbaren – Interpretation des § 307 Abs. 2 Nr. 2 BGB ua Staudinger/*Wendland* BGB § 307 Rn. 272; *von Hoyningen-Huene* AGBG § 9 Rn. 291; Wolf/*Pfeiffer* BGB § 307 Rn. 145.

[318] BGH NJW 1985, 3016 (3018); NJW-RR 1986, 271 (272); 1993, 560 (561); ebenso *von Hoyningen-Huene* AGBG § 9 Rn. 286 und Palandt/*Grüneberg* BGB § 307 Rn. 35.

[319] Fortgeführt von Staudinger/*Wendland* BGB § 307 Rn. 267.

[320] Zur Unentbehrlichkeit eines normativ geprägten Vergleichsmaßstabs – auch im Rahmen der Inhaltskontrolle nach § 307 Abs. 2 Nr. 2 BGB – vgl. bereits oben Rn. 461 und 467; vgl. im Übrigen auch Staudinger/*Wendland* BGB § 307 Rn. 268.

[321] Im Sinne von *Lieb* DB 1988, 953 f., der die Inhaltskontrolle freilich auf diesen Ansatz beschränken möchte.

[322] Staudinger/*Wendland* BGB § 307 Rn. 268.

[323] *Becker,* Auslegung des § 9 Abs. 2 AGB-Gesetz, S. 174 ff.; *von Hoyningen-Huene* AGBG § 9 Rn. 283; Palandt/*Grüneberg* BGB § 307 Rn. 34.

[324] In diesem Sinne auch *Fastrich,* Inhaltskontrolle, S. 287 und Staudinger/*Coester* BGB § 307 Rn. 268.

fischen Leistungserwartungen, die aus den vereinbarten Hauptleistungspflichten resultieren. Zu den durch die vertragliche Regelung berührten Interessen, auf deren Berücksichtigung der Vertragspartner vertraut und deren Schutz § 307 Abs. 2 Nr. 2 BGB ebenfalls verbürgt, können ferner solche zählen, die nicht im gegenseitigen Austauschverhältnis stehen, dafür aber im Visier vertraglicher Nebenpflichten auftauchen. Je nach Vertragsart und Gefährdungslage kann insbesondere auch das Integritätsinteresse des anderen Teils, seine Schutzerwartung im Hinblick auf seine körperliche Unversehrtheit und sein sonstiges Vermögen, vertragswesentliches Gewicht erlangen.[325] Eine Beschränkung auf Hauptleistungspflichten oder Kardinalpflichten ist von diesem Ansatz her nicht zu rechtfertigen und wird auch durch den Wortlaut des § 307 Abs. 2 Nr. 2 BGB nicht gefordert.

(a) **Erwartungshorizont des durchschnittlichen Kunden.** Auch hier gilt zunächst: es   **532** kommt nicht auf den individuellen Erwartungshorizont des jeweiligen Vertragspartners an, sondern auf das, was ein objektiver Durchschnittskunde bei Geschäften dieser Art regelmäßig zu erwarten pflegt.[326] Die persönlichen Umstände des Vertragspartners, wie etwa seine gegenwärtige finanzielle Situation oder seine Geschäftserfahrung, bleiben ebenso außer Betracht wie sonstige ungewöhnliche Motive, unvernünftige Vorstellungen und untypische Sonderinteressen im Hinblick auf den Abschluss des Geschäfts. Dagegen sind individuell getroffene, und damit den Erwartungshorizont des Kunden in besonderem Maße prägende Abreden richtiger Ansicht nach nicht nur in Verbraucherverträgen durchaus zu berücksichtigen.[327] Dies gebietet bereits der Grundsatz der Privatautonomie, der im Zuge der Erarbeitung eines Vergleichsleitbildes im Rahmen des § 307 Abs. 2 Nr. 2 BGB besondere Beachtung verdient. Vor ihm wäre es nicht zu rechtfertigen, einzelne Vertragsinhalte, noch dazu solche, die den Parteien offenbar besonders am Herzen lagen, auszublenden und den Vertrag damit sehenden Auges in einer von den Parteien nicht gewollten Weise aufzugreifen.

Im Übrigen gilt jedoch der Grundsatz, dass die Leitbildkonkretisierung nicht auf den   **533** konkret abgeschlossenen Einzelvertrag, sondern auf den durch die Vereinbarungen bezeichneten Häufigkeitstypus bezogen ist.[328] Differenzierungen sind dabei in mancherlei Hinsicht möglich, etwa in sachlicher Hinsicht (zB Teil- oder Vollamortisationsleasingverträge; unterschiedliche Einsatzfelder des Garantievertrages) und nach den typischerweise auf der Kundenseite beteiligten Personen (zB Kaufleute oder Verbraucher).[329] Problematisch wird die eingeforderte Unterscheidung beider Ebenen, nämlich der konkreten Parteivereinbarung und des ihr entsprechenden Häufigkeitstypus, wenn es sich um einen neuartigen und/oder auf eine singuläre Interessenkonstellation zugeschnittenen Vertrag handelt. Hier dürfte eine behutsame Lockerung der überindividuell-generalisierenden Betrachtungsweise unausweichlich sein. Nicht selten wird es in diesen Fällen allerdings schon am AGB-Charakter der Vereinbarung fehlen.

(b) **Ausgangspunkt: das privatautonom gestaltete Pflichtenarrangement.** Dort, wo   **534** eine Orientierungshilfe in Form einer dispositiven gesetzlichen Regelung nicht besteht und wo nach der Vorstellung des Gesetzgebers das Hauptanwendungsfeld des Aushöhlungs-

---

[325] Staudinger/*Wendland* BGB § 307 Rn. 272; Wolf/*Pfeiffer* BGB § 307 Rn. 136 f.; Ulmer/*Fuchs* BGB § 307 Rn. 249; *Becker*, Auslegung des § 9 Abs. 2 AGB-Gesetz, S. 180 f.; aus der Rechtsprechung zB BGH NJW 1985, 3016 (3018).

[326] *Oechsler*, Gerechtigkeit im modernen Austauschvertrag, S. 320; Wolf/*Pfeiffer* BGB § 307 Rn. 135; ferner zB BGH NJW 1986, 2428 (2429) (Maßgeblichkeit der Warte des „durchschnittlichen Bankkunden").

[327] Ulmer/*Fuchs* BGB § 307 Rn. 246; Erman/*Roloff/Looschelders* BGB § 307 Rn. 32; BGH NJW 1993, 532; aA *Becker*, Auslegung des § 9 Abs. 2 AGB-Gesetz, S. 59 ff.

[328] So zutreffend Staudinger/*Wendland* BGB § 307 Rn. 269; *Oechsler*, Gerechtigkeit im modernen Austauschvertrag, S. 321.

[329] Vgl. im Einzelnen Ulmer/*Fuchs* BGB § 307 Rn. 247.

verbots liegen soll, ist der Maßstab der Inhaltskontrolle in enger Rückkoppelung an das privatautonom gestaltete Pflichtenarrangement zu entwickeln. Die Vertragsnatur wird in erster Linie durch die privatautonomen, wenn auch von einer Partei im Vorhinein festgelegten, Setzungen der am Vertrag Beteiligten bestimmt.[330] Diese prägen den Erwartungshorizont des Kunden jedenfalls insoweit, als dieser sich nunmehr auf den Vollzug des im Vertrag vorprogrammierten Leistungsaustausches einrichten und ausgehend vom Vereinbarten gewisse – auch durch außervertragliche Faktoren mitbestimmte – Vorstellungen vom Geschäftsinhalt entwickeln wird. Den Klauselersteller, der durch sein Auftreten mit im Vorhinein für eine Vielzahl von Fällen konzipierten Bedingungen die inhaltliche Gestaltungsfreiheit für sich in Anspruch nimmt, trifft für die von seinem Vertragswerk ausgehenden Wirkungen im Rechtsverkehr eine besondere Verantwortung. Sich auf den Vertragstext gründendes Kundenvertrauen muss er sich daher stets zurechnen lassen.

535   Der Vertragsinhalt, insbesondere die nähere Ausgestaltung des Leistungsversprechens, kann mitunter sogar für sich allein eine Erwartungshaltung der Gegenseite begründen, mit der sich – wie die weitere Prüfung ergeben kann – andere Bestimmungen des Vertrages als nicht vereinbar erweisen (widersprüchlicher Vertragsinhalt).

536   Bei der Ermittlung des konkreten Vertragsinhalts, der dort vorgesehenen Ausgestaltung der Leistungspflichten und der sonstigen getroffenen Absprachen handelt es sich freilich nur um den ersten Arbeitsschritt. Ein rein vertragsimmanenter Bewertungsmaßstab[331] erlaubt allenfalls die Identifizierung und Eliminierung eklatanter Verstöße gegen die innere Vertragslogik. An dieser Stelle haltzumachen, hieße, eine merkliche Absenkung der Kontrollintensität bei nicht kodifizierten Verträgen gegenüber normativ strukturierten Verträgen und damit nicht unerhebliche Schutzdefizite in Kauf zu nehmen.[332] Zu widersprechen ist damit auch der These, jede vorformulierte Parteivereinbarung trage ihren Maßstab in sich.[333] Rechtskontrolle, zu der die Inhaltskontrolle nach den §§ 307 bis 309 BGB rechnet, setzt einen normativ begründeten, von außen an den Vertrag herangetragenen Beurteilungsmaßstab voraus. Auch die Inhaltskontrolle auf der Grundlage des Aushöhlungsverbots des § 307 Abs. 2 Nr. 2 BGB kommt nicht ohne ein positives Vergleichsbild, eine Vorstellung von einer gerechten Ordnung in dieser konkreten Frage, aus.[334] Die unverzichtbare Forderung nach einem normativen Bezug der Inhaltskontrolle lässt sich auch nicht allein dadurch einlösen, dass man nicht auf die individuelle Leistungserwartung abstellt, sondern danach fragt, was ein objektiver Beobachter anstelle des Gläubigers typischerweise an Gefahrenschutz erwarten durfte. Hergestellt wäre die Verknüpfung zur normativen Wertungsebene erst, wenn die Korrektur der individuellen Leistungserwartung mit Rücksicht auf in der Rechtsordnung verankerte Beurteilungskriterien (insbesondere Gebote und Verbote) erfolgen würde.

537   Festzuhalten ist, dass sich der Maßstab der Inhaltskontrolle nach § 307 Abs. 2 Nr. 2 BGB aus mehreren heterogenen Quellen speist, nämlich der Parteivereinbarung, den hieraus resultierenden typischen Leistungserwartungen der Vertragspartner und den mit jeweils unterschiedlichem Geltungsanspruch auftretenden Grundsätzen und Wertungen

---

[330] *H. Roth* AcP 190 (1990), 312; Soergel/*Fritzsche* BGB § 307 Rn. 85; nachdrücklich auch *Oechsler*, Gerechtigkeit im modernen Austauschvertrag, S. 320.

[331] Für eine Beschränkung der Inhaltskontrolle auf den Maßstab der „inneren Stimmigkeit" *Lieb* DB 1988, 953 f.

[332] Kritisch bis ablehnend zur These *Liebs* insbesondere *Fastrich*, Inhaltskontrolle, S. 282; Staudinger/*Wendland* BGB § 307 Rn. 268; *Oechsler*, Gerechtigkeit im modernen Austauschvertrag, S. 316; *Martinek*, Moderne Vertragstypen I, § 5 III, S. 115 f.; *von Hoyningen-Huene* AGBG § 9 Rn. 283.

[333] *Oechsler*, Gerechtigkeit im modernen Austauschvertrag, S. 320; hiergegen zu Recht Staudinger/*Wendland* BGB § 307 Rn. 268.

[334] So dezidiert Staudinger/*Wendland* BGB § 307 Rn. 268; für einen normativen Maßstab setzt sich auch *Roussos* JZ 1988, 1003 ein.

der Rechtsordnung. Die weiteren Überlegungen müssen sich daher von dem konkreten Vertrag und insbesondere von der streitgegenständlichen Klausel lösen, ohne dabei jedoch die den Prüfungsgegenstand bildende Parteivereinbarung gänzlich aus den Augen zu verlieren.

(c) **Außervertragliche Einflussfaktoren und normativ begründete Gerechtigkeits-** 538 **erwartungen.** Der Erwartungshorizont eines durchschnittlichen Vertragspartners wird in aller Regel in beträchtlichem Ausmaß durch mannigfache, kaum gegeneinander abgrenzbare, außervertragliche Wirkkräfte beeinflusst. Der typische Kunde nimmt den ihm unterbreiteten Vertrag als Exponent eines Häufigkeitstypus wahr, wie er in der Realität des Rechtslebens typischerweise vereinbart wird. Der im ersten Teilbericht der Arbeitsgruppe beim Bundesminister der Justiz enthaltene Entwurf einer Generalklausel brachte dies dadurch zum Ausdruck, dass er das Merkmal „aus der Natur des Vertrages" um die Wendung „oder aus seinem von der Verkehrsanschauung geprägten Leitbild" ergänzte.[335] Schon an dieser Stelle lässt sich mithin festhalten, dass das maßgebliche Vorstellungsbild eines durchschnittlichen Vertragspartners sowohl durch tatsächliche, mitunter sogar empirisch nachweisbare Umstände, als auch durch normativ begründete, vertragstypenspezifische Gerechtigkeitserwartungen geprägt wird.[336] In methodischer Hinsicht sollte man – mit *Canaris* – grundsätzlich vom „*Real*typus" ausgehen und diesen erforderlichenfalls mit Hilfe eines „*Normativ*typus" korrigieren.[337]

Für die Frage, was ein durchschnittlicher Vertragspartner anstelle des konkreten Gläu- 539 bigers typischerweise von einem solchen Vertrag zu erwarten pflegt, kann demnach durchaus bei der *üblichen Klauselpraxis* – gegebenenfalls auch bei der Vertragsabwicklungspraxis[338] – angesetzt werden.[339] Denn in dieser Gestalt sind zahlreiche neuere Vertragstypen in den Rechtsverkehr gelangt und von der Allgemeinheit zur Kenntnis genommen worden. Dies erfordert gegebenenfalls eine Inaugenscheinnahme der verbreiteten Vertragsformulare. Nichts anderes gilt übrigens für die *Verkehrssitten* und ihre Sonderform den Handelsbrauch. Sie können insoweit Bedeutung erlangen, als sie aufgrund ständiger Übung ein bestimmtes Vertrauen entstehen lassen oder umgekehrt der Bildung eines Vertrauenstatbestandes entgegenstehen. Zwar nennt § 307 BGB die Verkehrssitte im Gegensatz zu § 242 BGB nicht ausdrücklich. Doch legt der Maßstab von Treu und Glauben im Zusammenhang mit dem Vertrauenselement sowie der Hinweis in § 310 Abs. 1 S. 2 BGB auf die im Handelsverkehr geltenden Gewohnheiten und Gebräuche die Berücksichtigung der Verkehrssitte nahe.[340]

---

[335] Erster Teilbericht, S. 26 (§ 6); ähnlich der CDU/CSU-Entwurf (BT-Drs. 7/3200, S. 3), der in § 7 Abs. 2 eine Unwirksamkeitsvermutung für Bestimmungen vorsah, die „bei gesetzlich nicht geregelten Vertragsgestaltungen mit von der Verkehrsanschauung entwickelten Rechtsgrundsätzen nicht zu vereinbaren" seien.

[336] Zur Berücksichtigung tatsächlicher Verhaltenserwartungen *Renner* AcP 213 (2013), 683 ff.

[337] *Canaris* AcP 190 (1990), 449.

[338] Schlosser/Coester-Waltjen/*Graba* AGBG § 9 Rn. 31. Die übliche Abwicklungspraxis, insbesondere wenn sie zugunsten des Kunden vom Vertragstext abweicht und aus der Sicht des Klauselverwenders nur auf Kulanzgesichtspunkten beruht, kann das Bild einer bestimmten Vertragsform prägen; vgl. Staudinger/*Schlosser*, 12. Aufl. 1980, AGBG § 9 Rn. 29.

[339] *Fastrich*, Inhaltskontrolle, S. 289 („Verkehrsüblichkeit wesentlicher Gesichtspunkt bei der Ausbildung vertragstypenspezifischer Leitbilder"); Erman/*Roloff/Looschelders* BGB § 307 Rn. 32; Soergel/*Fritzsche* BGB § 307 Rn. 85; Schlosser/Coester-Waltjen/*Graba* AGBG § 9 Rn. 31 mit der Mahnung, nicht von einem konstruierten, wirklichkeitsfremden Leitbild auszugehen; etwas zurückhaltender Staudinger/*Coester* BGB § 307 Rn. 270 („ein Gesichtspunkt unter anderen"); *Becker*, Auslegung des § 9 Abs. 2 AGB-Gesetz, S. 174 f. („verkehrsübliche Vertragsgestaltung nur als Einstieg").

[340] Deutlich insbesondere Wolf/*Pfeiffer* BGB § 307 Rn. 209; vgl. ferner *von Hoyningen-Huene* AGBG § 9 Rn. 212 ff.; BGH NJW 1985, 480 (481).

540   Zum Erscheinungsbild eines gesetzlich nicht geregelten Vertragstypus trägt schließlich im besonderen Maße auch die *Rechtsprechung* bei.[341] Zahlreiche Vertragstypen (man denke etwa an den Leasingvertrag) verdanken der gerichtlichen Befassung und den im Verein mit rechtswissenschaftlichen Stellungnahmen erarbeiteten Aussagen zu Inhalt und Grenzen einzelner Gestaltungsvarianten ihr heutiges Gepräge. Die Einbeziehung höchstrichterlicher Erkenntnisse zu Inhalt und Grenzen nicht kodifizierter Verträge, insbesondere insoweit eine gefestigte Linie ausgemacht werden kann, markiert im Übrigen den Übergang von den rein faktischen Einflussfaktoren zu normativ fundierten Gerechtigkeitsinhalten. Die gerichtliche Entscheidungspraxis kann zum einen als bloßes von der Kautelarjurisprudenz und der Öffentlichkeit beachtetes Faktum aufgefasst werden; inhaltlich finden auf diese Weise jedoch die von den Gerichten erkannten normativen Wertungen Eingang in das öffentliche Bewusstsein.

541   Der durch § 307 Abs. 2 Nr. 2 BGB zum Maßstab berufene Gedanke des Vertrauensschutzes baut nicht auf einem rein psychologisch verstandenen, sondern auf einem durch normativ-objektiv wertende Gesichtspunkte angereicherten Vertrauensbegriff auf.[342] Eine gewisse Distanzierung vom Vertrauen im individuell-psychologischen Sinne bringt im Rahmen der AGB-Kontrolle zwar bereits die dort herrschende überindividuell-generalisierende Betrachtungsweise mit sich. Dem Anliegen des § 307 Abs. 2 Nr. 2 BGB, einen effektiven Schutz vor unangemessenen Klauseln auch dort zu gewährleisten, wo dispositives Recht als Vergleichsmaßstab nicht zur Verfügung steht, wird man freilich nur gerecht, wenn man darüber hinaus auch die *Wertungen der Rechtsordnung* in die Konkretisierung des maßgeblichen Erwartungshorizonts einfließen lässt. Der in der Praxis vorgefundene Vertragstyp darf nicht unbesehen mit der für die Inhaltskontrolle nach § 307 Abs. 2 Nr. 2 BGB maßgeblichen Vertrauensgrundlage gleichgesetzt werden. Anderenfalls bestünde die Gefahr, dass die interessengebundene Kautelarjurisprudenz inhaltlich bedenkliche Vertragsbedingungen im Geschäftsverkehr zu etablieren sucht, um sie sodann unter Hinweis auf die entsprechend reduzierte Erwartungshaltung der Kundschaft als angemessene Regelungen rechtfertigen zu können. Demgegenüber ist festzuhalten: die bloße Üblichkeit einer Regelung gebietet nicht schon ihre rechtliche Anerkennung.[343] Vielmehr muss die Gläubigererwartung auf ihre Übereinstimmung mit den Wertungen des objektiven Rechts überprüft und gegebenenfalls auf den rechtlichen gebotenen Mindeststandard angehoben werden.[344] In der umgekehrten Konstellation, bei der eine Unterschreitung etablierter Standards (Üblichkeit, Verkehrssitte, Handelsbrauch, Standesrichtlinie) durch die zu beurteilende Klausel in Rede steht, wird man dem faktischen Befund hingegen schon eine nahezu präjudizielle Wirkung zuerkennen können.[345] Auch hier bleibt aber die Letztentscheidung dem Recht vorbehalten.

542   Normative Wertungen können über ihre korrektorische Funktion hinaus sogar zur bestimmenden Größe für die Konkretisierung der maßgeblichen Leistungs- und Schutz-

---

[341] Staudinger/*Wendland* BGB § 307 Rn. 270; Soergel/*Fritzsche* BGB § 307 Rn. 85; *Becker*, Auslegung des § 9 Abs. 2 AGB-Gesetz, S. 175 f.

[342] *Fikentscher*, Schuldrecht, 9. Aufl. 1997, Rn. 163 spricht von einem „normativen Vertrauendürfen".

[343] Ständige Rechtsprechung, vgl. BGH NJW 1982, 644 (645); 1984, 2160 f.; 1985, 3016 (3017); 1987, 1931 (1935); 1991, 2414 (2416); Ulmer/*Fuchs* BGB § 307 Rn. 251; Staudinger/*Wendland* BGB § 307 Rn. 266; Wolf/*Pfeiffer* BGB § 307 Rn. 103; *Fastrich*, Inhaltskontrolle, S. 288.

[344] *Fastrich*, Inhaltskontrolle, S. 289; Erman/*Roloff/Looschelders* BGB § 307 Rn. 32; Schlosser/Coester-Waltjen/*Graba* AGBG § 9 Rn. 31 („Übereinstimmung mit den Grundwerten des positiven Rechts"). *Oechsler*, Gerechtigkeit im modernen Austauschvertrag, S. 321 spricht zwar ebenfalls von „normativ kontrollierten Gläubigererwartungen", erhofft sich die Lösung jedoch nicht in der Fixierung materialer Gerechtigkeitsinhalte, sondern im analytischen Zugriff auf das involvierte Problempotential.

[345] Näher hierzu Staudinger/*Wendland* BGB § 307 Rn. 153.

erwartung des Kunden aufsteigen. Dies ist dann der Fall, wenn es an vorfindbaren, verfestigten Vorstellungen zur Vertragsnatur des zu beurteilenden Vertrages fehlt. Davon sind vor allem Geschäftsformen betroffen, die sich noch in der Entwicklungsphase befinden, demzufolge noch kein einheitliches Gepräge aufweisen und auch noch nicht Gegenstand gerichtlicher Entscheidungen gewesen sind. Fraglich ist nun, auf welchem Wege die für einen solchen – gesetzlich nicht geregelten – Vertrag einschlägigen normativen Wertungen gewonnen werden können. Im Schrifttum firmiert diese Problematik unter der Bezeichnung „Entfaltung vertragstypenspezifischer Gerechtigkeitserwartungen".[346] Damit wird zutreffend die enge Anbindung an die einen solchen Vertrag charakterisierenden, ihm sein besonderes Gepräge verleihenden Züge zum Ausdruck gebracht. Aufbauend auf einer gründlichen Analyse des wirtschaftlichen Zwecks eines solchen Vertrages und der mit ihm verfolgten (typischen) Parteiinteressen können verschiedene normative Aspekte – gegebenenfalls auch kumulativ – maßstabsbildende Bedeutung gewinnen. Zwar geht es weiterhin um die Konkretisierung der zentralen Leistungs- und Schutzerwartungen des durchschnittlichen Kunden, doch kommen mit der Öffnung des Konkretisierungsprozesses für normative Wertungen nunmehr zwangsläufig auch die Interessen des Verwenders ins Spiel. *Manfred Wolf* bringt dies dadurch zum Ausdruck, dass er als wesentlich nur solche Rechte und Pflichten anerkennt, die dem Schutz anerkennenswerter Vertragsinteressen dienen und die sich **für den Verpflichteten in den Grenzen zumutbarer Belastungen halten.**[347] Konkretere normative Kriterien, die zu einer vertragsspezifischen Abgrenzung der Risikosphären der Parteien und zur Bestimmung des zentralen Vertragsinteresses des Vertragspartners beitragen können, sind zB die Risikobeherrschung,[348] die Versicherbarkeit[349] und das Rationalierungsinteresse des Verwenders[350]. Besonderes Augenmerk verdient die Art des zu beurteilenden Vertrages.[351] Die Fragen lauten etwa: Zielt der Vertrag auf die Begründung eines Dauerschuldverhältnisses, weist der Vertrag personenbezogene Elemente auf, handelt es sich um ein Risikogeschäft? Von Bedeutung ist ferner auch, ob der jeweilige Vertrag bipolar strukturiert ist, also eine klassische Gläubiger-Schuldner-Beziehung begründet, oder aber sich in ein Gesamtsystem aufeinander abgestimmter Einzelverträge einfügt (so zB bei Franchising-, Vertragshändler- und Kreditkartenverträgen). Bei den letztgenannten, kollektiv ausgerichteten Geschäftssystemen muss auch das Interesse der Gemeinschaft am Funktionieren des Vertragsverbundes berücksichtigt werden.[352] Nicht zu den berechtigten, zentralen Leistungs- und Schutzerwartungen zählen daher regelmäßig solche Kundenerwartungen, die mit den übergreifenden Systeminteressen nicht zu vereinbaren sind. Die genaue Charakterisierung des Vertrages kann zudem den Blick für rechtliche Regelungs- und Wertungsmuster aus anderen Zusammenhängen schärfen, die vergleichend herangezogen werden können. Angesichts der Variationsbreite vertraglicher Gestaltungen sind einer näheren Aufschlüsselung oder Systematisierung der in Betracht kommenden – ebenfalls überaus reichhaltigen – normativen Anknüpfungspunkte von vornherein Grenzen gesetzt. Der Rechtsanwender muss sich um eine möglichst systemkonforme Ergänzung der normativen Vertragstypenordnung bemühen. Er muss dann den Standpunkt des Gesetzgebers einnehmen und sich

---

[346] Staudinger/*Wendland* BGB § 307 Rn. 271; *von Hoyningen-Huene* AGBG § 9 Rn. 285; Palandt/*Grüneberg* BGB § 307 Rn. 34.

[347] Fortgeführt von Wolf/*Pfeiffer* BGB § 307 Rn. 138.

[348] Nachweise → Rn. 490.

[349] Nachweise → Rn. 491.

[350] Nachweise → Rn. 489.

[351] Staudinger/*Wendland* BGB § 307 Rn. 271; *von Hoyningen-Huene* AGBG § 9 Rn. 285; Soergel/*Fritzsche* BGB § 307 Rn. 85.

[352] Ulmer/*Fuchs* BGB § 307 Rn. 253; Wolf/*Pfeiffer* BGB § 307 Rn. 171; *Rohe*, Netzverträge, S. 296.

fragen, welche Lösung dieser in konsistenter Fortentwicklung der bereits bestehenden Regelungs- und Wertungszusammenhänge für die zur Beurteilung anstehende Klauselthematik aufgestellt hätte.[353] Eine gewisse Nähe zum Verfahren der ergänzenden Vertragsauslegung ist unübersehbar.[354] Wertvolle Hinweise auf wesentliche Rechte und Pflichten, die sich aus der Natur des Vertrages ergeben, vermag die ergänzende Vertragsauslegung immerhin insoweit zu liefern, als sie zu einer für den Vertragspartner des Verwenders im Vergleich zur vertraglichen Regelung deutlich günstigeren Rechte- und Pflichtenlage führt. Wenn schon das Zuendedenken der vertraglichen Wertungszusammenhänge unter maßvoller (nicht die Intentionen der Parteien konterkarierenden) Berücksichtigung normativer Wertungen eine Erwartungshaltung begründet, der – wie die weitere Prüfung erweist – die streitbefangene Klausel nicht gerecht zu werden vermag, so wird man dieses Auslegungsergebnis als gewichtiges Indiz anerkennen müssen. So war – um ein Beispiel zu nennen – die Entscheidung zur Unvereinbarkeit einer ermessensabhängig ausgestalteten Freigabeklausel in einem Sicherungsvertrag nahezu präjudiziert, nachdem der *Große Senat* des BGH „gemäß § 157 BGB aus dem fiduziarischen Charakter der Sicherungsabrede sowie der Interessenlage der Vertragsparteien" einen ermessensunabhängigen Freigabeanspruch abgeleitet hatte.[355] Der *Große Senat* stellte nur noch fest, dass eine Beschränkung des vertraglichen Freigabeanspruchs durch eine Regelung, die die Freigabe in das Ermessen des Sicherungsnehmers stelle, wesentliche Rechte und Pflichten, die sich aus der Natur des Sicherungsvertrages ergäben, einschränke (§ 307 Abs. 2 Nr. 2 BGB).

543   Die bisherigen Ausführungen zielten darauf, das komplizierte und sich einer abschließenden Systematisierung entziehende Zusammenspiel vertragsimmanenter und normativer Wertungen im Rahmen der Konkretisierung der zentralen Leistungs- und Schutzerwartungen des Kunden zu veranschaulichen. Eine trennscharfe Abgrenzung der verschiedenen Ebenen ist nicht immer möglich. Beide gehen vielmehr ineinander über und beeinflussen sich gegenseitig. Festzuhalten ist jedoch, dass bereits auf dieser Stufe vertragstypenspezifische Gerechtigkeitserwartungen formuliert werden müssen. In diesem Rahmen ist auch die Schutzwürdigkeit des zukunftsgerichteten Vertrauens des Durchschnittskunden zu bedenken.[356] Ferner müssen auch die typischen Interessen des Verwenders Eingang in den Abwägungsprozess finden.

544   Verortet man entsprechend der hier vertretenen Meinung den Sondertatbestand des § 307 Abs. 2 Nr. 2 BGB im Verbot widersprüchlichen Verhaltens, so müsste das in der Person des durchschnittlichen Kunden erweckte Vertrauen auf bestimmte, aus dem Vertrag resultierende Rechtspositionen darüber hinaus auf einem zurechenbaren Vorverhalten der Gegenseite beruhen.[357] Ferner wäre es eine Voraussetzung, dass der Ver-

---

[353] Zur Hilfsvorstellung hypothetischen dispositiven Rechts vgl. Schlosser/Coester-Waltjen/*Graba* AGBG § 9 Rn. 31; Staudinger/*Wendland* BGB § 307 Rn. 271; vgl. ferner Art. 1 Abs. 2 ZGB.

[354] Für eine recht weitgehende Anlehnung an die Methode der ergänzenden Vertragsauslegung *Becker,* Auslegung des § 9 Abs. 2 AGB-Gesetz, S. 171 ff.; Wolf/*Pfeiffer* BGB § 307 Rn. 139; *von Hoyningen-Huene* AGBG § 9 Rn. 285.

[355] BGH NJW 1998, 671 (672 f.).

[356] Diese Voraussetzung zur Feststellung eines unter § 242 BGB fallenden widersprüchlichen Verhaltens (vgl. Soergel/*Teichmann* BGB § 242 Rn. 320; *Canaris,* Vertrauenshaftung, S. 294 f.; *Dette,* Venire contra factum proprium nulli conceditur, S. 68 f.) fließt mithin von vornherein in die Konkretisierung der maßgeblichen Leistungs- und Schutzerwartungen ein. Die Schutzwürdigkeit kann im Übrigen regelmäßig nicht schon deshalb verneint werden, weil es dem Kunden zuzumuten gewesen wäre, sich um eine verbindliche rechtsgeschäftliche Sicherung seiner Erwartungen zu bemühen (zu diesem Aspekt allgemein *Singer,* Verbot widersprüchlichen Verhaltens, S. 354). Denn das „Diktat des Verwenders" lässt regelmäßig keine Individualabrede zu und das AGB-Recht zielt gerade auf eine Verstärkung der Rechtsstellung des sich in dieser Situation befindlichen Vertragspartners.

[357] Soergel/*Teichmann* BGB § 242 Rn. 317; *Canaris,* Vertrauenshaftung, S. 296 f.; *Dette,* Venire contra factum proprium nulli conceditur, S. 71 ff.

trauende aufgrund des Vertrauens eine Disposition („Vertrauensinvestition") vorgenommen hat.[358] Beide Merkmale sind im Tatbestand des § 307 Abs. 2 Nr. 2 BGB nicht ausdrücklich genannt. Der Grund für diese Auslassungen könnte jedoch darin liegen, dass die genannten Merkmale in den Anwendungsfällen dieser Vorschrift ohnehin stets erfüllt sind und daher keiner besonderen Erwähnung bedurften. So liegt es in der Tat nahe, das *zurechenbare Vorverhalten* prinzipiell in der Präsentation des vorformulierten Vertragswerkes zu sehen. Suggeriert beispielsweise das Leistungsversprechen des Verwenders prima facie weitreichende Leistungsansprüche des Kunden und relativiert das „Kleingedruckte" diese Zusage in wesentlichen Punkten, so ist das erwartungsfrohe Zutrauen des Kunden dem Verwender kraft seiner Klauselverantwortung ohne weiteres zuzurechnen. Aber auch dann, wenn die kundenspezifische Erwartungshaltung durch außervertragliche Faktoren beeinflusst wird, ist die Entstehung des Vertrauens der Risikosphäre des Verwenders zuzuordnen.[359] Denn mit seinem vorformulierten Bedingungswerk begibt sich der Verwender in Kenntnis solcher externen Begleitumstände (zB die verkehrsübliche Ausgestaltung solcher Verträge) in den Rechtsverkehr. Die Erkennbarkeit der vertrauensbildenden Wirkung, die von seinem Angebot im Verein mit den genannten außervertraglichen Einflussfaktoren ausgeht, wird man unterstellen dürfen. Damit ist aber die Grundvoraussetzung der Zurechenbarkeit gegeben. Höhere Anforderungen können, wenn sie für erforderlich gehalten werden, in den Konkretisierungsprozess (Interessenabwägung) eingebracht werden. Im Übrigen ist darauf hinzuweisen, dass der Verwender es stets in der Hand hat, durch eine Individualvereinbarung auf das Gläubigervertrauen Einfluss zu nehmen und auf diese Weise außervertraglichen Einflussfaktoren die Wirksamkeit zu nehmen. Schließlich setzt der Tatbestand des *venire contra factum proprium* voraus, dass der andere Teil eine *Vertrauensdisposition* vorgenommen hat. In diesem Punkt wird man bereits an den Abschluss des Vertrages als solchen anknüpfen dürfen.[360] Zu diesem wird der Kunde maßgeblich durch den „Auftritt" des Verwenders bestimmt. Lässt der Kunde sich auf den Vertrag ein, so sieht er sich nunmehr seinerseits zur Erbringung der Gegenleistung verpflichtet (primäre Konsequenz des entstandenen Vertrauenstatbestandes). Ferner wird er ab diesem Zeitpunkt die Erfüllung des Versprochenen in Rechnung stellen. Die zutreffenden sekundären Vorkehrungen können unterschiedlichster Art sein (zB Bereitstellung liquider Mittel, Schaffung geeigneter Aufbewahrungsmöglichkeiten). Vor allem unterlässt es der Kunde, anderen Anbietern sein Vertrauen zu schenken. Diese Art der Betätigung des Vertrauens entspricht der durch Allgemeine Geschäftsbedingungen geprägten typischen Abschlusssituation. Die Vertrauensdisposition bedarf aus diesem Grunde keiner gesonderten Feststellung; der Gesetzgeber hat sie stillschweigend mitbedacht.

(2) Einschränkung – Enttäuschung des geweckten Vertrauens. Der auf das Verbot 545 des *venire contra factum proprium* gestützte Rechtsmissbrauchseinwand aktualisiert sich, wenn sich der Handelnde in Widerspruch zu dem von ihm geschaffenen Vertrauenstatbestand setzt. Die Vorschrift des § 307 Abs. 2 Nr. 2 BGB nimmt diesen Gedanken auf, wenn sie die Unwirksamkeit einer AGB-Bestimmung an die „*Einschränkung*" wesentlicher Rechte oder Pflichten, die sich aus der Natur des Vertrages ergeben, knüpft. Denn die Rechte und Pflichten aus dem idealisierten Vertrag beschreiben den schutzwürdigen Erwartungshorizont des durchschnittlichen Vertragspartners, mithin einen Vertrauens-

---

[358] Soergel/*Teichmann* BGB § 242 Rn. 321; *Canaris*, Vertrauenshaftung, S. 295 f.; *Dette*, Venire contra factum proprium nulli conceditur, S. 63 ff. jeweils auch mit Nachweisen zur Rechtsprechung.

[359] Zur Maßgeblichkeit des Risikoprinzips und nicht etwa des Verschuldensgrundsatzes vgl. *Canaris*, Vertrauenshaftung, S. 296 f. und Soergel/*Teichmann* BGB § 242 Rn. 319.

[360] Zu pauschal, weil die hier problematisierte Konstellation nicht mitbedenkend, *Canaris*, Vertrauenshaftung, S. 295 (Der bloße Abschluss des Vertrages reiche niemals aus.).

tatbestand, der durch ihm nachteilige Allgemeine Geschäftsbedingungen nicht enttäuscht werden darf. Getreu dem bereits skizzierten Grundkonzept der Leitbildkontrolle[361] und in Parallele zu dem durch das Kriterium der Abweichung in § 307 Abs. 2 Nr. 1 BGB veranlassten Prüfungsschritt kommt es auch hier zu einem Vergleich zweier Rechtslagen.[362] Dem unter Ausblendung der streitbefangenen Klausel ermittelten hypothetischen Rechtszustand, wie er im Gesetz durch die Formulierung „wesentliche Rechte oder Pflichten, die sich aus der Natur des Vertrages ergeben" umschrieben wird, ist die konkret im Vertrag enthaltene AGB-Regelung gegenüberzustellen. Eine Einschränkung im Sinne eines für den Vertragspartner negativen Saldos ist festgestellt, wenn Rechte des Vertragspartners oder Pflichten des Verwenders, die den Interessen des Vertragspartners dienen, geschmälert werden.[363] Eine vertragliche Pflicht wird dabei auch dann eingeschränkt, wenn ihre Verletzung sanktionslos bleibt.[364]

546   **(3) Vertragszweckgefährdung.** Die Einschränkung wesentlicher Rechte oder Pflichten, die sich aus der Natur des Vertrages ergeben, führt nur dann zu einer unangemessenen Benachteiligung, wenn dadurch die Erreichung des Vertragszwecks gefährdet ist. In Anbetracht der vorgelagerten Prüfungspunkte, die vom Rechtsanwender – insbesondere insoweit es um die Konkretisierung des maßgeblichen Erwartungshorizonts geht – eingehend begründete und sorgfältig abgewogene Beurteilungen erfordern, stellt sich die Frage, welchen Stellenwert das Merkmal der Vertragszweckgefährdung im Tatbestand des § 307 Abs. 2 Nr. 2 BGB einnimmt. Die herrschende Ansicht sieht in ihm einen eigenständigen Prüfstein auf dem Wege zum Unangemessenheitsurteil.[365]

547   Bei Lichte besehen bleiben für die durch das Merkmal der Vertragszweckgefährdung eröffnete Wertungsstation außer der besonderen Betonung der Wichtigkeit dieses Punktes für die Konkretisierung der zentralen Leistungs- und Schutzerwartungen des Vertragspartners zwei substantielle inhaltliche Vorgaben.

548   Zum einen gibt das Merkmal der Vertragszweckgefährdung einen Hinweis auf die von § 307 Abs. 2 Nr. 2 BGB vorausgesetzte *Eingriffsintensität:* Einerseits muss die Möglichkeit der Erzielung des angestrebten vertraglichen Erfolges mehr als nur geringfügig in Frage gestellt sein. Andererseits darf die Eingriffsschwelle aber nicht so angesetzt werden, dass nur die totale Vereitelung des Vertragszwecks die Unwirksamkeitsfolge nach sich zieht.[366] Zweitens bedarf es zur Feststellung einer Gefährdung des *Vertrags*zwecks der Inaugenscheinnahme des *gesamten Vertrages.* Denkbar ist immerhin, dass die Erreichung des Vertragszwecks im Vertrag durch andere, den Kunden begünstigende Regelungen sichergestellt wird. Die durch das Merkmal der Vertragszweckgefährdung veranlasste Einbeziehung kompensatorischer Effekte[367] sollte – schon um den Prüfungsgang zu entzerren – einer letzten Wertungsstation vorbehalten bleiben.

549   **c) Beispiele aus der Rechtsprechung.** Große Bedeutung kommt dem Aushöhlungsverbot bei der Kontrolle von **Haftungsfreizeichnungen und Haftungsbeschränkungen**

---

[361] Siehe oben → Rn. 502 ff.

[362] Staudinger/*Wendland* BGB § 307 Rn. 277; *von Hoyningen-Huene* AGBG § 9 Rn. 290.

[363] Wolf/*Pfeiffer* BGB § 307 Rn. 145; *von Hoyningen-Huene* AGBG § 9 Rn. 291.

[364] BGH NJW 2002, 673 (675).

[365] Ulmer/*Fuchs* BGB § 307 Rn. 261; Staudinger/*Wendland* BGB § 307 Rn. 278; Wolf/*Pfeiffer* BGB § 307 Rn. 147 ff.; auch die Rechtsprechung hat dieses Merkmal oftmals gesondert geprüft: vgl. etwa BGH NJW 1984, 1350 (1351); 1986, 43 (44); 1993, 335 (336); 1998, 671 (673); kritisch hingegen Staudinger/*Schlosser*, 12. Aufl. 1980, AGBG § 9 Rn. 27; *Becker*, Auslegung des § 9 Abs. 2 AGB-Gesetz, S. 182 f.

[366] Vgl. statt vieler *von Hoyningen-Huene* AGBG § 9 Rn. 295.

[367] Wie hier Staudinger/*Wendland* BGB § 307 Rn. 280; allgemein zu den Voraussetzungen und Grenzen der Berücksichtigung von Kompensationseffekten im Rahmen der Inhaltskontrolle → Rn. 487 f.

zu. Die sich für solche Klauseln aus § 307 Abs. 2 Nr. 2 BGB ergebenden Grenzen werden hier im Anschluss an die Ausführungen zum Klauselverbot des § 309 Nr. 7 BGB erörtert.[368] **Sonstige vertragszweckgefährdende Einschränkungen wesentlicher Rechte und Pflichten aus der Natur des Vertrages** hat die Rechtsprechung ua in folgenden Fällen angenommen:

Beispiele:

(1) Unwirksam sind Haftungserweiterungsklauseln, nach denen sich die **Bürgschaft** auch dann auf Zinsen, Provisionen und Kosten erstreckt, wenn dadurch der vereinbarte **Haftungshöchstbetrag** überschritten wird. Denn eine solche Klausel begründet für den Bürgen in mehrfacher Hinsicht ein nicht kalkulierbares Risiko, das nach dem Sinn und Zweck einer Höchstbetragsbürgschaft gerade ausgeschaltet sein soll.[369]

(2) Gegen § 307 Abs. 2 Nr. 2 BGB verstößt es, wenn sich Kreditinstitute in den Überweisungsvordrucken formularmäßig die Befugnis einräumen, den Überweisungsbetrag einem anderen Konto des Empfängers als dem angegebenen gutzuschreiben. Eine solche **Fakultativklausel** begründet für den Überweisenden die Gefahr, dass seiner Leistung keine Erfüllungswirkung zukommt und er nochmals zahlen muss. Sie steht mit den vertragstypischen Erwartungen des Überweisenden nicht im Einklang. Denn diese gehen dahin, dass sich die Banken bei Überweisungen streng innerhalb der Grenzen des ihnen erteilten formalen Auftrags halten und die den Überweisungen zugrundeliegenden Rechtsverhältnisse der Beteiligten nicht beachten.[370]

(3) Im **Vertragsverhältnis zwischen einem Kreditkartenunternehmen und einem Vertragsunternehmen**, das der BGH als abstraktes Schuldversprechen einstuft,[371] verstößt nach Ansicht des BGH eine Klausel gegen § 307 Abs. 2 Nr. 2 BGB, mit der sich das Kartenunternehmen ein **Rückgriffsrecht gegen das Vertragsunternehmen** für den Fall vorbehält, dass sich der Kunde weigert, den Rechnungsbetrag zu begleichen.[372] Diese Klausel betraf das sog. **Telefon- oder Mailorderverfahren**, bei dem eine schriftliche oder telefonische Bestellung ohne Vorlage der Karte allein aufgrund der Angabe der Kartennummer und des Gültigkeitsdatums abgewickelt wird. Der BGH erachtete diese Klausel deshalb für unwirksam, weil sie das Vertragsunternehmen verschuldensunabhängig mit dem vollen Risiko einer missbräuchlichen Verwendung der Kreditkarte belaste und das Kartenunternehmen, das als Betreiber des Kreditkartensystems das verfahrensimmanente Missbrauchsrisiko grundsätzlich selbst zu tragen habe, vollständig entlaste. Hinzu komme, dass das Kartenunternehmen für das Telefon- und Mailorderverfahren eine zusätzliche Servicegebühr von den Vertragsunternehmen erhebe und im Übrigen das erhöhte Missbrauchsrisiko dieses Verfahrens wesentlich besser auffangen könne als die einzelnen Vertragsunternehmen.

(4) Das sog. **Zillmerverfahren** bei der kapitalbildenden **Lebensversicherung** (sowie bei der aufgeschobenen und der fondsgebundene Rentenversicherung) ist in letzter Zeit zunehmend kritisch betrachtet worden. Dieses Verfahren sieht vor, dass die dem Versicherer durch den Vertragsschluss entstehenden Kosten – insbesondere: Vermittlungsprovisionen – mit den ersten Prämienzahlungen verrechnet werden. Dies führt dazu, dass der dem Versicherungsnehmer bei einer vorzeitigen Vertragsbeendigung zu erstattende Betrag in den ersten Vertragsjahren bei Null liegen kann, zumindest aber wesentlich hinter den geleisteten Prämien zurückbleibt. Nachdem der BGH zunächst (lediglich) Transparenzanforderungen formuliert hatte,[373] hat er später auf eine unangemessen Benachteiligung des Versicherungsnehmers erkannt.[374] Die mit einer solchen Versicherung (auch) bezweckte Kapitalanlage und Vermögensbildung werde durch die den Versicherungsneh-

---

[368] Vgl. → Rn. 976.

[369] BGH NJW 2002, 3167 (3168 f.); aA *Kuntz* AcP 209 (2009), 265 ff.

[370] BGH NJW 1986, 2428 (2429).

[371] BGH NJW 2002, 285 (287 f.), 2002, 2234 (2236 f.); für Forderungskauf noch BGH NJW 1990, 2880.

[372] BGH NJW 2002, 285 (287 f.), 2002, 2234 (2236 f.); hierzu auch *Meder* NJW 2002, 2215 ff.

[373] BGH NJW 2001, 2014.

[374] BGH NJW 2012, 3023; hierzu auch *Armbrüster* NJW 2012, 3001 und *Reiff* VersR 2013, 785; nachfolgend dann BGH NJW 2013, 368; 2013, 3240; 2013, 3580; NJW-RR 2013, 146. Vorangegangen war eine Entscheidung des BVerfG (NJW 2006, 1783), die bereits die Richtung vorgegeben hatte. Zu einer unkündbaren Kostenausgleichsvereinbarung neben einem Versicherungsvertrag, nach der der Versicherungsnehmer die Abschlusskosten in monatlichen Raten unabhängig vom Fortbestand des

mern auferlegten Abschlusskosten je nach Beendigungszeitpunkt unverhältnismäßig belastet oder vereitelt.

(5) Der Vertragszweck eines **Krankenversicherungsvertrages** wird in Frage gestellt, wenn der Krankenversicherer seine Leistungspflicht für wissenschaftlich nicht allgemein anerkannte Untersuchungs- oder Behandlungsmethoden ausschließt **(Wissenschaftlichkeitsklausel).**[375] Allerdings bedeutet nicht jede Leistungsbegrenzung schon eine Vertragszweckgefährdung, sondern ist zunächst grundsätzlich der freien unternehmerischen Entscheidung des Versicherers überlassen, soweit er mit der Beschreibung der Hauptleistung beim Versicherten nicht falsche Vorstellungen erweckt. Eine Gefährdung ist erst anzunehmen, wenn mit der Einschränkung der Leistung der Vertrag ausgehöhlt werden kann und damit der Versicherungsvertrag in Bezug auf das zu versichernde Risiko zwecklos wird. So stellt beispielsweise der **Leistungsausschluss für krankhafte Störungen infolge psychischer Reaktionen** in den **Unfallversicherungsbedingungen** den Zweck, Schutz vor Unfallrisiken zu bieten, in dem weit gespannten Bereich der physisch vermittelten Unfallschädigungen nicht in Frage und hält der Inhaltskontrolle stand.[376]

(6) Wer mit einem Bauträger einen Vertrag über den Erwerb einer Immobilie schließt, tut dies in der berechtigten Erwartung, dass die Koordination in der Hand des Bauträgers liegt. Diese mit einem Bauträgervertrag gewöhnlich einhergehenden Vorteile würden dem Erwerber durch eine Klausel wieder genommen, durch die er auf zumutbare Bemühungen um außergerichtliche Durchsetzung der an ihn abgetretenen Ansprüche gegen die Bauhandwerker verwiesen wird. Eine solche **Subsidiaritätsklausel in einem Bauträgervertrag** hat der BGH daher als gegen § 307 Abs. 2 Nr. 2 BGB verstoßend beanstandet.[377]

(7) Der **Ausschluss von Ersatz für abhandengekommene Fahrscheine** in den **Beförderungsbedingungen eines Busreiseunternehmens** höhlt die zentralen im Gegenseitigkeitsverhältnis stehenden Hauptpflichten der Vertragsparteien aus. Denn durch die Klauselgestaltung wird der nach dem Verlust des Fahrscheins fortbestehende Beförderungsanspruch des Fahrgastes praktisch entwertet, ohne dass dieser weitreichende Ausschluss durch berechtigte Verwenderinteressen gerechtfertigt ist.[378]

V. Der verbleibende Anwendungsbereich des § 307 Abs. 1 S. 1 BGB

550   Fraglich ist, ob dem Verbot unangemessener Benachteiligung neben den genannten Bestimmungen ein eigenständiger Anwendungsbereich im Kontrollgeschehen verbleibt. Bezweifelt wurde dies bald nach Inkrafttreten des AGB-Gesetzes etwa von *Schlosser.*[379] Kritisch vermerkte er, es habe noch kaum ein Autor einen greifbaren Anwendungsbereich von Absatz 1 angeben können, der nicht auch von Absatz 2 erfasst worden wäre. Die Frage lautet also, ob sich die Unwirksamkeit einer Klausel aus Absatz 1 ergeben kann, ohne dass die Voraussetzungen des Absatzes 2 vorliegen. Sie ist mit der heute herrschenden Meinung zu bejahen und **§ 307 Abs. 1 BGB** durchaus ein **eigenständiger Anwendungsbereich** zuzuerkennen.[380] Denn in der Rechtspraxis haben sich im Laufe der Zeit typische Vertrags- und Klauselgestaltungen herausgeschält, die von der inhaltlich zwar fester umrissenen, zugleich aber auch begrenzteren Prüfungsthematik des § 307 Abs. 2 BGB und der §§ 308 und 309 BGB nicht erfasst werden.[381] Zu nennen wären hier die Vereinbarung gesetzlich vorgesehener Gestaltungsmöglichkeiten und die Würdigung des Zusammenwirkens einer Vielzahl belastender Klauseln. Schließlich sind solche Klauseln zu nennen, für deren Thematik es am Maßstab einer gesetzlichen Regelung im Sinne

---

Versicherungsvertrags zu zahlen hat, vgl. BGH NJW 2014, 1658. Zur Entgeltumwandlung unter gezillmerten Versicherungstarifen BAG NZA 2010, 164.

[375] BGH NJW 1993, 2369 f.

[376] BGH NJW 2004, 2589.

[377] BGH NJW 2002, 2470 (2471).

[378] BGH NJW 2005, 1774.

[379] Staudinger/*Schlosser*, 12. Aufl. 1980, AGBG § 9 Rn. 14.

[380] Ulmer/*Fuchs* BGB § 307 Rn. 94; Staudinger/*Wendland* BGB § 307 Rn. 83 ff.; *Becker*, Auslegung des § 9 AGB-Gesetz, S. 197 ff.; ebenso BGH NJW 1981, 117 (118); 2000, 2103 (2105).

[381] Staudinger/*Wendland* BGB § 307 Rn. 83.

von Abs. 2 Nr. 1 fehlt – entweder, weil der Vertragstyp insgesamt ungeregelt ist, oder weil eine vergleichbare Regelung wegen des atypischen Charakters des Vertrages nicht passt – und für die auch nicht der Aushöhlungsaspekt des Abs. 2 Nr. 2 zutrifft.

Beispiel: Ein instruktives Beispiel für die letztgenannte Fallgruppe bieten **Verlängerungsklauseln in vorformulierten Fitness-Studio-Verträgen.** Der BGH konnte hier kein gesetzliches Leitbild erkennen, an dem die Klausel hätte gemessen werden können.[382] Insbesondere die §§ 620 ff. BGB, so sie denn auf einen Fitness-Studio-Vertrag überhaupt Anwendung finden, befand der BGH für unergiebig, da die dort genannten Kündigungsfristen nur Bedeutung gewönnen, wenn die Dauer des Dienstverhältnisses nicht bestimmt sei. Für die Verwirklichung des Abs. 2 Nr. 2 gab es ebenfalls keine Anhaltspunkte. Verlängerungs- oder Laufzeitklauseln mögen den Vertragspartner zwar ungebührlich lange an den Vertrag binden, verkürzen deswegen aber noch nicht wesentliche Rechte und Pflichten aus dem Vertrag.

VI. Anwendung der Generalklausel im unternehmerischen Geschäftsverkehr

Literatur: *Alisch,* Zur Kontrolle von AGB bei Verwendung im rein kaufmännischen Verkehr, JZ 1982, 760; *Armbrüster,* AGB-Kontrolle im unternehmerischen Geschäftsverkehr, NZA-Beilage 2019, 44; *C. Axer,* Rechtfertigung und Reichweite der AGB-Kontrolle im unternehmerischen Geschäftsverkehr, 2012; *Baudenbacher,* Zur Bedeutung der Klauselkataloge des AGBG für den kaufmännischen Verkehr, JZ 1987, 217; *Becker,* Die Reichweite der AGB-Kontrolle im unternehmerischen Geschäftsverkehr aus teleologischer Sicht, JZ 2010, 1098; *Berger,* Abschied von Privatautonomie im unternehmerischen Geschäftsverkehr?; ZIP 2006, 2149; *ders.,* AGB-Kontrolle im unternehmerischen Geschäftsverkehr, BB 2007, 2137; *ders.,* Für eine Reform des AGB-Rechts im Unternehmerverkehr, NJW 2010, 465; *Brauch,* AGB im unternehmerischen Geschäftsverkehr – Bringt das E-Commerce-Recht einen weiteren Schritt auf dem Weg zum Abschied von der Vertragsfreiheit?, in: FS für Graf von Westphalen, 2010, S. 31; *Budde,* Findet AGB-Recht auf Kaufverträge, die unter einem Rahmenliefervertrag abgeschlossen werden, Anwendung?, ZVertriebsR 2019, 214; *Dauner-Lieb,* Vertragsfreiheit zwischen Unternehmen: AGB-Recht ihr Garant oder ihr Totengräber?, AnwBl 2013, 845; *Dauner-Lieb/C. Axer,* Quo vadis AGB-Kontrolle im unternehmerischen Geschäftsverkehr?, ZIP 2010, 309; *Fuchs,* Der Anwendungsbereich der AGB-Kontrolle im unternehmerischen Geschäftsverkehr, in: FS für Blaurock, 2013, S. 91; *Helm,* Zur Inhaltskontrolle von AGB bei Verwendung gegenüber Kaufleuten, BB 1977, 1109; *Hensen,* Die Auswirkungen des AGB-Gesetzes auf den kaufmännischen Verkehr, NJW 1987, 1986; *Günes/Ackermann,* Die Indizwirkung der §§ 308 und 309 BGB im unternehmerischen Geschäftsverkehr, ZGS 2010, 400; *dies.,* Der Anwendungsbereich des AGB-Rechts im unternehmerischen Geschäftsverkehr, ZGS 2010, 454; *Herresthal,* Reform der AGB-Kontrolle im B2B-Bereich, Rechtslage – Reformdiskussion – Regelungsvorschlag, 2020; *Kaeding,* Die Inhaltskontrolle von Geschäftsbedingungen im unternehmerischen Geschäftsverkehr, BB 2016, 450; *Kessel/Stomps,* Haftungsklauseln im Geschäftsverkehr zwischen Unternehmern – Plädoyer für eine Änderung der Rechtsprechung, BB 2009, 2666; *Kieninger,* AGB bei B2B-Verträgen: Rückbesinnung auf die Ziele des AGB-Rechts, AnwBl 2012, 301; *R. Koch,* Das AGB-Recht im unternehmerischen Verkehr: Zu viel des Guten oder Bewegung in die richtige Richtung?, BB 2010, 1810; *Kondring,* Die „gute unternehmerische Praxis" in einem möglichen künftigen AGB-Recht für den unternehmerischen Rechtsverkehr, BB 2013, 73; *Lenkaitis/Löwisch,* Zur Inhaltskontrolle von AGB im unternehmerischen Geschäftsverkehr: Ein Plädoyer für eine dogmatische Korrektur, ZIP 2009, 441; *Leuschner,* AGB-Kontrolle im unternehmerischen Rechtsverkehr, JZ 2010, 875; *ders.,* Reformvorschläge für die AGB-Kontrolle im unternehmerischen Rechtsverkehr, ZIP 2015, 1045; *ders.,* Noch einmal: Reformvorschläge für die AGB-Kontrolle im unternehmerischen Rechtsverkehr, ZIP 2015, 1326; *ders.,* Die Kontrollstrenge des AGB-Rechts, NJW 2016, 1222; *Lischek/Mahnken,* Vertragsverhandlungen zwischen Unternehmen und AGB – Anmerkungen aus der Sicht der Praxis, ZIP 2006, 158; *Lutz,* AGB-Kontrolle im Handelsverkehr unter Berücksichtigung der Klauselverbote, 1991; *Maier-Reimer,* AGB-Recht im unternehmerischen Rechtsverkehr – Der BGH überdreht die Schraube, NJW 2017, 1; *W. Müller,* Die AGB-Kontrolle im unternehmerischen Geschäftsverkehr – Standortnachteil für das deutsche Recht, BB 2013, 1355; *ders.,* Plädoyer für eine weniger starre AGB-Kontrolle im unterneh-

---

[382] BGH NJW 1997, 739; ebenso BGH NJW 2000, 1110 (1112) für einen Tankstellenstationärvertrag.

merischen Geschäftsverkehr am Beispiel des Gewerberaummietrechts, NZM 2016, 185; *ders.*, AGB-Kontrolle auf dem Prüfstand, IWRZ 2018, 153; *ders.*, Für eine Lockerung der AGB-Kontrolle im unternehmerischen Geschäftsverkehr, TranspR 2018, 276; *Müller/Griebeler/Pfeil*, Für eine maßvolle AGB-Kontrolle im unternehmerischen Geschäftsverkehr, BB 2009, 2658; *Müller/Schilling*, AGB-Kontrolle im unternehmerischen Geschäftsverkehr – eine rechtsvergleichende Analyse, BB 2012, 2319; *Munz*, Allgemeine Geschäftsbedingungen in den USA und Deutschland im Handelsverkehr, 1992; *Niebling*, AGB-Verwendung bei Geschäftsbeziehungen zwischen Unternehmen (b2b), MDR 2011, 1399; *Ohlendorf-von Hertel*, Kontrolle von AGB im kaufmännischen Verkehr gemäß § 24 AGBG, 1988; *Pres*, Maßgaben für die Inhaltskontrolle Allgemeiner Geschäftsbedingungen im Handelsverkehr, 2005; *ders.*, Die Auswirkungen des AGBG auf den kaufmännischen Verkehr, NJW 1987, 1978; *Rabe*, Das Unternehmensrecht braucht eine neue Architektur, welche im Gegensatz zum Verbraucherschutz nach dem AGB-Recht steht, TranspR 2016, 191; *Salger/Schröder*, AGB im unternehmerischen Rechtsverkehr: Schwäche oder Stärke des deutschen Rechts?, AnwBl 2012, 683; *Christoph Schäfer*, Anerkannt, gut und bewährt – eine Analyse des Kampfs und das „Kleingedruckte", BB 2012, 1231; *Schlechtriem*, Der Kaufmann im Gesetz zur Regelung des Rechts der AGB, in: FS für Duden, 1977, S. 570; *Schmidt-Kessel*, AGB im unternehmerischen Geschäftsverkehr: Marktmacht begrenzen, AnwBl 2012, 308; *Sommerfeld*, Rechtsflucht ins Ausland wegen des deutschen AGB-Rechts im B2B-Verkehr?, RiW 2018, 741; *J. Teichmann/Laitenberger*, Findet AGB-Recht auf Kaufverträge, die unter einem individuell verhandelten Rahmenliefervertrag abgeschlossen werden, Anwendung?, ZVertriebsR 2019, 214; *Vogt*, AGB im kaufmännischen Verkehr – Grundsätze und Grenzen, TranspR 2010, 15; *Wendland*, Vertragsfreiheit und Vertragsgerechtigkeit, 2019; *Graf von Westphalen*, 30 Jahre AGB-Recht – Eine Erfolgsbilanz, ZIP 2006, 149; *ders.*, Wider einen Reformbedarf beim AGB-Recht im Unternehmerverkehr, NJW 2009, 2977; *ders.*, Wider die angebliche Unattraktivität des AGB-Rechts, BB 2010, 195; *ders.*, AGB-rechtliche Schutzschranken im unternehmerischen Verkehr: Rückblick und Ausblick, BB 2011, 195; *ders.;* AGB-Kontrolle – kein Standortnachteil, BB 2013, 1357; *ders.*, Der angebliche Standortnachteil des deutschen Rechts aufgrund des AGB-Rechts – Analyse der Fallbeispiele der Reformer, BB 2013, 67; *ders.*, Geglücktes und Gelungenes im AGB-Recht, AnwBl 2013, 850; *ders.*, Schwellenwert und Neuregelung einer vertraglichen Haftungsbegrenzung – ist das der „Königsweg" einer Reform des AGB-Rechts?, ZIP 2015, 1316; *ders.*, Plädoyer für ein Beibehalten der strengen Rechtsprechung zur AGB-Klauselkontrolle im unternehmerischen Bereich am Beispiel des Gewerberaummietrechts, NZM 2016, 369; *ders.*, Trennlinie zwischen AGB-Klauseln im Verbraucherrecht und im unternehmerischen Bereich, BB 2017, 2051; *M. Wolf*, Auslegung und Inhaltskontrolle von AGB im internationalen kaufmännischen Verkehr, ZHR 153 (1989), 300.

551   Der gerichtlichen Angemessenheitskontrolle nach § 307 Abs. 1 S. 1, Abs. 2 BGB und der Transparenzkontrolle nach § 307 Abs. 1 S. 2 BGB unterfallen auch AGB-Klauseln, die **gegenüber einem Unternehmer,** einer juristischen Person des öffentlichen Rechts oder einem öffentlich-rechtlichen Sondervermögen verwendet werden. § 310 Abs. 1 S. 1 BGB schließt lediglich die Anwendung der §§ 305 Abs. 2 und 3, 308 und 309 BGB aus. Die nicht erwähnten Klauselverbote des § 308 Nr. 1a und Nr. 1b BGB finden hingegen uneingeschränkt Anwendung (vgl. hierzu → Rn. 768b). Ob auch Kaufleute in den Schutzbereich der AGB-rechtlichen Vorschriften einbezogen sein sollen, war bis zur endgültigen Verabschiedung des AGB-Gesetzes äußerst umstritten. Der 1. Teilbericht und ihm folgend der Referentenentwurf hatten sich noch für die Ausklammerung der Kaufleute ausgesprochen.[383] Die Gesetz gewordene Fassung hatte hingegen zu erkennen gegeben, dass sich das AGB-Gesetz nicht als reines Verbraucherschutzgesetz verstand, sondern im gesamten rechtsgeschäftlichen Verkehr mit Allgemeinen Geschäftsbedingungen die Gebote von Treu und Glauben gewahrt wissen wollte.

1. Maßstab der Angemessenheit

552   Für die Inhaltskontrolle Allgemeiner Geschäftsbedingungen, die gegenüber Unternehmern verwendet werden, gilt zunächst prinzipiell derselbe Maßstab, der auch der An-

---

[383] Erster Teilbericht der Arbeitsgruppe beim BMJ, 1974, S. 30 und 99 f.; Referentenentwurf DB 1974, Beil. Nr. 18, S. 4 und 23.

gemessenheitsbeurteilung im nichtunternehmerischen Verkehr zugrunde gelegt wird.[384] Auch hier kommt es also nicht auf die individuelle Schutzbedürftigkeit des Vertragspartners an. Maßgebend ist vielmehr wiederum eine **überindividuelle, von den Umständen des Einzelfalles abstrahierende Betrachtungsweise.**[385] Modifikationen erfährt der bewährte Maßstab allerdings insofern, als der kaufmännische Verkehr wegen der dort herrschenden **Handelsbräuche,** Usancen und wegen der zumeist **größeren rechtsgeschäftlichen Erfahrung der Beteiligten** auf eine stärkere Elastizität der für ihn maßgeblichen vertragsrechtlichen Normen angewiesen ist als der Rechtsverkehr mit dem Letztverbraucher. Diesen Besonderheiten gilt es bei der Anwendung des § 307 BGB Rechnung zu tragen.[386] Die Vorschrift des **§ 310 Abs. 1 S. 2 Halbsatz 2 BGB** bringt eben dies zum Ausdruck, indem sie dem Rechtsanwender aufgibt, auf die im Handelsverkehr geltenden Gewohnheiten und Gebräuche angemessen Rücksicht zu nehmen. Dementsprechend kann beispielsweise die Branchenüblichkeit einer seit langem geübten Haftungsfreizeichnungspraxis bei der Bestimmung des Maßstabs für die Inhaltskontrolle nach § 307 BGB, der angesichts seines generalklauselartigen Charakters von vornherein einen Wertungsspielraum für branchentypische Differenzierungen zulässt, Berücksichtigung finden. Daraus folgt, dass besondere Interessen und Bedürfnisse – zB gerichtet auf eine zügige und reibungslose Geschäftsabwicklung – eine im nichtunternehmerischen Verkehr unzulässige Klausel unter Unternehmern als angemessen erscheinen lassen können.

Beispiel: Risikoverlagerungen, die sich in einem Vertrag mit einem Letztverbraucher als unangemessene Benachteiligung des Kunden erweisen, können im kaufmännischen Geschäftsverkehr tragbar sein, weil sie dort im Zusammenhang mit einer Vielzahl von Geschäften zwischen den Vertragsparteien zu sehen sind und durch Vorteile anderer Art ausgeglichen werden können, die dem privaten Letztverbraucher bei einmaligem Vertragsabschluss über eine einmalige Leistung nicht zuteil werden.[387]

Der BGH betont, dass es sich hierbei um Ausnahmefälle handelt.[388] Grundsätzlich – so   **553** wird man den Standpunkt des BGH umschreiben können – dürfe nicht mit zweierlei Maß gemessen werden. Im **neueren Schrifttum** wird die **strenge Sichtweise des BGH** zunehmend **kritisch beurteilt.**[389] Der Stellenwert der unternehmerischen Vertragsgestaltungsfreiheit – so der Vorwurf – werde dadurch in Frage gestellt. Deutsche Unternehmen, die am internationalen Geschäftsverkehr teilnehmen, neigten vor diesem Hintergrund dazu, ihre Verträge einem ausländischen Vertragsstatut, etwa dem schweizerischen Recht,

---

[384] Erman/*Roloff/Looschelders* BGB § 307 Rn. 35; BeckOK/*Hubert Schmidt* BGB § 307 Rn. 102. So schon vor Inkrafttreten des AGB-Gesetzes BGH NJW 1976, 2345 (2346).

[385] Ulmer/*Fuchs* BGB § 307 Rn. 372; Erman/*Roloff/Looschelders* BGB § 307 Rn. 35; Palandt/*Grüneberg* BGB § 307 Rn. 39. Freilich ist anerkannt, dass unterschiedliche Geschäftserfahrung das Bilden von Untergruppen (zB Hersteller, Groß- oder Einzelhändler) rechtfertigen kann, deren jeweilige Besonderheiten bei der Klauselkontrolle angemessen zu berücksichtigen sind; Palandt/*Grüneberg* BGB § 307 Rn. 39.

[386] Begründung des RegE BT-Drs. 7/3919, S. 14.

[387] Begründung des RegE BT-Drs. 7/3919, S. 43.

[388] BGH NJW-RR 1997, 1253 (1255); NJW 1988, 1785 (1788); 2007, 3774 (3775).

[389] **Kritisch,** teils verbunden mit dem Ruf nach dem Gesetzgeber, *K. P. Berger* NJW 2010, 465; *Dauner-Lieb/C. Axer* ZIP 2010, 309; *Leuschner* JZ 2010, 875; *ders.* ZIP 2015, 1326; *Lischek/Mahnken* ZIP 2006, 158; *Maier-Reimer* NJW 2017, 1; *W. Müller* TranspR 2018, 276; *Müller/Griebeler/Pfeil* BB 2009, 2658; *Pfeiffer* NJW 2017, 913 (917); **reserviert gegenüber legislativen Korrekturen** hingegen MüKoBGB/*Basedow* § 310 Rn. 25; BeckOK/*Hubert Schmidt* BGB § 307 Rn. 97; *Fornasier*, Schwerpunkte des Kartellrechts, 2011, S. 17; *Fuchs* FS Blaurock, 2013, 91; Ulmer/*Fuchs* BGB § 307 Rn. 373 f.; *Günes/Ackermann* ZGS 2010, 400 und 454; gesetzgeberische Eingriffe **vehement ablehnend** *Graf von Westphalen* ZIP 2006, 149; *ders.* NZM 2016, 369; **ebenfalls gegen eine gesetzgeberische Intervention** *Wendland*, Vertragsfreiheit und Vertragsgerechtigkeit, 2019, S. 691 ff. und Soergel/*Fritzsche* BGB § 310 Rn. 26.

zu unterstellen.[390] Das deutsche AGB-Recht wird vor diesem Hintergrund nicht selten als Standortnachteil qualifiziert.[391] Die daraus resultierende Forderung lautet, die Klauselkontrolle im unternehmerischen Geschäftsverkehr zu liberalisieren. *De lege ferenda* werden drei mögliche Ansatzpunkte für eine gesetzgeberische Intervention erörtert.[392] Zunächst lässt sich darüber nachdenken, ob die strengen Anforderungen der Rechtsprechung an das Vorliegen einer **Individualvereinbarung** tatsächlich auch im unternehmerischen Geschäftsverkehr in gleicher Weise zur Anwendung gebracht werden müssen. Von nicht wenigen Autoren wird hier eine Absenkung der Standards gefordert, um der kontrollfreien Individualabrede im unternehmerischen Verkehr einen weiteren Spielraum zu eröffnen (hierzu näher oben unter Rn. 148b).[393] Ein weiterer Vorschlag setzt am **Gegenstandswert der Transaktion** an. Überschreitet das Volumen eines Geschäfts eine bestimmte Schwelle (etwa 1 Mio. EUR),[394] sollen die diesem Geschäft zu Grunde liegenden Vertragsbedingungen von der AGB-Kontrolle ausgenommen sein. Als dritte Stellschraube wird schließlich der **Kontrollmaßstab des § 307 BGB** in Spiel gebracht. Hier wird vielfach eine Modifikation des Gesetzeswortlauts befürwortet, die deutlich macht, dass bei der Anwendung des § 307 BGB auf die Bedürfnisse des unternehmerischen Verkehrs angemessen Rücksicht zu nehmen ist.[395]

553a   Beachtenswert sind insbesondere folgende Stellungnahmen:

- der **Gesetzgebungsvorschlag der Frankfurter Initiative** zur Fortentwicklung des AGB-Rechts. Diese Initiative wurde von Wirtschaftsverbänden und Anwaltskanzleien ins Leben gerufen. Sie wird getragen von VDMA, ZVEI, Wirtschaftsanwälten, Rechtswissenschaftlern sowie Syndizi aus Unternehmen.[396] Ziel ist es, eine Reform anzustoßen, die auf eine Flexibilisierung der AGB-Kontrolle im unternehmerischen Verkehr zielt.
- Demgegenüber hält die **Initiative Pro-AGB-Recht** eine Aufweichung der AGB-Kontrolle für bestimmte Unternehmer oder Geschäftsmodelle für sachlich nicht geboten, da sie Nachteile für kleinere und mittlere Unternehmen befürchten.[397]
- der **Beschluss der Justizministerkonferenz** im Mai 2011, in dem die Bundesministerin der Justiz gebeten wird, das Recht der Allgemeinen Geschäftsbedingungen für Verträge zwischen Unternehmen in geeigneter Weise zu überprüfen und gegebenenfalls erfor-

---

[390] *Maier-Reimer* NJW 2017, 1 (4). Zweifel an der These, das deutsche AGB-Recht sei ursächlich für die Abwahl des deutschen Rechts, sind indes angebracht, vgl. insoweit *Sommerfeld* RIW 2018, 741.

[391] *Acker/Bopp* BauR 2009, 1040 ff.; *Müller* BB 2013, 1355; aA *Christoph Schäfer* BB 2012, 1232 und *Graf von Westphalen* BB 2013, 67 und 1357.

[392] Eine aktuelle Übersicht über den Diskussionsstand bieten zudem *Herresthal*, Reform der AGB-Kontrolle im B2B-Bereich, 2020 und BeckOGK/*Richters/Friesen* BGB § 310 Rn. 28 ff. Noch grundsätzlicher erweisen sich Reformansätze, die auf eine **Stärkung der kartellrechtlichen Klauselkontrolle** zielen: so insbesondere *Fornasier*, Schwerpunkte des Kartellrechts, S. 25 ff. Überlegungen zu einem **wettbewerbsorientierten Paradigmenwechsel** finden sich bei *Schmidt-Kessel* AnwBl 2012, 308 ff.; hierzu zu Recht abl. *Fuchs* FS Blaurock, 2013, 91 (92).

[393] *K. P. Berger* JZ 2010, 467 ff.; *Müller/Griebeler/Pfeil* BB 2009, 2660 ff.; *Kieninger* AnwBl 2012, 304 ff.

[394] Für einen Schwellenwert von 1 Mio. EUR *Müller/Griebeler/Pfeil* BB 2009, 2662 und *Leuschner* JZ 2010, 884; für eine Wertgrenze von 500.000 EUR *Becker* JZ 2010, 1106; mindestens 550.000 EUR setzen *Leyens/Schäfer* AcP 210 (2010), 793 ff. voraus.

[395] *K. P. Berger* JZ 2010, 469 f.; *Müller/Griebeler/Pfeil* BB 2009, 2658 ff.; *Kieninger* AnwBl 2012, 306 ff.

[396] Endfassung des Positionspapiers (Stand Juni 2018) abrufbar unter https://www.zvei.org/fileadmin/user_upload/Themen/Maerkte_Recht/Allgemeine_Geschaeftsbedingungen_im_unternehmerischen_Geschaeftsverkehr/pdf/AGB-Initiative-Positionspapier-Stand-06–2018.pdf (zuletzt abgerufen am 1.10.2020).

[397] Positionspapier Stand 2019 abrufbar unter http://www.pro-agb-recht.de/, zuletzt abgerufen am 1.10.2020.

derliche Änderungen vorzuschlagen, um es für die Unternehmen rechtssicherer zu regeln.[398]

* der „**Vorschlag des Deutschen Anwaltvereins** durch seinen Zivilrechtsausschuss zur Verbesserung der Wettbewerbsfähigkeit deutschen Rechts durch Änderung des AGB-Rechts für den unternehmerischen Rechtsverkehr"[399]
* die Beschlüsse des **69. Deutschen Juristentages** München 2012, die sich ebenfalls für eine Reform des AGB-Rechts im b2b-Bereich aussprechen.[400] Konkret wurden mehrheitlich folgende Thesen verabschiedet: „1. Die von der Rechtsprechung herausgebildete weitgehende Gleichbehandlung von AGB im b2c- und b2b-Bereich, insbesondere die Indizwirkung von §§ 308, 309 BGB, ist abzulehnen. 2. Im b2b-Bereich sind die Anforderungen an das Aushandeln von Vertragsbedingungen den Gepflogenheiten unternehmerischer Vertragsverhandlungen anzupassen. 3. Im b2b-Bereich sollte sich der Maßstab der Inhaltskontrolle an der guten unternehmerischen Praxis (good comercial practice) einer Branche, eines Industriesektors bzw. eines Wirtschaftszweigs orientieren."
* Das Bundesjustizministerium hatte zuletzt ein **Gutachten** in Auftrag gegeben, das insbesondere die rechtstatsächlichen Hintergründe ausleuchten soll.[401] Es konstatiert aber auch eine zu strenge Klauselkontrolle im unternehmerischen Verkehr.
* Im **Koalitionsvertrag** von CDU, CSU und SPD für die 19. Legislaturperiode heißt es schließlich: „Wir werden das AGB-Recht für Verträge zwischen Unternehmen auf den Prüfstand stellen mit dem Ziel, die Rechtssicherheit für innovative Geschäftsmodelle zu verbessern. Kleine und mittelständische Unternehmen, die Vertragsbedingungen ihres Vertragspartners aufgrund der wirtschaftlichen Kräfteverhältnisse faktisch akzeptieren müssen, sollen im bisherigen Umfang durch das AGB-Recht geschützt bleiben."[402]

Eine **Stellungnahme** muss zunächst am Normzweck des § 310 Abs. 1 BGB ansetzen. **553b**
Dieser ist nicht etwa auf eine generelle Absenkung des Schutzniveaus für Unternehmer gerichtet.[403] Weder die aufgrund der typischerweise gegebenen größeren Geschäftserfahrung und Geschäftsgewandtheit geminderte Schutzbedürftigkeit unternehmerisch Tätiger noch der Ausschluss der §§ 308 und 309 BGB durch § 310 Abs. 1 S. 1 BGB erlauben es, nur noch „erhebliche" oder gar „offensichtlich" unangemessene Benachteiligungen zur Unwirksamkeit der betreffenden Klausel führen zu lassen.[404] Auf der anderen Seite sollte die Rechtsprechung durchaus stärker von der im AGB-Recht angelegten Möglichkeit Gebrauch machen, nach branchen-, gruppen- und geschäftstypischen Regelungserfordernissen zu differenzieren.[405] Dabei ist vor allem darauf zu achten, dass Inhaltsschranken, die Ausdruck verbraucherschutzrechtlich motivierter Interventionen sind, nicht unbesehen in den unternehmerischen Verkehr übertragen werden.[406] Die *lex lata,* allen voran

---

[398] Der Beschluss findet sich im Internet unter www.jm.nrw.de/JM/justizpolitik/jumiko/beschluesse/2011/fruehjahrskonferenz11/I_16.pdf, zuletzt abgerufen am 1.10.2020.

[399] Auszugsweise abgedruckt in AnwBl 2012, 402.

[400] Verhandlungen des 69. DJT 2012, Band II/1, I 90.

[401] Hieraus ist hervorgegangen: *Leuschner/Meyer,* Vertragsabschlusspraxis deutscher Unternehmen, eine empirische Untersuchung, 2016; kürzer *Leuschner* ZIP 2015, 1045.

[402] Koalitionsvertrag v. 7.2.2018, S. 131; hierzu *Graf von Westphalen* ZIP 2018, 1101.

[403] So zutreffend Ulmer/*Fuchs* BGB § 307 Rn. 373. Ein mitunter postulierter „Grundsatz AGB-rechtlicher Liberalität im b2b-Verkehr", aber auch eine „prima-facie Vermutung unternehmerischer Angemessenheit" (Beides findet sich bei *Lenkaitis/Löwisch* ZIP 2009, 445 f.) setzen sich über diese gesetzgeberische Grundentscheidung hinweg und sind daher abzulehnen.

[404] So aber *Ohlendorf-v. Hertel,* Kontrolle von AGB, S. 122 f.; hiergegen zu Recht *von Hoyningen-Huene,* Inhaltskontrolle, AGBG § 9 Rn. 302 und Ulmer/*Fuchs* BGB § 307 Rn. 373 Fn. 1393.

[405] Ulmer/*Fuchs* BGB § 307 Rn. 373. Auch das Transparenzgebot ist offen für solche differenzierenden Erwägungen, vgl. → Rn. 567.

[406] Zur Leitbildfunktion dispositiver Vorschriften im Lichte der Schuldrechtsreform vgl. im Übrigen noch → Rn. 64–66.

der flexible Prüfungsmaßstab des § 307 BGB, erlaubt es mithin, **den berechtigten Bedürfnissen des geschäftlichen Verkehrs angemessen Rechnung zu tragen.**[407] Auch die Stellschraube des § 305 Abs. 1 S. 3 BGB („im Einzelnen ausgehandelt") bietet durchaus Möglichkeiten, Konstellationen, in denen es offensichtlich an einem Kontrollbedürfnis fehlt, dem Anwendungsbereich der §§ 305 ff. BGB zu entziehen (zur Individualabrede im unternehmerischen Geschäftsverkehr siehe auch Rn. 148b). **Abzulehnen** ist jedenfalls eine **isolierte Wertgrenze,** die im Wege einer „alles-oder-nichts"-Lösung über die AGB-rechtliche Kontrollfähigkeit der dem Geschäft zugrunde liegenden Vertragsbedingungen entscheiden würde.[408] Abgesehen davon, dass die Festlegung einer bestimmten Wertgrenze stets willkürlich erscheinen müsste, wäre es auch wenig sachgerecht, ein einzelnes Kriterium in dieser Weise zu verabsolutieren. Das Kontrollbedürfnis im unternehmerischen Geschäftsverkehr hängt nämlich vielfach nicht nur vom Transaktionswert ab, sondern wird noch durch zahlreiche weitere Faktoren bestimmt. Diese zugunsten einer schematischen Lösung einfach auszublenden, widerspricht den Leitmaximen des AGB-Rechts sehr deutlich. Abgesehen davon dürfte es in der Praxis in vielen Fällen außerordentlich schwierig sein, den Vertragswert in Euro zu bestimmen. Man denke insoweit bloß an Rahmenverträge und Dauerschuldverhältnisse.[409] Für den Sektor der Plattform-Ökonomie und hier insbesondere für Online-Vermittlungsdienste sieht die neue P2B-Verordnung[410] übrigens neue AGB-rechtliche Anforderungen vor, die ausschließlich im Verhältnis der Plattformbetreiber zu ihren gewerblichen Nutzern gelten.

2. Ausstrahlung der Katalogtatbestände

554   Auf Allgemeine Geschäftsbedingungen, die gegenüber einem Unternehmer etc verwendet werden, finden die Verbotskataloge der §§ 308 und 309 BGB gem. § 310 Abs. 1 S. 1 BGB keine Anwendung. Da jedoch die besonderen Klauselverbote Ausprägungen des in der Generalklausel niedergelegten Wertungsmaßstabs von Treu und Glauben darstellen, ist es nicht ausgeschlossen, ja sogar naheliegend, dass eine Klausel, die im nicht-unternehmerischen Verkehr gem. §§ 308 oder 309 BGB zu beanstanden wäre, auch bei Verwendung gegenüber Unternehmern einer Inhaltskontrolle nach § 307 BGB nicht standzuhalten vermag. Dass der Rückgriff auf § 307 BGB und die Übertragung der in den §§ 308 und 309 BGB zum Ausdruck gebrachten Wertungen nicht ausgeschlossen sein soll, ergibt sich auch aus § 310 Abs. 1 S. 2 Halbsatz 1 BGB. Dort heißt es, § 307 Abs. 1 und 2 BGB sei im unternehmerischen Verkehr auch insoweit anzuwenden, als dies zur Unwirksamkeit von in den §§ 308 und 309 BGB genannten Vertragsbestimmungen führen würde.

555   Sofern es um die **Rückschlüsse** geht, die sich **aus der Unvereinbarkeit einer im unternehmerischen Verkehr eingesetzten Klausel mit einem Katalogtatbestand für das Angemessenheitsurteil nach § 307 BGB** ziehen lassen, wird man nach der Art des einschlägigen Klauselverbots unterscheiden müssen.[411]

556   Die Tatbestände des **§ 308 BGB** kennzeichnen Vertragsgestaltungen, von denen eine signifikante Benachteiligungswirkung für den Vertragspartner ausgeht. Das abschließende

---

[407] Wie hier MüKoBGB/*Basedow* § 310 Rn. 29; Ulmer/*Fuchs* BGB § 307 Rn. 373; *Fornasier,* Schwerpunkte des Kartellrechts 2011, S. 23; *Günes/Ackermann* ZGS 2010, 403 ff.; wohl auch *R. Koch* BB 2010, 1810 ff.

[408] Wie hier MüKoBGB/*Basedow* § 310 Rn. 31; *Kieninger* AnwBl 2012, 302 f.; *Fornasier,* Schwerpunkte des Kartellrechts 2011, 23.

[409] Zutreffender Hinweis von *Kieninger* AnwBl 2012, 302.

[410] Zu ihr näher Rn. 66d.

[411] Vgl. im Übrigen die Ausführungen an den entsprechenden Stellen (unter der Überschrift „Unternehmerischer Geschäftsverkehr") im Zweiten Teil dieses Buches.

Unangemessenheitsurteil hängt hier jedoch von einer noch vorzunehmenden Wertung, einer Interessenabwägung unter Berücksichtigung des Vertragstyps, der Vertragspartner und ihrer typischen Bedürfnisse ab. Im Rahmen dieser Interessenabwägung lässt sich den Besonderheiten des unternehmerischen Verkehrs zumeist problemlos Rechnung tragen. Mit dieser Maßgabe kann einer Übertragung auf den Verkehr zwischen Unternehmern zugestimmt werden.[412] Die Regelungen in § 308 Nr. 1 Buchst. a und Buchst. b BGB gelten sogar unmittelbar.

Die strikter formulierten Tatbestände des § 309 BGB bieten weniger Ansatzpunkte für   **557** die Berücksichtigung unternehmerischer Interessen und Gepflogenheiten. Gleichwohl wollen der BGH[413] und ein beachtlicher Teil des Schrifttums[414] den Katalogtatbeständen des § 309 BGB eine **Indizwirkung** dahingehend zusprechen, dass eine von ihr erfasste Klausel auch im Falle der Verwendung im unternehmerischen Verkehr im Regelfalle zu einer unangemessenen Benachteiligung des Vertragspartners führe. Diese Kennzeichnung als nur im Ausnahmefall widerlegbare Vermutung ist **nicht unproblematisch,**[415] da sie den Blick auf die bei der Anwendung im unternehmerischen Verkehr gebotene Differenzierungen verstellt. Besser wäre es, die speziellen Klauselverbote als Aufgreifkriterien für eine eingehende Inhaltskontrolle zu begreifen.[416]

Wenn im Schrifttum beklagt wird, dass die privatautonome Gestaltungsfreiheit im   **558** unternehmerischen Verkehr nicht ausreichend gewahrt werde,[417] so dürfte dies allerdings weniger an der von der Rechtsprechung angenommenen Indizwirkung der §§ 308 f. BGB liegen als an der mitunter zu weitreichenden Anwendung des § 307 BGB in seinem originären Anwendungsbereich.

Da die Rechtsprechung – wie beschrieben – erkennbar dahin tendiert, die in den   **559** Klauselverboten zum Ausdruck gelangten Wertungen im Rahmen der Inhaltskontrolle nach § 307 BGB grundsätzlich auch im unternehmerischen Verkehr zur Geltung zu bringen, **empfiehlt es sich für die Kautelarjurisprudenz,** ihre Bedingungswerke, auch wenn sie für den unternehmerischen Verkehr konzipiert werden, stets einer vorherigen Prüfung anhand der §§ 308 und 309 BGB zu unterziehen. Hierbei zutage tretende Unverträglichkeiten mit den dort normierten Katalogtatbeständen geben Anlass, die intendierte Regelung nochmals kritisch zu überdenken.

§ 17. Das Transparenzgebot

Literatur: *Armbrüster*, Das Transparenzgebot für Allgemeine Geschäftsbedingungen nach der Schuldrechtsmodernisierung, DNotZ 2004, 437; *ders.*, Transparenzgebot und deklaratorische Klauseln, in: FS für Kollhosser, 2004, S. 3; *Basedow*, Transparenz als Prinzip des (Versicherungs-)Vertragsrechts, VersR 1999, 1045; *Berger/Kleine*, AGB-Gestaltung und Transparenzgebot – Beispiele aus der jüngeren BGH-Rechtsprechung zum unternehmerischen Geschäftsverkehr, NJW 2007, 3526; *Brandner*, Transparenz als Maßstab der Inhaltskontrolle, in: FS für Locher, 1990, S. 317; *Cian*, Auslegung und Transparenzgebot in der Regelung der AGB und der Verbraucherverträge nach italienischem und deutschem Recht, ZEuP 1998, 586; *Evermann*, Die Anforderungen des Transparenzgebots an die Gestaltung von allgemeinen Versicherungsbedingungen unter besonderer Berücksichtigung der Richtlinie 93/13/EWG, 2002; *Gottschalk*, Das Transparenzgebot und allgemeine Geschäftsbedingungen, AcP 206 (2006), 555; *Hansen*, Das sog. Transparenzgebot im System des AGB-Gesetzes, WM 1990, 1521; *Hebestreit*, Transparenz im AGB-Recht der Bundesrepublik

---

[412] Ulmer/*Fuchs* BGB § 307 Rn. 383; Palandt/*Grüneberg* BGB § 307 Rn. 40; kritisch *Lutz*, AGB-Kontrolle im Handelsverkehr, S. 28 ff.
[413] BGH NJW 1984, 1750 (1751); 2007, 3774 (3775).
[414] Statt vieler Palandt/*Grüneberg* BGB § 307 Rn. 40; MüKoBGB/*Wurmnest*, § 307 Rn. 80.
[415] Wie hier kritisch Ulmer/*Fuchs* BGB § 307 Rn. 382; Wolf/*Pfeiffer* BGB § 307 Rn. 185.
[416] Ulmer/*Fuchs* BGB § 307 Rn. 382.
[417] → Rn. 553.

Deutschland, 1995; *Heinrichs,* Das Transparenzgebot und die EG-Richtlinie über mißbräuchliche Klauseln in Verbraucherverträgen, in: FS für Trinkner, 1995, S. 157; *Hellner,* Quo vadis AGB-Recht?, in: FS für Steindorff, 1990, S. 573; *von Hoyningen-Huene,* Unwirksamkeit von AGB bei bloßer Intransparenz?, in: FS für Trinkner, 1995, S. 179; *Koller,* Das Transparenzgebot als Kontrollmaßstab Allgemeiner Geschäftsbedingungen, in: FS für Steindorff, 1990, S. 667; *Köndgen,* Grund und Grenzen des Transparenzgebots im AGB-Recht, NJW 1989, 943; *Kreienbaum,* Transparenz und AGB-Gesetz, 1998; *Leithoff,* Transparenz und Verständlichkeit von Allgemeinen Versicherungsbedingungen und Prämien, NVersZ 1999, 555; *Maack,* Die Durchsetzung des AGB-rechtlichen Transparenzgebots in internationalen Verbraucherverträgen, 2001; *Niebling,* Das Transparenzgebot im Recht der AGB, NJ 2019, 103; *ders.,* AGB-Recht: Aktuelle Entwicklungen zum Transparenzgebot, MDR 2020, 650; *Pfeiffer,* Was kann ein Verbraucher? Zur Relevanz von Informationsverarbeitungskapazitäten im AGB-Recht und darüber hinaus, NJW 2011, 1; *Pflug,* AGB und Transparenzgebot, AG 1991, 1; *Pilz,* Missverständliche AGB – Ein Beitrag zum Verhältnis von Auslegung und Transparenzkontrolle untersucht am Beispiel Allgemeiner Versicherungsbedingungen, 2010; *Präve,* Versicherungsbedingungen und Transparenzgebot, VersR 2000, 138; *Rosenow/Schaffelhuber,* Neues zur Transparenzkontrolle im AGB-Recht, ZIP 2001, 2111; *J. Schäfer,* Das Transparenzgebot im Recht der Allgemeinen Geschäftsbedingungen, 1992; *Schwintowski,* Transparenz und Verständlichkeit von Allgemeinen Versicherungsbedingungen und Prämien, NVersZ 1998, 97; *Sester,* Transparenzkontrolle von Anleihebedingungen nach Einführung des neuen Schuldverschreibungsrechts, AcP 209 (2009), 628; *Staudinger,* Das Transparenzgebot im AGB-Gesetz: Klar und verständlich?, WM 1999, 1546; *Wagner-Wieduwilt,* Das „Transparenzgebot" als Angemessenheitsvoraussetzung im Sinne des § 9 AGBG, WM 1989, 37; *H. P. Westermann,* Das Transparenzgebot – ein neuer Oberbegriff der AGB-Inhaltskontrolle?, in: FS für Steindorff, 1990, S. 817.

I. Grundlagen

1. Normative Verankerung des Transparenzgebots

560   Allgemeine Geschäftsbedingungen müssen gem. **§ 307 Abs. 1 S. 2 BGB** die Rechte und Pflichten der Vertragsparteien durch eine entsprechende Ausgestaltung und geeignete Formulierungen **klar und verständlich** darstellen. Diese zusammenfassend als „**Transparenzgebot**" bezeichnete Direktive ist erst im Zuge der Schuldrechtsmodernisierung in der Generalklausel verankert worden. Schon vor seiner Normierung war es auf der Grundlage einiger bemerkenswerter höchstrichterlicher Entscheidungen[1] zu einem tragenden Prinzip des AGB-Rechts avanciert.[2] Bestätigt wurde diese Ende der 80er Jahre eingeleitete Rechtsprechung durch die **Richtlinie 93/13/EWG über missbräuchliche Klauseln in Verbraucherverträgen.** Diese stellt das Erfordernis auf, dass „Klauseln klar und verständlich abgefasst" sein müssen (vgl. Art. 4 Abs. 2 und Art. 5 S. 1).[3] Angesichts verschiedener schon im AGB-Gesetz vorhandener Ausformungen des Transparenzgedankens und der insbesondere auf die Generalklausel des § 9 AGBG gestützten Rechtsprechung des BGH hatte der Gesetzgeber zunächst keine Notwendigkeit gesehen, die Richtlinie in diesem Punkt durch eine Aufnahme einer ausdrücklichen Vorschrift umzusetzen.[4] Die Richtlinienkonformität dieses Rechtszustandes war jedoch nicht unbestritten. Vor allem ein **Urteil des EuGH vom 10.5.2001** verdeutlichte den Handlungs-

---

[1] Grundlegend BGH NJW 1989, 222 (Zinsberechnung bei Hypothekendarlehen) und BGH NJW 1989, 582 (Wertstellungspraxis im Giroverhältnis); sodann ständige Rechtsprechung.

[2] *Köndgen* NJW 1989, 946; *Heinrichs* FS Trinkner, 1995, 157; aA *Benedict* NJW 2000, 191.

[3] Zur Auslegung des in der Klauselrichtlinie verankerten Transparenzgebots zuletzt EuGH NJW 2014, 2335 – Kásler. *Riesenhuber* (LMK 2014, 358903) befürchtet nicht ohne Grund, dass das hierin zum Ausdruck kommende weite Verständnis des Transparenzgebots „ein Sprungbrett für Rechtsfortbildungen" sein könnte, etwa zur Statuierung vorvertraglicher Aufklärungspflichten (zB durch Beifügung von Beispielen und Musterrechnungen).

[4] Vgl. hierzu Begründung des RegE BT-Drs. 13/2713, S. 6; kritisch *Staudinger* WM 1999, 1546 ff.; *Leible* EuZW 2001, 439.

bedarf.[5] Im Hinblick auf die Klausel-Richtlinie 93/13/EWG postulierte der EuGH in dieser Entscheidung eine Pflicht der Mitgliedstaaten zur klaren und eindeutigen Umsetzung durch entsprechende Rechts- und Verwaltungsvorschriften. Eine etwa bestehende nationale Rechtsprechung, die innerstaatliche Rechtsvorschriften in einem Sinn auslegt, der als den Anforderungen der Richtlinie entsprechend angesehen werden könne, weise nicht die Klarheit und Bestimmtheit auf, die notwendig sei, um dem Erfordernis der Rechtssicherheit zu genügen.

Den Anforderungen der Richtlinie hat der Gesetzgeber mit der neuen Bestimmung des **561** **§ 307 Abs. 1 S. 2 BGB** entsprochen. Zudem hat er durch **§ 307 Abs. 3 S. 2 BGB** (in Übereinstimmung mit den Vorgaben der Klauselrichtlinie) klargestellt, dass das Transparenzgebot auch in dem nach Abs. 3 S. 1 der Inhaltskontrolle entzogenen Bereich gilt.[6] Auch preis- und leistungsbestimmende Klauseln müssen somit klar und verständlich abgefasst werden.

Das Gebot klarer und verständlicher Klauselgestaltung hat nicht nur in § 307 BGB **562** seinen Niederschlag gefunden; es **durchzieht das gesamte gesetzliche AGB-Recht** und leuchtet an den verschiedensten Stellen auf.[7] So macht beispielsweise § 305 Abs. 2 Nr. 2 BGB die Einbeziehung in den Vertrag davon abhängig, dass dem Kunden die Möglichkeit zumutbarer Kenntnisnahme eingeräumt wird. Nach § 305c Abs. 1 BGB werden überraschende Klauseln nicht Vertragsbestandteile. Ferner gehen unbehebbare Auslegungszweifel nach der Unklarheitenregel des § 305c Abs. 2 BGB zulasten des Verwenders.[8] Diese Kontrollmechanismen sind der eigentlichen Transparenzkontrolle vorgelagert. Sie erfassen jedoch nur Splitter des Transparenzgebots, sodass § 307 BGB nicht überflüssig ist.[9] Im Verbandsklageverfahren kann eine Unwirksamkeit ohnehin nur mit einem Verstoß gegen die §§ 307 bis 309 BGB begründet werden. Keinen nennenswerten Erkenntnisgewinn verspricht in diesem Zusammenhang die mitunter befürwortete Aufspaltung in eine Abschluss- und eine Abwicklungstransparenz.[10] Beide gehen häufig ineinander über.

Des Weiteren sind auch mehrere **Klauselverbote der §§ 308 und 309 BGB** dem Trans- **563** parenzgebot verpflichtet, so zB wenn in § 308 Nr. 1 und 2 BGB nicht hinreichend bestimmte Fristen untersagt werden oder in § 309 Nr. 12 S. 2 BGB die Wirksamkeit eines formularmäßigen Empfangsbekenntnisses an eine gesonderte Unterschrift knüpft. Ggf. müssen die besonderen Klauselverbote – zB § 308 Nr. 4 BGB – im Lichte des Transparenzgebots interpretiert werden.

2. Unangemessenheit durch Unklarheit?

Zweifelhaft war bislang, ob bereits ein formaler Verstoß gegen die Anforderungen des **564** Transparenzgebots zur Unwirksamkeit der betreffende AGB-Klausel führt, oder ob immer auch eine materielle Benachteiligung des Vertragspartners festgestellt werden muss.[11] Richtiger Ansicht führte und führt ein Transparenzverstoß nur dann zur Unwirk-

---

[5] EuGH NJW 2001, 2244.

[6] BGH NJW-RR 2019, 942 Rn. 21.

[7] Zu den Einzelausformungen des Transparenzgebots im AGB-Recht ausführlich *Gottschalk* AcP 206 (2006), 565 ff.

[8] Zum Verhältnis von Auslegung und Transparenzkontrolle *Pilz*, Missverständliche AGB – Ein Beitrag zum Verhältnis von Auslegung und Transparenzkontrolle untersucht am Beispiel Allgemeiner Versicherungsbedingungen, 2010, passim.

[9] MüKoBGB/*Wurmnest* § 307 Rn. 57.

[10] Das Konzept ist von *Koller* FS Steindorff, 1990, 671 ff. vorgestellt worden; vgl. ferner *Fastrich*, Inhaltskontrolle, S. 321 ff. und Ulmer/*Fuchs* BGB § 307 Rn. 326 ff.; kritisch wie hier MüKoBGB/*Wurmnest* § 307 Rn. 55.

[11] Hierzu Staudinger/*Coester* BGB § 307 Rn. 174 ff.; Ulmer/*Fuchs* BGB § 307 Rn. 330 ff.; *von Hoyningen-Huene* FS Trinkner, 1995, 179 ff.; *H. P. Westermann* FS Steindorff, 1999, 817 (823 ff.).

samkeit der betreffenden Klausel, wenn von ihm auch eine **unangemessene Benachteiligung** ausgeht.[12] Eine gesonderte Feststellung der Unangemessenheit war und ist jedoch entbehrlich, weil hierfür eine **unwiderlegliche Vermutung** spricht.[13] Dieser Zusammenhang erschließt sich, wenn man auf den eigentlich tragenden Gedanken des Transparenzgebots zurückgeht. Dieser liegt in dem Bestreben, die Konditionentransparenz zu verbessern, um auf diese Weise die Wahrnehmbarkeit, Durchschaubarkeit und Vergleichbarkeit von Bedingungswerken zu steigern.[14] Nur der informierte Kunde ist in der Lage, Änderungsvorschläge einzubringen bzw. – was oftmals näher liegen dürfte – auf andere Angebote auszuweichen. Werden die Funktionsbedingungen des Marktes von der Verwenderseite ausgehend durch mangelnde Information oder gar gezielte Desinformation gestört, so bedarf es der Intervention durch eine Transparenzkontrolle; dies übrigens auch im Preis-/Leistungsbereich. Vor diesem Hintergrund drängt sich die Überlegung auf, ob nicht bereits in der zu vermutenden Wirkung intransparenter Klauseln, nämlich aus Sicht des einzelnen Kunden die Behinderung in der Wahrnehmung von Wettbewerbschancen und überindividuell die Verfälschung des Wettbewerbs, eine unangemessene Benachteiligung gesehen werden kann. Dafür spricht, dass es im Rahmen der Generalklausel nach allgemeiner Ansicht nicht darauf ankommt, ob gerade der jeweilige Kunde infolge der Klauselgestaltung tatsächlich einen Nachteil erlitten hat. Die Würdigung erfolgt – abgesehen von § 310 Abs. 3 Nr. 3 BGB – vielmehr losgelöst von den Umständen des Einzelfalls. Von daher erscheint es nicht unvertretbar und von der auch informationspolitisch motivierten Zielsetzung der §§ 305 ff. BGB sogar gedeckt, allein die **abstrakte Gefahr des Verlusts von Marktchancen** im Rahmen des § 307 BGB als **unangemessene Benachteiligung** zu werten.[15] Die Darlegung einer unangemessenen Benachteiligung lässt sich noch stärker auf die vertragsrechtliche Position des Kunden ausrichten, wenn die Intransparenz aus einer **Verschleierung der wahren Rechtslage** resultiert. Hier besteht die nahe liegende Gefahr, dass der Kunde von der Durchsetzung bestehender Rechte abgehalten wird oder vor Scheinrechten des Verwenders kapituliert.[16] Auf die tatsächliche Verwirklichung der Gefahr im konkreten Einzelfall kommt es auch hier nicht an. Der Wortlaut des § 307 Abs. 1 S. 2 BGB bestätigt diese Interpretation, macht er doch deutlich, dass nicht klar und verständliche AGB-Bestimmungen zu einer unangemessenen Benachteiligung führen. Auch die Regierungsbegründung legt Wert darauf, dass es einer **gesonderten Feststellung der Unangemessenheit** als Folge der Intransparenz **nicht bedarf.** Dies jedoch nicht deswegen – wie es in der insoweit unglücklich formulierten Begründung heißt –, weil intransparente Klauseln per se, ohne Hinzutreten einer inhaltlich unangemessenen Benachteiligung des Vertragspartners, als unwirksam zu betrachten sind,[17] sondern weil von der Unangemessenheit als notwendige Folge der Intransparenz ausgegangen werden kann.

---

[12] Ulmer/*Fuchs* BGB § 307 Rn. 330.

[13] Für zu weitgehend wird dies von Ulmer/*Fuchs* BGB § 307 Rn. 331 gehalten; vgl. auch Staudinger/*Wendland* BGB § 307 Rn. 174: „im Regelfall zu unterstellen".

[14] *Köndgen* NJW 1989, 946 f. und 952 („Kompensation eines informationsbedingten Marktversagens").

[15] Staudinger/*Wendland* BGB § 307 Rn. 175 f.; OLG Celle NJW-RR 1995, 1133; ähnlich *Köndgen* NJW 1988, 950, der aber zu weit geht, wenn er einen Perspektivenwechsel für die in § 307 BGB verwendete Kategorie der Unangemessenheit und eine marktbezogene, auf die Verfälschung des Wettbewerbs zielende Betrachtungsweise vorschlägt. Das primäre Schutzgut der §§ 305 ff. BGB ist – wie § 307 Abs. 2 BGB und die §§ 308 und 309 BGB zeigen – die Rechtsposition des Vertragspartners und allenfalls in zweiter Linie – vermittelt über den Individualschutz – die allgemeine Wohlfahrt.

[16] Zu diesem Begründungsansatz Staudinger/*Wendland* BGB § 307 Rn. 178.

[17] BT-Drs. 14/6040, S. 154.

Eine sachliche Änderung war mit der gesetzlichen Regelung ausweislich der Regie-   565
rungsbegründung nicht bezweckt.[18] Der folgende Überblick nimmt daher weiter auf die
von Rechtsprechung und Lehre zum bisherigen Recht herausgearbeiteten Erkenntnisse
Bezug.

II. Beurteilungsmaßstab

Der Verwender Allgemeiner Geschäftsbedingungen ist nach § 307 Abs. 1 S. 2 BGB   566
gehalten, die sich aus dem Vertrag ergebenden Rechte klar und verständlich darzustellen.
Dies ist wiederum im Wege einer **überindividuell-generalisierenden Betrachtungsweise**
festzustellen. Gleichwohl lässt die hM es zu, dass das auf einer unklaren Klausel beruhende Informationsdefizit des Kunden durch eine **individuelle Aufklärung vor oder bei
Vertragsschluss** behoben wird.[19] Bei **Verbraucherverträgen** sind ohnehin die den Vertragsschluss begleitenden Umstände zu berücksichtigen (§ 310 Abs. 3 Nr. 3 BGB).[20]
Dazu gehört auch bereits vorhandenes Eigenwissen des Verbrauchers.[21]

Abzustellen ist dabei nicht auf die Erkenntnismöglichkeiten des konkreten Vertrags-   567
partners, auch nicht das Verständnis eines Fachmanns, insbesondere eines Juristen, der
sich eingehend mit den betreffenden Allgemeinen Geschäftsbedingungen beschäftigt hat.
Maßgebend sind vielmehr die Verständnismöglichkeiten des typischerweise bei Verträgen
der geregelten Art zu erwartenden **Durchschnittskunden** im Zeitpunkt des Vertragsschlusses.[22] Dabei ist nicht auf den flüchtigen Betrachter, sondern auf den aufmerksamen
und sorgfältigen Teilnehmer am Wirtschaftsverkehr abzustellen.[23] Bei einem Versicherungsvertrag ist dies der durchschnittliche Versicherungsnehmer, von dem die aufmerk-
same Durchsicht der Allgemeinen Geschäftsbedingungen, eine verständige Würdigung
und die Berücksichtigung ihres erkennbaren Sinnzusammenhangs erwartet werden
kann.[24]

Ferner ist darauf hinzuweisen, dass die Anforderungen an die Transparenz von Ver-   567a
tragsbestimmungen im **unternehmerischen Verkehr** mit Rücksicht auf die besondere
Geschäftserfahrung dieses Personenkreises und die Maßgeblichkeit von Handelsgewohn-
heiten und Handelsbräuchen weniger streng sind.[25] Ebenso können an den Erkenntnis-
und Verständnishorizont eines GmbH-Gesellschafter beispielsweise höhere Anforderungen gestellt werden, obwohl er weder Kaufmann noch Unternehmer ist.[26]

Beispiel: Im Rahmen eines Bauvertrags bedingt sich der Besteller formularmäßig ein Recht zum
Skontoabzug aus, falls er innerhalb einer „nach Eingang einer **prüffähigen** Rechnung" in Lauf
gesetzten Frist Zahlung leistet **(Skontierungsklausel)**. Jedenfalls im unternehmerischen Verkehr mit
Bauunternehmern übersteigt der Begriff der Prüffähigkeit den Verständnishorizont des Vertragspartners nicht.[27]

---

[18] BT-Drs. 14/6040, S. 153.

[19] So vor allem die Rechtsprechung BGH NJW 1992, 179 (180); 1992, 1097 (1098); im Ergebnis
auch Ulmer/*Fuchs* BGB § 307 Rn. 346 f. und Staudinger/*Wendland* BGB § 307 Rn. 202 ff.

[20] Erman/*Roloff/Looschelders* BGB § 307 Rn. 21; Palandt/*Grüneberg* BGB § 307 Rn. 21; aA
Borges, Inhaltskontrolle von Verbraucherverträgen, S. 131 f.

[21] *Joppich*, Transparenzgebot, S. 113 ff.; vgl. auch BAG NZA 2006, 324 (328).

[22] BGH NJW 1989, 222 (224); 1999, 2279 (2280); 2012, 54 (55); NJW-RR 2019, 811 Rn. 12; BAG
NZA 2005, 1111 (1113); Wolf/*Pfeiffer* BGB § 307 Rn. 244.

[23] BAG NZA 2009, 370 (374). Mit Blick auf den Verbraucher als Vertragspartner *Pfeiffer* NJW
2011, 1.

[24] BGH NJW-RR 2005, 902 (903).

[25] BGH NJW 1999, 942 (944); 2007, 2176 (2177).

[26] BGH NJW 2006, 996 (998).

[27] OLG Saarbrücken NJW 2010, 880 (881).

567b   Auf der anderen Seite bleibt festzuhalten, dass Verstöße gegen das Transparenzgebot nicht etwa den Gebräuchen und Gepflogenheiten des Handelsverkehrs entsprechen. Das gilt auch – wie der BGH ausdrücklich hervorhebt –, wenn der mit den Geschäftsbedingungen konfrontierte Unternehmer eine bedeutende Marktstellung innehat, aufgrund derer er von vornherein hätte versuchen können, andere Vertragsbedingungen auszuhandeln.[28]

III. Einzelausprägungen

568   Aus den zum Transparenzgebot ergangenen höchstrichterlichen Entscheidungen lassen sich einige, immer wiederkehrende Topoi herausschälen. Diese erlauben es, gleichsam im Wege der Fallgruppenbildung **Einzeldirektiven für die Vertragsgestaltung** zu benennen und dem Transparenzgebot auf diese Weise schärfere Konturen zu verleihen.[29] Diese Fallgruppen sind jedoch keineswegs abschließend und können sich in den Grenzbereichen auch überlappen.

1. Gebot möglichster Klarheit und Durchschaubarkeit

569   Aus dem Transparenzgebot folgt zunächst und in erster Linie, dass der Verwender von Allgemeinen Geschäftsbedingungen verpflichtet ist, die **Rechte und Pflichten seines Vertragspartners möglichst klar und durchschaubar darzustellen.** Dem Vertragspartner muss klar sein, was ggf. „auf ihn zukommt."[30] Insbesondere die wirtschaftlichen Nachteile und Belastungen muss die Klausel so weit erkennen lassen, wie dies nach den Umständen gefordert werden kann **(Verbot der Verschleierung kundenbelastender Folgen).**[31] Je weniger ein Kunde mit einer bestimmten Regelung rechnen muss, umso höhere Anforderungen sind an die Verständlichkeit der Regelung zu stellen. Intransparent in diesem Sinne sind nicht nur einzelne Klauseln, die aus sich heraus schwer verständlich, unklar und in ihren Folgen nicht überschaubar sind, sondern auch AGB-Gesamtregelungen, deren nachteilige Effekte deshalb nicht erkennbar werden, weil die einzelnen Teile an versteckten Stellen oder an schwer miteinander in Zusammenhang zu bringenden Stellen geregelt sind. Dass die einzelne Regelung für sich genommen klar formuliert ist, genügt noch nicht, um den Transparenzanforderungen zu genügen. Vielmehr muss sie auch im Kontext der übrigen Regelungen des Klauselwerks verständlich sein. Erforderlich ist ferner, dass zusammengehörende Regelungen im Zusammenhang aufgeführt werden oder der Zusammenhang in anderer Weise, etwa durch Bezugnahme auf konkrete Klauseln, deutlich gemacht wird.[32]

---

[28] BGH NJW 2012, 54 (56); vgl. ferner BGH NJW-RR 2018, 198.

[29] Ähnliche Fallgruppenbildung bei *Gottschalk* AcP 206 (2006), 581 ff.; *Heinrichs,* FS Trinkner, 1995, 157 (166); Ulmer/*Fuchs* BGB § 307 Rn. 335 ff.

[30] BAG NZA 2016, 487 Rn. 23.

[31] BGH NJW 1989, 222 (224); 1999, 2279 (2280); 2001, 1132 (1133); 2010, 1497 (1498); 2011, 1801 (1802); 2016, 1575 Rn. 31; NJW-RR 2019, 942 Rn. 12; BAG NZA 2008, 170 (171); BVerwG NJW 1998, 3216 (3219); Ulmer/*Fuchs* BGB § 305 Rn. 335.

[32] BGH NJW 2016, 1575; NJW-RR 2019, 942 Rn. 12.

Beispiele:

(1) In den **Darlehensbedingungen einer Hypothekenbank** findet sich unter der Überschrift „Verzinsung, Tilgung, Nebenleistungen" eine Bestimmung, nach der die in der gleich bleibenden Jahresleistung enthaltenen Zinsen jeweils nach dem Stand des Kapitals am Schluss des vergangenen Tilgungsjahres berechnet werden. In einer weiteren Klausel wird sodann festgelegt, dass die Jahresleistung nicht jeweils am Jahresende, sondern schon im Laufe des Jahres in vierteljährlichen Teilbeträgen zu entrichten ist. Im Zusammenspiel beider Klauseln ergibt sich eine für den Darlehensnehmer nur schwer zu durchschauende preiserhöhende Wirkung. Hierin hat die Rechtsprechung einen Verstoß gegen das Transparenzgebot gesehen.[33]

(2) In einem formularmäßigen **Leasingvertrag** findet sich eine Bestimmung über die Abrechnung im Falle vorzeitiger Beendigung durch Kündigung, nach der in die Berechnung des Ablösewerts ua die mit der „vorschüssigen Rentenbarwertformel" abgezinsten restlichen Leasingraten eingehen sollen. Den Begriff der „vorschüssigen Rentenbarwertformel" ist intransparent. Selbst von einem kaufmännischen Kunden kann die inhaltliche Kenntnis dieser Formel nicht erwartet werden.[34]

(3) Die Regelung über die **Ermittlung des Rückkaufswertes** in Allgemeinen Versicherungsbedingungen für die **Lebensversicherung** mit Kapitalzahlung verstößt gegen das Transparenzgebot, wenn sie dem berechtigten Informationsbedürfnis des Versicherungsnehmers nicht entspricht, ihm insbesondere nicht die nachteiligen Folgen vor Augen führt, die er im Falle einer Kündigung oder Beitragsfreistellung hinnehmen muss.[35]

(4) Die **Vereinbarung eines Stundensatzes** in der von einem **Rechtsanwalt** gestellten Honorarvereinbarung verstößt gegen das Transparenzgebot, wenn sich aus ihr nicht ergibt, mit welchem Gesamtstundenaufwand bis zur Erledigung des Mandats zu rechnen ist.[36] Wird hingegen in einer Vergütungsvereinbarung ein Zeithonorar vereinbart, gleichzeitig aber auch formularmäßig eine Untergrenze in Höhe des zweifachen der gesetzlichen Vergütung, so ist diese Vereinbarung weder überraschend noch intransparent und auch nicht unangemessen.[37]

Die Beispiele zeigen, dass dem Transparenzgebot vor allem bei **Preisnebenabreden,** die den Kunden belasten, besondere Bedeutung zukommt. Der Preis selbst ist nämlich gem. § 307 Abs. 3 S. 1 BGB der materiellen Inhaltskontrolle nach §§ 307 bis 309 BGB entzogen. Das Gesetz geht davon aus, dass der Kunde der Preisvereinbarung besondere Aufmerksamkeit widmet und sein Interesse an einem angemessenen, marktgerechten Preis selbst wahrt. Das kann er jedoch nur, wenn der Vertragsinhalt ihm ein vollständiges und wahres Bild über Art und Höhe des Preises vermittelt und ihn so auch zum Marktvergleich befähigt. Wenn Preisnebenabreden, die zu zusätzlichen Belastungen und damit zu einem erhöhten Effektivpreis führen, in Allgemeinen Geschäftsbedingungen getroffen werden, ist bei ihrer formalen Ausgestaltung in erhöhtem Maße darauf zu achten, dass der Kunde ihre Bedeutung nicht verkennt, sondern möglichst mühelos und ohne weitere Erläuterung versteht. Nur dann kann er seine Verhandlungsmöglichkeiten und Marktchancen interessengerecht wahrnehmen.[38] 570

Die Intransparenz kann sich schließlich auch daraus ergeben, dass sich in ein und demselben Vertragswerk mehrere Klauseln einander **widersprechen** und sich der Widerspruch auch nicht im Wege der Auslegung auflösen lässt.[39] In einem solchen Fall sind beide Klauseln unwirksam. Es liegt nicht etwa ein Fall der sachlichen Teilbarkeit vor. An die Stelle der unwirksamen Klauseln tritt, soweit vorhanden, die gesetzliche Regelung (§ 306 Abs. 2 BGB). 570a

---

[33] Grundlegend BGH NJW 1989, 222 (224 f.); ferner BGH NJW 1992, 179.

[34] BGH NJW 1996, 455 (456).

[35] BGH NJW 2001, 2012 (2013 f.); BGH NJW 2012, 3023 stuft das sog. Zillmerungsverfahren nunmehr auch als materiell unangemessen ein.

[36] OLG Frankfurt a. M. NJW-RR 2000, 1367.

[37] OLG München NJW 2017, 2127.

[38] BGH NJW 1990, 2383; wie hier Ulmer/*Fuchs* BGB § 307 Rn. 336.

[39] BGH NJW 2015, 2244.

Beispiel: Die Kombination eines Widerrufsvorbehalts mit einem Freiwilligkeitsvorbehalt in vorformulierten Arbeitsverträgen.[40]

2. Gebot möglichst weitgehender Konkretisierung und Bestimmtheit

571   Insbesondere dann, wenn sich der Verwender weitgehende Gestaltungsmöglichkeiten vorbehält, müssen die tatbestandlichen Voraussetzungen und die Rechtsfolgen so genau beschrieben werden, dass für den Verwender keine ungerechtfertigten Beurteilungsspielräume entstehen.[41] Der Vertragspartner muss erkennen können, in welchem Sinn der Verwender von seiner Befugnis Gebrauch machen kann.[42] Einseitige Bestimmungsvorbehalte können nur hingenommen werden, soweit sie bei unsicherer Entwicklung der Verhältnisse als Instrument der Anpassung notwendig sind und den Anlass, aus dem das Bestimmungsrecht entsteht, sowie die Richtlinien und Grenzen seiner Ausübung möglichst konkret angeben.[43]

Beispiele:

(1) Ein in Allgemeinen Geschäftsbedingungen eines Automobilherstellers enthaltener Vorbehalt, das einem selbstständigen **Vertragshändler** ohne Gebietsschutz zugewiesene sog. Marktverantwortungsgebiet „aus Gründen der Marktabdeckung" einseitig zu verkleinern, verstößt gegen das Transparenzgebot, wenn die Vertragsklausel sich nicht auf schwerwiegende Änderungsgründe beschränkt, nur eine dreimonatige Ankündigungsfrist vorsieht, das Ausmaß der Änderungen nicht begrenzt und keinen Ausgleich für die dem Vertragshändler entstehende Einbuße anbietet.[44]

(2) Der im Preisverzeichnis eines Kreditinstituts als **Rahmengebühren** („bis zu 75 EUR") festgesetzte Preis **für die Bearbeitung von Pfändungen** betrifft einen bekannten Tatbestand, der konkret hätte geregelt werden können. Es entbehrt jeder Rechtfertigung, die Kunden durch die pauschale Vereinbarung einer Rahmengebühr darüber im Unklaren zu lassen, für welche konkreten Tätigkeiten des Kreditinstituts sie in welcher Höhe in Anspruch genommen werden sollen.[45]

(3) In einem **Formularmietvertrag** muss die Höhe der **Beiträge**, die der Mieter in einem Einkaufszentrum **an eine Werbegemeinschaft** zu leisten hat, bestimmbar sein; mindestens muss eine Höchstgrenze festgesetzt sein, damit der Mieter die auf ihn zukommenden Kosten kalkulieren kann (Kostentransparenz).[46]

(4) Die Verwirkung einer **Vertragsstrafe** durch „schuldhaft vertragswidriges Verhalten des Arbeitnehmers, das den Arbeitgeber zur fristlosen Kündigung des Arbeitsverhältnisses veranlasst", hat das BAG als nicht klar und verständlich beanstandet.[47] Die Formulierung „schuldhaft vertragswidriges Verhalten" ohne nähere Konkretisierung entfalte nicht die nötige Warnfunktion und entspreche wegen des Strafcharakters der Vertragsstrafe auch nicht rechtsstaatlichen Grundsätzen.[48]

(5) Zu arbeitsvertraglichen **Widerrufsvorbehalten** und sonstigen Änderungsvorbehalten sub specie Transparenzgebot vgl. → Rn. 1146 ff.

3. Gebot der Rechtsklarheit (Täuschungsverbot)

572   Aus dem für Allgemeine Geschäftsbedingungen geltenden Transparenzgebot folgt, dass die Rechtsposition des Vertragspartners nicht unklar geregelt sein darf. Nach der Recht-

---

[40] BAG NZA 2012, 81; ferner die Ausführungen hierzu → Rn. 1155.
[41] BGH NJW-RR 2016, 842 Rn. 26; BAG NZA 2008, 170 (172).
[42] BGH NJW 1998, 454 (456); 1999, 1865 (1866); NJW-RR 2010, 1497 (1498).
[43] BGH NJW 2000, 651 (652); BAG NZA 2006, 1149 (1152).
[44] BGH NJW 1984, 1182; 2000, 515 (516 ff.).
[45] BGH NJW 2000, 651 (652).
[46] BGH NJW 2006, 3057 (3058); zur Abgrenzung BGH NJW 2016, 2489.
[47] BAG NZA 2005, 1053 (1055); vgl. ferner BAG NZA 2008, 170 zu den Transparenzanforderungen an eine Vertragsstrafenabrede zur Absicherung eines Wettbewerbsverbots.
[48] Kritisch *Bayreuther* NZA 2005, 1338 und *Bauer/Krieger* SAE 2006, 11 ff.

sprechung[49] wird durch eine Klausel, die die Rechtslage unzutreffend darstellt und auf diese Weise dem Verwender die Möglichkeit eröffnet, begründete Ansprüche unter Hinweis auf die Klauselgestaltung abzuwehren, der Vertragspartner entgegen den Geboten von Treu und Glauben unangemessen benachteiligt. Es genügt die objektive Eignung zur Irreführung. Bereits die Klauselfassung muss der Gefahr vorbeugen, dass der Kunde von der Durchsetzung bestehender Rechte abgehalten wird. Mögliche Missverständnisse oder Fehldeutungen der Kunden darüber, welche vertraglichen oder gesetzlichen Rechte und Ansprüche sie gegenüber ihrem Vertragspartner haben, sind dem Klauselverwender nur dann zuzurechnen, wenn die Gefahr solcher Missverständnisse oder Fehldeutungen durch eine unklare oder mehrdeutige Klauselfassung hervorgerufen oder verstärkt wird.[50]

Beispiele:

(1) Erweckt eine Bestimmung in den **Allgemeinen Versicherungsbedingungen** den unzutreffenden Anschein, der Versicherungsnehmer sei von Versicherungsleistungen ausgeschlossen, wenn er – aus welchen Gründen auch immer – ein dort statuiertes **Schriftformerfordernis** verletzt habe, so folgt hieraus ihre Eignung, den Versicherungsnehmer von der effektiven Wahrung seiner Rechte schon im Vorfeld eines Prozesses abzuhalten.[51]

(2) In den **Neuwagen-Verkaufsbedingungen** heißt es: „Führt eine entsprechende Störung zu einem Leistungsaufschub von mehr als vier Monaten, kann der Käufer vom Vertrag **zurücktreten.**" Der BGH sah hierin einen Verstoß gegen das Transparenzgebot. Aus der maßgeblichen Sicht des rechtlich nicht vorgebildeten Durchschnittskunden, der nicht wisse, dass ihm auch gesetzliche Rücktrittsrechte zustehen, könne sich der rechtlich unzutreffende Eindruck ergeben, der Rücktritt sei bei einem durch eine Störung bedingten Leistungsaufschub immer erst vier Monate nach Eintritt der Störung möglich.[52]

(3) Die formularmäßige Verwendung einer nicht den Anforderungen des Gesetzes entsprechenden **Belehrung/Information über die Rechte des Verbrauchers** (insbes. Widerruf) begründet die Gefahr der Irreführung des Verbrauchers und ist daher intransparent.[53]

IV. Grenzen der Transparenzanforderungen

In letzter Zeit werden – auch von der Rechtsprechung – die **Grenzen des Trans-** 573 **parenzgebots** schärfer akzentuiert. Dieses dürfe den AGB-Verwender nicht überfordern. Insbesondere bestehe die Verpflichtung, den Klauselinhalt klar und verständlich zu formulieren, nur im Rahmen des Möglichen und Zumutbaren.[54] Weder bedürfe es – so der BGH in einer neueren Entscheidung – eines solchen Grades an Konkretisierung, dass alle Eventualitäten erfasst sind und im Einzelfall keinerlei Zweifelsfragen auftreten können, noch sei ein Verstoß gegen das Transparenzgebot schon dann zu bejahen, wenn Bedingungen noch klarer und verständlicher hätten formuliert werden können.[55] Die Bedingungen müssten insbesondere ausreichend flexibel bleiben, um künftigen Entwicklungen und besonderen Fallgestaltungen Rechnung tragen zu können. Die Anforderungen an die mögliche Konkretisierung dürften deshalb nicht überspannt werden; sie hingen auch von der Komplexität des Sachverhalts unter den spezifischen Gegebenheiten des

---

[49] BGHZ 104, 82 (92 f.); BGH NJW 1995, 589 (590); 1999, 1865 (1866); 2001, 292 (296); 2006, 211 (213); NJW-RR 2010, 1205 (1207); NJW 2016, 1575 Rn. 31.

[50] BGH NJW 1999, 276 (277).

[51] Für Unwirksamkeit nach § 9 AGBG (jetzt § 307 BGB) aus diesem Grund BVerwG NJW 1998, 3216 (3220).

[52] BGH NJW 2001, 292 (296).

[53] BGH NJW 2010, 989 (991).

[54] BGH NJW-RR 2005, 1496 (1498); 2011, 1618 (1621); NJW 2018, 1544 Rn. 8; Wolf/*Pfeiffer* BGB § 307 Rn. 247.

[55] BGH NJW 2018, 1544 Rn. 8.

Regelungsgegenstands ab.[56] Schon bislang war anerkannt, dass das Transparenzgebot grundsätzlich keine ausdrückliche Regelung der aus dem Gesetz oder aus der Rechtsnatur des Vertrags folgenden Rechte oder eine entsprechende Belehrung des Vertragspartners erfordert.[57] Eine Begrenzung ist aus zwei Gründen geboten: Eine ausufernde Ausweitung der Transparenzanforderungen erweist sich im Ergebnis als kontraproduktiv; die Klauselgestaltung läuft nämlich Gefahr, schon wegen ihrer schieren Länge und Detailgenauigkeit den Kunden zu überfordern. Transparenz bedeutet nämlich auch „Fokussierung der dargebotenen Informationen auf einige zentrale Parameter oder den Kern einer Regelung".[58] Außerdem dürfen auch die berechtigten Interessen des Verwenders nicht aus den Augen verloren werden. Die Offenlegung seiner internen Kalkulationen kann grundsätzlich nicht gefordert werden.[59]

Beispiele:
(1) Allgemeine Geschäftsbedingungen über eine **Zeichnungsgebühr bei Aktien-Neuemissionen** verstoßen nicht deshalb gegen das Transparenzgebot, weil sie dem Kunden nicht erläutern, ob die von ihm verlangte Zahlung als Entgelt für eine Tätigkeit oder für die Verschaffung einer Zuteilungschance oder als Aufwendungsersatz einzuordnen ist. Eine weitergehende Information der Kunden über die Zeichnungsgebühr kann nicht verlangt werden. Auch über die rechtliche Einordnung seiner Zahlungspflichten braucht ein Kunde, der darüber, unter welchen Voraussetzungen und in welcher Höhe er zur Zahlung verpflichtet sein soll, hinreichend informiert wurde, nicht unterrichtet zu werden.[60]
(2) Bei einem **Leasingvertrag** erfordert das Transparenzgebot nicht die Offenlegung der Kalkulation, die dem im Vertrag vereinbarten und von dem Leasingnehmer garantierten Restwert zugrunde liegt. Dem Transparenzgebot ist vielmehr genügt, wenn die Klausel in Verbindung mit dem übrigen Vertragsinhalt Angaben enthält, deren es zur Berechnung des nach der Klausel geschuldeten Betrages bedarf.[61]
(3) Im Hinblick auf **Allgemeine Lebensversicherungsbedingungen** verlangt das Transparenzgebot nicht, dass die Versicherungsbedingungen die Berechnungsmethode für die Ermittlung der **Überschussbeteiligung** aufzeigen, wenn die Regelung insgesamt erkennen lässt, dass die Überschüsse variieren können.[62]
(4) Der Verwender darf grundsätzlich in seinen Bedingungen auch unbestimmte Rechtsbegriffe übernehmen, deren sich auch der Gesetzgeber in diesem Zusammenhang bedient. So bedarf der gesetzlich definierte Begriff der **„Betriebskosten"** keiner Erläuterung oder Aufschlüsselung, da er als bekannt vorausgesetzt werden kann und für den durchschnittlichen Mieter hinreichend klar und verständlich ist.[63]
(5) Auch eine **Verweisung** auf Vorschriften des Gesetzes[64] oder eines anderen Bedingungswerkes[65] führt nicht per se zur Intransparenz. Sie sind sogar umkehrt in vielen Fällen geeignet, das Bedingungswerk zu entlasten. Hier ist genau zu prüfen, wie der Durchschnittskunde den Verweis verstehen musste, ob die Verweisung einem berechtigten (Rationalisierungs-)Interesse des Ver-

---

[56] BGH NJW-RR 2011, 1618 (1621) unter Hinweis auf Ulmer/*Fuchs* BGB § 307 Rn. 341; BGH NJW 2014, 924 (928).
[57] BGH NJW 2000, 2103 (2106).
[58] So prägnant Ulmer/*Fuchs* BGB § 307 Rn. 349.
[59] BGH NJW 1997, 3166; 2011, 1801 (1802).
[60] BGH NJW 2003, 1447 (1449).
[61] BGH NJW 1997, 3166; ferner BGH NJW 2014, 2940, wo darüber hinaus klargestellt wird, dass die Restwertgarantie als vertragstypische Preisabrede nicht der Inhaltskontrolle unterliegt und zudem regelmäßig auch nicht überraschend ist.
[62] BGH NJW 2001, 2014 (2017 ff.) mit Anm. *Reiff* ZIP 2001, 1058 ff.; anders noch OLG Stuttgart BB 1999, 1572.
[63] BGH NJW 2016, 1308 Rn. 19; vgl. auch BGH NJW-RR 2020, 656.
[64] BGH NJW 2014, 924 (926) für einen Verweis auf das Wertpapierhandelsgesetz; strenger *Schwab*, AGB-Recht, 3. Teil Rn. 319 f.
[65] BGH NJW 1995, 589 ff. (Verweisung in Allgemeinen Lebensversicherungsbedingungen auf Geschäftsplan); 2002, 507 (dynamische Verweisung in vorformuliertem Heimvertrag auf Rahmenvertrag).

wenders entspricht, welche alternativen Formulierungsmöglichkeiten dem Verwender zu Gebote standen etc.[66] Dynamische Verweisungen sind grundsätzlich problematischer als statische, da hier Änderungen des Verweisungsobjekts – vom Kunden nicht beeinflussbar – auf seine Vertragsbeziehung zum Verwender durchschlagen. Zum Kernbestand arbeitsvertraglicher Regelung gehören **Bezugnahmeklauseln auf Tarifverträge und Betriebsvereinbarungen** (hierzu näher → Rn. 1128 ff.).

V. Rechtsfolgen der Intransparenz

Die Regel-Rechtsfolge der Intransparenz ist die Unwirksamkeit der betreffenden Klausel. Denn eine unangemessene Benachteiligung, die § 307 Abs. 1 S. 2 BGB als Folge der Intransparenz nennt, führt nach § 307 Abs. 1 S. 1 BGB zur **Unwirksamkeit der entsprechenden AGB-Bestimmung.** Kann die entstandene Lücke nicht durch dispositives Recht geschlossen werden und soll es nicht bei dem ersatzlosen Wegfall der Klausel verbleiben, ist **eine ergänzende Vertragsauslegung** in Betracht zu ziehen.[67]   **574**

Zweifelhaft ist, ob die Klauselrichtlinie nicht dann, wenn eine leistungsbestimmende Klausel im Kern intransparent ist oder darüber hinaus ganz allgemein in den Fällen, in denen das Transparenzgebot vornehmlich auf die Sicherung einer informierten Abschlussentscheidung zielt, ein **Vertragslösungsrecht** fordert. Ein solches einseitiges Vertragslösungsrecht des Kunden ließe sich, so man es denn für europarechtlich geboten erachtet, auf mehreren Wegen begründen. Entweder man sieht in dem Transparenzverstoß ein zum Schadensersatz verpflichtendes Verschulden bei Vertragsschluss; oder aber man setzt bei § 306 Abs. 1 BGB an und verneint ein wirksames Restgeschäft.[68] Letzteres liegt nahe, wenn der Kern der Leistungszusage intransparent ist. Dem Kunden soll es dann frei stehen, sich auf die Nichtigkeit des gesamten Vertrages zu berufen.   **575**

§ 18. Besondere Klauselverbote

I. Allgemeines

Die §§ 308 und 309 BGB enthalten eine „beispielhafte Aufzählung von Anwendungsfällen der Generalklausel des § 307 BGB".[1] Sie umschreiben einen engen Kernbereich von Regelbeispielen, in dem bestimmte, verhältnismäßig präzise definierte AGB-Klauseln entweder nach einem Wertungsakt oder aber ohne weiteres unwirksam sind. Bei der Auswahl der einzelnen Klauseln hatte sich der Gesetzgeber vor allem von der praktischen Bedeutung für den Rechtsverkehr mit Letztverbrauchern leiten lassen.[2] Die Generalklausel wurde zwar als flexibles Instrument der Inhaltskontrolle für unverzichtbar gehalten. Auf der anderen Seite erkannte man jedoch auch die Nachteile einer weit gefassten Generalklausel, insbesondere die mangelnde Vorhersehbarkeit infolge der nur geringen Determination des Wertungsaktes im Rahmen der Angemessenheitsprüfung. Um diesem Defizit an Rechtssicherheit und Rechtsklarheit entgegenzuwirken, entschloss sich der Gesetzgeber zur Aufstellung eines Katalogs von Klauseln, die wegen ihrer benachteiligenden Wirkung für den Vertragspartner des Verwenders unwirksam sein sollten. Der Gesetzgeber war sich darüber im Klaren, dass dieser Aufzählung angesichts der vielfältigen Gestaltungsformen der Kautelarpraxis nur exemplarische Bedeutung zukommen   **576**

---

[66] Ausführlich zuletzt *Oetker* JZ 2002, 337; zur Einbeziehungsproblematik auch Wolf/*Pfeiffer* BGB § 305 Rn. 88.
[67] BGH NJW 2005, 3559 (3565).
[68] *Rosenow/Schaffelhuber* ZIP 2001, 2215 f.
[1] BT-Rechtsausschuss BT-Drs. 7/5422, S. 6.
[2] Begründung des RegE BT-Drs. 7/3919, S. 23.

konnte.[3] Es mag sein, dass er den Stellenwert der Kataloge der §§ 308, 309 BGB gegenüber der in der gerichtlichen Praxis klar dominierenden Generalklausel des § 307 BGB falsch eingeschätzt hat.[4] Gleichwohl war die Aufstellung der Klauselkataloge richtig. Dort, wo klare Aussagen möglich sind, sollten diese auch getroffen werden. Außerdem – und dies darf nicht übersehen werden – geben die Klauselverbote mittelbar auch wertvolle Hinweise für die Inhaltskontrolle im Rahmen des § 307 BGB. Den §§ 308 und 309 BGB lassen sich nämlich mitunter Wertungen entnehmen, die auch für die Lösung ähnlich gelagerter Inhaltskontrollprobleme nutzbar gemacht werden können. Dass die EG-Richtlinie über missbräuchliche Klauseln in Verbraucherverträgen ebenfalls auf diese Regelungstechnik zurückgegriffen hat, kann im Übrigen durchaus als Bestätigung des Gesetzgebers des Jahres 1976 verstanden werden.

II. Klauselkataloge und Generalklausel

577   Wenn es sich bei den Klauselverboten der §§ 308 und 309 BGB um Konkretisierungen der Generalklausel handelt, so liegt es nahe, deren Prüfung an den Anfang zu stellen.[5] Ist die AGB-Klausel schon nach §§ 308, 309 BGB unwirksam, so hat es hiermit auch sein Bewenden. Ist sie hingegen nach §§ 308, 309 BGB nicht zu beanstanden, so muss sie noch an der Generalklausel des § 307 BGB gemessen werden.[6] Die in den Klauselverboten zum Ausdruck gekommenen Grundsätze können dabei auch in die Inhaltskontrolle auf der Grundlage der Generalklausel einfließen. Zu weit ginge es allerdings, wollte man aus der Übereinstimmung mit einem einschlägigen Klauselverbot eine generelle Wirksamkeitsvermutung für die Angemessenheitsprüfung im Rahmen des § 307 BGB aufstellen.[7] Hier ist vielmehr nach Sinn und Zweck des jeweiligen Klauselverbots zu unterscheiden. Demnach gibt es Klauselverbote, die in der Tat einen Umkehrschluss erlauben. Andere hingegen gestatten eine Art Analogieschluss, während manche Klauselverbote eher neutral erscheinen.[8]

Beispiele:

(1) Als Klauselverbot mit tendenziell naheliegender **Umkehrschlussmöglichkeit** hat der BGH § 309 Nr. 9 BGB charakterisiert.[9] Klauseln, die nicht in den Anwendungsbereich des § 309 Nr. 9 BGB fielen, könnten nur aus besonderen, von Nr. 9 nicht erfassten Gründen nach § 307 BGB unwirksam sein. So hat der BGH anlässlich der Beurteilung einer **Verlängerungsklausel** in einem **Fitness-Studio-Vertrag** zu Recht festgestellt, dass aus der mangelnden Anwendbarkeit des § 309 Nr. 9 Buchst. b BGB nicht geschlossen werden könne, der Gesetzgebers habe für die nicht erfassten Verträge strengere Regeln gelten lassen wollen.[10] Wörtlich heißt es: „Die in § 11 Nr. 12b AGBG (= § 309 Nr. 9 Buchst. b BGB) zum Ausdruck gekommene Regelungsabsicht des Gesetzgebers ist auch zu berücksichtigen bei der nach § 9 Abs. 1 AGBG (= § 307 Abs. 1 BGB) vorzunehmenden Abwägung, wann eine unangemessene Benachteiligung des Kunden vorliegt. Das schließt zwar nicht aus, dass eine Klausel, die nach ihrem Regelungsgehalt in den Anwendungsbereich der Klauselverbote fällt, mit den in Betracht kommenden Einzelverboten aber nicht kollidiert, dennoch aus besonderen, von der Verbotsnorm nicht erfassten Gründen nach der Generalklausel des § 9 Abs. 1 AGBG (= § 307 Abs. 1 BGB) unwirksam sein kann. Unzulässig ist es aber, aufgrund allgemeiner Überlegungen, die sich nicht aus den Besonderheiten gerade des zu

---

[3] Begründung des RegE BT-Drs. 7/3919, S. 23.
[4] So der Vorwurf von *Thamm/Pilger* AGBG Vor §§ 10 und 11 Rn. 1 f.
[5] Ulmer/*Fuchs* BGB § 307 Rn. 3; Erman/*Roloff/Looschelders* BGB § 307 Rn. 2.
[6] MüKoBGB/*Wurmnest* § 307 Rn. 25; anders offenbar *Schmidt-Salzer*, AGB, Rn. F. 14.
[7] Zutreffend Wolf/*Dammann* BGB vor §§ 308, 309 Rn. 13.
[8] So insbesondere Wolf/*Dammann* BGB vor §§ 308, 309 Rn. 14 ff.
[9] BGH NJW 1987, 2012 (2013 f.); 1997, 739; aA Wolf/*Dammann* BGB vor §§ 308, 309 Rn. 16 und 18 („neutrales Klauselverbot").
[10] BGH NJW 1997, 739 (740).

beurteilenden Vertrages ergeben, über die Generalklausel die gesetzgeberische Regelungsabsicht geradezu ‚auf den Kopf zu stellen'".

(2) Die Unwirksamkeit von **Vertragsstrafen** nach **§ 309 Nr. 6 BGB** kann auch für von dieser Vorschrift nicht erfasste Verwirkungstatbestände über § 307 BGB begründet werden. Der Grundgedanke des § 309 Nr. 6 BGB, dass Vertragsstrafen für den Kunden erhebliche Risiken bergen und die Möglichkeit der Herabsetzung nach § 343 BGB keinen ausreichenden Schutz garantiert, vermag im Rahmen des § 307 das Unangemessenheitsurteil zu stützen.[11] Um eine **Analogie** im rechtstechnischen Sinne dürfte es sich dabei übrigens nicht handeln. Denn angesichts der als Auffangbecken bereitstehenden Generalklausel wird man eine planwidrige Regelungslücke im Bereich der §§ 308 und 309 BGB nicht konstatieren können.

(3) Als Beispiel für eine **neutrale Vorschrift** sei **§ 309 Nr. 1 BGB** genannt. Aus ihr kann für **Preiserhöhungsklauseln** nach Ablauf der Viermonatsfrist weder die grundsätzliche Zulässigkeit noch die grundsätzliche Unzulässigkeit gefolgert werden.[12]

Denkbar ist im Übrigen, dass die besonderen **Klauselverbote und die Generalklausel nebeneinander** zur Anwendung gelangen.

Beispiel: Eine vorformulierte **Vertragsstrafenregelung** kann zunächst deswegen unwirksam sein, weil sie einen nach § 309 Nr. 6 BGB unwirksamen Verwirkungstatbestand vorsieht. Ist dies nicht der Fall, so kann das Vertragsstrafenversprechen jedoch gleichwohl noch wegen unangemessener Höhe der ausbedungenen Vertragsstrafe nach § 307 BGB unwirksam sein.[13]

Die §§ 308 und 309 BGB gelten **nicht im unternehmerischen Geschäftsverkehr** (§ 310 Abs. 1 S. 1 BGB). Die Inhaltskontrolle vollzieht sich hier wiederum auf der Grundlage der Generalklausel des § 307 BGB (vgl. § 310 Abs. 1 S. 2 BGB).[14]

III. Das Konzept der §§ 308 und 309 BGB

Die §§ 308 und 309 BGB folgen einer Systematik, der sich schon der erste Teilbericht **578** der Arbeitsgruppe beim Bundesminister der Justiz verschrieben hatte. In den damaligen Erläuterungen hieß es, dass gewisse formalurmäßige Gestaltungen wegen ihrer grundsätzlichen Gefährlichkeit oder Schädlichkeit für den AGB-unterworfenen Vertragsteil schlechthin missbilligt werden könnten, während bei der Beurteilung anderer Allgemeiner Geschäftsbedingungen Abstufungen möglich erschienen und letzten Endes die Ausgestaltung im Einzelfall den Ausschlag gebe.[15] Der Regierungsentwurf hat diesen Ansatz übernommen. Der Unterschied wird schon in den Überschriften zu §§ 308 und 309 BGB herausgestellt: bei § 308 BGB soll es um Klauselverbote mit Wertungsmöglichkeit gehen, während die Klauselverbote des § 309 BGB eine solche Wertungsmöglichkeit offenbar nicht vorsehen. Für die **Prüfungsreihenfolge** empfiehlt es sich vor diesem Hintergrund, mit den Klauselverboten des § 309 BGB zu beginnen und ggf. in einem zweiten Schritt die Klauselverbote des § 308 BGB zu durchforsten.

1. Klauselverbote mit Wertungsmöglichkeit

Die in § 308 BGB zusammengefassten Klauseln sind Anwendungsfälle für typische **579** gefährliche Einzelklauseln, bei denen die Gefahr eines gestörten Interessenausgleichs aus der Sicht des Gesetzgebers besonders nahe liegt und eine näher geleitete Angemessenheitsprüfung demgemäß geboten ist. Kennzeichnend für die Verbotstatbestände des § 308 BGB ist, dass sie durchgängig unbestimmte Rechtsbegriffe aufweisen, die dem Rechtsanwender einen Wertungsspielraum eröffnen (vgl. beispielsweise „unangemessen lange",

---

[11] Wolf/*Dammann* BGB § 309 Nr. 6 Rn. 61.
[12] Wolf/*Dammann* BGB vor §§ 308, 309 Rn. 18.
[13] BGH NJW 1988, 1373 (1374).
[14] Näher hierzu → Rn. 551 ff.
[15] Erster Teilbericht, S. 56.

„ohne sachlich gerechtfertigten Grund", „zumutbar"). Bei der Anwendung dieser Klauselverbote muss somit unter Berücksichtigung der Umstände des Einzelfalles abgewogen werden, ob die betreffende AGB-Bestimmung als unangemessen anzusehen ist oder nicht.

2. Klauselverbote ohne Wertungsmöglichkeit

580   Demgegenüber sind – wie die amtliche Begründung deutlich hervorhebt[16] – die in § 309 BGB zusammengefassten Klauselverbote strikter Natur, weil hier die Unangemessenheit kraft gesetzgeberischer Wertung generell anzunehmen ist, sodass sich im Einzelfall jede weitere inhaltliche Prüfung erübrigt. § 309 BGB kommt im Gegensatz zu § 308 BGB weitgehend ohne unbestimmte Rechtsbegriffe aus. Ganz trennscharf ist die Unterscheidung allerdings nicht ausgefallen [beachte etwa das Wertungserfordernis der Unverhältnismäßigkeit in § 309 Nr. 8 Buchst. b Doppelbuchst. dd BGB]. Auch sind Akte der Auslegung und Wertung im Rahmen des § 309 BGB nicht ausgeschlossen.[17] Anders als bei § 308 BGB eröffnen die besonderen Umstände des Einzelfalles jedoch grundsätzlich keine zusätzliche Wertungsinstanz.

IV. Anhang der EG-Richtlinie

581   Die EG-Richtlinie 93/13/EWG über missbräuchliche Klauseln in Verbraucherverträgen enthält einen Anhang, der nach Art der §§ 308 und 309 BGB **Klauseln** auflistet, **welche die Mitgliedstaaten für missbräuchlich erklären können.** Diese nicht erschöpfende Aufzählung ist als Hinweis an die Mitgliedstaaten gedacht (Art. 3 Abs. 3 RL 93/13/ EWG). Über die **Bedeutung des Anhangs für die Ausgestaltung der nationalen Rechtsordnungen der Mitgliedstaaten und die Kontrollpraxis der Gerichte** wird seit geraumer Zeit intensiv diskutiert.[18] Sicher ist immerhin, dass sich der Richtliniengeber bewusst nicht für eine „schwarze" Liste stets unverbindlicher Klauseln entschieden hat. In seiner neueren Rechtsprechung konstatiert der EuGH[19] zu Recht, dass die in der Liste aufgeführten Klauseln nicht zwangsläufig als missbräuchlich anzusehen sind und umgekehrt eine nicht darin aufgeführte Klausel gleichwohl für missbräuchlich erklärt werden kann. Die Mitgliedstaaten sind durch diesen Anhang insbesondere nicht gehindert, weitere Klauseln zu brandmarken (Art. 8 RL 93/13/EWG). Schwieriger zu beantworten ist die Frage, ob der Anhang spezielle Umsetzungspflichten der Mitgliedstaaten begründet, die über die Einführung der durch die Richtlinie gebotenen gerichtlichen Missbrauchskontrolle auf der Grundlage einer Generalklausel hinausgehen. Der EuGH hat zuletzt deutlich gemacht, dass der Richtlinienanhang keine über den eigentlichen Richtlinientext hinausgehenden Rechte begründet.[20] Er hat daher davon abgesehen, die strengen Anforderungen, die er in seinem Urteil vom 10.5.2001[21] zur Umsetzung der Bestimmung der

---

[16] BT-Drs. 7/3919, S. 24.

[17] Dies betont MüKoBGB/*Wurmnest* § 307 Rn. 24.

[18] Die nunmehr herrschende Ansicht sieht in dem Anhang lediglich eine unverbindliche Aufzählung von Klauseln, denen ein tendenzieller Unwertgehalt innewohnt (so mit unterschiedlichen Nuancierungen Palandt/*Grüneberg* BGB § 310 Rn. 29; *Franzen*, Privatrechtsangleichung durch die Europäische Gemeinschaft, S. 561; Anm. *Pfeiffer* EuZW 2002, 468; Staudinger/*Wendland* BGB § 307 Rn. 120 ff.; Wolf/*Pfeiffer* RiLi Art. 3 Rn. 75 ff.; MüKoBGB/*Wurmnest* § 308 Rn. 12; weitergehend *Heiderhoff*, Grundstrukturen des nationalen und europäischen Verbrauchervertragsrechts, 2004, 140 und 434 („feste Untergrenzen für die Inhaltskontrolle").

[19] EuGH EuZW 2002, 465 – Kommission/Schweden mit Anm. *Pfeiffer*; NJW 2004, 1647 – Freiburger Kommunalbauten mit Anm. *Markwardt* ZIP 2005, 152.

[20] EuGH EuZW 2002, 465 (466) – Kommission/Schweden; vgl. auch EuGH NJW 2004, 1647 – Freiburger Kommunalbauten.

[21] EuGH NJW 2001, 2244 – Kommission/Niederlande.

Klauselrichtlinie formuliert hat, auf den Anhang zu übertragen. Diesem misst der EuGH bloß – aber immerhin – **Hinweis- und Beispielcharakter** bei. Er stelle eine Informationsquelle sowohl für die mit der Anwendung der Umsetzungsmaßnahmen betrauten nationalen Behörden als auch für die von diesen Maßnahmen betroffenen Einzelnen dar. Daher müssten die Mitgliedstaaten zur Erreichung des Ziels der Richtlinie Umsetzungsformen und -mittel wählen, die hinreichende Sicherheit dafür böten, dass die **Allgemeinheit von dieser Liste Kenntnis erlangen** könne.[22] Vor diesem Hintergrund muss darüber nachgedacht werden, ob das deutsche AGB-Recht diese ihm zugedachte Funktion in richtlinienkonformer Weise erfüllt. Insoweit lässt sich an die Klauselverbote der §§ 308 und 309 BGB anknüpfen. Diese nehmen einen Großteil der in der Liste des Anhangs aufgeführten Klauseln in sich auf und sorgen auf diese Weise für einen – häufig noch über die Richtlinie hinausgehenden – Schutz. Problematisch wird es in den Fällen, in denen die Katalogtatbestände hinter dem Anhang zurückstehen oder einen dort aufgeführten Fall nicht eigens erwähnen. Der Verbraucherschutz muss hier im Ergebnis nicht hinter dem Anhang zurückstehen, werden doch die deutschen Gericht die Lücken in sachgerechter Handhabung des § 307 BGB zu schließen wissen.[23] Um seinen Umsetzungspflichten vor dem Hintergrund der EuGH-Rechtsprechung sicher zu genügen, sollte sich der Gesetzgeber gleichwohl um eine Harmonisierung der §§ 308 und 309 BGB mit dem Anhang der Klauselrichtlinie bemühen.

Bis dahin sollten sich die Gerichte durch den Anhang der Richtlinie angeregt sehen, bislang noch nicht ausreichend berücksichtigte Gesichtspunkte künftig verstärkt in die Inhaltskontrolle nach § 307 BGB einzubeziehen. Der EuGH hat immerhin in einem Fall die Zugehörigkeit einer Klausel zu einer im Anhang der Richtlinie genannten Gruppe (Nr. 1 Buchst. q) als Beleg für die seiner Ansicht nach anzunehmende Missbräuchlichkeit gem. Art. 3 Abs. 1 der Klauselrichtlinie angeführt.[24]

V. Eingeschränkte Inhaltskontrolle im Bereich der Versorgungsverträge

Literatur: siehe vor → Rn. 823.

Aufgrund der Ermächtigung des § 39 EnergiewirtschaftsG sind in Form von Rechtsverordnungen die Stromgrundversorgungsverordnung (StromGVV)[25] und die Gasgrundversorgungsverordnung (GasGVV)[26] erlassen worden.[27] Bald darauf sind noch die Niederspannungsanschlussverordnung (NAV)[28] und die Niederdruckanschlussverordnung (NDAV)[29] hinzugekommen. Ferner sind gestützt auf § 27 AGBG (jetzt Art. 243 EGBGB) die Allgemeinen Bedingungen für die Versorgung mit Fernwärme (AVBFernwärmeV)[30] und über die Versorgung mit Wasser (AVBWasserV)[31] in Kraft gesetzt worden. Als objektives Recht bestimmen die genannten Versorgungsbedingungen unmittelbar den Inhalt der Versorgungsverhältnisse der Tarifabnehmer. Es handelt sich also um **Rechtsnormen,** nicht um Allgemeine Geschäftsbedingungen. Sie sind einer Inhaltskon-

582

---

[22] EuGH EuZW 2002, 465 (466) – Kommission/Schweden.
[23] Für Vorlage an den EuGH in dieser Konstellation MüKoBGB/*Wurmnest* § 308 Rn. 12.
[24] EuGH NJW 2000, 2571 (2572) – Océano, dazu *Borges* NJW 2001, 2061 f.
[25] Vom 26.10.2006, BGBl. I 2391.
[26] Vom 26.10.2006, BGBl. I 2396.
[27] Nachdem der EuGH (NJW 2015, 849) entschieden hatte, dass diese beiden Verordnungen europarechtlichen Vorgaben im Hinblick auf die Informationspflichten der Versorgungsunternehmen bei Preisänderungen nicht gerecht werden, sind sie mit Wirkung zum 30.10.2014 entsprechend geändert worden (hierzu *Scholtka/Martin* EuZW 2015, 111).
[28] Vom 1.11.2006, BGBl. I 2477.
[29] Vom 1.11.2006, BGBl. I 2477.
[30] Vom 20.6.1980, BGBl. I 742.
[31] Vom 20.6.1980, BGBl. I 750, 1067.

trolle nach dem AGB-Recht bereits aus diesem Grunde entzogen. Denkbar ist hier lediglich eine eng begrenzte richterliche Normenkontrolle auf Übereinstimmung mit höherrangigem Recht.

582a   Gegenüber **Sonderabnehmern** gelten die Versorgungsbedingungen dagegen nur kraft besonderer Einbeziehung, sind also grundsätzlich einer Inhaltskontrolle nach den §§ 307 bis 309 BGB zugänglich. Freilich sieht **§ 310 Abs. 2 BGB** vor, dass die besonderen Klauselverbote der §§ 308 und 309 BGB keine Anwendung finden. Auf diese Weise will der Gesetzgeber verhindern, dass die Sonderabnehmer letztlich besser gestellt sind als die Tarifabnehmer.[32] Die Bedeutung der Vorschrift war anfangs eher gering, da es sich bei den Sonderabnehmern regelmäßig um Unternehmer gehandelt hat. Mit der zunehmenden Liberalisierung auf dem Energieversorgungsmarkt kommt es jedoch immer öfter vor, dass auch Verbraucher mit Versorgungsunternehmen Verträge abschließen und insoweit zu Sonderabnehmern werden.[33] Die Inhaltskontrolle erfolgt hier auf der Grundlage des § 307 BGB.[34] § 310 Abs. 2 BGB kann allerdings Veranlassung geben, die Wertungen der Verordnungsregelungen im Rahmen der Inhaltskontrolle nach § 307 BGB zur Geltung zu bringen. Allerdings ist dies für jede einzelne in Rede stehende Bestimmung zu prüfen.[35] Der Haftungsregelung des § 6 AVBEltV aF[36] hat der BGH „Leitbildfunktion im weiteren Sinne" und „Indizwirkung" bei der Inhaltskontrolle gleich lautender Vertragsbestimmungen in Sonderkundenverträgen bescheinigt. Die wörtliche Übernahme des abgestuften Haftungssystems dieser Vorschrift in die Allgemeinen Geschäftsbedingungen gegenüber Sonderabnehmern hat er für angemessen erachtet.[37] Allerdings darf in der Konstellation, dass es sich bei dem Sonderabnehmer um einen Verbraucher handelt, das Schutzniveau der Klauselrichtlinie 93/13/EWG nicht unterschritten werden. Um eine solche Unterschreitung zu verhindern, müssen die §§ 310 Abs. 2 und 307 BGB ggf. richtlinienkonform ausgelegt werden.[38] Das hat sich zuletzt bei den sog. Preisänderungsklauseln in Gaslieferverträgen mit Sonderkunden gezeigt, deren Zulässigkeit nach neuerer Rechtsprechung[39] nicht allein mit der Übereinstimmung mit den Vorgaben der Gasgrundversorgungsverordnung begründet werden kann (hierzu näher unter → Rn. 823).

Sechster Abschnitt. Rechtsfolgen bei Nichteinbeziehung und Unwirksamkeit

Literatur: *Boemke-Albrecht*, Rechtsfolgen unangemessener Bestimmungen in Allgemeinen Geschäftsbedingungen, 1989; *Hager*, Gesetzes- und sittenkonforme Auslegung und Aufrechterhaltung von Rechtsgeschäften, 1983; *Medicus*, Rechtsfolgen für den Vertrag bei Unwirksamkeit von AGB, in: Zehn Jahre AGB-Gesetz, 1987, S. 83; *Linck*, Rechtsfolgen unwirksamer Allgemeiner Geschäftsbedingungen in Arbeitsverträgen, in: FS für Bauer, 2010, S. 657; *Schlachter*, Folgen der Unwirksamkeit Allgemeiner Geschäftsbedingungen für den Restvertrag, JuS 1989, 811; *Harry Schmidt*, Vertragsfolgen der Nichteinbeziehung und Unwirksamkeit von Allgemeinen Geschäftsbedingungen, 1986. Vgl. auch die Hinweise vor → Rn. 583, 607, 611, 622 und 628.

---

[32] BGH NJW 1998, 1640 (1642); kritisch zur Vorschrift des § 310 Abs. 2 BGB vor diesem Hintergrund MüKoBGB/*Basedow* § 310 Rn. 37 („Missgriff").

[33] MüKoBGB/*Basedow* § 310 Rn. 35.

[34] BGH NJW 2013, 3647 (3650 ff.); Erman/*Roloff/Looschelders* BGB § 310 Rn. 9a.

[35] BGH NJW 2011, 50 (52).

[36] Ähnliche Haftungsbeschränkungen finden sich in der NAV und der NDAV.

[37] BGH NJW 1998, 1640; vgl. auch LG Frankfurt a. M. NJW-RR 2002, 785.

[38] Ulmer/*Schäfer* BGB § 310 Rn. 105; Erman/*Roloff* BGB § 310 Rn. 9a.

[39] EuGH NJW 2013, 2253; im Anschluss hieran BGH NJW 2013, 3647.

Die Folgen der gescheiterten Einbeziehung und der Nichtigkeit Allgemeiner Ge-   **583**
schäftsbedingungen für den Bestand und Inhalt des zwischen Verwender und Kunden
geschlossenen Vertrages sind in § 306 BGB geregelt. In § 306 Abs. 1 BGB hat sich der
Gesetzgeber im Grundsatz dafür entschieden, dass sich die Rechtsfolgen der AGB-Kontrolle auf die jeweils betroffenen Klauseln beschränken. Zur Unwirksamkeit des ganzen
Vertrages unter Einschluss auch der durch die AGB-Kontrolle nicht unmittelbar betroffenen Teile soll es – ausnahmsweise – nur dann kommen, wenn das Festhalten an der –
eventuell nach Abs. 2 ergänzten – Regelung für einen Vertragspartner schlechthin unzumutbar ist (Abs. 3).

§ 19. Grundsatz des Fortbestandes des Vertrages im Übrigen

I. Regelungsanliegen und Anwendungsbereich des § 306 Abs. 1 BGB

Nach § 306 Abs. 1 BGB bleibt der Vertrag trotz des Umstandes, dass Allgemeine   **584**
Geschäftsbedingungen nicht Vertragsbestandteil geworden oder unwirksam sind, im
Übrigen wirksam. **§ 306 Abs. 1 BGB kehrt damit die Regel des § 139 BGB um,** nach der
die Nichtigkeit eines Teils eines Rechtsgeschäfts im Zweifel die Nichtigkeit des ganzen
Geschäfts zur Folge hat. Schon vor Inkrafttreten des AGB-Gesetzes hatte sich gezeigt,
dass das Rechtsfolgenkonzept des § 139 BGB der besonderen Schutzbedürftigkeit des
AGB-unterworfenen Kunden nicht hinreichend Rechnung trägt.[1] Der Kunde wird näm-
lich regelmäßig an der Aufrechterhaltung des Vertrages unter Fortfall der belastenden
Klausel interessiert sein. Ihm würden Steine statt Brot gegeben, wenn er wegen der
Nichtgeltung einer einzelnen AGB-Bestimmung um seine Ansprüche aus dem Vertrag
gebracht würde.

Beispiel: Bei einem Neuwagenkauf wird die Gewährleistung im Widerspruch zu § 309 Nr. 8
Buchst. b BGB in unzulässiger Weise eingeschränkt. Ginge man entsprechend der Zweifelsregel des
§ 139 BGB davon aus, dass die Nichtigkeit den gesamten Kaufvertrag erfasst, so verlöre der Kunden
seinen Erfüllungsanspruch bzw. müsste im Falle des bereits erfolgten Leistungsaustausches die Rückabwicklung des Vertrages hinnehmen. Dies will umso weniger einleuchten, als der Grund der
Nichtigkeit der Klausel im Verantwortungsbereich des Verwenders liegt.

Die Zweifelsregelung des § 139 BGB hat sich auch sonst immer dort als problematisch
erwiesen, wo die Nichtigkeitsanordnung den Schutz einer Partei bezweckt. Hier sei nur
an die vielen arbeitsrechtlichen Schutzbestimmungen erinnert, deren Missachtung nach
allgemeiner Meinung im Regelfalle nicht die Nichtigkeit des gesamten Arbeitsvertrages
zur Folge hat.[2] Hier, aber auch in zahlreichen vergleichbaren Fallkonstellationen außerhalb des Arbeitsrechts, wird angenommen, dass die Nichtigkeit nur die verbotene Abrede
ergreift, die Restgültigkeit des Vertrages jedoch unberührt lässt. Allgemein lässt sich
konstatieren, dass die Nichtigkeitsfolgen zunehmend im Wege einer differenzierten,
schutzzweckorientierten Betrachtungsweise bestimmt werden, womit unverkennbar eine
Relativierung des Rechtsfolgenkonzepts des § 139 BGB einhergeht.[3] Für das AGB-Recht
hat der Gesetzgeber selbst die Konsequenzen gezogen. § 306 Abs. 1 und 3 BGB stellt
sicher, dass die regelmäßig über das mit den Einbeziehungsvoraussetzungen und den

---

[1] Deutliches Zeichen hierfür war die judizielle Nichtigkeitsbeschränkung insbesondere durch den
BGH (vgl. etwa BGH NJW 1957, 17; 1969, 230); ferner schon *Raiser*, Recht der AGB, S. 320 f. und
Naendrup, Die Teilnichtigkeit im Recht der AGB, 1966, S. 41 ff., 151 ff.
[2] BAG AP Nr. 1 zu § 620 Befristeter Arbeitsvertrag; AP Nr. 1 zu Art. 6 Abs. 1 GG Ehe und
Familie; AP Nr. 2 zu § 5 BBiG; AP Nr. 117 zu Art. 3 GG; Schaub/*Linck*, Arbeitsrechts-Handbuch,
18. Aufl. 2019, § 34 Rn. 20; *Zöllner/Loritz/Hergenröder*, Arbeitsrecht, 7. Aufl. 2015, § 14 Rn. 31.
[3] *Damm* JZ 1986, 915 f.; Wolf/*Lindacher/Hau* BGB § 306 Rn. 3.

Klauselverboten der §§ 307 bis 309 BGB verfolgte Ziel hinausschießende, ja sogar oftmals in offenem Widerspruch zu diesen Normen stehende Gesamtnichtigkeitsfolge auf Ausnahmefälle beschränkt bleibt.[4] Entscheidendes Kriterium ist insoweit auch nicht – wie im Falle des § 139 BGB – der (hypothetische) Parteiwille, sondern die Unzumutbarkeit des Festhaltens am Vertrag.

585   § 306 Abs. 1 BGB ist durch Allgemeine Geschäftsbedingungen **nicht zum Nachteil des Kunden abdingbar**.[5] Eine Klausel etwa, der zufolge der Vertrag im Falle der Nichtigkeit einzelner AGB-Bestimmungen insgesamt in Fortfall geraten soll, ist daher ihrerseits nichtig.

II. Voraussetzungen der Aufrechterhaltung des Restgeschäfts

1. Unvollständigkeit des Vertrags infolge Nichtgeltung Allgemeiner Geschäftsbedingungen

586   § 306 BGB erfasst beide vom Gesetz unterschiedenen Fälle der Nichtgeltung von Bestimmungen in Allgemeinen Geschäftsbedingungen, die Nichteinbeziehung und die Unwirksamkeit. Die **Nichteinbeziehung** kann auf der Nichterfüllung der Einbeziehungsvoraussetzungen des § 305 Abs. 2 BGB beruhen oder sich aus dem überraschenden Charakter einer AGB-Klausel (§ 305c Abs. 1 BGB) ergeben. Bleibt dagegen eine AGB-Klausel infolge des Vorrangs einer Individualabrede ohne Wirkung, so ergibt sich der maßgebliche Inhalt zwanglos und ohne Rückgriff auf § 306 BGB aus dem individuell Vereinbarten.[6] Der häufigste Anwendungsfall des § 306 BGB dürfte die **Unwirksamkeit** einer Klausel wegen inhaltlicher Unangemessenheit nach den §§ 307 bis 309 BGB sein. § 306 Abs. 1 BGB gilt aber auch dann, wenn die Unwirksamkeit einer Klausel sich nicht aus den §§ 305 ff. BGB, sondern aus anderen gesetzlichen Vorschriften ergibt.[7]

2. Teilbarkeit des Vertrages

587   Nach Beanstandung einer AGB-Klausel setzt die Aufrechterhaltung des Vertrages im Übrigen voraus, dass das **Klauselwerk in einen zulässigen und einen unzulässigen Teil aufgespalten** werden kann. Dafür wird verlangt, dass eine Zerlegung in jeweils für sich verständliche und sinnvoll voneinander trennbare Bestandteile möglich ist.[8] Die Teilbarkeit ist nicht mehr gegeben, wenn die für den Vertragsschluss wesentlichen Punkte (*essentialia negotii*) von dem Geltungsmangel in Mitleidenschaft gezogen werden (zB wegen Verstoßes gegen das Transparenzgebot unwirksame Preisabrede).[9] Für die Anwendung des § 306 BGB ist dann kein Raum, wenn sich der durch die Kassation einzelner Klauseln „gerupfte" Vertrag als nicht ergänzungsfähig erweist.[10] Die **Gesamtnichtigkeit eines** solchen **Torsovertrages** ist die sachlogische Konsequenz dieses Befundes. Am

---

[4] BGH NJW 1998, 450 (451); 1992, 896 (897): „Schutzfunktion zugunsten des Kunden".
[5] Wolf/*Lindacher/Hau* BGB § 306 Rn. 13; BeckOK/*Hubert Schmidt* BGB § 306 Rn. 11; für Abdingbarkeit durch Individualabrede hingegen MüKoBGB/*Basedow* § 306 Rn. 13; Erman/*Roloff/ Looschelders* BGB § 306 Rn. 20; Ulmer/*Harry Schmidt* BGB § 306 Rn. 23.
[6] Ulmer/*Harry Schmidt* BGB § 306 Rn. 8; Palandt/*Grüneberg* BGB § 306 Rn. 2.
[7] BGH NJW 1995, 2028 (2030); 1992, 896 (897); 2007, 3568 (3569); BAG NZA 2016, 1409 Rn. 42; *Medicus*, in: Zehn Jahre AGB-Gesetz, S. 86 f.; Ulmer/*Harry Schmidt* BGB § 306 Rn. 9; Wolf/*Lindacher/Hau* BGB § 306 Rn. 11.
[8] BGH NJW 1995, 2553 (2556 f.).
[9] Ulmer/*Harry Schmidt* BGB § 306 Rn. 10; Erman/*Roloff* BGB § 306 Rn. 4.
[10] Wolf/*Lindacher/Hau* BGB § 306 Rn. 54; *Koch/Stübing* AGBG § 6 Rn. 8; einen Anwendungsfall des § 306 Abs. 3 BGB sieht hierin jedoch Staudinger/*Schlosser* BGB § 306 Rn. 33; auch Ulmer/ *Harry Schmidt* BGB § 306 Rn. 53 führt die Fallgruppe „Torsoverträge" im Rahmen des § 306 Abs. 3 BGB auf; ebenso zuletzt auch BGH NJW 2007, 3568 (3570).

ehesten ist dies bei neueren Vertragsgebilden vorstellbar, wo es an einem gesetzlichen Leitbild fehlt und die Lückenfüllung durch den Richter auf eine Neukonzeption des Vertrages hinausliefe.[11] Im Regelfall der AGB-Verwendung stellt die Teilbarkeit kein Problem dar, besteht doch die typische Funktion von Allgemeinen Geschäftsbedingungen in der Regelung von Nebenabreden. Im Falle ihrer Nichtgeltung können die vereinbarten Hauptleistungspflichten regelmäßig sinnvoll bestehen bleiben.

3. Gesamtunwirksamkeit bei Vielzahl unwirksamer Klauseln?

Auf den Vertrag als Ganzes zielt die Überlegung, ob eine **massive Häufung unange-**   588
messener oder/und unübersichtlicher Bedingungen in einem vorformulierten Ver-
tragswerk nicht auch den Bestand des Vertrages in Frage zu stellen geeignet ist, etwa weil man der Meinung ist, die anderenfalls notwendigen Einzelkorrekturen würden in ihrer Summe einen unzulässigen, weil auf Gestaltung hinauslaufenden, richterlichen Eingriff in das Vertragsgefüge darstellen. Anfällig für eine solche, durch eine Vielzahl AGB-rechtlich nicht haltbarer Klauseln gesteigerte Kundenbenachteiligung sind vor allem neuartige, sich *praeter legem* entwickelnde Vertragsformen. Offenbar nahezu unbeeinflusst von der immerhin gut 30 Jahre währenden Herrschaft des AGB-Rechts scheint das Ziel der mit der vertragsrechtlichen Umsetzung einer neuen Geschäftsidee befassten Kautelarjurisprudenz vielfach schlicht in der maximalen Sicherung der Verwenderinteressen zu liegen, nicht selten sogar unter bewusster Inkaufnahme einer Reihe frappierender Gesetzesverstöße. Anschauungsmaterial bieten in dieser Hinsicht insbesondere Time-Sharing-[12] und Kabelanschlussverträge.[13]

Die zivilgerichtliche Rechtsprechung ist mit der Problematik schon vor Erlass des   589
AGB-Gesetzes mit dem Aufkommen der ersten Automatenaufstellverträge in Berührung gekommen. Der BGH[14] befand, dass die Unwirksamkeit einzelner Klauseln die Anwendbarkeit der übrigen Geschäftsbedingungen und darüber hinaus die Gültigkeit des Vertrages an sich grundsätzlich unberührt lasse. Eine andere Beurteilung komme allerdings in Betracht, wenn es sich um einen Vertrag handele, der als Vertragstyp im Gesetz nicht geregelt sei und dessen wesentlicher Inhalt von Allgemeinen Geschäftsbedingungen bestimmt werde. Erweise sich dort eine Fülle von Formularbedingungen als unwirksam, so könne der ersatzlose Wegfall der einzelnen zu beanstandenden Klauseln oder ihre im Wege der Auslegung vorgenommene Rückführung auf ein angemessenes Maß dem Vertrag einen völlig neuen, von den Beteiligten so nicht gewollten Inhalt geben. Eine derart weitgehende Umgestaltung des Vertrages sei aber nicht Aufgabe des Gerichts. In solchen Fällen komme die **Nichtigkeit des gesamten Vertrages wegen Verstoßes gegen § 138 Abs. 1 BGB** in Betracht. Die Spruchpraxis des BGH ist gleichwohl von großer Zurückhaltung gegenüber dieser Entscheidungsvariante gekennzeichnet. In neuerer Zeit hat der überkommene Ansatz immerhin insoweit eine Renaissance erlebt, als einige Instanzgerichte intransparente Time-Sharing-Verträge für insgesamt nichtig erklärt haben.[15] Auf den Maßstab der guten Sitten greifen diese Entscheidung allerdings zu Recht nicht mehr

---

[11] Hierzu freilich *Stein* AGBG § 6 Rn. 16 mit der zutreffenden Einschränkung, dass sich bei vielen verkehrstypischen Verträgen heute bereits ein typischer Regelungsbestand erkennen lasse, an dem sich eine ergänzende Auslegung orientieren könne.

[12] Vgl. hierzu LG Köln BB 1993, 1975; OLG Köln NJW 1994, 59; NJW-RR 1995, 1333; KG MDR 1998, 760.

[13] Vgl. Ulmer/*Hensen*, 9. Aufl. 2001, AGBG Anh. §§ 9–11 Rn. 427, wo es in Bezug auf Kabelanschluss-AGB heißt, erstmals seit der Rechtsprechung des *Bundesgerichtshofs* zu Automatenaufstellverträgen dränge sich der Gedanke auf, ob die große Zahl unwirksamer Bedingungen zur Nichtigkeit des ganzen Vertrages nach § 138 BGB führen müsse.

[14] Grundl. BGH NJW 1969, 230 (231 ff.); 1983, 159 (162).

[15] LG Köln BB 1993, 1975; OLG Köln NJW 1994, 59; NJW-RR 1995, 1333; KG MDR 1998, 760.

zurück. Zwar ist die Sittenwidrigkeitskontrolle nach § 138 BGB im Anwendungsbereich der §§ 307 bis 309 BGB nicht ausgeschlossen, da es sich um verschiedene, auf unterschiedliche Bewertungsmaßstäbe zurückgreifende Kontrollansätze handelt.[16] Zweifelhaft ist jedoch, ob in den vom BGH entschiedenen Fällen tatsächlich ein das Nichtigkeitsverdikt auslösender Verstoß gegen die guten Sitten vorlag. Die Durchsicht der zu dieser Problematik ergangenen höchstrichterlichen Stellungnahmen vermittelt den Eindruck, dass der Grund für die Nichtigerklärung des Gesamtvertrages weniger in einer gesteigerten Benachteiligungswirkung des Vertrages, sondern schlicht in seiner mangelnden Ergänzbarkeit gesehen wurde. Dass der Rekurs auf § 138 BGB offenbar als Mittel eingesetzt wird, die erstrebte Rechtsfolge, nämlich die Totalnichtigkeit des Vertrages, herbeizuführen, zeigt sich besonders deutlich dort, wo es in erster Linie um die Unverständlichkeit der Vertragsbestimmungen sowie ihre unübersichtliche und ungegliederte Anordnung ging.[17] Einen Transparenzverstoß, auch wenn er aus dem Zusammenspiel mehrerer Klauseln resultiert und so dem Vertrag als solchen anhaftet, wird man mangels einer feststellbaren erheblichen materiellen Benachteiligung nämlich kaum zur Begründung der Sittenwidrigkeit des Gesamtvertrages heranziehen können.[18] Das zur Gesamtnichtigkeit drängende Moment liegt hier in der Schwierigkeit, die intransparente Vertragsgestaltung zu „reparieren".

590   Es ist also die schlichte Unmöglichkeit, den durch die Kassation zahlreicher Klauseln entstellten Vertrag in einem methodisch gesicherten Verfahren unter Wahrung der Vertragsgestaltungsfreiheit der Parteien zu salvieren, die zur Abkehr von der Grundregel des § 306 Abs. 1 BGB zwingt.[19] In den von der Rechtsprechung beschriebenen seltenen Ausnahmekonstellationen ist die **Totalnichtigkeit** des verbleibenden „Torsovertrages" die **sachlogische Konsequenz**,[20] die methodisch im Wege einer den Rückgriff auf § 139 BGB eröffnenden teleologischen Reduktion des § 306 Abs. 1 BGB erreicht werden kann.

§ 20. Der Inhalt des wirksam gebliebenen Vertrages

Literatur: Vgl. die Hinweise vor → Rn. 582 und im Folgenden vor → Rn. 592, 607, 611, 622 und 628.

---

[16] Vgl. → Rn. 384.

[17] ZB BGH NJW 1969, 230 (232).

[18] Wolf/*Pfeiffer* BGB § 307 Rn. 25; zweifelnd auch Soergel/*Hefermehl* BGB § 138 Rn. 149. Eine Entscheidung des Kammergerichts MDR 1998, 760 (761) zieht daraus die Konsequenz, der intransparente Vertrag sei „nach den – gegenüber § 138 Abs. 1 BGB vorrangigen – §§ 6 Abs. 3, 9 Abs. 1 AGBG (jetzt §§ 306 Abs. 3, 307 Abs. 1 BGB) insgesamt nichtig".

[19] § 306 Abs. 3 BGB scheidet freilich richtiger Ansicht nach als Anknüpfungspunkt aus. Das mitunter geäußerte Argument, es sei dem betroffenen Kunden nicht zumutbar, den Vertrag in anderer – vom Gericht festgesetzter – Gestalt zu akzeptieren (für Einordnung nach § 306 Abs. 3 BGB Staudinger/*Mäsch* BGB § 306 Rn. 63; *Löwe*/Graf von Westphalen/Trinkner AGBG § 6 Rn. 14; *Schmidt-Salzer*, AGB, Rn. N. F. 52; auch die Regierungsbegründung [BT-Drs. 7/3919, S. 22] weist in diese Richtung) geht schon deshalb fehl, weil insoweit ein (feststellbarer) Inhalt der vertraglichen Bindung in aller Regel gar nicht vorliegt (so zutreffend *Hager*, Auslegung, S. 199; gegen die Annahme eines Anwendungsfalls des § 306 Abs. 3 BGB ferner *Stein* AGBG § 6 Rn. 16).

[20] So vor allem Wolf/*Lindacher*/Hau BGB § 306 Rn. 54; auf dieser Linie auch *Hager*, Auslegung, S. 199 f.; MüKoBGB/*Basedow* § 306 Rn. 39; *Koch*/Stübing AGBG § 6 Rn. 8. Auch Art. 6 Abs. 1 der Richtlinie 93/13/EWG über missbräuchliche Klauseln in Verbraucherverträgen stellt die Aufrechterhaltung des Vertrages unter den Vorbehalt, dass er ohne die missbräuchlichen Klauseln bestehen kann. Die hier vertretene Ansicht ist im Bereich der Verbraucherverträge somit richtlinienkonform (vgl. Wolf/*Pfeiffer* RiLi Art. 6 Rn. 16).

I. Ersatzloser Wegfall einzelner AGB-Bestimmungen

Die Nichtgeltung einzelner Allgemeiner Geschäftsbedingungen muss nicht stets eine   **591**
der Komplettierung bedürftige Vertragslücke begründen. Klauseln, die sich als Fremdkörper der Integration in das Regelungssystem des betreffenden Vertragstyps widerset-
zen, sei es, dass sie überraschende Regelungsinhalte aufweisen (§ 305 Abs. 1 BGB), sei es,
dass sie die versprochene Hauptleistung in unangemessener Weise einschränken oder
ändern, können auch ersatzlos wegfallen, wenn im dispositiven Recht eine dem sachlichen
Gehalt der ausgeschiedenen Bedingung entsprechenden Regelung fehlt.[1] Auch die Begründung des Regierungsentwurfs bekräftigt, dass überraschende oder unbillige Klauseln
im Einzelfall „selbstverständlich" auch ersatzlos entfallen könnten.[2] Anwendungsfälle
finden sich folgerecht vor allem dort, wo sich die Parteien für einen von der gesetzlichen
Dispositivordnung nicht geregelten Vertragstyp entschieden haben.

Beispiel: Als Beispiel sei die Abrede in einem **Automatenaufstellvertrag** genannt, der zufolge der
Gastwirt zur Mitnahme der Geräte bei einem Wechsel der Gaststätte verpflichtet sein soll. In einer
solchen **Erweiterungsklausel** wird zu Recht ein „nicht mehr angemessener Eingriff in die wirtschaftliche Bewegungsfreiheit des Gastwirts" gesehen, verschließt sie ihm doch die Übernahme aller
derjenigen Gaststätten, deren Inhaber sich ihrerseits durch Automatenaufstellverträge mit Nachfolge-
klauseln gebunden haben.[3] Folge der inhaltlichen Beanstandung ist, dass die belastende Erweiterungsklausel schlicht in Wegfall gerät. Eine Lücke im Vertrag, die den Regelungsplan der Parteien vervollständigungsbedürftig macht, entsteht nicht. Es verbleibt – mit Ausnahme der kassierten Erweiterungsklausel – bei dem durch den Automatenaufstellvertrag stipulierten gesetzesfremden
Regelungsprogramm.

II. Das Problem der geltungserhaltenden Reduktion

Literatur: *Canaris,* Gesamtunwirksamkeit und Teilgültigkeit rechtsgeschäftlicher Regelungen, in: FS
für Steindorff, 1990, S. 519; *Coester-Waltjen,* Inhaltskontrolle von AGB – geltungserhaltende Reduk-
tion – ergänzende Vertragsauslegung, Jura 1988, 113; *Dedual,* Geltungserhaltende Reduktion, 2017;
Garn, Zur Zulässigkeit salvatorischer Klauseln bei der Vereinbarung von AGB, JA 1981, 151; *Hager,*
Der lange Abschied vom Verbot der geltungserhaltenden Reduktion, JZ 1996, 175; *Häsemeyer,*
Geltungserhaltende oder geltungszerstörende Reduktion, in: FS für Ulmer, 2003, S. 1097; *Johannson,*
Die Teilunwirksamkeit oder „geltungserhaltende Reduktion" von Allgemeinen Geschäftsbedingun-
gen, DB 1981, 732; *Kamanabrou,* AGB-Kontrolle und gesetzlich angeordnete geltungserhaltende
Reduktion, ZfA 2018, 92; *Kötz,* Zur Teilunwirksamkeit von AGB-Klauseln, NJW 1979, 785; *Lass,*
Zum Lösungsrecht bei arglistiger Verwendung unwirksamer AGB, JZ 1997, 67; *Lindacher,* Redukti-
on oder Kassation übermäßiger AGB-Klauseln?, BB 1983, 154; *von Mettenheim,* Methodologische
Gedanken zur geltungserhaltenden Reduktion im Recht der allgemeinen Geschäftsbedingungen, in:
FS für Piper, 1996, S. 937 ff.; *Neumann,* Geltungserhaltende Reduktion und ergänzende Auslegung
von Allgemeinen Geschäftsbedingungen, 1988; *Pauly,* Die geltungserhaltende Reduktion: Dogmatische Bedenken und vorhandene Wertungswidersprüche, JR 1997, 357; *H. Roth,* Geltungserhaltende
Reduktion im Privatrecht, JZ 1989, 411; *Schlachter,* Folgen der Unwirksamkeit Allgemeiner Geschäftsbedingungen für den Restvertrag, JuS 1989, 811; *E. Schmidt,* Teil- oder Totalunwirksamkeit
angreifbarer AGB-Klauseln, JA 1980, 401; *Thüsing* Unwirksamkeit und Teilbarkeit unangemessener
AGB, BB 2006, 661; *Uffmann,* Das Verbot der geltungserhaltenden Reduktion, 2010; *Ulmer,* Teilunwirksamkeit von teilweise unangemessenen AGB-Klauseln?, NJW 1981, 2025. Vgl. ferner die Hinweise vor → Rn. 607.

---

[1] Ulmer/*Harry Schmidt* BGB § 306 Rn. 25; *Löwe*/Graf von Westphalen/Trinkner AGBG § 6
Rn. 6; MüKoBGB/*Basedow* § 306 Rn. 15; BGH NJW 1985, 852 f.; anders noch *Harry Schmidt,*
Vertragsfolgen, S. 157 ff.
[2] BT-Drs. 7/3919, S. 21.
[3] So BGH NJW 1983, 159 (160); zuvor schon BGH NJW 1982, 1693; Ulmer/*Harry Schmidt* Teil 2
(3) Automatenaufstellungsverträge Rn. 4; Wolf/*Dammann,* Klauseln Rn. A 315.

592　　An einer ausfüllungsbedürftigen Vertragslücke fehlt es trotz Unwirksamkeit einer AGB-Klausel auch dann, wenn die betreffende Klausel in begrenztem Umfang aufrechterhalten werden kann. Ob und in welchen Fällen überschießende AGB-Klauseln vom Gericht auf ein gerade noch vertretbares bzw. angemessenes Maß zurückgeschraubt werden und somit aufrechterhalten werden dürfen, ist außerordentlich umstritten. Vor allem quantifizierbare Überschreitungen des Erlaubten wie etwa überhöhte Schadenspauschalen, übermäßig lange Fristen oder Laufzeiten, ferner aber uneingeschränkte Freizeichnungsklauseln etc böten sich für eine solche geltungserhaltende Reduktion an.

Beispiel: Für die mit der Teilnahme an einem Fahrerlehrgang verbundenen Risiken versucht sich der Veranstalter wie folgt freizuzeichnen: „Der Veranstalter sowie ... lehnen ... den Fahrern und Beifahrern gegenüber jede Haftung für Personen-, Sach- und Vermögensschäden, die vor, während oder nach der Veranstaltung eintreten, ab." Eine derart umfassende, die Haftung für jegliches Verschulden abbedingende, Freizeichnung verstößt gegen § 309 Nr. 7 BGB. Geht man einmal davon aus, dass in dieser Fallgestaltung der Ausschluss für vom Veranstalter leicht fahrlässig verursachte Sachschäden nicht gegen § 307 BGB verstoßen hätte, so könnte man immerhin erwägen, die Klausel insoweit aufrechtzuerhalten und nur den überschießenden Teil zu eliminieren. Die Alternative besteht in der vollständigen Kassation der Klausel mit der Folge, dass dem Veranstalter auch im Falle eines von ihm nur leicht fahrlässig verschuldeten Unfalls der vereinbarte Haftungsausschluss nicht zugute käme.[4]

1. Grundsätzliches Verbot der geltungserhaltenden Reduktion

593　　Die geltungserhaltende Reduktion ist nach **ständiger Rechtsprechung und herrschender Meinung im Schrifttum grundsätzlich unzulässig,**[5] und zwar auch im unternehmerischen Verkehr.[6] Der BGH begründet seinen Standpunkt im Wesentlichen wie folgt: Aus dem **Wortlaut** der §§ 307 bis 309 BGB ließe sich eine teilweise Aufrechterhaltung der gegen das Gesetz verstoßenen Klauseln nicht herleiten. Das Gesetz spreche in diesen Vorschriften vielmehr stets von der Unwirksamkeit der einzelnen Bestimmungen und gehe auch in § 1 UKlaG von der Unwirksamkeit der in §§ 307 bis 309 BGB angeführten Klauseln aus. Dem **Zweck des Gesetzes** könne eine Aufrechterhaltung beanstandeter Klauseln mit eingeschränktem Inhalt ebenfalls nicht entnommen werden. Das Ziel des Gesetzes sei es, auf einen angemessenen Inhalt der in der Praxis verwendeten oder empfohlenen Allgemeinen Geschäftsbedingungen hinzuwirken. Damit würde es nicht im Einklang stehen, dem Klauselverwender die Möglichkeit zu eröffnen, bei der Aufstellung seiner Konditionen unbedenklich über die Grenze des Zulässigen hinauszugehen, ohne mehr befürchten zu müssen, als dass die Benachteiligung seines Geschäftspartners durch das Gericht auf ein gerade noch zulässige Maß zurückgeführt werde. Auch der **Transparenzgedanke** streite gegen die Zulässigkeit der geltungserhaltenden Reduktion. Denn ein weiteres Ziel des Gesetzes sei es, dem Kunden die Möglichkeit sachgerechter Information über die ihm aus dem vorformulierten Vertrag erwachsenden Rechte und Pflichten zu verschaffen. Dem würde aber nicht entsprochen, wenn der Kunde erst in einem Prozess den Umfang seiner Rechte und Pflichten zuverlässig erführe. Der mit dem gesetzlichen AGB-Recht verfolgte Schutz des Kunden sowie der Zweck des Gesetzes,

---

　　[4] Beispiel nach BGH NJW 1986, 1610.
　　[5] Grundlegend BGH NJW 1982, 2309 (2310); sodann BGH NJW 1983, 1322 (1325); 1986, 1610 (1612); 1991, 2141 (2142 f.); 1998, 671 (673); 2000, 1110 (1113); 2006, 1059 (1060); 2009, 3714 (3715); NJW-RR 2018, 198 Rn. 17; BAG NZA 2012, 738 Rn. 30; 2018, 1619 Rn. 57; Ulmer/*Harry Schmidt* BGB § 306 Rn. 14; Wolf/*Lindacher/Hau* BGB § 306 Rn. 31 ff.; *Schwab*, AGB-Recht, 3. Teil Rn. 326 f.; Palandt/*Grüneberg* BGB § 306 Rn. 6; Soergel/*Fritzsche* BGB § 306 Rn. 16; BeckOGK/ *Bonin* BGB § 306 Rn. 40; *Fastrich*, Inhaltskontrolle, S. 330 ff.; *Ulmer* NJW 1981, 2027 ff.; *Häsemeyer* FS Ulmer, 2003, 1097; *Neumann*, Geltungserhaltende Reduktion und ergänzende Auslegung von AGB, 1988, S. 58 ff., 81.
　　[6] BGH NJW-RR 2004, 1498.

den Rechtsverkehr von unwirksamen Allgemeinen Geschäftsbedingungen freizuhalten, geböten es daher, Klauseln in Allgemeinen Geschäftsbedingungen, die gegen die Angemessenheitsschranken der §§ 305 ff. BGB verstießen, in vollem Umfang als unwirksam zu betrachten.[7]

In der **Literatur** ist die Lehre vom grundsätzlichen Verbot der geltungserhaltenden 594 Reduktion nicht nur auf Zustimmung gestoßen. Die Antithese lautet, Übermaßklauseln verstießen nur in ihrem überschießenden Teil gegen die §§ 307 bis 309 BGB mit der Folge, dass sie in ihrem nicht zu beanstandenden Kern zu validieren seien.[8] Freilich schlagen die **kritischen Stimmen** durchaus unterschiedliche Töne an. Teils wird der Lehrsatz vom Verbot der geltungserhaltenden Reduktion generell in Frage gestellt, teils spricht man sich aber auch nur für mehr oder weniger weitreichende Relativierungen aus. Auch die dogmatischen Begründungen differieren beträchtlich. Während beispielsweise *Hager* seine Argumentation auf die von ihm behauptete Nichtabgrenzbarkeit der Auslegung von der Inhaltskontrolle stützt, will etwa *Canaris* in einigen, näher umschriebenen Fallkonstellationen unter Berufung auf das Verhältnismäßigkeitsprinzip von der Regelfolge der Totalnichtigkeit abgehen. Nicht wenige Autoren wollen zudem nach der Art des Kontrollverfahrens unterscheiden. Eine Salvierung übermäßig belastender AGB-Klauseln komme nur im Individualprozess in Betracht, während im Verbandsklageverfahren ein striktes Festhalten am Verbot der geltungshaltenden Reduktion geboten sei.[9] Schließlich besteht auch über das anzustrebende Niveau des aufrechtzuerhaltenden Teils keine Einigkeit. Während man herkömmlich unter geltungserhaltender Reduktion die Aufrechterhaltung in dem zugunsten des Verwenders höchstmöglichen Ausmaß verstand,[10] will eine offenbar im Vordringen begriffene Ansicht die Übermaßklausel nur in einem „angemessenen" Umfang aufrechterhalten.[11]

Die besseren Gründe sprechen dafür, auch weiterhin am grundsätzlichen **Verbot der** 595 **geltungserhaltenden Reduktion festzuhalten.** Der vielstimmigen Kritik liegt ganz offensichtlich das Unbehagen zugrunde, das Risiko einer rechtlichen Fehlbeurteilung stets in vollem Umfang dem Verwender zuzuweisen.[12] Denn immer öfter ist die Überschreitung der Zulässigkeitsgrenzen nicht mehr die Folge eines bewussten „Überreizens", sondern Ausdruck einer Überforderung des Verwenders, der sich im dichten Gestrüpp einer ausziselierten gerichtlichen Inhaltskontrolle nicht mehr zurechtfindet. Um hier eine „übermäßige" Reaktion zu vermeiden, meint man, die Präventionswirkung der Totalnichtigkeit gegenüber dem „gutgläubigen Verwender" einschränken zu müssen. Für eine geltungserhaltende Reduktion wird dort Raum gesehen, „wo auch das Urteil Vernünftiger schwanken kann, also auch ein redlicher Verwender die Klausel für wirksam oder die Rechtslage für zweifelhaft halten konnte."[13] So nachvollziehbar dieses Anliegen ist, so problematisch ist die Berücksichtigung derartiger subjektiver Umstände. Der überindividuell-generalisierende Beurteilungsmaßstab macht nicht bei der Inhaltskontrolle halt,

---

[7] BGH NJW 1982, 2309 (2310); 2000, 1110 (1113 f.).

[8] *Kötz* NJW 1979, 785 ff.; *Hager,* Gesetzes- und sittenkonforme Auslegung und Aufrechterhaltung von Rechtsgeschäften, 1983, S. 63 ff.; *ders.* JZ 1996, 175 ff.; Staudinger/*Mäsch* BGB § 306 Rn. 26 f.; MüKoBGB/*Basedow* § 306 Rn. 16 f.; *H. Roth* JZ 1989, 411 ff.; *Canaris* FS Steindorff, 1990, 519 (547 f.); *Boemke-Albrecht,* Rechtsfolgen unangemessener Bestimmungen in AGB, 1989, 38 ff., 115 ff.; *Schmidt-Salzer,* AGB, Rn. F. 56 ff.; *v. Mettenheim* FS Piper, 1996, 937 ff.; *Uffmann,* Verbot geltungserhaltender Reduktion, passim.

[9] MüKoBGB/*Basedow* § 306 Rn. 16; *v. Mettenheim* FS Piper, 1996, 937 ff. Für Erstreckung auch auf die abstrakte Unterlassungsklage jedoch *Hager,* Gesetzes- und sittenkonforme Auslegung, S. 71.

[10] *Schmidt-Salzer,* AGB, Rn. F. 56.

[11] MüKoBGB/*Basedow* § 306 Rn. 19; Staudinger/*Mäsch* BGB § 306 Rn. 26 f.; *H. Roth* JZ 1989, 418; *Canaris* FS Steindorff, 1990, 519 (549 f.).

[12] Vgl. etwa *Canaris* FS Steindorff, 1990, 519 (547 ff.); Staudinger/*Mäsch* BGB § 306 Rn. 26.

[13] So zB MüKoBGB/*Basedow* § 306 Rn. 18.

sondern muss konsequenterweise auch auf die Rechtsfolgenbestimmung ausgedehnt werden. Die gerichtliche Inhaltskontrolle mit der Frage nach der inneren Motivation des Verwenders für die Wahl dieser oder jener Gestaltungsform zu belasten,[14] wäre im Übrigen der Rechtssicherheit und Vorhersehbarkeit gerichtlicher Entscheidungen in hohem Maße abträglich.

596   Ein weiterer grundsätzlicher Einwand kommt hinzu. Wenn der Gesetzgeber in § 306 BGB als Regelrechtsfolge die Nichtigkeit der inkriminierten Abrede vorgesehen hat, so äußert sich darin der **Respekt vor der privatautonomen Gestaltungsmacht der Parteien**. Sie sind es, die den Vertragsinhalt festlegen. Aufgabe der Gerichte ist es, die Abrede auf ihre Vereinbarkeit mit dem AGB-Recht zu überprüfen und im Falle eines Verstoßes ihre Unwirksamkeit auszusprechen. Veränderungen im Vertragstext vorzunehmen, ist hingegen nicht die Aufgabe der Gerichte. Die Formulierungsverantwortung muss bei den Parteien bleiben.[15] Ihnen darf nicht im Wege einer rechtsgestaltenden Billigkeitskorrektur ein nicht erwünschter und nicht vorhergesehener Vertragsinhalt aufoktroyiert werden. Gestalterische Eingriffe des Richters müssen daher so gering wie möglich gehalten werden.[16] Das Gesetz beschränkt sie auch ansonsten auf besonders gelagerte Ausnahmesituationen (vgl. etwa §§ 315, 343, 655 BGB; § 74a HGB). Eine Lehre, die gerichtliche Rückführung einer vertraglichen Abrede in Fällen eines Übermaßverstoßes als Regel- und nicht als Ausnahmefall kennzeichnet, ist problematisch. Der nicht selten zu vernehmende Gegeneinwand, die ergänzende Vertragsauslegung würde doch in vielen Fällen zum selben Ergebnis führen, verfängt demgegenüber nicht. Die ergänzende Vertragsauslegung ist gegenüber den Vorschriften des dispositiven Rechts nachrangig, kommt also nur zur Anwendung, wenn dispositives Gesetzesrecht für den betreffenden Regelungssachverhalt nicht zur Verfügung steht. Die als Regel gedachte Rechtsfolgenanordnung des § 306 Abs. 2 BGB wird auf diese Weise respektiert und nicht – wie im Falle der geltungserhaltenden Reduktion – an die Seite gedrängt. Darüber hinaus ist die ergänzende Vertragsauslegung zur Ausfüllung nachträglich aufgetretener Lücken von der *Rechtsprechung* bislang sehr zurückhaltend praktiziert worden. Dieser methodische Ansatz betont somit aufs Ganze gesehen zutreffend den Ausnahmecharakter eines gestalterischen Eingriffs in den Vertragsinhalt. Außerdem sollte nicht übersehen werden, dass sich die methodischen Vorgehensweisen unterscheiden. Der prinzipielle Unterschied der Instrumente liegt darin, dass das Mittel der geltungserhaltenden Reduktion eine Vertragslücke erst gar nicht entstehen lässt und schon die Unwirksamkeitsfolge einer rechtswidrigen Vertragsbestimmung vermieden wird.[17] Die ergänzende Vertragsauslegung gestaltet die Rechtsfolgenbestimmung insofern transparenter als sie verschiedene Stationen unterscheidet, nämlich Feststellung der vertraglichen Regelungslücke und Ausfüllung dieser Lücke. Insbesondere zum Maßstab der Ergänzung liegt reichhaltiges Anschauungsmaterial vor.[18]

597   Nicht stichhaltig ist schließlich der Einwand, die Rechtsprechung selbst habe das Verbot der geltungserhaltenden Reduktion durch Anerkennung zahlreicher Ausnahmen mittlerweile soweit durchlöchert, dass sich das **Regel-Ausnahme-Verhältnis** umgekehrt habe.[19] Die sogleich noch darzustellenden Ausnahmen betreffen keineswegs die Masse der Fälle. Für die weit überwiegende Zahl der praktischen Fallgestaltungen bewährt sich das Verbot der geltungserhaltenden Reduktion.

---

[14] *Locher*, Recht der AGB, S. 79 meint, dies sei für die Rechtsprechung nicht praktikabel.

[15] So zutreffend *Neuner*, Allgemeiner Teil, § 47 Rn. 87.

[16] In diese Richtung zielend auch *Flume*, Rechtsgeschäft, § 18, 9, S. 389; *R. Zimmermann*, Richterliches Moderationsrecht oder Totalnichtigkeit, 1979, S. 177 ff.

[17] So prägnant *Preis*, Grundfragen der Vertragsgestaltung, S. 363.

[18] Vgl. etwa die umfängliche Zusammenstellung bei Palandt/*Ellenberger* BGB § 157 Rn. 12 ff.

[19] So etwa *Uffmann*, Verbot der geltungserhaltenden Reduktion, S. 57 ff.

Last but not least kommt hinzu, dass die Rückführung auf das noch zulässige Maß eine   597a
gerichtliche Änderung des Klauselinhalts darstellte, die der EuGH[20] – gestützt auf den
Wortlaut und Zweck von Art. 6 Abs. 1 der Klauselrichtlinie – für nicht von der Richtlinie
gedeckt ansieht. Jedenfalls im Bereich von Verbraucherverträgen muss diese Form der
Rechtsfolgenbestimmung daher als **richtlinienwidrig** verworfen werden.[21] Insoweit sollte
also die nationalrechtliche Diskussion dieser Thematik mit der Entscheidung des EuGH
in der Rechtssache Banco Español gleichsam ihr Ende gefunden gehabt.

Als **Quintessenz** bleibt festzuhalten: der nachträglichen Festsetzung eines angemesse-   598
nen Vertragsinhalts als einem richterlichen Gestaltungsakt muss auch weiterhin Ausnahmecharakter zukommen; sie muss im Übrigen dem bewährten Institut der ergänzenden Vertragsauslegung vorbehalten bleiben.

2. Ausnahmen vom Verbot der geltungserhaltenden Reduktion

Die neuere Rechtsprechung hat – wie bereits angedeutet – einige Ausnahmen vom   599
Verbot der geltungserhaltenden Reduktion anerkannt:

a) Sachliche Teilbarkeit der Klausel. Das Verbot geltungserhaltender Reduktion einer   600
beanstandeten Klausel gilt dann nicht, wenn die Regelung neben dem unwirksamen Teil
auch inhaltlich unbedenkliche, sachlich und sprachlich abtrennbare Bestimmungen enthält.[22] Eine sprachlich abtrennbare Bestimmung liegt dann vor, wenn der unwirksame
Teil ohne weiteres gestrichen werden kann, ohne dass der Sinn des anderen Teils darunter
leidet (sog. **blue-pencil-Test**).[23] Der verbleibende Rest muss im Gesamtgefüge des Vertrages eine sinnvolle Regelung darstellen. Gegenstand der Inhaltskontrolle sind dann für
sich jeweils verschiedene, nur formal verbundene AGB-Bestimmungen. Eine begrenzte
Aufrechterhaltung kommt allerdings nicht in Betracht, wenn die Intransparenz der vertraglichen Regelung gerade aus der Kombination zweier Klauselteile folgt, die jeweils für
sich genommen ausreichend transparent sein mögen.[24]

Beispiele:

(1) In einem vorformulierten **Mietvertrag** findet sich folgende Klausel: „Erklärungen, deren Wirkung
die Mieter berührt, müssen von oder gegenüber allen Mietern abgegeben werden. Die Mieter
bevollmächtigen sich jedoch gegenseitig zur Entgegennahme oder Abgabe solcher Erklärungen.
Diese Vollmacht gilt auch für die Entgegennahme von Kündigungen, jedoch nicht für den Ausspruch von Kündigungen und für Mietaufhebungsverträge." Hier verbleibt nach der Streichung des
die Abgabevollmacht regelnden Klauselteils („… oder Abgabe …" und „… für den Ausspruch von
Kündigungen und …") eine sprachlich und inhaltlich selbstständige und sinnvolle Regelung.[25]
(2) In einem **Arbeitsvertrag** ist eine **Vertragsstrafe** ua für den Fall vorgesehen, dass der Arbeitnehmer durch schuldhaftes vertragswidriges Verhalten den Arbeitgeber zur fristlosen Kündigung des
Arbeitsverhältnisses veranlasst. Das BAG hat diesen Verwirkungstatbestand für unwirksam gehalten, jedoch deutlich gemacht, dass die Vertragsstrafenregelung davon nicht berührt wird,
soweit sie an den Nichtantritt des Arbeitsverhältnisses oder die Lösung des Arbeitsverhältnisses
unter Vertragsbruch anknüpft. Die unzulässige Vertragsstrafenregelung wegen schuldhaft ver-

---

[20] EuGH NJW 2012, 2257 – Banco Español de Crédito; bestätigt durch EuGH NJW 2014, 2335 –
Kásler; zuletzt EuGH NJW 2019, 3133 Rn. 52 ff. – Abanca Corporación Bancaria.
[21] *Pfeiffer*, LMK 2012, 339740; BeckOK/*Hubert Schmidt* BGB § 306 Rn. 3a („ganz sicher unzulässig").
[22] BGH NJW 1988, 2106; 1997, 3437 (3439); 2001, 292 (294); 2008, 3055 (3058); 2014, 141 (142);
2015, 928 Rn. 23; BAG NZA 2005, 1053 (1056); 2006, 1042 (1045); ferner BAG NZA 2014, 368 (370)
mit restriktiver Tendenz, soweit es um inhaltliche Teilbarkeit geht.
[23] BGH NJW 2014, 141 (142); 2015, 928 Rn. 23; BAG NZA 2005, 1053 (1056); 2008, 699 (701);
2009, 783 (784); 2018, 1619 Rn. 32; Palandt/*Grüneberg* BGB § 306 Rn. 7; kritisch *Thüsing* BB 2006,
661 ff.; Staudinger/*Krause* BGB Anh. zu § 310 Rn. 254.
[24] BAG NZA 2012, 81 (83).
[25] BGH NJW 1997, 3437.

tragswidrigen Verhaltens des Arbeitnehmers könne ohne weiteres aus der Vertragsstrafenregelung herausgestrichen werden, wobei die restliche Regelung nach dem „bluepencil-test" verständlich und wirksam bleibe.[26]

(3) Die **Kombination eines Freiwilligkeitsvorbehalts mit einem Widerrufsvorbehalt** ist widersprüchlich und damit intransparent. Zwar ließe sich die Intransparenz durch Streichung des Freiwilligkeitsvorbehalts oder des Widerrufsvorbehalts beseitigen. Hier müsste der Richter indes eine Auswahlentscheidung treffen, für die er sich weder auf den privatautonomen Willen noch auf normative Vorgaben stützen könnte. Eine solche rechtlich nicht determinierte Gestaltung des Vertragsinhalts steht dem Richter nicht zu. Beide Teile der Gesamtregelung sind damit unwirksam.[27]

601   **b) Personale Teilunwirksamkeit.** Eine weitere Einschränkung der Unwirksamkeitsfolgen gebietet die (beschränkte) Zielsetzung des gesetzlichen AGB-Rechts, den Kunden vor den Gefahren einer einseitigen Inanspruchnahme der Vertragsgestaltungsfreiheit durch den Verwender zu schützen. Eine Inhaltskontrolle zugunsten des Verwenders war mit dem AGB-rechtlichen Schutzinstrumentarium nicht intendiert.[28] Deshalb muss auch eine nach ihrem Wortlaut für beide Vertragsteile gleichermaßen geltende AGB-Klausel, die gegenüber dem Kunden zu einer unangemessenen Benachteiligung führt, gegenüber dem Verwender von der Inhaltskontrolle unberührt und ihm gegenüber wirksam bleiben. Diese mitunter auch **„personale Teilunwirksamkeit"**[29] genannte Variante sieht sich den gegen die geltungserhaltende Reduktion erhobenen Einwänden von vornherein nicht ausgesetzt, da eine richterliche Vertragsgestaltung im Verwenderinteresse nicht zur Debatte steht.[30]

Beispiel: Eine arbeitsvertragliche **Verfallklausel**, die für beide Vertragsparteien eine mit zwei Monaten zu kurze[31] **Ausschlussfrist** vorgibt, ist nur insoweit unwirksam als sie die Geltendmachung von Ansprüchen des Arbeitnehmers beeinträchtigt. Der Arbeitgeber seinerseits kann als Verwender nicht die Unwirksamkeit der Klausel für sich reklamieren, wenn er seinerseits nach Ablauf der Zweimonatsfrist noch Ansprüche gegen den Arbeitnehmer geltend machen will.[32]

602   **c) Fertig bereit liegende Rechtsordnungen.** Eine **Ausnahme vom Verbot der geltungserhaltenden Reduktion** soll nach der höchstrichterlichen Rechtsprechung auch dann gelten, wenn kollektiv ausgehandelte Vertragsbedingungen punktuell gegen die §§ 305 ff. BGB verstoßen. Der Schutzzweck des gesetzlichen AGB-Rechts, der in der Regel ein Verbot der geltungserhaltenden Reduktion einseitig aufgestellter AGB-Klauseln rechtfertige, greife nicht in gleicher Weise bei einer unter Mitwirkung der beteiligten Verkehrskreise zustande gekommen **„fertig bereitliegenden Rechtsordnung"** ein. Ein solches kollektiv ausgehandeltes Vertragswerk berücksichtige nämlich nicht vorrangig die Interessen des Verwenders, sondern enthalte – sofern sie im Ganzen zugrunde gelegt würden – einen auf die Besonderheiten der jeweiligen Branche abgestimmten, im ganzen ausgewogenen Ausgleich der beteiligten Interessen. Dies hat der BGH im Jahre 1995 für die **Allgemeinen Deutschen Spediteurbedingungen** (ADSp) und die **Allgemeinen Beförderungsbedingungen für den gewerblichen Güternahverkehr mit Kraftfahrzeugen** (AGNB) entschieden.[33] Für die VOB dürfte wohl nichts anderes gelten.

---

[26] BAG NZA 2005, 1053 (1056).

[27] So im Ergebnis zutreffend BAG NZA 2012, 81 (82).

[28] Vgl. hierzu auch → Rn. 89.

[29] So z. B. BGH NJW 2015, 2414 Rn. 22.

[30] Ulmer/*Harry Schmidt* BGB § 306 Rn. 16.

[31] Vgl. BAG NZA 2005, 1111 (1114).

[32] Vgl. hierzu BAG NZA 2006, 257 (258).

[33] BGH NJW 1995, 3117 (3118); 1995, 2224 (2225 f.); keine Erstreckung dieser Rechtsprechung hingegen auf die Betriebsordnung der Bremer Lagerhaus-Gesellschaft, vgl. BGH NJW-RR 1998, 1426 (1427).

Diese Dispensierung vom Verbot der geltungserhaltenden Reduktion ist im Schrifttum   **603** zu Recht auf scharfe **Ablehnung** gestoßen.[34] Die genannten Bedingungswerke sind zwar unter Beteiligung verschiedener Interessenverbände erarbeitet; ob dies allein eine Vermutung für ein allseits interessengerechtes Rechtsregime begründet, ist mE zweifelhaft, soll hier jedoch auf sich beruhen. Jedenfalls erlangen auch sie ihre Geltung erst durch rechtsgeschäftliche Vereinbarung zweier Vertragspartner. Die Bezeichnung als „fertig bereitliegende Rechtsordnung" offenbart deutliche Anklänge an die als überwunden geglaubte Normentheorie.[35] Ein zwingendes Bedürfnis für eine Abkehr vom Verbot der geltungserhaltenden Reduktion lässt sich für diese Fallkonstellationen – noch dazu unter Berufung auf ein derart belastetes Abgrenzungskriterium – nicht erkennen.

d) Verschiedene Kundenkreise. Werden Allgemeine Geschäftsbedingungen **für ver-**   **604** **schiedene Arten von Geschäften oder gegenüber verschiedenen Verkehrskreisen** verwendet, deren Interessen, Verhältnisse oder Schutzbedürfnisse generell unterschiedlich gelagert sind, so ist die Abwägung im Rahmen der Inhaltskontrolle von vornherein in den jeweiligen Vertrags- oder Fallgruppen vorzunehmen. Sie kann zu gruppentypisch unterschiedlichen Ergebnissen führen. Darin liegt – so der BGH – keine geltungserhaltende Reduktion. Das Verbot gelte nur für die Wirksamkeitsprüfung innerhalb einer Fallgruppe.[36]

Beispiel: Eine **Gerichtsstandsklausel** ist mitunter nur insoweit zu beanstanden, als sie gegenüber **Nichtkaufleuten** zum Einsatz gelangt. Obwohl der Klauseltext keinen Ansatzpunkt für eine Differenzierung bietet, beschränkt sich das Unwirksamkeitsurteil von vornherein auf den Einsatz im nichtkaufmännischen Verkehr. Kaufleute können sich mithin auf die Unwirksamkeit der Gerichtsstandsklausel nicht berufen.[37]

e) Vertrauensschutz bei Gesetzes- oder Rechtsprechungsänderung. Die **formular-**   **605** **mäßige Ausdehnung einer Bürgschaft auf alle bestehenden und künftigen Ansprüche** des Gläubigers gegen den Hauptschuldner wird von der Rechtsprechung seit 1994 als Verstoß gegen §§ 305c Abs. 1 und 307 BGB gewertet. Jedenfalls für Verträge, die vor diesem Zeitpunkt abgeschlossen worden sind, vermeidet der BGH jedoch die mangels sprachlicher Teilbarkeit nahe liegende Rechtsfolge der Gesamtnichtigkeit. Die **Bürgschaftsverpflichtung wird stattdessen hinsichtlich derjenigen Forderung aufrechterhalten, die den Anlass für die Verbürgung gab.**[38] Dies entspricht dann genau dem Leistungsinhalt, den sich der Bürge bei Abschluss des Bürgschaftsvertrages vorgestellt hatte. Seine berechtigten Interessen werden somit ausreichend gewahrt. Auf der anderen Seite wäre die Totalnichtigkeit der Bürgschaft eine übermäßige Rechtsfolge für den Gläubiger, der seiner Sicherung in vollem Umfang verlustig ginge, und dies obwohl er im Zeitpunkt des Vertragsschlusses die neue Rechtsprechung noch nicht vorhersehen konnte. Abgesehen von dieser punktuellen Korrektur auf der Rechtsfolgenseite lehnt es der BGH allerdings grundsätzlich ab, dem Verwender Allgemeiner Geschäftsbedingungen, die sich aufgrund einer Änderung der höchstrichterlichen Rechtsprechung als unwirksam erweisen, Vertrauensschutz zuzubilligen.[39]

---

[34] *Löwe* ZIP 1995, 1273; *Koller*, EWiR 1995, 836; Wolf/*Lindacher/Hau* BGB § 306 Rn. 39; Ulmer/*Harry Schmidt* BGB § 306 Rn. 15b; zustimmend jedoch Staudinger/*Mäsch* BGB § 306 Rn. 27; im Ergebnis auch Palandt/*Grüneberg* BGB § 306 Rn. 10; zum Ganzen auch *Schott* FS Piper, 1996, 1027 ff.

[35] Vgl. oben → Rn. 99 ff.

[36] BGH NJW 1990, 1601 f.; 2000, 658 (660); OLG Frankfurt a. M. BB 1998, 2230; BAG NJW 2000, 3299 (3301); Palandt/*Grüneberg* BGB § 306 Rn. 6; Ulmer/*Harry Schmidt* BGB § 306 Rn. 14.

[37] OLG Frankfurt a. M. BB 1998, 2230; vgl. auch → Rn. 1054.

[38] BGH NJW 1995, 2553 (2556 f.); 1998, 2815 (2816); 1999, 3195 (3196); 2000, 658 (660); 2000, 1566 (1567); 2000, 2580 (2581); NJW-RR 2002, 343 (344).

[39] BGH NJW 2008, 1438 (1439); anders dagegen 2003, 1805 (1809).

606   Im Schrifttum ist vorgeschlagen worden, diesen Ansatz der Rechtsprechung zu einem **allgemeinen Rechtsgrundsatz** des Inhalts zu erweitern, dass eine Klausel deren Unwirksamkeit sich erst im Zuge einer weiteren Perfektionierung erweist, aus Gründen des **Vertrauensschutzes** mit ihrem angemessenen Teil aufrechtzuerhalten ist.[40] Die Berechtigung dieses Anliegens hat sich jüngst im Zuge der Erstreckung des AGB-Rechts auf vorformulierte Arbeitsvertragsbedingungen gezeigt.[41] Im seinem grundlegenden Urteil zu einen **Widerrufsvorbehalt in einem Altvertrag,** hat das BAG darauf hingewiesen, dass die Unwirksamkeit allein auf förmlichen Anforderungen beruht, die die Parteien bei Vertragsabschluss nicht kennen konnten. Wollte man auch in solchen Fällen an der Unwirksamkeitsfolge festhalten, würde eine Bindung der Arbeitgeberin an die vereinbarte Leistung ohne Widerrufsmöglichkeit unverhältnismäßig in die Privatautonomie eingreifen.[42] Deshalb sei die entstandene Lücke durch eine ergänzende Vertragsauslegung in der Weise zu schließen, dass jedenfalls wirtschaftliche Gründe als Voraussetzung des Widerrufs gegeben sein müssten.

f) Besonderheiten des Arbeitsrechts?

Literatur: *Bayreuther,* Das Verbot der geltungserhaltenden Reduktion im Arbeitsrecht, NZA 2004, 953; *Kamanabrou,* AGB-Kontrolle und gesetzlich angeordnete geltungserhaltende Reduktion, ZfA 2018, 92; *Ohlendorf/Salamon,* Die Aufrechterhaltung unwirksamer Formulararbeitsbedingungen – das Verhältnis des Verbots geltungserhaltender Reduktion zur ergänzenden Vertragsauslegung im Arbeitsrecht, RdA 2006, 281; *Rolfs,* Das Verbot geltungserhaltender Reduktion im Arbeitsvertragsrecht, in: FS für Schwerdtner, 2003, S. 151; *Schlewing,* Geltungserhaltende Reduktion und/oder ergänzende Vertragsauslegung im Rahmen der AGB-Kontrolle arbeitsvertraglicher Abreden?, RdA 2011, 92; *Stoffels,* Altverträge nach der Schuldrechtsreform – Überlegungen zum Vertrauensschutz im Arbeitsvertragsrecht, NZA 2005, 726; *Willemsen/Grau,* Geltungserhaltende Reduktion und „Besonderheiten des Arbeitsrechts", RdA 2003, 321.

607   Die Streichung der Bereichsausnahme hat das BAG[43] zu Recht zum Anlass genommen, dem Verbot der **geltungserhaltenden Reduktion auch im Arbeitsrecht** zur **Geltung** zu verhelfen und damit seine anderslautende frühere Rechtsprechung[44] zu revidieren.[45] Arbeitsrechtliche Besonderheiten, die eine abweichende Beurteilung erzwingen, sind nicht erkennbar. Langfristig angelegte Formularverträge kommen regelmäßig im gesamten Vertragsrecht vor. Den Arbeitgeber gegenüber anderen Verwendern Allgemeiner Geschäftsbedingungen zu privilegieren, besteht kein Anlass. Auch er muss sich seiner Formulierungsverantwortung stellen. Im Vertragsstrafenurteil von 4.3.2004 hat das BAG es allerdings noch unentschieden gelassen, ob es Fälle gibt, in denen das „Alles-oder-Nichts-Prinzip" dem Charakter des Arbeitsverhältnisses als einem auf lange Dauer angelegten Schuldverhältnis mit der für den Verwender eingeschränkten Kündigungsmöglichkeit nicht gerecht wird.[46] Auf diesen Vorbehalt ist es in den darauf folgenden Urteilen allerdings nicht mehr zurückgekommen. Für insgesamt unwirksam wurden ua erklärt:

---

[40] Palandt/*Grüneberg* BGB § 306 Rn. 10.

[41] Ausführlich *Stoffels* NZA 2005, 726 ff.

[42] BAG NZA 2005, 465 (468 f.).

[43] BAG NZA 2004, 727 (734); 2005, 1111 (1114); 2007, 145 (147); 2012, 738 Rn. 30.

[44] Exemplarisch BAG AP Nr. 2 und 4 zu § 611 BGB Ausbildungsbeihilfe; Nr. 29 zu Art. 12 GG; Nr. 9 zu § 611 Ausbildungsbeihilfe; Nr. 1 zu § 611 BGB Urlaub und Gratifikation; Nr. 27 zu § 611 BGB Gratifikation; Nr. 1 zu § 74 HGB; EzA Nr. 43 zu § 4 TVG Nr. 9 zu § 611 Anwesenheitsprämie; Nr. 41 zu § 611 BGB Gratifikation, Prämie.

[45] Zustimmend ErfK/*Preis* BGB §§ 305–310 Rn. 104; DDW/*Deinert* § 307 Rn. 133 ff.; weiterhin für geltungserhaltende Reduktion im Arbeitsrecht *Konzen* FS Hadding, 2004, 145 (162); jedenfalls „partiell" auch *Bayreuther* NZA 2004, 953 ff. Für eine Auflockerung des Verbots geltungserhaltender Reduktion im Arbeitsrecht auch CKK/*Schlewing* BGB § 306 Rn. 73 ff.

[46] BAG NZA 2004, 727 (734).

eine überhöhte Vertragsstrafenregelung,[47] eine zu weit gefasste Änderungsklausel,[48] eine zu kurz bemessene Ausschlussfrist;[49] eine zu weit ausgreifende Rückzahlungsklausel betreffend Ausbildungskosten,[50] eine unwirksame Stichtagsklausel[51] sowie ein intransparenter Freiwilligkeitsvorbehalt.[52] Abschließend sei betont, dass für Ausnahmefälle, in denen die Streichung der Klausel zu unannehmbaren Ergebnissen führen würde, auch in der arbeitsgerichtlichen Kontrollpraxis das Institut der ergänzenden Vertragsauslegung zur Verfügung steht.[53]

III. Dispositives Recht als Regelersatzordnung

Literatur: *Gsell,* Grenzen des Rückgriffs auf dispositives Gesetzrecht zur Ersetzung unwirksamer Klauseln in Verbraucherverträgen, JZ 2019, 751; *Wendehorst/Graf von Westphalen,* Auswirkungen neuer EuGH-Urteile auf § 306 II BGB – mehr neue Vorlagefragen als Antworten, EuZW 2021, 229; *Wilfinger,* Unwirksame AGB-Klauseln, dispositives Recht und EuGH, VuR 2021, 18.

In vielen Fällen kann es nicht bei einer ersatzlosen Streichung der unangemessenen Klausel verbleiben. Denn die Unwirksamkeit der betreffenden Vertragsbestimmung reißt vielfach eine Lücke in das vertragliche Regelungsprogramm, deren positive Schließung Voraussetzung für die Fortführung des Vertragsverhältnisses ist.   **608**

Wenn sich ein von den Parteien im Vertrag in bestimmter Weise geregelter Punkt nachträglich als ungeregelt erweist, so ist dies primär ein Problem der Bestimmung des Inhalts des durch den Vertrag begründeten Rechtsverhältnisses. **§ 306 Abs. 2 BGB** weist hier gegenüber dem allgemeinen Vertragsrecht keinen Sonderweg. Der Vorschrift wird zu Recht ganz überwiegend nur eine **klarstellende Funktion** zuerkannt.[54] Dass Regelungslücken im Vertrag primär durch einschlägige Vorschriften der gesetzlichen Dispositivordnung zu schließen sind, ergäbe sich auch ohne § 306 Abs. 2 BGB aus der dem dispositiven Gesetzesrecht zufallenden Reservefunktion. Im Übrigen ist es nur folgerichtig, dass Allgemeine Geschäftsbedingungen, die von gesetzlichen, die Interessen des Kunden angemessen berücksichtigenden Regelungen abweichen (§ 307 Abs. 2 Nr. 1 BGB), durch eben diese Regelung ersetzt werden. Den inneren Zusammenhang zwischen § 306 Abs. 2 BGB und § 307 Abs. 2 Nr. 1 BGB lässt auch die dem Regierungsentwurf des AGB-Gesetzes beigegebene Begründung hervortreten, in der es heißt, an die Stelle der missbilligten Klauseln solle das durch sie *verdrängte* Gesetzesrecht treten.[55]   **609**

Für die Frage, welche Rechtsqualität die von § 306 Abs. 2 BGB als Regelersatzordnung eingesetzten **„gesetzlichen Vorschriften"** aufweisen müssen, kann daher in weitem Umfang an die zum Merkmal der „gesetzlichen Regelung" in § 307 Abs. 2 Nr. 1 BGB getroffenen Feststellungen angeknüpft werden.[56] Zum Gesetzesrecht im Sinne von § 306 Abs. 2 BGB zählt daher zunächst das geschriebene Recht des jeweiligen Vertragstypus und des allgemeinen Vertrags- und Schuldrechts einschließlich der auf diesen Gebieten   **610**

---

[47] BAG NZA 2004, 727 (734); 2011, 89 (92); ebenso eine intransparente Vertragsstrafe BAG NZA 2008, 170 (171).

[48] BAG NZA 2007, 145 (147); 809 (811).

[49] BAG NZA 2005, 1111 (1114); 2008, 293 (294).

[50] BAG NZA 2006, 1042 (1045 f.); 2014, 957 (959).

[51] BAG NZA 2008, 40 (44).

[52] BAG NZA-RR 2009, 576 (577).

[53] Zu dieser Möglichkeit näher unter → Rn. 611 ff.

[54] Ulmer/*Harry Schmidt* BGB § 306 Rn. 24; *Harry Schmidt,* Vertragsfolgen, S. 156; BeckOGK/*Bonin* BGB § 306 Rn. 51; *Fastrich,* Inhaltskontrolle, S. 338; *Preis,* Grundfragen der Vertragsgestaltung im Arbeitsrecht, S. 367.

[55] BT-Drs. 7/3919, S. 21.

[56] Vgl. auch *Harry Schmidt,* Vertragsfolgen, S. 164.

anzutreffenden gesetzlichen Auslegungsregeln.[57] Hinzu kommen die *praeter legem* ent-wickelten und heute gewohnheitsrechtlich anerkannten Rechtsinstitute.[58] Auch allgemei-ne Rechtsprinzipien oder -grundsätze fallen unter den Begriff der „gesetzlichen Vor-schriften", wenn sie einen inhaltlich klar fassbaren und normativ gesicherten Aussage-gehalt aufweisen.[59] Findet der auf den Prüfstand gestellte und in Teilen für unwirksam befundene Vertrag kein Pendant in der gesetzlichen Vertragstypenordnung, so bietet sich zwar aufgrund einer partiell übereinstimmenden Interessenstruktur auch der Rückgriff auf das Recht eines legislativ strukturierten Vertragstyps an. Im Schrifttum wird das *„per analogiam* heranziehbare Recht eines verwandten Vertragstyps" durchgängig zu den gesetzlichen Vorschriften gerechnet.[60] Keine gesetzliche Vorschrift im Sinne von § 306 Abs. 2 BGB ist die VOB/B.[61]

610a   Die **Richtlinienkonformität** einer nationalen Regelung, die es – wie § 306 Abs. 2 BGB – dem nationalen Gericht ermöglicht, der Nichtigkeit einer missbräuchlichen Klausel dadurch abzuhelfen, dass sie sie durch eine dispositive Vorschrift des nationalen Rechts ersetzt, hat der EuGH zunächst ausdrücklich anerkannt.[62] Insbesondere stehe diese Art der Lückenfüllung im Einklang mit Art. 6 Abs. 1 der Richtlinie 93/13/EWG, der darauf abziele, die formale Ausgewogenheit der Rechte und Pflichten der Vertragsparteien durch eine materielle Ausgewogenheit zu ersetzen und so ihre Gleichheit wiederherzustellen. Neuere Entscheidungen deuten indes auf eine strengere Linie hin: Die Ersetzung durch dispositives Recht soll nunmehr auf Fälle beschränkt sein, in denen „die Ungültigerklä-rung der missbräuchlichen Klausel das Gericht verpflichten würde, den Vertrag insgesamt für nichtig zu erklären, wodurch der Verbraucher Konsequenzen ausgesetzt würde, die derart wären, dass er dadurch bestraft würde".[63] Was daraus für die Anwendung des § 306 BGB im Bereich der Verbraucherverträge folgt, ist unklar und umstritten.[64] ME spricht jedenfalls dann, wenn das dispositive nationale Recht für den Verbraucher güns-tiger ist als die formularvertraglich vereinbarte Regelung, mehr für die Ersetzung der Klausel durch dispositives Recht. Sowohl das verbraucherschützende Telos der Richtlinie als auch die anderenfalls zu erwartende Rechtsunsicherheit können hierfür ins Feld geführt werden.[65] Vor diesem Hintergrund kann man erwägen, § 306 Abs. 2 BGB – beschränkt auf Verbraucherverträge – dahingehend richtlinienkonform zu reduzieren, dass der klauselersetzende Rückgriff auf dispositives Gesetzesrecht nur zulässig ist, wenn die Reserveordnung den Verbraucher nicht belastet bzw. keine im wesentlichen funk-tionsgleichen Inhalte aufweist wie die jeweils unzulässigen Klauseln.[66] Letzte Gewissheit wird hier nur eine Vorlage an den EuGH erbringen.[67]

---

[57] Wolf/*Lindacher*/*Hau* BGB § 306 Rn. 14; Ulmer/*Harry Schmidt* BGB § 306 Rn. 27; *Harry Schmidt*, Vertragsfolgen, S. 161 f.
[58] Ulmer/*Harry Schmidt* BGB § 306 Rn. 29; *Harry Schmidt*, Vertragsfolgen, S. 163.
[59] Wie hier im Übrigen *Harry Schmidt*, Vertragsfolgen, S. 164.
[60] Wolf/*Lindacher*/*Hau* BGB § 306 Rn. 14; Ulmer/*Harry Schmidt* BGB § 306 Rn. 27 ff.; Staudin-ger/*Mäsch* BGB § 306 Rn. 35; *Trinkner* BB 1983, 1875 f.
[61] BGH NJW 1999, 3260 (3261).
[62] EuGH NJW 2014, 2335 Rn. 80 ff. – Kásler (Ersetzung sei „voll und ganz gerechtfertigt"); ebenso und hierauf bezugnehmend BGH NJW 2017, 320 Rn. 28.
[63] EuGH BeckRS 2019, 23099 Rn. 39, 43, 48 – Dziubak; EuGH IWRZ 2019, 177 (mit Anm. *Graf von Westphalen*) Rn. 74 – Demba; EuGH NJW 2021, 611 – Banca B.
[64] Für weitgehende Richtlinienwidrigkeit des Rechtsfolgenkonzepts des § 306 BGB *Graf von Westphalen* EuZW 2019, 121; *Wendehorst/Graf von Westphalen* EuZW 2021, 229; andererseits *Gsell* JZ 2019, 751; umfängliche Darstellung des Streitstands bei BeckOK/*Hubert Schmidt* BGB § 306 Rn. 3 und Wolf/*Lindacher*/*Hau* BGB § 306 Rn. 69 jeweils mwN.
[65] *Gsell* JZ 2019, 751 (757); BeckOK/*Hubert Schmidt* BGB § 306 Rn. 3.
[66] In diesem Sinne *Gsell* JZ 2019, 751 ff.
[67] BeckOGK/*Bonin* BGB § 306 Rn. 96; BeckOK/*Hubert Schmidt* BGB § 306 Rn. 3.

IV. Ergänzende Vertragsauslegung

Literatur: *Bunte,* Ergänzende Vertragsauslegung bei Unwirksamkeit von AGB-Klauseln, NJW 1984, 1145; *Erm,* Die ergänzende Vertragsauslegung auf der Rechtsfolgenseite einer AGB-Inhaltskontrolle, JR 2013, 543; *Fervers/Gsell,* Ergänzende Vertragsauslegung bei der AGB-Kontrolle im unionsrechtlichen Kontext, NJW 2019, 2569; *Herresthal,* Unionsrechtskonformität der ergänzenden Vertragsauslegung bei unwirksamen AGB-Klauseln, NJW 2021, 589; *Moll,* Die ergänzende Vertragsauslegung bei Unwirksamkeit arbeitsvertraglicher Formularbedingungen, in: FS für Kübler, 2015, S. 415; *Rüßmann,* Die „ergänzende Auslegung" Allgemeiner Geschäftsbedingungen, BB 1987, 843; *Schlosser,* Todesstoß für ergänzende Vertragsauslegung bei unwirksamen AGB-Bestandteilen in Verbraucherverträgen?, IPrax 2012, 507; *Thüsing/Fütterer,* Die Grenzen der ergänzenden Auslegung von AGB – Grundlagen und aktuelle Entwicklungen, VersR 2013, 552; *Uffmann,* Richtungswechsel des BGH bei der ergänzenden Vertragsauslegung, NJW 2011, 1313; *dies.,* Vertragsgerechtigkeit als Leitbild der Inhaltskontrolle, der BGH und die ergänzende Vertragsauslegung, NJW 2012, 2225; *Graf von Westphalen,* Der (unzulässige) Rückgriff auf die ergänzende Vertragsauslegung bei unwirksamen Zinsänderungsklauseln, MDR 2019, 76; vgl. im Übrigen die Hinweise vor → Rn. 583 und → 592.

Fraglich ist, was zu gelten hat, wenn einschlägige Normen des dispositiven Rechts, die an die Stelle der ausgeschiedenen Klausel treten könnten, nicht zur Verfügung stehen.   **611**

1. Grundsätzliche Zulässigkeit

Im Zentrum der Diskussion steht die Figur der ergänzenden Vertragsauslegung. Der BGH hat ihre Eignung zur Schließung auch solcher Vertragslücken, die sich – nachträglich – im Inhaltskontrollverfahren offenbaren, in den grundlegenden **Urteilen zur Tagespreisklausel** im Kfz-Neuwagenhandel bejaht.[68] Zwar gingen die Normen des dispositiven Gesetzesrechts der ergänzenden Vertragsauslegung vor. Wenn aber dispositives Gesetzesrecht im Sinne konkreter materiellrechtlicher Regelungen nicht zur Verfügung stehe und die ersatzlose Streichung der unwirksamen Klausel keine angemessene, den typischen Interessen des AGB-Verwenders und des Kunden Rechnung tragende Lösung biete, trete diejenige Gestaltungsmöglichkeit ein, die die Parteien bei sachgerechter Abwägung ihrer beiderseitigen Interessen nach Treu und Glauben vereinbart hätten, wenn ihnen die Unwirksamkeit der Klausel bekannt gewesen wäre.   **612**

Dieser Rechtsprechung ist jedenfalls im Ergebnis zuzustimmen.[69] Die im Schrifttum[70] bisweilen geäußerten Einwände zwingen nicht zu einer grundsätzlichen Neuausrichtung der eingeführten Rechtsfolgenkonzeption. Die ergänzende Vertragsauslegung ist ein anerkanntes Rechtsinstitut der allgemeinen Rechtsgeschäftslehre, das keiner ausdrücklichen Zulassung durch die §§ 305 ff. BGB bedarf. Dass § 306 Abs. 2 BGB die ergänzende Vertragsauslegung nicht ausdrücklich erwähnt, ist daher unschädlich. Entscheidend ist, dass das Gesetz diese Möglichkeit lückenfüllender Inhaltsbestimmung nicht ausdrücklich   **613**

---

[68] BGH NJW 1984, 1177 ff. sowie vom gleichen Tag BGH NJW 1984, 1180 (1181); seitdem ständige Rechtsprechung: BGH NJW 1985, 621 (622); 1990, 115 (116); 2000, 2580 (2581 f.); 2019, 2602; ferner auch BAG NZA 2006, 423 (428); NZA 2017, 723 Rn. 44.

[69] Ebenso die herrschende Ansicht in der Literatur: Wolf/*Lindacher/Hau* BGB § 306 Rn. 15 ff.; *Lindacher* BB 1983, 158; MüKoBGB/*Basedow* § 306 Rn. 31 ff.; Ulmer/*Harry Schmidt* BGB § 306 Rn. 34 ff.; *Harry Schmidt,* Vertragsfolgen, S. 172 ff.; BeckOGK/*Bonin* BGB § 306 Rn. 57; Staudinger/*Mäsch* BGB § 306 Rn. 37; Palandt/*Grüneberg* BGB § 306 Rn. 13; *Neumann,* Geltungserhaltende Reduktion und ergänzende Auslegung von Allgemeinen Geschäftsbedingungen, S. 154 ff.; *Ulmer* NJW 1981, 2030 f.; *Bunte* NJW 1984, 1145 f.; *Schlachter* JuS 1989, 813 f.

[70] *E. Schmidt* JuS 1987, 935; *Götz* NJW 1978, 2224 f.; *Niebling* BB 1984, 1717; *Steindorff* ZHR 148 (1984), 276.

ausschließt.[71] Unerquicklich ist daher die Debatte, ob – wofür viel spricht – die von § 306 Abs. 2 BGB in Bezug genommenen „gesetzlichen Vorschriften" auf Normen mit sachlichem Regelungsgehalt unter Ausgrenzung methodischer Vorschriften (§§ 133, 157 BGB) zu beschränken sind.[72] Auch die Entstehungsgeschichte des § 6 Abs. 2 AGBG (jetzt § 306 Abs. 2 BGB) bestätigt den hier vertretenen Standpunkt. In der im Regierungsentwurf vorgesehenen Fassung (§ 5) lautete die Vorschrift wie folgt: „*Soweit die Bestimmungen nicht Vertragsbestandteil geworden oder unwirksam sind, richtet sich der Inhalt des Vertrages nach den gesetzlichen Vorschriften, in Ermangelung von solchen nach der Natur des Vertrages.*"[73] Die später gestrichene zweite – erkennbar auf § 307 Abs. 2 Nr. 2 BGB bezogene – Variante war ausweislich der Regierungsbegründung für Fälle gedacht, „in denen das dispositive Recht eine Regelung der gegenständlichen Fragen überhaupt nicht vorsieht."[74] Der Rechtsausschuss, auf dessen Betreiben der letzte Satzteil getilgt wurde, hielt die Gesetz gewordene Fassung für ausreichend, da in Ermangelung gesetzlicher Vorschriften bereits § 157 BGB in Verbindung mit § 133 BGB eine ergänzende Vertragsauslegung ermögliche.[75] Die Auslegungsvorschriften der §§ 133 und 157 BGB werden damit als eigenständiges, von § 306 Abs. 2 BGB nicht ausgeschlossenes Instrument der Lückenfüllung anerkannt. Der Rekonstruktion des hypothetischen Parteiwillens im Wege ergänzender Vertragsauslegung steht nur auf den ersten Blick entgegen, dass der wirkliche Wille der Parteien hier doch in der kassierten Abrede zum Ausdruck gelangt. Dass dem nicht so ist, folgt bei näherem Hinsehen aus dem Schutzzweck des gesetzlichen AGB-Rechts. Die wirksame Begrenzung der Inanspruchnahme einseitiger Gestaltungsmacht setzt nämlich voraus, dass sich die Sperrwirkung der tatsächlich vorhandenen Willensrichtung der Parteien dann nicht aktualisiert, wenn und soweit sich der Parteiwille gerade in der für unwirksam befundenen Klausel manifestiert. Ihm darf für die Bewertung des Vertragsinhalts keine Bedeutung zugemessen werden.[76]

614   Die Abstimmung mit den sonstigen Eckpunkten der Rechtsfolgenkonzeption der §§ 305 ff. BGB – insbesondere dem Verbot der geltungserhaltenden Reduktion – kann bei der Formulierung des genauen Maßstabs der ergänzenden Vertragsauslegung erfolgen. Ein genereller Ausschluss dieses Rechtsinstituts würde hingegen über das Ziel hinausschießen und – im Gegenteil – zur Verschärfung der Problematik beitragen.

614a   Das Rechtsinstitut der ergänzenden Vertragsauslegung kann allerdings auch noch unter einem anderen Aspekt in Frage gestellt werden, nämlich – soweit es um Verbraucherverträge geht – im Hinblick auf seine **Vereinbarkeit mit der Klauselrichtlinie 93/13/EWG**.[77] Die Diskussion ist eröffnet worden durch eine **Entscheidung des EuGH vom 14.6.2012**.[78]

---

[71] Wolf/*Lindacher/Hau* BGB § 306 Rn. 15; Ulmer/*Harry Schmidt* BGB § 306 Rn. 34; *Harry Schmidt*, Vertragsfolgen, S. 181; *Canaris* ZIP 1996, 1116, allerdings verbunden mit dem zweifelhaften Vorschlag einer analogen Anwendung des § 306 Abs. 2 BGB.

[72] Der BGH (NJW 1984, 1177 (1178); 1985, 480 (481); ebenso Staudinger/*Mäsch* BGB § 306 Rn. 34; Soergel/*Fritzsche* BGB § 306 Rn. 20; *Bunte* NJW 1984, 1147) hält die §§ 133, 157 BGB von dem Verweis auf die gesetzlichen Vorschriften für mitumfasst, während die wohl überwiegende Meinung nur in materiell inhaltsbestimmenden Normen taugliche Ersatzregelungen im Sinne des § 306 Abs. 2 BGB erblickt (Wolf/*Lindacher/Hau* BGB § 306 Rn. 15; Ulmer/*Harry Schmidt* BGB § 306 Rn. 34; *Harry Schmidt*, Vertragsfolgen, S. 159 f.; *Canaris* ZIP 1996, 1116; *E. Schmidt* JuS 1987, 935).

[73] BT-Drs. 7/3919, S. 4; ähnlich bereits die im Ersten Teilbericht der Arbeitsgruppe beim Bundesminister der Justiz (S. 30; § 10) vorgeschlagene Regelung.

[74] BT-Drs. 7/3919, S. 21.

[75] BT-Drs. 7/5422, S. 5.

[76] Wie hier Staudinger/*Mäsch* BGB § 306 Rn. 38; anders hingegen *Fastrich*, Inhaltskontrolle, S. 341.

[77] Hierzu die Beiträge von *Erm* JR 2013, 543 ff.; *Uffmann* NJW 2012, 2225 ff.; *Graf von Westphalen* EuZW 2019, 121; *Fervers/Gsell* NJW 2019, 2569.

[78] EuGH NJW 2012, 2257 – Banco Español de Crédito; hierzu *Schlosser*, IPRax 2012, 507; fortgeführt durch EuGH EuZW 2017, 148 – Naranjo und EuGH BeckRS 2019, 23099 – Dziubak.

Nach diesem Urteil ist mit Art. 6 Abs. 1 der Klauselrichtlinie eine mitgliedstaatliche Regelung unvereinbar, die es dem nationalen Gericht gestattet, „wenn es eine missbräuchliche Klausel in einem Vertrag zwischen einem Gewerbetreibenden und einem Verbraucher entdeckt, den Inhalt dieser Klausel abzuändern, anstatt schlicht deren Anwendung gegenüber dem Verbraucher auszuschließen". Der EuGH beruft sich hierfür auf den Wortlaut von Art. 6 Abs. 1 der Klauselrichtlinie, dem zufolge die Mitgliedstaaten vorsehen, dass missbräuchliche Klauseln für den Verbraucher *unverbindlich* sind und der Vertrag für beide Parteien *auf derselben Grundlage bindend bleibt,* wenn er ohne die missbräuchlichen Klauseln bestehen kann. Außerdem führt der Gerichtshof den von der Richtlinie intendierten „Abschreckungseffekt" ins Feld. Anderenfalls – so heißt es in dem Urteil – blieben die Gewerbetreibenden versucht, die betreffenden Klauseln zu verwenden, wenn sie wüssten, dass, selbst wenn die Klauseln für unwirksam erklärt werden sollten, der Vertrag gleichwohl im erforderlichen Umfang vom nationalen Gericht angepasst werden könnte, sodass das Interesse der Gewerbetreibenden auf diese Art und Weise gewahrt würde. Im Schrifttum ist hieraus mitunter gefolgert worden, die Schließung einer durch Unwirksamkeit einer Klausel entstandenen Lücke im Vertragswerk mittels ergänzender Vertragsauslegung sei damit künftig ausgeschlossen.[79]

Diese Passagen des EuGH-Urteil wenden sich nach richtiger Lesart nur gegen das Institut der geltungserhaltenden Reduktion,[80] dessen grundsätzlich Unzulässigkeit auch im deutschen Recht weitgehend anerkannt ist (vgl. → Rn. 592 ff.). Wie der **BGH in seinen Entscheidungen vom 23.1.2013**[81] zu Recht hervorhebt, habe der EuGH es den Gerichten (nur) verboten, „durch Abänderung des Inhalts" der missbräuchlichen Klausel den Vertrag anzupassen. Um eine solche verbotene Klauselanpassung im Wege der geltungserhaltenden Reduktion handele es sich bei der ergänzenden Vertragsauslegung indes nicht. Während die Klauselanpassung als solche – nur mit einem veränderten, gesetzeskonformen Inhalt – aufrechterhalten will, setze die ergänzende Vertragsauslegung die unabänderliche Unwirksamkeit der den Verbraucher benachteiligenden Klausel voraus. Denn nur dann bestehe eine dem Regelungsplan der Parteien widersprechende Lücke im Vertrag, die durch Auslegung geschlossen werden könne. Ferner eignet der ergänzenden Vertragsauslegung durchaus ein gewisser Abschreckungseffekt, da sie anders als – nach herkömmlichem Verständnis – die geltungserhaltende Reduktion nicht zu einer Aufrechterhaltung im gerade noch zulässigen Umfang führt.[82] Im Übrigen empfiehlt es sich vor diesem Hintergrund, die Anforderungen, unter denen auf die ergänzende Vertragsauslegung zurückgegriffen werden kann, hoch anzusetzen. Der BGH und das BAG haben dem in einigen neueren Urteile durch die Einführung des Merkmals der unzumutbaren Härte bereits entsprochen.[83] Von einer *acte-clair*-Lage kann indes wohl nicht gesprochen werden, sodass mit einem klärenden Vorabentscheidungsersuchen durchaus zu rechnen ist.[84] Eine weitere – nach Manuskriptschluss ergangene – Entscheidung des EuGH dürfte den Ruf nach einer Vorlage weiter verstärken.[85]

614b

---

[79] *Graf von Westphalen* EuZW 2019, 121; *ders.* MDR 2019, 76; restriktiv auch *Fervers/Gsell* NJW 2019, 2569; auf eine Einzelfallbeurteilung abstellend MüKoBGB/*Basedow* § 306 Rn. 9.

[80] In diesem Sinne auch Wolf/*Pfeiffer* RiLi Art. 6 Rn. 10; Wolf/*Lindacher/Hau* BGB § 306 Rn. 71; Staudinger/*Mäsch* BGB § 306 Rn. 10a.

[81] BGH NJW 2013, 991 (993 f.); BeckRS 2013, 2809; bestätigt durch BGH NJW 2017, 320 Rn. 22 ff. und 2019, 2602 Rn. 18.

[82] Wolf/*Pfeiffer* RiLi Art. 6 Rn. 10.

[83] BGH NJW 2019, 2602 Rn. 18; BAG NZA 2017, 723; vgl. hierzu sogleich noch unter → Rn. 615.

[84] So auch Wolf/*Pfeiffer* RiLi Art. 6 Rn. 10; Wolf/*Lindacher/Hau* BGB § 306 Rn. 71; BeckOGK/ *Bonin* BGB § 306 Rn. 97; MüKoBGB/*Basedow* § 306 Rn. 9.

[85] EuGH NJW 2021, 611; hierzu *Herresthal,* NJW 2021, 589; *Wendehorst/Graf von Westphalen,* EuZW 2021, 229; *Wilfinger,* VuR 2021, 18.

2. Voraussetzungen, Maßstab und Grenzen

615   Jede ergänzende Vertragsauslegung setzt zunächst eine durch dispositives Gesetzesrecht nicht zu schließende, gleichwohl der Vervollständigung bedürftige Lücke im Regelungsplan der Parteien voraus. Dass es sich nicht um eine Unvollständigkeit im Willen oder in der Erklärung der Parteien, sondern um den Wegfall einer unwirksamen Vereinbarung handelt, steht der Ergänzung des Regelungsplans im Wege der ergänzenden Vertragsauslegung nicht entgegen.[86] Freilich führt nicht jede Beanstandung einer vorformulierten Vertragsbestimmung zu einer regelungsbedürftigen Lücke. Schon auf dieser Stufe muss der Gefahr vorgebeugt werden, dass die ergänzende Vertragsauslegung zu weitreichenden Eingriffen in das Vertragsgefüge aufgrund allgemeiner Billigkeitserwägungen missbraucht wird,[87] die insbesondere im Bereich der Verbraucherverträge im Hinblick auf Art. 6 Abs. 1 der Klauselrichtlinie nicht hinnehmbar wären.[88] Der BGH stellt daher zu Recht **strenge Anforderungen an die Feststellung einer Vertragslücke**.[89] Mit Blick auf die Folgen der Inhaltskontrolle heißt es, die Unwirksamkeit der beanstandeten Klausel müsse den Regelungsplan der Parteien als vervollständigungsbedürftig erscheinen lassen, was voraussetze, dass das Ergebnis des Wegfalls der Klausel den beiderseitigen Interessen nicht mehr in vertretbarer Weise Rechnung trägt, sondern das Vertragsgefüge völlig einseitig zu Gunsten des Kunden verschiebt.[90] Dabei ist an die Situation gedacht, dass die Streichung der unwirksamen Klausel ihrerseits zu einer die Ausgewogenheit störenden Vertragslage führt, sich vor allem **für den AGB-Verwender als unannehmbare Härte** erweist. Eine solche „überschießende" Benachteiligungswirkung der Inhaltskontrolle zulasten des Klausel-Verwenders, die als Kehrseite dem Kunden einen unverhofften und ungerechtfertigten Gewinn verschaffen würde, ist mit dem Schutzzweck des gesetzlichen AGB-Rechts nicht zu vereinbaren.[91] Die Inkorporation des Maßstabs der Angemessenheit, also des Gebots von Treu und Glauben, rechtfertigt es übrigens, **arglistig agierende Verwender,** die bewusst unwirksame Geschäftsbedingungen in ihre Vertragswerke aufnehmen (so zuletzt bei Kabelanschlussverträgen), von der ergänzenden Vertragsauslegung auszunehmen, sie also dem ersatzlosen Wegfall der Klausel auszusetzen.[92]

616   Sind die Anwendungsvoraussetzungen der ergänzenden Vertragsauslegung *in concreto* erfüllt, so ist unter Anlegung des in § 157 BGB vorgegebenen Auslegungsmaßstabes – Treu und Glauben mit Rücksicht auf die Verkehrssitte – danach zu fragen, wie die Parteien den Vertrag gestaltet hätten, wenn ihnen die nicht bedachte Klauselunwirksamkeit bewusst gewesen wäre.[93] Es tritt mit anderen Worten **diejenige Gestaltungsmöglich-**

---

[86] BGH NJW 1975, 44 (45); 1984, 1177 (1178); *Ulmer* NJW 1981, 2030 f.

[87] Soergel/*Wolf* BGB § 157 Rn. 124; Staudinger/*H. Roth* BGB § 157 Rn. 15; *Preis,* Grundfragen der Vertragsgestaltung im Arbeitsrecht, S. 370.

[88] Vgl. vor allem EuGH NJW 2012, 2257 – Banco Español de Crédito.

[89] Gegen besonders hohe Anforderungen hingegen Ulmer/*Harry Schmidt* BGB § 306 Rn. 37a; gegen das Unzumutbarkeitskriterium *Uffmann,* Verbot geltungserhaltender Reduktion, 2010, S. 186, die es ausreichen lassen will, dass ein beiderseits angemessener Interessenausgleich ohne Ersatzregelung verfehlt werden würde.

[90] BGH NJW 2009, 578 (580); 2009, 2662 (2666); 2011, 50 (54); 2011, 1342 (1345); 2014, 1877 (1878); NJW-RR 2014, 1133 (1134). Das BAG spricht gleichbedeutend von einer „krassen Störung des Gleichgewichts", so BAG NZA 2007, 809 (812) bzw. einer „unzumutbaren Härte", so BAG NJW 2017, 1628 Rn. 44.

[91] BGHZ 137, 153 (157); Palandt/*Grüneberg* BGB § 306 Rn. 13.

[92] Die Aufgreifkriterien schwanken: Wolf/*Lindacher/Hau* BGB § 306 Rn. 20 („Bösgläubigkeit"); *Locher,* Recht der AGB, S. 73 („Offensichtlichkeit"); Ulmer/*Harry Schmidt* BGB § 306 Rn. 37 („offensichtlich", „bewusst" oder „vorwerfbar") und ähnlich *Harry Schmidt,* Vertragsfolgen, S. 204 ff.

[93] BGH NJW 1984, 1177 (1178); 1990, 115 (116); 1993, 326 (330); BGHZ 137, 153 (157); NJW 2006, 996 (999); BAG NZA 2006, 423 (428); Staudinger/*Mäsch* BGB § 306 Rn. 39; Palandt/*Grüneberg* BGB § 306 Rn. 13.

keit ein, die die Parteien bei sachgerechter Abwägung ihrer beiderseitigen Interessen nach Treu und Glauben redlicherweise vereinbart hätten, wenn ihnen die Unwirksamkeit der Klausel bekannt gewesen wäre. Die ergänzende Vertragsauslegung läuft damit nicht auf eine als unzulässig zu bewertende geltungserhaltende Reduktion hinaus.[94] Die wesentlichen Unterschiede beider Verfahrensweise sind bereits oben (Rn. 596) dargelegt worden.

Sowohl die zur Feststellung einer vertraglichen Regelungslücke führenden Überlegungen als auch die Suche nach einem vom hypothetischen Parteiwillen gedeckten Interessenausgleich müssen vom Einzelfall abstrahieren und auf den typischen, durch den Anlassfall lediglich repräsentierten Interessenkonflikt bezogen werden. Die zu findende Ersatzregelung muss für den betroffenen Vertragstyp als allgemeine Lösung eines stets wiederkehrenden Interessengegensatzes angemessen sein.[95] Der tatsächliche Wille der konkreten Vertragspartner ist mithin keine relevante Größe im Verfahren der lückenfüllenden Auslegung vorformulierter Vertragsbedingungen.[96] Insoweit besteht Übereinstimmung mit den bereits herausgestellten Grundsätzen zur ergänzenden Auslegung solcher AGB-Verträge, deren Inhalt bereits bei Vertragsschluss Regelungsdefizite aufweist. Freilich unterliegt das Ergebnis der ergänzenden Vertragsauslegung bei unwirksamen Allgemeinen Geschäftsbedingungen keiner weiteren gerichtlichen Inhaltskontrolle.[97] Die Rechtsfolgenbestimmung bildet im Individualprozess die abschließende Station des Kontrollvorgangs. Um die mit der Inhaltskontrolle erstrebte Ausmerzung unangemessener Benachteiligungen des Kunden zu erreichen, muss im Rahmen der ergänzenden Auslegung die Vereinbarkeit der in Aussicht genommenen Ersatzlösung mit den inhaltlichen Vorgaben der §§ 307 bis 309 BGB genauestens untersucht werden.[98] Schon von daher lässt sich sagen, dass das Verfahren der ergänzenden Vertragsauslegung in diesem späten Abschnitt tendenziell stärker normativ geprägt sein muss. Überhaupt dürfte es in vielen Fällen geboten sein, den in den §§ 307 bis 309 BGB vorgegebenen Maßstab der Inhaltskontrolle in einem zweiten Schritt auch zur Feststellung des nunmehr gültigen Vertragsinhalts heranzuziehen. Die zentralen Leistungs- und Schutzinhalte, die der typische Durchschnittskunde berechtigterweise aufgrund des abgeschlossenen Vertrages als rechtlich verpflichtend unterstellt, werden vielfach zugleich die Linie markieren, auf der auch die Ersatzregelung für die nach § 307 Abs. 2 Nr. 2 BGB unwirksame AGB-Bestimmung im Wege der ergänzenden Vertragsauslegung gefunden werden kann.

Beispiel: Ein Beispiel hierfür ist die frühere Freigaberechtsprechung des BGH, nach der ein formularmäßiger Vertrag über die Bestellung revolvierender Globalsicherheiten der Inhaltskontrolle nach § 9 AGBG (jetzt § 307 BGB) nicht standhalten sollte, wenn er keine ermessensunabhängig ausgestaltete Freigabeverpflichtung statuierte oder/und keine konkrete Deckungsgrenze bestimmte, bei deren

617

---

[94] BGH NJW 1984, 1177 (1179); Ulmer/*Harry Schmidt* BGB § 306 Rn. 36; *Harry Schmidt*, Vertragsfolgen, S. 178 f.; Wolf/*Lindacher/Hau* BGB § 306 Rn. 18. Diese Autoren verweisen zumeist auch auf die unterschiedliche Zielsetzung beider Verfahrensweisen: während die geltungserhaltende Reduktion das Spektrum zulässiger Gestaltungsmöglichkeiten zugunsten des Verwenders ausschöpfe, sei die ergänzende Vertragsauslegung bestrebt, einen Mittelweg zu finden, der zwischen der ersatzlosen Streichung und der Rückführung auf das eben noch zulässige Maß verläuft. Dies trifft freilich nur für die traditionelle Sichtweise. Hiervon sind die meisten Anhänger einer geltungserhaltenden Reduktion inzwischen zugunsten eines Angemessenheitsstandards jedoch abgegangen. Gegen ergänzende Vertragsauslegung, weil dem Verbot der geltungserhaltenden Reduktion widersprechend, *Löwe* BB 1982, 152 f.; *Trinkner* BB 1983, 925, 1877; *Jung* BB 1983, 1059; wohl auch Jauernig/*Stadler* BGB § 306 Rn. 5.

[95] Ulmer/*Harry Schmidt* BGB § 306 Rn. 37b; Soergel/*Fritzsche* BGB § 306 Rn. 20.

[96] Zumindest missverständlich insoweit BGH NJW 1984, 1177 (1178); richtig *Harry Schmidt*, Vertragsfolgen, S. 197.

[97] BGH NJW 1984, 1177 (1180); 1985, 621 (622 f.).

[98] In diesem Sinne auch Ulmer/*Harry Schmidt* BGB § 306 Rn. 37.

Überschreitung der Sicherungsnehmer zur Freigabe der überschießenden Deckung verpflichtet war. Zur Rechtsfolgenproblematik, die sich infolge der Unwirksamkeit einer unangemessenen Freigabeklausel ergab, äußerte sich der der *XI. Senat* wie folgt:[99] Der Verstoß führe grundsätzlich nicht zur Unwirksamkeit des gesamten Sicherheitenbestellungsvertrages, sondern nur zur Unwirksamkeit der unangemessenen Freigabeklausel. Die Lücke werde durch den aus dem Sicherungsvertrag folgenden Freigabeanspruch geschlossen. Rechte und Pflichten, die sich im Wege der (ergänzenden) Vertragsauslegung aus der Natur eines bestimmten Vertrages ergäben, stünden ihrem Rechtscharakter nach dem vertragsergänzenden dispositiven Gesetz gleich, das nach § 6 Abs. 2 AGBG (jetzt § 306 Abs. 2 BGB) an die Stelle einer fehlenden oder unwirksamen Klausel trete. In diesem Zusammenhang verweist der *Senat* auf die Rechtsprechung des *VIII. Zivilsenats*,[100] der zufolge eine durch die Unwirksamkeit einer AGB-Klausel entstandene Vertragslücke im Wege ergänzender Vertragsauslegung gem. §§ 157, 133 BGB geschlossen werden könne, wenn – wie hier – dispositive gesetzliche Regelungen, die die entstandene Lücke schließen könnten, fehlten.

618   Gleichwohl bedürfen die das Unangemessenheitsurteil tragenden Gedankengänge häufig noch der weiteren Konkretisierung, da das Vergleichsbild im Rahmen des § 307 Abs. 2 Nr. 2 BGB tendenziell weniger konkret ist. Auch steht nicht so sehr die positive Beschreibung einer „guten" Ordnung als vielmehr die Ausgrenzung unangemessener Vertragsgestaltungen im Vordergrund.[101] Die Überlegungen, die den Rechtsanwender dazu geführt haben, die betreffende Vertragsgestaltung als unangemessene Kundenbenachteiligung zu charakterisieren, sind demnach auch bei der Suche nach einer interessengerechten Ersatzlösung zu berücksichtigen; sie bedürfen jedoch mitunter im Hinblick auf den vertraglichen Regelungsplan einer näheren Konkretisierung oder Modifikation. Insgesamt nimmt die skizzierte Art der Lückenschließung Züge einer objektiv-normativen, auf beiderseitigen Interessenausgleich angelegten Vertragsergänzung an.[102] Da der Inhalt des Vertrages und seine innere Teleologie jedoch weiterhin den Ausgangspunkt und die Grenze des Ergänzungsverfahrens abstecken,[103] wird dieser Vorgang hier noch der Vertragsauslegung zugerechnet.

619   An einer ergänzenden Vertragsauslegung sieht sich die Rechtsprechung gehindert, wenn **verschiedene Gestaltungsmöglichkeiten zur Ausfüllung** einer vertraglichen Lücke in Betracht kommen, aber kein Anhaltspunkt dafür besteht, welche Regelung die Parteien getroffen hätten.[104]

Beispiel: Mit dieser Begründung hat der BGH für einen privatrechtlichen Wasserlieferungsvertrag, der eine besondere gesetzliche Ausgestaltung nicht erfahren habe und für den das Kaufrecht keine zum Vergleich geeigneten Anhaltspunkte bereithalte, eine ergänzende Vertragsauslegung abgelehnt.[105] Als Alternative zu der in Wegfall geratenen Entgeltregelung für den Bezug von Zusatzwasser böten sich die verschiedensten Kostenzurechnungsverfahren an. Ob überhaupt und gegebenenfalls auf welches dieser Verfahren die Parteien sich bei sachgerechter Abwägung ihrer beiderseitigen Interessen nach Treu und Glauben geeinigt hätten, könne angesichts des Umstandes, dass sämtliche Verfahren jeweils unterschiedliche Vor- und Nachteile zu Gunsten bzw. zulasten eines der Beteiligten aufwiesen, nicht festgestellt werden.

---

[99] BGH NJW 1996, 1213 (1215) sowie 1994, 2092 (2093 f.); hierzu auch *Canaris* ZIP 1996, 1115 f.

[100] BGH NJW 1984, 1177 (1178 ff.); 1985, 621 (622 f.); 1990, 115 (116); 1993, 326 (330).

[101] *Harry Schmidt*, Vertragsfolgen, S. 170; *Becker*, Auslegung des § 9 AGB-Gesetz, S. 185.

[102] Für Deckungsgleichheit von dispositiver Rechtsregel und ergänzender Vertragsauslegung auch *Preis*, Grundfragen der Vertragsgestaltung im Arbeitsrecht, S. 372 und *Fastrich*, Inhaltskontrolle, S. 340 f.

[103] Vgl. Ulmer/*Harry Schmidt* BGB § 306 Rn. 37b, wo zu Recht darauf hingewiesen wird, dass die Lückenfüllung im Bereich vorformulierter Abreden nicht zu einer dem sonstigen Vertragsinhalt widersprechenden und den Vertrag inhaltlich abändernden Regelung führen dürfe.

[104] BGH NJW 1984, 1177 (1179); 1990, 115 (116); 2000, 1110 (1114); 2006, 996 (999); 2015, 49 Rn. 24; BAG NZA 2008, 40 (44 f.); ebenso MüKoBGB/*Basedow* § 306 Rn. 39; Erman/*Roloff/Looschelders* BGB § 306 Rn. 13; Soergel/*Fritzsche* BGB § 306 Rn. 21; *Trinkner* BB 1983, 1876.

[105] BGH NJW 1985, 3013 (3016).

Diese Schranke der ergänzenden Vertragsauslegung wird freilich im Schrifttum bestrit- **620** ten.[106] Im AGB-Bereich – so wird geltend gemacht – erfolge die Vertragsergänzung auch und gerade im Interesse der Verwendergegenseite, weil und soweit sie verhindere, dass die Restregelung nichtexistenzfähiger Torso bleibe oder der Vertrag nach § 306 Abs. 3 BGB insgesamt scheitere. Die Interventionsschwelle sei deshalb aus Kundenschutzgründen erheblich niedriger anzusetzen. Bemüht man sich um eine Einordnung und Bewertung dieser Kontroverse, so wird man zunächst konstatieren müssen, dass die praktische Relevanz der Fragestellung beschränkt sein dürfte. Denn dass sich dem Richter mehrere Gestaltungsmöglichkeiten mit gleichem Verbindlichkeitsanspruch darbieten, also weder der Regelungsplan der Parteien noch das objektive Recht eine bestimmte Lösung vorzugswürdig erscheinen lässt, ist nicht eben häufig. Vielfach werden zwar mehrere Gestaltungsvarianten vom Regelungsplan der Parteien gedeckt sein, von denen aus der Sicht des objektiven Rechts aber eine bestimmte Lösung präferiert werden kann.[107] Es spricht hier nichts dagegen, dem objektiv-normativen Element der ergänzenden Vertragsauslegung zum Durchbruch zu verhelfen. Am ehesten ist das im Schrifttum diskutierte Patt noch dort vorstellbar, wo es um die Bestimmung eines bestimmten quantitativen Regelungsgehalts geht (Fristen, Höhe von Schadenspauschalen etc). Hinzu kommt, dass im konkreten Streitfall mitunter von einer genaueren Festlegung abgesehen werden kann, weil jedenfalls mit Sicherheit gesagt werden kann, dass die streitentscheidende Rechtsfolge von der durch ergänzende Vertragsauslegung zu bestimmenden, in ihrer konkreten Gestalt aber offen bleibenden Ersatzregelung gedeckt wäre.[108] Wo aber auch dieser Fluchtweg versperrt ist, kann eine Entscheidung nur noch im Wege freier richterlicher Vertragshilfe getroffen werden. Diese ist dem Richter jedoch richtiger Ansicht nach verwehrt. Die Vertragsgestaltung fällt ausschließlich in den Kompetenzbereich der Vertragsparteien.[109] Dem Gericht fehlt es im Übrigen in der beschriebenen Situation an parteiautonom oder normativ fundierten Kriterien, die ihm hier eine Festlegung erlauben könnten. Die Auswahlentscheidung könnte – um es zuzuspitzen – genauso gut durch das Los getroffen werden. Inhaltskontrolle hingegen ist Rechtskontrolle, was die Ausrichtung an normativen Maßstäben bedingt. Dies muss auch auf die Interpretation des § 306 BGB und die Bestimmung der Rechtsfolgen ausstrahlen. Der BGH hat daher gut daran getan, sich im oben referierten Wasserlieferungs-Fall einer ergänzenden Vertragsauslegung zu enthalten.[110]

Weitere Beispiele der ergänzenden Vertragsauslegung

(1) Die durch die Unwirksamkeit einer **Tagespreisklausel** entstandene Regelungslücke in dem zwischen den Parteien geschlossenen Vertrag kann im Wege der ergänzenden Vertragsauslegung gem. §§ 157, 133 BGB in der Weise geschlossen werden, dass dem Verkäufer ein Preisänderungsrecht zugestanden, dem Käufer aber unter bestimmten Voraussetzungen ein Rücktrittsrecht eingeräumt wird.[111]

(2) Gemäß einer **formularmäßigen Bürgschaftsurkunde** verpflichtet sich der Bürge, für alle bestehenden und zukünftigen Verbindlichkeiten des Hauptschuldners aus der bankmäßigen Geschäfts-

---

[106] Wolf/*Lindacher/Hau* BGB § 306 Rn. 21; Staudinger/*Mäsch* BGB § 306 Rn. 47; Ulmer/*Harry Schmidt* BGB § 306 Rn. 38; BeckOK/*Hubert Schmidt* BGB § 306 Rn. 18.

[107] Mit dieser Maßgabe kann der These beigetreten werden, nicht für jede Einzelheit der „technischen" Ausgestaltung der Vertragsergänzung müssten sich Anhaltspunkte im Willen oder in den Erklärungen der Vertragsparteien nachweisen lassen (so BGH NJW 1984, 1177 (1179)).

[108] So zutreffend *Harry Schmidt*, Vertragsfolgen, S. 199. Von einer Auswahlentscheidung entbindet freilich nicht die Konstellation, dass jedenfalls *eine* der in Betracht kommenden Alternativen die streitentscheidende Rechtsfolge deckt (so aber Wolf/*Lindacher/Hau* BGB § 306 Rn. 21 und wohl auch Ulmer/*Harry Schmidt* BGB § 306 Rn. 38).

[109] Vgl. hierzu – wenn auch in anderem Zusammenhang (Problem der geltungserhaltenden Reduktion) – *Schmidt-Salzer*, AGB, Rn. F 62.

[110] BGH NJW 1985, 3013 (3016).

[111] BGH NJW 1984, 1177 ff. sowie vom gleichen Tag BGH NJW 1984, 1180 (1181).

verbindung, einem nicht limitierten Kontokorrentkredit, einzustehen. Diese Klausel ist gem. § 307 BGB unwirksam.[112] Die Bürgschaft hat der BGH im Wege der ergänzenden Vertragsauslegung mit dem Inhalt aufrechterhalten, dass sich die Verpflichtung des Bürgen der Höhe nach regelmäßig auf den Saldo der Hauptschuld am Tage seiner Willenserklärung beschränkt. Wer eine unbegrenzte Bürgschaft für einen betragsmäßig offenen Kredit eingeht, bringt damit zum Ausdruck, für die Verbindlichkeiten aus diesem Vertrag jedenfalls in ihrer aktuellen Höhe einzustehen, und ist sich dessen auch in aller Regel bewusst. Andererseits wird der Schuldner damit vor allen Nachteilen aus späteren Erweiterungen der Hauptschuld in gleicher Weise geschützt wie derjenige, der für einen limitierten Kontokorrentkredit haftet.[113] Für eine Höchstbetragsbürgschaft hat das OLG Köln entschieden, dass die Haftung des Bürgen für Kontokorrentforderungen ausschließlich durch den vereinbarten Höchstbetrag begrenzt werde.[114]

(3) Die **formularvertragliche Verpflichtung eines Bauunternehmers, eine Vertragserfüllungsbürgschaft auf erstes Anfordern zu stellen,** ist wegen Verstoßes gegen § 307 BGB unwirksam.[115] Die Lücke, die bei einem vollständigen Wegfall der entsprechenden Klausel entsteht, lässt sich durch dispositives Werkvertragsrecht nicht füllen. Der ersatzlose Wegfall der Bürgschaftsverpflichtung würde jedoch andererseits zu einem den Interessen der Parteien nicht mehr gerecht werdenden Ergebnis führen. Es entspricht dem anerkennenswerten Interesse des Auftraggebers, den Unternehmer auch in Allgemeinen Geschäftsbedingungen zur Stellung einer Vertragserfüllungsbürgschaft zu verpflichten, da er anderenfalls nicht ausreichend geschützt wäre. Der BGH schließt daraus, dass die Parteien bei sachgerechter Abwägung ihrer beiderseitigen Interessen eine unbefristete, selbstschuldnerische Bürgschaft gewählt hätten.[116]

(4) Die **Satzung der Versorgungsanstalt des Bundes und der Länder** (VBL) sieht im Falle der Beendigung des Beteiligungsverhältnisses an dem Umlageverfahren die Pflicht zur Gegenwertzahlung des ausscheidenden Beteiligten vor. In den Modalitäten der Berechnung erblickte der BGH[117] eine unangemessene Benachteiligung des Vertragspartners. Außerdem sei die Regelung auch wegen Intransparenz unwirksam. Der BGH belässt es allerdings nicht bei der ersatzlosen Streichung der Gegenwertregelung, sondern hält den Satzungsgeber und AGB-Verwender, die VBL, für berechtigt, eine Satzungsregelung zu schaffen, die den Vertragspartner nicht unangemessen benachteiligt. Dies ergebe sich aus einer ergänzenden Vertragsauslegung. Die Begründung eines **einseitigen Ersetzungsrechts** stellt nicht nur ein Novum dar, sondern steht im Widerspruch zu sonstigen anerkannten Grundsätzen der ergänzenden Vertragsauslegung und des AGB-Rechts. Letztlich sprengt der BGH damit die Grenzen der ergänzenden Vertragsauslegung.[118]

V. Vertragliche Vorsorge

621   Nicht selten werden die Rechtsfolgen von Einbeziehungsmängeln oder der Unwirksamkeit einzelner Bestimmungen vorausschauend durch den Verwender – zumeist in seinem Sinne – geregelt. Die anzutreffenden Klauseln sind zumeist rechtlich bedenklich.

1. Salvatorische Klauseln

Literatur: *Baumann*, Salvatorische Klauseln in Allgemeinen Geschäftsbedingungen, NJW 1978, 1953; *J. F. Baur*, Salvatorische Klauseln, in: FS für Vieregge, 1995, S. 31; *Garrn*, Zur Zulässigkeit salvatorischer Klauseln bei der Vereinbarung Allgemeiner Geschäftsbedingungen, JA 1981, 151; *Michalski*, Funktionen, Arten und Rechtswirkungen von Ersetzungsklauseln, NZG 1998, 7; *Michalski/Römermann*, Die Wirksamkeit der salvatorischen Klausel, NJW 1994, 886.

622   Zum weit verbreiteten Inhalt von AGB-Klauselwerken zählen sog. **salvatorische Klauseln.** Der Verwender will auf diese Weise Vorsorge für den Fall treffen, dass Teile

---

[112] BGH NJW 1998, 450 (451); 1998, 2815 (2816); OLG Köln ZIP 1998, 465. Vgl. hierzu → Rn. 521.

[113] BGH NJW 1998, 450 (452).

[114] OLG Köln ZIP 1998, 465; hierzu *Tiedtke* ZIP 1998, 449.

[115] BGH NJW 2002, 2388.

[116] BGH NJW 2002, 3098.

[117] BGH NZA-RR 2013, 319 und weitgehend wortgleich BGH BeckRS 2012, 23432.

[118] Zu Recht ablehnend *Thüsing/Fütterer* VersR 2013, 552.

seines Klauselwerks im Rahmen der gerichtlichen Inhaltskontrolle als mit dem Gesetz unvereinbar erkannt werden. Mehrere Varianten lassen sich hier unterscheiden.[119] Zunächst finden sich Klauseln, wonach an die Stelle nicht einbezogener oder unwirksamer Bestimmungen eine **Regelung** treten soll, **deren wirtschaftlicher Erfolg dem der unwirksamen soweit wie möglich entspricht.** Dies kann in Form einer beiderseitigen Verpflichtung erfolgen.[120]

Beispiel: „Sollten einzelne Vertragsbestimmungen unwirksam sein oder Vertragslücken bestehen, so sind die Parteien **verpflichtet,** eine ergänzende Vereinbarung zu treffen, die dem Sinn des Gewollten am nächsten kommt."[121]

Mitunter bedingt sich der Verwender aber auch ein einseitiges Bestimmungsrecht aus (§ 315 Abs. 1 BGB).[122]   **623**

Beispiel: „Die Ergänzung ist von dem durch die Teilunwirksamkeit benachteiligten ... zu bestimmen."[123]

Salvatorische Klauseln können aber auch so angelegt sein, dass sie von vornherein ein etwaiges Übermaß der Klausel dadurch abzufangen suchen, dass sie ihren Regelungsgehalt unter den **Vorbehalt des rechtlich Zulässigen** stellen. Dieser Variante begegnet man besonders häufig bei Haftungsausschluss- und -begrenzungsklauseln.   **624**

Beispiel: „Die Ersatzpflicht ist, **soweit gesetzlich zulässig,** ausgeschlossen."[124]

Problematisch sind salvatorische Klauseln, weil sie unverhohlen darauf abzielen, das nach § 306 Abs. 1 und 2 BGB grundsätzlich den Verwender treffende, zum Eingreifen des dispositiven Rechts führende Risiko der Nichteinbeziehung oder Unwirksamkeit vorformulierter Vertragsbedingungen zum Nachteil des Kunden einzuschränken.[125] Es handelt sich um nichts anderes als um eine vorsorglich vereinbarte geltungserhaltende Reduktion dergestalt, dass die stipulierte Regelung in den Grenzen des gerade noch Zulässigen verbindlich sein soll. Wollte aber der Gesetzgeber sicherstellen, dass mit dem durch § 306 Abs. 2 BGB aufgerufenen Gesetzesrecht eine beiderseits interessengerechte Ersatzlösung an die Stelle der unwirksamen Bestimmung tritt, so darf es dem Verwender nicht erlaubt sein, sich hierüber in seinen Allgemeinen Geschäftsbedingungen hinwegzusetzen. Ob man hierfür auf den zwingenden Charakter des § 306 Abs. 2 BGB[126] abstellt oder die Unvereinbarkeit mit wesentlichen Grundgedanken der gesetzlichen Regelung (**§ 307 Abs. 2 Nr. 1 BGB**) zur Grundlage des Unwirksamkeitsverdikts macht,[127] bedarf hier keiner weiteren Erörterung.[128]   **625**

Mit der Verwendung salvatorischer Klauseln missachtet der AGB-Verwender zugleich die gesetzliche Verpflichtung, die Rechte und Pflichten seines Vertragspartners möglichst   **626**

---

[119] Vgl. AGB-Klauselwerke/*Thüsing,* Salvatorische Klausel, Rn. 1.

[120] MüKoBGB/*Basedow* § 306 Rn. 43 spricht insoweit von „vorformulierten Ersetzungsverpflichtungen".

[121] BGH NJW 2002, 894 (Verstoß gegen § 307 BGB).

[122] Staudinger/*Schlosser* BGB § 306 Rn. 56. Zur sog. Bedingungsanpassungsklausel bei Allgemeinen Versicherungsbedingungen siehe unten Rn. 628 ff.

[123] *Michalski* NZG 1998, 10.

[124] BGH NJW-RR 1996, 783 (789).

[125] Ulmer/*Harry Schmidt* BGB § 306 Rn. 39; AGB-Klauselwerke/*Thüsing,* Salvatorische Klausel, Rn. 1.

[126] So BGH NJW 2015, 1952 Rn. 45.

[127] So wohl die hM, vgl. BGH NJW-RR 1996, 783 (789); NJW 2002, 894 (895); BAG NZA 2005, 1111 (1115); 2012, 738 (741); Ulmer/*Harry Schmidt* BGB § 306 Rn. 39; AGB-Klauselwerke/*Thüsing,* Salvatorische Klausel, Rn. 8.

[128] Vgl. hierzu → Rn. 508.

klar und durchschaubar darzustellen (**Transparenzgebot**).[129] Denn dem Kunden erschließt sich aus dem Vertragstext weder das Ausmaß der Abweichung vom dispositiven Recht, noch ist es seine Sache, die Grenzen des noch rechtlich Zulässigen auszuloten. Über den genauen Vertragsinhalt wird er im Unklaren gelassen. Die teilweise Verlagerung des Unwirksamkeitsrisikos auf den Kunden mittels einer salvatorischen Klausel ist auch dann nicht zu billigen, wenn es schwierig ist vorherzusagen, ob eine bestimmte AGB-Regelung vor den Gerichten Bestand haben wird. Ein Interesse, den Rahmen des Zulässigen voll auszuschöpfen, ist auch in dieser Situation nicht anzuerkennen.[130]

627   **Konkrete Ersatzklauseln,** die eine subsidiär eingreifende Regelung bereithalten, sind wegen der das dispositive Recht (§ 306 Abs. 2 BGB) verdrängenden Wirkung grundsätzlich zu beanstanden.[131] Nur in Fällen unklarer Rechtslage wird man konkrete, nicht unangemessen ausgestaltete Ersatzklauseln akzeptieren können.[132] In der Praxis ist dieser Klauseltyp offenbar jedoch nur äußerst selten anzutreffen.

Unbedenklich, da mit § 306 Abs. 1 BGB übereinstimmend, sind hingegen sog. **Erhaltungsklauseln.**[133] Sie entbinden allerdings nicht von einer nach § 139 BGB vorzunehmenden Prüfung, ob die Parteien das teilnichtige Geschäft als Ganzes verworfen hätten oder aber den Rest hätten gelten lassen. Bedeutsam sind solche Klauseln allerdings für die Darlegungs- und Beweislast. Sie trifft denjenigen, der entgegen der Erhaltungsklausel den Vertrag als Ganzen für unwirksam hält.[134]

Beispiel: „Sollten einzelne Bestimmungen dieses Vertrags ganz oder teilweise gegen zwingendes Recht verstoßen oder aus anderen Gründen nichtig oder unwirksam sein, so bleibt die Gültigkeit der übrigen Bestimmungen unberührt."[135]

2. Bedingungsanpassungsklauseln

Literatur: *Baumann,* Bedingungsanpassungsklauseln bei Versicherungs-Aktiengesellschaften und Gegenseitigkeitsvereinen, JZ 1999, 881; *R. M. Beckmann,* Die Zulässigkeit von Preis- und Prämienanpassungsklauseln nach dem AGB-Gesetz, 1990; *Fricke,* Quomodo pacta sunt servanda?, VersR 2000, 257; *Matusche-Beckmann,* Die Bedingungsanpassungsklausel – Zulässiges Instrument für den Fall der Unwirksamkeit Allgemeiner Versicherungsbedingungen?, NJW 1998, 112; *Schmidt-Kessel/Rank,* Bedingungsanpassungsklauseln im allgemeinen Bankvertragsrecht und Zahlungsdiensterecht, WM 2018, 2205; *Wandt,* Tarifänderungsklauseln in der Kfz-Haftpflichtversicherung, VersR 2000, 129.

628   Als Sonderform der salvatorischen Klausel fanden sich in den Allgemeinen Versicherungsbedingungen Bestimmungen, wonach der Versicherer berechtigt sein soll, **unwirksame Bedingungen mit Wirkung für den bestehenden Vertrag zu ersetzen oder zu ergänzen.**[136]

629   Gegen die Zulässigkeit solcher Bedingungsanpassungsklauseln bestehen jedenfalls dann, sub specie **§ 308 Nr. 4 BGB**[137] durchgreifende Bedenken, wenn sie eine **Betei-**

---

[129] BGH NJW-RR 1996, 783 (789); NJW 2015, 2412 Rn. 16; BAG NZA 2005, 1111 (1115); 2012, 738 (741); 2013, 1419 (1420); *Neuner,* Allgemeiner Teil, § 47 Rn. 79; MüKoBGB/*Basedow* § 306 Rn. 43; AGB-Klauselwerke/*Thüsing,* Salvatorische Klausel, Rn. 3.

[130] Wie hier AGB-Klauselwerke/*Thüsing,* Salvatorische Klausel, Rn. 18; aA Wolf/*Lindacher/Hau* BGB § 306 Rn. 46.

[131] OLG München NJW-RR 1988, 786; BGH NJW 1990, 716 (718) äußert „erhebliche Bedenken", lässt die Frage dann aber offen; Ulmer/*Harry Schmidt* BGB § 306 Rn. 40; MüKoBGB/*Basedow* § 306 Rn. 43; aA BeckOK/*Hubert Schmidt* BGB § 306 Rn. 24; *Michalski/Römermann* NJW 1994, 890.

[132] Ulmer/*Harry Schmidt* BGB § 306 Rn. 40.

[133] BGH NJW 2005, 2225; Palandt/*Grüneberg* BGB § 306 Rn. 15.

[134] BGH NJW 2003, 347.

[135] BGH NJW 2005, 2225.

[136] Hierzu und zu weiteren problematischen Aspekten einer Bedingungsanpassungsklausel im Hinblick auf § 9 AGBG (§ 307 BGB) zuletzt BGH NJW 1999, 1865.

[137] Für die Anwendbarkeit des § 308 Nr. 4 BGB zu Recht *Matusche-Beckmann* NJW 1998, 114.

ligung des Vertragspartners nicht vorsehen. Denn auch nachträgliche Vertragsänderungen bedürfen nach allgemeinen rechtsgeschäftlichen Regeln des Konsenses beider Vertragspartner. Abgesehen hiervon ist es nach der Konzeption des gesetzlichen AGB-Rechts und dem das Verbot der geltungserhaltenden Reduktion tragenden Grundgedanken gerade der Verwender, der die Folgen der Unwirksamkeit einer von ihm gestellten Vertragsbedingung zu tragen hat.[138] Die Anerkennung einer Anpassungsklausel würde dann aber eine Abwälzung dieses den Klauselverwender treffenden Risikos auf den Vertragspartner ermöglichen.

Aus diesem Grunde salviert auch eine Ergänzung der Bedingungsanpassungsklausel durch ein **dem Vertragspartner eingeräumtes Widerspruchsrecht** die Klausel nicht ohne weiteres. **630**

Beispiel: In den Allgemeinen Versicherungsbedingungen eines Versicherungsunternehmens findet sich folgende Klausel: „Der Versicherer ist berechtigt, ... im Fall der Unwirksamkeit von Bedingungen ... einzelne Bedingungen mit Wirkung für bestehende Verträge zu ergänzen oder zu ersetzen ... Die geänderten Bedingungen ... gelten als genehmigt, wenn der Versicherungsnehmer nicht innerhalb eines Monats nach Bekanntgabe widerspricht."[139] Ein berechtigtes Bedürfnis des Klauselverwenders kann hier nur angenommen werden, wenn die Unwirksamkeit einer Bedingung zu einer Vertragslücke führt, die sich nicht durch Bestimmungen des dispositiven Gesetzesrechts schließen lässt. Der Klauselwortlaut muss diesem Erfordernis deutlich Rechnung tragen.[140]

Eine Sonderregelung zur **Bedingungsanpassung** existiert für den Bereich der Personenversicherung. Die einschlägige Vorschrift, § 164 VVG für die Lebensversicherung (anwendbar auch auf die Krankenversicherung über den Verweis in § 203 Abs. 4 VVG), ist im Zuge der VVG-Reform neu konzipiert worden. Nach ihr kann der Versicherer einseitig – also ohne die früher erforderliche Beteiligung eines Bedingungstreuhänders – eine neue Bedingung in den Vertrag einführen, wenn die frühere Bestimmung durch höchstrichterliche Entscheidung oder durch einen bestandskräftigen Verwaltungsakt (der BaFin) für unwirksam erklärt worden ist. Voraussetzung ist deren Notwendigkeit für die Fortführung des Vertrags oder das Entstehen einer unzumutbaren Härte, die ohne eine neue Regelung für eine Vertragspartei entstehen würde. Außerdem muss die neue Regelung die Belange der Versicherungsnehmer im Hinblick auf die Wahrung des Vertragsziels angemessen berücksichtigen. Entsprechende vertragliche Regelungen haben demzufolge in diesem Bereich keine konstitutive Bedeutung. Eine noch offene Frage ist, ob § 164 VVG über ihren Anwendungsbereich hinaus Leitbildfunktion auch für die Nichtpersonenversicherung zuerkannt werden kann.[141] **631**

§ 21. Unwirksamkeit des Vertrages als Ausnahme

Literatur: *Graf von Westphalen*, Unionsrechtliche Folgen des AGB-Missgriffs, NJW 2012, 1770.

I. Einordnung der Vorschrift des § 306 Abs. 3 BGB

§ 306 Abs. 3 BGB ordnet die Nichtigkeit des gesamten Vertrages an, sofern das Festhalten an ihm auch unter Berücksichtigung des nunmehr eingreifenden Gesetzesrechts eine unzumutbare Härte für eine Vertragspartei darstellen würde. Dabei handelt es sich um eine Ausnahmevorschrift, die den in § 306 Abs. 1 BGB statuierten Grundsatz der **632**

---

[138] BGH NJW 1983, 159 (162); *Matusche-Beckmann* NJW 1998, 114.
[139] BGH NJW 1999, 1865.
[140] So zutreffend *Matusche-Beckmann* NJW 1998, 114; für Unwirksamkeit der Beispielsklausel im Ergebnis BGH NJW 1999, 1865.
[141] Dagegen AGB-Klauselwerke/*Präve*, Allgemeine Versicherungsbedingungen, Rn. 89.

Fortgeltung des Restgeschäfts einschränkt. Von nicht wenigen Autoren wird diese Vorschrift in die Nähe der Grundsätze über den Wegfall der Geschäftsgrundlage gerückt.[1] Ihr Ausnahmecharakter, der eine **restriktive Interpretation** nahe legt,[2] ergibt sich schon aus der bewusst gewählten Formulierung „unzumutbare Härte".[3] Soweit es um Verbraucherverträge geht, kann man sogar mit gutem Grund die **Unionsrechtskonformität des § 306 Abs. 3 BGB bezweifeln,**[4] sieht doch die Klauselrichtlinie 93/13/EWG in ihrem Art. 6 Abs. 1 die Verbindlichkeit des Restvertrages uneingeschränkt vor. Die Diskrepanz kann durch eine enge Auslegung des § 306 Abs. 3 BGB[5] zwar nicht vollständig ausgeräumt, jedoch immerhin auf ein sehr geringes Maß reduziert werden. Absolute Deckungsgleichheit ließe sich *de lege ferenda* wohl am einfachsten mit einer Streichung des § 306 Abs. 3 BGB erreichen. Das Problem sollte freilich nicht überbewertet werden. Die Gesetzesbestimmung des § 306 Abs. 3 BGB hat in der Gerichtspraxis **bislang keine nennenswerte Bedeutung** erlangt.[6]

632a   Hierfür lassen sich mehrere Gründe ins Feld führen: Von einer unzumutbaren Härte wird zunächst der Kunde kaum betroffen sein, da sich die Nichteinbeziehung oder die Unwirksamkeit einzelner Vertragsbedingungen zumeist zu seinen Gunsten auswirken dürfte. Eher wird die Unzumutbarkeit auf Seiten des Verwenders auftreten. Aber auch hier ist zu berücksichtigen, dass die Nichtvalidierung unbilliger Klauseln gerade auf eine Verhinderung eines sonst bestehenden Ungleichgewichts zulasten des Kunden zielt, der Wegfall bzw. die Ersetzung einer solchen Klausel mithin nur bei Hinzutreten besonderer Umstände den Schluss auf eine unzumutbare Härte für den Verwender gestattet.[7]

633   Unzumutbar ist das Festhalten an einem durch Nichteinbeziehung oder Unwirksamkeit einzelner Klauseln lückenhaft gewordenen Vertrag nur, wenn die Ausfüllung der Lücken im Wege der Anwendung dispositiven Gesetzesrechts (§ 306 Abs. 2 BGB) und die sonstigen zur Verfügung stehenden Instrumentarien zu einem Vertragsinhalt geführt haben, der für eine Partei eine unzumutbare Härte entstehen lässt. Das wird nur höchst selten der Fall sein, da sich das dispositive Gesetzesrecht um einen gerechten Interessenausgleich bemüht und auch die ergänzende Vertragsauslegung danach fragt, was die Parteien bei einer angemessenen Abwägung ihrer Interessen nach Treu und Glauben als redliche Vertragsparteien vereinbart hätten, wenn sie von der Vertragslücke gewusst

---

[1] Im Sinne einer abgeschlossenen Sonderregelung dieses Instituts *Harry Schmidt,* Vertragsfolgen der Nichteinbeziehung und Unwirksamkeit von Allgemeinen Geschäftsbedingungen, S. 220; *Ulmer* BB 1982, 154; für die Qualifizierung als „fragmentierte Geschäftsgrundlagenregelung" *Fastrich,* Richterliche Inhaltskontrolle im Privatrecht, S. 348, 357; ähnlich auch *Hager,* Gesetzes- und sittenkonforme Auslegung, S. 183.

[2] So die Linie der ganz hM, vgl. etwa Wolf/*Lindacher/Hau* BGB § 306 Rn. 60; *Löwe*/Graf von Westphalen/Trinkner AGBG § 6 Rn. 10. Für eine teleologische Ergänzung des § 306 Abs. 3 BGB um eine vorrangige Anpassungsfolge nach Geschäftsgrundlagenregeln ist – vor Inkrafttreten der Richtlinie 93/13/EWG – *Fastrich,* Richterliche Inhaltskontrolle im Privatrecht, S. 356 ff. eingetreten.

[3] In Abweichung vom RegE, der in § 5 die Formulierung „nicht zugemutet werden kann" benutzte (vgl. BT-Drs. 7/3919, S. 4).

[4] *Canaris,* in: Karlsruher Forum 1997, S. 76 f.; Ulmer/*Harry Schmidt* BGB § 306 Rn. 4e; BeckOK/*Hubert Schmidt* BGB § 306 Rn. 6; *Graf vom Westphalen* EuZW 2019, 121 (127); BeckOGK/ *Bonin* BGB § 306 Rn. 98; für Auflösung der Divergenzen im Wege richtlinienkonformer Auslegung hingegen Wolf/*Pfeiffer* RiLi Art. 6 Rn. 18; mildere Beurteilung hingegen bei Wolf/*Lindacher/Hau* BGB § 306 Rn. 73; die Richtlinienkonformität bejahend hingegen CKK/*Schlewing* BGB, § 306 Rn. 10.

[5] Für eine enge Auslegung des § 306 Abs. 3 im Hinblick auf Art. 6 Abs. 1 RiLi *Heinrichs* NJW 1996, 2195.

[6] Ulmer/*Harry Schmidt* BGB § 306 Rn. 42; *Fastrich,* Richterliche Inhaltskontrolle im Privatrecht, S. 346 ff. spricht von einer Vorschrift, die nur einen theoretischen Anwendungsbereich besitzt.

[7] Wolf/*Lindacher/Hau* BGB § 306 Rn. 61; vgl. auch OLG Frankfurt a. M. NJW-RR 1995, 283 (Risiko des AGB-Verwenders).

hätten. Gerade mit der ergänzenden Vertragsauslegung steht ein sehr flexibles und interessenwahrendes Mittel zur Verfügung. Sollte der inhaltlich modifizierte Vertrag dennoch eine unzumutbare Belastung für eine Vertragspartei mit sich bringen, so drängt sich demgemäß der Verdacht auf, dass die Lückenfüllung nicht *lege artis* erfolgt ist.

Liegt gleichwohl ausnahmsweise ein Fall des § 306 Abs. 3 BGB vor, so ist ein Schadensersatzanspruch des Kunden aus *culpa in contrahendo* in Betracht zu ziehen.[8]

II. Anwendungsfälle des § 306 Abs. 3 BGB

Das Festhalten am Vertrag stellt sich vor allem dann für den Verwender als unzumutbare Härte dar, wenn das Vertragsgleichgewicht durch die Unwirksamkeit der Allgemeinen Geschäftsbedingungen grundlegend gestört wird.[9] Wirtschaftliche Nachteile, die durch den Wegfall einer Klausel für den Verwender entstehen, begründen allerdings noch keine Gesamtnichtigkeit des Vertrages. Der BGH verlangt eine „**einschneidende Störung des Äquivalenzverhältnisses**".[10] Bei der Beurteilung der Frage, ob diese Voraussetzung erfüllt ist, ist nicht auf den Zeitpunkt des Vertragsschlusses, sondern auf den der Geltendmachung von Ansprüchen aus dem Vertrag abzustellen.[11]   **634**

Beispiele:

(1) Langdauernde **Bezugspflicht** des AGB-Verwenders bei Nichtgewährung eines ihm zugesagten **Darlehens** aufgrund einer unzulässigen AGB-Klausel.[12]

(2) Das für einen **Kaufvertrag** über einen **Gebrauchtwagen** verwendete Formular versteckt den Gewährleistungsausschluss an einer entlegenen Stelle mit der Folge, dass die Ausschlussklausel nicht Vertragsbestandteil wird (§ 305c Abs. 1 BGB). Hier liegt die Annahme eines Falles der Gesamtnichtigkeit zumindest nahe, da für den Verkäufer anderenfalls eine schwerlich zumutbare Einstandspflicht für etwaige, auch von ihm nicht immer zu überblickende Mängel begründet würde.[13]

III. Unternehmerischer Geschäftsverkehr

§ 306 Abs. 3 BGB gilt ohne inhaltliche Abstriche, wenn Allgemeine Geschäftsbedingungen, die teilweise nicht Vertragsbestandteil werden oder teilweise unwirksam sind, gegenüber Unternehmern verwandt werden. Dass das Interesse des kaufmännischen Geschäftspartners an der Aufrechterhaltung des Vertrages weniger schutzwürdig ist und § 306 Abs. 3 BGB daher tendenziell eher eingreift,[14] lässt sich schwerlich nachvollziehen.[15] Die Möglichkeiten einer die Nichtigkeitsfolge vermeidenden, ergänzenden Vertragsauslegung stehen auch hier ungeschmälert zur Verfügung.   **635**

---

[8] Ulmer/*Harry Schmidt* BGB § 306 Rn. 49; Palandt/*Grüneberg* BGB § 306 Rn. 19; aA Wolf/*Lindacher*/Hau BGB § 306 Rn. 65 f. (nur bei Totalnichtigkeit infolge Nichtergänzbarkeit des Restvertrages).

[9] Vgl. BGH NJW-RR 1996, 1009 (1010).

[10] BGH NJW-RR 1996, 1009 (1010).

[11] Zuletzt BGH NJW 1996, 2092 (2094).

[12] BGH BB 1997, 63 (64).

[13] Vgl. Ulmer/*Harry Schmidt* BGB § 306 Rn. 51 und Wolf/*Lindacher* BGB § 306 Rn. 62; Soergel/*Fritzsche* BGB § 306 Rn. 27.

[14] So Ulmer/*Harry Schmidt* BGB § 306 Rn. 56; andeutungsweise auch *Locher*, Recht der AGB, S. 80.

[15] Wie hier Wolf/*Lindacher* BGB § 306 Rn. 67; *Koch/Stübing* AGBG § 6 Rn. 17.

§ 22. Schadensersatzpflicht des Verwenders AGB-gesetzwidriger Klauseln

Literatur: *Brandner,* Schadensersatzpflichten als Folge der Verwendung von AGB, in: FS für Oppenhoff, 1985, S. 11; *Kornau,* Schadensersatzansprüche bei Verwendung Allgemeiner Geschäftsbedingungen, Diss. Erlangen-Nürnberg, 1998; *Leitner,* Schadensersatz bei AGB-Verwendung, in: FS für Iro, 2013, S. 121; *Hubert Schmidt,* Die Haftung für die Verwendung unwirksamer Allgemeiner Geschäftsbedingungen, WuM 2010, 191.

I. Grundlage eines Schadensersatzanspruchs

636   Der Verwender AGB-rechtswidriger Vertragsbedingungen muss nach dem zuvor Gesagten damit rechnen, dass er seine zu weit ausgestaltete Rechtsposition gegenüber seinem Vertragspartner nicht durchsetzen kann, weil dieser sich auf die Unwirksamkeit der betreffenden Klauseln beruft. Hinzu kommt, dass die Rechtsprechung in der Verwendung unwirksamer AGB-Klauseln zugleich eine Verletzung der vorvertraglichen Pflicht zur Rücksichtnahme gegenüber dem Kunden erblickt. Erleidet mithin der Kunde im Vertrauen auf seine Gebundenheit an die unwirksame Klausel einen finanziellen Nachteil, so kommt nach der Rechtsprechung ein **Schadensersatzanspruch unter dem Gesichtspunkt des Verschuldens bei Vertragsschluss (§§ 280, 311 Abs. 2, 241 Abs. 2 BGB)** in Betracht.[1] Dieser Anspruchsbegründung ist im Grundsatz zuzustimmen. Sie erweist sich als Konsequenz des seit langem allgemein anerkannten Grundsatzes, dass bei einem unwirksamen Vertrag die Partei wegen Verschuldens bei Vertragsverhandlungen schadensersatzpflichtig sein kann, die den Grund der Unwirksamkeit zu vertreten hat.[2]

II. Voraussetzungen der Haftung

637   Freilich sind die Voraussetzungen eines Schadensersatzanspruchs aus *culpa in contrahendo* im Einzelfall genau zu prüfen. Die Inanspruchnahme des Verwenders kann beispielsweise daran scheitern, dass die Verwendung der unwirksamen Klausel nicht **kausal** für den vom Kunden geltend gemachten Schaden war, es mithin nicht ausgeschlossen werden kann, dass der Kunde dieselben Vermögensdispositionen auch unabhängig vom Vertragstext vorgenommen hätte.[3] Ersatzfähig sind darüber hinaus nur solche Schäden, deren Realisierung die verletzte Norm verhindern soll.[4] Schließlich muss die Aufnahme der unzulässigen Allgemeinen Geschäftsbedingungen in den Vertrag auf einem **Verschulden des Verwenders** beruhen. Das ist sicher der Fall, wenn der Verwender gleichsam „sehenden Auges" die unwirksamen Klauseln dem Kunden in der Erwartung präsentiert, dieser werde die Unwirksamkeit nicht erkennen oder zumindest nicht widersprechen und

---

[1] BGH NJW 1984, 2816 (2817); 1988, 197 (198); 2010, 2873 (2875); ebenso Ulmer/*Fuchs* BGB Vorb. v. § 307 Rn. 104 und Wolf/*Pfeiffer* BGB § 307 Rn. 366. Eine andere Frage geht dahin, ob ein Wirtschaftsverband für die Empfehlung ungeeigneter Geschäftsbedingungen von den betroffenen Mitgliedsunternehmen in Anspruch genommen werden kann; hierzu zurückhaltend OLGR Frankfurt 1997, 241.

[2] Vgl. etwa *Medicus/Lorenz,* Schuldrecht I, 21. Aufl. 2015, Rn. 535; Palandt/*Grüneberg* BGB § 311 Rn. 38; *Brandner* FS Oppenhoff, 1985, 11 (21); Schlosser/Coester-Waltjen/*Graba* AGBG Vorbem. zu §§ 9–11 Rn. 18; RGZ 104, 265 (267 f.) für die schuldhafte Herbeiführung eines versteckten Dissenses; BGH NJW 1952, 1130 für unterlassene Aufklärung über die devisenrechtliche Genehmigungsbedürftigkeit des Geschäfts; BGH NJW 1965, 812 (814) für unterlassene Aufklärung über die Formbedürftigkeit des Vertrages; BGH NJW 1987, 639 für den Abschluss eines benachteiligenden sittenwidrigen Vertrages.

[3] BGH NJW 1988, 197 (198); Wolf/*Pfeiffer* BGB § 307 Rn. 366.

[4] BGH NJW 2010, 2873 (2875) zu § 308 Nr. 1 BGB.

schon gar nicht die Mühe eines gerichtlichen Verfahrens auf sich nehmen. Aber auch bloße Fahrlässigkeit ist ausreichend. Die im Verkehr erforderliche Sorgfalt verlangt hingegen nicht den Verzicht auf solche Klauseln, deren Gesetzeskonformität sich vor dem Hintergrund der bislang ergangenen Rechtsprechung nicht sicher beurteilen lässt.[5] Besteht hingegen eine klare Gesetzeslage oder zumindest eine gefestigte Rechtsprechung, so exkulpiert deren Unkenntnis den Verwender nicht, da ihm angesonnen werden kann, sich bei der Ausgestaltung seiner Allgemeinen Geschäftsbedingungen professioneller Hilfe zu bedienen.

III. Umfang der Haftung

Zu ersetzen sind vom Verwender die **Aufwendungen** des anderen Teils, die dieser **zur**   **638**
Bekämpfung der unwirksamen Klausel gemacht hat, sowie die **Vermögenseinbußen,**
die sein Vertragspartner **infolge der Scheinbindung** an die unwirksame AGB-Bestimmung erleidet. Daneben bleibt der Verwender zur Erfüllung des Vertrages verpflichtet,
sieht man einmal vom seltenen Fall der Gesamtunwirksamkeit nach § 306 Abs. 3 BGB
ab.

Beispiele denkbarer Schadensposten:
(1) Rechtsberatungs- und Prozesskosten im Zusammenhang mit der Bekämpfung der unzulässigen Klausel.[6]
(2) Unterlassen des Widerrufs eines Überweisungsauftrages im Hinblick auf den (unwirksamen) Ausschluss des Widerrufs im Vertrag.[7]
(3) Die auf der Grundlage der unwirksamen Klausel erbrachte Leistung des Kunden (insoweit neben einem Bereicherungsanspruch).[8] Man denke etwa an den Fall, dass der Vermieter schuldhaft unwirksame Allgemeine Geschäftsbedingungen über die Durchführung von Schönheitsreparaturen verwendet und der Mieter daraufhin in der irrigen Annahme der Wirksamkeit dieser Regelungen Renovierungsaufwendungen tätigt.[9]

Eine Minderung der Ersatzpflicht kann sich schließlich aus dem **Gesichtspunkt des**   **639**
Mitverschuldens ergeben, etwa wenn die Unwirksamkeit dem Vertragspartner bekannt
oder für ihn doch aufgrund seiner geschäftlichen Erfahrung ohne weiteres erkennbar war
und er sich gleichwohl hierauf eingelassen hat.[10]

---

[5] *Locher,* Recht der AGB, S. 21.
[6] Ulmer/*Fuchs* BGB Vorb. v. § 307 Rn. 104; Wolf/*Pfeiffer* BGB § 307 Rn. 366.
[7] BGH NJW 1984, 2816 (2817).
[8] Ulmer/*Fuchs* BGB Vorb. v. § 307 Rn. 104; Wolf/*Pfeiffer* BGB § 307 Rn. 366; Erman/*Roloff/ Looschelders* BGB Vor § 307 Rn. 19.
[9] MüKoBGB/*Häublein* § 535 Rn. 164.
[10] Hierzu *Brandner* FS Oppenhoff, 1985, 11 (23); Erman/*Roloff/Looschelders* BGB Vor § 307 Rn. 19; aA offenbar Schlosser/Coester-Waltjen/*Graba* AGBG Vorbem. zu §§ 9–11 Rn. 18; für eine zurückhaltende Anwendung des Mitverschuldenseinwands *Hubert Schmidt* WuM 2010, 200.

Zweiter Teil. Ausgewählte Problemfelder der Inhaltskontrolle

Erster Abschnitt. Erklärungen der Vertragsparteien

§ 23. Fingierte Erklärungen

Literatur: *Bennemann*, Fiktionen und Beweislastregeln in Allgemeinen Geschäftsbedingungen, 1987; *Nickel*, Die Erklärungsfiktion im Bürgerlichen Recht unter besonderer Berücksichtigung des § 10 Nr. 5 AGBG, 1997; *Stübing*, Tatsachenbestätigungen und Fiktionen in AGB, NJW 1978, 1606.

I. Ausgangslage und Regelungsanliegen des § 308 Nr. 5 BGB

In nicht wenigen vorformulierten Vertragswerken finden sich Bestimmungen, nach denen Erklärungen oder Verhaltensweisen des Kunden unabhängig von seinem wirklichen Erklärungsverhalten ein bestimmter rechtsgeschäftlicher Erklärungswert zukommen soll. **640**

Beispiele:
(1) „Hat der Käufer das Vertragsobjekt vor Abnahme in Besitz genommen, so gilt es von diesem Tage an als mangelfrei abgenommen."[1]
(2) Nach einer Bestimmung in einem Reparaturkostenversicherungsvertrag gilt eine neue Sache als in den Versicherungsvertrag einbezogen, wenn der Versicherungsnehmer einen Neukostenzuschuss in Anspruch nimmt.[2]
(3) „Umbuchungen innerhalb von 40 Tagen vor Reiseantritt werden als Rücktritt verbunden mit einer Neuanmeldung gewertet."[3]

Von formularmäßigen Fiktionen können Gefahren für den Vertragspartner des Verwenders ausgehen, kann doch keineswegs davon ausgegangen werden, dass der Betroffene längere Zeit nach Vertragsschluss, uU sogar nach Jahren, noch weiß, welche (nachteiligen oder zumindest unerwünschten) Rechtsfolgen im konkreten Einzelfall an sein Verhalten geknüpft sind. **641**

Mit gutem Grund knüpft das Gesetz – von einigen durchweg normierten Ausnahmen abgesehen –[4] für die rechtliche Geltung einer Erklärung an das wirkliche Erklärungsverhalten einer Vertragspartei an. Insbesondere gehört der Grundsatz, dass Schweigen keine Willenserklärung ist, zu den wesentlichen Prinzipien des geltenden Privatrechts.[5] Allgemeine Geschäftsbedingungen, die in Form von Erklärungsfiktionen von diesem gesetzlichen Grundgedanken abweichen, sind daher problematisch. Denn immerhin entspricht es einem in § 307 Abs. 2 Nr. 1 BGB zum Ausdruck gekommenen Grundanliegen des AGB-Rechts, derartigen Abweichungen Grenzen zu setzen. Wenn **§ 308 Nr. 5 BGB** **642**

---

[1] BGH NJW 1984, 725 (726).

[2] BGH NJW 1995, 2710.

[3] BGH NJW 1992, 3158 (Reiseveranstaltungsvertrag).

[4] Fiktion der Ablehnung in §§ 108 Abs. 2, 177 Abs. 2, 415 Abs. 2, 451 Abs. 1 BGB; der Zustimmung in §§ 416 Abs. 1, 455, 516 Abs. 2 BGB sowie §§ 362 Abs. 1 und 377 Abs. 2 HGB. Ferner Fiktion der Vergütungsabrede in §§ 612, 632, 653 und 689 BGB und der Vertragsverlängerung in §§ 545 und 625 BGB. Soweit Allgemeine Geschäftsbedingungen diese gesetzlichen Fiktionen lediglich deklaratorisch wiederholen, unterfallen sie schon nicht der Inhaltskontrolle (§ 307 Abs. 3 BGB).

[5] Palandt/*Grüneberg* BGB § 308 Rn. 28.

vorformulierten Erklärungsfiktionen mit einem **eingeschränkten Verbot** begegnet, so liegt dies somit in der Konsequenz des Ordnungs- und Leitbildgedankens.

643   Die jetzige Fassung der Vorschrift beruht im Wesentlichen auf dem Vorschlag des Bundesrats.[6] Sie sieht von einem absoluten Verbot vorformulierter Erklärungsfiktionen ab, vor allem, um der einfachen Abwicklung im Massengeschäft der Banken und Versicherungen Rechnung zu tragen.[7]

644   Die Vorschrift des § 308 Nr. 5 BGB ist eingebettet in ein Bündel von weiteren thematisch angrenzenden Verbotsvorschriften, neben der Generalklausel des § 307 BGB vor allem § 308 Nr. 6 BGB und § 309 Nr. 12 BGB. Eine systematische Ordnung ist dem Gesetzgeber auf dem Gebiete der Tatsachenbestätigungen, der Tatsachenfiktionen und der Erklärungsfiktionen allerdings nicht geglückt.[8] Dementsprechend schwierig kann sich die genaue Abgrenzung im Einzelfall darstellen.

II. Anwendbarkeit und Inhalt der Vorschrift

645   Nach § 308 Nr. 5 BGB sind Erklärungsfiktionen in Allgemeinen Geschäftsbedingungen unzulässig, es sei denn, dass dem Vertragspartner eine angemessene Frist zur Abgabe einer ausdrücklichen Erklärung eingeräumt ist und der Verwender sich verpflichtet, den Vertragspartner bei Beginn der Frist auf die vorgesehene Bedeutung seines Verhaltens besonders hinzuweisen.

646   [bleibt einstweilen frei]

1. Ausschluss von Vertragsschlusserklärungen

647   Der Vorschrift unterfallen nur Fiktionen von Erklärungen hinsichtlich der **Durchführung des Vertrags.** Erklärungen in Bezug auf den Vertragsschluss werden davon nicht erfasst.[9] Für das Zustandekommen des Vertrags gelten die allgemeinen gesetzlichen Regeln, die durch Allgemeine Geschäftsbedingungen mangels Einbeziehung nicht eingeschränkt werden können. Ferner unterfallen dem Verbot nicht **Vertragsverlängerungsklauseln,** bei denen die Verlängerung über die Erstlaufzeit hinaus bereits bei Abschluss des Vertrages vereinbart wird. Die Vertragsverlängerung mangels rechtzeitiger Kündigung beruht hier nicht auf einer fingierten Erklärung des Kunden, sondern der bereits bei Abschluss des Vertrags für den Fall des Schweigens des Kunden getroffenen Vereinbarung.[10] Die Wirksamkeit solcher Klauseln beurteilt sich nach § 307 BGB.

Beispiele: Nicht an § 308 Nr. 5 BGB zu messen ist die Klausel in den **BahnCard-Bedingungen,** der zufolge sich die Geltungsdauer automatisch um jeweils ein weiteres Jahr verlängert, sofern die BahnCard nicht bis 6 Wochen vor Kartenablauf schriftlich gegenüber dem BahnCard-Service gekündigt wird.[11] Die Klausel verstößt im Übrigen weder gegen das Verbot der unangemessenen Benachteiligung entgegen Treu und Glauben (§ 307 Abs. 1 S. 1 BGB) noch gegen das Transparenzgebot (§ 307 Abs. 1 S. 2 BGB).

---

    [6] BT-Drs. 7/3919, S. 49 f.
    [7] Bericht des Rechtsausschusses, BT-Drs. 7/5422, S. 7; Löwe/*Graf von Westphalen*/Trinkner AGBG § 10 Nr. 5 Rn. 1.
    [8] Kritisch daher *Thamm/Pilger* AGBG § 10 Nr. 6 Rn. 1.
    [9] OLG Koblenz NJW 1989, 2951; Löwe/*Graf von Westphalen*/Trinkner AGBG § 10 Nr. 5 Rn. 8 mit Hinweis auf die häufig in Form von Abwehrklauseln, insbesondere im kaufmännischen Verkehr vorkommenden Fiktionsklauseln; Palandt/*Grüneberg* BGB § 308 Rn. 28.
    [10] BGH NJW 2010, 2942 (2943).
    [11] BGH NJW 2010, 2942 (2943); aA *Woitkewitsch* MDR 2006, 541.

2. Erklärungsfiktionen

§ 308 Nr. 5 BGB handelt nur von **Erklärung**sfiktionen, also Klauseln, wonach eine   **648** Erklärung des Kunden, etwa eine solche der Annahme, der Ablehnung, der Genehmigung oder des Rücktritts als abgegeben oder nicht abgegeben gilt, ohne dass es auf das wirkliche Erklärungsverhalten ankommt. Nicht in den Anwendungsbereich des § 308 Nr. 5 BGB fallen hingegen sog. **Tatsachenfiktionen**, bei denen nicht Erklärungen des Kunden, sondern Tatsachen oder Vorgänge als gegeben oder geschehen bzw. als nicht gegeben oder nicht geschehen fingiert werden. Die Zulässigkeit von Tatsachenfiktionen und -bestätigungen ist nach § 309 Nr. 12 BGB oder – im Falle einer Tatsachenfiktion in der Sonderform der Zugangsfiktion – nach § 308 Nr. 6 BGB zu beurteilen.[12] Die Abgrenzung erfolgt danach, ob es sich um eine Erklärung mit materiell-rechtlicher Bedeutung handelt. Dann ist Nr. 5 anwendbar.[13] Erklärungsfiktionen im Sinne des § 308 Nr. 5 BGB sind zudem dadurch gekennzeichnet, dass der Beweis des Gegenteils nicht möglich ist.

Beispiele:

(1) Eine **Tatsachenfiktion** stellt die sog. **Vorkenntnisklausel in Maklerverträgen** dar, wonach bei Ausbleiben einer gegenteiligen Anzeige das dem Kunden nachgewiesene Objekt als diesem vorher nicht bekannt gilt.[14]

(2) Um eine **Erklärungsfiktion** handelt es sich demgegenüber bei folgender Klausel: „Die Teilnahme an HappyDigits erfolgt auf Grundlage der Allgemeinen Teilnahmebedingungen, die Sie mit ihrer **Karte** erhalten und die Sie dann mit Ihrer ersten Aktivität, zB Sammeln, **anerkennen.**"[15]

Erfasst werden neben Fiktionen auch Klauseln, die im Sinne einer **unwiderlegbaren**   **649** **Vermutung** formuliert sind und im Ergebnis auf dieselbe Rechtsfolge zielen.[16] Sähe man dies anders, so könnte der Verwender durch eine einfache Umstellung des Wortlauts seiner Klausel den einschränkenden Voraussetzungen des § 308 Nr. 5 BGB entgehen.

Eine weitere Einschränkung des Anwendungsbereichs des § 308 Nr. 5 BGB ergibt sich   **650** daraus, dass dieses Verbot nur Klauseln betrifft, die Erklärungen des Vertragspartners fingieren. **Erklärungsfiktionen des Verwenders** sind demgegenüber weniger problematisch und im Bedarfsfall an § 307 BGB zu messen.[17]

3. Wirksamkeitsschranken

Die intendierte Wirkung einer vorformulierten Erklärungsfiktion tritt nach § 308 Nr. 5   **651** BGB unter **zwei kumulativ zu erfüllenden Mindestvoraussetzungen** ein. Die dort genannten, in den Klauseltext aufzunehmenden Zusätze, nämlich das Setzen einer angemessenen Erklärungsfrist sowie der Hinweis auf das Eintreten der Fiktion, sollen es dem Kunden ermöglichen, die rechtliche Bedeutung seines Verhaltens erkennen und entsprechend reagieren zu können.[18] Weitere Wirksamkeitsanforderungen können sich darüber hinaus aus den §§ 307 ff. BGB ergeben. Im Einzelnen gilt Folgendes:

---

[12] Ulmer/*Harry Schmidt* BGB § 308 Nr. 5 Rn. 9; Palandt/*Grüneberg* BGB § 308 Rn. 28; abweichend hingegen *Koch/Stübing* AGBG § 10 Nr. 5 Rn. 3.

[13] Palandt/*Grüneberg* BGB § 308 Rn. 28.

[14] Sie wird daher folgerichtig dem Klauselverbot des § 309 Nr. 12 BGB unterstellt, vgl. AGB-Klauselwerke/*Lehmann/Richter*, Maklervertrag, Rn. 35; *Stübing* NJW 1978, 1611; Ulmer/*Harry Schmidt* BGB § 308 Nr. 5 Rn. 9.

[15] BGH NJW 2010, 864 (867).

[16] Allgemeine Meinung: vgl. Wolf/*Dammann* BGB § 308 Nr. 5 Rn. 4; Schlosser/*Coester-Waltjen*/ Graba AGBG § 10 Nr. 5 Rn. 1.

[17] Wolf/*Dammann* BGB § 308 Nr. 5 Rn. 25.

[18] BGH NJW 1985, 617 (618); Ulmer/*Harry Schmidt* BGB § 308 Nr. 5 Rn. 2.

652   **a) Angemessene Erklärungsfrist.** Zunächst muss dem Kunden bereits in den Allgemeinen Geschäftsbedingungen eine angemessene Frist zur Abgabe einer ausdrücklichen Erklärung eingeräumt werden (§ 308 Nr. 5 Buchst. a BGB). Die Möglichkeit, eine **ausdrückliche Erklärung** abzugeben, hat der Vertragspartner des Verwenders nur, wenn ihn die Klauselfassung in seiner Entschließung, welchen Inhalt er seiner Erklärung geben will, nicht einengt, sondern sie ihm gestattet, seinen wirklichen Willen frei zu äußern.[19] Die Angemessenheit der Frist hängt von den Umständen des Einzelfalles ab. Es sind für die Beurteilung der Angemessenheit die bei Geschäften der vorliegenden Art typischen Umstände heranzuziehen. Als angemessen wird meist eine **Frist von zumindest ein bis zwei Wochen** angesehen,[20] bei komplizierteren Geschäftsvorgängen kann sogar eine zweiwöchige Frist zu kurz bemessen sein.[21] Unwirksam ist regelmäßig das Verlangen einer unverzüglichen oder sofortigen Erklärung.[22] Eine Ausnahme wird man lediglich für unaufschiebbare Geschäftsvorgänge in Erwägung ziehen können, wenn rasches Handeln vom typischen Kundenkreis erwartet werden kann (Beispiel: Wertpapiergeschäfte).[23] Die genaue Länge der Frist muss in den Allgemeinen Geschäftsbedingungen noch nicht genannt werden. Zulässig ist insbesondere die Setzung einer „angemessenen Frist" in den Allgemeinen Geschäftsbedingungen, die dann vom Verwender im Einzelfall näher bestimmt wird.[24]

653   **b) Besonderer Hinweis auf die Bedeutung des Verhaltens.** Die Klausel selbst muss zunächst die Verpflichtung des Verwenders zu einem besonderen Hinweis an den Kunden enthalten. Ferner muss bei Fristbeginn ein gesonderter Hinweis auf die Erklärungsfiktion erfolgen. Der AGB-Kunde muss darüber belehrt werden, welche Bedeutung seinem Verhalten zugemessen wird, indem ihm die Rechtsfolge und die Möglichkeit des Widerspruchs aufgezeigt werden. Der Hinweis muss klar und deutlich sein und von der Gestaltung her auffallen. Dabei genügt es wiederum, wenn der Verwender den Gesetzeswortlaut des § 308 Nr. 5 Buchst. b BGB übernimmt.[25]

Beispiele:

(1) Den Anforderungen des § 308 Nr. 5 BGB wird daher **Nr. 1 Abs. 2 AGB-Banken** (Fassung 2018) gerecht. Diese Ziffer hat folgenden Wortlaut: „Änderungen dieser Geschäftsbedingungen und der Sonderbedingungen werden dem Kunden spätestens zwei Monate vor dem vorgeschlagenen Zeitpunkt ihres Wirksamwerdens in Textform angeboten. Hat der Kunde mit der Bank im Rahmen der Geschäftsbeziehung einen elektronischen Kommunikationsweg vereinbart (zB das Online Banking), können die Änderungen auch auf diesem Wege angeboten werden. Der Kunde kann den Änderungen vor dem vorgeschlagenen Zeitpunkt ihres Wirksamwerdens entweder zustimmen oder sie ablehnen. Die Zustimmung des Kunden gilt als erteilt, wenn er seine Ablehnung

---

[19] BGH NJW 2016, 2101 Rn. 24.

[20] Wolf/*Dammann* BGB § 308 Nr. 5 Rn. 41 (eine Woche für normale Geschäfte); Palandt/*Grüneberg* BGB § 308 Rn. 29 (untere Grenze: ein bis zwei Wochen); BeckOGK/*Weiler* BGB § 308 Nr. 5 Rn. 95 (in der Regel mindestens vier Wochen); kritisch hierzu Löwe/*Graf von Westphalen*/Trinkner AGBG § 10 Nr. 5 Rn. 15, wonach keine allgemeine Regel aufgestellt werden könne, vielmehr vergleichbare typische Fälle heranzuziehen seien. Für eine deutlich längere Mindestfrist von 6 Wochen BeckOK/*Becker* BGB § 308 Nr. 5 Rn. 15.

[21] LG Dortmund NJW-RR 1986, 1170 (Zinsanpassung für Hypothekendarlehen); in diese Richtung tendierend auch BGH NJW 1985, 617 (618) (Konditionenanpassung für Darlehensbedingungen).

[22] Palandt/*Grüneberg* BGB § 308 Rn. 29.

[23] Ebenso Ulmer/*Harry Schmidt* BGB § 308 Nr. 5 Rn. 11; Wolf/*Dammann* BGB § 308 Nr. 5 Rn. 41; aA BeckOK/*Becker* BGB § 308 Nr. 5 Rn. 15.

[24] Wolf/*Dammann* BGB § 308 Nr. 5 Rn. 43; Ulmer/*Harry Schmidt* BGB § 308 Nr. 5 Rn. 11; Staudinger/*Coester-Waltjen* BGB § 308 Nr. 5 Rn. 13; aA Erman/*Roloff/Looschelders* BGB § 308 Rn. 45.

[25] Ulmer/*Harry Schmidt* BGB § 308 Nr. 5 Rn. 12.

nicht vor dem vorgeschlagenen Zeitpunkt des Wirksamwerdens der Änderungen angezeigt hat. Auf diese Genehmigungswirkung wird ihn die Bank in ihrem Angebot besonders hinweisen. Werden dem Kunden Änderungen von Bedingungen zu Zahlungsdiensten (zB Überweisungsbedingungen) angeboten, kann er den von der Änderung betroffenen Zahlungsdiensterahmenvertrag vor dem vorgeschlagenen Zeitpunkt des Wirksamwerdens der Änderungen auch fristlos und kostenfrei kündigen. Auf dieses Kündigungsrecht wird ihn die Bank in ihrem Angebot besonders hinweisen." Neu eingefügt wurde hier der Passus zum Zahlungsdiensterahmenvertrag. Insoweit folgt der Änderungsmechanismus der Sonderregelung des § 675g BGB.[26] Allerdings hat der BGH[27] jüngst entschieden, dass entsprechende Änderungsklauseln gleichwohl vollumfänglich der AGB-Kontrolle unterliegen. § 675g BGB sperre die Anwendung der §§ 307ff. BGB nicht. Das folge aus dem Unionsrecht,[28] dessen Umsetzung § 675g BGB diene und der in diesem Sinne unionsrechtskonform auszulegen sei. In der Sache sieht der BGH in der weiten Klauselgestaltung einen Verstoß gegen § 307 Abs. 1 S. 1, Abs. 2 Nr. 1 BGB. Die Klausel betreffe nicht nur Anpassungen von einzelnen Details der vertraglichen Beziehungen, sondern ohne inhaltliche oder gegenständliche Beschränkung jede vertragliche Änderungsvereinbarung. Damit weiche sie von wesentlichen Grundgedanken der §§ 305 Abs. 2, 311 Abs. 1, 145 ff. BGB ab, indem sie das Schweigen des Verwendungsgegners als Annahme eines Vertragsänderungsantrags qualifiziere. Für so weitreichende, die Grundlagen der rechtlichen Beziehungen der Parteien betreffende Änderungen, die dem Abschluss eines neuen Vertrags gleichkommen könnten, sei vielmehr ein den Erfordernissen der §§ 305 Abs. 2, 311 Abs. 1, 145 ff. BGB genügender Änderungsvertrag erforderlich. Auch Nr. 12 Abs. 5 der Banken-AGB, der eine entsprechende Änderungsklausel im Bereich der Entgelte für Hauptleistungen vorsieht, werde diesen Anforderungen nicht gerecht.

(2) In Arbeitsverträgen dürfte folgende Klausel zulässig sein: „Bietet der Arbeitgeber dem Arbeitnehmer eine **Änderung des Arbeitsvertrages** an und lehnt der Arbeitnehmer dieses Angebot nicht innerhalb der vom Arbeitgeber bestimmten Frist ab, so gilt das Angebot als angenommen; der Arbeitsvertrag ändert sich entsprechend. Der Arbeitgeber wird den Arbeitnehmer bei Beginn der Frist besonders darauf hinweisen, dass Schweigen die Änderung des Arbeitsvertrages zur Folge hat."[29]

c) Berechtigtes Interesse des Verwenders. Aus der Erfüllung der Voraussetzungen des   654
§ 308 Nr. 5 BGB kann noch nicht ohne weiteres auf die Wirksamkeit der Fiktionsklausel geschlossen werden. Für eine formularmäßig getroffene Erklärungsfiktion wird in Übernahme des Prüfungsmaßstabes des § 307 BGB zudem verlangt, dass der Verwender ein **berechtigtes Interesse am Eintritt der Fiktion** für sich reklamieren kann.[30] Ein solches kann sich insbesondere aus organisatorischen Bedürfnissen des Massenverkehrs, die wiederkehrenden Geschäfte möglichst einfach abzuwickeln, ergeben.[31]

Beispiele:

(1) Ein beachtliches Rationalisierungsbedürfnis besteht regelmäßig für Genehmigungsfiktionen bei der Abwicklung von **Bank- und Versicherungsgeschäften.**[32]

(2) Für eine Regelung in den Vertragsbedingungen **für Krankenhausbehandlungsverträge,** nach der vom Patienten zurückgelassene Sachen nach erfolgloser Aufforderung zur Abholung in das Eigentum des Krankenhausträgers übergehen, ist ein berechtigtes Interesse des Krankenhausträgers bejaht worden.[33]

---

[26] § 675g BGB setzt Art. 54 der Zweiten Zahlungsdienste-RL 2015/2366 um. Zu den unionsrechtlichen Vorgaben und den Konsequenzen für die Beurteilung des in Nr. 2 Abs. 2 geregelten Änderungsmechanismus vgl. ausführlich *Habersack* BKR 2020, 53.

[27] BGH Urteil vom 27.4.2021 – XI ZR 26/20, Pressemitteilung 088/2021.

[28] EuGH EuZW 2020, 1087 – DenizBank.

[29] *Wolf/Stoffels* ArbR Rn. 220; näher *Hromadka* FS Richardi, 2007, 257.

[30] OLG Düsseldorf NJW-RR 1988, 884 (886); Wolf/*Dammann* BGB § 308 Nr. 5 Rn. 67; Palandt/*Grüneberg* BGB § 308 Rn. 31; Staudinger/*Coester-Waltjen* BGB § 308 Nr. 5 Rn. 2.

[31] BGH NJW 1990, 761 (763); Ulmer/*Harry Schmidt* BGB § 308 Nr. 5 Rn. 7.

[32] Ulmer/*Harry Schmidt* BGB § 308 Nr. 5 Rn. 7.

[33] BGH NJW 1990, 761 (763).

655   Bei der Abfassung entsprechender Klauseln ist darauf zu achten, dass sie dem Verwender nicht eine Handhabe geben, das Vertragsgefüge insgesamt umzugestalten, insbesondere das **Äquivalenzverhältnis von Leistungen und Gegenleistungen** erheblich zu seinen Gunsten zu verschieben und damit die Position seines Vertragspartners zu entwerten. Für solche weitreichenden, die Grundlagen der rechtlichen Beziehungen der Parteien betreffenden Änderungen ist ein den Erfordernissen der §§ 145 ff. BGB genügender Änderungsvertrag notwendig. Eine Zustimmungsfiktion reicht hierfür auch unter Berücksichtigung der berechtigten Interessen der Kunden des Verwenders nicht aus.[34] Zur Durchsetzung von Preisänderungen kann somit nicht auf § 308 Nr. 5 BGB zurückgegriffen werden.

656   **d) Inhaltliche Vereinbarkeit der fingierten Erklärung mit den §§ 307 ff. BGB.** Schließlich muss die fingierte Erklärung ihrem Inhalte nach mit den §§ 307 ff. BGB vereinbar sein.[35]

Beispiel: Unzulässig wäre eine Klausel, die einen Verzicht auf Mängelgewährleistungsansprüche fingiert.

III. Rechtsfolge des Fehlens einer der Voraussetzungen

657   Fehlt eine der genannten Voraussetzungen, so hat dies die **Unwirksamkeit der gesamten Klausel** zur Folge. Eine in den Allgemeinen Geschäftsbedingungen vorgeschriebene unangemessen kurze Frist wird nicht etwa in eine angemessene umgewandelt. Allerdings soll in dem Fall, dass in den Allgemeinen Geschäftsbedingungen noch keine konkrete Länge der Frist angegeben ist und diese bei späterer Fristsetzung unangemessen kurz ausfällt, statt dieser dann eine angemessene Frist gelten.[36]

Die Fiktionswirkung tritt auch dann nicht ein, wenn der Verwender, obwohl die Klausel selbst keine entsprechende Verpflichtung enthält, eine angemessene Frist zur Erklärung setzt und auf die Bedeutung des Verhaltens des Kunden hinweist.[37] Denn dies würde dem Vertrauen des Vertragspartners, dass die Fiktionswirkungen nur unter den im Klauseltext genannten Voraussetzungen eintreten, nicht gerecht werden. Das Gesetz möchte die überraschende Konfrontation mit Erklärungsfiktionen generell ausschließen.

IV. Unternehmerischer Geschäftsverkehr

658   Werden Fiktionsklauseln gegenüber Unternehmern verwandt, so sind diese anhand der Generalklausel des § 307 BGB zu überprüfen (§ 310 Abs. 1 S. 2 BGB). Zwar kann auch im unternehmerischen Geschäftsverkehr ein Schutzbedürfnis gegenüber vorformulierten Erklärungsfiktionen bestehen. Auf der anderen Seite kann von diesem Personenkreis ein höheres Maß an Sorgfalt und eine größere Geschäftserfahrung erwartet werden, sodass die **Übernahme der strengen und formalen Anforderungen nicht gerechtfertigt** ist. Insbesondere die Hinweispflicht kann im unternehmerischen Geschäftsverkehr entbehrlich sein.[38] Ferner ist zu berücksichtigen, dass dem Schweigen im Handelsverkehr mitunter rechtsgeschäftliche Bedeutung zukommt, zB beim kaufmännischen Bestätigungsschreiben und bei der Wertung des Schweigens als Zustimmung, wenn nach Treu und

---

[34] BGH NJW-RR 2008, 134 (136).
[35] So schon *Stübing* NJW 1978, 1609.
[36] Ulmer/*Harry Schmidt* BGB § 308 Nr. 5 Rn. 14.
[37] Ulmer/*Harry Schmidt* BGB § 308 Nr. 5 Rn. 10; offen gelassen von BGH NJW 1985, 617 (618 f.).
[38] Ulmer/*Harry Schmidt* BGB § 308 Nr. 5 Rn. 15; Staudinger/*Coester-Waltjen* BGB § 308 Nr. 5 Rn. 17; abw. BeckOK/*Becker* BGB § 308 Nr. 5 Rn. 27.

Glauben eine Rechtspflicht zum Widerspruch besteht. Diese Grundsätze dürfen nicht im Wege einer zu strengen Inhaltskontrolle nach § 307 BGB außer Kraft gesetzt werden. Eine Indizwirkung des § 308 Nr. 5 BGB im Rahmen der Inhaltskontrolle nach § 307 BGB ist daher abzulehnen.[39] Im unternehmerischen Verkehr liegt der Schwerpunkt eher bei einer materiellen, nach einem anerkennenswerten Bedürfnis fragenden Überprüfung.[40]

§ 24. Zugangsfiktionen

I. Ausgangslage und Regelungsanliegen des § 308 Nr. 6 BGB

Empfangsbedürftige Willenserklärungen werden nach § 130 Abs. 1 S. 1 BGB, der auf **659** geschäftsähnliche Handlungen (zB Mahnung oder Mängelrüge nach § 377 HGB) entsprechend anwendbar ist, mit ihrem Zugang beim Erklärungsgegner wirksam. Ferner ist der Zugang als Voraussetzung für die Erfüllung von Informationspflichten bedeutsam. Die Beweislast für den Zugang liegt beim Erklärenden.[1] Die Rechtsprechung kommt ihm in diesem Punkte auch nicht mit Beweiserleichterungen entgegen. Ein Beweis des ersten Anscheins spricht nicht dafür, dass ein Einschreibebrief den Adressat erreicht hat.[2] Des Weiteren genügt weder die Vorlage des O. K.-Vermerks auf dem Sendebericht, um den Zugang eines Fax-Schreibens beim Empfänger zu beweisen[3], noch der bloße Absendenachweis für den Zugang einer E-Mail.[4] Für den Verwender liegt es nahe, sich der **ungünstigen Beweislage** dadurch zu entledigen, dass er in seine Allgemeinen Geschäftsbedingungen eine Fiktion des Zugangs seiner Erklärungen beim Kunden aufnimmt. Für den Kunden wiederum bergen solche Klauseln die Gefahr, dass ihn die unter Umständen nachteiligen Erklärungsfolgen treffen, obwohl ihm die besagte Erklärung tatsächlich nicht zugegangen ist.

Eine rigorose Lösung sah zunächst der Regierungsentwurf vor: die Fiktion des Zu- **660** gangs von Willenserklärungen in Allgemeinen Geschäftsbedingungen sollte strikt verboten sein.[5] Auf Intervention des Rechtsausschusses wurden dann jedoch Zugangsfiktionen im Interesse des Massengeschäfts der Banken an einfacherer und kostengünstigerer Organisation nur für Erklärungen des Verwenders von besonderer Bedeutung verboten.[6]

In **§ 308 Nr. 6 BGB** ist nun eine Bestimmung in Allgemeinen Geschäftsbedingungen **661** verboten, die vorsieht, dass eine Erklärung des Verwenders von besonderer Bedeutung dem anderen Vertragsteil als zugegangen gilt. Das konkretisierungsbedürftige Kriterium der „besonderen Bedeutung" hat den Gesetzgeber bewogen, den Verbotstatbestand in den Katalog der Klauselverbote mit Wertungsmöglichkeit einzustellen.

---

[39] Wie hier Wolf/*Dammann* BGB § 308 Nr. 5 Rn. 70; Ulmer/*Harry Schmidt* BGB § 308 Nr. 5 Rn. 15; BeckOGK/*Weiler* BGB § 308 Nr. 5 Rn. 162; aA BeckOK/*Becker* BGB § 308 Nr. 5 Rn. 27 und offenbar auch BGH NJW 1988, 55 (57); 2014, 3722 Rn. 32.

[40] Ulmer/*Harry Schmidt* BGB § 308 Nr. 5 Rn. 15.

[1] Vgl. etwa BGH NJW 1978, 886 für Zugang eines kaufmännischen Bestätigungsschreibens und BGH NJW 1987, 2235 (2236) für Zugang einer Mängelanzeige im Sinne des § 377 HGB.

[2] BGH NJW 1996, 2033 (2035); anders nur bei Einwurfeinschreiben, wenn der Briefkasteneinwurf ordnungsgemäß dokumentiert wurde, aA AG Kempten NJW 2007, 1215 mablAnm *Pütz* NJW 2007, 2450.

[3] BGH NJW 1995, 665 (667): allenfalls Indiz für den Zugang, nicht aber Anscheinsbeweis.

[4] BeckOGK/*Comille* BGB § 130 Rn. 133. Anders nur, wenn Eingangs- und Lesebestätigungen vorgelegt werden können, vgl. *Mankowski* NJW 2004, 1901.

[5] Vgl. § 9 Nr. 15 Buchst. c) des RegE BT-Drs. 7/3919, S. 6 und die dieser Vorschrift beigegebene Begründung BT-Drs. 7/3919, S. 39.

[6] Vgl. Bericht des Rechtsausschusses BT-Drs. 7/5422, S. 7.

662 § 308 Nr. 6 BGB stellt für den Bereich der Zugangsfiktionen eine **Sonderregelung zu § 309 Nr. 12 BGB** dar, der grundsätzlich Tatsachenfiktionen unter dem Gesichtspunkt der Beweislastveränderung erfasst.[7] So gesehen handelt es sich bei § 308 Nr. 6 BGB um keine eigenständige Schranke der Vertragsfreiheit, sondern um eine Begrenzung des § 309 Nr. 12 BGB und damit um eine **partielle Zulassung von Zugangsfiktionen.**[8]

II. Inhalt des Verbots

1. Fiktion des Zugangs

663 § 308 Nr. 6 BGB findet Anwendung, wenn der tatsächliche Zugang als Voraussetzung für das Wirksamwerden einer Erklärung des Verwenders durch ein anderes Ereignis ersetzt wird.[9] Dabei macht es keinen Unterschied, ob das Ergebnis rechtstechnisch durch eine Fiktion („gilt als zugegangen") oder im Wege einer unwiderlegbaren oder widerlegbaren Vermutung („wird der Zugang unwiderleglich vermutet") erreicht wird.[10]

Beispiel: „Schriftliche Mitteilungen der Bank gelten nach dem gewöhnlichen Postlauf als zugegangen, wenn sie an die letzte der Bank bekannt gewordene Anschrift des Kunden abgesandt worden sind."[11]

664 Keine Fiktion begründet eine Klausel, wonach mehrere Vertragspartner sich gegenüber dem Verwender gegenseitig **Empfangsvollmacht** erteilen. Eine solche Vollmachtsklausel fällt daher nicht unter § 308 Nr. 6 BGB. Sie kann jedoch nach § 307 BGB unwirksam sein.[12]

665 Unter § 308 Nr. 6 BGB fallen lediglich Klauseln, die den Zugang fingieren, nicht aber solche, die die tatsächliche Kenntnis der Erklärung als gegeben unterstellen. Solche **Erklärungsfiktionen** sind an § 308 Nr. 5 BGB zu messen.[13]

666 Nicht erfasst werden von § 308 Nr. 6 BGB schließlich **Absendevermutungen.** Sie sind nach § 309 Nr. 12 BGB unzulässig.[14]

2. Erklärungen von besonderer Bedeutung

667 Die Vorschrift betrifft den Zugang von Erklärungen des Verwenders und Dritter, deren Erklärungen dem Verwender zuzurechnen sind.[15] Unter solchen Erklärungen sind nicht nur Willenserklärungen und geschäftsähnliche Handlungen, sondern Mitteilungen aller Art zu verstehen.[16]

668 Die unglückliche Formulierung „Erklärungen von besonderer Bedeutung" könnte zu der Annahme verleiten, nur wenige herausgehobene Erklärungen seien hiervon erfasst. Das Gegenteil ist jedoch richtig. Von besonderer Bedeutung sind nach ganz hM **alle**

---

[7] Palandt/*Grüneberg* BGB § 308 Rn. 35 und Löwe/*Graf von Westphalen*/Trinkner AGBG § 10 Nr. 6 Rn. 4 mit dem Hinweis, dass etwas anderes gelten könne, wenn in der Klausel neben der Zugangsfiktion auch noch eine Änderung der Darlegungs- und Beweislast geregelt werde.
[8] Palandt/*Grüneberg* BGB § 308 Rn. 35.
[9] Ulmer/*Harry Schmidt* BGB § 308 Nr. 6 Rn. 5.
[10] Wolf/*Dammann* BGB § 308 Nr. 6 Rn. 11; Ulmer/*Harry Schmidt* BGB § 308 Nr. 6 Rn. 5; Schlosser/*Coester-Waltjen*/Graba AGBG § 10 Nr. 6 Rn. 5.
[11] Nr. 1 Abs. 2 der AGB-Banken in der bis Ende 1992 geltenden Fassung; die neugefassten AGB-Banken kommen nunmehr ohne Zugangsfiktionen aus.
[12] BGH NJW 1989, 2383 (Ratenkreditvertrag); BGH NJW 1997, 3437 (3439 f.) (Mietvertrag), mit Anm. *H. Roth* JZ 1998, 250 ff.
[13] Wolf/*Dammann* BGB § 308 Nr. 6 Rn. 16.
[14] Palandt/*Grüneberg* BGB § 308 Rn. 36.
[15] Wolf/*Dammann* BGB § 308 Nr. 6 Rn. 2.
[16] MüKoBGB/*Wurmnest* § 308 Nr. 6 Rn. 6.

Erklärungen, die für den Vertragspartner mit nachteiligen Rechtsfolgen verbunden sind.[17]

Beispiele:

(1) Rechtliche Nachteile erwachsen dem Kunden nicht nur aus der Ausübung von Gestaltungsrechten (zB Kündigung[18] und Rücktritt), sondern auch aus Mahnungen[19] und Nachfristsetzungen.

(2) Besondere Bedeutung kommt auch den mit einem Angebot auf Abschluss eines Feststellungsvertrages verbundenen Rechnungsabschlüssen zu.[20]

(3) Im Bankbereich werden allgemein Tagesauszüge nicht als Erklärungen von besonderer Bedeutung angesehen.[21]

Der weiten Interpretation der Wendung „Erklärung von besonderer Bedeutung" ist im   **669**
Hinblick auf die Gesetzgebungsgeschichte zuzustimmen. Der mit dieser Formulierung
verfolgte Zweck bestand lediglich darin, Zugangsfiktionen für einfache Bankmitteilungen
zuzulassen. Die Folge ist, dass nur relativ wenige Anzeigen und Mitteilungen vom Verbotstatbestand ausgenommen sind. Zugangsfiktionen für solche Erklärungen (ohne besondere Bedeutung) unterliegen einer Inhaltskontrolle nach § 307 BGB. Doch wird die
mangelnde rechtliche Relevanz in den meisten Fällen für ihre Angemessenheit ins Feld
geführt werden können.[22] Für zulässig wird man es erachten müssen, wenn sich der
Verwender auf den Gesetzeswortlaut bezieht.[23] Dem Verwender hier eine exakte Definition abzuverlangen, stellte diesen vor unzumutbare Schwierigkeiten.

Beispiel: „Erklärungen, die nicht von besonderer Bedeutung sind, gelten als zugegangen, wenn sie an
den Kunden abgesandt worden sind."

III. Rechtsfolgen eines Verstoßes

Im Hinblick auf die Rechtsfolgen eines Verstoßes gegen § 308 Nr. 6 BGB sind zwei   **670**
Fallkonstellationen zu unterscheiden. Zum einen kann es sich so verhalten, dass die
Klausel pauschal für alle Erklärungen des Verwenders eine Zugangsfiktion aufstellt. In
diesem Fall erstreckt sich die Unwirksamkeit auf die gesamte Klausel.[24] Zählt die Klausel
hingegen die Anwendungsfälle im Einzelnen auf, für die eine Zugangsfiktion gelten soll,
so lassen sich die unzulässigen Teile unter Aufrechterhaltung der Klausel im Übrigen
herausstreichen.[25] Ist die Zugangsfiktion hiernach unwirksam, so verbleibt es bei der
gesetzlichen Rechtslage, dh der Verwender muss den Zugang seiner Erklärung beweisen.

IV. Unternehmerischer Geschäftsverkehr

Für den unternehmerischen Verkehr ergibt sich die Unwirksamkeit der Zugangsfiktio-   **671**
nen aus § 307 BGB unter Zugrundelegung der Wertung des § 308 Nr. 6 BGB,[26] wobei

---

[17] OLG Oldenburg WM 1992, 1181 (1183); Ulmer/*Harry Schmidt* BGB § 308 Nr. 6 Rn. 7;
Palandt/*Grüneberg* BGB § 308 Rn. 37; einschränkend für Erklärungen, die dem Kunden nur unwesentliche Nachteile bringen, Wolf/*Dammann* BGB § 308 Nr. 6 Rn. 4.

[18] BayObLG NJW 1980, 2818 (2820); OLG Hamburg VersR 1981, 125.

[19] OLG Hamburg VersR 1981, 125; OLG Stuttgart BB 1979, 908.

[20] BGH NJW 1985, 2699; OLG Oldenburg NJW 1992, 1840.

[21] BGH NJW 1979, 1164.

[22] Ulmer/*Harry Schmidt* BGB § 308 Nr. 6 Rn. 7; Wolf/*Dammann* BGB § 308 Nr. 6 Rn. 21 ff.

[23] OLG Hamburg WM 1986, 385; Ulmer/*Harry Schmidt* BGB § 308 Nr. 6 Rn. 8; NK/*Kollmann*
BGB § 308 Rn. 146; aA MüKoBGB/*Wurmnest* § 308 Nr. 6 Rn. 5 und BeckOK/*Becker* BGB § 308
Nr. 6 Rn. 20.

[24] Ulmer/*Harry Schmidt* BGB § 308 Nr. 6 Rn. 8.

[25] Ulmer/*Harry Schmidt* BGB § 308 Nr. 6 Rn. 8.

[26] OLG Hamburg WM 1986, 383 (385); Palandt/*Grüneberg* BGB § 308 Rn. 45.

„Erklärungen von besonderer Bedeutung" hier aber nachteilige Wirkungen von einigem Gewicht voraussetzen.[27] Hierbei ist für die Mängelrüge gem. § 377 HGB der gesetzliche Ausnahmetatbestand des § 377 Abs. 4 HGB (rechtzeitige Absendung der Anzeige genügt zur Erhaltung der Rechte des Käufers) zu berücksichtigen. Zugangsfiktionen, die von dieser Regelung nicht abweichen, sind auch nicht nach § 307 Abs. 2 Nr. 1 BGB unwirksam.[28]

§ 25. Formerschwerungen

Literatur: *Dürr*, Thesen zu Schriftform und Zugangserfordernissen iS von § 11 Nr. 16 AGB-Gesetz, BB 1978, 1546; *Lingemann/Otte*, Der neue § 309 Nr. 13: Das Ende des schriftlichen Geltendmachens arbeitsvertraglicher Ausschlussfristen, NZA 2016, 519.

I. Allgemeines, Zweck des § 309 Nr. 13 BGB

672   Nach der Grundregel des § 309 Nr. 13 Buchst. b und c BGB ist eine Bestimmung in Allgemeinen Geschäftsbedingungen unwirksam, durch die Anzeigen oder Erklärungen, die dem Verwender oder einem Dritten gegenüber abzugeben sind, an eine **strengere Form als die Textform**[1] oder an **besondere Zugangserfordernisse** gebunden werden. Buchst. a hat Ausnahmecharakter, da er nur Verträge betrifft, die der notariellen Beurkundung bedürfen; hier kann für die Anzeigen und Erklärungen **Schriftform** vorgeschrieben werden. Form- und Zugangsbestimmungen erschweren dem Kunden die Wahrnehmung seiner vertraglichen Rechte. Sie werden leicht übersehen oder vergessen mit der Folge, dass der Kunde einen unverhältnismäßigen Rechtsnachteil erleidet.[2] Dem Kunden soll die Freiheit bleiben, bestimmte Form- und Zugangserfordernisse aus Beweisgründen freiwillig zu erfüllen, ohne dass diese ihm vorgeschrieben werden. § 309 Nr. 13 BGB lässt sich als „Gegenstück" zu § 308 Nr. 6 BGB begreifen.[3] Während dort Nachweiserleichterungen für den Zugang von Erklärungen des Verwenders in Form von Zugangsfiktionen eingeschränkt werden, hat § 309 Nr. 13 BGB den umgekehrten Fall vor Augen: der Erschwerung von Erklärungen des Kunden gegenüber dem Verwender soll entgegengewirkt werden.

II. Inhalt des Verbots

673   § 309 Nr. 13 BGB erfasst **alle Arten von Erklärungen des Kunden** in Bezug auf die Abwicklung, Durchführung und Beendigung des Vertragsverhältnisses. Dabei kann es sich um Willenserklärungen wie zB Anfechtungs-, Rücktritts- oder Kündigungserklärungen oder um geschäftsähnliche Handlungen wie zB Mahnungen oder Mängelanzeigen handeln. Die Vorschrift gilt nur für Erklärungen des Kunden, nicht für die des Verwenders, auch nicht für vertragliche Abreden.[4] Zu **zweistufigen Ausschlussfristen in Arbeitsverträgen** vgl. → Rn. 1121.

---

[27] So zutreffend Ulmer/*Harry Schmidt* BGB § 308 Nr. 6 Rn. 9; tendenziell auch *Thamm/Pilger* AGBG § 10 Nr. 6 Rn. 4; im Sinne absoluten Gleichklangs mit dem nichtunternehmerischen Verkehr hingegen Löwe/*Graf von Westphalen*/Trinkner AGBG § 10 Nr. 6 Rn. 14.

[28] Löwe/*Graf von Westphalen*/Trinkner AGBG § 10 Nr. 6 Rn. 14.

[1] Die Verschärfung (früher Schriftform) ist mit Wirkung zum 1.1.2016 in Kraft getreten (BGBl. I 2016 233).

[2] So schon die Regierungsbegründung BT-Drs. 7/3919, S. 39.

[3] So treffend *Dittmann/Stahl*, Rn. 602.

[4] Erman/*Roloff/Looschelders* BGB § 309 Rn. 156; Wolf/*Dammann* BGB § 309 Nr. 13 Rn. 11 f.; zu Schriftformklauseln vgl. im Übrigen Rn. 349 ff.

Eine verbotene **strengere Form als die Textform** ist in jeder über die in § 126b BGB 674
aufgestellten Anforderungen (dauerhafter Datenträger, Person des Erklärenden, Abschluss der Erklärung) hinausgehenden Vorgabe zu sehen. Unwirksam sind daher nicht nur Abreden, die für Erklärungen des Kunden notarielle Beurkundung (§ 128 BGB), öffentliche Beglaubigung (§ 129 BGB) oder Schriftform (§ 126 BGB) vorschreiben.[5] Auch sonstige Erschwerungen werden erfasst.

Beispiele:

(1) Erklärungen des Kunden sind **eigenhändig** abzufassen oder müssen die Angabe des Ortes enthalten.[6]
(2) Auch die Beschränkung auf **bestimmte Übermittlungsarten** (zB „im Interesse schnellstmöglicher Bearbeitung nur per Telefax") stellt sich im Ergebnis als eine Verschärfung der gewöhnlichen Schriftform dar.[7]
(3) Nicht ganz unumstritten ist, ob die **Verwendung bestimmter Formulare** zur Wirksamkeitsvoraussetzung für die Abgabe von Erklärungen und Anzeigen des Kunden erhoben werden darf. Richtiger Ansicht nach ist dies zu verneinen.[8] Der BT-Rechtsausschuss war zwar offenbar der Meinung, durch die im Gesetzgebungsverfahren erreichte Ersetzung der „einfachen Schriftform" durch „Schriftform" den Benutzungszwang für Formulare zugelassen zu haben.[9] Im Gesetzeswortlaut findet diese Ansicht jedoch keine Stütze. Die notwendigen Elemente der Schriftform sind in §§ 126, 127 BGB abschließend genannt. Die Pflicht, sich bestimmter Formulare zu bedienen, geht eindeutig darüber hinaus. Die hier vertretene Meinung missachtet auch nicht das Bedürfnis nach einer rationellen Gestaltung der Geschäftsabwicklung. Den Verwendern bleibt es nämlich unbenommen, ihren Kunden die Benutzung bestimmter Formulare nahe zu legen und ihnen zu diesem Zwecke entsprechende Vordrucke zu übersenden. Nur zum Wirksamkeitserfordernis darf die Benutzung nicht gemacht werden.

Wenn § 309 Nr. 13 BGB formuliert, dass keine strengere Form als die Textform 675
verlangt werden kann, so gibt der Gesetzgeber damit zu erkennen, dass die **Textform für Erklärungen des Kunden** (nicht dagegen für vertragliche Abreden) im Allgemeinen vorgeschrieben werden darf.[10]

Ferner verbietet § 309 Nr. 13 BGB dem Verwender, **besondere Zugangserfordernisse** 676
für Erklärungen und Anzeigen des Kunden in Allgemeinen Geschäftsbedingungen aufzustellen. Wann eine Willenserklärung zugegangen ist, ist in §§ 130 ff. BGB geregelt. Zugang im Sinne des § 130 BGB meint, dass die Erklärung derart in den Machtbereich des Empfängers gelangt ist, dass unter normalen Umständen mit der Kenntnisnahme zu rechnen ist.[11] Davon abweichende Vorschriften des Zugangs sind in Allgemeinen Geschäftsbedingungen nicht zulässig.[12]

Beispiele:

(1) Nicht selten war und ist etwa die unzulässige Klausel: „Die Kündigung (der Rücktritt etc) hat durch **eingeschriebenen** Brief zu erfolgen."[13]

---

[5] Wolf/*Dammann* BGB § 309 Nr. 13 Rn. 23, 24.
[6] Staudinger/*Coester-Waltjen* BGB § 309 Nr. 13 Rn. 5.
[7] Staudinger/*Coester-Waltjen* BGB § 309 Nr. 13 Rn. 5; Palandt/*Grüneberg* BGB § 309 Rn. 112.
[8] Wie hier OLG München NJW-RR 1987, 661 (664); OLG Schleswig NJW-RR 2001, 818; OLG Frankfurt a. M. BeckRS 2015, 3434; MüKoBGB/*Wurmnest* BGB § 309 Nr. 13 Rn. 7; Wolf/*Dammann* BGB § 309 Nr. 13 Rn. 25; Ulmer/*Habersack* BGB § 309 Nr. 13 Rn. 5; Palandt/*Grüneberg* BGB § 309 Rn. 112; Staudinger/*Coester-Waltjen* BGB § 309 Nr. 13 Rn. 5; aA *Dietlein/Rebmann* AGBG § 11 Nr. 16 Rn. 2.
[9] Vgl. BT-Drs. 7/5422, S. 10.
[10] So für die Schriftform nach altem Recht BGH NJW-RR 1989, 625; NJW 2014, 1441 (1442).
[11] BGH NJW 1983, 929 (930); 1999, 1633 (1635); BAG NJW 1993, 1093.
[12] In diesem Sinne auch BGH NJW 1999, 1633 (1635); 2279 (2283).
[13] BGH NJW 1985, 2585 (2587); OLG Düsseldorf NJW-RR 1998, 710 (711); BeckOGK/*Weiler* BGB § 309 Nr. 13 Rn. 54; selbiges gilt für die Beschränkung auf elektronische Übertragung (via Internet/E-Mail), vgl. Wolf/*Dammann* BGB § 309 Nr. 13 Rn. 31.

(2) Genügt es nach § 130 BGB, dass die Erklärung in den Machtbereich des Empfängers gelangt, so geht die **Beschränkung auf einen bestimmten Geschäftsbereich des Verwenders als allein zuständige Zugangsadresse** in unzulässiger Weise hierüber hinaus. Unwirksam ist etwa die Klausel: „Die Mängelrüge hat gegenüber der Geschäftsleitung zu erfolgen".[14]

(3) Im Gegensatz zu solchen Beschränkungen auf einen bestimmten Sektor (Vorstand, Geschäfts- leitung oder Zentrale Kundendienststelle) nehmen sich **Regelungen der Empfangsbevollmächti- gung** eher als Ausgestaltung und Präzisierung des Zugangsbereichs des Adressaten dar. Sie schaffen deshalb grundsätzlich noch kein „besonderes" Zugangserfordernis iS des § 309 Nr. 13 BGB.[15] Die Beschränkung der Empfangsvollmacht eines Versicherungsagenten hat der BGH daher nur an § 307 BGB gemessen und im Ergebnis passieren lassen.[16]

III. Rechtsfolgen eines Verstoßes

677　　Bei Unwirksamkeit einer Klausel, die strengere Formerfordernisse als die einfache Schriftform aufgibt, gelten gem. § 306 Abs. 2 BGB etwa vorhandene gesetzliche Form- vorschriften, zB §§ 568, 623 BGB.[17] Wenn die gesetzlichen Vorschriften keine Schrift- form voraussetzen, können Erklärungen und Anzeigen formlos abgegeben werden. Auch bei den Zugangserfordernissen gelten im Falle der Unwirksamkeit die gesetzlichen Vor- schriften.

Beispiele:

(1) Eine Einschreibeklausel ist gem. § 309 Nr. 13 BGB unwirksam. Gilt nach dem gesetzlichen Regelfall kein Formerfordernis für die Erklärung des Kunden, so kann diese nun auch mündlich erfolgen. Eine Rückführung auf eine einfache Schriftform ist nicht möglich.[18]

(2) Die Unwirksamkeit der Klausel: „Die Mängelrüge hat gegenüber der Geschäftsleitung zu erfolgen" führt dazu, dass nunmehr die Rüge gegenüber dem Verkaufspersonal abgegeben werden kann.

IV. Unternehmerischer Geschäftsverkehr

678　　Im unternehmerischen Verkehr gilt § 309 Nr. 13 BGB gem. § 310 Abs. 1 S. 2 BGB nicht. Auch wird man die Wertung des § 309 Nr. 13 BGB auf den unternehmerischen Geschäftsverkehr nicht ohne weiteres übertragen können. Das absolute Klauselverbot des § 309 Nr. 13 BGB entspricht nicht den differenzierten Erfordernissen des unternehmeri- schen Verkehrs.[19] Aufgrund ihrer Erfahrung und Geschäftsgewandtheit ist Unterneh- mern der Umgang mit vorformulierten Form- oder Zugangserschwerungen eher zu- zumuten als dem nichtunternehmerischen Kunden. Von daher kann beispielsweise das Verlangen eines eingeschriebenen Briefs je nach den Umständen (zB bei Beschränkung auf vertragsbeendende Erklärungen) im unternehmerischen Verkehr durchaus wirksam sein.[20] Korrekturen über § 307 BGB sind nur sehr behutsam zu erwägen.

---

[14] OLG Celle Bunte AGBE VI § 11 Nr. 78; Ulmer/*Habersack* BGB § 309 Nr. 13 Rn. 8; offen gelassen zuletzt von BGH NJW 1999, 1633 (1635).

[15] Umstr.; wie hier BGH NJW 1999, 1633 (1635); 2279 (2283); Ulmer/*Habersack* BGB § 309 Nr. 13 Rn. 9; aA MüKoBGB/*Wurmnest* § 309 Nr. 13 Rn. 10.

[16] BGH NJW 1999, 1633 (1635 f.); 2279 (2283).

[17] Erman/*Roloff/Looschelders* BGB § 309 Rn. 159.

[18] So zutreffend OLG Düsseldorf NJW-RR 1992, 55; Wolf/*Dammann* BGB § 309 Nr. 13 Rn. 51; Ulmer/*Habersack* BGB § 309 Nr. 13 Rn. 11; aA LG Hamburg NJW 1986, 262 (263).

[19] Staudinger/*Coester-Waltjen* BGB § 309 Nr. 13 Rn. 11; *Alisch* JZ 1982, 708.

[20] Wie hier Wolf/*Dammann* BGB § 309 Nr. 13 Rn. 71.

§ 26. Tatsachenbestätigungen

Literatur: *Rott*, Einbeziehungs- und Bestätigungsklauseln, VuR 1998, 251; *Stübing*, Tatsachenbestätigungen und Fiktionen in AGB, NJW 1978, 1606; *Thamm*, Beweislastregelungen in Allgemeinen Geschäftsbedingungen, BB 1971, 292.

I. Allgemeines und Normzweck des § 309 Nr. 12 Buchst. b BGB

Neben dem allgemeinen Verbot einer Beweislaständerung zum Nachteil des Kunden   **679**
durch § 309 Nr. 12 Halbsatz 1 BGB[1] hebt Buchst. b der Vorschrift als Regelbeispiel die Benachteiligung durch Tatsachenbestätigungen, die dem Vertragspartner abverlangt werden, hervor. Die Hervorhebung ist im Hinblick auf die große praktische Bedeutung dieses Phänomens gerechtfertigt.

Die Gefahr von Tatsachenbestätigungen ergibt sich daraus, dass dem Kunden gegen-   **680**
über die Bestätigung als reine Formsache ausgegeben wird und er sich nicht deren Tragweite bewusst wird, wenn er sie überhaupt in der Fülle des Kleingedruckten entdeckt. Damit geht zumindest faktisch eine Verschiebung der Beweislast einher, denn der Vertragspartner schafft mit seiner Unterschrift ein gegen sich selbst gerichtetes Beweismittel oder Indiz, auf das sich der Verwender im Prozess berufen wird. Es besteht auch kein durch ein Interesse des Verwenders begründeter Anlass, Erklärungen über bestimmte Tatsachen, die auch ausdrücklich abgegeben werden könnten, durch Allgemeine Geschäftsbedingungen vorwegzunehmen.

II. Umfang des Verbots

1. Änderung zum Nachteil des Vertragspartners

Durch Tatsachenbestätigungen werden rechtlich bedeutsame Umstände, das Wissen des   **681**
Kunden um bestimmte Tatsachen oder tatsächliche Vorgänge als gegeben unterstellt. Wie sich unmittelbar aus der Generalnorm des § 309 Nr. 12 Halbsatz 1 BGB ergibt, setzt der Verbotstatbestand voraus, dass die vorformulierte Tatsachenbestätigung die **Beweislast zum Nachteil des Kunden ändert**. Nicht unter das Verbot fallen somit Tatsachenbestätigungen, die im Ergebnis lediglich die den AGB-Kunden ohnehin treffende Beweislast wiederholen.[2]

Unterschiedlich beurteilt wird insofern die Wirksamkeit sog. **Vollständigkeitsklau-   682
seln.**

Beispiel: „Mündliche Nebenabreden sind nicht getroffen."[3]

Es trifft zwar zu, dass der Kunde aufgrund der Vermutung der Vollständigkeit des   **683**
schriftlichen Vertrags ohnehin für die bestätigte Tatsache beweispflichtig ist und insofern die Beweislastverteilung nicht geändert wird. Hieraus zu folgern, für Vollständigkeitsklauseln fehle es an einem Anknüpfungspunkt für § 309 Nr. 12 Buchst. b BGB,[4] ist

---

[1] Hierzu und zum Hintergrund der gesetzlichen Regelung → Rn. 1034 f.
[2] BGH NJW 1985, 2329 (2331).
[3] BGH NJW 1985, 2329; 2000, 207.
[4] Für Wirksamkeit aus diesem Grunde BGH NJW 1985, 2329 (2331); 2000, 207 f.; gegen die dort postulierte Maßgeblichkeit der Unterscheidung von Beweislast- und irrelevanter Beweisführungslaständerung allerdings BGH NJW 1987, 1634 (1635). Staudinger/*Coester-Waltjen* BGB § 309 Nr. 12 Rn. 11 anerkennt eine Kontrollbedürftigkeit und will als Kontrollmaßstäbe § 305c Abs. 1 BGB und § 307 BGB heranziehen.

jedoch verfehlt. Der Klauselgehalt reicht nämlich weiter. Er ist geeignet, den Kunden davon abzuhalten, sich auf eine etwaige mündliche Nebenabrede zu berufen.[5] Insofern handelt es sich dann indirekt doch um eine Änderung der Beweislast, zumindest um eine Änderung der Anforderungen an den zu erbringenden Beweis, die sich auf die Beweislast auswirkt. Ein solch weitgehendes Verständnis der Voraussetzung „Änderung der Beweislast" entspricht im Übrigen auch dem Zweck des Gesetzes und der Absicht des Gesetzgebers.[6] Das belegt die Entstehungsgeschichte. Zweck des § 309 Nr. 12 BGB ist es, solche Klauseln zu verbieten, mit deren Hilfe ein späteres gegenteiliges Vorbringen des Kunden „erschwert oder unmöglich gemacht" werden soll.[7] Schon die Erschwerung soll mithin dem Verbot unterliegen.[8]

684   Unerheblich ist, ob die Änderung der Beweislast zum Nachteil des Vertragspartners im Gewande einer Beweislastumkehr, einer Beweislastverschiebung oder aber einer widerlegbaren Vermutung daherkommt.[9] Der BGH hat darauf hingewiesen, dass nach dem Gesetz schon der *Versuch* des Verwenders, die Beweisposition des Kunden zu verschlechtern,[10] genüge, zB indem der Verwender durch eine vom Kunden gegen sich selbst ausgestellte Bestätigung der ihn treffenden Beweislast nachzukommen suche. Entscheidend sei allein, ob die Klausel im Streitfall mögliche Beweiswirkung zuungunsten des Kunden entfalte.

2. Erfasste Formen der Tatsachenbestätigungen

685   Für die Anwendbarkeit des § 309 Nr. 12 Buchst. b BGB spielt es keine Rolle, ob es sich bei der Tatsachenbestätigung um eine Willenserklärung, eine Wissenserklärung oder schlicht um eine Erklärung über tatsächliche Vorgänge handelt. Dementsprechend bunt ist das Anschauungsmaterial. Bei den unterstellten Tatsachen handelt es sich meist um Tatbestandsvoraussetzungen eines Anspruchs des Verwenders oder solche, die einem Anspruch oder Recht des Kunden entgegenstehen.[11]

Beispiele nach § 309 Nr. 12 Buchst. b BGB unwirksamer Klauseln:
(1) Eine vorformulierte Bestätigung des Anlegers, die **Risikohinweise in einem Emissionsprospekt zur Kenntnis genommen** zu haben, ist unwirksam.[12] Denn mit der abgegebenen Erklärung wird dem Anleger der vor ihm zu führende Beweis der Tatsache, nicht über die Risiken des Investments aufgeklärt worden zu sein, erschwert und seine Beweisposition durch die gegen sich gerichtete Bestätigung, deren Unrichtigkeit er zu widerlegen hat, verschlechtert.
(2) Durch die Klausel in einem **Fitnessstudiovertrag:** „Ich erkläre, dass ich **gesund und körperlich geeignet** bin, am Training teilzunehmen" soll dem Kunden der Beweis für die Verletzung der Hinweis- und Beratungspflichten erschwert werden.[13]

---

[5] Ulmer/*Habersack* BGB § 309 Nr. 12 Rn. 23; Löwe/*Graf von Westphalen*/Trinkner AGBG § 11 Nr. 15 Rn. 31.

[6] Hierauf hat der BGH selbst – freilich in anderem Zusammenhang – hingewiesen; vgl. BGH NJW 1987, 1634 (1635).

[7] Amtl. Begründung BT-Drs. 7/3919, S. 39.

[8] Wie hier für Unwirksamkeit nach § 309 Nr. 12 BGB jetzt auch Wolf/*Dammann*, Klauseln (S), Rn. 115 ff.

[9] BGH NJW 1987, 1634 (1635): Für § 309 Nr. 12 Buchst. b BGB genüge schon ein Weniger gegenüber der vollständigen Überbürdung der Beweislast und damit ihrer Umkehr. Unwiderlegbare Tatsachenbestätigungen und Tatsachenfiktionen fallen demgegenüber unter § 307 BGB, so zutreffend Staudinger/*Coester-Waltjen* BGB § 309 Nr. 12 Rn. 4; MüKoBGB/*Wurmnest* § 309 Nr. 12 Rn. 10; aA Wolf/*Dammann* BGB § 309 Nr. 12 Rn. 55; Ulmer/*Habersack* BGB § 309 Nr. 12 Rn. 18.

[10] BGH NJW-RR 2019, 428 Rn. 34.

[11] Ulmer/*Habersack* BGB § 309 Nr. 12 Rn. 18.

[12] BGH NJW-RR 2019, 428.

[13] BGH NJW-RR 1989, 817; Ulmer/*Habersack* BGB § 309 Nr. 12 Rn. 22.

(3) Die Klausel in einem **Mietvertrag**, der zufolge die **Räume in renoviertem Zustand übergeben** wurden.[14]

(4) Die vom Unternehmer in einem Online-Anmeldeformular vorgegebene, vom Kunden bei der Anmeldung zwingend durch **Anklicken mit einem Häkchen im Kontrollkasten** zu versehende Bestätigung „**Widerrufserklärung/Widerrufsbelehrung zur Kenntnis** genommen und ausgedruckt oder abgespeichert?" hat die Wirkung einer Beweislastumkehr und ist daher unwirksam.[15]

(5) Der Verwender lässt sich bei Verträgen über die Lieferung von Einbau- oder Anbaumöbeln vom Kunden die **Richtigkeit der von Mitarbeitern des Verwenders gefertigten Skizze und der dort eingetragenen Maße** bestätigen. Ohne die Bestätigungsklausel müsste der Verwender die Richtigkeit der in der Skizze eingetragenen Maße beweisen, um den ihm nach den allgemeinen Beweislastregeln obliegenden Nachweis der Vertragsmäßigkeit seiner Leistung zu führen.[16]

Eine Reihe unzulässiger Tatsachenbestätigungen zielt auf die Umstände des Vertragsschlusses. **686**

Beispiele:

(1) Ein Zeitschriften-Bestellformular enthält die Klausel: „Eine **Durchschrift** dieser Vereinbarung habe ich **erhalten**."[17]

(2) Mitunter lässt sich der Verwender die Erfüllung der Einbeziehungsvoraussetzungen des § 305 Abs. 2 BGB vom Kunden bestätigen (sog. **Einbeziehungsklauseln**). In einem Krankenhausbehandlungsvertrag fand sich etwa die Klausel: „Ich bin ausdrücklich auf die Allgemeinen Vertragsbedingungen (AVB) ... hingewiesen worden und hatte die Möglichkeit, in zumutbarer Weise von ihrem Inhalt Kenntnis zu nehmen, ...".[18]

(3) Unwirksam sind ferner sog. **Aushandlungsklauseln**, wonach die Allgemeinen Geschäftsbedingungen im Sinne von § 305 Abs. 1 S. 3 BGB ausgehandelt seien: „Mit Ihnen wurde das Verbot von Eigen-/Direktabschlüssen ausgehandelt und vereinbart."[19]

(4) In Versteigerungs-AGB findet sich die Klausel: „Der Einlieferer versichert, die **Bedingungen gelesen und verstanden** zu haben."[20]

3. Empfangsbekenntnisse

Nach § 309 Nr. 12 Halbsatz 2 BGB gilt das Verbot der Beweislastveränderung zum **687** Nachteil des Kunden durch formularmäßige Tatsachenbestätigungen nicht für Empfangsbekenntnisse, die gesondert unterschrieben oder mit einer gesonderten qualifizierten elektronischen Signatur versehen sind. Die Vorschrift bezweckt – insoweit richtlinienkonform –[21], vorformulierte Quittungen zuzulassen, für die ein anerkennenswertes Bedürfnis besteht. **Empfangsbekenntnisse** sind demgemäß Quittungen im Sinne des § 368 BGB, dh schriftliche Bekenntnisse eines Gläubigers, die geschuldete Leistung empfangen zu haben. Sie können sich nicht nur auf den Empfang von Sachen, sondern auf jeden Leistungsgegenstand beziehen.[22]

Notwendig ist, dass das Empfangsbekenntnis drucktechnisch **vom übrigen Text abge-** **688** **hoben ist und** vom Kunden **gesondert unterschrieben** wird.[23] Der Verwendung eines gesonderten Quittungsformulars bedarf es hierfür nicht.[24] Nicht ausreichend ist hingegen

[14] OLG Düsseldorf NJW-RR 2005, 1538.

[15] BGH NJW 2014, 2857 Rn. 32 ff.

[16] BGH NJW 1986, 2574 (2575).

[17] BGH NJW 1987, 2012 (2014).

[18] BGH NJW 1990, 761 (765).

[19] BGH NJW 1987, 1634; 2014, 1725 Rn. 28 ff.; OLG Saarbrücken NJW-RR 2016, 53.

[20] BGH NJW 1996, 1819.

[21] MüKoBGB/*Wurmnest* § 309 Nr. 12 Rn. 3.

[22] BGH NJW 1990, 761 (766); Wolf/*Dammann* BGB § 309 Nr. 12 Rn. 61.

[23] BGH NJW-RR 2019, 428 Rn. 37; Ulmer/*Habersack* BGB § 309 Nr. 12 Rn. 24; *Stübing* NJW 1978, 1610.

[24] Staudinger/*Coester-Waltjen* BGB § 309 Nr. 12 Rn. 13.

die Setzung eines Häkchens durch Anklicken eines Kontrollkästchens in einem Online-Anmeldeformular.[25] Das **Erfordernis der gesonderten Unterzeichnung** bedeutet, dass sich die Unterschrift allein auf die erfolgte Empfangnahme der Leistung zu beziehen hat. Die Verbindung mit einer anderen Erklärung, insbesondere mit einer rechtlichen Bewertung der Leistung, ist schädlich.[26] Darin liegt eine praxisrelevante Fehlerquelle:

Beispiele:

(1) In einem vorformulierten „Möbel-Auftrag" heißt es: „**Ware in einwandfreiem Zustand erhalten:** Unterschrift des Kunden". Hier wird dem Kunden zugleich eine Erklärung zur Mängelfreiheit des Kaufgegenstandes abverlangt. Die Klausel geht über § 309 Nr. 12 Halbsatz 2 BGB hinaus und unterfällt damit dem Verbotstatbestand des § 309 Nr. 12 Buchst. b BGB.[27]

(2) Auch die schriftliche **Erklärung über die erfolgte Abnahme,** namentlich von Bauleistungen, geht über die bloße Bestätigung der Empfangnahme der Leistung hinaus. Der Abnahmeerklärung wird allgemein die Bedeutung beigemessen, dass der Besteller die Leistung als vertragsgerecht ansehe.[28]

4. Verhältnis zu anderen Vorschriften

689   Dem engen thematischen Zusammenhang der Vorschrift mit den Verbotsbestimmungen des **§ 308 Nr. 5 und 6 BGB** hat der Gesetzgeber in systematischer Hinsicht keine Rechnung getragen. Beide Vorschriften werden im Schrifttum als *leges speciales* zu § 309 Nr. 12 BGB betrachtet.[29]

III. Rechtsfolgen eines Verstoßes

690   Die Unwirksamkeit einer Beweislastklausel hat gem. § 306 Abs. 2 BGB die **Geltung der gesetzlichen und richterrechtlich entwickelten Beweislastgrundsätze** zur Folge.[30]

IV. Unternehmerischer Geschäftsverkehr

691   Zwar gilt das Verbot beweislastverändernder Klauseln grundsätzlich auch im unternehmerischen Geschäftsverkehr.[31] Die Wertung des § 309 Nr. 12 Buchst. b BGB wird man jedoch über § 307 BGB nur im Einzelfall auf Rechtsgeschäfte zwischen Unternehmern übertragen können, lässt sich doch bei diesem Personenkreis aufgrund der größeren geschäftlichen Erfahrung nicht ohne weiteres davon ausgehen, dass er sich von Tatsachenbestätigungen überrumpeln lässt.[32] Vor allem gegenüber den „klassischen Naivklauseln"[33] (zB „Ich erkläre, dass ich nicht überredet worden bin.") bedarf der Unternehmer regelmäßig keines Schutzes.[34] Anders ist hingegen für die Aushandlungsklausel zu entscheiden, nach der die Voraussetzungen des § 305 Abs. 1 S. 3 BGB als gegeben bestätigt sein sollen. Diese erfordert eine juristische Transferleistung, die auch einem Unternehmer nicht abverlangt werden darf.[35]

---

[25] BGH NJW 2014, 2857.

[26] BGH NJW 1990, 761 (765); Ulmer/*Habersack* BGB § 309 Nr. 12 Rn. 24; Staudinger/*Coester-Waltjen* BGB § 309 Nr. 12 Rn. 13; Palandt/*Grüneberg* BGB § 309 Rn. 109.

[27] OLG Koblenz NJW 1995, 3392.

[28] OLG Koblenz NJW 1995, 3392; Ulmer/*Habersack* BGB § 309 Nr. 12 Rn. 24; aA Wolf/*Dammann* BGB § 309 Nr. 12 Rn. 61.

[29] Vgl. etwa Staudinger/*Coester-Waltjen* BGB § 309 Nr. 12 Rn. 2.

[30] Erman/*Roloff/Looschelders* BGB § 309 Rn. 153; Ulmer/*Habersack* BGB § 309 Nr. 12 Rn. 25.

[31] BGH NJW-RR 2014, 456 Rn. 19.

[32] Ulmer/*Habersack* BGB § 309 Nr. 12 Rn. 27.

[33] Ausdruck von Staudinger/*Coester-Waltjen* BGB § 309 Nr. 12 Rn. 11.

[34] Ulmer/*Habersack* BGB § 309 Nr. 12 Rn. 27.

[35] Ulmer/*Habersack* BGB § 309 Nr. 12 Rn. 27.

Zweiter Abschnitt. Vertragsschluss

§ 27. Bindung an das Vertragsangebot

Literatur: *Grunewald,* Die Anwendbarkeit des AGB-Gesetzes auf Bestimmungen über den Vertrags-abschluß, ZIP 1987, 353; *Herrler,* Formularmäßige Bindungsfristen beim Immobilienkaufvertrag, DNotZ 2013, 887; *ders.,* Angebotsfortgeltungsklauseln im Grundstücksverkehr in der AGB-Kontrolle, NJW 2014, 19; *Herrler/Suttmann,* Bindungs- und Annahmefrist beim Immobilienkaufvertrag im Anwendungsbereich von § 308 Nr. 1 BGB, DNotZ 2010, 883; *Piekenbrock,* Die formularmäßige Bindung an Vertragsangebote: Probleme und Gestaltungsoptionen, in: Notarielle Vertragsgestaltung im Immobilienrecht, 2014, hrsg. von Grziwotz, S. 1; *Walchshöfer,* Annahmefristen in Allgemeinen Geschäftsbedingungen, WM 1986, 1041.

I. Gesetzliche Ausgangslage und Regelungsanliegen des § 308 Nr. 1 Halbsatz 1 Var. 1 BGB

Wer einem anderen die Schließung eines Vertrages anträgt, ist gem. § 145 BGB an den Antrag gebunden, es sei denn, dass er die Gebundenheit ausgeschlossen hat. Eine Frist kann gem. § 148 BGB durch den Antragenden bestimmt werden. Ist keine Frist bestimmt, kann der einem Anwesenden gemachte bzw. fernmündlich unterbreitete Antrag nur sofort angenommen werden (§ 147 Abs. 1 BGB). Ist der Antrag unter Abwesenden gemacht, so kann er nach der gesetzlichen Annahmefrist des § 147 Abs. 2 BGB nur bis zu dem Zeitpunkt angenommen werden, in welchem der Antragende den Eingang der Antwort unter regelmäßigen Umständen erwarten darf. Bei der Fristberechnung ist die Zeit für die Übermittlung des Antrages an den Empfänger, dessen Bearbeitungs- und Überlegungszeit sowie die Zeit für die Übermittlung der Antwort an den Antragenden zu berücksichtigen.[1] Die gesetzliche Annahmefrist ist so von den Umständen des Einzelfalls abhängig.[2] Der während der Bindungsfrist bestehende Schwebezustand endet mit der Ablehnung oder nach Ablauf der Annahmefrist; der Antrag erlischt (§ 146 BGB) und verliert seine verbindliche Kraft. **692**

Die **erste Variante des § 308 Nr. 1 Halbsatz 1 BGB verbietet** dem Verwender den klauselartigen **Vorbehalt von unangemessen langen oder nicht hinreichend bestimmten Fristen für die Annahme oder Ablehnung eines Angebots.** Die Norm setzt also voraus, dass das Angebot vom Vertragspartner des Verwenders stammt. Eine solche Situation ist regelmäßig gegeben, wenn der Kunde ein Formular (Bestellschein, Auftrag) des Verwenders, in dem dieser sich eine Annahmefrist ausbedungen hat, unterschreibt. Entgegen dem Wortlaut des § 148 BGB bestimmt also der Antragsempfänger die Annahmefrist. Dies ist grundsätzlich möglich, da § 148 BGB dispositiv ist.[3] **693**

Durch § 308 Nr. 1 BGB soll verhindert werden, dass der Verwender den Antragenden durch unangemessen lange oder durch nicht hinreichend bestimmte Fristen an das Angebot bindet und sich selbst eine nicht mehr angemessene Überlegungsfrist zugesteht. Während der Bindungsdauer des Angebots ist der Kunde in seiner Dispositionsfreiheit eingeschränkt. Er weiß nicht, ob und wann der Vertrag zustande kommt. Der Abschluss eines entsprechenden Vertrages mit einem Dritten ist mit der Gefahr einer Doppelbelas- **694**

---

[1] BGH NJW 2010, 2873 Rn. 11; Palandt/*Ellenberger* BGB § 147 Rn. 6.
[2] Vgl. *Walchshöfer* WM 1986, 1041. Zu beachten ist die **versicherungsrechtliche Sondervorschrift** des § 5 Abs. 3 PflVG.
[3] Palandt/*Grüneberg* BGB § 308 Rn. 3; Wolf/*Dammann* BGB § 308 Nr. 1 Rn. 5; *Walchshöfer* WM 1986, 1041.

tung verbunden. Auch kann er aufgrund des fehlenden Vertragsschlusses noch keine Ansprüche aus dem Vertrag geltend machen.[4]

695 In dem Leistungsangebot des Verwenders an die Allgemeinheit ist im Regelfall kein Angebot im gesetzestechnischen Sinne zu sehen, sondern lediglich eine bloße Aufforderung, Angebote zu machen (sog. *invitatio ad offerendum*). Mangels Vertrages handelt es sich bei den Klauseln über Annahmefristen dogmatisch nicht um Vertragsbedingungen, vielmehr stellen diese **Vertragsabschlussklauseln**[5] dar. § 305 Abs. 1 BGB wird durch § 308 Nr. 1 BGB erweitert, sodass die einseitig vom Verwender gesetzte Annahmefrist doch der Inhaltskontrolle nach § 308 Nr. 1 BGB unterfällt.[6]

II. Anwendungsbereich und Inhalt des Klauselverbots

696 § 308 Nr. 1 BGB gilt für Anträge zum Abschluss von **Verträgen aller Art.** Neben schuldrechtlichen Verträgen werden von der Norm also auch dingliche Verträge erfasst.[7] Bei **Vertragsänderungen oder -ergänzungen** von bereits abgeschlossenen Verträgen findet die Vorschrift ebenfalls Anwendung.[8]

697 Durch § 308 Nr. 1 BGB wird nur der Schutz des Vertragspartners des Verwenders bezweckt. Von der Norm nicht erfasst ist der Fall, dass der **Antrag vom Verwender** stammt und eine vom Vertragspartner zu beachtende Annahmefrist vorsieht.[9] Die Vorschrift ist entsprechend anwendbar, wenn das Zustandekommen eines Vertrags von einer **aufschiebenden Bedingung** abhängig gemacht wird.[10] Auch in diesem Fall tritt ein, wovor das Gesetz den Vertragspartner des Verwenders schützen will, nämlich, dass ein Vertrag noch nicht wirksam zustande kommt, während der Vertragspartner gebunden bleibt.

Beispiel: „Der Vertrag ist zustande gekommen, wenn die Ware vom Vorlieferanten eintrifft."[11]

698 In thematischer Nähe zum Klauselverbot des § 308 Nr. 1 BGB steht eine insbesondere bei **Kreditkartenverträgen** zu beobachtende Gestaltung des Antragsformulars, der zufolge der Kreditkartenvertrag erst nach Kenntnisnahme der zusammen mit der Kreditkarte noch zu versendenden Allgemeinen Geschäftsbedingungen mit Unterschreiben oder Benutzung der Karte zustande komme. Das **Hinausschieben des Vertragsschlusses** erfolgt hier konstruktiv durch Ablehnung des ursprünglichen Kreditkartenantrags des Kunden, verbunden mit einem neuen Vertragsangebot (§ 150 Abs. 2 BGB), nicht aber durch formularmäßig festgesetzte Fristen. Die Klausel ist daher nicht an § 308 Nr. 1 BGB, sondern an § 305c Abs. 1 BGB und § 307 Abs. 2 Nr. 1 BGB zu messen.[12]

698a Bei Immobiliengeschäften begegnet man nicht selten sog. **Fortgeltungsklauseln,** nach denen die Verwendergegenseite an ihr Angebot bis zum Ablauf einer bestimmten Bindungsfrist gebunden ist, das Angebot jedoch auch nach Ablauf dieser Frist ohne zeitliche Grenze – bis zu einem jederzeit möglichen Widerruf – annahmefähig bleibt. Nach Auf-

---

[4] Ulmer/*Harry Schmidt* BGB § 308 Nr. 1 Rn. 8; *Walchshöfer* WM 1986, 1041 f.; Wolf/*Dammann* BGB § 308 Nr. 1 Rn. 1.
[5] BGH NJW 2010, 2873.
[6] Palandt/*Grüneberg* BGB § 308 Rn. 2; Ulmer/*Harry Schmidt* BGB § 308 Nr. 1 Rn. 8; *Walchshöfer* WM 1986, 1042; Wolf/*Dammann* BGB § 308 Nr. 1 Rn. 8; ferner BGH NJW 1988, 1908 (1909); vgl. hierzu auch *Grunewald* ZIP 1987, 354.
[7] BeckOK/*Becker* BGB § 308 Nr. 1 Rn. 4; Wolf/*Dammann* BGB § 308 Nr. 1 Rn. 3.
[8] Wolf/*Dammann* BGB § 308 Nr. 1 Rn. 3.
[9] *Walchshöfer* WM 1986, 1042; Wolf/*Dammann* BGB § 308 Nr. 1 Rn. 9.
[10] BGH NJW 2016, 2173 Rn. 25.
[11] Bspl. nach *Wolf* AGBG § 10 Nr. 1 Rn. 8.
[12] OLG Nürnberg ZIP 1997, 1781 hat die Klausel für überraschend erachtet und zugleich einen Verstoß gegen das gesetzliche Leitbild angenommen.

fassung des BGH[13] hält eine solche Gestaltung einer Prüfung am Maßstab des § 308 Nr. 1 BGB nicht stand. Eine Fortgeltungsklausel bestimme das Gegenteil von dem, was sich nach § 147 Abs. 2 iV m § 146 BGB ergäbe (kurzfristige Entscheidung im Verkehrsinteresse). Die Möglichkeit des jederzeitigen Widerrufs gleiche die für den Antragenden mit einer unbefristeten Fortgeltungsklausel verbundenen Nachteile nicht annähernd aus. Das kann in solchen Fällen zur Folge haben, dass mangels eines wirksamen Vertragsschlusses die erbrachten Leistungen zurückgefordert werden können.

1. Unangemessen lange Fristen

Die wertende Entscheidung, ob eine Annahmefrist, die sich der AGB-Verwender **699** ausbedingt, unangemessen iS des § 308 Nr. 1 BGB ist, erfordert eine Abwägung der Interessen beider Verhandlungspartner unter Berücksichtigung der für den Vertragsgegenstand typischen Umstände.[14] Ist die Frist wesentlich länger als die in § 147 Abs. 2 BGB bestimmte, übersteigt sie also den Zeitraum erheblich, der für die Übermittlung der Erklärungen notwendig ist und eine angemessene Bearbeitungs- und Überlegungsfrist einschließt, so ist diese Fristbestimmung nur dann wirksam, wenn der Verwender daran ein schutzwürdiges Interesse hat, hinter dem das Interesse des Kunden am baldigem Wegfall seiner Bindung zurückstehen muss.[15]

Als anzuerkennende **Interessen des Verwenders** gelten Sachumstände, wie zB die **700** Notwendigkeit, vorab Kalkulationen anzustellen oder Verhandlungen mit Dritten zu führen;[16] ferner die Notwendigkeit, die Kreditwürdigkeit des Antragenden zu prüfen, Rückfragen nach Verfügbarkeit und Lieferbarkeit von Waren zu stellen oder sonstige Auskünfte einzuholen und allgemein die Bedürfnisse einer arbeitsteiligen Betriebsorganisation mit verschiedenen Bearbeitungsabschnitten.[17] Auch das Rationalisierungsinteresse als Grundanliegen der Allgemeinen Geschäftsbedingungen ist zu beachten.[18] Je höher der Wert der Leistung, je umfangreicher die organisatorischen Vorkehrungen zur Erbringung der Leistung und je schwieriger die Finanzierungs- und Genehmigungsfragen sind, desto größer wird grundsätzlich auch der Spielraum bei der Fristbemessung sein.[19] Dabei ist aber zu berücksichtigen, dass dem Verwender in allen Fällen eine rasche Bearbeitung zuzumuten ist.[20] Diesen Interessen steht vor allem das gewichtige **Interesse des Vertragspartners**, eine lange Schwebezeit zu vermeiden, gegenüber.[21] Während der Bindungsfrist

---

[13] BGH NJW 2013, 3434; NJW-RR 2017, 114 Rn. 12; 2020, 626 Rn. 11. Bedenken äußert der BGH in dieser Entscheidung auch im Hinblick auf befristete Fortgeltungsklauseln. Zurückhaltender in diesem Punkt hingegen *Herrler* NJW 2014, 21 f.

[14] BGH NJW 1986, 1807 (1808); 1988, 2106 (2107); 2001, 303. Umstritten ist, ob § 147 Abs. 2 BGB den Wertungsmaßstab abgibt (so die wohl hM, vgl. Staudinger/*Coester-Waltjen* BGB § 308 Nr. 1 Rn. 11; Ulmer/*Harry Schmidt* BGB § 308 Nr. 1 Rn. 11) oder ob § 308 Nr. 1 BGB einen eigenen Maßstab der Interessenabwägung enthält (Wolf/*Dammann* BGB § 308 Nr. 1 Rn. 11; ähnlich auch *Walchshöfer* WM 1986, 1043). Da nach allen Ansichten eine Abwägung der Interessen beider Parteien unverzichtbar ist, reduziert sich die Divergenz auf die dogmatische Begründung des Bewertungsmaßstabs.

[15] BGH NJW 1986, 1807 (1808); 1990, 1784 (1785); 2001, 303; 2014, 854 (855); MüKoBGB/ *Wurmnest* § 308 Nr. 1 Rn. 5.

[16] BGH NJW 1986, 1807 (1808).

[17] Vgl. hierzu auch OLG Hamm NJW-RR 1986, 927 (928); Wolf/*Dammann* BGB § 308 Nr. 1 Rn. 12; *Walchshöfer* WM 1986, 1043; Ulmer/*Harry Schmidt* BGB § 308 Nr. 1 Rn. 11 mit der zutreffenden Einschränkung, dass der Verwender die normalen Leistungsvoraussetzungen auf seiner Seite im Allgemeinen geklärt haben muss.

[18] *Wolf*, 4. Aufl. 1999, AGBG § 10 Nr. 1 Rn. 14.

[19] Staudinger/*Coester-Waltjen* BGB § 308 Nr. 1 Rn. 11; Soergel/*Knops* BGB § 308 Nr. 1 Rn. 14.

[20] BGH NJW 1986, 1807 (1808); Ulmer/*Harry Schmidt* BGB § 308 Nr. 1 Rn. 11.

[21] *Walchshöfer* WM 1986, 1043 f.; Wolf/*Dammann* BGB § 308 Nr. 1 Rn. 12; vgl. hierzu auch die Ausführungen zum Regelungsanliegen, → Rn. 692 ff.

ist es ihm faktisch verwehrt, auf eventuell günstigere Angebote auszuweichen. Insbesondere bei Vertragsgegenständen mit schwankendem Marktpreis kann sich ein längerer Schwebezustand für den Kunden sehr ungünstig und gefährlich auswirken, während er dem Verwender eine – nicht schutzwürdige – Möglichkeit bietet, auf Kosten des Kunden zu spekulieren.[22]

Beispiele:
(1) Bei **Alltagsgeschäften** wird teilweise eine Frist von über zehn Tagen als unangemessen angesehen.[23] Hingegen wird auch die Ansicht vertreten, dass im Normalfall eine Frist von 2 Wochen nicht als unangemessen zu beurteilen ist.[24] Der Versuch, eine angemessene Annahmefrist generell festzulegen, ist aber skeptisch zu beurteilen.[25]
(2) Im **Kraftfahrzeughandel** sind bei einem Neuwagengeschäft vier Wochen eine angemessene Frist.[26] Wenn allerdings das Fahrzeug beim Verkäufer bereitsteht und keine weiteren Fragen im Zusammenhang mit dem Vertragsschluss zu klären sind, so ist eine vierwöchige Frist gem. § 308 Nr. 1 BGB unwirksam.[27] Bei Nutzfahrzeugen wird eine Frist von sechs Wochen[28] und bei Gebrauchtwagen von zehn Tagen[29] als zulässig erachtet.
(3) Beim **Möbelkauf** wird allgemein eine formularmäßig ausbedungene Annahmefrist von drei Wochen für zulässig gehalten. Dies gilt aber nach neuerer Rechtsprechung nur für erst noch zu beschaffende Möbel. Bei vorrätigen Möbeln entfällt die Rückfrage beim Hersteller nach dessen Liefermöglichkeit, sodass eine dreiwöchige Frist hier zu lang ist. Ggf. müssen die Allgemeinen Geschäftsbedingungen hier differenzieren.[30]
(4) Bei einem **Kreditgeschäft** erfordert die Überprüfung der Kreditwürdigkeit des Kunden einen nicht unerheblichen Überlegungszeitraum, sodass dem Verwender eine Frist von einem Monat zugestanden wird;[31] unangemessen ist aber eine Annahmefrist von sechs Wochen[32].
(5) Eine Frist von zwei Monaten zur Annahme eines **Leasing**angebots durch den Verwender ist zu lang und somit unangemessen.[33]
(6) Die Fristbestimmung von sechs Wochen in Allgemeinen **Lebensversicherung**sbedingungen ist aufgrund der umfangreichen Risikoprüfung angemessen.[34]
(7) Im **Bauvertragswesen** ist die Bindungsfrist von 30 Tagen, die § 10 Abs. 4 VOB/A vorsieht, als Richtlinie für eine angemessene Frist anzusehen;[35] eine längere Bindung kann im Einzelfall mit besonderer Rechtfertigung zulässig sein.[36]
(8) Ein Beispiel dafür, dass die Länge der Bindungsfrist allein nicht entscheidend ist, bietet das sog. **Einheimischenmodell.** Hier wird sogar eine Bindung von zwanzig Jahren an ein Kaufangebot nicht als unangemessen lang angesehen.[37]

---

[22] BGH NJW 1988, 1807 (1808); MüKoBGB/*Wurmnest* § 308 Nr. 1 Rn. 5; Staudinger/*Coester-Waltjen* BGB § 308 Nr. 1 Rn. 10.
[23] Staudinger/*Coester-Waltjen* BGB § 308 Nr. 1 Rn. 12; Löwe/*Graf von Westphalen*/Trinkner AGBG § 10 Nr. 1 Rn. 13.
[24] OLG Naumburg MDR 1998, 854 f.; Wolf/*Dammann* BGB § 308 Nr. 1 Rn. 14; *Walchshöfer* WM 1986, 1044; Palandt/*Grüneberg* BGB § 308 Rn. 4.
[25] So auch Ulmer/*Harry Schmidt* BGB § 308 Nr. 1 Rn. 13.
[26] So die überwiegende Ansicht, vgl. nur BGH NJW 1990, 1784 mwN; hierzu auch die Anm. von *Lindacher* JR 1990, 327. Hiergegen unter Hinweis auf die Möglichkeit, sich moderner, zeitsparender Fernkommunikationsmittel zu bedienen LG Lüneburg NJW-RR 2002, 564.
[27] OLG Frankfurt a. M. NJW-RR 1998, 566.
[28] LG Marburg DAR 1996, 148 (149); aA: LG Lüneburg NJW-RR 2002, 564 (vierwöchige Frist sei zu lang bemessen).
[29] OLG Köln NJW-RR 1993, 1404.
[30] BGH NJW 2001, 303.
[31] BGH NJW 1988, 2106 (2107).
[32] BGH NJW 1986, 1807 (1808).
[33] OLG Hamm NJW-RR 1986, 927 (928).
[34] OLG Hamm NJW-RR 1986, 388.
[35] Staudinger/*Coester-Waltjen* BGB § 308 Nr. 1 Rn. 12 mwN; Ulmer/*Harry Schmidt* BGB § 308 Nr. 1 Rn. 7 mwN.
[36] BGH NJW 1992, 827.
[37] OLG München NJW 1998, 1962.

(9) Bei finanzierten und beurkundungsbedürftigen **Kaufverträgen über Eigentumswohnungen,** deren Abschluss regelmäßig eine Bonitätsprüfung vorausgeht, kann der Eingang der Annahmeerklärung innerhalb eines Zeitraums von vier Wochen erwartet werden.[38] Gleiches gilt bei **Bauträgerverträgen.**[39] Eine wesentliche, zur Beanstandung führende Überschreitung nimmt der BGH hier an, sobald die Frist sechs Wochen oder mehr beträgt (also 50 %).[40]

2. Nicht hinreichend bestimmte Fristen

Eine in Allgemeinen Geschäftsbedingungen enthaltene Annahmefrist ist auch unwirksam, wenn sie nicht hinreichend bestimmt ist. Der wertausfüllungsbedürftige Begriff der Bestimmbarkeit richtet sich am Maßstab des durchschnittlichen Vertragspartners der jeweiligen Geschäftsart aus.[41] Kann dieser eine Annahmefrist nicht berechnen, so ist sie nicht hinreichend bestimmt. Die Berechenbarkeit ist zu verneinen, wenn Beginn, Dauer oder Ende der Frist nicht sicher oder nur mit Schwierigkeiten, wie zB einem unzumutbaren zeitlichen oder kostenmäßigen Aufwand oder sogar nur mit rechtlicher Beratung, festgestellt werden können.[42] Dies ist insbesondere der Fall, wenn für die Fristbestimmung unbestimmte Zeitbegriffe verwendet werden, an Ereignisse in der Verwendersphäre angeknüpft wird oder die Frist vom Ermessen des Verwenders oder Dritter abhängt.[43] Unkritisch sind Klauseln, die sich auf eine Wiedergabe des Regelungsgehalts des § 147 Abs. 2 BGB beschränken und die Annahmefrist davon abhängig machen, wann der Antragende den Eingang der Antwort unter den ihm bekannten oder in der Klausel bekannt gemachten regelmäßigen Umständen erwarten darf.[44]

701

Beispiele:

(1) Die Klausel in einem **Darlehensvertrag:** „Ich/Wir binde(n) mich/uns an diesen Antrag ab heute bis zwei Wochen nach Eingang des Antrages bei Ihnen. Sind zur Prüfung des Antrages weitere Unterlagen nachzureichen, endet diese Bindungsfrist zwei Wochen nach deren Eingang bei Ihnen." ist wegen Verstoßes gegen § 308 Nr. 1 BGB **unwirksam.** Die Annahmefrist ist für den Antragsteller nicht berechenbar, da ihre Dauer von einem Ereignis abhängt, das nicht ausschließlich in seiner Einflusssphäre liegt. Er bleibt über den zunächst festgelegten Fristablauf von zwei Wochen nach Eingang des Antrags beim Verwender für einen nicht bestimmbaren Zeitraum im Ungewissen.[45]
(2) In den Allgemeinen Geschäftsbedingungen einer **Verkabelungsgesellschaft** ist vorgesehen, dass der Vertrag mit der Bereitstellung und Schaltung des Breitbandkabelanschlusses für den Anschlussteilnehmer beginnt. Diese Bestimmung ist dahingehend zu verstehen, dass der Vertrag erst dann zustande kommt, wenn in der Wohnung des jeweiligen Anschlussteilnehmers die Anschlussdose installiert wurde, sodass der Anschlussteilnehmer in der Lage ist, den Breitbandkabelanschluss auch zu nutzen. Für den Kunden ist bei Abgabe seines Angebots nicht feststellbar, wie lange er an sein Angebot gebunden sein soll. Denn nach den Bedingungen der Gesellschaft wird der Anschluss an die Breitbandkabelanlage hergestellt, sobald das Einverständnis des Grundeigentümers für die Errichtung einer Breitbandkabelanlage vorliegt, sich eine hinreichende Zahl von Anschlussteilnehmern in dem Gebäude anschließen und die technischen Voraussetzungen geschaffen sind. Die Klausel ist daher gem. § 308 Nr. 1 BGB **unwirksam.**[46]
(3) **Unwirksam** ist ferner die Klausel: „Der Kunde ist an die Bestellung bis zum Eingang einer sachlichen Antwort gebunden."[47]

---

[38] BGH NJW 2010, 2873.
[39] BGH NJW 2014, 854 (855); 2014, 857 (858).
[40] BGH NJW 2014, 857 (858); 2016, 2173 Rn. 11.
[41] Wolf/*Dammann* BGB § 308 Nr. 1 Rn. 19.
[42] Vgl. nur mwN Wolf/*Dammann* BGB § 308 Nr. 1 Rn. 19.
[43] OLG Hamm NJW-RR 1992, 1075.
[44] BGH NJW 2013, 291 (292); 2013, 926.
[45] OLG Hamm NJW-RR 1992, 1075.
[46] AG Aachen NJW-RR 1990, 1015.
[47] Amtl. Begr. BT-Drs. 7/3919, S. 24.

(4) Das **Fristende ist nicht hinreichend bestimmt,** wenn auf die für den Empfänger nicht erkennbare Aufgabe zur Post abgestellt wird.[48]

(5) **Unbedenklich** ist es hingegen, wenn eine Klausel in einem **Stromlieferungsvertrag Umständen aus der Sphäre des Kunden,** nämlich den Bedingungen des Stromlieferungsvertrags des Kunden mit seinem bisherigen Lieferanten, entscheidenden Einfluss auf den Lauf und damit auf die Bemessung der Bindungsfrist beimisst.[49]

702　　Maßgebend für die Zulässigkeit einer Klausel ist aber immer die **Auslegung.** So kann im Verbandsprozess der Inhalt einer an sich nur die Gesetzeslage wiedergebenden Klausel, wie „der Auftrag ist unwiderruflich", über die kundenfeindliche Auslegung erweitert werden und folglich die Bedeutung haben, dass der Kunde auf unbestimmte Dauer gebunden ist. Dann ist die Klausel nach § 308 Nr. 1 BGB unwirksam.[50]

III. Rechtsfolgen eines Verstoßes

703　　An die Stelle der unwirksamen AGB-Bestimmung tritt nach § 306 Abs. 2 BGB bei Erklärung unter Abwesenden die **gesetzliche Annahmefrist des § 147 Abs. 2 BGB.**[51] Erfolgt die Annahme durch den Verwender innerhalb der unwirksamen Frist, aber nach Ablauf der Fristbestimmung des § 147 BGB, so ist gem. § 150 Abs. 1 BGB von einem neuen Antrag auszugehen.[52] Eine geltungserhaltende Reduktion in der Weise, dass eine unangemessen lange Frist auf eine angemessen lange Frist verkürzt wird, ist ebenso wie eine auf dasselbe Ziel hinauslaufende ergänzende Vertragsauslegung ausgeschlossen.[53]

IV. Unternehmerischer Geschäftsverkehr

704　　Im unternehmerischen Geschäftsverkehr ist die direkte Anwendung von § 308 Nr. 1 Halbsatz 1 Var. 1 BGB zwar gem. § 310 Abs. 1 BGB ausgeschlossen. Jedoch müssen sich Allgemeine Geschäftsbedingungen über Annahmefristen auch im unternehmerischen Verkehr im Rahmen des Angemessenen halten (§ 307 BGB). Das Bedürfnis nach Vertrauensschutz, Schnelligkeit und Leichtigkeit ist im unternehmerischen Geschäftsverkehr besonders ausgeprägt, sodass überlange und unbestimmte Fristen dort sogar eher als unangemessen anzusehen sind als gegenüber nichtunternehmerischen Kunden.[54] Den Erwartungs- und Kenntnishorizont des durchschnittlichen unternehmerischen Vertragspartners sowie ggf. branchenmäßig verschiedene Interpretationsstandards gilt es stets sorgfältig zu berücksichtigen.[55]

§ 28. Haftung des Abschlussvertreters

I. Allgemeines

705　　Bedient sich der Vertragspartner des Verwenders bei Abschluss des Vertrages eines Vertreters, so wirken die vom Vertreter abgegebenen Willenserklärungen allein für und

---

[48] BGH NJW 1988, 2106 (2107).

[49] BGH NJW 2013, 291 (293); 2013, 926 (927).

[50] Staudinger/*Coester-Waltjen* BGB § 308 Nr. 1 Rn. 13.

[51] BGH NJW 2008, 1148 (1149); 2010, 2873 (2874).

[52] BGH NJW 1986, 1807 (1808); Wolf/*Dammann* BGB § 308 Nr. 1 Rn. 28.

[53] BGH NJW 1986, 1807 (1808); 2010, 2873 (2874).

[54] So zutreffend Wolf/*Dammann* BGB § 308 Nr. 1 Rn. 63; ähnlich Ulmer/*Harry Schmidt* BGB § 308 Nr. 1 Rn. 16. Der BGH misst dem Klauselverbot des § 308 Nr. 1 BGB folgerichtig Indizwirkung für eine unangemessene Benachteiligung zu, BGH NJW 2008, 1148 (1149) und 2016, 2173 Rn. 30.

[55] Staudinger/*Coester-Waltjen* BGB § 308 Nr. 1 Rn. 22 und 24.

gegen den Vertretenen, wenn die Voraussetzungen der Stellvertretung nach § 164 Abs. 1 BGB gegeben sind. Ein als Vertreter im Rahmen der Vertretungsmacht Handelnder haftet grundsätzlich nicht selbst, es sei denn, er hat unter dem Gesichtspunkt der *culpa in contrahendo* wegen der Inanspruchnahme besonderen Vertrauens oder eines eigenen wirtschaftlichen Interesses einzustehen (§ 311 Abs. 3 BGB). Da der Vertreter nach § 164 Abs. 1 S. 1 BGB eine eigene Willenserklärung abgibt, sind aber immerhin die rechtlichen Voraussetzungen dafür geschaffen, ihm über Allgemeine Geschäftsbedingungen selbstständige Verpflichtungserklärungen unterzuschieben. Zwar bedarf es für eine Geltung solcher AGB-Klauseln gegenüber dem Vertreter seines Einverständnisses (§ 305 Abs. 2 BGB), das in vielen Fällen angesichts seines Auftretens in fremdem Namen fehlen dürfte. Gleichwohl verbleibt ihm das Risiko, vom Verwender auf der Grundlage einer Haftungsklausel in einen Prozess hineingezogen zu werden, dessen Ausgang für ihn nicht von vornherein übersehbar ist. **Gegen die Inanspruchnahme aufgrund einer ihm untergeschobenen Verpflichtungsvereinbarung will § 309 Nr. 11 BGB den Vertreter schützen.** Es handelt sich um eine besondere Ausprägung des Verbots überraschender Klauseln.[1] Da solche Klauseln – wie bereits erwähnt – oftmals bereits an § 305 Abs. 2 BGB scheitern oder wegen ihres überraschenden Charakters (§ 305c Abs. 1 BGB) bzw. des Vorrangs der Individualabrede (§ 305b BGB) nicht Vertragsbestandteil werden,[2] beschränkt sich das Klauselverbot des § 309 Nr. 11 BGB in erster Linie auf Klarstellung und Prävention.[3] Trotz der besonderen Hervorhebung der nur eingeschränkten Zulässigkeit solcher Klauseln im Gesetz kommen solchermaßen zu beanstandende Bestimmungen in der AGB-Praxis immer noch recht häufig vor.[4]

Das Bestreben, sich einen zusätzlichen Schuldner zu sichern, wird nicht grundsätzlich missbilligt, sondern lediglich bestimmten, der Vertragstransparenz verpflichteten Anforderungen unterworfen.[5] Ein generelles Verbot solcher Klauseln wäre nicht gerechtfertigt, da es durchaus Fälle gibt, in denen ein berechtigtes Interesse des Verwenders an einer Mitverpflichtung des Vertreters anzuerkennen ist.   706

Beispiele:

(1) In einem Vertrag über die Erteilung von Klavierunterricht an der örtlichen **Musikschule** werden die den minderjährigen Schüler vertretenden Eltern in den Vertrag einbezogen und einer Haftung für die geschuldeten Honorarzahlungen unterworfen.
(2) Der Geschäftsführer einer **GmbH** soll persönlich in die Haftung eingebunden werden. In diesem Zusammenhang ist übrigens zu beachten, dass der Geschäftsführer hier nicht etwa als Unternehmer handelt, § 309 Nr. 11 BGB also unmittelbar Anwendung findet.[6]

Die Erfüllung der in § 309 Nr. 11 BGB gestellten Anforderungen schließt die Unwirksamkeit der Verpflichtung aus konkreten anderen Gründen im Übrigen nicht grundsätzlich aus.[7]   707

II. Regelungsbereich des § 309 Nr. 11 BGB

§ 309 Nr. 11 BGB regelt zwei unterschiedliche Fallgestaltungen. Beiden Regelungs-   708
alternativen ist gemein, dass es bei der Person des Vertreters nicht darauf ankommt, ob er

---

[1] BGH NJW 2006, 996 (997).
[2] Palandt/*Grüneberg* BGB § 309 Rn. 101; Staudinger/*Coester-Waltjen* BGB § 309 Nr. 11 Rn. 3; LG Düsseldorf NJW 1995, 3062 (3063) zu § 305c Abs. 1 BGB.
[3] Palandt/*Grüneberg* BGB § 309 Rn. 101.
[4] Staudinger/*Coester-Waltjen* BGB § 309 Nr. 11 Rn. 2.
[5] Ulmer/*Habersack* BGB § 309 Nr. 11 Rn. 1.
[6] Vgl. BGH NJW 2002, 3464.
[7] BGH NJW 1988, 2465 (2467); Staudinger/*Coester-Waltjen* BGB § 309 Nr. 11 Rn. 4.

seine (angebliche) Vertretungsmacht aus rechtsgeschäftlicher Erteilung oder aus dem Gesetz ableitet.[8]

1. Eigene Haftung oder Einstandspflicht des Vertreters

709   § 309 Nr. 11 Buchst. a BGB erklärt zunächst solche Klauseln **grundsätzlich für nichtig,** die in Allgemeinen Geschäftsbedingungen dem Vertreter **eine eigene Haftung oder Einstandspflicht** auferlegen. Das bedeutet, dass der Vertreter formularmäßig grundsätzlich nicht mitverpflichtet werden darf, sei es in Form einer gesamtschuldnerischen Haftung neben dem Vertretenen (zB Schuldbeitritt) oder sei es in Form einer nachrangigen Haftung (zB Bürgschaft oder Garantie).[9]

Beispiele:
(1) In dem Vertragsformular eines Reisebüros betreffend die Veranstaltung von **Klassenfahrten** wird dem anmeldenden Klassenlehrer folgende Erklärung abverlangt: „Mit der Anmeldung erkenne ich die mir bekannten Geschäftsbedingungen an und erkläre hiermit ausdrücklich, auch für die Vertragsverpflichtungen der von mir angemeldeten Teilnehmer selbst einzustehen."[10]
(2) In den Allgemeinen Geschäftsbedingungen eines **Autovermieters** findet sich die Klausel „Der Fahrer tritt sämtlichen Verpflichtungen des Mieters bei."[11]

710   Von der unzulässigen Eigenhaftung des Vertreters muss allerdings die **zulässige Verpflichtung mehrerer Vertragspartner** abgegrenzt werden. Nr. 11 Buchst. a ist nicht anzuwenden, wenn der Abschlussvertreter den Vertrag zugleich im eigenen Namen als namentlich aufgeführte weitere Vertragspartei abschließt.[12]

Beispiel: In einem **Franchisevertrag** mit einer GmbH als Franchisenehmer wird der **Geschäftsführer** in seiner Eigenschaft als Gesellschafter der vertretenen GmbH zusätzlicher, selbstständiger Vertragspartner des Verwenders. Als solcher übernimmt er (nur) eine Haftung für deren durch den Vertrag begründeten Verbindlichkeiten. Er ist in diesem Fall nicht – wie es § 309 Nr. 11 Buchst. a BGB verlangt – lediglich als Vertreter neben dem eigentlichen Vertragspartner mit verpflichtet, sondern setzt einen eigenen Schuldgrund als Gesellschafter.[13]

Welche Rolle die handelnde Person spielt, kann oft schon aufgrund äußerer Umstände beurteilt werden. In der Regel ist bei unterstützenden Begleitpersonen eine eigene vertragliche Bindung nicht gewollt.

Beispiel: Nach einer Bestimmung in einem vorformulierten **Krankenhausaufnahmevertrag** soll die als „Antragsteller" bezeichnete Begleitperson eine gesamtschuldnerische Haftung mit dem Patienten für die Kosten der stationären Behandlung übernehmen.[14]

711   Wenn die Rolle des Vertreters nicht anhand der äußeren Umstände zu erkennen ist, kommt es im Einzelfall auf die Formulierung an.

Beispiel: Die Bezeichnung als „Mieter 2" in einem vorformulierten **Mietvertrag** lässt auf einen wirklichen weiteren Vertragspartner schließen.[15]

712   In § 309 Nr. 11 Buchst. a BGB wird für die Wirksamkeit einer auf die eigene Haftung oder Einstandspflicht gerichteten Bestimmung eine hierauf gerichtete **ausdrückliche und gesonderte Erklärung** vorausgesetzt. Die damit bezweckte Warnung des Vertreters vor

---

[8] *Erman/Roloff/Looschelders* BGB § 309 Rn. 141; MüKoBGB/*Wurmnest* § 309 Nr. 11 Rn. 3.
[9] BGH NJW 2001, 3186 (für Bürgschaft); Staudinger/*Coester-Waltjen* BGB § 309 Nr. 11 Rn. 8.
[10] OLG Frankfurt NJW 1986, 1941.
[11] LG Osnabrück NJW 1985, 389; ebenso LG Frankfurt NJW-RR 1987, 828.
[12] BGH NJW 1988, 1908 (1909 f.); Ulmer/*Habersack* BGB § 309 Nr. 11 Rn. 7.
[13] BGH NJW 2006, 996 (997).
[14] LG Düsseldorf NJW 1995, 3062 ff.; unter dem Gesichtspunkt der Verletzung einer Beratungspflicht hierzu auch OLG Düsseldorf NJW 1991, 2352 f.
[15] BGH NJW 1988, 1908 (1909).

der Auferlegung einer eigenen Haftung oder Einstandspflicht erfordert es zwar nicht, dass die betreffende Erklärung in einer vom Hauptvertrag getrennten Urkunde abgegeben wird. Der Text der Erklärung sowie die sich darauf beziehende Unterschrift[16] müssen jedoch deutlich von dem Wortlaut des Vertrags **abgesetzt** sein, um dem Vertreter Inhalt und Wirkung seiner eigenen Erklärung deutlich zu machen. Die Urkunde ist demnach äußerlich so zu gestalten, dass sie dem Vertreter die Rechtsfolge unübersehbar vor Augen führt. Schon aus dem äußeren Aufbau der Urkunde muss deren **Doppelcharakter** klar hervortreten.[17]

Beispiel:

(1) Auf der Vorderseite eines formularmäßigen Leasingvertrages findet sich eine Klausel, nach der unter Anerkennung der vorangehenden Vertragsbedingungen die gesamtschuldnerische Mithaftung aus dem Vertrag übernommen wird. Wenn diese Erklärung gesondert zu unterschreiben ist und sich von dem übrigen Vertragstext abhebt, ist sie nicht zu beanstanden.[18]

(2) Ist hingegen in der über den Hauptvertrag aufgenommenen Urkunde die Bestimmung über die Eigenhaftung des Vertreters (in Form einer Bürgschaft) räumlich in den Text integriert, fehlt es grundsätzlich an der gesetzlich geforderten gesonderten Erklärung. Eine solche Gestaltung ist geeignet, dem Kunden die Tatsache, dass die Urkunde zwei selbstständige Verträge enthält, zu verschleiern.[19]

§ 309 Nr. 11 BGB findet – wie alle AGB-rechtlichen Vorschriften – keine Anwendung **713** auf **individuell ausgehandelte Abreden**. Eine solche Klausel wäre in diesem Fall auch dann wirksam, wenn sie die besonderen Förmlichkeiten des § 309 Nr. 11 BGB nicht wahrt.[20]

2. Haftungsverschärfung für den Vertreter ohne Vertretungsmacht

Eine **über § 179 BGB hinausgehende Haftung des falsus procurator** darf nicht fest- **714** geschrieben werden **(§ 309 Nr. 11 Buchst. b BGB)**. Dies geschieht in der Praxis in der Form, dass die dem vollmachtlosen Vertreter zugute kommenden Haftungsgrenzen des § 179 Abs. 2 und 3 BGB formularmäßig ausgehebelt werden, ihm also die Beschränkung der Haftung auf den Vertrauensschaden im Falle fehlender eigener Kenntnis vom Mangel der Vertretungsmacht (Abs. 2) verwehrt wird oder ihm eine Haftung trotz positiver Kenntnis oder fahrlässiger Unkenntnis des Verwenders vom Mangel der Vertretungsmacht (Abs. 3) angesonnen wird.

Beispiele:

(1) Im **Krankenhausaufnahmevertrag** lässt sich das Krankenhaus von der Begleitperson versichern, der Patient sei mit der Bevollmächtigung einverstanden. Soweit keine verwandtschaftlichen oder sonstigen näheren Beziehungen zwischen Patient und der Begleitperson bestehen, kann das Krankenhaus nicht von deren Bevollmächtigung ausgehen, weshalb die Haftung des Dritten gem. § 179 Abs. 3 BGB ausgeschlossen ist.[21]

(2) In den Allgemeinen Geschäftsbedingungen eines Mauertrockenlegungsunternehmens fand sich folgende Klausel: „Ein als Vertreter des Gebäudeeigentümers unterzeichnender Besteller versichert seine rechtsgültige Bevollmächtigung durch diesen. Auf seine Haftpflicht gem. § 179 BGB wird hingewiesen."[22]

---

[16] Für eine Interpretation der Vorschrift im Sinne von „gesondert zu unterschreiben" auch OLG Frankfurt 1986, 1941 (1943); Ulmer/*Habersack* BGB § 309 Nr. 11 Rn. 11.

[17] BGH NJW 2001, 3186; 2002, 3464.

[18] BGH NJW 1988, 2465.

[19] BGH NJW 2001, 3186 f.

[20] *Wolf*, 4. Aufl. 1999, AGBG § 11 Nr. 14 Rn. 9; so wohl BGH NJW 1988, 2465 (2466).

[21] LG Düsseldorf NJW 1995, 3062 (3063).

[22] LG Nürnberg-Fürth NJW 1962, 1513.

III. Unternehmerischer Geschäftsverkehr

715   § 309 Nr. 11 BGB gilt als Ausprägung der allgemeinen Regeln der §§ 305c Abs. 1 und 305b BGB auch im unternehmerischen Verkehr (§ 310 Abs. 1 S. 2 BGB).[23] Freilich werden die inkriminierten Klauseln typischerweise im Verkehr mit Letztverbrauchern verwendet.[24] Dass die Delkredere-Haftung des Handelsvertreters nach § 86b HGB nicht von § 309 Nr. 11 BGB erfasst wird,[25] liegt auf der Hand, betrifft sie doch allein das Vertragsverhältnis zwischen Vertreter und Vertretenem.

Dritter Abschnitt. Vertragsinhalt

§ 29. Laufzeit und Kündigung des Vertrages

Literatur: *Erdmann*, Die Laufzeit von Franchiseverträgen im Lichte des AGB-Gesetzes, BB 1992, 795; *Jendrek*, Formularvertragliche Befristung von Mietverträgen über Funkstandorte, NZM 2005, 241; *Löwe*, Langfristige Laufzeitklauseln in vorformulierten Verträgen über technische Anlagen, NJW 1995, 1726; *Martinek*, Langfristige Laufzeitklauseln als Wettbewerbsinstrumente in Gasversorgungsverträgen, BB 1989, 1277; *Müller/Schmitt*, Verlängerungsklauseln in der AGB-Kontrolle, NJW 2017, 1991; *Niebling*, Die formularmäßige Vereinbarung von Vertragslaufzeiten, MDR 2008, 841; *ders.*, Laufzeit und Laufzeitverlängerung in der AGB-Gestaltung, MDR 2011, 141; *Stoffels*, Laufzeitkontrolle von Franchiseverträgen, DB 2004, 1871; *Strauß*, Langfristige Laufzeitklauseln in vorformulierten Verträgen über technische Anlagen, NJW 1995, 697; *Wais*, Gesetzlicher Schutz vor ungewollten Vertragsverlängerungen, NJW 2018, 1777.

716   Für die Verträgen innewohnende effektive wirtschaftliche Belastung ist die Vertragslaufzeit von ganz wesentlicher Bedeutung. Allerdings kann der Kunde im Allgemeinen nur auf eine begrenzte Zeit überblicken, ob und inwieweit sein Bedarf und sein Interesse an den in Anspruch genommenen Leistungen (zB Zeitschriftenbezug oder Mitgliedschaft in einem Buchklub) erhalten bleibt.[1] Eine langfristige Laufzeitbindung belastet ihn mit dem Risiko, dass die vertragsgegenständliche Leistung für ihn infolge einer Änderung der wirtschaftlichen Verhältnisse nicht mehr von Interesse ist. Indem das AGB-Recht Laufzeitbegrenzungen statuiert, sichert es allerdings nicht nur die **Dispositionsfreiheit**, sondern zugleich auch die **Mobilität des Marktes**.[2]

I. Das Klauselverbot des § 309 Nr. 9 BGB

717   Der Schutz vor unbilligen Laufzeitklauseln erfolgt im Recht der Allgemeinen Geschäftsbedingungen für einen beschränkten Kreis von Dauerschuldverhältnissen durch § 309 Nr. 9 BGB sowie in Ergänzung hierzu durch die **Generalklausel des § 307 BGB**.

1. Schutz vor übermäßig langer Vertragsbindung

718   § 309 Nr. 9 BGB soll dem Kunden ein Grundmaß an Transparenz gewähren und ihn vor überraschenden und unbedachten Verlängerungen bewahren, indem **Höchstgrenzen für die Erstlaufzeit auf zwei Jahre, für stillschweigende Verlängerungen auf ein Jahr**

---

[23] MüKoBGB/*Wurmnest* § 309 Nr. 11 Rn. 10; Palandt/*Grüneberg* BGB § 309 Rn. 105; Ulmer/*Habersack* BGB § 309 Nr. 11 Rn. 15; aA Wolf/*Dammann* BGB § 309 Nr. 11 Rn. 70 ff.

[24] Staudinger/*Coester-Waltjen* BGB § 309 Nr. 11 Rn. 14.

[25] RegE BT-Drs. 7/3919, S. 38.

[1] Zum Normzweck des § 309 Nr. 9 BGB vgl. BGH NJW 2002, 3240 (3245) mit weiteren Hinweisen auf die Gesetzesbegründung.

[2] HK/*Schulte-Nölke* BGB § 309 Rn. 43.

und für Kündigungsfristen auf drei Monate für ausgewählte Dauerschuldverhältnisse festgeschrieben werden.

2. Die tatbestandlich erfassten Vertragsarten

In den Regelungsbereich des § 309 Nr. 9 BGB fallen nur **Vertragsverhältnisse, die die** 719 **regelmäßige Lieferung von Waren oder die regelmäßige Erbringung von Dienst- oder Werkleistungen durch den Verwender zum Gegenstand haben.** § 309 Nr. 9 BGB erfasst also entgegen seiner zu weit reichenden Überschrift nicht Dauerschuldverhältnisse schlechthin – ja noch nicht einmal die typischen Dauerschuldverhältnisse wie Miete, Pacht, Franchising und Leasing. Der **Verwender muss** zudem im Rahmen des § 309 Nr. 9 BGB **auch der Leistungserbringer sein**; ansonsten kann eine Überprüfung ausschließlich anhand von § 307 BGB erfolgen.

Der Vertrag muss als **Dauerschuldverhältnis** ausgestaltet sein, dh dass mit der Länge 720 der Zeit auch der Gesamtleistungsumfang zunimmt.[3] Hierfür reicht es aus, dass aufgrund eines einheitlichen Vertragsverhältnisses während der vorgesehenen Dauer immer wieder Lieferungen oder Leistungen zu erbringen sind, mögen diese in ihrem Umfang und ihren zeitlichen Abständen auch variieren.[4]

Verträge über die **regelmäßige Lieferung von Waren** können sehr unterschiedliche 721 Sachen zum Vertragsgegenstand haben. Schließlich umfassen die meist als Kauf- oder Werklieferungsverträge ausgestalteten Verträge die gesamte Breite von beweglichen körperlichen Sachen des Handelsverkehrs – von Flüssiggas[5] bis zu Software.[6] In der amtlichen Begründung werden beispielhaft Zeitungs- und Zeitschriftenabonnements sowie die „Mitgliedschaft" in Buchgemeinschaften und ähnlichen Vertriebsorganisationen angeführt.[7] Bei Letzteren besteht i. d. R. die Pflicht, mindestens ein Produkt nach eigener Wahl in jedem Monat oder Quartal, bei Nichtausnutzung der Wahlmöglichkeit das entsprechende Vorschlagsprodukt („Produkt des Monats") abzunehmen. Werden solche Rechtsbeziehungen gesellschaftsrechtlich ausgestaltet, so ist zu beachten, dass die Bereichsausnahme für Verträge auf dem Gebiet des Gesellschaftsrechts (§ 310 Abs. 4 BGB) nur bezüglich solcher Leistungen eingreift, die unmittelbar auf dem Gesellschaftsvertrag beruhen, mitgliedschaftlicher Natur sind und der Verwirklichung des Gesellschaftszwecks dienen.[8] Fehlt dieser unmittelbare Bezug, so ist § 309 Nr. 9 BGB anzuwenden.[9] Bei der regelmäßigen Lieferung von Waren ist das Moment der Regelmäßigkeit der Lieferung *conditio sine qua non.* Die zu liefernden Waren müssen aber nicht schon bei Vertragsschluss näher bestimmt sein.[10]

Beispiel: Bei einem **Schlüsselfunddienst** fehlt es an der regelmäßigen Erbringung von Dienstleistungen. Die Leistung ist nur nach dem Zufallsprinzip zu erbringen.[11]

---

[3] Vgl. zum Dauerschuldverhältnis MüKoBGB/*Gaier* § 314 Rn. 6 ff.; Palandt/*Grüneberg* BGB § 314 Rn. 2; ferner *Oetker*, Das Dauerschuldverhältnis und seine Beendigung, 1994, passim.
[4] *Martinek* BB 1989, 1277 (1284).
[5] OLG Frankfurt NJW-RR 1987, 1462; beachte aber auch § 310 Abs. 2 BGB.
[6] *Hoeren* JZ 1990, 240.
[7] BT-Drs. 7/3919, S. 37.
[8] BGH NJW 1988, 1729 (Telefonzentrale einer Genossenschaft von Taxiunternehmen); BGH NJW-RR 1992, 379 (Gewährung von Ferienwohnrechten an stille Gesellschafter einer Gesellschaft für Ferienimmobilien).
[9] BGH NJW-RR 1992, 379 (Verschaffung verbilligter Einkaufsmöglichkeiten für verschiedenartige Waren in einer Gesellschaft für Ferienimmobilien).
[10] Ulmer/*Christensen* BGB § 309 Nr. 9 Rn. 10.
[11] KG NJW-RR 1994, 1267 (1268).

722 Neben Verträgen über die Lieferung von Waren werden von § 309 Nr. 9 BGB Verträge über die **regelmäßige Erbringung von Dienst- oder Werkleistungen** erfasst. Beide Begriffe sind weit zu fassen.[12] Die Abgrenzung der tätigkeitsbezogenen Dienstleistung von der erfolgsbezogenen Werkleistung ergibt sich aus den §§ 611 ff. und §§ 631 ff. BGB. Da jeweils die gleiche Rechtsfolge angeordnet ist, kann jedoch im Rahmen des § 309 Nr. 9 BGB eine Entscheidung dahinstehen. Entscheidend ist, dass die Leistungen innerhalb eines einheitlichen Vertragsverhältnisses erfolgen und nicht vor jeder Leistungserbringung ein neuer Vertragsabschluss erfolgt.

Beispiele:

(1) In diese Kategorie fallen insbesondere **Unterrichtsverträge**[13] – wobei es bei Fernunterrichtsverträgen das speziellere FernUSG[14] zu beachten gilt, soweit es zwingend ausgestaltet ist.

(2) Ferner werden erfasst: **Mitgliedschaften in Ehevermittlungsinstituten**[15], **Fernüberwachungsverträge,**[16] **Kinderkrippenbetreuungsverträge,**[17] Verträge über die **Wartung technischer Anlagen sowie Geschäftsbesorgungsverträge.**

(3) Grundsätzlich wird der **Makler-Alleinauftrag** aufgrund der mangelnden Regelmäßigkeit einer Dienstleistung nicht unter § 309 Nr. 9 BGB fallen.[18]

(4) Der **BahnCard-Vertrag** wird nicht von § 309 Nr. 9 BGB erfasst, da er als Rahmenvertrag dem Kunden lediglich einen Anspruch vermittelt, während der Laufzeit Beförderungsdienstleistungen zu ermäßigten Preisen zu erwerben.[19]

(5) Auf Verträge, bei denen die versprochene Leistung überwiegend in der **Verwahrung** besteht, findet § 309 Nr. 9 BGB keine Anwendung.[20]

723 **Typengemischte Verträge** fallen unter § 309 Nr. 9 BGB, wenn das kauf-, werk- oder dienstvertragliche Element in der Gesamtschau mit anderen Vertragselementen dominiert.[21]

Beispiele:

(1) Bei einem **Betreuungsvertrag** (über betreutes Wohnen) handelt es sich um einen gemischten Vertrag, der neben dem dominierenden dienstvertraglichen Element auch werk- und mietvertragsrechtliche Züge aufweist und damit im Ergebnis § 309 Nr. 9 BGB unterliegt.[22]

(2) Bei einem **Werbeflächenvertrag** überwiegt das mietvertragliche Element auch dann, wenn der Vertrag die Anfertigung eines individuellen Werbeschilds und dessen Anbringung neben der Vermietung einer bestimmten Werbefläche beinhaltet. Nach der Herstellung und Montage beschränken sich die Leistungen fast ausschließlich noch auf die Gebrauchsüberlassung an dem Schild und der Werbefläche, also auf eine dem Mietvertrag eigene Verpflichtung.[23]

---

[12] Ulmer/*Christensen* BGB § 309 Nr. 9 Rn. 11 f.; Löwe/*Graf von Westphalen*/Trinkner AGBG § 11 Nr. 12 Rn. 6 f.

[13] OLG Köln NJW 1983, 1002 (1004); OLG Frankfurt NJW-RR 1987, 438 (439); KG NJW-RR 2009, 1212; OLG Hamburg NJW-RR 2011, 1354; OLG Koblenz NJW-RR 2011, 1355. Bei Privatschulverträgen stellt sich auch die Frage der Kündbarkeit. Der BGH (NJW 2008, 1064) bejaht die Wirksamkeit eines vertraglich vereinbarten Kündigungsrechts zum Halbjahresschluss, ebenso OLG Schleswig (NJW-RR 2010, 703) für Tertialkündigungsrecht. Vgl. auch OLG Karlsruhe NJW-RR 2011, 410.

[14] BGBl. I 1976 2525.

[15] RegE BT-Drs. 7/3919, S. 37.

[16] BGH NJW 2018, 683.

[17] BGH NJW 2018, 2788; zur Inhaltskontrolle von Kinderkrippenverträgen vgl. im Übrigen BGH NJW 2016, 1578 und LG Frankfurt a. M. NJW-RR 2016, 1021. Ferner *Schwede/Schwede* NZFam 2017, 591.

[18] BGH NJW 2020, 3306 Rn. 24 f.

[19] BGH NJW 2010, 2942 (2943).

[20] Für Prämiensparverträge (OLG Dresden BeckRS 2019, 32681 Rn. 47) und für Pferdepensionsverträge (BGH NJW 2020, 328).

[21] BGH NJW 2007, 213 (214); LG Offenburg NJW-RR 1999, 495 (496).

[22] BGH NJW 2007, 213 (214).

[23] LG Berlin NJW-RR 1998, 733.

(3) Bei **Fitnessstudio-Verträgen** wird häufig eine Dominanz der Gebrauchsüberlassung von Räumen und Geräten angenommen werden.[24] Es ist aber zu schauen, ob es neben der anfänglichen Einweisung in die Benutzung der Geräte und der allgemeinen Beaufsichtigung des Trainingsbetriebes beispielsweise eine Art Unterricht oder betreute Trainingsgruppen gibt.

Auf **Arbeitsverträge** ist § 309 Nr. 9 BGB nicht anwendbar.[25] Durch die Aufhebung   **724** der Bereichsausnahmen im Rahmen der Schuldrechtsreform sind Verträge auf dem Gebiet des Arbeitsrechts zwar nicht mehr grundsätzlich einer AGB-Kontrolle entzogen (§ 310 Abs. 4 BGB), nur ist die **Befristung** mit dem Gesetz über Teilzeitarbeit und befristete Arbeitsverträge[26] spezialgesetzlich geregelt. Zudem ist die Intention des Schutzes bei Arbeitsverträgen gegenüber den im Rahmen des § 309 Nr. 9 BGB diskutierten Dauerschuldverhältnissen eine andere. Die Befristung an sich stellt bei einem Arbeitsvertrag aus Sicht des Gesetzgebers zunächst einmal einen Makel dar. Das zeigt sich zum einen darin, dass eine Befristung grundsätzlich besonderer Rechtfertigungsgründe (vgl. § 14 TzBfG) bedarf und zum anderen auf der Rechtsfolgenseite, wonach bei einer unwirksamen Befristung der befristete Arbeitsvertrag als auf unbestimmte Zeit abgeschlossen gilt (§ 16 TzBfG). Dagegen unterliegt die **Befristung einzelner Arbeitsbedingungen** sehr wohl der AGB-Kontrolle. Der Kontrollmaßstab ergibt sich aus § 307 BGB.[27]

3. Ausnahmen von der Laufzeitbegrenzung für Dauerschuldverhältnisse

§ 309 Nr. 9 Halbsatz 2 BGB lässt es zu, bei Verträgen über die Lieferung als zusam-   **725** mengehörig verkaufter Sachen und bei Versicherungsverträgen formularmäßig über die zeitlichen Bindungsgrenzen des § 309 Nr. 9 BGB für Dauerschuldverhältnisse hinauszugehen.[28] Bei den genannten Vertragsarten liegt eine längerfristige Bindung regelmäßig nicht nur im Interesse des Verwenders, sondern auch im Interesse des Kunden.[29] Die Vorschrift läuft weitgehend leer. Denn **Verträge über die Lieferung als zusammengehörig verkaufter Sachen** – der Regierungsentwurf nennt als Beispiel den Kauf eines mehrbändigen Lexikons –[30] begründen bereits kein Dauerschuldverhältnis im Sinne von § 309 Nr. 9 BGB. Für solche Teillieferungsverträge hat § 309 Nr. 9 Halbsatz 2 BGB mithin lediglich klarstellende Bedeutung.[31] **Versicherungsverträge** begründen zwar ein Dauerschuldverhältnis. Dabei handelt es sich allerdings nicht um ein Vertragsverhältnis, das die regelmäßige Lieferung von Waren oder die regelmäßige Erbringung von Dienst- oder Werkleistungen zum Gegenstand hat, sodass bereits der Tatbestand des § 309 Nr. 9 BGB nicht erfüllt ist.[32]

4. Laufzeit

§ 309 Nr. 9 Buchst. a BGB verbietet eine erstmalige **Vertragslaufzeit von mehr als**   **726** **zwei Jahren.** Abzustellen ist hierbei auf die Bindungsdauer des Kunden an den Vertrag. Wird dem Kunden ein Vertragslösungsrecht vor Ablauf der Höchstfrist von zwei Jahren

---

[24] Vgl. hierzu schon die Ausführungen unter → Rn. 455.
[25] So auch CKK/*Schlewing* BGB § 309 Rn. 119.
[26] Hierzu *Laux/Schlachter,* Teilzeit- und Befristungsgesetz, 2. Aufl. 2011.
[27] Näher hierzu unter → Rn. 1158.
[28] Die bisherige Ausnahme für **urheberrechtliche Verträge der Verwertungsgesellschaften** ist mit Wirkung zum 1.6.2016 aufgehoben worden.
[29] Ulmer/*Christensen* BGB § 309 Nr. 9 Rn. 8; BGH NJW 1982, 2309 (2310).
[30] BT-Drs. 7/3919, S. 42; zur Lieferung von Buchreihen ferner BGH NJW 1993, 2052.
[31] Wolf/*Dammann* BGB § 309 Nr. 9 Rn. 16; BeckOK/*Becker* BGB § 309 Nr. 9 Rn. 13.
[32] Ulmer/*Christensen* BGB § 309 Nr. 9 Rn. 8; Wolf/*Dammann* BGB § 309 Nr. 9 Rn. 16. Die Verfassungsmäßigkeit dieser Ausnahme hat bejaht BVerfG NJW 1986, 243. Vgl. im Übrigen die spezielle Regelung des Laufzeitproblems in § 11 VVG.

eingeräumt, so besteht keine längere Bindung als bis zum Zeitpunkt der Lösungsmöglichkeit.[33] Als Lösungsmöglichkeit kommt insbesondere die ordentliche Kündigung in Betracht. Nicht ausreichend wäre hingegen lediglich die Einräumung eines außerordentlichen Kündigungsrechts,[34] da dieses von eng umgrenzten tatbestandlichen Voraussetzungen abhängt. Ein Verstoß gegen § 309 Nr. 9 Buchst. a BGB liegt ebenfalls vor, wenn Klauseln in auf unbefristete Dauer abgeschlossenen Verträgen das Kündigungsrecht für mehr als zwei Jahre ausschließen.[35]

727   Die den anderen Vertragsteil bindende **Laufzeit beginnt mit dem Abschluss des Vertrages**[36] und nicht erst mit einem etwa späteren Beginn der Leistungserbringung.[37] Denn das belastende Moment ist die Bindungsdauer und diese wirkt sich auch schon aus, wenn die Leistungen erst später erbracht werden sollen. Eine vereinbarte Probezeit wird hingegen bei der Bestimmung der Laufzeit nicht mitgezählt.[38]

728   Allein aus der Einhaltung der in § 309 Nr. 9 Buchst. a BGB genannten Frist von zwei Jahren kann noch nicht ohne weiteres auf die Wirksamkeit einer Laufzeitklausel geschlossen werden. Ein endgültiges Urteil über die Wirksamkeit kann erst nach der Überprüfung der Klausel anhand der **Generalklausel des § 307 BGB** formuliert werden. Der Rückgriff auf die Generalklausel ist eröffnet, da sich der Gesetzgeber „angesichts der Vielgestaltigkeit der in Betracht kommenden Dauerschuldverhältnisse"[39] zu einer generalisierenden Regelung der Laufzeitbegrenzung gezwungen sah und daher nur Höchstfristen[40] festlegen wollte, bei deren Überschreitung die Klausel stets unwirksam sein sollte.[41] Umstritten ist, ob hier der Befund, dass die Zweijahresfrist des § 309 Nr. 9 Buchst. a BGB nicht überschritten ist, für die Angemessenheit der Laufzeitbestimmung streitet.[42] Für die von § 309 Nr. 9 BGB erfassten Vertragsarten liegt in der Tat ein solcher Umkehrschluss nahe. Hier kann sich die Unangemessenheit nur aus besonderen Umständen ergeben, an die die gesetzgeberische Wertung in § 309 Nr. 9 BGB nicht anknüpft. Mangels solcher besonderen Gründe hat der BGH eine Erstlaufzeit von zwei Jahren im Hinblick auf Zeitungs- und Zeitschriftenabonnements gebilligt.[43]

729   Vorformulierte Laufzeitbestimmungen in **Verträgen, die nicht dem Anwendungsbereich des § 309 Nr. 9 BGB unterfallen,** werden anhand von § 307 BGB überprüft. Die gesetzlichen Wertungen des § 309 Nr. 9 BGB fließen in das auf der Grundlage der Generalklausel zu treffende Angemessenheitsurteil ein.[44]

730   Der Anwendungsbereich des § 309 Nr. 12 Buchst. a BGB erstreckt sich nach seinem Normzweck nicht auf solche Dauerschuldverhältnisse, für die bereits eine interessenge-

---

[33] Ebenso Staudinger/*Coester-Waltjen* BGB § 309 Nr. 9 Rn. 17; MüKoBGB/*Wurmnest* § 309 Nr. 9 Rn. 13; Erman/*Roloff/Looschelders* BGB § 309 Rn. 127.

[34] BGH NJW 2019, 1280 Rn. 29; BeckOGK/*Weiler* BGB § 309 Nr. 9 Rn. 71.

[35] OLG Frankfurt NJW-RR 1987, 438 (439).

[36] Grundsatzentscheidung BGH NJW 1993, 1651 (1652) mit umfangreichen Nachweisen; bestätigt durch BGH NJW 2009, 1738 (1739); 2013, 926 (927); dem BGH folgend KG NJW-RR 2009, 1212; ebenso Ulmer/*Christensen* BGB § 309 Nr. 9 Rn. 13; MüKoBGB/*Wurmnest* § 309 Nr. 9 Rn. 12; Erman/*Roloff/Looschelders*§ 309 Rn. 127.

[37] So aber Wolf/*Dammann* BGB § 309 Nr. 9 Rn. 42; Löwe/*Graf von Westphalen*/Trinkner AGBG § 11 Nr. 12 Rn. 20.

[38] BGH NJW 1993, 326 (327 f.).

[39] Bericht des Rechtsausschusses, BT-Drs. 7/5422, S. 9.

[40] Amtl. Begründung, BT-Drs. 7/3919, S. 37.

[41] BGH NJW 1987, 2012.

[42] In diesem Sinne die Rechtsprechung: insbes. BGH NJW 1987, 2012 (2013); 1997, 739 f.; ihr folgend Palandt/*Grüneberg* BGB § 309 Rn. 94; aA Ulmer/*Christensen* BGB § 309 Nr. 9 Rn. 15; MüKoBGB/*Wurmnest* § 309 Nr. 9 Rn. 15.

[43] BGH NJW 1987, 2012 (2012 f.).

[44] MüKoBGB/*Wurmnest* § 309 Nr. 9 Rn. 11.

rechte Sonderregelung besteht. Eine solche Sonderregelung besteht im Bereich des **Wohneigentumsrechts** für die höchstzulässige Dauer der **Bestellung des Verwalters** (§ 26 Abs. 1 S. 2 WEG).[45] Die Eigentümergemeinschaft hat in der Regel ein sachliches Interesse an einer längerfristigen, kontinuierlichen Verwaltertätigkeit. Auf der anderen Seite galt es, eine extrem lange – möglicherweise Jahrzehnte während – Bindung der Wohnungseigentümer an einen bestimmten Verwalter zu verhindern. Nach Abwägung aller maßgeblichen Gesichtspunkte hat sich der Gesetzgeber für eine unabdingbare **Höchstfrist von fünf Jahren** entschieden. Diese spezielle Interessenbewertung darf nicht durch einen Rückgriff auf § 309 Nr. 9 Buchst. a BGB konterkariert werden. Allerdings prüft der BGH trotz Einhaltung der Höchstfrist des § 26 Abs. 1 S. 2 WEG, ob die betreffende Laufzeitbestimmung gegen § 307 BGB verstößt.[46] Im Regelfall wird man jedoch aus der Einhaltung der Vorgaben des § 26 Abs. 1 S. 2 bis 4 WEG auf die Angemessenheit im Sinne des § 307 BGB schließen dürfen.

Enthält das Vertragsformular in der Rubrik „Vertragslaufzeit" eine noch vom Kunden **731** auszufüllende Leerstelle oder werden dem Kunden mehrere Laufzeiten zur Auswahl gestellt, so ist die AGB-Qualität dieses Textteils fraglich.[47]

5. Stillschweigende Vertragsverlängerung

Vielfach findet sich bei Dauerschuldverhältnissen in Allgemeinen Geschäftsbedingun- **732** gen eine Verlängerungsklausel. Die Laufzeit verlängert sich somit stillschweigend, sofern nicht seitens des Kunden gekündigt wird. Um Auswüchsen entgegenzuwirken, ist in **§ 309 Nr. 9 Buchst. b BGB** bestimmt, dass **Vertragsverlängerungen, die Bindungen von über einem Jahr zur Folge haben, unzulässig** sind. Hierbei handelt es sich um die äußerst zumutbare Bindung für den Vertragspartner.[48] Es ist jedoch darauf hinzuweisen, dass der BGH von einer grundsätzlichen Zulässigkeit einer einjährigen Verlängerung ausgeht.[49]

6. Kündigungsfrist

Dem Kunden darf gem. **§ 309 Nr. 9 Buchst. c BGB** eine **Kündigungsfrist von mehr** **733** **als drei Monaten nicht auferlegt** werden. Dabei ist es unbeachtlich, ob der Kunde zum Ende der ersten oder der stillschweigend verlängerten Laufzeit kündigt und ob die Laufzeit mittels Allgemeinen Geschäftsbedingungen oder im Rahmen eines Individualvertrages vereinbart worden ist.[50] Bei der dreimonatigen Frist handelt es sich ebenfalls um eine Höchstfrist. § 309 Nr. 9 BGB kann nicht entnommen werden, dass dem Kunden ein laufendes Kündigungsrecht mit einer Frist von maximal drei Monaten eingeräumt werden muss.[51] Hierfür spricht schon § 309 Nr. 9 Buchst. b BGB, der eine stillschweigende Vertragsverlängerung um bis zu ein Jahr zulässt. Nicht von § 309 Nr. 9 Buchst. c BGB

---

[45] BGH NJW 2002, 3240 (3245); ebenso Staudinger/*Coester-Waltjen* BGB § 309 Nr. 9 Rn. 8; Ulmer/*Christensen* BGB § 309 Nr. 9 Rn. 11; aA KG NJW-RR 1989, 839. Im Übrigen unterliegt der Verwaltervertrag in vollem Umfang den §§ 305 ff. BGB; vgl. BGH NJW 2020, 988; OLG München NJW-RR 2008, 1182 (1184); Ulmer/*Christensen* Klauseln, 63 Rn. 4; *Sauren* NZM 2018, 272. Zur Laufzeitkontrolle eines Betreuungsvertrags bei Kontrahierungszwang kraft Teilungserklärung zuletzt BGH NJW 2019, 1280.

[46] BGH NJW 2002, 3240 (3246).

[47] Vgl. hierzu die Ausführungen unter → Rn. 122 ff.

[48] RegE BT-Drs. 7/3919, S. 37.

[49] BGH NJW 1997, 739 (739 f.).

[50] Ulmer/*Christensen* BGB § 309 Nr. 9 Rn. 18; Staudinger/*Coester-Waltjen* BGB § 309 Nr. 9 Rn. 21; Palandt/*Grüneberg* BGB § 309 Rn. 93.

[51] BGH NJW 2018, 2788.

betroffen ist das **Recht zur außerordentlichen Kündigung.** Es ist in Allgemeinen Geschäftsbedingungen nicht ausschließbar.[52]

734   Ergänzt und unterstützt wird § 309 Nr. 9 Buchst. c BGB durch **§ 309 Nr. 13 BGB,** wonach Erklärungen des Kunden an keine strengere Form als die einfache Schriftform und auch nicht an besondere Zugangserfordernisse gebunden werden dürfen (hierzu Rn. 672 ff.).

7. Rechtsfolgen bei Überschreitung der Höchstgrenzen

735   Ein Vertrag, dessen in Allgemeinen Geschäftsbedingungen festgelegte Laufzeit den Gegner des Verwenders unangemessen benachteiligt, kann nicht mit einer kürzeren noch angemessenen Laufzeit aufrechterhalten werden.[53] Oftmals wird es aber auch an einer aus dem Gesetz zu entnehmende Laufzeit bzw. Kündigungsfrist fehlen, sodass im Rahmen der **ergänzenden Vertragsauslegung** die jeweilige Laufzeit bzw. Kündigungsfrist zu bestimmen ist.[54] Dies wird insbesondere im Bereich der Werkverträge virulent, da dort § 649 BGB in vielen Fällen als ausgeschlossen betrachtet werden muss.[55] Bei Dienstverträgen kann zur Lückenfüllung direkt auf §§ 620 Abs. 2, 621 BGB zurückgegriffen werden. In einigen Fällen kann auch auf gesetzliche Regelungen mittels Analogie Bezug genommen werden.[56] Als Beispiel sei das FernUSG genannt.

8. Unternehmerischer Geschäftsverkehr

736   § 309 Nr. 9 Buchst. a BGB enthält **kein Indiz** dafür, dass entsprechende Geschäftsbedingungen im unternehmerischen Verkehr unwirksam wären.[57] Dauerschuldverhältnisse haben im unternehmerischen Verkehr oftmals längere Laufzeiten (hierzu sogleich). Daher ist im Einzelfall zu prüfen, ob die als Allgemeine Geschäftsbedingung vereinbarte Laufzeit den Anforderungen der Generalklausel des § 307 BGB genügt.

II. Inhaltskontrolle auf der Grundlage des § 307 BGB

1. Vertragslaufzeitklauseln

737   Die Rechtsprechung hat stets eine mehrjährige Bindung in einem Vertrag mit Dauerschuldcharakter – allein im Hinblick auf die lange Vertragslaufzeit – grundsätzlich nicht als unangemessene Benachteiligung des anderen Teils gewertet. Abzustellen ist vielmehr auf eine **Interessenabwägung,** bei der die typischen Belange der beteiligten Kreise zu würdigen sind und zu prüfen ist, ob die Vertragsdauer vor dem Hintergrund dieser Interessenlage im Allgemeinen eine billige und gerechte Regelung darstellt, oder ob sie das Gleichgewicht der Rechte und Pflichten zum Nachteil des Vertragspartners erheblich stört.[58] In der Rechtsprechung ist anerkannt, dass die höchstzulässige Bindungsdauer vor allem davon abhängt, wie erheblich die **Gegenleistungen** sind, **die der bindende Teil nach dem Vertrag zu erbringen hat.** Muss er hohe Entwicklungs- und Vorhaltekosten aufwenden, die sich nur bei längerer Vertragsdauer amortisieren, so rechtfertigt dies regelmäßig eine längerfristige Bindung des anderen Teils an den Vertrag.[59]

---

[52] BGH NJW 1986, 3134; 1993, 1133 (1135); NJW-RR 2003, 1635 (1638 f.); Palandt/*Grüneberg* BGB § 314 Rn. 3.
[53] BGH NJW 1982, 2309 (2310); 2000, 1110 (1113 f.).
[54] Ulmer/*Christensen* BGB § 309 Nr. 9 Rn. 21.
[55] Ulmer/*Christensen* BGB § 309 Nr. 9 Rn. 21.
[56] OLG Karlsruhe NJW 1981, 1676 (1677); aA OLG Hamm NJW 1982, 1053.
[57] BGH NJW 2003, 886 (887); NJW-RR 2018, 683 Rn. 22.
[58] BGH NJW 1997, 3022 (3023).
[59] BGH NJW 2000, 1110 (1112 f.); 2003, 1313 (1315); NJW-RR 2012, 249 (250).

Beispiele:

(1) Eine in Allgemeinen Geschäftsbedingungen vereinbarte Laufzeit einer **Bierbezugsverpflichtung von zehn Jahren** benachteiligt den Gastwirt (Unternehmer im Sinne des § 14 BGB) im Regelfall nicht unangemessen. Da dem Gastwirt im Zusammenhang mit einem derartigen Bierlieferungsvertrag regelmäßig ein Darlehen zur Verfügung gestellt wird, das dem Aufbau oder der Fortführung der Gastwirtschaft dient und das durch den kontinuierlichen Getränkebezug amortisiert wird, ist eine solche Bindung unter Berücksichtigung der im Handelsverkehr geltenden Gewohnheiten und Gebräuche sowie der beiderseitigen Interessen und Bedürfnisse der Parteien hinzunehmen.[60]

(2) Im Hinblick auf die erheblichen Investitionskosten des Verwenders nicht zu beanstanden ist ferner eine 12-jährige Laufzeit eines **Breitbandkabel-Anschlussvertrages**.[61]

(3) Eine Laufzeit von 10 Jahren benachteiligt den Mieter von **Verbrauchserfassungsgeräten** unangemessen im Sinne des § 307 BGB.[62]

(4) Nach einer grundlegenden Entscheidung des BGH aus dem Jahre 1985 soll auch die Vereinbarung einer zehnjährigen Vertragsdauer in einem **Mietvertrag über eine Telefonanlage** nicht gegen § 307 BGB verstoßen.[63] Ob an dieser Rechtsprechung festgehalten werden kann, ist angesichts der fortschreitenden technischen Entwicklung auf diesem Sektor zweifelhaft.[64] Die zehnjährige Laufzeit eines **Wartungsvertrags** im Zusammenhang mit dem Kauf einer Telefonanlage ist jedenfalls dann zu beanstanden, wenn dem Käufer nicht zugleich der Vorteil der Preissicherheit zugestanden wird.[65]

(5) 20-jährige Laufzeiten bei **Franchiseverträgen**, wie sie zB in der Fastfood-Branche nicht selten anzutreffen sind, dürften kaum noch einen angemessenen Interessenausgleich darstellen.[66]

(6) Unwirksam ist ferner eine 20-jährige Vertragslaufzeitklausel in einer formularmäßigen „Versorgungsvereinbarung", die einen Unternehmer berechtigt, **Telekommunikationsanlagen in Mehrfamilienhäusern zu errichten, zu betreiben und zu vermarkten**.[67]

(7) Für unwirksam wurde auch die formularmäßige Festlegung einer zehnjährigen Laufzeit eines **Privathaftpflichtversicherungsvertrages** erklärt.[68] Eine derart lange Bindung beeinträchtige die Dispositionsfreiheit des Versicherungsnehmers über Gebühr. Der Versicherungsnehmer kann weder auf eine Änderung seiner persönlichen oder wirtschaftlichen Verhältnisse innerhalb der Laufzeit mit dem Begehren auf Anpassung oder Kündigung des Versicherungsverhältnisses reagieren, noch hat er die Möglichkeit, sich marktgerecht zu verhalten, weil er für eine Dauer von zehn Jahren eine ihm etwa gebotene Möglichkeit, das Risiko anderweitig günstiger zu versichern, nicht wahrnehmen kann.

(8) Vor dem **Wertungshintergrund des § 309 Nr. 9 Buchst. a BGB** ist **eine zwei Jahre nicht überschreitende Laufzeit** nur dann zu beanstanden, wenn sich die Unangemessenheit der Bindung aus besonderen, von der Verbotsnorm nicht erfassten Gründen ergibt. Solche hat der BGH bei einem auf zwei Jahre angelegten **Fitnessstudio-Vertrag** nicht gesehen und ist damit von der Wirksamkeit der Laufzeitregelung ausgegangen.[69]

(9) Eine Laufzeit von sechs Monaten ist für einen **Makleralleinauftrag** regelmäßig angemessen.[70]

2. Verlängerungsklauseln

a) Automatische Verlängerungsklauseln. In vorformulierten Vertragswerken für **738** Dauerschuldverhältnisse findet sich nicht selten eine Bestimmung, nach der sich die fest-

---

[60] BGH NJW 2001, 2331; hierzu Anm. von *Lindacher*, EWiR 2001, 889.

[61] BGH NJW 1993, 1133 (1134); vgl. auch BGH NJW 2003, 1313.

[62] BGH NJW-RR 2008, 818.

[63] BGH NJW 1985, 2328; OLG Düsseldorf NJW-RR 2003, 1496; 2007, 1710 (1711).

[64] Gegen den BGH zuletzt AG Bremen NJW-RR 2000, 1585.

[65] BGH NJW 2003, 886.

[66] Vgl. hierzu *Stoffels* DB 2004, 1871.

[67] BGH NJW 1997, 3022.

[68] Für Unfallversicherungsvertrag BGHZ 127, 35; für Hausratsversicherungsvertrag BGH VersR 1994, 1052; für Privathaftpflichtversicherungsvertrag BGH BB 1994, 1736; ganz allgemein nunmehr BGH NJW-RR 1997, 1000.

[69] BGH NJW 2012, 1431 (1432).

[70] BGH NJW 2020, 3306 Rn. 26 ff.

gelegte Laufzeit stillschweigend automatisch um einen bestimmten Zeitraum verlängert, wenn der Kunde den Vertrag nicht rechtzeitig vorher kündigt. Außerhalb des Anwendungsbereichs von § 309 Nr. 9 Buchst. b BGB sind solche Verlängerungsklauseln am Maßstab des § 307 BGB zu prüfen. Hierzu bedarf es einer Abwägung der Interessen beider Seiten. Keineswegs sind automatische Verlängerungsklauseln per se zu beanstanden. Dafür kommt es vor allem darauf an, welche Grundlaufzeit vereinbart worden ist, um welchen Zeitraum sich die vertragliche Bindung des Vertragspartners verlängert und wie lang die Kündigungsfrist bemessen ist. Der BGH entnimmt § 309 Nr. 9 Buchst. a und b BGB die Wertung, dass Verlängerungsklauseln den Vertragspartner nicht unangemessen benachteiligen, wenn sie eine automatische Verlängerung um die Hälfte der vorher – wirksam – vereinbarten Vertragszeit vorsehen.[71]

Beispiele:

(1) Die von dem Betreiber eines **Fitness-Studios** in seinen Allgemeinen Geschäftsbedingungen benutzte Klausel: „Der Vertrag verlängert sich stillschweigend jeweils um weitere sechs Monate, wenn er nicht form- und fristgerecht gekündigt wird" benachteiligt den Vertragspartner des Verwenders nicht unangemessen und ist deshalb nicht nach § 307 Abs. 1 BGB unwirksam.[72]

(2) Auch eine automatische Verlängerung der zunächst auf sechs Monate vereinbarten Vertragslaufzeit eines einfachen **Maklerralleinauftrags** um jeweils drei Monate bei unterbliebener Kündigung des Maklerkunden ist grundsätzlich unbedenklich.[73]

739   Eine vorformulierte Laufzeitverlängerungsklausel kann allerdings gegen das **Transparenzgebot** verstoßen, wenn sie den Eindruck einer festen vertraglichen Bindung zu erwecken geeignet ist und daher den Kunden davon abhalten kann, von seinem Recht auf jederzeitige Kündigung des Vertrages nach § 627 BGB Gebrauch zu machen.[74]

740   **b) Optionsklauseln zur Laufzeitverlängerung.** Bei der Inhaltskontrolle einer Optionsklausel zur Laufzeitverlängerung ist auf die Gesamtlaufzeit abzustellen, weil die mögliche Unangemessenheit der Verlängerungsoption darin besteht, dass Erst- und Verlängerungslaufzeit sich in ihrer Wirkung summieren.[75] Es kann daher insoweit auf die obigen Ausführungen verwiesen werden.

3. Kündigungsklauseln

740a   Kündigungsklauseln unterliegen, soweit sie nicht von § 309 Nr. 9 Buchst. c BGB erfasst werden, der **Inhaltskontrolle nach § 307 BGB.** Soweit es um die ordentliche Kündigung[76] geht, sind **diverse Gestaltungsvarianten** vorstellbar. Die Klauseln können das Kündigungsrecht ausschließen, die Voraussetzungen des Kündigungsrechts näher ausgestalten, die Länge der Kündigungsfrist bestimmen und ggf. an bestimmte Termine binden. Allgemeine Aussagen zur Beurteilung solcher Klauseln sind kaum möglich, da stets die zugrunde liegende Interessenlage in den Blick genommen werden muss. Eine mögliche unangemessene Benachteiligung des Kunden kann einerseits darin liegen, dass er überlang an den Vertrag gebunden wird, indem ihm die Kündigung erschwert wird,[77] umgekehrt aber auch darin, dass er sich von einer kurzfristig wirkenden Kündigung des Verwenders bedroht sieht. Häufig sind auch **normative Vorgaben** zu berücksichtigen,

---

[71] BGH NJW 2020, 3306 Rn. 45.
[72] BGH NJW 1997, 739 mablAnm *von Hippel* JZ 1997, 1009.
[73] BGH NJW 2020, 3306 Rn. 40 ff.; hierzu *Ketterling* NZM 2020, 679.
[74] BGH NJW 1999, 276.
[75] BGH NJW 2000, 1110 (1112).
[76] Zur außerordentlichen Kündigung vgl. → Rn. 733.
[77] Zum Ausschluss des Kündigungsrechts in Mietverträgen vgl. → Rn. 1106 f. Zur grundsätzlich zulässigen vierwöchigen Kündigungsfrist bei einem Maklerralleinauftrag mit sechsmonatiger Vertragslaufzeit BGH NJW 2020, 3306.

die entweder zwingenden Charakter aufweisen oder doch zumindest den Wertungshintergrund darstellen.

Beispiele:

(1) Das insbesondere im Kündigungsschutzgesetz niedergelegte **arbeitsrechtliche Kündigungsschutzrecht** ist zwingender Natur und kann im Arbeitsvertrag nicht zulasten des Arbeitnehmers aufgeweicht werden.[78]

(2) Eine gegenüber einem **Handelsvertreter** im Nebenberuf verwendet Formularbestimmung, wonach eine Vertragskündigung nach einer Laufzeit von drei Jahren nur unter Einhaltung einer Frist von zwölf Monaten auf das Ende eines Kalenderjahres zulässig ist, ist im Hinblick auf § 92b Abs. 1 S. 2 HGB als unangemessene Benachteiligung einzustufen.[79] Im Handelsvertreterrecht gilt das **Gebot der Fristenparität** (§ 89 Abs. 2 S. 1 HGB). Es darf auch nicht mittelbar zum Nachteil des Handelsvertreters außer Kraft gesetzt werden, indem (nur) an die Kündigung des Handelsvertreters erschwerende Nachteile (insbes. Zahlungsverpflichtungen) geknüpft werden.[80]

(3) Bei der Beurteilung einer **Kündigungsklausel in einem Pflegevertrag** ist § 120 Abs. 2 SGB XI zu berücksichtigen.[81]

§ 30. Änderungen der Rechtszuständigkeit

I. Wechsel des Vertragspartners (§ 309 Nr. 10 BGB)

Eine Bestimmung in Allgemeinen Geschäftsbedingungen, wonach bei Kauf-, Dienst- oder Werkverträgen ein Dritter an Stelle des Verwenders in die sich aus dem Vertrag ergebenden Rechte und Pflichten eintritt oder eintreten kann, ist gem. § 309 Nr. 10 BGB unwirksam. Das Verbot verliert durch die in Buchst. a und b bezeichneten Ausnahmen jedoch an Schärfe.[1] Wird nämlich der Dritte namentlich bezeichnet oder dem anderen Vertragsteil ein Recht zur Vertragslösung eingeräumt, so hat die Klausel Bestand.   741

1. Regelungsanliegen

§ 309 Nr. 10 BGB soll dem Betroffenen ermöglichen, sich vor Vertragsschluss oder auch innerhalb einer ihm möglicherweise zustehenden Widerrufsfrist (§ 355 BGB) über die Zuverlässigkeit und Solvenz des Dritten Gewissheit zu verschaffen.[2] Der Kunde soll davor bewahrt werden, dass ihm ein neuer, unbekannter Vertragspartner aufgedrängt werden kann, den er zB aufgrund schlechter Erfahrungen bei einem früheren Vertragsverhältnis gerade nicht als Vertragspartner haben möchte. Anlass für die Aufnahme in den Verbotskatalog waren entsprechende Klauseln, die sich vor allem in Bezugsbedingungen von Zeitschriften, Buchreihen und Fernkursen fanden.[3]   742

Beispiel: „Die Firma X ist berechtigt, ihre Rechte und Pflichten aus diesem Vertrag einem Dritten zu übertragen."[4]

Die praktische Bedeutung des Verbots ist jedoch gering.

---

[78] ErfK/*Oetker* KSchG § 1 Rn. 13.
[79] BGH NJW 2013, 2111 ff.
[80] OLG Oldenburg NJW-RR 2014, 550.
[81] BGH NJW 2011, 2955.
[1] Kritisch deshalb MüKoBGB/*Wurmnest* § 309 Nr. 10 Rn. 1 und Ulmer/*Habersack* BGB § 309 Nr. 10 Rn. 1.
[2] Vgl. BGH NJW 1980, 2518.
[3] Amtl. Begründung BT-Drs. 7/3919, S. 38.
[4] Amtl. Begründung BT-Drs. 7/3919, S. 38.

2. Inhalt des Verbots

743   **a) Erfasste Vertragsarten.** Das Klauselverbot findet Anwendung auf **Kauf-, Dienst-und Werkverträge,** wobei hierzu auch Werklieferungsverträge zu zählen sind.[5] Nicht in den Anwendungsbereich des Verbots fallen hingegen Gebrauchsüberlassungsverträge unter Einschluss von Leasingverträgen.[6] Klauseln in von § 309 Nr. 10 BGB nicht erfassten Verträgen, die einen Wechsel des Vertragspartners vorsehen, können jedoch einer Inhaltskontrolle gem. § 307 BGB unterzogen werden, sofern sie nicht schon als überraschend iS von § 305c Abs. 1 BGB zu werten sind. Dabei ist zu beachten, dass bei Grundstücksmiet- und Pachtverträgen gem. §§ 566 Abs. 1, 581 Abs. 2 BGB und bei Arbeitsverträgen gem. § 613a BGB die Vertragsübernahme kraft Gesetzes eintritt. Eine dahingehende Aufnahme in den Klauseltext hat nur deklaratorischen Charakter und unterliegt damit nicht der Inhaltskontrolle (§ 307 Abs. 3 BGB).[7]

744   **b) Wechsel des Vertragspartners.** § 309 Nr. 10 BGB erfasst Klauseln, nach denen der Verwender berechtigt sein soll, seine **Vertragsstellung im Ganzen** – hinsichtlich der sich aus dem Vertrag ergebenden Rechte und Pflichten – ohne Mitwirkung des Vertragspartners auf einen Dritten zu übertragen. Typischer Fall hierfür ist die **Vertragsübernahme,** ferner auch die echte **Substitution,** da der Verwender hier aus dem vollen vertraglichen Verantwortungsbereich ausscheidet und in diesen stattdessen einen von ihm ausgewählten Dritten einführt.[8] Diese in Allgemeinen Geschäftsbedingungen vereinbarte vollständige Ersetzung des ursprünglichen Schuldners durch einen Dritten will § 309 Nr. 10 BGB verhindern. Der dahinterstehende Grundgedanke ist, dass der Verwender sich durch formularmäßige Klauseln nicht von den übernommenen Pflichten lösen können soll. Auf diese Weise soll sichergestellt werden, dass der Kunde Gewissheit über die Person seines Schuldners behält.[9]

745   Aus diesem Schutzzweck folgt, dass § 309 Nr. 10 BGB nicht eingreift, wenn der Verwender weiterhin Vertragspartner bleibt. Der Vorbehalt der **Abtretung** einzelner Rechte, die im Übrigen auch nicht der Zustimmung des Schuldners bedarf, wird deshalb nicht vom Verbotstatbestand umfasst.[10] Ferner hindert das Verbot auch nicht den Einsatz von **Subunternehmern und Erfüllungsgehilfen** zur Vertragserfüllung.[11] Bei **Schuldbeitritt** und **Erfüllungsübernahme** gem. §§ 329, 415 Abs. 3 BGB kommt es nicht zu einem Wechsel des Vertragspartners, sodass der Regelungsbereich des § 309 Nr. 10 BGB nicht betroffen ist.[12] Eine andere Beurteilung ist für die **befreiende Schuldübernahme** nach §§ 414, 415 Abs. 1 BGB geboten, die von § 309 Nr. 10 BGB erfasst wird.[13] Zwar handelt es sich bei ihr nur um eine auf die Pflichten (Verbindlichkeiten) beschränkte „Nachfolge". Die Gefahr, vor der § 309 Nr. 10 BGB den Kunden schützen will, dass ihm nämlich eine andere Person vorgesetzt wird, über deren Erfüllungsbereitschaft und -fähigkeit er sich nicht vorab unterrichten konnte, besteht jedoch auch bei der befreienden Schuldüber-

---

[5] Vgl. nur Ulmer/*Habersack* BGB § 309 Nr. 10 Rn. 5; Wolf/*Dammann* BGB § 309 Nr. 10 Rn. 10.

[6] MüKoBGB/*Wurmnest* § 309 Nr. 10 Rn. 5; Ulmer/*Habersack* BGB § 309 Nr. 10 Rn. 5; BGH NJW 2010, 3708 für Mietvertrag; BGH NJW 1985, 53 (54) für Automatenaufstellvertrag.

[7] Staudinger/*Coester-Waltjen* BGB § 309 Nr. 10 Rn. 10; BeckOK/*Becker* BGB § 309 Nr. 10 Rn. 5.

[8] Zur Substitution Staudinger/*Coester-Waltjen* BGB § 309 Nr. 10 Rn. 12.

[9] Wolf/*Dammann* BGB § 309 Nr. 10 Rn. 12; Ulmer/*Habersack* BGB § 309 Nr. 10 Rn. 6.

[10] MüKoBGB/*Wurmnest* § 309 Nr. 10 Rn. 6; Staudinger/*Coester-Waltjen* BGB § 309 Nr. 10 Rn. 12.

[11] MüKoBGB/*Wurmnest* § 309 Nr. 10 Rn. 6; Wolf/*Dammann* BGB § 309 Nr. 10 Rn. 12.

[12] PWW/*Berger* BGB § 309 Rn. 88.

[13] Ulmer/*Habersack* BGB § 309 Nr. 10 Rn. 6; Wolf/*Dammann* BGB § 309 Nr. 10 Rn. 12–15; Palandt/*Grüneberg* BGB § 309 Rn. 98.

nahme. Die Antizipation der notwendigen Zustimmung des Kunden durch eine entsprechende Klausel in den Geschäftsbedingungen des Verwenders sollte damit analog § 309 Nr. 10 BGB beurteilt werden.[14]

Bei bloßen **Änderungen der Rechtspersönlichkeit des Verwenders** ist das Kriterium des Wechsels des Vertragspartners nicht erfüllt (zB Umwandlung einer Gesellschaft in eine andere Gesellschaftsform).[15] Unwirksam ist hingegen eine Klausel, die nicht auf die gesellschaftsrechtlichen Veränderungen abstellt, sondern lediglich allgemein bestimmt, dass der Vertrag „auch gegenüber einem eventuellen Rechtsnachfolger" gelten solle.[16]

c) Namentliche Bezeichnung. Eine Bestimmung, die den Wechsel oder auch nur die Möglichkeit eines Wechsels des Vertragspartners vorsieht, ist gem. der Ausnahme des § 309 Nr. 10 Buchst. a BGB wirksam, sofern der Dritte namentlich bezeichnet wird. Dem Erfordernis der namentlichen Bezeichnung ist nicht schon durch die alleinige **Angabe des Namens** genüge getan. Für eine eindeutige Identifizierung ist daneben die **Nennung der Anschrift** erforderlich.[17]

d) Lösungsrecht vom Vertrag. Um die Wirksamkeit einer Eintrittsklausel zu erhalten, kann dem Kunden alternativ auch ein **Recht zur Lösung vom Vertrag** eingeräumt werden. Das Lösungsrecht ist ein vertraglich vereinbartes Rücktrittsrecht iS von §§ 346 ff. BGB bzw. bei Dauerschuldverhältnissen ein Kündigungsrecht. Dabei muss gewährleistet sein, dass der Kunde durch die Ausübung des Lösungsrechts keine Nachteile erleidet[18] und auch in keinerlei vertragliche Beziehungen mit dem Dritten treten muss.[19]

Beispiel: Eine Klausel, die nach Eintritt des Dritten eine Kündigungsfrist von einem Monat vorsieht, ist unwirksam, denn er müsste mit dem Dritten zunächst eine vertragliche Beziehung eingehen. Der Kunde muss deshalb die Möglichkeit der sofortigen Beendigung des Vertrags haben.[20]

Das Recht zur Lösung vom Vertrag muss dem Kunden nur für den Fall des tatsächlichen Vertragseintritts eines Dritten eingeräumt werden, nicht aber schon dann, wenn ein Wechsel nur möglich ist.[21] Letzteres würde die vertragliche Verankerung eines jederzeitigen Kündigungsrechts erzwingen. Aus der amtlichen Begründung folgt jedoch, dass nur an ein Lösungsrecht des Kunden „für den Fall des Wechsels" gedacht war.[22]

3. Anhang Nr. 1 Buchst. p der Richtlinie 93/13/EWG

Nach Nr. 1 Buchst. p des Anhangs der Klauselrichtlinie können in den Mitgliedstaaten Klauseln für missbräuchlich erklärt werden, die es dem Gewerbetreibenden erlauben, den Vertrag ohne Zustimmung des Verbrauchers „abzutreten", wenn dies möglicherweise eine Verringerung der Sicherheiten für den Verbraucher bewirkt. Die Richtlinie geht damit in mehreren Punkten über das Klauselverbot des § 309 Nr. 10 BGB hinaus. Eine **Harmonisierung** lässt sich im Bereich der Verbraucherverträge jedoch **über die**

746

747

748

749

750

[14] Vgl. statt vieler Staudinger/*Coester-Waltjen* BGB § 309 Nr. 10 Rn. 12.
[15] Wolf/*Dammann* BGB § 309 Nr. 10 Rn. 16; Ulmer/*Habersack* BGB § 309 Nr. 10 Rn. 8.
[16] LG Köln NJW-RR 1988, 1084.
[17] BGH NJW 1980, 2518; Staudinger/*Coester-Waltjen* BGB § 309 Nr. 10 Rn. 14.
[18] Palandt/*Grüneberg* BGB § 309 Rn. 99.
[19] Wolf/*Dammann* BGB § 309 Nr. 10 Rn. 34.
[20] LG Köln NJW-RR 1987, 885 (886).
[21] Wolf/*Dammann* BGB § 309 Nr. 10 Rn. 33; Ulmer/*Habersack* BGB § 309 Nr. 10 Rn. 12; MüKoBGB/*Wurmnest* § 309 Nr. 10 Rn. 8.
[22] BT-Drs. 7/3919, S. 38.

Generalklausel erreichen.[23] Eintrittsklauseln in Vertragsarten, die nicht in § 309 Nr. 10 BGB aufgeführt sind (zB Leasingverträge), unterliegen der Inhaltskontrolle nach § 307 BGB. Ebenso kann der in der Richtlinie angesprochene Aspekt der Verringerung der Sicherheiten zum Nachteil des Verbrauchers in einer ergänzenden Prüfung gem. § 307 BGB berücksichtigt werden. Auch der Umstand, dass die Richtlinie als Rechtsfolge eines Verstoßes von der Unwirksamkeit der Klausel ausgeht, § 309 Nr. 10 BGB hingegen zur Wirksamkeit ein Vertragsauflösungsrecht ausreichen lässt, begründet keine Zweifel an der Europarechtskonformität der deutschen Lösung. Denn diese ist verbraucherfreundlicher, eröffnet sie dem Verbraucher doch die Möglichkeit, selbst über die Fortführung des Vertrages mit dem Dritten zu entscheiden (Art. 8 Richtlinie 93/13/EWG).[24]

4. Unternehmerischer Geschäftsverkehr

751   Im unternehmerischen Geschäftsverkehr kann sich die Unwirksamkeit einer Übertragungsklausel aus § 307 BGB ergeben. Die unangemessene Benachteiligung muss im Einzelfall unter sorgfältiger Abwägung der beteiligten Interessen festgestellt werden.[25] Eine generelle Unwirksamkeit ist abzulehnen.[26] Ein berechtigtes Interesse des anderen Teils ist i. d. R. insbesondere bei langfristigen Verträgen dann anzunehmen, wenn es auf die Solvenz und Zuverlässigkeit des Vertragspartners ankommt.[27]

Beispiel: Ein Gastwirt, der sich langfristig an eine bestimmte Brauerei bindet, darf darauf vertrauen, dass auch bei einem von ihm hinzunehmenden Besitzerwechsel aufseiten der Brauerei die Vertragsdurchführung selbst (zB Biermarke) unberührt bleibt. Ein unbeschränktes Übertragungsrecht der Brauerei, das diese berechtigten Interessen des Gastwirts missachtet, ist nach § 307 BGB unwirksam.[28]

II. Abtretungsverbote

Literatur: *Baukelmann,* Der Ausschluß der Abtretbarkeit von Geldforderungen in AGB – Fragen zu § 354a HGB, in: FS für Brandner, 1996, S. 185; *Henseler,* Die Neuregelung des Abtretungsverbots, BB 1995, 5; *E. Wagner,* Neue Rechtslage bei vertraglichen Abtretungsverboten im kaufmännischen Geschäftsverkehr, WM 1994, 2093; *ders.,* Materiell-rechtliche und prozessuale Probleme des § 354a HGB, WM 1996, Sonderbeilage Nr. 1.

752   In der Praxis begegnet man recht häufig Vereinbarungen, mit denen die – gem. § 398 BGB grundsätzlich mögliche – Abtretbarkeit einer Forderung generell ausgeschlossen oder von der Zustimmung des Schuldners abhängig gemacht werden soll. Eine solche Vereinbarung gem. § 399 BGB fügt der Forderung nicht ein ihrem Wesen fremdes Veräußerungsverbot hinzu, sondern lässt die Forderung von vornherein als ein unveräußerliches Recht entstehen. Eine entgegen dem Verbot erfolgte Abtretung ist – nach ständiger Rechtsprechung – nicht nur dem Schuldner, sondern jedem Dritten gegenüber unwirksam.[29]

---

[23] Staudinger/*Coester-Waltjen* BGB § 309 Nr. 10 Rn. 17; Palandt/*Grüneberg* BGB § 309 Rn. 97; Wolf/*Pfeiffer* RiLi Anhang Rn. 139.

[24] Staudinger/*Coester-Waltjen* BGB § 309 Nr. 10 Rn. 17.

[25] Ebenso Staudinger/*Coester-Waltjen* BGB § 309 Nr. 10 Rn. 18; Löwe/*Graf von Westphalen*/Trinkner AGBG § 11 Nr. 13 Rn. 29 ff.

[26] BGH NJW 2010, 3708 (3709); Ulmer/*Habersack* BGB § 309 Nr. 10 Rn. 15; für grundsätzliche Unwirksamkeit jedoch Wolf/*Dammann* BGB § 309 Nr. 10 Rn. 60; zurückhaltender („gewisse Indizwirkung") Staudinger/*Coester-Waltjen* BGB § 309 Nr. 10 Rn. 18.

[27] BGH NJW 1985, 53 (54).

[28] BGH NJW 1998, 2286 (2288).

[29] BGHZ 40, 156 (159 f.); BGH NJW 1978, 813 (814); 1991, 559; ZIP 1997, 1072 (1073).

1. Interessenlage und generelle Bewertung

Solche Klauseln sind **grundsätzlich** auch in Allgemeinen Geschäftsbedingungen **zuläs-** 753 **sig**[30]. Gleiches gilt für Zustimmungsvorbehalte und Formerfordernisse.[31] Es kann dem Verwender Allgemeiner Geschäftsbedingungen nämlich nicht verwehrt werden, durch Vereinbarung eines Ausschlusses oder zumindest einer Beschränkung der Abtretungsmöglichkeit die Vertragsentwicklung übersichtlich zu gestalten und damit zu verhindern, dass ihm eine im Voraus nicht übersehbare Vielzahl von Gläubigern entgegentritt.[32] Abtretungsklauseln sind jedoch dann nach § 307 BGB unwirksam, wenn ein **schützenswertes Interesse des Verwenders** an dem Ausschluss oder dem Zustimmungsvorbehalt **nicht besteht** oder die **berechtigten Belange des Kunden an der freien Abtretbarkeit** vertraglicher Ansprüche das entgegenstehende Interesse des Verwenders **überwiegen**.[33]

Beispiel:

(1) Bei einem **Reisevertrag** kann sich der Reiseveranstalter nicht ausbedingen, dass nur der Anmelder berechtigt ist, für sich und/oder für die von ihm angemeldeten Teilnehmer Ansprüche aus dem Reisevertrag geltend zu machen und zugleich die Abtretung solcher Ansprüche ausschließen. Denn eine entsprechende Klausel macht für die Mitreisenden, obgleich sie aufgrund der Schutzwirkung des Reisevertrages eigene Ansprüche haben können, die Durchsetzung ihrer vertraglichen Rechte von der Mitwirkung und letztlich von dem Interesse des Anmelders an einem Rechtsstreit mit dem Reiseveranstalter abhängig. Erschwerungen und Schwierigkeiten auf Seiten des Reiseunternehmers hinsichtlich der Vertragsabwicklung und der Legitimationsprüfung sind nicht ausschlaggebend. Schließlich werden die Mitreisenden mit Namen und Anschrift zur jeweiligen Buchungsnummer der Reise erfasst.[34] Der Reisende wird ferner dadurch unangemessen benachteiligt, dass ihm gegenüber die Abtretung von Gewährleistungsansprüchen gegen den Reiseveranstalter ausgeschlossen wird. Ein solches Abtretungsverbot ignoriert das berechtigte Bedürfnis der Reisenden, die aus dem Reisevertrag resultierenden Gewährleistungsansprüche an den Mitreisenden abtreten zu können, dem sie wirtschaftlich zustehen.[35]
(2) Die Beschränkung der Veräußerungsbefugnis an Wiederverkäufer in Allgemeinen Geschäftsbedingungen eines **Kfz-Händlers** hat der BGH im Jahre 1980 für wirksam erachtet.[36]
(3) Die **Abtretung und Verpfändung von Gehaltsansprüchen** des Arbeitnehmers kann nach ganz herrschender Meinung durch Vereinbarung der Arbeitsvertragsparteien ausgeschlossen oder – *argumentum a fortiori* – von der Zustimmung des Arbeitgebers abhängig gemacht werden.[37] In der Tat ist das Interesse des Arbeitgebers anerkennenswert, sich Kosten und Mühe zu ersparen, die im Falle der Abtretung und Verpfändung auf sein Lohnbüro zukommen würden. Auch träfe ihn das Risiko der irrtümlichen Auszahlung an den Arbeitnehmer, die – nach Offenlegung – keine befreiende Wirkung mehr hätte.
(4) Eine Einschränkung der **Übertragbarkeit von Eintrittskarten** sehen die aktuellen Muster-AGB für die Fußballbundesliga vor; besonders in der Diskussion standen darüber hinaus entsprechende Einschränkungen bei den (personalisierten) Eintrittskarten für die Fußball-WM 2006.[38] Das

---

[30] BGH NJW 2006, 3486 (3487); 2012, 2107 (2108); Wolf/*Dammann*, Klauseln Rn. A 28; AGB-Klauselwerke/*Graf von Westphalen*, Vertragsrecht, Abtretungsausschluss Rn. 12.
[31] Für Abtretungsausschluss mit Zustimmungsvorbehalt BGH NJW-RR 2000, 1220 (1221); Staudinger/*Coester-Waltjen* BGB § 307 Rn. 378 f. mwN; für Unwirksamkeit einer AGB-Bestimmung, der zufolge die Abtretungsanzeige unter Verwendung eines vorgegebenen Formblattes erfolgen muss, OLG Schleswig NJW-RR 2001, 818.
[32] BGH NJW 1990, 1601 (1602); 1997, 3434 (3435); hierzu *E. Wagner* JZ 1998, 258; BGH ZIP 1997 1072 (1073); 2000, 78; NJW 2012, 2107 (2108).
[33] BGH NJW 1989, 2750 (2751); 1990, 1601 (1602); 2006, 3486 (3487); 2012, 2107 (2108).
[34] BGH NJW 1989, 2750 (2751).
[35] BGH NJW 2012, 2107 ff.
[36] BGH NJW 1981, 117 ff.
[37] Vgl. etwa *Temming*, in: Arbeitsvertrag, II A 10 Rn. 4 ff.; *Hromadka/Schmitt-Rolfes*, Der unbefristete Arbeitsvertrag, S. 123; kritisch jedoch DDW/*Däubler* Anh. zu § 307 Rn. 3 f.; ebenso *Lakies*, Inhaltskontrolle von Arbeitsverträgen, Rn. 501.
[38] Hierzu *Gutzeit* BB 2007, 113 ff.; *Ensthaler/Zech* NJW 2005, 3389; *Weller* NJW 2005, 934; *Ultsch* ZGS 2006, 210; zur Einbeziehungsproblematik OLG Hamburg NJW 2005, 3003.

Interesse, Preistreiberei auf den Schwarzmärkten zu unterbinden, sowie die Möglichkeit, auf diese Weise die Sicherheit in den Stadien zu erhöhen, sind durchaus beachtlich, rechtfertigen angesichts der im Einzelfall durchaus respektablen Gründe des Karteninhabers, sein Eintrittsrecht nicht auszuüben, jedenfalls keinen vorbehaltlosen Übertragungsausschluss. Das Verbot muss zumindest durch einen Zustimmungsvorbehalt abgeschwächt werden.

2. Die Regelung des § 354a HGB

754   Eine ganz **wesentliche Abweichung** zu § 399 BGB ist mit **§ 354a HGB** durch das Gesetz vom 25.7.1994[39] eingeführt worden. Stellt nämlich das einer Geldforderung zugrundeliegende Rechtsgeschäft für **beide Teile ein Handelsgeschäft**[40] dar oder ist der Schuldner eine juristische Person des öffentlichen Rechts oder ein öffentlich-rechtliches Sondervermögen – auf Gläubigerseite muss die Forderung aber aus einem Handelsgeschäft herrühren –[41], so ist die **Abtretung der Geldforderung trotz** eines formularmäßigen **Abtretungsverbots** aufgrund von § 354a HGB **wirksam.** Die Wirksamkeit der Abtretung ist absolut und nicht nur relativ. § 354a HGB ist nicht abdingbar, abweichende Vereinbarungen sind gem. dessen S. 3 unwirksam.

755   Ausweislich der Gesetzesbegründung zu § 354a HGB[42] zielt diese Neuregelung auf eine Verbesserung der wirtschaftlichen Situation mittelständischer Unternehmen. Die Lieferanten, die sich Abnehmern mit einem Abtretungsverbot gegenübersähen, seien nicht in der Lage, ihre Außenstände zu Finanzierungszwecken zu verwenden, obwohl die Forderungen gegenüber Großabnehmern und öffentlichen Stellen regelmäßig von einwandfreier Bonität seien.

756   Der sachliche Anwendungsbereich **erfasst neben** den **generellen** Abtretungsverboten **auch eingeschränkte,** dh die Abtretung wird beispielsweise von der Zustimmung des Schuldners oder von der Einhaltung bestimmter Förmlichkeiten abhängig gemacht,[43] **sowie Teilabtretungsverbote.**[44] Die Kontokorrentabrede, die die Abtretung zeitweise ausschließt, fällt hingegen nicht in den sachlichen Anwendungsbereich des § 354a HGB.[45]

Beispiel: Schränkt in einem beiderseitigen Handelsgeschäft der Schuldner die Abtretung der Gläubigerforderung mit der Klausel „Ohne die ausdrückliche schriftliche Zustimmung des Bestellers darf der Auftragnehmer seine vertraglichen Ansprüche weder ganz noch teilweise auf Dritte übertragen. Die Zustimmung wird der Besteller ohne wichtigen Grund nicht versagen." ein, so ist die Abtretung auch ohne bzw. trotz verweigerter Zustimmung nach § 354a HGB wirksam.[46]

757   In Abweichung zu § 407 BGB **gestattet § 354a S. 2 HGB** dem Schuldner, weiterhin **mit befreiender Wirkung an den ursprünglichen Gläubiger zu leisten.** Bedient sich der Schuldner – wie häufig bei Einkaufsbedingungen von Großabnehmern – eines formularmäßigen Abtretungsverbots, so steht ihm nach erfolgter Abtretung ein Wahlrecht zu. Er kann nun entscheiden, ob er an den Zessionar oder aber mit befreiender Wirkung an seinen bisherigen Gläubiger zahlt. Dieses Wahlrecht steht ihm grundsätzlich – Grenzen

---

[39] BGBl. 1994 I 1682 (1686).

[40] Auf Rechtsgeschäfte, die nicht für beide Vertragsparteien ein Handelsgeschäft sind, ist die Norm nach Ansicht des BGH (NJW 2006, 3486) nicht anzuwenden. Für analoge Anwendung auf Freiberufler und Kleingewerbetreibende hingegen mit guten Gründen ua *Canaris,* Handelsrecht, 24. Aufl. 2006, § 26 Rn. 35.

[41] Koller/Kindler/*Roth*/Drüen, 9. Aufl. 2019, HGB § 354a Rn. 2.

[42] BT-Drs. 12/7912, S. 2 und 24 f.

[43] BGH NJW-RR 2005, 624 (626).

[44] Allgemeine Ansicht, vgl. zB *Baukelmann* FS Brandner, 1996, 185 (194 f.); *E. Wagner* WM 1996, Sonderbeilage Nr. 1 S. 6.

[45] *E. Wagner* WM 1996, Sonderbeilage Nr. 1 S. 6 f.; *Canaris,* Handelsrecht, 24. Aufl. 2006, § 26 Rn. 22; *Henseler* BB 1995, 5 (6 f.).

[46] OLG Celle NJW 1999, 618 (619).

ergeben sich aus § 242 BGB – auch dann zu, wenn er Kenntnis von der Zession hat.[47] Dies ist – neben dem engen Anwendungsbereich – ein wesentlicher Grund, weshalb Abtretungsverbote in der Praxis auch weiterhin eine große Rolle spielen werden.

§ 31. Leistungspflicht des Verwenders

I. Leistungsfristen (§ 308 Nr. 1 Halbsatz 1 Var. 2 BGB)

Literatur: *Christiansen,* 60-30-15 – zur neuen „Inhaltskontrolle" von bauvertraglichen Leistungszeitbestimmungen, ZfBR 2015, 211; *Walchshöfer,* Leistungsfristen in Allgemeinen Geschäftsbedingungen, WM 1986, 1541.

1. Gesetzliche Ausgangslage und Regelungsanliegen

Zu den wesentlichen Modalitäten der Leistung gehört neben dem Ort der Leistung die Leistungszeit. Diese wird für gewöhnlich im Vertrag von den Parteien durch Festsetzung eines Zeitpunkts oder einer Leistungsfrist näher bestimmt. Dies kann im Wege einer Individualabrede[1] oder aber durch entsprechende Abreden in Allgemeinen Geschäftsbedingungen erfolgen. Ist eine Zeit für die Leistung im Vertrag nicht festgesetzt und lässt sich diese auch nicht aus den Umständen entnehmen, so kann der Gläubiger die Leistung nach der allgemeinen Vorschrift des § 271 Abs. 1 BGB[2] sofort verlangen; die Leistung ist also sofort fällig. Aus diesem Grunde sind die Verwender Allgemeiner Geschäftsbedingungen bestrebt, sich für ihre Leistungspflicht einen möglichst großzügig bemessenen Spielraum auszubedingen. **758**

Für den Kunden kann sich aus einer solchen Leistungsfristbestimmung eine empfindliche **Verschlechterung seiner vertragsrechtlichen Position** ergeben. Denn ein solcher Vorbehalt würde einen Aufschub der Leistungspflicht bewirken. Der Vertragspartner könnte den Verwender nicht oder jedenfalls nur unter Schwierigkeiten in Verzug setzen. Würde das Gesetz hier keine Vorkehrungen treffen, so bestünde die Gefahr, dass die dem Kunden bei Ausbleiben der Leistung zustehenden Ansprüche (§§ 280 Abs. 3 iVm 281 BGB; §§ 280 Abs. 2 iVm 286 BGB; § 323 BGB) dadurch entwertet würden, dass sie mangels Fälligkeit der Leistung nicht geltend gemacht werden könnten. Der Verwender wäre auf der anderen Seite berechtigt, jederzeit zu leisten (§ 271 Abs. 2 BGB). Der Kunde bliebe ohne Lösungsrecht an den Vertrag gebunden und wäre so in seiner Dispositionsfreiheit eingeschränkt.[3] **759**

Der Gesetzgeber hat diese Gefährdung des Vertragsgleichgewichts erkannt und in § 308 Nr. 1 Halbsatz 1 Var. 2 BGB den klauselartigen Vorbehalt unangemessen langer oder nicht hinreichend bestimmter Fristen für die Erbringung einer Leistung untersagt. Das Klauselverbot **ergänzt somit zugleich § 309 Nr. 8 Buchst. a BGB,** dessen Schutz sonst in einem Teilbereich leerliefe.[4] Nicht explizit geregelt ist, ob sich der Verwender auch ausbedingen kann, die vereinbarte **Leistung vorzeitig zu erbringen.** Solche Klau- **760**

---

[47] *E. Wagner* WM 1996, Sonderbeilage Nr. 1, S. 11; *Canaris,* Handelsrecht, 24. Aufl. 2006, § 26 Rn. 24.

[1] Dies geschieht nicht selten; zu den Konsequenzen Ulmer/*Harry Schmidt* BGB § 308 Nr. 1 Rn. 17.

[2] Zu beachten sind auch die (dispositiven) Sonderregeln der §§ 556b, 581, 604, 608 f., 614, 641, 695 ff. BGB, § 14 VVG.

[3] Zum Regelungsanliegen des § 308 Nr. 1 Halbsatz 1 Var. 2 BGB insbesondere die Amtl. Begr. BT-Drs. 7/3919, 24; ferner BGH NJW 1984, 2468 (2469) und Ulmer/*Harry Schmidt* BGB § 308 Nr. 1 Rn. 1.

[4] Vgl. BGH NJW 1984, 2468 (2469); *Walchshöfer* WM 1986, 1541.

seln unterliegen der Inhaltskontrolle nach § 307 Abs. 1 und 2 BGB und laufen Gefahr, wegen einer gezielten Umgehung des Vorrangs der Individualabrede (§ 305b BGB) beanstandet zu werden.[5]

2. Inhalt des Klauselverbots

761   **a) Leistungsfristen.** § 308 Nr. 1 Halbsatz 1 Var. 2 BGB betrifft **nur vom Verwender gesetzte Fristen für eine von ihm geschuldete Leistung.**[6] Erfasst werden **alle Arten von Leistungspflichten** (Warenleistungs-, Geldzahlungspflichten, die den Verwender nach § 640 BGB treffende Abnahmepflicht[7] usw). Neben **echten Leistungsfristen** (zB „Lieferung 3 Wochen nach Vertragsschluss") betrifft die Norm auch sog. **unechte Leistungsfristen.** Hiermit sind Nach- bzw. Verlängerungsfristen gemeint, die im Anschluss an unverbindliche Leistungsfristen eine weitere Verlängerungsfrist vorsehen,[8] oder die beim Eintritt bestimmter Ereignisse (zB Arbeitskampf, höhere Gewalt) die ursprüngliche Leistungsfrist verlängern.[9] Es kommt nicht darauf an, ob der Verwender mit Ablauf der Leistungsfrist nach § 286 Abs. 2 BGB ohne Mahnung in Verzug gerät. Daher wird auch die Leistungsfrist im Rahmen eines relativen oder absoluten Fixgeschäfts erfasst.

762   Bei **Leistungsvorbehalten** ist hingegen eine **differenzierte Betrachtung** erforderlich. Nur wenn die Klausel die **Fälligkeit betrifft,** ist § 308 Nr. 1 BGB einschlägig.[10]

Beispiele:
(1) „Lieferzeit vorbehalten"
(2) „Lieferzeit annähernd"
(3) „angemessene Verlängerung"

763   Sieht die Klausel hingegen die **Befreiung von der Leistungspflicht** vor, so ist die Prüfung an § 308 Nr. 3 BGB auszurichten.[11]

Beispiele:
(1) „Lieferung vorbehalten"
(2) „Zwischenverkauf vorbehalten"

764   **b) Unangemessene Länge.** Für die Beantwortung der Frage, welche Lieferzeit noch als angemessen iS des § 308 Nr. 1 BGB anzusehen ist, kommt es wesentlich auf die Art der geschuldeten Leistung an. Dabei sind die in dem jeweiligen Geschäftszweig üblichen Beschaffungs- und Herstellungszeiten – gegebenenfalls verlängert um einen gewissen Sicherheitszeitraum –, aber auch die Interessen des Kunden an alsbaldiger bzw. fristgerechter Leistung zu berücksichtigen.[12] Handelt es sich bei dem Leistungsgegenstand um eine serienmäßig hergestellte und leicht lagerfähige Ware, so wird die Frist beispielsweise eher kurz zu bemessen sein. Äußert dagegen der Kunde Sonderwünsche, dann sind die längeren Beschaffungs- und Herstellungszeiten zu berücksichtigen und eine längere Leistungsfrist ist damit zu rechtfertigen.

---

[5] So auch in der Tat BGH NJW 2007, 1198 (1199).
[6] Vgl. Wolf/*Dammann* BGB § 308 Nr. 1 Rn. 37 ff.; *Walchshöfer* WM 1986, 1541.
[7] Staudinger/*Coester-Waltjen* BGB § 308 Nr. 1 Rn. 14; Palandt/*Grüneberg* BGB § 308 Rn. 6; speziell zu § 640 BGB BGH NJW 1989, 1602 (1603); 1997, 394 (395).
[8] BGH NJW 1982, 331 (333); 1983, 1320.
[9] BGH NJW 2007, 1198 (1200); Palandt/*Grüneberg* BGB § 308 Rn. 6; Wolf/*Dammann* BGB § 308 Nr. 1 Rn. 33; differenzierend Ulmer/*Harry Schmidt* BGB § 308 Nr. 1 Rn. 20.
[10] Wolf/*Dammann* BGB § 308 Nr. 1 Rn. 35.
[11] Wolf/*Dammann* BGB § 308 Nr. 1 Rn. 35; Ulmer/*Harry Schmidt* BGB § 308 Nr. 1 Rn. 20; vgl. hierzu im Übrigen die Ausführungen unter → Rn. 769 ff.
[12] BGH NJW 1984, 2468 (2469); 2007, 1198 (1200).

Beispiele:

(1) Im **Neuwagengeschäft** wird eine sechswöchige Verlängerungsfrist im Anschluss an eine unverbindliche Lieferungsfrist für zulässig erachtet.[13]

(2) Im **Möbelhandel** ist ein Überschreiten der Lieferfrist von drei Wochen angemessen.[14] Unangemessen lang ist aber eine Verlängerungsfrist von drei Monaten im Anschluss an einen als annähernd bezeichneten Termin,[15] nicht hingegen eine vierwöchige Zusatzfrist beim Kauf individuell zusammengestellter Einbauküchen.[16]

(3) Der fest zugesagte Liefertermin von einem **Fertighaus** darf nicht nach freiem Belieben des Verwenders um sechs Wochen verlängert werden.[17]

(4) In einem **Werkvertrag** ist eine Klausel unwirksam, die die Abnahme gem. § 640 BGB erst zwei Monate nach Fertigstellung vorsieht.[18]

c) Mangelnde Bestimmtheit. Der Verwender hat die Leistungsfrist, sofern diese in **765**
seinen Allgemeinen Geschäftsbedingungen geregelt ist, hinreichend präzise zu bestimmen. Wie bei den Annahmefristen[19] liegt auch hier ein Verstoß gegen § 308 Nr. 1 BGB vor, wenn die **Frist für den durchschnittlichen Vertragspartner des Verwenders nicht berechenbar ist und er sie auch nicht selbst herbeiführen oder beeinflussen kann.**[20]

Beispiele:

(1) Auszug aus den Bedingungen eines Fensterherstellers: „Ist eine bestimmte Lieferzeit vereinbart, beginnt diese erst **nach ... deren schriftlicher Bestätigung** durch den Hersteller." Darauf, wann die Bestätigung erteilt wird, hat der Kunde keinen Einfluss. Das liegt allein im Bereich des Verwenders und kann von ihm zu einem beliebigen Zeitpunkt abgegeben werden. Die Frist ist deswegen für den Kunden **nicht mehr berechenbar.**[21]

(2) Aus demselben Grund ist die Klausel „Die Mindestlieferzeit beträgt **acht Wochen nach Aufmaß.**" unwirksam. Auch hier ist die Frist von einem Ereignis abhängig, das allein im Einflussbereich des Verwenders liegt.[22]

(3) Zu unbestimmt sind ferner Klauseln, die auf **„gewerbeübliche Lieferfristen"** abstellen[23] oder nach denen sich der Verwender um die Einhaltung des Liefertermins „bemühen" will.[24]

(4) Für **zulässig** werden hingegen **„ca-Fristen"**, also zB „Lieferung in ca. einem Monat", gehalten;[25] **nicht** aber der relativierende Vorbehalt **„in der Regel".**[26]

d) Ausnahme im Hinblick auf Widerrufsrechte bei Verbraucherverträgen. Nach **766**
dem **2. Halbsatz von § 308 Nr. 1 BGB** ist von dem Verbotstatbestand der Vorbehalt ausgenommen, erst nach Ablauf der Widerrufsfrist (§ 355 Abs. 1 und 2 BGB) zu leisten. Hier geht es also um Verbraucherverträge. Die Ausnahmeregelung soll dem Unternehmer ermöglichen, seine Leistung solange herauszuzögern, bis der Verbraucher sein Widerrufsrecht nicht mehr ausüben kann. Für eine solche Vertragsgestaltung besteht ein berechtigtes Interesse auf Seiten des Unternehmers, muss er doch anderenfalls damit rechnen, dass der Verbraucher den Vertrag von vornherein in der Absicht schließt, sich für kurze Zeit in den Besitz des Leistungsgegenstandes zu bringen, um ihn alsdann nach erklärtem

---

[13] BGH NJW 1982, 331 (333); zweifelnd Ulmer/*Harry Schmidt* BGB § 308 Nr. 1 Rn. 22a.
[14] Palandt/*Grüneberg* BGB § 308 Rn. 7.
[15] BGH NJW 1983, 1320 f.; 1984, 48.
[16] BGH NJW 2007, 1198 (1200 f.).
[17] BGH NJW 1984, 2468 (2469).
[18] BGH NJW 1989, 1602 (1603).
[19] Die Ausführungen hierzu gelten entsprechend, vgl. oben → Rn. 701 f.
[20] BGH NJW 1985, 855 (856); 1989, 1602 (1603); Wolf/*Dammann* BGB § 308 Nr. 1 Rn. 50.
[21] BGH NJW 1985, 855 (856 f.).
[22] OLG Stuttgart NJW 1981, 1105.
[23] OLG Köln BB 1982, 638.
[24] OLG Oldenburg NJW-RR 1992, 1527 (1528).
[25] Palandt/*Grüneberg* BGB § 308 Rn. 8; *Walchshöfer* WM 1986, 1543; Wolf/*Dammann* BGB § 308 Nr. 1 Rn. 50.
[26] KG NJW 2007, 2266 (2267).

Widerruf wieder an den Unternehmer zurückzugeben. Die hiermit verbundenen Un-annehmlichkeiten darf sich der Unternehmer durch Aufnahme eines entsprechenden Vorbehalts ersparen.[27] Der Dispens gilt jedoch **nicht für Fernabsatz- und Fernunter-richtsverträge.** Hier beginnt die Widerrufsfrist erst mit der Lieferung zu laufen (§ 356 Abs. 2 Nr. 1 BGB, § 4 FernUSG), weil ansonsten ein inakzeptabler, weil niemals end-ender Schwebezustand die Folge wäre.[28]

3. Rechtsfolgen eines Verstoßes

767   Ist die Bestimmung der Leistungsfrist in den Allgemeinen Geschäftsbedingungen gem. § 308 Nr. 1 BGB unwirksam, so kommt gem. § 306 Abs. 2 BGB die **gesetzliche Leis-tungsfrist des § 271 BGB** zur Anwendung. Eine teilweise Aufrechterhaltung durch Ver-kürzung der Frist ist ausgeschlossen.[29]

4. Unternehmerischer Geschäftsverkehr

768   Kommt es im unternehmerischen Geschäftsverkehr auf die Leistungszeit an, so wird diese üblicherweise in einer Individualvereinbarung festgesetzt. Vorformulierte Leis-tungszeitklauseln kommen in diesem Falle schon wegen des Vorrangs der Individual-abrede (§ 305b BGB) nicht zum Zuge.[30] Erfolgt die Bestimmung dagegen in Allgemeinen Geschäftsbedingungen, so muss die Überprüfung gem. § 310 Abs. 1 BGB auf die Ge-neralklausel des § 307 BGB gestützt werden. Das Verbot unangemessen langer oder nicht hinreichend bestimmter Fristen erheischt auch hier grundsätzlich Beachtung. Die Interes-senlage im unternehmerischen Geschäftsverkehr und die größere Geschäftsgewandtheit des unternehmerischen Kunden können mitunter jedoch einen großzügigeren Maßstab rechtfertigen.[31] Zu weit geht jedoch die These, handelsübliche Klauseln, die dem Kunden eine sichere Berechnung der Leistungszeit erschweren, dürften weiterhin verwandt wer-den.[32] Auch im unternehmerischen Verkehr sollte jedenfalls die Klausel „Lieferzeit un-verbindlich" keinen Bestand haben.[33]

II. Zahlungs-, Überprüfungs- und Abnahmefristen (§ 308 Nr. 1a und Nr. 1b BGB)

Literatur: *Pfeiffer,* Formularmäßige Zahlungsfristen nach künftigem Recht, BB 2013, 323.

768a   Das Klauselverbot des § 308 Nr. 1 BGB, das sich gegen zu lange Fristen für die Erbringung von Leistungen wendet, wird näher konkretisiert durch § 308 Nr. 1a und Nr. 1b BGB. Diese Klauselverbote sind durch das Gesetz zur Bekämpfung von Zah-lungsverzug im Geschäftsverkehr in das Bürgerliche Gesetzbuch[34] aufgenommen wor-den. Sie verdrängen in ihrem Anwendungsbereich den ebenfalls neu eingefügten § 271a

---

[27] MüKoBGB/*Wurmnest* § 308 Nr. 1 Rn. 24.

[28] Palandt/*Grüneberg* BGB § 308 Rn. 9; PWW/*Berger* BGB § 308 Rn. 13.

[29] BGH NJW 1983, 1320 (1321); 1984, 48 (49); Wolf/*Dammann* BGB § 308 Nr. 1 Rn. 56.

[30] Vgl. Ulmer/*Harry Schmidt* BGB § 308 Nr. 1 Rn. 30; BeckOGK/*Weiler* BGB § 308 Nr. 1 Rn. 26.

[31] Ulmer/*Harry Schmidt* BGB § 308 Nr. 1 Rn. 30.

[32] So aber Palandt/*Grüneberg* BGB § 308 Rn. 10; *Lutz,* AGB-Kontrolle im Handelsverkehr unter Berücksichtigung der Klauselverbote, S. 53.

[33] Wie hier Ulmer/*Harry Schmidt* BGB § 308 Nr. 1 Rn. 30; aA *Walchshöfer* WM 1986, 1545.

[34] BGBl. I 2014 1218. Das Gesetz dient im Wesentlichen der Umsetzung der Zahlungsverzugs-richtlinie 2011/7/EU. Es ist am 29.7.2014 in Kraft getreten. Hierzu ua *Verse* ZIP 2014, 1809; *Thiergart* GWR 2014, 342.

BGB.[35] Die Nummern 1a und 1b regeln die Fälle, dass sich der Verwender in Allgemeinen Geschäftsbedingungen vorbehält, eine Entgeltforderung seines Vertragspartners erst nach unangemessen langer Zeit zu erfüllen eine Leistung in unangemessen langer Zeit zu überprüfen, diese erst nach unangemessen langer Zeit abzunehmen. Zur Erleichterung der Prüfung, ob eine Zeit unangemessen lang ist, regeln die Klauselverbote jeweils im zweiten Halbsatz, unter welchen Voraussetzungen ein solcher Zeitraum im Zweifel als unangemessen lang anzusehen ist. Im Hinblick auf Zahlungsfristen greift die Zweifelsregelung bei einem Zeitraum von mehr als 30 Tagen und im Hinblick auf Überprüfungs- und Abnahmefristen bei einem Zeitraum von mehr als 15 Tagen ein. Die Formulierung „im Zweifel anzunehmen" soll in bewusster Anlehnung an § 307 Abs. 2 BGB zum Ausdruck bringen, dass es dem Verwender obliegt, besondere Gründe darzulegen, aus denen sich die Angemessenheit des längeren Zeitraums ergibt.[36] In Anlehnung an die Richtlinie 2011/7/EU ist die Zweifelsregelung allerdings beschränkt auf die Fälle, in denen der Verwender kein Verbraucher ist. Eine für den Vertragspartner ungünstige Erschwerung der Voraussetzungen für den Eintritt des Verzugs des Verwenders durch Allgemeine Geschäftsbedingungen wird vom Wortlaut zwar nicht erfasst. Die Gesetzesbegründung sieht darin allerdings eine verbotene Umgehung (§ 306a BGB).[37] Auch eine nach § 307 Abs. 2 Nr. 1 BGB unwirksame Leitbildabweichung liegt in diesem Falle nahe.

Gem. § 310 Abs. 1 nF BGB gelten die Regelungen des § 308 Nr. 1a und 1b BGB **768b** ausdrücklich **auch** für Allgemeine Geschäftsbedingungen, die **gegenüber Unternehmern,** juristischen Personen des öffentlichen Rechts oder öffentlich-rechtlichen Sondervermögen verwendet werden. Die Gesetzesbegründung[38] hebt insoweit hervor, dass die Klauselverbote des § 308 Nr. 1a und 1b BGB vor allem auf Klauseln zugeschnitten seien, die gegenüber diesem Personenkreis verwendet würden.

III. Vorbehaltenes Lösungsrecht (§ 308 Nr. 3 und § 308 Nr. 8 BGB)

Literatur: *Derleder,* Beschaffungsrisiko, Lieferungsengpass und Leistungsfrist, vom Smartphone zum Solarmodul, NJW 2011, 113; *Lenger/Schmitz,* Insolvenzrechtliche Lösungsklauseln in AGB – quo vadis?, NZI 2015, 396; *Salger,* Der Selbstbelieferungsvorbehalt, WM 1985, 625.

1. Gesetzliche Ausgangslage und Regelungsanliegen

Grundsätzlich sind vertraglich übernommene Verpflichtungen einzuhalten, die zuge- **769** sagten Leistungen zu erbringen. Formularmäßige Vorbehalte, die dem Verwender die Möglichkeit eröffnen, sich ohne weiteres vom Vertrag zu lösen, sind geeignet, den Grundsatz der Vertragsbindung aufzuweichen. § 308 Nr. 3 und Nr. 8 BGB zielen daher darauf, den Grundsatz *„pacta sunt servanda"* auch gegenüber dem Verwender in Erinnerung zu rufen. Die Vereinbarung von Lösungsrechten – wie sie ua § 346 Abs. 1 BGB vorsieht und gestattet – wird zwar **nicht generell untersagt.** Wohl aber kann sich der Verwender nicht vorbehaltlos Lösungsmöglichkeiten vom Vertrag ausbedingen. Erforderlich ist vielmehr die **Angabe eines sachlich gerechtfertigten Grundes.**

§ 308 Nr. 3 und Nr. 8 BGB wollen die für den Kunden missliche Situation vermeiden, **770** dass er an den Vertrag gebunden ist, während sich der Verwender jederzeit von ihm lösen kann. Der Kunde soll sich nicht in einem Schwebezustand wiederfinden, in dem er selbst

---

[35] Die Gesetzesbegründung (BT-Drs. 18/1309, S. 20) spricht insoweit von einer „Sonderregelung". Demgegenüber dürfte die unabdingbare Fälligkeitsregelung der §§ 2 Abs. 1 und 3 MiLoG *lex specialis* gegenüber § 308 Nr. 1a BGB sein.
[36] Vgl. die Gesetzesbegründung (BT-Drs. 18/1309, S. 21).
[37] BT-Drs. 18/1309, S. 21.
[38] BT-Drs. 18/1309, S. 21.

zwar an den Vertrag gebunden ist, er aber nicht auf die Bewirkung der vertraglichen Leistung vertrauen kann, da die Erfüllung des Vertrages letztlich vom Gutdünken des Verwenders abhängt.

771   Entsprechend der – soeben dargestellten – die Leistungsfristen regelnden Bestimmung des § 308 Nr. 1 BGB will auch **§ 308 Nr. 3 BGB** mit der Beschränkung der Lösungsmöglichkeiten des Verwenders vom Vertrag erreichen, dass die durch § 309 Nr. 7 Buchst. b und Nr. 8 Buchst. a BGB klauselfest gemachten Rechte des Kunden nicht unterlaufen werden, indem sich der Verwender von seinen Leistungspflichten löst, um Schadensersatzansprüchen zu entgehen. Sofern das Lösungsrecht auf die **Nichtverfügbarkeit der Leistung** abstellt, ist das zusätzliche Wirksamkeitserfordernis des **§ 308 Nr. 8 BGB** zu beachten, der § 308 Nr. 3 BGB insoweit ergänzt.[39]

772   § 308 Nr. 3 und Nr. 8 BGB sind gemeinschaftskonform.[40] Im **Anhang der Klauselrichtlinie** werden in Nr. 1 bei Buchst. c, f und g Lösungsmöglichkeiten des Verwenders angesprochen. § 308 Nr. 3 BGB geht in seinem Regelungsbereich über den Schutzbereich der vorgenannten Bestimmungen hinaus; sofern Dauerschuldverhältnisse vom Anwendungsbereich ausgeschlossen werden, so werden diese von § 307 BGB erfasst. In dessen Rahmen sind die Wertungen des Klauselanhangs dann zu berücksichtigen.[41]

2. Inhalt des Klauselverbots des § 308 Nr. 3

773   **a) Lösungsrecht.** § 308 Nr. 3 BGB spricht in seiner Überschrift von „Rücktrittsvorbehalt". In der Vorschrift selbst ist dann von „seiner Leistungspflicht zu lösen" die Rede. Die Norm erfasst mehr als dies die zu enge Überschrift suggeriert. Der in § 308 Nr. 3 BGB verwendete Begriff des „Lösungsrechts" ist dem Bürgerlichen Gesetzbuch fremd. Er ist weit auszulegen[42] und betrifft **alle Gestaltungen, die dem Verwender eine Befreiung von der (Haupt-)Leistungspflicht ermöglichen oder hierzu im Ergebnis führen** und nicht nur rein deklaratorischer Natur sind. Neben Rücktritts-, Kündigungs-, Widerrufs- und Anfechtungsrechten, die als Gestaltungsrechte für die Ausübung eine einseitige Willenserklärung des Verwenders erfordern, werden Ansprüche auf Einwilligung des Vertragspartners in die Vertragsaufhebung sowie – nach dem Sinn und Zweck und um Umgehungen zu verhindern – insbesondere auch **auflösende Bedingungen** erfasst.[43] Wird hingegen der Abschluss eines Vertrags unter eine **aufschiebende Bedingung** gestellt, so ist diese Gestaltung nicht an § 308 Nr. 3 BGB zu messen, da es hier nicht zu einem nachträglichen Wegfall der vertraglichen Bindung kommt.[44]

774   § 308 Nr. 3 BGB ist nur bei Verträgen einschlägig, nicht hingegen, wenn durch eine Klausel die Abgabe eines Angebots nach § 145 BGB ausgeschlossen werden soll, der Verwender also lediglich im Rahmen einer *invitatio ad offerendum* zur Abgabe eines Angebots auffordert.[45] So kann es sich beispielsweise bei folgenden Klauseln verhalten:

Beispiele:
(1) „ohne Obligo"
(2) „unverbindlich"
(3) „ohne Verbindlichkeit"
(4) „freibleibend"

---

[39] BT-Drs. 14/2658, S. 51.
[40] Ulmer/*Harry Schmidt* BGB § 308 Nr. 3 Rn. 2c; Palandt/*Grüneberg* BGB § 308 Rn. 16; Staudinger/*Coester-Waltjen* BGB § 308 Nr. 3 Rn. 30.
[41] *Ulmer/Harry Schmidt* BGB § 308 Nr. 3 Rn. 2c.
[42] BAG NZA 2006, 539 (541); BGH NJW 2011, 1215 (1216); Palandt/*Grüneberg* BGB § 308 Rn. 16.
[43] BAG NZA 2006, 539 (541); OLG Frankfurt a. M. NJW-RR 2012, 51.
[44] BGH NJW 2011, 1215 (1216); zustimmend Wolf/*Dammann* BGB § 308 Nr. 3 Rn. 17.
[45] Ulmer/*Harry Schmidt* BGB § 308 Nr. 3 Rn. 5; BeckOK/*Becker* BGB § 308 Nr. 3 Rn. 33.

Allerdings kann solchen Klauseln auch der Sinn zukommen, dass das Angebot bis zur 775
Annahme widerruflich sein soll.[46] Der genaue Inhalt ist im Wege der Auslegung zu
ermitteln. Unklarheiten dahingehend, ob die Klausel nun das Angebot oder den Vertrag
betrifft, gehen zulasten des Verwenders (§ 305c Abs. 2 BGB).

Von § 308 Nr. 3 BGB werden nicht schon **von Gesetzes wegen vorgesehene und** 776
bereits eingeräumte Lösungsrechte erfasst (§ 307 Abs. 3 S. 1 BGB). Sofern das Lösungsrecht jedoch fakultativ eingeräumt wird – also hierfür eine Vereinbarung notwendig
ist –, ist eine inhaltliche Kontrollmöglichkeit gegeben. Zum **Fristsetzungsverzicht beim**
Kauf unter Eigentumsvorbehalt in Anlehnung an die bisherige Regelung des § 455 aF
BGB vgl. → Rn. 1014 f.

b) Ohne Angabe des Grundes. Lösungsrechte sind in Allgemeinen Geschäftsbedin- 777
gungen nicht per se unwirksam. Allerdings stellt § 308 Nr. 3 BGB ein Transparenzer-
fordernis auf. Der Lösungsgrund muss in den Allgemeinen Geschäftsbedingungen angegeben werden, und zwar so **konkret,** dass der Durchschnittskunde ohne Schwierigkeiten
feststellen kann, wann der Verwender sich vom Vertrag lösen darf.[47]

Beispiele: Unzureichend ist die Angabe
(1) „Betriebsstörungen jeder Art"[48]
(2) „aus zwingenden Gründen"[49]
(3) „erhebliche Störungen im Geschäftsbetrieb beim Verkäufer oder seinen Lieferanten"[50]
(4) „wenn es die Umstände erfordern"[51]

Beispiele: Ausreichend ist die Angabe
(1) wenn sich die Lösungsmöglichkeit explizit auf „höhere Gewalt, Streiks und Rohstoffmangel"
beschränkt[52]
(2) „(richtige und rechtzeitige) Selbstbelieferung vorbehalten"[53]

c) Ohne sachlich gerechtfertigten Grund. Der im Vertrag hinreichend konkret be- 778
zeichnete Grund für das Lösungsrecht muss zusätzlich auch sachlich gerechtfertigt sein.
Es geht also nicht darum, ob der in Ausübung des Lösungsrechts tatsächlich vorgebrachte
Grund sachlich gerechtfertigt ist. Vielmehr muss schon der im Vertrag bezeichnete Grund
– abstrakt – durch gewichtige Verwenderinteressen legitimiert sein. § 308 Nr. 3 BGB
erfordert eine Abwägung der beiderseitigen Interessen der Vertragsparteien. Die Lösung
vom Vertrag muss durch ein **überwiegendes oder zumindest aber durch ein anerken-**
nenswertes Interesse des Verwenders gerechtfertigt sein.[54] Die sachliche Rechtfertigung
entfällt, wenn sich der Lösungsvorbehalt auf Umstände erstreckt, die der Verwender bei
gebotener Sorgfalt schon vor dem Vertragsabschluss hätte erkennen und so einen Vertragsabschluss ablehnen können.[55] Ausgangspunkt ist immer die Erwartung, dass der
Vertrag in gehöriger Weise zu erfüllen ist und der Verwender im Zweifelsfalle für Verzug
und Unmöglichkeit haftet. Die Loslösung vom Vertrag darf nur für den Ausnahmefall
vorgesehen sein.

---

[46] Vgl. BGH NJW 1984, 1885.
[47] BGH NJW 1983, 1320 (1321); BAG NZA 2006, 539 (541).
[48] BGH NJW 1983, 1320 (1321).
[49] OLG Köln NJW-RR 1998, 926.
[50] OLG Hamm BB 1983, 1304; Erman/*Roloff/Looschelders* BGB § 308 Rn. 26; Wolf/*Dammann*
BGB § 308 Nr. 3 Rn. 89.
[51] BGH NJW 1983, 1322 (1325) (Recht zur Flugabsage).
[52] OLG Koblenz NJW-RR 1989, 1459 (1460).
[53] Staudinger/*Coester-Waltjen* BGB § 308 Nr. 3 Rn. 26.
[54] BGH NJW 1987, 831 (833); BAG NZA 2006, 539 (541).
[55] BGH NJW 1987, 831 (833); BAG NZA 2006, 539 (541).

779   Von vornherein **unwirksam** sind demnach Lösungsrechte, die **vom alleinigen Belieben des Verwenders** abhängen.

Beispiel: „jederzeit kündbar"[56]

Im Übrigen kann danach unterschieden werden, ob der Grund, der ein Lösungsrecht rechtfertigen soll, die Sphäre des Kunden oder die Sphäre des Verwenders betrifft.

780   **(1) Sphäre des Kunden.** Ein Grund aus der Sphäre des Kunden rechtfertigt ein Lösungsrecht, wenn er dergestalt ist, dass dem Verwender ein Festhalten am Vertrag nicht zuzumuten ist und soweit § 309 Nr. 4 BGB dem nicht entgegensteht.[57] Da für die Fälle des Verzuges und der Unmöglichkeit bereits die §§ 323 ff. BGB ein gesetzliches Rücktrittsrecht vorsehen sowie für die Fälle der Mahnung und Nachfristsetzung § 309 Nr. 4 BGB einschlägig ist, kommt eine Inhaltskontrolle nach § 308 Nr. 3 BGB insbesondere bei Verletzungen von sonstigen Vertragspflichten in Betracht.

Beispiele:
(1) Eine Klausel in den Allgemeinen Geschäftsbedingungen eines **Schlüsseldienstes**, nach der dieser vier Monate und 14 Tage nach Bestellung von seiner Verpflichtung, einen Ersatzschlüssel zu fertigen, frei wird und das bereits voll entrichtete Entgelt behalten darf, wenn sich der Besteller bis dahin nicht gemeldet hat, ist wirksam.[58]
(2) Eine Klausel, die dem Verkäufer ein Rücktrittsrecht einräumt, wenn der Käufer den explizit aufgezählten Pflichten – das **Vorbehaltseigentum** zu wahren und die Waren sorgsam zu behandeln, bei Pfändungen Mitteilungen zu machen und eine Vernichtung und Beschädigung der Sachen sowie einen Besitz- und Wohnungswechsel anzuzeigen – zuwiderhandelt, ist wirksam. Denn der Verkäufer hat selbstverständlicherweise ein Interesse an der Wahrung und Beachtung seines Vorbehaltseigentums und an einer pfleglichen Behandlung der Vorbehaltsware. Zudem ist die Einhaltung insbesondere der Mitteilungs- und Anzeigepflichten, deren Verletzungen das Rücktrittsrecht in erster Linie auslöst, dem Vorbehaltskäufer unschwer zuzumuten. Dass der Ausübung des Rücktrittsrechts bei ganz unbedeutenden Verstößen des Käufers das Verbot des Rechtsmissbrauchs entgegensteht, ist selbstverständlich und bedarf keiner ausdrücklichen Hervorhebung.[59]

781   Zur Beurteilung der **Kreditwürdigkeit** verlangt der kreditgebende Verwender vielfach sehr umfangreiche Angaben seitens des Kunden über dessen Vermögensverhältnisse. Sofern sich der Verwender einen Rücktrittsvorbehalt für Fälle der Falschauskunft ausbedingt, ist dieser jedoch nur wirksam, wenn er sich explizit auf für die Beurteilung der Kreditwürdigkeit relevante Tatsachen beschränkt. Eine Falschangabe, die nicht zu einer ernsthaften Gefährdung des Vertragszwecks führt, kann kein Lösungsrecht rechtfertigen.[60]

Beispiele:
(1) Die Klausel „Der Verkäufer kann in schriftlicher Erklärung vom Vertrag zurücktreten, wenn der Käufer über die **seine Kreditwürdigkeit bedingenden Tatsachen** unrichtige oder unvollständige Angaben gemacht hat" ist wirksam, denn nur Erklärungen über Tatsachen, die die Kreditwürdigkeit „bedingen", erlauben den Rücktritt; daran fehlt es bei weniger bedeutungsvollen Angaben, wie zB bei geringfügigen Abweichungen beim Einkommen.[61]
(2) Unwirksam ist hingegen eine Bestimmung, die dem Verkäufer ein Rücktrittsrecht einräumt, „wenn der Käufer falsche **Angaben über seine Vermögensverhältnisse** gemacht hat".[62] Hier fehlt es an der Einschränkung für Fälle, in denen die falschen Angaben beispielsweise wegen der

---

[56] Wolf/*Dammann* BGB § 308 Nr. 3 Rn. 27.
[57] Ulmer/*Harry Schmidt* BGB § 308 Nr. 3 Rn. 11.
[58] BGH NJW 1992, 1628.
[59] BGH NJW 1985, 320 (325).
[60] BGH NJW 1985, 320 (325).
[61] BGH NJW 1985, 320 (325); OLG München NJW-RR 2004, 212.
[62] BGH NJW 1985, 2271 (2272).

Geringfügigkeit der Abweichung oder im Hinblick auf den konkreten Vertrag als bedeutungslos angesehen werden müssen.

(3) Ebenfalls unwirksam ist eine Klausel, die ohne weitere Einschränkungen ein Rücktrittsrecht vorsieht, wenn der Käufer unrichtige oder unvollständige **Angaben über seine Person** gemacht hat.[63] Eine falsche Selbstauskunft zu nebensächlichen Punkten bietet keine Rechtfertigung für einen Rücktritt.

Klauseln betreffend die **nachträglich eintretende, objektive Kreditunwürdigkeit oder**   782
Zahlungsunfähigkeit sind an § 321 BGB zu messen.[64] Die Kreditunwürdigkeit darf sich nicht auf bloße Verdachtsmomente stützen.[65] Sie muss tatsächlich eingetreten sein. Zudem ist auch hier eine Gefährdung des Vertragszwecks erforderlich;[66] ein Lösungsrecht vor Verzugseintritt ist dem Verwender im Regelfall nicht zuzugestehen.[67] Hat der Verwender seine Leistung noch nicht erbracht, dann ist der Lösung vom Vertrag eine Aufforderung zur Zug-um-Zug-Leistung bzw. zur Sicherheitsleistung vorzuschalten.[68]

Beispiele:

(1) Die Vereinbarung eines Rücktrittsrechts im Rahmen eines Möbelkaufs für den Fall der Zahlungsunfähigkeit des Käufers verstößt gegen § 308 Nr. 3 BGB,[69] da jedenfalls bei Eintritt der **Zahlungsunfähigkeit** nach Auslieferung der Möbel die Einräumung eines Rücktrittsrechts nicht gerechtfertigt ist. Dem zahlungsunfähigen Kunden, der sich noch nicht im Verzug befindet, muss die Möglichkeit verbleiben, die schwerwiegenden Folgen des Rücktritts abzuwenden.

(2) Im Rahmen eines Teilzahlungskaufs ist eine Klausel wirksam, die dem Verkäufer ein Recht einräumt, den Kaufgegenstand herauszuverlangen, wenn der Teilzahlungskäufer die **eidesstattliche Versicherung** (§ 807 ZPO) abgegeben hat. Mit dem Umstand der Abgabe der eidesstattlichen Versicherung ist regelmäßig die Gefährdung des Gegenanspruchs des Verkäufers verbunden. Der Käufer gibt hiermit zu erkennen, dass er selbst titulierte Leistungsverpflichtungen nicht erfüllen kann.[70]

Einer gesonderten, insolvenzrechtlichen Beurteilung unterliegen sog. **insolvenzabhängi-**   782a
ge Lösungsklauseln. Eine solche liegt vor, wenn eine der Parteien für den Fall der Zahlungseinstellung, des Insolvenzantrags oder der Insolvenzeröffnung das Recht eingeräumt wird, sich vom Vertrag zu lösen, oder wenn der Vertrag unter der auflösenden Bedingung des Eintritts dieser insolvenzbezogenen Umstände steht. Solche Klauseln sind **nach § 119 InsO unwirksam,** weil sie das Wahlrecht des Insolvenzverwalters nach § 103 InsO unterlaufen.[71]

(2) Sphäre des Verwenders. In der Sphäre des Verwenders auftretende Leistungshin-   783
dernisse können in eingeschränktem Maße ebenfalls ein Lösungsrecht rechtfertigen. Die sachliche Rechtfertigung ist an der im Gesetz vorgesehenen Risikoverteilung zu messen.[72] Wie oben bereits erwähnt, entfällt die sachliche Rechtfertigung, wenn sich der Lösungsvorbehalt auf Umstände erstreckt, die der Verwender bei gebotener Sorgfalt schon vor dem Vertragsabschluss hätte erkennen können.[73] Zudem kann sich der Verwender nicht einschränkungslos von den bei der Beschaffung von Gattungsschulden zuzumutenden Schwierigkeiten freizeichnen.[74] Vorübergehende Leistungshindernisse und Leistungshin-

---

[63] BGH NJW 1985, 320 (325); 1985, 2271 (2272).
[64] MüKoBGB/*Wurmnest* § 308 Nr. 3 Rn. 17; Wolf/*Dammann* BGB § 308 Nr. 3 Rn. 79.
[65] Palandt/*Grüneberg* BGB § 308 Rn. 19.
[66] BGH NJW 1991, 102 (104); 2001, 292 (298).
[67] Wolf/*Dammann* BGB § 308 Nr. 3 Rn. 65.
[68] Ulmer/*Harry Schmidt* BGB § 308 Nr. 3 Rn. 15; Wolf/*Dammann* BGB § 308 Nr. 3 Rn. 79.
[69] OLG Hamm BB 1983, 1304 (1306); ebenso Ulmer/*Harry Schmidt* BGB § 308 Nr. 3 Rn. 15; aA OLG Koblenz ZIP 1981, 510.
[70] BGH NJW 2001, 292 (298).
[71] BGH NJW 2013, 1159.
[72] Ulmer/*Harry Schmidt* BGB § 308 Nr. 3 Rn. 12.
[73] BGH NJW 1987, 831 (833); BAG NZA 2006, 539 (541).
[74] BGH NJW 1983, 1320 (1321); OLG Koblenz NJW-RR 1989, 1459 (1460).

dernisse, die der Verwender selbst zu vertreten hat, müssen in einer Klausel, die ein Lösungsrecht vorsieht, ausgenommen werden.[75]

Beispiele:

(1) Eine Klausel, die ein Lösungsrecht für die **Fälle von höherer Gewalt und Arbeitskämpfen** vorsieht, muss dahingehend beschränkt werden, dass kurzfristige Störungen – die lediglich eine Leistungsverzögerung bedeuten – kein Lösungsrecht zur Folge haben.[76] Vorübergehende Leistungshindernisse sind kein sachlich gerechtfertigter Grund für ein Lösungsrecht.

(2) Bei Verträgen mit nichtunternehmerischen Kunden ist der uneingeschränkte **Vorbehalt der Selbstbelieferung** nicht zulässig. Der Verkäufer wird von seiner Lieferpflicht nämlich nur frei, wenn er ein kongruentes Deckungsgeschäft abgeschlossen hat und von seinem Verkäufer im Stich gelassen wird.[77] Der Klauselverwender muss klarstellen, dass die von ihm schuldhaft herbeigeführte Nichtbelieferung nicht zum Rücktritt berechtigt.[78]

(3) Auch wenn man in der Klausel „**Lieferungsmöglichkeit vorbehalten**" die Verpflichtung des Verwenders sehen will, dass er alle zumutbaren Anstrengungen zu unternehmen hat, um die Ware zu beschaffen,[79] so ist diese trotzdem unwirksam, da die Lieferungsunfähigkeit für sich kein Lösungsrecht rechtfertigt.[80] Den Grund dafür könnte der Verwender schließlich auch selbst zu vertreten haben.

(4) Sogenannte **Vorratsklauseln**, wie „Lieferung solange Vorrat reicht", sind gegenüber Verbrauchern nur zulässig, wenn individualvertraglich ausdrücklich oder konkludent eine Stückschuld oder beschränkte Gattungsschuld vereinbart wurde.[81]

784   Bei Selbstbelieferungsklauseln und Vorratsklauseln sind des Weiteren die zusätzlichen formellen Voraussetzungen des § 308 Nr. 8 BGB zu beachten.[82]

785   **d) Keine Geltung für Dauerschuldverhältnisse.** § 308 Nr. 3 BGB beansprucht zwar Geltung für Verträge jeglicher Art, allerdings gilt er nach seinem zweiten Halbsatz nicht für Dauerschuldverhältnisse.[83] Der Gesetzgeber meinte, bei Dauerschuldverhältnissen, namentlich bei solchen auf unbestimmte Zeit, liege es oft in der Natur des Vertrages, dass sie auch ohne besonderen Grund durch ordentliche Kündigung beendet werden könnten. Bei Dauerschuldverhältnissen stelle die ordentliche Kündigung gleichsam als solche einen sachlich gerechtfertigten Grund dar. Wäre in solchen Fällen die ordentliche Kündigung in Allgemeinen Geschäftsbedingungen geregelt, so wäre es wenig sinnvoll, zusätzlich noch die Angabe eines besonderen Grundes im Vertrag zu verlangen.[84] Sofern sich der Verwender bei solchen Verträgen ein Kündigungsrecht ohne besonderen Grund einräumt, ist die Bestimmung jedoch insbesondere hinsichtlich der Kündigungsfrist bzw. des Kündigungsgrundes anhand von § 307 BGB kontrollfähig. Wenn der Rücktritt für die Zeit **vor Beginn der Vertragsabwicklung** vorbehalten ist, so ist § 308 Nr. 3 BGB anwendbar.[85]

---

[75] MüKoBGB/*Wurmnest* § 308 Nr. 3 Rn. 12.

[76] BGH NJW 1983, 1320 (1321); 1985, 855 (857); OLG Koblenz NJW-RR 1989, 1459 (1460).

[77] BGH NJW 1983, 1320 (1321); 1985, 738 (738); 1985, 855 (857); OLG Koblenz NJW-RR 1993, 1078 (1079).

[78] BGH NJW 1983, 1320 (1321); hierzu auch *Derleder* NJW 2011, 115 f.

[79] BGH NJW 1958, 1628 (1629); Baumbach/Hopt/*Hopt* HGB § 346 Rn. 40.

[80] OLG Stuttgart ZIP 1981, 875 (876); Erman/*Roloff*/*Looschelders* BGB § 308 Nr. 3 Rn. 24; Palandt/*Grüneberg* BGB § 308 Rn. 20; anders fällt die Wertung im unternehmerischen Verkehr aus, vgl. BGH NJW 1994, 1060 (1062).

[81] Wolf/*Dammann* BGB § 308 Nr. 3 Rn. 50; MüKoBGB/*Wurmnest* § 308 Nr. 3 Rn. 13; Palandt/*Grüneberg* BGB § 308 Rn. 20; für grundsätzliche Unwirksamkeit wohl Staudinger/*Coester-Waltjen* BGB § 308 Nr. 3 Rn. 22; Ulmer/*Harry Schmidt* BGB § 308 Nr. 3 Rn. 7, 12.

[82] Hierzu sogleich unter → Rn. 788.

[83] Zum Begriff des Dauerschuldverhältnisses vgl. Rn. 720.

[84] BT-Drs. 7/3919, S. 26. Kritisch Staudinger/*Coester-Waltjen* BGB § 308 Nr. 3 Rn. 29; MüKoBGB/*Wurmnest* § 308 Nr. 3 Rn. 8.

[85] BGH NJW 1987, 831 (833); Ulmer/*Harry Schmidt* BGB § 308 Nr. 3 Rn. 17; Staudinger/*Coester-Waltjen* BGB § 308 Nr. 3 Rn. 29; Erman/*Roloff*/*Looschelders* BGB § 308 Nr. 3 Rn. 27.

Ebenso verhält es sich im Hinblick auf einen – einem Dauerschuldverhältnis vorgeschalteten – **Vorvertrag.**[86]

3. Rechtsfolgen eines Verstoßes

Sofern die Klauseln die notwendigen Einschränkungen nicht enthalten, sind sie **im** **786** **Ganzen unwirksam.**[87] Eine geltungserhaltende Reduktion kommt nicht in Betracht. Sofern eine Klausel jedoch sachlich und sprachlich in einen inhaltlich zulässigen und in einen unzulässigen Regelungsteil zu trennen ist, so wird die Bestimmung hinsichtlich des wirksamen Teils aufrechterhalten.[88]

4. Unternehmerischer Geschäftsverkehr

§ 308 Nr. 3 BGB lässt sich auch als **Orientierungshilfe** für die Beurteilung ausbed- **787** ungener Lösungsrechte **im unternehmerischen Verkehr** heranziehen.[89] Der BGH verlangt auch hier, dass das vertraglich ausbedungene Lösungsrecht auf einen sachlichen Grund abstellt und nicht Fälle erfasst, die einer solchen Rechtfertigung entbehren.[90] Der BGH betont, dass im unternehmerischen Rechtsverkehr ein Rücktrittsrecht in größerem Umfang zulässig ist. Es ist anerkannt, dass insbesondere die kaufmännischen Gepflogenheiten einen milderen Maßstab rechtfertigen können.

Beispiele:

(1) Die sogenannte „**Selbstbelieferungsklausel**", etwa des Inhalts „richtige und rechtzeitige Selbstbelieferung bleibt vorbehalten", ist zulässig. Im unternehmerischen Verkehr kommt einer solchen Klausel kraft Handelsbrauchs die eingeschränkte Bedeutung zu, dass der Verkäufer von seiner Lieferpflicht nur frei werden kann, wenn er ein kongruentes Deckungsgeschäft abgeschlossen hat und von dem Partner dieses Einkaufskontrakts im Stich gelassen wird.[91]

(2) Die Klausel in einem formularmäßigen Kraftfahrzeug-Händlervertrag, der zufolge sich der Importeur das Recht zum „**Rückkauf**" der an den Vertragshändler verkauften und gelieferten Fahrzeuge vorbehält, ist jedenfalls dann unwirksam, wenn sie das Rückkaufrecht allein an die Tatsache der Beendigung des Händlervertrags anknüpft und keine Entschädigung zugunsten des Händlers vorsieht.[92]

5. Das ergänzende Klauselverbot des § 308 Nr. 8 BGB

In Umsetzung der Fernabsatzrichtlinie hat der Gesetzgeber durch § 308 Nr. 8 BGB **788** die Wirksamkeitsanforderungen an ein **formularmäßig für den Fall der Nichtverfügbarkeit vorbehaltenes Lösungsrecht** erhöht. Gedacht ist hier vor allem an die verbreiteten Selbstbelieferungs- und Vorratsklauseln in den Verkaufsbedingungen vieler Unternehmer. Zu den durch § 308 Nr. 3 BGB statuierten Wirksamkeitserfordernissen treten für solche Klauseln **kumulativ die formalen Voraussetzungen des § 308 Nr. 8 BGB** hinzu. Hiernach ist der Vorbehalt des Verwenders, sich von der Verpflichtung zur Erfüllung des Vertrages bei Nichtverfügbarkeit der Leistung zu lösen, nur wirksam, wenn sich der Verwender ausdrücklich im Klauseltext verpflichtet, den Vertragspartner unverzüglich über die Nichtverfügbarkeit zu informieren und Gegenleistungen des Vertragspartners unverzüglich zu erstatten.

---

[86] BAG NZA 2006, 539 (541).
[87] Vgl. BGH NJW 1985, 855 (857); 2271 (2272).
[88] Vgl. BGH NJW 1985, 320 (325).
[89] Palandt/*Grüneberg* BGB § 308 Rn. 23; Ulmer/*Harry Schmidt* BGB § 308 Nr. 3 Rn. 18.
[90] BGH NJW 2009, 575 (576).
[91] BGH NJW 1985, 738 (739) mwN; 1994, 1060 (1062).
[92] BGH NJW 2000, 1191 (1192).

IV. Änderungsvorbehalt (§ 308 Nr. 4 BGB)

Literatur: *Borges,* Preisanpassungsklauseln in der AGB-Kontrolle, DB 2006, 1199; *Förster,* Die Vereinbarung variabler Zinssätze in AGB, 2009; *Freund,* Die Änderung Allgemeiner Geschäftsbedingungen in bestehenden Verträgen, 1998; *Kamanabrou,* Vertragliche Anpassungsklauseln, 2004; *Paulusch,* Vorformulierte Leistungsbestimmungsrechte des Verwenders, in: Zehn Jahre AGB-Gesetz, 1987, S. 55; *Graf von Westphalen,* Dauerschuldverhältnisse – Wirksamkeit von Änderungsklauseln zugunsten des Verwenders., in: FS für Schlosser, 2005, S. 1103.

1. Gesetzliche Ausgangslage und Regelungsanliegen

789   Normalerweise erlischt ein Schuldverhältnis durch Erfüllung, dh die Bewirkung der geschuldeten Leistung an den Gläubiger (§ 362 Abs. 1 BGB). Räumt sich der Verwender als Schuldner nun einen Änderungsvorbehalt ein, so hat das zur Folge, dass Erfüllung auch im Falle einer Änderung oder Abweichung von der Leistung eintritt. Die Gefährlichkeit eines Änderungsvorbehalts liegt darin begründet, dass der Verwender von seiner Leistungspflicht frei werden kann, indem er an den Kunden eine Leistung bewirkt, die dieser gar nicht will und an die er bei Vertragsabschluss auch nicht dachte. Da die Leistung aufgrund des Änderungsvorbehalts vertragsgemäß ist, muss der Kunde die Leistung jedoch trotz allem annehmen und bezahlen. Gewährleistungs- oder Nichterfüllungsansprüche werden ihm abgeschnitten, falls die bewirkte geänderte Leistung für sich mangelfrei ist. Das kann unter Umständen noch misslicher sein, als wenn sich der Verwender von seiner Leistungspflicht in vollem Umfang löst.[93]

790   Welcher Art die geschuldete Leistung und wieviel geschuldet ist, ergibt sich aus dem Vertrag. Sofern Gattungsschulden vereinbart sind, ist zu beachten, dass keine Änderung oder Abweichung der Leistung vorliegt, sofern sich die Leistung noch in den Grenzen des § 243 Abs. 2 BGB bewegt und von mittlerer Art und Güte ist. Zudem muss der Kunde nach § 242 BGB geringfügige Änderungen von der vereinbarten Leistung akzeptieren, sofern nicht sachliche Interessen des Kunden entgegenstehen und der gleiche wirtschaftliche Erfolg herbeigeführt wird.[94]

791   § 308 Nr. 4 BGB **ergänzt § 308 Nr. 3 BGB,** indem er verhindert, dass sich der Verwender schrankenlos eine Erweiterung der Erfüllungsmöglichkeiten verschaffen kann. Die Vereinbarung, die versprochene Leistung zu ändern oder von ihr abzuweichen, ist danach nur wirksam, wenn die Vereinbarung der Änderung oder Abweichung unter Berücksichtigung der Interessen des Verwenders für den anderen Vertragsteil zumutbar ist. § 308 Nr. 4 BGB tritt gegenüber der spezielleren Regelung in §§ 651f Abs. 2 und 651g BGB zurück, wenn es um Änderungen der Vertragsbedingungen geht, die sich der **Reiseveranstalter** in seinen Allgemeinen Geschäftsbedingungen ausbedungen hat (vgl. § 651f Abs. 3 BGB).[95]

2. Anwendungsbereich

792   § 308 Nr. 4 BGB erfasst nur einen Änderungsvorbehalt des Verwenders, der die von ihm zu erbringende Leistung betrifft.[96] Wird in Allgemeinen Geschäftsbedingungen das **Recht des Verwenders** verankert, **die Gegenleistung des Kunden anzupassen,** so richtet

---

[93] MüKoBGB/*Wurmnest* § 308 Nr. 4 Rn. 1; Wolf/*Dammann* BGB § 308 Nr. 4 Rn. 1; Ulmer/*Harry Schmidt* BGB § 308 Nr. 4 Rn. 1.
[94] MüKoBGB/*Schubert* § 242 Rn. 180.
[95] Zu Preiserhöhungsklauseln in den Reisevertragsbedingungen vgl. im Übrigen noch → Rn. 820.
[96] BAG NZA 2006, 1149 (1151); OLG Köln ZIP 1999, 21 (22); BeckOK/*Becker* BGB § 308 Nr. 4 Rn. 5; Ulmer/*Harry Schmidt* BGB § 308 Nr. 4 Rn. 4; Wolf/*Dammann* BGB § 308 Nr. 4 Rn. 6a; aA Staudinger/*Coester-Waltjen* BGB § 308 Nr. 4 Rn. 2.

sich die Inhaltskontrolle nach der Generalklausel des § 307 BGB, sofern die Klausel nicht ohnehin schon § 309 Nr. 1 BGB unterfällt. Zu Zinsanpassungsklauseln siehe → Rn. 818a. Zur Änderung digitaler Produkte in Verträgen über digitale Inhalte und Dienstleistungen → Rn. 66h.

Im Unterschied zu § 308 Nr. 3 BGB findet § 308 Nr. 4 BGB auch **auf Dauerschuld-** 793 **verhältnisse Anwendung.** Die Gefährdung, die bei Dauerschuldverhältnissen durch Leistungsvorbehalte entsteht, ist die gleiche wie bei sonstigen Schuldverhältnissen.

3. Inhalt des Klauselverbots

a) Änderung und Abweichung. Die Merkmale der Leistungsänderung und der Ab- 794 weichung der versprochenen Leistung sind nicht scharf abzugrenzen; die Grenzen verschwimmen. Vom Grundsatz her ist eine Leistungsänderung bei einer anderen Beschaffenheit oder Quantität der ursprünglich vereinbarten Leistung gegeben und eine Abweichung, wenn die Leistung nach Art und Charakter keine Identität mehr mit der ursprünglich versprochenen aufweist.[97] In der Praxis muss keine Abgrenzung vorgenommen werden, da § 308 Nr. 4 BGB beide Spielarten erfasst. Umgekehrt besteht Einigkeit, dass einseitige Leistungsbestimmungsrechte, die sich darauf beschränken, dem Verwender die erstmalige Festlegung seiner Leistung zu ermöglichen, nicht unter § 308 Nr. 4 BGB fallen; insoweit ist § 307 BGB anzuwenden.[98]

Das Verbot eines Änderungsvorbehalts beschränkt sich nicht auf die Hauptleistung. 795 Ebenso wird vom Wortlaut des § 308 Nr. 4 BGB („Änderung der versprochenen Leistung") die Änderung von Nebenleistungen und -pflichten sowie Leistungs- und Erfüllungsmodalitäten erfasst.[99] Unter das Klauselverbot fällt des Weiteren der Vorbehalt, entgegen § 266 BGB Teilleistungen erbringen zu dürfen.[100]

b) Zumutbarkeit. Die Leistungsänderung muss für den Kunden zumutbar sein. Nach 796 ständiger BGH-Rechtsprechung sind formularmäßige einseitige Leistungsänderungsrechte des Verwenders grundsätzlich nur dann wirksam, wenn die Klauseln schwerwiegende Änderungsgründe nennen und in ihren Voraussetzungen und Folgen erkennbar die Interessen der Vertragspartner angemessen berücksichtigen.[101] Der Verwender ist diesbezüglich darlegungs- und beweispflichtig.[102]

Im Rahmen dieser Interessenabwägung ist ein generalisierend typisierender Maßstab 797 anzulegen[103] und nicht auf die Umstände des Einzelfalls abzustellen.[104] Die Zumutbarkeit ist zu bejahen, wenn die Interessen des Verwenders die für das jeweilige Geschäft typischen Interessen des anderen Vertragsteils überwiegen oder ihnen zumindest gleichwertig sind. Das setzt eine Fassung der Klausel voraus, die nicht zur Rechtfertigung unzumutbarer Änderungen dienen kann. Erforderlich ist im Allgemeinen auch, dass die Klausel in ihren Voraussetzungen und Folgen für den anderen Vertragsteil zumindest ein

---

[97] Vgl. Ulmer/*Harry Schmidt* BGB § 308 Nr. 4 Rn. 4.

[98] BGH NJW 2004, 1588; BAG NZA 2013, 148 (150); MüKoBGB/*Wurmnest* § 308 Nr. 4 Rn. 7.

[99] Ulmer/*Harry Schmidt* BGB § 308 Nr. 4 Rn. 4; Wolf/*Dammann* BGB § 308 Nr. 4 Rn. 5, 7; MüKoBGB/*Wurmnest* § 308 Nr. 4 Rn. 5; aA hinsichtlich der Regelungen von Erfüllungsmodalitäten Löwe/*Graf von Westphalen*/Trinkner AGBG § 10 Nr. 4 Rn. 7.

[100] OLG Stuttgart NJW-RR 1995, 116 (117); Ulmer/*Harry Schmidt* BGB § 308 Nr. 4 Rn. 10a; aA OLG Koblenz NJW-RR 1993, 1078 (1079), das § 307 BGB anwendet.

[101] BGH NJW 2000, 515 (521); vgl. auch BGH NJW 1984, 1182 (1183); NJW-RR 1988, 1077 (1080).

[102] Dies folgt aus dem Wortlaut des § 308 Nr. 4 BGB („wenn nicht"); vgl. BGH NJW 2008, 360 Rn. 21; Wolf/*Dammann* BGB § 308 Nr. 4 Rn. 49.

[103] BGH NJW 2014, 1168 (1170); Wolf/*Dammann* BGB § 308 Nr. 4 Rn. 24; Ulmer/*Harry Schmidt* BGB § 308 Nr. 4 Rn. 9.

[104] So aber OLG Köln NJW 1985, 501, OLG Hamm NJW-RR 1992, 444 (445) und NJW 1995, 794.

gewisses Maß an Kalkulierbarkeit der möglichen Leistungsänderung gewährleistet.[105] Dies kann der Fall sein, wenn eine Änderung bzw. Abweichung durch die Besonderheit der zu erbringenden Leistung oder aufgrund anderweitiger schwerwiegender Umstände unvermeidlich ist. Kostensteigerungen auf Seiten des Verwenders sind allerdings unbeachtlich,[106] da dies ansonsten eine erhebliche Risikoverlagerung zulasten des Kunden bedeuten würde. Bei der Abwägung ist immer zu beachten, dass das Erfüllungsinteresse des Kunden an der obligationsmäßigen Leistung grundsätzlich vorrangig ist und es auch bei Bestehen eines anerkennenswerten Interesses des Verwenders nicht zu einer erheblichen Störung des Äquivalenzverhältnisses von Leistung und Gegenleistung kommen darf.[107] generell lässt sich sagen, dass ein Änderungsvorbehalt, der sich nicht nur auf die Umstände der Leistungserbringung oder auf Nebenpflichten bezieht, sondern auch Inhalt und Umfang der Hauptleistung betrifft, ja sogar zu Änderungen des Äquivalenzverhältnisses ermächtigt, besonders hohen Rechtfertigungsanforderungen genügen muss.[108]

798   Im Gegensatz zu § 308 Nr. 3 BGB ist nach dem Wortlaut des § 308 Nr. 4 BGB das Erfordernis der Angabe des Grundes nicht in den Wortlaut der Vorschrift aufgenommen worden. Allerdings kann ein Vorbehalt für eine Leistungsänderung bzw. -abweichung nur dann zumutbar sein, wenn **die Voraussetzungen und der Umfang hinreichend konkretisiert** sind. Das Maß der Konkretisierung richtet sich nach den spezifischen Problemen der einzelnen Geschäftszweige.[109] Unzureichend ist es, wenn in die Klausel der Wortlaut des § 308 Nr. 4 BGB aufgenommen wird und sich der Verwender eine Leistungsänderung „soweit für den Kunden zumutbar" vorbehält.[110]

Beispiele:

(1) In einem **Pflegeheimvertrag verstößt** die Klausel „Der Bewohner ist mit einem Umzug in einen anderen Raum einverstanden, falls dies ... nach begründeter Erklärung des Heims aus zwingendem betrieblichen Anlass erforderlich ist" **gegen § 308 Nr. 4 BGB.** Mit der Beschränkung auf betrieblich zwingende Umzugsanlässe nimmt die Klausel zwar indirekt tendenziell Rücksicht auf die Belange der Heimbewohner. Ihre Interessen werden jedoch deshalb nicht hinreichend gewahrt, weil die Einschränkung auf zwingende Anlässe zu unbestimmt ist und dem Verwender einen zu großen Beurteilungsspielraum belässt.[111]

(2) Eine formularmäßige Bestimmung in einer Wahlleistungsvereinbarung, nach der im Verhinderungsfall der Stellvertreter des **Chefarztes** die Aufgaben des liquidationsberechtigten Arztes übernimmt (**Vertreterklausel**), ist unwirksam.[112] Hierdurch würde ansonsten die Abrechnung von Leistungen trotz Nichtleistung ermöglicht werden.

(3) Die in den Allgemeinen Geschäftsbedingungen eines **Versandhandelsunternehmens** verwendete Klausel „Sollte ein bestimmter Artikel nicht lieferbar sein, senden wir Ihnen in Einzelfällen einen qualitativ und preislich gleichwertigen Artikel (**Ersatzartikel**) zu" ist unwirksam. Die Formularbestimmung berücksichtigt nicht hinreichend, dass zahlreiche Artikel vom Kunden nach seinen individuellen Wünschen und Bedürfnissen ausgewählt werden. Auch ein eingeräumtes Umtauschrecht ändert an dieser Beurteilung nichts.[113]

---

[105] So zuletzt BGH NJW 2008, 360 (362); ebenso Wolf/*Dammann* BGB § 308 Nr. 4 Rn. 24; aA insoweit, als bei der Zumutbarkeit nur auf ein überwiegendes Interesse des Verwenders abgestellt wird: Löwe/*Graf von Westphalen*/Trinkner AGBG § 10 Nr. 4 Rn. 14.

[106] Ulmer/*Harry Schmidt* BGB § 308 Nr. 4 Rn. 9.

[107] Ulmer/*Harry Schmidt* BGB § 308 Nr. 4 Rn. 9.

[108] BGH NJW-RR 2009, 1641 (1643).

[109] Vgl. MüKoBGB/*Wurmnest* § 308 Nr. 4 Rn. 10.

[110] BGH NJW 1983, 1322 (1324 f.); MüKoBGB/*Wurmnest* § 308 Nr. 4 Rn. 10; Soergel/*Knops* BGB § 308 Rn. 12; Wolf/*Dammann* BGB § 308 Nr. 4 Rn. 34.

[111] KG NJW 1998, 829 (829 f.).

[112] BGH NJW 2008, 987; eingehend zu diesem Thema *Miebach/Platt* NJW 2000, 3377 (3383), *Kubis* NJW 1989, 1512 (1515) sowie auch *Kuhla* NJW 2000, 841 (844 f.).

[113] BGH NJW NJW 2005, 3567 (3569).

(4) Eine AGB-Klausel im **Pay-TV-Abonnement**, wonach sich der Verwender vorbehält, „das Programmangebot, die einzelnen Kanäle, die Nutzung der einzelnen Kanäle sowie die Zusammensetzung der Programmpakete zum Vorteil der Abonnenten zu ergänzen, zu erweitern oder in sonstiger Weise zu verändern", ist bereits deshalb unzulässig, weil sich der Vorbehalt nicht auf hinreichend konkretisierte und triftige Änderungsgründe beschränkt.[114]

(5) Eine Bestimmung, die einer **Fluggesellschaft** voraussetzungslos gestattet, einseitig Flugpläne, Abflugzeiten und Zwischenlandungspunkte zu ändern, andere Luftfrachtführer mit der Beförderung zu betrauen oder anderes Fluggerät einzusetzen, ist nicht wirksam.[115] Nach § 307 Abs. 1 S. 1 BGB unwirksam ist im Übrigen die Klausel „Informationen über Flugzeiten durch Reisebüros sind unverbindlich."[116]

(6) Die Klausel in **Kfz-Reparaturbedingungen**, dass es der Zustimmung des Auftraggebers für die **Durchführung nicht vereinbarter Arbeiten** bei Nichterreichen nicht bedarf, sofern die Arbeiten „notwendig" sind, ist unwirksam. Der Begriff „notwendige Arbeiten" ist wenig aussagekräftig, da er verschiedenen Deutungen zugänglich ist und im Einzelfall auch den Interessen des Auftraggebers zuwiderlaufen kann.[117]

(7) Der Inhaltskontrolle nach § 308 Nr. 4 BGB hält ferner ein Vorbehalt in den Allgemeinen Geschäftsbedingungen eines **Internetproviders** nicht stand, dem zufolge der Anbieter berechtigt sein soll, die jeweiligen Leistungsbeschreibungen anzupassen, soweit dies dem Kunden zumutbar ist.[118]

(8) Die Klausel in einem **Bauträgervertrag** „Änderungen der Bauausführung, der Material- bzw. Baustoffauswahl, soweit sie gleichwertig sind, bleiben vorbehalten" ist unwirksam. Der BGH beanstandet, dass die Klausel die triftigen Gründe für das einseitige Leistungsbestimmungsrecht nicht nenne und in ihren Voraussetzungen und Folgen nicht erkennbar die Interessen des Vertragspartners angemessen berücksichtige.[119] Unwirksam ist ferner die in einem vorformulierten **Bauvertrag** enthaltene Klausel, wonach der Auftragnehmer die in den Vertragsunterlagen genannten Fabrikate und Materialien durch gleichwertige Leistungen ersetzen kann, wenn der Auftraggeber dem zustimmt, wobei der Auftraggeber seine Zustimmung nur aus wichtigem Grund verweigern darf.[120]

(9) Eine **einschränkungslose Teillieferungsklausel** wie „Wir sind zu Teillieferungen berechtigt", ist mangels Schutzkorrektivs grundsätzlich unzulässig.[121] Die Zumutbarkeit für den Kunden kann hingegen gegeben sein, wenn die Klausel hinsichtlich der Art des Leistungsgegenstands und seiner typischen Verwendung differenziert.[122] Bei zusammengehörenden Produkten (bspw. eine Möbelgruppe) oder zusammengestellten „Paketen" (bspw. PC mit Monitor und Software) fehlt in der Regel die Zumutbarkeit.[123]

(10) Im **Möbelhandel** ist der pauschale Vorbehalt von „kleinen Abweichungen in Farbe und Ausführung" nicht zulässig;[124] ebenso die Klausel „Bei Ergänzungsstücken ist eine unwesentliche Abweichung vertragsgemäß."[125] Demgegenüber ist nach der Rechtsprechung des BGH die Bestimmung „**Abweichungen** in Struktur und Farbe gegenüber dem Ausstellungsstück bleiben vorbehalten, **soweit** diese in der Natur der verwendeten Materialien liegen und **handelsüblich** sind …" auch in Verträgen mit Nichtunternehmern wirksam.[126]

---

[114] BGH NJW 2008, 360 (362).

[115] BGH NJW 1983, 1322 (1324 f.); 2014, 1168 (1170); OLG Frankfurt NJW-RR 2013, 829; OLG Düsseldorf NJW-RR 2013, 1391.

[116] BGH NJW 2014, 1168 (1170).

[117] BGH NJW 1987, 2818 (2818 f.).

[118] BGH NJW-RR 2008, 134 (135).

[119] BGH NJW 2005, 3420 (3421).

[120] OLG Frankfurt NZBau 2021, 328.

[121] OLG Stuttgart NJW-RR 1995, 116 (117).

[122] Ulmer/*Harry Schmidt* BGB § 308 Nr. 4 Rn. 10 a.

[123] OLG Koblenz NJW-RR 1993, 1078 (1079) bei Inhaltskontrolle im Rahmen von § 307 Abs. 2 BGB; ebenso Ulmer/*Harry Schmidt* BGB § 308 Nr. 4 Rn. 10a.

[124] OLG Frankfurt DB 1981, 884 (885); Ulmer/*Harry Schmidt* BGB § 308 Nr. 4 Rn. 10.

[125] OLG Koblenz NJW-RR 1993, 1078 (1079).

[126] BGH NJW 1987, 1886 (1886 f.); Palandt/*Grüneberg* BGB § 308 Rn. 25; zustimmend MüKoBGB/*Wurmnest* § 308 Nr. 4 Rn. 9; aA hingegen OLG Köln NJW 1985, 501; eher kritisch auch Ulmer/*Harry Schmidt* BGB § 308 Nr. 4 Rn. 10.

(11) Klauseln in Allgemeinen **Emissionsbedingungen,** nach denen der Emittent von Optionsscheinen die Bedingungen ändern kann, soweit ihm dies angemessen und erforderlich erscheint, um dem wirtschaftlichen Zweck der Bedingungen gerecht zu werden, falls die Änderung dazu dienen soll, einen offensichtlichen Irrtum zu berichtigen, sind unwirksam.[127]

799   Das Zumutbarkeitskriterium findet seine Entsprechung in **Nr. 1 Buchst. j und k des Anhangs der Klauselrichtlinie** mit dem dort geforderten „triftigen Grund". Ein Unterschied besteht insoweit nicht und der Schutzumfang geht hierdurch nicht über den des § 308 Nr. 4 BGB hinaus.[128] Ist ein Leistungsänderungsvorbehalt zumutbar, so besteht auch ein triftiger Grund.[129]

4. Rechtsfolgen eines Verstoßes

800   Sofern sich eine Klausel als unwirksam erweist, ist die ursprünglich versprochene Leistung ohne Änderung oder Abweichung geschuldet. Hat hingegen der Kunde die Leistung vorbehaltlos angenommen, so hat er dann im Zweifelsfalle aufgrund von § 363 BGB zu beweisen, dass noch nicht obligationsmäßige Erfüllung eingetreten ist.

801   Eine geltungserhaltende Reduktion kommt auch im Rahmen von Klauseln betreffend den Leistungsänderungsvorbehalt nicht in Betracht. Sofern eine Klausel jedoch sachlich und sprachlich in einen inhaltlich zulässigen und in einen unzulässigen Regelungsteil zu trennen ist, wird die Bestimmung hinsichtlich des wirksamen Teils aufrechterhalten.

5. Unternehmerischer Geschäftsverkehr

802   Die Leistungsänderungsvorbehalten innewohnende Gefährlichkeit ist im unternehmerischen Geschäftsverkehr nicht geringer einzuschätzen. Deshalb findet der Grundgedanke des § 308 Nr. 4 BGB im Rahmen von § 307 Abs. 2 BGB grundsätzlich Anwendung.[130] Sofern Änderungen oder Abweichungen nicht handelsüblich sind bzw. sich bei Gattungsschulden nicht mehr in den von § 360 HGB vorgegebenen Grenzen der „mittleren Art und Güte" bewegen, ist auch zwischen Unternehmern das Erfordernis der Zumutbarkeit zu beachten.

Beispiele:

(1) Bei der **Vermietung von Messestandplätzen** ist ein allgemein gehaltener Vorbehalt, der dem Vermieter gestattet, dem Mieter andere Standplätze als den zugesagten zuzuweisen, unwirksam.[131]

(2) Unzulässig ist auch der Vorbehalt, die Handelsspanne eines **Vertragshändlers** frei und ohne weitere Voraussetzungen abzuändern.[132]

803–807   [bleiben einstweilen frei]

V. Kurzfristige Preiserhöhungen (§ 309 Nr. 1 BGB)

Literatur: *R. M. Beckmann,* Die Zulässigkeit von Preis- und Prämienanpassungs-Klauseln nach dem AGB-Gesetz, 1990; *Bellinghausen,* Dynamisierungs- und Anpassungsklauseln in AGB, insbesondere Preisanpassungsklauseln, in: Abels/Lieb (Hrsg.), AGB im Spannungsfeld zwischen Kautelarpraxis und Rechtsprechung, 2007, S. 29; *Bruck,* AGBG und Preisänderungsklauseln, DB 1978, 1385; *Eck-*

---

[127] BGH NJW-RR 2009, 1641.

[128] Näher Wolf/*Pfeiffer* RiLi Anhang Rn. 92, 99; MüKoBGB/*Wurmnest* § 308 Nr. 4 Rn. 3; *Eckert* WM 1993, 1076.

[129] Auch der BGH spricht mitunter explizit von dem Erfordernis eines „triftigen Grundes"; so zuletzt BGH NJW 2005, 3420 (3421).

[130] Einhellige Ansicht, statt vieler: BGH NJW-RR 2009, 1641 (1643); MüKoBGB/*Wurmnest* § 308 Nr. 4 Rn. 16.

[131] OLG Köln NJW-RR 1990, 1232 (1233).

[132] BGH NJW 1994, 1060 (1063).

hoff, Zur Zulässigkeit von Preisanpassungsklauseln in AGB, GWR 2016, 243; *Gutkin*, Die Europäisierung der AGB-Kontrolle von Preisänderungsklauseln, 2018; *Hilber*, Preisanpassungsklauseln im unternehmerischen Verkehr – Rechtliche Grenzen und Möglichkeiten, BB 2011, 2691; *Kamanabrou*, Vertragliche Anpassungsklauseln, 2004; Kessel/Schwedler, Preisanpassungsklausel in AGB und ihre Bewertung durch die Rechtsprechung, BB 2010, 585; *Lübke-Detring*, Preisklauseln in Allgemeinen Geschäftsbedingungen, 1989; *Rank/Kessel*, Bedingungsanpassungsklauseln und Preisanpassungsklauseln im allgemeinen Bankvertragsrecht und im Zahlungsdiensterecht, WM 2018, 2205; *Säcker*, Anpassungsklauseln in langfristigen Verträgen und Störung der Geschäftsgrundlage, in: GS für Sonnenschein, 2003, S. 597; *Thomas*, Preisfreiheit im Recht der Allgemeinen Geschäftsbedingungen, AcP 209 (2009), 84; *R. Wiedemann*, Preisänderungsvorbehalte, 1991; *M. Wolf*, Preisanpassungsklauseln in Allgemeinen Geschäftsbedingungen unter Kaufleuten, ZIP 1997, 341; zur Preisfestsetzung bzw. -änderung durch Energieversorgungsunternehmen vgl. die Nachweise vor → Rn. 823.

1. Gesetzliche Ausgangslage und Regelungsanliegen

Die Festlegung der Gegenleistung, also regelmäßig des zu zahlenden Preises für die **808** Leistung, gehört zu den *essentialia negotii* eines Vertrages. Problematisch sind solche Klauseln in Allgemeinen Geschäftsbedingungen, die dem Verwender bei gleichbleibenden Leistungen eine nachträgliche Erhöhung des zunächst vereinbarten Kaufpreises gestatten. Der zahlungspflichtige Kunde gerät hierdurch in eine missliche Lage. Denn er vermag nunmehr kaum noch einzuschätzen, welche effektive Belastung der Vertrag für ihn im Ergebnis bedeutet. Sein gerade bei kurzfristig abzuwickelnden Verträgen besonders anerkennenswertes **Interesse an einem verlässlichen Planungshorizont wird ignoriert,** das bei Vertragsschluss fixierte **Äquivalenzinteresse zur Disposition des Verwenders** gestellt. Hinzu kommt, dass die Möglichkeit nachträglicher einseitiger Preiserhöhung den Wert von Preisvergleichen bei Vertragsschluss relativiert und damit eine wesentliche Voraussetzung für das **Funktionieren des Preiswettbewerbs** beseitigt.[133] **§ 309 Nr. 1 BGB** erklärt deshalb Klauseln in Allgemeinen Geschäftsbedingungen für unwirksam, welche die Erhöhung des Entgelts für Waren oder Leistungen vorsehen, die innerhalb von vier Monaten nach Vertragsschluss geliefert oder erbracht werden sollen. Die Vorschrift deckt sich in Bezug auf die tatbestandlichen Voraussetzungen weitgehend mit **§ 1 der Preisangabenverordnung** vom 18.10.2002[134]. Der Unterschied liegt in der Rechtsfolge: § 309 Nr. 1 BGB nimmt abweichenden Vertragsklauseln die zivilrechtliche Wirksamkeit, während nach den Vorschriften der Preisangabenverordnung Verstöße lediglich als Ordnungswidrigkeit sanktioniert sind.

2. Nr. 1 Buchst. l des Anhangs der Klauselrichtlinie

Die Klauselrichtlinie behandelt den Bereich von nachträglichen Preiserhöhungen im **809** Anhang in Nr. 1 Buchst. l. Hiernach können Klauseln in Verbraucherverträgen für missbräuchlich erklärt werden, die darauf abzielen oder zur Folge haben, dass der Verkäufer einer Ware oder Erbringer einer Dienstleistung den Preis zum Zeitpunkt der Lieferung festsetzen oder erhöhen kann, ohne dass der Verbraucher ein Recht hat, vom Vertrag zurückzutreten, wenn der Endpreis im Verhältnis zu dem Preis, der bei Vertragsschluss vereinbart wurde, zu hoch ist. Das Regelungsregime des **§ 309 Nr. 1 BGB ist insoweit strenger,** als Preiserhöhungen innerhalb der Viermonatsfrist generell untersagt sind. Dies ist im Hinblick auf das Ziel der Richtlinie, Mindeststandards zu etablieren (Art. 8), unproblematisch. Preiserhöhungen, die zu einem späteren Zeitpunkt erfolgen, werden von der Rechtsprechung im Rahmen des **§ 307 BGB** kontrolliert. Sie legt dabei einen Maßstab an, der hinsichtlich der Ausgewogenheit der Preiserhöhung

---

[133] Regierungsbegründung BT-Drs. 7/3919, S. 27.
[134] BGBl. 2002 I 4197.

über die Anforderungen von Nr. 1 Buchst. l des Richtlinienanhangs hinausgeht. Entgegen § 309 Nr. 1 BGB nimmt die Regelung in der Klauselrichtlinie Dauerschuldverhältnisse nicht explizit aus. Ob Dauerschuldverhältnisse jedoch überhaupt vom Katalogtatbestand der Nr. 1 Buchst. l der Richtlinie erfasst werden, ist unsicher.[135] Selbst wenn man dies bejahte, so würde der im deutschen AGB-Recht über die Generalklausel des § 307 BGB vermittelte Schutz jedenfalls im Ergebnis nicht hinter der gemeinschaftsrechtlichen Vorgabe zurückstehen. Im Übrigen steht den Vertragsparteien bei Dauerschuldverhältnissen nach deutschem Recht regelmäßig ein ordentliches und ein – sogar unabdingbares – außerordentliches Kündigungsrecht aus wichtigem Grund (§ 314 BGB) zu, von dem der Kunde im Falle einer für ihn untragbaren Preiserhöhung Gebrauch machen kann.

3. Inhalt des Klauselverbots

810   Das Gesetz statuiert mit § 309 Nr. 1 BGB ein Klauselverbot **ohne Wertungsmöglichkeit**. Eine **Rechtfertigungsmöglichkeit** – etwa durch Angabe eines anerkennenswerten Grundes für den Änderungsvorbehalt – ist **nicht vorgesehen**.

Beispiel: So berechtigen beispielsweise **Kostenerhöhungen im Bereich des Verwenders** nicht zu einer Preiserhöhung.[136] Und auch die Beschränkung der Erhöhung des Entgelts für Fälle von bestimmten Kosten- oder Lohnerhöhungen wie „bei einer Steigerung von Material- und Rohstoffpreisen, Löhnen und Gehältern" bewahrt die Klausel nicht vor der Unwirksamkeit.

811   **a) Erhöhung des Entgelts.** Die Bestimmung muss eine direkte Erhöhung des ursprünglich vereinbarten Entgelts vorsehen. **Entgelt** ist jede seitens des Kunden aufzubringende Gegenleistung in gegenseitigen Verträgen, einschließlich Nebenleistungen und Umsatzsteuer.[137] In aller Regel ist die Gegenleistung pekuniär ausgestaltet. Erfasst werden aber auch Gegenleistungen im Rahmen von Bartergeschäften.[138]

812   Eine **Erhöhung** ist gegeben, wenn der Umfang des Entgelts, sei es der Betrag oder die Menge, quantitativ zunimmt. Darunter fallen auch Regelungen, die wie **Gleit- oder Spannungsklauseln** zu einer automatischen Anpassung des vereinbarten Entgelts führen.[139] Indirekte Erhöhungen durch Verringerung der Leistung bei gleich bleibender Gegenleistung fallen unter § 308 Nr. 4 BGB. Welche Gründe für die Erhöhung maßgebend sein könnten oder angegeben werden, ist gleichgültig.

Beispiele:
(1) Sogenannte **Tagespreisklauseln** wie „Verkaufspreis ist der am Liefertag gültige Listenpreis", die das zu entrichtende Entgelt also bei Vertragsschluss offen lassen, sind unwirksam.[140] Der Preis ist bei Leistungen, die innerhalb von vier Monaten erbracht werden, immer anzugeben.

---

[135] Dafür wohl MüKoBGB/*Wurmnest* § 309 Nr. 1 Rn. 3.

[136] BGH NJW 1985, 855 (856); Wolf/*Dammann* BGB § 309 Nr. 1 Rn. 52.

[137] Ebenso Wolf/*Dammann* BGB § 309 Nr. 1 Rn. 30; ähnlich BGH NJW 1980, 2133.

[138] Zu eng BGH NJW 1980, 2133 (2133) „finanziell ... aufwenden muss".

[139] Erman/*Roloff/Looschelders* BGB § 309 Rn. 2. Die Unwirksamkeit kann sich im Übrigen auch aus dem **Preisklauselgesetz** vom 7.9.2007 (BGBl. I 2246 (2247)) ergeben. Durch dieses neue Gesetz wurde die Preisklauselverordnung abgelöst. Am geltenden Verbot von automatisch wirkenden Wertsicherungsklauseln hat der Gesetzgeber festgehalten. An die Stelle des behördlichen Genehmigungssystems ist jedoch ein System der Legalausnahme getreten. Beachte: Auch eine nach dem Preisklauselgesetz zulässige Preisanpassungsklausel unterliegt im Falle ihrer formularmäßigen Verwendung der Inhaltskontrolle nach den §§ 307 ff. BGB (BGH NJW 2010, 2789).

[140] Ulmer/*Fuchs* BGB § 309 Nr. 1 Rn. 20; Palandt/*Grüneberg* BGB § 309 Rn. 3; nur im Ergebnis zustimmend Wolf/*Dammann* BGB § 309 Nr. 1 Rn. 44 und MüKoBGB/*Wurmnest* § 309 Nr. 1 Rn. 16.

(2) Die Klausel „Die **Preise sind freibleibend.**" ist unwirksam, da sie dem Verwender jederzeit eine Preiserhöhung ermöglicht.[141] Selbiges gilt für die Bestimmung „Preise sind unverbindlich".[142]

(3) Eine in Allgemeinen Geschäftsbedingungen des Verkäufers enthaltene Bestimmung „**Preis zuzüglich Umsatzsteuer**", nach der ihn Änderungen des Umsatzsteuersatzes zur entsprechenden Preisanpassung berechtigen, ist in Verbraucherverträgen unwirksam.[143]

Keine Entgelterhöhung iS des § 309 Nr. 1 BGB liegt vor, wenn Klauseln dem Kunden **813** einzeln aufgeführte und berechnete **Aufwendungen** auferlegen, die im Rahmen der Vertragsabwicklung anfallen und vom Charakter her Aufwendungsersatz darstellen.[144] Eine Überprüfung solcher Klauseln ist jedoch anhand von § 307 BGB möglich; es handelt sich um kontrollfähige Preisklauseln.[145]

b) Waren oder Leistungen. § 309 Nr. 1 BGB spricht von Entgelt für Waren oder Leis- **814** tungen. Für den Begriff „**Waren**" fand sich bis zum Handelsrechtsreformgesetz 1998[146] eine Legaldefinition in § 1 Abs. 2 HGB, wonach Waren bewegliche Sachen sind. Grundstücke als unbewegliche Sachen werden von dem Begriff demnach nicht erfasst. Grundstücksgeschäfte fallen deshalb nicht in den Anwendungsbereich des § 309 Nr. 1 BGB;[147] wohl aber erfolgt eine Kontrolle nach § 307 BGB, in deren Rahmen die Wertungen des § 309 Nr. 1 BGB zur Geltung gebracht werden können. Mit **Leistungen** sind alle Vertragsleistungen gemeint, die nicht Waren oder Grundstücke sind.[148] Unter § 309 Nr. 1 BGB fallen somit kurz gesagt alle entgeltlichen Verträge mit Ausnahme von Grundstückskaufverträgen.

c) Viermonatsfrist. Von § 309 Nr. 1 BGB sind nur Preiserhöhungsklauseln im Rah- **815** men von Verträgen betroffen, deren Hauptleistung vom Verwender innerhalb von vier Monaten zu erbringen ist. Beginn der Viermonatsfrist ist der Zeitpunkt des Vertragsschlusses.[149] Die Frist bemisst sich nach der formularmäßig oder individuell festgelegten Leistungszeit. Mangels näherer Bestimmung ist die Leistung im Zweifel sofort fällig (§ 271 Abs. 1 BGB). Der Zeitpunkt der tatsächlichen Leistungserbringung ist unmaßgeblich. Er kann jedoch für Fälle Berücksichtigung finden, in denen die Leistung aufgrund von Umständen, die in der Sphäre des Kunden liegen oder die er zu vertreten hat, erst nach Ablauf von vier Monaten erfolgen kann. Hier kann sich der Verwender ein Erhöhungsrecht ausbedingen.[150]

Wird die Preiserhöhungsklausel sowohl für Verträge mit einer Leistungszeit von über **816** als auch unter vier Monaten verwandt, so kann sie im Verbandsklageverfahren für unzulässig erklärt werden, da sie sich auch auf kürzere Leistungsfristen erstrecken kann.[151]

Einer Umgehung des § 309 Nr. 1 BGB durch **Ausdehnung der Leistungsfrist auf** **817** **über vier Monate** baut zum einen § 308 Nr. 1 BGB vor, der unangemessen lange

---

[141] BGH NJW 1985, 855 (856); BeckOK/*Becker* BGB § 309 Nr. 1 Rn. 11.

[142] Vgl. Wolf/*Dammann* BGB § 309 Nr. 1 Rn. 42; Erman/*Roloff/Looschelders* BGB § 309 Rn. 2; auch MüKoBGB/*Wurmnest* § 309 Nr. 1 Rn. 14 aE für den Fall, dass durch diesen Vorbehalt ein im Vertrag vereinbarter fester Preis relativiert wird.

[143] BGH NJW 1980, 2133.

[144] Ulmer/*Fuchs* BGB § 309 Nr. 1 Rn. 16; MüKoBGB/*Wurmnest* § 309 Nr. 1 Rn. 12; aA Wolf/*Dammann* BGB § 309 Nr. 1 Rn. 30.

[145] Ulmer/*Fuchs* BGB § 309 Nr. 1 Rn. 16.

[146] BGBl. 1998 I 1474.

[147] Ebenso Wolf/*Dammann* BGB § 309 Nr. 1 Rn. 32; für analoge Anwendung des § 309 Nr. 1 BGB Ulmer/*Fuchs* BGB § 309 Nr. 1 Rn. 17; für Subsumtion unter das Merkmal „Dienstleistung" MüKoBGB/*Wurmnest* § 309 Nr. 1 Rn. 12.

[148] Wolf/*Dammann* BGB § 309 Nr. 1 Rn. 33.

[149] Vgl. OLG Frankfurt DB 1981, 884.

[150] Palandt/*Grüneberg* BGB § 309 Rn. 4; Staudinger/*Coester-Waltjen* BGB § 309 Nr. 1 Rn. 11; aA Wolf/*Dammann* BGB § 309 Nr. 1 Rn. 64.

[151] BGH NJW 1985, 855 (856).

Leistungsfristen untersagt.[152] Zum anderen verbleibt eine Überprüfung anhand von § 307 BGB.[153]

818   **d) Ausnahme von Dauerschuldverhältnissen.** § 309 Nr. 1 BGB nimmt Dauerschuldverhältnisse – auch soweit sie eine kürzere Laufzeit als vier Monate aufweisen – vom Verbot der kurzfristigen Preiserhöhungen aus. Diese Ausnahme gilt zB für Versicherungs- und Abonnementsverträge sowie für Miet- und Darlehensverträge. Wie schon bei § 308 Nr. 3 BGB werden darüber hinaus auch Sukzessivlieferungsverträge und Wiederkehrschuldverhältnisse zu den Dauerschuldverhältnissen hinzugezählt. Trotz der Befreiung vom Klauselverbot des § 309 Nr. 1 BGB unterliegen Preiserhöhungsklauseln in Dauerschuldverhältnissen der Inhaltskontrolle nach § 307 BGB.[154] Allerdings gilt hier ein großzügigerer Maßstab. Nach der Rechtsprechung stellen Preisänderungsklauseln bei auf langfristigen Leistungsaustausch gerichteten Vertragsverhältnissen ein „geeignetes und anerkanntes Instrument zur Bewahrung des Gleichgewichts von Preis und Leistung" dar.[155]

818a   **Zinsanpassungsklauseln** sind, da § 309 Nr. 1 BGB im Bereich der Dauerschuldverhältnisse nicht anwendbar ist, als kontrollfähige Preisabreden einer **Angemessenheits- und Transparenzkontrolle nach § 307 BGB** zu unterziehen. Dabei findet das Bedürfnis des Darlehensgebers, seinen Entgeltanspruch an veränderte Verhältnisse anzupassen, in der Rechtsprechung zwar grundsätzlich Anerkennung, wird jedoch einengenden Voraussetzungen unterworfen. In den Darlehensbedingungen einer Bank findet sich beispielsweise die Klausel: „Die Bank ist berechtigt, den Zinssatz zu ändern, wenn sie dies (zB wegen der Entwicklung am Geld- oder Kapitalmarkt) für erforderlich hält." Der BGH misst eine solche **Zinsanpassungsklausel** am Maßstab des § 307 BGB. In Abkehr von seiner früheren Rechtsprechung[156] verlangt der BGH nunmehr, dass die Klausel Voraussetzungen und Ausmaß einer möglichen Zinsänderung durch eine transparente Bezugnahme auf die relevanten Parameter deutlich macht. Außerdem bedürfe es zur Wahrung des Äquivalenzverhältnisses einer im Klauseltext verankerten Verpflichtung des Kreditinstituts, etwaige Kostenminderungen an den Kunden weiterzugeben, also den Zinssatz zu senken.[157] Entsprechendes gilt für die Passivseite. Hier hat der BGH bei langfristig angelegten **Sparverträgen** eine formularmäßige Zinsänderungsklausel, die dem Kreditinstitut eine inhaltlich unbegrenzte Zinsänderungsbefugnis einräumte, als Verstoß gegen § 308 Nr. 4 BGB (In dieser Konstellation ist die Leistung des Verwenders betroffen!) qualifiziert.[158] Die infolge der Unwirksamkeit einer Zinsänderungsklausel entstandene Lücke ist regelmäßig im Wege ergänzender Vertragsauslegung zu schließen.[159] Die Festlegung von **Negativzinsen** in den Allgemeinen Geschäftsbedingungen der Kreditinstitute stellt eine Abweichung vom gesetzlichen Leitbild (§ 307 Abs. 3 S. 1, Abs. 2 Nr. 1 BGB) dar, weil das Gesetz eine Vergütungspflicht des Einlegers nicht kennt. Vielfach wird sie zudem auch als überraschende Klausel im Sinne von § 305c Abs. 1 BGB einzuordnen sein.[160] Dies gilt jedenfalls

---

[152] Hierzu oben → Rn. 758 ff.

[153] Siehe sogleich → Rn. 821 f.

[154] Wolf/*Dammann* BGB § 309 Nr. 1 Rn. 27.

[155] BGH NJW 2012, 2187 (2189).

[156] BGH NJW 1986, 1803; OLG Köln ZIP 1999, 21 (22); kritisch schon damals *Habersack* WM 2001, 755 ff.; *Schimansky* WM 2001, 1171 und *Derleder* WM 2001, 2031.

[157] BGH NJW 2009, 2051 (2053 f.); vertiefend *Rösler/Wimmer* WM 2011, 1788 und Ulmer/*Fuchs* Teil 3 Zinsanpassungsklauseln Rn. 14.

[158] BGH NJW 2004, 1588 (1589).

[159] Näher hierzu BGH NJW 2008, 3422 und 2010, 1742.

[160] Umstritten: LG Tübingen BeckRS 2018, 466; dazu *Omlor* BKR 2018, 109; für Unwirksamkeit vorformulierter Negativzinsregelungen auch *Wagner* BKR 2017, 315; zu den Auswirkungen der EZB-Zinspolitik auf die AGB-rechtliche Zulässigkeit von Negativzinsen *Langner/Soltész/Vorsich* EuZW 2019, 965.

dann, wenn von der Klausel auch Altverträge erfasst werden, die ohne eine Entgeltpflicht des Kunden geschlossen wurden.

Für **Wohnraummietverhältnisse** sind die in den §§ 557 ff. BGB enthaltenen Vor- 819
schriften über die Miethöhe von Bedeutung und dementsprechend bei Abfassung von Standard-Mietverträgen zu berücksichtigen. Grundsätzlich zulässig ist die Vereinbarung einer Staffelmiete (§ 557a BGB) und einer Indexmiete (§ 557b BGB), wobei letztere die einzig zulässige Art einer Mietpreisgleitklausel darstellt. In einem **gewerblichen Mietvertrag** kann sich der Vermieter ein einseitiges Leistungsbestimmungsrecht des Inhalts einräumen, dass er bei einer Änderung der ortsüblichen oder angemessenen Miete den vom Mieter zu zahlenden Betrag nach billigem Ermessen festsetzen kann.[161]

Spezielle Regelungen zur Entgelterhöhung in **Verträgen über Wohnraum mit Pflege-** 819a
oder Betreuungsleistungen (Heimverträge) finden sich in §§ 8 und 9 WBVG. Eine Entgelterhöhung ohne Änderung des Leistungsangebots bedarf nach § 9 WBVG – nach mietrechtlichem Vorbild – der Zustimmung des Heimbewohners. Die formularmäßige Vereinbarung eines einseitigen Entgelterhöhungsrechts in Wohn- und Betreuungsverträgen widerspricht nicht nur von wesentlichen vertragsrechtlichen Grundsätzen (§ 311 Abs. 1 BGB), sondern läuft auch dem Zweck des Wohn- und Betreuungsvertragsgesetzes, den Heimbewohner als gleichberechtigten Verhandlungs- und Vertragspartner zu stärken, zuwider. Sie stellt daher eine unangemessene Benachteiligung des Verbrauchers nach § 307 BGB dar.[162]

4. Preiserhöhungsklauseln in Reiseverträgen

Für **Reiseverträge** enthalten die am 1.7.2018 in Umsetzung der Pauschalreise-Richtlinie 820
2015/2302/EU in Kraft getretenen **§§ 651f und 651g BGB** besondere Regelungen, die unter gewissen Voraussetzungen eine Preiserhöhung nach Vertragsschluss zulassen.[163] Besonders wichtig ist, dass sich der Reiseveranstalter das Recht zum Preisaufschlag unter Angabe der Berechnungsgrundlage im Vertrag vorbehalten haben muss. Außerdem ist der Reiseveranstalter verpflichtet, den Reisenden gem. § 651f Abs. 1 S. 1 Nr. 1 BGB auf seine Pflicht zur Senkung des Reisepreises nach § 651f Abs. 4 S. 1 BGB hinzuweisen, wenn er eine Erhöhung im Vertrag vorgesehen hat. Es gilt eine prozentuale Begrenzung des Preisaufschlags in Höhe von 8 % des Reisepreises (vgl. § 651g BGB). Ferner gibt es eine zeitliche Beschränkung: Die Unterrichtung über eine etwaige Preisanhebung darf nicht später als 20 Tage vor Reisebeginn erfolgen. Schließlich muss für eine Preiserhöhung einer der in § 651f Abs. 1 S. 1 Nr. 2 BGB abschließend aufgeführten Erhöhungsgründe vorliegen. **§ 309 Nr. 1 BGB** ist ausweislich § 651f Abs. 3 BGB auf Preisänderungsvorbehalte, die durch vorformulierte Vertragsbedingungen vereinbart werden, **nicht anzuwenden.** § 651f Abs. 1 BGB ist mithin nach der Vorstellung des Gesetzgebers eine abschließende und speziellere Regelung gegenüber dem Klauselverbot nach § 309 Nr. 1 BGB. Der Rückgriff auf das Transparenzgebot nach § 307 Abs. 1 S. 2 BGB bleibt hingegen sowohl im Verbraucher- als auch im Geschäftskundenbereich weiterhin möglich.[164]

Beispiel: Ein Reiseveranstalter behält sich vor, „die ausgeschriebenen und mit der Buchung bestätigten Preise im Falle der Erhöhung der Beförderungskosten oder der Abgaben für bestimmte Leistungen, wie Hafen- oder Flughafengebühren … zu ändern." Der BGH hat diese Klausel mit der

---

[161] BGH NJW 2012, 2187; zulässig ist bei der Gewerberaummiete auch ein Vorbehalt des Vermieters, im Anschluss an die Nebenkostenabrechnungen die Höhe der Nebenkostenvorauszahlungen durch einseitige Erklärung anzupassen, BGH NJW 2014, 1300.
[162] BGH NJW-RR 2016, 944.
[163] Zum Vorbehalt der Änderung anderer Vertragsbedingungen als Preiserhöhungen vgl. oben → Rn. 791.
[164] HK/*Staudinger* BGB § 651f Rn. 5.

Begründung verworfen, das **Transparenzgebot** erfordere nicht nur, dass der Kunde erkennen könne, welcher Reisepreis der Forderung nach einem erhöhten Entgelt zu Grunde liegt, sondern auch, dass er aus der Klausel ersehen könne, ob vor oder nach Vertragsschluss eingetretene Kostensteigerungen Anlass für die Forderung nach einem erhöhten Reisepreis sind.[165] Der BGH gelangt im Weg der kundenfeindlichsten Auslegung zu dem Ergebnis, dass die Klausel auch Kostensteigerungen erfasse, die nach Drucklegung der Prospekte, aber bereits vor Vertragsschluss eingetreten sind.

5. Preiserhöhungsklauseln in längerfristigen Verträgen mit Verbrauchern

821   Preiserhöhungsklauseln sind, wenn sie gegenüber einem Verbraucher verwendet werden, grundsätzlich an § 309 Nr. 1 BGB zu messen. Der Anwendungsbereich und die tatbestandlichen Voraussetzungen des § 309 Nr. 1 BGB sind jedoch – wie gesehen – in mehrfacher Hinsicht eingeschränkt. So gilt die Vorschrift von vornherein nicht für Dauerschuldverhältnisse; ferner werden solche Verträge ausgeklammert, bei denen sich die vertraglich vereinbarte Lieferfrist auf mehr als vier Monate beläuft. Dies führt dazu, dass vorformulierte Preiserhöhungsvorbehalte insbesondere in längerfristigen Verträgen von § 309 Nr. 1 BGB nicht erfasst werden. Damit wächst der **Inhaltskontrolle auf der Grundlage der Generalklausel des § 307 BGB** hier eine **wichtige Auffangfunktion** zu. Dafür, dass auch bei längerfristigen Vertragsverhältnissen eine wirksame Kontrollmöglichkeit bestehen muss, spricht im Übrigen auch Nr. 1 Buchst. l des Anhangs zur Klauselrichtlinie, die eine dem § 309 Nr. 1 BGB vergleichbare zeitliche Eingrenzung nicht kennt. Auf der anderen Seite ist anzuerkennen, dass mit steigender Vertragsdauer das Bedürfnis wachsen kann, kautelarjuristisch Vorsorge zu treffen, um Leistung und Gegenleistung im Gleichgewicht zu halten. Die Schranke des § 307 BGB wird aber dann nicht mehr eingehalten, wenn die Preisanpassungsklausel dem Verwender ermöglicht, über die Abwälzung von Kostensteigerungen hinaus den zunächst vereinbarten Preis ohne jede Begrenzung anzuheben, und so nicht nur eine Gewinnschmälerung zu vermeiden, sondern einen zusätzlichen Gewinn zu erzielen.[166]

822   Für die Wirksamkeit einer Preiserhöhungsklausel in einem längerfristigen Vertrag mit einem nichtunternehmerischen Kunden verlangt der **BGH**, dass der Kunde den Umfang der auf ihn zukommenden Preissteigerungen bei Vertragsabschluss aus der Formulierung der Klausel erkennen und die Berechtigung einer von dem Klauselverwender vorgenommenen Erhöhung an der Ermächtigungsklausel selbst messen kann.[167] Eine normative Handreichung findet sich in § 651f Abs. 1 BGB. Bei sog. **Kostenelementeklauseln** verlangt die Rechtsprechung, dass die einzelnen Kostenelemente sowie deren Gewichtung bei der Kalkulation des Gesamtpreises offengelegt werden, sodass der andere Teil bei Vertragsschluss die auf ihn zukommenden Preissteigerungen einschätzen kann.[168] Wo eine solche Konkretisierung nicht möglich ist, muss dem Kunden ein prozedurales Gegenrecht in Form eines Lösungsrechts in der betreffenden Klausel zugestanden werden.[169] Dies entspricht im Übrigen auch der Konstruktion des Richtlinienanhangs (Nr. 1 Buchst. l). Aber auch dann gilt: Wenn der alsbald anfallende Erhöhungsbetrag bereits bei Vertragsschluss absehbar ist und in den Preis einkalkuliert werden kann, so kann sich der Verwender insoweit nicht auf das formularmäßig ausbedungene Preiserhöhungsrecht berufen.[170]

---

[165] BGH NJW 2003, 507 (509); 746 (747 f.).
[166] BGH NJW 1990, 115 (116); 2008, 360 (361).
[167] BGH NJW 1986, 3134 (3135).
[168] BGH NJW 2008, 360 (361); NJW-RR 2008, 134 (135).
[169] BGH NJW 1986, 3134 (3136).
[170] Für Unwirksamkeit in diesem Fall Palandt/*Grüneberg* BGB § 309 Rn. 8; ob derartige Einzelfallumstände im Rahmen der Angemessenheitsbeurteilung berücksichtigt werden können, ist trotz § 310 Abs. 3 Nr. 3 BGB zweifelhaft.

Beispiele:

(1) Für unwirksam wurde folgende Klausel in einem **Abonnementsvertrag** befunden: „Angemessene Erhöhungen des Abonnementspreises, die entsprechend einer Erhöhung des gebundenen Einzel-Verkaufspreises erfolgen, sowie Änderungen der ortsüblichen Zustellgebühr, entbinden nicht von diesem Vertrag, auch dann nicht, wenn diese Änderungen zwischen Vertragsabschluss und Lieferbeginn liegen." Hier kann der Klausel weder durch die Bezugnahme auf den Einzelverkaufspreis, wodurch ja lediglich die eine unkalkulierbare Größe (Preisgestaltung durch den Verwender) durch eine andere (Preiserhöhung durch den Zeitschriftenverlag) ersetzt wird, noch durch die Verwendung der Vokabel „angemessen" die Unwirksamkeit genommen werden.[171]

(2) Für nichtig wurde eine sog. **Tagespreisklausel** in Neuwagenkaufverträgen erklärt, der zufolge dann, wenn zwischen Vertragsabschluss und vereinbartem Liefertermin mehr als vier Monate lägen, der am Tag der Lieferung gültige Preis des Verkäufers gälte. Eine solche Klausel ermöglicht jede beliebige Preiserhöhung, auch soweit sie durch einen zwischenzeitlichen Kostenanstieg nicht gedeckt ist.[172]

(3) Eine **Kostenelementeklausel,** der zufolge sich die monatlich zu bezahlenden Beträge erhöhen, wenn sich die Kosten für die Bereitstellung des Programms erhöhen **(Pay-TV-Abonnement),** ist unwirksam, weil die Kostenelemente und deren Gewichtung im Hinblick auf ihre Bedeutung für die Kalkulation des Abonnementpreises nicht offengelegt werden.[173]

6. Preisanpassungsklauseln in den Bedingungen der Energieversorgungsunternehmen

Literatur: *J. Baur,* Preisänderungsklauseln, Vertragsanpassungsklauseln und Höhere-Gewalt-Klauseln in langfristigen Lieferverträgen über Energie, ZIP 1985, 905; *Büdenbender,* Die neue Rechtsprechung des BGH zu Preisanpassungsklauseln in Energielieferungsverträgen, NJW 2009, 3125; *ders.,* Neugestaltung von Preisanpassungsklauseln in Energielieferungsverträgen über Elektrizität und Gas, NJW 2013, 3601; *ders.,* Die Rechtsprechung des BGH zu Preisanpassungen in der Elektrizitäts- und Gaswirtschaft, ZIP 2017, 1041; *ders.,* Preisänderungen in Energielieferungsverträgen mit Tarif- und Grundversorgungskunden, NJW 2017, 299; *Eder/Reiter,* Die Zulässigkeit separierter Preisanpassungsklauseln in Energielieferverträgen, EnWZ 2020, 9; *Grün/Ostendorf,* Unwirksamkeit einer Vielzahl von Preisanpassungsklauseln auch in Energieversorgungsverträgen mit Industriekunden?, BB 2014, 259; *Kessel/Schwedler,* Preisanpassungsklauseln in AGB und ihre Bewertung durch die Rechtsprechung, BB 2010, 585; *Kühne,* Rechtsfolgen unwirksamer Preisanpassungsklauseln in Energielieferungsverträgen, NJW 2015, 2546; *Säcker/Mengering,* Rechtsfolgen unwirksamer Preisanpassungsklauseln in Endkundenverträgen über Strom und Gas, BB 2013, 1859; *Schwedler,* Preisanpassungsklauseln in AGB und ihre Bewertung durch die Rechtsprechung, BB 2010, 585; *Graf von Westphalen,* Preisanpassungsklauseln in Energielieferungsverträgen mit Normsonderkunden, ZIP 2008, 669.

Als besonders streitanfällig haben sich zuletzt vor allem Preisanpassungsklauseln[174] in den Bedingungen der Energieversorgungsunternehmen erwiesen, soweit sie gegenüber **Verbrauchern** zum Einsatz gelangen. Sie kommen meist in Gestalt von **Kostenelementeklauseln** vor und unterliegen daher den diesbezüglich strengen Anforderungen der Rechtsprechung (vgl. oben Rn. 822).[175] Die mangelnde Offenlegung der Kostenelemente und ihrer Gewichtung im Hinblick auf ihre Bedeutung für die Kalkulation des Gesamt- **823**

---

[171] BGH NJW 1986, 3134 (3135 f.).

[172] Erstmals BGH NJW 1982, 331 ff., sodann ständige Rechtsprechung, zB BGH NJW 1985, 621 (622).

[173] BGH NJW 2008, 360 (361).

[174] Von Preisanpassungsklauseln zu unterscheiden sind Preisregelungen des bei Beginn geltenden „Arbeitspreises". Eine solche Preisfestsetzung unterliegt als Preishauptabrede nach § 307 Abs. 3 BGB nicht der Inhaltskontrolle (BGH NJW 2014, 2708). Eine formelgebundene Preisabrede kann dabei in einen kontrollfreien Ausgangspreis und eine kontrollunterworfene Preisänderungsabrede aufgespalten werden.

[175] Speziell zu Preisanpassungsvorbehalten in Flüssiggaslieferverträgen BGH NJW-RR 2005, 1717 und NJW 2007, 1054.

preises wird auch nicht dadurch ausgeglichen, dass dem Kunden für den Fall der Preiserhöhung ein Recht zur vorzeitigen Lösung vom Vertrag eingeräumt wird, das erst nach der Preiserhöhung wirksam wird oder für den Vertragspartner mit unzumutbaren Kosten verbunden ist.[176] Ferner verlangt die Rechtsprechung, dass dem Recht des Verwenders, Erhöhungen des Einstandspreises an seine Kunden weiterzugeben, die Verpflichtung hinzugefügt werden muss, bei gesunkenen Gestehungskosten den Preis zu senken.[177] Auch für die Verwendung von **Spannungsklauseln** kann ein berechtigtes Interesse des Verwenders bestehen.[178] Dies setzt jedoch die Prognose voraus, dass sich der Marktpreis für die geschuldete Leistung (zB Erdgas) typischerweise ähnlich wie der Marktpreis für das Referenzgut (zB leichtes Heizöl) entwickelt. Scheitert die Prognose, so verbleibt als anerkennenswertes Interesse des Verwenders nur das Bedürfnis, Kostensteigerungen in adäquater Weise an seine Kunden weiterzugeben. Die Schranke des § 307 Abs. 1 S. 1 BGB ist allerdings auch hier überschritten, wenn Preisanpassungsbestimmungen dem Verwender die Möglichkeit einräumen, über die Abwälzung konkreter Kostensteigerungen hinaus den zunächst vereinbarten Preis ohne jede Begrenzung anzuheben und so nicht nur eine Gewinnschmälerung zu vermeiden, sondern einen zusätzlichen Gewinn zu erzielen.[179] Für Gaslieferungsverträge mit Verbrauchern hat der BGH auf dieser Grundlage entschieden, dass Spannungsklauseln, nach denen sich der Arbeitspreis für Gas entsprechend der Preisentwicklung für leichtes Heizöl ändert, wegen unangemessener Benachteiligung der Kunden unwirksam sind.[180] Im Hinblick auf **Gaslieferverträge** mit **Sonderkunden** hatte der BGH in der Vergangenheit entschieden, dass Preisanpassungsklauseln der Inhaltskontrolle nach § 307 BGB[181] standhalten, wenn sie den in § 5 Abs. 2 GasGVV (vormals 4 Abs. 1 und 2 AVBGasV) für Tarif- und Grundversorgungsverträge formulierten Maßstäben für die Angemessenheit entsprechen, also das Preisänderungsrecht unverändert(!) übernehmen.[182] Im sog. RWE-Urteil hat der **EuGH**[183] hingegen entschieden, dass solche Klauseln uneingeschränkt der Klauselrichtlinie 93/13/EWG unterliegen und damit auch an dem in der Richtlinie verankerten Transparenzgebot zu messen sind. Damit war der „Übernahmethese" des BGH der Boden entzogen. Der BGH verlangt nunmehr für die Zulässigkeit eines einseitigen Preisänderungsrechts gegenüber Sondervertragskunden, dass der Vertrag den Anlass und den Modus der Änderung der Entgelte für die zu erbringende Leistung so transparent darstellt, dass der Verbraucher die etwaigen Änderungen dieser Entgelte anhand klarer und verständlicher Kriterien vorhersehen kann. Die bloße Übernahme des § 5 Abs. 2 GasGVV genügt hierfür nicht.[184] Viel spricht im Übrigen dafür, dass der BGH bei **Stromlieferungsverträgen** nicht anders entscheiden wird und bei Sondervertragskunden die vertragliche Übernahme des § 5

---

[176] BGH NJW 2007, 1054.

[177] BGH NJW 2008, 2172 (2173); ferner BGH NJW 2010, 993 für Erdgassondervertrag.

[178] BGH NJW 2010, 2789 (2792).

[179] BGH NJW 2010, 2789 (2792); 2010, 2793.

[180] BGH NJW 2010, 2789 und 2010, 2793; jedoch keine Übertragbarkeit dieser strengen Grundsätze auf den unternehmerischen Geschäftsverkehr, so BGH NJW 2014, 2708 (2712); 2014, 2715; 2014, 3508.

[181] § 310 Abs. 2 BGB dispensiert nur von den Klauselverboten der §§ 308 und 309 BGB, lässt aber eine Inhaltskontrolle gem. § 307 BGB zu (vgl. BGH NJW 2011, 50 (52)). Hierzu auch die Ausführungen oben → Rn. 582 f.

[182] BGH NJW 2009, 2662; 2009, 2667; NJW-RR 2010, 1205 (1210); NJW 2011, 50; 2011, 1342 (1344). Die vom BGH praktizierte Inhaltskontrolle sieht sich keinen verfassungsrechtlichen Bedenken ausgesetzt, so BVerfG (2. Kammer des Ersten Senats) NJW 2011, 1339.

[183] EuGH NJW 2013, 2253 mit Anm. *Markert*, LMK 2013, 345547 (auf Vorlage des BGH NJW 2011, 1392 LS = BeckRS 2011, 4021).

[184] BGH NJW 2013, 3647 (3651 ff.); *Grün/Ostendorf* BB 2014, 259 ff. gehen davon aus, dass diese Rechtsprechung auch auf Sonderkundenverträge mit Industriekunden durchschlägt.

Abs. 2 StromGVV nicht genügen lassen wird.[185] Im Falle der **Unwirksamkeit einer Preisanpassungsklausel** kann ein Recht zur einseitigen Änderung des Preises grundsätzlich auch nicht aus einer **ergänzenden Vertragsauslegung** hergeleitet werden.[186] In einem praktisch bedeutsamen Punkt befürwortet der BGH indes eine ergänzende Vertragsauslegung: Bei langjährigen Energielieferungsverträgen, bei denen der Kunde längere Zeit Preiserhöhungen unbeanstandet hingenommen hat und nun auch für länger zurückliegende Zeitabschnitte die Unwirksamkeit der Preiserhöhungen geltend macht, soll die durch die Unwirksamkeit oder die unwirksame Einbeziehung einer Preisanpassungsklausel entstandene Regelungslücke regelmäßig im Wege der ergänzenden Vertragsauslegung dadurch zu schließen sein, dass der Kunde die Preiserhöhungen, die zu einem den vereinbarten Anfangspreis übersteigenden Preis führen, nicht geltend machen kann, wenn er sie nicht innerhalb eines Zeitraums von drei Jahren nach Zugang der jeweiligen Jahresabrechnungen, in der die Preiserhöhung erstmals berücksichtigt worden ist, beanstandet hat. Man spricht insoweit auch von der „Dreijahreslösung".[187]

Auch wenn eine Preisänderungsklausel AGB-rechtlich nicht zu beanstanden sein sollte, **823a** ist in Anwendung des § 315 BGB die Preiserhöhung bei Monopolanbietern zusätzlich einer richterlichen **Billigkeitskontrolle** zu unterziehen.[188] Das Gericht kann die Preise nach § 315 Abs. 3 BGB ggf. rechtsgestaltend festsetzen.[189] § 315 BGB ist auch auf regulierte Entgelte – insbesondere auf Stromnetznutzungsentgelte – anwendbar. Der Maßstab billigen Ermessens wird hier durch die §§ 21 ff. EnWG und die Vorschriften der Stromnetzentgeltverordnung[190] konkretisiert.[191] In der Entgeltgenehmigung nach § 23a EnWG sieht der BGH ein „gewichtiges Indiz für die Billigkeit und Angemessenheit der genehmigten Entgelte".[192] Preisanpassungsklauseln in Verträgen zwischen Lieferanten und Abnehmern von **Fernwärme** unterliegen grundsätzlich nicht der Inhaltskontrolle nach den §§ 307 ff. BGB, sondern sind an der Regelung des § 24 Abs. 4 AVBFernwärmeV zu messen.[193]

7. Rechtsfolgen eines Verstoßes

Verstößt eine Klausel gegen § 309 Nr. 1 BGB, so ist diese nichtig und es verbleibt **824** **bei der ursprünglich vereinbarten Gegenleistung.** Eine ergänzende Vertragsauslegung ist ausgeschlossen.[194] Anders sieht dies hingegen bei einem **Verstoß gegen § 307 BGB** aus. Hier ist – sofern speziellere Vorschriften wie bspw. § 632 Abs. 2 BGB fehlen – zu prüfen, ob der Vertrag Anhaltspunkte für eine **ergänzende Vertragsauslegung** (§§ 157,

---

[185] Ebenso die Einschätzung von *Büdenbender* NJW 2013, 3604. Zur Transparenz von Preisanpassungsklauseln in Stromlieferungsverträgen vgl. im Übrigen noch BGH NJW 2016, 936.

[186] BGH NJW 2011, 50 (54); 2013, 3647 (3653 f.); insoweit verfassungsrechtlich unbedenklich, vgl. BVerfG (2. Kammer des Ersten Senats) NJW 2011, 1339 (1341); anders für eine eng umgrenzte Ausnahmekonstellation BGH NJW 2012, 1865; 2013, 991; 2014, 1877 (1878); für eine Anpassung des Vertrages nach den Regeln über den Wegfall der Geschäftsgrundlage (§ 313 BGB) in Fällen einer schwerwiegenden Veränderung des vereinbarten Äquivalenzverhältnisses *Säcker/Mengering* BB 2013, 1859 ff.

[187] BGH NJW-RR 2017, 557.

[188] BGH NJW 2005, 2919 (2920); 2008, 2175; 2009, 502 (504); Dies gilt allerdings nicht für die erstmalige Festsetzung der Preise durch Vereinbarung oder gesetzliche Regelung (so entschieden für AVBFernwärmeV durch BGH NJW 2013, 595).

[189] BGH NJW 2005, 2919 (2920); vgl. ferner MüKoBGB/*Würdinger* § 315 Rn. 22 mwN.

[190] Vom 25. Juli 2005 (BGBl. I 2225).

[191] BGH NJW 2012, 3092 mit Anm. *Linsmeier*.

[192] BGH NJW 2012, 3092 (3094 f.).

[193] BGH NJW 2011, 2501 und weitgehend inhaltsgleich BGH BeckRS 2011, 8356; näher zu den einzuhaltenden Vorgaben des § 24 Abs. 4 AVBFernwärmeV BGH NJW 2011, 3219; 2011, 3222; 2014, 3016; 2020, 1205.

[194] Ulmer/*Fuchs* BGB § 309 Nr. 1 Rn. 51.

133 BGB) bietet und was die Parteien bei sachgerechter Abwägung ihrer beiderseitigen Interessen nach Treu und Glauben redlicherweise vereinbart hätten.[195] Gemäß diesen zur Tagespreisklausel entwickelten Grundsätzen kann sich ergeben, dass dem Verwender ein Bestimmungsrecht gem. §§ 315, 316 BGB zustehen soll,[196] dass der am Auslieferungstag gültige Listenpreis gelten soll[197], oder dass bestimmte Kostensteigerungen in Form von Preiserhöhungen an den Kunden weitergereicht werden sollen.[198] Im Gegenzug verlangt ein angemessener Interessenausgleich, dass dem Kunden ein Lösungsrecht zusteht, wenn die Preiserhöhung den Anstieg der allgemeinen Lebenshaltungskosten in der Zeit zwischen Bestellung und Auslieferung nicht unerheblich übersteigt.[199]

8. Unternehmerischer Geschäftsverkehr

825   Für den unternehmerischen Geschäftsverkehr kommt § 309 Nr. 1 BGB keine Indizwirkung zu.[200] Die strengen **Wertungen sind nicht übertragbar**. Regelmäßig wird der für den wirtschaftlichen Erfolg besonders bedeutsamen Preisgestaltung im unternehmerischen Geschäftsverkehr hohe Aufmerksamkeit geschenkt. Sofern keine Individualvereinbarungen für das Entgelt getroffen werden, kann grundsätzlich vorausgesetzt werden, dass der Unternehmer Preisklauseln überprüft und unbillige nicht akzeptiert. Einen Freibrief für unbegrenzte Preiserhöhungsklauseln bedeutet dies jedoch nicht.

826   Die Vereinbarung eines Festpreises kann nicht durch Allgemeine Geschäftsbedingungen unterlaufen werden.[201] Listenpreisklauseln hingegen ist im unternehmerischen Verkehr die Gültigkeit nicht per se zu versagen.[202] Bei längerfristig ausgelegten Verträgen ist das Rekurrieren auf den Marktpreis am Liefertag vielfach notwendig. Möchte der Unternehmer Preisschwankungen ausweichen, so kann er sich entweder gegen allfällige Preisschwankungen absichern oder aber auf eine andere Preisvereinbarung hinwirken.

827   Für den Fall von Preiserhöhungen muss im unternehmerischen Verkehr kein Lösungsrecht eingeräumt werden.[203] Preiserhöhungsbestimmungen haben aber, wie auch im Geschäftsverkehr mit Verbrauchern, klar und bestimmt zu sein;[204] sie dürfen dem Verwender nicht das Recht zur Preiserhöhung nach seinem Gutdünken einräumen.

§ 32. Gegenrechte des Kunden

I. Leistungsverweigerungsrechte (§ 309 Nr. 2 BGB)

Literatur: *Löwe-Zoller*, Zur Wirksamkeit von Vorleistungsklauseln im Reisevertrag, BB 1985, 2014; *Hubert Schmidt*, Grenzen formularvertraglicher Einschränkungen des § 321 BGB zulasten des Vorleistungspflichtigen, in: Trierer FS für Lindacher, 2017, S. 383; *Seiler*, Die Vorauszahlungspflicht des Reisenden beim Reisevertrag, BB 1986, 1932; *Tonner*, Die Vorauszahlungspflicht des Kunden am Beispiel des Reiserechts, DB 1980, 1629; *ders.*, Die Zulässigkeit der Vorauszahlungsklausel im Reiserecht, NJW 1985, 111; *Zoller*, Vorleistungspflicht und AGB-Gesetz, 1986.

---

[195] Vgl. BGH NJW 1984, 1177 (1178).

[196] MüKoBGB/*Wurmnest* § 309 Nr. 1 Rn. 34.

[197] So BGH NJW 1984, 1177 (1179).

[198] Vgl. OLG Köln NJW-RR 1995, 758; MüKoBGB/*Wurmnest* § 309 Nr. 1 Rn. 31.

[199] BGH NJW 1984, 1177 (1179).

[200] Ebenso *Wolf* ZIP 1987, 341 (345); Wolf/*Dammann* BGB § 309 Nr. 1 Rn. 161; Ulmer/*Fuchs* BGB § 309 Nr. 1 Rn. 45; Erman/*Roloff/Looschelders* BGB § 309 Rn. 17.

[201] Ulmer/*Fuchs* BGB § 309 Nr. 1 Rn. 46.

[202] Vgl. *Bartsch* DB 1983, 215; Ulmer/*Fuchs* BGB § 309 Nr. 1 Rn. 47; vgl. auch BGH NJW 1985, 426 und NJW 1985, 853; gegen eine generelle Zulassung von Tagespreisklauseln hingegen Wolf/*Dammann* BGB § 309 Nr. 1 Rn. 165.

[203] Vgl. BGH NJW 1985, 426; 1985, 853 (855).

[204] Wolf/*Dammann* BGB § 309 Nr. 1 Rn. 162.

1. Gesetzliche Ausgangslage und Regelungsanliegen

Steht dem zur Erbringung einer Leistung (zB Geldzahlung) verpflichteten **Schuldner** 828 **seinerseits ein Anspruch gegen den Gläubiger** zu, so wird dem Schuldner daran gelegen sein, seine Leistung solange zurückzuhalten, bis auch er wegen seiner Forderung befriedigt wird. Das Gesetz trägt diesem Interesse des Schuldners Rechnung und gesteht ihm in bestimmten, näher bezeichneten Fällen ein **Leistungsverweigerungsrecht** zu.

§ 320 BGB gibt dem aus einem gegenseitigen Vertrag Verpflichteten das Recht, die 829 eigene, ihm obliegende Leistung bis zur Bewirkung der Gegenleistung zu verweigern, es sei denn, dass er vorzuleisten verpflichtet ist. Dieses als Einrede ausgestaltete Leistungsverweigerungsrecht bezweckt zum einen die Sicherung des Anspruchs des Auftraggebers, zum anderen wird ihm damit ein Druckmittel zur Erzwingung der Erfüllung seiner Forderung an die Hand gegeben.[1] Damit wird gewährleistet, dass die auf dem Parteiwillen beruhende Verknüpfung der im Austauschverhältnis stehenden (Haupt-)Leistungspflichten auch im Stadium der Durchsetzung beider Ansprüche fortbesteht. Dieses grundlegende Gebot vertraglicher Abwicklungsgerechtigkeit[2] soll auch nicht in Allgemeinen Geschäftsbedingungen ausgeschlossen oder eingeschränkt werden. Gem. § 309 Nr. 2 Buchst. a BGB sind deshalb solche Bestimmungen unwirksam.

Das in **§ 273 BGB** geregelte Zurückbehaltungsrecht beruht ebenfalls auf einem Gerech- 830 tigkeitsgebot.[3] § 273 BGB gewährt dem Schuldner ein Zurückbehaltungsrecht für alle fälligen Ansprüche aus demselben rechtlichen Verhältnis, auf dem seine Verpflichtung beruht. Nach ständiger Rechtsprechung ist eine weite Auslegung des Begriffs „aus demselben rechtlichen Verhältnis" geboten. Die sog. Konnexität ist demnach zu bejahen, wenn beiden Forderungen ein innerlich zusammengehöriges, einheitliches Lebensverhältnis zugrunde liegt; dafür genügt ein solcher natürlicher und wirtschaftlicher Zusammenhang, dass es gegen Treu und Glauben verstieße, wenn der eine Anspruch ohne Rücksicht auf den anderen geltend gemacht werden könnte.[4] Dem Gesetzgeber erschien aufgrund dieser Ausweitung eine Einschränkung des Zurückbehaltungsrechts nicht von vornherein als unangemessen.[5] Das Verbot des § 309 Nr. 2 Buchst. b BGB, das Zurückbehaltungsrecht durch Allgemeine Geschäftsbedingungen auszuschließen oder einzuschränken, beschränkt sich daher auf Gegenansprüche, soweit sie auf demselben Vertragsverhältnis beruhen.

2. Inhalt des Klauselverbots

a) Schutz der Zug-um-Zug-Einrede durch § 309 Nr. 2 Buchst. a BGB.
Vorausset- 831 zung für die Anwendbarkeit des § 309 Nr. 2 Buchst. a BGB ist, dass sich die betreffende Klausel auf solche vertraglichen Leistungspflichten des Kunden bezieht bzw. solche nicht ausnimmt, die in einem **synallagmatischen Verhältnis** zu der vom Kunden zu erbringenden Gegenleistung stehen (würden). Dieses Gegenseitigkeitsverhältnis besteht bei allen Hauptleistungspflichten und den bei Leistungsstörungen entstehenden sekundären Ansprüchen.[6] Hierzu gehören außerdem vertragliche oder gesetzliche Nachbesserungs- oder Nachlieferungsansprüche[7] und Rückgewährschuldverhältnisse aufgrund Rücktritts gem.

---

[1] BGH NJW 1981, 2801; 1982, 2494; 1992, 1632 (1633); Palandt/*Grüneberg* BGB § 320 Rn. 1.
[2] Vgl. Amtl. Begründung BT-Drs. 7/3919, S. 28; OLG Frankfurt NJW 1986, 1618 (1619); Wolf/*Dammann* BGB § 309 Nr. 2 Rn. 1; MüKoBGB/*Wurmnest* § 309 Nr. 2 Rn. 1.
[3] MüKoBGB/*Krüger* § 273 Rn. 2; Ulmer/*Schäfer* BGB § 309 Nr. 2 Rn. 1.
[4] BGH NJW 1985, 189 (190); 1991, 2645 (2646); 1997, 2944 (2945).
[5] Amtl. Begründung BT-Drs. 7/3919, S. 28 f.
[6] Palandt/*Grüneberg* BGB Einf. v. § 320 Rn. 17.
[7] Ulmer/*Schäfer* BGB § 309 Nr. 2 Rn. 8.

§ 348 BGB, der auf § 320 BGB verweist.[8] Wird hingegen die AGB-Klausel von vornherein so formuliert, dass von ihr nur Konstellationen ergriffen werden, in denen sich der Kunde auf das Leistungsverweigerungsrecht nach § 320 BGB nicht berufen könnte, so fällt sie auch nicht in den Anwendungsbereich des § 309 Nr. 2 Buchst. a BGB.

Beispiele:
(1) Der Kunde ist **vorleistungspflichtig.**[9]
(2) Eine Klausel schließt (nur) das Leistungsverweigerungsrecht des Kunden bei **fehlender eigener Vertragstreue**[10] oder bei **verhältnismäßiger Geringfügigkeit des rückständigen Teils** (vgl. § 320 Abs. 2 BGB) aus.

832   Wird in Allgemeinen Geschäftsbedingungen **pauschal ein „Zurückbehaltungsrecht"
des Kunden ausgeschlossen,** so will der Verwender damit gewöhnlich erreichen, dass der Kunde zur Erbringung der Leistung ohne Rücksicht auf jedwede Verweigerungsgründe verpflichtet ist. Die differenzierte Sprachregelung des Bürgerlichen Gesetzbuches („Leistungsverweigerungsrecht" einerseits und „Zurückbehaltungsrecht" andererseits) ist ihm regelmäßig fremd. Dies spricht dafür, mit solchen AGB-Bestimmungen auch den Ausschluss des Rechts aus § 320 BGB als mitumfasst anzusehen.[11]

833   **b) Schutz des Zurückbehaltungsrechts durch § 309 Nr. 2 Buchst. b BGB.** Das Zurückbehaltungsrecht des § 273 BGB wird durch § 309 Nr. 2 Buchst. b BGB in seinem Kernbereich geschützt, dh nur soweit es **auf demselben Vertragsverhältnis** beruht. Nicht erfasst werden somit Zurückbehaltungsrechte aus früheren Geschäften oder aus anderen Geschäften bei laufender Geschäftsverbindung und aus außervertraglichen Gründen (zB § 1000 BGB), wohl aber die Teilleistungen eines Sukzessivlieferungsvertrages und aus vertraglichen Dauerschuldverhältnissen.[12] Dahinstehen kann, ob es sich um Haupt- oder Nebenleistungsansprüche handelt und ein gegenseitiger Vertrag vorliegt oder nicht.[13]

834   **c) Ausschluss und Einschränkung.** Verboten ist nicht nur der **vollständige Ausschluss,** sondern **jede Einschränkung** der von § 309 Nr. 2 BGB geschützten Leistungsverweigerungsrechte. Zum Vergleich dient immer die Rechtslage ohne Allgemeine Geschäftsbedingungen. Dem Ausschluss steht das Verlangen unerfüllbarer oder unzumutbarer Anerkennungsvoraussetzungen gleich. Eine Beschränkung des Leistungsverweigerungsrechts liegt schon dann vor, wenn dessen Geltendmachung unter besondere Voraussetzungen gestellt wird und eine Verschärfung gegenüber den gesetzlichen Bestimmungen darstellt.[14] In der Praxis liegt die Zurückhaltung der Gegenleistung durch den Kunden häufig darin begründet, dass dieser die gelieferte Sache oder die erbrachte Leistung nicht als den vereinbarten Anforderungen entsprechend akzeptiert. Eine Klausel, wonach der Kunde in diesem Fall **nur wegen anerkannter** (oder rechtskräftig festgestellter)[15] **Forderungen** seine Leistung zurückhalten darf, stellt ebenfalls eine unzulässige Einschränkung dar. Diesen klaren Unterfall der Einschränkung meinte der Gesetzgeber sogar ausdrücklich in § 309 Nr. 2 Buchst. b BGB aufführen zu müssen.

---

[8] Ulmer/*Schäfer* BGB § 309 Nr. 2 Rn. 7; Staudinger/*Coester-Waltjen* BGB § 309 Nr. 2 Rn. 2.
[9] Hierzu noch unten → Rn. 842 f.
[10] Zu dieser ungeschriebenen Voraussetzung des Leistungsverweigerungsrechts nach § 320 BGB Palandt/*Grüneberg* BGB § 320 Rn. 6.
[11] BGH NJW-RR 2005, 919 (920).
[12] Wolf/*Dammann* BGB § 309 Nr. 2 Rn. 32.
[13] Wolf/*Dammann* BGB § 309 Nr. 2 Rn. 32.
[14] Staudinger/*Coester-Waltjen* BGB § 309 Nr. 2 Rn. 6; Wolf/*Dammann* BGB § 309 Nr. 2 Rn. 22 und 38, 39.
[15] BGH NJW 1992, 2160 (2163).

Beispiele:

(1) Zu **Abschlagszahlungen in Bauverträgen** vgl. → Rn. 521.

(2) Die Ausübung des Zurückbehaltungsrechts darf durch eine Bedingung nicht derart eingeschränkt werden, dass für die Geltendmachung eine **schriftliche Anzeige** an den Verwender[16] bzw. ein **Reklamationsbericht**[17] verlangt wird.

(2) Unwirksam ist eine Klausel, die dem Kunden bei Fehllieferungen die **Schecksperrung** untersagt.[18]

(3) Gegen neutrale Geschäftsbedingungen, wie **„Zahlung netto Kasse Zug um Zug"**, ist nichts einzuwenden. Sie entsprechen der für den gegenseitigen Vertrag typischen Charakteristik der Leistung Zug-um-Zug.

Klauseln, die eine **Erweiterung des Leistungsverweigerungs- oder Zurückbehal- 835 tungsrechts des Verwenders** vorsehen, fallen nicht unter § 309 Nr. 2 BGB, sondern werden einer Inhaltskontrolle gem. § 307 BGB unterzogen.[19]

Beispiel: Eine Klausel, wonach der **Mobilfunkanbieter** berechtigt sein soll, den **Anschluss** zu **sperren**, wenn der Kunde mit Zahlungsverpflichtungen in Höhe von mindestens 15,50 EUR in Verzug gerät, hält der am Leitbild der §§ 320, 321 BGB ausgerichteten Inhaltskontrolle, in die auch die Wertungen des TKG einfließen, nicht stand. Insbesondere liegt hier ein Verstoß gegen das Verhältnismäßigkeitsgebot (§ 320 Abs. 2 BGB) vor.[20] Anders liegt der Fall, wenn der Mobilfunkanbieter von vornherein seine Leistung von der Einhaltung eines Kreditlimits abhängig macht. Da die Leistungspflicht mit Erreichen der mit dem Kunden vereinbarten Kreditgrenze entfällt, ist es auch unbedenklich, dass die entsprechende Klausel die Einstellung der Leistungen auch bei einer geringfügigen Überschreitung des Limits zulässt. Eine unangemessene Benachteiligung des Kunden liegt allerdings vor, wenn die Sperrung bei Überschreiten des Kreditlimits sofort und ohne Anhörung vollzogen werden kann.[21]

3. Verhältnis zu anderen Vorschriften

Zwischen § 309 Nr. 2 und **Nr. 8 Buchst. b Doppelbuchst. dd** BGB gibt es eine par- 836 tielle Überschneidung, denn eine Klausel, die die Mängelbeseitigung von der vorherigen Zahlung des Entgelts abhängig macht, schließt zugleich das Recht des Kunden aus, die Zahlung des Kaufpreises oder Werklohns im Hinblick auf die Mangelhaftigkeit der Leistung zu verweigern.[22] Das Verbot von Nr. 8 Buchst. b Doppelbuchst. dd reicht allerdings insoweit über Nr. 2 hinaus, als es auch die Vereinbarung von Zahlungsansprüchen zugunsten des Verwenders ohne Mängelbeseitigung ausschließt. Enger ist der Anwendungsbereich von Nr. 8 Buchst. b Doppelbuchst. dd allerdings wiederum insoweit, als er nur Verträge über die Lieferung neu hergestellter Sachen und Leistungen einschließt. Welche Norm zur Anwendung kommt, hängt letztlich davon ab, ob es um den Zahlungsanspruch des Verwenders geht – dann § 309 Nr. 2 BGB – oder ob Mängelbeseitigung vom Kunden begehrt wird – dann § 309 Nr. 8 Buchst. b Doppelbuchst. dd BGB.[23]

Umstritten ist das Verhältnis von § 309 Nr. 2 zu **Nr. 3** BGB (betreffend Aufrech- 837 nungsverbote). Während nämlich die Leistungsverweigerungsrechte gem. §§ 273, 320 BGB durch Allgemeine Geschäftsbedingungen nicht angetastet werden dürfen, kann das

---

[16] Wolf/*Dammann* BGB § 309 Nr. 2 Rn. 24; Erman/*Roloff/Looschelders* BGB § 309 Rn. 25; aA Ulmer/*Schäfer* BGB § 309 Nr. 2 Rn. 11; BeckOK/*Becker* BGB § 309 Nr. 2 Rn. 4.

[17] LG Karlsruhe NJW-RR 1991, 124 (126).

[18] BGH NJW 1985, 855 (857 f.).

[19] Wolf/*Dammann* BGB § 309 Nr. 2 Rn. 4 und 42; Staudinger/*Coester-Waltjen* BGB § 309 Nr. 2 Rn. 8.

[20] BGH NJW 2011, 2122.

[21] BGH NJW-RR 2011, 1618 (1620).

[22] Wolf/*Dammann* BGB § 309 Nr. 2 Rn. 56.

[23] Staudinger/*Coester-Waltjen* BGB § 309 Nr. 2 Rn. 3; Erman/*Roloff/Looschelders* BGB § 309 Rn. 20.

Aufrechnungsrecht des Kunden, sofern nicht die Ausnahme einer rechtskräftig festgestellten oder unbestrittenen Forderung vorliegt, abbedungen werden. Eine Unstimmigkeit kann sich hier dann ergeben, wenn der Kunde dem Zahlungsverlangen des Verwenders eine Geldforderung entgegensetzt, die aus einem primären Sachleistungsanspruch hervorgegangen ist.

Beispiel: Der Werklohnforderung des Verwenders kann der Kunde bei Bestehen eines Mängelbeseitigungsanspruchs ein nicht ausschließbares Leistungsverweigerungsrecht entgegenhalten. Gerät nun aber der Verwender mit der Mängelbeseitigung in Verzug und beseitigt der Besteller den Mangel selbst, so kann er Ersatz der erforderlichen Aufwendungen verlangen (§§ 634 Nr. 2, 637 BGB). Diesen kann er aber – so scheint es – bei einem Aufrechnungsverbot nicht der Werklohnforderung zur Aufrechnung gegenüberstellen.

838   Solange der ungleichartige Sachleistungsanspruch bestand, konnte der Kunde dem Verwender gegenüber die Erbringung der ihm obliegenden Leistung verweigern. Verwandelt sich der Primärleistungsanspruch nun in einen auf Geld lautenden Sekundäranspruch, so stehen sich zwei Geldforderungen gegenüber. Es besteht nun eine Aufrechnungslage. Verweigert der Kunde unter Berufung auf seine Gegenforderung die Zahlung, so ist hierin eine Aufrechnungserklärung zu erblicken.[24] Damit wird dieser Fall nicht mehr von § 309 Nr. 2 BGB, sondern von der sich mit der Aufrechnung befassenden Norm des § 309 Nr. 3 BGB erfasst. Ein in den Allgemeinen Geschäftsbedingungen des Verwenders enthaltenes Aufrechnungsverbot kann hier seine Wirkung entfalten. Geld- und Sachleistungsforderungen werden also unterschiedlich behandelt. Der Gesetzgeber hat dieses Problem jedoch erkannt und bewusst in Kauf genommen.[25] Eine teleologische Reduktion des § 309 Nr. 3 BGB dahingehend, dass ein Aufrechnungsverbot dann zurückzutreten hat, wenn es sich um einen Gegenanspruch handelt, der aus einer zur Leistungsverweigerung berechtigenden Sachleistungsforderung hervorgegangen ist, kann deshalb nicht überzeugend vorgenommen werden.[26] Dieser Korrekturversuch würde den Verwender zudem dazu zwingen, diese komplizierte Fallkonstellation – ebenso wie rechtskräftig festgestellte und unbestrittene Forderungen – vom Wirkungsbereich des Aufrechnungsverbots explizit auszunehmen. Dies hätte dann die weitere Ausweitung und Aufblähung von Aufrechnungsverboten in Klauselwerken zur Folge.[27] Überzeugender, weil die Anwendungsbereiche der Klauselverbote nicht tangierend, ist es demgegenüber, auf der Stufe der Ausübungskontrolle, des individuellen Rechtsmissbrauchs anzusetzen. Eine Einschränkung des Aufrechnungsverbots kann sich nach allgemeiner Ansicht im Einzelfall aus § 242 BGB ergeben, wenn sich die **Berufung auf das Aufrechnungsverbot als rechtsmissbräuchlich** erweist. Dies wird man jedenfalls dann annehmen können, wenn der Verwender versucht, seine Geldforderung unter Berufung auf das wirksam vereinbarte Aufrechnungsverbot ungeachtet der Tatsache einseitig durchzusetzen, dass dem Kunden eine gleichartige und konnexe Gegenforderung zusteht, die ihm – aufgrund des pflichtwidrigen Verhaltens des Verwenders (vgl. obiges → Beispiel) – aus einer zur Leistungsverweigerung berechtigenden Sachleistungsforderung erwachsen ist.[28]

[24] BGH JZ 1978, 799 (800).
[25] Amtl. Begründung BT-Drs. 7/3919, S. 29.
[26] So aber Palandt/*Grüneberg* BGB § 309 Rn. 20; ähnlich MüKoBGB/*Wurmnest* § 309 Nr. 2 Rn. 3; Ulmer/*Schäfer* BGB § 309 Nr. 3 Rn. 7; vgl. auch BGH NJW 2011, 1729.
[27] *Wolf*, 4. Aufl. 1999, AGBG § 11 Nr. 2 Rn. 24.
[28] Wolf/*Dammann* BGB § 309 Nr. 2 Rn. 55; OLG Hamm NJW-RR 1993, 710 (711); MüKoBGB/*Wurmnest* § 309 Nr. 2 Rn. 4 will insoweit Nr. 2 den Vorrang vor Nr. 3 geben; hiergegen Staudinger/*Coester-Waltjen* BGB § 309 Nr. 2 Rn. 4.

4. Rechtsfolgen eines Verstoßes

Die Unwirksamkeit einer Klausel aufgrund eines Verstoßes gegen § 309 Nr. 2 BGB **839** bedeutet deren Wegfall. Die Möglichkeit einer geltungserhaltenden Reduktion ist ausgeschlossen.[29] Die gesetzlichen Regelungen der §§ 273 und 320 BGB kommen zur Anwendung.

5. Unternehmerischer Geschäftsverkehr

Im unternehmerischen Geschäftsverkehr ist ein formularmäßiger Ausschluss des Leis- **840** tungsverweigerungsrechts und des Zurückbehaltungsrechts **grundsätzlich wirksam möglich**.[30] § 309 Nr. 2 BGB entfaltet auch keine Indizwirkung. Schon vor Geltung des AGB-Gesetzes hat die Rechtsprechung einen entsprechenden Ausschluss grundsätzlich nicht beanstandet.[31] Ein pauschaler Ausschluss des Zurückbehaltungsrechts ist hingegen auch im unternehmerischen Geschäftsverkehr **nach § 307 BGB unwirksam**. Denn dieser würde dem Vertragspartner die Geltendmachung eines Zurückbehaltungsrechts auch dann verwehren, wenn es auf einer unbestrittenen oder rechtskräftig festgestellten Gegenforderung gründet.[32]

Beispiel: Die Klausel, dass eine vorgebrachte Mängelrüge „auf die Erfüllung der vereinbarten Zahlungsbedingungen keinen Einfluss haben" soll, ist auch im unternehmerischen Geschäftsverkehr unwirksam, weil sie dem Vertragspartner das Zurückbehaltungsrecht auch dann nimmt, wenn dieses sich auf **unbestrittene oder rechtskräftig festgestellte Gegenansprüche** stützt. Der BGH verlangt die explizite Aufnahme dieser Ausnahme in den Klauseltext.[33] Eine geltungserhaltende Reduktion in der Weise, dass die Klausel nur insoweit als unwirksam angesehen wird, als sie ein Zurückbehaltungsrecht wegen rechtskräftig festgestellter, entscheidungsreifer oder unbestrittener Gegenforderungen ausschließt, sei nicht zulässig.

Bei eigener grober Vertragsverletzung[34] oder wenn er selbst gegenüber dem Subunter- **841** nehmer ein Zurückbehaltungsrecht ausübt,[35] kann sich der Unternehmer nicht auf den Ausschluss berufen.

6. Exkurs: Vorleistungspflichten

Das Klauselverbot des § 309 Nr. 2 Buchst. a BGB ist **nicht anwendbar,** wenn durch **842** Allgemeine Geschäftsbedingungen eine **Vorleistungspflicht des Vertragspartners** begründet wird.[36] Denn das Leistungsverweigerungsrecht nach § 320 BGB setzt voraus, dass eine Vorleistungspflicht nicht besteht. Dieses Verständnis des § 309 Nr. 2 BGB Buchst. a ist geboten, weil es sich um ein Klauselverbot ohne Wertungsmöglichkeit und mit absoluter Wirkung handelt und der Gesetzgeber Vorleistungsvereinbarungen in Allgemeinen Geschäftsbedingungen grundsätzlich nicht hat ausschließen wollen.[37]

---

[29] BGH NJW 1986, 3199 (3201).
[30] BGH NJW 1992, 575 (577); Ulmer/*Schäfer* BGB § 309 Nr. 2 Rn. 20; Wolf/*Dammann* BGB § 309 Nr. 2 Rn. 70; Palandt/*Grüneberg* BGB § 309 Nr. 2 Rn. 16; MüKoBGB/*Wurmnest* § 309 Nr. 2 Rn. 20; aA Löwe/*Graf von Westphalen*/Trinkner AGBG § 11 Nr. 2 Rn. 29.
[31] Vgl. nur mwN Ulmer/*Schäfer* BGB § 309 Nr. 2 Rn. 20.
[32] BGH NJW 1985, 319 (320); 1992, 575 (577).
[33] Zurückhaltend Ulmer/*Schäfer* BGB § 309 Nr. 2 Rn. 21.
[34] BGH DB 1972, 868.
[35] BGH NJW 1978, 634.
[36] BGH NJW 1987, 1931 (1932); 1998, 3119; 2006, 3134.
[37] Vgl. Amtl. Begründung BT-Drs. 7/3919, S. 28. So auch Wolf/*Dammann* BGB § 309 Nr. 2 Rn. 11; Staudinger/*Coester-Waltjen* BGB § 309 Nr. 2 Rn. 1, 7; differenzierend Ulmer/*Schäfer* BGB § 309 Nr. 2 Rn. 13 ff.; aA *Tonner* DB 1980, 1630 f. Für MüKoBGB/*Wurmnest* § 309 Nr. 2 Rn. 10 ff.

843   Formularmäßige Vorleistungsvereinbarungen sind jedoch an § 307 BGB zu messen.[38] Die Zug-um-Zug-Verpflichtung der §§ 320, 322 BGB und die Vorleistungsverpflichtung des Werkunternehmers (§ 641 Abs. 1 S. 1 BGB) sind der normative Ausgangspunkt,[39] sodass abweichende Vereinbarungen einer besonderen Rechtfertigung bedürfen. Vorleistungsklauseln sind nur dann wirksam, wenn sie durch einen sachlichen Grund gerechtfertigt sind, der auch bei der Abwägung mit den hierdurch für den Vertragspartner entstehenden Nachteilen Bestand hat.[40]

Beispiele:

(1) Eine Klausel in den AGB eines Lieferanten einer von ihm einzubauenden Küche, wonach der Kaufpreis spätestens **bei Anlieferung der Kaufgegenstände ohne Abzug zu bezahlen** ist, nimmt dem Kunden jegliches Druckmittel für den Fall, dass der Einbau mangelhaft erfolgt. Der Schutz der §§ 641 Abs. 1 S. 1 BGB und des § 320 Abs. 1 S. 1 BGB entfällt ersatzlos und ohne Kompensation mit der Folge der Unwirksamkeit der Vorleistungsklausel nach § 307 Abs. 2 Nr. 1 BGB.[41]

(2) Kein sachlicher Grund besteht hingegen für eine im **Warenhandel** mit Verbrauchern verwendete Klausel, dass die Restzahlung vor Lieferung erfolgen müsse.[42]

(3) Eine Bestimmung im **Ehevermittlungsvertrag** zur Zahlung der Vergütung im Voraus ist wirksam, da der Ehemäklerlohn nicht eingeklagt werden kann und der Vermittler dadurch wirtschaftlich zur Vorkasse gezwungen ist.[43]

(4) Die in allgemeinen **Versteigerungsbedingungen** festgelegte Vorleistungspflicht des Ersteigerers benachteiligt diesen nicht unangemessen. Zu berücksichtigen ist hier, dass der Verkäufer im Zeitpunkt des Zuschlags bereits mehr geleistet hat, als er bei der Abwicklung eines gewöhnlichen Kaufvertrages regelmäßig leisten müsste (Begebung des Kaufgegenstandes in die Hände des Auktionators, Freigabe zur Besichtigung etc).[44]

(5) Eine Klausel im Mietvertrag, die bestimmt, dass der Mieter entgegen § 579 Abs. 1 BGB (für Wohnraummietverträge beachte jetzt § 556b Abs. 1 BGB) die **Miete monatlich im Voraus zu zahlen** hat, wird allgemein für wirksam gehalten. Denn die Klausel hindert den Mieter nicht, seinen Erfüllungsanspruch im Wege des § 320 BGB geltend zu machen und mit einem Anspruch, der ihm wegen Überzahlung der kraft Gesetzes geminderten Miete (§ 536 BGB) aus zurückliegenden Zahlungsperioden zusteht, gegen Mietforderungen späterer Monate aufzurechnen. Dass sich die Verwirklichung des Minderungsanspruchs dadurch um einen oder zwei Monate verschiebt, führt noch nicht zu einer unangemessenen Benachteiligung.[45]

(6) Auch die Vereinbarung einer Verpflichtung des **Fluggastes**, das **Beförderungsentgelt bei Vertragsschluss** zu entrichten, widerspricht nicht wesentlichen Grundgedanken des Rechts des Personenbeförderungsvertrags.[46] Anders als in den Fällen der §§ 647, 648 und 648a BGB hat das Flugunternehmen keinerlei Sicherungsrechte für seinen Vergütungsanspruch. Ferner geht auch Art. 8 FluggastrechteVO von einer Vorauszahlungspflicht aus.

---

enthält § 309 Nr. 2 BGB einen Wertungswiderspruch; er tritt deshalb für eine restriktive Interpretation der Norm ein.

[38] BGH NJW 1999, 2180 (2182); 2006, 3134; 2016, 2404 Rn. 13 ff.; Wolf/*Dammann* BGB § 309 Nr. 2 Rn. 12 f. Der BGH (NJW 1985, 852; 1987, 1931, 1932) hatte in der Vergangenheit auch das Umgehungsverbot des § 306a BGB in Erwägung gezogen; doch dürfte hierfür angesichts der Möglichkeit einer Angemessenheitskontrolle nach § 307 BGB kein Bedürfnis bestehen. Vgl. hierzu auch → Rn. 91 ff.

[39] BGH NJW 2013, 1431 (1432) erkennt ihnen Leitbildfunktion zu.

[40] BGH NJW 1999, 2180 (2182); 2002, 140 (141); Palandt/*Grüneberg* BGB § 309 Rn. 13; Erman/*Roloff/Looschelders* BGB § 309 Rn. 21.

[41] BGH NJW 2013, 1431 (1432).

[42] BGH NJW 1999, 2180 (2182); anders bei ebay-Kaufverträgen OLG Hamburg NJW 2007, 2264 (2266).

[43] BGH NJW 1983, 2817 (2819).

[44] BGH NJW 1985, 850.

[45] BGH NJW 1995, 254 (255); Ulmer/*Schäfer* BGB § 309 Nr. 2 Rn. 17. Zur Unwirksamkeit führt erst die Kombination mit einer an sich zulässigen Aufrechnungsbeschränkung BGH NJW 1995, 254 ff.

[46] BGH NJW 2016, 2404.

(7) Moderate Vorauszahlungen bzw. Anzahlungen können unter Beachtung der Voraussetzungen des § 651t BGB (wirksame Absicherung und Information) grundsätzlich auch in **Reiseverträgen** vorgesehen werden.[47] Dies ist vor dem Hintergrund zu sehen, dass der Reisende mit der Übergabe des Sicherungsscheins vor der Insolvenz des Reiseveranstalters geschützt ist (vgl. § 651r BGB). Grundsätzlich geht der BGH von einer Obergrenze von 20 % des Reisepreises aus. Eine diese übersteigende Anzahlung (im konkreten Fall 40 %) kann für Reisen einer bestimmten Kategorie in allgemeinen Reisebedingungen allerdings dann wirksam vorgesehen werden, wenn eine der verlangten Anzahlung entsprechende Vorleistungsquote des Reiseveranstalters für Reisen dieser Kategorie repräsentativ ist.[48]

II. Aufrechnung (§ 309 Nr. 3 BGB)

Literatur: *Findeisen,* Die Wirksamkeit von Aufrechnungsverboten in Allgemeinen Geschäftsbedingungen – Nr. 11 I AGBSp/Nr. 4 AGB-Banken, WM 2016, 2286; *Gothe,* Aufrechnungsverbote in Bezug auf Mangelbeseitigungskosten und Mangelfolgeschäden, NZBau 2015, 144; *Joussen,* Konzernverrechnungsklauseln, ZIP 1982, 279; *Westermann,* Konzernverrechnungsklauseln, WM Sonderbeilage 2/1986.

Gem. § 389 BGB bewirkt die unter den Voraussetzungen des § 387 BGB erklärte **844** Aufrechnung das Erlöschen der gegenseitigen Forderungen, soweit diese sich decken. Ihr kommt damit eine doppelte Funktion zu.[49] Infolge ihrer Tilgungswirkung stellt sie sich zum einen als Erfüllungssurrogat dar. Zum anderen ermöglicht das Recht zur Aufrechnung dem Schuldner, seine Gegenforderung im Bedarfsfalle im Wege der Selbsthilfe zu exekutieren. Diese **Sicherungs- und Vollstreckungsfunktion** der Aufrechnung bewährt sich vor allem in der finanziellen Krise des Aufrechnungsgegners. Dies rechtfertigt die Einordnung der Aufrechnung unter der Überschrift „Gegenrechte des Kunden".

1. Aufrechnungsverbote

Das Recht des Kunden, gegenüber Ansprüchen des Verwenders mit Gegenforderungen **845** aufzurechnen, wird in der Praxis nicht selten durch vorformulierte Abreden ausgeschlossen. Der Verwender fürchtet meist nicht zu Unrecht, dass die Erklärung der Aufrechnung mit angeblichen Gegenansprüchen seitens des Kunden dazu missbraucht werden könnte, die Begleichung einer Schuld hinauszuzögern.[50] Wird mit angeblichen Gegenansprüchen aufgerechnet, so zwingt die Tilgungswirkung der Aufrechnung den Gläubiger zur Klageerhebung, um das Bestehen seiner Forderung feststellen zu lassen. Er trägt damit das Prozessrisiko.[51] Da ein Interesse an der Vermeidung dieser misslichen Situation durchaus berechtigt ist, hat der Gesetzgeber den **Ausschluss der Aufrechnung auch in Allgemeinen Geschäftsbedingungen grundsätzlich** für **zulässig** erklärt. Hinzu kommt, dass der Kunde durch einen Ausschluss der Aufrechnung keinen endgültigen Rechtsverlust erleidet.[52] Lediglich der **Aufrechnungsausschluss hinsichtlich unbestrittener oder rechtskräftig festgestellter Forderungen ist** gem. **§ 309 Nr. 3 BGB unwirksam.** In diesen Fällen gibt es keine Rechtfertigung für die Beschneidung der dem Schuldner zustehenden Rechte aus §§ 387 ff. BGB.

a) Aufrechnungsverbote in der vertraglichen Praxis. Ein Aufrechnungsausschluss **846** wird in vielen Fällen zum Gegenstand einer **ausdrücklichen** Abrede gemacht.

---

[47] BGH NJW 2006, 3134 mablAnm *Staudinger.*
[48] BGH NJW 2017, 3297.
[49] Palandt/*Grüneberg* BGB § 387 Rn. 1.
[50] Vgl. Amtl. Begründung BT-Drs. 7/3919, S. 29.
[51] *Wolf,* 4. Aufl. 1999, AGBG § 11 Nr. 3 Rn. 1.
[52] Amtl. Begründung BT-Drs. 7/3919, S. 29.

Beispiel: „Der Kunde kann gegen Forderungen der Bank nur aufrechnen, wenn seine Forderungen unbestritten oder rechtskräftig festgestellt sind." (Nr. 4 AGB-Banken).

847   Oft ergibt erst die Auslegung der Allgemeinen Geschäftsbedingungen im Hinblick auf die Natur des Vertrages einen Ausschluss der Aufrechnungsmöglichkeit. § 391 Abs. 2 BGB beschreibt einen solchen Fall des **konkludenten** Aufrechnungsausschlusses.

Beispiele:

(1) Werden **Barzahlungsklauseln** Bestandteil des Vertrages, so ergibt sich hieraus nach herrschender Ansicht regelmäßig ein Aufrechnungsverbot. Sogenannte **Kassa-Klauseln** („netto Kasse") legen fest, dass die vertragliche Zahlungspflicht nur bar oder durch ähnliche Zahlungsformen erfüllt werden kann. Damit ist dem Käufer schon nach dem Wortlaut der Vereinbarung die Möglichkeit genommen, durch Aufrechnung als Erfüllungssurrogat den Zahlungsanspruch des Gläubigers zu befriedigen.

(2) Die gleiche Wirkung haben Klauseln, die eine Vorleistungspflicht des Käufers statuieren („**cash on delivery**", „**Zusendung per Nachnahme**"). Hierbei erhält der Käufer die Ware nur, wenn er bei Ablieferung zahlt. Die Zahlung erfolgt also vor Prüfung der Ware. Eine Aufrechnung mit etwaigen Minderungsansprüchen wird somit kraft Natur des Vertrages ausgeschlossen.[53]

(3) Im Rahmen von **Mietverträgen** wird die Regelung des § 579 Abs. 1 BGB (beachte jetzt aber § 556b BGB für Wohnraummietverträge) üblicherweise durch eine Vorauszahlungsklausel abbedungen („Die Miete ist monatlich im Voraus, spätestens bis zum 3. Werktag eines jeden Monats zu entrichten".). Eine solche Klausel verhindert die Minderung des Mietzinsanspruchs für den laufenden Monat. Diese Klausel stellt aber noch keinen Aufrechnungsausschluss dar, da § 536 BGB eine gesetzliche Anpassung der vertraglichen Pflichten anordnet.[54]

848   **b) Inhalt des Klauselverbots des § 309 Nr. 3 BGB.** Nach § 309 Nr. 3 BGB ist eine Bestimmung in Allgemeinen Geschäftsbedingungen unwirksam, durch die dem Vertragspartner des Verwenders die **Befugnis genommen wird,** mit einer unbestrittenen oder rechtskräftig festgestellten Forderung **aufzurechnen.**[55] Unter den Verbotstatbestand fallen allerdings auch solche Klauseln, die die Zulässigkeit der Aufrechnung auf **vom Verwender anerkannte** Forderungen beschränken.[56] Ferner hat der BGH entschieden, dass auch der formularmäßige generelle Ausschluss der vergleichbaren **Einrede der Aufrechenbarkeit des Bürgen** (§ 770 Abs. 2 BGB) eine angemessene Berücksichtigung seiner Interessen vermissen lässt und daher nach § 307 Abs. 1, Abs. 2 Nr. 1 BGB unwirksam ist.[57]

849   **(1) Unbestrittene und rechtskräftig festgestellte Forderungen. Unbestritten** sind Forderungen, die nach Grund und Höhe außer Streit stehen.[58] Nicht selten wird der Verwender versuchen, sich gegen die Aufrechnung durch Bestreiten der Gegenforderung zur Wehr zu setzen. In Betracht kommt ua die Einwendung, dieser Forderung hätten ebenfalls Ansprüche des Verwenders gegenübergestanden und der Verwender habe die Forderung des Vertragspartners schon durch vorherige (eigene) Aufrechnung getilgt. Der BGH stellt zu Recht hohe Anforderungen an die Schlüssigkeit solcher vom Verwender vorgebrachter Forderungen. Andernfalls habe er es in der Hand, jede Aufrechnungsforderung durch Anmaßung ganz ungerechtfertigter Ansprüche zu einer bestrittenen zu

---

[53] BGH NJW 1985, 550 und 1998, 3119 f.; hierzu auch *Jung* NJW 1999, 2950.
[54] Solche Klauseln sind nach der Ansicht des BGH (NJW 1995, 254 ff., vgl. auch BGH NJW 2011, 2201) zulässig. Eine unangemessene Benachteiligung kann sich allerdings aus der Kombination mit einem ausdrücklichen Aufrechnungsausschluss wegen etwaiger Bereicherungsansprüche des Mieters ergeben.
[55] Die Vorschrift knüpft damit weitgehend an die vorbekannte Rechtsprechung des BGH an; vgl. BGHZ 12, 136 (143); 48, 264 (269); BGH BB 1977, 814; 1981, 814; NJW 1960, 859.
[56] BGH NJW 1994, 657 (658); 2007, 3421 (3422).
[57] BGH NJW 2003, 1521 (1522 f.); 2018, 857 Rn. 20.
[58] BGH NJW 1978, 2244; Wolf/*Dammann* BGB § 309 Nr. 3 Rn. 31.

machen. Der Verwender muss also, wenn er sich erfolgreich verteidigen will, die zur Aufrechnung gestellte Forderung durch substantiierte Einwendungen bestreiten.[59]

Allerdings kann auch ein **Aufrechnungsverbot für bestrittene Forderungen** eine unangemessene Benachteiligung im Sinne des § 307 Abs. 1 und 2 Nr. 1 BGB darstellen. So hat der BGH[60] unter Aufgabe seiner früheren Rechtsprechung entschieden, dass das in den **AGB der Sparkassen und Banken** (siehe oben Rn. 846) geregelte Aufrechnungsverbot im Verhältnis zu Verbrauchern unwirksam ist, wenn es auch solche Forderungen umfasst, die dem Verbraucher aufgrund der Ausübung seines Widerrufsrechts im Rahmen der Rückabwicklung nach § 355 Abs. 3 S. 1, § 357a BGB erwachsen. Denn der Verbraucher werde durch die darin liegende Erschwerung des Widerrufsrechts unangemessen benachteiligt. **849a**

Rechtskräftig festgestellt ist eine Forderung, wenn ein entsprechender Titel in formeller und materieller Rechtskraft erwachsen ist, §§ 704, 794 ZPO. **850**

(2) Entscheidungsreife Forderungen. Nach überwiegender Ansicht sind auch **entscheidungsreife Forderungen** den unbestrittenen oder rechtskräftig festgestellten Forderungen **gleichzustellen.**[61] Dafür spricht in der Tat, dass der Aufrechnungsausschluss den Verwender lediglich vor unklaren Gegenansprüchen, die die Durchsetzung seiner Ansprüche verzögern könnten, schützen soll. Bei Entscheidungsreife besteht ein solches Bedürfnis nicht mehr. Der Ausschluss der Aufrechnungsmöglichkeit ist in diesen Fällen nicht mehr gerechtfertigt. Ferner ist nicht anzunehmen, dass der Gesetzgeber in diesem Punkte hinter der bis dahin ergangenen Rechtsprechung des BGH zurückstehen wollte.[62] Forderungen sind entscheidungsreif, wenn sie voll bewiesen sind und daher über sie ohne weitere Beweiserhebung entschieden werden kann. **851**

c) Rechtsfolgen zu weit reichender Aufrechnungsverbote. Die Überschreitung der Grenzen des § 309 Nr. 3 BGB hat grundsätzlich die **Gesamtnichtigkeit des Aufrechnungsausschlusses** zur Folge. Der Kunde kann mithin ohne Beschränkung von seinem Aufrechnungsrecht nach §§ 387 ff. BGB Gebrauch machen. Eine geltungserhaltende Reduktion in der Weise, dass die Unwirksamkeit nur eintritt, soweit die Aufrechnung mit rechtskräftig festgestellten, entscheidungsreifen oder unbestrittenen Forderungen ausgeschlossen wird, ist unzulässig.[63] **852**

Vor der Inhaltskontrolle nach § 309 Nr. 3 BGB bedarf es mitunter noch der Bestimmung der genauen Reichweite des Aufrechnungsausschlusses. Die Rechtsprechung hat zu weit reichende Klauseln in mehreren Fällen durch eine **restriktive Auslegung** vor der nicht immer angemessenen Rechtsfolge der Gesamtnichtigkeit bewahrt. **853**

Beispiele:

(1) Eine Bestimmung in Allgemeinen Geschäftsbedingungen, die nach ihrem Wortlaut **nur die Aufrechnung mit unbestrittenen Forderungen** zulässt, erfasst sinngemäß auch die Zulässigkeit der Aufrechnung mit rechtskräftig festgestellten Forderungen. Denn rechtskräftig festgestellte Forderungen im Sinne des § 309 Nr. 3 BGB stellen nur einen Unterfall der unbestrittenen Forderungen dar, weil sie mit präkludierten Einwendungen nicht mehr bestritten werden können.[64]

---

[59] BGH NJW 1985, 1556 (1558); Wolf/*Dammann* BGB § 309 Nr. 3 Rn. 31 und Fn. 34.
[60] BGH NJW 2018, 2042.
[61] BGH WM 1978, 620 (621); OLG Düsseldorf NJW-RR 1997, 757; Wolf/*Dammann* BGB § 309 Nr. 3 Rn. 33; BeckOGK/*Weiler* BGB § 309 Nr. 3 Rn. 57; AGB-Klauselwerke/*Graf von Westphalen*, Aufrechnungsklauseln, Rn. 13; Palandt/*Grüneberg* BGB § 309 Rn. 17; Soergel/*Knops* BGB § 309 Nr. 3 Rn. 24.
[62] Der BGH hatte die Berufung auf den Aufrechnungsausschluss in diesen Fällen als treuwidrig bewertet, vgl. BGH NJW 1970, 383 (386); BB 1977, 814.
[63] BGH NJW 1985, 319 (320); NJW-RR 1986, 1281; 2007, 3421 (3423).
[64] BGH NJW 1989, 3215 (3216).

(2) Umgekehrt kann eine Klausel, die lediglich die **Aufrechnung mit rechtskräftig festgestellten Forderungen** erlaubt, dahingehend ausgelegt werden, dass sie auch eine Aufrechnung mit unbestrittenen Forderungen nicht im Wege steht.[65]

(3) Der vorformulierte **Aufrechnungsausschluss erwähnt nicht ausdrücklich „entscheidungsreife Forderungen"** (vgl. etwa Nr. 4 AGB-Banken und Nr. 11 Abs. 1 AGB-Spark). Dieses Merkmal wird von der herrschenden Meinung – wie bereits erwähnt – als zusätzliche Ausnahme vom Verbot der Aufrechnung den benannten Tatbeständen des § 309 Nr. 3 BGB angefügt. Dem Verwender darf jedoch kein Nachteil entstehen, wenn er seine Klausel in Anlehnung an den Gesetzeswortlaut formuliert. Der Kunde ist aufgrund des Aufrechnungsausschlusses mithin nicht gehindert, mit entscheidungsreifen Forderungen aufzurechnen. Unwirksam ist der Aufrechnungsausschluss aus diesem Grunde jedoch nicht.[66]

(4) Schließlich tritt der Aufrechnungsausschluss zurück, wenn der **Verwender in Vermögensverfall gerät** und Gefahr besteht, dass der Kunde seine Forderungen nicht mehr durchsetzen kann. Hier liegt es nahe, entsprechende Aufrechnungsklauseln in diesem Sinne einschränkend zu interpretieren.[67]

854   **d) Unternehmerischer Geschäftsverkehr.** § 309 Nr. 3 BGB stellt eine konkretisierte Ausgestaltung des Benachteiligungsverbots des § 307 BGB dar, da es sich bei dem Ausschluss der Aufrechnung in den genannten Fällen um eine besonders schwerwiegende Verkürzung der Rechte des Vertragspartners handelt, die auch im Geschäftsverkehr zwischen Unternehmern nicht hingenommen werden kann.[68]

2. Erweiterung der Aufrechnungsbefugnis des Verwenders

855   Wenn der Verwender seine Aufrechnungsbefugnis erweitert, so fällt dies nicht in den Anwendungsbereich des § 309 Nr. 3 BGB, sondern ist **an § 307 BGB zu messen**.[69] Die Unangemessenheit solcher Klauseln kann sich insbesondere aus unzumutbaren Auswirkungen auf die Beleihungsfähigkeit der Forderungen des Vertragspartners ergeben.

Beispiel: Großunternehmen G räumt sich in seinen Lieferbedingungen das Recht ein, gegenüber Forderungen seiner Abnehmer nicht nur wegen eigener Geldforderungen, sondern auch wegen solcher ihrer Konzernfirmen aufrechnen zu können. Eine solche **Konzernverrechnungsklausel** gefährdet die Eignung der Forderungen der Abnehmer als Kreditunterlage. Sie benachteiligt die Abnehmer zumindest dann unangemessen, wenn die Konzernmitglieder nicht namentlich benannt sind oder der Kreis der konzernverbundenen Unternehmen unangemessen weit ist.[70] Nach der Schuldrechtsreform spricht jetzt sogar einiges dafür, im Hinblick auf das eine ähnliche Konstellation betreffende Verbot des Konzernvorbehalts in § 449 Abs. 3 BGB von der grundsätzlichen Unwirksamkeit auszugehen.[71]

856   Fälle der Erweiterung der Aufrechnungsbefugnis sind auch die Verrechnungsvereinbarung innerhalb einer **Kontokorrentabrede** und die **Skontration**, ein v. a. im Bankenbereich anzutreffendes Abrechnungsverfahren zwischen mehreren Teilnehmern am bargeldlosen Zahlungsverkehr, bei dem die Forderungen und Schulden aller Teilnehmer

---

[65] BGH NJW-RR 1993, 519 (520).

[66] BGH NJW 1986, 1757 f.; 2002, 2779.

[67] Die Begründung ist umstritten. Für Korrektur unter dem Gesichtspunkt des § 242 AGB-Klauselwerke/*Graf von Westphalen*, Aufrechnungsklauseln, Rn. 34; wie hier BGH NJW 1984, 357; Wolf/*Dammann* BGB § 309 Nr. 3 Rn. 42; Palandt/*Grüneberg* BGB § 309 Rn. 19.

[68] BGH NJW 1985, 319 (320); 2007, 3421 (3422).

[69] Wolf/*Dammann* BGB § 309 Nr. 3 Rn. 44; MüKoBGB/*Wurmnest* § 309 Nr. 3 Rn. 6.

[70] Auf dieser Linie auch OLG Köln NJW 2005, 1127 (1129); für ausnahmslose Unwirksamkeit AGB-Klauselwerke/*Graf von Westphalen*, Aufrechnungsklauseln, Rn. 22 wegen Abbedingung des Gegenseitigkeitserfordernisses; für generelle Zulässigkeit *Joussen* ZIP 1982, 279; ausführlich *Westermann* WM Sonderbeilage 2/1986.

[71] So jetzt auch Ulmer/*Schäfer* BGB § 309 Nr. 3 Rn. 12.

untereinander verrechnet und ausgeglichen werden. Beide Formen werden grundsätzlich für mit § 307 BGB vereinbar gehalten.[72]

Vierter Abschnitt. Leistungsstörungen

§ 33. Pflichtverletzungen des Verwenders

Einen bevorzugten Regelungsgegenstand Allgemeiner Geschäftsbedingungen bilden **857** die geläufigen Störungstatbestände, die sich dem Vollzug des Leistungsaustausches in den Weg stellen können, nämlich Unmöglichkeit, Verzug und sonstige Vertragsverletzung. Diese Leistungsstörungen können sowohl auf Seiten des Verwenders als auch beim Kunden auftreten. Die Erfahrung zeigt, dass vorformulierten Bedingungen die Tendenz eignet, die Rechte des Kunden für den Fall zu beschneiden, dass auf Seiten des Verwenders ein Leistungshindernis auftritt, während umgekehrt bei einem vom Kunden zu vertretenden Störungstatbestand die dem Verwender zustehenden Rechte über das Gesetz hinaus ausgedehnt werden.

I. Vorbehalt einer Nachfrist (§ 308 Nr. 2 BGB)

Literatur: *Thamm*, Die Dauer einer „angemessenen Nachfrist" für Lieferung und Mängelbeseitigung, BB 1982, 2018.

1. Gesetzliche Ausgangslage und Regelungsanliegen

Kommt der Schuldner (Verwender) mit der ihm obliegenden Leistung in Verzug, so **858** kann der Gläubiger (Kunde) nach §§ 280 Abs. 1 und 2, 286 BGB Ersatz seines Verspätungsschadens verlangen. Der Bestand der Hauptleistungspflichten wird hierdurch noch nicht tangiert. Auf unabsehbare Zeit leistungsbereit zu bleiben und auf die Durchführung des Vertrages zu warten, ist dem Gläubiger nicht zuzumuten. Die **Regelungen der §§ 281, 323 BGB** geben dem Kunden deshalb die Möglichkeit, dem Verwender zur Bewirkung der Leistung eine angemessene Frist zu setzen. Nach fruchtlosem Ablauf dieser Nachfrist erlischt der Leistungsanspruch nicht wie ehedem nach § 326 Abs. 1 BGB *eo ipso.* Vielmehr ist der Kunde berechtigt, vom Vertrag zurückzutreten (§ 323 BGB). Das Vertragsverhältnis wird damit in ein Rückgewährschuldverhältnis umgewandelt; der Erfüllungsanspruch erlischt. Hat der Verwender die Nichtleistung bei Ablauf der ihm gesetzten Frist zu vertreten, kann der Kunde ferner Schadensersatz statt der Leistung nach §§ 280 Abs. 1 und 3, 281 BGB verlangen. Der Erfüllungsanspruch erlischt in diesem Fall in dem Moment, in dem der Kunde Schadensersatz statt der Leistung vom Verwender verlangt (§ 281 Abs. 4 BGB). Das Recht, Schadensersatz zu verlangen, wird nach § 325 BGB – anders als nach bisherigem Recht – durch einen vom Kunden erklärten Rücktritt nicht ausgeschlossen.

Die **Nachfrist** hat in den Fällen der §§ 281, 323 BGB nicht den Zweck, den Schuldner **859** in die Lage zu setzen, nun erst die Bewirkung seiner Leistung in die Wege zu leiten; sie soll ihm vielmehr nur eine letzte Gelegenheit gewähren, die begonnene Erfüllung zu beenden.[1] Eine angemessene Nachfrist kann daher regelmäßig wesentlich kürzer sein als die vereinbarte Lieferfrist.[2] Eine zu kurz bemessene Frist ist nicht wirkungslos, sondern

---

[72] *Wolf,* 4. Aufl. 1999, AGBG § 11 Nr. 8 Rn. 16 f. m. w. N
[1] BGH NJW 1985, 320 (323).
[2] BGH NJW 1985, 320 (323); vgl. auch *Thamm* BB 1982, 2019 f.

setzt vielmehr eine angemessene Frist in Lauf.[3] Bei ernsthafter und endgültiger Erfüllungsverweigerung des Schuldner ist von vornherein keine Fristsetzung vonnöten, ebenso wenn besondere Umstände vorliegen, die unter Abwägung der beiderseitigen Interessen den sofortigen Rücktritt oder die sofortige Geltendmachung des Schadensersatzanspruchs rechtfertigen (vgl. im Einzelnen §§ 281 Abs. 2, 323 Abs. 2 BGB).

860   Bedingungswerke, die sich eine verwenderfreundlichere Gestaltung der Folgen einer Leistungsverspätung zum Ziel gesetzt haben, setzen häufig am gesetzlichen Merkmal der „Nachfrist" an. Die §§ 281, 323 BGB sind grundsätzlich dispositiv.[4] Insbesondere kann sich der Schuldner für den Fall des Verzuges eine Mindestnachfrist ausbedingen.[5] Der die Nachfrist setzende Gläubiger darf diese Frist im Verzugsfall dann nicht unterschreiten. Die Gefahr für den Gläubiger besteht darin, dass die Verbindlichkeit von zugesagten Lieferfristen auf dem Umweg über sehr lange Nachfristen ausgehebelt und er an der Ausübung der ihm zustehenden Rechte (Rücktritt, Schadensersatz) gehindert werden könnte. Aus diesem Grunde sieht **§ 308 Nr. 2 BGB** in Ergänzung zu § 308 Nr. 1 und § 309 Nr. 8 BGB vor, dass der formularmäßige Vorbehalt einer entgegen §§ 281, 323 BGB unangemessen langen oder nicht hinreichend bestimmten Nachfrist für die vom Verwender zu bewirkende Leistung unwirksam ist.[6] Erst recht unwirksam sind Klauseln, wonach der Kunde dem Verwender auch dann eine **Frist zur Nacherfüllung** setzen muss, **wenn eine Fristsetzung gem. §§ 323 Abs. 2, 326 Abs. 5, 636 BGB entbehrlich** ist. Dies folgt, da die tatbestandlichen Voraussetzungen des § 308 Nr. 2 BGB nicht gegeben sind, aus § 307 Abs. 2 Nr. 1 BGB.[7]

2. Inhalt des Klauselverbots

861   **a) Vorbehalt einer Nachfrist.** Wenn § 308 Nr. 2 BGB von Bestimmungen spricht, durch die sich der Verwender eine „Nachfrist" vorbehält, so sind damit nur solche Klauseln gemeint, die den Zeitpunkt festlegen, ab dem Schadensersatz begehrt oder vom Vertrag zurückgetreten werden kann.[8] Dies ist allen voran der Fall der Leistungsverzögerung (§§ 281, 323 BGB). § 308 Nr. 2 BGB ist allerdings **auch auf die Nachfristvorbehalte der §§ 350, 637, 651k Abs. 2 und 651l Abs. 1 BGB anzuwenden**.[9] Außen vor bleiben hingegen sog. unechte Nachfristen, die von § 308 Nr. 1 BGB erfasst werden.[10]

862   **b) Unangemessene Länge.** Ob eine ausbedungene Nachfrist unangemessen lang ist, muss aufgrund einer **Interessenabwägung** festgestellt werden.[11] Hierbei empfiehlt es sich, zunächst die für ein solches Geschäft nach den einschlägigen Rechtsvorschriften angemessene Nachfrist zu bestimmen. Da nicht jede Abweichung von diesem Ideal sanktioniert sein soll, sind maßvolle Modifikationen im Zuge einer auf Vereinheitlichung zielenden AGB-Praxis zulässig.[12] Sodann ist ausgehend vom **Zweck der Nachfrist** und unter Beachtung der Besonderheiten des jeweiligen Gewerbezweiges zu berücksichtigen, dass die Nachfrist nicht zu einer „Ersatzlieferungsfrist" werden oder die Lieferfrist

---

[3] BGH NJW 1985, 2640; 1996, 1814; *Larenz*, Schuldrecht I, § 23 II, S. 355 f.
[4] Palandt/*Grüneberg* BGB § 323 Rn. 2; MüKoBGB/*Ernst* § 281 Rn. 169 und § 323 Rn. 281.
[5] *Wolf*, 4. Aufl. 1999, AGBG § 10 Nr. 2 Rn. 2.
[6] Vgl. Staudinger/*Coester-Waltjen* BGB § 308 Nr. 2 Rn. 1; Ulmer/*Harry Schmidt* BGB § 308 Nr. 2 Rn. 3.
[7] BGH NJW 2013, 3022 (3024); BeckOK/*Becker* BGB § 308 Nr. 2 Rn. 5; für Anwendbarkeit von § 308 Nr. 2 BGB Wolf/*Dammann* BGB § 308 Nr. 2 Rn. 5.
[8] Staudinger/*Coester-Waltjen* BGB § 308 Nr. 2 Rn. 3.
[9] Wolf/*Dammann* BGB § 308 Nr. 2 Rn. 3; Erman/*Roloff/Looschelders* BGB § 308 Rn. 13.
[10] BGH NJW 2007, 1198 (1200).
[11] Wolf/*Dammann* BGB § 308 Nr. 2 Rn. 8.
[12] Palandt/*Grüneberg* BGB § 308 Rn. 13.

erheblich verlängern darf.[13] War die ursprüngliche Leistungsfrist schon eher großzügig, so spricht dies im Gegenzug für eine kürzere Nachfrist.[14] Für den Verwender ist das Interesse an einer einheitlichen Nachfristregelung anzuführen. Allerdings darf bei solch einer generalisierenden Regelung nicht von einem in seiner zeitlichen Abwicklung besonders risikovollen Geschäft ausgegangen werden, vielmehr ist eine für alle Fälle angemessen kurze Frist vorzusehen.[15]

Beispiele:

(1) Beim **Möbelkauf** wird eine generalisierende Bestimmung, die eine Nachfrist von vier Wochen vorsieht, als unangemessen erachtet.[16]   **863**

(2) Für unwirksam wurde ferner eine sechswöchige Nachfrist in Allgemeinen Geschäftsbedingungen eines **Fensterherstellers**[17] bzw. **Fassadenbauunternehmers**[18] erachtet.

(3) Bei **normalen Verbrauchergeschäften** wird mitunter eine 14-tägige Frist für angemessen angesehen; eine längere schon als unangemessen.[19] Freilich kann es sich hierbei nur um eine Faustformel handeln.[20]

c) Nicht hinreichende Bestimmtheit. Die Kriterien für die hinreichende Bestimmtheit   **864** einer Nachfrist entsprechen denen bei § 308 Nr. 1 BGB.[21] Entscheidend ist auch hier die Berechenbarkeit, damit der Gläubiger Klarheit über die Rechtslage hat. Eine Klausel, die eine „angemessene" Nachfrist fordert, ist zwar unbestimmt, aber sie entspricht der gesetzlichen Regelung und ist somit gem. § 307 Abs. 3 BGB einer Inhaltskontrolle entzogen.[22]

3. Rechtsfolgen eines Verstoßes

Im Falle der Unwirksamkeit der Klausel kommen die gesetzlichen Vorschriften (ins-   **865** besondere §§ 281, 323 BGB) zur Anwendung, wonach grundsätzlich eine angemessene Nachfrist zu bestimmen ist. Eine teilweise Aufrechterhaltung der Klausel durch Verkürzung der Frist ist ausgeschlossen.[23]

4. Unternehmerischer Geschäftsverkehr

Für den unternehmerischen Geschäftsverkehr stellen die Wertungen des § 308 Nr. 2   **866** BGB ein **gewichtiges Indiz im Rahmen der Inhaltskontrolle gem. § 307 BGB** dar.[24] Durch das besondere Interesse an Schnelligkeit und Leichtigkeit des Verkehrs sind die Nachfristen sogar eher noch kürzer zu bemessen.[25]

---

[13] BGH NJW 1985, 855 (857).

[14] Staudinger/*Coester-Waltjen* BGB § 308 Nr. 2 Rn. 7; Ulmer/*Harry Schmidt* BGB § 308 Nr. 2 Rn. 6; MüKoBGB/*Wurmnest* § 308 Nr. 2 Rn. 4.

[15] BGH NJW 1985, 320 (323).

[16] BGH NJW 1985, 320 (323).

[17] BGH NJW 1985, 855 (857).

[18] OLG Stuttgart NJW-RR 1988, 786 (788).

[19] Palandt/*Grüneberg* BGB § 308 Rn. 13; Staudinger/*Coester-Waltjen* BGB § 308 Nr. 2 Rn. 7; Wolf/*Dammann* BGB § 308 Nr. 2 Rn. 15; wohl auch BGH NJW 1985, 320 (323).

[20] MüKoBGB/*Wurmnest* § 308 Nr. 2 Rn. 7: „Faustregel"; gegen allgemein verbindliche Festlegungen Löwe/*Graf von Westphalen*/Trinkner AGBG § 10 Nr. 2 Rn. 14.

[21] Vgl. hierzu oben → Rn. 701 und → 765.

[22] Ulmer/*Harry Schmidt* BGB § 308 Nr. 2 Rn. 7; Staudinger/*Coester-Waltjen* BGB § 308 Nr. 2 Rn. 8.

[23] BGH NJW 1985, 320 (323); Ulmer/*Harry Schmidt* BGB § 308 Nr. 2 Rn. 9.

[24] Vgl. nur Wolf/*Dammann* BGB § 308 Nr. 2 Rn. 40 mwN.

[25] MüKoBGB/*Wurmnest* § 308 Nr. 2 Rn. 10; Lutz, AGB-Kontrolle im Handelsverkehr unter Berücksichtigung der Klauselverbote, S. 57.

II. Ausschluss des Rechts, sich vom Vertrag zu lösen (§ 309 Nr. 8 Buchst. a BGB)

1. Grund der Intervention

867   In der Praxis finden sich mitunter Vertragsgestaltungen, die für den Fall der Überschreitung eines vereinbarten Liefertermins das Recht des Kunden, sich vom Vertrag zu lösen, ausschließen. Dieser Entrechtung des Kunden versucht der Gesetzgeber mit dem Klauselverbot des § 309 Nr. 8 Buchst. a BGB entgegenzuwirken.[26]

2. Inhalt des Klauselverbots

868   Nach § 309 Nr. 8 Buchst. a BGB sind AGB-Bestimmungen unwirksam, die bei einer vom Verwender zu vertretenden, nicht in einem Mangel bestehenden Pflichtverletzung das Recht des Kunden, sich vom Vertrag zu lösen, ausschließen oder einschränken. Die Vorschrift betrifft nur den Fall, dass **Vertragslösungsrechte des Kunden** ausgeschlossen oder beschränkt werden.[27] Soweit sich der Verwender selbst das Recht zum Rücktritt ausbedingt, richtet sich die AGB-rechtliche Beurteilung nach § 308 Nr. 3 BGB.

869   Das Klauselverbot findet grundsätzlich auf **Verträge aller Art** Anwendung, wobei stets die Bereichsausnahmen des § 310 Abs. 4 BGB zu beachten sind.[28] **Ausgenommen** sind lediglich die in § 309 Nr. 7 BGB bezeichneten **Beförderungsbedingungen** und Tarifvorschriften unter den dort genannten Voraussetzungen.[29]

870   Der Begriff des Lösungsrechts umfasst nicht nur das Rücktrittsrecht gem. §§ 323, 324, 326 Abs. 5 BGB, sondern **alle gesetzlichen Lösungsrechte, soweit sie durch eine vom Verwender zu vertretende Pflichtverletzung ausgelöst werden.** Mit umfasst sind somit das Recht zur Kündigung von Dauerschuldverhältnissen aus wichtigem Grund (§ 314 BGB) sowie Widerrufsrechte, soweit sie – zumindest auch – als Sanktion auf pflichtwidriges Verhalten des Vertragspartners eingesetzt werden können (zB § 671 BGB).[30]

871   Ausgeschlossen sind hingegen Lösungsrechte, die dem Kunden aus der Lieferung einer **mangelhaften Sache oder der Erbringung einer mangelhaften Werkleistung** erwachsen. Für das Rücktritts-, Minderungs- und Nacherfüllungsrecht und deren Freizeichnung soll vielmehr **ausschließlich die Nummer 8 Buchstabe b** gelten, da die dort normierten Tatbestände speziell auf das Sachmängelrecht zugeschnitten sind.

872   Das Lösungsrecht darf weder ausgeschlossen noch eingeschränkt werden. Ein **Ausschluss** ist gegeben, wenn das Lösungsrecht ausdrücklich nicht gewährt wird. Ein Ausschluss liegt aber auch dann vor, wenn Voraussetzungen statuiert werden, die die Ausübung des Rechts inzident ausschließen.[31] Eine **Einschränkung** liegt vor, wenn besondere Voraussetzungen für die Ausübung des Lösungsrechts verlangt werden, die nachteilig für den Vertragspartner sind.[32]

---

[26] Das Klauselverbot ist im Zuge der Schuldrechtsreform neu gefasst worden, vgl. hierzu im einzelnen die 1. Aufl. unter → Rn. 867 bis 870.

[27] BGH NJW 2009, 575 (576).

[28] Palandt/*Grüneberg* BGB § 309 Rn. 59; BeckOK/*Becker* BGB § 309 Nr. 8 Rn. 8.

[29] Vgl. → Rn. 968.

[30] Wolf/*Dammann* BGB § 309 Nr. 8 lit. a Rn. 12; MüKoBGB/*Wurmnest* § 309 Nr. 8 Rn. 8; Soergel/*Knops* BGB § 309 Nr. 8 lit. a Rn. 13 f.

[31] Vgl. Wolf/*Dammann* BGB § 308 Nr. 8 lit. a Rn. 31; Staudinger/*Coester-Waltjen* BGB § 309 Nr. 8 Rn. 9.

[32] Ulmer/*Christensen* BGB § 309 Nr. 8 Rn. 12; Staudinger/*Coester-Waltjen* BGB § 309 Nr. 8 Rn. 10; Wolf/*Dammann* BGB § 309 Nr. 8 lit. a Rn. 32 ff.

Beispiele:

(1) Eine Klausel, wonach der **Rücktritt „unverzüglich nach Ablauf der Nachfrist**, spätestens inner-   **873**
halb einer Woche nach Ablauf dieser Frist, erklärt werden" müsse, ist unwirksam. Denn für die
Erklärung des Rücktritts gilt § 349 BGB und hiernach ist die Rücktrittserklärung nicht frist-
gebunden.[33]

(2) Bestimmt eine Klausel für die Geltendmachung des Rücktritts ein **Schriftformerfordernis**, so ist
die Wertung des § 309 Nr. 13 BGB zu berücksichtigen, wonach die einfache Schriftform zulässig
ist. Nur die Bindung an eine strengere Form als die Schriftform ist unwirksam.[34]

(3) Unzulässig ist es ferner, wenn durch eine Klausel dem Kunden eine **Abstandszahlung** für den
Fall des Rücktritts auferlegt wird.[35]

(4) Im **Möbelhandel** ist eine Klausel in Allgemeinen Geschäftsbedingungen unwirksam, wonach bei
Nichtbelieferung des Verkäufers durch Lieferanten beiden Parteien das Recht zusteht, vom
Vertrag, soweit er sich auf lieferbare Gegenstände bezieht, zurückzutreten. Hat der Ver-
käufer die Nichtbelieferung zu vertreten und sind als Folge davon aus einer zusammengehörenden
Bestellung einzelne Gegenstände nicht mehr lieferbar, so würde die genannte Klausel das dem
Kunden unter den Voraussetzungen des § 324 Abs. 5 S. 1 BGB eingeräumte Rücktrittsrecht von
dem ganzen Vertrag beschränken. Gerade im Möbelhandel liegt die Möglichkeit nahe, dass
einzelne der bestellten Gegenstände geliefert werden, andere dagegen nicht mehr lieferbar sind.[36]

3. Verhältnis zu anderen Vorschriften

§ 309 Nr. 8 Buchst. a BGB und **§ 308 Nr. 1 bis 3 BGB** ergänzen sich gegenseitig. § 309   **874**
Nr. 8 Buchst. a BGB sichert die Erhaltung der Lösungsrechte, die im Falle einer vom
Verwender zu vertretenden Pflichtverletzung nach dispositivem Recht gegeben sind.
Hinsichtlich der Voraussetzungen, wann Verzug eingetreten ist oder Unmöglichkeit vor-
liegt, bewirken die § 308 Nr. 1 bis 3 BGB einen Schutz vor Gestaltungsmissbrauch.

4. Unternehmerischer Geschäftsverkehr

Der Ausschluss und die Einschränkung von Lösungsrechten, die aus einer vom Ver-   **875**
wender zu vertretenden Pflichtverletzung resultieren, sind **nach § 307 BGB auch im
unternehmerischen Geschäftsverkehr in aller Regel unwirksam**.[37] Die Schutzbedürftigkeit des Unternehmers ist in diesem Punkt nicht geringer als bei einem nicht unternehmerischen Kunden. Auch ein Unternehmer darf nicht auf Dauer an einen unzumutbaren
Vertrag gebunden werden.

§ 34. Leistungsverzug des Kunden

Literatur: *Blank*, Die AGB-rechtliche Zulässigkeit von Fälligkeitszinsen im Bauträgervertrag,
DNotZ 1998, 339.

I. Allgemeines, Zweck des § 309 Nr. 4 BGB

§ 309 Nr. 4 BGB wird allgemein als wichtiger Beitrag des Gesetzgebers zur Wieder-   **876**
herstellung der gesetzlichen Ordnung innerhalb des Rechts der Leistungsstörungen im
weiteren Sinne angesehen.[1] Nach dieser Vorschrift ist eine Bestimmung in Allgemeinen

---

[33] BGH NJW-RR 1989, 625 (625 f.).
[34] BGH NJW-RR 1989, 625 (626).
[35] Palandt/*Grüneberg* BGB § 309 Rn. 59.
[36] BGH NJW 1983, 130 (1321 f.).
[37] BGH NJW-RR 2003, 1056 (1060); NJW 2009, 575 (576).
[1] Staudinger/*Coester-Waltjen* BGB § 309 Nr. 4 Rn. 1. Die vor Inkrafttreten des AGB-Gesetzes
ergangene Rechtsprechung war hier sehr großzügig; sie ließ beispielsweise den formularmäßigen

Geschäftsbedingungen unwirksam, durch die der Verwender von der gesetzlichen Obliegenheit freigestellt wird, den anderen Vertragsteil zu mahnen (§ 286 Abs. 1 BGB) oder ihm eine Frist für die Leistung oder Nacherfüllung zu setzen (§§ 281, 321 Abs. 2, 323, 637, 651k Abs. 2, 651l Abs. 1 S. 2 BGB).

877   Kommt der Kunde der ihm nach dem Vertrag obliegenden Leistungspflicht – in der Regel zur Zahlung einer bestimmten Geldsumme und zur Abnahme – nicht pünktlich nach,[2] so kann der Gläubiger nach §§ 280 Abs. 1 und 2, 286 BGB seinen Verspätungsschaden oder unter den Voraussetzung der §§ 280 Abs. 1 und 3, 281 BGB Schadensersatz statt der Leistung geltend machen oder aber nach § 323 BGB vom Vertrage zurücktreten. Der Ersatz des Verspätungsschadens setzt voraus, dass der Schuldner mit der Erbringung seiner Leistung in Verzug geraten ist. Verzug liegt nach § 286 BGB vor, wenn der Schuldner trotz Fälligkeit und grundsätzlich erforderlicher Mahnung des Gläubigers nicht leistet und dies nicht aufgrund von Umständen geschieht, die er nicht zu vertreten hat.

878   Will der Gläubiger Schadensersatz statt der Leistung nach §§ 280 Abs. 1 und 3, 281 BGB geltend machen oder nach § 323 BGB vom Vertrag zurücktreten, so muss er dem Schuldner erfolglos eine angemessene Frist zur Leistung oder Nacherfüllung gesetzt haben. Die letztgenannten Rechte sind zwar nicht mehr an den Tatbestand des Verzuges geknüpft; jedoch werden die Verzugsvoraussetzungen praktisch immer erfüllt sein.

879   Das Erfordernis der Mahnung bzw. Fristsetzung ist – wie die Regierungsbegründung zu Recht ausführt –[3] nicht nur formalrechtlicher Natur, sondern dient in besonderer Weise dem Schutz des Schuldners. Der Schuldner ist auch im Falle der Säumnis noch schutzwürdig; er soll vor den Folgen der Säumnis ausdrücklich gewarnt werden und Gelegenheit erhalten, diese Folgen durch Nachholen der geschuldeten Leistung abzuwenden.

II. Inhalt des Klauselverbots

880   Eine formularmäßige Freistellung des Klauselverwenders von den Obliegenheiten zur Mahnung und Fristsetzung – so sie denn nicht schon nach den §§ 286 Abs. 2, 281 Abs. 2, 323 Abs. 2 BGB entbehrlich sind –[4] wird daher in § 309 Nr. 4 BGB untersagt.

Beispiele:
(1) Unzulässig ist die Klausel „Zahlung bei Lieferung. Bei Fristüberschreitung werden banküblicke Zinsen berechnet."[5]
(2) Ebenfalls unzulässig ist die Klausel „Für nicht oder nicht rechtzeitig abgenommene oder abgerufene Ware kann die Verkäuferin für jeden angefangenen Monat der Lagerung 1 % des Kaufpreises als Lagergebühr und eine weitere Anzahlung von 10 % verlangen."[6]
(3) Gegen § 309 Nr. 4 BGB verstößt die Klausel „Wir sind zum Rücktritt vom Vertrag berechtigt, ohne dass es einer Nachfristsetzung bedarf."[7]
(4) Geändert haben könnte sich die Beurteilung folgender Klausel „Der Kaufpreis ist fällig 30 Tage nach Rechnungsdatum. Bei verspäteter Zahlung kommt der Käufer ohne vorherige Mahnung in

---

Verzicht auf Nachfristsetzung unbeanstandet (BGH NJW 1970, 29; damals bereits kritisch *Schmidt-Salzer*, AGB, 1971, Rn. 218).

[2] Eine **Rechtzeitigkeitsklausel** in einem Mietvertrag, die auf den Eingang des Mietzinses auf dem Vermieterkonto abstellt, begegnet im unternehmerischen Geschäftsverkehr keinen durchgreifenden AGB-rechtlichen Bedenken (BGH NJW 1998, 2664, 2665).

[3] BT-Drs. 7/3919, S. 29.

[4] Palandt/*Grüneberg* BGB § 309 Rn. 22. Zulässig daher die Klausel „Mahnung entfällt bei endgültiger Leistungsverweigerung", vgl. Wolf/*Dammann* BGB § 309 Nr. 4 Rn. 32.

[5] Ulmer/*Schäfer* BGB § 309 Nr. 4 Rn. 5.

[6] LG München I BB 1979, 702.

[7] Löwe/*Graf von Westphalen*/Trinkner AGBG § 11 Nr. 4 Rn. 17.

Verzug. Es werden dann Verzugszinsen in Höhe von ... berechnet."[8] Die Klausel könnte gegen
§ 309 Nr. 4 BGB verstoßen, weil sie Verzug ohne Mahnung eintreten lässt. Anders wäre dies nur,
wenn Verzug in diesen Fällen schon von Gesetzes wegen unabhängig von einer Mahnung einträte.
Nach **§ 286 Abs. 3 BGB** kommt der Schuldner einer Entgeltforderung neuerdings spätestens in
Verzug, wenn er nicht innerhalb von 30 Tagen nach Fälligkeit und Zugang einer Rechnung oder
gleichwertigen Zahlungsaufforderung leistet. Gegenüber Verbrauchern gilt dies allerdings nur,
wenn diese auf die Folgen in der Rechnung oder Zahlungsaufforderung besonders hingewiesen
worden sind. Eine Klausel, die § 286 Abs. 3 BGB richtig wiedergibt, unterliegt schon nicht der
Inhaltskontrolle (§ 307 Abs. 3 BGB). Auf die oben mitgeteilte Klausel trifft dies jedoch schon
deshalb nicht zu, da sie an das Rechnungsdatum und nicht an den Zugang der Rechnung anknüpft.
Sie unterliegt daher der Inhaltskontrolle und verstößt gegen § 309 Nr. 4 BGB.

§ 309 Nr. 4 BGB ist auch anwendbar, wenn die in Rede stehende Klausel nicht aus-   **881**
drücklich eine Mahnung oder Nachfristsetzung für entbehrlich erklärt, der Verwender
aber für sich eine **Rechtsfolge** in Anspruch nimmt, **die nach dem Gesetz erst aufgrund
einer Mahnung oder Fristsetzung eintritt.**[9]

Beispiele:

(1) In den Verkaufs- und Lieferbedingungen eines Möbelhandelsunternehmens heißt es: „Mahnkos-
ten gehen zu Lasten des Käufers und werden mit 2,50 EUR zuzüglich Portoauslagen je Mahn-
schreiben berechnet". Ein Anspruch auf Ersatz der **Kosten der Erstmahnung** kann der Gläubiger
nach §§ 280 Abs. 1 und 2, 286 BGB nicht geltend machen, weil der Schaden Folge des Verzugs
sein muss und die Kosten der – verzugsbegründenden – Mahnung bereits vor Verzugseintritt
entstanden sind. Räumt der Gläubiger sich in Allgemeinen Geschäftsbedingungen dennoch einen
Anspruch auf Ersatz der Kosten der Erstmahnung ein, so stellt er sich von der gesetzlichen
Obliegenheit der Mahnung frei und verstößt gegen das Klauselverbot des § 309 Nr. 4 BGB. Dabei
ist ohne Bedeutung, dass in der Klausel die Mahnung nicht ausdrücklich für entbehrlich erklärt
wird. Es reicht aus, dass der Klauselverwender, ohne der Obliegenheit zur Mahnung genügt zu
haben, eine Rechtsfolge für sich in Anspruch nimmt, die nach dem Gesetz erst aufgrund der
Mahnung eintritt.[10]
(2) Im Ergebnis ebenso sind formularmäßige Abreden zu beurteilen, die darauf zielen, dem Verwender einen Zinsanspruch einzuräumen, der lediglich an die Fälligkeit der Forderung geknüpft
ist. Solche **Fälligkeitszinsen** fallen von Gesetzes wegen nur für Geldschulden aus beiderseitigen
Handelsgeschäften von Kaufleuten an (§ 353 HGB). Problematisch ist daher die Vereinbarung
von Fälligkeitszinsen in Allgemeinen Geschäftsbedingungen gegenüber Nichtkaufleuten. Wenn es
dem Verwender in § 309 Nr. 4 BGB untersagt wird, die tatbestandlichen Voraussetzungen für
den Eintritt der Verzugsfolgen (ua der Verzugszinsen) zu seinen Gunsten zu modifizieren, so
kann es erst recht nicht erlaubt sein, die Verzinsungspflicht von den Verzugsvoraussetzungen
gänzlich abzukoppeln. Der BGH stützt das Unwirksamkeitsverdikt zwar nicht auf § 309 Nr. 4
BGB, meint aber, dass eine derartige Vereinbarung der Sache nach von den §§ 280 Abs. 1 und 2,
286 BGB und damit von wesentlichen Grundgedanken der gesetzlichen Regelung abweiche (§ 307
Abs. 2 Nr. 1 BGB).[11]
(3) Nicht unter § 309 Nr. 4 BGB fallen **Nutzungszinsen**, die als Entgelt für die Nutzung des von der
Zinsregelung betroffenen Teils des Kaufgegenstandes bis zur Zahlung des hierauf entfallenden
Anteils des Kaufpreises festgelegt werden. Sie sind an § 307 BGB zu messen.[12]

---

[8] Nach *Dittmann/Stahl*, AGB, Rn. 374.
[9] BGH NJW 1988, 258; OLG Schleswig NJW-RR 2013, 496 (501).
[10] BGH NJW 1985, 320 (324); OLG Schleswig NJW-RR 2013, 496 (501); MüKoBGB/*Wurmnest*
§ 309 Nr. 4 Rn. 7.
[11] BGH NJW 1998, 991 (992); hierzu *Notthoff* DZWiR 1998, 159; *Blank* DNotZ 1998, 339;
Löwe/Graf von Westphalen/Trinkner, Bd. III, 24.3. Rn. 1. Die Vereinbarung von **Stundungszinsen**
ist dagegen grundsätzlich nicht zu beanstanden, vgl. Wolf/*Hubert Schmidt*, Klauseln Rn. D 35.
[12] Palandt/*Grüneberg* BGB § 309 Rn. 22.

III. Unternehmerischer Geschäftsverkehr

882   Der Grundgedanke des § 309 Nr. 4 BGB kann über § 307 BGB auch im unternehmerischen Verkehr zur Geltung gebracht werden. Doch ist hier aufgrund der Besonderheiten des unternehmerischen Verkehrs eine selbstständige Bewertung der Vertragsgestaltung erforderlich.[13]

§ 35. Sanktionsvereinbarungen

I. Vorkommen in der Praxis

883   In den Vertragswerken vieler Verwender finden sich Klauseln, durch die der Vertragspartner unter Androhung empfindlicher Sanktionen zu einem bestimmten, meist dem nach dem Vertrag geschuldeten Verhalten angehalten werden soll. So bedingen sich Verwender bei Zahlungsverzug der Gegenseite oder für den Fall der Nicht- oder Schlechterfüllung des Vertrages im Vorhinein eine bestimmte Summe als Schadensersatz aus, ohne dass es darauf ankommen soll, ob der Verwender die Entstehung eines konkreten Schadens nachweisen kann. Derartige Klauseln finden sich vor allem in den Verkaufsbedingungen zahlreicher Branchen, daneben aber auch zB in den Bedingungen der Reiseveranstalter (Stornogebühren, beachte die hierzu die unabdingbare Spezialregelung in § 651h BGB).[1] Sehr verbreitet ist in diesen und anderen Bereichen – zB im Bauvertragsrecht – zudem die Stipulation schadensunabhängiger Strafsummen oder sonstiger im Verwirkungsfalle eintretender Rechtsnachteile (zB Verfallklauseln).

II. Pauschalierung von Schadensersatzansprüchen

Literatur: *Beuthien,* Pauschalierter Schadensersatz und Vertragsstrafe, in: FS für Larenz 1973, S. 495 ff.; *Birkenfeld-Pfeiffer,* Schadensersatzpauschalen zwischen legitimer Rationalisierung des Geschäftsverkehrs und einseitiger Selbstbevorzugung des Verwenders, Diss. 1991; *Fischer,* Vertragsstrafe und vertragliche Schadenspauschalierung, 1981; *Frank/Werner,* Die Pauschalierung von Schadensersatzansprüchen nach dem AGBG, DB 1977, 2171 ff.; *Hensen,* Zur Darlegungslast bei der Schadenspauschalierung in AGB, DB 1977, 1689 f.; *Lindacher,* Schadensersatzpauschalen: Kontrolle und Korrektur, in: FS für Birk, 2008, S. 515; *Nodoushani,* Vertragsstrafe und vereinbarter Schadensersatz, 2004; *ders.,* Die „verdeckte" Vertragsstrafe – Zur Abgrenzung von Schadensersatzpauschale und Vertragsstrafe, ZGS 2005, 330; *Graf von Westphalen,* Was bleibt von Vertragsstrafeklauseln und Schadenspauschalen in Bestellbedingungen?, BB 2018, 323; *Weyer,* Darlegungs- und Beweislast bei Schadenspauschalierungen in Allgemeinen Geschäftsbedingungen, NJW 1977, 2237.

1. Allgemeines, Zweck

884   Die Pauschalierung von Schadensersatzansprüchen dient vor allem einem praktischen Bedürfnis nach vereinfachter und kostensparender Durchsetzung dieser Ansprüche.[2] Für eine solche vertragliche Pauschalierung spricht aus der Sicht des Verwenders daneben aber auch die aus der ausdrücklichen Hervorhebung der zu gewärtigenden Sanktion resultierende Präventionswirkung.[3] Die grundsätzliche Zulassung vertraglicher Schadens-

---

[13] Näher hierzu Wolf/*Dammann* BGB § 309 Nr. 4 Rn. 60 ff.; tendenziell großzügiger MüKoBGB/*Wurmnest* § 309 Nr. 4 Rn. 12.

[1] MüKoBGB/*Wurmnest* § 309 Nr. 5 Rn. 1; ausführlich zu den Problemen von Stornobedingungen in Reise-AGB AGB-Klauselwerke/*Kappus,* Allgemeine Reisebedingungen Rn. 80 ff.; zu Stornostaffeln bei Flugreisen zuletzt OLG Dresden NJW-RR 2012, 1134; zu Stornoabzugsklauseln in Lebensversicherungsverträgen BGH NJW-RR 2013, 228.

[2] Begründung des RegE, BT-Drs. 7/3919, S. 29 f.

[3] *Birkenfeld-Pfeiffer,* Schadensersatzpauschalen, S. 61 ff.

ersatzpauschalierungen in Allgemeinen Geschäftsbedingungen entspricht somit einem berechtigten Bedürfnis des Klauselverwenders. Nicht zu verkennen ist auf der anderen Seite, dass solche Regelungen für den Schuldner typischerweise die Gefahr einer nicht ohne weiteres erkennbaren Selbstbevorzugung ihres Verwenders und damit einhergehend einer unverhältnismäßigen Inanspruchnahme des Schuldners in sich bergen.[4] § 309 Nr. 5 BGB will den Gefahren der Pauschalierung begegnen, ohne die Möglichkeiten der Pauschalierung mehr als notwendig einzuschränken.[5]

Eine entsprechende Schutzvorschrift findet sich in **Nr. 1 Buchst. e des Anhangs der** 885 **Richtlinie 93/13/EWG** über missbräuchliche Klauseln in Verbraucherverträgen. Umsetzungsdefizite sind hier nicht auszumachen.

2. Anwendungsbereich des § 309 Nr. 5 BGB

§ 309 Nr. 5 BGB befasst sich mit pauschalierten Ansprüchen. Unter einer Pauschale ist 886 dabei die Festlegung der Ersatzhöhe nach generellen Maßstäben unter Verzicht auf die konkreten Berechnungsfaktoren im jeweiligen Einzelfall zu verstehen.[6] Schwierigkeiten bereitet oftmals die **Abgrenzung der Schadensersatzpauschalen von den Vertragsstrafen.**[7] Letztere hat der Gesetzgeber in § 309 Nr. 6 BGB eigenen Wirksamkeitsschranken unterworfen. Die vom Gesetz geforderte Abgrenzung richtet sich nach funktional-typologischen Gesichtspunkten. Abzustellen ist auf die Art des Anspruchs, aus dem das Zahlungsbegehren hergeleitet wird. Es gilt, im Wege der Auslegung den mit der Vereinbarung verfolgten Zweck zu ermitteln. Soll sie in erster Linie die Erfüllung des Hauptanspruchs sichern und auf den Vertragsgegner einen möglichst wirkungsvollen Druck ausüben, so liegt der Sache nach eine Vertragsstrafenvereinbarung vor.

Um eine Schadenspauschalabrede handelt es sich dagegen, wenn sie der vereinfachen- 887 den Durchsetzung eines als bestehend vorausgesetzten Vertragsanspruchs dienen soll. Im Klauseltext enthaltene Formulierungen wie „Entschädigung" oder „Schadensersatz" deuten zwar auf eine schadensersatzrechtliche Ausgleichsfunktion hin. Entscheidend ist letztlich jedoch die Höhe der zu zahlenden Geldsumme. Eine Schadenspauschale setzt begrifflich eine am Schaden orientierte Pauschalierung voraus. In Bezug auf Pflichtverletzungen kann man die Vertragsstrafe als „harte Zusatzsanktion", die Schadensersatzpauschale als „erleichterte Normalsanktion" charakterisieren. Im Zweifel ist daher nicht vom Bestehen einer Vertragsstrafenvereinbarung auszugehen, weil nicht zu vermuten ist, dass der Gläubiger seinem Vertragspartner diese weitreichende Regelung „abgerungen" hat.[8]

Im Übrigen ist der Anwendungsbereich des § 309 Nr. 5 BGB **allein** auf die Verein- 888 barung eines **pauschalierten Anspruchs des Verwenders** auf **Schadensersatz** (zB aus den Vorschriften des Leistungsstörungsrechts) oder **Ersatz einer Wertminderung** beschränkt.[9] Erfasst werden nach der Rechtsprechung allerdings Reisevertragsbedingungen, mit denen eine Regelung bzgl. der vom Reisenden im Falle des Rücktritts gem. § 651h BGB zu leistenden Entschädigung getroffen wird.[10]

---

[4] *Birkenfeld-Pfeiffer,* Schadensersatzpauschalen, S. 70.
[5] Begründung des RegE, BT-Drs. 7/3919, S. 29 f.
[6] Wolf/*Dammann* BGB § 309 Nr. 5 Rn. 51.
[7] Hierzu wie hier BGHZ 49, 84; BGH NJW 1970, 29; 1976, 1886; 1992, 2625; teils abweichend *Nodoushani* ZGS 2005, 330 ff.
[8] So *Beuthien* FS Larenz, 1973, 495 (511); Wolf/*Dammann* BGB § 309 Nr. 5 Rn. 38; aA OLG Nürnberg NJW-RR 2002, 917.
[9] Nicht erfasst wird beispielsweise ein Bereicherungsanspruch auf Nutzungsersatz nach § 818 Abs. 1 BGB, vgl. BGH NJW 1988, 258.
[10] BGH NJW 1985, 633 (635); LG Hamburg NJW 1998, 3281.

889   Pauschalierte **Ansprüche des Vertragspartners,** die in den Allgemeinen Geschäftsbedingungen des Verwenders geregelt sind, fallen nicht in den Anwendungsbereich des
§ 309 Nr. 5 BGB.

3. Wirksamkeitsgrenzen

890   Die Grenzen vorformulierter Schadensersatzpauschalen ergeben sich in erster Linie aus
§ 309 Nr. 5 BGB, außerhalb der tatbestandlichen Grenzen aber auch aus § 307 BGB.[11]
Ungeschriebene Wirksamkeitsvoraussetzung einer Schadensersatzpauschale ist, dass der
als Anknüpfungspunkt genannte Tatbestand geeignet ist, einen Schadensersatzanspruch
dem Grunde nach auszulösen.[12] Die Vorschrift des § 309 Nr. 5 BGB statuiert sodann
zwei Klauselverbote.

891   **a) Generell überhöhte Pauschalen.** Nr. 5 Buchst. a stellt sicher, dass die Pauschale
den nach dem gewöhnlichen Lauf der Dinge zu erwartenden Schaden oder die gewöhnlich eintretende Wertminderung nicht übersteigt. Der Maßstab ist § 252 S. 2 BGB nach-
gebildet.[13] Maßgebende Vergleichsgröße ist der branchentypische Durchschnittsschaden[14]
bzw. die im Durchschnitt der Fälle eintretende Wertminderung. Die Beweislast für einen
dem pauschalierten Betrag nach dem gewöhnlichen Lauf der Dinge zu erwartenden
Schaden trägt der Klauselverwender.[15]

Beispiel:

(1) Eine pauschalierte **Vorfälligkeitsentschädigung** ist unwirksam, wenn sie einen die Nettozins-
marge des betreffenden Kreditinstituts übersteigenden Prozentsatz des Restkapitals zugrunde legt
oder die für eine korrekte Schadensbemessung erforderliche Abzinsung der für künftige Zeiträume anfallenden Entschädigungsbeträge nicht vorsieht.[16]

(2) Für den Fall der **Nichtnahme eines Darlehens** hat die Rechtsprechung Schadenspauschalen bis
zu 5 % für zulässig erachtet.[17] Freilich ist der Umfang des Schadensersatzanspruchs von dem
regelmäßig durch den nächsten möglichen Kündigungstermin begrenzten Zeitraum abhängig, für
den das Kreditinstitut eine „rechtlich geschützte Zinserwartung" hatte.[18] Laufzeitunabhängige
Pauschalierungen sind aus diesem Grunde problematisch.[19]

(3) **Bearbeitungsgebühren bei Rücklastschriften** knüpfen zwar an ein pflichtwidriges und zum
Schadensersatz verpflichtendes Verhalten des Schuldners an. Sie sind jedoch zu beanstanden,
wenn in die Bestimmung der Höhe der Gebühr maßgeblich die Personalkosten des Verwenders
einfließen. Denn hierbei handelt es sich – so der BGH – nicht um einen Schaden durch die
Rücklastschrift, sondern um Aufwendungen zur weiteren Durchführung und Abwicklung des
Vertrags. Dieser Verwaltungsaufwand sei kein Schaden und dürfe dem Kunden auch im Übrigen
nicht in Rechnung gestellt werden.[20]

---

[11] MüKoBGB/*Wurmnest* § 309 Nr. 5 Rn. 8.

[12] BGH NJW 2005, 1645 (1647); Erman/*Roloff/Looschelders* BGB § 309 Rn. 44.

[13] BGH NJW 1984, 2941; NJW-RR 2015, 691 Rn. 22.

[14] BGH NJW 1984, 2093 (2094); OLG Dresden NJW-RR 2012, 421; Ulmer/*Fuchs* BGB § 309
Nr. 5 Rn. 21.

[15] BGH NJW-RR 2015, 691 Rn. 22.

[16] BGH NJW 1998, 592; NJW-RR 1999, 842; zur Vorfälligkeitsentschädigung bei vorzeitiger
Darlehensablösung vgl. im Übrigen BGH NJW 1997, 2875 und 2878 sowie die Besprechung dieser
Urteile von *Früh* NJW 1999, 2623 ff. Zu Sondertilgungsrechten bei der Bemessung einer Vorfällig-
keitsentschädigung vgl. BGH NJW 2016, 1382.

[17] BGH NJW-RR 1986, 467 (für Nichtabnahmeentschädigung in Höhe von 4,5 %); NJW 1990,
981 f. (3 %); OLG Düsseldorf NJW-RR 1991, 442 (5 %). Zur Würdigung einer Nichtabnahmeentschädigung unter den rechtlichen Vorzeichen des § 305c Abs. 1 BGB vgl. BGH NJW 1998, 683.

[18] BGH NJW-RR 1990, 432 (433).

[19] So auch Ulmer/*Fuchs* BGB Anh. § 310 Rn. 9.

[20] BGH NJW 2009, 3570; OLG Düsseldorf NJW-RR 2014, 729 (731).

(4) Eine Formularklausel, nach der der Käufer bei **Nichtabnahme eines Neuwagens** 15 % des Bruttokaufpreises zu zahlen hat, ist wirksam.[21]

b) Ausdrückliche Gestattung des Gegenbeweises. Nach § 309 Nr. 5 Buchst. b BGB   **892** muss die Pauschalierungsabrede – um wirksam zu sein – dem anderen Vertragsteil **ausdrücklich den Nachweis gestatten, ein Schaden oder eine Wertminderung sei überhaupt nicht entstanden oder wesentlich niedriger als die Pauschale.** Eine Verschärfung gegenüber der Vorgängervorschrift des § 11 Nr. 5 Buchst. b AGBG liegt darin, dass es nunmehr der ausdrücklichen Gestattung des Gegenbeweises bedarf, es also nicht mehr genügt, dass der Gegenbeweis nicht ausgeschlossen wird. Das zieht erhöhte Anforderungen an den Klauseltext nach sich. Weder dem Wortlaut der Vorschrift noch der ihr beigefügten Begründung[22] lässt sich hingegen entnehmen, dass der Gesetzestext in diesem Punkt wörtlich übernommen werden muss. Ausreichend ist es, wenn die gewählte Formulierung auch einem rechtsunkundigen Vertragspartner unzweideutig den ohne Weiteres verständlichen Hinweis auf die Möglichkeit des Gegenbeweises gibt.[23]

Beispiel: Der Schlussregelung einer Schadenspauschale lautet: „Der Schadensersatz ist ... niedriger anzusetzen, wenn ... der Käufer einen geringeren Schaden nachweist." Nach dem Wortlaut der Klausel und dem Zweck der Nachweismöglichkeit wird für einen verständigen, juristisch nicht vorgebildeten Vertragspartners klar, dass die Möglichkeit des Nachweises eines geringeren Schadens zugleich den Nachweis einschließt, dass überhaupt kein Schaden entstanden ist.[24]

4. Rechtsfolgen eines Verstoßes

Im Falle des Verstoßes einer Pauschalierungsklausel gegen § 309 Nr. 5 BGB ist die   **893** Klausel **insgesamt unwirksam.** Eine Aufrechterhaltung in gerade noch vertretbarer Höhe kommt nicht in Betracht. Andererseits verliert der Verwender nicht seinen materiellen Anspruch. Diesen kann er weiterhin geltend machen, freilich ohne hierbei den typischerweise auftretenden Berechnungs- und Beweisschwierigkeiten enthoben zu sein. Lediglich § 252 BGB steht ihm – wie jedem anderen Schadensersatzgläubiger auch – zur Seite.[25]

5. Unternehmerischer Geschäftsverkehr

Eine Pauschalierung, die zu einer Bereicherung des Verwenders Allgemeiner Ge-   **894** schäftsbedingungen führt, weil sie sich nicht am gewöhnlichen Lauf der Dinge orientiert, widerspricht wesentlichen Grundgedanken des Schadensersatzrechts (§ 252 BGB) und benachteiligt den Vertragspartner entgegen den Geboten von Treu und Glauben unangemessen (§ 307 Abs. 2 Nr. 1 BGB). Sie ist deshalb in sachlicher Übereinstimmung mit § 309 Nr. 5 Buchst. a BGB auch im Geschäftsverkehr unter Unternehmern unwirksam.[26] Aus denselben Gründen ist auch der Ausschluss der Gegenbeweismöglichkeit gegenüber einem Unternehmer unangemessen. Eines ausdrücklichen Hinweises auf die Gegenbeweismöglichkeit bedarf es hingegen im unternehmerischen Rechtsverkehr nicht.[27]

---

[21] BGH NJW 2012, 3230.

[22] BT-Drs. 14/6040, S. 155.

[23] BGH NJW 2010, 2122 (2123 f.); Wolf/*Dammann* BGB § 309 Nr. 5 Rn. 96; BeckOK/*Becker* BGB § 309 Nr. 5 Rn. 36.

[24] BGH NJW 2010, 2122 (2124); NJW 2011, 1954 (1956).

[25] MüKoBGB/*Wurmnest* § 309 Nr. 5 Rn. 27.

[26] BGH NJW 1998, 592 (593); NJW-RR 1999, 842; OLG Dresden NJW-RR 2012, 421.

[27] BGH NJW-RR 2003, 1056 (1059); NZBau 2016, 213 Rn. 29; Erman/*Roloff/Looschelders* BGB § 309 Rn. 51; Staudinger/*Coester-Waltjen* BGB § 309 Nr. 5 Rn. 26. Für uneingeschränkte Übertragung des Klauselverbots auf den unternehmerischen Verkehr jedoch *Graf von Westphalen* NJW 2002, 20.

III. Vertragsstrafe

Literatur: *Beuthien,* Pauschalierter Schadensersatz und Vertragsstrafe, in: FS für Larenz 1973, S. 495 ff.; *von Derlin,* Vertragsstrafe und AGB-rechtliche Inhaltskontrolle, MDR 2009, 597; *Fischer,* Vertragsstrafe und vertragliche Schadenspauschalierung, 1981; *Gehlen,* Angemessene Vertragsstrafe wegen Verzugs im Bau- und Industrieanlagenbauvertrag, NJW 2003, 2961; *Knütel/Rieger,* Pönalen wegen Verzugs oder Minderleistungen in Individualvereinbarungen und AGB, NZBau 2010, 285; *Lindacher,* Phänomenologie der „Vertragsstrafe", 1972; *ders.,* Zulässigkeit und Schranken des Ausbedingens und Forderns von Vertragsstrafen zur Bekämpfung von Submissionsabsprachen, ZIP 1986, 817; Ostendorf, Vertragsstrafe und pauschalierter Schadensersatz als Instrumente der Vertragsgestaltung, JuS 2015, 577; *Pauly,* Aktuelle Entwicklungen zur Wirksamkeit einer Vertragsstrafe, MDR 2005, 781; *Graf von Westphalen,* Was bleibt von Vertragsstrafeklauseln und Schadenspauschalen in Bestellbedingungen?, BB 2018, 323.

1. Vertragsstrafe und verwandte Erscheinungen

895   Die Parteien können vereinbaren, dass eine Vertragspartei bei Nichterfüllung, nicht rechtzeitiger Erfüllung oder einer sonstigen Pflichtverletzung eine bestimmte Geldsumme (§ 339 BGB) oder andere Leistung (§ 342 BGB) an den anderen Vertragsteil zu entrichten hat. Mit einer solchen Vertragsstrafenabrede verfolgt der Gläubiger zwei Ziele. Die Vertragsstrafe soll einerseits den Schuldner zur Erbringung der geschuldeten Leistung anhalten. Andererseits soll dies dem Gläubiger im Verletzungsfall eine erleichterte Schadloshaltung ermöglichen (sog. **Bifunktionalität der Vertragsstrafe**).[28]

896   Gemeinhin unterscheidet man die unselbständigen, weil in einem Abhängigkeitsverhältnis zu einer Hauptverbindlichkeit stehenden Strafversprechen von selbstständigen Strafgedingen, bei denen es sich weniger um eine Strafe als um „eine verbindlich zugesagte Entschädigung für eine nicht erfüllte Erwartung"[29] handelt. Ebenso wie die §§ 339 ff. BGB ist auch § 309 Nr. 6 BGB auf **unselbstständige Strafversprechen** zugeschnitten. Es bestehen jedoch keine Bedenken, § 309 Nr. 6 BGB analog auch auf **selbstständige Strafversprechen** anzuwenden. Denn wenn schon der zur Abnahme rechtlich verpflichtete Schuldner einem formularmäßig begründeten Strafanspruch nicht ausgesetzt werden darf, so erst recht nicht der zu einer solchen Handlung nicht verpflichtete Vertragsteil.[30]

897   Während sich der Schuldner bei Eingehung eines Vertragsstrafeversprechens verpflichtet, bei Nichterfüllung oder nicht gehöriger Erfüllung seiner Verbindlichkeit eine zur Hauptleistung hinzutretende – meist in einer Geldzahlung bestehende – Leistung zu erbringen, sehen **Verfallklauseln** für diesen Fall den Eintritt eines Rechtsverlusts vor.

Beispiel: In einem Formular-**Mietvertrag** findet sich eine Klausel, der zufolge der Mieter, wenn er sich vorzeitig vom Vertrag löst, seines Anspruchs auf Verwendungsersatz verlustig gehen soll.[31]

898   Trotz dieses rechtstechnischen Unterschieds ist die wirtschaftliche Belastung des Schuldners im Ergebnis regelmäßig dieselbe. Jedenfalls dann, wenn der Verfallklausel wie einer Vertragsstrafe Strafcharakter zukommt, ist auch ihre rechtliche Gleichstellung – insbesondere im Hinblick auf § 309 Nr. 6 BGB und im obigen Beispielsfall auf § 555

---

[28] BGH NJW 1983, 385 (387); 2000, 2106 (2107); KG NJW-RR 1999, 1659 (1660); Ulmer/*Fuchs* BGB § 309 Nr. 5 Rn. 11; aA *Lindacher,* Phänomenlogie der „Vertragsstrafe", passim.

[29] *Larenz,* Lehrbuch des Schuldrechts, Bd. I, Allgemeiner Teil, § 24 II, S. 381.

[30] Wie hier Staudinger/*Coester-Waltjen* BGB § 309 Nr. 6 Rn. 7; Wolf/*Dammann* BGB § 309 Nr. 6 Rn. 15; für Anwendung von § 307 BGB – ohne Unterschied im praktischen Ergebnis – Löwe/*Graf von Westphalen*/Trinkner AGBG § 11 Nr. 6 Rn. 5.

[31] *Locher,* Recht der AGB, S. 110.

BGB – gerechtfertigt.[32] Ist als Sanktion allerdings der Verlust aller Rechte aus dem Vertrag vorgesehen, so ist dies rechtlich als ein vorbehaltenes Rücktrittsrecht zu werten (vgl. § 360 BGB) und die Klausel an § 308 Nr. 3 BGB zu messen.

AGB-Bestimmungen über die sofortige Fälligkeit eines Ratenkredits bei Zahlungsver- **899** zug (sog. **Vorfälligkeitsklauseln**) werden nach Ansicht des BGH hingegen nicht von § 309 Nr. 6 BGB erfasst, da es sich bei ihnen lediglich um eine besondere Ausformung einer Vertragsbeendigungsregelung, nicht jedoch um eine Vertragsstrafe handele. Vielmehr sind solche Klauseln am Maßstab des § 307 BGB zu messen. Sie halten einer Inhaltskontrolle nur stand, wenn die tatbestandlichen Voraussetzungen der Vorfälligkeit zumindest nicht hinter den Anforderungen zurückbleiben, die an eine Kündigungsregelung gestellt werden müssten. Die Vertragsverletzungen, die zur Vorfälligkeit führen, müssen so schwerwiegend sein, dass sie ohne Rücksicht auf den Einzelfall eine automatische Vertragsbeendigung rechtfertigen.[33]

In der Kautelarpraxis wird zum Zwecke der Ahndung bestimmter Vertragsverstöße **900** häufig die Zahlung von „**Abstandssummen**“, „**Reuegeldern**“ und dergleichen vereinbart. Sachlich laufen auch solche Abreden zumeist auf Vertragsstrafeversprechen hinaus. Der Begründung des Regierungsentwurfs lässt sich entnehmen, dass diese Fälle von § 309 Nr. 6 BGB (Fallgruppe: Vertragslösung) erfasst sein sollten.[34]

2. Gesetzgeberisches Regelungsanliegen

Von vorformulierten Vertragsstrafeklauseln gehen typischerweise erhebliche Gefahren **901** für den Versprechenden aus.[35] Die einseitige Festlegung der Kautelen durch den Verwender hat allzu oft zur Folge, dass die tatbestandsmäßigen Voraussetzungen für die Verwirkung einer Vertragsstrafe zulasten des Kunden denkbar niedrig gehalten werden. Hinzu kommt, dass die Vertragsstrafe nicht an den Eintritt eines tatsächlichen Schadens anknüpft. Der hieraus resultierenden Versuchung, das Sanktionsmittel zweckwidrig einzusetzen, um sich einen nicht gerechtfertigten Gewinn zu verschaffen, wird nicht jeder Verwender widerstehen können. Zwar sieht § 343 BGB die Möglichkeit der Herabsetzung der Strafsumme durch Urteil vor. Doch hängt die Reduktion von der Initiative des Versprechenden ab, der das damit verbundene Kostenrisiko auch in Erfolg versprechenden Fällen oftmals nicht auf sich nehmen wird. Gleichwohl hat sich der Gesetzgeber nicht für ein generelles Verbot von Vertragsstrafen in Allgemeinen Geschäftsbedingungen ausgesprochen. § 309 Nr. 6 BGB sieht vielmehr einen kasuistisch gefassten Verbotstatbestand vor, der die grundsätzliche Zulässigkeit vorformulierter Vertragsstrafenversprechen nicht in Frage stellt. In den in der Vorschrift aufgeführten Fallkonstellationen (Nichtabnahme oder verspätete Abnahme der Leistung, Zahlungsverzug, Lösung vom Vertrag) fehlt es typischerweise an einem anerkennenswerten Interesse des Verwenders, stehen diesem hier doch regelmäßig vertragliche Schadensersatzansprüche zu, deren Durchsetzung er sich zudem in den durch § 309 Nr. 5 BGB gesetzten Grenzen noch erleichtern kann.

---

[32] KG NJW-RR 2009, 1212; Wolf/*Dammann* BGB § 309 Nr. 6 Rn. 16 f.; Palandt/*Grüneberg* BGB § 309 Rn. 33; aA Ulmer/*Fuchs* BGB § 309 Nr. 6 Rn. 19 (nur wenn die Klauseln den Kunden zu einer „gesondert ausgewiesenen Zahlung verpflichten“).

[33] BGH NJW 1986, 46 (48); NJW-RR 2019, 1072.

[34] BT-Drs. 7/3919, S. 30; in diesem Sinne auch Ulmer/*Fuchs* BGB § 309 Nr. 6 Rn. 18. Ob auch das selten vorkommende Reuegeld im Sinne des § 353 BGB hierunter fällt, ist umstritten: dafür Wolf/ *Dammann* BGB § 309 Nr. 6 Rn. 20; dagegen Ulmer/*Fuchs* BGB § 309 Nr. 6 Rn. 18; Staudinger/ *Coester-Waltjen* BGB § 309 Nr. 6 Rn. 9.

[35] Vgl. zum Folgenden insbesondere die Begründung des RegE, BT-Drs. 7/3919, S. 30.

902   Einen Ausschnitt der Vertragsstrafenproblematik, nämlich sog. asymmetrische Einbehaltsklauseln behandelt **Anhang 1. d) der Klauselrichtlinie.** Seinem Anliegen kann im Rahmen der §§ 308 Nr. 7, 309 Nr. 6 und 307 BGB entsprochen werden.[36]

3. Die Verbotstatbestände des § 309 Nr. 6 BGB im Einzelnen

903   § 309 Nr. 6 BGB ist – wie die dort aufgeführten Fallgruppen erkennen lassen – am Erscheinungsbild des zahlungspflichtigen Kunden orientiert. Der Verwender hat sich zu Erbringung einer Sach- oder Dienstleistung – meist aufgrund eines Kauf-, Werk- oder Dienstvertrages – verpflichtet. Er erwartet seinerseits von seinem Kunden die Entgegennahme der Leistung, das Festhalten am Vertrag und die Zahlung des vereinbarten Entgelts. Eine zusätzliche, weil regelmäßig neben eine ohnehin bestehende Schadensersatzpflicht tretende Absicherung dieser Erwartungshaltung mittels einer vorformulierten Vertragsstrafe wird vom Gesetz jedoch missbilligt.

904   **a) Nichtabnahme oder verspätete Abnahme der Leistung.** Der Begriff der Abnahme ist weit auszulegen. Er betrifft jede Form der Leistungsannahme, nicht nur die Abnahmepflicht im Kauf- und Werkvertragsrecht (§§ 433 Abs. 2, 640 Abs. 1 BGB). Unerheblich ist auch, ob es sich bei der Abnahme der Leistung um eine vertragliche Haupt- oder Nebenpflicht des Kunden oder nur um eine Obliegenheit – etwa im Rahmen eines Sukzessivlieferungsverhältnisses – handelt.

905   **b) Zahlungsverzug.** Zahlungsverzug meint Verzug (§ 286 BGB) mit einer **Geldschuld.** Der Verbotstatbestand setzt allerdings nicht voraus, dass die Strafklausel explizit den Verzug, also die nicht fristgerechte Zahlung, in Bezug nimmt. Es genügt, dass der Verzugstatbestand mitumfasst ist.

Beispiel: In einem AGB-Vertrag bedingt sich der Verwender die Zahlung einer Strafsumme für den Fall der „**Nichteinhaltung des Vertrages**" aus.[37]

906   **Erhöhte Beförderungsentgelte** im öffentlichen Personennahverkehr beruhen zumeist auf Rechtsverordnungen, die den §§ 305 ff. BGB als *leges speciales* vorgehen. Jedenfalls sanktionieren sie nicht den Zahlungsverzug des Fahrgastes, sondern das Erschleichen der Beförderungsleistung mit der Folge, dass sie nicht an § 309 Nr. 6 BGB zu messen sind.[38]

907   **c) Lösung vom Vertrag.** Eine „Lösung vom Vertrag" liegt immer dann vor, wenn der Kunde zu erkennen gibt, dass er sich an den Vertrag nicht mehr gebunden fühlt.[39] Ob er sich hierfür auf ein gesetzliches oder vertragliches Lossagungsrecht beruft, ist unerheblich. Dem Gesetzgeber ging es insbesondere darum, solche Klauseln zu treffen, die die Entlassung aus dem Vertrag an die Zahlung einer „Abstandssumme" oder eines „Reuegeldes" knüpfen.

4. An § 307 BGB zu messende Klauselgestaltungen

908   Vertragsstrafeklauseln, die nicht unter den Tatbestand des § 309 Nr. 6 BGB fallen, können gleichwohl nach § 307 BGB unwirksam sein, wenn sie auf eine unangemessene Benachteiligung des Vertragspartners hinauslaufen.[40]

909   **a) Höhe der Vertragsstrafe.** Die Unwirksamkeit eines Strafversprechens kann sich aus einer **unangemessenen Höhe** der Vertragsstrafe ergeben. Die in § 343 BGB vor-

---

[36] Wolf/*Pfeiffer* RiLi Anh. Rn. 44.

[37] OLG Hamburg NJW-RR 1988, 651.

[38] BeckOK/*Becker* BGB § 309 Nr. 6 Rn. 10. Ebenso schon der Rechtsausschuss des Deutschen Bundestages im Zuge der parlamentarischen Beratung des AGB-Gesetzes (BT-Drs. 7/5422, S. 8).

[39] Erman/*Roloff/Looschelders* BGB § 309 Nr. 6 Rn. 55b.

[40] Ulmer/*Fuchs* BGB § 309 Nr. 6 Rn. 12; Wolf/*Dammann* BGB § 309 Nr. 6 Rn. 30.

gesehene Möglichkeit der Herabsetzung der Vertragsstrafe durch das Gericht steht dem nicht entgegen. Die Vorschrift ist auf Individualvereinbarungen zugeschnitten. Sie stellt die Gültigkeit der getroffenen Absprache nicht in Frage. Demgegenüber knüpft die richterliche Inhaltskontrolle nicht erst an die verwirkte, sondern die vereinbarte Strafe an.[41] Von einer unangemessen hoch angesetzten Strafe, die die Unwirksamkeit zur Folge hat, ist auszugehen, wenn die Sanktion außer Verhältnis zum Gewicht des Vertragsverstoßes und zu dessen Folgen für den Vertragspartner steht.[42] Die vereinbarte Vertragsstrafe darf insbesondere nicht außer Verhältnis zu der typischerweise zu erwartenden Schadenshöhe liegen.[43]

Beispiel:

(1) Unangemessen hoch sind nach der Rechtsprechung Vertragsstrafeklauseln in **Bauverträgen,** wenn die Höhe der Vertragsstrafe nicht an das Gewicht des Vertragsverstoßes anknüpft, sich mit fortschreitender Dauer des vertragswidrigen Zustandes kontinuierlich steigert und weder eine zeitliche noch eines summenmäßige Beschränkung vorgesehen ist.[44] Eine unangemessene Benachteiligung des Auftragnehmers liegt auch dann vor, wenn die Vertragsstrafenregelung eine Höchstgrenze von über 5 % der Auftragssumme vorsieht.[45] Denn dann verliert er nicht nur regelmäßig seinen Gewinn, sondern erleidet auch einen spürbaren Verlust, was sich erheblich auf seine Liquidität auswirken kann. Unabhängig davon ist eine Vertragsstrafenklausel schon dann unwirksam, wenn sie dem Auftragnehmer 0,5 % der Auftragssumme je Arbeitstag auferlegt.[46] Positiv lässt sich sagen, dass der Auftragnehmer in der Regel nicht unangemessen benachteiligt wird, wenn ihm für den Fall, dass er mit der Fertigstellung des Bauvorhabens in Verzug gerät, eine Vertragsstrafe in Höhe von 0,3 % der Auftragssumme pro Werktag auferlegt wird.[47] Noch restriktiver fällt die Beurteilung von Vertragsstrafenabreden aus, mit denen die schuldhafte Überschreitung von Zwischenfristen sanktioniert wird. 5 % der Gesamtauftragssumme ist hier definitiv überhöht.[48] Geboten ist eine Ausrichtung auf den Werklohnanteil, der auf die bis zu diesem Termin zu erbringenden Leistungen entfällt.

(2) Problematisch sind auch steigerungsfähige Vertragsstrafenregelungen ohne Zeit- und Summenbegrenzung zur Sanktionierung unterschiedlicher Vertragsverstöße in einem **Vertragshändlervertrag.** Der BGH hat hier im Ansatz seine zur Höhe formularmäßiger Vertragsstrafenvereinbarungen in Bauverträgen entwickelten Grundsätze übertragen.[49]

(3) Die Nutzung eines privaten Parkplatzgeländes wird hinsichtlich der über Parkscheibe auszuweisenden Parkdauer durch entsprechende Beschilderung geregelt. Bei Zuwiderhandlung soll ein **erhöhtes Parkentgelt** von 30 EUR fällig werden. F stellt sein Fahrzeug ohne Benutzung einer Parkscheibe auf dem Parkplatz ab. Der BGH[50] prüft die Vertragsstrafenregelung, von deren wirksamer Einbeziehung in den Vertrag er ausgeht, unter dem Gesichtspunkt einer unangemessenen Benachteiligung im Sinne von § 307 Abs. 1 S. 1 BGB. Dem Gebot einer überindividuellen, generalisierenden Betrachtungsweise folgend, sei bei der Prüfung der Angemessenheit nicht der tatsächlich zum Vorwurf gemachte Vertragsverstoß zu Grunde zu legen, sondern darauf abzustellen, ob die Vertragsstrafe auch angesichts des typischerweise geringsten Verstoßes noch angemessen wäre. Dabei sei zu berücksichtigen, dass die Vertragsstrafe einerseits als Druckmittel den Schuldner zur Einhaltung der Nutzungsregeln anhalten und andererseits dem Gläubiger im Verletzungsfall die Möglichkeit einer erleichterten Schadloshaltung eröffnen soll. Vorliegend stellte der BGH fest, dass die Vertragsstrafe von 30 EUR ein geeignetes und angemessenes Druckmittel darstellt, um Fahrzeugführer von widerrechtlichem Parken abzuhalten. Sie stehe auch nicht außer

---

[41] BGH NJW 1983, 385 (387 f.).
[42] BGH NJW 1998, 2600 (2602); 2014, 2180 Rn. 14; 2016, 1230 Rn. 34.
[43] BGH NJW 2000, 2106 (2107); 2003, 1805 (1808); 2012, 2577.
[44] Grundl. BGH NJW 1983, 385 (387).
[45] BGH NJW 2003, 1805 (1808 f.).
[46] BGH NJW 2002, 2322 (2323); NJW-RR 2002, 807; NJW 2003, 2158 (2161).
[47] BGH NJW-RR 2008, 615.
[48] So auch BGH NJW 2013, 1362.
[49] BGH NJW 1997, 3233, hierzu die Anm. von *Lange* JZ 1997, 1124 ff. Vgl. ferner OLG Koblenz NJW-RR 2000, 1042 und OLG Saarbrücken NJW-RR 2001, 1030.
[50] BGH NJW 2020, 755 mit Anm. *Rodi*.

Verhältnis zu den sanktionierten Parkverstößen; also auch bei nur einmaliger und geringfügiger Überschreitung der Höchstparkdauer.

(4) In einem Formularvertrag eines pharmazeutischen Unternehmens über die **Lieferung von Arzneimitteln** zur ausschließlichen Verwendung von Hilfslieferung heißt es: „Jeder Weiterverkauf an vorbezeichnete Dritte (scil.: Apotheken, Krankenhäuser etc) ... berechtigt K, von M die Zahlung einer Vertragsstrafe in Höhe von 50.000 EUR je Auftrag unter Ausschluss des Fortsetzungszusammenhangs einzufordern. Der BGH[51] hat diese Regelung beanstandet. Sei ein **bestimmter Betrag als pauschale Sanktion** vorgesehen, ohne dass nach Art, Gewicht und Dauer der Vertragsverstöße differenziert werde, könne die Unangemessenheit schon daraus folgen. Ein solche Sanktion sei nur dann zulässig, wenn dieser Betrag auch angesichts des typischerweise geringsten Vertragsverstoßes noch angemessen sein.

910   **b) Verschuldensunabhängige Vertragsstrafe.** Eine **verschuldensunabhängige Vertragsstrafe** weicht von einem wesentlichen Grundgedanken der gesetzlichen Regelung ab. Sie kann daher in Allgemeinen Geschäftsbedingungen nur dann wirksam vereinbart werden, wenn gewichtige Umstände vorliegen, welche die Regelung trotz der Abweichung vom dispositiven Gesetzesrecht mit Recht und Billigkeit noch vereinbar erscheinen lässt.[52]

5. Rechtsfolgen eines Verstoßes

911   Strafklauseln, die einer Inhaltskontrolle nach § 309 Nr. 6 BGB oder § 307 BGB nicht Stand halten, sind **insgesamt unwirksam.** Eine Umdeutung in eine wirksame Schadensersatzpauschale kommt ebenso wenig in Betracht wie eine Rückführung auf das eben noch zulässige Maß.[53] Anders ist nur zu entscheiden, wenn die Strafklausel teilbar ist, etwa weil sie mehrere getrennt voneinander zu würdigende Verwirkungstatbestände aufweist. Eine solche Streichungsmöglichkeit besteht hingegen nicht, wenn die Vertragsstrafenabrede gegen das **Verbot der Kumulation von Vertragsstrafe und Schadensersatz** verstößt.[54] Ebenfalls in toto unwirksam ist eine Strafklausel, die entgegen § 341 Abs. 3 BGB die Notwendigkeit zum **Vorbehalt** der Strafe bei Annahme der Leistung ausschließt.[55]

6. Vertragsstrafen in Arbeitsverträgen

912   Ausführlich hierzu unter →Rn. 1195 ff.
913–916 [bleiben einstweilen frei]

7. Unternehmerischer Geschäftsverkehr

917   Die strikten **Verbotstatbestände des § 309 Nr. 6 BGB** lassen sich nicht über § 307 **auf den unternehmerischen Geschäftsverkehr** übertragen.[56] Vertragsstrafen sind in diesem Bereich ein weithin übliches und notwendiges Druckmittel, um die Gegenseite zur ordnungsgemäßen Vertragserfüllung anzuhalten. Die sich aus § 307 BGB für den

---

[51] BGH NJW 2016, 1230 Rn. 34.

[52] BGH NJW 1985, 57; 1999, 2662 (2663 f.); NJW-RR 2008, 615 (616); NJW 2013, 2111 (2113); Staudinger/*Rieble* BGB § 339 Rn. 134.

[53] BGH NJW 1983, 385 (387); 2003, 1805 (1808); BAG NZA 2004, 727 (734); Erman/*Roloff/ Looschelders* BGB § 309 Nr. 6 Rn. 57.

[54] BGH NJW 1992, 1096 (1097).

[55] BGH NJW 1983, 385 (387); zur Verschiebung des Vorbehalts auf den Zeitpunkt der Schlusszahlung in einem Bauvertrag zuletzt BGH NJW-RR 2000, 1468.

[56] BGH NJW 2003, 2158 (2161); Ulmer/*Fuchs* BGB § 309 Nr. 6 Rn. 35; Staudinger/*Coester-Waltjen* BGB § 309 Nr. 6 Rn. 28; aA AGB-Klauselwerke/*Thüsing*, Vertragsrecht, Vertragsstrafe Rn. 28.

nichtunternehmerischen Verkehr ergebenden Unwirksamkeitsgründe (s. o.) können freilich auch im Verkehr zwischen Unternehmern zur Anwendung gelangen. Tendenziell wird man allerdings den Spielraum bei der Ausgestaltung der Vertragsstrafe weiter abstecken müssen, kann doch von einem Unternehmer im Regelfall erwartet werden, dass er die von einer Vertragsstrafe ausgehende Belastung richtig einzuschätzen vermag.

Beispiele:

(1) Um im Regelfall unzulässige **Abweichungen vom gesetzlichen Leitbild der Vertragsstrafe** (§ 307 Abs. 2 Nr. 1 BGB) und damit auch im unternehmerischen Geschäftsverkehr grundsätzlich unzulässige Vertragsgestaltungen handelt es sich bei der Vereinbarung einer verschuldensunabhängigen Vertragsstrafe,[57] beim Ausschluss der Anrechnung der Vertragsstrafe auf den Schadensersatz[58] und beim Verzicht auf den Vorbehalt der Vertragsstrafe (§ 341 Abs. 3 BGB).[59]

(2) Ferner kann auch die unangemessene **Höhe der ausbedungenen Vertragsstrafe** Anlass zur Beanstandung geben. Die Vorschrift des § 348 HGB, wonach eine im kaufmännischen Verkehr vereinbarte Vertragsstrafe nicht herabgesetzt werden kann, steht der Anwendung des § 307 BGB nicht entgegen.[60] Gerade im unternehmerischen Geschäftsverkehr muss jedoch eine fühlbare Sanktion möglich sein.[61] Die Verpflichtung eines Handelsvertreters, bei Vertragsschluss die Kundenanschriften herauszugeben, kann zB in der Weise gesichert werden, dass der Handelsvertreter pro zurückbehaltener Kundenanschrift einen Betrag von 250 EUR zu zahlen verspricht.[62] Bemerkenswert großzügig verfährt der BGH[63] auch bei wettbewerbs- oder schutzrechtlich veranlassten, **eine Unterwerfungserklärung absichernden Vertragsstrafenvereinbarungen.** Jedenfalls im kaufmännischen Geschäftsverkehr gebiete es die Interessenlage, die Rechtsfolge der Unwirksamkeit nach § 307 Abs. 1 BGB auf Fälle zu beschränken, in denen eine Vertragsstrafe vereinbart wurde, die bereits auf den ersten Blick außer Verhältnis zu dem mit der Vertragsstrafe sanktionierten Verstoß und den Gefahren steht, die mit möglichen zukünftigen Verstößen für den Unterlassungsgläubiger verbunden sind. Die Schadensersatzfunktion der Vertragsstrafe tritt hier tendenziell zurück.

(3) K ist Herausgeber eines **Gutscheinheftes,** das seinen Erwerbern bei Vorlage der darin enthaltenen Gutscheine Nachlässe bei der Bestellung von Hauptgerichten in teilnehmenden Gaststätten einräumt. Mit den teilnehmenden Gaststätten schließt K Verträge, in der sich letztere u. a. zur Einlösung der Gutscheine gegenüber Endkunden verpflichten und dafür im Gegenzug die Möglichkeit zur Veröffentlichung von Anzeigen zu Werbezwecken erhalten. Die Allgemeinen Geschäftsbedingungen von K sahen die Pflicht zur Zahlung einer Vertragsstrafe in Höhe von 2.500 EUR (bei einer Gesamtkappungsgrenze von 15.000 EUR) für den Fall eines vorsätzlichen Verstoßes gegen die vertraglich übernommenen Pflichten des jeweiligen Gastwirts vor. Gastwirt B, der mit K einen Vertrag abgeschlossen hatte, verweigert gegenüber Endkunden die Einlösung von Gutscheinen. K fordert daher von ihm eine Vertragsstrafe von 2.500 EUR. Der BGH[64] hält das Vertragsstrafeversprechen auch im unternehmerischen Verkehr gem. § 307 Abs. 1 BGB für unwirksam. Das Kernproblem der Klausel sieht der BGH darin, dass der festgesetzte Betrag der Pönale in Höhe von 2.500 EUR fällig wird, ohne dass nach Art, Gewicht und Dauer der Vertragsverstöße der angeschlossenen Gastwirte differenziert wird. Eine solche Klausel könne grundsätzlich nur dann zulässig sein, wenn der Pauschalbetrag auch angesichts des typischerweise geringsten Verstoßes noch angemessen wäre.

---

[57] BGH NJW 1979, 105 (106); 1998, 2600 (2601); Ulmer/*Fuchs* BGB § 309 Nr. 6 Rn. 37 hält eine verschuldensabhängige Vertragsstrafe im unternehmerischen Geschäftsverkehr für wirksam, wenn sie ausnahmsweise als interessengerecht angesehen werden kann.

[58] BGH NJW 1985, 53 (56); Wolf/*Dammann* BGB § 309 Nr. 6 Rn. 104.

[59] Wolf/*Dammann* BGB § 309 Nr. 6 Rn. 105.

[60] BGH NJW 2014, 2180.

[61] OLG Frankfurt a. M. BB 1985, 1560.

[62] BGH NJW 1993, 1786 (1787 f.).

[63] BGH NJW 2014, 2180 mkritAnm von *Lindacher* LMK 2014, 358211 und *Niebling* GRUR 2014, 598.

[64] BGH NJW 2017, 3145.

Fünfter Abschnitt. Gewährleistungshaftung

§ 36. Die Gewährleistung für fehlerhafte Sachen und Leistungen

Literatur: *Bandehzadeh/Röschenkemper,* Der AGB-rechtliche Ausschluss der §§ 445a, 445b BGB in rein unternehmerischen Lieferketten, BB 2018, 1738; *Höpfner/Fallmann,* Die Reform des kaufrechtlichen Gewährleistungsrechts 2018, NJW 2017, 3745; *Litzenburger,* Das Ende des vollständigen Gewährleistungsausschlusses beim Kaufvertrag über gebrauchte Immobilien, NJW 2002, 1244; *Mediger,* Die Abdingbarkeit der Mängelhaftung beim Rückgriff des Verkäufers in AGB, NJW 2018, 577; *Orlikowski-Wolf,* Auswirkungen der Änderungen der kaufrechtlichen Mängelhaftung zum 1.1.2018 auf AGB im B2B-Verkehr, ZIP 2018, 360; *Steimle,* Garantiebedingungen im Pkw-Vertrieb, NJW 2014, 192; *Stölting,* Der Ausschluss von Mängelrechten beim Nicht-Verbrauchsgüterkauf, ZGS 2005, 299; *Tettinger,* Zu den Freizeichnungsmöglichkeiten des Verkäufers einer mangelhaften Sache, AcP 205 (2005), 1; *Tiedtke/Burgmann,* Gewährleistungs- und Haftungsausschluss beim Verkauf gebrauchter Sachen an und zwischen Verbrauchern, NJW 2005, 1153; *Timme,* Begrenzung von Garantieverträgen durch Wartungsobliegenheiten?, MDR 2011, 1272.

I. Allgemeines

918   Einen hohen Stellenwert nimmt in der **kautelarjuristischen Praxis** gemeinhin der Komplex der Gewährleistung ein, also die Frage, ob und in welcher Weise der Verkäufer oder Hersteller dem Kunden für Mängel der Sache oder des Werkes einzustehen hat. Zu beachten ist, dass die Rechte des Kunden traditionell zu den Kernmaterien des Kauf- und Werkvertragsrechts des Bürgerlichen Gesetzbuches sowie – im Zusammenspiel mit diesen Regelungsmaterien – des allgemeinen Leistungsstörungsrechts gehören. Dem gesetzlichen Gewährleistungsregime wird allgemein ein hoher Gerechtigkeitsgehalt bescheinigt.[1] Von daher stellt sich die Frage, ob und in welchem Umfang es den Vertragsparteien gestattet sein kann, in Allgemeinen Geschäftsbedingungen vom gesetzlichen Gewährleistungsrecht abzuweichen.

919   Eine relativ eingehende Regelung dieses Problemkomplexes findet sich mit immerhin sechs selbstständigen Unterpunkten **in § 309 Nr. 8 Buchst. b BGB.** Diese Norm stimmt in weiten Teilen mit der Vorgängervorschrift des § 11 Nr. 10 AGBG überein.[2] Gleichwohl wäre der Schluss, die Schuldrechtsmodernisierung habe auf diesem Gebiet nur zu marginalen Änderungen geführt, nicht richtig. Denn mit in die Betrachtung einbezogen werden muss, dass der Gesetzgeber die gesetzlichen Rechte des Käufers insoweit der Disposition der Vertragsparteien entzogen hat, als es sich um einen Verbrauchsgüterkauf handelt (§ 475 Abs. 1 BGB). Die Steuerung der Vertragsgerechtigkeit, die bislang vornehmlich über § 11 Nr. 10 und die Generalklausel des § 9 AGBG erfolgte, ist damit wieder verstärkt in das materielle Kaufrecht zurückverlagert worden.[3] Den AGB-rechtlichen Klauselverboten ist zugleich das Hauptanwendungsfeld genommen worden. § 309 Nr. 8 Buchst. b BGB hat somit, obwohl der Normtext kaum angetastet wurde, einen **gravierenden Bedeutungsverlust** erfahren.[4] Für die direkte Anwendung verbleibt nur noch ein schmales Einsatzfeld. Erfasst werden jetzt nur noch Verträge zwischen Verbrauchern sowie Verträge, bei denen es um Immobilien geht. Für Verträge über Bau-

---

[1] Ulmer/*Christensen* BGB § 309 Nr. 8 Rn. 17.
[2] Zum Hintergrund der punktuellen Anpassung vgl. 2. Aufl. Rn. 919 f.
[3] So die Regierungsbegründung BT-Drs. 14/6040, S. 80.
[4] Ulmer/*Christensen* BGB § 309 Nr. 8 Rn. 18; AGB-Klauselwerke/*Pfeiffer,* Änderung AGB-rechtlicher Vorschriften durch die Schuldrechtsreform, Rn. 35; MüKoBGB/*Wurmnest* § 309 Nr. 8 Rn. 13.

leistungen kommt noch eine zusätzliche Einschränkung hinzu: das zentrale Klauselverbot des § 309 Nr. 8 Buchst. b Doppelbuchst. bb BGB findet keine Anwendung. Unangetastet bleibt indes, worauf die Regierungsbegründung zu Recht abhebt,[5] die erhebliche Bedeutung des § 309 Nr. 8 Buchst. b BGB bei der Beurteilung von Klauseln im Unternehmensverkehr. Die Sicherung dieser Ausstrahlungswirkung auf den mittelbaren Anwendungsbereich war offenbar sogar einer der wesentlichen Gründe, die den Gesetzgeber zur im Wesentlichen unveränderten Beibehaltung der Vorschrift bewogen hat.[6]

II. Der sachliche Anwendungsbereich des § 309 Nr. 8 Buchst. b BGB

Der Anwendungsbereich des § 309 Nr. 8 Buchst. b BGB ist auf zwei vertragliche Geschäftsformen beschränkt.   **920**

1. Lieferung neu hergestellter Sachen

Anwendbar sind die Klauselverbote dieser Vorschrift zunächst auf Verträge über die Lieferung neu hergestellter Sachen.   **921**

Lieferungsverträge sind insbesondere Kauf-, Werklieferungs- und Werkverträge, aber auch alle anderen Verträge, die auf eine Besitzüberlassung zum endgültigen Verbleib, sprich auf Eigentumsverschaffung, zielen.[7]   **922**

Der **Sachbegriff** entspricht im Übrigen dem des § 90 BGB, erfasst also alle körperlichen Gegenstände. Weitergehend werden auch Bauwerke und Anlagen, obgleich sie streng genommen wesentliche Bestandteile eines Grundstücks sind, als Sache im Sinne des § 309 Nr. 8 Buchst. b BGB angesehen. Über § 90a BGB fallen auch Tiere in den Anwendungsbereich der Vorschrift.[8]   **923**

§ 309 Nr. 8 Buchst. b BGB greift – was nicht selten übersehen wird – nur ein, wenn die Gewährleistung für den Fall der Lieferung **neu** hergestellter Sachen abbedungen oder eingeschränkt wird. Erwirbt der Kunde eine neue Sache, so kann er berechtigterweise auf die Fehlerfreiheit und Gebrauchstauglichkeit vertrauen, und dem Verkäufer ist hier die Übernahme einer Einstandspflicht auch zuzumuten. Anders verhält es sich bei gebrauchten Sachen. Aufgrund der Vorbenutzung muss hier von vornherein eine größere Fehleranfälligkeit und eine kürzere Lebenserwartung der Sache in Rechnung gestellt werden. Regelmäßig drückt sich diese geminderte Erwartungshaltung auch in einem gegenüber einem entsprechenden neu hergestellten Verkaufsgegenstand deutlich ermäßigten Preis aus. Auch dies lässt Gewährleistungsbeschränkungen im Zusammenhang mit der Lieferung gebrauchter Sachen in einem milderen Licht erscheinen.   **924**

An diesen Schutzzwecküberlegungen hat sich auch die Konkretisierung des Tatbestandsmerkmals neu auszurichten. Neu hergestellt sind Sachen demnach nur, wenn sie nach Abschluss des Produktionsprozesses nicht durch Benutzung oder Zeitablauf einem zusätzlichen Sachmängelrisiko ausgesetzt worden sind, das sich im geschäftlichen Verkehr in einem Preisnachlass auszudrücken pflegt.[9] Neu ist damit nicht gleichbedeutend mit neuwertig oder „so gut wie neu".   **925**

---

[5] Regierungsbegründung BT-Drs. 16/6040, S. 158.

[6] AGB-Klauselwerke/*Pfeiffer*, Änderung AGB-rechtlicher Vorschriften durch die Schuldrechtsreform, Rn. 36.

[7] Staudinger/*Coester-Waltjen* BGB § 309 Nr. 10 Rn. 18; Wolf/*Dammann* BGB § 309 Nr. 8b Rn. 10.

[8] BGH NJW-RR 1986, 52: Forellen.

[9] Staudinger/*Coester-Waltjen* BGB § 309 Nr. 8 Rn. 21.

Beispiel: So mag etwa ein **Vorführwagen** „so gut wie neu" sein, aufgrund der Vorbenutzung, noch dazu durch mehrere Fahrer, steigt die Störanfälligkeit und sinkt die Wertschätzung. Ein solcher Wagen ist nicht mehr neu.[10]

926   Zum Begriff der Neuheit existiert eine reichhaltige Kasuistik.

Beispiele:

(1) Ein **renovierter Altbau** ist grundsätzlich nicht neu hergestellt. Eine Ausnahme gilt nur dann, wenn wesentliche Eingriffe in die Bausubstanz erfolgen[11] oder der Veräußerer allgemein Herstellungspflichten übernimmt, die einer Neuherstellung gleichkommen.[12]

(2) Waren zu Discountpreisen, die noch nicht in Gebrauch waren, sowie sonstige **Sonderangebote** stellen nach der Verkehrsauffassung neu hergestellte Waren dar. „Neu" bedeutet insbesondere nicht „fehlerfrei".[13]

(3) Ein in Mexiko produziertes und nach Deutschland eingeführtes (**„grauimportiertes"**) Kraftfahrzeug ist nicht mehr neu. Wegen des langen Importwegs sind Qualitätsminderungen zu erwarten. Ein solches Fahrzeug gleicht einem „Haldenfahrzeug" und die Parteien tragen dem im Kaufvertrag auch Rechnung.[14]

(4) Ein **Tier** ist neu, wenn es alsbald nach der Geburt „unbenutzt" verkauft wird.[15]

2. Werkleistungen

927   Bei der zweiten von § 309 Nr. 8 Buchst. b BGB erfassten Kategorie handelt es sich um Verträge über Werkleistungen. Es ist damit klargestellt, dass die Vorschrift nur zur Anwendung gelangt, wenn der Verwender ein „Werk", also ein Arbeitsergebnis schuldet.[16] Wegen der im Vordergrund stehenden Errichtungsverpflichtung fällt hierunter auch ein Bauträgervertrag, ein Vertrag also, bei dem die Errichtung eines Gebäudes auf einem dem Vertragspartner noch zu übereignenden Grundstück geschuldet ist.[17] Formularmäßige Ausschlüsse oder Beschränkungen der Mängelrechte bei Gebrauchsüberlassungsverträgen einschließlich von Leasingverträgen sind dagegen nicht erfasst und müssen allein an § 307 BGB gemessen werden.[18]

III. Ausschluss und Verweisung auf Dritte

928   Die Bestimmung des § 309 Nr. 8 Buchst. b **Doppelbuchst. aa** BGB bringt zunächst die Grundaussage des Gesetzgebers zur Geltung, dass dem anderen Vertragsteil überhaupt Gewährleistungsansprüche verbleiben müssen, er also nicht vollkommen rechtlos gestellt werden darf. Ferner lässt sich der Vorschrift entnehmen, dass dem Kunden gerade sein Vertragspartner, der Verwender, als primär Gewährleistungspflichtiger erhalten bleiben soll.[19] Der Gesetzgeber erreicht dieses Ziel durch ein dreigestuftes Schrankengefüge.

1. Verbot des vollständigen oder teilweisen Ausschlusses

929   Unwirksam sind zunächst solche AGB-Klauseln, durch die Ansprüche gegen den Verwender wegen eines Mangels insgesamt oder bezüglich einzelner Teile ausgeschlossen

[10] OLG Frankfurt a. M. NJW-RR 2001, 780.
[11] BGH NJW 1988, 490 (491 f.); OLG Frankfurt a. M. NJW 1984, 490.
[12] BGH NJW 1989, 2534 (2536).
[13] OLG Düsseldorf NJW-RR 1997, 1147.
[14] OLG München NJW-RR 1998, 1595.
[15] OLG Düsseldorf ZGS 2004, 271; vgl. auch BGH NJW 2007, 674.
[16] Zur insoweit missverständlichen Fassung der Vorgängernorm des § 11 Nr. 10 AGBG vgl. die 1. Aufl. unter Rn. 929.
[17] Zuletzt BGH NJW 1995, 1675 (1676); 1998, 904.
[18] Staudinger/*Coester-Waltjen* BGB § 309 Nr. 8 Rn. 27.
[19] Wolf/*Dammann* BGB § 309 Nr. 8b aa) Rn. 1.

werden. Dem Kunden muss ein Mindestbestand der in §§ 437 und 634 BGB genannten Rechte verbleiben; darunter muss sich das Recht auf Lösung vom Vertrag befinden.

Beispiele:

(1) Unwirksam ist also nicht nur die bei neu hergestellten Sachen sehr selten anzutreffende Klausel „unter Ausschluss jeglicher Gewährleistung", sondern auch die **Beschränkung der Mängelrechte auf Minderung unter Ausschluss des Rücktritts**.[20] Denn der Kunde darf nicht genötigt werden, eine mangelhafte und daher für ihn so nicht brauchbare Kaufsache zu behalten.

(2) Umgekehrt wird es überwiegend für zulässig gehalten, die Rechte des Kunden nach § 437 BGB **auf das Recht zum Rücktritt zu beschränken**.[21]

Unwirksam ist der Ausschluss der Rechte des Kunden auch dann, wenn er sich **930** lediglich auf **einzelne Teile** bezieht. Das sind zum einen reale Teile der Sache oder der Werkleistung (zB „keine Haftung für Zubehörteile und Bereifung ..."), darüber hinaus auch bestimmte Fehlerkategorien.

Beispiel: Unzulässig ist daher beispielsweise folgende Klausel: „Soweit eine Haftung für etwaige Mängel und Fehler in der Bauausführung gegenüber der Verkäuferin aus diesem Vertrag hergeleitet werden könnten, beschränkt sich jede Haftung der Verkäuferin gegenüber dem Erwerber nach Grund, Art und Höhe auf den Umfang, in dem die Gesellschaft wegen solcher Mängel und Fehler den Architekten und/oder die am Bau beteiligten Handwerker und Unternehmen mit zweifelsfrei begründeter Erfolgsaussicht in Anspruch nehmen kann."[22]

2. Verbot der Ersetzung der Gewährleistung durch Einräumung von Ansprüchen gegen Dritte

Unzulässig ist es darüber hinaus, wenn der Verwender sich seiner durch den Vertrag **931** begründeten Verantwortlichkeit für die Mangelfreiheit des Vertragsgegenstandes dadurch zu entledigen versucht, dass er den Kunden auf Ansprüche gegen Dritte verweist. Dem Kunden ist es nicht zuzumuten, sich an einen Dritten halten zu müssen, den er nicht kennt und den er sich nicht ausgesucht hat. Das gilt unabhängig von der Solvenz und Seriosität des Dritten.

3. Eingeschränktes Verbot einer nur subsidiären Eigenhaftung

Nach dem dritten Verbotstatbestand des § 309 Nr. 8 Buchst. b Doppelbuchst. aa BGB **932** sind Klauseln unwirksam, die die Ansprüche gegen den Verwender wegen eines Mangels von der vorherigen gerichtlichen Inanspruchnahme Dritter abhängig machen. Daraus ist im Gegenschluss erst einmal zu folgern, dass die Statuierung einer **subsidiären Eigenhaftung des Verwenders grundsätzlich nicht zu beanstanden** ist.[23]

Beispiel: Eine Klausel, wonach Gewährleistungsansprüche gegen den Verwender erst geltend gemacht werden können, wenn der Dritte die Gewährleistung verweigert oder dazu nicht in der Lage ist, ist zulässig.[24]

Unwirksam ist lediglich eine Klauselgestaltung, die die subsidiäre Haftung des Ver- **933** wenders von einer **vorherigen gerichtlichen Inanspruchnahme eines Dritten** abhängig macht. Derartige Klauseln finden sich in mannigfachen Abwandlungen vor allem in

---

[20] So BGH NJW 1981, 1501 (1502); 1993, 2436 (2438).

[21] OLG München NJW 1994, 1661; Palandt/*Grüneberg* BGB § 309 Rn. 63; MüKoBGB/*Wurmnest* § 309 Nr. 8 Rn. 25; aA Staudinger/*Coester-Waltjen* BGB § 309 Nr. 8 Rn. 34.

[22] BGH NJW 1976, 1934.

[23] Weitergehend wollte der RegE jede Form einer nur subsidiären Eigenhaftung des Verwenders verbieten (BT-Drs. 7/3919, S. 6).

[24] Wolf/*Dammann* BGB § 309 Nr. 8b aa) Rn. 40.

Bauträgerverträgen. Den Bauträgern ist typischerweise daran gelegen, die Gewährleistungsstreitigkeiten von sich auf die eingeschalteten Subunternehmer abzuwälzen und gleichsam nur höchst hilfsweise die Gewährleistung zu übernehmen. Vor einer solchen Überforderung muss der Kunde geschützt werden, zumal nicht auszuschließen ist, dass er im Hinblick auf das Prozessrisiko den Klageweg gegenüber dem Subunternehmer nicht beschreitet und damit die Möglichkeit verliert, den Verwender in Anspruch zu nehmen.

934   Dieser Schutzzweck gebietet es nach der insoweit überaus strengen Rechtsprechung des BGH, auch solche Klauseln als unwirksam anzusehen, die aufgrund ihrer inhaltlichen Gestaltung die Gefahr begründen, dass der Kunde davon ausgeht, er müsse den als gewährleistungspflichtig bezeichneten Dritten erfolglos gerichtlich in Anspruch nehmen, bevor die Haftung des Verwenders eintritt.[25]

> **Beispiel: Bauträgervertrag.** „Sofern und soweit der Käufer die ihm abgetretenen Ansprüche aus tatsächlichen Gründen (zB Insolvenz oder Geschäftsaufgabe des Drittschuldners) nicht durchsetzen kann, haftet der Verkäufer dem Käufer hilfsweise auf Gewährleistung."[26] Diese Klausel begründet in der Person des Klauselgegners die Gefahr der Irreführung, denn die Formulierung „durchsetzen" deutet doch darauf hin, dass das Ziel notfalls auch gegen den Widerstand des Dritten zu erreichen versucht werden muss. Im Kontext der beiden beispielhaft aufgeführten Sachverhalte kann die Klausel dahingehend verstanden werden, dass die subsidiäre Haftung des Verwenders erst dann eintreten soll, wenn die Durchsetzung der Gewährleistungsansprüche gegen den Dritten praktisch oder rechtlich unmöglich ist. Es ist nicht ausgeschlossen, dass der Kunde sich nach der Lektüre der Klausel gezwungen sieht, erst den Dritten zu verklagen, was für die Unwirksamkeit nach § 309 Nr. 8 Buchst. b Doppelbuchst. aa bereits ausreicht.[27]

935   Eine weitere Verschärfung der Rechtsprechung gegenüber **Subsidiaritätsklauseln in Bauträgerverträgen** liegt in der Erweiterung des Kontrollmaßstabs um **§ 307 Abs. 2 Nr. 2 BGB.** Nach Ansicht des BGH verstößt eine Klausel, welche den Erwerber auf zumutbare Bemühungen um eine außergerichtliche Durchsetzung der abgetretenen Ansprüche gegen die Bauhandwerker verweist, gegen das Aushöhlungsverbot des § 307 Abs. 2 Nr. 2 BGB.[28] Eine solche Vertragsgestaltung nehme dem Erwerber gerade die durch die Bündelung der Leistungspflichten in der Person des Bauträgers angestrebten Vorteile. Die tatbestandlichen Grenzen des § 309 Nr. 8 Buchst. b Doppelbuchst. aa BGB sind somit nicht das letzte Wort.

936   Dagegen begründet eine vom **Hersteller** gewährte, dem Kunden über den jeweiligen Verkäufer angetragene **Garantie** üblicherweise eine **zusätzliche** Einstandspflicht des Herstellers für das Produkt. Sie lässt die kaufrechtliche Mängelgewährleistung des Verkäufers unberührt und gerät daher mit § 309 Nr. 8 Buchst. b Doppelbuchst. aa BGB nicht in Konflikt.[29]

IV. Anspruch auf Nacherfüllung

1. Beschränkung auf Nacherfüllung

937   Nach **§ 309 Nr. 8 Buchst. b Doppelbuchst. bb BGB** müssen formularmäßig zugunsten der Nacherfüllung (§§ 437 Nr. 1, 439 BGB für den Kaufvertrag und §§ 634 Nr. 1, 635 BGB für den Werkvertrag) ausgeschlossene, gesetzliche Mängelrechte dem Vertragspartner dann wieder zustehen, wenn die Nacherfüllung fehlschlägt. Die Vorschrift geht davon aus, dass dem Käufer oder Besteller grundsätzlich damit gedient ist, binnen angemessener Zeit eine der vertragsmäßigen Beschaffenheit entsprechende Sache oder

---

[25] BGH NJW 1995, 1675 (1676); 1998, 904 (905); OLG Düsseldorf NJW-RR 1997, 659 (660).
[26] BGH NJW 1995, 1675.
[27] BGH NJW 1995, 1675 (1676); 1998, 904 (905).
[28] BGH NJW 2002, 2470 (2471 f.).
[29] *Locher*, Recht der AGB, S. 94.

Werkleistung zu erhalten, die zu liefern oder zu erbringen sich der Verwender verpflichtet hatte.

Die Bestimmung der Nr. 8 Buchst. b Doppelbuchst. bb hat die Fälle zum Gegenstand, in denen der Verwender seinem Vertragspartner anstelle der gesetzlichen Rechte (§§ 437, 634 BGB) nur einen Anspruch auf Nacherfüllung einräumt. Will der Verwender dem Käufer neuer Sachen oder dem Besteller von Werkleistungen für den Fall der Mangelhaftigkeit nur ein Recht auf Nacherfüllung zugestehen, so muss sein Bedingungswerk ausdrücklich und in rechtlich exakter Ausdrucksweise klarstellen, dass der Kunde nach fehlgeschlagener Nacherfüllung zwischen Minderung und Rücktritt vom Vertrag wählen kann. Den Anspruch auf Schadens- und Aufwendungsersatz erwähnt das Klauselverbot nicht. Daraus ist zu folgern, dass ein wirksam ausgeschlossener Schadens- und Aufwendungsersatzanspruch auch dann nicht wieder auflebt, wenn die Nacherfüllung fehlgeschlagen ist.[30] Der Kontrollmaßstab für den Ausschluss und die Beschränkung von Schadensersatzansprüchen ergibt sich aus anderen Vorschriften, insbesondere aus § 309 Nr. 7 BGB. Bei **Verträgen über Bauleistungen** können wegen der Schwierigkeiten eines Rücktritts und der dann drohenden Zerstörung wirtschaftlicher Werte die Rechte des anderen Vertragsteils für den Fall des Fehlschlagens der Nacherfüllung sogar auf die Minderung beschränkt werden.[31]   **938**

Das Klauselverbot setzt voraus, dass dem Kunden das **Nacherfüllungsrecht als Mindestrecht** erhalten bleibt.[32] Es ist allerdings zulässig, wenn der Kunde von vornherein (auch formularmäßig) auf eine Form der Nacherfüllung (Nachlieferung oder Nachbesserung) verwiesen wird.[33] Ungeklärt ist, ob bei Werkverträgen auch das **Recht zur Selbstvornahme nach § 637 BGB** einschließlich des Aufwendungsersatz- und Vorschussanspruchs als Mindestrecht erhalten bleiben muss oder ob es ausgeschlossen werden kann. Auch wenn das Selbstvornahmerecht des Bestellers auf dem Nacherfüllungsanspruch aufbaut, handelt es sich doch um einen eigenständigen Rechtsbehelf. Der Ausschluss wäre daher an § 307 BGB zu messen. Insoweit wäre zu beachten, dass das Selbstvornahmerecht im Werkvertragsrecht einen bedeutsamen – in enger Nähe zum Erfüllungsanspruch stehenden – Rechtsbehelf darstellt, der darauf ausgerichtet ist, den werkvertraglich geschuldeten Erfolg zu verwirklichen. Das spricht dafür, in § 637 BGB einen wesentlichen Grundgedanken der gesetzlichen Regelung iS des § 307 Abs. 2 Nr. 1 BGB zu erblicken.[34]   **938a**

Die subsidiäre Möglichkeit, im Falle des Fehlschlagens der Nacherfüllung auf die dann wiederauflebenden Rechtsbehelfe der Minderung und des Rücktritts zurückzugreifen, muss dem anderen Vertragsteil ausdrücklich und in **rechtlich exakter Ausdrucksweise** vorbehalten werden. Ein § 309 Nr. 8 Buchst. b Doppelbuchst. bb BGB entsprechender Vorbehalt kann durch Verwendung des gesetzlichen Oberbegriffs des „Fehlschlagens" der Nachbesserung bzw. Ersatzlieferung zum Ausdruck gebracht werden. Geschieht dies nicht, müssen sämtliche Fälle des Fehlschlagens aufgezählt werden.[35]   **939**

Beispiele:

(1) „Die Gewährleistung erfolgt nach unserer Wahl entweder durch Ersatzlieferung oder durch kostenlose Beseitigung des Fehlers... Ein Anspruch des Kunden auf Wandlung oder Minderung

---

[30] MüKoBGB/*Wurmnest* § 309 Nr. 8 Rn. 48; aA *Graf von Westphalen* NJW 2002, 24.

[31] Kein Vertrag über Bauleistungen soll nach bisheriger Rechtsprechung der **Bauträgervertrag** sein, vgl. BGH NJW 2002, 511; NJW-RR 2007, 59 f. Diese Einschätzung dürfte im Hinblick auf § 650u BGB überholt sein.

[32] Staudinger/*Coester-Waltjen* BGB § 309 Nr. 8 Rn. 56.

[33] Palandt/*Grüneberg* BGB § 309 Rn. 68; NK/*Kollmann* BGB § 309 Rn. 149.

[34] So auch *Basty*, Bauträgervertrag, 9. Aufl. 2018, Rn. 1094; Staudinger/*Peters* BGB § 639 Rn. 64.

[35] BGH NJW 1985, 623 (630); 1994, 1004 (1005); 1996, 2504 (2506); 1998, 677 (678); 1988, 679 (680); OLG Düsseldorf NJW-RR 2002, 203.

ist ausgeschlossen, es sei denn, der Fehler kann nicht beseitigt werden oder weitere Nachbesserungsversuche sind für den Kunden unzumutbar." In dieser Klausel sind nur die Fälle des Unvermögens zur Fehlerbeseitigung und der Unzumutbarkeit weiterer Nachbesserungsversuche genannt, nicht jedoch die – ebenfalls als „Fehlschlagen" zu beurteilenden – Fälle der unberechtigten Verweigerung oder ungebührlichen Verzögerung der Nachbesserung bzw. Ersatzlieferung. Durch diese, seine Rechte nur unvollständig wiedergebende Formulierung kann der Kunde davon abgehalten werden, die ihm wieder erwachsenen, gesetzlichen Gewährleistungsrechte geltend zu machen. Die Klausel ist gem. § 309 Nr. 8 Buchst. b Doppelbuchst. bb BGB unwirksam.[36]

(2) Der Gesetzesbegriff des Fehlschlagens wird in einer für den Kunden unangemessenen Weise missdeutet, wenn stets **drei fehlgeschlagene Nachbesserungsversuche** vorausgesetzt werden.[37] Diese Beurteilung wird jetzt durch § 440 S. 2 BGB unterstützt, gilt doch nach dieser Vorschrift eine Nachbesserung nach dem erfolglosen zweiten Versuch in der Regel als fehlgeschlagen.

2. Aufwendungen bei Nacherfüllung

940   Nach § 439 Abs. 2 BGB und § 635 Abs. 2 BGB hat der **Verkäufer bzw. Unternehmer die zum Zwecke der Nacherfüllung erforderlichen Aufwendungen,** insbesondere die Transport-, Wege-, Arbeits- und Materialkosten **zu tragen.** Ferner ist der Verkäufer nach § 439 Abs. 3 BGB im Rahmen der Nacherfüllung verpflichtet, dem Käufer die erforderlichen Aufwendungen für das Entfernen der mangelhaften und den Einbau oder das Anbringen der nachgebesserten oder gelieferten mangelfreien Sache zu ersetzen. Die in diesen Vorschriften statuierte Kostentragungspflicht ist – außerhalb von Verbraucherverträgen – dispositiver Natur. Besonders problematisch ist eine Kostenüberwälzung auf den Kunden jedenfalls dann, wenn seine Rechte zuvor schon – wenn auch vorläufig – auf einen bloßen Nacherfüllungsanspruch zurückgeschnitten worden sind. In einer solchen doppelten Verkürzung der Kundenrechte hat der BGH schon vor Inkrafttreten des AGB-Gesetzes eine unangemessene Benachteiligung des Kunden erblickt.[38] Gegen eine solche Aushöhlung des einzig verbleibenden Rechtsbehelfs wendet sich **§ 309 Nr. 8 Buchst. b Doppelbuchst. cc BGB** in erster Linie. Das **Verbot, dem Kunden die Kosten der Nacherfüllung formularmäßig aufzuerlegen,** aktualisiert sich allerdings nach dem Gesetzeswortlaut nicht nur in dem besonders kritischen Fall der vorherigen Beschränkung der Mängelrechte auf die Nacherfüllung. Es gelangt vielmehr auch dann zur Anwendung, wenn die übrigen Rechte des Käufers wegen eines Mangels in den Allgemeinen Geschäftsbedingungen nicht angetastet werden, der Nacherfüllungsanspruch sich somit als ein Rechtsbehelf unter mehreren darstellt.[39]

941   Eine Klausel, die den Käufer bei der **Geltendmachung nur vermeintlicher Gewährleistungsrechte** mit den dadurch entstehenden Kosten belastet, fällt zwar nicht in den Anwendungsbereich von § 309 Nr. 8 Buchst. b Doppelbuchst. cc BGB, ist aber nach § 307 BGB unwirksam, wenn sie nicht nach dem Verschuldensgrad auf Seiten des Kunden differenziert.[40]

3. Vorenthalten der Nacherfüllung

942   Der Anspruch des Kunden auf Nacherfüllung kann dadurch in seiner Durchsetzbarkeit erschwert und damit insgesamt entwertet werden, dass der Verwender die vorherige Zahlung des vertraglich vereinbarten Entgelts zur Voraussetzung erhebt. Dem Kunden wird damit die Möglichkeit genommen, durch das Zurückhalten eines Teils des Entgelts

---

[36] BGH NJW 1998, 679 (680).
[37] BGH NJW 1998, 677 (678).
[38] BGHZ 48, 264 ff.
[39] MüKoBGB/*Wurmnest* § 309 Nr. 8 Rn. 60.
[40] OLG Düsseldorf NJW-RR 2000, 790; ebenso OLG Hamm, Urt. v. 27.9.1999 – 13 U 71/99 (nv) für eine Test- und Bearbeitungsgebühr von 60 DM für unberechtigte Reklamationen.

wirtschaftlichen Druck auf den Verwender auszuüben, um ihn zur Erfüllung seiner Nacherfüllungspflicht zu veranlassen. **§ 309 Nr. 8 Buchst. b Doppelbuchst. dd BGB** untersagt es daher dem Verwender, die Nacherfüllung von der vorherigen Zahlung des vollständigen Entgelts oder eines unter Berücksichtigung des Mangels unverhältnismäßig hohen Teils des Entgelts abhängig zu machen. Die Vorschrift steht in engem thematischen Zusammenhang mit **§ 309 Nr. 2 BGB**, der das Leistungsverweigerungsrecht des Kunden für den Fall sicherstellt, dass der Kunde seinerseits auf Zahlung des Entgelts in Anspruch genommen wird.[41] Da dies die weitaus häufigere Konstellation sein dürfte, wird man die praktische Bedeutung des in § 309 Nr. 8 Buchst. b Doppelbuchst. dd BGB enthaltenen Klauselverbots als eher gering veranschlagen müssen.[42]

V. Ausschlussfrist für Mängelanzeige

Vertraglich vereinbarte Ausschlussfristen für die Anzeige von Mängeln dienen dem **943** Interesse des Verwenders an rascher, gesicherter Vertragsabwicklung. Für den Kunden sind sie hingegen ausgesprochen gefährlich, da er im Falle der Fristversäumung seiner Mängelrechte verlustig geht. Jedenfalls hinsichtlich der nicht offensichtlichen Mängel kommen solche Ausschlussfristen im wirtschaftlichen Ergebnis einer Verkürzung der Verjährung gleich. Der Gesetzgeber hat diesen Zusammenhang gesehen und das Klauselverbot des **§ 309 Nr. 8 Buchst. b Doppelbuchst. ee BGB** in enger Abstimmung mit der im letzten Verbotstatbestand der Nr. 8 Buchst. b geregelten Verjährungserleichterung ausgestaltet.

Unwirksam sind nach § 309 Nr. 8 Buchst. b Doppelbuchst. ee BGB Klauseln, die dem **944** Kunden für die Anzeige **nicht offensichtlicher Mängel** eine Anzeigefrist setzen, die kürzer ist als die höchstzulässig verkürzte Verjährungsfrist. Diese beträgt nach Doppelbuchst. ff im Allgemeinen ein Jahr, bei Bauwerken und Baustoffen, die zur Mangelhaftigkeit eines Bauwerks geführt haben, fünf Jahre. Die Statuierung einer unverzüglich zu erfüllenden Anzeigeobliegenheit ist daher unwirksam und zwar auch dann, wenn der Rechtsverlust als Konsequenz der Fristversäumnis nicht ausdrücklich genannt wird.

Beispiel: „Der Käufer hat Fehler unverzüglich nach deren Feststellung bei dem in Anspruch genommenen Betrieb ... anzuzeigen". Im Wege der im Verbandsprozess zugrunde zu legenden kundenfeindlichsten Auslegung ging der BGH davon aus, dass durch diese Klausel die Gewährleistungsansprüche des Kunden bei nicht unverzüglicher Mängelanzeige ausgeschlossen werden, was mit § 309 Nr. 8 Buchst. b Doppelbuchst. ee BGB nicht zu vereinbaren sei.[43]

Aus § 309 Nr. 8 Buchst. b Doppelbuchst. ee BGB ergibt sich im Gegenschluss, dass in **945** Verträgen über die Lieferung neu hergestellter Sachen und Leistungen – abgesehen allerdings von Verbraucherverträgen –[44] eine die gesetzliche Gewährleistungsfrist unterschreitende Ausschlussfrist für die Anzeige **offensichtlicher Mängel** im Wege von Allgemeinen Geschäftsbedingungen grundsätzlich wirksam vereinbart werden kann. Offensichtlich ist ein Mangel, wenn er so offen zutage liegt, dass er auch dem durchschnittlichen nichtunternehmerischen Kunden ohne besonderen Aufwand auffällt.[45] Maßstab der Wirksamkeit ist insoweit die allgemeine Vorschrift des § 307 BGB.

---

[41] Vgl. → Rn. 836.
[42] So auch MüKoBGB/*Wurmnest* § 309 Nr. 8 Rn. 63.
[43] BGH NJW 2001, 292 (300).
[44] LG Hamburg VuR 2004, 27; Erman/*Roloff/Looschelders* BGB § 309 Rn. 115; *Graf von Westphalen* ZGS 2005, 173 ff.; aA Palandt/*Grüneberg* BGB § 309 Rn. 78; NK/*Kollmann* BGB § 309 Rn. 174.
[45] Ulmer/*Christensen* BGB § 309 Nr. 8 Rn. 92.

Beispiele:

(1) Problematisch ist oftmals die knapp bemessene **Dauer der Frist**. Diese Fristlänge muss so bemessen sein, dass dem typischerweise angesprochenen Kunden ein ausreichender Zeitraum für die Feststellung und Prüfung der Mängel sowie zur Überlegung belassen wird, ob und gegebenenfalls welche Gewährleistungsansprüche er geltend machen will. In Anlehnung an die Widerrufsfrist des § 355 Abs. 2 BGB wird man grundsätzlich verlangen dürfen, dass die dem Kunden formularmäßig auferlegte Anzeigefrist mindestens zwei Wochen beträgt.[46] Das schließe es nicht aus, dass die durch die Besonderheiten des Vertrages geprägte Interessenlage der Beteiligten im Einzelfall auch kürzere oder längere Fristen rechtfertigt.

(2) Für unwirksam wurde eine Klausel erachtet, die **keine eindeutige Bestimmung** darüber enthielt, wann die auf eine Woche festgesetzte Rügefrist für offensichtliche Mängel zu laufen beginnt und in welcher Weise (Absendung der Mängelanzeige oder Zugang) sie gewahrt werden kann, wenn der Verkäufer sich seinerseits einen großzügig bemessenen Lieferzeitraum vorbehält.[47]

946   Für die **Kautelarpraxis** folgt daraus das unbedingte Gebot, in ihren Vertragswerken zwischen offensichtlichen und nicht offensichtlichen Mängeln zu differenzieren.

VI. Erleichterung der Verjährung

947   Hatte das Bürgerliche Gesetzbuch die Verjährungsregelungen bislang halbzwingend ausgestaltet (§ 225 a. F. BGB), so gilt seit der Schuldrechtsmodernisierung auch für **Vereinbarungen über die Verjährung** der Grundsatz der Vertragsfreiheit, das heißt sie sind **grundsätzlich zulässig**. Diese Grundaussage kommt im Text des neugefassten **§ 202 BGB** zwar nur unvollkommen zum Ausdruck, ergibt sich aber im Rückschluss aus den in dieser Vorschrift genannten äußersten Grenzen. Während es im allgemeinen Verjährungsrecht also zu einer Liberalisierung gekommen ist, sind **im Recht des Verbrauchsgüterkaufs neue zwingende Verjährungsbestimmungen** hinzugekommen (§ 475 Abs. 2 BGB). Sie sollen dem Verbraucher die gesetzlich vorgesehene Verjährungsfrist und den Verjährungsbeginn (§ 438 BGB) für seine Rechte wegen eines Mangels der Kaufsache (§ 437 BGB) erhalten. Eine Verkürzung der zweijährigen Verjährungsfrist – auf maximal ein Jahr – ist nur beim Kauf gebrauchter Sachen zulässig (§ 475 Abs. 2 BGB). Ausgenommen vom Verbot nachteilbegründender Verjährungsvereinbarungen beim Verbrauchsgüterkauf ist der Schadensersatzanspruch (§ 475 Abs. 3 BGB).

948   In diesem Korridor bewegt sich das AGB-rechtliche Klauselverbot des **§ 309 Nr. 8 Buchst. b Doppelbuchst ff BGB**. Es hat nicht nur in Anbetracht der gesetzgeberischen Aktivitäten auf dem Gebiete des Verbrauchsgüterkaufs einen **erheblichen Bedeutungsverlust** hinnehmen müssen, sondern hat darüber hinaus auch eine **inhaltliche Neugestaltung** erfahren. Während nämlich früher eine formularvertragliche Verkürzung der gesetzlichen Gewährleistungsfristen schlechthin unwirksam war (§ 11 Nr. 10 Buchst. f AGBG a. F.), gilt nunmehr eine **differenzierte Regelung**.

949   Für die Ansprüche wegen **Mängeln an Bauwerken**, die Gegenstand eines Kauf- oder Werkvertrages sind, sowie für Mängel der zu ihrer Herstellung verwendeten Baustoffe und Bauteile, gilt nach § 438 Abs. 1 Nr. 2 BGB und § 634a Abs. 1 Nr. 2 BGB eine fünfjährige Verjährungsfrist. Solche Baumängel zeigen sich erfahrungsgemäß häufig erst sehr spät, sodass die fünfjährige Verjährungsfrist notwendig ist, um dem Vertragspartner die Wahrung seiner Rechte zu gewährleisten. Vor diesem Hintergrund kann eine Erleichterung der Verjährung – jedenfalls in Allgemeinen Geschäftsbedingungen – nicht gestattet sein.

950   Die Gesetzesformulierung „**Erleichterung der Verjährung**" soll im Übrigen unterstreichen, dass nicht nur die Verkürzung der Verjährungsfrist dem Verbot unterfällt,

---

[46] Palandt/*Grüneberg* BGB § 309 Rn. 78; BGH NJW 1998, 3119 (3120) zum früheren Recht (§ 7 Abs. 1 VerbrKrG und § 1 HaustürWG): eine Woche.

[47] OLG Zweibrücken NJW-RR 1998, 348; ablehnend Palandt/*Grüneberg* BGB § 309 Rn. 78: maßgeblich ist Zeitpunkt der Lieferung.

sondern jede Bestimmung in Allgemeinen Geschäftsbedingungen, durch die im Ergebnis – und sei es auch nur mittelbar – eine kürzere Verjährungsfrist erreicht wird (zB Vorverlegung des Fristbeginns, Modifizierung der gesetzlichen Hemmungsgründe).[48]

In **allen übrigen Fällen** ist eine formularvertragliche Erleichterung der Verjährung 951 zwar nicht mehr ausgeschlossen, wohl aber nach unten begrenzt. Dem anderen Vertragsteil muss eine **mindestens ein Jahr** betragende Verjährungsfrist, gerechnet ab dem gesetzlichen Verjährungsbeginn, erhalten bleiben. Diese Untergrenze von einem Jahr gilt im Übrigen auch bei Verbraucherverträgen für die vom Abweichungsverbot des § 475 Abs. 2 BGB ausgenommenen Schadensersatzansprüche (§ 475 Abs. 3 BGB) des Käufers. Der Grund für diese Lockerung liegt in Folgendem:[49] War nach bisherigem Recht eine formularmäßige Verkürzung der ohnehin äußerst knappen Verjährungsfristen von vornherein nicht hinnehmbar, so hat sich die Interessenlage durch die Verlängerung der Verjährungsfrist auf zwei Jahre (§§ 438 Abs. 1 Nr. 3, 634a Nr. 1 BGB) verändert. Das Interesse des Klauselverwenders, möglichst bald Klarheit über seine Inanspruchnahme wegen eines Mangels zu erhalten, kann unter bestimmten Voraussetzungen eine Unterschreitung der Zweijahresfrist rechtfertigen. Das ist jedoch nicht per se zu unterstellen. Vielmehr wird das Vorliegen eines berechtigten Interesses des Verwenders im Rahmen der Angemessenheitsprüfung nach § 307 BGB geprüft.

Eine weitere Grenze für eine Erleichterung der Verjährung kann sich im Übrigen aus 952 **§ 309 Nr. 7 BGB** ergeben. Die Begründung der Bundesregierung zur Neufassung des Verbotstatbestandes der Nr. 8 Buchst. b Doppelbuchst. bb[50] verweist ausdrücklich auf diese Möglichkeit und beruft sich hierfür auf die herrschende Meinung,[51] der zufolge auch die Verkürzung von Verjährungsfristen eine Haftungsbeschränkung bzw. -begrenzung darstellt. Folgt man dem,[52] so verstößt eine globale Verkürzung der Verjährung aller Ansprüche des Kunden wegen eines Mangels gegen § 309 Nr. 7 BGB, weil damit auch die unantastbaren Schadensersatzansprüche aus der Verletzung höchstpersönlicher Rechtsgüter (§ 309 Nr. 7 Buchst. a BGB) und wegen eines groben Verschuldens begrenzt werden. Eine Aufrechterhaltung in eingeschränktem Umfang wird auch in dieser Konstellation zu Recht unter Hinweis auf das Verbot geltungserhaltender Reduktion abgelehnt.[53] Der Kautelarjurisprudenz ist anzuraten, sich hier durch einen entsprechenden Vorbehalt („Unberührt bleiben Ansprüche aus …") abzusichern.[54]

VII. Gewährleistungsklauseln bei Lieferung gebrauchter Sachen

Der Verkauf gebrauchter Sachen vollzieht sich zwar bisweilen ebenfalls unter Ver- 953 wendung Allgemeiner Geschäftsbedingungen, die Regel ist dies jedoch nicht. Absolut gebräuchlich ist der Abschluss unter Zugrundelegung Allgemeiner Geschäftsbedingungen lediglich in zwei Sparten: dem Gebrauchtwagenhandel und dem Kunsthandel. Gewährleistungsbeschränkende oder -ausschließende Klauseln fallen hier mangels Neuheit des Kaufgegenstandes von vornherein nicht unter die Klauselverbote des § 309 Nr. 8 Buchst. b BGB. Den Kontrollmaßstab bildet hier die **Generalklausel des § 307 BGB**. Die

---

[48] BGH NJW 2016, 1572 Rn. 37; 2016, 2878 Rn. 49; Staudinger/*Coster-Waltjen* BGB § 309 Nr. 8 Rn. 95.

[49] Vgl. hierzu auch die Regierungsbegründung BT-Drs. 14/1640, S. 159.

[50] BT-Drs. 14/1640, S. 159.

[51] Vgl. zB schon BGH NJW 1963, 106 (107).

[52] Auf dieser Linie bewegt sich nunmehr auch die Rechtsprechung, vgl. BGH NJW 2007, 674; 2009, 1486 (1487); 2013, 2584 (2585); NJW-RR 2009, 1416 (1418); ebenso Ulmer/*Christensen* BGB § 309 Nr. 7 Rn. 28; weniger klar BAG NZA 2005, 1111 (1112f.); vgl. hierzu im Übrigen die Ausführungen unter →Rn. 975.

[53] BGH NJW 2009, 1486 (1487).

[54] HK/*Schulte-Nölke* BGB § 309 Rn. 40.

hiernach gebotene Bewertung der Interessenlage beider Parteien führt im Regelfall zu dem Ergebnis, dass in einem **Gewährleistungsausschluss keine unangemessene Benachteiligung des Käufers** zu sehen ist.[55] Denn anders als bei neu hergestellten Sachen muss der Käufer eines gebrauchten Gegenstandes damit rechnen, dass diesem alters- und abnutzungsbedingte Verschleißerscheinungen anhaften, die den Wert und die Tauglichkeit mindern. Der Verkäufer wiederum kann den wahren Grad der Abnutzung im Allgemeinen kaum zuverlässig feststellen. Ihn trifft auch keine allgemeine Untersuchungspflicht. Vor diesem Hintergrund hat die Rechtsprechung bislang in vielen Fällen selbst den völligen Ausschluss der Gewährleistung gebilligt, so insbesondere beim Verkauf gebrauchter Fahrzeuge, Radio- und Fernsehgeräte und Immobilien.[56]

954   Nach der **Schuldrechtsmodernisierung** gilt der Grundsatz der Wirksamkeit vorformulierter Gewährleistungsausschlüsse bezüglich gebrauchter Sachen nur noch **eingeschränkt**. So unterscheidet das neu in das Bürgerliche Gesetzbuch eingefügte **Verbrauchsgüterkaufrecht**, anders als das gesetzliche AGB-Recht, nicht zwischen neu hergestellten und gebrauchten Sachen. Die Einstandspflicht für Mängel der Sache ist unterschiedslos zwingender Natur (§ 476 Abs. 1 BGB). Lediglich die Verjährung kann bei gebrauchten Sachen auf eine Frist von einem Jahr verkürzt werden (§ 475 Abs. 2 BGB).

Beispiel: In einem Kaufvertrag zwischen einem **Gebrauchtwagenhändler** und einem privaten Käufer findet sich die Klausel: „gebraucht, wie besichtigt und unter Ausschluss jeder Gewährleistung". Dieser Gewährleistungsausschluss war bislang von der Rechtsprechung für wirksam befunden worden.[57] Die Gesetzeslage hat sich hier geändert. Da es sich um einen Verbrauchsgüterkauf handelt, missachtet die Klausel nunmehr die in § 475 Abs. 1 BGB angeordnete zwingende Wirkung der §§ 434 ff. BGB. Für die rechtliche Beurteilung würde es hier im Übrigen keinen Unterschied machen, ob es sich bei der Klausel um eine Allgemeine Geschäftsbedingung oder um eine Individualabrede handelt.

955   Aber auch **außerhalb des Anwendungsbereichs der Vorschriften zum Verbrauchsgüterkauf** (§§ 474 ff. BGB), also insbesondere bei Verkaufsgeschäften unter Verbrauchern, beim Verkauf von Immobilien, aber auch im unternehmerischen Geschäftsverkehr, ist ein formularvertraglicher Ausschluss der Gewährleistung für gebrauchte Sachen nicht mehr bedenkenfrei. Ein uneingeschränkter Gewährleistungsausschluss berührt nämlich zugleich die **Verbotstatbestände des § 309 Nr. 7 BGB** – man denke etwa an Schadensersatzansprüche, mit denen Mangelfolgeschäden geltend gemacht werden.[58] Der Kautelarpraxis ist auch hier zu empfehlen, zu differenzierteren Gewährleistungsklauseln überzugehen.

Beispiel: Beim **Verkauf eines Gebrauchtwagens an einen Unternehmer** verwendet der Vertragshändler eine Klausel, in der es heißt: „... **unter Ausschluss jeder Gewährleistung**". Der BGH sieht hierin eine umfassende Freizeichnung, nach der die Haftung des Klauselverwenders auch für Körper- und Gesundheitsschäden (§ 309 Nr. 7 Buchst. a BGB) und für sonstige Schäden auch bei grobem Verschulden (§ 309 Nr. 7 Buchst. b BGB) ausgeschlossen ist. Eine solche Klauselgestaltung sei nicht nur gegenüber Verbrauchern, sondern ebenso im Geschäftsverkehr zwischen Unternehmern wegen unangemessener Benachteiligung des Vertragspartners des Verwenders insgesamt unwirksam (§ 307 Abs. 1 iVm Abs. 2 Nr. 2 BGB).[59]

---

[55] BGH NJW 1989, 2534 (2536); Palandt/*Grüneberg* BGB § 309 Rn. 85; Wolf/*Dammann*, Klauseln Rn. G 102 zumindest für verschuldensunabhängige Mängelrechte.

[56] BGH NJW 1979, 1886 ff.; 1984, 1452 (1453); 1989, 2534 (2536); 1993, 657 (658 f.).

[57] BGH NJW 1979, 1886 ff.

[58] OLG Hamm NJW-RR 2005, 1220 (1221) für Privatverkauf und BGH NJW 2007, 3774 für Verkauf an Unternehmer; Ulmer/*Christensen* Teil 2 (17) Kaufverträge Rn. 8; für einschränkende Auslegung OLG Düsseldorf ZGS 2004, 271.

[59] BGH NJW 2007, 3774 (3775); NJW-RR 2015, 738.

VIII. Gewährleistungsklauseln im unternehmerischen Geschäftsverkehr

Die Einzelverbote des § 309 Nr. 8 Buchst. b BGB zielen allesamt darauf ab, den **956** Kunden vor einer Aushöhlung seiner ihm kraft Gesetzes zustehenden Mängelrechte zu schützen und sicherzustellen, dass das Äquivalenzverhältnis von Leistung und Gegenleistung auch bei mangelhafter Leistung des Verwenders durchgesetzt werden kann. Diesem Grundanliegen muss grundsätzlich auch die Vertragsgestaltung im unternehmerischen Geschäftsverkehr Rechnung tragen. Die **Wertungen des § 309 Nr. 8 Buchst. b BGB werden** daher bis auf wenige Ausnahmen bzw. Modifikationen gem. **§ 310 Abs. 1 S. 2 BGB über § 307 Abs. 1 und 2 BGB auch bei Verträgen über neu hergestellte Sachen und Werkleistungen mit Unternehmern zur Geltung gebracht.** Da der unmittelbare Anwendungsbereich des § 309 Nr. 8 Buchst. b BGB – wie eingangs erwähnt (vgl. → Rn. 919) – stark geschrumpft ist, liegt in der Ausstrahlungswirkung auf den unternehmerischen Geschäftsverkehr sogar die Hauptbedeutung dieser Vorschrift. Im Einzelnen gilt für die Tatbestände des § 309 Nr. 8 Buchst. b BGB Folgendes:

Doppelbuchst. aa: Unwirksam sind auch im unternehmerischen Verkehr der vollstän- **957** dige Ausschluss der Rechte aus § 437 BGB oder § 634 BGB sowie eine ersetzende Verweisung des Vertragspartners auf einen Dritten.[60] Dem Verwender sollte es jedoch möglich sein, seine Haftung von der vorherigen erfolglosen gerichtlichen Inanspruchnahme eines Dritten abhängig zu machen.[61]

Doppelbuchst. bb: Auch die der Beschränkung der Mängelrechte auf den Nacherfül- **958** lungsanspruch gezogenen Grenzen werden auf den unternehmerischen Verkehr erstreckt.[62] Umstritten ist allerdings, ob im kaufmännischen Geschäftsverkehr der in Doppelbuchst. bb vorgeschriebene ausdrückliche Vorbehalt entbehrlich ist.[63]

Doppelbuchst. cc: Die Aufwendungen für die Nacherfüllung können auch dann nicht **959** auf die andere Vertragspartei abgewälzt werden, wenn es sich bei ihr um einen unternehmerischen Kunden handelt.[64] Eine weitere Einschränkung kann sich im Übrigen aus den halbzwingenden Sondervorschriften zum Lieferantenregress beim Verbrauchsgüterkauf ergeben (§§ 445a, 445b, 478 Abs. 2 und 3 BGB).[65] Der Rückgriffsanspruch des Verkäufers gegen seinen Lieferanten gem. § 445a BGB auf Ersatz der Aufwendungen, die ihm im Verhältnis zu seinem Kunden entstanden sind, kann durch Allgemeine Geschäftsbedingungen grundsätzlich nicht abbedungen werden. Das folgt indes nicht aus einer Indizwirkung des § 309 Nr. 8 Buchst. b Doppelbuchst. cc BGB, sondern aus § 307 BGB in Verbindung mit Sinn und Zweck der Vorschriften zur kaufrechtlichen Mängelgewährleistung.[66] Dies dürfte auch dann gelten, wenn der letzte Vertrag in der Lieferkette kein Verbrauchsgüterkauf ist.[67]

Doppelbuchst. dd: Im unternehmerischen Geschäftsverkehr gilt ferner das Verbot der **960** Vorenthaltung der Nacherfüllung.[68]

---

[60] BGH NJW 1991, 2630 (2632); 1994, 1060 (1066).

[61] Ulmer/*Christensen* BGB § 309 Nr. 8 Rn. 47; Staudinger/*Coester-Waltjen* BGB § 309 Nr. 8 Rn. 54.

[62] BGH NJW 1994, 1004 (1005); 1998, 677 (678); 1998, 679.

[63] Für Entbehrlichkeit Wolf/*Damann* BGB § 309 Nr. 8 lit. b bb Rn. 56; dagegen Ulmer/*Christensen* BGB § 309 Nr. 8 Rn. 70; Staudinger/*Coester-Waltjen* BGB § 309 Nr. 8 Rn. 67. Der BGH hat dies bislang stets offengelassen, zuletzt in BGH NJW 1998, 677 (678) und 1998, 679 (680).

[64] BGH NJW 1981, 1510.

[65] Erman/*Roloff/Looschelders* BGB § 309 Rn. 99.

[66] *Mediger* NJW 2018, 577.

[67] AA insoweit *Orlikowski-Wolf* ZIP 2018, 360.

[68] Palandt/*Grüneberg* BGB § 309 Rn. 77; Erman/*Roloff/Looschelders* BGB § 309 Rn. 112.

961   **Doppelbuchst. ee:** Dagegen ist das Klauselverbot für Ausschlussfristen grundsätzlich nicht auf den unternehmerischen Verkehr übertragbar. Die maßgeblichen Wertungen für die Inhaltskontrolle entsprechender Klauseln ergeben sich hier aus § 377 HGB.[69] Als nicht mehr hinnehmbar hat der BGH eine AGB-Klausel bezeichnet, die eine Rüge offener und verborgener Mängel nur innerhalb von drei Tagen gestattet. Ein Verlust des Mängelrügerechts mit der Folge des Anspruchsverlusts sei grundsätzlich nur dann zu rechtfertigen, wenn der Besteller oder Käufer zumutbaren, zur redlichen Abwicklung des Vertrages gebotenen Obliegenheiten nicht nachkomme.[70] In Bauverträgen ist allerdings eine Klausel unwirksam, nach der bei Abnahme nicht erkennbare Mängel innerhalb von zwei Wochen nach Erkennbarkeit vorgebracht werden müssen.[71]

962   **Doppelbuchst. ff:** Das ehemals in § 11 Nr. 10 Buchst. f AGBG enthaltene Verbot der Verkürzung gesetzlicher Gewährleistungsfristen galt nach der Rechtsprechung über § 9 AGBG grundsätzlich auch bei Verwendung von Allgemeinen Geschäftsbedingungen gegenüber Unternehmern. Auf sie treffe der in der gesetzlichen Regelung zum Ausdruck gekommene Gerechtigkeitsgedanke gleichermaßen zu.[72] Für unwirksam wurde beispielsweise eine Verkürzung der fünfjährigen Frist für Bauwerke (§ 638 BGB) auf sechs Monate erachtet.[73] Ob das differenzierte Klauselverbot des § 309 Nr. 8 Buchst. b Doppelbuchst. ff BGB auch nach der Verlängerung der Verjährungsfristen im Zuge der Schuldrechtsreform in vollem Umfang bei Verträgen mit Unternehmern zur Geltung gebracht werden kann, ist derzeit noch ungeklärt. Vieles spricht dafür, jedenfalls die fünfjährige Verjährungsfrist der §§ 438 Nr. 2 und 634a Nr. 2 BGB auch weiterhin nicht in die Hände der unternehmerischen Vertragsparteien zu geben, das Klauselverbot des Doppelbuchst. ff also insoweit zur Anwendung zu bringen. Demgegenüber wird man sich im unternehmerischen Geschäftsverkehr durchaus typische Konstellationen vorstellen können, die zu einer moderaten Unterschreitung der – nach Doppelbuchst. ff an sich unantastbaren – einjährigen Mindestverjährungsfrist berechtigen.[74]

963   In den Einkaufsbedingungen findet sich mitunter auch eine **Verlängerung der Verjährung** für Gewährleistungsansprüche gegen die Lieferanten. Entfernt sich die verlängerte Verjährungsfrist von der gesetzlichen Regelung so weit, dass sie mit deren wesentlichen Grundgedanken nicht mehr zu vereinbaren ist, so ist sie nach § 307 Abs. 2 Nr. 1 BGB unwirksam. In der Verlängerung der zweijährigen Verjährungsfrist um ein weiteres Jahr hat der BGH eine solche zu beanstandende Gesetzesabweichung allerdings noch nicht gesehen;[75] wohl aber in einer Heraufsetzung der Verjährungsfrist für Rechtsmängel auf zehn Jahre, da dies für den Regelfall eine Verfünffachung der gesetzlichen Verjährungsfrist (§ 438 Abs. 1 Nr. 3 BGB) bedeute.[76] Unwirksam ist ferner eine Bestimmung in den Einkaufsbedingungen, der zufolge im Falle der Nacherfüllung durch den Lieferanten die Verjährungsfrist neu zu laufen beginne. Der BGH vermisst hier eine notwendige Differenzierung nach Anlass, Art und Umfang der Nacherfüllung.[77]

---

[69] BeckOK/*Becker* BGB § 309 Nr. 8 Rn. 50; HK/*Schulte-Nölke* BGB § 309 Rn. 35.

[70] BGH NJW 1992, 575 (576).

[71] BGH NJW-RR 2005, 247 (248).

[72] BGH NJW 1984, 1750 (1751); ebenfalls noch zum alten Recht BGH NJW 2014, 206 (207 f.).

[73] BGH NJW 1981, 1510 (1511); 1984, 1750 (1751); 1999, 2434.

[74] Wie hier in der Tendenz AGB-Klauselwerke/*Graf von Westphalen*, Auswirkungen der Schuldrechtsreform auf den Teil Vertragsrecht, Rn. 25 f.; HK/*Schulte-Nölke* BGB § 309 Rn. 42; Ulmer/*Christensen* BGB § 309 Nr. 8 Rn. 106; für grundsätzliche Anwendbarkeit hingegen Palandt/*Grüneberg* BGB § 309 Rn. 84.

[75] BGH NJW 2006, 47.

[76] BGH NJW 2006, 47 (50).

[77] BGH NJW 2006, 47 (48 f.).

Eine Klausel in den **Allgemeinen Geschäftsbedingungen des Käufers**, wonach ein 963a
Mehraufwand, der dem Käufer aufgrund eines Sachmangels der Kaufsache entsteht, in
angefallener Höhe dem Verkäufer zur Last fällt, stellt nach Ansicht des BGH eine
unangemessene Benachteiligung des Verkäufers dar und ist daher – **auch wenn sie gegenüber einem Unternehmer verwendet wird** – nach § 307 BGB unwirksam.[78] In kunden-
feindlichster Auslegung müsse davon ausgegangen werden, dass eine solche **Mehrauf-
wandsklausel** ohne Rücksicht auf Verschulden jeden Mehraufwand erfasse, der irgendwie
durch den Mangel mitverursacht werde. Da aber das gesetzliche Gewährleistungsrecht
zum einen keinen allgemeinen verschuldensunabhängigen Anspruch auf Ersatz des Mehr-
aufwands im Rahmen des Nacherfüllungsanspruchs kenne und zum anderen im Verschuldensprinzip ein Gerechtigkeitsgebot zum Ausdruck komme, sei eine abweichende
Regelung im Bedingungswerk des Käufers nicht hinnehmbar; dies zudem, da die Klausel
den Einwand des Mitverschuldens (§ 254 BGB) abschneide.

IX. Garantiebedingungen

Die Hersteller von technischen Markenartikeln fügen ihren Produkten häufig Garan- 964
tiescheine bei, in denen sie eine näher beschriebene Gewährleistung für die einwandfreie
Beschaffenheit des vom Verkäufer erworbenen Gegenstandes übernehmen. Dem Käufer
werden durch eine solche **Herstellergarantie** – rechtlich ein selbstständiger Garantiever-
trag – über die gesetzlichen Gewährleistungsrechte gegenüber seinem Verkäufer hinaus
weitergehende Ansprüche gegen den Hersteller eingeräumt. Die Rechtsposition des Käufers wird hierdurch also verbessert. Er kann wählen, gegen wen er im Falle der Mangelhaftigkeit Ansprüche geltend macht. Das führt regelmäßig zum Ausschluss der materiellen Angemessenheitskontrolle (§ 307 Abs. 3 BGB).[79] Insbesondere handelt es sich
auch nicht etwa um eine Leistung iS des § 309 Nr. 8 Buchst. b BGB. Der Hersteller ist
also in der Ausgestaltung von Inhalt und Reichweite seiner freiwillig übernommenen
Garantie grundsätzlich frei. Allerdings muss er sehr genau darauf achten, dass die Garan-
tieerklärung beim Durchschnittskunden nicht den Eindruck erweckt, auch die Gewährleistungsansprüche gegen den Verkäufer reichten nicht weiter als die in der Garantiekarte
bezeichneten Rechte. Eine solche Klauselgestaltung verstößt gegen das Transparenzgebot
(§ 307 Abs. 1 S. 2 BGB).[80] Die Kontrollfähigkeit bejaht der BGH hingegen nunmehr
jedenfalls dann, wenn die Herstellergarantie nur gegen Zahlung eines dafür zu entrichtenden Entgelts zu erlangen ist und die in Rede stehende Garantiebedingung eine ergänzende
Regelung darstellt.[81] Es gelten dann die Grundsätze zur Beurteilung entsprechender Ver-
käufergarantien (→ Rn. 965).

Garantien werden – insbesondere im Autohandel – oftmals auch vom Verkäufer selbst 965
abgegeben (**Verkäufergarantie**). Soweit diese Garantien der Inhaltskontrolle unterliegen
(hierzu Rn. 440), weil sie das Leistungsversprechen einschränken oder modifizieren (ergänzende Regelung), kommt es für die Angemessenheitskontrolle darauf an, ob die
Garantiezusage derart ausgehöhlt wird, dass die Erreichung des Vertragszwecks gefährdet
wird. Eine unangemessene Benachteiligung liegt noch nicht darin, dass die Leistungen aus
der Garantie zum Zweck der Kundenbindung von der regelmäßigen **Wartung** des Fahrzeugs in den Vertragswerkstätten abhängig gemacht werden.[82] Unzulässig ist es allerdings, die Leistungspflicht des Garantiegebers unabhängig von der Ursächlichkeit für den
eingetretenen Schaden auszuschließen. Diese Einschränkung muss in den Garantiebedin-

---

[78] BGH NJW 2018, 291 mit Anm. *Tamm.*
[79] Vgl. → Rn. 440.
[80] BGH NJW 1988, 1726 (1727).
[81] BGH NJW 2011, 3510.
[82] BGH NJW 2008, 843.

gungen eindeutig zum Ausdruck gebracht werden.[83] Dem Garantiegeber ist es dagegen nicht verwehrt, den Beweis der fehlenden Ursächlichkeit der versäumten Inspektionen dem Kunden aufzuerlegen.[84] Den Kundeninteressen ist im Übrigen dann nicht mehr hinreichend entsprochen, wenn die Inspektionsklausel dem Käufer die Obliegenheit auferlegt, die empfohlenen Wartungsarbeiten ausschließlich in der Werkstatt des Verkäufers durchzuführen und im Falle der Unzumutbarkeit eine Genehmigung des Verkäufers zur Fremdreparatur einzuholen.[85] Das vorgestellte Rechtsprechungskonzept ist insgesamt kritikwürdig, da sich schon die Kontrollfähigkeit nicht überzeugend begründen lässt und das Kriterium der Entgeltlichkeit auch wertungsmäßig nicht zu überzeugen vermag. Im Grunde sollte die Prüfung sich darauf beschränken, ob die wechselseitigen Rechte und Pflichte transparent und nachvollziehbar aufgezeigt werden und ob es sich für den Kunden um eine überraschende Klausel handelt.[86] Der Abwehr unlauterer Praktiken dient im Übrigen das Recht des unlauteren Wettbewerbs.

X. Gewährleistungsfreizeichnung in Kunstauktions-AGB

Literatur: *Heyers,* Gewährleistung und Gewährleistungsausschluss im Kunstauktionshandel, GRUR 2012, 1206; *Kappus,* Auktionsbedingungen, in: Vertragsrecht und AGB-Klauselwerke, hrsg. von Graf von Westphalen/Thüsing, Stand: Dezember 2012.

965a   Bei der Versteigerung von Kunstwerken durch Auktionshäuser stellt die Frage der Mängelhaftung (Fälschung, Mängel der Provenienz etc) einen zentralen Punkt dar. Die Versteigerungsbedingungen sehen regelmäßig einen mehr oder weniger weit formulierten Gewährleistungs-/Haftungsausschluss vor. Der Prüfungsmaßstab ergibt sich hier – auch wenn auf Erstehersseite ein Verbraucher beteiligt ist – nicht bereits aus den zwingenden Vorschriften der Verbrauchsgüterkaufs. Denn hier greift regelmäßig der **Ausnahmetatbestand des § 474 Abs. 2 BGB** ein. Ferner gelangt auch die strenge Haftung des **§ 309 Nr. 8 Buchst. b BGB** in aller Regel nicht zur Anwendung, da es sich bei Kunstwerken meist um keine neu hergestellten Sachen handeln dürfte. Von daher verbleibt es beim Maßstab der **Generalklausel des § 307 BGB.** Die höchstrichterliche Rechtsprechung vor Inkrafttreten des AGBG hat Haftungsausschlüsse in Allgemeinen Versteigerungsbedingungen bei Kunstauktionen grundsätzlich als unbedenklich angesehen.[87] Bei der Auktion von Kunstwerken sei zu beachten, dass den Kunsthändler hinsichtlich der Echtheit und der Herkunftsangaben ein erhebliches Risiko trifft. Er bleibe in der Regel auf Angaben der Einlieferer und gegebenenfalls Expertisen angewiesen. Aus diesem Grund hat die Rechtsprechung es nicht als ungerechtfertigte, einseitige Durchsetzung von Interessen betrachtet, wenn der Auktionator die Gewährleistung für die Herkunft von Kunstwerken ausschließt. Der BGH hat sodann die frühere Rechtsprechung ergänzt und sie auch für die Zeit nach Inkrafttreten des AGB-Gesetzes für anwendbar gehalten.[88] Zu betonen ist allerdings, dass der BGH dem Auktionator die Berufung auf die formularmäßige Freizeichnung versagt, wenn er selbst bei der Annahme des (gefälschten) Werkes die ihm gegenüber dem Ersteigerer (Käufer) obliegende Sorgfaltspflicht verletzt hat.

965b   Fraglich ist indes, ob man sich damit zufrieden geben kann. Das OLG München[89] hat nämlich zu Recht auf die Konsequenz hingewiesen, dass der Ersteigerer trotz geführten

---

[83] BGH NJW 2014, 209 (211).

[84] BGH NJW 2008, 214 (215); insgesamt kritisch zur neueren BGH-Rechtsprechung zur Inhaltskontrolle von Garantien P. *Bydlinski* JZ 2008, 309 ff.

[85] BGH NJW 2009, 3714 (3715).

[86] So auch *Steimle* NJW 2014, 194.

[87] BGH NJW 1975, 970.

[88] BGH NJW 1980, 1619; sich anschließend OLG Köln NJW 2012, 2665 (2666 f.).

[89] OLG München NJW 2012, 2891.

Nachweises einer Fälschung dann keinen Anspruch gegen den Auktionator geltend machen kann, wenn das Nichterkennen der Fälschung diesem nicht als sorgfaltspflichtwidrig vorzuwerfen ist. Das könne – so das OLG – angesichts der stetigen Verbesserung der Fälschungstechniken in einer Vielzahl der Fälle eintreten. Andererseits könne dann aber der Auktionator – sogar unter Verwendung der Erkenntnisse aus dem kostenmäßig zum Nachteil des Ersteigerers gehenden Verfahrens – seinerseits erfolgreich den Einlieferer in Anspruch nehmen. Damit wird dann aber in der Tat das Fälschungsrisiko einseitig dem Ersteigerer auferlegt, ohne dass diesem ein angemessener Ausgleich zugestanden wird. Dieser läge darin, **dem Ersteigerer** die dem Auktionshaus aus dem Einliefererverhältnis zustehenden **Gewährleistungsansprüche gegen den Einlieferer abzutreten** bzw. bereits erlangte Ersatzleistungen auszukehren. Eine solche Vertragsgestaltung entspricht der Praxis zahlreicher Auktionshäuser und ist richtiger Ansicht nach geboten, um einen angemessenen Interessenausgleich sicherzustellen. Der BGH[90] hat in seiner Revisionsentscheidung diesen Punkt nicht angesprochen, da er der globalen Freizeichnung aus einem anderen Grund die Anerkennung meinte versagen zu müssen. Unter deutlicher Verschärfung seiner bisherigen Rechtsprechung zu Freizeichnungsklauseln bei Kunstauktionen verlangt der BGH nunmehr, dass der Haftungsausschluss ausdrücklich etwaige Schadensersatzansprüche ausnimmt, die dem Versteigerer wegen Körper- und Gesundheitsschäden sowie wegen Vermögensschäden zustehen, bei denen dem Auktionshaus Vorsatz oder grobe Fahrlässigkeit zur Last fällt. Der Gewährleistungsausschluss ist damit insgesamt unwirksam.

Sechster Abschnitt. Haftung

§ 37. Haftungsfreizeichnungen und -beschränkungen

Literatur: *Arnold*, Freizeichnungsklauseln für leichte Fahrlässigkeit in AGB, ZGS 2004, 16; *Brors*, Haftungsbeschränkungen gegenüber dem Endverbraucher – neue Wege bei der AGB-Kontrolle?, ZIP 1998, 1663; *Haas*, Haftungsfreizeichnungsklauseln in Allgemeinen Geschäftsbedingungen, 1991; *Koller*, Die Wirksamkeit formularmäßiger Haftungsfreizeichnungsklauseln zwischen Schadensausgleich und Schadensprävention, ZIP 1986, 1089; *Kötz*, Zur Wirksamkeit von Freizeichnungsklauseln, NJW 1984, 2447; *Langer*, Haftungsausschluss und Haftungsbegrenzung gegenüber Unternehmern in Allgemeinen Geschäftsbedingungen, WM 2006, 1233; *Ostendorf*, Zur Wirksamkeit von Haftungsbeschränkungen in Standardverträgen nach der jüngeren Rechtsprechung des BGH – Auswirkungen auf die Vertragsgestaltung, ZGS 2006, 222; *Peter*, Haftungsklauseln in Allgemeinen Geschäftsbedingungen, Jura 2015, 121; *Reiff*, Die neuen berufsrechtlichen Bestimmungen über Haftungsbeschränkungen durch AGB, AnwBl 1997, 3 ff.; *Roussos*, Freizeichnung von Schadensersatzansprüchen im Recht der AGB, 1982; *Sackmann*, Die Beschränkung datenschutzrechtlicher Schadensersatzhaftung in Allgemeinen Geschäftsbedingungen, ZIP 2017, 2450; *Schlechtriem*, Summenmäßige Haftungsbeschränkungen in Allgemeinen Geschäftsbedingungen, BB 1984, 1177; *Schlosser*, Haftungsgrund, Haftungsmaßstab und AGB-Gesetz, WM 1978, 562; *ders.*, Freizeichnungsklauseln im kaufmännischen Verkehr, in: Zehn Jahre AGB-Gesetz, 1987, S. 121; *Graf von Westphalen*, Die Nutzlosigkeit von Haftungsfreizeichnungs- und Haftungsbegrenzungsklauseln im kaufmännischen Verkehr, DB 1997, 1805; *ders.*, Leitlinien zur Haftungsbeschränkung in Mandats-AGB, MDR 1997, 989; *ders.*, Nach der Schuldrechtsreform: Neue Grenzen für Haftungsfreizeichnungs- und Haftungsbegrenzungsklauseln, BB 2002, 209; *ders.*, Freizeichnungsverbote in AGB-Klauseln – Neues und Altes, ZGS 2002, 382; *M. Wolf*, Freizeichnungsverbot für leichte Fahrlässigkeit in AGB, NJW 1980, 2433.

---

[90] BGH NJW 2013, 3570.

I. Die Klauselverbote des § 309 Nr. 7 BGB

966	Die Klauselverbote des § 309 Nr. 7 BGB befassen sich, abgestuft nach den betroffenen Rechtsgütern, mit der Wirksamkeit vorformulierter Haftungsausschlüsse und -begrenzungen. Hier liegt traditionell eines der Haupteinsatzfelder der Klauselkontrolle. Im Zuge der Modernisierung des Schuldrechts ist der einschlägige – damals in § 11 Nr. 7 AGBG niedergelegte – Katalogtatbestand neu gefasst worden. Die durch die Vorgängervorschrift markierten **Grenzen vertraglicher Haftungsabreden** haben trotz der Ergänzung um ein absolutes Freizeichnungsverbot für höchstrangige Rechtsgüter im Ergebnis **kaum eine substantielle Änderung erfahren.**

1. Anwendungsbereich

967	**a) Vertragliche und gesetzliche Schadensersatzansprüche.** Die Klauselverbote des § 309 Nr. 7 BGB verbieten es dem Verwender, seine Haftung für Pflichtverletzungen formularmäßig abzubedingen. Damit sind alle **Schadensersatzansprüche des Kunden** sowie in den Vertrag einbezogener Dritter gegen den Verwender in den Anwendungsbereich der Klauselverbote einbezogen, **gleich auf welcher Rechtsgrundlage** sie beruhen. Erfasst werden also zum einen vertragliche Schadensersatzansprüche, insbesondere solche, die in § 280 BGB ihre Anspruchsgrundlage finden – unter Einschluss der Schadensersatzansprüche aus der Lieferung einer mangelhaften Sache.[1] Darüber hinaus beziehen sich die Verbotstatbestände auch auf eine Haftung aus Verschulden bei Vertragsschluss (§§ 280 Abs. 1, 311 Abs. 2, 241 Abs. 2 BGB) und unerlaubter Handlung (§§ 823 ff. BGB).[2]

968	**b) Vertragstypbezogene Ausnahmen.** § 309 Nr. 7 Halbsatz 2 BGB dispensiert die **privatrechtlichen,** besonderen **Beförderungsbedingungen für den Linienverkehr auf der Straße** von der Geltung der Klauselverbote der Nr. 7 Buchst. a und b. Der Hintergrund dieser Ausnahme ist darin zu sehen, dass die aufgrund ihres Rechtsnormcharakters dem Anwendungsbereich der §§ 305 ff. BGB entzogene Verordnung vom 27.2.1970 (BGBl. I 230) in § 14 Haftungsgrenzen für Sachschäden des Fahrgastes vorsieht, die in privatrechtlichen Verträgen mit § 309 Nr. 7 BGB in Konflikt geraten würden. Durch die gesetzliche Exemtion wird aus Gründen der Gleichbehandlung sichergestellt, dass die privatrechtlich gestalteten Beförderungsbedingungen und Tarifvorschriften in diesem Bereich gleichartige Haftungsgrenzen statuieren können, soweit sie nicht zum Nachteil des Kunden von der Verordnung abweichen.[3] Die Verordnung kann in diesem Punkte mithin ohne Verstoß gegen das AGB-Recht übernommen werden. Allgemeine Flugbeförderungsbedingungen eines Luftfahrtunternehmens werden von der Ausnahme nicht erfasst und müssen sich eine Kontrolle auf ihre Vereinbarkeit mit dem gesetzlichen AGB-Recht gefallen lassen.[4]

969	Durch § 309 Nr. 7 Halbsatz 3 BGB sind die **Teilnahme- und Spielbedingungen der staatlich genehmigten Lotterie- und Ausspielverträge** vom Verbot des Haftungsausschlusses für grobes Verschulden (Buchst. b) freigestellt. Bei diesen Regelwerken handelt es sich um Allgemeine Geschäftsbedingungen, die Teil des privatrechtlichen Spielvertrages (§ 763 BGB) werden. Dies gilt auch dann, wenn es sich um staatliche Lotterien handelt, die als solche ohne weiteres genehmigt sind. In den Teilnahme- und Spielbedin-

---

[1] Zu Letzterem die Regierungsbegründung BT-Drs. 14/6040, S. 156.
[2] BGH NJW 1995, 1488 (1489); Palandt/*Grüneberg* BGB § 309 Rn. 40.
[3] Amtl. Begründung BT-Drs. 7/3919, S. 42.
[4] BGH NJW 1983, 1322 (1324). Näheres zu den Personenbeförderungsbedingungen im Luftverkehr bei *Giemulla/Schmid* NJW 1999, 1057.

gungen der Toto- und Lottounternehmen sind Haftungsausschlüsse für den Fall vorgesehen, dass Wettscheine abhanden kommen oder verfälscht werden.[5] Für die Zulassung solcher, auch grobes Verschulden erfassender Klauseln sprach nach Ansicht des Rechtsausschusses, dass anderenfalls der Gefahr eines manipulativen Zusammenwirkens zwischen Angestellten und Spielern Vorschub geleistet würde, insbesondere Betrüger nicht davon abgehalten würden, mit Hilfe fingierter Wettscheine die Auszahlung vorgetäuschter Gewinne zulasten der wirklichen Gewinner zu erstreiten.[6] Freizeichnungsklauseln, die sich nicht durch diesen Zweck rechtfertigen lassen, sind einer Inhaltskontrolle nach § 307 BGB zu unterziehen.[7] Die Haftungsregeln vieler Lotterieunternehmen werden ausdrücklich auch für Fälle erstreckt, in denen eine Haftung bereits vor Vertragsschluss entstanden ist.[8] Konstruktiv lässt sich dies mit der Annahme eines Rahmenvertrages auf Einbeziehung der Teilnahmebedingungen erklären, den das Unternehmen, vertreten durch die Annahmestelle, abschließt.[9]

2. Freizeichnungsverbot für Verletzung höchstrangiger Rechtsgüter

Die auffälligste Neuerung gegenüber der Vorgängervorschrift des § 11 Nr. 7 AGBG besteht in der Schaffung eines eigenständigen Verbotstatbestandes in **§ 309 Nr. 7 Buchst. a BGB**, der einen absolut freizeichnungsfesten Kernbereich definiert. Hiernach ist eine Klausel unwirksam, durch die sich der Verwender von der **Haftung für Schäden aus der Verletzung des Lebens, des Körpers oder der Gesundheit** freizuzeichnen versucht.[10] Selbst die Haftung des Verwenders für **einfache Fahrlässigkeit** kann durch Allgemeine Geschäftsbedingungen insoweit nicht zum Nachteil des Kunden abbedungen werden. Im Hinblick auf die Wertigkeit dieser Rechtsgüter ist es dem Verwender sogar untersagt, sich von der Haftung für gesetzliche Vertreter und **Erfüllungsgehilfen** (§§ 278 ff. BGB) freizuzeichnen, selbst wenn diese nur leichte Fahrlässigkeit trifft.   **970**

Die gesetzgeberische Entscheidung für diesen Verbotstatbestand geht ausweislich der Regierungsbegründung[11] auf **Nummer 1a des Anhangs der Richtlinie 93/13/EWG** zurück, wonach Klauseln, die darauf abzielen oder zur Folge haben, dass die gesetzliche Haftung des Gewerbetreibenden ausgeschlossen oder eingeschränkt wird, wenn der Verbraucher aufgrund einer Handlung oder Unterlassung des Gewerbetreibenden sein Leben verliert oder einen Körperschaden erleidet, für missbräuchlich erklärt werden können.   **971**

---

[5] Vgl. etwa § 15 Nr. 1 der Teilnahmebedingungen für LOTTO 6aus49 der Westdeutsche Lotterie GmbH & Co. OHG (Stand September 2020): „Die Haftung des Unternehmens für Schäden, die von ihm fahrlässig (auch grob fahrlässig) oder von seinen gesetzlichen Vertretern oder von seinen Erfüllungsgehilfen, insbesondere auch von WestLotto-Annahmestellen und sonstigen mit der Weiterleitung der Daten zur Zentrale des Unternehmens beauftragten Stellen, schuldhaft verursacht werden, wird gemäß § 309 Nr. 7b) BGB für spieltypische Risiken ausgeschlossen."

[6] BT-Drs. 7/5422, S. 14. Kritisch hierzu MüKoBGB/*Wurmnest* § 309 Nr. 7 Rn. 15 f. mit dem Hinweis, die wahre Absicht läge darin, den Veranstaltern das „Personalrisiko" für die Mitarbeiter der Annahmestellen abzunehmen.

[7] Palandt/*Grüneberg* BGB § 309 Rn. 4; *Löwe*/Graf von Westphalen/Trinkner AGBG § 23 Abs. 2 Nr. 4 Rn. 3.

[8] Vgl. wiederum exemplarisch Vgl. etwa § 15 Nr. 14 der Teilnahmebedingungen für LOTTO 6aus49 der Westdeutsche Lotterie GmbH & Co. OHG (Stand September 2020).

[9] BeckOK/*Becker* BGB § 309 Nr. 7 Rn. 36; BGH NJW 1965, 1583 unter dem Gesichtspunkt des § 138 BGB; OLG Celle NJW-RR 1986, 833.

[10] Die Begriffe sind in dem aus § 823 Abs. 1 BGB geläufigen Sinne zu verstehen, Palandt/*Grüneberg* BGB § 309 Rn. 43.

[11] BT-Drs. 14/6040, S. 156.

3. Freizeichnungsverbot für grobes Verschulden

972   Soweit es um **Schäden an anderen als den unter Buchst. a genannten Gütern** geht, sind Haftungsausschlüsse und -begrenzungen zwar nicht von vornherein ausgeschlossen. Jedoch zieht **§ 309 Nr. 7 Buchst. b BGB** der Vertragsgestaltung auch hier eine äußerste Grenze. Von der aus einer **grob fahrlässigen,** eigenen **Pflichtverletzung** oder aus einer vorsätzlichen oder grob fahrlässigen Pflichtverletzung eines gesetzlichen Vertreters oder Erfüllungsgehilfens resultierenden Haftung kann sich der Verwender in Allgemeinen Geschäftsbedingungen nicht wirksam freizeichnen. Es fällt auf, dass die Haftung für vorsätzliche Pflichtverletzungen des Verwenders nicht erwähnt wird. Dass diese dem Schuldner nicht im Voraus erlassen werden kann, folgt jedoch schon aus § 276 Abs. 3 BGB.

4. Ausschluss und Begrenzung der Haftung

973   § 309 Nr. 7 BGB setzt keinen ausdrücklichen **Haftungsausschluss** voraus. Es genügt, dass die Klausel nach ihrem Sinn und Zweck den Eindruck eines Haftungsausschlusses erweckt. Ein Haftungsausschluss im Sinne des § 309 Nr. 7 BGB liegt insbesondere vor, wenn die objektive Pflicht, die Grundlage der Haftung ist, ausgeschlossen und ein bestimmtes Risiko allein dem Vertragspartner auferlegt wird.[12]

Beispiel: Nach den besonderen Bedingungen einer Bank für den „**Online-Service**" soll das Risiko zeitweiliger Zugangsbeschränkungen und -unterbrechungen nicht von der Bank, sondern von den Kunden getragen werden. Damit bringt die Bank zum Ausdruck, dass sie für Schäden, die sich aus der Verwirklichung dieser Risiken ergeben, nicht einstehen will.[13]

974   Eine **Haftungsbegrenzung** liegt vor, wenn die dem anderen Vertragsteil zustehenden Schadensersatzansprüche durch die betreffende Klausel eine **inhaltliche Schmälerung** erfahren.[14] Eine solche kann beispielsweise im Ausschluss bestimmter Schäden (mittelbare Schäden, Folgeschäden etc) liegen.[15] Ferner fallen hierunter auch **Begrenzungen der Höhe nach.**

Beispiel:
(1) Unzulässig ist beispielsweise die Klausel in **Fotoentwicklungs**-AGB „Bei Verlust von Filmen, Bildern, Dias, Foto-CDs und ähnlichen Fotomaterialien wird Ersatz nur in Höhe des reinen **Materialwerts** geleistet."[16]
(2) Eine Klausel in **Textilreinigungsverträgen** sieht (auch bei grob fahrlässigem und vorsätzlichem) Verlust des Reinigungsguts lediglich die Erstattung des „Zeitwerts" und nicht – wie das Schadensersatzrecht dies vorgibt – des Wiederbeschaffungswerts vor.[17]

975   Lässt die Klausel den Schadensersatzanspruch seinem Inhalt nach unberührt und statuiert sie statt dessen besondere, **einschränkende Modalitäten seiner Geltendmachung,** so unterfällt auch diese Gestaltung dem Anwendungsbereich des § 309 Nr. 7 BGB.[18] Denn von solchen formalen Erschwernissen – etwa einer sehr kurzen Ausschlussfrist – kann im Ergebnis eine deutlich intensivere Belastung ausgehen als von einer inhalt-

---

[12] BGH NJW 2001, 751 (752).
[13] BGH NJW 2001, 751 (752).
[14] Staudinger/*Coester-Waltjen* BGB § 309 Nr. 7 Rn. 23.
[15] BGH NJW 1987, 2818 (2820); MüKoBGB/*Wurmnest* § 309 Nr. 7 Rn. 23.
[16] BGH WM 1983, 916; OLG Nürnberg NJW-RR 2000, 436.
[17] BGH NJW 2013, 2502 (2503).
[18] Wie hier BGH NJW 2007, 674 (675) zumindest für zeitliche Limitierungen; ferner Wolf/ *Dammann* BGB § 309 Nr. 7 Rn. 54; PWW/*Berger* BGB § 309 Rn. 42; Ulmer/*Christensen* BGB § 309 Nr. 7 Rn. 28; *Preis/Roloff* RdA 2005, 145 ff.; MüKoBGB/*Wurmnest* § 309 Nr. 7 Rn. 23; Beck-OGK/*Weiler* BGB § 309 Nr. 7 Rn. 105 f. Dagegen entzieht das BAG die Kontrolle von Ausschluss-

lichen Einschränkung – etwa durch eine sehr hoch angesetzte summenmäßige Begrenzung der Haftung. Abgesehen davon kann zwischen inhaltlichen und formalen Haftungsbeschränkungen kaum sachgerecht unterschieden werden.[19] Um die Effektivität des
Schutzes sicherzustellen, sollte § 309 Nr. 7 BGB auf alle Klauseln angewendet werden,
die eine Inanspruchnahme des Schädigers durch den Geschädigten erschweren.

Beispiele: Eine unzulässige Haftungsbegrenzung liegt
(1) in der **Abkürzung der gesetzlichen Verjährung** für Schadensersatzansprüche;[20]
(2) in der Statuierung von **Ausschlussfristen**, die kürzer sind als die Verjährungsfrist;[21]
(3) in einer **Subsidiaritätsklausel**, durch die Haftung von der vorherigen (vergeblichen) Inanspruch-
    nahme eines Dritten abhängig gemacht wird.[22]

II. Haftung für einfache Fahrlässigkeit im nichtunternehmerischen Verkehr

Eine formularmäßige **Freizeichnung von der Haftung für einfache Fahrlässigkeit** ist
zwar unter der Voraussetzung, dass sie sich nicht auf die Haftung für Personenschäden
erstreckt, nach § 309 Nr. 7 BGB nicht zu beanstanden. Die Rechtsprechung hat jedoch
auf der Grundlage des **§ 307 BGB** eine dem strikten Verbot des § 309 Nr. 7 BGB
vorgelagerte Verbotszone abgesteckt, sodass selbst Haftungsklauseln, die an das Vorliegen einfacher Fahrlässigkeit anknüpfen, nicht ohne weiteres wirksam vereinbart werden können.[23] Eine Haftungsfreizeichnung darf nach der Rechtsprechung des BGH nicht
zur Aushöhlung von vertragswesentlichen Rechtspositionen des Vertragspartners des
Klauselverwenders führen, etwa weil sie ihm solche Rechte wegnimmt oder einschränkt,
die ihm der Vertrag nach seinem Inhalt und Zweck gerade zu gewähren hat (**§ 307 Abs. 2
Nr. 2 BGB**). Ferner darf die Haftungsbeschränkung nicht dazu führen, dass der Klausel-
benutzer von Verpflichtungen befreit wird, deren Erfüllung die ordnungsgemäße Durchführung des Vertrages überhaupt erst ermöglicht und auf deren Einhaltung der Vertragspartner regelmäßig vertrauen darf. Die Rechtsprechung spricht insoweit von **Kardinalpflichten.**[24] Zu ihnen rechnet sie nicht nur die im Gegenseitigkeitsverhältnis stehenden
Hauptleistungspflichten, die dem Vertrag sein typisches Gepräge verleihen, sondern auch
bestimmte Nebenpflichten, zB wenn sie für das Integritätsinteresse des Vertragspartners
von besonderer Bedeutung sind. Allerdings ist mit der Kurzformel der „Kardinalpflichtverletzung" nicht viel gewonnen.[25] Insbesondere darf diese Formulierung nicht darüber
hinwegtäuschen, dass sich der Kontrollmaßstab allein aus den gesetzlichen Voraussetzungen des § 307 Abs. 2 Nr. 2 BGB ergibt.[26] Es wird daher davon abgesehen, hier eine eigene
Dogmatik der Kardinalpflichtverletzung zu entfalten. Einige Beispiele aus der Recht-

976

---

fristen in Arbeitsverträgen dem Klauselverbot des § 307 Nr. 7 BGB und misst sie an § 307 BGB (vgl.
BAG NJW 2006, 795 und NZA 2018, 589 Rn. 70).
    [19] Ulmer/*Christensen* BGB § 309 Nr. 7 Rn. 28.
    [20] BGH NJW 2007, 674 (675); 2009, 1486 (1487); 2013, 2584 (2585).
    [21] MüKoBGB/*Wurmnest* § 309 Nr. 7 Rn. 23; Wolf/*Dammann* BGB § 309 Nr. 7 Rn. 56; *Preis/
Roloff* RdA 2005, 145 ff.; offen gelassen von BGH NJW 1990, 761 (764); aA BAG NZA 2005, 1111
(1113); 2006, 149 (152).
    [22] BGH NJW 2010, 1277 (1278); PWW/*Berger* BGB § 309 Rn. 42; Palandt/*Grüneberg* BGB § 309
Rn. 45.
    [23] So BGH NJW 2002, 673 (674); 2013, 2502 (2503).
    [24] BGH NJW 1984, 1350 (1351); NJW-RR 1998, 1426 (1427); NJW 2002, 673 (674); 2005, 1774.
    [25] Zur Kritik am Konzept der Kardinalpflichten Staudinger/*Wendland* BGB § 307 Rn. 275 f. Es ist
bezeichnend, dass der BGH eine Freizeichnungsklausel, die die Haftung für die Verletzung von
Kardinalpflichten ausdrücklich ausnimmt, selbst im unternehmerischen Verkehr für intransparent
hält (BGH NJW-RR 2005, 1496, 1505; zu Recht kritisch *Kappus* NJW 2006, 15 ff.).
    [26] Zur Dogmatik des Aushöhlungsverbots siehe → Rn. 522 ff.

sprechung sollen einen Eindruck vermitteln, wo die Grenzen formularmäßiger Freizeichnungen im nichtunternehmerischen Verkehr verlaufen:

Beispiele:

(1) Als Kardinalpflicht ist beispielsweise die **Verpflichtung des Verkäufers zur Verschaffung einer mangelfreien Sache** eingestuft worden. Die Haftung für Mangel- und Mangelfolgeschäden kann daher ebensowenig wie die Haftung für nicht fristgerechte Lieferung[27] formularmäßig auch bei leichter Fahrlässigkeit nicht vollständig ausgeschlossen werden. Zulässig bleibt jedoch eine Begrenzung der Haftung auf den voraussehbaren, vertragstypischen Schaden.[28] Die Pflicht zur Lieferung einer mangelfreien Sache kann auch dadurch verletzt werden, dass der Verkäufer bei der Nachbesserung Schäden an Rechtsgütern des Käufers, insbesondere Schäden an der Sache selbst, schuldhaft verursacht. Für die dabei auftretenden, typischen und vorhersehbaren Folgeschäden kann der Verkäufer seine Haftung nicht formularmäßig ausschließen oder begrenzen.[29]

(2) Wer es übernimmt, Kaufinteressenten beim Erwerb einer Immobilie, also einer erkennbar weit tragenden Entscheidung professionell zu beraten, kann in der von ihm angefertigten Immobilienberechnung nicht wirksam die Haftung für die Richtigkeit ausschließen. Denn es ist gerade Gegenstand des **Beratungsvertrages**, den Kunden richtig und umfassend über die von ihm zu treffende Anlageentscheidung zu informieren.[30]

(3) Die Haftungsbegrenzung für Sachschäden auf das 15-fache des Bearbeitungspreises in **Textilreinigungsbedingungen** berücksichtigt den Wert des Reinigungsguts nicht in angemessener Weise und führt bei wertvolleren Textilien zu einer nicht gerechtfertigten Beschränkung des Schadensersatzanspruchs des Kunden. Daran ändert – jedenfalls bei Verwendung gegenüber Verbrauchern – auch der Umstand nichts, dass dem Kunden der Abschluss einer Versicherung nahegelegt wird.[31]

(4) Der **Reiseveranstalter** hat den Reisenden bei Buchung einer Auslandsreise grundsätzlich ungefragt über die im jeweiligen Durchreise- oder Zielland geltenden Einreisebestimmungen zu unterrichten. Die Erfüllung dieser vertragswesentlichen Pflicht ist Grundvoraussetzung für das Gelingen der Reise. Eine den Reiseveranstalter von der Haftung für Schäden aus der Verletzung dieser Pflicht freistellende Bestimmung in Allgemeinen Reisebedingungen verstößt gegen § 307 Abs. 2 Nr. 2 BGB.[32]

(5) In den **Krankenhausbedingungen** verstößt eine Klausel gegen § 307 Abs. 2 Nr. 2 BGB, nach der die Haftung für die **Reinigung, Desinfektion und Entwesung eingebrachter Sachen (insbesondere der Kleidungsstücke) des Patienten** auf Vorsatz und grobe Fahrlässigkeit beschränkt wird. Diese Leistungen gehören zur notwendigen Krankenhauspflege oder zur sonstigen medizinischen Versorgung des Patienten. Der Patient kann auf diesem Gebiet billigerweise erwarten, dass das Krankenhaus diese Vertragsleistungen mit der im Verkehr erforderlichen Sorgfalt erbringen wird. Hingegen wird die Erreichung des Vertragszwecks eines Krankenhausaufnahmevertrages, der in der Heilung und Pflege des Patienten liegt, nicht dadurch gefährdet, dass der Krankenhausträger seine **Haftung für eingebrachte Sachen**, die in der Obhut des Patienten bleiben, auf Vorsatz und grobe Fahrlässigkeit beschränkt.[33]

(6) Der Ausschluss der auf einfacher Fahrlässigkeit beruhenden **Haftung des Vermieters von Wohnraum für Schäden des Mieters**, die durch Mängel der Mietsache verursacht sind, stellt nach einer klärenden Entscheidung des BGH jedenfalls dann eine gegen § 307 Abs. 2 Nr. 2 BGB verstoßende Einschränkung der Rechte des Mieters dar, wenn von dem Ausschluss Schäden an eingebrachten Sachen des Mieters umfasst sind, gegen die sich der Mieter üblicherweise nicht versichern kann.[34]

---

[27] BGH NJW 1994, 1060 (1062 f.). Auch BGH NJW 2002, 673 (674) betont, eine im Gegenseitigkeitsverhältnis stehende vertragliche Hauptpflicht sei stets als wesentliche Vertragspflicht i Sv § 307 Abs. 2 Nr. 2 BGB anzusehen.

[28] *Arnold* ZGS 2004, 20 f.; PWW/*Berger* BGB § 307 Rn. 27.

[29] BGH NJW 2001, 292 (302).

[30] BGH NJW 2000, 3275 (3276); zum formularmäßigen Ausschluss aller Beratungspflichten des Versicherungsmaklers BGH NJW 2005, 1357.

[31] BGH NJW 2013, 2502 (2503 f.); anders BGH NJW 1980, 1953 für Teppichreinigung im kaufmännischen Verkehr.

[32] BGH NJW 1985, 1165 (1166).

[33] BGH NJW 1990, 761 (764 f.).

[34] BGH NJW 2002, 673 ff.

(7) Ein **Haftungsausschluss für leichte Fahrlässigkeit in einem Fondsprospekt** widerspricht der Aufgabe eines solchen Prospekts, die potentiellen Anleger verlässlich, umfassend und wahrheitsgemäß zu informieren, und ist daher unwirksam.[35]

Voraussetzung für die Wirksamkeit summenmäßiger **Haftungsbegrenzungen ist,** dass 977 die festgesetzte Höchstsumme die vertragstypischen, vorhersehbaren Schäden abdeckt.[36] Denn von der Haftung für solche Schäden kann sich der Verwender regelmäßig nicht freizeichnen.[37]

Beispiel: Der BGH geht in seiner neueren Rechtsprechung noch einen Schritt weiter und gestattet dem Verwender (einem **Stromversorger**) die Haftung bei fahrlässig verursachten Sach- und Vermögensschäden der Höhe nach „auf die bei Vertragsschluss vorhersehbaren und vertragstypischen Schäden" zu beschränken. Die Klausel verstoße auch nicht etwa gegen das Transparenzgebot, da die Begriffe „vorhersehbar" und „vertragstypisch" dem durchschnittlichen Vertragspartner geläufig seien.

Weder Gegenstand einer Ausschluss- noch einer Haftungsbegrenzungsvereinbarung 978 kann die Ersatzpflicht des Herstellers gem. § 1 Abs. 1 ProdHaftG sein (**§ 14 ProdHaftG**).

III. Haftung im unternehmerischen Verkehr

Freizeichnungsklauseln, die gegenüber einem Unternehmer verwendet werden, sind 979 zwar gem. § 310 Abs. 1 S. 1 BGB nicht unmittelbar an § 309 Nr. 7 BGB zu messen. Die Verbotstatbestände entfalten jedoch über die Generalklausel des **§ 307 BGB** in weitem Umfang auch im unternehmerischen Verkehr ihre Wirkung (§ 310 Abs. 1 S. 2 BGB).

1. Ausschluss der Haftung

Für das Verbot der Freizeichnung von der **Haftung für Personenschäden** (§ 309 Nr. 7 980 Buchst. a BGB) ist die Ausstrahlung auf den unternehmerischen Geschäftsverkehr unstreitig.[38] Die Rechtfertigung dafür liegt darin, dass hinsichtlich des von § 309 Nr. 7 Buchst. a BGB bezweckten Schutzes besonders wichtiger persönlicher Rechtsgüter kein Raum ist für eine Differenzierung zwischen Unternehmern und Verbrauchern. Hier kommt hinzu, dass auf der anderen Seite häufig eine juristische Person stehen wird, Schadensersatzansprüche der konkret verletzten Person daher schon mangels einer unmittelbaren Vertragsbeziehung zum Verwender von einer Freizeichnungsabrede nicht erfasst werden.

Hinsichtlich des Freizeichnungsverbots für die **Haftung bei grobem Verschulden** 981 (§ 309 Nr. 7 Buchst. b BGB) besteht dahingehend Einigkeit, dass der Verwender auch gegenüber einem unternehmerischen Kunden die Haftung für **eigene grobe Fahrlässigkeit,** auch in Form eines Organisationsverschuldens, sowie für grobes Verschulden seiner **leitenden Angestellten** nicht wirksam ausschließen kann.[39]

Umstritten ist seit langem, ob und in welchem Maße sich der Verwender von All- 982 gemeinen Geschäftsbedingungen im unternehmerischen Verkehr von der **Haftung für einfache Erfüllungsgehilfen** freizeichnen kann.[40] Der BGH hat zu dieser Frage noch

---

[35] BGH NJW-RR 2002, 915.
[36] BGH NJW 1993, 335 (336).
[37] BGH NJW 2002, 673 (675).
[38] BGH NJW 2007, 3774 (3775); Palandt/*Grüneberg* BGB § 309 Rn. 55; Ulmer/*Christensen* BGB § 309 Nr. 7 Rn. 43.
[39] So schon BGH NJW 1978, 997 (999); 1979, 1918; NJW-RR 1989, 953; Ulmer/*Christensen* BGB § 309 Nr. 7 Rn. 45; Wolf/*Dammann* BGB § 309 Nr. 7 Rn. 138; Staudinger/*Coester-Waltjen* BGB § 309 Nr. 7 Rn. 42.
[40] Gegen die Linie der Rechtsprechung zuletzt *Kessel/Stomps* BB 2009, 2666.

nicht abschließend Stellung genommen.[41] Wohl aber hat er entschieden, dass sich der Verwender von der Haftung für grob fahrlässiges Handeln seiner Erfüllungsgehilfen nicht freizeichnen kann, wenn es um die Verletzung von **Kardinalpflichten** geht.[42] Hier hat die Rechtsprechung es dem Verwender sogar versagt, sich von der Haftung für leichte Fahrlässigkeit seiner Erfüllungsgehilfen freizuzeichnen.[43] Für eigene leichte Fahrlässigkeit wird dies erst recht gelten müssen.[44]

Beispiel: Eine Klausel, wonach sich der Verwender von Ansprüchen „wegen irgendwelcher Schäden, insbesondere Folgeschäden wie **Produktionsausfall** gleich aus welchem Rechtsgrund" freizeichnet, ist auch dann unwirksam, wenn die zwingende Haftung bei Vorsatz und grober Fahrlässigkeit ausdrücklich ausgenommen wird. Denn die Vorschrift erfasst ihrem Wortlaut nach auch solche Schäden, die aus der Verletzung einer Hauptleistungspflicht herrühren.[45]

983   **Außerhalb des Kreises wesentlicher Vertragspflichten** bedarf ein Haftungsausschluss für grobes Verschulden einfacher Erfüllungsgehilfen zumindest einer besonderen Rechtfertigung, die mitunter in den im jeweiligen Handelsverkehr geltenden Gewohnheiten und Gebräuchen gefunden werden kann. Eine Aussage des Inhalts, dass branchentypische Freizeichnungen, die allseits gebilligt und anerkannt werden, damit auch stets einer Angemessenheitskontrolle standhalten, ginge freilich zu weit.[46]

2. Begrenzung der Haftung

984   Großzügiger wird man im unternehmerischen Verkehr bloße **Haftungsbegrenzungen** beurteilen müssen, da dort das Interesse des Verwenders, das Risiko überraschender oder ungewöhnlicher Schadensfälle nicht übernehmen zu müssen, größeres Gewicht erlangt. Eine Haftungsbegrenzung **für fahrlässig begangene Pflichtverletzungen** kann daher im unternehmerischen Verkehr (ausgenommen grobes Verschulden des Verwenders oder eines leitenden Angestellten)[47] zulässig sein, wenn die festgelegte Haftungshöchstsumme die vertragstypischen und vorhersehbaren Schäden abdeckt.[48] Diesen Aspekt greift übrigens auch das UN-Kaufrecht auf. In Art. 74 S. 2 CISG heißt es: „Dieser Schadensersatz darf jedoch den Verlust nicht übersteigen, den die vertragsbrüchige Partei bei Vertragsschluss als mögliche Folge der Vertragsverletzung vorausgesehen hat oder unter Berücksichtigung der Umstände, die sie kannte oder kennen musste, hätte voraussehen können." Im Hinblick auf **Körperschäden** dürfte sich selbst eine bloße Haftungsbegrenzung wegen der Ausstrahlungswirkung des § 307 Nr. 7 Buchst. a BGB von vornherein verbieten.[49]

---

[41] BGH NJW 1985, 2259 (2261).

[42] BGH NJW-RR 1998, 1426; 2006, 267 (269).

[43] BGH NJW-RR 1998, 1426.

[44] MüKoBGB/*Wurmnest* § 309 Nr. 7 Rn. 38.

[45] BGH NJW-RR 2001, 342.

[46] So aber Palandt/*Grüneberg* BGB § 309 Rn. 57; wie hier Ulmer/*Hensen*, 9. Aufl. 2001, AGBG § 11 Nr. 7 Rn. 32.

[47] Erman/*Roloff*/*Looschelders* BGB § 309 Rn. 78. Im Hinblick auf einfache Erfüllungsgehilfen will Wolf/*Dammann* BGB § 309 Nr. 7 Rn. 164 eine Haftungsbegrenzung auch bei grob fahrlässiger Verletzung von Vertragspflichten zu lassen.

[48] Ulmer/*Christensen* BGB § 309 Nr. 7 Rn. 46; *Langer* WM 2006, 1236. Wolf/*Dammann* BGB § 309 Nr. 7 Rn. 164 vertritt die Ansicht, dass insoweit auch nicht zwischen wesentlichen und nicht wesentlichen Vertragspflichten unterschieden werden muss.

[49] BGH NJW 2007, 3774 (3375); Ulmer/*Christensen* BGB § 309 Nr. 7 Rn. 46.

IV. Rechtsfolgen eines Verstoßes

Die inkriminierte Haftungsklausel ist **insgesamt unwirksam.** Eine Rückführung auf 985
einen Restbestand, der mit dem Kontrollmaßstab der §§ 309 Nr. 7 und 307 BGB in
Einklang steht, kommt nicht in Betracht.[50]

Beispiel: So hat der BGH eine AGB-Klausel, die die **Haftung eines Bewachungsunternehmers** für
Schäden des Auftraggebers ohne Differenzierung hinsichtlich des Personenkreises und des Verschul-
densgrades summenmäßig begrenzt, auch im unternehmerischen Verkehr für unwirksam erklärt.
Denn nach ihrem eindeutigen Wortlaut greife eine solche Klausel auch dann ein, wenn der Vertragspartner durch vorsätzliches oder grob fahrlässiges Verhalten der Organe oder leitenden Angestellten
des Bewachungsunternehmens zu Schaden komme.[51] Die beanstandete Haftungsbegrenzungsklausel
war nach Ansicht des BGH insgesamt unwirksam; eine Rückführung auf ein noch zulässiges Maß
lehnte das Gericht ausdrücklich ab. Ob der Wachmann nun *in concreto* den Schaden des Auftraggebers leicht oder grob fahrlässig verursacht hat, spielt folglich keine Rolle. Es gilt der gesetzliche
Haftungsmaßstab der §§ 276, 278 BGB.

Die gängigen Vertragswerke sollten daher nach Inkrafttreten der Schuldrechtsmoderni- 986
sierung daraufhin überprüft werden, ob sie den differenzierten Anforderungen des § 309
Nr. 7 BGB und der Rechtsprechung zu § 307 BGB entsprechen. Globalen Freizeichnungen droht angesichts des Verbots der geltungserhaltenden Reduktion das Verdikt der
Totalnichtigkeit. Revisionsbedürftig sind beispielsweise AGB-Klauseln, die ganz allgemein die Haftung des Verwenders für leicht fahrlässig verursachte Schäden ausschließen, da hier nicht die unter Nr. 7 Buchst. a fallenden Ansprüche ausgenommen werden.[52]
Künftig muss hier **noch genauer differenziert** werden.

V. Sonderregelungen im Recht der freien Berufe

Vertragliche Haftungsausschlüsse in den Verträgen von Rechts- und Patentanwälten, 987
Steuerberatern und Wirtschaftsprüfern sind nach allgemeiner Meinung im Hinblick auf
die Versicherungspflicht und die besondere Vertrauensstellung, die die Angehörigen
dieser Berufsgruppen gegenüber ihren Vertragspartnern einnehmen, generell **unzulässig,**
unabhängig von der Art ihres Zustandekommens.[53] Für den Abschlussprüfer hat der
Gesetzgeber die Unzulässigkeit einer Freizeichnung von der Ersatzpflicht in § 323 Abs. 4
HGB auch ausdrücklich angeordnet.

Größer ist der Spielraum für **vertragliche Begrenzungen von Ersatzansprüchen** der 988
Mandanten gegen Angehörige der freien Berufe aus dem Mandatsverhältnis. Für die
Haftungsbegrenzung sehen § 52 BRAO, § 45b PatAnwO, § 67a StBerG und § 54a WPO
Sondervorschriften vor, die den §§ 307, 309 Nr. 7, 8a BGB vorgehen und als kontrollfreie
Erlaubnisnormen[54] die Kontrolle bezüglich solcher Vereinbarungen nach § 307 Abs. 3
S. 1 BGB ausschließen, wenn sie den spezialgesetzlichen Anforderungen entsprechen.[55]
In AGB ist für Rechtsanwälte, Patentanwälte und Steuerberater eine Haftungsbegrenzung
für vertraglich begründete Schadensersatzansprüche auf das Vierfache der Mindestver-
sicherungssumme von 250.000, also auf 1 Mio. möglich, vorausgesetzt, dass der Schaden
auch tatsächlich von der Versicherung abgedeckt ist. Bei Wirtschaftsprüfern beträgt die
Mindestversicherungssumme grds. 1 Mio. und die Haftungsbegrenzung in AGB auf das

---

[50] Eindeutig zuletzt BGH NJW-RR 1998, 1426; NJW 1999, 1031 (1032); 2001, 751 (753); NJW-
RR 2001, 342 (343); NJW 2011, 139 (141).
[51] BGH NJW 1999, 1031 (1032).
[52] HK/*Schulte-Nölke* BGB § 309 Rn. 24; AnwKomm Schuldrecht/*Hennrichs* BGB § 309 Rn. 12;
Palandt/*Grüneberg* BGB § 309 Rn. 54.
[53] Wolf/*Stoffels*, Klauseln Rn. R 6 mwN.
[54] Wolf/*Pfeiffer* BGB § 307 Rn. 281.
[55] *Reiff* AnwBl. 1997, 3 (6 ff.); Palandt/*Grüneberg* BGB § 307 Rn. 54.

Vierfache demgemäß 4 Mio. EUR (§ 54a Abs. 1 Nr. 2 mit §§ 54 Abs. 1 S. 2 WPO, 323 Abs. 2 S. 1 HGB) und für die Rechtsanwaltsgesellschaft 10 Mio. EUR (§ 59j Abs. 2 mit § 59m Abs. 2 und § 52 Abs. 1 S. 1 Nr. 1 BRAO). Für Rechtsanwälte gilt diese Haftungsbegrenzung gem. § 52 Abs. 1 S. 1 Nr. 2 BRAO nur in Fällen einfacher Fahrlässigkeit (ebenso § 45b Abs. 1 S. 1 Nr. 2 PatAnwO). In § 67a StBerG und § 54a WPO ist die Haftungsbegrenzung für jede Fahrlässigkeit und damit grundsätzlich auch bei grober Fahrlässigkeit zugelassen. Für eine Beschränkung auf einfache Fahrlässigkeit bieten die Vorschriften keine Anhaltspunkte.[56] §§ 134, 138 BGB bleiben jedoch anwendbar. Auch kann eine Haftungsbegrenzung als überraschend iS des § 305c BGB anzusehen sein, wenn sie bspw. in der Vollmachtsurkunde untergebracht ist.[57] Eine Klausel in AGB der Wirtschaftsprüfer, die die Haftungsbegrenzung auch auf außervertragliche, insbesondere deliktische Schadensersatzansprüche erstreckt, stellt eine Abweichung von § 54a WPO dar und unterliegt daher der Inhaltskontrolle.[58] Aus Gründen der Transparenz muss zudem darauf hingewiesen werden, dass die Haftungsbegrenzung nur bei bestehendem Versicherungsschutz wirksam ist.[59] Eine spezielle Haftungsbeschränkung auf 1 Mio. EUR bzw. bei Aktiengesellschaften mit amtlich notierten Aktien auf 4 Mio. EUR sieht § 323 Abs. 2 S. 2 HGB für Abschlussprüfer vor. Daneben ist § 54a WPO nicht mehr anwendbar, da § 323 Abs. 2 HGB eine gesetzliche Haftungsbeschränkung enthält, die auch ohne vertragliche Vereinbarung gilt. Die über §§ 307, 309 Nr. 7 und 8a BGB hinausgehende Möglichkeit der Haftungsbegrenzung verstößt auch nicht gegen die Richtlinie 93/13/EWG über missbräuchliche Klauseln in Verbraucherverträgen.[60] Für **Sozietäten** ist ferner die gesetzlich sanktionierte Möglichkeit von Bedeutung, durch vorformulierte Vertragsbedingungen die persönliche Schadensersatzhaftung auf einzelne Mitglieder der Sozietät, nämlich auf solche, die das jeweilige Mandat im Rahmen ihrer eigenen beruflichen Befugnisse bearbeiten, zu beschränken. Der Mandatsträger muss hierfür namentlich bezeichnet sein und die vom Auftraggeber zu unterschreibende Zustimmungserklärung darf keine anderen Erklärungen enthalten (§ 52 Abs. 2 S. 2 und 3 BRAO, § 45b Abs. 2 S. 2 und 3 PatAnwO, § 67a Abs. 2 StBerG, § 54a Abs. 2 WiPrO).

VI. Sonderregelungen im Transportrecht

989   Inwieweit haftungsbeschränkende Vereinbarungen in Fracht- und Speditionsverträgen zulässig sind, ergibt sich aus **§ 449 und § 466 HGB.** Beide Vorschriften sind durch das Transportrechtsreformgesetz von 1998[61] neu gefasst und durch das Gesetz zur Reform des Seehandelsrechts im Jahr 2013[62] weiteren Änderungen unterworfen worden. Soweit es nicht um grenzüberschreitende Transportgeschäfte geht – hierfür enthält die CMR zwingende Sonderbestimmungen (vgl. insbes. CMR 23 und 41) – gelten folgende einschränkende Regelungen: Handelt es sich beim Absender bzw. um einen **Verbraucher,** so sind Haftungsbegrenzungen grundsätzlich unwirksam und zwar gleichgültig, ob diese Bestandteil eines vorformulierten Vertrages sind oder sich als Ergebnis eines individuellen Aushandelns der Parteien darstellen. Ausgenommen von dieser Restriktion ist lediglich die Beförderung von Briefen oder briefähnlichen Sendungen. Handelt es sich **nicht** um ein

---

[56] *Stoffels* ZIP 2016, 2389 (2390); *Reiff* AnwBl. 1997, 3 (6); *Kilian,* in: v. Westphalen/Thüsing VertrR/AGB-Klauselwerke Steuerberater Rn. 79 sowie Wirtschaftsprüfer Rn. 41.
[57] *Heussen/Hamm/Hamm,* Beck'sches Rechtsanwalts-Handbuch, 11. Auflage 2016, § 51 Rn. 27.
[58] Dazu ausführlich *Stoffels* ZIP 2016, 2389 (2393).
[59] *Stoffels* ZIP 2016, 2389 (2397).
[60] Siehe *Reiff* AnwBl. 1997, 3 (12 ff.); *Stobbe* AnwBl. 1997, 16; aA *Graf von Westphalen* ZIP 1995, 546.
[61] Hierzu *Herber* NJW 1998, 3297 ff.
[62] BGBl. I 831.

Verbrauchergeschäft, so sind abweichende Haftungsvereinbarungen zulässig, wenn sie im Einzelnen ausgehandelt worden sind. Vorformulierte vertragliche Haftungsbeschränkungen lässt das Gesetz in dieser personellen Konstellation in engen Grenzen zu. Das Gesetz gibt insoweit kasuistisch festgelegte Mindesthaftungsgrenzen vor.[63]

[bleiben einstweilen frei] **990–992**

Siebter Abschnitt. Vertragsabwicklung

§ 38. Zahlungspflichten bei Beendigung des Vertragsverhältnisses

Literatur: *Lindacher,* Zur Zulässigkeit des formularmäßigen Ausbedingens von Vertragsabwicklungsgebühren bei Dauerschuldverhältnissen im Dienstleistungsbereich, ZIP 2002, 49.

I. Regelungsanliegen des § 308 Nr. 7 BGB

Nach § 309 Nr. 5 BGB ist – wie gesehen – die Pauschalierung von Ansprüchen auf **993** Schadensersatz oder Ersatz von Wertminderungen in Allgemeinen Geschäftsbedingungen nur in bestimmten Grenzen zulässig. Im weiteren Zusammenhang müssen auch Klauseln gesehen werden, durch die der Verwender für den Fall des Rücktritts oder der Kündigung das entstehende Abwicklungsverhältnis durch Festsetzung unangemessen hoher Vergütungen einseitig zu seinen Gunsten gestaltet. Dem sucht die in den Katalog der Klauselverbote mit Wertungsmöglichkeit eingestellte Bestimmung des § 308 Nr. 7 BGB entgegenzuwirken. Durch die dort vorgesehene Angemessenheitskontrolle soll zum einen verhindert werden, dass sich die Rückabwicklung des Vertrages für den Verwender als die gegenüber der Durchführung wirtschaftlich günstigere Alternative darstellt und so für den Verwender ein Anreiz geschaffen wird, vom Vertrag abzugehen. Zum anderen gilt es zu verhindern, dass der Kunde infolge der Ausübung der ihm eingeräumten Rücktritts- und Kündigungsrechte wirtschaftliche Nachteile erleidet, die de facto zu einer empfindlichen Einschränkung der Beendigungsfreiheit bei Dauerschuldverhältnissen führen würden. Schließlich ist zu bedenken, dass die gesetzlichen Vorschriften über die Abwicklung der beiderseitigen Leistungen und Aufwendungen im Falle des Rücktritts (§ 346 BGB) oder der Kündigung (§§ 628, 649 BGB) auf einen der jeweiligen Situation angemessenen Interessenausgleich zielen.[1] Deutlich wird dies beispielsweise, wenn in § 346 Abs. 2 BGB der Wert, das ist der „gemeine" Wert, zu vergüten ist, nach § 628 BGB nur eine den bisherigen Leistungen entsprechende Vergütung verlangt werden kann oder § 649 BGB die Anrechnung ersparter Aufwendungen vorsieht. § 308 Nr. 7 BGB will das in diesen Vorschriften zum Ausdruck kommende gesetzliche Leitbild eines angemessenen Interessenausgleichs durchsetzen. Vor diesem Hintergrund erweist sich § 308 Nr. 7 BGB als besonders hervorgehobener **Unterfall des § 307 Abs. 2 Nr. 1 BGB.**[2]

Zu beachten ist, dass sich § 308 Nr. 7 BGB entgegen der **missverständlich formulier- 994 ten Gesetzesüberschrift** nicht allgemein auf die Abwicklung von Verträgen, sondern lediglich auf deren Rückabwicklung oder vorzeitige Abwicklung bezieht.[3]

---

[63] Hierzu näher MüKo/*C. Schmidt* HGB § 449 Rn. 11 ff. und MüKo/*Bydlinski* HGB § 449 Rn. 6 ff.

[1] Vgl. RegE BT-Drs. 7/3919, S. 26.

[2] Wolf/*Dammann* BGB § 308 Nr. 7 Rn. 2a.

[3] Ulmer/*Harry Schmidt* BGB § 308 Nr. 7 Rn. 1; kritisch insoweit auch *Thamm/Pilger* AGBG § 10 Nr. 7 Rn. 2.

II. Der Verbotstatbestand des § 308 Nr. 7 BGB im Einzelnen

995   Die Verbotsnorm des § 308 Nr. 7 BGB wendet sich gegen Bestimmungen in Allgemeinen Geschäftsbedingungen, nach denen der Verwender für die Fälle des Rücktritts oder der Kündigung des Vertrages eine unangemessen (Wertungsmöglichkeit!) hohe Leistung in Form einer Vergütung oder eines Aufwendungsersatzes verlangen kann.

1. Erfasste Beendigungsformen

996   **a) Rücktritt und Kündigung.** Unter die Verbotsnorm des § 308 Nr. 7 BGB fallen zunächst nur solche zugunsten des Verwenders ausbedungenen Leistungen, die an den Rücktritt oder die Kündigung des Vertrages anknüpfen. Dabei spielt es keine Rolle, von welcher Vertragspartei das Gestaltungsrecht ausgeübt wird. Unter einem **Rücktritt** versteht man die in Ausübung eines gesetzlichen oder vertraglichen Rücktrittsrechts erfolgende, einmalige Aufhebung der auf einen Leistungsaustausch gerichteten Primärpflichten mit der weiteren Folge der Umwandlung des Vertragsverhältnisses in ein Rückgewährschuldverhältnis. Die **Kündigung** ist dagegen ein Gestaltungsrecht, durch das ein auf längere Dauer angelegtes Vertragsverhältnis *ex nunc* beendet wird, ohne dass sich die Pflicht zur Rückgewähr bereits empfangener Leistungen anschließt. Ob es sich um eine ordentliche oder um eine außerordentliche Kündigung handelt, ist ebenso wenig von Belang wie die Rechtsgrundlage (Vertrag oder Gesetz), aus der sich das Kündigungsrecht ergibt. Den gesetzlichen Anwendungsfällen kann der Verwender nicht etwa dadurch entgehen, dass er sich in seinen Allgemeinen Geschäftsbedingungen einer anderen Terminologie bedient, also etwa von **Stornierung, Annullierung oder Widerruf** spricht.[4] Entscheidend ist, dass es der Sache nach um einen Rücktritt oder eine Kündigung geht. Erfasst werden ferner auch der Teilrücktritt und die Teilkündigung, so sie im Einzelfall überhaupt zulässig sein sollten.[5]

997   **b) Andere Arten der Vertragsauflösung.** Der direkte Anwendungsbereich der Vorschrift umfasst seinem Wortlaut nach nur den Rücktritt oder die Kündigung einer Vertragspartei. Jedoch besteht wegen der möglichen Abhängigkeit des Willensentschlusses vom Rückabwicklungsanspruch auch für andere Arten der Vertragsauflösung das Bedürfnis zu verhindern, dass für den Verwender die Vertragsauflösung verlockender ist als dessen Durchführung und dem Vertragspartner die Rückabwicklung des Vertrags erschwert wird. Eine **analoge Anwendung auf andere Arten der Vertragsauflösung,** wie die Anfechtung, den Eintritt einer auflösenden Bedingung oder den Widerruf nach § 671 BGB ist deshalb allgemein anerkannt.[6] Nicht mehr vom Regelungsanspruch des § 308 Nr. 7 BGB umfasst wäre hingegen die Erstreckung der Verbotswirkung auf Fälle der einverständlichen Aufhebung des Vertragsverhältnisses.[7] Ferner zielt § 308 Nr. 7 BGB – wie die kodifizierten Anwendungsfälle zeigen – auf die Konstellation der Beendigungsabwicklung. Wird der Bestand des Vertrages nicht ange-

---

[4] Wolf/*Dammann* BGB § 308 Nr. 7 Rn. 8; Ulmer/*Harry Schmidt* BGB § 308 Nr. 7 Rn. 6; BeckOK/*Becker* BGB § 308 Nr. 7 Rn. 7.

[5] OLG Koblenz NJW-RR 1992, 850 (851).

[6] BeckOK/*Becker* BGB § 308 Nr. 7 Rn. 5; Ulmer/*Harry Schmidt* BGB § 308 Nr. 7 Rn. 7; Palandt/*Grüneberg* BGB § 308 Rn. 39.

[7] OLG Hamburg NJW-RR 1990, 909; NK/*Kollmann* BGB § 308 Rn. 151. Freilich kann die Wertung des § 308 Nr. 7 BGB in diesem Fall im Rahmen des § 307 BGB zur Geltung gebracht werden. Für analoge Anwendung des § 308 Nr. 7 BGB jedoch Wolf/*Dammann* BGB § 308 Nr. 7 Rn. 11.

tastet, kommt eine Inhaltskontrolle einer Ausgleichsregelung nach § 308 Nr. 7 BGB nicht in Betracht.[8]

Beispiel: An § 307 BGB und nicht an § 308 Nr. 7 BGB sind Klauseln zu messen, in denen sich ein Geldinstitut **für den Fall der ungenehmigten Kontoüberziehung höhere Zinsen** versprechen lässt. Der BGH formuliert, § 308 Nr. 7 BGB regele nur Ansprüche aus „gestörten Vertragsverhältnissen".[9]

2. Vergütungs- und Aufwendungsersatzansprüche des Verwenders infolge der Vertragsauflösung

Von der Regelung des § 308 Nr. 7 BGB erfasst werden Vergütungs- und Aufwendungsersatzansprüche, die dem **Verwender** infolge der Vertragsauflösung zuwachsen. Werden hingegen in den Bedingungen des Verwenders nicht die eigenen Ansprüche pauschaliert, sondern diejenigen des Vertragspartners beschnitten, so ist dies kein Anwendungsfall des § 308 Nr. 7 BGB. Die Inhaltskontrolle muss hier auf § 307 BGB ausweichen.[10] Für den Fall des Rücktritts sieht das Gesetz Vergütungsansprüche in §§ 346, 347 BGB vor. Im Falle der Kündigung ist die Zahlung einer Vergütung beim Dienstvertrag in § 628 BGB in Höhe des der bisherigen Leistung entsprechenden Teils vorgesehen. Beim Werkvertrag kann gem. § 649 S. 2 BGB die vereinbarte Vergütung unter Anrechnung des Ersparten oder anderweitig Erworbenen bzw. Erwerbbaren verlangt werden.[11] Ferner kann sich ein Anspruch auf Zahlung eines der geleisteten Arbeit entsprechenden Teils der Vergütung sowie von Aufwendungsersatz aus § 645 iVm § 643 BGB ergeben. Im Ergebnis werden damit alle Entgeltansprüche des Verwenders aus der vorzeitigen Beendigung des Vertragsverhältnisses erfasst.[12] Ausgenommen sind lediglich Schadensersatzpauschalen und Vertragsstrafen (vgl. § 309 Nr. 5 und 6 BGB).

998

3. Unangemessene Höhe

§ 308 Nr. 7 BGB widmet sich den pauschalen Entgeltabreden zugunsten des Verwenders allein unter dem Aspekt der **Höhe der Vergütung oder des Aufwendungsersatzes.** Die Kontrolle nach § 308 Nr. 7 BGB erstreckt sich somit insbesondere nicht auf den Grund der pauschalierten Ansprüche. Insoweit muss die Prüfung an § 307 BGB ausgerichtet werden.[13]

999

Als **Maßstab für die Angemessenheitskontrolle** ist die nach den gesetzlichen Vorschriften vorgesehene Höhe der Vergütung oder des Aufwendungsersatzes, die sich ohne die Klausel ergäbe, zu beachten.[14] Dabei kommt es nicht auf die besonderen Umstände des konkreten Einzelfalles an, sondern auf die typische Sachlage bei vorzeitiger Beendi-

1000

---

[8] Ulmer/*Harry Schmidt* BGB § 308 Nr. 7 Rn. 7; Staudinger/*Coester-Waltjen* BGB § 308 Nr. 7 Rn. 14.

[9] BGH NJW 1992, 1751 (1752).

[10] So – allerdings ohne sich mit der Möglichkeit einer Analogie auseinanderzusetzen – BGH NJW 1985, 631 (632); wie hier auch Wolf/*Dammann* BGB § 308 Nr. 7 Rn. 4; für Analogie jedoch Staudinger/*Coester-Waltjen* BGB § 308 Nr. 7 Rn. 17.

[11] § 308 Nr. 7 Buchst. a BGB ist anwendbar, obwohl der Unternehmer nach § 649 S. 2 BGB die Vergütung (auch) für nicht erbrachte Leistungen fordern kann. Die Unangemessenheit wird nicht durch § 649 S. 3 BGB indiziert. Wird die Vergütung pauschaliert, so findet wegen der vergleichbaren Interessenlage zusätzlich auch § 309 Nr. 5 BGB entsprechende Anwendung. Vgl. BGH NJW 2011, 1954 (1955 f.) und 2011, 3030 mit Anm. *Schwenker* und *Graf von Westphalen* BB 2011, 1875.

[12] Palandt/*Grüneberg* BGB § 308 Rn. 40.

[13] Palandt/*Grüneberg* BGB § 308 Rn. 39.

[14] BGH NJW 1985, 632; 1991, 2763; 1997, 259 (260); NJW-RR 2005, 642 (643); Ulmer/*Harry Schmidt* BGB § 308 Nr. 7 Rn. 1a.

gung derartiger Verträge.[15] Eine **pauschale Vergütung** für die Überlassung, die Nutzung oder den Gebrauch einer Sache oder für erbrachte Leistungen ist unangemessen hoch, wenn sie den objektiven Wert der empfangenen Leistung oder Nutzung erheblich überschreitet oder eine angemessene Vorteilsausgleichung durch den Verwender nicht beachtet wird.[16]

Beispiele:

(1) Die Regelung in einem **Leasingvertrag,** nach der der Leasingnehmer bei vorzeitiger Beendigung des Vertragsverhältnisses zur sofortigen Zahlung der noch ausstehenden Raten unter Anrechnung des Erlöses aus der Weiterverwertung der Leasingsache in Höhe von nur 90 % verpflichtet sein soll, läuft auf eine unangemessen hohe Vergütung für die Nutzung der Leasingsache – nämlich für Zeiten ohne Nutzungsmöglichkeit – hinaus und ist daher gem. § 308 Nr. 7 BGB unwirksam.[17]

(2) Ebenfalls unwirksam ist eine in einem vorformulierten **Ehevermittlungsvertrag** enthaltene Klausel, nach der der Ehevermittler eine im Voraus empfangene, nicht erfolgsabhängige Vergütung auch bei vorzeitiger Kündigung in jedem Fall behalten darf.[18]

(3) Eine Klausel in einem **Architektenvertrag,** die dem Architekten das vereinbarte Honorar nach Auftragskündigung unter Abzug einer Pauschale von 40 % für die ersparten Aufwendungen belässt, hat der BGH ebenfalls im Hinblick auf § 308 Nr. 7 BGB beanstandet.[19]

1001   Die Angemessenheit der Höhe eines **pauschalierten Aufwendungsersatzes** richtet sich danach, ob die Aufwendungen im jeweiligen Abwicklungsstadium als vertretbar und angebracht angesehen werden können.[20]

Beispiele:

(1) Nicht beanstandet wurde eine „**Bearbeitungsgebühr bis zu 5 % des Gesamtkaufpreises**" für den **Fall des Rücktritts des Bauherrn von einem Fertighausvertrag.** Der BGH führte aus, dass die bereits im Vertragsschluss entstehenden Verwaltungsaufwendungen, die Provision des Vertreters sowie mögliche Vorhaltekosten für die serienmäßige Konstruktion und Herstellung der Fertighäuser einschließlich des Vertriebssystems zu berücksichtigen seien. Eine darauf entfallende Quote von 5 % des Verkaufspreises erschien ihm im Hinblick auf die darüber hinausgehende Regelung des § 649 BGB nicht unangemessen.[21] Eröffnet die Klausel keine weiteren Ansprüche des Verwenders, so ist nach neuerer Rechtsprechung sogar eine Vergütungspauschale von 10 % nicht unangemessen.[22]

(2) Die Klausel in den Reisebedingungen eines Anbieters von Flugreisen, der zufolge bei Rücktritt vom Flug nach Anmeldeschluss **Rücktrittskosten in Höhe des vollen Flugpreises** anfallen, wahrt hingegen einseitig die Interessen des Verwenders. Sie wird der typischen Sachlage bei vorzeitiger Beendigung eines Werkvertrages im Hinblick auf die Vorschrift des § 649 BGB nicht gerecht und ist nach § 308 Nr. 7 BGB unwirksam.[23]

1002   In § 308 Nr. 7 BGB wird allgemein – und wegen der gleichgelagerten schutzbedürftigen Interessen auch zu Recht – in Analogie zu § 309 Nr. 5 Buchst. b BGB hineingelesen, dass dem anderen Vertragsteil die **Möglichkeit des Nachweises eines geringeren Betrags** ausdrücklich gestattet werden muss.[24]

---

[15] BGH NJW 1983, 1491 (1492).

[16] So *Locher*, Recht der AGB, S. 137.

[17] BGH NJW 1982, 1747 (1748).

[18] BGH NJW 1983, 2817 (2819); vgl. aber auch abgrenzend BGH NJW 1991, 2763 (2764); unwirksam auch ist eine „Aufnahmegebühr" in Höhe von 30 % der Gesamtvergütung, OLG Nürnberg NJW-RR 1997, 1556 f.

[19] BGH NJW 1997, 259 (260).

[20] *Wolf,* 4. Aufl. 1999, AGBG § 10 Nr. 7 Rn. 19.

[21] BGH NJW 1983, 1491 (1492).

[22] BGH NJW 2006, 2551 (2552).

[23] BGH NJW 1985, 633 f.

[24] BAG NZA 2010, 1237; Ulmer/*Harry Schmidt* BGB § 308 Nr. 7 Rn. 4 und Erman/*Roloff/Looschelders* BGB § 308 Rn. 60; ebenso schon zum AGB-Gesetz BGH NJW 1985, 633 (634); OLG Nürnberg NJW-RR 1997, 1556 (1557).

Beispiel: Werden die **vom Architektenhonorar abzuziehenden ersparten Aufwendungen im Falle einer Auftragskündigung** „mit 40 % für die vom Auftragnehmer noch nicht erbrachten Leistungen vereinbart", so muss der Vertragspartner (Auftraggeber) annehmen, dass diese Regelung durch den Vertragsschluss für ihn verbindlich geworden ist. Nach ihrem Wortlaut und erkennbaren Sinn lässt die Klausel die geforderte Möglichkeit des Gegenbeweises nicht offen.[25]

III. Verhältnis zu anderen Vorschriften

1. § 309 Nr. 5 BGB

Schwierigkeiten bereitet mitunter die Abgrenzung zu § 309 Nr. 5 BGB (Pauschalie-   1003
rung von Schadensersatzansprüchen). Zu denken ist vor allem an den Fall, dass der im Vertrag für den Fall der Beendigung des Vertragsverhältnisses pauschal festgesetzte Anspruch des Verwenders sowohl Elemente des Schadensersatzes als auch des Aufwendungsersatzes in sich vereint. So reizvoll eine genauere Bestimmung des Grenzbereichs auch sein mag, sie hat weitgehend nur akademischen Charakter. Denn die **Wirksamkeitsanforderungen** an eine Pauschale **unterscheiden sich** nach beiden Vorschriften **im Ergebnis nicht.** Vor allem ist – wie bereits erwähnt – anerkannt, dass die Möglichkeit des Gegenbeweises im Sinne von § 309 Nr. 5 Buchst. b BGB auch im Anwendungsbereich des § 308 Nr. 7 BGB gegeben sein muss. Die Rechtsprechung verzichtet demgemäß bisweilen auch auf eine eindeutige Einordnung und erklärt AGB-Klauseln kurzerhand wegen Verstoßes gegen beide Vorschriften für unwirksam.[26]

2. Verbraucherschützende Sondervorschriften

Mit der rechtlichen Ausgestaltung eines Rückabwicklungsverhältnisses befasst sich   1004
auch der im Zuge der Integration des Verbraucherschutzes in das Bürgerliche Gesetzbuch eingestellte **§ 357 BGB.** Ihm geht es um die Rechtsfolgen des Widerrufs eines Vertrages durch den Verbraucher. Ebenfalls dem Ziel des Verbraucherschutzes ist die Rückabwicklungsregelung des § 4 FernUSG verpflichtet. Verstöße gegen diese zwingenden Gesetzesvorschriften führen bereits nach § 134 BGB zur Nichtigkeit der Vertragsbestimmung, sodass es eines Rückgriffs auf § 308 Nr. 7 BGB nicht bedarf.[27]

IV. Folge der Unwirksamkeit

Das Gericht kann mangels Rechtsgrundlage einen Anspruch nicht auf das noch zu-   1005
lässige Maß herabsetzen.[28] Wenn klauselmäßig nur die Höhe eines gesetzlich vorgesehenen Rückabwicklungsanspruchs bestimmt wird, muss konkret die **Höhe des gesetzlich vorgesehenen Anspruchs** errechnet werden. Wenn auch der Grund der Leistung klauselmäßig oder individuell ausbedungen ist, sind die gesetzlichen Vorschriften hinsichtlich der Höhe analog anzuwenden. Fehlt es an gesetzlichen Vorgaben, so muss die interessengemäße Ersatzregelung durch **ergänzende Auslegung** aus dem Vertrag gewonnen werden.[29]

---

[25] BGH NJW 1997, 259 (260). BGH NJW 1999, 418 erstreckt diese Rechtsprechung über die Generalklausel auf den unternehmerischen Verkehr.
[26] So zuletzt BGH NJW 1997, 259 (260).
[27] MüKoBGB/*Wurmnest* § 308 Nr. 7 Rn. 3; BeckOK/*Becker* BGB § 308 Nr. 7 Rn. 4.
[28] Staudinger/*Coester-Waltjen* BGB § 308 Nr. 7 Rn. 16.
[29] Ulmer/*Harry Schmidt* BGB § 308 Nr. 7 Rn. 23; Wolf/*Dammann* BGB § 308 Nr. 7 Rn. 40; MüKoBGB/*Wurmnest* § 308 Nr. 7 Rn. 16; Staudinger/*Coester-Waltjen* BGB § 308 Nr. 7 Rn. 16 unter zutreffender Hervorhebung des Ausnahmecharakters einer solchen Lösung; ablehnend offenbar jedoch BGH NJW 1983, 2817 (2819).

V. Unternehmerischer Geschäftsverkehr

1006   Im unternehmerischen Geschäftsverkehr ist die Vorschrift des § 308 Nr. 7 BGB nach § 310 Abs. 1 BGB nicht unmittelbar anzuwenden, jedoch **im Rahmen der Inhaltskontrolle des § 307 BGB wertungsmäßig heranzuziehen.**[30] Dafür spricht schon die Erkenntnis, dass es sich bei § 308 Nr. 7 BGB um eine klare Ausprägung des in § 307 Abs. 2 Nr. 1 BGB verankerten Leitbildgedankens handelt. Es können sich hier aber hinsichtlich der Höhe der Vergütung oder des Aufwendungsersatzes im Hinblick auf eine Branchenüblichkeit oder einen Handelsbrauch Besonderheiten ergeben.[31]

Achter Abschnitt. Sicherungsvereinbarungen

1007   Die §§ 305 ff. BGB sind in erster Linie auf schuldrechtliche Austauschgeschäfte zugeschnitten. Dieser Schwerpunkt des Anwendungsbereichs sollte auch durch die Einstellung des AGB-Rechts in das Zweite Buch des Bürgerlichen Gesetzbuches („Recht der Schuldverhältnisse") unterstrichen werden. Für die positive Umschreibung des Anwendungsbereichs in § 305 Abs. 1 BGB kommt es indes nicht auf den Inhalt der Bedingungen an. Er muss insbesondere nicht zwingend schuldrechtlicher Natur sein. An dieser bislang weitgehend unbestrittenen Feststellung wollte der Gesetzgeber mit seiner Entscheidung für die Integration des AGB-Rechts in das Recht der Schuldverhältnisse ausweislich der Regierungsbegründung auch nicht rütteln.[32] Die §§ 305 ff. BGB finden somit auch weiterhin auf Vereinbarungen mit Verfügungscharakter (zB Vorausabtretung von Forderungen) Anwendung.[33] Erfasst werden daher wie schon zuvor **sachenrechtliche Geschäfte** wie etwa die Grundschuldbestellung, die Einigung über den Eigentumsübergang im Sinne des § 929 BGB oder aber die Vereinbarung einer Verarbeitungsklausel.[34] Dass die einem Sicherungsgeschäft zugrunde liegende – schuldrechtliche – **Sicherungsvereinbarung** der Inhaltskontrolle unterliegt, steht von vornherein außer Frage.

1007a   Klauseln, welche die Bestellung von Sicherheiten für Forderungen des Verwenders beinhalten, sind nicht etwa von vornherein zu beanstanden. Gleichwohl sind gerade bei Sicherungsgeschäften zahlreiche Fallkonstellationen denkbar, in denen eine unangemessene Benachteiligung der anderen Partei genauer untersucht werden muss. Die AGB-Kontrolle geht über die durch § 138 BGB gezogenen Grenzen hinaus. So ist etwa anerkannt, dass sich eine unangemessene Benachteiligung des Gegners des Verwenders auch daraus ergeben kann, dass die Höhe der Sicherheit über das zu entrichtende Interesse erheblich hinausgeht.[35]

---

[30] BGH NJW 1994, 1060 (1067); NJW-RR 2005, 642; Ulmer/*Harry Schmidt* BGB § 308 Nr. 7 Rn. 24; BeckOK/*Becker* BGB § 308 Nr. 7 Rn. 40.

[31] *Ulmer/Harry Schmidt* BGB § 308 Nr. 7 Rn. 24.

[32] Begründung des RegE BT-Drs. 14/6040, S. 149.

[33] BGH NJW 1985, 1836 (1837); Ulmer/*Habersack* BGB § 305 Rn. 15; Staudinger/*Mäsch* BGB § 305 Rn. 21; Wolf/*Pfeiffer* BGB § 305 Rn. 9; aus der Rechtsprechung zB BGH NJW 1991, 2768 (2769) zur Forderungsabtretung; aA *Fehl*, Finanzierungsleasing und Bauherrenmodell, 1986, S. 10.

[34] Ulmer/*Habersack* BGB § 305 Rn. 21; Staudinger/*Mäsch* BGB § 305 Rn. 21; Wolf/*Pfeiffer* BGB § 305 Rn. 9; Palandt/*Grüneberg* BGB § 305 Rn. 3; aus der Rechtsprechung zB BGH NJW 1985, 1836 zum Eigentumsvorbehalt und BayObLGZ 1979, 439 zur Auflassung.

[35] BGH NJW 2015, 328 zu einem „Pfand" für SIM-Karte in Mobilfunk-AGB.

§ 39. Eigentumsvorbehalt

Literatur: *Glöckner,* Verlängerungsklauseln beim Eigentumsvorbehalt und die Rechtsprechung zur nachträglichen Übersicherung durch revolvierende Globalsicherungen, DZWiR 1999, 492; *Graf Lambsdorff/Hübner,* Eigentumsvorbehalt und AGB-Gesetz, 1982; *Habersack/Schürnbrand,* Der Eigentumsvorbehalt nach der Schuldrechtsreform, JuS 2002, 833; *Schulze/Kienle,* Der Kauf unter Eigentumsvorbehalt – eine Kehrtwende des Gesetzgebers?, NJW 2002, 2842; *Serick,* Der erweiterte Eigentumsvorbehalt in Formularverträgen ohne zureichende Freigabeklausel bei unverhältnismäßiger Übersicherung und § 9 AGBG, JZ 1994, 714; *Thamm,* Rücknahmeklausel bei Eigentumsvorbehalt in Lieferbedingungen, BB 1980, 1191; *Tetzlaff,* Verschiedene Möglichkeiten für die Auflösung einer Kollision zwischen Eigentumsvorbehalt und Globalzession, ZInsO 2009, 1092; *Weber,* Erweiterter Eigentums- und Konzernvorbehalt in allgemeinen Lieferbedingungen, BB 1989, 1768; *Graf von Westphalen,* Verlängerte Eigentumsvorbehaltsklauseln und AGB-Gesetz, ZIP 1980, 726.

I. Einfacher Eigentumsvorbehalt

Der Eigentumsvorbehalt ist ein **Sicherungsmittel für den Verkäufer,** der dem Käufer   1008
die Sache vertragsgemäß übergibt, den Kaufpreis jedoch erst später erhält. Die Sicherungswirkung wird dadurch erreicht, dass die Ware zunächst im Eigentum des Verkäufers verbleibt und erst bei Zahlung des Kaufpreises bzw. der letzten Kaufpreisrate in das Eigentum des Käufers übergeht. Rechtstechnisch wird dies dadurch erreicht, dass die Einigung über den Eigentumsübergang (§ 929 BGB) unter die aufschiebende Bedingung der Zahlung des Kaufpreises gestellt wird.

1. Vereinbarung und Ausschluss des Eigentumsvorbehalts

Der Eigentumsvorbehalt gilt nicht kraft Gesetzes, sondern muss von den Kaufvertrags-   1009
parteien **vereinbart** werden (lies § 449 Abs. 3 BGB: „Die Vereinbarung eines Eigentumsvorbehalts …").

Häufig **sehen** die **vom Verkäufer vorformulierten** und den jeweiligen Verkaufs-   1010
geschäften zugrunde gelegten Bedingungen einen solchen (einfachen) **Eigentumsvorbehalt** vor. Aus AGB-rechtlicher Sicht ist hiergegen nichts zu erinnern.[1] Der Aufschub der Eigentumsübertragung ist zwar für den Käufer nachteilig, da die volle rechtliche Verfügungsgewalt einstweilen noch beim Verkäufer verbleibt. Auf der anderen Seite wird der Käufer von der Pflicht entbunden, den Kaufpreis sofort bei Übergabe des Kaufgegenstandes zu entrichten. Es handelt sich somit um einen angemessenen Interessenausgleich, der sowohl das Sicherungsbedürfnis des Verkäufers als auch das Interesse des Käufers berücksichtigt, die Sache sofort nutzen zu können.

Gestört wäre dieser Interessenausgleich, wenn es dem Verkäufer erlaubt wäre, dem   1011
Käufer in seinen Allgemeinen Geschäftsbedingungen die Ingebrauchnahme der Kaufsache bis zur vollständigen Zahlung des Kaufpreises zu verbieten.[2] Im Übrigen können jedoch zusätzliche Rechte und Pflichten der Vertragsparteien in Ansehung des Vorbehaltsguts durch Allgemeine Geschäftsbedingungen festgelegt werden. Klauseln, die dem berechtigten Sicherungsinteresse des Verkäufers und damit eng verbunden dem Interesse an einer pfleglichen Behandlung seines Eigentums dienen, sind grundsätzlich nicht zu beanstanden.[3]

---

[1] Wolf/*Dammann,* Klausel E Rn. 23; Ulmer/*Harry Schmidt* Teil 2 (43) Sicherungsklauseln Rn. 2.
[2] OLG Oldenburg NJW-RR 1992, 1527.
[3] Vgl. im Einzelnen Wolf/*Dammann,* Klausel E Rn. 24 ff. und AGB-Klauselwerke/*Graf von Westphalen,* Eigentumsvorbehaltssicherung, Rn. 4 ff. jeweils mwN.

1012   Problematischer ist vielmehr die entgegengesetzte Variante, nämlich der **Ausschluss des Eigentumsvorbehalts in den Einkaufsbedingungen** des Käufers. Der BGH hat in einer Entscheidung von 1980 die Klausel *„Mit der Übergabe wird die Ware unmittelbar Eigentum des Käufers."* in den Einkaufsbedingungen eines Verbrauchermarktbetreibers gebilligt, dabei jedoch das besondere Interesse gerade eines solchen Verwenders dargelegt und betont, dass das Angemessenheitsurteil je nach Wirtschaftszweig und Marktform unterschiedlich ausfallen könne.[4] Allgemein wird man derartige Ausschlussklauseln nur dann für zulässig erachten können, wenn der Käufer ein berechtigtes Interesse am Ausschluss des Eigentumsvorbehalts für sich reklamieren kann. Denn immerhin stört eine solche Klausel den ausgewogenen Leistungsaustausch empfindlich, indem sie den Verkäufer im Ergebnis zur Vorleistung unter Verzicht auf eine entsprechende Sicherheit verpflichtet.[5]

1013   Zum Eigentumsvorbehalt bei **Kollision von Verkaufs- und Einkaufsbedingungen** vgl. → Rn. 323.

2. Abbedingung des Fristsetzungserfordernisses für den Rücktritt des Vorbehaltsverkäufers

1014   Will der Verkäufer künftig wegen Zahlungsverzuges vom Kaufvertrag zurücktreten, so kann er dies gem. § 323 BGB grundsätzlich nur nach vorheriger **Nachfristsetzung.** Klauseln, die den bisherigen Rechtszustand konservieren, also dem Verkäufer weiterhin ein lediglich an den Verzug des Käufers geknüpftes Rücktrittsrecht einräumen, sind problematisch. Im Verkehr mit Verbrauchern wird der Fristverzicht häufig schon an den unabdingbaren (§ 512 S. 1 BGB) **Vorschriften des Verbraucherkreditrechts** (insbesondere § 498 Abs. 1 BGB) scheitern. Im Übrigen tritt jetzt das **Klauselverbot des § 308 Nr. 3 BGB** auf den Plan.[6] Diese Vorschrift will den Kunden vor Gestaltungen schützen, mit denen sich der Verwender über das dispositive Recht hinausgehende Rechte zur Lösung vom Vertrage zu verschaffen sucht.[7] Darunter fällt auch der formularmäßige Verzicht auf ein von Gesetzes wegen zu beachtendes Fristsetzungserfordernis. Auf diese Änderung hat sich die Vertragspraxis also künftig einzustellen. Ob die Wertung des § 308 Nr. 3 BGB in diesem Punkt über § 307 BGB auch in den **unternehmerischen Verkehr** ausstrahlt, erscheint zweifelhaft. Jedenfalls hier sollte man das Sicherungsinteresse des Vorbehaltsverkäufers anerkennen und den Fristsetzungsverzicht nicht als unangemessene Benachteiligung einstufen.[8]

1015   **Herausgabe- oder Rücknahmeklauseln,** die dem Lieferanten bei einem Vertragsverstoß, insbesondere Zahlungsverzug, ein vorläufiges Rücknahmerecht bei Aufrechterhaltung des Vertrages einräumen, weichen von der gesetzlichen Regelung des § 449 Abs. 2 BGB ab. Mit dieser wollte der Gesetzgeber einem wesentlichen Schutzbedürfnis des Käufers Rechnung tragen.[9] Denn stünde dem Verkäufer die Möglichkeit offen, auch ohne Rücktritt Herausgabe zu verlangen, wäre der Käufer zur Leistung vor Erhalt der Kaufsache gezwungen, wovor ihn der Eigentumsvorbehalt gerade bewahren sollte; dies widerspricht der vereinbarten Risikoverteilung mit der Folge der Unwirksamkeit entsprechender Regelungen nach § 307 Abs. 2 Nr. 1 BGB.[10]

---

[4] BGH NJW 1981, 280 ff.

[5] Wolf/*Dammann*, Klauseln E Rn. 36.

[6] *Schulze/Kienle* NJW 2002, 2843 rekurrieren insoweit auf § 308 Nr. 4 BGB.

[7] MüKoBGB/*Wurmnest* § 308 Nr. 3 Rn. 1.

[8] Wie hier auch *Schulze/Kienle* NJW 2002, 2843 f.

[9] Staudinger/*Beckmann* BGB § 449 Rn. 66; *Habersack/Schürnbrand* JuS 2002, 836.

[10] OLG Frankfurt NJW-RR 2005, 1170 (1173); Staudinger/*Beckmann* BGB § 449 Rn. 66; aA für den unternehmerischen Verkehr MüKoBGB/*Westermann* BGB § 449 Rn. 35.

II. Erweiterter Eigentumsvorbehalt

Bei einem **erweiterten Eigentumsvorbehalt** soll der Eigentumsübergang nicht schon 1016
bei Begleichung der Kaufpreisforderung aus dem zugrunde liegenden Kaufgeschäft eintreten. Vielmehr wird die **Übertragung des Eigentums an die Tilgung weiterer** oder gar
aller **Forderungen** des Verkäufers oder ihm konzernverbundener Unternehmen **geknüpft.** Hervorhebenswert sind vor allem zwei Erscheinungsformen des erweiterten
Eigentumsvorbehalts:

1. Kontokorrentvorbehalt

Bei einem **Kontokorrentvorbehalt** ist vorgesehen, dass der Eigentumsvorbehalt erst 1017
dann endet, wenn der Käufer alle oder einen bestimmten Teil der Forderungen aus der
Geschäftsverbindung beglichen hat, insbesondere den Saldoausgleich herbeigeführt hat.

Keine unangemessene Benachteiligung geht hierbei von solchen Erweiterungsklauseln 1018
aus, die sich auf die Einbeziehung solcher **Lieferantenforderungen** beschränken, die **zur
Zeit des Vertragsschlusses bereits existieren.**[11] Denn hier kann der Vertragspartner bei
Vertragsschluss unschwer nachvollziehen, welche Forderungen noch nicht bezahlt sind
und was zu tun ist, um den Eigentumsübergang eintreten zu lassen. Das den Vertragspartner typischerweise belastende Moment der Unsicherheit, ob und ggf. wann er einmal
das Eigentum an der ihm übergebenen Ware erlangen wird, besteht in dieser Situation
nicht.

Problematisch ist hingegen die **Ausdehnung des Eigentumsvorbehalts auf alle erst** 1019
künftig entstehenden Forderungen aus der Geschäftsverbindung. Hier wird man zu
unterscheiden haben, ob die Klausel im Geschäftsverkehr mit Verbrauchern oder mit
Unternehmern eingesetzt wird.

Gegenüber Verbrauchern stellt eine solche, weit ausgreifende Eigentumsvorbehalts- 1020
sicherung eine nicht gerechtfertigte Aushöhlung einer vertragswesentlichen Pflicht des
Verkäufers dar (§ 307 Abs. 2 Nr. 2 BGB), da hierdurch der Eigentumsübergang und
damit die Erfüllung der Hauptpflicht aus dem Kaufvertrag (§ 433 Abs. 1 S. 1 BGB) auf
unbestimmte Zeit hinausgeschoben würde.[12]

Beispiel: Die Klausel „*Die gelieferten Waren bleiben bis zur völligen Bezahlung des Kaufpreises sowie
aller Forderungen aus den gesamten Geschäftsverbindungen Eigentum des Verwenders.*" umfasst auch
zukünftige Forderungen aus den Geschäftsverbindungen. Mangels eines anerkennenswerten Interesses für diese Weiterung ist ihr die Wirksamkeit gem. § 307 Abs. 2 Nr. 2 BGB versagt worden.[13]

Auch eine **intransparente Klauselfassung** kann zur Unwirksamkeit führen. 1021

Beispiel: In den Neuwagen-Verkaufsbedingungen, die auch gegenüber Nichtunternehmern verwendet werden, findet sich folgender Passus: „*Der Eigentumsvorbehalt bleibt auch bestehen für alle
Forderungen, die der Verkäufer gegen den Käufer im Zusammenhang mit dem Kaufgegenstand,
zum Beispiel aufgrund von Reparaturen oder Ersatzteillieferungen sowie sonstigen Leistungen, nachträglich erwirbt.*" Dieser Klausel ist nach Ansicht des BGH schon deshalb die Wirksamkeit zu
versagen, weil sie bei einem rechtsunkundigen Durchschnittskunden den unzutreffenden Eindruck
erwecken kann, der Eigentumsvorbehalt bleibe ungeachtet eines zwischenzeitlichen Ausgleichs der
dem Verkäufer aufgrund des Kaufvertrages zustehenden Forderungen bis zur Bezahlung der letzten

---

[11] Ulmer/*Harry Schmidt* Teil 2 (43) Sicherungsklauseln Rn. 13.
[12] Der BGH hat sich noch nicht abschließend dazu geäußert, ob ein erweiterter Eigentumsvorbehalt im nichtunternehmerischen Verkehr durch Formularbedingungen wirksam vereinbart werden
kann (Die Entscheidung NJW 2001, 292, 297 lässt diese Frage ausdrücklich offen, meldet jedoch
immerhin Zweifel an.).
[13] OLG Frankfurt a. M. NJW 1981, 130.

Forderung bestehen, die der Verkäufer im Zusammenhang mit dem Kaufgegenstand nachträglich erwirbt.[14]

1022	Für den **unternehmerischen Verkehr** hat der BGH die **Wirksamkeit** eines formularmäßig vereinbarten erweiterten Eigentumsvorbehalts hingegen regelmäßig **bejaht.**[15] Dem ist zuzustimmen. Denn für den Unternehmer ist die Einräumung von Sicherheiten für Kredite ein üblicher Vorgang, sodass es ihm im Allgemeinen möglich sein sollte, die rechtliche Tragweite einer solchen Eigentumsvorbehaltsklausel zu überblicken. Hinzu kommt, dass man dem Verkäufer gerade im unternehmerischen Verkehr ein berechtigtes Interesse daran nicht absprechen kann, dass ihm das Eigentum am Kaufgegenstand für alle im Zeitpunkt der Begleichung der Kaufpreisforderung noch offenen Forderungen erhalten bleibt und nicht dem Zugriff anderer Gläubiger preis gegeben wird. Dass der Verkäufer in Ansehung der von ihm gelieferten Ware nicht gegenüber anderen Gläubigern zurückstehen und den Vorbehalt auch auf später entstandene Forderungen erstrecken will, ist anerkennenswert.[16] Auch hier gilt freilich: Mit dem Ausgleich aller im Zeitpunkt der Zahlung noch offenen und vom erweiterten Eigentumsvorbehalt erfassten Forderungen erlischt dieser endgültig.[17] Durch das spätere Entstehen weiterer Forderungen zwischen den Beteiligten lebt er nicht wieder auf.[18] Klauseln, die diesen Zusammenhang nicht deutlich herausstellen, laufen auch im unternehmerischen Verkehr Gefahr, für intransparent erklärt zu werden.

1023	Einer ausdrücklichen Freigabeklausel zur Vermeidung einer **Übersicherung** bedarf es nach der neueren Rechtsprechung nicht.[19]

2. Konzernvorbehalt

1024	In der Praxis finden sich mitunter noch sog. Konzernvorbehalte. Mit ihnen will die Verkäuferseite erreichen, dass der Eigentumsvorbehalt erst mit der Tilgung sämtlicher Forderungen untergeht, die anderen Unternehmen desselben Konzerns gegen den Vorbehaltskäufer zustehen. Diese Vertragsgestaltung ist jedoch **durch § 449 Abs. 3 BGB verboten** und zwar unabhängig davon, ob es sich um eine vorformulierte AGB-Klausel oder um eine individuell ausgehandelte Abrede handelt.

III. Verlängerter Eigentumsvorbehalt

1025	Überaus verbreitet sind im Geschäftsleben verschiedene Formen des sog. **verlängerten Eigentumsvorbehalts.** Damit sind Ausgestaltungen des Eigentumsvorbehalts gemeint, die das **Sicherungsinteresse des Vorbehaltsverkäufers langfristig wahren,** und zwar auch dann, wenn das Vorbehaltsgut im Geschäftsgang weiterveräußert oder verarbeitet wird. An die Stelle des vorbehaltenen Eigentums soll in diesen Fällen die aus dem Weiterverkauf resultierende Kaufpreisforderung oder eine (Mit-)Berechtigung an der neu hergestellten Sache treten. In letzterem Fall spricht man auch von einer Verarbeitungsklausel. Begründet und ausgestaltet wird der verlängerte Eigentumsvorbehalt in aller Regel durch **Allgemeine Geschäftsbedingungen,** sodass die §§ 305 ff. BGB auf den Plan treten.

[14] BGH NJW 2001, 292 (297).

[15] BGH NJW 1985, 1836 (1837); 1987, 487 (488); 1994, 1154; ebenso Wolf/*Dammann*, Klauseln Rn. E 56; Ulmer/*Harry Schmidt* Teil 2 (43) Sicherungsklauseln Rn. 13; AGB-Klauselwerke/*Graf von Westphalen*, Eigentumsvorbehaltssicherung Rn. 71; dies gilt auch für eine Kombination mit einem verlängerten Eigentumsvorbehalt, so BGH NJW 1985, 1836 (1837); 1987, 487 (488).

[16] Wolf/*Dammann*, Klauseln E Rn. 42.

[17] BGH NJW 2001, 292 (297); Ulmer/*Harry Schmidt* Teil 2 (43) Sicherungsklauseln Rn. 14.

[18] BGH NJW 2001, 292 (297).

[19] Vgl. hierzu die Ausführungen unter → Rn. 1030.

Soweit Waren vom Vorbehaltsverkäufer zum Weiterverkauf geliefert werden, sehen die   **1026**
Allgemeinen Verkaufsbedingungen üblicherweise vor, dass der Käufer zur Weiterveräußerung im ordnungsgemäßen Geschäftsverkehr ermächtigt sein soll, dem Verwender
jedoch die aus diesen Geschäftsvorgängen erwachsenden Forderungen gegen die Abnehmer zur Sicherheit abgetreten werden. Im unternehmerischen Verkehr – und nur dort ist
er im Allgemeinen anzutreffen – bestehen **gegen** einen solchermaßen **verlängerten Eigentumsvorbehalt keine AGB-rechtlichen Bedenken.**[20] Anderseits wäre aber auch ein
Ausschluss des verlängerten Eigentumsvorbehalts durch eine Abwehrklausel in den Allgemeinen Geschäftsbedingungen des Käufers nicht zu beanstanden, da der Käufer sich
hierdurch seine wirtschaftliche Bewegungsfreiheit in vollem Umfang zu sichern versucht.[21] Eine unzulässige Einengung der geschäftlichen Aktivitäten des Vorbehaltskäufers
ginge von Klauseln in den Bedingungen des Vorbehaltsverkäufers aus, denen zufolge der
Käufer ohne sachlich gerechtfertigten Grund an der Weiterveräußerung gehindert sein
soll, oder welche die Weiterveräußerungsermächtigung unter den Vorbehalt freier Wider-
ruflichkeit stellen.[22] Die **Vorausabtretung** muss als Sicherungsabtretung den hierfür
geltenden Voraussetzungen entsprechen.[23] Unzulässig wäre es, den verlängerten Eigentumsvorbehalt mit einer Sicherungs-Globalzession zugunsten des Vorbehaltsverkäufers
zu kombinieren, da hier wiederum die wirtschaftliche Bewegungsfreiheit des Käufers
übermäßig beschnitten würde.[24]

Grundsätzlich unbedenklich – zum Problem der Übersicherung vgl. → Rn. 1028 ff. –   **1027**
sind schließlich sog. **Verarbeitungsklauseln,** nach denen der Vorbehaltskäufer die Verarbeitung nicht für sich, sondern für den Vorbehaltseigentümer durchführt, sodass dieser
als Hersteller der Sache anzusehen ist und das (Mit-)Eigentum an ihr erwirbt.[25] Zwar sind
gegen diese Konstruktion aus den Reihen des Schrifttums beachtliche Einwände vorgebracht worden.[26] Solange der BGH jedoch an der Verfügbarkeit des Herstellerbegriffs
in § 950 BGB festhält, wird man in einer Verarbeitungsklausel keine unangemessene
Benachteiligung des Vorbehaltseigentümers sehen können. Voraussetzung ist jedoch, dass
der Vorbehaltsverkäufer nur eine solche Sicherheit anstrebt, die dem Sicherungsbedürfnis
anderer Vorbehaltslieferanten Raum lässt.[27]

§ 40. Globalsicherheiten

Die Sicherung von Verbindlichkeiten erfolgt in der Praxis häufig in der Weise, dass   **1028**
dem Gläubiger nicht einzelne Gegenstände, sondern eine näher abgegrenzte Sach- oder
Forderungsgesamtheit übertragen wird. Dabei kann es sich um die Sicherungsübereignung eines Warenlagers mit wechselndem Bestand oder aber um eine Globalzession –
auch im Rahmen eines verlängerten oder erweiterten Eigentumsvorbehalts – handeln.

---

[20] BGH NJW 1985, 1836 (1837); 1987, 487 (488); 1989, 895 (896); Ulmer/*Harry Schmidt* Teil 2
(43) Sicherungsklauseln Rn. 9; MüKoBGB/*Wurmnest* § 307 Rn. 237; Palandt/*Weidenkaff* BGB § 449
Rn. 18.

[21] Wolf/*Dammann,* Klauseln E Rn. 51.

[22] Ulmer/*Harry Schmidt* Teil 2 (43) Sicherungsklauseln Rn. 11; Wolf/*Dammann,* Klauseln E
Rn. 67.

[23] Ausführlich hierzu AGB-Klauselwerke/*Graf von Westphalen,* Sicherungsabtretung.

[24] BGH WM 1977, 480 (auf der Grundlage des § 138 Abs. 1 BGB); Ulmer/*Harry Schmidt* Teil 2
(43) Sicherungsklauseln Rn. 10.

[25] Wolf/*Dammann,* Klausel E Rn. 59; Ulmer/*Harry Schmidt* Teil 2 (43) Sicherungsklauseln
Rn. 6.

[26] Vgl. statt vieler *Flume* NJW 1950, 841 ff.; *Dolezalek* AcP 195 (1995), 392 ff.; *Wilhelm,* Sachen-
recht, Rn. 1073 ff.; *Medicus,* Bürgerliches Recht, Rn. 519.

[27] Wolf/*Dammann,* Klauseln E Rn. 63.

Man spricht insoweit von revolvierenden **Globalsicherheiten.** Diese lässt sich der Sicherungsnehmer – häufig ein Kreditinstitut – in der Regel auf formularvertraglicher Grundlage einräumen. Gemäß dem sachenrechtlichen Abstraktionsgrundsatz ist zwischen dem **dinglichen Akt der Bestellung der Sicherheit** und dem **schuldrechtlichen Sicherungsvertrag** zu unterscheiden. Der Sicherungsvertrag enthält die Rechte und Pflichten der Parteien bzgl. des Sicherungsguts. Beide Rechtsgeschäfte unterfallen der AGB-Kontrolle, es sei denn, die Modalitäten werden ausnahmsweise individuell ausgehandelt.[1]

1029   In der Vergangenheit sind die (fehlenden) **Regelungen des Sicherungsvertrages** Gegenstand eingehender Diskussionen gewesen. Im Folgenden sollen zwei Aspekte des Sicherungsvertrages bei der Einräumung von Globalsicherheiten herausgegriffen werden, die aus der Sicht des AGB-Rechts Aufmerksamkeit verdienen. Beide Problemkreise nehmen ihren Ausgang in der Erkenntnis, dass bei revolvierenden Globalsicherheiten durch kontinuierliche Tilgung der Wert der gesicherten Forderung abnimmt, während die hingegebenen Sicherheiten ungeschmälert erhalten bleiben, ja mitunter sogar eine Wertsteigerung erfahren. Es droht dann die Gefahr einer **nachträglichen Übersicherung.** Fraglich ist, ob der Sicherungsnehmer bereits bei der Ausgestaltung des Sicherungsvertrages Vorkehrungen treffen muss, um dieser Gefahr entgegenzuwirken. Einige Senate des BGH haben dies in der Vergangenheit bejaht und den Sicherungsgeber für verpflichtet gehalten, in die Sicherungsabrede eine qualifizierte Freigabeklausel und eine Deckungsgrenze aufzunehmen.[2] Diese Rechtsprechung ist jedoch durch eine **grundlegende Entscheidung des Großen Senats des BGH für Zivilsachen**[3] aufgegeben worden. In der Folgezeit ist daraufhin eine gewisse Beruhigung eingetreten. Die Rechtslage stellt sich bzgl. der Freigaberegelung und der Deckungsgrenze nun wie folgt dar.

I. Freigaberegelungen

1030   Sowohl bei der formularmäßigen Globalabtretung als auch bei der formularmäßigen Sicherungsübereignung eines Warenlagers mit wechselndem Bestand hat der Sicherungsgeber ein erhebliches Interesse daran, das Sicherungsgut vom Sicherungsnehmer zurückzuerhalten, wenn es seinen Sicherungszweck erfüllt hat. Der Große Senat des BGH hat in der erwähnten Entscheidung klargestellt, dass der **Sicherungsnehmer aufgrund des fiduziarischen Charakters des Sicherungsvertrages** in der Tat **verpflichtet** ist, die ihm treuhänderisch übertragene **Sicherheit** schon vor Beendigung des Vertrages **zurückzugewähren,** wenn und soweit sie endgültig nicht mehr benötigt wird.[4] Einer ausdrücklichen Freigaberegelung im Sicherungsvertrag bedarf es hierfür nicht. Umstritten war in der Vergangenheit die rechtliche Beurteilung vertraglicher Freigabebeschränkungen, etwa dergestalt, dass die Freigabe in das Ermessen des Sicherungsgebers gestellt wird.

Beispiel einer formularmäßigen Globalabtretung: „Die Bank hat auf Verlangen des Sicherungsgebers ihre Rechte aus diesem Vertrag nach billigem Ermessen freizugeben, soweit sie diese nicht nur vorübergehend nicht benötigt."[5]

1031   Solche Klauseln eröffnen dem Sicherungsnehmer einen zweckwidrigen Entscheidungsspielraum, obwohl feststeht, dass er das Sicherungsgut teilweise nicht mehr benötigt. Hierdurch werden wesentliche Rechte und Pflichten, die sich aus der Natur des Siche-

---

[1] Zu einer unwirksamen Verwertungsregelung im Zusammenhang mit einer formularmäßigen Sicherungsabtretung arbeitsvertraglicher Ansprüche vgl. zuletzt BGH NJW-RR 2005, 1408.

[2] BGH NJW 1992, 1626 zur Sicherungsübereignung eines Warenlagers; BGH NJW 1990, 716 und 1991, 2768 zur Sicherungsglobalzession.

[3] BGH GS NJW 1998, 671 (672).

[4] BGH GS NJW 1998, 671 (672); hierzu *Serick* BB 1998, 801, *Berger* DZWiR 1998, 205 und *H. Roth* JZ 1998, 462.

[5] BGH GS NJW 1998, 671.

rungsvertrages ergeben, in einer Weise eingeschränkt, dass das Erreichen des Vertragszwecks gefährdet ist (§ 307 Abs. 2 Nr. 2 BGB). Für den Sicherungsgeber ergibt sich hieraus eine unangemessene Benachteiligung, da seine schutzwürdige Möglichkeit, über das Sicherungsgut schnell wieder frei zu verfügen, beeinträchtigt wird. Die Unwirksamkeit einer ermessensabhängigen Freigaberegelung **führt** allerdings **nicht zur Gesamtnichtigkeit formularmäßiger Sicherungsübertragungen.** Vielmehr tritt an die Stelle einer solchen unwirksamen Freigabeklausel gem. § 306 Abs. 2 BGB der ermessensunabhängige Freigabeanspruch des Sicherungsgebers.[6]

Gegenstand mehrerer höchstrichterlicher Entscheidungen waren vorformulierte Sicherungsabreden im Zusammenhang mit der Bestellung einer **Grundschuld.** Nach der Tilgung des gesicherten Darlehens hat der Sicherungsgeber einen **Anspruch auf Rückgewähr der Sicherheit.** Der Sicherungsgeber kann anerkanntermaßen im Rahmen eines Wahlschuldverhältnisses (§§ 262 ff. BGB) zwischen drei Arten der Rückgewähr entscheiden. Er kann wählen, ob sein Anspruch entweder (erstens) durch Löschung der Grundschuld (§§ 875, 1183, 1192 Abs. 1 BGB) erfüllt werden soll, (zweitens) durch Abgabe einer Verzichtserklärung, die eine Eigentümergrundschuld entstehen lässt (§ 1168 Abs. 1, § 1192 Abs. 1 BGB), oder (drittens) durch Abtretung an sich oder einen Dritten (§§ 1154, 1192 Abs. 1 BGB). **Klauseln, die dieses Wahlrecht beschränken,** sind problematisch. Höchstrichterlich geklärt ist, dass eine Klauselgestaltung unwirksam ist, wenn sie die Wahlmöglichkeiten des Sicherungsgebers auch insoweit beschränkt, als im Zeitpunkt der Rückgewähr das Eigentum an dem belasteten Grundstück durch Zuschlag in der Zwangsversteigerung gewechselt hat.[7] Diese Rechtsprechung hat der BGH sodann dahingehend weiterentwickelt, dass eine Beschränkung des Rückgewähranspruchs auf die Löschung unwirksam ist, wenn sie auch den Fall erfasst, dass der Sicherungsgeber im Zeitpunkt der Rückgewähr nicht mehr Eigentümer ist.[8] Der Wegfall der Grundschuld würde dann nur dem Eigentümer zugute kommen, während der Sicherungsgeber sie nicht mehr z.B. für einen Regress einsetzen könnte. Bei der Abfassung der Klausel ist daher darauf zu achten, dass die Rückgewähr durch Abtretung jedenfalls für dann gewährleistet sein muss, wenn zum Zeitpunkt der Rückgewähr das Eigentum am Sicherungsobjekt gewechselt hat.

1031a

II. Deckungsgrenze und Bewertung der Sicherheiten

Nach der Entscheidung des Großen Senats hängt die Wirksamkeit eines formularmäßigen Sicherungsvertrages über revolvierende Globalsicherheiten auch nicht von der ausdrücklichen Festlegung einer zahlenmäßig bestimmten, angemessenen Deckungsgrenze ab.[9] Fehlt eine solche Grenze, deren Überschreitung die Übersicherung als Voraussetzung für den vertraglichen Freigabeanspruch anzeigt, oder ist im Sicherungsvertrag eine unangemessene Deckungsgrenze festgesetzt worden, so ist nicht etwa die gesamte Sicherheitenbestellung nach § 138 Abs. 1 BGB sittenwidrig und nichtig. Die Deckungsgrenze ist in diesem Fall aus dem Treuhandcharakter des Sicherungsvertrages unter Berücksichtigung des Vertragszwecks und der schutzwürdigen Interessen der Vertragspartner zu ermitteln. Eine Übersicherung hält der Große Senat regelmäßig für gegeben, wenn der im Verwertungsfall realisierbare Wert der Sicherungsgegenstände die gesicherte Forderung um mehr als 10 % übersteigt. Das Problem besteht jedoch darin, dass sich allgemeingültige Maßstäbe für die Bewertung der Sicherungsgegenstände bei Eintritt des Sicherungsfalls im Voraus nicht festlegen lassen. Um dennoch das berechtigte Dispositi-

1032

---

[6] BGH GS NJW 1998, 671 ff.; NJW-RR 1998, 1123 (1124); NJW 1998, 2206 (2207).
[7] BGH NJW 1989, 1349.
[8] BGH NJW 2014, 3772.
[9] BGH GS NJW 1998, 671 (674 ff.).

onsinteresse des Sicherungsgebers zu wahren, hat der Große Senat der Praxis eine Orientierungshilfe mit auf den Weg gegeben. Aus den §§ 232 ff. BGB leitet er die widerlegbare Vermutung ab, dass dem Sicherungsinteresse des Gläubigers durch einen Abschlag von einem Drittel vom Nennwert abgetretener Forderungen oder vom Schätzwert sicherungsübereigneter Waren ausreichend Rechnung getragen wird. Die Grenze für das Entstehen eines Freigabeanspruchs liegt demnach regelmäßig bei 150 % des Schätzwertes des Sicherungsguts. Diese Vermutung kann durch einen substantiierten und ggf. zu beweisenden Vortrag einer abweichenden Risikolage entkräftet werden.

§ 41. Abschlagszahlungen und Sicherheitsleistungen

Literatur: *Leinemann,* Das neue Bauvertragsrecht, NJW 2017, 3113; *Omlor,* Der neue Verbraucherbauvertrag, NJW 2018, 817.

I. Interessenlage und Regelungsumfeld

1032a   Ein besonders ausgeprägtes Bedürfnis für die Absicherung der gegenseitigen Leistungspflichten besteht im Werkvertragsrecht, insbesondere bei baubezogenen Werk-, Architekten-, Ingenieur- und Bauträgerverträgen. Der Werkunternehmer strebt danach, seine Vorleistungen durch **Abschlagszahlungen** abzusichern, während umgekehrt der Besteller sich gegen das Risiko mangelhafter oder ausbleibender Werkleistungen seines Vertragspartners durch **Sicherheitsleistungen** abzusichern sucht. Abschlagszahlungen und Sicherheitsleistungen dienen mithin der jeweiligen Vertragspartei zur Absicherung ihrer Ansprüche. Der Gesetzgeber erkennt diese Sicherungsinteressen grundsätzlich an, begrenzt jedoch die Gestaltungsspielräume, um einseitige Interessenbevorzugungen zu verhindern.

1032b   Durch das am 1.1.2018 in Kraft getretene Gesetz zur Reform des Bauvertragsrechts[1] hat der Gesetzgeber sich bemüht, ein normatives Leitbild für angemessene Abschlagszahlungen zugunsten des Werkunternehmers einerseits und für Sicherheitsleistungen zur Absicherung des Bestellers andererseits aufzustellen. Dies spiegelt sich vor allem in den **§§ 632a und 650m BGB** wider. Mit § 632a BGB will der Gesetzgeber die Vorleistungs- und Vorfinanzierungslast des Unternehmers durch Ansprüche auf Abschlagszahlungen mildern. Die Vorschrift soll sicherstellen, dass der Unternehmer eine Abschlagszahlung verlangen kann, wenn der Besteller einen festen Wert bekommen hat. Für Verbraucherbauverträge wird § 632a BGB durch § 650m BGB modifiziert. § 650m Abs. 1 BGB statuiert zugunsten des Verbrauchers eine Höchstgrenze für Abschlagszahlungen, während Abs. 2 dem Verbraucher eine Vertragserfüllungssicherheit gewährt. Sowohl § 632a BGB als auch § 650m BGB sind **nicht zwingend ausgestaltet.** Insbesondere soll der Besteller (auch wenn er Verbraucher ist) nicht dergestalt bevormundet werden, dass es ihm rechtlich generell verwehrt wird, von der gesetzlichen Abschlagsregelung abzuweichen. So soll ihm die die Möglichkeit offen gehalten werden, Vorauszahlung bewusst in Kauf zu nehmen, wenn ihm dafür an anderer Stelle – etwa bei der insgesamt zu zahlenden Vergütung – günstigere Vertragsbedingungen angeboten werden.[2]

II. Die Klauselverbote des § 309 Nr. 15 BGB

1032c   Mit den Klauselverboten des § 309 Nr. 15 BGB soll verhindert werden, dass die dem Schutz des Werkbestellers dienenden Vorschriften des § 632a BGB und § 650m BGB

---

[1] BGBl. 2017 I 969.
[2] BT-Drs. 18/8486, S. 37.

über Abschlagszahlungen und Sicherheitsleistungen durch Allgemeine Geschäftsbedingungen zu seinem Nachteil unangemessen eingeschränkt werden. Außerhalb des Anwendungsbereichs der Katalogtatbestände des § 309 Nr. 15 BGB findet die Kontrolle vorformulierter Sicherungsabreden auf der Grundlage des § 307 BGB statt. Hier geht es ua um Vertragserfüllungsbürgschaften, um Gewährleistungssicherheiten in Gestalt von Sicherheitseinbehalten und Gewährleistungsbürgschaften.[3]

1. Das Verbot wesentlich höherer Abschlagszahlungen

Hierzu statuiert § 309 Nr. 15 Buchst. a BGB ein Verbot solcher Klauseln, nach denen   1032d
der Verwender vom anderen Vertragsteil Abschlagszahlungen für Teilleistungen verlangen kann, die wesentlich höher sind als die nach §§ 632a Abs. 1, 650m Abs. 1 BGB vorgesehenen Abschlagszahlungen. Angesichts des klaren Wortlauts der Vorschrift verbietet sich eine analoge Anwendung auf echte Vorauszahlungen, die eine (teilweise) Vorauszahlung des Werklohnanspruchs für noch nicht erbrachte Leistungen vorsehen.[4] Solche Gestaltungen sind anhand der Generalklausel des § 307 BGB zu überprüfen. Im Übrigen werden in der Kommentarliteratur als Grenze für eine „wesentlich höhere" Abschlagszahlung Werte zwischen 10 und 20 % angegeben.[5] Die von Nr. 15 Buchst. a bewirkte flankierende Absicherung des § 632a BGB konkretisiert grundlegende Gerechtigkeitsvorstellungen. Das Klauselverbot gilt daher mediatisiert über § 307 BGB auch für Verträge zwischen Unternehmern.[6]

2. Das Verbot zu geringer Sicherheitsleistungen

§ 309 Nr. 15 Buchst. b BGB untersagt Änderungen zulasten des Bestellers im Hinblick   1032e
auf die in § 650m Abs. 2 BGB näher ausgestaltete Pflicht des Unternehmers, dem Verbraucher bei Abschlagszahlungen eine Sicherheit zu leisten. Das Verdikt kennt anders als Buchst. a kein Wesentlichkeitserfordernis, greift also bei jedweder Unterschreitung der nach dem Gesetz zu leistenden Sicherheit ein.[7] Auch der gänzliche Ausschluss einer Sicherheitsleistung wird erfasst.[8] Wegen des eindeutig verbraucherschützenden Charakters des § 650m Abs. 2 BGB kommt eine Übertragung der Wertung des § 309 Nr. 15 Buchst. b BGB auf Verträge zwischen Unternehmern nicht in Betracht.[9]

---

[3] Hierzu existiert eine weit verzweigte und schwer überschaubare Rechtsprechungskasuistik, näher dargestellt bei *Wolf/Pamp* Klauseln B 208 ff. und *Staudinger/Leupertz* BGB Anh. zu §§ 305–310 Rn. 196 ff. Lesenswert auch *Schwab*, AGB-Recht, 4. Teil Rn. 724 ff. Aus der neueren Rechtsprechung: BGH NJW-RR 2020, 1219.
[4] Wie hier BeckOGK/*Weiler* BGB § 309 Nr. 15 Rn. 34; MüKoBGB/*Wurmnest* § 309 Nr. 15 Rn. 9; für analoge Anwendung jedoch Wolf/*Dammann* BGB § 309 Nr. 15 Rn. 11.
[5] Paland/*Grüneberg* BGB § 309 Rn. 116 (20 %); BeckOK/*Becker* BGB § 309 Rn. 22 (20 %); differenzierend MüKoBGB/*Wurmnest* § 309 Nr. 15 Rn. 13; BeckOGK/*Weiler* BGB § 309 Nr. 15 Rn. 56 (10 %); Staudinger/*Coester-Waltjen* BGB § 309 Nr. 15 Rn. 5 („kann nur im Einzelfall festgestellt werden").
[6] BeckOK/*Becker* BGB § 309 Nr. 15 Rn. 24; Soergel/*Knops* BGB § 309 Nr. 15 Rn. 12; gegen jegliche Indizwirkung des § 309 Nr. 15 BGB jedoch Staudinger/*Coester-Waltjen* BGB § 309 Nr. 15 Rn. 8.
[7] Wolf/*Dammann* BGB § 309 Nr. 15 Rn. 20; BeckOGK/*Weiler* BGB § 309 Nr. 15 Rn. 72.
[8] Staudinger/*Coester-Waltjen* BGB § 309 Nr. 15 Rn. 6.
[9] Soergel/*Knops* BGB § 309 Nr. 15 Rn. 12.

Neunter Abschnitt. Prozessbezogene Klauseln

Literatur: *Mentis,* Schranken prozessualer Klauseln in Allgemeinen Geschäftsbedingungen, 1994; *Sternke,* Prozessuale Klauseln in Allgemeinen Geschäftsbedingungen, 1993.

1033   Der Anwendungsbereich der §§ 305 ff. BGB ist nicht auf Vertragsbedingungen materiellrechtlichen Inhalts beschränkt. Auch **prozessuale Vereinbarungen** können AGB-Charakter aufweisen und der **Kontrolle nach den §§ 305 ff. BGB** unterfallen.[10] Der Gesetzgeber hat diese Einschätzung zuletzt durch die Einführung des § 309 Nr. 14 BGB bestätigt. Zu denken ist dabei insbesondere an vorformulierte Beweislastabreden, an Klageverzichtsvereinbarungen, an Gerichtsstands- und Schiedsvereinbarungen sowie Regelungen vollstreckungsrechtlichen Inhalts.

§ 42. Beweislastvereinbarungen

Literatur: *Bennemann,* Fiktionen und Beweislastregelungen in Allgemeinen Geschäftsbedingungen, 1987; *Thamm,* Beweislastregelungen in Allgemeinen Geschäftsbedingungen, BB 1971, 292; *ders.,* Umformulierung von Haftungsbegrenzungen in AGB wegen beweislastverändernder Klauseln, BB 1996, 653.

I. Allgemeines und Normzweck des § 309 Nr. 12 BGB

1034   Eine Beweislaständerung durch Parteivereinbarung ist grundsätzlich möglich.[1] **Beweislastregeln** entspringen aber nicht einfach Zweckmäßigkeitserwägungen, sondern sind **Ausdruck materieller Gerechtigkeitsgebote.** Das gilt sowohl für die allgemeine Beweislastregel, nach der jede Partei das Vorliegen der Tatsachen zu beweisen hat, aus denen sie Rechte herleitet, als auch für andere Beweislastgrundsätze, die in der Regel darauf abstellen, welche Partei den beweisbedürftigen Umständen am nächsten ist. Die einseitige Veränderung der Beweislast qua Allgemeine Geschäftsbedingungen rüttelt an diesen Gerechtigkeitsmaßstäben. Sie beeinträchtigt die Beweissituation des Kunden und ist tendenziell geeignet, ihm die Rechtsverfolgung oder Rechtsverteidigung unzumutbar zu erschweren oder gar gänzlich zu verhindern.[2] Der Nachteil des sich den Vertragsbedingungen des Verwenders unterwerfenden Vertragspartners besteht häufig darin, dass ein *non liquet* über den Prozessausgang entscheidet.[3] Deshalb verbietet § 309 Nr. 12 BGB umfassend Allgemeine Geschäftsbedingungen, die auf eine Änderung der Beweislast zum Nachteil des Kunden zielen. Damit setzt der deutsche Gesetzgeber zugleich **Nr. 1 Buchst. q des Anhangs der Klauselrichtlinie** 93/13/EWG um. Danach können Klauseln für missbräuchlich erklärt werden, die darauf abzielen oder zur Folge haben, dass dem Verbraucher die Möglichkeit, Rechtsbehelfe bei Gericht einzulegen oder sonstige Beschwerdemittel zu ergreifen, genommen oder erschwert wird, und zwar insbesondere dadurch, dass ihm die Beweislast auferlegt wird, die nach dem geltenden Recht einer

---

[10] Einhellige Meinung vgl. statt vieler Ulmer/*Ulmer/Habersack* BGB § 305 Rn. 15; Wolf/*Pfeiffer* BGB § 305 Rn. 9; Staudinger/*Mäsch* BGB § 305 Rn. 22; Staudinger/*Rodi* BGB Anh. zu §§ 305–310 Rn. M 10. Ebenso BGH NJW 2002, 138 (139) für eine Unterwerfungserklärung.

[1] *Rosenberg/Schwab/Gottwald,* Zivilprozessrecht, 18. Aufl. 2018, § 116 Rn. 34, S. 788; *Baumgärtel/Hohmann,* Handbuch der Beweislast, Band 3, 1987, Rn. 2; *G. Wagner,* Prozessverträge, 1998, S. 697.

[2] Amtl. Begründung BT-Drs. 7/3919, S. 38.

[3] BGH NJW 1964, 1123.

anderen Vertragspartei obläge. Diese Empfehlung kann durch § 309 Nr. 12 BGB in vollem Umfang zur Geltung gebracht werden.[4]

Die Problematik der Beweislastklauseln ist erstmals durch eine **Entscheidung des** 1035 **BGH aus den 60er Jahren** ins Bewusstsein der Fachöffentlichkeit gerückt worden.[5] Gegenstand des Urteils war eine Klausel, die dem Einlagerer die Beweislast dafür überbürdete, dass das Personal des Lagerhalters am Verschwinden von Waren ein Verschulden treffe. Der BGH entschied, dass sich der Verwender für Umstände, die in seinem alleinigen Verantwortungsbereich liegen, nicht zum Nachteil des Kunden entlasten könne. Dieser Grundsatz ist heute in **§ 309 Nr. 12 Buchst. a BGB** als Regelbeispiel genannt. Ein weiteres, hier bereits besprochenes,[6] Regelbeispiel führt als weiteren Fall der unzulässigen Beweislastveränderung dem Kunden abverlangte Tatsachenbestätigungen an (§ 309 Nr. 12 Buchst. b BGB).

II. Voraussetzungen und Umfang des Verbots

1. Beweislastgrundsätze

Unabhängig davon, ob es sich um gesetzlich verankerte oder richterrechtlich entwickel- 1036 te Beweislastregeln handelt, ist jede Beweislastveränderung zum Nachteil des Kunden unzulässig. Das Klauselverbot umfasst dabei sowohl die Regeln der objektiven Beweislast, die die Wirkung der Nichterweislichkeit von Tatsachen betreffen, als auch diejenigen der subjektiven Beweislast, die festlegen, welche Partei den Beweis zu führen hat.[7] Daher kann eine Änderung der Beweislast sowohl darin liegen, dass der Nachteil der Nichterweislichkeit einer Tatsache auf die andere Partei abgewälzt wird, als auch darin, dass die Beweismöglichkeit einer Partei beschränkt wird. Ferner wird die Beweislast mittelbar auch durch eine Erhöhung der Beweisanforderungen verändert, da auch dann in Abweichung vom dispositiven Recht eine Beweislastentscheidung getroffen wird.[8]

Beweislastgrundsätze sind zB die allgemeine Beweislastregel, nach der jede Partei die 1037 tatsächlichen Voraussetzungen der ihr günstigen Rechtsfolgen beweisen muss. Ferner gibt es spezielle Beweislastregeln nach Verantwortungsbereichen, zB §§ 280 Abs. 1 S. 2 und 286 Abs. 4 BGB für den Bereich der Leistungsstörungen sowie einzelne Beweislastregeln in §§ 269, 271, 891, 1006 BGB. Die Rechtsprechung wandte in der Vergangenheit für eine Vielzahl von Verträgen § 282 BGB a. F. entsprechend an, wenn der schädigende Umstand im Einflussbereich des Unternehmers liegt. Ebenfalls unter solche Beweislastgrundsätze fallen die Grundsätze über den Beweis des ersten Anscheins. Eine Beweislastregel besteht auch in der Vermutung der Vollständigkeit und Richtigkeit von Urkunden.

Beispiel: Im Sparbuch des M wird am 1.10.2008 die Einzahlung eines Betrags von 4.000 EUR vermerkt. Die Auszahlung dieses Betrags wird ihm am 1.11.2008 unter Hinweis auf die Bedingungen für Sparkonten verweigert, da eine Einzahlung ausweislich der Geschäftsbücher nicht erfolgt sei. Eine Klausel in den Bedingungen für Sparkonten, nach der interne Eintragungen in den Geschäftsbüchern Vorrang vor den Eintragungen in den Sparbüchern haben, ist unwirksam.[9] Denn hierdurch wird dem Sparbuchinhaber, für den die Vermutung der Vollständigkeit und Richtigkeit der Eintragungen im Sparbuch spricht, die Beweislast für Umstände auferlegt, die seinem Einflussbereich entzogen sind.

---

[4] MüKoBGB/*Wurmnest* § 309 Nr. 12 Rn. 3: „im Grundsatz deckungsgleich".
[5] BGH NJW 1964, 1123.
[6] → Rn. 679 ff.
[7] Wolf/*Dammann* BGB § 309 Nr 12 Rn. 11 f.
[8] BGH NJW 2013, 1671 Rn. 28 (zumindest für § 309 Nr. 12 Buchst. b BGB); Wolf/*Dammann* BGB § 309 Nr. 12 Rn. 14; aA MüKoBGB/*Wurmnest* § 309 Nr. 12 Rn. 5.
[9] AG Hamburg NJW 1987, 2022.

2. Änderung zum Nachteil des anderen Vertragsteils

1038   Bei der Prüfung, ob es sich um eine gem. § 309 Nr. 12 BGB unzulässige Beweislaständerung handelt, muss in einem ersten Schritt immer festgestellt werden, wie die Beweislast ohne die Klausel verteilt wäre und in einem zweiten Schritt, ob durch die Klausel die Beweislast zum Nachteil des Kunden verändert wird.

1039   Das Verbot des § 309 Nr. 12 BGB ist in einem umfassenden Sinne zu verstehen. Der Gesetzgeber wollte **jede nachteilige Änderung der Beweisposition des Kunden** in Allgemeinen Geschäftsbedingungen erfassen, gleich welches Mäntelchen der Verwender ihr umhängt. Folglich liegt eine Änderung der Beweislast nicht erst dann vor, wenn diese umgekehrt wird.[10] Der lästigen und mitunter sehr schwierigen Abgrenzung der Beweislastumkehr von sonstigen Beweiserschwerungen ist der Rechtsanwender im Bereich des § 309 Nr. 12 BGB damit enthoben. Eine verbotene Beweislaständerung zum Nachteil des Kunden ist auch dann anzunehmen, wenn die Beweisführung erschwert wird, indem die Möglichkeit des Beweises auf bestimmte Beweismittel eingeschränkt wird oder die Grundsätze über den Beweis des ersten Anscheins geändert werden.[11] Auch formularmäßig ausbedungene Beweiserleichterungen für den Verwender fallen unter die Verbotsnorm. Nach der Ansicht des BGH ist § 309 Nr. 12 BGB jedoch nur anwendbar, wenn der Inhalt der Klausel noch Raum für eine den Vertragspartner des Verwenders treffende Beweislast lässt. Alle durch einen (Gegen-)Beweis nicht mehr änderbaren inhaltlichen Interessenverschiebungen durch Allgemeine Geschäftsbedingungen seien daher nicht gem. § 309 Nr. 12 BGB zu überprüfen, sondern im Rahmen des § 307 BGB zu würdigen.[12] Die entgegengesetzte Meinung beruft sich für die tatbestandliche Erfassung dieser Fallgestaltung auf einen erst-recht-Schluss,[13] verkennt dabei jedoch, dass diese Ausweitung die Abgrenzung zu materiellrechtlichen Anspruchsverkürzungen verwischt.

Beispiel: In den Allgemeinen Geschäftsbedingungen eines **Autowaschanlagenbetreibers** findet sich die Klausel „Nach Verlassen des Betriebsgrundstücks erlischt jede Möglichkeit, einen Schadensersatzanspruch geltend zu machen." Hierbei handelt es sich nicht um eine Beweislastregelung,[14] sondern um einen bei Verträgen dieser Art häufig anzutreffenden Haftungsausschluss, der nach den hierfür geltenden Vorschriften (§ 309 Nr. 7 BGB bzw. § 307 BGB) zu würdigen ist.

1040   Das Klauselverbot des § 309 Nr. 12 BGB läuft in der Rechtspraxis mitunter Gefahr übersehen zu werden:

Beispiel: Die Klausel in den Allgemeinen Geschäftsbedingungen eines Lederfabrikanten, die Haftung für Mangelfolgeschäden sei generell ausgeschlossen, es sei denn, dass dem Verwender oder seinem Erfüllungsgehilfen Vorsatz oder grobe Fahrlässigkeit zur Last falle, ist keineswegs nur *sub specie* § 309 Nr. 8 Buchst. b BGB zu beurteilen. Vielmehr bürdet sie durch die Formulierung „wird ausgeschlossen, es sei denn, dass ...“ zugleich dem Vertragspartner die Beweislast für Vorgänge auf, die sich im Verantwortungsbereich des Verwenders abgespielt haben.[15]

---

[10] BGH NJW 1987, 1634 (1635) führt unter Berufung auf Wortlaut und Systematik des § 309 Nr. 12 BGB aus, schon der Versuch des Verwenders, die Beweislast des Kunden zu verschlechtern, genüge. Gegen eine Beschränkung des § 309 Nr. 12 BGB auf Fälle der Beweislastumkehr auch Ulmer/*Habersack* BGB § 309 Nr. 12 Rn. 8; *Thamm* BB 1971, 294; aA Staudinger/*Coester-Waltjen* BGB § 309 Nr. 12 Rn. 8, die für eine Unterstellung der sonstigen Fälle unter die Generalklausel des § 307 BGB plädiert.

[11] BGH NJW 1988, 258; Ulmer/*Habersack* BGB § 309 Nr. 12 Rn. 11 f.; Erman/*Roloff/Looschelders* BGB § 309 Rn. 147; aA Staudinger/*Coester-Waltjen* BGB § 309 Nr. 12 Rn. 8.

[12] BGH NJW 1988, 258 (259); Wolf/*Dammann* BGB § 309 Nr. 12 Rn. 22; MüKoBGB/*Wurmnest* § 309 Nr. 12 Rn. 10.

[13] Ulmer/*Habersack* BGB § 309 Nr. 12 Rn. 12.

[14] So aber LG Tübingen NJW-RR 1992, 310 und Ulmer/*Habersack* BGB § 309 Nr. 12 Rn. 12.

[15] Richtig erkannt von BGH NJW 1996, 1537 (1538 f.).

Besonderes gilt für vorformulierte abstrakte **Schuldversprechen bzw. -anerkenntnisse** 1041
und **Vollstreckungsunterwerfungen.**[16] Sie werden nach überwiegender Meinung vom
Verbotstatbestand des § 309 Nr. 12 BGB nicht erfasst.[17]

Dem ist zuzustimmen. Entscheidend ist jedoch nicht, dass es sich um gesetzlich 1042
anerkannte Rechtsinstitute (§§ 780, 781; § 794 Nr. 5 ZPO) handelt, sondern dass durch
ihre Einbeziehung ein neuer selbstständiger Rechtstitel geschaffen wird, ohne die Beweislage im Grundverhältnis zu verändern.[18] Es verbleibt bei den Kontrollmaßstäben der
§§ 305c und 307 BGB.

Die Hervorhebung des **ersten Regelbeispiels** hat gegenüber dem allgemeinen Verbot 1043
der Beweislaständerung keine besondere Bedeutung. Dem anerkannten Grundsatz, dass
derjenige die Beweislast trägt, in dessen alleinigem Verantwortungsbereich ein Schaden
entstanden ist, wird hierdurch Rechnung getragen. Ansonsten würde die Rechtsdurchsetzung verhindert, wenn Umstände nachgewiesen werden müssten, die der Vertragspartner nicht überprüfen kann, weil sie seinem Einflussbereich entzogen sind.

Beispiel: Die ABB-Flugpassage der Deutschen Lufthansa (Allgemeine Beförderungsbedingungen für
Fluggäste und Gepäck) enthielt eine Klausel, nach der der Luftfrachtführer nur dann zum Schadensersatz verpflichtet ist, wenn ihm nachweislich Fahrlässigkeit zur Last fällt. Dadurch wird dem Flug-
gast in unzulässiger Weise die Beweislast für im Verantwortungsbereich der Lufthansa liegende
Umstände überbürdet.[19]

Das **zweite Regelbeispiel** war bereits Gegenstand der Ausführungen unter § 26. 1044

3. Teleologische Reduktion des § 309 Nr. 12 BGB?

Die Benachteiligung des Kunden erscheint auf den ersten Blick geringer, wenn bei 1045
einem Schadensersatzanspruch, der hätte abbedungen werden können, lediglich die Beweislast zum Nachteil des Kunden verändert wird. Im Schrifttum hat man sich daher
bisweilen für eine teleologische Reduktion des Anwendungsbereichs des § 309 Nr. 12
BGB ausgesprochen.[20] Soweit der Verwender für bestimmte Umstände jede Haftung
ausschließen könne, dürfe er seine Haftung unter Umkehr der Beweislast aufrechterhalten. Richtiger Ansicht nach ist jedoch auch in diesem Fall die Klausel gem. § 309 Nr. 12
BGB unwirksam.[21] Ein Verhältnis zwischen Anspruch und Beweislastregeln derart, dass
die Änderung der Beweislast in Relation zur Haftungsfreizeichnung ein Weniger wäre, ist
nicht gegeben.[22] Haftungsfreizeichnungsklauseln und Beweislastklauseln treffen den
Kunden auf qualitativ unterschiedlichen Ebenen. Die Rechtsfolge einer Haftungsfrei-

---

[16] Zu Vollstreckungsunterwerfungen vgl. ferner → Rn. 113.

[17] BGH NJW 1991, 1677 für das abstrakte Schuld versprechen; BGH NJW 1987, 904 (907), 2002,
138 (139) für die Vollstreckungsunterwerfung; BGH NJW 2003, 2386 (2388), BAG NJW 2005, 3164
(3165) und NZA 2016, 1409 Rn. 63 f; für das deklaratorische Schuldanerkenntnis; Ulmer/*Habersack*
BGB § 309 Nr. 12 Rn. 13; Wolf/*Dammann* BGB § 309 Nr. 12 Rn. 23; Staudinger/*Coester-Waltjen*
BGB § 309 Nr. 12 Rn. 5; Palandt/*Grüneberg* BGB § 309 Rn. 107; aA Staudinger/*Schlosser*, 12. Aufl.
1980, AGBG § 11 Nr. 15 Rn. 12 und *Stürner* JZ 1977, 431 f. Von der Vollstreckungsunterwerfung
sind sorgfältig zu unterscheiden sog. **Nachweisverzichtsklauseln**, nach denen der Unternehmer (zB
in Bauverträgen) berechtigt sein soll, eine weitere Nachweise eine vollstreckbare Ausfertigung
der Urkunde erteilen zu lassen. Der BGH gründet das Unwirksamkeitsverdikt auf § 307 BGB (BGH
NJW 2002, 138, 139 f.), während in der Literatur (Ulmer/*Habersack* BGB § 309 Nr. 12 Rn. 14 mwN)
verbreitet ein Verstoß gegen § 309 Nr. 12 BGB bejaht wird; vgl. ferner unter dem Aspekt der §§ 3, 12
der Makler- und BauträgerVO BGH NJW 1999, 51.

[18] So zutreffend Staudinger/*Coester-Waltjen* BGB § 309 Nr. 12 Rn. 5.

[19] BGH NJW 1983, 1322.

[20] Palandt/*Grüneberg* BGB § 309 Rn. 107; Staudinger/*Coester-Waltjen* BGB § 309 Nr. 12 Rn. 7;
offengelassen in BGH NJW 1985, 3016 (3017) und OLG Düsseldorf BB 1996, 658.

[21] Ulmer/*Habersack* BGB § 309 Nr. 12 Rn. 9; Erman/*Roloff/Looschelders* BGB § 309 Rn. 148a.

[22] *Wolf*, 4. Aufl. 1999, AGBG § 11 Nr. 15 Rn. 8 sprach zutreffend von einem „aliud".

zeichnung äußert sich in der Beschneidung der materiell-rechtlichen Rechtsposition des Kunden. Demgegenüber sind vorformulierte Beweislastabreden häufig geeignet, den Kunden zu kostenträchtigen Fehleinschätzungen zu verleiten. Er scheitert im Prozess, weil er die Beweislastanforderungen verkennt. Seine Erfolgsaussichten sind für ihn schwierig einzuschätzen. Mitunter werden sie ihm regelrecht verschleiert. Das rückt Beweislastklauseln tendenziell in einen Konflikt zum Transparenzgebot, ein Problem, das sich bei Haftungsfreizeichnungsklauseln so zumeist nicht stellt. Die teleologische Reduktion des § 309 Nr. 12 BGB würde die Vorschrift zu einer *lex imperfecta* machen. Ihr Eingreifen könnte von Fall zu Fall erst nach einer hypothetischen und unter Umständen schwierigen Prüfung der Abdingbarkeit der Haftung ermittelt werden. Die Vorschrift würde sich in dieser Sichtweise selbst als in hohem Maße intransparent darstellen. Eine solche Konzeption kann auch vom Gesetzgeber nicht gewollt gewesen sein. Im Übrigen sieht auch der Anhang der Richtlinie über missbräuchliche Klauseln in Nr. 1q, der in diesem Punkt erkennbar auf § 309 Nr. 12 BGB zurückgeht, keine diesbezügliche Einschränkung des Anwendungsbereichs vor, obwohl die Problematik bei ihrer Abfassung allgemein bekannt war.

4. Verhältnis zu anderen Vorschriften

1046   **§ 309 Nr. 5 BGB** stellt, soweit es um den Beweis der Unangemessenheit einer Schadensersatz- oder Wertminderungspauschale geht, gegenüber § 309 Nr. 12 BGB eine Spezialvorschrift dar.[23]

Beispiel: „Im Falle einer Überzahlung hat der Auftragnehmer den zu erstattenden Betrag – ohne Umsatzsteuer – vom Empfang der Zahlung an mit 4 vH für das Jahr zu verzinsen." Der BGH führte hierzu aus: „Soweit durch eine AGB-Bestimmung Nutzungen in Form eines bestimmten Zinssatzes pauschaliert und dem Vertragspartner des Verwenders ohne Gelegenheit des Gegenbeweises eines niedrigeren Betrages oder der Nichtnutzung aufgegeben werden, ist daher nicht das Verbot der Beweislastveränderung durch AGB maßgebend. Vielmehr ist eine solche Klausel an dem Grundsatz zu messen, dass Gegenbeweise durch AGB nicht abgeschnitten werden können."[24]

1047   Vorrang gegenüber dem Verbot der Beweislastveränderung kommt auch den in **§ 308 Nr. 5 und 6 BGB** statuierten Klauselverboten mit Wertungsmöglichkeit zu.[25]

III. Rechtsfolgen eines Verstoßes

1048   Die Unwirksamkeit einer Beweislastklausel hat gem. § 306 Abs. 2 BGB die **Geltung der gesetzlichen und richterrechtlich entwickelten Beweislastregeln** zur Folge. Die unwirksame Klausel bleibt im Prozess unberücksichtigt, sie ist auch kein Beweisindiz.[26]

IV. Unternehmerischer Geschäftsverkehr

1049   Da die Beweislastregeln durchweg auf Gerechtigkeitserwägungen basieren, spricht viel dafür, das Verbot der Beweislastklauseln grundsätzlich auch im unternehmerischen Verkehr über § 307 BGB zur Geltung zu bringen.[27] Freilich ist hier hinsichtlich der beiden Regelbeispiele des § 309 Nr. 12 BGB zu differenzieren. Besonders nahe liegend ist die

---

[23] BGH NJW 1988, 258; Ulmer/*Habersack* BGB § 309 Nr. 12 Rn. 4; Staudinger/*Coester-Waltjen* BGB § 309 Nr. 12 Rn. 3.

[24] BGH NJW 1988, 258.

[25] Staudinger/*Coester-Waltjen* BGB § 309 Nr. 12 Rn. 2.

[26] BGH NJW-RR 2019, 428 Rn. 35; Staudinger/*Coester-Waltjen* BGB § 309 Nr. 12 Rn. 14; Erman/*Roloff/Looschelders* BGB § 309 Rn. 153; *Stübing* NJW 1978, 1611.

[27] Palandt/*Grüneberg* BGB § 309 Rn. 110; Staudinger/*Coester-Waltjen* BGB § 309 Nr. 12 Rn. 16; *Thamm* BB 1996, 653 f.

Übertragung der Wertung des § 309 Nr. 12 Buchst. a BGB.[28] Das Klauselverbot verdankt seine Entstehung der Rechtsprechung des BGH zur Unantastbarkeit der Beweislastverteilung nach Verantwortungsbereichen im unternehmerischen Geschäftsverkehr.[29] Keine Indizfunktion kommt hingegen dem Regelbeispiel des § 309 Nr. 12 Buchst. b BGB zu. Hier bedarf es stets einer Würdigung der Umstände des Einzelfalles.[30]

§ 43. Klageverzichtsvereinbarungen

Literatur: *Eidenmüller/Engel*, Die Schlichtungsfalle: Verbraucherrechtsdurchsetzung nach der ADR-Richtlinie und der ODR-Verordnung der EU, ZIP 2013, 1704; *Hau*, Der Klageverzicht in Allgemeinen Geschäftsbedingungen, MDR 2017, 853.

§ 309 Nr. 14 BGB befasst sich unter der etwas zu weit gefassten Überschrift „Klage-   1049a
verzicht" mit **dilatorischen Klageverzichtsklauseln zugunsten einer außergericht-
lichen Streitbeilegung.** Der peremptorische Ausschluss des Rechtswegs wird vom Wortlaut zwar nicht erfasst. Es spricht aber alles dafür, ihn wegen seiner weitergehenden
Wirkung erst recht – in analoger Anwendung des § 309 Nr. 14 BGB – als unwirksam
einzustufen.[1] Nicht selten dürfte ein dauerhafter Ausschluss zudem am Überraschungsverbot scheitern.[2] Eine besondere Beurteilung erfährt der formularmäßige Verzicht auf
die Erhebung einer Kündigungsschutzklage in arbeitsrechtlichen Aufhebungs- und Ab-
wicklungsvereinbarungen (hierzu unter → Rn. 1118).

I. Europarechtliche Vorgaben

Das Klauselverbot des § 309 Nr. 14 BGB ist durch Gesetz vom 19.2.2016 in Umset-   1049b
zung europäischer Vorgaben eingefügt worden. Schon in der im **Anhang Nr. 1q der
Klauselrichtlinie 93/13/EWG** werden Klauseln aufgelistet, die dem Verbraucher die
Möglichkeit nehmen oder erschweren, „Rechtsbehelfe bei Gericht einzulegen oder sonstige Beschwerdemittel zu ergreifen". Zu einer Ergänzung der Katalogtatbestände des
§ 309 BGB sah sich der deutsche Gesetzgeber erst mit Inkrafttreten der Richtlinie 2013/
11/EU über alternative Streitbeilegung (kurz **ADR-Richtlinie**) veranlasst, heisst es doch
in Art. 10 Abs. 1 dieser Richtinie, dass eine Vereinbarung dem Verbraucher nicht das
Recht zur Anrufung der Gerichte entziehen darf. Die deutsche Umsetzung geht sogar
über das durch die ADR-Richtlinie gebotene Maß hinaus. So unterwirft § 309 Nr. 14
BGB – anders als die ADL-RL – auch solche Klauseln dem Klauselverbot, die erst nach
Entstehen der Streitigkeit ein Klageverbot statuieren.[3] Dem Gesetzgeber ging es ausweislich der Materialien[4] darum, dem Verbraucher das unbeschränkte Wahlrecht zwischen außergerichtlicher Streitbeilegung und dem Gang zu Gericht zu belassen. Er werde
nicht durch die Notwendigkeit der erneuten Geltendmachung von der Beschreitung des
Rechtswegs abgehalten. Auch werde etwaigem Missbrauch, beispielsweise durch verfah-
rensverzögerndes Vorschalten eines erfolglosen Streitbeilegungsverfahrens, vorgebeugt.

---

[28] BGH NJW 2006, 47 (49); NJW-RR 2014, 456.
[29] BGH NJW 1964, 1123.
[30] Vgl. hierzu auch → Rn. 691.
[1] BeckOGK/*Weiler* BGB § 309 Nr. 14 Rn. 32; Staudinger/*Rodi* BGB §§ 305–310 Rn. 19; *Hau* MDR 2017, 853 (854).
[2] Staudinger/*Rodi* BGB §§ 305–310 Rn. 18.
[3] BeckOK/*Becker* BGB § 309 Nr. 14 Rn. 2.
[4] Beschlussempfehlung und Bericht des Ausschusses für Recht und Verbraucherschutz BT-Drucks. 18/6904, S. 74.

II. Reichweite des § 309 Nr. 14 BGB

1049c Das Verbot wird weit ausgedehnt. Es erfasst alle Klauseln, die die Verwendergegenseite an einer Klageerhebung vor Einleitung eines Verfahrens zur alternativen Streitbeilegung hindern. Es spielt keine Rolle, wie das außergerichtliche Verfahren benannt ist, **Mediation, Schlichtung, Adjudication** etc.[5] Ferner kommt es nicht darauf an, wie die einschränkende AGB-Bestimmung konstruktiv zu erfassen ist, als Verzicht des Verbrauchers auf staatlichen Rechtsschutz, als Verbot zu klagen oder als Sanktion für den Fall, dass dennoch geklagt wird.[6] Die Norm des § 309 Nr. 14 BGB wird des Weiteren auch auf den **Ausschluss einzelner Verfahrensarten** (z. B. Urkunden-, Mahn-, Vollstreckungs-, Beweissicherungsverfahren, einstweiliger Rechtsschutz) angewendet.[7] Dafür spricht nicht nur die weite Fassung des Tatbestands („geltend machen"), sondern auch der Normzweck, der Schutz der Freiwilligkeit außergerichtlicher Streitbeilegungsverfahren. § 308 Nr. 4 BGB gilt für **alle Vertragsarten** unter Einschluss von Dauerschuldverhältnissen.[8] Die Norm gilt allerdings nicht, wenn in Allgemeinen Rechtsschutzbedingungen die Deckung für eine Vertretung in Gerichtsverfahren von einer vorherigen erfolglosen Durchführung eines Mediationsverfahrens abhängig gemacht wird.[9] Auf dilatorische Klageverzichtsvereinbarungen im **unternehmerischen Verkehr** kann die Wertung des § 309 Nr. 14 BGB nicht über § 307 BGB zur Geltung gebracht werden.[10] Das wäre mit dem unverkennbar verbraucherschützenden Charakter dieses Klauselverbots nicht zu vereinbaren. Eine grenzenlose Freiheit vorformulierte Klageverzichtsvereinbarungen ist hingegen auch im beiderseitigen Unternehmerverkehr nicht anzuerkennen (hierzu → Rn. 1075).

§ 44. Gerichtsstands- und Schiedsvereinbarungen

I. Gerichtsstandsvereinbarungen

Literatur: *Borges,* Die europäische Klauselrichtlinie und der deutsche Zivilprozeß, RIW 2000, 933; *Danelzik,* Die Gerichtsstandsvereinbarung zwischen ZPO, EuGVVO und HGÜ, 2019; *Heinig,* Die AGB-Kontrolle von Gerichtsstandsklauseln, EuZW 2009, 885; *Heiss,* Die Form internationaler Gerichtsstandsvereinbarungen, ZfRV 2000, 202; *Kröll,* Gerichtsstandsvereinbarungen aufgrund Handelsbrauchs im Rahmen des GVÜ, ZZP 2000, 135; *Leible,* Gerichtsstandsklauseln und EG-Klauselrichtlinie, RIW 2001, 422; *Leipold,* Zuständigkeitsvereinbarungen in Europa, in Gottwald/Greger/Prütting (Hrsg.), Dogmatische Grundfragen des Zivilprozesses im geeinten Europa, 2000, S. 51; *Lindacher,* Internationale Gerichtsstandsklauseln in AGB unter dem Geltungsregime von Brüssel I, FS für Schlosser, 2005, S. 491; *Mayer,* Missbräuchliche Gerichtsstandsvereinbarungen in Verbraucherverträgen, GPR 2009, 2230; *Pfeiffer,* Gerichtsstandsklauseln und EG-Klauselrichtlinie, in: FS für Schütze, 1999, S. 671 ff.; *ders.,* Die Unwirksamkeit von Gerichtsstandsklauseln nach der Klauselrichtlinie, ZEuP 2003, 141; *Saenger,* Wirksamkeit internationaler Gerichtsstandsvereinbarungen, in: FS für Sandrock, 2000, 807; *Schneider,* Zur Wirksamkeit undifferenzierter Gerichtsstands- und Erfüllungsortklauseln gegenüber Kaufleuten, BB 2011, 2440.

1050 In vorformulierten Vertragsbedingungen finden sich häufig sog. Gerichtsstandsvereinbarungen, also Abreden, welche die Zuständigkeit eines bestimmten Gerichts festlegen.

Beispiel: „Zuständig für Klagen aus diesem Vertrag ist das Landgericht am Sitz des Verkäufers."

---

[5] Staudinger/*Coester-Waltjen* BGB § 309 Nr. 14 Rn. 3; BeckOKBGB/*Becker* § 309 Nr. 14 Rn. 4.

[6] BeckOKBGB/*Becker* § 309 Nr. 14 Rn. 4.

[7] BeckOGK/*Weiler* BGB § 309 Nr. 14 Rn. 21; *Hau* MDR 2017, 853 (854); zweifelnd Staudinger/*Rodi* BGB Anh. zu §§ 305–310 Rn. M 19.

[8] Soergel/*Knops* BGB § 309 Nr. 14 Rn. 6.

[9] *Hau* MDR 2017, 853 (855).

[10] Wolf/Hau BGB § 309 Nr. 14 Rn. 9.

Ließe man Gerichtsstandsvereinbarungen in Allgemeinen Geschäftsbedingungen unbe-   **1051**
schränkt zu, so wäre zu befürchten, dass der gesetzliche Regelgerichtsstand auf breiter
Front zugunsten des Verwenders und zum Nachteil des Kunden durch einen vereinbarten
Gerichtsstand, regelmäßig am Firmensitz des Verwenders, ersetzt werden würde. Dem
Kunden würde die Rechtsverfolgung bzw. -verteidigung hierdurch nicht unerheblich
erschwert werden. Die Annahme ist naheliegend, dass dann nicht wenige Gerichtsverfahren – entgegen der materiellen Rechtslage – im Wege des Versäumnisurteils zugunsten
des Verwenders abgeschlossen werden würden. Das **deutsche Recht** hat daher Vorsorge
getroffen, indem es die mit Gerechtigkeitsgehalt ausgestatteten Zuständigkeitsregeln ab-
sichert.[1] Wie dies geschehen ist, soll im Folgenden näher dargestellt werden. Im Anschluss
hieran werden noch **internationale Gerichtsstandsvereinbarungen** beleuchtet. Diese
Ausführungen stehen in engem sachlichen Zusammenhang zu den Erläuterungen zu § 8
(Allgemeine Geschäftsbedingungen im internationalen Rechtsverkehr).

1. Nichtkaufmännischer Geschäftsverkehr

Vorformulierte Klauseln, durch die die örtliche oder sachliche Zuständigkeit eines   **1052**
Gerichts des ersten Rechtszuges festgelegt wird, sind **im nichtkaufmännischen Verkehr**
nach § 134 BGB in Verbindung mit **§ 38 ZPO unwirksam.** Wird die Klage gleichwohl in
dem formularmäßig bestimmten Gerichtsstand erhoben, so ist die Klage, wenn nicht der
Kläger die Verweisung des Rechtsstreits beantragt oder der Beklagte sich auf die Klage
rügelos einlässt (§ 39 ZPO), wegen fehlender Zuständigkeit als unzulässig abzuweisen.
Nach § 38 ZPO gilt ein grundsätzliches Prorogationsverbot. Damit ist zugleich dem
Tatbestand der **Nr. 1 Buchst. q des Anhangs der Klauselrichtlinie 93/13/EWG** Rechnung getragen, der sich gegen verschiedene Formen der Rechtswegbehinderung wendet.
Im Hinblick auf einen spanischen Ausgangsfall hat der EuGH eine Gerichtsstandsklausel
in einem Verbrauchervertrag für missbräuchlich erklärt, die einen ausschließlichen Gerichtsstand des Unternehmers zu begründen suchte.[2]

2. Kaufmännischer Geschäftsverkehr

Eine Ausnahme gilt nach § 38 ZPO hingegen unter bestimmten Voraussetzungen für   **1053**
den **kaufmännischen Geschäftsverkehr.** Freilich verdient der Gerechtigkeitsgedanke
des § 38 Abs. 1 ZPO und der Zuständigkeitsvorschriften im Rahmen der Inhaltskontrolle nach **§ 307 BGB** auch für Rechtsstreitigkeiten unter Kaufleuten Beachtung. Vorformulierte Gerichtsstandsklauseln sind daher auch im kaufmännischen Geschäftsverkehr nur wirksam, wenn ihnen ein **berechtigtes Interesse oder ein entsprechender
Handelsbrauch** zugrunde liegt.[3] Das Interesse muss sich dabei gerade darauf beziehen,
den konkreten Gerichtsstand abweichend von den §§ 12 ff. ZPO zu bestimmen.[4]

---

[1] Zöller/*Schultzky*, 33. Aufl. 2020, ZPO Vorbem. zu §§ 38–40 Rn. 2.
[2] EuGH NJW 2000, 2571.
[3] Ulmer/*Harry Schmidt* Teil 2 (21) Gerichtsstandsklauseln Rn. 4; Wolf/*Hau*, Klauseln Rn. G 149;
OLG Hamburg NJW-RR 1999, 1506 (1507); Staudinger/*Rodi* BGB Anh. zu §§ 305–310 Rn. M 61;
großzügiger offenbar Palandt/*Grüneberg* BGB § 307 Rn. 93 und OLG Schleswig NJW 2006, 3361
(„grundsätzlich zulässig"); aA Löwe/*Graf von Westphalen*/Trinkner, Bd. III, 8.1 Rn. 11 und LG
Karlsruhe NJW 1996, 1417.
[4] Wolf/*Hau*, Klauseln Rn. G 149; OLG Hamburg NJW-RR 1999, 1506 (1507).

Beispiele:

(1) Für unbedenklich wird es gehalten, dass eine Gerichtsstandsklausel an **den Sitz des Verwenders, den Erfüllungsort oder den Ort des Vertragsschlusses** anknüpft.[5]

(2) Die Bestimmung eines **Ortes, der vom Geschäftssitz abweicht,** an dem der Verwender aber einen Großteil seiner Geschäfte abwickelt bzw. sein Hausanwalt seinen Sitz hat, ist jedenfalls dann nicht zu beanstanden, wenn der Geschäftspartner durch die räumliche Nähe des bestimmten Ortes zum Geschäftssitz keinen einschneidenden Nachteil erleidet.[6]

(3) Ein **dynamischer Verweis** auf den Sitz der zum Zeitpunkt der Klageerhebung zuständigen Prozessvertretung dürfte hingegen angesichts der hierdurch eröffneten Manipulationsmöglichkeiten regelmäßig unwirksam sein.[7]

1054   Problematisch sind in dieser Hinsicht **Vertragswerke, die sowohl im kaufmännischen als auch im nichtkaufmännischen Geschäftsverkehr eingesetzt werden** und nur im letztgenannten Bereich inhaltlich zu beanstanden sind. Sicher ist, dass eine nicht differenzierende Gerichtsstandsklausel hier zumindest insoweit unwirksam ist, als sie auch Nichtkaufleute zu erfassen sucht. Darüber hinaus stellt sich die Frage, ob sich auch ein von dieser Klausel betroffener Kaufmann auf die Unwirksamkeit berufen kann. Dies ist richtiger Ansicht nach zu verneinen.[8] Es ist anerkannt, dass die Abwägung zu gruppentypisch unterschiedlichen Ergebnissen führen kann, wenn Allgemeine Geschäftsbedingungen für verschiedene Arten von Geschäften oder gegenüber verschiedenen Verkehrskreisen verwendet werden, deren Interessen, Verhältnisse und Schutzbedürfnisse generell unterschiedlich gelagert sind. Die Unwirksamkeit beschränkt sich dann auf die Verwendung gegenüber bestimmten Kundenkreisen – hier gegenüber Nichtkaufleuten. Darin liegt keine unzulässige geltungserhaltende Reduktion, denn dieses Verbot gilt nur für die Wirksamkeit innerhalb einer Fallgruppe.

3. Gerichtsstandsklauseln im internationalen Rechtsverkehr

1055   **a) Allgemeines.** Während Gerichtsstandsklauseln in rein nationalen Fällen allein die örtliche Zuständigkeit regeln, erfassen sie bei internationalen Sachverhalten auch die sog. **internationale Zuständigkeit.** Die Parteien weisen damit den Gerichten eines Staates die – in der Regel ausschließliche – Entscheidungszuständigkeit über Streitigkeiten aus ihrem Rechtsverhältnis zu. Solche Vereinbarungen haben weitreichende Konsequenzen, weil sie einen Vertragspartner zur Rechtsverfolgung im Ausland zwingen können. Die zusätzlichen Schwierigkeiten und Unwägbarkeiten einer Klage vor ausländischen Gerichten mögen ihn – jedenfalls bei geringeren Summen – von der Klageerhebung abhalten, sodass mit der Gerichtsstandsvereinbarung letztlich ein faktischer Verzicht auf Rechtsschutz verbunden sein kann. Kehrseite der Medaille ist freilich der Schutz des anderen Vertragspartners vor der Gefahr, im Ausland verklagt zu werden.

1056   Weiterhin ist zu bedenken, dass der Vertrag durch eine Gerichtsstandsvereinbarung zugleich mit dem **Internationalen Privatrecht des Gerichtsstaates** verbunden wird: Welches materielle Recht im Ergebnis anwendbar sein wird, bestimmt sich nunmehr zwangsläufig nach den IPR-Regelungen des Gerichtsstaates.

---

[5] Wolf/*Hau*, Klauseln Rn. G 149; Staudinger/*Rodi* BGB Anh. zu §§ 305–310 Rn. M 62a; OLG Hamburg NJW-RR 1999, 1506 (1507); OLG Karlsruhe NJW 1996, 2041.

[6] OLG Hamburg NJW-RR 1999, 1506 (1507).

[7] So zutreffend Staudinger/*Rodi* BGB §§ 305–310 Rn. 63a.

[8] OLG Frankfurt a. M. BB 1998, 2230; *Vollkommer* MDR 1997, 231 f.; *Heinrichs* NJW 1997, 1412 f.; *Schneider* BB 2011, 2440 ff.; für Unwirksamkeit auch gegenüber Kaufleuten hingegen LG Karlsruhe NJW-RR 1997, 56.

Bevor ein ausländischer Gerichtsstand akzeptiert wird, sollte daher geprüft werden, 1057 welchem Recht der Vertrag unterliegen wird und mit welchen Sonderanknüpfungen zu rechnen ist.[9]

b) Vorrang des Art. 25 EuGVVO vor § 38 ZPO. Die internationale Zuständigkeit 1058 wird innerhalb der Europäischen Union einheitlich durch die Verordnung (EU) Nr. 1215/2012 des Europäischen Parlaments und des Rates vom 12. Dezember 2012 über die gerichtliche Zuständigkeit und die Anerkennung und Vollstreckung von Entscheidungen in Zivil- und Handelssachen **(EuGVVO)** geregelt. Die Verordnung findet auf alle ab dem 10. Januar 2015 eingeleiteten Verfahren Anwendung.[10] Mit der Neufassung der EuGVVO sind weitreichende Änderungen im Bereich der Anerkennung und Vollstreckung und einige weniger bedeutende Änderungen im Bereich der internationalen Zuständigkeit umgesetzt worden.[11] So wurde unter anderem die Vorschrift über Gerichtsstandsvereinbarungen in Art. 25 EuGVVO um die Voraussetzung ergänzt, dass die Gerichtsstandsvereinbarung nach dem Recht des gewählten Mitgliedstaats materiell wirksam sein muss.

Art. 25 EuGVVO enthält eine Regelung über Gerichtsstandsvereinbarungen, die bei 1059 **internationalen Sachverhalten**[12] den § 38 ZPO verdrängt.[13] Die Gemeinschaftsverordnung stellt eine in sich geschlossene Regelung des Rechts der Zuständigkeitsvereinbarung dar, die einer Ergänzung durch das nationale Zuständigkeitsrecht nicht zugänglich ist. Deshalb sind Prorogations- oder Derogationsverbote des nationalen Rechts nicht zu beachten. Derartige Verbote lassen sich auch nicht indirekt über einen (ungeschriebenen) Missbrauchsvorbehalt durchsetzen; eine solche Missbrauchskontrolle findet nicht statt.[14] Voraussetzung für das Eingreifen von Art. 25 EuGVVO ist nicht mehr, dass mindestens einer der Vertragspartner seinen (Wohn-) Sitz im EU-Gebiet hat.[15] Daher können auch Parteien, die beide in einem Drittstaat wohnhaft sind, eine Gerichtsstandsvereinbarung nach Art. 25 EuGVVO treffen.

Bei Vereinbarung eines inländischen Gerichtsstands ist Art. 25 EuGVVO daher immer 1060 dann einschlägig, wenn dadurch die Zuständigkeit der Gerichte eines anderen Staates ausgeschlossen wird, bei dem es sich nicht um einen Mitgliedstaat handeln muss:[16] Könnte also die Klage nach den Zuständigkeitskriterien Art. 4–25 EuGVVO auch in einem anderen Staat erhoben werden – etwa weil der Beklagte dort seinen (Wohn-) Sitz hat (Art. 4 Abs. 1, 63), dort der Vertrag zu erfüllen ist (Art. 7 Nr. 1) oder dort der Verbraucherwohnsitz ist (Art. 18) – so liegt ein internationaler Sachverhalt vor.

Beispiel: Eine **Gerichtsstandsvereinbarung zugunsten eines deutschen Gerichts** unterfällt Art. 25 EuGVVO, wenn der Beklagte seinen (Wohn-) Sitz im Ausland hat. – Vereinbaren zwei Hamburger in ihrem Vertrag die Zuständigkeit eines deutschen Gerichts, so ist Art. 25 EuGVVO nicht einschlägig, wenn ihr Vertrag in Deutschland, wohl aber, wenn er in Frankreich zu erfüllen ist.

---

[9] Hierzu → § 8.

[10] ABl EU Nr. L 351/1 v. 20.12.2012.

[11] Für einen Überblick zur Neufassung vgl. *Cadet* EuZW 2013, 218; sowie *Alio* NJW 2014, 2395.

[12] Vgl. zum Erfordernis des internationalen Sachverhalts (Auslandsbeziehung) etwa EuGH NJW 2014, 530 Rn. 26 – Maletic; MüKoZPO/*Gottwald*, 5. Aufl. 2017, EuGVVO Vorbem. zu Art. 1, Rn. 33; BeckOK ZPO/*Antomo* Brüssel Ia-VO Art. 1 Rn. 15; vertiefend *R. Magnus* ZEuP 2018, 507.

[13] OLG Hamburg NJW 2004, 3126 (3128); *BayObLG* NJW-RR 2002, 359; BeckOK ZPO/*Gaier* Brüssel Ia-VO Art. 25 Rn. 9; Musielak/*Stadler* ZPO, 17. Aufl. 2020, Art. 25 EuGVO Rn. 1.

[14] Zöller/*Geimer*, 33. Aufl. 2020, Art. 25 EuGVVO Rn. 35.

[15] *Cadet* EuZW 2013, 218 (219).

[16] Das gilt nach wohl überwiegender Ansicht für Art. 23 EuGVVO 2001, vgl. *Heinze/Dutta*, IPRax 2005, 228; und muss angesichts der Tatsache, dass der Wortlaut des Art. 25 EuGVVO 2012 nunmehr gänzlich ohne einen mitgliedstaatlichen Bezug auskommt, auch für Art. 25 EuGVO 2012 gelten; Saenger/*Dörner*, 8. Aufl. 2019, Art. 25 EuGVVO Rn. 5.

1061   Bei der Formulierung von Gerichtsstandsklauseln ist allerdings zu beachten, dass für die Voraussetzungen des Art. 25 EuGVVO nach hM allein der **Zeitpunkt der Klageerhebung** maßgeblich ist.[17] Der Kautelarjurist muss also antizipieren, ob die Voraussetzungen des internationalen Sachverhalts erfüllt sein werden.

1062   Bereits dem Wortlaut des Art. 25 EuGVVO lässt sich entnehmen, dass er nicht nur für die internationale Zuständigkeit gilt, sondern auch die Wahl „eines (bestimmten) Gerichts" zulässt und damit § 38 ZPO ebenfalls für Fragen der **örtlichen Zuständigkeit** verdrängt. Wird durch eine Gerichtsstandsklausel – „Gerichtsstand ist München" – zugleich auch ein örtlich zuständiges Gericht gewählt, so ist allein Art. 25 EuGVVO einschlägig.

1063   **c) Voraussetzungen einer Gerichtsstandsvereinbarung in Allgemeinen Geschäftsbedingungen. (1) Wahl der Gerichte eines EU-Mitgliedstaates.** Art. 25 Abs. 1 EuGVVO erfasst nur solche Vereinbarungen, in denen die **Gerichte eines EU-Staates** für zuständig erklärt werden. Weitere Voraussetzung ist, dass ein internationaler Sachverhalt vorliegt. Bei Gesellschaften genügt gem. Art. 63 EuGVVO, dass dort der Satzungssitz, die Hauptverwaltung oder Hauptniederlassung belegen ist.

1064   **(2) Konsens.** Die Anforderungen an den Konsens sind ohne Rückgriff auf das nationale Recht **allein Art. 25 EuGVVO** zu entnehmen. Dabei ist unstreitig, dass eine Gerichtsstandsvereinbarung auch in Allgemeinen Geschäftsbedingungen vorgenommen werden kann. Allerdings verlangt Art. 25 EuGVVO grundsätzlich, dass jede Seite mit der Gerichtsstandsklausel **tatsächlich (auch konkludent) einverstanden** ist, was aus dem Vertrag hervorgehen muss. Die **Einbeziehung** der Allgemeinen Geschäftsbedingungen setzt daher eine ausdrückliche Hinweisklausel im Vertragstext voraus.[18] Eine zusätzliche Einbeziehungskontrolle nach **§§ 305, 305c BGB findet nicht** statt.[19] Der Schutz vor ungewollter Zustimmung wird hier über die Formerfordernisse des Art. 25 Abs. 1 Buchst. a–c EuGVVO gewährleistet. Die Gerichtsstandsklausel selbst muss sich nicht ausdrücklich auf die „internationale Zuständigkeit" beziehen. Wird in einem deutsch-italienischen Vertrag der „Gerichtsstand Köln" vereinbart, so bezieht sich diese Klausel selbstverständlich auch auf die internationale Zuständigkeit.

1065   Geringere Anforderungen an den Konsens gelten für den Fall, dass die Gerichtsstandsklausel aufgrund eines Handelsbrauches, den beide Parteien kannten oder kennen mussten, Vertragsbestandteil wird, vgl. Art. 25 Abs. 1 Buchst. c) EuGVVO. Da die „Grundsätze des kaufmännischen Bestätigungsschreibens" als internationaler Handelsbrauch anerkannt sind, kann eine Gerichtsstandsvereinbarung auch durch das **Schweigen auf ein kaufmännisches Bestätigungsschreiben** zustande kommen.[20]

1066   **(3) Form.** Die **Formvorschriften nach Art. 25 Abs. 1 Buchst. a)–b) EuGVVO** wollen verhindern, dass Gerichtsstandsvereinbarungen unbemerkt Vertragsinhalt werden. Für Gerichtsstandsklauseln in Allgemeinen Geschäftsbedingungen ist insbesondere die **Schriftform nach Abs. 1 Buchst. a)** von Bedeutung. Dabei muss die Gerichtsstandsvereinbarung zwar nicht selbst in der unterzeichneten Vertragsurkunde enthalten sein. Erforderlich ist aber, dass der Vertrag **ausdrücklich Bezug auf das Klauselwerk**

---

[17] EuGH 13.11.1979 – Rs. 25/79 (Sanicentral), Slg. 1979, 3423 Rn. 7; *Samtleben* RabelsZ 59 (1995), 702 ff.; *Schack*, Internationales Zivilverfahrensrecht, 8. Aufl. 2021, Rn. 578; aA MüKoZPO/*Gottwald*, 5. Aufl. 2017, EuGVO Art. 25 Rn. 13 (Abschluss der Vereinbarung).

[18] EuGH 14.12.1976 – Rs. 24/76, Estasis Salotti, Slg. 1976, S. 1831 Rn. 3; dem EuGH folgend BGH NJW 1994, 2699; BeckOK ZPO/*Gaier* Brüssel Ia-VO Art. 25 Rn. 50.

[19] Staudinger/*Wendland* BGB Anh. zu §§ 305–310 Rn. N 25; ebenso schon zu Art. 23 EuGVVO aF *Kropholler/von Hein*, Europäisches Zivilprozessrecht, 9. Aufl. 2011, Art. 23 Rn. 19 mwN.

[20] EuGH 20.2.1997 – Rs. 106/95, MSG, Slg. 1997, I- 911 Rn. 1; BGH NJW-RR 1998, 755; *Schlosser* FS Medicus, 1999, 548 ff.; MüKoZPO/*Gottwald*, 5. Aufl. 2017, EuGVVO Art. 25 Rn. 49.

nimmt[21] und dass die Allgemeinen Geschäftsbedingungen dem anderen Teil **im Zeitpunkt des Vertragsschlusses vorliegen.**[22] Daher genügt die bloße Übergabe des Bedingungswerks, der Abdruck auf der Rückseite eines Angebots ohne Hinweis darauf im Angebot selbst oder der Abdruck auf der Rückseite der Rechnung nicht den Anforderungen an die Einbeziehung.[23] Ein Hinweis auf die Gerichtsstandsklausel selbst ist jedoch nicht erforderlich.[24] Die ausdrückliche Bezugnahme auf das Klauselwerk kann uU entbehrlich sein, wenn die Bedingungen den Gepflogenheiten zwischen den Parteien entsprechen oder branchenüblich sind. **Abs. 1 Buchst. b)** stellte eine Konkretisierung des Buchstaben a dar und soll bei laufenden Geschäftsbeziehungen eine erleichterte Einbeziehung einer Gerichtsstandsklausel ermöglichen. Eine Einigung ist erzielt, wenn ein Vertrag im Rahmen laufender Geschäftsbeziehungen zwischen den Parteien mündlich geschlossen wurde und feststeht, dass diese Beziehungen in ihrer Gesamtheit bestehenden Allgemeinen Geschäftsbedingungen unterliegen, die eine Gerichtsstandsklausel enthalten. Der laufende Abdruck von Gerichtsstandsklauseln auf Rechnungen oder Auftragsbestätigungen genügt allerdings für die gepflogenheitsmäßige Einbeziehung noch nicht.[25] Für den kaufmännischen Geschäftsverkehr lässt es **Buchstabe c** schließlich genügen, dass die Gerichtsstandsvereinbarung gemäß einem Handelsbrauch geschlossen wird.

Zu beachten ist, dass auch **fremdsprachige Allgemeine Geschäftsbedingungen** – 1067 ungeachtet der Sprachunkenntnis des Empfängers – einbezogen werden, wenn in der Verhandlungs- und Vertragssprache auf die Allgemeinen Geschäftsbedingungen hingewiesen wurde und der Vertragspartner eine uneingeschränkte Annahme erklärt hat.[26]

(4) Keine besonderen persönlichen Eigenschaften. Anders als § 38 ZPO beschränkt 1068 Art. 25 EuGVVO die Möglichkeit zu Gerichtsstandsvereinbarungen nicht auf Kaufleute. Sie können daher auch in **Verbraucher-, Versicherungs- und Arbeitsverträgen** aufgenommen werden. Der Schutz der schwächeren Vertragspartei wird dadurch sichergestellt, dass die Gerichtsstandsvereinbarung in diesen Fällen nur nach Maßgabe der besonderen Vorschriften für Verbraucher-, Versicherungs- und Arbeitsverträge möglich ist (Art. 25 Abs. 4 EuGVVO). Gerichtsstandsvereinbarungen sind danach etwa zulässig, wenn sie erst nach Entstehung des Rechtsstreits getroffen worden sind oder der schwächeren Partei lediglich einen zusätzlichen Gerichtsstand einräumen.

d) Wirksamkeit und Inhaltskontrolle. Ebenso wie die Einbeziehung richtet sich auch 1069 die Wirksamkeit einer Gerichtsstandsklausel ausschließlich nach der EuGVVO. Ein Rückgriff auf das **nationale Recht ist nicht zulässig.** Daher kann eine Gerichtsstandsklausel weder anhand von § 307 BGB noch aufgrund der zahlreichen Derogationsverbote des deutschen Zivilprozessrechts für unwirksam erklärt werden.[27] Zwar hat der EuGH eine Inhaltskontrolle von rein nationalen Gerichtsstandsklauseln über die örtliche Zuständigkeit anhand der Klausel-Richtlinie vorgenommen;[28] diese Rechtsprechung kann

---

[21] EuGH 14.12.1976 – Rs. 24/76, Estasis Salotti, Slg. 1976, S. 1831 Rn. 3; BeckOK ZPO/*Gaier* Brüssel Ia-VO Art. 25 Rn. 49.

[22] OLG Düsseldorf RIW 2001, 63; BeckOK ZPO/*Gaier* Brüssel Ia-VO Art. 25 Rn. 49.

[23] Musielak/Voit/*Stadler*, 17. Aufl. 2020, Art. 25 EuGVVO Rn. 9.

[24] Musielak/Voit/*Stadler*, 17. Aufl. 2020, Art. 25 EuGVVO Rn. 9.

[25] BGH NJW-RR 2004, 1292 (1293).

[26] BGH IPRax 1991, 326; OLG Hamm NJW-RR 1995, 188 (189).

[27] *Kropholler/von Hein*, Europäisches Zivilprozessrecht, 9. Aufl. 2011, Art. 23 Rn. 19–22; zahlreiche Rechtsprechungsnachweise bei *Fetsch*, Eingriffsnormen und EG-Vertrag, 2002, S. 349–351.

[28] EuGH NJW 2000, 2571 – Océano Grupo.

jedoch nicht auf die EuGVVO übertragen werden, da diese selbst hinreichende Schutzmechanismen für Verbraucher vorsieht.[29]

1070   **Unwirksam** ist eine Gerichtsstandsvereinbarung gem. Art. 25 Abs. 4 EuGVVO, wenn sie gegen den ausschließlichen Gerichtsstand in Art. 24 EuGVVO verstößt, der unter anderem für bestimmte Mietstreitigkeiten und Klagen bezüglich dinglicher Rechte an Immobilien gilt. Ferner ist nach Art. 25 Abs. 4 EuGVVO vor Entstehung des Rechtsstreits die **Abwahl** (sog. Derogation) der Gerichtsstände zum Schutze von Verbrauchern, Versicherungsnehmern und Arbeitnehmern unwirksam, nicht aber die Bestimmungen eines zusätzlichen Gerichtsstandes (sog. Prorogation) zu deren Gunsten.

1071   Im Übrigen muss jedoch kein inhaltlicher Zusammenhang zwischen dem (streitigen) Rechtsverhältnis und dem gewählten Gericht bestehen. Der EuGH hat die Entwicklung einer autonomen Missbrauchskontrolle bislang abgelehnt.[30] Einzige immanente Schranke gegen Umgehungen ist daher die eingangs erläuterte Voraussetzung eines internationalen Sachverhaltes.[31]

II. Schiedsvereinbarungen

Literatur: *Bauer/Arnold/Kramer,* Schiedsvereinbarungen mit Geschäftsführern und Vorstandsmitgliedern, AG 2014, 677; *Berger,* Schiedsgerichtsbarkeit und AGB-Recht, FS Graf von Westphalen, 2010, S. 13; *Duve/Sattler,* Schiedsvereinbarungen in Verbraucherverträgen, FS Graf von Westphalen, 2010, S. 81; *Herresthal,* Die Wirksamkeit von Schiedsabreden mit Vorständen und Geschäftsführern bei Organhaftungsstreitigkeiten, ZIP 2014, 345; *Lachmann/Lachmann,* Schiedsvereinbarungen im Praxistest, BB 2000, 1633; *Leuschner/Meyer,* Zur Bedeutung der §§ 305 ff. BGB in Schiedsverfahren: Ergebnisse einer empirischen Untersuchung durch Befragung von Experten der Schiedsgerichtsbarkeit, SchiedsVZ 2016, 156; *Schlosser,* Schiedsklauseln in AGB, ZEuP 1994, 682; *Spieker,* Schiedsvereinbarungen in Allgemeinen Geschäftsbedingungen im Bereich des nicht kaufmännischen Verkehrs, ZIP 1999, 2138; *Graf von Westphalen,* Unwirksame Schiedsvereinbarungen mit Verbrauchern – notwendiger Schutz von Vorständen und Geschäftsführern, ZIP 2013, 2184.

1. Schiedsvereinbarungen und Schiedsgutachtenklauseln

1072   Unter einer **Schiedsvereinbarung** versteht man gem. der Legaldefinition in § 1029 Abs. 1 ZPO eine Vereinbarung der Parteien, alle oder einzelne Streitigkeiten, die zwischen ihnen in Bezug auf ein bestimmtes Rechtsverhältnis vertraglicher oder nichtvertraglicher Art entstanden sind oder künftig entstehen, der Entscheidung durch ein Schiedsgericht zu unterwerfen. Ist die Schiedsvereinbarung in Form einer Klausel in einem Vertrag enthalten, so spricht das Gesetz von einer **Schiedsklausel** (§ 1029 Abs. 2 ZPO).

1073   Hiervon zu unterscheiden sind die sog. **Schiedsgutachtenklauseln,** bei denen es sich um rechtsgeschäftliche, den §§ 317 ff. BGB unterliegende, Regelungen des materiellen Rechts handelt. Meist obliegt dem Schiedsgutachter die verbindliche Feststellung bestimmter, für das Rechtsverhältnis der Vertragspartner maßgeblicher Tatsachen. Obligatorische Schiedsgutachtenklauseln beschränken Einwendungen gegen die Richtigkeit des Gutachtens und schließen weitgehend den Rückgriff auf den staatlichen Rechtsschutz aus. Darin liegt eine erhebliche Abweichung vom gesetzlichen Modell, die ein schützenswertes, berechtigtes Interesse des AGB-Verwenders erforderlich macht.[32] Um im Rahmen der Inhaltskontrolle nach § 307 BGB zu bestehen, müssen Schiedsgutachtenklauseln

---

[29] *Borges* RIW 2000, 936 ff.; *Kropholler/von Hein,* Europäisches Zivilprozessrecht, 9. Aufl. 2011, Art. 23 Rn. 20.

[30] EuGH Slg. 1999, I-1597, 1656 Rn. 50 f. (iVm Vorlagefrage Nr. 6) – *Castelletti* = EuZW 1999, 441; umstr. vgl. zuletzt *Horn,* IPRax 2006, 2.

[31] *Kropholler/von Hein,* Europäisches Zivilprozessrecht, 9. Aufl. 2011, Art. 23 Rn. 89.

[32] AGB-Klauselwerke/*Graf von Westphalen,* Schiedsgutachten, Rn. 8.

darüber hinaus folgenden Mindestanforderungen genügen: (1) deutlicher Hinweis auf die Klausel;[33] (2) Sicherstellung der Unparteilichkeit des Schiedsgutachters;[34] (3) Anspruch auf rechtliches Gehör;[35] (4) keine Einschränkung des Rechts, das Schiedsgutachten wegen offenbarer Unrichtigkeit anzufechten;[36] (5) klarstellender Hinweis, dass der Zugang zu den Gerichten durch die Schiedsgutachtenklausel nicht beschränkt wird;[37] (6) Die wirtschaftlichen Auswirkungen eines eventuellen Fehlgutachtens dürfen für den Kunden nicht unverhältnismäßig belastend sein.[38]

2. Zulässigkeit von Schiedsvereinbarungen

Schiedsvereinbarungen unterliegen zunächst den Anforderungen der **§§ 1029 ff. ZPO.**[39] Kommt einer Schiedsklausel aufgrund gleichförmiger Mehrfachverwendung AGB-Charakter zu, so tritt daneben die **Inhaltskontrolle nach § 307 BGB.** Hierbei ist zu bedenken, dass Schiedsklauseln den freien Zugang zu den Gerichten beschränken und daher den rechtsstaatlich gebotenen Gerichtsschutz verkürzen. Sie sind daher grundsätzlich bedenklich und nur dann gerechtfertigt, wenn ein besonderes Bedürfnis für die Einsetzung eines Schiedsgerichts besteht.[40] Im Fall der **Beteiligung eines Verbrauchers** ist ein solches grundsätzlich nicht anzuerkennen.[41] Allein die verbraucherschützende Formvorschrift des § 1031 Abs. 5 ZPO vermag das Bedürfnis nach einer effektiven Inhaltskontrolle nicht auszuräumen. Schlichtungs- und Mediationsklauseln, die vor einer Inanspruchnahme gerichtlichen Rechtsschutzes zwingend ein Schlichtungs- oder Mediationsverfahren vorschalten, also einen **dilatorischen Klageverzicht** vorsehen, sind in Verträgen mit Verbrauchern nunmehr generell nach **§ 309 Nr. 14 BGB** unwirksam.[42]

1074

Im **unternehmerischen Verkehr** kann dagegen im Hinblick auf das gemeinsame Interesse an einer schnellen Streitbeilegung in Allgemeine Geschäftsbedingungen grundsätzlich auch eine Schiedsklausel wirksam aufgenommen werden.[43] Es führt auch nicht zu Unwirksamkeit der Schiedsklausel, wenn nach ihr allein der Verwender das Recht hat, unter Ausschluss des ordentlichen Rechtswegs ein Schiedsgericht anzurufen.

1075

Beispiel: „Die Verkäuferin hat das Recht, unter Ausschluss des ordentlichen Rechtswegs ein Schiedsgericht anzurufen. Für diesen Fall vereinbaren die Parteien als Grundlage §§ 1025 bis 1048 ZPO. (…) Die schiedsgerichtliche Entscheidung … ist endgültig und für beide Parteien bindend."[44]

---

[33] Ulmer/*Harry Schmidt* Teil 2 (40) Schiedsgutachtenklauseln Rn. 1.

[34] AGB-Klauselwerke/*Graf von Westphalen*, Schiedsgutachten, Rn. 11; hierzu auch BGH NJW 1981, 2351 (2353).

[35] Palandt/*Grüneberg* BGB § 307 Rn. 130; Wolf/*Hau*, Klauseln Rn. S 33; OGK/*Fehrenbach* BGB § 307 Schiedsgutachtenklausel Rn. 58; aA *Halbgewachs* NZV 2004, 115 (117).

[36] BGH NJW 1987, 2818, 2820; BeckOGK/*Fehrenbach* BGB § 307 Schiedsgutachtenklausel Rn. 49.

[37] BeckOGK/*Fehrenbach* BGB § 307 Schiedsgutachtenklausel Rn. 49.

[38] Unwirksam daher eine Schiedsgutachtenkausel in einem Fertighausvertrag, BGH NJW 1992, 433; wirksam dagegen entsprechende Klauseln in einem Vertrag über ein gebrauchtes Kraftfahrzeug, BGH NJW 1983, 1854.

[39] Hierzu *Spieker* ZIP 1999, 2139.

[40] *Wolf*, 4. Aufl. 1999, AGBG § 9 Rn. S 4.

[41] AA BGH NJW 2005, 1125 (1126 f.) mit Anm. *Hau* LMK 2005, 68; wie hier dagegen Ulmer/*Harry Schmidt* Bes. Klauseln Teil 1 (40) Schiedsgutachtenklauseln Rn. 4 und Staudinger/*Rodi* BGB Anh. zu §§ 305–310 Rn. M 28a.

[42] Näher zu diesem Klauselverbot →Rn. 1049a ff.

[43] BGH NJW 1992, 575 (576); Ulmer/*Harry Schmidt* Bes. Klauseln Teil 2 (40) Schiedsgutachtenklauseln Rn. 3; BeckOGK/*Fehrenbach* BGB § 307 Schiedsgerichtsklauseln Rn. 59; Staudinger/*Rodi* BGB Anh. zu §§ 305–310 Rn. M 28.

[44] BGH NJW 1992, 575 (576). Die Entscheidung betraf eine Klausel, die dem Verwender nur als Kläger, nicht als Beklagtem, ein Wahlrecht gab; zur Abgrenzung BGH NJW 1999, 282.

1076 Eine Schiedsklausel in Allgemeinen Geschäftsbedingungen darf nicht die Möglichkeit eröffnen, von den Schutzgarantien des AGB-Rechts abzuweichen. Nach § 307 BGB unwirksam ist daher eine Schiedsklausel, wenn die Art und die Zusammensetzung des vorgesehenen Schiedsgerichts besorgen lassen, dass es andere zu missbilligende Klauseln nicht als unwirksam erkennen wird.[45] Als unwirksam wurde ferner eine Bestimmung in Allgemeinen Geschäftsbedingungen eingestuft, die nach Wahl des Verwenders bestimmte staatliche Gerichte oder ein Schiedsgericht für zuständig erklärt und keinen Zusatz enthält, dass der Verwender als künftiger Beklagter auf Aufforderung des anderen Teils verpflichtet ist, sein Wahlrecht vorprozessual auszuüben. Denn bei einer solchen Klauselgestaltung läuft der Verwendungsgegner Gefahr, dass eine von ihm beim zuständigen staatlichen Gericht erhobene Klage im Nachhinein dadurch unzulässig wird, dass der Verwender die Einrede der Schiedsgerichtsbarkeit erhebt (Kosten- und Zeitverlust).[46] Eine formularmäßig ausbedungene unangemessene Einschränkung des Schiedsrichterernennungsrechts einer Partei führt hingegen nach Ansicht des BGH nicht zur Unwirksamkeit der Schiedsvereinbarung. Der benachteiligten Partei stehe der Antrag gem. § 1034 Abs. 2 S. 1 ZPO zu Gebote, um durch die Entscheidung des staatlichen Gerichts eine ausgewogene Zusammensetzung des Schiedsgerichts zu erreichen.[47] Unwirksam ist auch die formularmäßige Beschränkung der Ablehnungsgründe des § 1036 Abs. 2 S. 2 ZPO unwirksam. Hierin liegt eine unzulässige Leitbildabweichung im Sinne § 307 Abs. 2 Nr. 1 BGB.[48] Nicht hinnehmbar und nach § 307 BGB unwirksam ist schließlich die **Abwahl des AGB-Rechts,** indem der Verwender formularmäßig den Weg des § 1051 Abs. 3 ZPO einschlägt, also die Vertragspartei erklären lässt, das Schiedsgericht zur Entscheidung nach Billigkeit – unter Ausschluss der Anwendung der §§ 305–310 BGB – zu ermächtigen. Jedenfalls bei reinen Inlandsfällen muss sich der zwingende Geltungsanspruch des Rechts der Allgemeinen Geschäftsbedingungen gegenüber solchen formularmäßigen Umgehungsversuchen durchsetzen.[49]

Zehnter Abschnitt. Besondere Vertragstypen

1076a Im folgenden Abschnitt sollen einige Vertragstypen, deren Erscheinungsbild in besonderem Maße durch Allgemeine Geschäftsbedingungen geprägt ist und die zudem von großer praktischer Bedeutung für die Allgemeinheit sind, näher beleuchtet werden. Dabei handelt es sich zum einen um den Wohnraummietvertrag und zum anderen um den Arbeitsvertrag. Daneben ließen sich noch zahlreiche weitere Vertagstypen nennen, die typischerweise durch Allgemeine Geschäftsbedingungen ausgestaltet werden. Insofern mag die nachfolgende Literaturübersicht einen hilfreichen Einstieg bieten.
Aktuelle Literatur zu ausgewählten Vertragstypen vgl. hierzu im Übrigen die Darstellungen bei *Ulmer/Brandner/Hensen,* Teil 2, Klauseln, Vertragstypen, AGB-Werke; *Wolf/Lindacher/Pfeiffer,* 5. Teil, ABC der Klauseln und Vertragstypen; Vertragsrecht und AGB-Klauselwerke, hrsg. von *Graf von Westphalen* und *Thüsing,* Teil Klauselwerke; Staudinger, Anh. zu §§ 305–310 AGB-Recht 2,

[45] BGH NJW 1992, 575 (577); kritisch Ulmer/*Harry Schmidt* Teil 2 (40) Schiedsgutachtenklauseln Rn. 3 und *Schumann* NJW 1992, 2065.
[46] BGH NJW 1999, 282.
[47] BGH NJW-RR 2007, 1466; zweifelnd Staudinger/*Rodi* BGB Anh. zu §§ 305–310 Rn. M 27a.
[48] BeckOGK/*Fehrenbach* BGB § 307 Schiedsgerichtsklausel Rn. 72.
[49] Wie hier AGB-Klauselwerke/*Graf von Westphalen/Mock,* Schiedsgerichtsklauseln, Rn. 26; Ulmer/*Harry Schmidt* Klauseln (40), Schiedsgutachtenklauseln Rn. 6; *Hanefeld/Wittinghofer* SchiedsVZ 2005, 217 (226); aA *Pfeiffer* NJW 2012, 1169; BeckOGK/*Fehrenbach* BGB § 307 Schiedsgerichtsklausel Rn. 80 („jedenfalls für Streitigkeiten mit Streitwerten, die für die Parteien relativ gering sind").

ausgewählte Verträge. **Anwaltsvertrag:** *Blattner,* Formularvertragliche Vereinbarungen im Anwaltsvertrag, AnwBl 2012, 237; AGB-Klauselwerke/*Kilian,* Rechtsanwälte, Stand 2015; *Kern,* Unzulässige Haftungskonzentration in vorformulierten Vergütungsvereinbarungen einer Partnerschaft, NJW 2010, 493; *Kilian,* Anwaltliches Risikomanagement durch Haftungsbeschränkungsvereinbarungen, AnwBl. 2013, 195.

Arbeitsvertrag: siehe die Angaben vor Rn. 1110.

Bankvertrag (einschließlich Darlehens- und Bürgschaftsvertrag): *Bunte/Zahrte,* AGB-Banken, AGB-Sparkassen, Sonderbedingungen: AGB-Banken, 5. Aufl. 2019; *Niebling,* Banken- und Sparkassenbedingungen im Lichte des AGB-Rechts, MDR 2013, 1012; *ders.;* Die Inhaltskontrolle von Bankenbedingungen, VuR 2011, 283; Staudinger/*Piekenbrock/Rodi,* Anh. zu §§ 305–310 Rn. F 1 ff. AGB-Kontrolle im Bankrecht; *Schimansky,* Inhaltskontrolle von Allgemeinen Geschäftsbedingungen der Kreditinstitute, FS 50 Jahre BGH, Bd. 2, 2000, S. 3; *Stoffels,* Bankrechtstag 2010, Grundsatzfragen der AGB-Kontrolle, S. 89; ferner die Angaben vor Rn. 521a.

Bauvertrag: *Glatzel/Hofmann/Frikell,* Unwirksame Bauvertragsklauseln, 11. Aufl. 2008; *Brych,* Inhaltskontrolle von Bauherrenmodellverträgen, BB 1985, 158; *Korbion/Locher/Sienz,* AGB und Bauerrichtungsverträge, 4. Aufl. 2006; Staudinger/*Leupertz,* Anh. zu §§ 305 310 B 1 ff. Verträge anlässlich des Erwerbs und des Baus einer Immobilie; *Markus/Kaiser/Kapellmann,* AGB-Handbuch Bauvertragsklauseln, 5. Aufl. 2018; *Micklitz;* Bauverträge mit Verbrauchern und die VOB Teil B, 2005; *Pfeiffer,* Die Bedeutung der AGB-Kontrolle für die Durchführung von Bauverträgen, BauR 2014, 402; zur VOB vgl. die Hinweise bei Rn. 645.

EDV-Vertrag und Software (Hardware einschließlich Internetauktionen, neue Medien und Kommunikation): *Erben/Günther/Kubert,* IT-Verträge, Wirksame und unwirksame Allgemeine Geschäftsbedingungen, 4. Aufl. 2007; *Ernst,* AGB-Klauselkontrolle nach neuem Schuldrecht am Beispiel des Internet-Service-Provider-Vertrags, ZGS 2004, 258; *Heiderhoff,* Die Wirkung der AGB des Internetauktionators auf die Kaufverträge zwischen den Nutzern, ZIP 2006, 793; AGB-Klauselwerke/*Hoeren,* IT-Verträge, Stand 2015; *Loewenheim,* Allgemeine Geschäftsbedingungen bei Verträgen über die Überlassung von Standard-Anwendersoftware, in: FS für Kitagawa, 1992, S. 949; *Metzger,* Zur Zulässigkeit von CPU-Klauseln in Softwarelizenzverträgen NJW 2003, 1994; *Spindler,* Inhaltskontrolle von Internet-Provider-Verträgen – Grundsatzfragen, BB 1999, 2037; *ders.,* Vertragsschluß und Inhaltskontrolle bei Internet-Auktionen, ZIP 2001, 809; *Graf von Westphalen,* Nutzungsbedingungen von Facebook – Kollision mit europäischem und deutschem AGB-Recht, VuR 2017, 323; *Wicker,* Haftungsbegrenzung des Cloud-Anbieters trotz AGB-Recht? Relevante Haftungsfragen in der Cloud, MMR 2014, 787.

Franchisevertrag: *Ekkenga,* Die Inhaltskontrolle von Franchise-Verträgen, 1990; *ders.,* Grundfragen der AGB-Kontrolle von Franchise-Verträgen im Lichte des AGB-Gesetzes, AG 1989, 301; *Erdmann,* in: Praxishandbuch Franchising, hrsg. von Metzlaff, 2003, § 17; *Liesegang,* Die Bedeutung des AGB-Gesetzes für Franchiseverträge, BB 1991, 2381; *Prasse,* Uneingeschränkte Inhaltskontrolle der AGB bei Franchiseverträgen?, ZGS 2002, 354; *Pfeifer,* Die Inhaltskontrolle von Franchiseverträgen, 2005; *Stoffels,* Laufzeitkontrolle von Franchiseverträgen, DB 2004, 1871; AGB-Klauselwerke/*Graf von Westphalen,* Franchising, Stand 2016.

Handelsvertretervertrag: *Niebling,* Vertriebsrecht als AGB-Recht, ZVertriebsR 2012, 79; *Preis/Stoffels,* Die Inhaltskontrolle der Verträge selbständiger und unselbständiger Handelsvertreter, ZHR 160 (1996), 442; *Graf von Westphalen,* Handelsvertreterrecht und AGB-Gesetz, DB 1984, 2335; AGB-Klauselwerke/*Graf von Westphalen,* Handelsvertretervertrag, Stand 2015.

Kaufvertrag: *Bartsch,* IT-Einkaufsbedingungen, CR 2015, 345; *Koch,* Aktuelle Neuwagen-Verkaufsbedingungen (NWVB 2002), MDR 2003, 661; *Stephan Lorenz,* Der private Verkauf von gebrauchten Kraftfahrzeugen: Reichweite und Grenzen der Privatautonomie bei der Verwendung von Musterverträgen, DAR 2010, 314; *Martis,* Allgemeine Geschäftsbedingungen im Kauf- und Werkvertragsrecht, MDR 1999, 449; *Matthes,* Der Herstellerregress nach § 478 BGB in Allgemeinen Geschäftsbedingungen, – ausgewählte Probleme, NJW 2002, 2505; AGB-Klauselwerke/*Vogt,* Neuwagenkauf, Stand 2017; *Rosenhäger;* Wirksamkeit ausgewählter Klauseln zur Rügeobliegenheit in Allgemeinen Einkaufsbedingungen anhand von deutschem Recht und UN-Kaufrecht, 2008; *Scherer/Friedrich/Sedlmayr,* Haftungs- und Gewährleistungsklauseln in Allgemeinen Verkaufsbedingungen (AGB), 2009; AGB-Klauselwerke/*Vogt,* Gebrauchtwagenkauf, Stand 2016; *Graf von Westphalen,* Allgemeine Einkaufsbedingungen, 7. Aufl. 2018; *ders.,* Allgemeine Verkaufsbedingungen, 8. Aufl. 2016.

Kreditkartenvertrag: *Barnert,* Kreditkartengeschäft und AGB-Kontrolle, WM 2003, 1153; AGB-Klauselwerke/*Fandrich,* Kreditkartenvertrag, Stand 2006; *Körber,* Die Risikoverteilung bei der Kreditkartenzahlung in Mailorder und E-Commerce, WM 2004, 563; *Meder,* Die Zulässigkeit einer isolierten Bepreisung des Auslandseinsatzes von Kreditkarten, NJW 1996, 1849; *Langenbucher,* Zusatzkreditkarten – Haftungsrisiko ohne Ende?, NJW 2004, 3522; *Nobbe,* Die Rechtsprechung des Bundesgerichtshofs zu Kartenzahlungen und die neuere Rechtsprechung des Bundesgerichtshofs zum Wechsel- und Scheckrecht, WM 2012 Heft 41 Sonderbeilage 2, 1; Wolf/*Pamp,* Klauseln, Rn. K 71 ff. Kreditkartenvertrag; *Pense,* Kreditkartenbedingungen in den Grenzen des AGB-Gesetzes, 1998; *Taupitz,* Kreditkartenmißbrauch: Thesen zur zulässigen Verteilung des Haftungsrisikos in AGB, NJW 1996, 217; *Werner,* Mailorderverfahren: Verschuldensunabhängige Rückbelastungsklausel in AGB von Kreditkartenunternehmen ist unwirksam, BB 2002, 1382.

Leasingvertrag: *Harriehausen,* Der Gewährleistungsausschluss im Finanzierungsleasingvertrag, NJW 2013, 3393; *Lieb,* Das Leitbild des Finanzierungs-Leasing im Spannungsfeld von Vertragsfreiheit und Inhaltskontrolle, DB 1988, 946; *ders.,* Zur Inhaltskontrolle von Teilamortisations-Leasingverträgen, DB 1986, 2167; *Roth,* Zur gerichtlichen Inhaltskontrolle von Finanzierungs-Leasingverträgen, AcP 190 (1990), 292; *Stoffels,* in: Martinek/Stoffels/Wimmer-Leonhardt, Handbuch des Leasingrechts, 2. Aufl. 2008, § 8; Wolf/*Stoffels,* Klauseln Rn. L 21 ff Leasingverträge; *Ulmer/Schmidt,* Zur AGB-Inhaltskontrolle von Kfz-Leasingverträgen, DB 1983, 2558, 2615; AGB-Klauselwerke/ *Graf von Westphalen,* Leasing, Stand 2019.

Maklervertrag: *Hamm/Schwerdtner,* Maklerrecht, 7. Aufl. 2016; *Hösker,* Maklerbedingungen und AGB-Recht, VersR 2011, 29; AGB-Klauselwerke/*Lehmann/Richter,* Maklervertrag, 2015.

Mietvertrag: siehe die Angaben vor Rn. 1077.

Reisevertrag: Wolf/*Bergmann,* Klauseln Rn. P 4 ff. Pauschalreisevertrag; Staudinger/*Bieder,* Anh. zu §§ 305–310 Rn. C 107 Reiseverträge; *Führich,* Das neue Pauschalreiserecht, NJW 2017, 2945; *Führich/Staudinger,* Reiserecht, 8. Aufl. 2019; AGB-Klauselwerke/*Kappus,* Allgemeine Reisebedingungen, 2014.

Soziale Netzwerke (Nutzungsbedingungen): *Solmecke/Dam,* Wirksamkeit der Nutzungsbedingungen sozialer Netzwerke Rechtskonforme Lösung nach dem AGB- und dem Urheberrecht, MMR 2012, 71; Hoeren/Sieber/Holznagel/*Solmecke,* Multimedia-Recht, Stand 2020, Teil 21.1 Social Media.

Spediteur- und Transportvertrag: *Bahnsen,* AGB-Kontrolle bei den Allgemeinen Spediteurbedingungen, TranspR 2010, 19; *Ramming,* Die ADSp 2017 und die AGB-Gesetzgebung, RdTW 2019, 281; *Valder,* AGB-Recht in Logistikverträgen, TranspR 2013, 133; AGB-Klauselwerke/*Vogt,* Transportrecht, Stand 2015; *Vyvers,* Die Logistik-AGB 2019 – eine Kurzübersicht, r+s 2019, 502.

Urhebervertrag: *Ernst,* AGB-Kontrolle bei Klauseln zur Einräumung urheberrechtlicher Nutzungsrechte, MDR 2015, 861; AGB-Klauselwerke/*Hoeren,* Kreativverträge, Stand 2017; *Nordemann,* AGB-Kontrolle von Nutzungsrechtseinräumungen durch den Urheber, NJW 2012, 3121; *Peifer,* Die AGB-Kontrolle von Urheberverträgen – Götterdämmerung für das Leitbild der Durchsetzung einer angemessenen Vergütung?, AfP 2012, 510; Wolf/*Raue,* Klauseln Rn U 21 ff. Urheber- und Verlagsverträge; Rechteeinräumungsklauseln.

Versicherungsvertrag: *Armbrüster,* Kehrtwende des BGH bei der Kontrolle in der Lebensversicherung, NJW 2012, 3001; *ders.,* AGB-Kontrolle der Leistungsbeschreibung in Versicherungsverträgen – Neues vom EuGH?, NJW 2ß15, 1788; *Börner,* Clerical Medical – Neue Ansätze für die Transparenzkontrolle von AVB, VersR 2012, 1471; *Mattern,* Das Informationsmodell im VVG unter Berücksichtigung der Auswirkungen auf die AGB-Kontrolle, 2011; *Präve,* Das neue VVG und das AGB-Recht, VW 2009, 98; AGB-Klauselwerke/*Präve,* Allgemeine Versicherungsbedingungen, 2018; Staudinger/*Wendt,* Anh. zu §§ 305–310 Rn. J 1 ff.; *Werber,* Halbzwingende Vorschriften des neuen VVG und Inhaltskontrolle, VersR 2010, 1253.

Vertragshändlervertrag: AGB-Klauselwerke/*Graf von Westphalen,* Vertragshändlerverträge, Stand 2014; *Martinek/Semler/Flohr,* Handbuch des Vertriebsrechts, 4. Auflage 2016, §§ 25–28; Staudinger/*Billing,* Anh. zu Art. 305–310 Rn. H 91 ff.

§ 45. Mietvertragsklauseln

Literatur: *Artz,* Austarieren der Dekorationslastenverteilung im Wohnraummietverhältnis, namentlich über eine Freizeichnungslösung in Miet-AGB, NZM 2015, 801; *Beyer,* Kleinreparaturen im Wohnraummietverhältnis: wer zahlt?, NZM 2011, 697; Staudinger/*Bieder,* Anh. zu §§ 305–310 Rn. E 20 ff.; *Blank,* Wertausgleich für rechtsgrundlos erbrachte Schönheitsreparaturen durch den Mieter während der Mietzeit, NZM 2010, 97; *Börstinghaus,* Allgemeine Geschäftsbedingungen in der Wohnraummiete – Formularvertragliche Klauseln und ihre Wirksamkeit, ZAP 2018, 229; *Börstinghaus/ Pielsticker,* Möglichkeit und Grenzen von Rauchverboten in der Wohnraummiete, WuM 2012, 480;

Drettmann, Schönheitsreparaturen- und Quotenhaftungsklauseln in Wohn- und Geschäftsraummietverträgen, NJW 2015, 3694; AGB-Klauselwerke/*Drettmann,* Wohnraummiete, Stand 2015; *Häublein,* Das Transparenzgebot bei Allgemeinen Geschäftsbedingungen in Mietverträgen, WuM 2016, 468; *Kappus,* „Kupierte" Dekorations-AGB statt Kostenmietzuschlags, NZM 2011, 674; *Langenberg,* Umwälzungen bei der Abwälzung von Schönheitsreparaturen, NZM 2014, 299; *Lehmann-Richter,* Beschaffenheitsvereinbarungen, Freizeichnung oder Abwälzung – Anforderungen an wirksame Schönheitsreparaturklauseln in der Wohnraummiete, WuM 2016, 529; *ders.,* Schönheitsreparatur-AGB bei Vermietung unrenovierter Räume, NZM 2014, 818; *ders.,* Zur AGB-Kontrolle von Betriebskostenklauseln in der Wohnraummiete, WuM 2012, 647; *Leo/Ghassemi-Tabar,* Mietbürgschaft „auf erstes Anfordern" kraft AGB – eine trügerische Sicherheit auch in der Gewerberaummiete, NZM 2012, 97; *Lindner-Figura/Reuter,* Nach dem Ende der Schriftformheilungsklauseln in Mietverträgen: Was nun?, NJW 2018, 897; *Niebling,* Schönheitsreparaturen – neuer Freibrief für den Vermieter vom BGH, ZMR 2017, 965; *Hubert Schmidt,* Gibt es zulässige Quotenabgeltungsklauseln?, NZM 2011, 561; *ders.,* Zum Jahrestag eines „D-Day" für Schönheitsreparturen-AGB, NJW 2016, 1201; *Wiek,* Abschied von der Quotenabgeltungsklausel?, WuM 2014, 171, *Graf von Westphalen,* Leuchttürme in der BGH-Rechtsprechung zu Miet-AGB, NZM 2018, 97; *ders.,* Schönheitsreparaturen vor ihrem Unionsrichter: die Klauselrichtlinie als Stolperstein für das „Kompensationsmodell" des BGH, NZM 2018, 1001; *Wichert,* AGB-Kontrolle: der Wohnungsmieter als Maßstab für den Schutz des Gewerbemieters, ZMR 2014, 612.

I. Allgemeines

Mietverträge über Wohnraum werden in der Praxis in aller Regel auf der Grundlage **1077** eines vorformulierten Mietvertragsformulars geschlossen und nur noch hinsichtlich einiger weniger Punkte individuell ergänzt. Sie unterliegen damit in weitem Umfang dem gesetzlichen AGB-Recht. Im Folgenden soll ein Überblick über die reichhaltige Rechtsprechung zu den spezifischen Fragen der AGB-Kontrolle auf diesem so außerordentlich praxisrelevanten Feld gegeben werden. Ausgespart bleiben **Geschäftsraummietverträge**[1] sowie Mietverträge über bewegliche Sachen (zB Kraftfahrzeuge).[2] Nicht gesondert behandelt werden ferner solche Klauseln, die bereits an anderer Stelle erörtert worden sind und deren Bewertung nicht anders ausfällt, wenn sie sich in Mietverträgen finden. So trifft man in Mietverträgen sehr häufig auf nicht hinreichend differenziert gestaltete und damit unwirksame – einfache oder qualifizierte – **Schriftformklauseln,**[3] ferner auf **Bestätigungsklauseln** („Anliegende Hausordnung ist Bestandteil dieses Vertrages."[4] oder „Der Mieter bestätigt ausdrücklich bei Abschluss des Mietvertrags, dass die Mieträume keine Mängel aufweisen."[5] sowie „Die Mieträume werden in renoviertem Zustand übergeben."[6]), die mit § 309 Nr. 12 Buchst. b BGB nicht im Einklang stehen. Ferner finden sich in Formularmietverträgen häufig **salvatorische Klauseln,** die – wenn sie sich nicht in der deklaratorischen Wiedergabe des § 306 Abs. 2 BGB erschöpfen – ebenfalls der Inhaltskontrolle nicht standhalten.[7] Klauseln betreffend die Höhe der Miete sind hier bereits unter →Rn. 819 angesprochen worden.

---

[1] Für Übertragung der Grundsätze zur Überwälzung von Schönheitsreparaturen auf gewerbliche Mietverträge BGH NJW 2008, 3772; eher zurückhaltend dagegen *Wichert* ZMR 2014, 612. Ausführlich zur Gewerberaummiete *Guhling/Günter,* Gewerberaummiete, 2. Aufl. 2019; *Ghassemi-Tabar/Leo,* AGB im Gewerberaummietrecht, 2. Aufl. 2014; AGB-Klauselwerke/*Drettmann,* Geschäftsraummiete, Stand 2012.

[2] Hierzu Wolf/*Pamp* Klauseln Rn. M 125 ff.

[3] Hierzu → Rn. 349; speziell zu Schriftformheilungsklauseln BGH NJW 2017, 3772 und → Rn. 355a f.

[4] BGH NJW 1991, 1750 (1753); vgl. hierzu auch → Rn. 685.

[5] LG München WuM 1997, 612.

[6] OLG Düsseldorf NZM 2005, 823.

[7] Zuletzt BGH WuM 2013, 293; vgl. zudem die Ausführungen unter → Rn. 622.

II. Klauseln betreffend den Gebrauch der Wohnung

1078   Der Vermieter ist nach § 535 Abs. 1 S. 2 BGB dazu verpflichtet, die Mietsache dem Mieter in einem zum vertragsgemäßen Gebrauch geeigneten Zustand zu überlassen und sie während der Mietzeit in diesem Zustand zu erhalten. Der Mieter wiederum darf die Mietsache lediglich in den Grenzen des vertragsgemäßen Gebrauchs nutzen. Geht die Nutzung darüber hinaus, kann der Vermieter dies unter den Voraussetzungen der §§ 543 Abs. 1 S. 2, Abs. 2 S. 1 Nr. 2, 569 Abs. 2, 573 Abs. 2 Nr. 1 BGB zum Anlass einer Kündigung nehmen, auf Unterlassung klagen (§ 541 BGB) und den Mieter gegebenenfalls auf Schadensersatz in Anspruch nehmen (§§ 535 Abs. 1, 280 Abs. 1 BGB). Die Einräumung eines **Besichtigungsrechts des Vermieters** zur Routinekontrolle der Wohnung ohne konkreten Anlass benachteiligt den Mieter entgegen den Geboten von Treu und Glauben unangemessen und ist daher unwirksam.[8]

1079   In der Praxis stellt sich die Frage, was noch dem vertragsgemäßen Gebrauch der Mietsache entspricht bzw. was schon ein vertragswidriger Gebrauch der Mietsache ist. In diesem Zusammenhang beschäftigt die Gerichte insbesondere die Frage, inwieweit Umfang und Grenzen des vertragsgemäßen Gebrauchs der Wohnung durch Klauseln in einem Formularmietvertrag wirksam festgelegt werden können.

1. Anbringen von Parabolantennen

1080   Das Recht des Mieters zur Teilnahme am Empfang von Hörfunk- und Fernsehprogrammen gehört grundsätzlich zum vertragsgemäßen Gebrauch der Mietsache. Da anderenfalls das Grundrecht des Mieters auf Informationsfreiheit eingeschränkt wird, sind Klauseln, die das Anbringen einer Parabolantenne pauschal verbieten, unwirksam.[9] Das Eigentumsrecht des Vermieters aus Art. 14 GG tritt hinter dem Grundrecht des Mieters auf Informationsfreiheit aus Art. 5 GG zurück.

1081   Etwas anderes kann für die Bewertung von Klauseln aber dann gelten, wenn das Verbot des Anbringens einer Parabolantenne gerade vom **Bestehen eines Breitbandkabelnetzes oder einer Gemeinschaftsantenne** zum Empfang von Hörfunk und Fernsehen abhängig gemacht ist. Ist eine solche Einrichtung vorhanden, so ist regelmäßig dem Informationsinteresse und Informationsrecht des Mieters bereits dadurch Genüge getan.[10] Allerdings ist auch in solchen Fällen eine **Abwägung der Interessen des Mieters und Vermieters** vorzunehmen. Diese kann zu Gunsten des Mieters ausfallen, wenn der Mieter beispielsweise ausländischer Herkunft ist und nur durch das Aufstellen einer eigenen Parabolantenne Programme aus seiner Heimat empfangen kann, um sich so über das politische und kulturelle Geschehen in seinem Heimatland informieren zu können.[11] Ein Anspruch auf den Empfang eines jeden Senders besteht aber nicht. Der BGH hat die Instanzrechtsprechung[12] insoweit bestätigt, als dass der Anspruch aus Art. 5 GG bereits bei einigen wenigen, qualitativ hochwertigen Sendern erfüllt sein kann.[13] Ein in Miet-AGB enthaltenes – generelles – Parabolantennenverbot (mit Erlaubnisvorbehalt) wird den in der Rechtsprechung konkretisierten Anforderungen nach einer Abwägung der widerstreitenden

---

[8] BGH NJW 2014, 2566 Rn. 16 ff.; LG München II NJW-RR 2009, 376; ausführlich zum Besichtigungsrecht Staudinger/*Emmerich* BGB § 535 Rn. 97 ff; siehe auch Wolf/*Hau*, Klauseln Rn. M 87.

[9] BVerfG NJW 1994, 1147.

[10] Vgl. BVerfG NJW 1993, 1252.

[11] BVerfG NJW 1994, 1147; NJW-RR 2005, 661.

[12] Bspw. LG Frankfurt a. M. NJW-RR 2013, 1357 – zum Anspruch eines Wohnungseigentümers bei ausreichend schnellem DSL-Anschluss zum Empfang von Heimatsendern im Internet.

[13] BGH NJW-RR 2013, 1168.

Interessen der Mietvertragsparteien im konkreten Einzelfall, die jede schematische Lösung verbieten, nicht gerecht.[14]

2. Tierhaltung

Für die Beantwortung der Frage, ob das Halten eines Haustiers zum vertragsgemäßen **1082** Gebrauch der Mietsache gehört, ist eine umfassende Abwägung der Interessen des Vermieters und des Mieters sowie der übrigen Beteiligten (wie zum Beispiel der Mitbewohner und Nachbarn) im Einzelfall erforderlich. Danach lässt sich zunächst einmal festhalten, dass das Halten von ungefährlichen Kleintieren wie zum Beispiel Zierfische, Ziervögel, Hamster oder Schildkröten stets zulässig ist, da deren Vorhandensein von Natur aus keinen Einfluss auf die schuldrechtliche Beziehung zwischen Mieter und Vermieter haben kann und auch die Interessen der Nachbarn nicht zu beeinträchtigen vermag.[15] Eine **Klausel, die das Halten aller Haustiere verbietet,** ist demnach wegen unangemessener Benachteiligung des Mieters nach § 307 Abs. 1 BGB **unwirksam.**[16] Gleiches gilt aber auch für eine Klausel, die unter Ausschluss von Kleintieren sämtliche andere Haustiere verbietet. Kann der vertragsgemäße Gebrauch erst nach Abwägung aller maßgeblichen Umstände bejaht oder verneint werden, muss auch die Klausel eine solche Abwägung ermöglichen.[17] Die generelle Untersagung bspw. von Hunden und Katzen hält der Inhaltskontrolle nicht stand.[18]

Grundsätzlich möglich ist es aber, in Formularmietverträgen die Haltung von Haustie- **1083** ren – mit Ausnahme von Kleintieren – von der Zustimmung des Vermieters im Einzelfall abhängig zu machen. Eine solche Klausel ermöglicht die umfassende Abwägung der Interessen aller Parteien. Dies bleibt auch im Hinblick auf die jüngste BGH-Rechtsprechung[19] möglich, obgleich eine derartige Klausel nicht mit dem Zusatz „freies Vermieterermessen" versehen werden darf. Für einen derart schrankenlosen Erlaubnisvorbehalt sei kein berechtigtes Interesse des Vermieters erkennbar.[20] Ebenfalls problematisch ist eine Klausel, die nach ihrem insoweit eindeutigen Wortlaut nur Ziervögel und Zierfische, nicht jedoch sämtliche Kleintiere vom Zustimmungserfordernis des Vermieters ausnimmt.[21]

Soweit die Tierhaltung ausdrücklich gestattet wird, stellt sich die Frage, wer die **Kosten 1083a einer** etwaigen **höheren Abnutzung** zu tragen hat. Die formularmäßige Haftung des Mieters für sämtliche Schäden, die durch die Tierhaltung entstehen, begegnet rechtlichen Bedenken. Die eigentümlichen Begleitumstände einer Tierhaltung lassen sich bei einer entsprechenden Genehmigung als vertragsgemäßer Gebrauch qualifizieren.[22] Eine Klausel, die pauschal sämtliche Schäden auf den Mieter abwälzt, dürfte gem. § 307 Abs. 2 Nr. 1 BGB unwirksam sein, da sie dem gesetzlichen Leitbild des § 538 BGB widerspricht.[23]

---

[14] BGH NJW-RR 2007, 1243.
[15] BGH NJW 2008, 218 (220); 1993, 1061.
[16] BGH NJW 1993, 1061 (1062).
[17] Schmidt-Futterer/*Eisenschmid* BGB § 535 Rn. 562.
[18] BGH NJW 2013, 1526.
[19] BGH NJW-RR 2013, 584.
[20] BGH NJW-RR 2013, 584 (585).
[21] BGH NJW 2008, 218 (220).
[22] AG Koblenz NJW 2014, 1118 (1119) – Parkettkratzer durch das artbedingte Laufverhalten eines Hundes; in diese Richtung auch *Blank* NJW 2007, 729 (733).
[23] So auch AG Koblenz NJW 2014, 1118 (1119).

3. Rauchen

1084   Grundsätzlich anerkannt ist, dass Rauchen zur freien Lebensgestaltung des Mieters und demnach das Rauchen in der Wohnung grundsätzlich zum vertragsgemäßen Gebrauch der Mietsache gehört. Der BGH hat dementsprechend einen Schadensersatzanspruch des Vermieters gegen den Mieter wegen Ablagerungen, die auf Tabakkonsum zurückzuführen sind, verneint. Gerade weil diese Verschlechterungen der Mietsache durch vertragsgemäßen Gebrauch herbeigeführt wurden, hat sie der Mieter nicht zu vertreten, § 538 BGB.[24] Entstehen durch das exzessive Rauchen allerdings Schäden an der Wohnung, die sich nicht mehr durch Schönheitsreparaturen iS des § 28 Abs. 4 S. 3 II. BerechnungsVO beseitigen lassen (bspw. Putzabschlagung, Holzwerk abschleifen u. ä.) und somit darüber hinausgehende Instandsetzungsarbeiten erfordern, liegt kein vertragsgemäßer Gebrauch mehr vor, was zur Schadensersatzpflicht des Mieters führt.[25]

1085   Die formularmäßige Vereinbarung, dass das **Rauchen in der Wohnung zu unterlassen** ist, berührt allerdings den Kernbereich des vertraglichen Nutzungsrechts des Mieters.[26] Eine entsprechende Klausel ist daher nach § 307 Abs. 1 BGB **unwirksam**. Individualvertraglich lässt sich ein Rauchverbot aber vereinbaren.[27]

4. Haftungserweiterungen

1086   Die Vorschrift des § 538 BGB, nach der der Mieter Veränderungen und Verschlechterungen der Mietsache, die durch den vertragsgemäßen Gebrauch entstehen, nicht zu vertreten hat, sowie die Gebrauchserhaltungspflicht des Vermieters nach § 535 Abs. 1 S. 2 BGB sind nicht zwingend ausgestaltet. Haftungserweiterungen zulasten des Mieters – wie zum Beispiel die Abwälzung von Schönheitsreparaturen[28] – sind also grundsätzlich auch durch Klauseln im Formularmietvertrag denkbar.

1087   Nicht möglich ist es aber, formularmäßig von dem Grundsatz im Haftungsrecht abzuweichen, dass ein Schuldner nur dann haftet, wenn er den Schaden zu vertreten hat.[29] Eine Klausel, die einschränkungslos anordnet, dass der Mieter sämtliche Kosten nach einem Schlüsselverlust zu tragen hat, würde eine Zufallshaftung des Mieters begründen, die zum Beispiel auch den Fall des Abhandenkommens durch einen Einbruch erfassen würde. Eine solche Klausel verstößt gegen § 307 Abs. 2 Nr. 1 BGB und ist unwirksam.[30] Zur Haftung des Vermieters für Schäden des Mieters vgl. →Rn. 976.

1087a   Gem. § 548 Abs. 1 und 2 BGB **verjährt** ein Ersatzanspruch des Vermieters wegen Veränderung oder Verschlechterung der Mietsache in **sechs Monaten,** beginnend ab dem Zeitpunkt, in dem der Vermieter die Sache zurückerhält. Die in einem Formularmietvertrag enthaltene Bestimmung, wonach Ersatzansprüche des Vermieters wegen Veränderungen oder Verschlechterungen der Mietsache in zwölf Monaten nach Beendigung des Mietverhältnisses verjähren, ist mit wesentlichen Grundgedanken der Verjährungsregelung des § 548 BGB unvereinbar und nach § 307 Abs. 1 S. 1, Abs. 2 Nr. 1 BGB unwirksam; dies selbst dann, wenn sie symmetrisch ausgestaltet ist.[31]

---

[24] Vgl. BGH NJW 2006, 2915 (2917).
[25] BGH NJW 2008, 1439; 2015, 1239 Rn. 15 ff.
[26] Ausführlich *Börstinghaus/Pielsticker* WuM 2012, 480.
[27] Zum Vorstehenden Schmidt-Futterer/*Eisenschmid* BGB § 535 Rn. 513 ff. mwN.
[28] Siehe dazu unten → Rn. 1089 ff.
[29] BGH NJW 1992, 1761 (1762).
[30] LG Hamburg NJW-RR 1999, 663; Wolf/*Pamp*, Klauseln Rn. M 43; zum Umfang der Haftung bei einem verlorenen Wohnungsschlüssel BGH NJW 2014, 1653.
[31] BGH NJW 2017, 3707.

III. Klauseln betreffend die Instandhaltung der Wohnung

1. Allgemeines

Nach § 535 Abs. 1 S. 2 BGB trifft von Gesetzes wegen den Vermieter die Pflicht, das **1088** Mietobjekt – hier die Mietwohnung – in vertragsgemäßem Zustand zu erhalten. Bei auftretenden Mängeln ist es also grundsätzlich der Vermieter, der die Mietsache wieder in den vertragsgemäßen Zustand zu versetzen hat. In der Praxis wird diese Erhaltungspflicht jedoch sehr oft formularmäßig auf den Mieter abgewälzt. Besonders häufig wird dem Mieter die Vornahme sog. Schönheitsreparaturen sowie sonstige Kleinreparaturen auferlegt.

2. Schönheitsreparaturen

a) Begriff. Schönheitsreparaturen sind Maßnahmen zur Beseitigung von Mängeln, die **1089** durch den vertragsgemäßen Gebrauch des Mietobjektes entstanden sind.[32] Es handelt sich daher um Maßnahmen zur Beseitigung der durch Abnutzung, Alterung und Witterungseinflüsse entstehenden Mängel, namentlich um Maler- und Tapezierarbeiten. Nach § 28 Abs. 4 der II. BerechnungsVO werden dementsprechend unmittelbar für den öffentlich geförderten und damit preisgebundenen Wohnraum abschließend das Tapezieren, Anstreichen oder Kalken der Wände und Decken, das Streichen der Fußböden, Heizkörper einschließlich Heizungsrohre, der Innentüren sowie der Fenster und Außentüren von innen genannt. Dieser Aufzählung ist für den Begriff der Schönheitsreparaturen ein einheitlicher Sinngehalt beizumessen, sodass sie entsprechend für den Bereich der gesamten Wohnraummiete Anwendung findet.[33] An die Stelle des heutzutage praktisch nicht mehr vorkommenden „Streichens der Fußböden" tritt deren Reinigung, nicht jedoch die Erneuerung.[34] Der BGH begreift allerdings nur die Grundreinigung von Teppichböden als Schönheitsreparatur, während die übliche oder laufende Reinigung bereits zur Obhutspflicht des Mieters gehöre.[35]

b) Grundsätzliche Zulässigkeit der Verlagerung auf den Mieter. Die formularver- **1090** tragliche Abwälzung von Schönheitsreparaturen auf den Mieter entspricht der seit Jahrzehnten üblichen mietvertraglichen Praxis. Sie ist nach inzwischen gefestigter Rechtsprechung **grundsätzlich zulässig**[36] und soll zur Verkehrssitte[37] geworden sein, was allerdings nicht bedeutet, dass es einer vertraglichen Überbürdung nicht mehr bedürfte. Inhaltlich wird eine unangemessene Benachteiligung des Mieters in ständiger Rechtsprechung mit der Begründung verneint, die Kosten für Schönheitsreparaturen seien rechtlich Teil der Gegenleistung für die Gebrauchsüberlassung, entsprechende Klauseln seien üblich und würden anderenfalls – bei einer den Vermieter treffende Verpflichtung zur Durchführung der Schönheitsreparaturen – über eine höhere Bruttomiete abgegolten (**sog. Ausgleichsprinzip**).[38] Ausgelöst durch eine Vielzahl von höchstrichterlichen Ent-

---

[32] BGH NJW-RR 1995, 123.

[33] Vgl. BGH NJW 1985, 480 (481); 1987, 2575 (2576); 2009, 510 (511); 2009, 1408 (1409); OLG Hamm NJW-RR 1991, 844 (845).

[34] OLG Hamm WuM 1991, 248 (249); OLG Celle NZM 1998, 158 (159).

[35] Zumindest für die Gewerberaummiete BGH NJW 2009, 510 (511); kritisch dazu Staudinger/ *Emmerich* BGB § 535 Rn. 103a der in der Grundreinigung eine Instandhaltung sieht, die dem Vermieter zuzuordnen ist; ähnlich *Lehmann-Richter* NZM 2009, 349.

[36] BGHZ 92, 363 (367 ff.); 101, 253 (261 f.); 105, 71 (79 ff.); BGH NJW 2004, 2961 (2962).

[37] BGH NJW 1985, 480 (481); 1987, 2575; 1988, 2790 (2792); 1998, 3114 (3115); NZM 2004, 497; 2004, 734 (735); aA Schmidt-Futterer/*Eisenschmid* BGB § 535 Rn. 646.

[38] Vgl. zB BGH NJW 1987, 2575 (2576); 1988, 2790 (2792); 1993, 532; 2006, 3778 (3780); 2013, 2505; NZM 1998, 710 (711); 2004, 734 (735); allerdings hat dieser Ansatz erhebliche Kritik in der Lit.

scheidungen[39] dreht sich die Diskussion längst aber nicht mehr nur noch um die Frage, wie Klauseln „rechtsprechungsfest" formuliert werden können, sondern auch die generelle Zulässigkeit wird vermehrt angezweifelt.[40] Das sich aus der Rechtsprechung zu den Schönheitsreparaturklauseln ergebende Gesamtbild macht in vielen Teilen einen zumindest uneinheitlichen Eindruck.[41]

1091   **c) Ausführung und Qualität.** Die in der mietvertraglichen Formularpraxis häufig anzutreffende Formulierung, dass Schönheitsreparaturen durch den Mieter **sach- und/ oder fachgerecht** auszuführen sind, umschreibt in zulässiger Weise die vom Mieter geschuldete Qualität der durchzuführenden Schönheitsreparaturen. Geschuldet wird nämlich die Durchführung von Schönheitsreparaturen mittlerer Art und Güte, die ein gewissenhaft arbeitender Mieter selbst vornehmen kann. Dagegen sind **sog. Fachhandwerkerklauseln** wegen Verstoßes gegen § 307 Abs. 1 BGB unwirksam, da der Mieter einerseits nicht den Standard einer Fachfirma schuldet und ihm andererseits nicht die Möglichkeit einer Durchführung in eigener Person genommen werden darf.[42] Eine **Farbwahlklausel** benachteiligt den Mieter nach gefestigter Rechtsprechung nur dann nicht unangemessen, wenn sie ausschließlich für den Zeitpunkt der Rückgabe Geltung beansprucht und dem Mieter noch einen gewissen Spielraum lässt.[43] An einem solchen Spielraum mangelt es, wenn die Farbwahl für eine Auszugsdekoration auf eine einzige Farbe („weiß") eingeengt und dem Mieter nicht zumindest eine Bandbreite an „neutralen, hellen, deckenden Farben und Tapeten" vorgegeben wird.[44] Ein kostenbewusster Mieter könnte sich angesichts solcher Auszugsverpflichtung schon während des laufenden Mietverhältnisses daran gehindert sehen, in anderen dezenten Farbtönen zu dekorieren.[45] Gibt der Mieter allerdings eine in „neutralen Tönen" übernommene Wohnung in exzessiver Farbgestaltung zurück und missachtet somit das Interesse des Vermieters an einer beabsichtigten, zeitnahen Weitervermietung, erkennt der BGH einen Schadensersatzanspruch aus §§ 280 Abs. 1, 241 Abs. 2 BGB an.[46]

1092   **d) Anfangsrenovierung.** Im Fall einer dem Mieter unrenoviert oder renovierungsbedürftig überlassenen Wohnung hält die formularvertragliche Überwälzung der nach der gesetzlichen Regelung (§ 535 Abs. 1 S. 2 BGB) den Vermieter treffenden Verpflichtung zur Vornahme laufender Schönheitsreparaturen der Inhaltskontrolle am Maßstab des § 307 Abs. 1 S. 1, Abs. 2 Nr. 1 BGB nicht stand, sofern der Vermieter dem Mieter keinen angemessenen Ausgleich gewährt, der ihn so stellt, als habe der Vermieter ihm eine renovierte Wohnung überlassen.[47] Dem Mieter wird insofern eine Renovierungspflicht für Abnutzungen auferlegt, welche in keinem Zusammenhang mit dem eigenen Mietgebrauch stehen. Der Mieter wäre zur Beseitigung sämtlicher Gebrauchsspuren des Vor-

---

erfahren: „eine Konstruktion, die auf fiktiven Annahmen beruht, weil sie der Realität der Vermietungspraxis völlig widerspricht" so *Langenberg* NZM 2014, 299 (302); vgl. auch *Hubert Schmidt* NZM 2011, 561 (564); *Wiek* WuM 2014, 171 (174) mwN.

[39] Vgl. die Übersicht von *Eisenschmid* WuM 2010, 459.

[40] *Langenberg*/Zehelein, Schönheitsreparaturen, 5. Aufl. 2015, Rdn. I 52; *Emmerich* NZM 2009, 16 (17).

[41] Ebenso Staudinger/*Emmerich* BGB § 535 Rn. 101 („chaotisch").

[42] BGH NJW 2010, 2877 (2878 f.) – Unwirksamkeit der Klausel „Schönheitsreparaturen ausführen zu lassen"; OLG Stuttgart NJW-RR 1993, 1422 (1423); ebenso für die Gewerberaummiete OLG Düsseldorf NJW 2011, 1011 (1012).

[43] BGH NJW 2008, 2499; 2009, 62; 2011, 514; 2012, 1280; kritisch *Blank* NJW 2009, 27 (29).

[44] BGH NJW 2008, 2499 (2500); 2009, 62; 2011, 514.

[45] BGH NJW 2011, 514; NJW 2012, 1280.

[46] BGH NJW 2014, 143.

[47] BGH NJW 2015, 1594; 2018, 3302; zu etwaigen Summierungseffekten vgl. die Ausführungen bei → Rn. 1101.

mieters, was letztlich dazu führen würde, er die Wohnung vorzeitig renovieren oder
gegebenenfalls in einem besseren Zustand zurückgeben müsste, als er sie selbst vom
Vermieter erhalten hat. Dasselbe gilt für Klauseln, welche dem Mieter zwar nicht ausdrücklich eine Anfangsrenovierungspflicht auferlegen, den Mieter im Ergebnis aber tatsächlich mit einem vor Beginn des Mietverhältnisses entstandenen Renovierungsaufwand
belasten.[48] Dies ist zum Beispiel bei Klauseln der Fall, nach denen Schönheitsreparaturen „bei Bedarf" vom Mieter durchzuführen sind, bei unrenoviertem Wohnraum aber
tatsächlich darauf hinauslaufen, dass die Mieträume sofort vollständig zu renovieren
sind.[49]

Eine allein zwischen dem bisherigen und dem neuen Mieter getroffene Renovierungs- **1093**
vereinbarung vermag – mit Rücksicht darauf, dass die Wirkungen eines Schuldverhältnisses grundsätzlich auf die daran beteiligten Parteien beschränkt sind – an der Unwirksamkeit einer Renovierungsklausel im Mietvertrag, nichts zu ändern, wenn unrenovierter
oder renovierungsbedürftiger Wohnraum überlassen wird.[50]

e) Fristenpläne. In erster Linie richten sich die für die Vornahme von Schönheits- **1094**
reparaturen einzuhaltenden Fristen nach den Parteivereinbarungen. **Fehlen** in Allgemeinen Geschäftsbedingungen **Fristenpläne,** so hat dies jedoch keinen Einfluss auf die
Wirksamkeit der grundsätzlich zulässigen, formularvertraglichen Überwälzung der
Schönheitsreparaturen auf den Mieter. Die Arbeiten sind in diesem Fall immer dann
durchzuführen, wenn sich die Räume in einem mangelhaften, dh nicht mehr zu Weitervermietung geeigneten Zustand befinden.[51] Eine Orientierung an den Fristen des Mus-
termietvertrags (Fassung I) des BMJ von 1976[52] lässt sich (wohl) nur noch für Altverträge begründen.[53] Die dort festgehaltenen Fristen eines normalen Wirtschaftsplans
sehen in der Regel für Küche und Bad eine Frist von drei Jahren, für Wohnräume von
fünf bis sechs Jahren und für alle sonstigen Räume von sieben bis acht Jahren vor.[54]
Angesichts der sich inzwischen veränderten Wohnverhältnisse und den sich erheblich
verbesserten Dekorationsmaterialien, gelten die Fristen mittlerweile – zumindest für neu
abgeschlossene Mietverträge – als zu kurz.[55] Tendiert wird zum einem Rhythmus von 5,
8 und 10 Jahren.[56]

Sowohl die formularvertragliche **Festlegung zu kurzer** als auch **fester (starrer) Fristen** **1095**
führt zu einer unangemessenen Benachteiligung des Mieters, weil er mit Renovierungs-
verpflichtungen belastet wird, die über den tatsächlichen Renovierungsbedarf hinausgehen.[57]

Ein nach § 307 Abs. 1 BGB **unwirksamer starrer Fristenplan** liegt vor, wenn ver- **1096**
bindliche Fristen festgelegt werden, welche den Mieter unabhängig von der tatsächlichen Renovierungsbedürftigkeit zur Durchführung von Schönheitsreparaturen verpflichten.[58] Für die Unwirksamkeit spricht, dass sich die Erhaltungspflicht nach § 535

---

[48] Vgl. BGH NJW 1993, 532 f.
[49] BGH NJW 1993, 532 f.; OLG Hamburg NJW-RR 1992, 10 (11 f.).
[50] BGH NJW NJW 2018, 3302 mit Anm. *Pielsticker.*
[51] BGH WM 1982, 333 (334); Staudinger/*Emmerich* BGB § 535 Rn. 119.
[52] Abgedruckt in ZMR 1976, 68.
[53] Als Stichtag gilt der 1.4.2008 auf Grundlage von BGH NZM 2007, 879 (880).
[54] BGH NJW 2004, 2087; NZM 2007, 879 f.
[55] Palandt/*Weidenkaff* BGB § 535 Rn. 47; Staudinger/*Emmerich* BGB § 535 Rn. 120; *Blank*/Börs-
tinghaus, 6. Aufl. 2020, BGB § 535 Rn. 444; *Langenberg* WuM 2006, 122 (125); *Beyer* NJW 2008,
2065 (2067); mit Bedenken ebenfalls BGH NZM 2007, 879 (880).
[56] Staudinger/*Emmerich* BGB § 535 Rn. 120.
[57] BGH NJW 2004, 2586; 2006, 2113; Schmidt/Futterer-*Lehmann-Richter* BGB § 538 Rn. 119;
Palandt/*Weidenkaff* BGB § 535 Rn. 47.
[58] BGH ZMR 2006, 843 (845).

Abs. 1 S. 2 BGB auch für den Vermieter erst bei tatsächlicher Renovierungsbedürftigkeit aktualisieren würde, unterstellt man einmal, eine Abwälzung der Schönheitsreparaturen wäre nicht vereinbart worden. Der BGH betont, dass es unzulässig ist, dem Mieter eine höhere Instandhaltungsverpflichtung aufzuerlegen, als der Vermieter dem Mieter ohne vertragliche Abwälzung der Schönheitsreparaturen gem. § 535 Abs. 1 S. 2 BGB schulden würde.[59] Auch eine Klausel, welche dem Mieter die „notwendig werdenden" Schönheitsreparaturen auferlegt, dabei aber die „üblichen Fristen" in Bezug nimmt, stellt nach Auffassung des BGH eine verbindliche und vom tatsächlichen Renovierungsbedarf unabhängige Vorgabe dar.[60] Klauseln, welche den Mieter zur Durchführung von Schönheitsreparaturen „mindestens" oder „spätestens" innerhalb vorgegebener Zeiträume verpflichten, führen ebenfalls zu einer starren Fristenregelung und sind daher unwirksam.[61] Ein an sich starrer Fristenplan, der anordnet, dass Arbeiten „spätestens" nach dem Ablauf bestimmter Zeiträume auszuführen sind, wird allerdings durch eine zusätzliche Klausel zu einem zulässigen weichen Fristenplan, wenn diese den Vermieter verpflichtet, die vorgegebenen Fristen in Ausnahmefällen „nach billigem Ermessen" zu verlängern.[62]

1096a   Ein **nicht zu beanstandender weicher Fristenplan,** der eine Anpassung der Intervalle an den tatsächlichen Renovierungsbedarf zulässt, liegt vor, wenn in Klauseln festgelegt wird, dass Schönheitsreparaturen „in der Regel"[63], „im Allgemeinen"[64], „regelmäßig"[65] oder „üblicherweise"[66] nach bestimmten Zeitabständen auszuführen sind bzw. erforderlich werden. Es bleibt dann genügend Raum für eine Anpassung an den tatsächlichen Renovierungsbedarf. Wird der Zeitabstand aber als „angemessen" beschrieben, kann aus Sicht eines durchschnittlichen Mieters der Zeitpunkt der Renovierung als verbindlich erscheinen.[67] Problematisch erscheint allerdings eine Klausel, nach der zwar zum einen die Schönheitsreparaturen „in der Regel" in den entsprechenden Zeitabständen auszuführen sind, diese Regelung aber scheinbar durch die Wendung „spätestens" wieder eingeschränkt wird. Der BGH misst im Rahmen einer derartigen Kombination dem Wort „spätestens" lediglich die Bedeutung einer Betonung der Fristen bei. Die Aussagekraft der vorangehenden Wendung „in der Regel" werde hierdurch nicht in Frage gestellt, sodass auch in derartigen Fällen ein zulässiger weicher Fristenplan vorliege.[68]

1097   Ein **unzulässiger starrer Fristenplan** oder ein zu kurze Fristen aufweisender Plan hat zur Folge, dass die vertragliche Überwälzung der Schönheitsreparaturen **insgesamt unwirksam** ist und ersatzlos wegfällt. Eine teilweise Aufrechterhaltung im Sinne eines beweglichen Plans käme einer unzulässigen geltungserhaltenden Reduktion der Formularklausel gleich. Der BGH hat dies zu Recht abgelehnt.[69] Unerheblich ist es dabei, ob die Verpflichtung als solche und die unzulässige Ausgestaltung in ein oder zwei Klauseln enthalten sind.[70] Ebenfalls insgesamt unwirksam ist eine Schönheitsreparaturklausel,

---

[59] BGH NJW 2004, 2586 (2587).
[60] BGH ZMR 2006, 620.
[61] BGH NZM 2004, 653; 2005, 299 (399).
[62] BGH NZM 2005, 299 (300).
[63] BGH NZM 2006, 623.
[64] BGH NJW 2005, 1425 (1426); WuM 2006, 677 (678).
[65] BGH NZM 2007, 879; NJW-RR 2012, 907.
[66] BGH NJW 2009, 62.
[67] LG Gießen NJW-RR 2013, 207.
[68] BGH NZM 2005, 860; aA OLG Düsseldorf NZM 2004, 866 (868).
[69] BGH NJW 2004, 2586 (2587); NJW 2006, 2113; zu den Rechtsfolgen unwirksamer Klauseln vgl. → Rn. 1103.
[70] BGH NJW 2009, 1408; NJW 2010, 674 – dies gilt nicht nur bei einer unzulässigen Erweiterung des zeitlichen, sondern auch des gegenständlichen Umfangs der Schönheitsreparaturverpflichtung.

wenn dem Mieter unerlaubterweise vorgeschrieben wird, die Schönheitsreparaturen in einer bestimmten Weise durchzuführen.[71]

f) Endrenovierung. Die formularvertragliche Verpflichtung des Mieters zur Reno- **1098** vierung der Wohnung **bei Beendigung des Mietverhältnisses unabhängig vom tatsächlichen Renovierungsbedarf** benachteiligt den Mieter in unangemessener Weise und ist daher wegen Verstoßes gegen § 307 Abs. 1 BGB unwirksam.[72] Durch derartige **Endrenovierungsklauseln** wird dem Mieter nämlich ohne Rücksicht darauf, inwiefern ein Neuanstrich bei Auszug tatsächlich erforderlich ist und inwiefern er selbst die Räume „abgewohnt" hat, eine Renovierungspflicht auferlegt. Der Vermieter kommt in den Genuss des gesetzlich nicht gerechtfertigten Vorteils, eine vollkommen neu renovierte Wohnung zur Weitervermietung zu erhalten. Daher sind Endrenovierungsklauseln sowohl dann unwirksam, wenn dem Mieter unabhängig vom Zeitpunkt der Vornahme der letzten auszuführenden Schönheitsreparaturen eine Verpflichtung zur Renovierung bei Auszug auferlegt wird,[73] als auch dann, wenn der Mieter keine weitere Verpflichtung zur Durchführung von Schönheitsreparaturen während des Mietverhältnisses übernommen hat, also eine **isolierte Endrenovierungsklausel** unabhängig vom Renovierungsbedarf vorliegt.[74]

Wird in formularvertraglichen Klauseln die Wendung Renovierung „spätestens" bei **1099** Beendigung des Mietverhältnisses verwendet, ist zu differenzieren: Eine unwirksame Endrenovierungsklausel liegt vor, wenn damit dem Mieter zugleich eine vom tatsächlichen Renovierungsbedarf unabhängige Verpflichtung auferlegt wird. Dies ist etwa dann der Fall, wenn bei einem auf längere Zeit angelegten Mietverhältnis der Zeitpunkt der zuletzt durchgeführten Schönheitsreparaturen unberücksichtigt bleibt.[75] Unbedenklich ist hingegen die Verpflichtung des Mieters, der vertraglich die Durchführung der laufenden Schönheitsreparaturen übernommen hat, „spätestens" bei Ende des Mietverhältnisses alle bis zu diesem Zeitpunkt je nach dem Grad der Abnutzung erforderlichen Arbeiten auszuführen. Der Mieter wird durch eine derartige Klausel nicht unangemessen benachteiligt, weil der Grad der Abnutzung als Maßstab herangezogen wird und somit der Zeitpunkt der letzten Reparaturen Berücksichtigung findet.[76] Ihm wird insofern lediglich die Möglichkeit eingeräumt, die geschuldeten Schönheitsreparaturen zeitlich auf das Ende des Mietverhältnisses zu verlagern (sog. **unechte Endrenovierungsklausel**). Überzeugend ist es aber auch hier, die Verpflichtung nur bei renoviertem Wohnraum für wirksam zu erachten.[77] Ähnlich gelagert und vom BGH als zulässig erachtet wurde zudem eine neben der Dekorationspflicht bestehende Rückgabeklausel, die den „bezugsfertigen Zustand" vorschreibt.[78]

Keine Endrenovierungsverpflichtung liegt hingegen bei Formulierungen wie **Rückgabe** **1100** **in „vertragsgemäßem Zustand"** oder **„besenreine" Rückgabe** vor. Durch die Wendung „in vertragsgemäßem Zustand" wird lediglich die Gesetzeslage (§ 538 BGB) wiederholt, sodass darin schon keine Verlagerung von Schönheitsreparaturen auf den Mieter gesehen

---

[71] So auch *Blank* FS Derleder, 2005, 189 (196); AG Köln ZMR 2002, 130 (132); anders OLG Stuttgart NJW-RR 1993, 1422 (1423); Kraemer NZM 2003, 417 (419).

[72] BGH NJW 2007, 3776.

[73] BGH NJW 1998, 3114 (3115); 2003, 2234 (2235); 2003, 3192; NJW-RR 2009, 656 (657).

[74] BGH NJW 2007, 3776; eine inhaltsgleiche Individualvereinbarung ist unbedenklich: BGH NJW 2009, 2590 (2591) – zu beachten ist aber ein möglicher Summierungseffekt → Rn. 1101.

[75] BGH NZM 1998, 710 (711).

[76] BGH NZM 2005, 376 (377).

[77] LG Hamburg ZMR 2008, 295; AG Hamburg-Blankenese WuM 2008, 474 – vgl. die Ausführungen unter → Rn. 1093 sowie → 1103 ff.

[78] BGH NJW 2014, 1444 mit kritischer Anm. *Kappus*.

werden kann[79] und durch die Verpflichtung zur Rückgabe im „besenreinen" Zustand wird lediglich die Beseitigung grober Verschmutzungen vereinbart.[80]

1101   Das Vorliegen einer **unwirksamen Endrenovierungsklausel** führt aufgrund des sog. **Summierungseffekts** grundsätzlich dazu, dass auch eine etwaige formularvertraglich daneben übernommene – und für sich betrachtet zulässige – **Übernahme der laufenden Schönheitsreparaturen ebenfalls unwirksam** ist.[81] Gleiches gilt für die Anfangsrenovierungsklausel.[82] Dieser Effekt kann nach der Rechtsprechung selbst dann eintreten, wenn beide Regelungen für sich genommen zulässig sind, gar aus einem Individual- und einem Formularteil bestehen, aber den Mieter insgesamt übermäßig belasten.[83] Eine an sich unbedenkliche formularvertraglich übernommene Schönheitsreparaturklausel ist aufgrund einer Gesamtschau somit unwirksam, wenn sich der Mieter zu einer Endrenovierung individualvertraglich verpflichtet hat.[84] Die Individualvereinbarung soll in diesen Fällen aber grundsätzlich wirksam bleiben.[85]

1102   **g) Abgeltungsklauseln.** Bei einer **Abgeltungs-** oder **Quotenklausel** handelt es sich um eine – zeitlich vorverlagerte – Ergänzung der vertraglichen Verpflichtung des Mieters zur Durchführung von Schönheitsreparaturen nach dem Fristenplan. Ihr Zweck besteht darin, dem Vermieter, der von dem ausziehenden Mieter mangels Fälligkeit der Schönheitsreparaturen nach dem Fristenplan keine Endrenovierung verlangen kann, wenigstens einen prozentualen Anteil an Renovierungskosten für den Abnutzungszeitraum seit den letzten Schönheitsreparaturen während der Mietzeit zu sichern.[86]

1102a   Solche (Quoten)Abgeltungsklauseln werfen bereits erhebliche Transparenzbedenken auf. Sie halten zudem nach neuerer Rechtsprechung des BGH[87] der Inhaltskontrolle nach § 307 Abs. 1 S. 1 BGB nicht standhalten. Sie **benachteiligten den Mieter unangemessen,** weil sie von ihm verlangten, zur Ermittlung der auf ihn bei Vertragsbeendigung zukommenden Kostenbelastung mehrere hypothetische Betrachtungen anzustellen, die eine sichere Einschätzung der tatsächlichen Kostenbelastung nicht zulassen. Für einen durchschnittlichen und verständigen Mieter bei dem für die Beurteilung maßgeblichen Zeitpunkt des Vertragsschlusses sei nicht erkennbar, welcher tatsächliche Abnutzungsgrad der Wohnung bei Beendigung des Mietverhältnisses, dessen Zeitpunkt bei Vertragsschluss noch nicht feststehe, unter Zugrundelegung seines (möglicherweise Veränderungen unterworfenen) individuellen Nutzungsverhaltens erreicht sein werde. Nicht nur der tatsächliche Zustand der Wohnung bei Vertragsende sei für den Mieter bei Vertragsschluss nicht einschätzbar. Um eine Kostenquote ermitteln zu können, sei darüber hinaus die empirische Prognose notwendig, zu welchem Zeitpunkt bei unterstellter gleicher Nutzungsart und gleicher Nutzungsintensität voraussichtlich Renovierungsbedarf eintreten werde. Quotenabgeltungsklauseln verlangten vom Mieter daher bei Vertragsschluss seine bei Beendigung des Mietverhältnisses bestehende Zahlungspflicht aufgrund eines in der Zukunft liegenden, auf mehreren Variablen beruhenden hypothetischen und damit fiktiven Sachverhalts einzuschätzen, was letztlich auf eine unangemessene Benachteiligung hinauslaufe. Damit dürfte das endgültige Ende der Quoten- oder Abgeltungsklauseln besiegelt sein. Kautelarjuristische Versuche, sie in eingeschränktem Umfang gleichwohl weiterhin

[79] OLG Düsseldorf NJW-RR 1992, 1096.
[80] BGH NZM 2006, 691 (693).
[81] BGH NZM 2003, 594 (595).
[82] BGH NJW 1993, 532; Staudinger/*Emmerich* BGB § 535 Rn. 116.
[83] BGH NJW 2006, 2116 (2117).
[84] BGH NJW 2006, 2116 (2117).
[85] BGH NJW 2006, 2116 (2117); NJW 2009, 1075; differenziert *Blank*/Börstinghaus BGB § 535 Rn. 399.
[86] BGH NJW 1988, 2790; 2004, 3042; 2006, 3778 (3780); 2013, 2505.
[87] BGH NJW 2015, 1871 Rn. 24 ff.

zu verwenden, bergen ein hohes Risiko, vor den Gerichten zu scheitern. So ist bereits die formularmäßige Verpflichtung des Mieters, einen Kostenbeitrag zu – seitens des Vermieters durchzuführenden – Schönheitsreparaturen zu leisten, mit der Begründung für unwirksam erklärt worden, es handele sich hierbei im Ergebnis um eine vom BGH als unwirksam angesehene Quotenabgeltungsklausel.[88] Man wird im Übrigen davon ausgehen dürfen, dass der BGH seine Rechtsprechung auf Gewerberaummietverhältnisse übertragen wird.[89]

h) Rechtsfolgen unwirksamer Schönheitsreparaturklauseln. Die AGB-rechtliche   1103
Beanstandung von Schönheitsreparaturklauseln führt – auch wenn nur einzelne Bestandteile betroffen sind – nach der Rechtsprechung regelmäßig zur **Gesamtunwirksamkeit.**
Dahinter steht die Vorstellung, dass die Pflicht zur Vornahme von Schönheitsreparaturen, soweit sie dem Mieter im Mietvertrag auferlegt wird, eine einheitliche, nicht in Einzelmaßnahmen aufspaltbare Rechtspflicht darstellt mit der Folge, dass die Unwirksamkeit der einen Einzelaspekt dieser einheitlichen Rechtspflicht betreffenden Formularbestimmung in der gebotenen Gesamtschau der Regelung zur Unwirksamkeit der gesamten Vornahmeklausel führt. Dies gälte auch dann, wenn die inhaltliche Ausgestaltung der **einheitlichen Rechtspflicht** in verschiedenen, sprachlich voneinander unabhängigen Klauseln des Mietvertrags geregelt sei.[90]

Die unwirksame Abwälzung von Schönheitsreparaturen auf den Mieter lässt die origi-   1103a
näre Verpflichtung des Vermieters, das Mietobjekt in vertragsgemäßem Zustand zu erhalten (§ 535 Abs. 1 S. 2 BGB), wieder aufleben, § 306 Abs. 2 BGB.[91] Der Mieter hat daher Anspruch auf Ausführung der Schönheitsreparaturen durch den Vermieter. Häufig wird er allerdings aufgrund unerkannt unwirksamer Klauseln bereits Leistungen erbracht haben. In diesen Fällen kann ihm ein Anspruch aus *culpa in contrahendo* (§§ 280 Abs. 1, 241 Abs. 2, 311 Abs. 2 BGB) zustehen, obgleich den Vermieter bei Altverträgen häufig kein Verschulden treffen wird.[92] Da der Mieter nur im eigenen Rechts- und Interessenkreis tätig wird, scheidet ein Anspruch aus der Geschäftsführung ohne Auftrag aus.[93] Er bleibt deshalb regelmäßig auf den Bereicherungsausgleich gem. §§ 812 Abs. 1. S. 1 1. Alt, 818 Abs. 2 BGB beschränkt.[94] Zu beachten ist für beide Ansprüche die verkürzte Verjährung nach § 548 Abs. 2 BGB.[95] Fordert der Vermieter den Mieter zur Vornahme von Schönheitsreparaturen auf, obwohl die der Verpflichtung zugrunde liegende Klausel offensichtlich unwirksam ist, kann der Mieter im Rahmen des Schadensersatzes etwaige Rechtsanwaltskosten geltend machen (§ 280 Abs. 1 S. 1 BGB).[96]

---

[88] LG München I NJW 2016, 2047.

[89] So auch die Forderung von Staudinger/*Emmerich* BGB § 535 Rn. 129 und *Zehelein* NZM 2017, 137. Für die Übertragbarkeit der Schönheitsreparatur-Rechtsprechung auf die Gewerberaummiete bei unrenoviert übergebenen Geschäftsräumen auch OLG Celle NJW 2016, 3732. Zu den AGB-rechtlichen Grenzen der Überwälzung von Instandhaltung und Instandsetzung bei der Gewerberaummiete zuletzt *Guhling* NZM 2019, 457.

[90] BGH NJW 2015, 1874.

[91] BGH NJW 2020, 3517 Rn. 16 und 2020, 3523 Rn. 16.

[92] Vgl. BGH NJW 2009, 2590 (2591); ausführlich zu den Anforderungen an die Sorgfaltspflicht eines Vermieters LG Kassel NJW 2010, 3666 (3667); siehe auch *Hannemann* in: Münchener Anwaltshandbuch Mietrecht, 5. Aufl. 2019, Teil A. § 10 Rn. 340.

[93] BGH NJW 2009, 2590 (2591).

[94] BGH NJW 2009, 2590 (2592) – bei Eigenleistungen des Mieters soll sich der Umfang des Wertersatzanspruchs nur nach dem (typischerweise geringeren) tatsächlichen Aufwand bemessen, nicht nach dem Wert der üblichen, hilfsweise der angemessenen Vergütung; kritisch dazu MüKoBGB/*Häublein* § 535 Rn. 163.

[95] BGH NJW 2011, 1866; 2012, 3031 (3032); aA *Blank* NZM 2010, 97 (102).

[96] KG NJW 2009, 2688.

1103b   Der **Vermieter** hat **grundsätzlich keinen Anspruch** auf Ausgleich, da die wirtschaftlichen Nachteile einer Klauselunwirksamkeit in seiner Risikosphäre angesiedelt sind (vgl. § 535 Abs. 1 S. 2 BGB).[97] Dies gilt nicht nur für eine Vertragsanpassung gem. § 313 BGB, sondern auch für eine Mieterhöhung in Zukunft.[98] Auf der Basis des Vergleichsmietensystems (§ 558) sieht die Rechtsprechung keine ausreichende Berechnungsgrundlage für einen solchen Zuschlag, weil höhere Mieten für Wohnungen ohne Reparaturpflicht des Mieters am Markt nicht auszumachen seien.[99] Bei der nicht preisgebundenen Wohnraummiete drohe anderenfalls, dass ein Kostenelement ohne Rücksicht auf seine Durchsetzbarkeit am Markt zur Begründung einer Mieterhöhung herangezogen werde.[100] Anders beurteilt der BGH dies nur bei öffentlich gefördertem, preisgebundenem Wohnraum, da sich die Miete hier aus gesetzlich festgelegten Kostenelementen ergibt und für den Fall der Schönheitsreparaturen eine ausdrückliche Regelung zur Kostentragung besitzt (§ 28 Abs. 4 II. BerechnungsVO).[101] Ein Verstoß gegen das Verbot der geltungserhaltenden Reduktion wird hierin nicht gesehen, da der Zuschlag unmittelbar aus dispositivem Gesetzrecht erfolgt.[102] Ein solcher Zuschlag kann auch rückwirkend geltend gemacht werden.[103]

3. Kleinreparaturen

1104   Nach § 535 Abs. 1 S. 2 BGB ist der Vermieter verpflichtet, nachträglich auftretende Defekte an der Wohnung, die deren Gebrauchsfähigkeit mindern, zu beheben. Auch wenn diese Regelung einen wesentlichen Grundgedanken des gesetzlichen Mietrechts verkörpert,[104] so wird man abweichenden Regelungen, die einen Streit über Bagatellschäden zu vermeiden geeignet sind, nicht von vornherein die Wirksamkeit absprechen können („Preis des Rechtsfriedens"[105]). Allerdings hat der BGH **enge Grenzen** formuliert. Formularvertraglich dürfen dem Mieter lediglich die Kosten von Kleinreparaturen in der Höhe von 75–100 EUR aufgebürdet werden,[106] wegen § 536 Abs. 4 BGB nicht aber die Instandhaltungs- und Ausführungspflichten.[107] Im Fall mehrerer Reparaturen innerhalb eines bestimmten Zeitraumes muss eine Bindung an einen angemessenen Höchstbetrag vorliegen.[108] Ohne ausdrückliche Festlegung derartiger Obergrenzen ist die Abwälzung der Bagatellschäden auf den Mieter insgesamt unwirksam.[109] Allerdings darf auch bei zahlenmäßiger Begrenzung dem Mieter nicht auferlegt werden, die Kleinreparaturen *selbst* vorzunehmen.[110] Ferner müssen Teile der Mietsache betroffen sein, die

---

[97] BGH NJW 2008, 2840 (2842); 2009, 1410; Staudinger/*Emmerich* BGB § 535 Rn. 128.

[98] BGH NJW 2008, 2840 (2841); 2009, 1410.

[99] BGH NJW 2008, 2840 (2841); 2009, 1410.

[100] BGH NJW 2008, 2840 (2841) – im Ergebnis bestätigt der 8. Senat damit aber die Bedenken gegen das in st. Rspr. vertretenen Ausgleichsprinzip (vgl. → Rn. 1090); richtig gesehen bei MüKoBGB/*Häublein* § 535 Rn. 125.

[101] BGH NJW 2010, 1590 (1591 f.).

[102] BGH NJW 2010, 1590 (1592).

[103] BGH NJW-RR 2013, 585 (586).

[104] BGH NJW 1989, 2247 (2248).

[105] So Ulmer/*Hensen*, 10. Auflage 2006, BGB Anh. § 310 Rn. 599.

[106] BGH NJW 1989, 2247; 1992, 1759 (gebilligt 150 DM); für die og Größenordnung in der Instanzrechtsprechung: LG Dortmund NZM 2007, 245; vgl. auch Palandt/*Weidenkaff* BGB § 535 Rn. 44.

[107] BGH NJW 1992, 1759 (1760).

[108] BGH NJW 1991, 1750; 1992, 1759 (gebilligt 6 % der Jahresbruttokaltmiete); für einen maximalen „Festbetrag" von 500 EUR: *Beyer* NZM 2011, 697 (701).

[109] BGH NJW 1992, 1759; OLG Frankfurt WuM 1997, 609 (611).

[110] BGH NJW 1992, 1759.

dem häufigen Zugriff des Mieters ausgesetzt sind.[111] Eine Ausnahme von den og Einschränkungen gilt insoweit bei den Wartungskosten für die zentrale Heizungsanlage, da die Umlagefähigkeit gesetzlich geregelt ist, § 7 Abs. 2 HeizkostenVO.[112]

Da es sich bei Schönheitsreparaturklauseln und sonstigen Kleinreparaturklauseln um 1105 zwei voneinander völlig unabhängige Regelungskomplexe handelt, bleibt bei einer Kombination die Wirksamkeit einer zulässigen Schönheitsreparaturklausel von der Unwirksamkeit einer Kleinreparaturklausel unberührt.[113]

IV. Klauseln betreffend die Vertragsbeendigung und die Rückgabe der Wohnung

1. Ausschluss des Kündigungsrechts

Die gesetzlichen Vorschriften bezüglich der Kündigung von Mietverhältnissen nach 1106 den §§ 543, 569, 573 ff. BGB sind **zugunsten des Mieters durchgehend zwingend** ausgestaltet. Abweichungen davon, insbesondere ein Ausschluss des Rechts zur fristlosen Kündigung des Mietverhältnisses oder die Erleichterung der außerordentlichen Kündigung zugunsten des Vermieters, sind grundsätzlich nicht zulässig.[114] Eine Klausel, die dem Vermieter ein Sonderkündigungsrecht bei einer nur drohenden „wesentlichen Verschlechterung der Vermögensverhältnisse des Mieters" einräumt, hält § 307 Abs. 1 S. 1 BGB nicht stand.[115] Möglich bleibt dagegen ein formularmäßiger, beiderseitiger **Ausschluss des ordentlichen Kündigungsrechts** für eine gewisse Zeit.[116] Dem steht auch § 573c Abs. 4 BGB nicht entgegen, da sich die Vorschrift lediglich auf die Kündigungsfrist, nicht jedoch auf die Möglichkeit der Kündigung als solche bezieht.[117] Ein Verzicht für über vier Jahre hinaus ist allerdings wegen unangemessener Benachteiligung des Mieters in der Regel unwirksam.[118] Dieser Zeitraum berechnet sich vom Zeitpunkt des Vertragsschlusses an bis zu dem Zeitpunkt, zu dem der Mieter den Vertrag erstmals beenden kann.[119] Bereits ein zweijähriger Kündigungsausschluss kann den Mieter aber schon dann unangemessen benachteiligen, wenn sein berechtigtes Interesse an Flexibilität nicht ausreichend berücksichtigt wird.[120]

Ein **einseitiger Kündigungsverzicht des Mieters** in einem Formularmietvertrag ist 1107 dagegen grundsätzlich wegen unangemessener Benachteiligung des Mieters unwirksam. Etwas anderes hat der BGH nur für den Fall entschieden, dass der einseitige Ausschluss der Kündigung zusammen mit einer Staffelmiete nach § 557a BGB formularmäßig vereinbart wird und einen Zeitraum von vier Jahren nicht überschreitet.[121] Denn bei einer Staffelmietvereinbarung sieht § 557a Abs. 3 S. 1 BGB gerade die Möglichkeit eines Ausschlusses des Kündigungsrechts des Mieters für vier Jahre vor.

---

[111] BGH NJW 1989, 2247; detaillierte Auflistung bei Staudinger/*Emmerich* BGB § 535 Rn. 151.
[112] BGH NJW 2013, 597; aA Staudinger/*Emmerich* BGB § 535 Rn. 151.
[113] BayObLG NJW-RR 1997, 1371 (1372 f.); Ulmer/*Christensen* Teil 2 (32) Mietverträge Rn. 20.
[114] Vgl. BGH NJW 2001, 3480 (3482); Palandt/*Weidenkaff* BGB § 569 Rn. 4.
[115] LG Kiel NJW-RR 2010, 518.
[116] Übersicht über wirksame und unwirksame Kündigungsrechtsausschlussvereinbarungen bei *Börstinghaus* NZM 2011, 187.
[117] BGH NJW 2004, 1448; 2004, 3117 (gebilligt: zwei Jahre).
[118] Vgl. BGH NZM 2005, 419 (420); NJW-RR 2017, 137; bei Altfällen kann auch ein Ausschluss über 5 Jahre gerechtfertigt sein: BGH NJW 2010, 3431
[119] BGH NJW 2011, 597.
[120] BGH NJW 2009, 3506 (3507) – Kündigungsrechtsausschluss in einem Studentenwohnheim.
[121] Vgl. BGH NJW 2006, 1056; 2006, 1059 (1060).

2. Rückgabe der Wohnung

1108   Nach § 546 Abs. 1 BGB hat der Mieter die Wohnung nach Beendigung des Mietverhältnisses in einem **ordnungsgemäßen Zustand** an den Vermieter zurückzugeben. Zu
beachten ist dabei allerdings, dass in der Regel das Setzen von Dübeln und das Anbohren
von Kacheln bereits erforderlich sind, um so einen vertragsgemäßen Gebrauch der
Wohnung zu ermöglichen. Da der Mieter diese Verschlechterungen nach § 538 BGB
nicht zu vertreten hat, stellt eine Klausel, die den Mieter uneingeschränkt zur Beseitigung
dieser Gebrauchsspuren verpflichtet, eine unangemessene Benachteiligung des Mieters im
Sinne des § 307 Abs. 2 Nr. 1 BGB dar.[122]

1109   § 546a Abs. 1 BGB ordnet an, dass der Vermieter als Entschädigung für die Dauer der
Vorenthaltung der Mietsache den Mietzins weiterhin verlangen kann. Seine Rückgabe-
verpflichtung aus § 546 BGB erfüllt der Mieter allerdings schon dann, wenn er die
Mietsache – unabhängig vom Zustand der Wohnung – räumt und die Verfügungsgewalt
über sie vollständig aufgibt, was bei Räumen in der Regel durch die Schlüsselübergabe
geschieht.[123] Eine Klausel in einem Formularmietvertrag, die den Mieter zur (Fort-)
Zahlung des Mietzinses bis zur Herstellung des vertragsgemäßen Zustandes verpflichtet,
dehnt die Rechte des Vermieters deutlich über den Rahmen des § 546a Abs. 1 BGB
hinaus.[124]

§ 46. Arbeitsvertragsklauseln

Literatur (Auswahl): *Bauer/Lingemann/Diller/Haußmann,* Anwalts-Formularbuch Arbeitsrecht,
7. Aufl. 2021; *Bieder,* Kompensatorische Vertragsgestaltung im Arbeits- und Wirtschaftsrecht, 2015;
Clemenz/Kreft/Krause, AGB-Arbeitsrecht, Kommentar, 2. Aufl. 2019 (zitiert: CKK/Bearbeiter);
Coester, Das AGB-Recht in den Händen des BAG, in: FS für Löwisch, 2007, S. 57; *Däubler/Deinert/
Walser,* AGB-Kontrolle im Arbeitsrecht, Kommentar, 5. Aufl. 2021 (zitiert: DDW); Erfurter Kom-
mentar zum Arbeitsrecht, 19. Aufl. 2019 (zitiert ErfK/Bearbeiter); *Gotthardt,* Arbeitsrecht nach der
Schuldrechtsreform, 2. Aufl. 2003; *H. Hanau,* Wirtschaftsrisiko und Spielräume für Flexibilisierung,
ZfA 2014, 131; *Henssler/Moll,* AGB-Kontrolle vorformulierter Arbeitsbedingungen, 2. Aufl. 2020;
Henssler/Willemsen/Kalb (Hrsg.), Arbeitsrecht Kommentar, 9. Aufl. 2020 (zitiert: HWK/Bearbeiter);
Hromadka/Schmitt-Rolfes, Der unbefristete Arbeitsvertrag, Musterklauseln mit Erläuterungen, 2006;
Hümmerich/Reufels, Gestaltung von Arbeitsverträgen, 4. Aufl. 2019; *Joost,* Allgemeine Geschäfts-
bedingungen und Arbeitsvertrag, in: FS für Ulmer, 2003, S. 1199; *ders.,* Betrachtungen zur Inhalts-
kontrolle vorformulierter Arbeitsverträge, in: 50 Jahre Bundesarbeitsgericht, 2004, S. 49; *Junker,*
Grundlegende Weichenstellungen der AGB-Kontrolle von Arbeitsverträgen, in: FS für Buchner,
2009, S. 369; *Konzen,* Die AGB-Kontrolle im Arbeitsvertragsrecht, in: FS für Hadding, 2004, S. 145;
Lakies, Inhaltskontrolle von Arbeitsverträgen, 2014; *Lieb,* AGB-Recht und Arbeitsrecht nach der
Schuldrechtsmodernisierung, in: FS für Ulmer, 2003, S. 1231; *ders.,* Grundfragen der arbeitsrecht-
lichen Angemessenheitskontrolle gemäß §§ 305 ff. BGB nach Aufhebung der Bereichsausnahme, in:
FS für Konzen, 2007, S. 501; *Lindemann,* Flexible Gestaltung von Arbeitsbedingungen nach der
Schuldrechtsreform, 2003; *Löwisch,* Auswirkungen der Schuldrechtsreform auf das Recht der Ar-
beitsverhältnisses, in: FS für Wiedemann, 2002, S. 311; *Maschmann/Sieg/Göpfert,* Vertragsgestaltung
im Arbeitsrecht, 3. Aufl. (zitiert: Bearbeiter, in: Vertragsgestaltung im Arbeitsrecht); *Oetker,*
AGB-Kontrolle im Zivil- und Arbeitsrecht, AcP 212 (2012), 202; *Preis,* Privatautonomie und das
Recht der Allgemeinen Geschäftsbedingungen, in: FS für Richardi, 2007, S. 339; *ders.* (Hrsg.), Der
Arbeitsvertrag, 6. Aufl. 2020 (zitiert: Bearbeiter, Der Arbeitsvertrag); *ders.,* 15 Jahr AGB-Kontrolle
in den Händen von zehn Senaten des BAG, SR 2019, 153; *Preis/Roloff,* Die neueste Entwicklung der
Vertragsinhaltskontrolle im Arbeitsrecht – Zwischenbilanz und Ausblick – ZfA 2007, 43; *Reinecke,*
Vertragskontrolle im Arbeitsrecht nach dem Schuldrechtsmodernisierungsgesetz in der Rechtspre-
chung des Bundesarbeitsgerichts, in: Jahrbuch des Arbeitsrechts, Bd. 43, 2006, S. 23; *Rolfs,* Die

---

[122] BGH NJW 1993, 1061 (1063).
[123] Vgl. BGH NJW 1994, 3232; NJW-RR 2010, 1521.
[124] OLG Düsseldorf NZM 2002, 742 (743).

Inhaltskontrolle arbeitsrechtlicher Individual- und Betriebsvereinbarungen, RdA 2006, 349; *ders.,* Fehlentwicklungen in der arbeitsrechtlichen AGB-Kontrolle, in: Individuelle Freiheit und kollektive Interessenwahrnehmung im deutschen und europäischen Arbeitsrecht, 2012, S. 1; *Schwarz,* Ausgewählte Probleme zur AGB-Kontrolle, NZA-RR 2021, 1; *Singer,* Inhaltskontrolle von Arbeitsverträgen, 2007; *Stöhr,* Die Inhaltskontrolle von Arbeitsverträgen auf dem Prüfstand, ZfA 2013, 213; Staudinger/*Krause,* Bearbeitung 2019, Anh. zu §§ 305–310 BGB; *Stoffels,* Grundfragen der Inhaltskontrolle von Arbeitsverträgen, ZfA 2009, 861; *Thüsing,* AGB-Kontrolle im Arbeitsrecht, 2007; *ders.,* Angemessenheit durch Konsens, Zu den Grenzen der Richtigkeitsgewähr arbeitsvertraglicher Vereinbarungen, RdA 2005, 257; Ulmer/Brandner/Hensen/*Fuchs/Bieder,* 12. Aufl. 2016, Anh. § 310 BGB (zitiert: Ulmer/*Fuchs/Bieder*), Graf von Westphalen/*Thüsing,* Vertragsrecht und AGB-Klauselwerke, Arbeitsverträge, 2019; *Wolf,* Entwicklungen im AGB-Recht und ihr Einfluß auf das Arbeitsrecht, in: Inhaltskontrolle im Arbeitsrecht, 2006, S. 11; Wolf/Lindacher/Pfeiffer/*Stoffels,* AGB-Recht, Kommentar, 7. Aufl. 2020, Arbeitsrecht (zitiert Wolf/*Stoffels*); *Zöllner,* Vertragskontrolle und Gerechtigkeit, NZA Beilage 3/2006, 99; *ders.,* Kritische Grundsatzüberlegungen zum AGB-Recht als arbeitsrechtlichem Kontrollinstrument, ZfA 2011, 637.

I. Vorbemerkung

Die nachfolgende Zusammenstellung bietet einen gedrängten Überblick über die wich- **1110** tigsten Vertragsklauseln im Arbeitsrecht. Kaum ein Vertragstyp ist in jüngerer Zeit in vergleichbarer Weise durch die gerichtliche Inhaltskontrolle geprägt worden wie der Arbeitsvertrag. Für die arbeitsvertragliche Praxis sind die Erkenntnisse der höchstrichterlichen Rechtsprechung zu den Grenzen der Gestaltungsbefugnisse von größter Bedeutung. Die neuere arbeitsgerichtliche Rechtsprechung ist auch im Übrigen an den entsprechenden Stellen dieses Buches eingearbeitet worden. Zum sachlichen Anwendungsbereich der §§ 305 ff. BGB mit Blick auf das Arbeitsrecht vgl. insbesondere die Ausführungen unter → Rn. 171 ff. Hervorzuheben sind idarüber hinaus folgende Problemkreise: Abtretungs- und Verpfändungsklauseln (hierzu → Rn. 753); Ausschlussfristen (hierzu → Rn. 343); Befristung und Teilbefristung (hierzu → Rn. 724); Einbeziehung (hierzu → Rn. 307); Rechtsfolgen der Nichtgeltung (hierzu → Rn. 607); Rückzahlungsklauseln (hierzu → Rn. 495a); Verbrauchereigenschaft des Arbeitnehmers (hierzu → Rn. 197).

II. Arbeitszeitregelungen

Literatur: *Arnold,* Änderungsvorbehalt zur Arbeitszeitdauer, in: FS für Löwisch, 2007, S. 1; *Bieder,* Der Nullstundenvertrag – zulässiges Flexibilisierungsinstrument oder Wegbereiter für ein modernes Tagelöhnertum?, RdA 2015, 388; *ders.,* Arbeitsvertragliche Instrumente zur Flexibilisierung der Dauer und Lage der Arbeitszeit – Regulierungsprobleme und übergeordnete Wertungskriterien der AGB-Kontrolle, ZfA 2019, 172; *Bodem,* Die Arbeitszeit richtet sich nach dem Arbeitsbedarf, in: Rigidität und Flexibilität im Arbeitsrecht 2012, S. 49; *Forst,* Null-Stunden-Verträge, NZA 2014, 998; *Hanau,* Möglichkeiten und Grenzen der Vereinbarungen zur Dauer der Arbeitszeit, NZA Beil. 1/ 2006, 34; *Henssler/Krülls,* Saisonarbeit – das begrenzte Arbeitsverhältnis, RdA 2020, 185; *Hromadka/ Schmitt-Rolfes,* Die AGB-Rechtsprechung des BAG zu Tätigkeit, Entgelt und Arbeitszeit, NJW 2007, 1777; *Lindemann,* Flexible Gestaltung von Arbeitsbedingungen nach der Schuldrechtsreform, 2003; *Mühlmann,* Flexible Arbeitsvertragsgestaltung – Die Arbeit auf Abruf, RdA 2006, 356; *Preis,* Unangemessene Benachteiligung des Arbeitnehmers durch Vereinbarung einer Durchschnittsarbeitszeit, RdA 2012, 101; *ders.,* Flexicurity und Abrufarbeit – Flexible Arbeitsvertragsgestaltung zwischen 0 und 260 Stunden?, RdA 2015, 244; *Preis/Lindemann,* Änderungsvorbehalte – Das BAG durchschlägt den gordischen Knoten, NZA 2006, 632; *Reinecke,* Flexibilisierung der Arbeitszeit im Arbeitgeber- und Arbeitnehmerinteresse – ein Rechtsprechungsbericht, BB 2008, Beil. Nr. 4, 21; *Schneider,* Arbeitszeit, in: Der Arbeitsvertrag, hrsg. von Preis, 6. Aufl. 2020, II A 90; *Stamm,* Arbeitszeitregelungen in Allgemeinen Geschäftsbedingungen: Reglementierung oder Flexibilisierung im Gefolge der Schuldrechtsreform?, RdA 2006, 288; *Stoffels/Hultzsch,* Arbeit auf Abruf nach der Novellierung des § 12 TzBfG, NZA 2020, 977; *Wietfeld,* Die vertragliche Gestaltung unbefristeter Saisonarbeitsverhältnisse, NZA 2020, 983; *Wisskirchen/Bissels,* Arbeiten, wenn Arbeit da ist – Möglichkeiten und Grenzen der Vereinbarungsbefugnis zur Lage der Arbeitszeit, NZA Beil. 1/2006, 24.

1111   Arbeitsvertragliche Vereinbarungen zur Arbeitszeit (zum Begriff vgl. § 2 Abs. 1 ArbZG) müssen zunächst die Vorgaben des **öffentlich-rechtlichen Arbeitszeitrechts** beachten. Zu nennen sind hier insbesondere das Arbeitszeitgesetz, das Jugendarbeitsschutzgesetz, das Mutterschutzgesetz, das Sozialgesetzbuch IX, das Teilzeit- und Befristungsgesetz sowie das Ladenschlussgesetz. Ferner finden sich Regelungen zur Arbeitszeit häufig in **Kollektivvereinbarungen.** Innerhalb der hierdurch gezogenen Grenzen können auf arbeitsvertraglicher Grundlage feste oder flexible Arbeitszeitmodelle vereinbart werden.[1] Zu beachten ist, dass die Festlegung des Umfangs der geschuldeten Arbeitszeit nach § 307 Abs. 3 BGB nur einer Transparenzkontrolle unterliegt (vgl. hierzu Rn. 67). Die Verpflichtung, „im monatlichen Durchschnitt 150 Stunden zu arbeiten", lässt den Bezugsrahmen offen und ist aus diesem Grunde nicht klar und verständlich.[2]

1112   Fraglich ist, ob sich der Arbeitgeber im Arbeitsvertrag das Recht ausbedingen kann, unter bestimmten Voraussetzungen die **Dauer der Arbeitszeit** einseitig zu verändern und dementsprechend die Vergütung proportional abzusenken. Eine eingehende Regelung der Arbeit auf Abruf findet sich in § 12 TzBfG, dessen jüngst erfolgte Novellierung die bisherige Rechtsprechung des BAG[3] bestätigt hat. Nach § 12 Abs. 1 TzBfG können Arbeitgeber und Arbeitnehmer vereinbaren, dass der Arbeitnehmer seine Arbeitsleistung entsprechend dem Arbeitsanfall zu erbringen hat. Die Vereinbarung muss in diesem Fall eine bestimmte Dauer der wöchentlichen und täglichen Arbeitszeit festlegen. Wenn die Dauer der wöchentlichen Arbeitszeit nicht festgelegt ist, gilt eine Arbeitszeit von 20 Stunden als vereinbart. Ist eine wöchentliche Mindestarbeitszeit festgelegt worden, darf der Arbeitgeber nur bis zu 25 Prozent der wöchentlichen Arbeitszeit zusätzlich abrufen. Ist für die Dauer der wöchentlichen Arbeitszeit hingegen eine Höchstarbeitszeit vereinbart, darf der Arbeitgeber nur bis zu 20 Prozent der wöchentlichen Arbeitszeit weniger abrufen (§ 12 Abs. 2 TzBfG). Hält sich der Arbeitsvertrag nicht im Rahmen dieses Korridors, ist die entsprechende Abrede insgesamt unwirksam.[4] In einem solchen Fall ist die entstandene Regelungslücke im Wege einer ergänzenden Vertragsauslegung zu schließen. Die neue reguläre Arbeitszeit wird sich dabei häufig aus der Summe von vereinbarter Mindestarbeitszeit und regelmäßig geleisteter Abrufarbeit ergeben.[5]

1113   Unabhängig davon wird man den Vorbehalt der **Einführung von Kurzarbeit** anerkennen müssen, wenn auf die Voraussetzungen für die Zahlung von Kurzarbeitergeld nach § 95 SGB III Bezug genommen wird.[6] Da die betroffenen Arbeitnehmer in diesen Fällen keine nennenswerten finanziellen Einbußen hnnehmen müssen, bedarf es auch keiner prozentualen Begrenzung der Reduzierung der Arbeitszeit in Anlehnung an § 12 TzBfG.[7]

1114   Von der Dauer der Arbeitszeit ist die Bestimmung ihrer **Lage** zu unterscheiden. Letztere ist vom Direktionsrecht des Arbeitgebers umfasst. Moderate Erweiterungen durch eine entsprechende Änderungsklausel werden für **zulässig** erachtet, da der Kernbereich des Arbeitsvertrages nicht berührt wird.[8] Immerhin gilt auch hier, dass sich die konkrete Ausübung des (erweiterten) Direktionsrechts in den Grenzen des billigen Er-

---

[1] Ausführlich hierzu *Preis*, Der Arbeitsvertrag, II A 90 Rn. 5 ff.

[2] BAG NJOZ 2012, 499.

[3] BAG NZA 2006, 423; deutlich restriktiver noch BAG NZA 1985, 321.

[4] BeckOK/*Bayreuther* TzBfG § 12 Rn. 10.

[5] BeckOK/*Bayreuther* TzBfG § 12 Rn. 10 unter Hinweis auf BAG NZA 2006, 423 (427 ff.).

[6] DDW/*Bonin/Walser* § 307 Rn. 181; hierzu ausführlich *Klocke* RdA 2020, 331; ebenso für eine entsprechende tarifvertragliche Klausel BAG NJW 1962, 932 und BAG SAE 1963, 13; viel zu streng LAG Berlin-Brandenburg NZA-RR 2011, 65.

[7] So zutreffend CKK/*Klumpp* BGB § 307 Rn. 106 gegen DDW/*Bonin/Walser* § 307 Rn. 181.

[8] ErfK/*Preis* BGB §§ 305–310 Rn. 55.

messens halten muss. Ferner unterliegen Festlegungen hinsichtlich der Lage der Arbeitszeit der Mitbestimmung des Betriebsrats (§ 87 Abs. 1 Nr. 2 BetrVG).

In der arbeitsvertraglichen Praxis – etwa im Reinigungsgewerbe – begegnet man mitunter Klauseln, die das Ruhen des Arbeitsverhältnisses für einige Wochen vorsehen. Im
Grunde handelt es sich hierbei um eine besondere Form der Teilzeitarbeit mit unregel-
mäßig auf das Kalenderjahr verteilter Arbeitszeit. Das BAG hat eine **Ruhensverein-
barung** für die Dauer der Schulferien im Formulararbeitsvertrag einer Reinigungskraft
gebilligt, wenn das Reinigungsobjekt geschlossen ist und Reinigungsarbeiten nicht anfallen.[9] Ferner soll eine Vereinbarung mit einem unbefristet beschäftigten Bademeister
zulässig sein, nach der die Beschäftigungs- und Vergütungspflicht auf die Freibadsaison
begrenzt ist, dies jedenfalls dann, wenn der Arbeitgeber bei Abschluss des Arbeitsvertrags
davon ausgehen durfte, den Arbeitnehmer außerhalb der Saison nicht beschäftigten zu
können (**unbefristetes Saisonarbeitsverhältnis mit zeitweilig ruhenden Hauptleistungspflichten**).[10]

III. Aufhebungsverträge

Literatur: *Bauer/Krieger/Arnold*, Arbeitsrechtliche Aufhebungsverträge, 9. Aufl. 2014; *Rolfs*, Aufhebungsvertrag, in: Der Arbeitsvertrag, hrsg. von Preis, 6. Aufl. 2020, II A 100; *Reinecke*, Zur
Kontrolle von Aufhebungsverträgen nach der Schuldrechtsreform, in: FS für Küttner, 2006, S. 327;
Seel, Beendigung von Arbeitsverhältnissen durch Aufhebungsverträge – typische Klauseln und rechtliche Risiken, JA 2006, 366.

Der Aufhebungsvertrag – § 623 BGB spricht gleichbedeutend von Auflösungsvertrag –
ist ein Vertrag zwischen Arbeitgeber und Arbeitnehmer über das vorzeitige Ausscheiden
des Arbeitnehmers aus dem Dauerarbeitsverhältnis.[11] Die **Aufhebungsvereinbarung als
solche ist nach § 307 Abs. 3 BGB der Inhaltskontrolle entzogen.**[12] Die Beendigungsver-
einbarung ist – so das BAG – ein selbstständiges Rechtsgeschäft, bei dem die Hauptleistung der Beendigung des Arbeitsverhältnisses keiner Angemessenheitsprüfung unterzogen werden kann. Einem zum Aufhebungsvertrag gedrängten Arbeitnehmer steht nach
der Rechtsprechung auch kein Widerrufsrecht nach §§ 312, 312g Abs. 1, 355 BGB zu.[13]
In gravierenden Fällen kann Abhilfe erreicht werden. Ferner kann ein Aufhebungsvertrag
nach neuerer Rechtsprechung unwirksam sein, wenn er unter Missachtung des Gebots
fairen Verhandelns zustande gekommen ist.[14]

Oftmals enthalten Aufhebungsverträge über die eigentliche Auflösungsvereinbarung
hinaus noch **weitere Absprachen,** die sich über weitere regelungsbedürftige Fragen **im
Zusammenhang mit der Beendigung des Arbeitsverhältnisses** verhalten. So finden sich
Abreden über die Ausgestaltung einer Abfindung[15], über die Freistellung des Arbeitnehmers, über die Abgeltung von Urlaubsansprüchen, über den Verzicht auf noch offene
Ansprüche (hierzu → Rn. 1117 f.), über die Begründung eines Rückkehrrechts[16] etc. Soweit diese Regelungen vom Arbeitgeber vorformuliert worden sind, unterliegen sie in
vollem Umfang der Inhaltskontrolle.[17] Die Inhaltskontrolle erfolgt in diesen Fällen unter

---

[9] BAG NZA 2007, 384.
[10] BAG NZA 2020, 374; hierzu ausführlich *Wietfeld* NZA 2020, 983 und *Henssler/Krülls*
RdA 2020, 185.
[11] BAG AP Nr. 16 zu § 620 BGB Aufhebungsvertrag.
[12] BAG NZA 2004, 598 (603 f.).
[13] BAG NZA 2004, 597 (600 ff.); 2019, 688.
[14] BAG NZA 2019, 688; zu Recht kritisch *Fischinger* NZA 2019, 727 (730 ff.).
[15] Das „Ob" der Gewährung einer Abfindung und deren Höhe sind allerdings kontrollfrei, so
zutreffend MüKoBGB/*Hesse* BGB vor § 620 Rn. 26.
[16] BAG NZA-RR 2012, 232; NZA 2013, 804 (807).
[17] *Lakies*, Inhaltskontrolle von Arbeitsverträgen, Rn. 106.

Berücksichtigung der im Arbeitsrecht geltenden Besonderheiten (§ 310 Abs. 4 S. 2 BGB). Das gesetzgeberische Anliegen geht dahin, alle arbeitsrechtlich geprägten Verträge – also auch Aufhebungsverträge – unter diesen Vorbehalt zu stellen. Der Wortlaut des § 310 Abs. 4 S. 2 BGB („Arbeitsverträge") ist insoweit zu eng gefasst.[18]

IV. Ausgleichsquittungen und Verzichtsvereinbarungen

Literatur: *Bauer/Günther*, Neue Spielregeln für Klageverzichtsvereinbarungen, NJW 2008, 1617; *Böhm*, Aus für Ausgleichsquittung/Ausgleichsklausel?, NZA 2008, 919; *Naumann/Mosch*, Ausgleichsquittungen in der arbeitsrechtlichen Praxis – Vorsicht!, NJW Spezial 2014, 50; *Preis/Bleser/Rauf*, Die Inhaltskontrolle von Ausgleichsquittungen und Verzichtserklärungen, DB 2006, 2812; *Rolfs*, Verzicht und Ausgleichsquittung, in: Der Arbeitsvertrag, hrsg. von Preis, 6. Aufl. 2020, II V 50.

1117   In der arbeitsrechtlichen Praxis kommt es bei der Beendigung des Arbeitsverhältnisses häufig vor, dass der Arbeitgeber dem ausscheidenden Arbeitnehmer ein Formular zur Unterschrift vorlegt, aus dem hervorgeht, der Arbeitnehmer erkläre, keine Ansprüche mehr aus dem Arbeitsverhältnis gegen den Arbeitgeber zu haben (sog. **Ausgleichsquittung**).[19] Ausgleichsquittungen können im Einzelfall überraschenden Charakter haben. Handelt es sich nicht gerade um den eher seltenen Fall einer isolierten, also mit keiner weiteren Erklärung verbundenen Verzichtserklärung,[20] ist die in der Ausgleichsquittung enthaltene oder angehängte oder gar im Arbeitsvertrag untergebrachte Verzichtserklärung einer Inhaltskontrolle nach § 307 BGB zu unterziehen. Der verfügende Charakter dieses Rechtsgeschäfts steht dem nicht entgegen.[21] Gegen solche Verzichtserklärungen bestehen jedenfalls dann keine grundsätzlichen Bedenken, wenn sich der Arbeitgeber im Gegenzug ebenfalls zu einem Anspruchsverzicht bereit erklärt und eine Abfindung zusagt. **Fehlt** es an solchen **kompensatorischen Elementen,** belastet also die Ausgleichsquittung einseitig den Arbeitnehmer, so liegt eine **unangemessene Benachteiligung** im Sinne des § 307 BGB nahe.[22] Allein der Umstand, dass Ausgleichsquittungen im Arbeitsleben weit verbreitet sind, rechtfertigt es nicht, sie unter Berufung auf § 310 Abs. 4 S. 2 BGB von der Inhaltskontrolle auszunehmen.[23]

1118   Eine unangemessene Benachteiligung des Arbeitnehmers ist nach der Rechtsprechung des BAG ferner regelmäßig dann anzunehmen, wenn der Arbeitnehmer im unmittelbaren Anschluss an eine Arbeitgeberkündigung ohne Gegenleistung in einem ihm vom Arbeit-

---

[18] So zutreffend Ulmer/*Fuchs/Bieder* BGB Anh. § 310 Rn. 6.

[19] Zu der im Wege der Auslegung zu bestimmenden Rechtsqualität einer Ausgleichsklausel vgl. BAG NZA 2005, 1193 (1197); im konkreten Fall ging der Senat von einem konstitutiven negativen Schuldanerkenntnis aus.

[20] Der Verzicht stellt hier den Hauptgegenstand des Rechtsgeschäfts dar, der nach § 307 Abs. 3 BGB nicht der Inhaltskontrolle unterfällt. Es bleibt allerdings die Transparenzkontrolle, so zutreffend *Preis/Bleser/Rauf* DB 2006, 2813.

[21] Dass sich die Inhaltskontrolle auch auf vorformulierte Verfügungsgeschäfte erstreckt, ist nahezu unbestritten, vgl. statt vieler BGH NJW 1985, 1836. Speziell zur Kontrolle vorgedruckter Verzichtserklärungen OLG Karlsruhe NJW 1991, 112.

[22] BAG NZA 2011, 1338 mit Anm. *Stoffels* NJW 2012, 107; LAG Schleswig-Holstein BB 2004, 608 mit Anm. *v. Steinau-Steinrück;* LAG Düsseldorf DB 2005, 1463 (1465); ArbG Berlin AuR 2006, 36; Ulmer/*Fuchs/Bieder* BGB Anh. § 310 Rn. 107; DDW/*Däubler* Einl. Rn. 168; *Lakies*, Inhaltskontrolle von Arbeitsverträgen, Rn. 588; gegen die Anerkennung der Beidseitigkeit des Anspruchsverzichts als kompensatorisches Element *Preis/Bleser/Rauf* DB 2006, 2816; differenzierend nach der Rechtsnatur der Ausgleichsquittung *Thüsing*, AGB-Kontrolle im Arbeitsrecht, Rn. 141 ff.; sehr streng *Reinecke* DB 2002, 586; unkritisch zuletzt BAG NZA 2004, 1097 und LAG Berlin NZA-RR 2006, 67 (68).

[23] LAG Schleswig-Holstein BB 2004, 608 (610); LAG Düsseldorf DB 2005, 1463 (1465 f.); *Preis/Bleser/Rauf* DB 2006, 2818.

geber vorgelegten Formular **auf die Erhebung einer Kündigungsschutzklage verzichtet.** Durch einen solchen kompensationslosen Klageverzicht werde von der gesetzlichen Regelung des § 4 S. 1 KSchG abgewichen.[24] Auch einen **in einer Abwicklungsvereinbarung enthaltenen Klageverzicht** unterwirft das BAG einer AGB-rechtlichen Angemessenheitskontrolle unter besonderer Berücksichtigung des Kompensationsgedankens.[25]

V. Ausschlussfristen

Literatur: *Bayreuther,* Vertragskontrolle im Arbeitsrecht nach der Entscheidung des BAG zur Zulässigkeit zweistufiger Ausschlussklauseln, NZA 2005, 1337; *Husemann,* Ausschlussfristen im Arbeitsrecht, NZA-RR 2011, 337; *Greiner,* Ausschlussfristen, in: Der Arbeitsvertrag, hrsg. von Preis, 6. Aufl. 2020, II A 150; *Krause,* Vereinbarte Ausschlussfristen, RdA 2004, 36 und 106; *Lingemann/ Chakrabarti,* Hilfe des BAG bei Ausschlussklauseln, NJW 2019, 978; *Lingemann/Otte,* Der neue § 309 Nr. 13 BGB – Das Ende des schriftlichen Geltendmachens arbeitsvertraglicher Ausschlussfristen, NZA 2016, 519; *Matthiessen,* Arbeitsvertragliche Ausschlussfristen und das Klauselverbot des § 309 Nr. 7 BGB, NZA 2007, 361; *Mohr,* Neue Rechtsprechung des BAG zur AGB-Kontrolle von Ausschlussfristen in Formulararbeitsverträgen, SAE 2006, 156; *Naber/Schulte,* Transparenz von Ausschlussfristen – neuere Rechtsprechung und rechtssichere Gestaltung, BB 2019, 501; *Preis/Roloff,* Die Inhaltskontrolle vertraglicher Ausschlussfristen, RdA 2005, 144; *Reinecke,* Die gerichtliche Kontrolle von Ausschlussfristen nach dem Schuldrechtsmodernisierungsgesetz, AuR 2005, 378; *Roloff,* Arbeitsvertragliche Ausschlussfristen und unabdingbare Ansprüche, in: FS für Willemsen, 2018, S. 407; *Seiwerth,* Unwirksamkeit uneingeschränkter Ausschlussklauseln nach dem MiLoG aufgrund „dynamischer Transparenzanforderungen", NZA 2019, 17.

1. Allgemeines

Ausschlussfristen (Verfallfristen) sind im Arbeitsrecht **weit verbreitet** und daher im Regelfall für den Arbeitnehmer auch **nicht überraschend.**[26] Sie finden sich insbesondere in Tarifverträgen, kommen aber auch in Betriebsvereinbarungen und Arbeitsverträgen vor.[27] Es handelt sich dabei um Fristen, innerhalb derer ein Recht geltend gemacht werden muss. Geschieht dies nicht, erlischt das Recht *eo ipso*.   **1119**

Arbeitsvertragliche Ausschlussfristen sind trotz ihrer einschneidenden Wirkung – insbesondere wenn es um Lohnansprüche des Arbeitnehmers geht – **grundsätzlich zulässig.**[28] Ist die Ausschlussfrist Bestandteil eines vorformulierten Standardvertrages, so sind die Vorgaben der §§ 305 ff. BGB zu beachten. Es gelten insbesondere die **Unklarheitenregel** (§ 305 Abs. 2 BGB),[29] was eine enge Auslegung der Ausschlussfrist zur Folge hat,[30] und das **Überraschungsverbot** (§ 305c Abs. 1 BGB).[31] Das **Transparenzgebot** verlangt einen Hinweis auf die Rechtsfolge des Verfalls der Ansprüche bei nicht fristgerechter Geltendmachung. Dafür soll allerdings die optische Hervorhebung der entsprechenden   **1120**

---

[24] BAG NZA 2008, 219; ebenso *Preis/Bleser/Rauf* DB 2006, 2817 für einen in einer Ausgleichsquittung zusammen mit anderen Erklärungen enthaltenen Klageverzicht; kritisch *Bauer/Günther* NJW 2008, 1617. Für Kontrollfreiheit nach § 307 Abs. 3 BGB jedoch *Lakies,* Inhaltskontrolle von Arbeitsverträgen, Rn. 592; dies lässt sich allenfalls für isolierte Klageverzichtsvereinbarungen in Betracht ziehen. In solchen Fällen liegt dann aber eine Umgehung (§ 306a BGB) nahe (vgl. *Preis/ Bleser/Rauf* DB 2006, 2817 f.). Zu anderen Aspekten eines Verzichts auf eine Kündigungsschutzklage vgl. BAG NZA 2007, 1227.
[25] BAG NZA 2016, 351; hierzu auch *Stoffels* RdA 2016, 304.
[26] BAG NZA 2005, 1111 (1113); 2013, 680 (685).
[27] *Thüsing,* AGB-Kontrolle im Arbeitsrecht, Rn. 155.
[28] BAG NZA 2001, 723; 2004, 852 (857); 2005, 1111 (1112); 2006, 149 (151); HWK/*Roloff* BGB Anh. §§ 305–310 Rn. 10.
[29] *Krause* RdA 2004, 39.
[30] BAG NZA 1992, 231.
[31] Vgl. insoweit BAG NZA 2006, 324 (326); 2013, 680 (685).

Klausel durch die Überschrift „Ausschlussfrist" oder „Verfallklausel" genügen.[32] Ferner muss sich die Verfallklausel einer **Inhaltskontrolle** anhand der §§ 307 bis 309 BGB stellen. Dasselbe gilt auch, wenn eine tarifvertragliche Ausschlussfrist durch eine vorformulierte Einzelverweisung in den Arbeitsvertrag inkorporiert wird.[33]

2. Erfordernis gerichtlicher Geltendmachung

1121   **b) Erfordernis gerichtlicher Geltendmachung.** Die arbeitsrechtliche Praxis kennt einstufige und zweistufige Ausschlussfristen. Erstere sehen das Erlöschen des Rechts vor, wenn es nicht innerhalb einer bestimmten Frist gegenüber dem Arbeitgeber geltend gemacht wird. **Zweistufige Ausschlussfristen** verlangen nach erfolgloser Geltendmachung des Anspruchs zusätzlich noch die Erhebung einer entsprechenden Klage.[34] Nach Inkrafttreten des Schuldrechtsmodernisierungsgesetzes[35] sind Zweifel geäußert worden, ob die Bindung an die gerichtliche Geltendmachung auf der zweiten Stufe mit dem besonderen Klauselverbot des **§ 309 Nr. 13 BGB** im Einklang steht.[36] Richtiger Ansicht nach ist bereits der **Tatbestand dieses Klauselverbots nicht erfüllt**;[37] eines Rekurses auf die im Arbeitsrecht geltenden Besonderheiten bedarf es daher nicht.[38] Für diese Sichtweise spricht, dass dem anderen Teil keine besondere Handlung oder Erklärung abverlangt wird, die über das hinausgeht, was ohnehin zu tun wäre, um die Rechte im Weigerungsfall durchzusetzen. Eine zweistufige Verfallklausel enthält also genau genommen nur eine zeitliche Komponente.[39] Ein besonderes Form- oder Zugangserfordernis, das die Rechtsdurchsetzung erschweren könnte, wird durch die zweite Stufe einer solchen Ausschlussklausel nicht statuiert. Vertragliche Ausschlussfristen setzten in der Vergangenheit häufig die schriftliche Geltendmachung voraus. Das ist seit der **Neufassung des § 309 Nr. 13 BGB,** also für ab dem 1.10.2016 abgeschlossene Arbeitsverträge, nicht mehr zulässig, da derartige Erklärungen nicht an eine strengere Form als die **Textform** gebunden werden dürfen.[40] Klauseln, die hiergegen verstoßen, sind insgesamt unwirksam.

1122   Eine weitere Einschränkung bei der Gestaltung zweistufiger Ausschlussfristen kommt hinzu: Der Arbeitnehmer wird unangemessen benachteiligt, wenn ihm die gerichtliche Geltendmachung von Ansprüchen abverlangt wird, obwohl die für diesen Anspruch wesentlichen Vorfragen noch der Klärung bedürfen. So verhält es sich etwa dann, wenn die Verfallklausel den Arbeitnehmern anhält, **bereits während eines laufenden Kündigungsschutzprozesses Annahmeverzugsansprüche gerichtlich geltend** zu machen, die vom Ausgang des Kündigungsschutzprozesses abhängen. Das BAG[41] hat im Hinblick auf eine Betriebsvereinbarung entschieden, dass hierdurch der Arbeitnehmer unverhältnismäßig belastet werde und die Ausschlussfrist daher unwirksam sei. Auf arbeitsvertrag-

---

[32] BAG NZA 2006, 324 (326); 2008, 699 (701).

[33] HWK/*Roloff* BGB Anh. §§ 305–310 Rn. 10.

[34] Klauselbeispiele bei *Greiner,* Der Arbeitsvertrag, II A 150 Rn. 59. Die Erhebung der Kündigungsschutzklage genügt, um das Erlöschen der vom Ausgang des Kündigungsrechtsstreits abhängigen Ansprüche des Arbeitnehmers zu verhindern, vgl. BAG NZA 2008, 757.

[35] Die bisherige Rechtsprechung hatte zweistufige Ausschlussfristen in Arbeitsverträgen grundsätzlich gebilligt, so zuletzt – noch zum alten Recht – BAG NZA 2004, 516 (518).

[36] LAG Rheinland-Pfalz NZA-RR 2005, 242 (243); ArbG Frankfurt a. M. NZA-RR 2004, 238 (240); DDW/*Däubler* BGB § 309 Nr. 13 Rn. 6; *Annuß* BB 2002, 463; *Lakies* NZA 2004, 573; *Reinecke* BB 2005, 382; *Nägele/Chwalisz* MDR 2002, 1341; *Singer* RdA 2003, 201.

[37] ArbG Stralsund DB 2004, 1368 (1369 f.); ErfK/*Preis* BGB §§ 194–218 Rn. 45; *Preis/Roloff* RdA 2005, 147 ff.; *Thüsing,* AGB-Kontrolle im Arbeitsrecht, Rn. 160.

[38] So aber BAG NZA 2005, 1111 (1113 f.) unter Hinweis auf die im Arbeitsleben anerkanntermaßen besonders gebotene rasche Klärung von Ansprüchen und Bereinigung offener Streitpunkte.

[39] So zutreffend ArbG Stralsund DB 2004, 1368 (1370).

[40] Hierzu *Lingemann/Otte* NZA 2016, 519.

[41] BAG NZA 2007, 453.

liche Ansprüche wird man diese Rechtsprechung ohne weiteres übertragen können. Die Problematik hat sogar eine verfassungsrechtliche Dimension. Das BVerfG[42] hat in tariflichen Ausschussklauseln, durch welche der Zugang zu den Gerichten faktisch vereitelt wird, einen Verstoß gegen Art. 2 Abs. 1 und 20 Abs. 3 GG erblickt. Das sei insbesondere dann der Fall, wenn der Arbeitnehmer durch die notwendige Klageerhebung einem hohen Kostenrisiko ausgesetzt werde. Das Problem wird allerdings dadurch deutlich entschärft, dass die Rechtsprechung großzügig auch die rechtzeitige Erhebung der Kündigungsschutzklage als gerichtliche Geltendmachung genügen lässt.[43]

3. Länge der Ausschlussfrist

Allerdings müssen sich Ausschlussfristen in Formulararbeitsverträgen einer Inhaltskontrolle nach § 307 BGB stellen. Im Vordergrund steht dabei die Frage nach der zulässigen Länge der Ausschlussfrist. Entscheidend ist hier, ob die abgekürzte Frist das berechtigte Anliegen des Arbeitnehmers, die Sach- und Rechtslage abschließend prüfen zu können und nicht zu voreiliger Geltendmachung und Klageerhebung gezwungen zu sein, unvertretbar verkürzt.[44] Dabei gibt das gesetzliche Verjährungsrecht eine gewisse Orientierung.[45] Vor diesem Hintergrund erscheinen Ausschlussfristen für die gerichtliche Geltendmachung auf der zweiten Stufe von weniger als drei Monaten nicht mehr hinnehmbar.[46] Für diese Grenzziehung lässt sich auch der normative Maßstab des § 61b Abs. 1 ArbGG anführen. Die von dieser Vorschrift statuierte dreimonatige Frist für die Geltendmachung von Entschädigungsansprüchen bei Diskriminierung liegt zudem im Bereich des Durchschnitts von üblichen tariflichen Ausschlussfristen. Die **Drei-Monats-Grenze** hat das BAG sodann auch auf einstufige Ausschlussfristen erstreckt.[47] | **1123**

Gebilligt hat das BAG die **Anknüpfung des Fristlaufs an die Fälligkeit** des Anspruchs.[48] Der Arbeitnehmer wird hierdurch nicht unangemessen benachteiligt, da die Rechtsprechung den Begriff der Fälligkeit unter Einbeziehung des Kenntnisstandes des Gläubigers und subjektiver Zurechnungsgesichtspunkte interessengemäß auslegt. Ein Anspruch ist regelmäßig erst dann im Sinne der Ausschlussfrist fällig, wenn der Gläubiger ihn annähernd beziffern kann.[49] Das bedurfte der Klarstellung, da das neue Verjährungsrecht gerade nicht auf die Fälligkeit, sondern auf die Kenntnis bzw. grob fahrlässige Unkenntnis von den anspruchsbegründenden Umständen abstellt.[50] Nicht hinnehmbar ist vor diesem Hintergrund eine Klausel, die für den Beginn der Ausschlussfrist nicht die Fälligkeit der Ansprüche berücksichtigt, sondern allein auf die Beendigung des Arbeitsverhältnisses abstellt.[51] | **1124**

Ist nach diesen Grundsätzen eine im Arbeitsvertrag enthaltene Ausschlussfrist unangemessen kurz, so ist die entsprechende Klausel **insgesamt unwirksam,** und der Arbeitnehmer kann seine Ansprüche innerhalb der gesetzlichen Verjährungsfrist geltend ma- | **1125**

---

[42] BVerfG (3. Kammer des Ersten Senats) NZA 2011, 354.
[43] BAG NZA 2013, 101.
[44] So zutreffend *Gotthardt*, Arbeitsrecht nach der Schuldrechtsreform, Rn. 311.
[45] BAG NZA 2005, 1111 (1114); 2006, 149 (152); 2012, 1087 (1089); *Preis* RdA 2002, 42 ff.
[46] BAG NZA 2005, 1111 (1114); 2008, 293 (294).
[47] BAG NZA 2006, 149 (153); 2013, 680 (685); 2016, 679 Rn. 21.
[48] BAG NZA 2006, 149 (153). Intransparent ist hingegen eine Ausschlussfristenregelung, die den Beginn der ersten Stufe sowohl an die „Entstehung" als auch an die „Fälligkeit" knüpft, ohne klarzustellen, wann die Frist frühestens zu laufen beginnt (BAG NZA 2014, 1097).
[49] BAG NJW 2006, 257 (258).
[50] Gegen die Wirksamkeit von Verfallklauseln, die unabhängig von der Kenntnis des Anspruchsinhabers zu laufen beginnen *Henssler* RdA 2002, 138; kritisch auch ErfK/*Preis* BGB §§ 194–218 Rn. 52.
[51] BAG NZA 2006, 783 (784).

chen.[52] Ist bei einer **zweistufigen Ausschlussklausel** lediglich die Frist der zweiten Stufe zu beanstanden, so bleibt allerdings die – abtrennbare – Frist zur Geltendmachung gegenüber dem Arbeitgeber auf der ersten Stufe hiervon unberührt.[53] Eine beiderseitige Ausschlussklausel mit unangemessen kurz bemessener Frist ist zu Gunsten des Arbeitnehmers unwirksam, aber **zulasten des Arbeitgebers wirksam.** Der Arbeitnehmer kann dann beispielsweise seine rückständigen Gehaltsansprüche trotz Ablaufs der Frist weiterhin erfolgreich geltend machen, während der Arbeitgeber nicht mehr mit aufgrund der Ausschlussklausel bereits verfallenen Gegenansprüchen aufrechnen kann.[54]

4. Mangelnde Gegenseitigkeit

1126   Unabhängig von dem zuvor Gesagten stellen einseitig zulasten des Arbeitnehmers wirkende Ausschlussfristen eine unangemessene Benachteiligung iS des § 307 Abs. 1 BGB dar.[55] Gegen die Zulässigkeit solcher den Arbeitnehmer einseitig belastender Ausschlussfristen in Arbeitsverträgen spricht der in der Regelung des § 622 Abs. 6 BGB und in den gesetzlichen Verjährungsvorschriften zum Ausdruck kommende Rechtsgedanke.[56] Damit wird der Gleichklang zur Rechtsprechung des BGH hergestellt. Dieser hatte in mehreren Urteilen eine vertragliche Regelung, durch die die Verjährungsfrist des § 88 HGB einseitig zulasten des Handelsvertreters abgekürzt wurde, für unwirksam erklärt.[57]

5. Gegenständliche Reichweite

1127   Die Unabdingbarkeit verschiedener gesetzlicher Ansprüche des Arbeitnehmers (zB § 12 EFZG) steht einem vertraglich vereinbarten Verfall nicht entgegen, da nicht die Entstehung und der Inhalt von Rechten des Arbeitnehmers, sondern nur die Art und Weise der Durchsetzung bzw. der zeitliche Bestand betroffen ist.[58]

1127a   Eine Ausschlussfristenklausel, die **Ansprüche aus einer Betriebsvereinbarung (§ 77 Abs. 4 S. 4 BetrVG) oder tarifliche Rechte** (§ 4 Abs. 4 S. 3 TVG) nicht ausnimmt und deshalb zu weit gefasst ist, verstößt zwar nach neuerer Rechtsprechung gegen das Transparenzgebot (§ 307 Abs. 1 S. 2 BGB), ist jedoch nur **teilnichtig** (§ 139 BGB).[59] Die angemessene Berücksichtigung der arbeitsrechtlichen Besonderheiten, die mit § 77 Abs. 4 S. 4 BetrVG und § 4 Abs. 4 S. 3 TVG verbunden sind, verlange eine überschießende Rechtsfolge in Gestalt der Gesamtnichtigkeit nicht. Aus dem mit § 77 Abs. 4 S. 4 BetrVG und § 4 Abs. 4 S. 3 TVG verfolgten Zweck des Schutzes der durch Tarifverträge und Betriebsvereinbarungen geschaffenen kollektiven Ordnung, werde deutlich, dass ein Verstoß gegen diese Regelungen sich in der hierdurch ausgelösten Rechtsfolge der Teilnichtigkeit der jeweiligen Klausel erschöpfe.

1127b   Unzulässig ist es ferner, wenn arbeitsvertragliche Ausschlussklauseln Schadensersatzansprüche aus vorsätzlichem Handeln dem Verfall unterwerfen. Dies würde gegen §§ 202 Abs. 1 und § 276 Abs. 3 BGB verstoßen. Eine andere Frage ist, ob die Klausel Schadens-

---

[52] BAG NZA 2005, 1111 (1114) (keine geltungserhaltende Reduktion); 2006, 149 (153); 2008, 293 (294); *Krause* RdA 2004, 112; *Lakies,* Inhaltskontrolle von Arbeitsverträgen, Rn. 613; *Reinecke* BB 2005, 381.

[53] BAG NZA 2008, 699 (701); 2013, 680 (685).

[54] BAG NZA 2006, 257; LAG Köln NZA-RR 2010, 178 (179).

[55] BAG NZA 2006, 324 (326); ebenso im Grundsatz bereits BAG NZA 2004, 852 (857 ff.), gleichfalls *Krause* RdA 2004, 47; *Lakies* NZA 2004, 574; *Reinecke* BB 2005, 381.

[56] BAG NZA 2004, 852 (857 f.).

[57] BGH NJW 1980, 286; BB 2003, 919.

[58] So BAG NZA 2005, 1111 (1112); 2013, 680 Rn. 36.

[59] BAG NZA 2019, 768 Rn. 31.

ersatzansprüche wegen Vorsatzes explizit ausklammern muss. Das ist nach neuerer, zutreffender Ansicht des BAG zu bejahen.[60] In Abkehr von seiner bisherigen Rechtsprechung[61] hält das BAG nunmehr auch Ansprüche wegen vorsätzlicher Vertragsverletzung und vorsätzlicher unerlaubter Handlung von einer solchen undifferenzierten Ausschlussklausel („alle Ansprüche, die sich aus dem Arbeitsverhältnis ergeben, …") erfasst. Der Verstoß führe zur Nichtigkeit nach § 134 BGB. Konstruktionen, wie etwa die Annahme von Teilnichtigkeit oder ergänzende Vertragsauslegung, lehnt das BAG unter Hinweis auf das Verbot der geltungserhaltenden Reduktion ab. Der Arbeitgeber als Verwender müsse eine solche Klausel auch nicht nach den Grundsätzen über die personale Teilunwirksamkeit gegen sich gelten lassen. Dafür lässt sich in der Tat die gesetzgeberische Wertentscheidung anführen, nach der es für die Rechtsordnung nicht erträglich wäre, wenn sich ein Gläubiger von vorherein der Willkür des Vertragspartners ausliefern würde.[62]

Arbeitsvertragliche Ausschlussfristen dürfen schließlich die **Haftung** für schuldhaft **1127c** herbeigeführte Schäden **aus der Verletzung des Lebens, des Körpers oder der Gesundheit** sowie für **grob fahrlässige oder vorsätzliche Pflichtverletzungen** nicht erfassen. Denn eine durch **§ 309 Nr. 7 BGB** verbotene Begrenzung der Haftung kann auch in einer zeitlichen Limitierung möglicher Schadensersatzansprüche liegen. Davon geht jetzt offenbar auch das BAG aus. Allerdings bewahrt es auch hier Klauseln, die diese Konstellation nicht ausdrücklich aus ihrem Anwendungsbereich ausnehmen, vor dem Transparenzverdikt.[63] Hierfür beruft es sich auf die im „Arbeitsrecht geltenden Besonderheiten" (§ 310 Abs. 4 S. 2 BGB) welche die Nichtanwendung des Klauselverbots des § 309 Nr. 7 Buchst. b BGB rechtfertigen sollen. Im Arbeitsrecht sei die Haftung des Arbeitgebers als Verwender im Verhältnis zum Arbeitnehmer für Sach- und Vermögensschäden praktisch nicht relevant. Bedeutsam sei insoweit allein die Haftung des Arbeitnehmers im Verhältnis zum Arbeitgeber, die bereits nach den Grundsätzen betrieblich veranlasster Tätigkeit als arbeitsrechtliche Besonderheit beschränkt sei. „Neben § 202 Abs. 1 BGB gilt für Ausschlussfristen in vorformulierten Arbeitsverträgen das besondere Klauselverbot des § 309 Nr. 7 BGB. Hiernach darf die Haftung für schuldhaft herbeigeführte Schäden aus der Verletzung des Lebens, des Körpers oder der Gesundheit (Buchst. a) sowie aus grob fahrlässigen Pflichtverletzungen nicht ausgeschlossen oder begrenzt werden. Eine durch § 309 Nr. 7 BGB verbotene Begrenzung der Haftung kann auch in einer zeitlichen Limitierung möglicher Schadensersatzansprüche liegen. Davon geht jetzt offenbar auch das BAG aus.[64] Allerdings bewahrt es auch hier Klauseln, die diese Konstellation nicht ausdrücklich aus ihrem Anwendungsbereich ausnehmen, vor dem Transparenzverdikt.[65] Hierfür beruft es sich auf die im „Arbeitsrecht geltenden Besonderheiten" (§ 310 IV 2), welche die Nichtanwendung des Klauselverbots des § 309 Nr. 7 lit. b rechtfertigen sollen. Im Arbeitsrecht sei die Haftung des Arbeitgebers als Verwender im Verhältnis zum Arbeitnehmer für Sach- und Vermögensschäden praktisch nicht relevant. Bedeutsam sei insoweit allein die Haftung des Arbeitnehmers im Verhältnis zum Arbeitgeber, die bereits nach den Grundsätzen betrieblich veranlasster Tätigkeit als arbeitsrechtliche Besonderheit beschränkt sei. Auch im Hinblick auf § 309 Nr. 7 Buchst. a BGB beruft sich das BAG auf arbeitsrechtliche Besonderheiten.[66] Diese sieht es darin, dass die praktische Bedeutung von § 309 Nr. 7 Buchst.a BGB im Arbeitsverhältnis durch die Bestimmungen zur Gesetz-

---

[60] BAG NZA 2021, 702.
[61] Für einschränkende Auslegung noch BAG NZA 2013, 1265 Rn. 20 ff.
[62] Staudinger/*Caspers* § 276 BGB Rn. 121.
[63] BAG NZA 2018, 589 Rn. 70.
[64] BAG NZA 2013, 1265.
[65] BAG NZA 2018, 589 Rn. 70.
[66] BAG NZA 2020, 513 Rn. 21 ff.

lichen Unfallversicherung deutlich begrenzt würden. Die §§ 104 ff. SGB VII regelten die für das Arbeitsverhältnis typischen Haftungssituationen im Zusammenhang mit Verletzungen von Leben, Körper oder der Gesundheit sondergesetzlich. Sie schlössen für die typischen Haftungsrisiken des Arbeitgebers einen Haftungsanspruch des Arbeitnehmers im Sinne von § 309 Nr. 7 BGB ohnehin aus. Gegen die bislang im Hinblick auf die Klauselverbote des § 309 Nr. 7 BGB ausgesprochene großzügige Rechtsprechung des BAG werden im Schrifttum[67] und auch in der Instanzrechtsprechung[68] zu Recht erhebliche Bedenken gelten gemacht. Denn es bleibt auch im Arbeitsrecht ein nicht unerheblicher Anwendungsbereich, der durch Ausschlussfristen nicht eliminiert werden darf.[69] Zudem benötigt der Verwendungsgegner – hier der Arbeitnehmer – gerade in den atypischen Situationen den Schutz des AGB-Rechts.[70] Auch die Rechtsprechung des BGH spricht erkennbar eine andere Sprache.[71]"

1127d   Eine weitere Begrenzung der Reichweite von Ausschlussfristen ergibt sich aus dem am 1.1.2015 in Kraft getretenen Mindestlohngesetz (MiLoG). Der Mindestlohn ist als Sockel auch in einer höheren Vergütung enthalten und seine Geltendmachung darf nach § 3 S. 1 MiLoG durch vertragliche Vereinbarung weder ausgeschlossen noch beschränkt werden. Fraglich ist, was hinsichtlich derjenigen Ausschlussklauseln gilt, die nach dem 31.12.2014 vereinbart worden sind und den gesetzlichen Mindestlohn nicht ausdrücklich ausnehmen. Das BAG[72] hat derartige Klauseln jüngst als intransparent und damit als unwirksam qualifiziert. Eine Klausel, die die Rechtslage unzutreffend oder missverständlich darstelle und dem Verwender ermögliche, begründete Ansprüche unter Berufung hierauf abzuwehren, benachteilige den Vertragspartner unangemessen. Sie könne daher auch nicht bezüglich anderer Ansprüche (*in concreto:* Urlaubsabgeltungsanspruch) aufrechterhalten werden. Die Ansicht, wonach die in § 3 S. 1 MiLoG enthaltene Formulierung, mindestlohnbeschränkende Abreden seien „insoweit" unwirksam, nur eine partielle Unwirksamkeit von Ausschlussfristen anordne,[73] sei abzulehnen. § 3 S. 1 MiLoG und §§ 307 Abs. 1, 306 BGB stünden nebeneinander und nicht in einem Rangverhältnis von Spezialität oder Subsidiarität. § 3 S. 1 MiLoG stelle mit den Worten „insoweit unwirksam" allein klar, dass die Zulässigkeit der Vereinbarung von Ausschlussfristen für Ansprüche außerhalb des gesetzlichen Mindestlohns unberührt bleibt. Das BAG beschränkt seine Rechtsprechung auf Ausschlussfristen, die nach dem 31.12.2014 vereinbart worden sind. Für Altverträge steht § 3 S. 1 MiLoG der Wirksamkeit der Ausschlussfrist nicht entgegen, denn die Norm setzt das Bestehen eines Mindestlohnanspruchs voraus.

1127e   Das BAG[74] äußert sich schließlich auch zur künftigen, rechtssicheren **Gestaltung von Verfallklauseln.** Will der Arbeitgeber die Intransparenz der Ausschlussfrist vermeiden, empfehle sich die Aufnahme des Hinweises, die vertragliche Ausschlussfrist gelte nicht für Ansprüche des Arbeitnehmers, die kraft Gesetzes der vereinbarten Ausschlussfrist entzogen sind. Eine entsprechende Formulierung würde, auch wenn sie den gesetzlichen Mindestlohn nicht ausdrücklich benenne, dem Transparenzgebot gerecht. Dabei bezieht sich das BAG ausdrücklich auf einen Formulierungsvorschlag von *Roloff*, der wie folgt lautet: „Ansprüche aus dem Arbeitsverhältnis und mit diesem im Zusammenhang stehen-

---

[67] *Matthiessen*, NZA 2007, 361.
[68] LAG Hamm NZA-RR 2014, 580 und LAG Niedersachsen NZA-RR 2018, 351.
[69] *Bayer/Roncato*, ArbRAktuell 2021, 92.
[70] So zutreffend BeckOGK/*Fehrenbach* § 307 BGB Verfallklausel Rn. 44.
[71] BGH NJW 2007, 674.
[72] BAG NZA 2018, 1619; in diesem Sinne bereits zuvor ua *Kamanabrou*, ZfA 2018, 92 (102, 108); HWK/*Roloff* BGB Anh. §§ 305–310 Rn. 14.
[73] So z. B. *Bayreuther* DB 2017, 487 (489); *Lembke* NZA 2016, 1 (8 f.); *Sagan* RdA 2017, 264 (266).
[74] BAG NZA 2018, 1619 Rn. 51.

de verfallen, wenn sie nicht binnen drei Monaten nach Fälligkeit beim Vertragspartner in Textform (§ 126b BGB) geltend gemacht werden. Die Ausschlussfrist gilt nicht: für die Haftung aufgrund Vorsatzes, für Schäden aus der Verletzung des Lebens, des Körpers oder der Gesundheit oder für Ansprüche des Arbeitnehmers, die kraft Gesetzes einer Ausschlussfrist entzogen sind (z. B. AEntG, BetrAVG, MiLoG, BetrVG, TVG)."[75]

VI. Bezugnahmeklauseln

Literatur: *Bayreuther,* Sanierungs- und Insolvenzklauseln im Arbeitsverhältnis, ZIP 2008, 573; *ders.,* Die AGB-Kontrolle der Tarifwechselklausel, in: FS für Kreutz, 2010, S. 29; *Diehn,* AGB-Kontrolle von arbeitsrechtlichen Verweisklauseln, NZA 2004, 129; *Ernst,* Tarifverträge und Transparenzkontrolle bei arbeitsvertraglichen dynamischen Globalverweisungen, NZA 2007, 1405; *Gaul,* Bezugnahmeklauseln – zwischen Inhaltskontrolle und Nachweisgesetz, ZfA 2003, 75; *Gaul/Ludwig,* Uneingeschränkte AGB-Kontrolle bei dynamischer Bezugnahme im Arbeitsvertrag bei arbeitgeberseitigen Regelungswerken, BB 2010, 55; *Greiner,* Verweisungsklauseln, in: Der Arbeitsvertrag, hrsg. von Preis, 6. Aufl. 2020, II V 40; *Jordan/Bissels,* Gilt „der jeweils anwendbare Tarifvertrag in der jeweils gültigen Fassung" noch? – Wirksamkeit von großen dynamischen Bezugnahmeklauseln, NZA 2010, 71; *Klebeck,* Unklarheiten bei arbeitsvertraglicher Bezugnahmeklausel, NZA 2006, 15; *Oetker,* Arbeitsvertragliche Bezugnahme auf Tarifverträge und AGB-Kontrolle, in: FS für Wiedemann, 2002, S. 383; *Preis,* Arbeitsvertragliche Verweisungen auf Tarifverträge, in: FS für Wiedemann, 2002, S. 425; *ders.,* Probleme der Bezugnahme auf Allgemeine Arbeitsbedingungen und Betriebsvereinbarungen, NZA 2010, 361; *ders.,* Bezugnahme auf den Tarifvertrag und das Vertragsrecht, in: FS für Bepler, 2012, S. 487; *Preis/Greiner,* Vertragsgestaltung bei Bezugnahmeklauseln nach der Rechtsprechungsänderung des BAG, NZA 2007, 1073; *Schwab,* Auslegung und Inhaltskontrolle arbeitsvertraglicher Bezugnahmen auf Tarifverträge, 2007; *Stoffels/Bieder,* AGB-rechtliche Probleme der arbeitsvertraglichen Bezugnahme auf mehrgliedrige Zeitarbeitstarifverträge, RdA 2012, 27; *Thüsing/Lambrich,* AGB-Kontrolle arbeitsvertraglicher Bezugnahmeklauseln, NZA 2002, 1361.

1. Der Kontrollgegenstand

Soweit es um die AGB-rechtliche Beurteilung arbeitsvertraglicher Bezugnahmen auf Tarifverträge, Betriebsvereinbarungen und sonstige Ordnungen geht, ist streng zwischen der Verweisungsklausel als solcher und dem in Bezug genommenen Objekt zu unterscheiden. Die **Kontrollfreiheit in Bezug genommener Tarifverträge und Betriebsvereinbarungen** ergibt sich aus § 310 Abs. 4 S. 4 BGB (hierzu näher unter → Rn. 178 ff.). Im Folgenden soll es um die **Bezugnahmeklausel als solche** gehen. Sie ist in aller Regel Bestandteil eines vom Arbeitgeber vorformulierten Arbeitsvertrages und muss sich von daher einer Kontrolle anhand der §§ 305 ff. BGB stellen. **1128**

2. Statische und dynamische Bezugnahmeklauseln

Bezugnahmeklauseln lassen sich ferner nach ihrem Flexibilitätspotential unterscheiden. Denkbar ist zunächst, dass nur auf einen bestimmten Tarifvertrag in der zur Zeit der Bezugnahme geltenden Fassung verwiesen wird. Spätere Änderungen der tariflichen Lage schlagen dann auf die einzelnen Arbeitsverhältnisse nur durch, wenn die Voraussetzungen der normativen Geltung erfüllt sind, also insbesondere beiderseitige Tarifbindung gegeben ist. Solche sog. **statischen Bezugnahmeklauseln** sind AGB-rechtlich eher unproblematisch. Für die Arbeitsvertragsparteien haben sie den Nachteil, dass eine automatische Anpassung nicht stattfindet, es vielmehr einer – umständlichen – Änderung des Arbeitsvertrages bedarf.[76] **1129**

Gebräuchlicher sind daher sog. **dynamische Bezugnahmeklauseln,** die auf einen bestimmten Tarifvertrag in seiner jeweils geltenden Fassung oder – noch weiter – auf den **1130**

---

[75] *Roloff* FS Willemsen 2018, 407 (416).
[76] *Greiner,* in: Preis, Der Arbeitsvertrag, II V 40 Rn. 9.

jeweils einschlägigen Tarifvertrag in seiner jeweils geltenden Fassung verweisen. Ist die Tragweite einer arbeitsvertraglichen Verweisung auf Tarifnormen zweifelhaft, so ist auf die **Unklarheitenregel** zurückzugreifen.[77] Im Zweifel ist eine entsprechende Vertragsklausel als zeitdynamische Verweisung auszulegen, denn in der Regel wird die Vergütung in Entgelttarifverträgen für den Arbeitnehmer verbessert und nicht verschlechtert.[78] Die Bezugnahme in einem von einem tarifgebundenen Arbeitgeber vorformulierten Arbeitsvertrag auf die für das Arbeitsverhältnis einschlägigen Tarifverträge will das BAG in Abkehr von seiner bisherigen Rechtsprechung unter Berufung auf die Unklarheitenregel nicht mehr nur im Sinne einer Gleichstellungsabrede verstanden wissen.[79]

1131   Dynamische Verweisungen auf einen einschlägigen Tarifvertrag in seiner jeweils geltenden Fassung wird man schon angesichts der weiten Verbreitung dieser Konstruktion **nicht** als **überraschend** im Sinne des § 305c Abs. 1 BGB erachten können.[80] Einer Inhaltskontrolle im Sinne einer **Angemessenheitskontrolle unterliegen auch dynamische Bezugnahmen** nach **§ 307 Abs. 3 iVm § 310 Abs. 4 S. 3 BGB** jedenfalls dann **nicht**, wenn sie in vollem Umfang auf den einschlägigen Tarifvertrag verweisen.[81] Umso drängender stellt sich die Frage, ob und – wenn ja – mit welchem Ergebnis auf das Transparenzgebot zurückgegriffen werden kann.

1132   *Sub specie* **Transparenzgebot** ist die Frage aufgeworfen worden, ob die Rechte und Pflichten des Arbeitnehmers durch eine solche Gestaltung noch hinreichend deutlich bezeichnet sind.[82] Die neuere arbeitsgerichtliche Rechtsprechung hält auch unter der Geltung des Transparenzgebots dynamische Verweisungen grundsätzlich für unbedenklich.[83] Dem Bestimmtheitsgebot ist entsprochen, wenn im Zeitpunkt der jeweiligen Anwendung die in Bezug genommenen Regelungen **bestimmbar** sind.[84] Normativ bestätigt wird diese Einschätzung durch das Nachweisgesetz, das lediglich einen in allgemeiner Form gehaltenen Hinweis auf die Tarifverträge verlangt, die auf das Arbeitsverhältnis anzuwenden sind (§ 2 Abs. 1 Nr. 10 und Abs. 3 NachwG) und den Arbeitgeber sogar von der Pflicht dispensiert, Änderungen des Tarifvertrages dem Arbeitnehmer mitzuteilen (§ 3 S. 2 NachwG).[85] Arbeitsvertragliche Bezugnahmen auf Tarifverträge werden darüber hinaus ausdrücklich in arbeitsrechtlichen Gesetzen erlaubt, vgl. zB § 622 Abs. 4

---

[77] BAG NZA 1999, 938 (939); 2006, 202; 2008, 179 (180).

[78] BAG NZA 2006; zurückhaltender BAG NZA 2009, 154 (157).

[79] Angekündigt in BAG NZA 2006, 607; hierzu *Klebeck* NZA 2006, 15; umgesetzt in BAG NZA 2007, 965.

[80] BAG NZA 2009, 154 (156); NZA-RR 2009, 593 (594); LAG Köln NZA-RR 2008, 529 f. Anders kann sich dies bei Verweisungen auf branchen- oder ortsfremde Tarifverträge darstellen, *Gotthardt* ZIP 2002, 280 und *Diehn* NZA 2004, 132 f.

[81] BAG NZA 2011, 43 (46).

[82] Bedenken äußert *Lakies*, Inhaltskontrolle von Arbeitsverträgen, Rn. 227; S. 35. *Oetker* FS Wiedemann, 2002, 383 (384) diagnostiziert immerhin ein „Transparenzdefizit". Von der Zulässigkeit dynamischer Verweisungen auf den Tarifvertrag gehen auch nach der Schuldrechtsreform *Thüsing/Lambrich* NZA 2002, 1364 und *Diehn* NZA 2004, 134 f. aus.

[83] So jetzt auch BAG NZA 2008, 45 (47); 2009, 154 (157 f.). Dass der Verweis auf Vorschriften eines anderen Regelwerks keineswegs generell zur Intransparenz führt, zeigt exemplarisch BGH NJW 2002, 507.

[84] BAG NZA 2008, 45 (47); 2009, 154 (158); 2011, 42 (46); NZA-RR 2011, 255 (258); *Thüsing/Lambrich* NZA 2002, 1364. Strenger ist das BAG (NZA 2013, 680), wenn im Arbeitsvertrag auf ein mehrgliedriges Tarifvertragswerk verwiesen wird. Hier soll es zur Gewährleistung hinreichender Bestimmtheit einer Kollisionsregel bedürfen, der sich entnehmen lässt, welche der mehreren in Bezug genommenen tariflichen Regelwerke bei sich widersprechenden Regelungen den Vorrang haben soll. Zust. Staudinger/*Krause* BGB Anh. zu § 310 Rn. 144; aA insoweit *Stoffels/Bieder* RdA 2012, 27.

[85] BAG NZA 2008, 45 (47); 2009, 154 (158); *Däubler* NZA 2001, 1336; DDW/*Däubler* § 307 Rn. 292; *Reichold*, ZTR 2002, 205; *Oetker* FS Wiedemann, 2002, 383 (397); *Diehn* NZA 2004, 134.

S. 2 BGB, § 13 Abs. 1 S. 2 BUrlG.[86] Auch dynamische Bezugnahmeklauseln entsprechen einer üblichen Regelungstechnik in der arbeitsvertraglichen Praxis. Sie tragen arbeitsrechtlichen Besonderheiten Rechnung (§ 310 Abs. 4 S. 2 BGB), nämlich zum einen der Zukunftsgerichtetheit von Arbeitsverhältnissen und dem daraus resultierenden Bedürfnis flexibler Anpassung[87] und zum anderen dem Erfordernis, für betriebseinheitliche Arbeitsbedingungen unabhängig von der Gewerkschaftszugehörigkeit zu sorgen. Das BAG legt eine Bezugnahme auf einen genau bestimmten Tarifvertrag sogar ohne ausdrückliche Regelung als dynamische Bezugnahme aus, wenn keine Anhaltspunkte für eine abweichende Absicht der Parteien bestehen.[88]

Eine dynamische Verweisung ist für den nicht gewerkschaftlich organisierten Arbeit-   **1133** nehmer jedenfalls in Zeiten einer günstigen Tarifentwicklung insoweit von Vorteil, als er – wie die tarifgebundenen Arbeitnehmer – automatisch in den Genuss der Verbesserungen kommt. Immer öfter kommt es auf tariflicher Ebene aber auch zu einem Abbau bisher erreichter Standards (Abbau von Sonderleistungen, Anhebung der Arbeitszeit ohne entsprechenden Lohnausgleich etc). Von daher muss die Frage gestellt werden, ob die Arbeitsvertragsparteien an schlechthin jede Änderung des in Bezug genommenen Tarifvertrages gebunden sind. Diese Problematik wird schon seit geraumer Zeit diskutiert.[89] Den gesetzlichen Bewertungsmaßstab muss man jetzt wohl dem **Überraschungsverbot des § 305c Abs. 1 BGB** entnehmen.[90] Zwar ist der maßgebliche Beurteilungszeitpunkt im AGB-Recht derjenige des Vertragsschlusses. Im Falle einer dynamischen Verweisung wird man jedenfalls insoweit eine Ausnahme machen müssen, als es um die Frage geht, ob die Verweisungsklausel alle auch noch so ungewöhnlichen Tarifbestimmungen in den Arbeitsvertrag integriert. Die Anforderungen an das Überraschungsverdikt müssen jedoch hochgeschraubt werden, will man nicht in eine mittelbare Tarifzensur abgleiten. Gerade dieser Gefahr wollte der Gesetzgeber mit § 310 Abs. 4 S. 3 BGB entgegenwirken. Die Billigung einer dynamischen Verweisung geschieht grundsätzlich auch auf die Gefahr hin, dass sich die Rechtsposition des Außenseiters durch spätere Veränderungen des Tarifvertrages verschlechtert.[91] Die neue Tarifnorm muss sich als **schlechterdings nicht vorhersehbar und zugleich als ungewöhnlich belastend** erweisen, wobei in letzterer Hinsicht auch mögliche Kompensationen an anderer Stelle des Tarifvertrages zu berücksichtigen sind.[92] Hier liegt es nahe, sich an der Rechtsprechung des BAG zu den Grenzen von Widerrufsvorbehalten zu orientieren. Eine Verringerung bislang im Tarifvertrag vorgesehener Entgeltbestandteile um mehr als ein Viertel muss der Arbeitnehmer vor diesem Wertungshintergrund in der Regel nicht hinnehmen. Die

---

[86] Hierauf verweist zu Recht BAG NZA 2008, 45 (47); 2009, 154 (157 f.).

[87] *Diehn* NZA 2004, 134 f.

[88] BAG NZA-RR 2007, 329; ebenso LAG Köln NZA-RR 2008, 529.

[89] *Gamillscheg*, Kollektives Arbeitsrecht I, 1997, S. 736 f. jeweils mwN; ausführlich auch *Reichel*, Die arbeitsvertragliche Bezugnahme auf den Tarifvertrag, 2001, S. 62 ff.

[90] *Thüsing/Lambrich* NZA 2002, 1364; *Lakies*, Inhaltskontrolle von Arbeitsverträgen, Rn. 233; DDW/*Däubler* BGB § 305c Rn. 22; aA CKK/*Hoefs* BGB § 305c Rn. 30; Staudinger/*Krause* BGB Anh. zu §§ 305–310 Rn. K162; *Jordan/Bissels* NZA 2010, 71 (72). Einen anderen Lösungsansatz favorisiert ua *Greiner*, in: Der Arbeitsvertrag, II V 40 Rn. 80. Seiner Ansicht nach können im Wege der Auslegung der Verweisungsklausel extreme Fälle unvorhersehbarer Änderungen ausgegrenzt werden.

[91] *Gamillscheg*, Kollektives Arbeitsrecht I, 1997 S. 736, der auch ungewöhnlich belastende Normen für mitergriffen hält.

[92] Ausführlich, im Ergebnis jedoch weniger streng *Thüsing/Lambrich* NZA 2002, 1364; DBD/*Däubler* BGB § 305c Rn. 22 sieht die Grenze bei einer Verringerung der Vergütung um mehr als 20 %. *Löwisch/Rieble*, § 3 TVG Rn. 693 betonen: „Was an Tarifentwicklung schlechterdings nicht vorhersehbar war, konnten die Vertragsparteien in ihren Regelungswillen nicht aufnehmen." und sehen hierin einen „unverzichtbaren Kern der Selbstregelung eigener Angelegenheiten".

dynamische Bezugnahmeklausel würde dann nämlich insoweit[93] überraschende, vom Vertragsschluss nicht mitkonsentierte Folgen zeitigen. Diese Wertung müsste im Übrigen auch im Falle des Tarifwechsels im Zuge eines Betriebsübergangs beachtet werden.

3. Jeweiligkeitsklauseln

1134 **Verweisungen auf ein einseitiges Klauselwerk des Arbeitgebers in seiner jeweiligen Fassung** (sog. Jeweiligkeitsklausel) werden heutzutage kritisch beurteilt. Es handelt sich hier weniger um ein Einbeziehungsproblem als um eine Frage der Inhalts- und Transparenzkontrolle. Eine solche Verweisungsklausel statuiert ein uneingeschränktes einseitiges Änderungsrecht des Verwenders, setzt also das rechtsgeschäftliche Konsensprinzip außer Kraft. Dies unter Hinweis auf die Nichtgeltung des § 305 Abs. 2 BGB für Arbeitsverträge zu rechtfertigen, ist nicht angängig. Das BAG hat zuletzt einer Jeweiligkeitsklausel die Wirksamkeit versagt, die nahezu sämtliche Arbeitsbedingungen für einseitig abänderbar erklärte und keinerlei Gründe für eine Verschlechterung nannte oder erkennbar werden ließ.[94]

VII. Direktionsrechtsklauseln

Literatur: *Bayreuther,* Was schuldet der Arbeitnehmer? – Möglichkeiten und Grenzen einer vertraglichen Ausgestaltung der Leistungspflicht des Arbeitnehmers, NZA Beil. 1/2006, 3; *Dzida/Schramm,* Versetzungsklauseln: mehr Flexibilität für den Arbeitgeber, mehr Kündigungsschutz für den Arbeitnehmer, BB 2007, 1221; *Gaul/Bonanni,* Betriebsübergreifende Sozialauswahl und die Bedeutung von Versetzungsklauseln, NZA 2006, 289; *Gehlhaar,* Sozialauswahl: Vergleichbarkeit von Arbeitnehmern bei unwirksamer Versetzungsklausel?, NJW 2010, 2550; *Hromadka/Schmitt-Rolfes,* Die AGB-Rechtsprechung des BAG zu Tätigkeit, Entgelt und Arbeitszeit, NJW 2007, 1777; *Hunold,* AGB-Kontrolle einer Versetzungsklausel, NZA 2007, 19; *ders.,* Die Rechtsprechung des BAG zur AGB-Kontrolle arbeitsvertraglicher Versetzungsklauseln, BB 2011, 693; *Lakies,* Das Weisungsrecht des Arbeitgebers und Vertragsgestaltungsoptionen (Versetzungsklauseln), ArbRAktuell 2013, 1; *Lindemann,* Flexible Gestaltung von Arbeitsbedingungen nach der Schuldrechtsreform, 2003; *Preis,* Direktionsrecht und Tätigkeitsbeschreibung, in: Der Arbeitsvertrag, hrsg. von Preis, 6. Aufl. 2020, II D 30; *Preis/Genenger,* Die unechte Direktionsrechtserweiterung, NZA 2008, 969; *Reinecke,* Weisungsrecht, Arbeitsvertrag und Arbeitsvertragskontrolle – Rechtsprechung des BAG nach der Schuldrechtsreform, NZA-RR 2013, 393; *Reiserer,* Der Versetzungsvorbehalt im Arbeitsvertrag – eine „Spielwiese" für Arbeitgeber?, BB 2016, 184; *Repey,* Folgen unwirksamer Versetzungsklauseln im Rahmen der Sozialauswahl, NZA 2016, 1444; *Salamon,* Auswirkungen der AGB-Kontrolle auf die Sozialauswahl bei der betriebsbedingten Kündigung, RdA 2011, 266; *Salamon/Fuhlrott,* Die Festlegung des Arbeitsplatzes als Vorfrage der AGB-Kontrolle, NZA 2011, 839; *Tödtmann,* Tätigkeitsregelungen: Transparent, angemessen und doch flexibel, in: Rigidität und Flexibilität im Arbeitsrecht, 2012, 31; *Zaumseil,* Folgen unwirksamer Versetzungsklauseln im Rahmen der Sozialauswahl, NZA 2016, 1112

1. Allgemeines

1135 Durch das auf dem Arbeitsvertrag beruhende **Direktionsrecht** kann der Arbeitgeber im laufenden Arbeitsverhältnis die Leistungspflicht des Arbeitnehmers im Einzelnen nach Zeit (zur Arbeitszeit siehe → Rn. 1111 ff.), Art und Ort näher bestimmen (vgl. § 106 GewO) und damit die Dienste des Arbeitnehmers in einer der konkreten Situation angepassten Weise abfragen.[95] Die Reichweite des Direktionsrechts hängt dabei maßgeblich von den **vertraglichen Vereinbarungen** ab. Je konkreter und enger die Tätigkeit des

---

[93] Im Übrigen zutreffend DDW/*Däubler* BGB § 305c Rn. 22 mit dem Hinweis, dass lediglich die überraschenden Teile des in Bezug genommenen Kollektivvertrages nicht in den Arbeitsvertrag eingehen.

[94] BAG NZA 2009, 428.

[95] Einführend *Hromadka/Maschmann,* Arbeitsrecht 1, 7. Aufl. 2018, § 6.

Arbeitnehmers im **Arbeitsvertrag** festgelegt ist, desto geringer ist der Spielraum des Arbeitgebers bei der Ausübung seines Direktionsrechts. Höhere Flexibilität verheißt hingegen eine allgemein gehaltene Beschreibung des Einsatzfeldes des Arbeitnehmers. Fehlt es an einer Festlegung des Inhalts oder des Orts der Leistungspflicht im Arbeitsvertrag, ergibt sich der Umfang des Weisungsrechts des Arbeitgebers aus § 106 GewO.[96] Darüber hinaus kennt die arbeitsvertragliche Praxis sog. **direktionsrechtserweiternde Klauseln,** durch die dem Arbeitgeber in bestimmten Bereichen das Recht zugestanden wird, dem Arbeitnehmer Leistungspflichten aufzuerlegen, die vom allgemeinen Direktionsrecht nicht umfasst sind. Solche Klauseln, um die es im Folgenden in erster Linie gehen wird, unterliegen, wenn sie sich in einem vorformulierten Arbeitsvertrag finden, der AGB-Kontrolle nach den §§ 305 ff. BGB. Hinzuweisen ist noch auf die **Wechselwirkungen zum Kündigungsrecht.**[97] Je weiter das Direktionsrecht, desto größer ist der Kreis der in die Sozialauswahl einzubeziehenden, vergleichbaren Arbeitnehmer[98] und desto schwieriger kann sich demzufolge eine Entlassung gestalten. Dies gilt es schon bei der Vertragsgestaltung, also vor dem eigentlichen Vertragsbeginn, zu bedenken.

2. Art der Arbeit

Die Art der vom Arbeitnehmer zu erbringenden Arbeitsleistung lässt sich der **Tätig** **keitsbeschreibung im Arbeitsvertrag** entnehmen. Bei einer allgemein gehaltenen Umschreibung des Tätigkeitsbereichs ist der Arbeitgeber aufgrund seines Direktionsrechts – von Not- und Ausnahmefällen abgesehen – nicht befugt, dem Arbeitnehmer geringwertigere Arbeiten zuzuweisen, selbst wenn die vereinbarte Vergütung unangetastet bleibt.[99] Fraglich ist, in welchem Umfang der Arbeitgeber seine **Direktionsbefugnis hinsichtlich der Art der Arbeit vertraglich erweitern** kann. Die neuere Rechtsprechung sieht in einer vorformulierten Zuweisungsklausel, mit der sich der Arbeitgeber das Recht vorbehält, den Arbeitnehmer entsprechend seinen Leistungen und Fähigkeiten mit einer anderen im Interesse des Unternehmens liegenden Tätigkeit zu betrauen, keine unangemessene Benachteiligung des Arbeitnehmers.[100] Der Klauseltext muss erkennen lassen, dass dem Arbeitnehmer nur inhaltlich gleichwertige Tätigkeiten bei gleichbleibender Vergütung zugewiesen werden dürfen. Eine Klausel, nach welcher der Arbeitgeber eine andere als die vertraglich vereinbarte Tätigkeit einem Arbeitnehmer „falls erforderlich" und nach „Abstimmung der beiderseitigen Interessen" einseitig zuweisen kann, soll diesem Gebot nicht entsprechen.[101] Abgesehen von dieser vereinzelt gebliebenen Entscheidung ist die Rechtsprechung in diesem Punkt eher großzügig. So ist eine Klausel gebilligt worden, wonach es sich der Arbeitgeber vorbehält, der Arbeitnehmerin „innerhalb des Unternehmens eine andere, ihrer Ausbildung und beruflichen Entwicklung oder vorherigen Tätigkeit entsprechende Tätigkeit zu übertragen".[102] Eine solche Klausel schließe die Abwägung der beiderseitigen Interessen im Rahmen der Ausübung billigen Ermessens iS von § 106 GewO nicht aus und erwecke auch nicht den Eindruck, die Kontrolle billigen Ermessens sei ausgeschlossen.

1136

---

[96] BAG NZA 2011, 631 (633).

[97] *Preis,* Der Arbeitsvertrag, D 30 Rn. 6 ff.

[98] Einschränkend allerdings BAG NZA 2005, 1175 für einen betriebsübergreifenden Versetzungsvorbehalt, bestätigt durch BAG NJW 2006, 1757 und NZA 2007, 798; hierzu *Gaul/Bonanni* NZA 2006, 289 ff.

[99] BAG AP Nr. 18 zu § 611 BGB Direktionsrecht; AP Nr. 19 zu § 611 BGB Direktionsrecht; AP Nr. 44 zu § 611 BGB Direktionsrecht; AP Nr. 49 zu § 611 BGB Direktionsrecht; zur Frage der Arbeitswertigkeit *Preis,* Der Arbeitsvertrag II D 30 Rn. 45 ff.

[100] BAG AP Nr. 26 zu § 307 BGB mit Anm. *Lembke.*

[101] BAG NZA 2007, 145.

[102] BAG AP Nr. 42 zu § 307 BGB.

1137   Entscheidend ist, ob die Zuweisungsklausel inhaltlich der **Regelung des § 106 GewO** entspricht. In diesem Fall hat sie lediglich **deklaratorischen Charakter,** so dass sie nicht der materiellen Angemessenheitskontrolle unterfällt (§ 307 Abs. 3 BGB).[103] Eine solche sich eng an § 106 GewO anlehnende Klausel verstößt auch nicht etwa deswegen gegen das **Transparenzgebot** des § 307 Abs. 1 S. 2 BGB, weil keine konkreten Zuweisungsgründe aufgeführt sind.[104] Das Transparenzgebot verlangt vom Arbeitgeber nicht, alle möglichen Konkretisierungen der Arbeitspflicht und des Weisungsrechts ausdrücklich zu regeln. Vielmehr ist das Weisungsrecht Ausfluss und Folge der vertraglichen Festlegung der Arbeitspflicht. Dabei können es die Parteien belassen.[105]

1138   Fraglich ist, ob sich der Arbeitgeber auch das Recht vorbehalten kann, dem Arbeitnehmer eine **geringerwertige Tätigkeit zuzuweisen.** Da es sich um einen schwerwiegenden Eingriff in den gesetzlich gewährleisteten Inhaltsschutz handelt, müssen die AGB-rechtlichen Anforderungen hoch angesetzt werden.[106] Zulässig sind solche Direktionsrechtserweiterungen wohl nur, wenn sie sachliche Änderungsgründe sowie eine Vergütungsgarantie enthalten.[107] Gegen die Übertragung der 25 %-Grenze aus den Entscheidungen des 5. Senats zu Widerrufsvorbehalten und zur Abrufarbeit spricht, dass der Arbeitnehmer hier doppelt belastet würde, nämlich durch die geringerwertige Tätigkeit und die verminderte Vergütung. Hier muss der Arbeitgeber auf das Institut der Änderungskündigung verwiesen werden.

1138a   Eine unangemessene Benachteiligung kann im Übrigen auch von Klauseln ausgehen, die es dem Arbeitgeber erlauben, auf Dauer eine **höherwertige Tätigkeit zuzuweisen,** ohne die Vergütung entsprechend anzupassen.[108]

3. Ort der Arbeit

1139   Der Ort und die organisatorische Einheit, an dem und innerhalb deren der Arbeitnehmer seine Dienste zu leisten hat, bestimmen sich nach dem Arbeitsvertrag. Den **konkreten Arbeitsplatz im Betrieb** kann der Arbeitgeber grundsätzlich aufgrund seines Direktionsrechts im Rahmen billigen Ermessens zuweisen. Auch ein Wechsel dieses Arbeitsplatzes innerhalb des Betriebes kann dem Arbeitnehmer durch Weisung auferlegt werden.[109] **Innerbetriebliche Versetzungsklauseln,** die dem allgemeinen Direktionsrecht nach § 106 GewO entsprechen, unterliegen nach § 307 Abs. 3 BGB keiner Angemessenheitskontrolle.[110] Geht mit einer solchen innerbetrieblichen Versetzung (Umsetzung) allerdings eine Änderung des sachlichen Tätigkeitsbereichs einher, sind hierfür die soeben (→ Rn. 1136 ff.) dargestellten Grundsätze zu beachten.[111]

1140   Dagegen braucht der Arbeitnehmer nicht ohne sein Einverständnis in einen anderen Betrieb seines Arbeitgebers überzuwechseln.[112] Eine Verpflichtung des Arbeitnehmers,

[103] BAG NZA 2010, 1355 (1358).
[104] BAG NZA 2006, 1149; AP Nr. 42 zu § 307 BGB.
[105] BAG NZA 2007, 974 (975 f.).
[106] Sehr streng BAG NZA 2010, 1355 (1358): regelmäßig unwirksam.
[107] *Henssler/Moll,* AGB-Kontrolle vorformulierter Arbeitsbedingungen, 2. Aufl. 2020, Rn. 223.
[108] Hierzu *Preis,* Der Arbeitsvertrag, II D 30 Rn. 172 ff. und DDW/*Bonin/Walser* BGB § 307 Rn. 191; CKK/*Klumpp* BGB § 307 Rn. 187.
[109] HWK/*Thüsing* BGB § 611a Rn. 487; *Preis,* Der Arbeitsvertrag, II D 30 Rn. 108; *Hromadka/ Maschmann,* Arbeitsrecht 1, 7. Aufl. 2018, § 6 Rn. 91.
[110] BAG AP Nr. 45 zu § 307 BGB.
[111] *Preis,* Der Arbeitsvertrag, II D 30 Rn. 108.
[112] LAG Baden-Württemberg BeckRS 2011, 68907; *Hromadka* NZA 2012, 237 f.; *Hromadka/ Maschmann,* Arbeitsrecht 1, 7. Aufl. 2018, § 6 Rn. 91; *Henssler/Moll,* AGB-Kontrolle vorformulierter Arbeitsbedingungen, 2. Aufl. 2020, Rn. 233; *Dzida/Schramm* BB 2007, 1221 (1226 f.); aA offenbar BAG AP Nr. 45 zu § 307 BGB; NZA 2011, 631; NZA-RR 2013, 403 (404); aA auch *Preis/Genenger* NZA 2008, 971 und *Fliss* NZA-RR 2008, 225.

einem entsprechenden Verlangen des Arbeitgebers nachzukommen, kann sich allerdings aus einer im Arbeitsvertrag vereinbarten „**Unternehmensversetzungsklausel**" ergeben, mit der sich der Arbeitgeber die Versetzung in einen anderen Betrieb des Unternehmens ausbedungen hat. Damit wird regelmäßig eine vertragliche Beschränkung auf den im Vertrag genannten Ort der Arbeitsleistung verhindert.[113] Soweit keine Änderung des sachlichen Tätigkeitsbereichs vorgesehen ist, bestehen gegen solche Klauseln keine grundsätzlichen Bedenken.[114] Nach Ansicht des BAG ergibt sich aus dem Transparenzgebot keine weitergehende Konkretisierungsverpflichtung.[115] Insbesondere sei es nicht notwendig, Gründe für die Ausübung des Versetzungsrechts in den Klauseltext aufzunehmen. Auch müsse die Klausel keine Ankündigungsfristen enthalten oder einen maximalen Entfernungsradius vorsehen. Die Ausübung dieses erweiterten Weisungsrechts muss allerdings stets billigem Ermessen entsprechen.[116] Auf dieser Ausübungsebene werde der Arbeitnehmer in den genannten Punkten ausreichend vor unbilliger Überforderung geschützt.[117]

Bilden mehrere Unternehmen einen Konzern, so stellt sich schließlich die Frage, ob **1141** Arbeitnehmer auch über die Unternehmensgrenzen hinweg versetzt werden können. Aufgrund des allgemeinen Direktionsrechts ist dies nicht möglich.[118] Um konzerndimensionale Arbeitnehmermobilität zu erreichen, bedarf es also entsprechender Vereinbarungen im Arbeitsvertrag. Solche **Konzernversetzungsklauseln** finden sich in der Praxis in unterschiedlicher Ausgestaltung.[119] Eher unkritisch sind solche Klauseln, die nur eine vorübergehende Entsendung bzw. Abordnung vorsehen.[120] Problematischer sind solche Vertragsklauseln, die eine dauerhafte Versetzung innerhalb des Konzerns erlauben. In dem besonderen Klauselverbot des § 309 Nr. 10 BGB, das einen Wechsel des Vertragspartners auf der Grundlage einer entsprechenden AGB-Klausel (nur dann) für unzulässig erklärt, wenn der Dritte nicht namentlich bezeichnet wird oder dem anderen Teil nicht das Recht eingeräumt wird, sich vom Vertrag zu lösen, wird man im Arbeitsrecht nicht die maßgebliche Beurteilungsgrundlage sehen können.[121] Diese ergibt sich vielmehr aus der Generalklausel des § 307 BGB,[122] die insoweit durch spezifisch arbeitsrechtliche Wertungen angereichert wird. Im Ergebnis bestehen angesichts der Intensität des Eingriffs (in den Kernbereich) und wegen der Umgehung kündigungsschutzrechtlicher Vorschriften erhebliche Bedenken, auf die aktuelle Zustimmung des Arbeitnehmers zu einer unternehmensübergreifenden Versetzung zu verzichten.[123]

VIII. Entgeltabreden

Literatur: *Bauer/Merten*, Anspruch auf Überstundenvergütung bei unwirksamer Mehrarbeitsklausel, RdA 2012, 178; *Bauer/Arnold/Willemsen*, Überstunden und ihre Tücken, DB 2012, 1986; *Franzen*,

---

[113] Ständige Rechtsprechung zuletzt BAG NZA 2012, 1154 (1156).
[114] DDW/*Bonin/Walser* § 307 Rn. 193.
[115] BAG AP Nr. 45 zu § 307 BGB.
[116] Zu den abwägungsrelevanten Umständen näher BAG NZA 2012, 1154 (1157) und NZA-RR 2013, 403 (405).
[117] BAG AP Nr. 45 zu § 307 BGB.
[118] *Maschmann* RdA 1996, 30; *v. Hoyningen-Huene/Boemke*, Die Versetzung, 1991, S. 216.
[119] Überblick bei *Preis*, Der Arbeitsvertrag, II D 30 Rn. 250 ff.
[120] *Hromadka/Schmitt-Rolfes*, Der unbefristete Arbeitsvertrag, S. 67.
[121] Sogar für generelle Unanwendbarkeit des § 309 Nr. 10 BGB wegen entgegenstehender arbeitsrechtlicher Besonderheiten ErfK/*Preis* BGB §§ 305–310 Rn. 86; DDW/*Däubler* BGB § 309 Nr. 10 Rn. 2; aA *Hümmerich* NZA 2003, 758.
[122] So zutreffend DDW/*Däubler* § 309 Nr. 10 Rn. 2.
[123] Wie hier ablehnend *v. Hoyningen-Huene/Boemke*, Die Versetzung, S. 218; *Windbichler*, Arbeitsrechtliche Vertragsgestaltung im Konzern, S. 114 f.; ausführlich zum Meinungsstand *Preis*, Der Arbeitsvertrag, II D 30 Rn. 211 ff. Das BAG konnte die Frage dahinstehen lassen, vgl. BAG AP Nr. 45 zu § 307 BGB.

Entkoppelung der Arbeitszeit vom Arbeitsentgelt, RdA 2014, 1; *Greiner*, Arbeitsentgelt, in: Der Arbeitsvertrag, hrsg. von Preis, 6. Aufl. 2020, II A 70; *Kuhnke/Schramm*, Neue Grundsätze des BAG zur Überstundenvergütung, NZA 2012, 127; *Lakies*, Inhaltskontrolle von Vergütungsvereinbarungen im Arbeitsrecht, NZA-RR 2002, 337; *Lembke*, Die Gestaltung von Vergütungsvereinbarungen, NJW 2010, 257 und 321; *Preis*, Mehrarbeits- und Überstundenvergütung, in: Der Arbeitsvertrag, hrsg. von Preis, 6. Aufl. 2020, II M 20; *Preis/Deutzmann*, Entgeltgestaltung durch Arbeitsvertrag und Mitbestimmung, NZA-Beilage 2017, 101; *Rath*, Die pauschale Abgeltung von Überstunden im Arbeitsvertrag, 2010; *Reinecke*, Zur AGB-Kontrolle von Arbeitsentgeltvereinbarungen, BB 2008, 554; *Tschöpe*, Sind Entgeltabreden der Inhaltskontrolle nach §§ 305 ff. BGB unterworfen?, DB 2002, 1830; *Ziemann*, AGB-Kontrolle von vorformulierten Entgeltklauseln im Arbeitsrecht?, FA 2002, 312.

1. Kontrollfähigkeit

1142   Die Bestimmung der Vergütungshöhe als solche (**Preisabrede**) ist nach § 307 Abs. 3 BGB von einer materiellen Angemessenheitskontrolle ausgenommen. Die Kontrolle der Entgelthöhe erfolgt in erster Linie nach dem Mindestlohngesetz (Höhe des Mindestlohns ab 1.1.2020: 9,50 EUR brutto). Daneben bleibt eine Kontrolle der Entgelthöhe am Sittenwidrigkeitsmaßstab des § 138 BGB[124] und am Straftatbestand des Lohnwuchers, der über § 134 BGB auch in das Zivilrecht ausstrahlt,[125] möglich,[126] wenngleich die praktische Bedeutung dieser Kontrollansätze nach Einführung des Mindestlohngesetzes signifikant zurückgegangen sein dürfte.

1142a   Allerdings bleibt zu beachten, dass für die Festlegung der Hauptkonditionen das **Transparenzgebot** gilt (§ 307 Abs. 3 S. 2 BGB). Die Bestimmung der Vergütungshöhe ist zwar von einer materiellen Angemessenheitskontrolle ausgenommen, muss aber – um wirksam zu sein – für einen durchschnittlichen Arbeitnehmer klar und verständlich formuliert sein.[127]

1142b   Der Inhaltskontrolle nach den §§ 307 bis 309 BGB unterliegen hingegen auch im Arbeitsrecht solche entgeltbezogenen Abreden, die sich der Aufmerksamkeit des Arbeitnehmers im Allgemeinen entziehen und daher auch nicht von den Kontrollmechanismen des Marktes und des Wettbewerbs erfasst werden. In der Terminologie der Rechtsprechung geht es hierbei vor allem um **Preisnebenabreden**, also um Klauseln, die sich zwar mittelbar auf den Preis auswirken, an deren Stelle aber dispositives Gesetzesrecht treten könnte. Hierunter fallen beispielsweise Klauseln zur Höhe der Verzugszinsen und zur Art und Weise der Auszahlung des Entgelts,[128] ferner die pauschale Verminderung der Überhangprovision eines Handlungsgehilfen.[129] Vor allem ist in diesem Zusammenhang an einseitige Leistungsbestimmungsrechte zu denken.[130] Der Inhaltskontrolle unterliegen daher zB Widerrufsvorbehalte, Teilkündigungsklauseln, Direktionsrechtsklauseln, vertragliche Befristungen von Zulagen, vertragliche Stichtagsregelungen etc.

---

[124] BAG NZA 2009, 837; 2012, 978. Grobe Faustregel: Sittenwidrigkeit, wenn das Arbeitsentgelt nicht einmal zwei Drittel eines in dem betreffenden Wirtschaftszweig überlicherweise gezahlten Tariflohns erreicht. Genauer MünchArbR/*Krause* § 60 Rn. 85 ff. Vgl. ferner BAG NZA 1991, 264 zur Sittenwidrigkeit einer Verlustbeteiligung des Arbeitnehmers.
[125] BGH NJW 1997, 2689 (2690 f.).
[126] *Däubler* NJW 2014, 1924 (1927).
[127] Beispiele für intransparente Vergütungsregelungen bei DDW/*Däubler* § 307 Rn. 290 f. Keinen Transparenzverstoß sieht BAG NZA 2006, 682 (684) in einer (der materiellen Inhaltskontrolle entzogenen) Abrede über die Abwälzung der Pauschalsteuer auf den Arbeitnehmer.
[128] BGH NJW 1986, 376 f.
[129] BAG NZA 2008, 1124.
[130] BAG NZA 2006, 423 (426); 2012, 616 (617); ErfK/*Preis* BGB §§ 305–310 Rn. 40.

2. Überstundenvergütung, Nachtarbeitszuschläge

In der Praxis weit verbreitet[131] sind **Klauseln, nach denen etwaige Überarbeit mit**   **1143**
dem vereinbarten Gehalt abgegolten ist. Insbesondere in der Kombination mit einer
formularvertraglichen Verpflichtung des Arbeitnehmers, auf Anforderung Überstunden
zu leisten, erlauben sie massive Eingriffe in das vertragliche Äquivalenzverhältnis. Die
Kontrollfähigkeit solcher kombinierter Klauseln ist noch nicht abschließend geklärt.[132]
Klauseln, die ausschließlich die Vergütung von einer begrenzten Anzahl von Überstunden, nicht aber die Anordnungsbefugnis des Arbeitgebers zur Leistung von Überstunden
regeln, stuft das BAG allerdings als Hauptleistungsabreden ein und nimmt sie deshalb
von der materiellen Inhaltskontrolle aus.[133] Das BAG stützt sein Unwirksamkeitsverdikt
bei den Pauschalabgeltungsklauseln ohne umfangmäßige Begrenzung auf die **Missachtung des Transparenzgebots.**[134] Wenn sich der Umfang der ohne zusätzliche Vergütung
zu leistenden Überstunden nicht hinreichend deutlich aus dem Arbeitsvertrag ergebe,
könne der Arbeitnehmer bei Vertragsschluss nicht erkennen, welche Arbeitsleistungen
von der Pauschalabgeltung erfasst seien. Außerdem sei eine ausdrückliche Begrenzung
auf die nach § 3 ArbZG zulässige Höchstarbeitszeit erforderlich. Hier empfiehlt es sich,
entweder Obergrenzen für die Anordnung von Überarbeit zu fixieren oder offenzulegen,
wieviele Überstunden von der Pauschalabgeltung abdeckt sein sollen.[135] Im Falle der
Unwirksamkeit einer Pauschalierungsabrede greift als Grundnorm des dispositiven
Rechts § 612 Abs. 1 BGB ein, wonach eine Vergütung als stillschweigend vereinbart gilt,
wenn die Dienstleistung den Umständen nach nur gegen eine Vergütung zu erwarten ist.
Die hierfür erforderliche objektive Vergütungserwartung wird zwar in weiten Teilen des
Arbeitslebens gegeben sein. Einen allgemeinen Rechtsgrundsatz dieses Inhalts erkennt
das BAG jedoch nicht an.[136] Bei leitenden Angestellten gelten Überstunden grundsätzlich
mit der vereinbarten Vergütung als abgegolten.[137] Entsprechende vertragliche Regelungen
sind daher nicht zu beanstanden.

Die vereinbarte **pauschale Abgeltung der Nachtarbeitszuschläge** hält das BAG[138] zwar   **1144**
grundsätzlich für eine Bestimmung der Hauptleistungspflicht, die eigentlich nur der Transparenzkontrolle unterliege. Allerdings beruft sich das BAG auf die Rechtsprechung des
BGH,[139] wonach auch vertraglich fixierte Hauptleistungspflichten ausnahmsweise einer

---

[131] Daher grundsätzlich nicht überraschend, BAG NZA 2012, 908 (909).

[132] Zuletzt offen gelassen von BAG NZA 2012, 908 (910); für kontrollfähige Preisnebenabrede
ErfK/*Preis* BGB §§ 305–310 Rn. 91; *Schramm/Kuhnke* NZA 2012, 127 (128); Schaub/*Linck*, Arbeitsrechts-Handbuch, § 35 Rn. 124; für Kontrollfreiheit hingegen *Lakies*, Inhaltskontrolle von Arbeitsverträgen, Rn. 845; *Henssler/Moll*, AGB-Kontrolle vorformulierter Arbeitsbedingungen, 2. Aufl.
2020, Rn. 267.

[133] BAG NZA 2012, 908 (910).

[134] BAG NZA 2011, 575 (576); 2011, 1335 (1336 f.); 2012, 861 (862); 2012, 1147 f.

[135] Das LAG Hamm BeckRS 2012, 71350 ist zu dem Ergebnis gelangt, dass eine arbeitsvertragliche
Regelung, wonach die ersten 10 Überstunden pro Monat bereits im Bruttomonatsentgelt enthalten
sind und nicht gesondert vergütet bzw. durch Freizeit ersetzt werden, und Überstunden erst ab der
11. Überstunde pro Monat vergütungsfähig werden, der Transparenzkontrolle nach § 307 Abs. 1 S. 2
BGB standhält. Noch weitergehend BAG NZA 2012, 908, das eine Klausel nicht beanstandet, nach
der in der vereinbarten Monatsvergütung die ersten zwanzig Überstunden monatlich „mit drin" sind.
Als Besonderheit dieses Falles ist zu berücksichtigen, dass der (mündliche) Arbeitsvertrag die Anordnungsbefugnis des Arbeitgebers zur Leistung von Überstunden nicht geregelt hatte.

[136] BAG NZA 2011, 1335 (1337); konkretisierend zur Feststellung der objektiven Vergütungserwartung ferner BAG NZA 2012, 145 (148); 2012, 861 (862); 2012, 1147; zur Darlegungs- und
Beweislast BAG NZA 2012, 939.

[137] BAG AP Nr. 1 zu § 611 BGB Leitende Angestellte.

[138] BAG NZA 2006, 324 (328).

[139] BGHZ 115, 391 (395).

Angemessenheitskontrolle nach § 307 Abs. 1 S. 1 BGB zu unterziehen sind, wenn sie durch Rechtsvorschriften bestimmt werden. Da mit § 6 Abs. 5 ArbZG eine gesetzliche Regelung des Nachtarbeitszuschlags bestehe, sei durch die Gerichte zu prüfen, ob die Höhe des vertraglich vereinbarten Zuschlags den gesetzlichen Anforderungen entspreche.[140]

3. Aktienoptionen

1145   Eine Form der erfolgsabhängigen Vergütung stellen sog. Aktienoptionen (stock options) dar. Inhalt des dem Arbeitnehmer vertraglich eingeräumten Optionsrechts ist die Möglichkeit, Aktien des eigenen Unternehmens bzw. eines verbundenen Unternehmens zu einem vorher festgelegten Kaufpreis zu erwerben, um sich nach Möglichkeit die Differenz zwischen Ausübungspreis und Börsenkurs zunutze zu machen.[141] Arbeitsrechtlichen Charakter hat nur die Abrede über die Verschaffung des Optionsrechts. Findet sie sich in einem vorformulierten Arbeitsvertrag, unterliegt ihre Ausgestaltung der AGB-Kontrolle.[142] Im Gegensatz zu anderen Sondervergütungen haben Aktienoptionen einen ungleich größeren spekulativen Charakter. Der Arbeitnehmer muss im Grunde genommen stets mit dem Verlust der Werthaltigkeit seiner Optionsrechte rechnen. Ein schutzwürdiges Vertrauen auf den Fortbestand dieses Vermögenswertes kann daher von vornherein nur sehr eingeschränkt entstehen. Eine Anbindung der Befugnis zur Ausübung der Bezugsrechte an das **Bestehen eines ungekündigten Arbeitsverhältnisses** ist dem Arbeitnehmer daher eher zuzumuten als bei Sonderleistungen ohne oder mit geringerem spekulativen Charakter. Dafür spricht auch die Wertung des § 193 Abs. 2 Nr. 4 AktG. Die Vorschrift statuiert eine Wartezeit für die erstmalige Ausübung einer Aktienoption von mindestens vier Jahren, um eine langfristige Anreizwirkung zu erreichen.[143]

IX. Flexibilisierungsklauseln im Hinblick auf Arbeitgeberleistungen

Literatur: *Bauer/Chwalisz*, Instrumente zur Entgeltflexibilisierung, ZfA 2007, 339; *Bayreuther*, Vorbehalte in der arbeitsrechtlichen Vertragsgestaltung – Wie viel Flexibilität soll das AGB-Recht zulassen?, ZfA 2011, 45; *Benecke*, Flexibilisierungsklauseln im Arbeitsrecht und AGB-Kontrolle, AuR 2006, 337; *Bieder*, Arbeitsvertragliche Gestaltungsspielräume für die Entgeltflexibilisierung, NZA 2007, 1135; *Franzen*, Inhaltskontrolle von Änderungsvorbehalten in Arbeitsverträgen, in: GS für Zachert, 2010, S. 386; *Freihube*, Neue Spielregeln für arbeitsvertragliche Vereinbarungen von Sonderzahlungen, DB 2008, 124; *Hanau*, Neueste Rechtsprechung zum flexiblen Arbeitsverhältnis: Erfurter Allerlei oder neues Rezept?, ZIP 2005, 1661; *Hanau/Hromadka*, Richterliche Kontrolle flexibler Entgeltregelungen in Allgemeinen Arbeitsbedingungen, NZA 2005, 73; *H. Hanau*, Wirtschaftsrisiko und Spielräume für Flexibilisierung, ZfA 2014, 131; *Hromadka*, „Pacta sunt servanda" und „Gesetzesumgehung", AGB-Kontrolle von Leistungsbestimmungsrechten im Arbeitsvertrag, in: FS für Konzen, 2007, S. 321; *Hümmerich/Bergwitz*, Entwicklungsklauseln in Chefarztverträgen, BB 2005, 997; *Isenhardt*, Individualrechtliche Flexibilisierung von Arbeitsbedingungen, in: FS für Hanau, 1999, S. 221; *Kraas*, Zulässigkeit und Grenzen der arbeitsvertraglichen Entgeltflexibilisierung, 2012; *Kürth*, Änderungsvorbehalte im Arbeitsvertrag, 2013; *Leder*, Aktuelles zur Flexibilisierung von Arbeitsbedingungen, RdA 2010, 93; *Lindemann*, Einseitige Leistungsbestimmungsrechte auf dem Prüfstand, AuR 2004, 201; *Moll*, AGB-Kontrolle von Änderungs- und Bestimmungsklauseln in Entgeltregelungen, in: Arbeitsgemeinschaft Arbeitsrecht im Deutschen Anwaltverein, FS zum 25-jährigen Bestehen, 2006, S. 91; *Nebendahl*, Die Zulässigkeit von Entwicklungsklauseln in Chefarztverträgen nach dem Schuldrechtsmodernisierungsgesetz, in: Arbeitsgemeinschaft Arbeitsrecht im Deutschen Anwaltverein, FS zum 25-jährigen Bestehen, 2006 S. 113; *Preis*, Vorbehalte und Teilbefristung, in: Der Arbeitsvertrag, hrsg. von Preis, 6. Aufl. 2020, II V 70; *Preis/Lindemann*, Änderungsvorbehalte – Das BAG durchschlägt den gordischen Knoten, NZA 2006, 632; *Reichold*, Grundlagen und Grenzen der Flexibilisie-

---

[140] BAG NZA 2006, 324 (328).
[141] Näher hierzu MünchArbR/*Krause* § 65 Rn. 62.
[142] BAG NZA 2008, 1066 (1070); *Bieder* ZHR 174 (2010), 733 f.
[143] BAG NZA 2008, 1066 (1070 ff.).

rung im Arbeitsvertrag, RdA 2002, 321; *Reinecke,* Gerichtliche Kontrolle von Chefarztverträgen, NJW 2005, 3383; *ders.,* Flexibilisierung von Arbeitsentgelt und Arbeitsbedingungen nach dem Schuldrechtsmodernisierungsgesetz, NZA 2005, 953; *ders.,* Zur AGB-Kontrolle von Arbeitsentgeltvereinbarungen, BB 2008, 554; *Reinfelder,* Individualrechtliche Fragen der Flexibilisierung des Arbeitsentgelts, AuR 2015, 300; *Reiserer,* Flexible Vergütungsmodelle – AGB-Kontrolle, Gestaltungsvarianten, NZA 2007, 1249; *Rieble,* Flexible Gestaltung von Entgelt und Arbeitszeit im Arbeitsvertrag, NZA Sonderbeil. 3/2000, 34; *Schnitker/Grau,* Klauselkontrolle im Arbeitsvertrag – Zur Vereinbarkeit von Änderungs-, Anpassungs- und Widerrufsvorbehalten mit dem Recht der Allgemeinen Geschäftsbedingungen, BB 2002, 2120; *Schrader/Müller,* Flexible Vergütungsvereinbarungen, RdA 2007, 145; *Sievers,* Individualrechtliche Möglichkeiten und Grenzen einer Entgeltreduzierung, NZA 2002, 1183; *Simshäuser,* Akutelle BAG-Rechtsprechung zur Flexibilisierung von Vergütungsbestandteilen, AuR 2011, 242; *Singer,* Flexible Gestaltung von Arbeitsverträgen, RdA 2006, 362; *Thüsing/Mengel,* Flexibilisierung von Arbeitsbedingungen und Entgelt, 2005; *Wank,* Änderung von Arbeitsbedingungen, NZA-Beil. 2012, 41; *Zöllner,* Vorsorgende Flexibilisierung durch Vertragsklauseln, NZA 1997, 121.

1. Allgemeines

In einem Arbeitsverhältnis als einem auf längere Zeit hin angelegten Dauerschuldverhältnis entstehen infolge sich mitunter rasch verändernder externer und interner Rahmenbedingungen Anpassungsnotwendigkeiten, denen durch Weisung auf der Grundlage des Direktionsrechts allein nicht Rechnung getragen werden kann. Auf welchem Wege und innerhalb welcher Grenzen dem grundsätzlich anerkennenswerten Flexibilisierungsbedürfnis entsprochen werden kann, ist eines der großen Themen im Arbeitsrecht. Die Diskussion ist vor dem Hintergrund zu sehen, dass die Änderungskündigung strengen Anforderungen unterliegt und in der Praxis kaum als gangbarer Weg betrachtet wird.[144] Im Individualarbeitsrecht konzentrieren sich die Überlegungen daher auf die Möglichkeit vorsorgender Flexibilisierung durch entsprechende Vertragsklauseln. Insoweit gilt es allerdings stets zu beachten, dass kollektivrechtlich begründete und damit grundsätzlich unabdingbare Rechtspositionen nicht tangiert werden dürfen. Vorsorgender vertraglicher Flexibilisierung sind also nur übertarifliche Leistungen bzw. kollektivvertraglich nicht geregelte oder durch Öffnungsklausel freigegebene Materien zugänglich. Die folgenden Ausführungen behandeln einen Ausschnitt der Flexibilisierung von Arbeitsbedingungen, nämlich die Flexibilisierung von Arbeitgeberleistungen (zur Flexibilisierung der Arbeitszeit und zu direktionsrechtserweiternden Klauseln siehe → Rn. 1111 ff. und → 1135 ff.). Praxisrelevante Instrumente sind insoweit Widerrufs- und Freiwilligkeitsvorbehalte, die Befristung einzelner Arbeitsbedingungen und der Vorbehalt einseitiger Leistungsbestimmung.

1146

2. Widerrufsvorbehalte

Literatur: *Bayreuther,* Widerrufs-, Freiwilligkeits- und Anrechnungsvorbehalte – geklärte und ungeklärte Fragen der aktuellen Rechtsprechung des BAG zu arbeitsvertraglichen Vorbehalten, ZIP 2007, 2009; *Bergwitz,* Zur Wirksamkeit von Widerrufsvorbehalten in Formulararbeitsverträgen, AuR 2005, 210; *Diekmann/Bieder,* Wirksamkeit von Widerrufsvorbehalten in Formulararbeitsverträgen bei der Gewährung freiwilliger Leistungen, DB 2005, 722; *Gaul/Naumann,* Hinweise zur Vertragsgestaltung: Widerrufs- und Anrechnungsvorbehalte im Lichte der AGB-Kontrolle, ArbRB 2005, 146; *Hümmerich,* Widerrufsvorbehalte in Formulararbeitsverträgen, NJW 2005, 1759; *ders.,* Anwendbarkeit des § 308 Nr. 4 BGB auch bei freiwilligen Leistungen?, BB 2007, 1498; *Kaul/Gaul,* Verschärfung der Rechtsprechung zum Widerrufsvorbehalt, BB 2011, 181; *Kroeschell,* Die AGB-Kontrolle von Widerrufs- und Freiwilligkeitsvorbehalten, NZA 2008, 1393; *Mathies,* Freiwilligkeits- und Widerrufsvorbehalte in Arbeitsverträgen und bei der betrieblichen Übung, DB 2005, 2689; *Preis,* Widerrufsvorbehalte auf dem höchstrichterlichen Prüfstand, NZA 2004, 1014; *Schimmelpfennig,* Inhaltskontrolle eines formularmäßigen Änderungsvorbehalts – zum Widerrufsvorbehalt in Arbeitsverträgen nach der Schuldrechtsreform, NZA 2005, 603; *Reiserer,* Freiwilligkeitsvorbehalt und Widerrufsvor-

---

[144] Eindringlich *Stoffels,* ZfA 2002, 401 ff.

behalt – Immer wieder in neuem Gewand, in: FS für v. Hoyningen-Huene, 2014, S. 425; *Schmiedl,* Freiwilligkeits- und Widerrufsvorbehalte – überkommene Rechtsinstitute?, NZA 2006, 1195; *Seel,* Freiwilligkeits- und Widerrufsvorbehalte im Arbeitsvertrag, MDR 2004, 1393; *ders.,* Arbeitsvertrag – Wirksamkeit eines Widerrufsvorbehalts, MDR 2005, 724; *Seitz/Reiche,* Flexibilisierung von Arbeitsbedingungen in der Krise, BB 2009, 1862; *Strick,* Freiwilligkeitsvorbehalt und Widerrufsvorbehalt – Der Wille als Bedingungen, NZA 2005, 723; *Stoffels,* Neues zu Widerrufsvorbehalten in Arbeitsverträgen, NZA 2017, 1217.

1147   Unter einen Widerrufsvorbehalt werden solche Leistungen gestellt, die dem Arbeitnehmer rechtsverbindlich für die Zukunft zugesagt sind, auf die er also grundsätzlich einen **Rechtsanspruch** hat. Durch Ausübung des Widerrufsrechts soll der Arbeitgeber dem Arbeitnehmer diese Rechtsposition jedoch **wieder entziehen,** die Weitergewährung der Leistung also beenden können. Typischer Gegenstand solcher Widerrufsvorbehalte sind übertarifliche Zulagen und Sonderzuwendungen, wie etwa Weihnachtsgratifikationen.

1148   Die Wirksamkeit eines formularmäßig ausbedungenen Widerrufsrechts richtet sich **nach § 308 Nr. 4 BGB.**[145] Das heißt, es kommt darauf an, dass die Vereinbarung der Änderung, hier also des Widerrufs, unter Berücksichtigung der Interessen des Verwenders für den anderen Vertragsteil zumutbar ist. Dabei sind nach Ansicht des BAG auch die **Wertungen des § 307 BGB** heranzuziehen. Die Klausel muss insbesondere auch den Anforderungen des Transparenzgebots genügen.[146] Das Transparenzgebot verlangt vom Verwender – wenn er sich weitgehende Gestaltungsrechte ausbedingt – die tatbestandlichen Voraussetzungen und Rechtsfolgen so genau zu beschreiben, dass der Vertragspartner erkennen kann, in welchem Sinn der Verwender von seiner Befugnis Gebrauch machen kann.[147] Die früher verbreitete Formulierung in Arbeitsverträgen, der Arbeitgeber behalte sich vor, die betreffende Leistung jederzeit unbeschränkt zu widerrufen, hat das BAG daher mit Recht verworfen.[148] Unwirksam ist daher beispielsweise auch die Klausel in einem **Dienstwagenvertrag,** der zufolge der Arbeitgeber die Überlassung eines auch zur Privatnutzung zur Verfügung gestellten Firmenwagens jederzeit widerrufen können soll.[149] Notwendig ist auch hier Angabe von Widerrufsgründen im Text, wobei „fehlende Wirtschaftlichkeit" der Dienstwagenüberlassung nicht genügen soll.[150] Zulässig ist es hingegen, den (entschädigungslosen) Entzug der Privatnutzung für den Fall der Freistellung nach Kündigung vorzusehen.[151]

1149   Nicht abschließend geklärt ist allerdings, **welcher Konkretisierungsgrad** hier gilt. Reicht es mit anderen Worten aus, dass der Widerruf an das Vorliegen „wirtschaftlicher Gründe" geknüpft wird[152] oder müssen die wirtschaftlichen Gründe näher qualifiziert werden – schwerwiegend, triftig oder ähnliches –[153] oder gar exemplarisch verdeutlicht werden?[154] Oder hängt das gar von Inhalt und Umfang der widerruflichen Leistung ab?[155] Die **grundlegende Entscheidung des BAG** aus dem Jahre 2005 ist in diesem Punkt nicht

---

[145] BAG NZA 2005, 465 (467); 2007, 87 (88 f.); 2007, 809 (810); NZA-RR 2010, 457 (459); NZA 2011, 796; insoweit zustimmend *Diekmann/Bieder* DB 2005, 724; *Bergwitz* AuR 2005, 212.
[146] BAG NZA 2005, 465 (467); 2007, 87 (89); ebenso LAG Köln NZA-RR 2007, 120 zum Widerruf von Jubiläumszuwendungen; vgl. auch BGH NJW 2008, 360 (361 f.).
[147] BGH NJW 1998, 454 (456); NJW- RR 2005, 1496 (1498).
[148] BAG NZA 2005, 465; 2007, 87 (89 f.).
[149] BAG NZA 2007, 809 (810).
[150] BAG NZA-RR 2010, 457 (459 f.).
[151] BAG NZA 2012, 616.
[152] So zB *Bayreuther* ZIP 2007, 2011; *Worzalla* NZA, Sonderbeil. 3/2006, 124.
[153] Mindestens ein Beispiel verlangt *Lindemann,* S. 184.
[154] So offenbar DDW/*Bonin*/*Walser* § 308 Nr. 4 Rn. 32; *Singer,* Inhaltskontrolle von Arbeitsverträgen, S. 20.
[155] *Preis,* Der Arbeitsvertrag, II V 70 Rn. 12; *Schimmelpfennig* NZA 2005, 607; wohl auch *Thüsing,* AGB-Kontrolle im Arbeitsrecht, Rn. 276.

eindeutig.[156] In einem neueren Urteil hat das BAG[157] eine Widerrufsklausel unbeanstandet gelassen, in der sich der Arbeitgeber vorbehalten hatte, die Zahlung eines Weihnachtsgelds im Fall der wirtschaftlichen Notlage zu widerrufen. Der Grad der wirtschaftlichen Störung, die einen Widerruf ermöglichen soll, werde darin konkretisiert. Die Klausel stelle ausdrücklich klar, dass der Arbeitnehmer **im Fall der wirtschaftlichen Notlage** mit dem Widerruf der zugesagten Zahlung eines Weihnachtsgelds rechnen muss. Angesichts der Vielzahl der möglichen wirtschaftlichen Entwicklungen sei es nicht erforderlich, die „wirtschaftliche Notlage" näher zu konkretisieren, etwa durch die Angabe eines Zeitraums, in dem Verluste vorliegen müssen. Der Anwendungsfall sei schon auf Ausnahmesituationen beschränkt und damit klar genug umrissen.[158]

Aus AGB-rechtlicher Sicht ist eine solche weitergehende Konkretisierung nicht geboten.[159] Denn mittlerweile hat man erkannt, dass eine Überspannung der Transparenzanforderungen im Ergebnis kontraproduktiv wirkt; die Klauselgestaltung läuft nämlich Gefahr, schon wegen ihrer schieren Länge und Detailgenauigkeit den Vertragspartner zu überfordern. Außerdem besteht das Risiko der Unvollständigkeit.[160] Transparenz bedeutet richtiger Ansicht nach auch **„Fokussierung der dargebotenen Informationen auf einige zentrale Parameter oder den Kern einer Regelung".**[161] Für die Widerrufsvorbehalte bedeutet das: Die unverzichtbare Kernbotschaft an den Arbeitnehmer lautet, dass er infolge wirtschaftlicher Entwicklungen den Anspruch auf die Sonderleistung verlieren kann. Dabei handelt es sich durchaus um eine wichtige Information, wäre der Arbeitnehmer doch anderenfalls vielleicht davon ausgegangen, dass nur mangelnder persönlicher Einsatz zum Verlust des Anspruchs führen könnte. Die möglichen Unterfälle wirtschaftlicher Gründe auszuführen, brächte demgegenüber keinen nennenswerten Transparenzgewinn, ja könnte sogar den gegenteiligen Effekt hervorrufen.

Außerdem dürfen bei der Formulierung der Transparenzanforderungen auch die **berechtigten Interessen des** Verwenders, hier des **Arbeitgebers,** nicht aus den Augen verloren werden. Gerade in Arbeitsverhältnissen entstehen im Laufe der Jahre und Jahrzehnte aufgrund veränderter externer und interner Rahmenbedingungen bei Vertragsschluss noch nicht absehbare Anpassungsnotwendigkeiten, denen durch Weisungen auf der Grundlage des Direktionsrechts allein nicht Rechnung getragen werden kann.[162] Es gilt die Regel: „Je weniger die möglichen künftigen Entwicklungen und Fallgestaltungen vorhersehbar und überschaubar sind, desto eher müssen generalklauselartige Umschreibungen zugelassen werden."[163]

Akzeptiert man – wie hier vorgeschlagen – eine großzügige Fassung des Widerrufsgrundes im Vertragstext, verlagert sich das Prüfungsgeschehen – insoweit etwas AGB-untypisch – auf die **Ebene der Ausübungskontrolle.**[164] Hier geht es nun weniger um

1149a

1150

1151

---

[156] BAG NZA 2005, 465 (468). Auch die Entscheidung des 9. Senats (BAG NZA 2007, 809) bringt keinen näheren Aufschluss.
[157] BAG NZA 2017, 931 Rn. 15.
[158] Zur Bewertung dieser Urteilspassage *Stoffels* NZA 2017, 1217 (1218 f.)
[159] Wie hier *Bayreuther* ZIP 2007, 2009 (2011).
[160] *Wolf,* 5. Aufl. 2009, BGB § 307 Rn. 260.
[161] So prägnant Ulmer/*Fuchs* BGB § 307 Rn. 349.
[162] *Hanau/Hromadka* NZA 2005, 73 (77) bezeichnen die Flexibilität sogar als „Besonderheit des Arbeitsrechts" iS des § 310 Abs. 4 BGB. Zumindest aber wird man ihnen darin zustimmen können, dass die Flexibilität der Entgelte in den Arbeitsverträgen einen völlig anderen Stellenwert hat als bei sonstigen vertraglichen Austauschverhältnissen.
[163] *Wolf,* 5. Aufl. 2009, BGB § 307 Rn. 260; *Lindemann,* S. 183 f.
[164] Richtig gesehen von *Bayreuther* ZIP 2007, 2009 (2011); vgl. auch *Lindemann,* S. 184. Auch BAG NZA 2005, 465 (469) und BAG NZA 2017, 931 Rn. 24 machen deutlich, dass neben der Inhaltskontrolle weiterhin die Ausübungskontrolle steht.

eine Billigkeitskontrolle anhand des § 315 BGB. Im Vordergrund steht vielmehr, ob im konkreten Fall die tatbestandlichen Voraussetzungen gegeben sind, also tatsächlich wirtschaftliche Gründe vorliegen, die den Widerruf rechtfertigen.[165] Der Subsumtion hat die Konkretisierung des unbestimmten Rechtsbegriffs „wirtschaftliche Gründe" vorauszugehen, im Streitfall durch das hiermit befasste Gericht. Im Rahmen der Ausübungskontrolle ist auch die Einräumung einer Auslauf- oder Ankündigungsfrist in Betracht zu ziehen.[166]

1152   Zum anderen verlangt das BAG,[167] dass die gebotene Interessenabwägung zu einer **Zumutbarkeit der Klausel für den Arbeitnehmer** führt. Das richte sich insbesondere nach der Art und Höhe der Leistung, die widerrufen werden soll, nach der Höhe des verbleibenden Verdienstes und der Stellung des Arbeitnehmers im Unternehmen. Unter Berücksichtigung aller Gesichtspunkte müsse der Widerrufsgrund den Widerruf typischerweise rechtfertigen. Im Grundsatz geht das BAG wegen der Ungewissheit der wirtschaftlichen Entwicklung des Unternehmens und der allgemeinen Entwicklung des Arbeitsverhältnisses von einem anerkennenswerten Interesse daran aus, bestimmte Leistungen, insbesondere Zusatzleistungen, flexibel auszugestalten. Dadurch dürfe aber nicht das Wirtschaftsrisiko des Unternehmers auf den Arbeitnehmer verlagert werden. **Eingriffe in den Kernbereich des Arbeitsvertrages** hält das BAG für **unzulässig**.[168] Für die Ermittlung des geschützten Kernbereichs wird nach der Art der Leistung zu differenzieren sein, auf die sich der Widerrufsvorbehalt bezieht.[169] Die Anforderungen sind höher, wenn die **Leistung im Gegenseitigkeitsverhältnis** steht, wie es bei der Vergütungspflicht der Fall ist.[170] **Sonstige Leistungen** – wie Beihilfen zu Familienereignissen, Jubiläumszuwendungen etc – verdienen hingegen regelmäßig einen geringen Vertrauens- und Bestandsschutz. Die **Richtschnur des BAG** lautet:[171] Die Vereinbarung eines Widerrufsvorbehalts ist zulässig, soweit der im Gegenseitigkeitsverhältnis stehende widerrufliche Teil des Gesamtverdienstes unter 25 % liegt und der Tariflohn nicht unterschritten wird.[172] Sind darüber hinaus Zahlungen des Arbeitgebers widerruflich, die nicht eine unmittelbare Gegenleistung für die Arbeitsleistung darstellen, sondern Ersatz für Aufwendungen, die an sich der Arbeitnehmer selbst tragen muss, erhöht sich der widerrufliche Teil der Arbeitsvergütung auf bis zu 30 % des Gesamtverdienstes.[173]

1153   Eine nach diesen Grundsätzen unwirksame Widerrufsklausel ist (abgesehen von Altfällen)[174] **in vollem Umfang unwirksam.** Sie ist nicht etwa im Wege der geltungserhaltenden Reduktion oder der ergänzenden Vertragsauslegung auf die Fälle zu beschränken, in denen der Arbeitgeber zum Widerruf berechtigt wäre.[175]

---

[165] So auch die Einschätzung von *Thüsing,* AGB-Kontrolle im Arbeitsrecht, Rn. 277.

[166] BAG NZA 2012, 616 (617); BAG NZA 2017, 931 Rn. 22 mit der Klarstellung, dass es sich dabei nicht um eine Wirksamkeitsvoraussetzung handelt.

[167] BAG NZA 2005, 465 (467); 2007, 87 (89); 2017, 931 Rn. 20.

[168] Für Fortführung der „Kernbereichslehre" auch ErfK/*Preis* BGB §§ 305–310 Rn. 58; *Lakies,* Inhaltskontrolle von Arbeitsverträgen, Rn. 516.

[169] *Preis/ders.,* Der Arbeitsvertrag, II V 70 Rn. 12; *Lindemann,* S. 198 ff.; abl. *Singer* RdA 2006, 365 f.

[170] Kritisch insoweit allerdings *Hanau/Hromadka* NZA 2005, 77.

[171] BAG NZA 2005, 465 (467); 2007, 87 (89); 2017, 931 Rn. 20.

[172] Kritisch zum Verbot der Tariflohnunterschreitung *Bayreuther* ZIP 2007, 2009 f.; hierzu auch CKK/*Brühler* BGB § 308 Rn. 40 ff.

[173] So zuletzt BAG NZA 2007, 87 (89).

[174] Bei Altverträgen gewährt der 5. Senat des BAG Vertrauensschutz im Wege der ergänzenden Vertragsauslegung, vgl. BAG NZA 2005, 465 (468); 2011, 796; hierzu auch *Stoffels* NZA 2005, 726.

[175] BAG NZA 2007, 809 (811); NZA-RR 2010, 457 (460).

3. Freiwilligkeitsvorbehalte

Literatur: *Annuß*, Gedanken zum Freiwilligkeitsvorbehalt im vorformulierten Arbeitsvertrag, in: FS für Picker, 2010, S. 861; *Bauer/von Medem*, Rettet den Freiwilligkeitsvorbehalt – oder schafft eine Alternative!, NZA 2012, 894; *Bayreuther*, Freiwilligkeitsvorbehalte: Zulässig, aber überflüssig?, BB 2009, 102; *Brühler*, Freiwilligkeitsvorbehalte bei Sonderzahlungen und entgeltrelevante Zielvereinbarungen in der Rechtsprechung des Zehnten Senats des Bundesarbeitsgerichts, Jahrbuch des Arbeitsrechts, Bd. 46, S. 23; *Gaul*, Der Abschied vom Freiwilligkeitsvorbehalt, in: FS für Hromadka, 2008, S. 99; *Hromadka*, Was bleibt vom vertraglichen Freiwilligkeitsvorbehalt?, DB 2012, 1037; *Jensen*, Der Freiwilligkeitsvorbehalt bei Entgeltleistungen, 2010; *ders.*, Arbeitsvertragsklauseln gegen betriebliche Übungen – was geht noch?, NZA-RR 2011, 225; *Krause*, Freiwilligkeitsvorbehalte im Lichte von allgemeiner Rechtsgeschäftslehre und AGB-Kontrolle, in: FS für Bauer, 2010, S. 577; *Lingemann/Otte*, Bonuszahlungen und Freiwilligkeitsvorbehalt – Die Gewichte verschieben sich, NJW 2014, 2400; *Preis*, Der langsame Tod der Freiwilligkeitsvorbehalte und die Grenzen betrieblicher Übung, NZA 2009, 281; *Preis/Sagan*, Der Freiwilligkeitsvorbehalt im Fadenkreuz der Rechtsgeschäftslehre, NZA 2012, 697; *dies.*, Wider die Wiederbelebung des Freiwilligkeitsvorbehalts!, NZA 2012, 1077; *Quink*, Inhaltskontrolle von Freiwilligkeitsvorbehalten in Arbeitsverträgen, 2011; *Salamon*, Rechtsfolgen des Zusammentreffens von Freiwilligkeitsvorbehalten und Gratifikationszweckvereinbarungen, NZA 2009, 656; *ders.*, Die freiwillige Verpflichtung zur Gratifikationszahlung und die Divergenz der Rechtsprechung zur ergänzenden Vertragsauslegung durch BGH und BAG, NZA 2009, 1076; *ders.*, Umgehung der Voraussetzungen einer betrieblichen Übung durch Anerkennung schlüssiger Individualzusagen?, NZA 2010, 1272; *Schramm*, Die Zulässigkeit von Freiwilligkeitsvorbehalten in Arbeitsverträgen, NZA 2007, 1325; *Waltermann*, Freiwilligkeitsvorbehalt bei Sonderleistungen im vorformulierten Arbeitsvertrag, SAE 2009, 98; *Wiedemann*, Freiwilligkeitsvorbehalt bei Sonderzahlungen, RdA 2009, 186; *ders.*, Freiwillige Entgeltleistungen unter Vorbehalt, in: FS für Buchner, 2009, S. 942. Siehe ferner die Literaturangaben zu den Widerrufsvorbehalten.

Durch einen Freiwilligkeitsvorbehalt wird klargestellt, dass dem Arbeitgeber für die Erbringung einer Leistung der Verpflichtungswille fehlt. Ein **Rechtsanspruch** auf erneute Gewährung oder auf Weitergewährung für die Zukunft soll **ausgeschlossen** sein.[176] Der Arbeitgeber will jedes Jahr neu darüber entscheiden können, ob er die Leistung gewährt. Freiwilligkeitsvorbehalte dienen damit insbesondere der Verhinderung einer betrieblichen Übung bzw. einer konkludenten Zusage.[177] Dafür **genügte** nach bisheriger zutreffender Rechtsprechung, dass der **Vorbehalt der Freiwilligkeit im Arbeitsvertrag verankert wird;** er muss dann nicht stets mit jeder Auszahlung erneut bekräftigt werden.[178] Allerdings zeichnet sich hier eine **Rechtsprechungsänderung** ab. In Urteil des 10. Senats vom 14.9.2011[179] heißt es wörtlich: „Der Senat hat bereits Bedenken, ob ein solcher vertraglicher Vorbehalt dauerhaft den Erklärungswert einer ohne jeden Vorbehalt und ohne den Hinweis auf die vertragliche Regelung erfolgten Zahlung so erschüttern kann, dass der Arbeitnehmer das spätere konkludente Verhalten des Arbeitgebers entgegen seinem gewöhnlichen Erklärungswert nicht als Angebot zur dauerhaften Leistungserbringung verstehen kann." Der Senat beließ es bei dieser Andeutung, da der Punkt letztlich nicht entscheidungserheblich war. Sollte sich die Rechtsprechung tatsächlich in diese Richtung entwickeln, wären arbeitsvertraglich begründete Freiwilligkeitsvorbehalte künftig für sich genommen wirkungslos. **1154**

Freiwilligkeitsvorbehalte finden sich in aller Regel in vorformulierten Arbeitsvertragsbedingungen. Als Allgemeine Geschäftsbedingungen[180] müssen sie daher vor allem klar **1155**

---

[176] *Hanau/Hromadka* NZA 2005, 73; MünchArbR/*Rennpferd* § 117 Rn. 32; *Seel* MDR 2004, 1393.

[177] BAG NZA 2012, 81 (82) betont, dass auch dann, wenn der Arbeitgeber eine Zahlung (mehrfach) nur an einen Arbeitnehmer vorgenommen habe, eine vertragliche Bindung entstehen könne.

[178] Zuletzt BAG NZA 2000, 944; 2008, 1173 (1177); in diesem Sinne auch die überwiegende Meinung im Schrifttum *Henssler/Moll*, AGB-Kontrolle vorformulierter Arbeitsbedingungen, 2. Aufl. 2020, Rn. 102; *Hromadka* DB 2012, 1037 (1039 f.).

[179] BAG NZA 2012, 81 (84).

[180] BAG NZA 2014, 595 (598); offen gelassen noch in BAG NZA 2008, 1173 (1174); aA *Ulrici* BB 2005, 1902 (1903 f.); *Ricken* DB 2006, 1372 (1374).

und verständlich formuliert sein (§ 307 Abs. 1 S. 2 BGB). Die Rechtsprechung formuliert hier überaus **strenge Transparenzanforderungen.** Zwar bedarf es – wie das BAG[181] zu Recht[182] konstatiert –, keiner weiteren Präzisierung im Klauseltext, aus welchen Gründen der Freiwilligkeitsvorbehalt ausgeübt werde. Wohl aber entfaltet der Freiwilligkeitsvorbehalt die intendierte Wirkung nur, wenn sich der mangelnde Verpflichtungswille dem Adressaten, also dem Arbeitnehmer, mit hinreichender Deutlichkeit aus der Formulierung erschließt. Spricht der Arbeitsvertrag beispielsweise im Hinblick auf eine Gruppe von zugesagten Leistungen von „freiwilligen sozialen Leistungen", so muss ein Arbeitnehmer allein aus diesem Grunde noch nicht davon ausgehen, dass damit ein Rechtsanspruch ausgeschlossen sein soll.[183] Erforderlich ist mithin eine bestärkende Formulierung etwa des Inhalts, dass ein Rechtsanspruch auf die wiederholte und oder dauerhafte Gewährung der Leistung nicht entsteht.[184] Widersprüchlich und damit zugleich intransparent iS des § 307 Abs. 1 S. 2 BGB ist die in der Praxis[185] verbreitete Formulierung, der zufolge die Leistung **„freiwillig und unter dem Vorbehalt jederzeitigen Widerrufs"** gewährt wird, setzt doch ein solcher Vorbehalt denknotwendig das Bestehen des Anspruchs voraus, auf den er sich bezieht und den er durch seine Ausübung zu Fall bringen soll.[186] An der Transparenz soll es darüber hinaus schon dann fehlen, **wenn der Arbeitgeber dem Arbeitnehmer einerseits eine bestimmte Sonderzahlung ausdrücklich zusagt,** sie insbesondere den Voraussetzungen und der Höhe nach präzise formuliert, andererseits jedoch eine andere Vertragsklausel im Widerspruch dazu bestimmt, dass der Arbeitnehmer keinen Rechtsanspruch auf die Sonderzahlung hat. Dies gelte insbesondere für Zahlungen, die gezielt das Verhalten des Arbeitnehmers steuern und seine Leistung beeinflussen wollen.[187]

1156   Die **materiellrechtliche Bewertung** von vorformulierten Freiwilligkeitsvorbehalten ist im Übrigen hoch **umstritten.**[188] Dies gilt auch für die höchstrichterliche Rechtsprechung. Auf der einen Seite steht der **5. Senat des BAG,** der es für unzulässig hielt, eine monatlich anfallende Leistungszulage unter einen Freiwilligkeitsvorbehalt zu stellen.[189] In den Entscheidungsgründen wird eine sehr kritische Einstellung gegenüber Freiwilligkeitsvorbehalten im Allgemeinen deutlich. Der 5. Senat formuliert seine Bedenken wie folgt: „Damit verhindert der Ausschluss des Rechtsanspruchs die Verwirklichung des Prinzips der Vertragsbindung und löst die synallagmatische Verknüpfung der Leistungen beider Vertragsparteien. Die Möglichkeit, die zugesagte Zahlung grundlos und dazu noch ohne jegliche Erklärung einzustellen, beeinträchtigt die Interessen des Arbeitnehmers grundlegend." Die Gegenposition hat der **10. Senat** ausführlich begründet.[190] Er betont, dass Freiwilligkeitsvorbehalte keine einseitigen Leistungsbestimmungsrechte seien und daher nicht an § 308 Nr. 4 BGB zu messen seien. Ein transparent formulierter Freiwilligkeitsvorbehalt verstoße

---

[181] BAG NZA-RR 2009, 576; NZA 2009, 310 (312).

[182] Vgl. näher dazu *Stoffels,* ZfA 2009, 882 f.; aA DDW/*Bonin/Walser* § 307 Rn. 200b.

[183] BAG NZA 2001, 24; 2005, 889 (891 f.); 2011, 628 (630 f.); 2013, 787 (788); 2013, 1015 (1016).

[184] Vgl. etwa die Formulierungsbeispiele bei *Maaß,* in: Maschmann/Sieg/Göpfert, Vertragsgestaltung im Arbeitsrecht, C 360 Rn. 4.

[185] Vgl. den diesbezüglichen Formulierungsvorschlag bei *Schaub/Neef/Schrader,* Arbeitsrechtliche Formularsammlung, 9. Aufl. 2008, § 2 Rn. 78.

[186] BAG NZA 2012, 81 (83); zur Rechtsfolge vgl. → Rn. 600.

[187] BAG NZA 2008, 1173 (1178); NZA-RR 2009, 576 (577): Zusage eines „Weihnachtsgeld(es) in Höhe von 50 % des vereinbarten Brutto-Monatsverdienstes" unter Freiwilligkeitsvorbehalt; NZA 2013, 1015 (1017).

[188] Vgl. zuletzt den Schlagabtausch zwischen *Bauer/von Medem* NZA 2012, 894 und *Preis/Sagan* NZA 2012, 1077. Vgl. ferner die Stellungnahme des Verfassers in Wolf/*Stoffels* ArbR, Rn. 161, wonach schon die Kontrollfähigkeit (§ 307 Abs. 3 BGB) nicht gegeben ist.

[189] BAG NZA 2007, 853; ähnlich LAG Düsseldorf BeckRS 2008, 55437.

[190] BAG NZA 2008, 1173; bestätigt durch BAG NZA-RR 2009, 576; NZA 2009, 310 (312); 2009, 535; 2010, 445 (446); 2011, 628 (630); 2012, 81 (82 f.).

auch nicht gegen Grundsatz *pacta sunt servanda*, da es gerade zu keiner verbindlichen Leistungszusage komme. Vielmehr entsprächen solche Vorbehalte den allgemein anerkannten Regeln zur Verhinderung des Entstehens einer betrieblichen Übung. Ein (transparent formulierter) Freiwilligkeitsvorbehalt sei auch dann wirksam, wenn die Sonderzahlung ausschließlich im Bezugszeitraum geleistete Arbeit zusätzlich vergüte. Schließlich spreche auch die beträchtliche Höhe einer Sonderzahlung nicht dagegen, einen künftigen Anspruch wirksam ausschließen zu können.[191] Formal wird die Übereinstimmung mit der Entscheidung des 5. Senats gewahrt, indem der 10. Senat ausdrücklich Freiwilligkeitsvorbehalte ausnimmt, die sich auf laufendes Arbeitsentgelt beziehen.[192] Folgerichtig hat der 10. Senat einen vertraglichen Freiwilligkeitsvorbehalt beanstandet, der **alle zukünftigen Leistungen** unabhängig von ihrer Art und ihrem Entstehungsgrund erfassen sollte, da dieser unzulässigerweise auch laufendes Arbeitsentgelt einbeziehe.[193] Ferner beanstandet der Senat Freiwilligkeitsvorbehalte, welche die Auslegung zulassen, dass auch spätere **Individualabreden** im Sinne von § 305b BGB unverbindlich seien.[194] Für die Praxis folgt daraus: ein Freiwilligkeitsvorbehalt kommt **nicht** in Betracht **bei laufendem Arbeitsentgelt,** wohl aber **bei jährlichen genau bezeichneten Sonderzahlungen.** Dass diese Abgrenzungsformel wertungsmäßig nicht überzeugen kann, liegt auf der Hand.[195] Sie kaschiert nur notdürftig den in den Entscheidungsgründen manifest gewordenen grundsätzlichen Dissens. Abschließend sei darauf hingewiesen, dass der BGH in einer neueren Entscheidung Spielräume für die Abfassung von Vergütungsabreden in Vorstandsverträgen eröffnet hat, die über die restriktiveren Vorgaben der Rechtsprechung des BAG zu entsprechenden Gestaltungen in Arbeitsverträgen deutlich hinausgehen. Insoweit werden auch Freiwilligkeitsvorbehalte als AGB-rechtskonformes Gestaltungsinstrument anerkannt.[196]

4. Einseitige Leistungsbestimmungsrechte

Literatur: *Lingemann/Pfister/Otte,* Ermessen bei Gratifikation und Vergütung als Alternative zum Freiwilligkeitsvorbehalt, NZA 2015, 65; *Salamon,* Einseitige Leistungsbestimmungsrechte bei variablen Entgelten, NZA 2014, 465; *Stoffels,* Arbeitsvertraglich verankerte, einseitige Leistungsbestimmungsrechte des Arbeitgebers – wo bleibt das Transparenzgebot?, RdA 2015, 276; *Wensing/Boensch,* § 315 BGB: Das Instrument zur Flexibilisierung arbeitsvertraglicher Sonderzahlungen, BB 2014, 2358.

Eine weitere Form der Flexibilisierung stellen arbeitsvertragliche Gestaltungen dar, mit denen sich der Arbeitgeber die Festlegung der Höhe einer Leistung an den Arbeitnehmer vorbehält. Ihnen begegnet man recht häufig im Zusammenhang mit Bonusvereinbarungen, mitunter aber auch als Alternative zu Widerrufs- und Freiwilligkeitsvorbehalten im Hinblick auf Gratifikationen. Die Rechtsprechung interpretiert solche Vorbehalte – auch wenn sie nicht die Formulierung „nach billigem Ermessen" aufweisen, als **einseitige Leistungsbestimmungsrecht im Sinne des § 315 BGB.**[197] Dem Arbeitnehmer werde ein **Anspruch** **1157**

---

[191] BAG NZA 2009, 535 (536). Der Freiwilligkeitsvorbehalt sprengt damit gleichsam den Kernbereich, so die treffende Umschreibung in der Anmerkung *Leder* BB 2009, 1367. Der Entscheidung ist in diesem Punkt zuzustimmen (wie hier gegen die Geltung der 25 %-Grenze *Lingemann/Gotham* DB 2308, 2307 (2310); aA jedoch *Bayreuther* ZIP 2007, 2009 (2012); *Hanau* FS Deutsch, 2009, 1051 (1060); *Bieder* NZA 2007, 1135 (1139); *Thüsing*, AGB-Kontrolle im Arbeitsrecht, Rn. 269).

[192] BAG NZA 2009, 310 (311).

[193] BAG NZA 2012, 81 (84 f.).

[194] BAG NZA 2012, 81 (84 f.); 2014, 595 (601). Das liegt auf einer Linie zu der zu doppelten Schriftformklauseln ergangenen Rechtsprechung, vgl. BAG NZA 2008, 1233 (1237). § 305b BGB wird damit zu einer „Allzweckwaffe" gegen unliebsame Klauseln, zu Recht kritisch daher *Crisolli/Zaumseil* BB 2012, 1281 (1282) und *CKK/Roloff* BGB § 308 Rn. 59.

[195] *Bayreuther* BB 2009, 102 (105); *Preis* NZA 2009, 281 (282); anders hingegen *Singer* RdA 2008, 246 (247 ff.) und insbesondere *Waltermann* SAE 2009, 98 (101).

[196] BGH NZA 2020, 244 mit Anm. *Stoffels*, LMK 2020, 426472; hierzu auch *Kort* NZG 2020, 121.

[197] BAG NZA 2013, 148 (149); 2013, 1013 (1014).

eingeräumt, lediglich über die Höhe dürfe der Arbeitgeber nach billigem Ermessen entscheiden. Die neuere Rechtsprechung des BAG hat hier zuletzt bemerkenswert weite Gestaltungsspielräume eröffnet. § 308 Nr. 4 BGB scheide als Kontrollmaßstab aus, wenn es sich um die erstmalige Festsetzung einer Leistung handelt, worunter wohl auch die jährlich aufs Neue erfolgende Festsetzung der Entgelthöhe fallen soll.[198] Einer **materiellen Inhaltskontrolle auf der Grundlage des § 307 Abs. 1 S. 1 BGB** halten derartige Vorbehalte nach Ansicht des BAG regelmäßig stand.[199] Dafür beruft sich das BAG auf die gesetzliche Regelung in § 315 BGB, die davon ausgehe, dass vertragliche Regelungen diesen Inhalts einem berechtigten Bedürfnis des Wirtschaftslebens entsprechen können und nicht von vornherein unangemessen sind. Das Gesetz ordne ausdrücklich an, dass die Bestimmung mangels abweichender Vereinbarung nach billigem Ermessen zu geschehen habe, dass der Gläubiger die Entscheidung des Schuldners gerichtlich überprüfen und gegebenenfalls durch Urteil treffen lassen könne. Gegen die mit dem einseitigen Bestimmungsrecht etwa verbundene Gefährdung des Gläubigers habe der Gesetzgeber mithin Vorkehrungen getroffen. Anhaltspunkte dafür, dass diese Vorkehrungen nicht ausreichend wären, seien nicht erkennbar. Solche Klauseln verstießen – obwohl ihnen keine Maßstäbe für die Ausübung des billigen Ermessens zu entnehmen seien – nicht gegen das **Transparenzgebot (§ 307 Abs. 1 S. 2 BGB).**[200] Insoweit verweist das BAG auf die grundsätzliche Zulässigkeit von Freiwilligkeitsvorbehalten, mit denen sogar ein Rechtsanspruch für die Zukunft – ohne Angabe von Gründen – ausgeschlossen werden könne. Angesichts der höchst restriktiven Rechtsprechung zu den Freiwilligkeitsvorbehalten und dem Erfordernis der Angabe von Gründen bei Widerrufsvorbehalten erscheint diese Großzügigkeit fraglich. Das Transparenzgebot verlangt, wie das BAG an anderer Stelle[201] nicht müde wird zu betonen, dass der Vertragspartner erkennen können muss, was ggf. auf ihn zukommt. Der schlichte Hinweis auf § 315 BGB und die gerichtliche Überprüfungsmöglichkeit kann die Transparenzbedenken nicht überzeugend ausräumen. Neuere Urteile des BAG problematisieren dies nicht hinreichend[202] und beschäftigen sich stattdessen mit den Kriterien für die billigem Ermessen entsprechende Leistungsbestimmung.[203]

5. Befristung einzelner Arbeitsbedingungen

Literatur: *Biedermann,* Die Rechtsprechung zur Zulässigkeit der Befristung einzelner Arbeitsbedingungen, NZA-RR 2019, 345; *Fleddermann,* Die Befristung einzelner Arbeitsbedingungen, ArbRAktuell 2015, 367 und 392; *Fuhlrott,* Anforderungen an die Befristung einzelner Arbeitbedingungen, NZA 2016, 1000; *Lunk/Leder,* Teilbefristungen – Neues Recht und alte Regeln?, NZA 2008, 504; *Maschmann,* Die Befristung einzelner Arbeitsbedingungen, RdA 2005, 212; *Preis/Bender,* Die Befristung einzelner Arbeitsbedingungen – Kontrolle durch Gesetz oder Richterrecht?, NZA-RR 2005, 337; *Schmalenberg,* Befristung von einzelnen Vertragsbedingungen, in: Arbeitsgemeinschaft Arbeitsrecht im Deutschen Anwaltverein, FS zum 25-jährigen Bestehen, 2006, S. 155; *Schramm/Naber,* Die Wirksamkeitsanforderungen an die Befristung von einzelnen Vertragsbestandteilen, NZA 2009, 1318; *Wedemeyer,* Die Inhaltskontrolle der Befristung von Arbeitsbedingungen, 2010; *Willemsen/Grau,* Alternative Instrumente zur Entgeltflexibilisierung im Standardarbeitsvertrag, NZA 2005, 1137;

---

[198] BAG NZA 2013, 148 (150); 2013, 970 (972); 2013, 1150 (1154); 2013, 1013 (1014); AP Nr. 111 zu § 315 BGB.

[199] BAG NZA 2013, 148 (150 f.); 2013, 970 (973); 2013, 1013 (1014 f.); 2013, 1150 (1155).

[200] BAG NZA 2013, 148 (150); 2013, 970 (972); 2013, 1013 (1014).

[201] Zuletzt BAG NZA 2012, 908 (909); 2013, 680 (684).

[202] Eingehende Kritik bei *Stoffels* RdA 2015, 276.

[203] Zur Leistungsbestimmung nach billigem Ermessen – bei Bonusregelungen häufig unter Beachtung der dort benannten Faktoren – insbes. BAG NZA 2013, 148 (151 f.); 2013, 970 (973); 2014, 595 (599 ff.); hiernach kann ausnahmsweise sogar die Kürzung auf „Null" billigem Ermessen entsprechen. Ferner BAG NZA 2013, 1150 (1156); AP Nr. 111 zu § 315 BGB; BeckRS 2014, 67282. Die Darlegungs- und Beweislast dafür, dass die Leistungsbestimmung der Billigkeit entspricht, hat der bestimmungsberechtigte Arbeitgeber zu tragen; BAG NZA 2013, 970 (974).

Willemsen/Jansen, Die Befristung von Entgeltbestandteilen als Alternative zu Widerrufs- und Freiwilligkeitsvorbehalten, RdA 2010, 1.

Eine Flexibilisierung der Arbeitsbedingungen kann schließlich auch mit der Befristung **1158** einzelner Arbeitsbedingungen erstrebt werden. Dabei kann es sich beispielsweise um die befristete Übertragung einer bestimmten höherwertigen Tätigkeit,[204] um die befristete Erhöhung oder Verringerung[205] der Arbeitszeit, aber auch um zeitlich limitiert zugesagte Vergütungsbestandteile, wie etwa die Gewährung einer übertariflichen Zulage, handeln. Mit Ablauf der Frist entfällt der entsprechende Vertragsbestandteil *eo ipso.* Im Vordergrund stand bislang die **befristete Aufstockung der Arbeitszeit.**

Auch in diesem Bereich hat die Schuldrechtsreform eine Rechtsprechungsänderung **1159** angestoßen. In seiner grundlegenden **Entscheidung vom 27.7.2005** hat sich das **BAG** nämlich von seiner vom Umgehungsgedanken getragenen, auf die Rechtfertigung durch einen sachlichen Grund konzentrierten Rechtsprechung gelöst und auch die Befristung einzelner Arbeitsbedingungen der **AGB-Kontrolle nach den §§ 305 ff. BGB** unterworfen.[206] Die Kontrollfähigkeit nach § 307 Abs. 3 BGB hat es bejaht.[207] Die Angemessenheit der Befristungsabrede will das BAG im Rahmen des § 307 Abs. 1 BGB im Wege einer **Abwägung der Interessen beider Vertragsparteien** ermitteln. Dabei sei die dem Teilzeit- und Befristungsgesetz zu Grunde liegende Wertung zu berücksichtigen, dass der unbefristete Vertrag der Normalfall und der befristete Vertrag die Ausnahme sei. Das Interesse des Arbeitnehmers an einer längerfristigen Planungssicherheit im Hinblick auf den (einkommensrelevanten) Umfang der Arbeitszeit hält es daher grundsätzlich für anerkennenswert. Eine Teilbefristung könne aber im Einzelfall durch billigenswerte Interessen des Arbeitgebers gerechtfertigt sein. Im Hinblick auf die streitgegenständliche befristete Erhöhung der regelmäßigen Arbeitszeit ließ das BAG allein die Ungewissheit über den künftigen Arbeitskräftebedarf allerdings nicht ausreichen, da diese Ungewissheit zum unternehmerischen Risiko gehöre, das nicht auf Arbeitnehmer verlagert werden dürfe.[208] Die befristete Erhöhung der Arbeitszeit eines unbefristet teilzeitbeschäftigten Arbeitnehmers ist regelmäßig dann nicht unangemessen benachteiligend, wenn die Befristung auf Umständen beruht, die die Befristung eines Arbeitsvertrages insgesamt nach § 14 Abs. 1 S. 2 Nr. 3 TzBfG (zur Vertretung eines anderen Arbeitnehmers) sachlich rechtfertigen könnte.[209] Als kritisch erweisen sich vor allem befristete Aufstockungen der Arbeitszeit in einem Umfang, der diese Maßnahmen in die Nähe des Abschlusses eines zusätzlichen befristeten Arbeitsvertrages rückt. Das BAG verschärft hier den Prüfungsmaßstab unter Annäherung an die Vorgaben des TzBfG.[210] Jedenfalls bei der befristeten **Erhöhung der Arbeitszeit in einem erheblichen Umfang** könnten zur Rechtfertigung einer solchen Gestaltung nur Umstände herangezogen werden, die auch die Befristung eines gesondert im Umfang der Arbeitszeiterhöhung geschlossenen zusätzlichen Arbeits-

---

[204] Hierzu zuletzt BAG NZA 2016, 441 und 2016, 814.

[205] BAG NZA 2015, 811.

[206] BAG NZA 2006, 40 (45 ff.). Seitdem ständige Rechtsprechung, vgl. zuletzt BAG NZA 2012, 674 (676). Keiner Angemessenheitskontrolle unterliegen individuell vereinbarte Teilbefristungen, was bei nachträglicher Vereinbarung durchaus in Betracht gezogen werden kann, hierzu *Preis/Bender* NZA-RR 2005, 339 und 344 f.

[207] Die Kontrollunterworfenheit von Befristungsregelungen bejahend auch *Maschmann* RdA 2005, 220; *Preis/Bender* NZA-RR 2005, 340; ablehnend hingegen *Thüsing* RdA 2005, 265 und CKK/*Klumpp* BGB § 307 Rn. 151.

[208] BAG NZA 2006, 40 (47); NZA-RR 2008, 129 (135).

[209] BAG NZA 2008, 229.

[210] Das hat in der Literatur kritische Stellungnahmen hervorgerufen, *Lunk,* Anm. AP Nr. 89 zu § 14 TzBfG und *Maximilian Schmidt* NZA 2014, 760. In der Tat ist es fraglich, ob sich die Wertungen des TzBfG hier übertragen lassen.

vertrags nach § 14 Abs. 1 TzBfG rechtfertigen würden.[211] Eine Arbeitszeiterhöhung in erheblichem Umfang soll dabei in der Regel vorliegen, wenn sich das Erhöhungsvolumen auf mindestens 25 % eines entsprechenden Vollzeitarbeitsverhältnisses beläuft.[212] Es kommt hier mithin zu einer Zweiteilung der Kontrollmaßstäbe: **Ist das Aufstockungsvolumen geringer,** ist anhand einer umfassenden Abwägung der beiderseitigen Interessen nach § 307 Abs. 1 BGB zu prüfen, ob der Arbeitnehmer durch die Befristung unangemessen benachteiligt wird. Gegenstand der Inhaltskontrolle ist zwar die zuletzt vereinbarte Befristung der Arbeitszeiterhöhung. Bei der Angemessenheitsprüfung können jedoch auch die Anzahl der in der Vergangenheit getroffenen befristeten Aufstockungsvereinbarungen und die Gesamtdauer des Aufstockungszeitraums berücksichtigt werden.[213]

1160   Erweist sich die Befristung einer Arbeitsbedingung wegen eines zu intensiven oder nicht sachlich gerechtfertigten Eingriffs in den Kernbereich des Arbeitsverhältnisses als **unwirksam,** so bleibt der Arbeitsvertrag als solcher hiervon unberührt. Die Vertragsbedingung gilt als auf unbestimmte Zeit vereinbart.[214]

6. Anrechnungsvorbehalte

Literatur: *Bayreuther,* Änderung der Rechtsprechung zu Aufstockung und Anrechnung übertariflicher Zulagen?, NZA 2019, 517; *Franke,* Anrechnung von Tariferhöhungen auf übertarifliche Zulagen, NZA 2009, 245; *Natzel,* Neues zur AGB-Kontrolle von Vorbehaltsklauseln, SAE 2006, 225; *Preis,* Vorbehalte und Teilbefristung, in: Der Arbeitsvertrag, hrsg. von Preis, 6. Aufl. 2020, II V 70.

1161   In der Praxis wird das Tarifgehalt oftmals durch eine sog. übertarifliche Zulage aufgestockt. In Arbeitsverträgen finden sich in diesem Zusammenhang mitunter Klauseln, die sich zum Schicksal der Zulage im Falle einer künftigen Erhöhung der tariflichen Grundvergütung verhalten. Denkbar ist zum einen, dass der Arbeitsvertrag die für den Arbeitnehmer günstige Festlegung enthält, dass eine Anrechnung nicht stattfindet (zB Bezeichnungen wie „tariffest" oder „nicht anrechenbar").[215] Der Arbeitnehmer erhält dann auch weiterhin die (erhöhte) tarifliche Vergütung zuzüglich der ungeschmälerten Zulage. Die für den Arbeitnehmer günstige Verpflichtung, die vertragliche Vergütung entsprechend der Erhöhung der tariflichen Entgelte zu erhöhen, kann von Bedingungen abhängig gemacht werden, wie zB, dass die tariflichen Entgelterhöhungen keine „strukturelle Änderung" des Tarifwerks darstellen.[216]

1162   Will der Arbeitgeber sich hingegen Flexibilisierungsreserven sichern, so wird er eher einen Anrechnungsvorbehalt in den Arbeitsvertrag aufnehmen, etwa des Inhalts, dass die gewährte übertarifliche Zulage auf eine Erhöhung des Tariflohns und/oder eine Verkürzung der tariflichen Arbeitszeit ganz oder teilweise angerechnet wird bzw. angerechnet werden kann.[217] Nach der bisherigen Rechtsprechung bedurfte es solcher ausdrücklicher Anrechnungsvorbehalte nicht unbedingt. Denn im Zweifel sei von einer Anrechnungsbefugnis auszugehen.[218] Dafür genügte dem BAG insbesondere schon die Bezeichnung der Zulage als „übertariflich".[219] Auch die neuere Rechtsprechung erblickt in einer solchen Vertragsgestaltung keinen Verstoß gegen das Transparenzgebot. Dieses verlange

---

[211] BAG NZA 2012, 674.
[212] BAG NZA 2016, 881.
[213] BAG NZA 2016, 881.
[214] BAG NZA 2006, 40 (45 f.); *Maschmann* RdA 2005, 226.
[215] BAG AP Nr. 10 zu § 4 TVG Übertariflicher Lohn und Tariflohnerhöhung; Küttner/*Kreitner,* Personalbuch, 28. Aufl. 2021, Anrechnung übertariflicher Entgelte, Rn. 3.
[216] BAG DB 2006, 1061.
[217] Formulierungsbeispiele bei *Preis,* Der Arbeitsvertrag, II V 70 Rn. 31.
[218] BAG NZA 1996, 832 (833); 1999, 208 (209).
[219] BAG AP Nr. 15 zu § 4 TVG Übertariflicher Lohn und Tariflohnerhöhung; AP Nr. 53 zu § 87 BetrVG Betriebliche Lohngestaltung.

von dem Verwender nicht, alle gesetzlichen Folgen einer Vereinbarung ausdrücklich zu regeln.[220] Ob für einen verständigen Arbeitnehmer tatsächlich ohne weiteres erkennbar ist, dass aus der Bezeichnung als übertariflich die Befugnis des Arbeitgebers resultiert, künftige Tariflohnerhöhungen anzurechnen, darf indes bezweifelt werden.[221] Ein **ausdrücklicher Anrechnungsvorbehalt** ist daher im Sinne einer möglichst transparenten Vertragsgestaltung zu empfehlen.

Die Angemessenheit des Anrechnungsvorbehalts bzw. seine Zumutbarkeit iS des § 308 Nr. 4 BGB ist allerdings dann nicht mehr gegeben, wenn sich der Anrechnungsvorbehalt (auch) auf Funktions-, Leistungs- und Erschwerniszulagen bezieht. Denn der Grund für diese Zulagen steht in keinem sachlichen Zusammenhang zur Entwicklung des Tariflohns.[222]   **1163**

X. Freistellungsklauseln

Literatur: *Bauer/Günther,* Die Freistellung von der Arbeitspflicht – Grundlagen und aktuelle Entwicklungen, DStR 2008, 2422; *Fischer,* Die formularmäßige Abbedingung des Beschäftigungsanspruchs des Arbeitnehmers während der Kündigungsfrist, NZA 2004, 233; *Leßmann,* Die Abdingbarkeit des Beschäftigungsanspruchs im unstreitigen und streitigen Arbeitsverhältnis, RdA 1988, 149; *Meyer,* Der Freistellungsvertrag, NZA 2011, 1249; *Greiner,* Freistellung des Arbeitnehmers, in: Der Arbeitsvertrag, hrsg. von Preis, 6. Aufl. 2020, II F 10.

Freistellungsklauseln erlauben es dem Arbeitgeber, einen Mitarbeiter – unter Fortzahlung seiner Bezüge – vom Dienst zu suspendieren. Dabei geht es vor allem um die Zeit nach Ausspruch einer Kündigung bis zum Ablauf der Kündigungsfrist bzw. bis zum rechtskräftigen Abschluss des Kündigungsschutzprozesses. Solche Klauseln sind problematisch, da sie den vom BAG[223] aus den Grundrechten (Art. 1 und 2 GG) abgeleiteten (Weiter-)Beschäftigungsanspruch des Arbeitnehmers beeinträchtigen. Zwar verlagern sich nach Ausspruch einer Kündigung und insbesondere nach Ablauf der Kündigungsfrist die Gewichte zugunsten des Arbeitgebers. Aber auch in dieser Situation genießt das Interesse des Arbeitgebers an der Nichtbeschäftigung des Arbeitnehmers keinen unbedingten Vorrang. Dies dokumentieren § 102 Abs. 5 BetrVG und die Rechtsprechung zum allgemeinen Weiterbeschäftigungsanspruch. Die hierin zum Ausdruck kommende Interessenbewertung darf durch vorformulierte Freistellungsklauseln nicht unterlaufen werden.[224] Es liegt nahe, jedenfalls in der **undifferenzierten, weit ausgreifenden Freistellungsabrede,** wie sie in der Praxis noch häufig anzutreffen ist, eine Leitbildabweichung nach § 307 Abs. 2 Nr. 1 BGB zu sehen.[225] In einem solchen Fall treten an die Stelle der unwirksamen Freistellungsklausel die allgemeinen Regeln der Rechtsprechung zur Möglichkeit der Suspendierung.[226] Eine solche (bezahlte) Entbindung von der Arbeitspflicht kann der Arbeitgeber nur verfügen, wenn besondere schutzwürdige und überwiegende Interessen dies rechtfertigen. Das ist insbesondere dann der Fall, wenn ein wichtiger Grund für eine außerordentliche Kündigung vorliegt (§ 626 BGB). Nach Ablauf der Kündigungsfrist   **1164**

---

[220] BAG NZA 2006, 688 (689); 2006, 746 (748); 2009, 49 (52).

[221] ErfK/*Preis* BGB §§ 305–310 Rn. 65; CKK/*Klumpp* BGB § 307 Rn. 97.

[222] *Lindemann,* S. 328 f.; weniger streng offenbar BAG NZA 2006, 746 (748).

[223] Grundl. BAG AP Nr. 2 zu § 611 BGB Beschäftigungspflicht; BAG GS AP Nr. 14 zu § 611 BGB Beschäftigungspflicht.

[224] So im Ergebnis auch ErfK/*Preis* BGB § 611a Rn. 568 ff.

[225] LAG München LAGE § 307 BGB Nr. 2; LAG Hessen NZA-RR 2011, 419; aA LAG Köln NZA-RR 2006, 342. Wie hier kritisch gegenüber pauschalen Freistellungsklauseln *Fischer* NZA 2004, 234 f.; ErfK/*Preis* BGB § 611a Rn. 568 ff.; *Thüsing,* AGB-Kontrolle im Arbeitsrecht, Rn. 307; CKK/*Klumpp* BGB § 307 Rn. 191; DDW/*Däubler* Anhang Rn. 218; Schaub/*Ahrendt,* Arbeitsrechts-Handbuch, § 109 Rn. 179. Ausführlich zuletzt *Krause* NZA 2005, Beil. 1, S. 61 ff.

[226] BAG AP Nr. 7 zu § 628 BGB.

sind die Voraussetzungen des Weiterbeschäftigungsanspruchs zu beachten. Zulässig könnten vor diesem Gesamthintergrund allenfalls differenzierte, auf sachliche und gewichtige Gründe abstellende Freistellungsklauseln sein. Sie müssten von den Grundsätzen der Rechtsprechung ausgehen, dürften diese aber im Hinblick auf das konkrete Arbeitsverhältnis präzisieren.[227] In diesem Fall stellt es keine unangemessene Benachteiligung des Arbeitnehmers dar, dass die Klausel eine Anrechnung der (unwiderruflichen) Freistellung auf noch offene Urlaubsansprüche vorsieht.[228] Erweiterte Freistellungsmöglichkeiten wird man im Hinblick auf § 14 Abs. 2 KSchG bei Führungskräften anerkennen müssen, soweit es um die Weiterbeschäftigung nach erfolgter Kündigung geht.[229] Eine Freistellung kraft individueller Vereinbarung ist im Übrigen angesichts der Dispositivität des Beschäftigungsanspruchs grundsätzlich zulässig.[230]

XI. Haftungsabreden

Literatur: *Fritz,* Haftungsbegrenzung bei Führungskräften, NZA 2017, 673; *Krause,* Geklärte und ungeklärte Probleme der Arbeitnehmerhaftung, NZA 2003, 577; *Otto/Schwarze/Krause,* Die Haftung des Arbeitnehmers, 4. Aufl. 2014; *Schwab,* Die Mankohaftung des Arbeitnehmers, NZA-RR 2017, 7; *Schwirtzek,* Mankoabreden nach der Schuldrechtsreform – Zurück in die Zukunft!, NZA 2005, 437; *Stoffels,* Haftung des Arbeitnehmers, in: Der Arbeitsvertrag, hrsg. von Preis, 6. Aufl. 2020, II H 20; *ders.,* Haftung des Arbeitgebers, in: Der Arbeitsvertrag, hrsg. von Preis, 6. Aufl. 2020, II H 10; *ders.,* Mankohaftung, in: Der Arbeitsvertrag, hrsg. von Preis, 6. Aufl. 2020, II M 10; *Walker,* Die eingeschränkte Haftung des Arbeitnehmers unter Berücksichtigung der Schuldrechtsreform, JuS 2002, 736; *Waltermann,* Risikozuweisung nach den Grundsätzen der beschränkten Arbeitnehmerhaftung, RdA 2005, 98.

1. Arbeitnehmerhaftung

1165   Haftungsfragen stellen sich erfahrungsgemäß recht häufig im Verhältnis zwischen Arbeitgeber und Arbeitnehmer. Der Arbeitnehmer kommt in der fremdbestimmten Arbeitswelt oftmals mit erheblichen Vermögenswerten in Berührung. Um den Arbeitnehmer nicht mit einem mitunter existenzgefährdenden Haftungsrisiko zu belasten, hat die arbeitsgerichtliche Rechtsprechung seit langem Grundsätze einer privilegierten Haftung des Arbeitnehmers entwickelt, die an den Verschuldensgrad anknüpfen.[231]

1166   In diesem Zusammenhang stellt sich die Frage nach der Dispositivität der Haftungsgrundsätze der Rechtsprechung. Jedenfalls soweit es um anerkannte Kernpunkte der Haftungsprivilegierung geht – wie zB die Haftungsfreistellung bei leichtester Fahrlässigkeit – wird die Rechtsprechung in der Literatur für zwingend erachtet.[232] Das **BAG** hat zuletzt judiziert, die aus einer entsprechenden Anwendung des § 254 BGB folgenden **Regeln über die Haftung im Arbeitsverhältnis seien einseitig zwingendes Arbeitnehmerschutzrecht.** Von ihnen könne weder einzel- noch kollektivvertraglich zulasten der Arbeitnehmer abgewichen werden.[233] Eine unzulässige Abweichung wäre offensichtlich, wenn eine Haftung des Arbeitnehmers für jede Fahrlässigkeit oder sogar ohne Verschulden

---

[227] *Greiner,* Der Arbeitsvertrag, II F 10 Rn. 21; DDW/*Däubler* Anhang zu Rn. 217.

[228] BAG NZA 2008, 473, 474 f.; LAG Köln NZA-RR 2006, 342; *Thüsing,* AGB-Kontrolle im Arbeitsrecht, Rn. 308; näher *Bauer* NZA 2007, 409.

[229] So tendenziell ArbG Frankfurt a. M. BB 2006, 1915; ebenso *Greiner,* Der Arbeitsvertrag, Freistellung des Arbeitnehmers, II F 10 Rn. 11; dagegen jedoch *Fischer* NZA 2004, 236.

[230] ErfK/*Preis* BGB § 611a Rn. 568; HWK/*Thüsing* BGB § 611a Rn. 329; *Krause* NZA 2005, Beil. 1, 61.

[231] Grundl. BAG GS AP Nr. 103 zu § 611 BGB Haftung des Arbeitnehmers; zusammenfassend zuletzt BAG AP Nr. 122 zu § 611 BGB Haftung des Arbeitnehmers.

[232] *Schwerdtner* FS Hilger/Stumpf, 1983, 644; Schaub/*Linck,* Arbeitsrechts-Handbuch, § 59 Rn. 51; *Waltermann* RdA 2005, 98 (108 f.).

[233] BAG NZA 1999, 141 (144); 2000, 715 (716); 2004, 649.

vereinbart würde. Eine Abweichung zulasten des Arbeitnehmers läge aber auch vor, wenn dem Arbeitnehmer Verhaltenspflichten auferlegt würden, die dazu führten, dass der für eine Haftung erforderliche Verschuldensgrad sich nur noch auf die Verletzung der Verhaltenspflicht und nicht mehr auf die Schädigung und damit den Handlungserfolg bezöge.

Allerdings wird man das BAG nicht so verstehen dürfen, dass Modifikationen der **1167** Haftungslage des Arbeitnehmers *a priori* ausgeschlossen sein sollen. Vielmehr kommt es – wie die neuere Rechtsprechung zur Mankohaftung zeigt – darauf an, ob die jeweilige Haftungsregelung das generelle Schutzniveau des innerbetrieblichen Schadensausgleichs nicht unterschreitet.[234] Der Blick darf also nicht auf punktuelle, für den Arbeitnehmer nachteilige Abweichungen von den Grundsätzen des innerbetrieblichen Schadensausgleichs verengt werden. Vielmehr bedarf es einer Gesamtbetrachtung, die auch etwaige kompensatorische Elemente der Regelung einbezieht. Entscheidend ist, dass im wirtschaftlichen Ergebnis keine Verschärfung der beschränkten Arbeitnehmerhaftung eintritt.[235] Auch die Rechtsprechung zur Haftung des Arbeitgebers legt ein solches Verständnis nahe. Das BAG hat hier den Rechtssatz aufgestellt, dass eine Verschiebung des Haftungsrisikos zulasten des Arbeitnehmers dann zulässig ist, wenn dem Arbeitnehmer im Gegenzug ein entsprechender und als solcher klar ausgewiesener Risikoausgleich gewährt wird.[236] Nicht konnexe Vergünstigungen – zB zusätzliche Urlaubstage – bleiben hierbei jedoch außer Betracht. Die Möglichkeit, einen Dienstwagen im Rahmen des Arbeitsverhältnisses auch für Privatfahrten nutzen zu können, rechtfertigt es nach einer Entscheidung des BAG nicht, den Arbeitnehmer bei Beschädigung des Wagens im Rahmen betrieblich veranlasster Fahrten für jede Form der Fahrlässigkeit haften zu lassen.[237] Die private Nutzungsmöglichkeit sei vielmehr grundsätzlich eine zusätzliche Gegenleistung für die geschuldete Arbeitsleistung.

Im Übrigen sollte die Schuldrechtsreform zum Anlass genommen werden, über die **1168** Qualifizierung der Grundsätze der privilegierten Arbeitnehmerhaftung als zwingendes Recht nochmals nachzudenken. Denn bei diesen Grundsätzen handelt es sich um eine Fortbildung des dispositiven Privatrechts hin zu einem arbeitsrechtlichen Haftungsmodell. Dieses muss dann aber auch – in Grenzen – von den Parteien des Arbeitsvertrages verändert werden können.[238] Die Frage der zulässigen Abweichung sollte man künftig bei Formularverträgen im Rahmen des § 307 BGB klären. Damit verbände sich die Chance, dass dann die freiheitlichen Komponenten des Rechts der Allgemeinen Geschäftsbedingungen im Arbeitsrecht stärker als im bisherigen Richterrecht hervortreten, dass zwingendes, also schlechthin unabdingbares Arbeitsrecht, durch die flexiblere Inhaltskontrolle ersetzt wird.[239] So sollte es beispielsweise zulässig sein, eine Haftung des Arbeitnehmers auch für fahrlässig verursachte Schäden vorzusehen, wenn dies mit der Statuierung von Haftungshöchstgrenzen zugunsten des Arbeitnehmers einhergeht.[240]

2. Mankohaftung

Die Haftung des Arbeitnehmers für ihm anvertraute Warenbestände oder Geldbeträge **1169** in einer von ihm verwalteten Kasse wird in der Praxis häufig zum Gegenstand besonde-

---

[234] In diesem Sinne auch *Krause*, Anm. AP Nr. 3 zu § 611 BGB Mankohaftung; *ders.* NZA 2003, 585; *Deinert* RdA 2000, 33.

[235] *Krause*, Anm. AP Nr. 3 zu § 611 BGB Mankohaftung; *Lakies*, Inhaltskontrolle von Arbeitsverträgen, Rn. 709; strenger hingegen DDW/*Däubler* Einl. Rn. 106 f.

[236] BAG EzA Nr. 14 zu § 670 BGB; zuletzt BAG NZA 1997, 1346.

[237] BAG NZA 2004, 649 f.

[238] Wie hier *Gotthardt*, Rn. 185; *Preis*, Vertragsgestaltung, 1993, S. 464 f.

[239] In diesem Sinne *Hanau* NJW 2002, 1242.

[240] So schon LAG Düsseldorf BB 1966, 80; ErfK/*Preis* BGB §§ 305–310 Rn. 85; *Stoffels*, in: Arbeitsvertrag, II H 20 Rn. 21.

rer vertraglicher Vereinbarungen gemacht. Derartige Abreden sind nicht unbedenklich, da sie in einschneidender Weise die Existenzgrundlage des Arbeitnehmers berühren können. Die neuere Rechtsprechung steht denn auch – auf der Grundlage der nicht unumstrittenen These vom zwingenden Charakter der privilegierten Arbeitnehmerhaftung (vgl. → Rn. 1168) – Mankoabreden sehr zurückhaltend gegenüber.[241] Die Begründung einer Erfolgshaftung durch Mankoabrede sei nur dann zulässig, wenn der Arbeitnehmer hiernach lediglich bis zur Höhe einer vereinbarten Mankovergütung haften solle und daher im Ergebnis allein die Chance einer zusätzlichen Vergütung für die erfolgreiche Verwaltung eines Waren- oder Kassenbestandes erhalte. Eine Verschärfung der auf Gesetz beruhenden beschränkten Arbeitnehmerhaftung trete dann nicht ein. Die Mankoabrede könne auch nicht voll beherrschbare Umstände und Risiken, wie die Beaufsichtigung von Mitarbeitern und Hilfskräften, einschließen. Denn der Arbeitnehmer werde keiner gesetzlich nicht vorgesehenen Haftung ausgesetzt, sondern verliere allenfalls die „Erfolgsprämie" der Mankovergütung. Dagegen komme die Begründung einer Erfolgshaftung durch Vertrag nicht in Betracht, soweit sie über das Mankogeld hinausgehe. Dabei könnten die Vertragsparteien auf einen längeren Zeitraum von zB einem Jahr abstellen.

1170   Mitunter verzichten Mankovereinbarungen auch auf eine generelle Haftungsüberwälzung, unterwerfen den Arbeitnehmer dafür aber hohen Beweislastanforderungen. Das BAG hält solche Abreden prinzipiell für zulässig, wenn sie eine sinnvolle, den Eigenarten des Betriebes und der Beschäftigung angepasste Beweislastverteilung enthalten.[242] Diese Rechtsprechung bedarf jedoch der Überprüfung im Lichte des AGB-Rechts. Eine Abweichung von der durch § 619a BGB vorgegebenen Beweislastverteilung verstößt jetzt gegen das Klauselverbot des § 309 Nr. 12 BGB, dessen Anwendung keine arbeitsrechtlichen Besonderheiten entgegenstehen. Mankoabreden, die die Beweislast zuungunsten des Arbeitnehmers verschieben, sind selbst dann unwirksam, wenn sie ihm auf der anderen Seite einen wirtschaftlichen Ausgleich bieten. Dass damit die gänzliche Haftungsüberwälzung, nicht aber die Beweislastverschlechterung, Bestand hat, mag als Widerspruch empfunden werden.[243] Zu bedenken ist jedoch, dass in diesem Bereich klaren Regelungen der Vorzug gebührt, während sich die Auswirkungen von Beweislastvereinbarungen für den Arbeitnehmer oftmals nur schwer beurteilen lassen.[244]

1171   Hält eine Mankoabrede den soeben skizzierten Anforderungen nicht stand, gerät sie in toto in Wegfall. Es gelten dann die vor allem auf der Schadensersatzhaftung für Pflichtverletzungen (§ 280 BGB) basierenden Regeln der allgemeinen Mankohaftung.[245]

3. Arbeitgeberhaftung

1172   Der Inanspruchnahme des Arbeitgebers durch den Arbeitnehmer können die unterschiedlichsten Sachverhalte zu Grunde liegen. Die Haftung kann zunächst an eine **schuldhafte Handlung** anknüpfen. Insoweit ist es fraglich, ob sich der Arbeitgeber der vertraglichen oder deliktischen Schadensersatzhaftung (insbes. §§ 280 und 823 BGB) durch entsprechende Haftungsabreden entziehen kann. § 309 Nr. 7. Buchst. a BGB, wonach in Allgemeinen Geschäftsbedingungen ein Ausschluss oder eine Begrenzung der Haftung für Schäden aus der Verletzung des Lebens, des Körpers oder der Gesundheit unwirksam ist, hat indes nur geringe praktische Bedeutung, da der Arbeitgeber bei Personenschäden

---

[241] Zuletzt BAG AP Nr. 3 zu § 611 BGB Mankohaftung.
[242] So zuletzt BAG EzA § 611 BGB Arbeitnehmerhaftung Nr. 41.
[243] Hierzu → Rn. 1045.
[244] Für teleologische Reduktion von § 309 Nr. 12 BGB hingegen Otto/Schwarze/*Krause*, Haftung des Arbeitnehmers, § 13 Rn. 60.
[245] Hierzu *Stoffels*, Arbeitsvertrag, II M Rn. 2 ff.

regelmäßig schon nach § 104 SGB VII von der Haftung freigestellt ist.[246] Bedeutsamer ist insofern § 309 Nr. 7 Buchst. b BGB, der den Gestaltungsspielraum bei Sachschäden insoweit verengt, als die Haftung für grob fahrlässige Pflichtverletzungen nicht ausgeschlossen werden kann. Und selbst im verbleibenden Bereich der einfachen Fahrlässigkeit kann die Haftung nicht ohne weiteres ausgeschlossen werden. Nach § 307 BGB unwirksam ist ein Haftungsausschluss zB dann, wenn für den Arbeitgeber eine zumutbare Möglichkeit besteht, die eingebrachten Sachen des Arbeitnehmers unter Versicherungsschutz zu stellen.[247]

Für bestimmte, dem Arbeitnehmer im Zusammenhang mit seiner betrieblichen Tätigkeit entstehende Schäden ist in der Rechtsprechung gestützt auf eine Analogie zu § 670 BGB im Grundsatz auch eine **verschuldensunabhängige Haftung des Arbeitgebers** anerkannt.[248] Bedeutung erlangt diese Rechtsprechung insbesondere bei der Verwendung eines privateigenen Fahrzeugs des Arbeitnehmers zu dienstlichen Zwecken.[249] Ob die unter bestimmten Voraussetzungen (arbeitstypischer und nicht abgegoltener Eigenschaden) sich aktualisierende verschuldensunabhängige Einstandspflicht vertraglich abbedungen oder zumindest modifiziert werden kann, ist bislang kaum erörtert worden.[250] Die Grenze markiert bei vorformulierten Haftungseinschränkungen § 307 BGB. Auszugehen ist von der Erkenntnis, dass sich diese Haftungsgrundsätze ebenso wie diejenigen der privilegierten Arbeitnehmerhaftung als Ergebnis einer Risikozurechnung darstellen.[251] Für die Einschränkung der Arbeitnehmerhaftung entspricht es allgemeiner Ansicht, dass die Gewichte nicht einseitig zulasten des Arbeitnehmers verschoben werden können (vgl. → Rn. 1166 f.). Für die letztlich auf demselben Gedanken beruhende Arbeitgeberhaftung für Eigenschäden des Arbeitnehmers wird nichts anderes gelten können.[252] Zulässig sind auf dieser Basis beispielsweise Pauschalabgeltungen, die den Arbeitnehmer jedenfalls nicht schlechter stellen.[253]

1173

XII. Kündigungsklauseln

Literatur: *Bettinghausen,* Die Vereinbarung längerer Kündigungsfristen im vorformulierten Arbeitsvertrag, BB 2018, 1844; *Fuhlrott,* Unangemessene Verlängerung von Kündigungsfristen in Formular-Arbeitsverträgen, NJW 2018, 1139; *Wensing/Hesse,* Die Vereinbarung längerer Kündigungsfristen im Arbeitsvertrag, NZA 2009, 1309.

Die gesetzliche Grundkündigungsfrist von vier Wochen nach § 622 Abs. 1 BGB, die mindestens zwei Wochen betragende Kündigungsfrist während einer vereinbarten Probezeit (§ 622 Abs. 3 BGB),[254] aber auch die vom Arbeitgeber einzuhaltenden verlängerten

---

[246] ErfK/*Preis* BGB §§ 305–310 Rn. 84; *Lakies,* Inhaltskontrolle von Arbeitsverträgen, Rn. 704; *Thüsing,* AGB-Kontrolle im Arbeitsrecht, Rn. 311; vgl. aber auch DDW/*Däubler* BGB § 309 Nr. 7 Rn. 5.

[247] *Stoffels,* in: Arbeitsvertrag II H 10 Rn. 6; DDW/*Däubler* BGB § 309 Nr. 7 Rn. 9; *Thüsing,* AGB-Kontrolle im Arbeitsrecht, Rn. 312.

[248] Grundl. BAG GS AP Nr. 2 zu § 611 BGB Gefährdungshaftung des Arbeitgebers; EzA § 670 Nr. 14; NZA 1997, 1346; 2000, 1052.

[249] Hierzu zuletzt BAG NZA 2007, 870; näher *Stoffels,* in: Arbeitsvertrag, II H 30 Haftung für Kfz-Schäden.

[250] Aus dem älteren Schrifttum bejahend einerseits *Joachim,* AR-Blattei, Haftung des Arbeitgebers für eingebrachte Sachen und zurückhaltend *Mayer-Maly* NZA 1991, Beil. 3, 16.

[251] So zutreffend *Brox,* Anm. AP Nr. 6 zu § 611 BGB Gefährdungshaftung des Arbeitgebers und *Gamillscheg,* Arbeitsrecht I, 2000, S. 396.

[252] Wie hier Otto/*Schwarze*/Krause, Die Haftung des Arbeitnehmers, § 27 Rn. 30; *Müller-Glöge* FS Dieterich, 1999, 387 (411); ErfK/*Preis* BGB § 619a Rn. 94; sehr streng DDW/*Däubler* BGB § 309 Nr. 7 Rn. 11.

[253] *Mayer-Maly* NZA 1991, Beil. 3, 16 und ErfK/*Preis* BGB § 619a Rn. 94.

[254] LAG Rheinland-Pfalz NZA-RR 2010, 464; LAG Hessen NZA-RR 2011, 571; Probezeitvereinbarung als solche bleibt allerdings wirksam.

Kündigungsfristen nach § 622 Abs. 2 S. 1 BGB[255] können **einzelvertraglich nicht abgekürzt** werden (vgl. § 622 Abs. 5 BGB mit einigen punktuellen Ausnahmen). Auch die Vereinbarung zusätzlicher Kündigungstermine ist nicht zulässig. Gegen formularvertragliche Vereinbarungen, die eine **Verlängerung** der nach § 622 BGB geltenden Kündigungsfristen vorsehen, bestehen hingegen grundsätzlich keine Bedenken.[256] Aus § 622 Abs. 6 BGB folgt, dass die Arbeitsvertragsparteien eine längere als die in § 622 Abs. 1 BGB vorgesehene Kündigungsfrist vereinbaren dürfen. Voraussetzung dafür ist, dass für die Kündigung des Arbeitsverhältnisses durch den Arbeitnehmer keine längere Frist vereinbart wird als für die Kündigung durch den Arbeitgeber. So hat das BAG eine arbeitsvertragliche Regelung gebilligt, wonach eine Kündigungsfrist von zwei Monaten jeweils zum 31.7. eines Jahres gelten solle. Dies stehe im Einklang mit § 622 BGB und sei weder nach § 309 Nr. 9 BGB noch nach § 307 Abs. 1 BGB unwirksam.[257] Wird die gesetzliche Kündigungsfrist für den Arbeitnehmer in AGB jedoch ganz erheblich verlängert (im konkreten Fall: drei Jahre zum Monatsende), kann darin auch dann eine unangemessene Benachteiligung im Sinn von § 307 Abs. 1 BGB liegen, wenn die Kündigungsfrist für den Arbeitgeber in gleicher Weise verlängert wird.[258]

XIII. Rückzahlungsklauseln

Literatur: *Bettinghausen*, Rückzahlungsvereinbarungen über Fortbildungskosten – Was Arbeitgeber zu beachten haben, NZA-RR 2017, 573; *Bieder*, Überzahlung von Arbeitsentgelt und formularvertraglicher Ausschluss des Entreicherungseinwandes, DB 2006, 1318; *Dimsic*, Rückzahlung von Fortbildungskosten, RdA 2016, 106; *Dorth*, Gestaltungsgrenzen bei Aus- und Fortbildungskosten betreffenden Rückzahlungsklauseln, RdA 2013, 287; *Düwell/Ebeling*, Rückzahlung von verauslagten Bildungsinvestitionen, DB 2008, 406; *Elking*, Rückzahlungsklauseln bei Fortbildungskosten – die aktuellen Anforderungen der Rechtsprechung, BB 2014, 885; *Hanau/Stoffels*, Beteiligung von Arbeitnehmern an den Kosten der betrieblichen Fortbildung, 1992; *Hoffmann*, Rückzahlungsklauseln bei Fortbildungskosten – Anforderungen, Rechtsfolgenproblematik und Vertrauensschutz, NZA-RR 2015, 337; *Jesgarzewski*, Rückzahlungsvereinbarungen für Fortbildungskosten, BB 2011, 1594; *Lakies*, AGB-Kontrolle von Rückzahlungsvereinbarungen über Weiterbildungskosten, BB 2004, 1903; *Maier/Morsig*, Unwirksame Rückzahlungsklauseln bei arbeitgeberseitiger Übernahme der Ausbildungskosten, NZA 2008, 1168; *Preis*, Sonderzahlungen (Boni), in: Der Arbeitsvertrag, hrsg. von Preis, 6. Aufl. 2020, II S 40; *Sagan*, Arbeitsentgelt, überzahltes, in: Der Arbeitsvertrag, hrsg. von Preis, 6. Aufl. 2020, II A 80; *I. Schmidt*, Die Beteiligung der Arbeitnehmer an den Kosten der beruflichen Bildung, NZA 2004, 1002; *Schönhöft*, Rückzahlungsverpflichtungen in Fortbildungsvereinbarungen, NZA-RR 2009, 625; *Stoffels*, Ausbildungskosten, in: Der Arbeitsvertrag, hrsg. von Preis, 6. Aufl. 2020, II A 120; *Straube*, Inhaltskontrolle von Rückzahlungsklauseln für Ausbildungskosten, NZA-RR 2012, 505; *Waas*, Ausbildungskosten – Erstattung bei Arbeitgeberkündigung, RdA 2005, 120.

1. Ausbildungskosten

1174   In der arbeitsvertraglichen Praxis wird die Übernahme von Ausbildungs- oder Fortbildungskosten durch den Arbeitgeber nicht selten mit der Vereinbarung einer Rückzahlungsklausel verbunden. Der Arbeitnehmer verpflichtet sich hierbei für den Fall seines Ausscheidens vor einem bestimmten Zeitpunkt zur (teilweisen) Rückzahlung der für

---

[255] Beachte in diesem Zusammenhang BAG NZA 2015, 673 mit der Klarstellung, dass sich eine vertragliche Kündigungsfrist gegen die maßgebliche gesetzliche Kündigungsfrist nur durchzusetzen vermag, wenn sie in jedem Fall zu einer späteren Beendigung des Arbeitsverhältnisses führt. Es genügt nicht, dass die vertragliche Regelung für die längere Zeit innerhalb eines Kalenderjahres den besseren Schutz gewährt.

[256] Vgl. auch BAG NZA 2009, 1337: Angleichung der Fristen für Arbeitnehmerkündigung an die für den Arbeitgeber bei längerer Vertragsdauer geltenden Fristen des § 622 Abs. 2 BGB ist grundsätzlich nicht überraschend.

[257] BAG NZA 2009, 370.

[258] BAG NZA 2018, 297.

seine Fortbildung aufgewandten Kosten. Der Arbeitgeber will damit sicherstellen, dass die durch die Fortbildung erworbenen Fähigkeiten und Kenntnisse des Arbeitnehmers dem Betrieb jedenfalls für eine gewisse Zeit zugute kommen, die Investition sich also amortisiert. Solche Rückzahlungsklauseln sind im Arbeitsrecht – abgesehen von Berufsausbildungsverhältnissen (§ 12 Abs. 2 Nr. 1 BBiG) –[259] grundsätzlich zulässig,[260] unterliegen aber, wenn sie vom Arbeitgeber vorformuliert werden, der Inhaltskontrolle nach § 307 BGB. Die Kontrollfähigkeit nach § 307 Abs. 3 BGB steht außer Zweifel.[261]

Für die Frage nach der AGB-rechtlichen Zulässigkeit (§ 307 Abs. 1 S. 1 BGB) einer **1175** Rückzahlungsklausel dem Grunde nach („Ob") stellt das BAG auf Seiten des Arbeitnehmers entscheidend darauf ab, ob und inwieweit er mit der Bildungsmaßnahme einen **geldwerten Vorteil im Sinne einer Verbesserung seiner beruflichen Möglichkeiten** erlangt.[262] Dieser Vorteil könne zum einen darin liegen, dass er eine Qualifikation erhalte, die ihm auf dem allgemeinen Arbeitsmarkt oder bei seinem gegenwärtigen Arbeitgeber berufliche Möglichkeiten eröffne, die ihm zuvor verschlossen gewesen seien. Etwas anderes gilt jedoch dann, wenn es lediglich um das Vertrautmachen mit den spezifischen Anforderungen des (neuen) Arbeitsplatzes geht (Einarbeitung, Auffrischung, Vertiefung etc).[263]

Das BAG hat ferner einen **Zusammenhang zwischen der Dauer der Bildungsmaßnahme und der Dauer der festgelegten Bindung** aufgestellt.[264] Beide müssten in einem angemessenen Verhältnis zueinanderstehen. Bei einer Fortbildungsdauer von bis zu einem Monat ohne Verpflichtung zur Arbeitsleistung unter Fortzahlung der Bezüge ist eine Bindungsdauer bis zu sechs Monaten zulässig, bei einer Fortbildungsdauer von bis zu zwei Monaten eine einjährige Bindung, bei einer Fortbildungsdauer von sechs Monaten bis zu einem Jahr keine längere Bindung als drei Jahre und bei einer mehr als zweijährigen Dauer eine Bindung von fünf Jahren. Da erfahrungsgemäß eine lange Fortbildungsphase auch zum Erwerb einer entsprechend hohen Qualifikation des Arbeitnehmers führt, ist die Aufstellung einer tabellarischen Richtschnur durchaus gerechtfertigt. Positiv zu vermerken ist auch, dass das BAG der Länge der Fortbildung nur eine Indizwirkung beimisst und sich eine Abweichung vom Schema in Einzelfällen ausdrücklich vorbehält. Ein solcher Ausnahmefall liegt insbesondere dann nahe, wenn eine recht kurze, dafür aber sehr kostenaufwändige und intensive Fortbildung den Qualifikationsgrad des Arbeitnehmers wesentlich anhebt.[265]

Um die Bindungsintensität in Grenzen zu halten, wird in der Praxis üblicherweise eine **1177** **Staffelung des Rückzahlungsbetrages** zeitanteilig zur Bindungsdauer vereinbart. Die Rechtsprechung hat mehrfach zu erkennen gegeben, dass sie hierin gleichsam eine Zulässigkeitsvoraussetzung sieht.[266] In der Praxis trifft man am häufigsten auf eine Kürzung des Rückzahlungsbetrages um 1/36 pro Monat (bei dreijähriger Bindung). Das BAG ließ allerdings auch eine Kürzung um 1/3 pro Jahr unbeanstandet.[267]

Voraussetzung für die Wirksamkeit einer Rückzahlungsvereinbarung ist schließlich, **1178** dass **der die Erstattungspflicht auslösende Tatbestand** aus der Sphäre des Arbeitneh-

---

[259] Hierzu BAG NZA 2009, 435 (437f).
[260] BAG NZA 2006, 1042 (1044); 2012, 85 (90); 2019, 781 Rn. 24.
[261] BAG NZA 2009, 435 (438); 2014, 957 Rn. 15; CKK/*Klumpp* BGB § 307 Rn. 216.
[262] BAG NZA 2006, 1042, 1044; NZA-RR 2008, 107 (108); 2012, 85 (89); ebenso *Lakies* BB 2004, 1907.
[263] BAG BeckRS 1985, 30714189; AP Nr. 32 zu § 611 BGB Ausbildungsbeihilfe; *Thüsing,* in: Graf von Westphalen/Thüsing, Klauselwerke, Arbeitsverträge Rn. 273.
[264] BAG NZA 2009, 666 (668); 2010, 342 (345); 2012, 85 (zur Anwendung dieser Grundsätze auf eine Weiterbildung, die in mehreren, zeitlich voneinander getrennten Abschnitten erfolgt); ferner *Düwell/Ebeling* DB 2008, 409 f.
[265] BAG NZA 2006, 542 (544).
[266] BAG AP Nr. 25 zu Art. 12 GG; BGH AP Nr. 11 zu § 611 BGB Ausbildungsbeihilfe.
[267] BAG AP Nr. 10 zu § 611 BGB Ausbildungsbeihilfe; BAG NZA 2010, 342 (344) lässt offen, ob nicht eine monatliche Reduktion erforderlich ist.

mers rührt und von ihm auch beeinflusst werden kann.[268] Als solcher ist vor allem die arbeitnehmerseitige Kündigung zu nennen, wobei allerdings der Fall im Klauseltext ausdrücklich ausgeklammert werden muss, dass die Kündigung durch den Arbeitnehmer aus Gründen erfolgt, die der Sphäre des Arbeitgebers zuzurechnen sind.[269] Diese Grundsätze wird man auf den Beendigungstatbestand der einvernehmlichen Aufhebung des Arbeitsvertrags übertragen können. Auch an eine vom Arbeitgeber ausgesprochene Kündigung kann eine Rückzahlungspflicht geknüpft werden. Dies liegt auf der Hand für eine verhaltensbedingte Kündigung.[270] Anders wird man hingegen für eine betriebsbedingte[271] und eine im Hinblick auf eine unverschuldete Krankheit[272] des Arbeitnehmers ausgesprochene Kündigung entscheiden müssen. Eine Vereinbarung in einem Formulararbeitsvertrag, die nicht in der gebotenen Weise **nach Verantwortungs- und Risikosphären differenziert,** sondern den Arbeitnehmer in jedem Fall der vorfristigen Beendigung zur (anteiligen) Rückerstattung der vom Arbeitgeber übernommenen Ausbildungskosten verpflichtet, stellt eine unangemessene Benachteiligung iS des § 307 BGB dar.[273] Dies gilt im Übrigen auch dann, wenn im Formulararbeitsvertrag unter Voranstellung des Wortes „insbesondere" zwei Beispielsfälle genannt sind, für welche wirksam eine Rückzahlungsverpflichtung begründet werden könnte (Eigenkündigung des Arbeitnehmers und Kündigung durch den Arbeitgeber aus einem vom Arbeitnehmer zu vertretenden Grund).[274] An die **Nichterreichung des Fortbildungsziels** kann eine Rückzahlungspflicht nicht ohne weiteres geknüpft werden. Als unzulässig wird man es jedenfalls erachten müssen, denjenigen Arbeitnehmer einer Rückzahlungspflicht auszusetzen, der trotz aller Anstrengung den Anforderungen nicht zu entsprechen vermag.[275] Außerdem muss dem Arbeitnehmer zu Beginn der Ausbildung eine ausreichende „Probe- oder Überlegungszeit" eingeräumt werden.[276]

1179   Bei einem **Volontariatsvertrag,** der den ratierlichen Abbau der im Zusammenhang mit einem Studium übernommenen Leistungen durch Berufstätigkeit vorsieht, muss dem Volontär nach der Rechtsprechung des BAG von vornherein ein Anspruch auf eine ausbildungsadäquate Beschäftigung nach Abschluss der Studienzeit eingeräumt werden.[277]

1180   Vorformulierte Rückzahlungsklauseln unterliegen nicht nur einer materiellen Inhaltskontrolle. Sie müssen darüber hinaus auch **klar und verständlich formuliert** sein (§ 307 Abs. 1 S. 2 BGB). Der Arbeitnehmer muss demnach in die Lage versetzt werden, abzuwägen, ob die mit der Teilnahme an der Aus- oder Fortbildung verbundenen beruflichen Vorteile die finanziellen Belastungen im Falle einer vorzeitigen Beendigung des Vertragsverhältnisses rechtfertigen.[278] So ist eine Rückzahlungsklausel wegen Unbestimmtheit unwirksam, wenn der Arbeitnehmer verpflichtet ist, an allen Fortbildungen teilzunehmen, die der Erfüllung seiner Aufgaben dienlich sind, jedoch weder die Dauer noch der konkrete Inhalt der Fortbildungsmaßnahmen und die damit verbundenen

---

[268] BAG NZA 2006, 1042 (1044 f.) und 2014, 957 (958); auf dieser Linie auch BGH NZA 2010, 37 (40); *Thüsing,* AGB-Kontrolle im Arbeitsrecht, Rn. 347.

[269] BAG NZA 2012, 738; 2013, 1419 (1420); 2014, 957 (958); 2019, 781.

[270] BAG NZA 2004, 1035 (1036); *Thüsing,* AGB-Kontrolle im Arbeitsrecht, Rn. 348.

[271] BAG AP Nr. 28 zu § 611 BGB Ausbildungsbeihilfe; *Thüsing,* AGB-Kontrolle im Arbeitsrecht, Rn. 348.

[272] BAG 14.12.1983 – 5 AZR 174/82, nv.

[273] BAG NZA 2006, 1042 (1045); 2007, 748 (749); 2014, 957 (958); BGH NZA 2010, 37 (39); *Thüsing,* AGB-Kontrolle im Arbeitsrecht, Rn. 348.

[274] So BAG NZA 2007, 748 (750).

[275] BAG NZA 2006, 1042 (1045).

[276] BAG AP Nr. 4 zu § 611 BGB Ausbildungsbeihilfe.

[277] BAG NZA 2008, 1004 (1007); ebenso BAG NZA 2009, 435 für einen „Praxis-Phasen-Vertrag" im Rahmen eines dualen Studiums.

[278] BAG EzA Nr. 2 zu § 611 BGB 2002 Ausbildungsbeihilfe.

Kosten und Vorteile feststellbar sind.[279] Ferner verlangt das Transparenzgebot, dass die durch die Fortbildung entstehenden **Kosten** dem Grunde und der Höhe nach im Rahmen des Möglichen und Zumutbaren **bezeichnet** sind. Dazu müssen zumindest Art und Berechnungsgrundlagen der Fortbildungskosten benannt werden.[280] Erforderlich ist die genaue und abschließende Bezeichnung der einzelnen Positionen, aus denen sich die Gesamtforderung zusammensetzen soll, und die Angabe, nach welchen Parametern die einzelnen Positionen berechnet werden.[281] Werden die Kosten auf einen bestimmten Festbetrag pauschaliert, so muss auch die Zusammensetzung dieses Betrages transparent gemacht werden.[282] Schließlich ist es unter dem Gesichtspunkt des Transparenzgebots beanstandet worden, dass für den Rückzahlungsbelasteten bei Vertragsschluss nicht erkennbar war, was für ein Einstellungsangebot ihm der Arbeitgeber im Falle des erfolgreichen Abschlusses des Studiums unterbreiten werde.[283]

Klauseln, die den oben dargelegten Anforderungen nicht genügen, sind **in toto unwirksam.** Eine Aufrechterhaltung mit eingeschränktem Inhalt lehnt das BAG auch hier – in Abkehr von früheren Urteilen – nunmehr ab. Grundsätzlich seien die Gerichte – so das BAG – weder zu einer geltungserhaltenden Reduktion unwirksamer Klauseln berechtigt noch dazu, durch ergänzende Vertragsauslegung an die Stelle einer unzulässigen Klausel die zulässige Klauselfassung zu setzen, die der Verwender der Allgemeinen Geschäftsbedingungen voraussichtlich gewählt haben würde, wenn ihm die Unzulässigkeit der beanstandeten Klausel bekannt gewesen wäre.[284] Eine – fragwürdige – Ausnahme hat das BAG allerdings punktuell für den Fall zugelassen, dass es für den Arbeitgeber objektiv schwierig war, die zulässige Bindungsdauer im Einzelfall zu bestimmen. Verwirkliche sich das Prognoserisiko, so sei im Wege der ergänzenden Vertragsauslegung die unzulässige Bindungsdauer auf eine zulässige zurückzuführen.[285] Unstreitig ist hingegen, dass die Fortbildungsvereinbarung als solche von einer eventuellen Unwirksamkeit der Rückzahlungsvereinbarung unberührt bleibt und damit weiterhin einen rechtlichen Grund für die Kostenübernahme durch den Arbeitgeber darstellt. Bereicherungsrechtliche Rückzahlungsansprüche scheiden daher aus.[286]

1181

2. Gratifikationen

Unter Gratifikationen versteht man Sonderleistungen, die der Arbeitgeber aus bestimmten Anlässen (Weihnachten, Urlaub, Geschäfts- und Dienstjubiläen usw) zusätzlich zur Arbeitsvergütung gewährt. Das bekannteste Beispiel ist die sog. Weihnachtsgratifikation. In der Praxis trifft man oft auf Klauseln, die eine Rückzahlungspflicht des Arbeitnehmers im Falle des Ausscheidens vor einem außerhalb des Bezugszeitraums liegenden Datum begründen. Sie unterliegen der Inhaltskontrolle nach § 307 BGB. **Ausgeschlossen sind Rückzahlungsvorbehalte** von vornherein, soweit sie sich auf **Gratifikationen mit Entgeltcharakter** beziehen. Denn dann droht der Entzug bereits verdienter Vergütungsbestandteile.[287]

1182

---

[279] LAG Sachsen-Anhalt BeckRS 2000, 30788065.
[280] BAG NZA 2012, 1428 (1430) mzustAnm *Hanau* AP Nr. 46 zu § 611 BGB Ausbildungsbeihilfe.
[281] So – in übertriebener Strenge – jetzt BAG NZA 2013, 1361 (1362).
[282] LAG Köln NZA-RR 2011, 11.
[283] BAG NZA 2008, 1004 (1007 f.).
[284] BAG NZA 2006, 1042 (1046); 2007, 748 (750 f.); 2012, 738 (740 f.); BGH NZA 2010, 37 (40); gegen teilweise Aufrechterhaltung auch *Thüsing*, AGB-Kontrolle im Arbeitsrecht, Rn. 352.
[285] BAG NZA 2009, 666 (669) mablAnm *Stoffels* AP Nr. 41 zu § 611 BGB Ausbildungsbeihilfe; zustimmend hingegen *Hanau*, Anm. AP Nr. 41 zu § 611 BGB Ausbildungsbeihilfe. In der Anwendung dieser Grundsätze restriktiv LAG Mecklenburg-Vorpommern NZA-RR 2012, 181 (182 f.).
[286] BAG NZA 2012, 1428 (1431); 2013, 1419 (1421). Wohl aber kommt bei einem vom Arbeitnehmer zu vertretenden Abbruch der Fortbildung ein Anspruch auf Ersatz von Aufwendungen nach § 284 BGB in Betracht, so zutreffend *Hanau*, Anm. AP Nr. 46 zu § 611 BGB Ausbildungsbeihilfe.
[287] ErfK/*Preis* BGB § 611a Rn. 548.

1183   Demgegenüber werden für Gratikationen, die ausschließlich die Betriebstreue honorieren wollen, Rückzahlungsvorbehalte innerhalb gewisser Grenzen anerkannt. Die Rechtsprechung hat hier **Grenzwerte** entwickelt, bei deren Überschreitung anzunehmen ist,
dass der Arbeitnehmer durch die vereinbarte Rückzahlung in unzulässiger Weise in seiner
durch Art. 12 Abs. 1 GG garantierten Berufsausübung behindert, er mithin in „goldene
Fesseln" gelegt wird.[288] Diese Rechtsprechung kann auf der Basis der Generalklausel des
§ 307 BGB fortgeführt werden.[289] Gratifikationen bis zu einem Betrag von 100 EUR
(früher 200 DM) können hiernach überhaupt nicht mit einem Rückzahlungsvorbehalt
versehen werden.[290] Eine am Jahresende zu zahlende Gratifikation, die über 100 EUR,
aber unter einem Monatsbezug liegt, kann den Arbeitnehmer bis zum Ablauf des 31.3.
des Folgejahres binden.[291] Nur wenn die Gratifikation einen Monatsbezug erreicht, ist
eine Bindung des Arbeitnehmers über diesen Termin hinaus (bis zum nächstmöglichen
Kündigungstermin) zulässig.[292] Hierbei ist für die grundsätzlich drei Monate betragende
Bindungsfrist unschädlich, wenn eine Weihnachtsgratifikation bereits im November ausgezahlt wird.[293] Bei einer Gratifikationszahlung, die zwischen einem und zwei Monats-
verdiensten liegt, ist eine Bindungsfrist von sechs Monaten (also bis zum 30.6.) grundsätzlich zulässig.[294] Eine noch längere Bindungsfrist ist nur in Ausnahmefällen zulässig,
etwa wenn die Gratifikation eine „eindrucksvolle und beachtliche" Sonderzuwendung
darstellt, also mindestens den Betrag von zwei Monatsgehältern erreicht.[295] Wird eine
Sonderzuwendung in zwei Teilleistungen (zB Urlaubsgratifikation Mitte des Jahres und
Weihnachtsgratifikation Ende des Jahres) ausgezahlt, so richtet sich die zulässige Bindungsdauer nach der Höhe und dem Zeitpunkt der vereinbarten Fälligkeit der jeweiligen
Leistung.[296] Beide Zahlungen können also ggf. mit einer dreimonatigen Rückzahlungsfrist
belegt werden.

1184   Die Rückzahlungspflicht dürfte in der Praxis regelmäßig mit Blick auf einen in der
Sphäre des Arbeitnehmers liegenden Beendigungstatbestand (Eigenkündigung bzw. Veranlassung einer Kündigung duch den Arbeitgeber) vereinbart werden. Rechtlich ist eine
solche Beschränkung – anders als im Bereich der Rückzahlung von Ausbildungskosten
(siehe → Rn. 1178) – nach der Rechtsprechung des BAG allerdings nicht erforderlich. Im
Hinblick auf Jahressonderzuwendungen (Weihnachtsgratifikationen) sollen Rückzahlungsklauseln selbst dann zulässig sein, wenn der von ihnen angegebene **Grund für die
Beendigung des Arbeitsverhältnisses** vor Ablauf der Bindungsfrist nicht in der Sphäre
des Arbeitnehmers liegt. Sie gelten damit grundsätzlich auch bei einer betriebsbedingten
Kündigung des Arbeitgebers.[297] Das steht im Widerspruch zu den Grundsätzen zur
Rückzahlung von Ausbildungskosten und bedarf der Überprüfung.[298]

1185   Werden die og Grenzen für Rückzahlungsklauseln überschritten, ist der Rückzahlungsvorbehalt **in toto unwirksam.** Die frühere entgegengesetzte Rechtsprechung, die

---

[288] BAG AP § 611 BGB Gratifikation Nr. 150; AP Nr. 250 zu § 611 BGB Gratifikation.
[289] BAG NJW 2007, 2279 (2281); NZA 2007, 687 (689).
[290] BAG AP Nr. 110 zu § 611 BGB Gratifikation.
[291] BAG NZA 2008, 40 (43). Eine Kündigung zum 31. 3. löst richtiger Ansicht nach die Rückzahlungspflicht nicht aus, so jetzt auch BAG AP Nr. 250 zu § 611 BGB Gratifikation.
[292] BAG AP § 611 BGB Gratifikation Nr. 22; AP Nr. 250 zu § 611 BGB Gratifikation; BAG
NZA 2004, 924; 2007, 687 (689); 2008, 40 (43).
[293] BAG AP § 611 BGB Gratifikation Nr. 78; BAG NZA 2003, 1032.
[294] BAG AP Nr. 99 zu § 611 BGB Gratifikation; NZA 2008, 40 (43).
[295] BAG AP Nr. 69 zu § 611 BGB Gratifikation; einschränkend nunmehr BAG BB 2008, 166.
[296] BAG AP Nr. 250 zu § 611 BGB Gratifikation; LAG Schleswig-Holstein NZA-RR 2005, 290.
[297] BAG NZA 2007, 687 (688); Schaub/*Linck*, Arbeitsrechts-Handbuch, § 78 Rn. 46; aA wohl
Preis, Der Arbeitsvertrag II S 40 Rn. 109.
[298] Dem BAG versagen in diesem Punkt die Gefolgschaft LAG Düsseldorf NZA-RR 2011, 630
(631 f.) und LAG Hamm BeckRS 2009, 74017.

hier zu einer begrenzten Aufrechterhaltung tendierte,[299] kann nicht weiter fortgesetzt werden.[300]

XIV. Schriftformklauseln

Literatur: *Bauer*, Doppelt hält nicht besser, BB 2009, 1588; *Bieder*, Zur Verwendung „qualifizierter" Schriftformklauseln in Formulararbeitsverträgen, SAE 2007, 379; *Bloching*, Schriftformklauseln in der Rechtsprechung von BGH und BAG – Zukunfts- oder Auslaufmodell, insbesondere beim Schutz gegen betriebliche Übungen?, NJW 2009, 3393; *Franzen*, Doppelte Schriftformklausel – Vorrang der Individualabrede nach § 305b BGB und betriebliche Übung, SAE 2009, 89; *Hromadka*, Schriftformklauseln in Arbeitsverträgen, DB 2004, 1261; *Kröpelin/Schramm*, Neue Anforderungen an die arbeitsvertragliche Gestaltung von Schriftformklauseln DB 2008, 2362; *Leder/Scheuermann*, Schriftformklauseln in Arbeitsverträgen – das Ende einer betrieblichen Übung?, NZA 2008, 1222; *Lingemann/Gotham*, Doppelte Schriftformklausel – gar nicht einfach!, NJW 2009, 268; *Roloff*, Vertragsänderungen und Schriftformklauseln, NZA 2004, 1191; *Schneider*, Schriftformklauseln, in: Der Arbeitsvertrag, hrsg. von Preis, 6. Aufl. 2020, II S 30.

Schriftformklauseln, nach denen Änderungen und Ergänzungen des Arbeitsvertrages der Schriftform bedürfen, sind in der arbeitsrechtlichen Vertragspraxis sehr häufig anzutreffen. Jedenfalls in dieser einfachen Ausgestaltung hat das BAG[301] ihnen keine Wirkung beigemessen, da nach allgemeinen Grundsätzen eine so vereinbarte Schriftform auch ohne Einhaltung der Schriftform jederzeit (schlüssig) abbedungen werden könne und im Übrigen individuelle Abreden Vorrang vor Allgemeinen Geschäftsbedingungen hätten (§ 305b BGB). Das gelte sogar dann, wenn die Parteien bei Abschluss der an sich formbedürftigen Vereinbarung nicht an die Schriftform gedacht hätten bzw. sich der Kollision mit den Allgemeinen Geschäftsbedingungen nicht bewusst gewesen wären. Eine solche **einfache Schriftformklausel** verhindere auch nicht das Entstehen einer betrieblichen Übung. **1186**

Den in der Vergangenheit oftmals (einschränkungslos) vereinbarten sog. **doppelten (verstärkten) Schriftformklauseln** hat das BAG zuletzt **enge Grenzen** gesetzt und damit den Anschluss an die Rechtsprechung des BGH[302] hergestellt.[303] Eine doppelte Schriftformklausel ist hiernach gem. § 307 Abs. 1 S. 1 BGB unwirksam, wenn sie so gefasst ist, dass sie beim anderen Vertragsteil den Eindruck erweckt, eine nach Vertragsabschluss getroffene mündliche Abrede sei entgegen § 305b BGB unwirksam. Diese in der zu weit gefassten Klausel liegende Irreführung über die Rechtslage kann den Vertragspartner von der Durchsetzung der ihm zustehenden Rechte abhalten. Eine solche – zu weit ausgreifende – doppelte Schriftformklausel ist insgesamt unwirksam und kann damit auch das Entstehen einer betrieblichen Übung nicht verhindern. Doppelte Schriftformklauseln müssen daher klarstellen, dass Regelungen im Sinne des § 305b BGB vom Schriftformerfordernis nicht berührt werden.[304] Eine doppelte Schriftformklausel, die Individualabreden von dem Schriftformgebot ausnimmt, ist wirksam und geeignet, eine betriebliche Übung zu verhindern.[305] Der Arbeitgeber kann sich als Verwender nicht auf eine etwaige Unwirksamkeit der (doppelten) Schriftformklausel berufen. Er bleibt an das von ihm selbst vorgegebene Schriftformerfordernis gebunden.[306] **1187**

---

[299] Besonders deutlich BAG AP Nr. 27 zu § 611 BGB Gratifikation; AP Nr. 1 zu § 611 BGB Urlaub und Gratifikation.

[300] Wie hier *Preis*, Der Arbeitsvertrag II S 40 Rn. 111.

[301] BAG AP Nr. 1 zu § 7 AVR Caritasverband; BAG NZA 2003, 1145 (1147); 2007, 801 (803); 2008, 118 (120); 2008, 1233 (1234); 2012, 81 (82); *Hromadka* DB 2004, 1265: „rechtlich bedeutungslos".

[302] BGHZ 66, 378 (382) für einen Individualvertrag im kaufmännischen Verkehr.

[303] BAG NZA 2008, 1233 (1236) mzustAnm *Ulrici* BB 2008, 2243; anders noch BAG NZA 2003, 1145 (1147).

[304] Formulierungsvorschlag bei *Preis* NZA 2009, 286.

[305] So zuletzt sehr deutlich LAG Hessen BeckRS 2019, 15479.

[306] LAG Hamm BeckRS 2013, 72272.

XV. Stichtagsregelungen

Literatur: *Heiden,* Neue Entwicklungen im Recht der Sonderzahlungen, RdA 2012, 225; *Heins/ Leder,* Stichtagsklauseln und Bonuszusagen – unvereinbar?, NZA 2014, 520; *Henssler,* Stichtagsklauseln im System variabler Entgeltgestaltung, in: FS für Bepler, 2012, S. 215; *Preis,* Sonderzahlungen im Wandel von Praxis und Dogmatik, Soziales Recht 2012, 101; *Reinecke,* Neue Regeln für Sonderzahlungen, BB 2013, 437; *Salamon,* Grenzen und Gestaltungen der Einbindung von Sonderzahlungen in das Synallagma, NZA 2013, 590.

1188   Stichtagsklauseln machen die Auszahlung einer Sonderzuwendung davon abhängig, dass das Arbeitsverhältnis zu einem bestimmten Zeitpunkt (häufig 30.11.) noch besteht. Existiert es zu diesem festgesetzten Stichtag nicht mehr, so erwirbt der Arbeitnehmer auch keinen Anspruch auf eine anteilige Sonderzuwendung. Solche Stichtagsklauseln unterliegen der AGB-Kontrolle. Die Rechtsprechung differenziert insoweit nach dem Zweck der Sonderzuwendung.

1189   Da sind zunächst Sonderzuwendungen, die allein die **Entlohnung erbrachter Arbeitsleistung** bezwecken. Der Anspruch auf eine solche Zuwendung entsteht während des Bezugszeitraums entsprechend der zurückgelegten Dauer und wird nur zu einem anderen Zeitpunkt insgesamt fällig. Den Anspruch auf die Sonderzuwendung vom Bestehen eines Arbeitsverhältnisses an einem bestimmten Stichtag abhängig zu machen, wäre unzulässig, da dem Arbeitnehmer auf diese Weise nachträglich die Gegenleistung für die von ihm zumindest teilweise erbrachte Arbeitsleistung entzogen werden könnte. Zudem verkürzte eine solche Vertragsgestaltung in nicht zu rechtfertigender Weise die grundrechtlich geschützte Berufsfreiheit des Arbeitnehmers (Art. 12 Abs. 1 GG), indem sie ihn an der Ausübung seines Kündigungsrechts hinderte.[307]

1190   Eine Sonderzuwendung, mit der vergangene und/oder künftige **Betriebstreue des Arbeitnehmers belohnt** werden soll, kann hingegen grundsätzlich vom Bestehen eines Arbeitsverhältnisses zu einem bestimmten Stichtag abhängig gemacht werden.[308] Eine Klausel, die eine Sonderzuwendung in diesem Sinne allein an das Bestehen eines ungekündigten Arbeitsverhältnisses knüpft, kann nach ständiger Rechtsprechung auch dann zulässig sein, wenn der Grund für die Beendigung des Arbeitsverhältnisses nicht in der Sphäre des Arbeitnehmers liegt, sondern in einer betriebsbedingten Kündigung des Arbeitgebers. Der Arbeitgeber darf unabhängig vom Verhalten des Arbeitnehmers allein die fortdauernde Betriebszugehörigkeit über den Stichtag hinaus zur Voraussetzung der Sonderzahlung machen, weil ihre motivierende Wirkung sich nur bei den Arbeitnehmern entfalten kann, die dem Betrieb noch – oder noch einige Zeit – angehören.[309]

1191   Als grundsätzlich zulässig wurden in der Vergangenheit Stichtagsklauseln auch dann angesehen, wenn die Sonderzuwendung **Mischcharakter** hat, sie also sowohl die Entlohnung für im Bezugszeitraum geleistete Arbeit als auch die Belohnung für erwiesene Betriebstreue bezweckte. An dieser Bewertung hält das BAG indes nicht mehr fest.[310] Der zusätzliche Zweck ändere nichts daran, dass dem Arbeitnehmer entgegen der in § 611a BGB zum Ausdruck kommenden Vorstellung des Gesetzgebers durch eine Bestandsklausel bereits verdiente Arbeitsvergütung entzogen würde. Ein schützenswertes Interesse des Arbeitgebers daran, das Verhältnis von Leistung und Gegenleistung nachträglich zu verändern, könne nicht anerkannt werden. Dem Arbeitgeber sei es dadurch nicht verwehrt, Betriebstreue zu honorieren und einen finanziellen Anreiz für das Verbleiben des Arbeitnehmers im Arbeitsverhältnis zu schaffen. Der Senat verweist ihn

---

[307] BAG NZA 2012, 620 (621).
[308] BAG NZA 2012, 620 (621); 2014, 1136 (1137 f.).
[309] Zuletzt BAG NZA 2012, 620 (621). LAG Hamm BeckRS 2010, 74742 versagt hingegen Stichtagsklauseln, die nicht nach Verantwortungsbereichen differenzieren, die Anerkennung.
[310] BAG NZA 2012, 561 (563); 2014, 368 (370).

insoweit auf die Möglichkeit, durch die Vereinbarung von Sonderzahlungen, die ausschließlich der Honorierung von Betriebstreue dienen, dem Arbeitnehmer deutlich zu machen, welchen Wert für ihn das Verbleiben im Arbeitsverhältnis darstellt. Für eine Sonderzahlung mit Mischcharakter folgt daraus, dass sie nicht vom ungekündigten Bestand des Arbeitsverhältnisses zu einem bestimmten Zeitpunkt (und schon gar nicht außerhalb des Bezugszeitraums)[311] abhängig gemacht werden kann.

Als schwierig erweist sich die gebotene **Abgrenzung** von arbeitsleistungsbezogenen Sonderzuwendungen und solchen, mit denen der Arbeitgeber ausschließlich Betriebstreue honorieren will. Das **BAG** hat zuletzt folgende **Leitlinie** vorgegeben: „Ob der Arbeitgeber erbrachte Arbeitsleistung zusätzlich vergüten oder sonstige Zwecke verfolgen will, ist durch Auslegung der vertraglichen Bestimmungen zu ermitteln. Macht die Sonderzuwendung einen wesentlichen Anteil der Gesamtvergütung des Arbeitnehmers aus, handelt es sich regelmäßig um Arbeitsentgelt, das als Gegenleistung zur erbrachten Arbeitsleistung geschuldet wird. Der Vergütungscharakter ist eindeutig, wenn die Sonderzahlung an das Erreichen quantitativer oder qualitativer Ziele geknüpft ist. Fehlt es hieran und sind auch weitere Anspruchsvoraussetzungen nicht vereinbart, spricht dies ebenfalls dafür, dass die Sonderzahlung als Gegenleistung für die Arbeitsleistung geschuldet wird. Will der Arbeitgeber andere Zwecke verfolgen, so muss sich dies deutlich aus der zu Grunde liegenden Vereinbarung ergeben. Gratifikationscharakter können nur die Sonderzuwendungen haben, die sich im üblichen Rahmen reiner Treue- und Weihnachtsgratifikationen bewegen und keinen wesentlichen Anteil an der Gesamtvergütung des Arbeitnehmers ausmachen."[312] Zwei **Beispiele aus der Rechtsprechung** verdeutlichen, worauf es ankommt: So hatte sich das BAG mit einer Stichtagsregelung beim Urlaubsgeld zu beschäftigten. Das **Urlaubsgeld** wurde „pro genommenen Urlaubstag" gewährt. Die Anknüpfung des Urlaubsgelds an den genommenen Urlaubstag verdeutliche – so das BAG –, dass das Urlaubsgeld dem Erholungszweck des Urlaubs und nicht der Vergütung einer Arbeitsleistung dienen solle und damit zum Urlaub akzessorisch sei. Es handele sich nicht um eine Leistung, die vom Arbeitnehmer durch Arbeitsleistung verdient werden müsse.[313] Ferner hat sich das BAG zu **Halteprämien oder Retention-Boni** geäußert.[314] Hier werden den Arbeitnehmern Zahlungen für den Fall versprochen, dass ihr Arbeitsverhältnis zu bestimmten, in der Zukunft liegenden Stichtagen entweder von Arbeitnehmerseite ungekündigt fortbesteht oder aber allein deshalb nicht mehr besteht, weil es auf Veranlassung des Arbeitgebers vorzeitig beendet worden ist. Damit wird ein Anreiz für die Arbeitnehmer geschaffen, ihr Kündigungsrecht trotz der schwierigen finanziellen Lage des Unternehmens nicht auszuüben und dem Arbeitgeber weiterhin Betriebstreue zu erweisen. Stichtagsregelungen wären hier grundsätzlich zulässig.

XVI. Urlaubsabreden

Schrifttum: *Linck/Schütz,* Möglichkeiten und Grenzen der Vertragsgestaltung im Urlaubsrecht, in: FS für Leinemann, 2006, S. 171; *Powietzka/Fallenstein,* Urlaubsklauseln in Arbeitsverträgen, Regelungsbedarf und Gestaltungsmöglichkeiten nach der „Schultz-Hoff"-Entscheidung, NZA 2010, 673; *Sprink,* Vertragliche Gestaltung von Urlaub, 2015; *Stoffels,* Urlaub, in: Der Arbeitsvertrag, hrsg. von Preis, 6. Aufl. 2020, II U 20.

Das Bundesurlaubsgesetz fixiert **urlaubsrechtliche Mindestpositionen,** von denen durch arbeitsvertragliche Vereinbarungen nicht zum Nachteil des Arbeitnehmers abgewichen werden darf (§ 13 Abs. 1 S. 3 BUrlG). Dagegen steht es den Arbeitsvertragspar-

[311] Hierzu BAG NZA 2012, 561.
[312] BAG NZA 2012, 620 (621 f.); zu weiteren auslegungsrelevanten Punkten BAG NZA 2014, 368 (369 f.).
[313] BAG NZA 2014, 1136.
[314] BAG NZA 2013, 327.

teien frei, sich auf **günstigere Regelungen** zu verständigen, also gesetzliche Anspruchs-voraussetzungen zu Gunsten des Arbeitnehmers zu modifizieren. So können die Parteien des Arbeitsvertrages beispielsweise eine Vereinbarung treffen, die den Arbeitgeber ver-pflichtet, Urlaub, der bereits verfallen ist, nachzugewähren. Gleiches gilt für für eine Vereinbarung, die nicht die (Nach-)Gewährung verfallenen Urlaubs, sondern dessen Abgeltung vorsieht.[315] Ferner sind die Arbeitsvertragsparteien befugt, die automatische Übertragung des Urlaubs (ohne besondere Gründe) in das erste Quartal des nachfolgen-den Kalenderjahres oder sogar ohne Quartalsbindung in das Folgejahr vorzusehen.[316]

1194   Für den arbeitsvertraglich eingeräumten **Mehrurlaub,** der die gesetzliche Mindestdauer (24 Werktage) übersteigt, gelten die Schutzbestimmungen des BUrlG nicht.[317] Für diesen Teil können daher hinsichtlich der einzelnen Bedingungen grundsätzlich vom BUrlG abweichende Regelungen vereinbart werden. Dies muss jedoch zwischen den Parteien **eindeutig vereinbart** werden. In Ermangelung einer solchen Abrede gelten die Bestim-mungen des BUrlG auch für Urlaubsbestandteile, die auf arbeitsvertraglicher Grundlage beruhen.[318] Die Regel ist der Gleichlauf von gesetzlichen und übergesetzlichen vertrag-lichen Ansprüchen. Ausnahme ist ihr unterschiedliches Schicksal.[319] Hinsichtlich der **Ausgestaltung** des arbeitsvertraglich eingeräumten Mehrurlaubs sind die Arbeitsver-tragsparteien **weitgehend frei.** Ihre Regelungsmacht ist nicht durch die für gesetzliche Urlaubsansprüche erforderliche richtlinienkonforme Fortbildung des § 7 Abs. 3 und 4 BUrlG[320] beschränkt.[321] Das BAG[322] geht sogar noch einen – allerdings problematischen – Schritt weiter und will vertragliche Mehrurlaubsregelungen im Hinblick auf § 307 Abs. 3 BGB generell nur einer Transparenzkontrolle unterziehen.[323]

1194a   Wenn der **arbeitsvertraglich zugesagte Mehrurlaub** einem **eigenen Regelungsregime** unterworfen wird, sollte dies möglichst transparent, also abgegrenzt von sonstigen Be-stimmungen und unter einer entsprechenden Überschrift geschehen. Sehr hilfreich ist in diesem Fall die Ergänzung der Regelung durch eine **Tilgungsbestimmung,** sodass stets klar ist, welcher Teil des Urlaubs genommen bzw. noch offen ist.[324] Zulässig wäre dann beispielsweise eine Regelung, die den Verfall des arbeitsvertraglich eingeräumten Mehr-urlaubs am Ende des Kalenderjahres bzw. des Übertragungszeitraums ausnahmslos vor-sieht, also auch die Ansprüche langzeiterkrankter Arbeitnehmer einschließt;[325] ferner eine Regelung, die den Übergang offener Mehrurlaubansprüche auf die Erben im Falle des Todes des Arbeitnehmer ausschließt.[326]

---

[315] BAG NZA 2012, 143 (144).
[316] BAG AP Nr. 11 zu § 55 InsO; ErfK/*Gallner* BUrlG § 7 Rn. 67 mwN.
[317] BAG EzA § 9 BUrlG Nr. 1.
[318] BAG EzA § 1 LohnFG Nr. 27; DB 1991, 2290 und 254; NZA 2009, 538 (546).
[319] So plastisch zuletzt BAG NZA 2010, 1011 (1013).
[320] Vgl. zuletzt BAG NZA 2012, 1216 nach den vorangegangen Urteilen des EuGH NZA 2009, 135 – Schultz-Hoff und NZA 2012, 1333 – KHS.
[321] BAG NZA 2009, 538 (545); 2010, 1011 (1013).
[322] BAG NZA 2009, 538 (547); zur Intransparenz einer Kürzungsregelung in Bezug auf arbeits-vertraglichen Mehrurlaub zuletzt BAG NZA-RR 2014, 234.
[323] Abl. *Stoffels,* in: Arbeitsvertrag, II U 20 Rn. 23; *Henssler/Moll,* AGB-Kontrolle vorformulier-ter Arbeitsverträge, 2. Aufl. 2020 Rn. 11; Staudinger/*Krause* BGB Anh. zu §§ 305–310 Rn. K 180; zweifelnd auch *Powietzka/Fallenstein* NZA 2010, 673 (675).
[324] *Powietzka/Fallenstein* NZA 2010, 673 (674).
[325] Korrektur von EuGH NZA 2009, 135 (Schultz-Hoff); NZA 2011, 1333 (KHS); BAG NZA 2012, 1216; CKK/*Klumpp* BGB § 307 Rn. 259.
[326] Korrekur von EuGH NZA 2014, 651 (Bollacke) und NZA 2018, 1467 (Bauer und Willmeroth); BAG NZA 2019, 829; vgl. vor allem BAG NZA 2019, 835.

XVII. Vertragsstrafenvereinbarungen

Literatur: *Brors*, „Neue" Probleme bei arbeitsvertraglichen Vertragsstrafeklauseln?, DB 2004, 1778; *Conein-Eickelmann*, Erste Rechtsprechung zur Wirksamkeit von Vertragsstrafenabreden nach der Schuldrechtsreform, DB 2003, 2546; *Gross*, Vertragsstrafen des Arbeitnehmers und Grenzen ihrer Vereinbarungsfähigkeit, 2004; *Günther/Nolde*, Vertragsstrafenklauseln bei Vertragsbruch – Angemessene und abschreckende Strafhöhe, NZA 2012, 62; *Haas/Fuhlrott*, Ein Plädoyer für mehr Flexibilität bei Vertragsstrafen, NZA-RR 2010, 1; *Han*, Zulässigkeit der Vertragsstrafe in vorformulierten Arbeitsverträgen, 2008; *Hauck*, Die Vertragsstrafe im Lichte der Schuldrechtsreform, NZA 2006, 816; *Hoß*, Zulässigkeit von Vertragsstrafen im Arbeitsrecht, AuR 2002, 138; *Joost*, Vertragsstrafen im Arbeitsrecht – Zur Inhaltskontrolle von Formulararbeitsverträgen im Arbeitsrecht, ZIP 2004, 1981; *Junker/Amschler*, Vertragsstrafe bei arbeitsvertraglich verlängerter Kündigungsfrist in Allgemeinen Geschäftsbedingungen, SAE 2010, 165; *v. Koppenfels*, Vertragsstrafen im Arbeitsrecht nach der Schuldrechtsmodernisierung, NZA 2002, 598; *Krause*, Vertragsstrafen in der arbeitsrechtlichen Klauselkontrolle, in: FS für Reuter, 2010, S. 627; *Leder/Morgenroth*, Die Vertragsstrafe im Formulararbeitsvertrag, NZA 2002, 952; *Mävers*, Vertragsstrafenklauseln in Arbeitsverträgen – Ein Überblick über die Rechtslage und aktuelle Rechtsprechung, ArbRAktuell 2017, 37; *Nicolai*, Die Gestaltung arbeitsvertraglicher Vertragsstrafenversprechen, FA 2006, 76; *Reichenbach*, Konventionalstrafen für den vertragsbrüchigen Arbeitnehmer, NZA 2003, 309; *Schöne*, Die Zulässigkeit von Vertragsstrafenabreden in Formulararbeitsverträgen, SAE 2006, 272; *Schramm*, Neue Herausforderungen bei der Gestaltung von Vertragsstrafenklauseln, NJW 2008, 1494; *Stoffels*, Vertragsstrafen, in: Der Arbeitsvertrag, hrsg. von Preis, 6. Aufl. 2020, II V 30; *Thüsing/Bodenstedt*, Vertragsstrafen im Profifußball, AuR 2004, 369; *Wensing/Niemann*, Vertragsstrafen in Formulararbeitsverträgen: § 307 BGB neben § 343 BGB?, NJW 2007, 401; *Winter*, Wirksamkeits- und Angemessenheitskontrolle bei Vertragsstrafen im Formulararbeitsvertrag, BB 2010, 2757.

1. Allgemeines

Vertragsstrafenversprechen sind **in Arbeitsverträgen weit verbreitet.**[327] Ganz überwiegend wird die Vertragsstrafe für die Fälle des Vertragsbruchs, der fristlosen Entlassung durch den Arbeitgeber sowie des Verstoßes gegen ein Wettbewerbsverbot eingesetzt. Gegen Vertragsstrafen in Arbeitsverträgen, mit denen der Arbeitgeber die Einhaltung der vertraglichen Pflichten durch den Arbeitnehmer absichern will, bestehen nach zutreffender Ansicht des BAG[328] keine grundsätzlichen rechtlichen Bedenken. Die Vertragsstrafe ist – so das BAG – ein vom Gesetzgeber zur Verfügung gestelltes Rechtsinstitut des bürgerlichen Rechts für Schuldverhältnisse und könne demgemäß auch in Arbeitsverhältnissen als privatrechtliche Schuldverhältnisse vereinbart werden. Im Einzelfall könnten Abreden über Vertragsstrafen jedoch gegen arbeitsrechtliche Gesetze oder arbeitsrechtliche Rechtsgrundsätze und Schutzprinzipien verstoßen und deshalb unwirksam sein. Als spezielle gesetzliche Schranke ist insbesondere § 12 Abs. 2 Nr. 2 BBiG zu erwähnen, dem zufolge im Rahmen eines Berufsausbildungsverhältnisses getroffene Vereinbarungen über vom Auszubildenden zu zahlende Vertragsstrafen nichtig sind. Unzulässig sind nach der Rechtsprechung des BAG ferner Vertragsstrafenvereinbarungen, die das Kündigungsrecht des Arbeitnehmers einseitig beeinträchtigen (arg. e § 622 Abs. 6 BGB), also insbesondere die Ausübung des Rechts zur ordentlichen fristgemäßen Kündigung mit einer Vertragsstrafe ahnden.[329] Vorformulierte Vertragsstrafenversprechen müssen sich im Übrigen nunmehr auch einer Kontrolle anhand der §§ 305 ff. BGB stellen. Hiermit befassen sich die nachstehenden Erläuterungen. **1195**

2. Keine Anwendung von § 309 Nr. 6 BGB

Umstritten ist, ob Vertragsstrafenvereinbarungen, die den Vertragsbruch des Arbeitnehmers sanktionieren, am Klauselverbot des § 309 Nr. 6 BGB zu messen sind. Mit dem **1196**

---

[327] Sie sind daher im Allgemeinen auch nicht überraschend, BAG NZA 2008, 170 (171).
[328] BAG EzA § 339 Nr. 8.
[329] BAG AP Nr. 9 zu § 622 BGB; AP Nr. 12 zu § 622 BGB.

BAG[330] und der hM im Schrifttum[331] ist der **Rückgriff auf § 309 Nr. 6 BGB abzulehnen.** Dies gebietet der Vorbehalt des § 310 Abs. 4 S. 2 BGB, dem zufolge bei der Anwendung der AGB-rechtlichen Vorschriften auf Arbeitsverträge die im Arbeitsrecht geltenden Besonderheiten angemessen zu berücksichtigen sind. § 309 Nr. 6 BGB ist, wie insbesondere die Aufführung der Fallgruppen „Nichtabnahme", „verspätete Abnahme" und „Zahlungsverzug" zeigen, am Erscheinungsbild des zahlungspflichtigen Kunden orientiert. Das Vertragsstrafenverbot des § 309 Nr. 6 BGB ist zudem auf solche Konstellationen zugeschnitten, bei denen dem Verwender der Nachweis etwa eingetretener Vermögensschäden typischerweise nicht schwer fallen wird, es ihm mithin zugemutet werden kann, sich auf die Geltendmachung seiner Schadensersatzforderung zu beschränken. Bei einem Vertragsbruch des Arbeitnehmers sieht sich der geschädigte Arbeitgeber aber zumeist ganz erheblichen Beweisschwierigkeiten ausgesetzt. Anders als bei der Verletzung eines Kauf- oder Werkvertrages – auf solche Austauschbeziehungen zielen die §§ 305 ff. BGB in erster Linie –, stellt der Schadensersatzanspruch hier regelmäßig kein adäquates Sanktionsinstrument dar.[332] Hinzu kommt, dass ein Arbeitnehmer zur Erbringung der Arbeitsleistung gem. **§ 888 Abs. 3 ZPO** nicht durch Zwangsgeld oder Zwangshaft angehalten werden kann – auch dies ist eine Besonderheit des Arbeitsrechts, die es umso dringlicher erscheinen lässt, dem Arbeitgeber die Möglichkeit der Sanktionierung des Vertragsbruchs mittels Vertragsstrafe offenzuhalten.[333] Vertragsstrafenabreden, die nicht an die Lösung des Vertragsverhältnisses anknüpfen, unterfallen bereits tatbestandlich nicht dem Vertragsstrafenverbot des § 309 Nr. 6 BGB. Dies gilt etwa für Klauseln, die den Arbeitnehmer für den Fall einer Schlechtleistung oder ganz allgemein bei einem „gravierenden Vertragsverstoß" zur Zahlung einer Vertragsstrafe verpflichten.[334]

3. Angemessenheits- und Transparenzkontrolle (§ 307 BGB)

1197   Vorformulierte Vertragsstrafenversprechen in Arbeitsverträgen unterfallen zwar – wie dargelegt – nicht dem Verbotstatbestand des § 309 Nr. 6 BGB, wohl aber müssen sie sich der **Angemessenheitskontrolle nach § 307 BGB** stellen.[335] Zur Beurteilung der Angemessenheit eines formularvertraglich vereinbarten Strafversprechens bedarf es nach AGB-rechtlichen Maßstäben einer umfassenden Würdigung der Interessen der Arbeitsvertragsparteien unter Berücksichtigung des Grundsatzes von Treu und Glauben. Eine unangemessene Benachteiligung des Vertragspartners ist insbesondere anzunehmen, wenn die einseitige Auferlegung eines Nachteils nicht durch ein dahingehendes berechtigtes Interesse des Verwenders begründet ist. Ein solches „berechtigtes Interesse" wird man im Hinblick auf den bifunktionalen Charakter der Vertragsstrafe dort nicht anerkennen können, wo die Vertragsstrafe in erster Linie zur bloßen Schöpfung neuer, vom Sachinteresse des Verwenders losgelöster Geldforderungen eingesetzt wird.[336] Der schadensersatzrechtliche

---

[330] BAG NZA 2004, 727; 2005, 1053; 2009, 1337 (1340); 2018, 100 Rn. 16.
[331] *Annuß* BB 2002, 463; *Hromadka* NJW 2002, 2528; ErfK/*Preis* BGB §§ 305–310 Rn. 97; ErfK/ *Müller-Glöge* BGB §§ 339–345 Rn. 8; Palandt/*Grüneberg* BGB § 309 Rn. 33; *Henssler* RdA 2002, 138; *Lingemann* NZA 2002, 191; *Thüsing,* in: Graf v. Westphalen/Thüsing, Vertragsrecht und AGB-Klauselwerke, Arbeitsverträge, Rn. 463; *Rolfs* ZGS 2002, 411; *Leder/Morgenroth* NZA 2002, 952; *Reichenbach* NZA 2003, 309 (jedenfalls für Arbeitsverträge über Dienste höherer Art); aA *von Koppenfels* NZA 2002, 599; *Aretz,* Allgemeine Geschäftsbedingungen im Arbeitsvertrag, S. 164 ff.; *Reinecke* DB 2002, 586; *Däubler* NZA 2001, 1336; DDW/*Däubler,* BGB § 309 Nr. 6 Rn. 5 ff.
[332] Statt vieler *Brox,* Anm. AP Nr. 9 zu § 339 BGB.
[333] Hierauf hebt vor allem BAG NZA 2004, 727 (731 f.) ab.
[334] BAG NZA 2006, 34 (36); für entsprechende Anwendung des § 309 Nr. 6 BGB auf sämtliche arbeitsvertraglichen Vertragsstrafen hingegen *v. Koppenfels* NZA 2002, 602.
[335] BAG NZA 2004, 727 (732 f.).
[336] BAG NZA 2005, 1053 (1055); 2009, 370 (375).

Bezug der Vertragsstrafe darf mithin nicht verloren gehen. Dies gilt sowohl hinsichtlich der sanktionierten Tatbestände als auch im Hinblick auf die Höhe der Vertragsstrafe.

Ein **berechtigtes Interesse des Arbeitgebers** an der Sanktionierung bestimmter Ver- **1198** haltensweisen des Arbeitnehmers durch eine Vertragsstrafe wird man grundsätzlich unter zwei Voraussetzungen bejahen können: Durch das strafbewehrte Verhalten entsteht dem Arbeitgeber typischerweise ein nicht unerheblicher Schaden. Der Nachweis der Entstehung dieses Schadens bzw. seiner Höhe ist typischerweise nicht oder nur mit unverhältnismäßigem Aufwand zu erbringen.

Dies trifft auf den **Arbeitsvertragsbruch** ohne weiteres zu.[337] Weitere anerkannte **1199** Sanktionstatbestände sind Verstöße gegen **Wettbewerbsverbote** (arg. e § 75c HGB)[338] und die Verletzung von **Geheimhaltungspflichten.** Gegen Strafklauseln, die sich gegen **Schlechtleistungen** des Arbeitnehmers richten, bestehen hingegen erhebliche Bedenken. Abgesehen davon, dass sie Gefahr laufen, die von der Rechtsprechung statuierten Haftungsbeschränkungen zugunsten des Arbeitnehmers zu durchkreuzen, wird man ein berechtigtes Interesse des Arbeitgebers kaum dartun können, da der Schadensnachweis hier nicht etwa typischerweise schwerfällt oder unmöglich ist. Im Übrigen dürften sich als adäquate Reaktionen auf derartige Pflichtverletzungen wohl eher die Abmahnung, die Versetzung oder als *ultima ratio* die Kündigung (unbeschadet etwaiger Schadensersatzansprüche) anbieten. Bei einem schuldhaft vertragswidrigen Verhalten, das den Arbeitgeber zu einer **fristlosen Kündigung veranlasst,** wird der Interessenausgleich nach Ansicht des BAG in erster Linie durch die Möglichkeit der fristlosen Kündigung des Arbeitgebers herbeigeführt.[339] Für eine darüber hinausgehende Sanktionierung fehle es an einem berechtigten Interesse des Arbeitgebers („unangemessene Übersicherung").

Vertragsstrafenvereinbarungen in Arbeitsverträgen müssen sowohl hinsichtlich des **1200** Verwirkungstatbestandes als auch im Hinblick auf die Höhe der Strafsumme **eindeutig und klar** formuliert sein, sodass der Vertragspartner unschwer erkennen kann, welches Verhalten in welcher Weise sanktioniert ist (§ 307 Abs. 1 S. 2 BGB).[340] Vertragsstrafenregelungen, die global sämtliche Vertragspflichten sanktionieren, sind unwirksam.[341] Die Verwirkung der vereinbarten Vertragsstrafe durch „schuldhaft vertragswidriges Verhalten des Arbeitnehmers, das den Arbeitgeber zur fristlosen Kündigung des Arbeitsverhältnisses veranlasst", hat das BAG als nicht klar und verständlich beanstandet.[342] Die Formulierung „schuldhaft vertragswidriges Verhalten" ohne nähere Konkretisierung entfalte nicht die nötige Warnfunktion und entspreche wegen des Strafcharakters der Vertragsstrafe auch nicht rechtsstaatlichen Grundsätzen.[343]

4. Angemessene Höhe der Vertragsstrafe

Soweit es sich um formularmäßige Strafabreden handelt, muss auch die festgesetzte **1201** Höhe der Strafe der Angemessenheitsprüfung nach § 307 BGB unterzogen werden.[344] Gerade bei formularmäßigen Strafabreden besteht ein gesteigertes Bedürfnis nach einer generellen Obergrenze, deren Überschreitung im Regelfall die Unwirksamkeit der Klausel

---

[337] BAG NZA 2005, 1053 (1055); 2009, 370 (375).
[338] Näher hierzu *Stoffels,* in: Arbeitsvertrag, II V 30 Rn. 47 ff.
[339] BAG NZA 2005, 1053 (1055 f.).
[340] BAG NZA 2005, 1053 (1055); 2006, 34 (36); 2018, 100 Rn. 17 ff. MünchArbR/*Reichold* § 43 Rn. 50.
[341] BAG NZA 2005, 1053 (1055); 2006, 34 (36); ErfK/*Müller-Glöge* BGB §§ 339–345 Rn. 12.
[342] BAG NZA 2005, 1053 (1055).
[343] Dem BAG versagen die Gefolgschaft LAG Köln BeckRS 2011, 65463; zu Recht kritisch *Bayreuther* NZA 2005, 1338; *Bauer/Krieger* SAE 2006, 11 ff.; *Coester* FS Löwisch, 2007, 57 (68); *Hanau* FS Konzen, 2006, 249 (254 f.).
[344] So auch BAG NZA 2004, 727; 2009, 370 (375).

zur Folge hat.[345] Diese Grenze wird wiederum durch das berechtigte Interesse des Arbeitgebers an einer effektiven Absicherung markiert. Das bedeutet: Eine fühlbare, gleichwohl aber den zu erwartenden typischen Schaden nicht aus den Augen verlierende Sanktion muss gewährleistet sein. Als generell überhöht zu betrachten sind Vertragsstrafen, die zum möglichen Schaden außer Verhältnis stehen. Als geeigneter, einer generalisierenden Betrachtungsweise zugänglicher Bewertungsmaßstab bietet sich zum einen der Bruttoverdienst des Arbeitnehmers an. Dieses Kriterium orientiert sich an der finanziellen Leistungsfähigkeit des Arbeitnehmers (Zumutbarkeitsaspekt). Es hat daneben aber auch schadensrechtliche Bezüge, lässt der Verdienst doch häufig Rückschlüsse auf den Stellenwert des Arbeitnehmers im Betrieb zu. Ferner ist im **Falle des Vertragsbruchs** die maßgebliche Kündigungsfrist von erheblicher Bedeutung. Denn in der Länge der Kündigungsfrist kommt zum Ausdruck, in welchem zeitlichen Umfang der Arbeitgeber Arbeitsleistungen vom Arbeitnehmer verlangen kann und welches Interesse er an der Arbeitsleistung hat.[346] Vor diesem Hintergrund erklärt sich, dass sich in der Rechtsprechung eine generelle – wenngleich nicht ausnahmslos geltende -[347] Obergrenze von einem Bruttomonatsgehalt durchgesetzt hat.[348] Dies entspricht der Grundkündigungsfrist des § 622 Abs. 1 BGB. Höhere Vertragsstrafen werden folgerichtig für zulässig gehalten, wenn es um die Sicherung einer langfristigen Bindung geht. Umgekehrt spricht eine kurz bemessene Kündigungsfrist für eine niedrigere Vertragsstrafenhöhe. So hat das BAG eine für den Fall des Nichtantritts der Arbeit vorgesehene Vertragsstrafe in Höhe von einem vollen Bruttomonatsgehalt angesichts einer nur zweiwöchigen Kündigungsfrist während einer vereinbarten Probezeit für unangemessen hoch erachtet und für insgesamt unwirksam erklärt.[349]

1202   Hinsichtlich der **Vertragsstrafenhöhe bei Wettbewerbsverboten** legt § 75b Abs. 1 HGB den Vertragsparteien keinerlei Beschränkungen auf. Das BAG[350] hat entschieden, dass es keinen Rechtssatz gäbe, der ein angemessenes Verhältnis zwischen Vertragsstrafe und Karenzentschädigung fordere. Des Weiteren gäbe es keinen Rechtssatz, dass eine Vertragsstrafe die Höhe des für die Kündigungsfrist zu zahlenden Gehalts nicht übersteigen dürfe.[351] Der Arbeitgeber müsse die Möglichkeit haben, dem Arbeitnehmer eine fühlbare Strafe für den Fall des Verstoßes aufzuerlegen. Im Übrigen stellt das BAG stark auf die Umstände des Einzelfalles ab. Eine absolute Obergrenze wird man allerdings in Anlehnung an § 12 Abs. 3 S. 3 des Entwurfs der AGB-Kommission von 1977 bei einem Jahresbruttoentgelt ansetzen können. Die Überschreitung dieses Höchstbetrages zieht regelmäßig die Nichtigkeit der entsprechenden Abrede nach sich. Bedenken bestehen allerdings gegen Klauseln, die pauschal ein Jahresgehalt als Vertragsstrafe für einen Wettbewerbsverstoß ansetzen. Das BAG[352] hält eine solche Gleichbehandlung eines Dauerverstoßes einerseits und eines einmaligen Verstoßes andererseits für nicht gerechtfertigt. Unwirksam ist nach Ansicht des BAG allerdings auch eine Vertragsstrafenklausel, die für jeden Fall der Zuwiderhandlung des Arbeitnehmers gegen das Wettbewerbsverbot eine Vertragsstrafe in bestimmter Höhe vorsieht und gleichzeitig bestimmt, dass im Falle einer dauerhaften Verletzung des Wettbewerbsverbots jeder angebrochene Monat als eine erneute Verletzungshandlung gilt.[353] Das BAG sieht in einer solchen Formulierung einen Verstoß gegen das Transparenzgebot (§ 307 Abs. 1 S. 2 BGB), da nicht erkennbar werde,

---

[345] LAG Köln LAGE § 339 Nr. 4; *Preis*, Vertragsgestaltung, S. 478 ff.
[346] BAG NZA-RR 2009, 519 (524); NZA 2016, 945 Rn. 23; 2018, 100 Rn. 27.
[347] Dies betonend BAG NZA 2009, 370 (375 f.).
[348] So auch BAG NZA 2004, 727 (733); BeckRS 2011, 65096.
[349] BAG NZA 2004, 727 (733 f.); 2011, 89 (90 f.).
[350] BAG AP Nr. 5 zu § 339 BGB.
[351] BAG 25.10.1994 – 9 AZR 265/93, nv.
[352] BAG EzA § 340 BGB Nr. 1.
[353] BAG NZA 2008, 170.

wann eine dauerhafte Verletzung und wann ein einmaliger Verstoß gegeben sein soll. Ferner hat das BAG eine Klausel als unangemessene Benachteiligung qualifiziert, wonach für jeden Einzelfall eines Wettbewerbsverstoßes eine Vertragsstrafe in Höhe von ein bis drei Monatsgehältern (nach Festsetzung durch den Arbeitgeber) vorgesehen war.[354] Hier ist nicht nur das ausbedungene Leistungsbestimmungsrecht zu beanstanden, sondern auch die Möglichkeit, jeden Einzelverstoß separat mit einer Vertragsstrafe zu belegen.[355]

5. Rechtsfolgen der Überschreitung der Angemessenheitsgrenzen

Eine Überschreitung der skizzierten Angemessenheitsgrenzen für vorformulierte Straf-　**1203**
abreden in Arbeitsverträgen hat ausnahmslos die Nichtigkeit der gesamten Strafklausel zur Folge. Eine geltungserhaltende Reduktion ist ebenso wie jede sonstige auf teilweise Aufrechterhaltung gerichtete dogmatische Konstruktion – zB Umdeutung in eine Schadenspauschale[356] oder ergänzende Vertragsauslegung[357] – abzulehnen.[358] Möglich ist eine begrenzte Aufrechterhaltung allenfalls bei Teilbarkeit der Vertragsstrafenvereinbarung, etwa bei Aufzählung mehrerer Sanktionstatbestände.[359] Eine Reduktion der Vertragsstrafe durch Urteil nach § 343 Abs. 1 BGB kommt nur bei einer „verwirkten" Vertragsstrafe in Betracht. Das setzt voraus, dass die Vertragsstrafenabrede der Inhaltskontrolle zwar standgehalten hat, die verwirkte Strafsumme sich jedoch aufgrund besonderer Umstände des Einzelfalles als unbillig erweist. Ein gem. § 307 BGB unwirksames Strafversprechen kann hingegen nicht unter Rückgriff auf § 343 BGB in einem angemessenen Umfang aufrechterhalten werden.[360]

XVIII. Wettbewerbsverbote

Literatur: *Bauer/Diller*, Wettbewerbsverbote, 8. Aufl. 2019; *dies.*, Nachvertragliche Wettbewerbsverbote: Änderungen durch die Schuldrechtsreform, NJW 2002, 1609; *Bettinghausen*, Das nachvertragliche Wettbewerbsverbot unter Berücksichtigung der bisherigen BAG-Rechtsprechung – Was Arbeitgeber zu beachten haben, BB 2018, 1016; *Diller*, Nachvertragliche Wettbewerbsverbote und AGB-Recht, NZA 2005, 250; *ders.*, „Cooling-off"-Klauseln als nachvertragliches Wettbewerbsverbot?, NZA 2018, 692; *Gaul/Khanian*, Zulässigkeit und Grenzen arbeitsrechtlicher Regelungen zu Wettbewerbsverboten, MDR 2006, 181; *Koch*, Das nachvertragliche Wettbewerbsverbot im einseitig vorformulierten Arbeitsvertrag, RdA 2006, 28; *Laskawy*, Die Tücken des nachvertraglichen Wettbewerbsverbots im Arbeitsrecht, NZA 2012, 1011; *Naber*, Nachvertragliche Wettbewerbsverbote ohne Karenzentschädigung – Nicht mehr zu retten!, NZA 2017, 1170; *Stoffels*, Wettbewerbsverbote, in: Der Arbeitsvertrag, hrsg. von Preis, 6. Aufl. 2020, II W 10.

1. Wettbewerbsenthaltungspflicht im bestehenden Arbeitsverhältnis

Solange das Arbeitsverhältnis besteht, ist es dem Arbeitnehmer schon aufgrund seiner　**1204**
allgemeinen Treuepflicht, die in § 60 HGB für Handlungsgehilfen ihren gesetzlichen

---

[354] BAG NZA 2006, 34 (37).

[355] So LAG Köln BB 2007, 333 für eine Vertragsstrafe von zwei Bruttomonatseinkommen für jeden Fall der Zuwiderhandlung.

[356] Hiergegen zutreffend *Stein*, Anm. AP Nr. 8 zu § 339 BGB.

[357] Hiergegen zutreffend BAG NZA-RR 2009, 519 (525); NZA 2011, 89 (92 f.); 2016, 945 Rn. 30 ff.; 2018. 100 Rn. 23 f.

[358] Für generelle Unwirksamkeit wegen unverhältnismäßiger Höhe jetzt auch BAG NZA 2004, 727 (734); NZA-RR 2009, 519 (525); NZA 2011, 89 (92); 2016, 945 Rn. 28 ff.; 2018, 100 Rn. 22 ff. Speziell für Vertragsstrafen BGH NJW 1983, 385 (388). Gegen eine vorbehaltlose Implementierung des Verbots der geltungserhaltenden Reduktion in das Arbeitsrecht unter besonderer Berücksichtigung der Vertragsstrafenproblematik *Bayreuther* NZA 2004, 953 ff.

[359] BAG NZA 2005, 1053 (1056).

[360] BAG NZA 2009, 370 (377 f.).

Niederschlag gefunden hat, untersagt, seinem Arbeitgeber Konkurrenz zu machen.[361] Diese **Wettbewerbsenthaltungspflicht** besteht **so lange, wie das Arbeitsverhältnis rechtlich**[362] **Bestand** hat. Nach Beendigung unterliegt der Arbeitnehmer grundsätzlich keinen Wettbewerbsbeschränkungen mehr. Eine Wettbewerbstätigkeit ist ihm in dieser nachvertraglichen Phase nur dann verboten, wenn dies besonders vereinbart wurde. Ein solches **nachvertragliches Wettbewerbsverbot** kann bereits im Arbeitsvertrag verankert sein. Auch die Vereinbarung einer aufschiebenden Bedingung für das Inkrafttreten kann vereinbart werden. Eine solche Gestaltung ist grundsätzlich nicht überraschend iS des § 305c Abs. 1 BGB.[363] Das nachvertragliche Wettbewerbsverbot kann jedoch auch später – etwa anlässlich des Ausscheidens des Arbeitnehmers – in einer gesonderten Urkunde vereinbart werden.

2. Nachvertragliche Wettbewerbsverbote

1205   Für nachvertragliche Wettbewerbsverbote mit Handlungsgehilfen bzw. mit Handelsvertretern enthalten die **§§ 74 ff.** HGB sowie **§ 90a HGB** gesetzgeberische Vorgaben, von denen weder formularvertraglich noch per Individualabrede zu Ungunsten der Beschäftigten abgewichen werden kann (§ 75d S. 1 HGB, § 90a Abs. 4 HGB). Durch **§ 110 GewO** werden die §§ 74 ff. HGB auf alle Arbeitnehmer ausgedehnt. Diese Normen garantieren ein **Mindestmaß an beruflicher Bewegungsfreiheit nach Vertragsende.** Sie liefern den Rahmen, innerhalb dessen ein sachgerechter Ausgleich der gegenläufigen Interessen der ehemaligen Vertragspartner zu suchen ist. Die Angemessenheitskontrolle nach § 307 BGB ist damit vorweggenommen; sie ist obsolet.[364] Zu beachten sind allerdings unstreitig das Überraschungsverbot[365] und die Unklarheitenregel des § 305c Abs. 2 BGB.[366] Eine formale Anforderung an Wettbewerbsabreden statuiert zunächst § 74 Abs. 1 HGB. Die Abrede bedarf zu ihrer Wirksamkeit der **Schriftform** und der Aushändigung einer vom Arbeitgeber unterzeichneten, die vereinbarten Bestimmungen enthaltenden Urkunde.[367] Eine weitere absolute Wirksamkeitsschranke für Konkurrenzverbote enthält § 74 Abs. 2 HGB, der zur Gewährung einer **Karenzentschädigung** verpflichtet. Die Entschädigungsverpflichtung muss in den Vertragstext aufgenommen werden, wobei allerdings ein Verweis

---

[361] Zu Vereinbarungen, welche die während des Arbeitsverhältnisses bestehende Wettbewerbsenthaltungspflicht näher konkretisieren, verschärfen etc vgl. ausführlich *Stoffels*, in: Arbeitsvertrag, II W 10 Rn. 2 ff.

[362] BGH AP Nr. 1 zu § 60 HGB; BAG AP Nr. 104 zu § 626 BGB; Schaub/*Vogelsang*, Arbeitsrechts-Handbuch, § 54 Rn. 5; MünchArbR/*Reichold* § 54 Rn. 16; aA *Nikisch*, Arbeitsrecht I, 3. Aufl. 1961, S. 453.

[363] BAG AP Nr. 78 zu § 74 HGB mit Anm. *M. Schmidt* JR 2006, 87 f.

[364] LAG Hamm NZA-RR 2003, 513 (515); LAG Rheinland-Pfalz NZA-RR 2013, 15; *Lakies*, Inhaltskontrolle von Arbeitsverträgen, Rn. 960; CKK/*Klumpp* BGB § 307 Rn. 279; vgl. auch *Preis*, Vertragsgestaltung, S. 531 („§ 74a Abs. 1 HGB als Fall gesetzlicher Inhaltskontrolle"); zum gleichen Ergebnis führt die Annahme, beim nachvertraglichen Wettbewerbsverbot handele es sich um eine kontrollfreie Beschreibung der Hauptleistungspflichten iS des § 307 Abs. 3 BGB (so LAG Baden-Württemberg NZA-RR 2008, 508 (509): „zumindest wenn das Wettbewerbsverbot Gegenstand einer eigenständigen Abrede ist"; ebenso LAG Rheinland-Pfalz NZA-RR 2013, 15); für weitgehende Anwendung der AGB-Inhaltskontrolle hingegen *Koch* RdA 2006, 30.

[365] Im Hinblick auf die weite Verbreitung nachvertraglicher Wettbewerbsverbote in den Arbeitsverträgen von Führungskräften und Know-How-Trägern kann jedenfalls bei Verwendung gegenüber diesen Kreisen grundsätzlich kein Verstoß gegen das Überraschungsverbot konstatiert werden; in diesem Sinne auch DDW/*Däubler* BGB § 305c Rn. 20; *Diller* NZA 2005, 251.

[366] Zu möglichen Anwendungsfällen der Unklarheitenregel bei Wettbewerbsverboten vgl. *Bauer/Diller* NJW 2002, 1613; vgl. ferner LAG Hamm BeckRS 2010, 70152.

[367] Hierzu zuletzt BAG AP Nr. 53 zu § 611 BGB Konkurrenzklausel mit Anm. *Diller* RdA 2006, 45 ff.

auf die §§ 74 ff. HGB ausreichen soll.[368] Das Wettbewerbsverbot muss ferner dem Schutz eines **berechtigten geschäftlichen Interesses des Arbeitgebers** dienen, darf unter Berücksichtigung der gewährten Entschädigung nach Ort, Zeit oder Gegenstand **keine unbillige Erschwerung des Fortkommens des Arbeitnehmers** enthalten und kann nicht auf einen längeren Zeitraum als **zwei Jahre** nach Beendigung des Dienstverhältnisses erstreckt werden (§ 74a Abs. 1 HGB). Ein berechtigtes geschäftliches Interesse des Arbeitgebers besteht, wenn das Wettbewerbsverbot dem Schutz von Betriebsgeheimnissen dient oder den Einbruch in den Kunden- oder Lieferantenkreis verhindern soll. Das bloße Interesse, Konkurrenz einzuschränken, genügt dagegen nicht.[369]

Das Wettbewerbsverbot ist insoweit **unverbindlich,** als es den Anforderungen des § 74a   1206
Abs. 1 Sätze 1 und 2 HGB nicht entspricht. Diese Formulierung umschreibt einen der (seltenen) Fälle einer gesetzlich angeordneten sog. geltungserhaltenden Reduktion. So heißt es etwa in einer älteren Entscheidung des BAG[370], das Überschreiten der gesetzlichen Grenzen in § 74a Abs. 1 HGB habe „nicht die Nichtigkeit des Verbots zur Folge, sondern lediglich die Zurückführung auf das erlaubte Maß". Daran wird man auch für nach Inkrafttreten der Schuldrechtsreform abgeschlossene Verträge festhalten müssen.[371] Denn § 74a HGB ist keineswegs nur auf individuell vereinbarte Wettbewerbsverbote zugeschnitten. Vielmehr stellt die Aufrechterhaltung der Klausel in eingeschränktem Umfang ganz allgemein eine im Hinblick auf die schwer zu überblickende Eingriffsintensität von Wettbewerbsverboten gebotene Rechtsfolge dar.[372] Das hier unpassende „Alles-oder-Nichts-Prinzip" hat der Gesetzgeber bewusst ausgeschlossen. Von daher sollte man § 74a HGB im Verhältnis zu den §§ 307–309 BGB sowie zu § 306 BGB als *lex specialis* betrachten.[373]

3. Mandantenschutzklauseln

Freiberufler (Rechtsanwälte, Wirtschaftsprüfer, Steuerberater) sind weniger an der Ver-   1207
einbarung eines umfassenden Tätigkeitsverbots ihrer Angestellten nach deren Ausscheiden, sondern vielmehr an der **Aufrechterhaltung ihres Mandantenstammes** interessiert. Hierzu dient die Vereinbarung von Mandantenschutzklauseln. Die Rechtsprechung[374] unterscheidet zwischen so genannten allgemeinen Mandantenschutzklauseln auf der einen und Mandantenübernahmeklauseln auf der anderen Seite. Bei einer **allgemeinen Mandantenschutzklausel** ist es dem Arbeitnehmer untersagt, nach seinem Ausscheiden mit der Beratung ehemaliger Mandanten seines Arbeitgebers zu diesem in Konkurrenz zu treten. Allgemeine Mandantenschutzklauseln haben daher die Wirkung eines nachvertraglichen Wettbewerbsverbots, sodass die §§ 74 ff. HGB Anwendung finden. Sie sind nur wirksam, wenn sie mit der Pflicht des Arbeitgebers zur Zahlung einer Karenzentschädigung nach § 74 Abs. 2 HGB verbunden sind und soweit die gesetzlich zulässige Höchstdauer von zwei Jahren nach § 74a Abs. 1 S. 3 HGB nicht überschritten wird.[375] Bei einer **Mandantenübernahmeklausel** wird hingegen gerade kein Konkurrenzverbot vereinbart, sondern im Gegenteil die Betreuung von Mandanten des ehemaligen Arbeit-

[368] BAG NZA 2017, 845 Rn. 23.
[369] BAG NZA 2010, 1175 Rn. 15.
[370] BAG AP Nr. 22 zu § 74 HGB.
[371] In diesem Sinne jetzt auch BAG NZA 2010, 1175 Rn. 22; LAG Hamm NZA-RR 2003, 513 (515); Ulmer/*Fuchs/Bieder* BGB Anh. § 310 Rn. 116; *Thüsing/Leder* BB 2004, 47; *Diller* NZA 2005, 251; ErfK/*Oetker* HGB § 74a Rn. 5; *Gaul/Khanian* MDR 2006, 182; CKK/*Krause* BGB Vor § 307 Rn. 24.
[372] *Diller* NZA 2005, 251.
[373] *Thüsing*, AGB-Kontrolle im Arbeitsrecht, Rn. 458.
[374] Die nachfolgende Darstellung basiert auf der authentischen Zusammenfassung der bisherigen Rechtsprechung durch BAG NZA 2014, 433 (435). Ausführlicher *Stoffels*, in: Arbeitsvertrag, II W 10 Rn. 73 ff.
[375] BAG NZA 2002, 1282 (1283).

gebers, allerdings gegen Abführung eines Teils des Honorars, ausdrücklich zugelassen. Mandantenübernahmeklauseln werden daher auch ohne Verpflichtung des Arbeitgebers zur Zahlung einer Karenzentschädigung grundsätzlich als zulässig und verbindlich angesehen, soweit sie dem Schutz eines berechtigten geschäftlichen Interesses des Arbeitgebers dienen und das berufliche Fortkommen des Arbeitnehmers nicht unbillig erschweren.[376] Allerdings stellt eine Mandantenübernahmeklausel ohne Karenzentschädigung dann eine Umgehung iS von § 75d S. 2 HGB dar, wenn die Konditionen so gestaltet sind, dass sich die Bearbeitung der Mandate wirtschaftlich nicht lohnt. In diesem Fall schaltet der Arbeitgeber seinen früheren Mitarbeiter als Konkurrenten aus, dh es handelt sich um eine **verdeckte Mandantenschutzklausel,** die den Arbeitnehmer iS von § 74 Abs. 1 HGB in seiner beruflichen Tätigkeit beschränkt. Dies könne auch aus einer zu langen Bindungsdauer folgen.[377] Ob sich insoweit aus dem AGB-Recht noch strengere Anforderungen ergeben, hat das BAG zuletzt ausdrücklich offen gelassen.[378]

XIX. Zielvereinbarungen

Literatur: *Annuß,* Arbeitsrechtliche Aspekte von Zielvereinbarungen in der Praxis, NZA 2007, 290; *Brors,* Die individualarbeitsrechtliche Zulässigkeit von Zielvereinbarungen, RdA 2004, 273; *Bergwanger,* Noch einmal: Zielvereinbarungen auf dem Prüfstand, BB 2004, 551; *Däubler,* Zielvereinbarungen und AGB-Kontrolle, ZIP 2004, 2209; *Heiden,* Neue Entwicklungen im Recht der Sonderzahlungen, RdA 2012, 225; *Horcher,* Inhaltskontrolle von Zielvereinbarungen, BB 2007, 2065; *Lingemann/ Gotham,* Freiwilligkeits-, Stichtags- und Rückzahlungsvereinbarungen bei Bonusvereinbarungen – was geht noch?, NZA 2008, 509; *Lingemann/Otte,* Bonuszahlungen und Freiwilligkeitsvorbehalt – Die Gewichte verschieben sich, NJW 2014, 2400; *Löw,* Zielvereinbarung, Zielerreichung und Bonusbudget – aktuelle Rechtsfragen zur variablen Vergütung, DB 2017, 1904; Plander, Zustandekommen, Wirksamkeit und Rechtsfolgen arbeitsrechtlicher Zielvereinbarungen, ZTR 2002, 402; *Portz,* Hinweise zur Gestaltung von Zielvereinbarungen in Arbeitsverträgen, ArbRB 2005, 374; *Greiner,* Zielvereinbarungen, in: Der Arbeitsvertrag, hrsg. von Preis, 6. Aufl. 2020, II Z 5; *Salamon,* Mitarbeitersteuerung durch erfolgs- und bestandsabhängige Gestaltung von Vergütungsbestandteilen, NZA 2010, 314; *Simon/Hidalgo/Koschker,* Flexibilisierung von Bonusregelungen – eine unlösbare Aufgabe?, NZA 2012, 1071; *Thum,* Die Zulässigkeit von Claw-Back-Regelungen im Lichte der Institutsvergütungsverordnung, NZA 2017, 1577; *Wisskirchen/Schwindling,* Variable Vergütungsstrukturen für digitale Arbeitnehmer – Zielvereinbarungen und Zielvorgaben für alle? ArbRAktuell 2017, 155.

1208 Zielvereinbarungen haben in der arbeitsrechtlichen Praxis in letzter Zeit erheblich an Bedeutung gewonnen. Man versteht hierunter Abreden zwischen Arbeitgeber und Arbeitnehmer, wonach der Arbeitnehmer innerhalb eines bestimmten Zeitraums (regelmäßig eines Jahres) näher umschriebene Ziele erreicht haben soll. Für den Fall, dass der Arbeitnehmer die ihm gesetzten Ziele (teilweise) erreicht, wird ihm ein zusätzliches Entgelt in Aussicht gestellt (sog. **Bonus**). Das BAG legt Wert darauf, dass es sich bei solchen Vergütungsbestandteilen, die vom Erreichen von persönlichen Zielen und dem Unternehmenserfolg abhängen, nicht etwa um anlass- oder stichtagsbezogenen Sonderzuwendungen des Arbeitgebers handelt, sondern um **unmittelbare Gegenleistungen für vom Arbeitnehmer zu erbringende Leistungen,** die dieser als Arbeitsentgelt für den vereinbarten Zeitraum erhält.[379] Derartige Zielvereinbarungen werfen eine Fülle von Rechtsfragen auf.[380] In der Praxis werden häufig die allgemeinen Modalitäten in einer Rahmenvereinbarung niedergelegt, die dann durch die Festsetzung konkreter Ziele für

---

[376] BAG NZA 2002, 1282 (1283 f.).
[377] BAG NZA 2002, 1282 (1283 f.).
[378] BAG NZA 2014, 433.
[379] BAG NZA 2011, 989 (991); 2011, 1234 (1237).
[380] Näher zum Begriff der Zielvereinbarung und zu den durch sie aufgeworfenen Rechtsfragen *Bauer/Diller/Göpfert* BB 2002, 882; *C. S. Hergenröder* AR-Blattei SD 1855; *Deich,* in: Innovative Arbeitsformen, hrsg. von *Preis,* 2005, S. 581 ff.

die jeweiligen Mitarbeiter in Einzelvereinbarungen ausgefüllt wird.[381] Sowohl die Rahmenvereinbarung (so sie nicht auf einer Kollektivvereinbarung beruht) als auch die Einzelvereinbarungen werden in der Regel vom Arbeitgeber vorformuliert und dem Arbeitnehmer sodann präsentiert. Häufig werden inhaltsgleiche bzw. -ähnliche Zielvereinbarungen auch mit zahlreichen weiteren Mitarbeitern abgeschlossen. Zwar ist nicht ausgeschlossen, dass im Zielvereinbarungsgespräch bestimmte Inhalte individuell ausgehandelt werden und insoweit eine nicht der AGB-Kontrolle unterworfene Individualabrede vorliegt (§ 305 Abs. 1 S. 3). Doch dürfte es dazu in der Praxis eher selten kommen.[382] Somit eröffnet sich auch hier ein **Anwendungsfeld für die §§ 305 ff. BGB.**

Zielvereinbarungen lassen es mitunter an der gebotenen Klarheit fehlen. Solche **Un-** **1209** **klarheiten gehen nach § 305c Abs. 2 BGB im Zweifel zulasten des Arbeitgebers.**[383] Wird dem Arbeitnehmer nicht ausdrücklich eine Garantie abverlangt, so ist in Anwendung der Unklarheitenregel lediglich ein bloßes Bemühen, das gesteckte Ziel zu erreichen, geschuldet.[384] Auch das **Transparenzgebot** (§ 307 Abs. 1 S. 2 BGB) kann verletzt sein. Dies ist der Fall, wenn ein durchschnittlicher Arbeitnehmer nicht erkennen kann, was mit den Abmachungen gemeint ist, ihm insbesondere verborgen bleibt, dass die gesteckten Ziele nur mit einem erheblich höheren Zeitaufwand erreicht werden können.[385] Gegen das Transparenzgebot verstößt es ferner, wenn sich der Arbeitgeber in einem von ihm vorformulierten Arbeitsvertrag zu einer Bonuszahlung verpflichtet, in einer anderen Klausel hingegen diese Leistung unter einen **Freiwilligkeitsvorbehalt** gestellt wird. Eine solche Gestaltung ist widersprüchlich und begründet die Gefahr, dass der Arbeitnehmer aufgrund dieser Vertragsklausel seinen Anspruch auf die Bonuszahlung nicht geltend macht.[386] Die Bonusregelung ist in einem solchen Fall nur insoweit unwirksam, als ein Rechtsanspruch auf die Bonuszahlung ausgeschlossen wird. Bemerkenswert großzügig verfährt die Rechtsprechung demgegenüber mit formularmäßig vorbehaltenen **einseitigen Leistungsbestimmungsrechten** (hierzu → Rn. 1157).

Im Rahmen der **materiellen Inhaltskontrolle** nach § 307 Abs. 1 S. 1 und Abs. 2 BGB **1210** ist zunächst zu beachten, dass die Höhe des in Aussicht gestellten **Bonus und seine Verknüpfung mit bestimmten Zielvorgaben nach § 307 Abs. 3 BGB** kontrollfrei bleiben.[387] Auch das Verhältnis von Gesamtentgelt und der variablen Vergütung wird nicht auf Angemessenheit hin überprüft. Die äußerste Grenze markiert hier der Maßstab der guten Sitten (§ 138 BGB). Kontrollfähig ist hingegen die nähere Ausgestaltung der sonstigen, auch entgeltrelevanten Modalitäten der Zielvereinbarung. Der Inhaltskontrolle unterliegt ferner eine **Malusvereinbarung,** nach der der Arbeitnehmer bei Verfehlen des vereinbarten Umsatzzieles ein Bruttomonatsgehalt an den Arbeitgeber zahlen muss. Hierdurch wird in unangemessener Weise das Wirtschaftsrisiko auf den Arbeitnehmer verlagert.[388] Zulässig soll hingegen nach Ansicht des LAG Hessen[389] eine vertragliche

---

[381] Wird entgegen der Rahmenvereinbarung für ein Kalenderjahr keine Zielvereinbarung getroffen, so haftet der Arbeitgeber – wenn er dies zu vertreten hat – auf Schadensersatz gem. §§ 280 Abs. 1, 3, 283 BGB, da nach Ablauf des Kalenderjahrs die Zielfestsetzung unmöglich wird (so BAG NZA 2008, 409; 2009, 256; 2010, 1009). Zu einer Bonuszusage durch konkludentes Verhalten vgl. BAG NZA 2010, 808.

[382] Ebenso die Einschätzung von *Däubler* ZIP 2004, 2211; *Portz* ArbRB 2005, 375; *Horcher* BB 2007, 2066.

[383] BAG NZA 2008, 409 Rn. 55; ErfK/*Preis* BGB § 611a Rn. 505.

[384] *Däubler* ZIP 2004, 2211.

[385] *Däubler* ZIP 2004, 2212.

[386] BAG NZA 2008, 40 (42); 2014, 595 (601).

[387] BAG NZA 2008, 409; *Annuß* NZA 2007, 291; *Horcher* BB 2007, 2066; zur Festlegung eines Bonuspools durch den Arbeitgeber vgl. BAG NZA 2012, 450.

[388] LAG Hamm BeckRS 2011, 68560; vgl. auch BAG NZA 1991, 264 zur Unzulässigkeit einer Verlustbeteiligung.

[389] LAG Hessen NZA-RR 2010, 401 (402) mzustAnm *Becker*.

Vereinbarung sein, wonach der **Bonusanspruch im Falle des Ausbleibens eines Gewinns im relevanten Geschäftsjahr ausgeschlossen** ist. Der Arbeitgeber mache hiermit deutlich, dass er er einen etwa eingetretenen Verlust nicht um einen zu zahlenden Bonus vergrößern will. Dies sei verständlich und im Rahmen der Inhaltskontrolle nicht zu beanstanden. Auf dieser Linie liegt auch eine Entscheidung des BAG, der zufolge es keine unangemessene Benachteiligung darstellt, wenn eine Vergütungsregelung die Zahlung einer **Tantieme von der Ausschüttung einer Dividende abhängig** macht.[390]

1211   Zulässig soll es dagegen nach einer Entscheidung des BAG[391] sein, den Anspruch auf die Bonuszahlung an den **Bestand des Arbeitsverhältnisses am Ende des Geschäftsjahres**[392] zu knüpfen. Der Entscheidung lag eine Fallkonstellation zu Grunde, in der die Höhe der Bonuszahlung vom Erreichen individueller Jahresziele und vom Geschäftsergebnis im jeweiligen Geschäftsjahr abhängen sollte. Der Senat führte aus, in aller Regel könne auch erst nach Ablauf der Zielperiode festgestellt werden, ob und in welcher Höhe dem Arbeitnehmer der ihm für den Fall der Zielerreichung zugesagte Bonus zustehe. Dies gelte insbesondere dann, wenn die Parteien nicht ausschließlich quantitative, sondern auch qualitative Ziele gemeinsam festgelegt hätten. Den Aufwand zu ermitteln, welcher Anteil auf den ausgeschiedenen Arbeitnehmer entfällt, sei für den Arbeitgeber mit einem unzumutbar hohen Aufwand verbunden. Als problematisch stuft der Senat lediglich die Anknüpfung an ein ungekündigtes Arbeitsverhältnis ein. Diese Rechtsprechung ist kritikwürdig, da sie die Berufsfreiheit des Arbeitnehmers (Art. 12 Abs. 1 GG) zu sehr vernachlässigt. Sie steht auch nicht im Einklang mit der neueren Rechtsprechung zu Stichtagsklauseln (vgl. hierzu →Rn. 1188). Bezeichnend ist, dass jüngst auch der 1. Senat bei einer Betriebsvereinbarung über eine variable Erfolgsvergütung zu einem anderen Ergebnis gelangt ist.[393] Die Vorenthaltung einer bereits verdienten Arbeitsvergütung sei stets ein unangemessenes Mittel, die selbstbestimmte Arbeitsplatzaufgabe zu verzögern oder zu verhindern. Mit ihr seien Belastungen für den Arbeitnehmer verbunden, die unter Berücksichtigung der berechtigten Interessen des Arbeitgebers nicht zu rechtfertigen seien. Das wird man auch auf die Inhaltskontrolle nach § 307 BGB zu übertragen haben. Auch andere höchstrichterliche Entscheidungen ignorieren mittlerweile das Diktum aus dem Jahre 2009.[394]

1212   Zulässig dürfte hingegen die Vereinbarung eines **Widerrufsvorbehalts** in der zu Grunde liegenden Rahmenvereinbarung sein.[395] Es gelten jedoch die vom BAG für Vergütungsbestandteile aufgestellten Grundsätze. Das bedeutet, die widerrufliche Leistung muss nach Art und Höhe eindeutig sein. Ferner muss es für den Widerruf einen sachlichen Grund geben, der bereits in der Widerrufsklausel konkretisiert ist, damit der Arbeitnehmer erkennen kann, unter welchen Voraussetzungen er mit einem Widerruf rechnen muss. Letztendlich muss der widerrufliche Anteil stets unter 25 % der Gesamtvergütung liegen. Folglich ist im Falle eines Zielbonus, der einen größeren Anteil als 25 % an der Gesamtvergütung hat, nur ein Teil widerrufbar. Des Weiteren kann ein Widerruf des Bonus nur mit Wirkung für die Zukunft zulässig sein, also nicht im laufenden Geschäftsjahr. Denn hier hat der Mitarbeiter zumindest teilweise seine Arbeitsleistung bereits erbracht und damit die vereinbarte Gegenleistung ebenfalls zumindest teilweise erworben.

---

[390] BAG NZA 2012, 499.

[391] BAG NZA 2009, 783 (784 f.).

[392] Unwirksam wegen überlanger Bindungsdauer ist allerdings eine Stichtagsregelung, die unabhängig von der Höhe der Bonuszahlung den Arbeitnehmer bis zum 30.9. des Folgejahres bindet, so BAG NZA 2008, 40 (43 f.).

[393] BAG NZA 2011, 989 (990 ff.); ebenso BAG NZA 2011, 1234 (1238 f.).

[394] ZB BAG NZA 2016, 1334 Rn. 22.

[395] *Greiner,* Der Arbeitsvertrag, II Z 5 Rn. 17; *Reiserer,* in: Vertragsgestaltung im Arbeitsrecht, 110 Rn. 53.

Dritter Teil. Das Verbandsklageverfahren

Literatur: *Ahrens,* Die Klagebefugnis von Verbänden im Europäischen Gemeinschaftsrecht, 2002; *Baetge,* Das Recht der Verbandsklage auf neuen Wegen, ZZP 1999, 329; *Greger,* Neue Regeln für die Verbandsklage im Verbraucherschutz- und Wettbewerbsrecht, NJW 2000, 2457 ff.; *Guski,* Konflikt-ermöglichung durch überindividuellen Rechtsschutz: Funktion und Dogmatik der Verbandsklage, ZZP 131 (2018), 353; *Heß,* Das geplante Unterlassungsklagengesetz, in: Zivilrechtswissenschaft und Schuldrechtsreform (hrsg. von Ernst und Zimmermann), 2001, S. 527 ff.; *Janal,* Unlautere Geschäfts-praktiken und unwirksame Geschäftsbedingungen – zu den Wechselwirkungen zwischen UGP-Richtlinie und Klauselrichtlinie, ZEuP 2014, 740; *Klocke,* Rechtsfortbildung im und am Unterlas-sungsklagengesetz, VuR 2013, 203; *Kohler,* Die grenzüberschreitende Verbraucherverbandsklage nach dem Unterlassungsklagengesetz im Binnenmarkt, 2008; *Lakkis,* Der kollektive Rechtsschutz der Ver-braucher in der Europäischen Union: dargestellt an der Verbandsklage der Verbraucherverbände nach dem AGBG, dem UWG und dem griechischen Verbraucherschutzgesetz, 1997; *Micklitz,* Verbands-klage und die EG-Richtlinie über mißbräuchliche Klauseln, ZIP 1998, 937; *Niebling,* Aktuelle Fragen des UKlaG im AGB-Recht, MDR 2012, 1071; *Reinel,* Die Verbandsklage nach dem AGB-Gesetz, 1979; *Schaumburg,* Die neue Verbandsklage, DB 2002, 723; *E. Schmidt,* Die Verbandsklage nach dem AGB-Gesetz, NJW 1989, 1192; *ders.,* Verbraucherschützende Verbandsklagen, NJW 2002, 25; *Wal-ker,* Nomoskommentar Unerlassungsklagengesetz, 2016; *Walker/Stomps,* Die bisherigen Änderungen des UKlaG insbesondere durch die UWG-Reform, ZGS 2004, 336.

Erster Abschnitt. Allgemeines zur Verfahrensregelung

§ 47. Das Unterlassungsklagengesetz und die Unterlassungsklagenricht-linie 2009/22/EG

I. Das Regelungsmodell des Unterlassungsklagengesetzes

1. Die Trias verbraucherschützender Verbandsklagen

Im deutschen Recht ist im Laufe der Zeit eine **Trias von verbraucherschützenden** **1213** **Verbandsklagen** entstanden.[1] Die älteste unter ihnen dient der Bekämpfung von Wett-bewerbsverstößen (jetzt § 8 UWG).[2] Mit Inkrafttreten des AGB-Gesetzes im Jahre 1977 ist die Verbandsklage gegenüber Verwendern und Empfehlern unwirksamer Allgemeiner Geschäftsbedingungen hinzugetreten. Dieses Kollektivverfahren hat seine Heimstatt nun-mehr in § 1 UKlaG gefunden. Neu hinzugekommen ist der im Wege der Verbandsklage durchzusetzende Unterlassungsanspruch bei verbraucherschutzgesetzwidrigen Praktiken. Diese dritte Variante ist jetzt in § 2 UKlaG geregelt. Im Fokus steht hier die **Verbands-klage zur Bekämpfung unwirksamer Allgemeiner Geschäftsbedingungen gem. § 1 UKlaG,** die im Übrigen auch den Charakter des Unterlassungsklagengesetzes prägt.[3]

---

[1] So *E. Schmidt* NJW 2002, 23 (26 f.).
[2] Vormals § 13 UWG a. F., aufgenommen in das Gesetz gegen den unlauteren Wettbewerb durch Gesetz von 1965 (BGBl. I 625).
[3] So MüKoZPO/*Micklitz/Rott* UKlaG Vor § 1 Rn. 12.

2. Die Verbandsklage als wesentliche Ergänzung des materiellen AGB-Rechts

1214   Das Recht der Verbandsklage ist im Rahmen der **Schuldrechtsreform**[4] konsequenterweise systematisch vom materiellen AGB-Recht getrennt und in das neugeschaffene und
am 1.1.2002 in Kraft getretene Unterlassungsklagegesetz (UKlaG) überführt worden. Die
Regelungen der §§ 13–22a AGBG sind vielfach nahezu unverändert übernommen worden.

1215   Das Verbandsklageverfahren ist ein wesentliches Kernstück des AGB-Rechts. Mit ihm
sollen die **Effektivität und die Breitenwirkung der Inhaltskontrolle** verstärkt werden.
Schutzobjekt im Verbandsverfahren ist nicht der Einzelne, von einer möglicherweise
unzulässigen Klausel betroffene Kunde, sondern der Rechtsverkehr, der allgemein von
der Verwendung unzulässiger Klauseln freigehalten werden soll.[5] Das Verbandsverfahren
dient damit zugleich dazu, den Verwender zu einer eindeutigen und im gesamten Regelungsbereich wirksamen Klausel anzuhalten, und durch die Klauselfassung der Gefahr
vorzubeugen, dass der Kunde von der Durchsetzung bestehender Rechte abgehalten
wird.[6]

1216   Die AGB-Klausel wird im Verbandsprozess losgelöst vom Einzelfall auf ihre Vereinbarkeit mit den §§ 307 bis 309 BGB überprüft. Im Gegensatz zum Individualverfahren
wird im Verbandsverfahren im Falle der Unvereinbarkeit nicht die Klausel für unwirksam
erklärt, sondern der Verwender zur Unterlassung bzw. derjenige, der eine Klausel dem
rechtsgeschäftlichen Verkehr empfiehlt, zum Widerruf der Empfehlung verpflichtet. Die
Urteile im Verbandsklageverfahren wirken nicht nur zwischen den Parteien, sondern
auch zu Gunsten der am Verfahren nicht beteiligten Vertragspartner des AGB-Verwenders (§ 11 UKlaG).

3. Anwendungsbereich

1217   Die nunmehr in § 310 Abs. 4 BGB aufgeführten Bereichsausnahmen vom sachlichen
Anwendungsbereich des materiellen AGB-Rechts begrenzen auch die Klagemöglichkei-
ten der Verbände im Verfahren nach dem Unterlassungsklagengesetz. Aus dem Anwendungsbereich des Unterlassungsklagengesetzes ist gem. § 15 UKlaG ferner das **gesamte
Arbeitsrecht herausgenommen**. Diese Klarstellung ist notwendig, sind doch nach dem
neu gefassten § 310 Abs. 4 BGB in materieller Hinsicht nur noch Tarifverträge sowie
Betriebs- und Dienstvereinbarungen der Inhaltskontrolle entzogen. Als Grund für diese,
auf den abschließenden Bericht des Rechtsausschusses des Deutschen Bundestages zurückgehende Restriktion wurden zwei Erwägungen genannt:[7] Zum einen wollte man
vermeiden, dass sich künftig Zivilgerichte (§ 6 UKlaG) mit der Frage unwirksamer
Klauseln in Arbeitsverträgen auseinandersetzen müssen. Zum anderen aber – und dies
dürfte der Hauptgrund sein – erfolgt die kollektive Wahrnehmung der Arbeitnehmerinteressen im Arbeitsrecht traditionell nicht durch Verbraucherverbände, sondern durch
Gewerkschaften, Betriebs- und Personalräte. In der Tat hat der Gesetzgeber gut daran
getan, das ohnehin komplizierte Gefüge arbeitsrechtlicher Rechtsbeziehungen nicht
durch Hinzunahme eines weiteren Akteurs in Gestalt der Verbraucherverbände zu belasten.[8]

---

[4] Schuldrechtsmodernisierungsgesetz vom 26.11.2001, BGBl. I 3138.
[5] St. Rspr., vgl. etwa BGH NJW 1983, 1853; 1994, 2693.
[6] BGH NJW 2014, 1168 Rn. 45.
[7] BT-Drs. 14/7052, S. 189.
[8] Kritisch *Lakies*, Inhaltskontrolle von Arbeitsverträgen, Rn. 24.

II. Einflüsse des europäischen Richtlinienrechts

Das Recht der Verbandsklage hat in der Vergangenheit in Folge von Richtlinienumset-   **1218**
zungen mehrfach einschneidende Änderungen erfahren. So ist insbesondere in der End-
phase des AGB-Gesetzes durch das Fernabsatzgesetz – deplatziert in §§ 22 und 22a
AGBG – eine Verbandsklage zur Verfolgung verbraucherschutzgesetzwidriger Praktiken
eingeführt worden.[9] Der Hintergrund war, dass die bis zum 4.6.2000 umzusetzende
Fernabsatz-Richtlinie 97/7/EG[10] in Art. 11 dem Gesetzgeber aufgab, für eine Verstärkung des Verbraucherschutzes bei Vertragsabschlüssen im Fernabsatz durch die Schaffung eines Verbandsverfahrens zu sorgen.

Daneben galt es, der bis zum 31.12.2000 umzusetzenden Richtlinie 98/27/EG vom   **1219**
19.5.1998 über Unterlassungsklagen zum Schutz der Verbraucherinteressen Rechnung zu
tragen.[11] Diese Richtlinie war für das Verbandsklageverfahren nach dem Unterlassungsklagengesetz von größter Wichtigkeit. Sie ist mittlerweile durch die **Richtlinie 2009/22/EG
des Europäischen Parlaments und des Rates vom 23. April 2009 über Unterlassungsklagen zum Schutz der Verbraucherinteressen**[12] abgelöst worden. Nennenswerte inhaltliche Änderungen sind damit nicht einhergegangen. Auch in ihrer neuen Gestalt will die
Richtlinie den „freien Verkehr der Unterlassungsklagen"[13] innerhalb der Gemeinschaft
erreichen und auf diese Weise den Verbraucherschutz im grenzüberschreitenden Geschäftsverkehr verbessern. Konkret soll es ermöglicht werden, dass eine in einem bestimmten
Mitgliedstaat beheimatete Verbraucherschutzorganisation auch gegen solche verbraucher-
schutzwidrigen Geschäftspraktiken gerichtlich angehen kann, die vom Boden eines anderen
Mitgliedstaates ausgehen.[14] Die Richtlinie bietet den Mitgliedstaaten hierzu in Art. 3 zwei
Modelle an: die Verfolgung durch unabhängige öffentliche Stellen sowie durch private Ver-
braucherschutzorganisationen. Den historisch gewachsenen Strukturen des deutschen
Rechts entspricht das zuletzt genannte Modell, für dessen richtlinienkonformen Ausbau
sich der Gesetzgeber konsequenterweise entschieden hat. In Umsetzung der Richtlinie hat
der Gesetzgeber im Unterlassungsklagengesetz insbesondere die Klagebefugnis hinsichtlich
grenzüberschreitender Sachverhalte ergänzt und ein Registrierungsverfahren eingeführt.
Daneben hat er die gemeinschaftsrechtlich gebotene Novellierung zum Anlass genommen,
einige weitere Modifikationen bzw. Klarstellungen in den Gesetzestext aufzunehmen.

Auf das Verbandsklagerecht strahlt schließlich auch die **Verordnung (EG) Nr. 2006/**   **1220**
2004 über die grenzüberschreitende Zusammenarbeit aus.[15] Diese Verordnung zielt auf
eine Stärkung der grenzüberschreitenden Rechtsdurchsetzung bei Verbraucherstreitig-
keiten durch staatliche Stellen.[16] Der Gesetzgeber sah sich durch diese Verordnung veranlasst, das Unterlassungsklagengesetz durch einen § 4a zu ergänzen, der die Aktivlegitimation punktuell erweitert.[17]

---

[9] Vgl. hierzu MüKoZPO/*Micklitz* UKlaG Vor § 1 Rn. 11.
[10] ABl. EG 1997 L 144, 19.
[11] ABl. EG 1998 L 166, 51.
[12] ABl. EU 2009 L 110, 30.
[13] So das Grünbuch der Kommission über den Zugang der Verbraucher zum Recht und die
Beilegung von Rechtsstreitigkeiten der Verbraucher im Binnenmarkt, KOM (93) 576 endg. vom
16.11.1993.
[14] *Greger* NJW 2000, 2457 f.
[15] ABl. EG 2004 L 364, 1; zuletzt geändert durch Art. 22 ÄndRL 2013/11/EU vom 21.5.2013
(ABl. EU 2013 L 165, 63).
[16] MüKoZPO/*Micklitz/Rott* UKlaG Vor § 1 Rn. 46 sprechen sogar von einer „Verstaatlichung"
der grenzüberschreitenden Rechtsdurchsetzung".
[17] Eingefügt durch das Gesetz über die Durchsetzung der Verbraucherschutzgesetze bei inner-
gemeinschaftlichen Verstößen vom 21.12.2006 (BGBl. I 3367). Zum Regelungsgehalt eingehend Stau-
dinger/*Piekenbrock* UKlaG § 4a Rn. 1 ff.

§ 48. Rechtspolitische Bewertung

Literatur: *Reinel,* Die Verbandsklage nach dem AGB-Gesetz, 1979; *E. Schmidt,* Die Verbandsklage nach dem AGB-Gesetz, NJW 1989, 1192.

I. Die Entscheidung für ein abstraktes gerichtliches Prüfungsverfahren

1221   Die Entscheidung für die Einführung eines abstrakten gerichtlichen Prüfungsverfahrens war eine der **bedeutsamsten substantiellen Neuerungen,** die das am 1.4.1977 in Kraft getretene AGB-Gesetz enthielt. Vorausgegangen war eine intensive rechtspolitische Diskussion der Vor- und Nachteile der zur Wahl stehenden Regelungsmodelle.[1] Weitgehende Einigkeit herrschte hinsichtlich der Grundprämisse, dass von der **individuellen Interessenwahrnehmung** durch Abwehr unwirksamer AGB-Klauseln bei Vertragsschluss und im Wege der gerichtlichen Geltendmachung durch den Kunden im Zuge der Vertragsabwicklung **keine hinreichende Missbrauchsabwehr** erwartet werden kann. Würde sich das AGB-Recht auf die materiellrechtlichen Kontrollvorschriften beschränken, so bliebe es der Initiative des einzelnen Kunden überlassen, ob bedenkliche Klauseln auf den Prüfstand gestellt und ggf. durch gerichtliches Urteil eliminiert würden. Gegenüber anderen Kunden würde ein solches Urteil nicht gelten. Sie müssten also ebenfalls initiativ werden. Erfahrungsgemäß scheuen jedoch zahlreiche Kunden eine gerichtliche Auseinandersetzung. Die Gründe für diese Zurückhaltung sind vielfältig:[2] da ist zum einen die quasigesetzliche Autorität des Bedingungswerks, ferner das mangelnde rechtliche Einschätzungsvermögen des Kunden und schließlich das Kostenrisiko, das den Kunden vor einer gerichtlichen Auseinandersetzung zurückschrecken lässt. Vor diesem Hintergrund war man sich einig, das materielle AGB-Recht durch ein **institutionelles Kontrollverfahren mit Breitenwirkung** zu ergänzen, das von einer konkreten individuellen Vertragsbeziehung abgekoppelt war. Hier boten sich **verschiedene Modelle** an. Im Mittelpunkt der kontroversen Diskussion standen das Modell der verwaltungsbehördlichen Präventivkontrolle und das Verbandsklagemodell. Der Gesetzgeber hat im AGB-Gesetz, fortgeführt im Unterlassungsklagengesetz, der Verbandsklagelösung den Vorzug gegeben. Diese Entscheidung verdient auch aus heutiger Sicht Beifall. Abgesehen davon, dass die Verbandsklage eine dem Strukturmodell einer „Privatrechtsgesellschaft" systemkonformere Lösung darstellt,[3] hat die verwaltungsbehördliche Präventivkontrolle, dort wo sie etabliert worden ist, nicht den erhofften Effektivitätsgrad erreicht.[4] Von daher ist die in jüngster Zeit auf gemeinschaftsrechtlicher Ebene zu konstatierende Neigung, die Durchsetzung des Verbraucherschutzes stärker auf staatliche Behörden zu verlagern,[5] kritisch zu beurteilen.

1222   Freilich hat auch die Verbandsklage die angestrebte Breitenwirkung nicht in vollem Umfang entfaltet. Macht man sich die Mühe und studiert ab und an die im Geschäftsverkehr verwendeten Bedingungen, so stellt man fest, dass immer noch eine Vielzahl von unwirksamen Klauseln verwendet und „erfunden" werden. Durch die Schuldrechtsmodernisierung und die daraus vielfach folgende Notwendigkeit einer Überarbeitung der Klauselwerke hat der Bestand an unwirksamen Bedingungen eher noch zugenommen. Dieser Befund lässt auf Defizite schließen. Daraus abzuleiten, das Verbandsverfahren sei

---

[1] Nachgezeichnet bei *Reinel,* Verbandsklage, S. 5 ff.
[2] Zu ihnen auch MüKoZPO/*Micklitz,* 4. Aufl. 2001, AGBG Vor § 13 Rn. 2.
[3] So zu Recht Wolf/*Lindacher* UKlaG Vor § 1 Rn. 5.
[4] Vgl. MüKoZPO/*Micklitz,* 4. Aufl. 2001, AGBG Vor § 13 Rn. 13 mwN.
[5] Hierfür steht vor allem die VO (EG) Nr. 2006/2004 über die Zusammenarbeit im Verbraucherschutz (Abl. EG Nr. L 364, 9.12.2004, 1; vgl. ferner MüKoZPO/*Micklitz* UKlaG Vor § 1 Rn. 47.

in seiner Gänze wirkungslos geblieben, ginge jedoch zu weit. Anzuerkennen ist, dass es durchaus Verfahren – beispielsweise die Allgemeinen Geschäftsbedingungen von Kreditinstituten[6] oder Versicherungen[7] betreffend –[8] gab, die die erwünschte große Resonanz nicht nur im Fachschrifttum erfuhren.

Die finanziell schwach ausgestatteten[9] Verbraucherverbände können hingegen schon   **1223** aus praktischen Gründen kaum die Vielzahl von unwirksamen Bestimmungen in ihrer Gesamtheit ausmerzen. Schon deshalb wäre es hilfreich und auch aus Gründen der Ressourcenschonung sinnvoll, wenn es einen Informationspool gäbe, sodass sich die Mehrfachverfolgung vermeiden bzw. verringern ließe. Das ausgelaufene Register (vormals in § 20 AGBG geregelt) hat seine Funktion nie in der ihm zugedachten Art entfalten können und war zudem nur auf die Registrierung von Gerichtsentscheidungen ausgelegt, griff also zu spät ein. Daneben besteht auch ein Umsetzungsdefizit durch mangelnde Kontrolle der errungenen Entscheidungen. Missachtungen von Unterlassungsansprüchen werden nur zufallsbedingt und nicht systematisch entdeckt.[10]

II. Die Schaffung des Unterlassungsklagengesetzes

Durch die Schaffung des Unterlassungsklagengesetzes im Rahmen der Schuldrechts   **1224** reform hat das Recht der Verbandsklage einen neuen und vor allem eigenen Mantel bekommen. Die Stellung im AGB-Gesetz wurde zusehends unübersichtlicher, indem der Gesetzgeber in geradezu abenteuerlicherweise immer neue AGB-fremde Sachverhalte in dieses Spezialgesetz einbrachte und zuletzt dort auch die Unterlassungsklage betreffend verbraucherschutzgesetzwidrige Praktiken regelte.[11] Insofern ist die Einführung des Unterlassungsklagengesetzes positiv zu bewerten.[12]

Inhaltlich hat sich kaum etwas verändert. Die mitunter vorhandenen Formulierungs   **1225** schwächen und Lücken wurden übernommen.[13]

III. Perspektiven der Verbandsklage

Die weitere Entwicklung des Verbandsverfahrens wird vermutlich nicht maßgeblich von   **1226** Berlin aus bestimmt werden, sondern eher Impulse aus Brüssel erfahren.[14] Auch die letzten Änderungen beruhten auf der Umsetzung von Richtlinien. Ob die mit der Unterlassungsklagenrichtlinie erstrebte Ausweitung der Klagebefugnis der Verbraucherverbände und die Verwirklichung des Ziels des „freien Verkehrs der Unterlassungsklagen" die stringentere Verfolgung von unwirksamen AGB-Bestimmungen zur Folge hat, ist freilich eher zu bezweifeln. Weshalb sollten sich die bereits jetzt überforderten Verbraucherverbände verstärkt einem neuen Aufgabegebiet widmen? Zu überlegen wäre zunächst einmal, wie die finanzielle Ausstattung der Verbraucherverbände langfristig verbessert werden könnte.

Im Übrigen gibt es **Bestrebungen der Union**, eine erhöhte Harmonisierung der   **1227** unterschiedlichen nationalen zivilprozessrechtlichen Regelungen zu erreichen.[15] Insbesondere der „Bericht der Kommission über die Anwendung der Richtlinie 93/13/EWG

---

[6] ZB BGH NJW 1989, 222; 1989, 582; 1992, 179.
[7] ZB BGH NJW 1994, 2693.
[8] Weitere Beispiele finden sich bei *Ulmer/Witt* UKlaG Vorb. v. § 1 Rn. 8.
[9] MüKoZPO/*Micklitz/Rott* UKlaG Vor § 1 Rn. 37.
[10] So MüKoZPO/*Micklitz/Rott* UKlaG Vor § 1 Rn. 36.
[11] Vgl. die Kritik von *Greger* NJW 2000, 2457 (2463).
[12] *Schaumburg* DB 2002, 723 (727).
[13] Zu den hierauf gründenden Problemen Wolf/*Lindacher* UKlaG Vor § 1 Rn. 12.
[14] Ausführlich zu den Perspektiven des Verbandsklagesystems MüKoZPO/*Micklitz/Rott* UKlaG Vor § 1 Rn. 50 ff.
[15] *Baetge* ZZP 112 (1999), S. 329 (333); auch *Schaumburg* DB 2002, 723.

des Rates vom 5. April 2000 über missbräuchliche Klauseln in Verbraucherverträgen"[16] lässt erkennen, dass man in Brüssel über weitere Schritte auf dem Wege zu einem System effektiven Rechtsschutzes gegenüber missbräuchlichen Klauseln nachdenkt und hierbei das Verfahrensrecht mit einbezieht.

Zweiter Abschnitt. Der Unterlassungs- und Widerrufsanspruch

§ 49. Voraussetzungen, Inhalt und Rechtsnatur der Ansprüche

Literatur: *Niebling,* Zum Stand des UKlaG im AGB-Recht, NJ 2016, 309; *Reich/Vergau,* Zur Verjährung von Verbandsklagen gegen Verwender und Empfehler von AGB, in: FS für Heinrichs, 1998, S. 411; *Wandt,* Die Kontrolle handschriftlicher AGB im Verbandsklageverfahren gem. § 13 AGBG, VersR 1999, 917.

I. Unterlassungsanspruch gegen den Verwender

1. Unwirksame AGB-Bestimmungen als Angriffsobjekt

1228   Tauglicher Gegenstand einer Verbandsklage gem. § 1 UKlaG ist zunächst jede nach den **§§ 307 bis 309 BGB**[1] unwirksame AGB-Bestimmung sowie ggf. auch ein inhaltlich selbstständiger Teil einer solchen. Ob es sich um eine AGB-Bestimmung handelt, richtet sich nach § 305 Abs. 1 BGB. **Einmalklauseln** im Sinne von § 310 Abs. 3 Nr. 2 BGB unterliegen zwar wie Allgemeine Geschäftsbedingungen der Inhaltskontrolle nach den §§ 307 bis 309 BGB, können aber nicht mit der Verbandsklage angegriffen werden; dies schon deswegen nicht, da in diesem abstrakten Verfahren nicht der einzelfallabhängigen Frage nachgegangen werden kann, ob der Verbraucher auf den Vertragsinhalt Einfluss nehmen konnte.[2] Entgegen der verkürzten Gesetzesformulierung kommt es nicht darauf an, dass die Unwirksamkeit der Klausel gerade aus den §§ 307 bis 309 BGB resultiert. Auch in Allgemeinen Geschäftsbedingungen enthaltene **Verstöße gegen gesetzliche Verbote (§ 134 BGB) oder Formvorschriften (§ 125 BGB)** können mit der Verbandsklage aufgegriffen werden.[3] Die in **§ 307 Abs. 3 BGB** niedergelegten Schranken der Inhaltskontrolle limitieren allerdings auch den Unterlassungsanspruch nach § 1 UKlaG (wichtig vor allem für preis- und leistungsbestimmende Klauseln, die aber immerhin auch im Verbandsklageverfahren auf ihre Transparenz kontrolliert werden können).[4] Der Unterlassungsanspruch setzt die **Unwirksamkeit** der AGB-Bestimmung voraus. Allein auf Vorschriften, die als Rechtsfolge die Nichteinbeziehung der Klausel vorsehen, kann die Verbandsklage somit nicht gestützt werden.[5] Hiervon zu unterscheiden sind Klauseln, die

---

[16] KOM (2000) 248 endg.; hierzu MüKoZPO/*Micklitz* UKlaG Vor § 1 Rn. 53 ff.

[1] Unter Einschluss des Umgehungsverbots (§ 306a BGB), so zutreffend OLG Düsseldorf NJW-RR 2014, 729. Sind Allgemeine Geschäftsbedingungen nicht nach deutschem Recht, sondern nach innergemeinschaftlichem, ausländischem Recht zu beurteilen, ist auf § 4e UKlaG abzustellen.

[2] Staudinger/*Piekenbrock* UKlaG § 1 Rn. 14; Soergel/*Fritzsche* UKlaG § 1 Rn. 4; aA *Niebling* MDR 2012, 1072 und offenbar auch Palandt/*Grüneberg* UKlaG § 1 Rn. 2.

[3] BGH NJW 1983, 1320 (1322) im Hinblick auf § 38 ZPO; für einen „Erst-recht-Schluss" im Hinblick auf Verstöße gegen zwingendes Recht insbesondere Wolf/*Lindacher* UKlaG § 1 Rn. 17; Staudinger/*Piekenbrock* UKlaG § 1 Rn. 26; zum Diskussionsstand vgl. im Übrigen die Ausführungen unter → Rn. 507.

[4] Soergel/*Fritzsche* UKlaG § 1 Rn. 6; Ulmer/*Witt* UKlaG § 1 Rn. 6; vgl. zB BGH NJW 1984, 2161; 2002, 2386.

[5] BGH LM § 9 (Cb) AGBG Nr. 5; NJW-RR 2003, 103 (104); OLG Düsseldorf NJW-RR 2005, 1692; Ulmer/*Witt* UKlaG § 1 Rn. 13; Staudinger/*Piekenbrock* UKlaG § 1 Rn. 28.

die §§ 305 Abs. 2 bis 306 BGB außer Kraft setzen wollen; sie verstoßen gegen zwingendes Recht und können mit der Verbandsklage angegriffen werden.[6] Der sachliche Grund für die eng begrenzte Fassung des § 1 UKlaG ist darin zu sehen, dass diese Vorschriften (insbesondere § 305c Abs. 1 BGB) in aller Regel eine Beurteilung anhand aller Einzelumstände erfordern, die dem abstrakten Verbandsverfahren fremd ist. So kann etwa einer Überraschungsklausel durch Hinweise des Verwenders der überraschende Charakter genommen werden.

Bei der Prüfung der Wirksamkeit von Allgemeinen Geschäftsbedingungen im Verbandsverfahren ist von der **kundenfeindlichsten Auslegung** auszugehen.[7] Die **Angemessenheitsprüfung** nach den §§ 307 bis 309 BGB erfolgt auch und gerade im Verbandsverfahren **losgelöst von** den – regelmäßig nicht bekannten – **Umständen des Einzelfalles.**[8] Die Berücksichtigung der den Vertragsabschluss begleitenden Umstände i Sd § 310 Abs. 3 Nr. 3 BGB kommt nur im Individualprozess in Betracht.[9]

1229

2. „Verwendung" von AGB-Bestimmungen

Die unwirksamen Bestimmungen müssen verwendet werden. Eine Verwendung liegt vor, wenn die Bestimmungen im rechtsgeschäftlichen Verkehr benutzt werden.[10] Im Hinblick auf den besonderen präventiven Zweck des abstrakten Kontrollverfahrens ist eine bereits erfolgte Einbeziehung in einen Vertrag nicht zu verlangen. Es genügt, dass die Absicht, die Bedingungen künftig in Verträge einbeziehen zu wollen, nach außen erkennbar hervorgetreten ist.[11] Diese **weite Interpretation** wird im Übrigen auch durch Art. 7 Abs. 2 der Klauselrichtlinie (93/13/EWG) nahegelegt. Dieser Richtlinienbestimmung zufolge muss das einzurichtende abstrakte Kontrollverfahren Schutz vor Vertragsklauseln bieten, die „im Hinblick auf eine allgemeine Verwendung abgefasst wurden."[12]

1230

Beispiele:
(1) Wiedergabe der Allgemeinen Geschäftsbedingungen auf **Angebotsschreiben** oder Aufforderungen zur Abgabe von Angeboten.[13]
(2) Aufdrucken von Allgemeinen Geschäftsbedingungen auf **Rechnungen,** auch wenn sie in den Vertrag nicht wirksam einbezogen worden sind.[14]
(3) **Aufstellen eines Schildes** an der Kasse mit dem Aufdruck „Aufreißen der Verpackung verpflichtet zum Kauf".[15]
(4) Bereitstellung der Allgemeinen Geschäftsbedingungen auf einer Webseite.[16]

Zwischen der Erst- und der Weiterverwendung wird nicht unterschieden. Das Verwenden endet daher nicht mit ihrem Einbezug in den Vertrag, sondern umfasst auch die **Berufung auf nicht einbezogene oder unwirksame Bestimmungen bei der Abwicklung bereits geschlossener Verträge.**[17] Allein der Entschluss, die inkriminierten Klauseln bei

1231

---

[6] Staudinger/*Piekenbrock* UKlaG § 1 Rn. 22.
[7] Hierzu die Ausführungen unter → Rn. 371 ff.
[8] BGH NJW 1999, 2279 (2282).
[9] So zutreffend BGH NJW 1999, 2180 (2182); ebenso Ulmer/*Witt* UKlaG § 1 Rn. 7 und Staudinger/*Piekenbrock* UKlaG § 1 Rn. 24; aA *Lindacher* NJW 1997, 2741.
[10] BGH NJW 1987, 2867; 2017, 3649 Rn. 74.
[11] BGH NJW 1987, 2867; Palandt/*Grüneberg* UKlaG § 1 Rn. 5; Ulmer/*Witt* UKlaG § 1 Rn. 24; NK/*Walker* UKlaG § 1 Rn. 10; Staudinger/*Piekenbrock* UKlaG § 1 Rn. 31 f.; Soergel/*Fritzsche* UKlaG § 1Rn. 9; etwas enger Wolf/*Lindacher* UKlaG § 1 Rn. 26.
[12] Vgl. MüKoZPO/*Micklitz/Rott* UKlaG § 1 Rn. 23 und Wolf/*Pfeiffer* RiLi Art. 7 Rn. 7.
[13] MüKoZPO/*Micklitz/Rott* UKlaG § 1 Rn. 23.
[14] LG München BB 1979, 1789.
[15] OLG Düsseldorf NJW-RR 2001, 1563 (1564).
[16] Soergel/*Fritzsche* UKlaG § 1 Rn. 9; ebenso zu § 36 VSBG BGH NJW-RR 2020, 1443 Rn. 14.
[17] BGH NJW 1981, 1511 f.; 1994, 2693; 1995, 218; 2013, 593 f.

künftigen Vertragsabschlüssen nicht mehr zu präsentieren, lässt also das Tatbestandsmerkmal des „Verwendens" nicht entfallen. Auf der anderen Seite lässt sich die bloße Übernahme der Verträge im Wege der Verschmelzung ohne eigene hinzutretende Verhaltensweise noch nicht als Verwenden ansehen. Der Begriff des Verwendens enthält ein tatsächliches, objektives Element, wonach es erforderlich ist, dass über den bloßen Verwendungswillen hinaus ein auf den Vertragspartner gerichtetes Verhalten erkennbar wird.[18]

1232   **Verwender** der Bestimmungen und somit Anspruchsgegner ist grundsätzlich derjenige, der Partei des Vertrages werden soll. Bei einer Kapitalgesellschaft ist dies beispielsweise die Gesellschaft (AG oder GmbH) als solche, nicht hingegen das handelnde Organ (Vorstand oder Geschäftsführer).[19] Ausnahmsweise ist auch der Vertreter passivlegitimiert, nämlich dann, wenn er an der Einbeziehung ein erhebliches Eigeninteresse hat.[20]

3. Wiederholungsgefahr

1233   Ungeschriebene Anspruchsvoraussetzung für einen Unterlassungsanspruch ist neben der Unwirksamkeit der beanstandeten AGB-Bestimmungen das Bestehen einer Wiederholungsgefahr, also die ernstliche Besorgnis einer neuerlichen Beeinträchtigung.[21] Die bereits erfolgte Verwendung unzulässiger Allgemeiner Geschäftsbedingungen, welche ja definitionsgemäß auf eine wiederholte Einbeziehung angelegt sind, begründet dabei regelmäßig die **Vermutung für eine Wiederholungsgefahr.**[22] An die Beseitigung dieser Wiederholungsgefahr sind strenge Anforderungen zu stellen.[23] Die Änderung der beanstandeten Klausel allein lässt die Wiederholungsgefahr nicht entfallen. Auch die bloße Absichtserklärung des Verwenders, die beanstandeten Klauseln nicht weiter zu verwenden, reicht regelmäßig nicht aus. Es sind vielmehr Umstände erforderlich, bei deren Vorliegen nach allgemeiner Erfahrung mit einer Wiederholung nicht mehr zu rechnen ist. Für das Fortbestehen der Wiederholungsgefahr spricht es, wenn der Verwender noch im Rechtsstreit die Zulässigkeit der früher von ihm verwendeten Klausel verteidigt und nicht bereit ist, eine strafbewehrte Unterlassungserklärung abzugeben. Die Größe eines Unternehmens rechtfertigt keine Privilegierung hinsichtlich der Anforderungen an die Beseitigung der Wiederholungsgefahr.[24] Ausgeräumt wird die Wiederholungsgefahr in aller Regel nur, wenn der Verwender eine ernsthafte Unterlassungserklärung abgibt und die Ernsthaftigkeit durch Abgabe eines Vertragsstrafeversprechens zum Ausdruck bringt.[25] Eine kurz bemessene Umsetzungsfrist – nicht aber eine Aufbrauchfrist – darf sich der Verwender ausbedingen.[26] Die Wiederholungsgefahr gründet auf tatsächlichen Umständen, die nach den Verhältnissen in der Person des in Anspruch Genommenen zu beurteilen sind. Von daher setzt sich die Wiederholungsgefahr im Falle des **Rechtsübergangs** (etwa bei Verschmelzung) nicht ohne weiteres fort.[27]

---

[18] BGH NJW 2013, 593 (595).

[19] OLG Stuttgart NJW-RR 1996, 1209; Wolf/*Lindacher* UKlaG § 1 Rn. 28.

[20] BGH NJW 1981, 2351; Wolf/*Lindacher* UKlaG § 1 Rn. 29.

[21] BGH NJW 1981, 2412; 2002, 2386.

[22] BGH NJW 2002, 2386; 2013, 593 (594); 2017, 3649 Rn. 69; MüKoZPO/*Micklitz/Rott* UKlaG § 1 Rn. 31; Staudinger/*Piekenbrock* UKlaG § 1 Rn. 42.

[23] Hierzu und zum folgenden: BGH NJW 2012, 3023 (3031); 2013, 593 (594); 2017, 3649 Rn. 69.

[24] So zutreffend BGH NJW-RR 2001, 485 (486 f.) für ein Unternehmen mit 40 Mio. Kunden; ebenso Ulmer/*Witt* UKlaG § 1 Rn. 38a.

[25] OLG Köln NJW-RR 2003, 316; zur Frage, unter welchen Voraussetzungen eine sog. Drittunterwerfung die Wiederholungsgefahr auszuschließen vermag vgl. OLG Frankfurt a. M. NJW-RR 2003, 1430.

[26] OLG Köln NJW-RR 2003, 316; aA OLG Frankfurt a. M. NJW-RR 2003, 1340 (1431 f.).

[27] BGH NJW 2013, 593 (594 f.) mit Anm. *Lindacher*, LMK 2013, 343825.

Nach allgemeiner Ansicht genügt auch die **ernsthaft drohende erstmalige Verwen-**   1234
dung,[28] wenngleich praktische Anwendungsfälle eher selten sein dürften. Für diese Erstbegehungsgefahr spricht keine Vermutung.[29] Der BGH meint, dass an die Beseitigung einer
Erstbegehungsgefahr weniger strenge Anforderungen zu stellen sind als an die Beseitigung
einer Wiederholungsgefahr.[30] Diese Formulierung ist unglücklich, da sie vorauszusetzen
scheint, dass die Erstbegehungsgefahr von vornherein gegeben ist. Richtig wäre es demgegenüber, sich auf die Begründung der Erstbegehungsgefahr zu konzentrieren.[31]

Beispiel: P möchte in Kürze ein „Pizza-Taxi-Unternehmen" eröffnen. Mit einer Postwurfsendung an
alle Haushalte der Gegend möchte er auf seine Produkte und Vertragsbedingungen aufmerksam
machen. Er **beauftragt eine Druckerei mit der Vervielfältigung seines Flugblattes.** Enthält das
Flugblatt unzulässige Bedingungen, so ist bereits in diesem Stadium eine Unterlassungsklage möglich,
da die erstmalige Begehung unmittelbar bevorsteht.

4. Inhalt des Anspruchs

Der Verwender wird verpflichtet, **alle Handlungen zu unterlassen, die als Verwendung**   1235
der Klausel zu qualifizieren sind. Umfasst ist damit das Gebot, die unwirksamen Klauseln
nicht mehr in neue Verträge einzubeziehen und auch sich **bei der Abwicklung bereits**
geschlossener Verträge nicht mehr auf sie zu berufen.[32] Da bei einer Verurteilung, die
darauf lautet, eine bestimmte Klausel nicht mehr zu verwenden, stets beide Varianten der
Verwendung erfasst werden,[33] kann sich die Klage auch allein gegen die Weiterverwendung
bei der Abwicklung von Altverträgen richten. Der Unterlassungsanspruch hat nach einer
Verurteilung sofortige Wirkung. Dem Verwender ist **keine Aufbrauchfrist** zuzugestehen.[34]

In der Regel kommt der verurteilte Verwender dem Unterlassungsanspruch durch   1236
„**schlichtes Nicht-Tun**"[35] nach. Es sind aber auch Konstellationen denkbar, in denen der
Unterlassungsanspruch letztlich nur duch ein **aktives Tun** erfüllt werden kann. Dabei
geht es um die Beendigung einer Dauerhandlung, wenn also bloßes Untätigbleiben einer
Fortsetzung der Verletzungshandlung gleichkäme.

Beispiele:

(1) Sofern die inkriminierten Bedingungen allerdings in einem **Ladenlokal aushängen,** ist er zu
positivem Tun verpflichtet. Er hat die Aushänge einzuziehen bzw. zu ändern.
(2) Bei einer Präsentation der Allgemeinen Geschäftsbedingungen im **Internet** sind die inkriminierten
Bestimmungen zu löschen oder AGB-rechtskonform zu ändern.
(3) Besteht die Gefahr der fortdauernden Verwendung durch **Hilfspersonen,** so muss der Verwender
entsprechende organisatorische Maßnahmen treffen, die das verhindern.[36]

Aus § 1 UKlaG ergibt sich indes **kein Folgenbeseitigungsanspruch gegen den Ver-**   1236a
wender.[37] Diese Aussage wird im Ergebnis zum einen dadurch relativiert, dass der
Unterlassungsanspruch in Fällen einer Dauerhandlung auch ein aktives Tun verlangt, und

---

[28] BGH NJW 2013, 593 Rn. 26; Staudinger/*Piekenbrock* UKlaG § 1 Rn. 47; MüKoZPO/*Micklitz*
UKlaG § 1 Rn. 27.
[29] Staudinger/*Piekenbrock* UKlaG § 1 Rn. 47.
[30] BGH NJW 2013, 593 Rn. 26; ebenso Palandt/*Grüneberg* UKlaG § 1 Rn. 6.
[31] Zu Recht kritisch daher Staudinger/*Piekenbrock* UKlaG § 1 Rn. 47.
[32] BGH NJW 1981, 1511 f.; 1994, 2693; 2002, 2386; 2014, 1168 Rn. 45; 2020, 2726 Rn. 13; NK/
Walker UKlaG § 1 Rn. 12; Ulmer/*Witt* UKlaG § 1 Rn. 34; Palandt/*Grüneberg* UKlaG § 1 Rn. 9.
[33] Vgl. vorherige → Fn.; insbes. BGH NJW 1994, 2693; Ulmer/*Witt* UKlaG § 1 Rn. 34a.
[34] BGH NJW 1980, 2518 (2519); 1983, 1320 (1322); OLG Frankfurt a. M. NJW-RR 2003, 1430
(1431); Soergel/*Fritzsche* UKlaG § 1 Rn. 19.
[35] So plastisch Wolf/*Lindacher* UKlaG § 1 Rn. 48.
[36] Wolf/*Lindacher* UKlaG § 1 Rn. 48.
[37] BGH ZIP 2018, 376 = BeckRS 2017, 141115; Staudinger/*Piekenbrock* UKlaG § 1 Rn. 50.

zum anderen dadurch, dass die Verwendung unzulässiger Allgemeiner Geschäftsbedingungen vielfach den Tatbestand des § 3a UWG erfüllen dürfte, was dann regelmäßig einen Beseitigungsanspruch aus § 8 Abs. 1 S. 1 UWG nach sich zieht.

Beispiele: Jedenfalls kein Anspruch auf Unterlassung aus § 1 UKlaG:
(1) Kein Anspruch auf **Herausgabe oder Vernichtung noch vorhandener Exemplare.**[38]
(2) Die **Rückabwicklung von Verträgen,** in denen unwirksame Allgemeine Geschäftsbedingungen verwendet wurden, kann nicht nach § 1 UKlaG verlangt werden.[39]
(3) Der Verwender ist auf der Grundlage eines Unterlassungsanspruchs nach § 1 UKlaG nicht verpflichtet, Kunden von sich aus darüber aufzuklären, dass die beanstandeten Allgemeinen Geschäftsbedingungen nicht wirksam sind.[40]

II. Unterlassungs- und Widerrufsanspruch gegen den Empfehler

1. Unterlassungs- und Widerrufsanspruch

1237   Gegen den Empfehler von unwirksamen AGB-Bestimmungen kann neben dem schon bekannten Unterlassungsanspruch auch ein Widerrufsanspruch geltend gemacht werden. Die Voraussetzungen für den **Unterlassungsanspruch** gegen den Empfehler entsprechen denjenigen, die bei einem Anspruch gegen den Verwender zu beachten sind.[41]

1238   Der **Widerrufsanspruch** ist ein Gefahrbeseitigungsanspruch, der sich gegen eine fortdauernde Störung richtet, zu deren Beseitigung der Widerruf notwendig und geeignet ist.[42] Er entfällt in der Regel, wenn der Empfehler vorprozessual unzweideutig von der Empfehlung abgerückt ist.[43]

2. „Empfehlung" von AGB-Bestimmungen

1239   Die Empfehlung ist im Recht der Allgemeinen Geschäftsbedingungen nicht legaldefiniert. Der Empfehler lässt sich vom Verwender dahingehend abgrenzen, dass er selbst nicht Vertragspartei ist oder werden will, sondern die Verwendung seiner AGB-Bestimmungen durch Dritte zum Ziel hat. Er anempfiehlt die Verwendung bestimmter AGB-Bestimmungen einer Vielzahl von Adressaten, legt diesen diese nahe oder hält sie gar zur Verwendung der Bestimmungen an.[44]

Beispiele: Empfehler ist:
(1) ein **Berufs- oder Interessenverband,** der für seine Mitglieder Vertragsformulare entwirft bzw. entwerfen lässt; dies gilt auch für Körperschaften des öffentlichen Rechts wie Rechtsanwalts-, Ärzte- und Architektenkammern;[45]
(2) ein **Grundeigentümerverband,** der kommentarlos einen Mustermietvertrag herausgibt und verbreitet;[46]
(3) der Verfasser **und Herausgeber von Formularen bzw. Formularbüchern;**[47] hingegen nicht der Verleger, sofern der Autor nicht anonym ist;[48]

---

[38] Ulmer/*Witt* UKlaG § 1 Rn. 35; Wolf/*Lindacher* UKlaG § 1 Rn. 48; Palandt/*Grüneberg* UKlaG § 1 Rn. 7; aA MüKoZPO/*Micklitz/Rott* UKlaG § 1 Rn. 37.
[39] BGH NJW 2008, 1160 Rn. 17.
[40] BGH ZIP 2018, 376 Rn. 23 = BeckRS 2017, 141115.
[41] Hierzu oben → Rn. 1228 ff.
[42] Palandt/*Grüneberg* UKlaG § 1 Rn. 9.
[43] Wolf/*Lindacher* UKlaG § 1 Rn. 51; Palandt/*Grüneberg* UKlaG § 1 Rn. 9.
[44] Vgl. statt vieler BGH NJW 1991, 36 (37); MüKoZPO/*Micklitz/Rott* UKlaG § 1 Rn. 44.
[45] Ulmer/*Witt* UKlaG § 1 Rn. 28; Staudinger/*Piekenbrock* UKlaG § 1 Rn. 40.
[46] Wolf/*Lindacher* UKlaG § 1 Rn. 41; Ulmer/*Witt* UKlaG § 1 Rn. 28.
[47] BGH NZBau 2008, 640 (641); OLG Frankfurt NJW-RR 1996, 245; Ulmer/*Witt* UKlaG § 1 Rn. 29; Palandt/*Bassenge* UKlaG § 1 Rn. 14; Wolf/*Lindacher* UKlaG § 1 Rn. 41; aA *Pawlowski* BB 1978, 161 (164) und *Fehl*, Systematik des Rechts der Allgemeinen Geschäftsbedingungen, S. 123.
[48] Str., wie hier Ulmer/*Witt* UKlaG § 1 Rn. 29 und Staudinger/*Piekenbrock* UKlaG § 1 Rn. 41.

(4) **nicht** derjenige, der **wissenschaftliche Meinungsäußerungen** im rechtswissenschaftlichen Schrifttum zur Frage der rechtlichen Zulässigkeit bestimmter Allgemeiner Geschäftsbedingungen abgibt;[49]

(5) in der Regel nicht der **Rechtsanwalt/Notar,** der Allgemeine Geschäftsbedingungen für einen Mandanten entwirft, auch wenn er sich insoweit bestimmter Standardformulierungen bedient; anders hingegen, wenn er das Bedingungswerk auch anderen Mandanten anbietet.[50]

(6) **nicht** die **Behörde,** die Allgemeine Geschäftsbedingungen genehmigt.[51]

(7) Der Deutsche Vergabe- und Vertragsausschuss empfiehlt die VOB Teil B iS von § 1 UKlaG.[52]

3. Inhalt der Ansprüche

Der Empfehler ist zum einen verpflichtet, alle Handlungen zu **unterlassen,** die als   **1240** Empfehlung der Klausel zu qualifizieren sind. Des Weiteren hat der Empfehler dem aufgrund der größeren Breitenwirkung wichtigeren **Widerrufsanspruch** Folge zu leisten. Wie der Widerruf zu erfolgen hat, regelt § 9 Nr. 4 UKlaG. Das Urteil ist in gleicher Weise bekannt zu geben, wie die Empfehlung verbreitet wurde.[53]

III. Rechtsnatur des Unterlassungs- und Widerrufsanspruchs

Wer unwirksame Allgemeine Geschäftsbedingungen verwendet oder für den rechts-   **1241** geschäftlichen Verkehr empfiehlt, kann nach dem Wortlaut des § 1 UKlaG auf Unterlassung oder Widerruf „in Anspruch genommen werden". Die von der Verwendung oder Empfehlung unwirksamer Klauseln ausgehende Störung des Rechtsverkehrs hat somit kraft Gesetzes zur Folge, dass privaten Einrichtungen gegen den betreffenden Störer ein Anspruch zuwächst. Von Anfang an lag es nahe, in der den Verbänden zugewiesenen Befugnis einen **materiell-rechtlichen Anspruch** iS des § 194 Abs. 1 BGB zu sehen. In diesem Sinne hatte sich auch mehrfach der BGH vernehmen lassen.[54]

Freilich war diese Qualifikation nicht ganz unumstritten. Eine **Gegenansicht** wollte in   **1242** der Zuweisung nur eine „besondere Prozessführungsbefugnis"[55] bzw. eine „privatrechtliche Kontrollkompetenz"[56] erblicken. Mit deutlichen Worten sträubt sich auch heute noch *Eike Schmidt* gegen die Einordnung als materiell-rechtlichen Anspruch, da die Verbandsklagebefugnis vielmehr dem Schutz der Verbraucherinteressen diene und damit einem öffentlichen Anliegen, das keine private Individualisierung vertrage.[57] Zudem fehlt es seiner Ansicht nach an der Verfügbarkeit der Ansprüche. Ihm ist zu konzedieren, dass es um die Geltendmachung kollektiver Verbraucherinteressen durch gesellschaftliche Institutionen und damit um die Wahrnehmung öffentlicher Belange durch Private im Wege des Zivilprozesses geht.[58] Nicht einzusehen ist jedoch, weshalb es dem Gesetzgeber verwehrt sein soll, dieses Konzept rechtstechnisch durch die Einräumung echter materieller Ansprüche umzusetzen.

---

[49] Statt vieler: Wolf/*Lindacher* UKlaG § 1 Rn. 41; NK/*Walker* UKlaG § 1 Rn. 11.

[50] OLG Frankfurt NJW-RR 1996, 245; Ulmer/*Witt* UKlaG § 1 Rn. 31, Soergel/*Fritzsche* UKlaG § 1 Rn. 13; NK/*Walker* UKlaG § 1 Rn. 11.

[51] Ulmer/*Witt* UKlaG § 1 Rn. 28.

[52] BGH NZBau 2008, 640 (641).

[53] Vgl. hierzu die Ausführungen unter → Rn. 1303.

[54] BGH NJW-RR 1990, 886 ff.; NJW 1995, 1488.

[55] *Hadding* JZ 1970, 305/307 ff.; *Lakkis,* Kollektiver Rechtsschutz, S. 124 f.

[56] *Göbel,* Prozesszweck der AGB-Klage, S. 125 ff.

[57] *E. Schmidt* NJW 2002, 25 (28); vgl. zuvor schon *ders.* NJW 1989, 1192 (1194) und ZIP 1991, 629.

[58] *E. Schmidt* NJW 2002, 25 (27).

1243   Sprachen schon bisher die besseren Argumente für die herrschende Meinung, so dürfte der Streit nach einer ausdrücklichen Klarstellung des Gesetzgebers nunmehr endgültig im Sinne der **Qualifikation als materiellrechtlicher Anspruch** entschieden sein.[59] Durch Gesetz vom 27.6.2000[60] ersetzte der Gesetzgeber im Einleitungssatz des § 13 Abs. 2 AGBG (jetzt § 3 UKlaG) die Formulierung „Ansprüche ... können nur geltend gemacht werden von ...“ durch „Ansprüche ... stehen zu“. In der Gesetzesbegründung heißt es hierzu, dass die Änderung des § 13 Abs. 2 AGBG (jetzt § 3 Abs. 1 UKlaG) genutzt werden solle, die Streitfrage, ob es sich um eine Regelung über die Aktivlegitimation oder um eine Regelung über die Prozessführungsbefugnis handle, im zuerst genannten Sinne zu entscheiden.[61] Untermauert wird dieses Votum im Gesetzestext ferner durch die ebenfalls durch das Gesetz vom 20.6.2000 eingefügte Anordnung der begrenzten Abtretbarkeit (§ 13 Abs. 2 S. 2 AGBG, jetzt § 3 Abs. 1 S. 2 UKlaG). Gegenstand der Abtretung ist nach § 398 BGB nur eine Forderung, also ein schuldrechtlicher Anspruch, nicht jedoch eine prozessuale Rechtsposition. Diese fällt auch nicht unter § 413 BGB. Im Ergebnis bleibt daher festzuhalten, dass es sich bei dem Unterlassungs- und Widerrufsanspruch um materiell-rechtliche Ansprüche im Sinne des § 194 Abs. 1 BGB handelt, allerdings mit der Besonderheit, dass sie nicht aus der Verletzung eigener materieller Rechte herrühren.

IV. Auskunftsanspruch nach § 13 UKlaG

1244   In Abschnitt 3 des Unterlassungsklagengesetzes findet sich mit § 13 UKlaG ein **neugeschaffener Auskunftsanspruch gegen die Erbringer von Post-, Telekommunikations-, Tele- oder Mediendiensten auf Mitteilung des Namens und der zustellungsfähigen Anschrift** eines an den vorgenannten Diensten Beteiligten.

1245   Durch § 13 UKlaG soll verhindert werden, dass das Klagerecht nach dem Unterlassungsklagengesetz leer läuft, weil der Verwender bzw. Empfehler nur unter einer nicht ladungsfähigen Anschrift handelt.[62]

1246   Der Anspruch ist gegeben, wenn schriftlich versichert wird, dass die ladungsfähige Anschrift zur Durchsetzung eines Anspruchs nach § 1 oder § 2 UKlaG benötigt wird und sie anderweitig nicht zu beschaffen ist (§ 13 Abs. 1 und 2 S. 1 UKlaG). Auskunftsberechtigt sind die nach § 3 Abs. 1 S. 1 Nr. 1 bis 3 UKlaG anspruchsberechtigten Stellen – also Verbraucherverbände und Industrie- und Handelskammern sowie Handwerkskammern – und Wettbewerbsverbände.

V. Verjährung der Ansprüche

1247   Die besondere Verjährungsregelung des § 13 Abs. 4 AGBG hat im Unterlassungsklagengesetz keine Aufnahme gefunden. Sie erschien dem Gesetzgeber angesichts der Neuregelung des Verjährungsrechts im Bürgerlichen Gesetzbuch entbehrlich.[63] Demnach

---

[59] In diesem Sinne etwa *Greger* NJW 2000, 2457 (2462); Ulmer/*Witt* UKlaG § 1 Rn. 32; Palandt/ *Grüneberg* UKlaG § 1 Rn. 3 und § 3 UKlaG Rn. 1; NK/*Walker* UKlaG § 1 Rn. 2; Staudinger/ *Piekenbrock* UKlaG § 1 Rn. 4; *M. Wolf* ZZP 1994, 109 sieht in der Abmahnung bzw. Klageerhebung die Geltendmachung eines gesetzlich geschützten Eigeninteresses des Verbands bzw. der Kammer. Abweichend auch MüKoZPO/*Micklitz/Rott* UKlaG § 1 Rn. 3, die sich gegen die Vorstellung eines rein materiellen Unterlassungsanspruchs wenden und sich für eine Doppelnatur der Verbandsklage aussprechen. Auch die Rechtsprechung spricht sich mittlerweile deutlich für eine materiellrechtliche Anspruchsberechtigung aus: BGH ZIP 2018, 376 Rn. 19 = BeckRS 2017, 141115.
[60] BGBl. I 897 (1139) mit Berichtigung.
[61] BT-Drs. 14/2658, S. 52.
[62] BT-Drs. 14/6857, S. 39 (Nr. 145).
[63] BT-Drs. 14/6040, S. 275.

richtet sich die Verjährung nach den allgemeinen Vorschriften der §§ 194 ff. BGB. Für den Unterlassungs- und den Widerrufsanspruch gilt die regelmäßige – drei Jahre betragende – Verjährung des § 195 BGB. Bei jeder erneuten Verwendung bzw. Empfehlung entsteht ein neuer Anspruch und somit wird auch jedes Mal erneut eine Verjährungsfrist in Gang gesetzt.[64] Da der Unterlassungsanspruch im öffentlichen Interesse wahrgenommen wird, kommt eine **Verwirkung** durch vorprozessuales Verhalten grundsätzlich **nicht in Betracht.**[65]

§ 50. Anspruchsberechtigte Stellen

Literatur: *Koch/Artz,* Die Neuregelung des § 13 Abs. 2 Nr. 2 AGBG, WM 2001, 1016; *Schmidt-Räntsch,* Änderungen bei der Klagebefugnis von Verbänden durch das Schuldrechtsmodernisierungsgesetz, DB 2002, 1595.

Die Ansprüche auf Unterlassung und Widerruf stehen lediglich gewissen Verbänden, **1248** nicht aber einzelnen Vertragspartnern oder Mitbewerbern zu. Im Einzelnen handelt es sich nach **§ 3 Abs. 1 S. 1 UKlaG** um:

I. Qualifizierte Einrichtungen

Die Bezeichnung „qualifizierte Einrichtungen" hat der Gesetzgeber aus Art. 3 und 4 **1249** der Richtlinie 98/27/EG übernommen. Gemeint sind hiermit Verbraucherverbände, die in die beim Bundesamt für Justiz[1] geführte Liste der qualifizierten Einrichtungen eingetragen sind. Die Eintragung erfolgt nur auf Antrag (§ 4 Abs. 2 S. 1 UKlaG) und ist konstitutiv. Den deutschen Verbänden sind Verbraucherorganisationen gleichgestellt, die in dem Verzeichnis der Europäischen Kommission nach Art. 4 Abs. 3 der Richtlinie 2009/22/EG eingetragen sind (§ 3 Abs. 1 S. 1 Nr. 1 UKlaG). Die Aufnahme in dieses Verzeichnis erfolgt mittelbar über die Mitgliedstaaten und kann nicht direkt bei der Kommission beantragt werden. Die Mitgliedstaaten teilen der Kommission ihre jeweiligen nationalen qualifizierten Einrichtungen mit. In Deutschland ist mit dem Antrag auf Aufnahme in die nationale Liste zugleich der Antrag auf Weiterleitung an die Europäische Kommission und somit die Aufnahme in das dortige Verzeichnis verbunden (vgl. § 4 Abs. 1 S. 2 UKlaG).

Das (europäische) Verzeichnis wird im EU-Amtsblatt veröffentlicht. Änderungen an **1250** diesem Verzeichnis werden unverzüglich veröffentlicht und zudem wird alle sechs Monate die aktualisierte Liste bekannt gemacht (Art. 4 Abs. 3 Richtlinie 2009/22/EG). Die nationale Liste wird hingegen gem. § 4 Abs. 1 S. 2 UKlaG nur einmal im Jahr mit dem Stand zum 1. Januar im Bundesanzeiger bekannt gemacht und der Kommission zweimal im Jahr mit Stand zum 1. Januar und 1. Juli zugeleitet. Das Bundesamt für Justiz veröffentlicht darüber hinaus im Internet auf seiner Homepage in etwa vierteljährlichem Abstand eine aktualisierte Liste.[2]

Im gerichtlichen Verfahren erfolgt der **Nachweis der Aktivlegitimation** durch Vorlage **1251** einer Bescheinigung gem. § 4 Abs. 4 UKlaG über die Eintragung in die Liste oder durch einen entsprechenden Auszug aus dem EU-Amtsblatt. Ergeben sich begründete Zweifel an dem Vorliegen der Voraussetzungen nach § 4 Abs. 2 UKlaG bei einer eingetragenen

---

[64] Palandt/*Grüneberg* UKlaG § 1 Rn. 12; Staudinger/*Piekenbrock* UKlaG § 1 Rn. 54.
[65] BGH NJW 1995, 1488.
[1] Bundesamt für Justiz, Adenauerallee 99–103, 53113 Bonn, Homepage: http://www.bundesjustizamt.de.
[2] https://www.bundesjustizamt.de/DE/SharedDocs/Publikationen/Verbraucherschutz/Liste_qualifizierter_Einrichtungen.html (zuletzt abgerufen am 10.12.2020).

Einrichtung, so kann das Gericht das Bundesamt für Justiz zur Überprüfung der Eintragung auffordern und die Verhandlung bis zu dessen Entscheidung aussetzen (§ 4d Abs. 2 UKlaG).[3] Davon unberührt ist das Gericht verpflichtet zu prüfen, ob die Prozessführung im konkreten Einzelfall vom Satzungszweck des klagenden Verbandes erfasst ist.[4] Dazu muss ggf. die entsprechende Satzungsbestimmung ausgelegt werden. Für die Verbraucherzentrale Nordrhein-Westfalen ist der BGH zu dem Ergebnis gelangt, dass ihr Tätigkeitsbereich nicht regional beschränkt ist.[5]

1252   Ein Verband ist in die Liste einzutragen, wenn er den in **§ 4 Abs. 2 UKlaG** umschriebenen **Anforderungen** genügt. Die Verbände müssen rechtsfähig sein, was die in aller Regel in der Form des eingetragenen Vereins organisierten Verbände gem. § 21 BGB auch sind. Zu ihren satzungsmäßigen Aufgaben muss die Wahrnehmung der Interessen der Verbraucher durch Aufklärung und Beratung in nicht gewerbsmäßiger Form und nicht nur vorübergehend gehören. Die Aufklärung und Beratung müssen tatsächlich ausgeübt werden.[6] Sie müssen zwar nicht Hauptzweck sein, dürfen aber auch nicht lediglich eine untergeordnete Aufgabe darstellen.[7] Des Weiteren muss der Verband seit mindestens einem Jahr bestehen und aufgrund seiner bisherigen Tätigkeit Gewähr für eine sachgerechte Aufgabenerfüllung bieten. Der Verband muss dafür über eine hinreichende finanzielle, sachliche und personelle Ausstattung verfügen.[8] Ferner muss der die Eintragung begehrende Verband entweder mehrere Verbände zu seinen Mitgliedern zählen, die ihrerseits im Aufgabenbereich der Verbraucheraufklärung bzw. -beratung tätig sind, oder aber mindestens 75 natürliche Personen als Mitglieder haben.

Beispiele: Mietervereine;[9] **Automobilclubs;**[10] nicht jedoch **Hausfrauenverbände.**[11] Da Arbeitnehmer gegenüber ihren Arbeitgebern Verbraucher sind[12] und **Gewerkschaften** die spezifischen Interessen der abhängig Beschäftigten gegenüber Arbeitgebern und Arbeitgeberverbänden vertreten, können sich auch Gewerkschaften in die Liste der qualifizierten Einrichtungen eintragen lassen.[13]

1253   Für **Verbraucherzentralen** und andere **Verbraucherverbände, die überwiegend mit öffentlichen Mitteln gefördert werden,** wird gem. **§ 4 Abs. 2 S. 2 UKlaG** unwiderleglich vermutet, dass sie diese Voraussetzungen erfüllen. Die Adressen der Verbraucherzentralen der Länder und weiterer verbraucherpolitisch orientierter Verbände finden sich auf der Homepage des Verbraucherzentrale Bundesverband e. V.[14]: http:// www.vzbv.de.

1254   Das Klagerecht der qualifizierten Einrichtungen ist gem. **§ 3 Abs. 2 UKlaG** ausgeschlossen, soweit Allgemeine Geschäftsbedingungen gegenüber Unternehmern verwen-

---

[3] Zu den Problemen bei der Überprüfung einer ausländischen qualifizierten Einrichtung vgl. MüKoZPO/*Micklitz/Rott* UKlaG § 4 Rn. 38 ff. Nach Palandt/*Grüneberg* UKlaG § 4 Rn. 9 ist eine Aussetzungsmöglichkeit bei Verbänden, die nur im Verzeichnis der Kommission eingetragen sind, nicht gegeben. Das ist nicht zwingend. Eine Aussetzungsmöglichkeit sollte auch hier bejaht und die Kommission als Adressat angesehen werden.
[4] BGH NJW 2012, 1812 (1813); 2018, 3581 Rn. 20.
[5] BGH NJW 2012, 1812 (1813 f.).
[6] Ganz hM, statt vieler BGH NJW 1986, 1613; OLG Düsseldorf NJW-RR 1988, 1051; Palandt/ *Grüneberg*, § 4 UKlaG Rn. 6; Soergel/*Fritzsche* UKlaG § 4 Rn. 9; aA *Micklitz/Reich* BB 1999, 2100.
[7] BGH NJW 1986, 1613.
[8] BGH NJW 2018, 3581 Rn. 17.
[9] Vgl. BGH NJW 1989, 2247; 1998, 3114 (3115); OLG Frankfurt NJW-RR 1992, 396.
[10] BGH NJW-RR 1988, 1443 für den ADAC.
[11] Palandt/*Grüneberg* UKlaG § 4 Rn. 6.
[12] Vgl. oben → Rn. 197.
[13] So konsequent der Bericht des Rechtsausschusses des Deutschen Bundestages, BT 14/7052, S. 190. AA Palandt/*Grüneberg* UKlaG § 4 Rn. 6 und Staudinger/*Piekenbrock* UKlaG § 4 Rn. 4. Beachte allerdings § 15 UKlaG.
[14] Adresse: Rudi-Dutschke-Straße 17, 10969 Berlin, Tel: (030) 25 800 0.

det oder für den unternehmerischen Verkehr empfohlen werden.[15] Dies setzt grundsätzlich voraus, dass die Empfehlung ausdrücklich eingeschränkt ist oder aufgrund sonstiger Umstände feststeht, dass die im Streit befindlichen Allgemeinen Geschäftsbedingungen nicht gegenüber Verbrauchern verwendet werden.[16] Erfolgt die Verwendung gegenüber Verbrauchern und Unternehmern, so kann der Verband die Ansprüche nur beschränkt für die gegenüber Verbrauchern verwendeten Bestimmungen geltend machen. Dies ist beim Klageantrag zu beachten (hierzu unten → Rn. 1300).

II. Rechtsfähige Verbände zur Förderung gewerblicher oder selbstständiger beruflicher Interessen

Durch das Gesetz über Fernabsatzverträge[17] ist der damalige § 13 Abs. 2 Nr. 2 AGBG[18] dem Wortlaut des § 13 Abs. 1 Nr. 2 UWG angepasst worden. Im Ergebnis bedeutete dies eine **Einschränkung des Klagerechts von Wirtschaftsverbänden**, sodass nunmehr nur noch sog. Wettbewerbsvereine klagebefugt waren.[19] Später hat der Gesetzgeber dies wieder zurückgenommen und in **§ 3 Abs. 1 Nr. 2 UKlaG** den früheren Gesetzeszustand wiederhergestellt.[20]   **1255**

Voraussetzung für die Anspruchsberechtigung ist zunächst die Rechtsfähigkeit des Verbandes. Diese ergibt sich bei einem eingetragenen Verein aus § 21 BGB. Sie kann aber auch auf staatlicher Verleihung[21] oder wie beispielsweise bei Kammern auf sonstiger öffentlich-rechtlicher Grundlage[22] beruhen. Die Verbände müssen des Weiteren gewerbliche oder selbstständige berufliche[23] Interessen fördern, wobei es ausreichend ist, dass aus der Satzung die Förderung gewerblicher oder selbstständiger beruflicher Interessen zumindest konkludent ersichtlich ist. Sie muss nicht Hauptzweck sein.[24] Allerdings muss diese Tätigkeit auch tatsächlich ausgeübt werden; bei einem ordnungsgemäß gegründeten und aktiv tätigen Verein besteht dahingehend eine tatsächliche Vermutung.[25]   **1256**

Dem Verband muss eine erhebliche Anzahl von Gewerbetreibenden angehören, die Waren oder gewerbliche Leistungen gleicher oder verwandter Art auf demselben Markt wie der Verletzer vertreiben.[26] Das Erfordernis soll eine missbräuchliche Inanspruchnahme der Klagebefugnis verhindern. Daher kommt es nicht ausschließlich auf die Anzahl der Mitglieder, sondern insbesondere auf die Repräsentativität für den relevanten Markt[27] an, die sich nach der Größe, Marktbedeutung bzw. dem wirtschaftlichen Gewicht der Mitglieder richtet.[28]   **1257**

---

[15] Zu einer besonderen Konstellation BGH NJW 2001, 1934 (1935).

[16] BGH NZBau 2008, 640 (641).

[17] Vom 27.6.2000, BGBl. I 897 (1139) mit Berichtigung.

[18] Sodann übernommen in § 3 Abs. 1 Nr. 2 UKlaG idF des Schuldrechtsmodernisierungsgesetzes vom 26.11.2001, BGBl. I 3138.

[19] Kritisch Ulmer/*Hensen*, 10. Aufl. 2006, UKlaG § 3 Rn. 4 f.

[20] BGBl. 2004 I 1414 (1420).

[21] OLG Celle NJW-RR 1999, 1439.

[22] BGH NJW 1981, 2351.

[23] Eingefügt durch Gesetz vom 7.7.2004 (BGBl. I 1414). Damit sind die Interessen der freien Berufe gemeint.

[24] Statt vieler: NK/*Walker* UKlaG § 3 Rn. 8; Palandt/*Grüneberg* UKlaG § 3 Rn. 7.

[25] BGH NJW-RR 2001, 36 (37).

[26] Der BGH hält dieses Erfordernis für sachlich nicht gerechtfertigt und will es auf einen Verband zur Förderung gewerblicher Interessen nicht anwenden, vgl. BGH NJW 2003, 290 (291) und 2003, 1241 (1242).

[27] Zum Kriterium „relevanter Markt" vgl. BGH NJW 1996, 3278 (3279) und KG NJW-RR 2002, 113.

[28] BGH NJW 1996, 3276 (3277); 1996, 3278 (3280).

1258   Ferner muss der Verband nach seiner personellen, sachlichen und finanziellen Ausstattung imstande sein, seine satzungsgemäßen Aufgaben tatsächlich wahrzunehmen. Hierfür muss er keinen Juristen beschäftigen,[29] aber einfach gelagerte Fälle muss er ohne externe Hilfe erkennen und abmahnen können.[30] Der Verband kann zwar einen Teil seiner Fixkosten durch Abmahnpauschalen und Vertragsstrafen decken,[31] im Wesentlichen muss die Finanzierung jedoch durch eigene Mittel in Form von Mitgliedsbeiträgen oder Spenden sichergestellt sein.[32]

1259   Schließlich muss eine Berührung der Mitgliederinteressen gegeben sein, dh ein Eingriff in den satzungsmäßigen Aufgaben- und Interessenbereich des Verbandes.[33]

Beispiele: Anwalts-,[34] Ärzte- und Architektenkammern;[35] auch Wirtschaftsvereine (zB landwirtschaftliche Erzeugergemeinschaften), deren Rechtsfähigkeit auf staatlicher Verleihung beruht.[36]

III. Industrie- und Handelskammern, sowie Handwerkskammern

1260   § 3 Abs. 1 S. 1 Nr. 3 UKlaG zählt mit den Industrie- und Handelskammern sowie den Handwerkskammern nur beispielhaft Verbände im Sinne von § 3 Abs. 1 S. 1 Nr. 2 UKlaG auf. Die Vorschrift ist überflüssig, da die aufgezählten Kammern schon von Nr. 2 erfasst werden.[37]

IV. Zession der Ansprüche

1261   Die Ansprüche können gem. **§ 3 Abs. 1 S. 2 UKlaG** „nur an Stellen im Sinne des Satzes 1 abgetreten werden". Die Regelung macht wenig Sinn, da die Zessionare nach Lesart des Gesetzes ihrerseits bereits Anspruchsinhaber sind.[38] Die Intention des Gesetzgebers bei Schaffung dieser Regelung war, den Streit über die Rechtsnatur der Ansprüche zu beenden (vgl. Rn. 1241 ff.) und einer Kommerzialisierung der Ansprüche vorzubeugen.[39]

---

[29] BGH NJW-RR 2001, 36 (37).

[30] BGH NJW 1984, 2525; 2000, 73 (74).

[31] BGH NJW 2000, 73 (74).

[32] BGH NJW-RR 1988, 1444 (1445); 1990, 102 (104).

[33] Palandt/*Grüneberg* UKlaG § 3 Rn. 10; NK/*Walker* UKlaG § 3 Rn. 10; MüKoZPO/*Micklitz/Rott* UKlaG § 3 Rn. 31; Wolf/*Lindacher* UKlaG § 3 Rn. 19; hingegen ist die Entscheidung BGH NJW 1998, 454 durch die Gesetzesänderung im Jahre 2000 überholt.

[34] BGH NJW 1990, 578; 2012, 2282 (2285).

[35] BGH NJW 1981, 2351.

[36] BGH WM 1998, 425; OLG Celle NJW-RR 1999, 1439.

[37] Ulmer/*Witt* UKlaG § 3 Rn. 10 will bei den aufgelisteten Kammern eine andere Zielrichtung der Tätigkeit erkennen.

[38] *E. Schmidt* NJW 2002, 25 (28); Ulmer/*Witt* UKlaG § 3 Rn. 11.

[39] BT-Drs. 14/2658, S. 52.

Dritter Abschnitt. Verfahrensrechtliche Aspekte der Anspruchsdurchsetzung

§ 51. Vorprozessuale Abmahnung

I. Funktion der Abmahnung

Einer Klage gegen den Verwender oder Empfehler geht in der Praxis regelmäßig eine   **1262** sog. Abmahnung voraus. Nach der in den **§ 5 UKlaG** eingefügten **Verweisung auf § 13 UWG** gilt auch für die Geltendmachung von Unterlassungsansprüchen nach dem Unterlassungsklagegesetz, dass die Berechtigten den Schuldner vor der Einleitung eines gerichtlichen Verfahrens abmahnen und ihnen Gelegenheit geben sollen, den Streit durch Abgabe einer mit einer angemessenen Vertragsstrafe bewehrten Unterlassungsverpflichtung beizulegen. Der deutsche Gesetzgeber greift damit die in Art. 5 der Unterlassungsklagenrichtlinie 98/27/EG ausgesprochene Empfehlung einer „vorherigen Konsultation" auf. Es handelt sich allerdings lediglich um eine **Obliegenheit.**[1] Die Abmahnung ist weder Zulässigkeits- noch Begründetheitsvoraussetzung einer späteren Klage.[2] Sie ist jedoch im Interesse des Berechtigten angezeigt, kann er doch auf diese Weise die **negative Kostenfolge des § 93 ZPO vermeiden.**[3] Nach dieser gem. § 5 UKlaG auch im Verbandsklageverfahren anzuwendenden Kostenvorschrift werden die Kosten bei einem sofortigen Anerkenntnis des Beklagten abweichend vom Unterliegensprinzip des § 91 ZPO dem Kläger auferlegt, wenn der Beklagte durch sein Verhalten zur Erhebung der Klage keine Veranlassung gegeben hat. Zur Klageerhebung Veranlassung gegeben hat der Beklagte, wenn er einer berechtigten Abmahnung nicht uneingeschränkt nachkommt. Abgesehen davon ergibt sich eine Selbstverpflichtung zur vorherigen Abmahnung häufig auch **aus den satzungsgemäßen Zwecken** der Verbände und der Kammern.

II. Inhalt der Abmahnung

Eine Abmahnung setzt sich aus **fünf Bestandteilen** zusammen: der Beanstandung, der   **1263** Aufforderung zur Abgabe einer Verpflichtungserklärung, dem Vertragsstrafeversprechen, der Fristsetzung und der Androhung gerichtlicher Maßnahmen. Daneben sollte der abmahnende Verband bzw. die Kammer aufgrund der beschränkten Aktivlegitimation gem. § 3 UKlaG dahingehend Angaben machen, worauf sich diese gründet.

Die **Beanstandung der Rechtsverletzung** hat dergestalt zu erfolgen, dass eine Über-   **1264** prüfung des Unterlassungs- bzw. Widerrufsbegehrens möglich ist. Zunächst ist die Rechtsverletzung präzise zu bezeichnen. Das beinhaltet die Nennung der beanstandeten AGB-Bestimmung sowie der verletzten Norm. Sofern die Verletzung auf einem Verstoß gegen ein absolutes Klauselverbot gem. § 309 BGB beruht, ist ein Verweis auf das entsprechende Klauselverbot ausreichend.[4] Bei Verstößen gegen §§ 307, 308 BGB ist hingegen eine (kurze) Begründung erforderlich, damit der Verwender bzw. Empfehler

---

[1] Ulmer/*Witt* UKlaG § 5 Rn. 1.
[2] Staudinger/*Piekenbrock* UKlaG § 5 Rn. 17.
[3] Grds. allgemeine Ansicht vgl. nur Köhler/Bornkamm/Feddersen/*Köhler* UKlaG § 5 Rn. 2; allerdings ist MüKoZPO/*Micklitz/Rott* UKlaG § 5 Rn. 10, Wolf/*Lindacher* UKlaG § 5 Rn. 12 und Palandt/*Grüneberg* UKlaG § 5 Rn. 7 zuzustimmen, dass sich eine Abmahnung erübrigt, wenn diese als nutzlos bzw. unzumutbar erscheint.
[4] So auch Ulmer/*Witt* UKlaG § 5 Rn. 4; ähnlich MüKoZPO/*Micklitz/Rott* UKlaG § 5 Rn. 9.

prüfen kann, ob er sich die Rechtsansicht des Abmahnenden zu eigen macht.[5] Ist die Beanstandung zu weitgehend, so gelten die Grundsätze zur Zuvielforderung im Rahmen einer verzugsbegründenden Mahnung entsprechend.[6] Die Abmahnung ist wirksam, soweit sie begründet ist.

1265　　Die **Aufforderung zur Abgabe einer Verpflichtungserklärung** besteht aus dem Verlangen, sich zum unbedingten Unterlassen bzw. Widerruf der beanstandeten und inhaltsgleicher (entsprechend § 9 Nr. 3 UKlaG) Klauseln zu verpflichten. Eingeschlossen ist damit, dass sich der Verwender bei der Abwicklung bereits geschlossener Verträge ebenfalls nicht mehr auf diese Klauseln berufen darf.[7]

1266　　Allgemein üblich und ratsam, zur Vermeidung der Kostenfolge des § 93 ZPO jedoch nicht notwendig,[8] ist es, in die Abmahnung ein **Vertragsstrafeversprechen** zugunsten des abmahnenden Verbandes aufzunehmen. Auf diese Weise verschafft sich der Abmahnende ein Druckmittel, um die Erfüllung der Unterlassungsverpflichtung zu sichern. Die Vertragsstrafe ist verwirkt, wenn gegen die Unterlassungserklärung verstoßen wird. Die Bemessung der Höhe ist von dem Abmahnenden vorzunehmen.[9] Vorgeschlagen wird hier, für die Bemessung auf die Regelstreitwerte im Klageverfahren[10] zurückzugreifen und somit den Regelbetrag auf **2.500 EUR** je verwendeter unwirksamer Klausel anzusetzen und auf **5.000 EUR** je empfohlener unwirksamer Klausel zu erhöhen.[11] Ein Rabatt in der Form eines Höchstbetrages bei Verstoß einer Vielzahl von Bestimmungen in einem Klauselwerk sollte nicht gewährt werden.[12]

1267　　Zur Abgabe der Verpflichtungserklärung ist eine **angemessene Frist** zu setzen. Sie sollte **mindestens zwei Wochen** betragen.[13] Fällt die Frist zu knapp aus, so wird durch sie eine angemessene Frist in Gang gesetzt.[14]

1268　　Für den Fall der Fruchtlosigkeit der Fristsetzung sind **gerichtliche Maßnahmen anzudrohen**. Welcher Art diese sind bzw. sein werden, muss nicht angezeigt werden.[15]

III. Kostenerstattung

1269　　Erledigt hat sich die früher umstrittene Frage, wer die Kosten der Abmahnung zu tragen hat. § 5 UKlaG nimmt nunmehr auch **§ 13 Abs. 3 UWG** in Bezug. Nach dieser Vorschrift kann der Abmahnende, soweit die Abmahnung berechtigt ist, Ersatz der erforderlichen Aufwendungen verlangen. Erforderlich sind die Abmahnkosten, die tatsächlich entstanden sind und nach Lage des Falls aus der Perspektive des Abmahnenden

---

[5] Palandt/*Grüneberg* UKlaG § 5 Rn. 3; Ulmer/*Witt* UKlaG § 5 Rn. 4; MüKoZPO/*Micklitz/Rott* UKlaG § 5 Rn. 9; aA Wolf/*Lindacher* UKlaG § 5 Rn. 15, der dies zwar für empfehlenswert, jedoch für eine ordnungsgemäße Abmahnung iS von § 93 ZPO nicht für erforderlich hält.

[6] Palandt/*Grüneberg* UKlaG § 5 Rn. 4; MüKoZPO/*MicklitzRott* UKlaG § 5 Rn. 9; Wolf/*Lindacher* UKlaG § 5 Rn. 25; Ulmer/*Witt* UKlaG § 5 Rn. 4.

[7] BGH NJW 1981, 1511; Wolf/*Lindacher* UKlaG § 5 Rn. 17.

[8] Staudinger/*Piekenbrock* UKlaG § 5 Rn. 20.

[9] Ulmer/*Witt* UKlaG § 5 Rn. 5a. Wolf/*Lindacher* UKlaG § 5 Rn. 18 ist hingegen der Ansicht, die Festsetzung der verwirkten Strafe könne auch dem Gericht überlassen werden (sog. Hamburger Brauch). Hiergegen jedoch BGH DB 1981, 533 für das Wettbewerbsrecht.

[10] Siehe unten → Rn. 1292 ff.

[11] Zustimmend Ulmer/*Witt* UKlaG § 5 Rn. 5b.

[12] So richtig Ulmer/*Witt*, UKlaG § 5 Rn. 5b; aA Wolf/*Lindacher* UKlaG § 5 Rn. 18; *Löwe*/Graf von Westphalen/Trinkner AGBG § 15 Rn. 13.

[13] So auch Wolf/*Lindacher* UKlaG § 5 Rn. 20; Ulmer/*Witt* UKlaG § 5 Rn. 6. Die Zweiwochenfrist findet sich auch in Art. 5 Abs. 1 S. 3 Richtlinie 2009/22/EG wieder. Kürzer hingegen mit einer Frist von i. d. R. 10–14 Tagen, Palandt/*Grüneberg* UKlaG § 5 Rn. 5.

[14] Wolf/*Lindacher* UKlaG § 5 Rn. 21.

[15] Ebenso Palandt/*Grüneberg* UKlaG § 5 Rn. 5.

objektiv notwendig waren.[16] Die Kostenpauschale ist nach der Rechtsprechung des BGH auch dann in voller Höhe zu entrichten, wenn die Abmahnung nur teilweise berechtigt war.[17] Dies gilt für **Rechtsanwaltskosten** aber nur, wenn es wegen der Schwierigkeit der Sache erforderlich war, einen Rechtsanwalt mit der Abfassung der Abmahnung zu beauftragen.[18] Nach Ansicht des Gesetzgebers trifft dies für die anspruchsberechtigten Verbände nach §§ 3, 3a UKlaG regelmäßig nicht zu.[19] In einem nachfolgenden Klageverfahren stellen die Abmahnkosten keine nach § 91 ZPO erstattungsfähigen Kosten des Rechtsstreits dar.[20] Sie sind ggf. **gesondert einzuklagen,** wobei sich die Zuständigkeit nach § 6 UKlaG richtet.

Auch **dem zu Unrecht Abgemahnten können Ansprüche gegen den abmahnenden Verband zustehen.** Neben dem spezialgesetzlichen Aufwendungsersatzanspruch nach § 2b S. 3 UKlaG, der allerdings nur bei Rechtsmissbräuchlichkeit der Geltendmachung von Ansprüchen eingreift, kommen weitergehende Ersatzansprüche (vgl. § 2b S. 4 UKlaG) in Betracht. Während ein Anspruch aus § 823 Abs. 1 BGB unter dem Gesichtspunkt eines Eingriffs in den eingerichteten und ausgeübten Gewerbebetrieb – anders als bei unberechtigten Schutzrechtsverwarnungen –[21] allgemein auf Ablehnung stößt,[22] wird man einen verschuldensabhängigen Schadensersatzanspruch aus § 678 BGB oder aus § 280 Abs. 1 BGB durchaus in Betracht zu ziehen haben.[23]

1269a

§ 52. Einstweilige Verfügung

Literatur: *Marly,* Die Zulässigkeit einstweiliger Verfügungen in Verfahren nach § 13 AGB-Gesetz, NJW 1989, 1472.

I. Allgemeines

Die einstweilige Verfügung hat durch den Verweis in § 5 UKlaG auf § 12 Abs. 1 UWG zumindest indirekt Aufnahme gefunden.[1] Der Gesetzgeber trägt dem Erfordernis des Art. 2 Abs. 1a der Richtlinie 2009/22/EG über Unterlassungsklagen zum Schutz der Verbraucherinteressen[2] Rechnung. Nach dieser Richtlinienbestimmung zählen zu den Unterlassungsklagen auch solche Rechtsbehelfe, die auf eine mit aller gebotenen Eile und gegebenenfalls im Rahmen eines Dringlichkeitsverfahrens ergehende Anordnung der Einstellung oder des Verbots eines Verstoßes gerichtet sind. Die bisherige Rechtsprechung des EuGH legt den Schluss nahe, dass sich für den nationalen Gesetzgeber hieraus das Gebot ergibt, einen solchen effektiven und zeitnahen Rechtsbehelf auch tatsächlich zur Verfügung zu stellen.[3]

1270

---

[16] BGH NJW 2012, 3032 (3030).

[17] BGH NJW 2008, 3055 (3058 f.).

[18] BGH NJW 2012, 3023 (3030); KG OLGR 2006, 155; MüKoZPO/*Micklitz/Rott* UKlaG § 5 Rn. 12.

[19] BT-Drs. 15/11 487, S. 25; OLG München NJW 2012, 1664 (1667).

[20] KG OLGR 2006, 155; Palandt/*Grüneberg* UKlaG § 5 Rn. 6.

[21] BGH NJW 2005, 3141; Staudinger/*Piekenbrock* UKlaG § 5 Rn. 25.

[22] So BGH GRUR 2011, 152 für die wettbewerbsrechtliche Abmahnung.

[23] NK/*Walker* UKlaG § 5 Rn. 7 für § 678 BGB und Palandt/*Grüneberg* UKlaG § 2b Rn. 3 für § 280 Abs. 1 BGB.

[1] Die entsprechende Gesetzesänderung war zuvor bereits durch das Gesetz über Fernabsatzverträge aus dem Jahre 2000 (BGBl. I 897 (1139) mit Berichtigung) vorgenommen worden, vgl. § 15 Abs. 1 AGBG in der zuletzt geltenden Fassung.

[2] Abl. EU L 110 vom 1.5.2009, S. 30–36.

[3] Vgl. in diesem Zusammenhang insbesondere die Entscheidung EuGH EuZW 1990, 356 – Factortame; ferner MüKoZPO/*Micklitz/Rott* UKlaG § 5 Rn. 29.

1271		Ob der einstweiligen Verfügung dadurch zukünftig eine größere und wichtigere Rolle – dies war bisher nicht der Fall[4] – im Verbandsverfahren zukommen wird, bleibt abzuwarten. Ein sprunghafter Anstieg dürfte jedenfalls nicht zu erwarten sein. Denn auch schon vor der Aufnahme des Verweises auf das Gesetz gegen unlauteren Wettbewerb war es nach ganz hM möglich, den Unterlassungsanspruch vorläufig mittels einer einstweiligen Verfügung durchzusetzen.[5]

II. Voraussetzungen

1272		Einstweilige Verfügungen können in der Form der Sicherungs-, Regelungs- oder Leistungsverfügung ergehen. Die genaue Abgrenzung ist für die Praxis von untergeordneter Bedeutung, zumal die Abgrenzungskriterien vage sind.[6] Wichtig ist jedoch, dass **lediglich der Unterlassungsanspruch Gegenstand einer einstweiligen Verfügung sein** kann.[7] Beim Widerrufsanspruch würde eine einstweilige Verfügung die Hauptsacheentscheidung vorwegnehmen und eine endgültige Regelung schaffen.[8] Zwar wird auch bei einer Unterlassungsverfügung die Erfüllung vorweggenommen, jedoch ist die erfüllende Wirkung nur temporär.

1273		Die Voraussetzungen für den Erlass einer einstweiligen Verfügung ergeben sich aufgrund des Verweises in § 5 UKlaG aus den Vorschriften der ZPO und aus § 12 Abs. 1 UWG. Aus den §§ 936, 920 Abs. 2, 294 ZPO folgt, dass der Antragsteller den Verfügungsanspruch und den Verfügungsgrund glaubhaft zu machen hat. Da allerdings § 12 Abs. 1 UWG gem. § 5 UKlaG im Verbandsklageverfahren Anwendung findet, wird die **besondere Dringlichkeit des Erlasses einer einstweiligen Verfügung widerlegbar vermutet.** Der Antragsteller ist damit von der Pflicht entbunden, den Verfügungsgrund darzutun und glaubhaft zu machen. Somit ist es allein ausreichend, dass der Antragsteller den Verfügungsanspruch, also die Wiederholungs- bzw. Erstbegehungsgefahr der Verwendung von unwirksamen Allgemeinen Geschäftsbedingungen, glaubhaft macht.

1274		Die vermutete Dringlichkeit wird nicht widerlegt, wenn der Antragsteller Kenntnis der unwirksamen Klauseln hat und über einen längeren Zeitraum nicht dagegen vorgeht.[9] Vielmehr bleibt die Dringlichkeit aufgrund der Besonderheit des Anspruchs – er wird im öffentlichen Interesse zugewiesen – bestehen.

III. Verfahren

1275		Zuständig für den Erlass der einstweiligen Verfügung ist das Gericht der Hauptsache (§ 937 ZPO, § 6 UKlaG).[10] Dieses entscheidet über den Antrag nach mündlicher Verhandlung durch Urteil oder in dringenden Fällen ohne mündliche Verhandlung durch Beschluss. Hiervon hängt ab, ob die Berufung oder der Widerspruch das statthafte

---

		[4] Hierzu Ulmer/*Witt* UKlaG § 5 Rn. 9.
		[5] Zum anfänglichen Streit über die Zulässigkeit vgl. die Nachweise bei Ulmer/*Hensen*, 9. Aufl. 2001, AGBG § 15 Rn. 11; ferner *Marly* NJW 1989, 1472 ff.
		[6] Für Einordnung als Leistungsverfügung NK/*Walker* UKlaG § 5 Rn. 8; vgl. auch OLG Düsseldorf NJW 1989, 1487 und OLG Frankfurt NJW 1989, 1489.
		[7] Ulmer/*Witt* UKlaG § 5 Rn. 11; Wolf/*Lindacher* UKlaG § 5 Rn. 47; MüKoZPO/*Micklitz/Rott* UKlaG § 5 Rn. 30; aA hingegen noch *Fehl*, Systematik des Rechts der Allgemeinen Geschäftsbedingungen, S. 124 f.
		[8] MüKoZPO/*Micklitz/Rott* UKlaG § 5 Rn. 30; Wolf/*Lindacher* UKlaG § 5 Rn. 48.
		[9] Ulmer/*Witt* UKlaG § 5 Rn. 12; Wolf/*Lindacher* UKlaG § 5 Rn. 50; differenzierend MüKoZPO/*Micklitz/Rott* UKlaG § 5 Rn. 32; für die Möglichkeit einer Selbstwiderlegung NK/*Walker* UKlaG § 5 Rn. 9. Aus der Rechtsprechung OLG Düsseldorf NJW-RR 2014, 729 (731 ff.).
		[10] Hierzu → Rn. 1278 ff.

Rechtsmittel ist. Die Revision ist ausgeschlossen (§ 542 Abs. 2 ZPO). Im Übrigen sei auf die Ausführungen zum Klageverfahren (siehe § 53) verwiesen.

§ 53. Klageverfahren

Literatur: *Göbel*, Prozeßzweck der AGB-Klage und herkömmlicher Zivilprozeß, 1980.

Auf das Verbandsklageverfahren sind die **Vorschriften der Zivilprozessordnung,** ferner § 12 Abs. 1, 2, 3 und 4, § 13 Abs. 1 bis 3 und 5 sowie § 13a UWG **anzuwenden,** soweit sich aus dem Unterlassungsklagegesetz nicht etwas anderes ergibt (§ 5 UKlaG). Die Verweisung auf die Regelungen der Zivilprozessordnung hat nur klarstellende Funktion.[1] Schließlich folgt die Anwendbarkeit der Zivilprozessordnung für Ansprüche privatrechtlicher Natur schon aus § 3 Abs. 1 EGZPO, § 13 GVG. Demnach gelten im Grundsatz auch im Verbandsverfahren ohne Abstriche die **Dispositions- und Verhandlungsmaxime.**[2]   **1276**

Der deutsche Gesetzgeber hat auf die Einführung eines **vorgerichtlichen Schlichtungsverfahrens verzichtet,** was ihm nach der Unterlassungsklagenrichtlinie auch freigestellt war. Die gesetzgeberische Entscheidung widerspricht freilich der sonstigen aktuellen Tendenz zur vor- und innergerichtlichen Streitschlichtung, beispielsweise in § 15a EGZPO und § 278 Abs. 2 ZPO.   **1277**

I. Ausschließliche Zuständigkeit des Landgerichts

Für Klagen nach dem Unterlassungsklagegesetz besteht gem. § 6 Abs. 1 UKlaG eine – ohne Rücksicht auf den Wert des Streitgegenstands – von Amts wegen zu beachtende **ausschließliche Zuständigkeit des Landgerichts,** in dessen Bezirk der Beklagte seine gewerbliche Niederlassung oder in Ermangelung einer solchen seinen Wohnsitz hat. Gerichtsstandsvereinbarungen betreffend die sachliche oder örtliche Zuständigkeit des Gerichts sind gem. § 40 Abs. 2 S. 1 Nr. 2 ZPO unzulässig. Zuständig sind bei den Landgerichten stets die Zivilkammern. Der Rechtsstreit kann nicht vor den Kammern für Handelssachen verhandelt werden, da eine entsprechende Regelung in § 95 Abs. 1 GVG fehlt.[3]   **1278**

Neben der ausschließlichen Zuständigkeit der Landgerichte wurden die Landesregierungen des Weiteren ermächtigt, durch Rechtsverordnung einem Landgericht für die Bezirke mehrerer Landgerichte die im Unterlassungsklagegesetz genannten Rechtsstreitigkeiten zuzuweisen (§ 6 Abs. 2 UKlaG). Von dieser **Konzentrationsermächtigung** haben die Länder Bayern,[4] Brandenburg,[5] Hessen,[6] Mecklenburg-Vorpommern,[7] Nordrhein-Westfalen[8] und Sachsen[9] Gebrauch gemacht.   **1279**

---

[1] Wolf/*Lindacher* UKlaG § 5 Rn. 1; Palandt/*Grüneberg* UKlaG § 5 Rn. 1; Staudinger/*Piekenbrock* UKlaG § 5 Rn. 1; Köhler/Bornkamm/Feddersen/*Köhler* UKlaG § 5 Rn. 1.

[2] So ohne Einschränkungen Wolf/*Lindacher* UKlaG § 5 Rn. 4; *ders.,* FS Deutsche Richterakademie, 1983, 209 (215 f.); Ulmer/*Witt* UKlaG § 5 Rn. 21; Staudinger/*Piekenbrock* UKlaG § 5 Rn. 1; tlw. aA E. Schmidt NJW 2002, 25 (29).

[3] Statt vieler Palandt/*Grüneberg* UKlaG § 6 Rn. 1.

[4] BayGVBl. 2012, 295: Zuständig ist jeweils das LG am Sitz des OLG, also LG München I, LG Nürnberg und LG Bamberg.

[5] GVBl II/14: Zuständig ist das LG Podsdam.

[6] GVBl. 2013, 386: Zuständig ist das LG Frankfurt/Main.

[7] GVOBl M-V 1994, 514: Zuständig ist das LG Rostock.

[8] GVBl NRW 2002, 446: Zuständig für den OLG-Bezirk Düsseldorf ist das LG Düsseldorf, für den OLG-Bezirk Hamm das LG Dortmund und für den OLG-Bezirk Köln das LG Köln.

[9] GVBl. 2016, 103: Zuständig ist das LG Leipzig.

1. Reichweite der Zuständigkeitszuweisung

1280   Die Zuständigkeitszuweisung des § 6 Abs. 1 UKlaG bezieht sich sowohl auf die sachliche als auch auf die örtliche Zuständigkeit. Erfasst werden von ihr zum einen die **Unterlassungs- und Widerrufsklagen** gem. §§ 1, 2 UKlaG sowie die **Klage nach § 10 UKlaG**. Zum anderen erfasst sie über § 937 Abs. 1 ZPO auch **einstweilige Verfügungsverfahren**. Zutreffenderweise ist die Zuständigkeitsregelung entsprechend auf Rechtsstreitigkeiten über die **Erstattung von vorprozessualen Abmahnkosten**,[10] auf **Feststellungsklagen** von Verwendern bzw. Empfehlern gegen die gem. § 3 UKlaG anspruchsberechtigten Stellen, wenn diese die Wirksamkeit von Allgemeinen Geschäftsbedingungen bestreiten,[11] und auf Klagen betreffend die **Zahlung von Vertragsstrafen** wegen Zuwiderhandlungen gegen im Abmahnverfahren eingegangene Unterlassungsverpflichtungen[12] anzuwenden.

1281   Die ausschließliche Zuständigkeit erfasst gem. **§ 6 Abs. 3 UKlaG** nicht Rechtsstreitigkeiten gem. § 13 UKlaG. Hierbei geht es um Auskunftsansprüche der anspruchsberechtigten Verbände gegen die Betreiber von Post-, Telekommunikations- und Telemediendiensten auf Bekanntgabe von Namen und zustellungsfähigen Anschriften eines an dem jeweiligen Dienst Beteiligten. Nicht erfasst sind auch Rechtsstreitigkeiten zwischen Kunden und Verwendern; dies folgt aus der nur den qualifizierten Einrichtungen zugedachten Aktivlegitimation.

2. Örtliche Zuständigkeit

1282   Örtlich zuständig ist nach § 6 Abs. 1 UKlaG das **Landgericht, in dessen Bezirk der Beklagte seine gewerbliche Niederlassung** oder in Ermangelung einer solchen seinen **Wohnsitz hat.** Fehlt es im Inland sowohl an einer gewerblichen Niederlassung als auch an einem Wohnsitz des Beklagten, so ist das Gericht des inländischen Aufenthaltsorts zuständig. Mangelt es auch an Letzterem, so ist hilfsweise das Gericht zuständig, in dessen Bezirk die nach den §§ 307 bis 309 BGB unwirksamen Allgemeinen Geschäftsbedingungen verwendet bzw. empfohlen wurden.

1283   Vorrangig ist der Gerichtsstand der **gewerblichen Niederlassung,** deren Bestimmung sich nach **§ 21 ZPO** richtet. Bei mehreren selbstständigen Niederlassungen ergeben sich mehrere Gerichtsstände; erfüllt eine Zweigniederlassung das Merkmal der Selbstständigkeit, dh dass die dortige Leitung aus eigener Entscheidung Geschäfte abschließen darf,[13] so eröffnet sich auch dort ein Gerichtsstand, wenn die inkriminierte Handlung (auch) von dieser Niederlassung ausgeht.[14] Für den Fall, dass dann mehrere ausschließliche Gerichtsstände gegeben sind, kann der Kläger gem. § 35 ZPO zwischen diesen auswählen.

1284   Fehlt es an einer inländischen Niederlassung, so ist hilfsweise auf den Gerichtsstand des Wohnsitzes zurückzugreifen. Der Wohnsitz bestimmt sich nach den §§ 7–11, 13 ZPO. Bei juristischen Personen ist ergänzend § 17 ZPO (analog) anzuwenden.[15] Ist auch das nicht gegeben, so ist hilfsweise auf den Ort des Aufenthalts im Zeitpunkt der Klageerhebung abzustellen; ein späterer Aufenthaltswechsel ist unschädlich (§§ 253 Abs. 1, 261 Abs. 3 Nr. 2 ZPO). Als Auffangbecken dient schließlich der Hilfsgerichtsstand des

---

[10] MüKoZPO/*Micklitz/Rott* UKlaG § 6 Rn. 4; Palandt/*Grüneberg* UKlaG § 6 Rn. 1; Ulmer/*Witt* UKlaG § 6 Rn. 1; Wolf/*Lindacher* UKlaG § 6 Rn. 3.
[11] MüKoZPO/*Micklitz/Rott* UKlaG § 6 Rn. 4; Palandt/*Grüneberg* UKlaG § 6 Rn. 1; Ulmer/*Witt* UKlaG § 6 Rn. 1; Staudinger/*Piekenbrock* UKlaG § 6 Rn. 2; die Analogie nur für die sachliche Zuständigkeit bejahend Wolf/*Lindacher* UKlaG § 6 Rn. 3.
[12] LG München I NJW-RR 1991, 1143; LG Karlsruhe VuR 1992, 130 f.
[13] Vgl. BGH NJW 1987, 3081 (3082).
[14] MüKoZPO/*Micklitz/Rott* UKlaG § 6 Rn. 5; aA Staudinger/*Piekenbrock* UKlaG § 6 Rn. 11 (nur Hauptniederlassung).
[15] Allgemeine Ansicht, vgl. nur Ulmer/*Witt* UKlaG § 6 Rn. 4.

Ortes der Verwendung bzw. der Empfehlung[16] von Allgemeinen Geschäftsbedingungen. Bei mehreren Gerichtsständen steht dem Kläger auch bei dem letztgenannten Hilfsgerichtsstand das Wahlrecht gem. § 35 ZPO zu.

Durch die Regelung der örtlichen Zuständigkeit erfolgt auch die Regelung der **internationalen Zuständigkeit**.[17] Dies trifft auch auf die Zuständigkeit gem. § 6 Abs. 1 UKlaG zu. Bei Fällen mit Auslandsberührung ist jedoch zu beachten, dass die **EuGVVO**, sofern ihre Anwendungsvoraussetzungen gegeben sind, vorrangig gilt.[18]   1285

Der **EuGH** hat entschieden, dass sich der Gerichtsstand bei einer vorbeugenden Klage   1286
eines Verbraucherschutzvereins auf Untersagung der Verwendung angeblich missbräuchlicher Klauseln durch einen Gewerbetreibenden in Verträgen mit Privatpersonen nach Art. 5 Nr. 3 EuGVÜ (jetzt **Art. 7 Nr. 2 EuGVVO**) richtet.[19] Zugrunde lag diesem Vorabentscheidungsverfahren die Klage eines österreichischen Vereins für Kundeninformationen gegen einen Kaufmann mit Wohnsitz in Deutschland, mit der diesem die Verwendung angeblich missbräuchlicher Klauseln gegenüber österreichischen Verbrauchern untersagt werden sollte. Der EuGH kam zu dem Ergebnis, dass mit einer solchen Verbandsklage ein **Anspruch aus unerlaubter Handlung** im Sinne von Art. 5 Nr. 3 EuGVÜ geltend gemacht werde. Zur Begründung führte der EuGH aus, die Klage beziehe sich auf eine außervertragliche Verpflichtung des Gewerbetreibenden, in seinen Beziehungen mit Verbrauchern von bestimmten, vom Gesetzgeber missbilligten Verhaltensweisen Abstand zu nehmen. Der Begriff des schädigenden Ereignisses in Art. 5 Nr. 3 EuGVÜ sei weit zu verstehen und erfasse daher im Bereich des Verbraucherschutzes nicht nur Sachverhalte, in denen Einzelne einen individuellen Schaden erleiden, sondern ua auch Angriffe auf die Rechtsordnung durch die Verwendung missbräuchlicher Klauseln, deren Verhinderung die Aufgabe von Organisationen wie dem klagenden Verein sei.

II. Anhörungen von Behörden

Nach § 8 Abs. 2 UKlaG hat die **Anhörung der Bundesanstalt für Finanzdienstleis**   1287
tungsaufsicht vor der Entscheidung über eine Klage nach § 1 UKlaG zu erfolgen, sofern Gegenstand der Klage Bestimmungen in Allgemeinen Versicherungsbedingungen sind, oder wenn Gegenstand der Klage Bestimmungen in Allgemeinen Geschäftsbedingungen sind, die die Bundesanstalt für Finanzdienstleistungsaufsicht nach Maßgabe des Bausparkassengesetzes oder des Kapitalanlagegesetzbuchs zu genehmigen hat. Die Vorschrift ist entsprechend bei Feststellungsklagen eines Verwenders bzw. Empfehlers sowie bei einstweiligen Verfügungsverfahren anzuwenden, wobei einstweilige Verfügungen in dringenden Fällen (vgl. § 937 Abs. 2 Alt. 1 ZPO) zunächst ohne Anhörung ergehen können.[20]

Die Regelung des § 8 Abs. 2 UKlaG zeigt deutlich, dass die gerichtliche Kontrolle von   1288
Allgemeinen Geschäftsbedingungen nicht dadurch beschränkt oder ausgeschlossen wird, dass die Genehmigung einer Verwaltungsbehörde vorgesehen ist[21] bzw. bei den Allgemeinen Versicherungsbedingungen war.[22] Vielmehr unterliegen auch diese vollinhaltlich einer

---

[16] Bezüglich des Einbezugs des Empfehlers herrscht Übereinstimmung, vgl. statt aller Wolf/*Lindacher* UKlaG § 6 Rn. 10.

[17] BGH NJW 1992, 3158; 1993, 2683 (2684); Soergel/*Fritzsche* UKlaG § 6 Rn. 6.

[18] BGH NJW 1990, 317 (318) noch zum EuGVÜ; zu den Konsequenzen eingehend Staudinger/*Piekenbrock* UKlaG § 6 Rn. 6.

[19] EuGH NJW 2002, 3617.

[20] Palandt/*Grüneberg* UKlaG § 8 Rn. 4; Wolf/*Lindacher* UKlaG § 8 Rn. 14; MüKoZPO/*Micklitz/Rott* UKlaG § 8 Rn. 9.

[21] Die Gerichte haben dies anfangs nicht immer so klar erkannt, vgl. nunmehr aber BGH NJW 1983, 1322 (1324).

[22] Das Genehmigungserfordernis für Allgemeine Versicherungsbedingungen wurde durch das Gesetz vom 21.7.1994 (BGBl. I 1624) aufgehoben.

gerichtlichen Überprüfung. Die Aufsichtsbehörde soll jedoch die Möglichkeit haben, sich im gerichtlichen Verfahren zu äußern und ihren Standpunkt darzulegen. Da die Anhörung jedoch der Entscheidungsfindung des Gerichts dienlich sein soll, ist es nicht ihr Ziel, der Behörde eine Plattform zur Selbstrechtfertigung zu bieten.[23] Vielmehr soll sie insbesondere ihre besondere Sachkenntnis einbringen.[24] Die Behörde ist materiell nicht Beteiligte des Verfahrens; sie hat weder ein Antragsrecht, noch kann sie dem Verfahren als Nebenintervenient beitreten oder Rechtsmittel einlegen.[25]

1289   Der vorgenannte Aspekt der Sachkenntnis hat an Bedeutung noch gewonnen, seitdem die Genehmigungspflicht für Allgemeine Versicherungsbedingungen entfallen ist. Durch das in § 8 Abs. 2 UKlaG fehlende generelle Kriterium der genehmigten Bedingungen ist die Analogiebasis für weitere, dort nicht genannte Fälle von öffentlich-rechtlich genehmigten Bedingungen entzogen.[26] Den Gerichten steht es jedoch frei, den Sachverstand der zuständigen Behörden mittels der §§ 273 Abs. 2 Nr. 2, 358a S. 2 Nr. 2 ZPO heranzuziehen;[27] dies gilt auch für den Individualprozess.

1290   § 8 Abs. 2 UKlaG verpflichtet das Gericht zur Anhörung der Aufsichtsbehörde vor der Entscheidung über die Klage. Da es bei der Anhörung vor allem um den Einbezug der besonderen Sachkunde der Behörde geht, ist eine solche auch nur als geboten anzusehen, wenn eine Sachentscheidung seitens des Gerichts ergehen soll.[28] Aus selbigem Grund ist § 8 Abs. 2 UKlaG auch nicht mit dem Anspruch auf Gewährung rechtlichen Gehörs gleichzusetzen.[29] In der Ausgestaltung und Durchführung der Anhörung ist das Gericht frei. Ihr ist Genüge getan, sofern der Behörde die in Rede stehenden Klauseln und der Umfang des seitens des Klägers erstrebten Verwendungsverbots mitgeteilt werden und ihr aufgegeben wird, sich in angemessener Frist zu äußern.[30] Anzuraten ist dem Gericht jedoch, der Behörde die wesentlichen Schriftsätze des Verfahrens zu übermitteln und sie über den ersten Termin und auf Wunsch auch über die weiteren Termine zu informieren.[31] Zur Übersendung der abschließenden Entscheidung verpflichtet das Anhörungserfordernis das Gericht zwar nicht; sinnvoll ist die Unterrichtung der Behörde über den Verfahrensausgang jedoch allemal.[32]

1291   Der Verstoß gegen die Anhörungspflicht ist ein nicht heilbarer **Verfahrensmangel**, der auch nicht durch Genehmigung oder rügelose Einlassung geheilt werden kann.[33] Die beschwerte Partei – nicht die Behörde – kann dagegen Rechtsmittel einlegen und das Berufungsgericht kann sodann die Anhörung nachholen.[34]

III. Streitwert

1292   **Maßgeblich** für die Festsetzung des Streitwerts ist – anders als bei sonstigen Klagen – im Verfahren nach § 1 UKlaG nicht das Interesse der Klagepartei am Streitgegenstand,

---

[23] Vgl. auch Wolf/*Lindacher* UKlaG § 8 Rn. 20.
[24] Zu Letzterem: Staudinger/*Piekenbrock* UKlaG § 8 Rn. 13; Wolf/*Lindacher* UKlaG § 8 Rn. 11.
[25] MüKoZPO/*Micklitz* UKlaG § 8 Rn. 12; Staudinger/*Piekenbrock* UKlaG § 8 Rn. 17 und 19.
[26] Vgl. mwN MüKoZPO/*Micklitz/Rott* UKlaG § 8 Rn. 8.
[27] Staudinger/*Piekenbrock* UKlaG § 8 Rn. 15.
[28] Palandt/*Grüneberg* UKlaG § 8 Rn. 4.
[29] Wolf/*Lindacher* UKlaG § 8 Rn. 20.
[30] Ebenso Wolf/*Lindacher* UKlaG § 8 Rn. 22, 24.
[31] Für eine dahingehende Pflicht des Gerichts Palandt/*Grüneberg* UKlaG § 8 Rn. 4; wohl auch Ulmer/*Witt* UKlaG § 8 Rn. 9a; Köhler/Bornkamm/Feddersen/*Köhler* UKlaG § 8 Rn. 4.
[32] Wolf/*Lindacher* UKlaG § 8 Rn. 25; für eine Pflicht zur Übermittlung einer Ausfertigung der Entscheidung jedoch Köhler/Bornkamm/Feddersen/*Köhler* UKlaG § 8 Rn. 4.
[33] Statt vieler: Palandt/*Grüneberg* UKlaG § 8 Rn. 4; Wolf/*Lindacher* UKlaG § 8 Rn. 29.
[34] OLG Köln NJW-RR 2017, 1502 Rn. 52; Ulmer/*Witt* UKlaG § 8 Rn. 11; Wolf/*Lindacher* UKlaG § 8 Rn. 29.

sondern das **Interesse der Allgemeinheit an der Beseitigung einer gesetzeswidrigen Klausel.**[35] Dies geschieht, um die Verbraucherschutzverbände bei der Wahrnehmung der ihnen im Allgemeininteresse eingeräumten Befugnisse zur Befreiung des Rechtsverkehrs von unwirksamen AGB vor Kostenrisiken möglichst zu schützen. Die Festsetzung erfolgt gem. § 3 ZPO nach freiem Ermessen; der Höchstwert liegt gem. § 48 Abs. 1 S. 2 GKG bei 250.000 EUR.

Die Streitwerte haben in AGB-Verbandsverfahren trotz der großen wirtschaftlichen **1293** Bedeutung vieler Kontrollverfahren eher eine **symbolische Bedeutung**[36] und sind bei weitem nicht mit den Höhen in Wettbewerbssachen vergleichbar.[37] Die Erklärung hierfür liegt darin, dass man bestrebt ist, die Kostenrisiken für die Verbraucherverbände gering zu halten.[38] Da zudem die Revision – abgesehen von den absoluten Revisionsgründen – mittlerweile ausschließlich von der Zulassung abhängig ist (§ 543 ZPO), wird sich wohl auch künftig an der niedrigen Bemessung der Streitwerte nichts ändern.

In der gerichtlichen Praxis haben sich **Regelstreitwerte** herauskristallisiert. Für jede **1294** Klausel, die mit einer **gegen den Verwender gerichteten Unterlassungsklage** angegriffen wird, ist ein Streitwert von **2.500 bis 3.000 EUR** im Allgemeinen angemessen.[39] Hiervon kann unter Berücksichtigung einer gewissen Einschätzungsprärogative des klagenden Verbraucherschutzverbands je nach den Besonderheiten des Einzelfalls nach oben und nach unten abgewichen werden. Bei der Festsetzung des Streitwerts (und des Werts der Beschwer) kann allerdings ausnahmsweise der wirtschaftlichen Bedeutung der von einem Verbraucherverband angegriffenen Klausel Rechnung getragen werden. So hat der BGH bei einer Unterlassungsklage eines Verbraucherverbandes, die sich gegen Bearbeitungsentgelte bei Verbraucherkrediten richtet, einen Wert von 25.000 EUR als angemessen angesehen.[40] Verfolgt der Kläger außerdem noch den weiteren Antrag, ihm nach § 7 UKlaG die **Befugnis zur Bekanntmachung der Urteilsformel** zuzusprechen, so muss der Wert dieses Antrags noch hinzugerechnet werden. Dabei handelt es sich um einen selbstständigen Streitgegenstand mit eigenem Streitwert, der mit einem Zehntel des Werts der Hauptsache in Ansatz zu bringen ist.[41] Für **Klagen auf Unterlassung und Widerruf einer Empfehlung** soll aufgrund der höheren Breitenwirkung der Streitwert **je Klausel mindestens 10.000 EUR** betragen.[42] Dem ist im Grundsatz durchaus zuzustimmen. Bei kleineren Unternehmen sollte jedoch ein Abschlag und bei größeren, wirtschaftlich bedeutenderen Unternehmen ein Zuschlag erfolgen. Somit würde sich die wirtschaftliche Bedeutung eines Verbotes für den Verwender bei der Bemessung des Streitwertes niederschlagen. Der Streitwert bei einer **Klage eines Verwenders auf Feststellung der Wirksamkeit von Allgemeinen Geschäftsbedingungen** ist entsprechend den obigen Ausführungen zu Klagen gem. § 1 UKlaG ohne Abschlag festzusetzen.[43]

Im Übrigen ist noch auf **§ 12 Abs. 3 UWG iVm § 5 UKlaG** hinzuweisen, wonach das **1295** Gericht unter bestimmten Voraussetzungen eine **Minderung des Streitwerts** vornehmen

---

[35] BGH NJW-RR 2020, 1055 Rn. 5.
[36] Ulmer/*Witt* UKlaG § 5 Rn. 29 bezeichnet die Bemessung als „bloßen Symbolwert".
[37] Zum Streitwert der AGB-Verbandsklage *Lindacher* MDR 1994, 231.
[38] Ulmer/*Witt* UKlaG § 5 Rn. 29.
[39] Die Rechtsprechung schwankt: BGH NJW 2013, 995 (1001) für 3.000 EUR; BGH NJW-RR 2007, 497: 2.500 EUR im Allgemeinen nicht unangemessen; für einen Regelstreitwert von 2.500 EUR zuletzt wieder BGH NJW-RR 2020, 1055; für 3.000 EUR je angegriffene Klausel auch Ulmer/*Witt* UKlaG § 5 Rn. 30.
[40] BGH BKR 2014, 330.
[41] BGH NJW 2013, 995 (1001).
[42] Ulmer/*Witt* UKlaG § 5 Rn. 30; offengelassen zuletzt von BGH NJW-RR 1998, 1465.
[43] Ebenso Ulmer/*Witt* UKlaG § 5 Rn. 31.

kann.[44] Dafür muss die Partei glaubhaft machen, dass die Belastung mit den Prozesskosten nach dem vollen Streitwert ihre wirtschaftliche Lage erheblich gefährden würde. Im Hinblick auf die ohnehin verhältnismäßig niedrig angesetzten Ausgangsstreitwerte sollte von dieser im Ermessen des Gerichts stehenden Möglichkeit zurückhaltend Gebrauch gemacht werden.

IV. Klageantrag und Urteilsformel im Verbandsklageverfahren

1296   Die §§ 8 Abs. 1 und 9 UKlaG sehen für den Klageantrag und die Urteilsformel besondere Fassungen vor.

1. Klageantrag

1297   In Ergänzung zu § 253 Abs. 2 Nr. 2 ZPO hat der Klageantrag bei Klagen nach § 1 UKlaG zum einen den **Wortlaut der beanstandeten Bestimmungen** in Allgemeinen Geschäftsbedingungen (§ 8 Abs. 1 Nr. 1 UKlaG) und zum anderen die Bezeichnung der Art der Rechtsgeschäfte, für die die Bestimmungen beanstandet werden, zu enthalten (§ 8 Abs. 1 Nr. 2 UKlaG). Fehlt es hieran, so ist die Klage als unzulässig abzuweisen, wenn der Antrag auch nach richterlicher Aufklärung gem. § 139 ZPO mangelhaft bleibt.[45] Ist streitig, ob eine vom klagenden Verband beanstandete Klausel in eben dieser Fassung vom Beklagten tatsächlich verwendet wird, reicht es für die Bestimmung des Streitgegenstands und damit für die Zulässigkeit der Klage aus, wenn unter Angabe des zugrunde liegenden Lebenssachverhalts die Verwendung der bestimmten Klausel behauptet und deren konkreter Wortlaut im Klageantrag wörtlich wiedergegeben wird. Ob die beanstandete Klausel in dieser Fassung tatsächlich Verwendung findet, ist demgegenüber eine Frage der Begründetheit der Klage.[46] Die Vorschrift des § 8 Abs. 1 Nr. 1 UKlaG sollte ohnehin nicht zu formalistischen Spitzfindigkeiten verführen. Wenn der Kläger ein Exemplar bzw. eine Kopie der Allgemeinen Geschäftsbedingungen vorlegt und die angegriffenen Bestimmungen in der Klageschrift individualisiert, dann ist dem Gebot damit entsprochen.[47] Diese Erleichterung kann das Gericht für seine Urteilsformel jedoch nicht in Anspruch nehmen.

1298   Werden unteilbare teilunwirksame Klauseln angegriffen, so ist – wie bei einer vollunwirksamen Klausel – im Klageantrag der Wortlaut der gesamten Klausel zu nennen.[48] Für den Fall einer teilbaren Klausel, deren unwirksamer Teil im Text der vorformulierten Klausel einen Gliederungspunkt darstellt, hat der Kläger zur Vermeidung einer Teilabweisung allein den Wortlaut des unwirksamen Teils der Klausel zu benennen.[49]

1299   Die **Bezeichnung der Art der Rechtsgeschäfte** ist erforderlich, da eine abstrakte Klausel oftmals nicht per se in jedem Verhältnis unwirksam ist. Die Konkretisierung soll möglichst prägnant und griffig nach dem Vertragstyp, der Geschäftsart oder nach Fallgruppen erfolgen.[50]

---

[44] Kritisch zu dieser Regelung Ulmer/*Hensen*, 10. Aufl. 2006, UKlaG § 5 Rn. 20.

[45] BGH NJW 2012, 3023 (3024); Wolf/*Lindacher* UKlaG § 8 Rn. 7; Palandt/*Grüneberg* UKlaG § 8 Rn. 1.

[46] So zuletzt BGH NJW 2017, 3222 Rn. 18.

[47] Ebenso Staudinger/*Piekenbrock* UKlaG § 8 Rn. 6; Wolf/*Lindacher* UKlaG § 8 Rn. 3.

[48] BGH NJW 1995, 1488 (1489).

[49] BGH NJW 2014, 630 Rn. 17; Wolf/*Lindacher* UKlaG § 8 Rn. 4; *Heinrichs*, EWiR 1995, 523; Palandt/*Grüneberg* UKlaG § 8 Rn. 2.

[50] Vgl. nur Ulmer/*Witt* UKlaG § 8 Rn. 4.

Beispiele:

(1) „Ratenlieferungsverträge"
(2) „Teilzahlungsgeschäfte"[51]
(3) „Mietverträge über Wohnraum"[52]
(4) „Kabelanschlussverträge als Haustürgeschäft"[53]
(5) „Warenhandel mit Verbrauchern"[54]

Der Kläger muss zudem angeben, ob die Beanstandung nur Verträge zwischen Unter- **1300** nehmern und Verbrauchern betrifft oder ob das erstrebte Verwendungsverbot bzw. Widerrufsgebot zusätzlich oder ausschließlich für Verträge zwischen Unternehmern gelten soll. Vorstehendes ist besonders für die aufgrund von § 3 Abs. 2 UKlaG nur mit begrenzter Klagebefugnis ausgestatteten Einrichtungen gem. § 3 Abs. 1 Nr. 1 UKlaG wichtig.

2. Urteilsformel

In Ergänzung zu § 313 Abs. 1 Nr. 4 ZPO muss die Urteilsformel gem. § 9 Nr. 1 und 2 **1301** UKlaG – entsprechend dem Klageantrag – die beanstandeten Bestimmungen der Allgemeinen Geschäftsbedingungen im Wortlaut sowie die Bezeichnung der Art der Rechtsgeschäfte enthalten, für welche die den Unterlassungs- bzw. Widerrufsanspruch begründenden Bestimmungen der Allgemeinen Geschäftsbedingungen nicht verwendet bzw. empfohlen werden dürfen. Die obigen Ausführungen zum Klageantrag gelten entsprechend.

Eine weitere Besonderheit ist, dass in die Urteilsformel von Amts wegen das **Gebot** **1302** aufgenommen wird, die **Verwendung oder Empfehlung inhaltsgleicher Bestimmungen in Allgemeinen Geschäftsbedingungen zu unterlassen** (§ 9 Nr. 3 UKlaG). Mit § 9 Nr. 3 UKlaG soll vor allem die Zwangsvollstreckung auch bei Verwendung umformulierter, aber sachlich übereinstimmender Klauseln möglich sein. Letztlich ist der Regelung aber nur **klarstellende Funktion** zuzusprechen,[55] da ein Verletzer sich nicht durch eine Änderung der Verletzungsform einem Verbotsurteil entziehen kann, wenn die Verletzungshandlung in ihrem Kern unverändert weiterbesteht.[56] Erfolgte die Verurteilung aufgrund der Intransparenz der Klausel, so ist dem Verwender jedoch zuzugestehen, geltend zu machen, dass er bei der Vertragsabwicklung nunmehr mündlich bzw. schriftlich Informationen darreicht, die zur Beseitigung der Intransparenz beitragen.[57]

Zuletzt hat die Urteilsformel für den Fall der Verurteilung zum Widerruf das Gebot zu **1303** enthalten, das **Urteil in gleicher Weise bekannt zu geben, wie die Empfehlung verbreitet wurde** (§ 9 Nr. 4 UKlaG). In Zweifelsfällen, in denen es unklar ist, wie die Art und Weise der Empfehlung erfolgte, hat das Gericht dies bei dem Empfehler zu erfragen (§ 139 ZPO).[58] Wie die Bekanntgabe dann genau zu erfolgen hat, muss das Gericht im Urteil konkret bestimmen.[59] Neben dem „Wo" und „Wie" steht auch der Umfang der Bekanntmachung im pflichtgemäßen Ermessen des Gerichts. Es ist nicht zwangsläufig aufzugeben, das Urteil mitsamt den Gründen bekanntzugeben.[60]

---

[51] Vgl. BGH NJW 1985, 320 (326).
[52] Vgl. BGH NJW 1989, 2247 (2250).
[53] Vgl. BGH NJW 1993, 1133 (1134).
[54] Vgl. BGH NJW 1999, 2180 (2182).
[55] Palandt/*Grüneberg* UKlaG § 9 Rn. 4; Staudinger/*Piekenbrock* UKlaG § 9 Rn. 9.
[56] BGH NJW 2001, 3710; LG München I NJW-RR 1991, 1143.
[57] BGH NJW 1992, 179; Palandt/*Grüneberg* UKlaG § 9 Rn. 4.
[58] Ulmer/*Witt* UKlaG § 9 Rn. 9.
[59] Ulmer/*Witt* UKlaG § 9 Rn. 9; Staudinger/*Piekenbrock* UKlaG § 9 Rn. 16.
[60] Vgl. Wolf/*Lindacher* UKlaG § 9 Rn. 9.

V. Kosten

1304   Die **Kostengrundentscheidung** in Verfahren nach dem Unterlassungsklagengesetz richtet sich **nach den §§ 91 ff. ZPO.** Ausgangspunkt ist das sog. Unterliegensprinzip, dem zufolge die Partei die Kosten des Rechtsstreits zu tragen hat, welche den Prozess verliert. Zu beachten ist, dass ein klagebefugter Verbraucherverband grundsätzlich kostenrechtlich gehalten ist, einen am Gerichtsort ansässigen Prozessvertreter zu beauftragen und diesen entsprechend zu instruieren. Reisekosten eines am Sitz des Verbandes ansässigen Rechtsanwalts zum Prozessgericht zählen daher nicht zu den notwendigen Kosten einer zweckentsprechenden Rechtsverfolgung iS des § 91 Abs. 2 S. 1 ZPO.[61]

VI. Veröffentlichungsbefugnis

1305   Um die erwünschte Breitenwirkung zu erzielen, kann das Gericht nach **§ 7 UKlaG** auf Antrag des obsiegenden Klägers diesem gestatten, die **Urteilsformel** mit der Bezeichnung des verurteilten Beklagten auf dessen Kosten im Bundesanzeiger bzw. im Übrigen auf Kosten des Klägers **bekannt zu machen.** Im Hinblick auf den vorläufigen Charakter einer einstweiligen Verfügung spricht wenig dafür, § 7 UKlaG über seinen Wortlaut hinaus auch auf diese Entscheidungsform zu erstrecken.[62] Das Gericht kann die Befugnis zeitlich begrenzen. Zwar handelt es sich um eine „kann"-Bestimmung. Die Ablehnung des Veröffentlichungsantrags ist jedoch nur dann geboten, wenn die Störung bzw. Gefährdung des Rechtsverkehrs durch Klauseln der beanstandeten Art unter Berücksichtigung potentieller Drittverwendung von vernachlässigbarer Größenordnung ist.[63]

1306   Der **Nutzen der Vorschrift** ist jedoch **begrenzt.**[64] Es darf zumindest stark angezweifelt werden, ob die „interessierte Öffentlichkeit" auch zur interessierten Leserschaft des Bundesanzeigers gerechnet werden darf. Die Bekanntgabe in Tageszeitungen hat den Makel, dass die Urteilsformel für sich oft wenig aussagekräftig ist[65] und die Kostentragungspflicht zudem beim Kläger verbleibt.

VII. Wirkungen des Urteils

Literatur: *Basedow,* Kollektiver Rechtsschutz und individuelle Rechte. Die Auswirkungen des Verbandsprozesses auf die Inzidentkontrolle von AGB, AcP 182 (1982), 335; *Gaul,* Die Erstreckung und Durchbrechung der Urteilswirkung nach §§ 19, 21 AGBG, in: FS für Beitzke, 1979, S. 997; *Schilken,* Verfahrensrechtliche Probleme nach dem AGB-Gesetz – Eine Untersuchung zu §§ 19, 21 AGBG –, in: Recht und Wirtschaft, Osnabrücker Rechtswissenschaftliche Abhandlungen, 1985, S. 99.

1307   Für die Breitenwirkung bedeutsamer ist die Vorschrift des **§ 11 UKlaG.** Nach allgemeinen prozessrechtlichen Grundsätzen wäre nämlich ein im Verbandsklageverfahren ergangenes Urteil nur für die Parteien dieses Verfahrens, also den Verwender einerseits und den Verband andererseits, verbindlich.[66] Der weiteren Verwendung der inkriminierten Klausel könnte der im Verbandsklageverfahren obsiegende Verband auf der Grundlage des erstrittenen Urteils im Wege der Vollstreckung nach § 890 ZPO (Ordnungsgeld,

---

[61] BGH NJW-RR 2013, 242.

[62] So aber NK/*Walker* UKlaG § 7 Rn. 4; Köhler/Bornkamm/Feddersen/*Köhler* UKlaG § 7 Rn. 2; wie hier dagegen Staudinger/*Piekenbrock* UKlaG § 7 Rn. 5; Palandt/*Grüneberg* UKlaG § 7 Rn. 1; Ulmer/*Witt* UKlaG § 7 Rn. 3.

[63] OLG Nürnberg NJW-RR 2000, 436 (437); Wolf/*Lindacher* UKlaG § 7 Rn. 8.

[64] Kritisch bspw. auch Staudinger/*Piekenbrock* UKlaG § 7 Rn. 2; Wolf/*Lindacher* UKlaG § 7 Rn. 4.

[65] Vgl. BGH NJW 1994, 318 (320).

[66] Zöller/*Vollkommer* ZPO § 325 Rn. 3.

Ordnungshaft) begegnen. Der einzelne Kunde würde hingegen in einem konkreten Rechtsstreit von dem Urteil im Verbandsklageverfahren nicht profitieren können. Hier schafft nun § 11 UKlaG Abhilfe. Nach dieser Vorschrift kann sich ein von einer unwirksamen Bestimmung betroffener Kunde auf das Unterlassungsurteil berufen, wenn ein im Verbandsklageverfahren rechtskräftig zur Unterlassung verurteilter Verwender die gleiche verbotene (oder inhaltsgleiche)[67] Klausel weiter verwendet und somit dem Unterlassungsgebot zuwider handelt. Diese Urteilswirkung ist nach hM ein **besonders ausgestalteter Fall der Rechtskrafterstreckung**.[68] Sie tritt nur ein, wenn „sich der betroffene Vertragsteil auf die Wirkung des Unterlassungsurteils beruft". § 11 UKlaG gibt dem betroffenen Kunden damit eine **materiell-rechtliche Einrede**[69] an die Hand. Die Einrede kann nur auf ein **rechtskräftiges Urteil im Verbandsklageverfahren** gestützt werden, wobei auch Anerkenntnis- oder Versäumnisurteile in Betracht kommen. Die Entscheidung über den Erlass einer **einstweiligen Verfügung** erzeugt hingegen – auch wenn sie in Urteilsform ergeht – nach einhelliger Ansicht nicht die in § 11 UKlaG bestimmte Bindungswirkung.[70] Allein auf das summarische und nur auf vorläufige Regelung zielende Verfahren kann die weitreichende Bindungswirkung nicht gestützt werden. Im Übrigen ist zu beachten, dass die Zuwiderhandlung nach Rechtskraft des Urteils erfolgt sein muss, bereits abgewickelte Verträge mithin von der Rechtskrafterstreckung nicht mehr berührt werden. Wohl aber werden **noch nicht abgewickelte Verträge** erfasst, da ein Verwenden auch in der Berufung auf eine unwirksame Klausel nach Vertragsschluss im Stadium der Vertragsabwicklung liegt.[71] Schließlich sei darauf hingewiesen, dass die Bindungswirkung nach § 11 UKlaG **nur zugunsten der Kunden** des im Verbandsklageverfahren verurteilten Verwenders eintritt, der Verwender sich seinerseits auf ein klageabweisendes Urteil im Verbandsverfahren gegenüber seinen Kunden nicht berufen kann.[72]

VIII. „Vollstreckungsabwehrklage" nach § 10 UKlaG

Der Verwender, dem die Verwendung einer Bestimmung untersagt worden ist, kann   **1308**
im Wege der Klage nach § 767 ZPO einwenden, dass nachträglich eine Entscheidung des BGH oder des Gemeinsamen Senats der Obersten Gerichtshöfe des Bundes ergangen ist, welche die Verwendung dieser Bestimmung für dieselbe Art von Rechtsgeschäften nicht untersagt, und dass die Zwangsvollstreckung aus dem Urteil (§ 890 ZPO)[73] gegen ihn in unzumutbarer Weise seinen Geschäftsbetrieb beeinträchtigen würde.

Die in § 10 UKlaG geschaffene neue Art der Vollstreckungsabwehrklage stellt eine   **1309**
Ausnahme im Zivilprozessrecht dar. Allein der **Einwand der Änderung der Rechtsprechung** – und nicht nur eine materiell-rechtliche Einwendung – ist ausreichend. Zudem wendet sich der Kläger bei § 10 UKlaG nicht wie bei § 767 ZPO gegen die Vollstreckbarkeit des Anspruchs, sondern gegen die erweiterte Bindungswirkung des § 11 S. 1

---

[67] Arg. e § 9 Nr. 3 UKlaG; vgl. Ulmer/*Witt* UKlaG § 11 Rn. 5; Köhler/Bornkamm/Feddersen/ *Köhler* UKlaG § 11 Rn. 3.
[68] Vgl. zB Palandt/*Grüneberg* UKlaG § 11 Rn. 2; Staudinger/*Piekenbrock* UKlaG § 11 Rn. 6.
[69] Soergel/*Fritzsche* UKlaG § 11 Rn. 6; kritisch Staudinger/*Piekenbrock* UKlaG § 11 Rn. 10; für prozessuale Einrede *Gaul* FS Beitzke, 1979, 997 (1040).
[70] Staudinger/*Piekenbrock* UKlaG § 11 Rn. 8; Ulmer/*Witt* UKlaG § 11 Rn. 3; Soergel/*Fritzsche* UKlaG § 11 Rn. 3.
[71] HM vgl. BGH NJW 1981, 1511 (1512); 2010, 989 (991); Staudinger/*Piekenbrock* UKlaG § 11 Rn. 9; Ulmer/*Witt* UKlaG § 11 Rn. 4; MüKoZPO/*Micklitz/Rott* UKlaG § 11 Rn. 7; aA *Koch/ Stübing* AGBG § 21 Rn. 15.
[72] Ulmer/*Witt* UKlaG § 11 Rn. 9.
[73] Zu den Einzelheiten der Vollstreckung aus Unterlassungs- und Widerrufstiteln gegenüber dem Empfehler siehe MüKoZPO/*Micklitz/Rott* UKlaG § 5 Rn. 15 ff.

UKlaG. § 10 UKlaG wird im Schrifttum sehr kritisch beurteilt.[74] In der Praxis ist die **Bedeutung** der „Vollstreckungsabwehrklage" nach § 10 UKlaG – wenn überhaupt vorhanden – jedenfalls denkbar **gering**.[75]

IX. Entscheidungsregister

1310   Eine dem bisherigen § 20 AGBG, der ein beim Bundeskartellamt geführtes und für jedermann zugängliches Entscheidungsregister vorsah, vergleichbare **Regelung** wurde **nicht ins Unterlassungsklagengesetz übernommen.** Als Gründe hierfür wurden im Gesetzgebungsverfahren datenschutzrechtliche Probleme und der aufgrund der Veröffentlichung der Entscheidungen in Fachzeitschriften eingetretene Bedeutungsverlust des Registers genannt.[76] Die bereits in dem Register eingetragenen Entscheidungen waren spätestens am Ende des Jahres 2004 zu löschen (§ 16 Abs. 2 UKlaG a.F.).

---

[74] Vgl. bspw. *Löwe*/Graf von Westphalen/Trinkner AGBG § 19 Rn. 1.
[75] *Hensen* JA 1981, 140; Ulmer/*Witt* UKlaG § 10 Rn. 1; Staudinger/*Piekenbrock* UKlaG § 10 Rn. 3.
[76] BT-Drs. 14/6040, S. 276.

Anhang

Checkliste

Die Prüfung Allgemeiner Geschäftsbedingungen in der Fallbearbeitung

A. Anwendbarkeit der §§ 305–310 BGB

I. **Sachlicher Anwendungsbereich:**
  1. Handelt es sich um AGB iS des § 305 Abs. 1 BGB? (§ 310 Abs. 3 BGB beachten!)
     – Vertragsbedingungen
     – für eine Vielzahl von Verträgen vorformuliert
     – vom Verwender gestellt
     – keine Individualvereinbarung
  2. Nicht anwendbar auf Verträge auf dem Gebiet des Erb-, Familien- oder Gesellschaftsrechts sowie auf Tarifverträge, Betriebs- und Dienstvereinbarungen. (§ 310 Abs. 4 S. 1 BGB)
II. **Persönlicher Anwendungsbereich:** eingeschränkte Anwendbarkeit bei Unternehmern und juristischen Personen des öffentlichen Rechts (§ 310 Abs. 1 BGB)
III. **Internationaler Anwendungsbereich:** Art. 3 ff. Rom I-VO

B. Einbeziehung

1. Im **nichtunternehmerischen Geschäftsverkehr** nur unter den Voraussetzungen des § 305 Abs. 2 BGB: – ausdrücklicher Hinweis oder Aushang – Möglichkeit zumutbarer Kenntnisnahme – Einverständnis des Kunden Erleichterung durch Rahmenvereinbarung (§ 305 Abs. 3 BGB)	Im **unternehmerischen Geschäftsverkehr** sowie **gegenüber juristischen Personen des öffentlichen Rechts** (vgl. § 310 Abs. 1 S. 1 BGB): Einbeziehung nach §§ 145 ff. BGB (bei Kaufleuten einschl. der Regeln des Handelsbrauchs usw)

✳

2. Ist die Klausel **überraschend** iS des § 305c BGB? Dann wird sie nicht Vertragsbestandteil.

✳

3. Wird die AGB-Klausel von einer **Individualabrede** verdrängt (§ 305b BGB)?

C. Inhaltskontrolle

❀

Raum für Auslegung der Klausel? Auslegung geht vor Inhaltskontrolle!
Auslegung nach dem Verständnishorizont des Durchschnittskunden unter Beachtung der
Unklarheitenregelung des § 305c Abs. 2 BGB.

❀

I. Ist Inhalt der AGB die **Leistungsbeschreibung** oder die **Preisabrede?**
Handelt es sich um eine **deklaratorische Klausel?** Dann <u>keine</u> Inhaltskontrolle, § 307
Abs. 3 BGB.

❀

II. **Verstoß gegen § 307 Abs. 1 S. 2 BGB?**
Ist die Bestimmung klar und verständlich?

❀

III. Verstoß gegen **Klauselverbot des § 309 BGB** (ohne Wertungsmöglichkeit)?
Beachte: §§ 309 und 308 BGB gelten unmittelbar nur für Verträge mit Nichtunternehmern; aber § 310 Abs. 1 S. 2 BGB!

❀

IV. Verstoß gegen **Klauselverbot des § 308 BGB** (mit Wertungsmöglichkeit)?

❀

V. **Verstoß gegen § 307 Abs. 2 Nr. 1 oder 2 BGB?**
Nr. 1: Abweichung vom Leitbild des dispositiven Rechts?
Nr. 2: Verletzung der wesentlichen Vertragsrechte des Kunden?

❀

VI. **Verstoß gegen § 307 Abs. 1 S. 1 BGB?**
Unangemessene Benachteiligung bei Anwendung des Grundsatzes von Treu und Glauben?
Dabei gilt ein überindividueller-generalisierender Prüfungsmaßstab (Ausnahme: § 310
Abs. 3 Nr. 3 BGB).
(Bei kaufmännischen Kunden auf die im Handelsverkehr geltenden Gewohnheiten und
Gebräuche Rücksicht nehmen)

❀

D. Rechtsfolge der Nichtgeltung von AGB

❀

I. Keine geltungserhaltende Reduktion bei Teilunwirksamkeit einer Klausel
II. Aufrechterhaltung des Vertrages im Übrigen (§ 306 Abs. 1 BGB)
III. Lückenfüllung durch dispositives Recht (§ 306 Abs. 2 BGB) bzw. ergänzende Vertragsauslegung
IV. Ausnahmsweise Gesamtnichtigkeit bei unzumutbarer Härte (§ 306 Abs. 3 BGB)

Sachverzeichnis

(Die Zahlen verweisen auf die Randnummern des Buches.)